Inventaire Bibliographique
et
Index Analytique
de la
Correspondance d'André Gide
(publiée de 1897 à 1971)

Jacques Cotnam

G. K. HALL & CO., 70 LINCOLN STREET, BOSTON, MASS.

Library of Congress Cataloging in Publication Data

Cotnam, Jacques.
   Inventaire bibliographique et index analytique de la
correspondance d'André Gide (publiée de 1897 à 1971)

   1. Gide, André Paul Guillaume, 1869-1951 – Correspondence – Bibliography. I. Title.
Z8341.6.C67   848'.9'1209 [B]   74-19271
ISBN 0-8161-1137-5

Copyright © 1975 by Jacques Cotnam

This publication is printed on permanent/durable acid-free paper.

DU MEME AUTEUR

Faut - il inventer un nouveau Canada?, Montréal, Fides, 1967.

Poètes du Québec, Montréal, Fides, 1969.

Le "Subjectif" d'André Gide ou les lectures d'André Walter (1889-1893), Cahiers André Gide, I, Paris, Gallimard, 1969.

Essai de bibliographie chronologique des écrits d'André Gide, Paris, Imprimerie Durand, 1971 (500 exemplaires hors commerce destinés aux membres de l'Association des Amis d'André Gide).

Inventaire bibliographique de la correspondance d'André Gide publieé de 1897 à 1971, (50 exemplaires hors commerce).

Vivre au Québec, Toronto, McClelland and Stewart Ltd, 1972.

Contemporary Quebec: An Analytical Bibliography, Toronto, McClelland and Stewart Ltd, 1973.

Bibliographie chronologique de l'oeuvre d'André Gide (1889-1973), Boston, G. K. Hall, 1974.

A Monsieur François Chapon,

En témoignage de très haute estime.

Table des matières

Introduction vii

Inventaire bibliographique de la correspondance d'André Gide:

    I- Ensembles 1

    II- Lettres dispersées 115

    III- Index de l'Inventaire 239

Index analytique de la correspondance d'André Gide: 257

    I- Index des correspondants 269

    II- Index des noms propres 285

    III- Index des personnages 495

    IV- Index des noms de lieux 505

    V- Index des oeuvres (artistiques, cinématographiques, littéraires, philosophiques, scientifiques, etc. . .) dont Gide fait mention . . . 599

    VI- Index des oeuvres d'André Gide 647

    VII- Index des principaux thèmes 669

Introduction

"Rien à faire à cela: la correspondance n'est pas mon fort", écrivait à son ami Roger Martin du Gard, André Gide, le 26 janvier 1931. Semblable affirmation, si surprenante soit-elle, revient néanmoins assez fréquemment dans les lettres d'André Gide.

Pourtant, s'il n'est pas le meilleur épistolier français de son siècle, André Gide n'en demeure pas moins sûrement l'un des plus prolifiques. A elles seules, les lettres connues et publiées, que ce soit dans les ensembles, les revues, les journaux . . . ou ailleurs, que ce soit intégralement ou partiellement, sont au nombre de près de 3000[1]. D'autre part, il est certain que les lettres inédites sont encore plus nombreuses[2]. Il suffit, pour s'en persuader, de songer aux échanges épistolaires (dont plusieurs, incidemment, nous seront prochainement révélés sous forme de livres[3]) qu'entretint André Gide avec sa mère et, avec plus ou moins d'assiduité et pendant des périodes plus ou moins longues, avec les Pierre Louÿs, Henri de Régnier, Marcel Drouin, Jacques-Emile Blanche, André Ruyters, Henri Ghéon, Jacques Copeau, Théo et Maria Van Rysselberghe, Jean Schlumberger, Dorothy Bussy, Marc Allégret, François-Paul Alibert, Jacques et Isabelle Rivière, Elisabeth Van Rysselberghe, Pierre Herbart, André Malraux, Ernst Robert Curtius, Jean Giono, Aragon, Paul Léautaud, Yvonne Davet, . . . pour ne citer que quelques noms parmi les mieux connus et à titre d'exemple seulement.

Certes, il serait prématuré de vouloir dresser l'inventaire de toutes les lettres d'André Gide. Pour des raisons multiples, semblable tâche serait impossible à réaliser. Il nous paraît très utile, par contre, de répertorier toutes les lettres publiées et connues. Ce travail, le maître des études gidiennes, Claude Martin, l'a courageusement entrepris depuis quelques années et son Répertoire chronologique de la correspondance publiée d'André Gide est devenu un instrument de travail indispensable, tenu à jour grâce à la publication d'un supplément annuel. Y sont mentionnées, à la date où elles furent écrites, les lettres publiées d'André Gide.

---

[1] Voir: Claude Martin, Répertoire chronologique de la correspondance publiée d'André Gide, Paris, Minard, 1971. Des suppléments furent ensuite publiés dans la série annuelle André Gide ("Les lettres modernes", Paris, Minard).

[2] On trouvera mention de plusieurs d'entre elles dans: Catalogue de fonds spéciaux de la bibliothèque littéraire Jacques Doucet. Lettres à André Gide, Boston, G. K. Hall, 1972. Voir aussi: Catalogue de fonds spéciaux de la Bibliothèque littéraire Jacques Doucet. Catalogue des manuscrits, Boston, G. K. Hall, 1972.

[3] Les Bulletins de l'Association des Amis d'André Gide sont la meilleure source d'information, à ce sujet. Pour tout renseignement relatif à cette Association, prière de s'adresser soit à l'auteur, soit à M. Claude Martin, Unité d'études françaises, Université de Lyon II, 69500 Bron, France.

Introduction

Nous référant plutôt, pour notre part, à la date de publication, nous avons répertorié les lettres publiées d'André Gide dans notre Bibliographie chronologique de l'oeuvre d'André Gide[4]. Il nous a semblé nécessaire d'en dresser à nouveau l'inventaire au début du présent ouvrage. Il importe de noter, cependant, que cet inventaire a été arrêté en 1971, date à laquelle nous avons commencé à compiler les différents index. Tout effort pour nous tenir à jour dans un travail de ce genre, en ajoutant les références postérieures à 1971 ou en intercalant celles, antérieures à 1971, que nous avons découvertes par la suite, nous aurait obligé à en retarder sans cesse la publication, puisque nous aurions été forcé de changer continuellement la numérotation de nos références et de dactylographier à nouveau un nombre très considérable des pages de nos index. Nous avons donc préféré attendre quelques années, alors que fort probablement plusieurs nouveaux ensembles auront été publiés, pour tenir compte, dans un second volume, de toutes les références postérieures à 1971 et de celles dont, bien qu'antérieures à cette date, nous n'avons pris connaissance que plus tard. De ces références, cependant, nous faisons mention dans le Supplément à notre Inventaire.

Celui-ci est présenté de la façon suivante. Dans une première partie, nous avons groupé les ensembles, c'est-à-dire les livres dans lesquels furent réunies les lettres échangées entre André Gide et tel ou tel destinataire, en utilisant par la suite les trois premières lettres du nom de ce dernier comme code dans nos index. Ainsi, par exemple, CLA. renvoie à l'ensemble de la correspondance échangée entre André Gide et Paul Claudel; VAL. à celle entre André Gide et Paul Valéry.

Dans la seconde partie de notre Inventaire bibliographique, nous énumérons, dans l'ordre chronologique de leur parution, les lettres publiées séparément, quels que soient le lieu et la forme de cette publication. Chaque référence est alors précédée d'un numéro, deux fois souligné, qui devient le code retenu pour nos index. Ainsi, par exemple, le numéro 2 renvoie à la "lettre à Mécislas Golberg", publiée dans La Revue sentimentale, nos 11-12, février-mars 1897, pp. 108-111.

L'Inventaire bibliographique est suivi d'un Index analytique de la correspondance d'André Gide, lui-même subdivisé en sept parties:

I.	Index des correspondants,	où sont mentionnés tous les destinataires identifiés des lettres publiées d'André Gide, exception faite de ceux qui paraissent dans le Supplément à notre Inventaire bibliographique. Il convient donc de consulter ce Supplément pour s'assurer d'une information plus complète.
II.	Index des noms propres,	où l'on trouvera tous les noms propres, à l'exception évidemment de ceux des correspondants, mentionnés dans les lettres d'André Gide. C'est également dans cet index, sous le nom de leur auteur, que paraissent les titres des livres dont Gide fait mention.
		Bien sûr, s'il s'agit de noms de lieux ou de personnages fictifs, il faudra les chercher dans les index qui leur sont consacrés. Par contre, ceux d'institutions, telle l'Académie française, font partie du présent index.
III.	Index des personnages,	groupant les personnages fictifs, les dieux de la mythologie, etc.
IV.	Index des noms de lieux,	où paraissent tous les noms de lieux cités par André Gide, à l'exception de l'adresse du destinataire et du lieu d'origine de la lettre. Il est à noter que Claude Martin, dans son Répertoire, mentionne le lieu d'origine des lettres publiées d'André Gide.

---

[4] Boston, G. K. Hall, 1974.

Introduction

V. Index des oeuvres (artistiques, littéraires, etc...) dont Gide fait mention.

Nous référons ici, habituellement, au nom de l'auteur, c'est-à-dire à l'Index des noms propres.

VI. Index des oeuvres d'André Gide.

Point n'est besoin d'explications, croyons-nous.

VII. Index des principaux thèmes.

Nous devons reconnaître, en tout premier lieu, que cet Index est celui qui nous donna le plus de difficulté et celui dont nous sommes le moins satisfait.

La difficulté provient surtout du fait qu'il n'est pas toujours facile d'identifier les thèmes et de différencier entre, disons, tristesse, spleen, nostalgie, découragement, etc... Par ailleurs, ce qui à nos yeux semble devoir être classé sous le mot "amitié" pourrait, de l'avis de quelqu'un d'autre, paraître plutôt sous le mot "amour".

Cela dit, dans l'intention de rendre service aux chercheurs, nous avons choisi de multiplier les thèmes, au risque même de nous répéter à plusieurs endroits.

Le lecteur ne trouvera pas toujours le mot exact, voire le thème, qu'il cherchera dans cet index. Nous inclinons cependant à penser, qu'en parcourant les pages de l'Index des principaux thèmes, il rencontrera des thèmes susceptibles d'approcher de très près celui qu'il cherche.

Il est temps, maintenant, d'expliquer comment, à l'intérieur de chacun des index et sous chaque titre, nous référons aux lettres d'André Gide. Précisons, en tout premier lieu, que ces références sont données selon l'ordre chronologique de la date que porte, le cas échéant, chacune des lettres d'André Gide. Comme exemple de notre façon de procéder, prenons les deux premières lignes, sous le titre de La Symphonie pastorale, dans l'Index des oeuvres d'André Gide.

* Jean Schlumberger,   31. V. 18, 359, p. XIII et p. 3.
* Edmund Gosse,   25. VIII. 18, GOS, p. 161.

* Nous utilisons l'astérisque pour signifier, qu'à notre avis, il s'agit d'une référence importante et non pas d'une simple mention.

Le premier renseignement que nous donnons est le nom du destinataire de la lettre d'André Gide (ex. Jean Schlumberger; Edmund Gosse). Suit la date de cette lettre (ex. 31.V.18; 25.VIII.18). Vient ensuite ce que nous avons nommé le "code", qui renvoie à l'Inventaire bibliographique. Rappelons que le code trilitère (ex. GOS.) renvoie aux "ensembles", tandis que le code chiffré (ex. 359) renvoie aux "lettres dispersées". Enfin, nous indiquons la page du livre ou de l'article où se trouve la mention (ex. p. XIII et p. 3).

Le présent Répertoire analytique de la correspondance publiée d'André Gide ne fut compilé que dans un seul but: rendre service aux chercheurs et, ce faisant, nous le souhaitons vivement, favoriser le plein essor des études gidiennes. Nous reconnaissons bien modestement que, malgré nos efforts, ce Répertoire analytique n'est pas exhaustif et n'est point l'instrument de travail idéal et parfait que plusieurs sans doute désirent. Nous osons néanmoins penser que, malgré son imperfection, ce Répertoire analytique sera utile.

Introduction

A tous ceux qui, à quelque moment que ce soit et de quelque façon que ce soit, au cours de ces cinq dernières années, nous ont aidé à réaliser notre projet initial, nous tenons à exprimer notre très profonde et sincère reconnaissance. Au risque d'oublier quelques noms, qu'il nous soit permis de mentionner les personnes auprès de qui nous avons cherché conseil et qui toujours s'empressèrent de nous répondre: Mmes Germaine Brée, Winston-Salem, U.S.A.; Linette F. Brugmans, Stony Brooks, U.S.A.; Catherine Gide, Paris, France; Renée Lang, Milwaukee, U.S.A.; Eiko Nakamura, Nishijin-Machi, Japon; MM. C. Stuart Barr, Hightown, Angleterre; Roland Bourneuf, Québec, Canada; Sidney D. Braun, New York, U.S.A.; Willie Chevalier, Montréal, Canada; Pierre de Boisdeffre, Bruxelles, Belgique; Antoine Fongaro, Toulouse, France; Jean Gaulmier, Paris, France; Alain Goulet, Caen, France; Miron Grindea, Londres, Angleterre; Peter C. Hoy, Oxford, Angleterre; Jean Hytier, Davis, U.S.A.; Pierre Lafille, Besançon, France; Jean Lambert, Northampton, U.S.A.; David Littlejohn, Berkeley, U.S.A.; Daniel Moutote, Montpellier, France; Jacques Naville, Paris, France; Patrick Pollard, Londres, Angleterre; Léon S. Roudiez, New York, U.S.A.; George Strauss, Melbourne, Australie.

A nos amis Claude Martin et Kevin O'Neill, il convient de réserver une mention très spéciale, car ils ont fait preuve d'un dévouement extraordinaire à notre égard. Sans cesse, ils nous ont encouragé à poursuivre nos recherches et nous les en remercions vivement.

Le Conseil des Arts du Canada nous facilita grandement la tâche en nous accordant une généreuse subvention de recherches. Nous avons pu également compter sur l'appui de York University qui, suite à la recommandation de M. Charles Edward Rathé, nous décerna un "Minor Research Grant".

Au cours de ces années consacrées à la recherche, nous avons souvent eu l'occasion de travailler à la Bibliothèque littéraire Jacques Doucet. Nous y avons toujours été accueilli avec une cordiale courtoisie par M. François Chapon, qui en est le savant conservateur, ainsi que par ses assistantes diligentes. En témoignage de reconnaissance et pour le remercier de sa patience à notre endroit, il nous est très agréable de dédier ce livre à Monsieur François Chapon.

Mme Irène de Bonstetten, dévouée trésorière de l'Association des Amis d'André Gide, nous fut d'un précieux secours. Grâce à ses soins attentifs, nous avons pu nous procurer copie et photocopie de textes rares. Nous en communiquèrent aussi Mmes Renée Lang et Eiko Nakamura, ainsi que MM. Robert Abs (Bruxelles, Belgique), C. Stuart Barr, Roland Bourneuf, Willie Chevalier, Antoine Fongaro, Alain Goulet, Miron Grindea, Claude Martin, Jacques Naville, Kevin O'Neill, Patrick Pollard, Réjean Robidoux (Toronto, Canada), George Strauss, Jean Warmoes (Bruxelles, Belgique).

Grâce à M. Jean Prinet, conservateur en chef du departement des périodiques de la Bibliothèque nationale, à Paris, et à son assistante, Mlle L. Bossuat, nous avons obtenu très rapidement des photocopies de textes qui nous étaient inaccessibles en Amérique.

Le personnel de la section "Interlibrary Loan" de la Scott Library, York University, collabora grandement à nos recherches. Il nous plaît de remercier Ms. Barbara Abbott, Tuula Ahola, Marion Boyd, Susan Fowlie, Mary Hudecki, Lynn Innerst, Ann-Margrit Malinski, Shakeh Mardikian, Susan Partridge, Mary Warkentin et MM. Ian Box et Gary MacDonald.

Sans l'assistance et la compréhension de Mme Jo-Anne Degabriele, directrice du "Secretarial Services" de la Faculté des Arts de York University, la publication de cet ouvrage aurait sûrement été longuement retardée. A Mme Annette Sotto fut confiée la très fastidieuse tâche de dactylographier notre manuscrit, tâche dont elle s'est acquittée avec une compétence exemplaire, ainsi qu'on pourra en juger par les pages qui suivent. Mme Sotto a mis plusieurs mois à dactylographier ce livre, en faisant preuve d'une patience que nous avons plaisir à souligner. D'une certaine manière, ce livre est aussi le sien.

Introduction

En terminant, nous tenons à dire publiquement combien nous sommes heureux d'avoir pu compter sur la généreuse compréhension de notre épouse. Sans son support constant, nous n'aurions pas eu le courage de poursuivre notre tâche jusqu'au bout.

JACQUES COTNAM
Toronto, Canada
Mars, 1974

INVENTAIRE BIBLIOGRAPHIQUE DE LA CORRESPONDANCE D'ANDRÉ GIDE

(publiée de 1897 à 1971)

Ensembles

BFC. **Lettres à Christian Beck**, Bruxelles, Editions de l'Altitude, 1946, 115p.

Etant donné que cet ouvrage ne fut tiré qu'à 21 exemplaires, nous référerons aux "Lettres à Christian Beck" qui parurent dans le Mercure de France de juillet 1949 [voir 164] et dans celui d'août 1949 [voir 165].

Il convient de préciser, cependant, que la lettre d'André Gide à Christian Beck, du 25 janvier 1905 (pp. 36-38), n'a pas été reprise dans le Mercure de France. Elle se trouve, cependant, dans: Antonio MOR, Tre lettere inedite di Gide [215a], pp. 10-12.

BEN. **Correspondance André Gide - Arnold Bennett. Vingt ans d'amitié littéraire (1911-1931)**, introduction et notes par Linette F. Brugmans, Genève et Paris, Droz et Minard, 1964, 224p.

Lettre d'André Gide à Arnold Bennett, [27 octobre 1913?], (BEN., p. 69).

Lettre d'André Gide à Arnold Bennett, [Lundi soir. 27 octobre 1913?], (BEN., p. 71).

Lettre d'André Gide à Arnold Bennett, [Fin 1912 ou 1913?], (BEN., p. 71).

Lettre d'André Gide à Arnold Bennett, 2 mars 1914 (BEN., p. 72).

Carte postale d'André Gide à Arnold Bennett, 7 juin 1914, (BEN., p. 74).

Carte postale d'André Gide à Arnold Bennett, 14 juin 1914, (BEN., p. 75).

Lettre d'André Gide à Arnold Bennett, 1er aout [1914], (BEN., p. 76).

Lettre d'André Gide à Arnold Bennett, 17 septembre [1914], (BEN., pp. 78-79).

Lettre d'André Gide à Arnold Bennett, [août 1915], (BEN., pp. 84-85).

Lettre d'André Gide à Arnold Bennett, [4 octobre 1915], (BEN., p. 86).

Lettre d'André Gide à Arnold Bennett, 16 janvier 1916, (BEN., p. 88).

Lettre d'André Gide à Arnold Bennett, 21 juin 1918, (BEN., pp. 90-91).

Lettre d'André Gide à Arnold Bennett, [June 1918], (BEN., p. 93). Dans son Répertoire chronologique des lettres publiées d'André Gide (Paris, Minard, 1971), Claude Martin précise que cette lettre est du 25 juin 1918.

Lettre d'André Gide à Arnold Bennett, 16 July 1918, (BEN., pp. 93-94).

Lettre d'André Gide à Arnold Bennett, 21 juillet 1918, (BEN., pp. 95-96).

Lettre d'André Gide à Arnold Bennett, 24 July [1918], (BEN., p. 97).

Lettre d'André Gide à Arnold Bennett, [27 juillet? 1918], (BEN., p. 97).

Lettre d'André Gide à Arnold Bennett, 24 août 1920, (BEN., pp. 99-100).

Lettre d'André Gide à Arnold Bennett, 31 août 1920, (BEN., pp. 101-102.

Lettre d'André Gide à Arnold Bennett, 15 novembre 1920, (BEN., pp. 104-107). Voir: publication préoriginale.

Lettre d'André Gide à Arnold Bennett, 26 janvier 1921,; (BEN., pp. 111-113).

Lettre d'André Gide à Arnold Bennett, 9 mai 1922, (BEN., pp. 114-115).

Lettre d'André Gide à Arnold Bennett, 26 décembre 1922, (BEN., pp. 117-119).

Lettre d'André Gide à Arnold Bennett, [fin août 1923], (BEN., pp. 123-126). Claude Martin (op.cit.) date cette lettre du 1er août 1923.

Lettre d'André Gide à Arnold Bennett, 2 janvier 1924, (BEN., pp. 130-132).

Lettre d'André Gide à Arnold Bennett, 12 mars [1924], (BEN., pp. 136-137).

Lettre d'André Gide à Arnold Bennett, 21 avril [1924], (BEN., p. 139).

Lettre d'André Gide à Arnold Bennett, 9 mai 1924, (BEN., p. 141).

Lettre d'André Gide à Arnold Bennett, 18 mai 1924, (BEN., pp. 143-144).

Lettre d'André Gide à Arnold Bennett, 19 février 1925, (BEN., pp. 145-147).

Lettre d'André Gide à Arnold Bennett, 8 août [1925], (BEN., pp. 150-153).

Lettre d'André Gide à Arnold Bennett, [24 février 1927], (BEN., p. 156).

Lettre d'André Gide à Arnold Bennett, 8 mars 1929, (BEN., pp. 157-160).

Lettre d'André Gide à Arnold Bennett, 11 mars 1929, (BEN., pp. 163-164).

Lettre d'André Gide à Arnold Bennett, 12 août 1929, (BEN., pp. 165-167).

Lettre d'André Gide à Arnold Bennett, 26 décembre 1929, (BEN., pp. 169-171).

Lettre d'André Gide à Arnold Bennett, 2 janvier 1930, (BEN., p. 174).

Lettre d'André Gide à Arnold Bennett, 23 février 1930, (BEN., pp. 175-176).

Lettre d'André Gide à Arnold Bennett, [6 mars 1930], (BEN., p. 178).

Lettre d'André Gide à Arnold Bennett, 4 juillet 1930,
(BEN., pp. 180-182).

Lettre d'André Gide à Arnold Bennett, 28 juillet 1930,
(BEN., pp. 185-187).

Lettre d'André Gide à Arnold Bennett, 14 septembre 1930,
(BEN., pp. 190-191).

Lettre d'André Gide à Arnold Bennett, 27 octobre 1930,
(BEN., pp. 193-195).

Lettre d'André Gide à Arnold Bennett, 3 janvier 1931,
(BEN., pp. 198-200).

Lettre d'André Gide à Mlle X..., 21 juillet 1931,
(BEN., pp. 206-207).

Publication préoriginale:

[Lettre à Arnold Bennett, 15 novembre 1920], dans Oeuvres complètes, X, [Paris], Nouvelle revue française, [achevé d'imprimer le 18 mars 1936], pp. 551-554 (BEN., pp. 104-107).

BON.   Le Retour, Neuchâtel et Paris, Ides et Calendes, [1946], 121p.

Lettre d'André Gide à Raymond Bonheur, [4 juillet 1898],
(BON., pp. 39-40).

Lettre d'André Gide à Raymond Bonheur, 29 juillet [1898],
(BON., pp. 40-41).

Lettre d'André Gide à Raymond Bonheur, 8 septembre [1898],
(BON., pp. 41-42).

Lettre d'André Gide à Raymond Bonheur, 20 septembre 1898,
(BON., pp. 42-43).

Lettre d'André Gide à Raymond Bonheur, 15 novembre 1898,
(BON., pp. 44-45).

Lettre d'André Gide à Raymond Bonheur, [3 décembre 1898],
(BON., p. 45).

Lettre d'André Gide à Raymond Bonheur, [5 décembre 1898],
(BON., pp. 46-47).

Lettre d'André Gide à Raymond Bonheur, 4 mars [1899],
(BON., p. 47).

Lettre d'André Gide à Raymond Bonheur, [5 juin 1899],
(BON., p. 48).

Lettre d'André Gide à Raymond Bonheur, [9 juin 1899],
(BON., p. 48).

Lettre d'André Gide à Raymond Bonheur, [30 juillet 1899],
(BON., p. 49).

Lettre d'André Gide à Raymond Bonheur, [28 septembre 1899],
(BON., p. 50).

Lettre d'André Gide à Raymond Bonheur, [1º octobre 1899],
(BON., p. 51).

Lettre d'André Gide à Raymond Bonheur, [24 octobre 1899],
(BON., pp. 52-53).

Lettre d'André Gide à Raymond Bonheur, [29 novembre 1899],
(BON., p. 54).

Lettre d'André Gide à Raymond Bonheur, [20 décembre 1899],
(BON., pp. 54-55).

Lettre d'André Gide à Raymond Bonheur, [16 janvier 1900],
(BON., p. 55).

Lettre d'André Gide à Raymond Bonheur, 12 mars 1900,
(BON., pp. 56-57).

Lettre d'André Gide à Raymond Bonheur, [17 mai 1900],
(BON., pp. 57-58).

Lettre d'André Gide à Raymond Bonheur, [20 juin 1900],
(BON., pp. 58-59).

Lettre d'André Gide à Raymond Bonheur, [24 août 1900],
(BON., p. 59).

Lettre d'André Gide à Raymond Bonheur, [20 mars 1901], (BON., p. 60).

Lettre d'André Gide à Raymond Bonheur, [15 avril 1901], (BON., pp. 60-62).

Lettre d'André Gide à Raymond Bonheur, [20 juin 1901], (BON., p. 62).

Lettre d'André Gide à Raymond Bonheur, [24 juin 1901], (BON., p. 63).

Lettre d'André Gide à Raymond Bonheur, [3 juillet 1901], (BON., pp. 63-64).

Lettre d'André Gide à Raymond Bonheur, 10 juillet 1901, (BON., pp. 64-65).

Lettre d'André Gide à Raymond Bonheur, [12 août 1901], (BON., pp. 65-66).

Lettre d'André Gide à Raymond Bonheur, 30 août [1901], (BON., pp. 66-67).

Lettre d'André Gide à Raymond Bonheur, 6 février 1902, (BON., p. 68).

Lettre d'André Gide à Raymond Bonheur, [8 mai 1902], (BON., p. 69).

Lettre d'André Gide à Raymond Bonheur, [6 octobre 1902], (BON., pp. 70-71).

Lettre d'André Gide à Raymond Bonheur, [28 octobre 1902], (BON., p. 71).

Lettre d'André Gide à Raymond Bonheur, [29 novembre 1902], (BON., pp. 71-72).

Lettre d'André Gide à Raymond Bonheur, [3 mars 1903], (BON., p. 72).

Lettre d'André Gide à Raymond Bonheur, 6 mars [1903], (BON., p. 73).

Lettre d'André Gide à Raymond Bonheur, 3 [ou 4] mai 1903, (BON., pp. 74-75).

Lettre d'André Gide à Raymond Bonheur, 10 mai [1903], (BON., pp. 75-77).

Lettre d'André Gide à Raymond Bonheur, [? juin 1903], (BON., pp. 77-78).

Lettre d'André Gide à Raymond Bonheur, 3 juin 1903, (BON., pp. 78-79).

Lettre d'André Gide à Raymond Bonheur, juin [?] 1903, (BON., pp. 79-80).

Lettre d'André Gide à Raymond Bonheur, 28 juin [1903], (BON., pp. 80-83).

Lettre d'André Gide à Raymond Bonheur, 7 octobre 1903, (BON., pp. 83-85).

Lettre d'André Gide à Raymond Bonheur, [8 mars 1904], (BON., p. 86).

Lettre d'André Gide à Raymond Bonheur, [17 avril 1904], (BON., p. 86).

Lettre d'André Gide à Raymond Bonheur, [avril 1904], (BON., p. 87).

Lettre d'André Gide à Raymond Bonheur, [12 mai 1904], (BON., pp. 87-88).

Lettre d'André Gide à Raymond Bonheur, [19 décembre 1904], (BON., p. 88).

Lettre d'André Gide à Raymond Bonheur, [12 janvier 1905], (BON., p. 89).

Lettre d'André Gide à Raymond Bonheur, [20 janvier 1905], (BON., p. 90).

Lettre d'André Gide à Raymond Bonheur, 1er février [1905], (BON., pp. 90-92).

Lettre d'André Gide à Raymond Bonheur, 22 novembre 1905, (BON., pp. 92-93).

Lettre d'André Gide à Raymond Bonheur, 28 mars 1906, (BON., p. 93).

Lettre d'André Gide à Raymond Bonheur, [28 mars 1906 (20 heures 30)], (BON., p. 94).

Lettre d'André Gide à Raymond Bonheur, 27 août 1906, (BON., pp. 94-95).

Lettre d'André Gide à Raymond Bonheur, 10 octobre 1906, (BON., pp. 95-96).

Lettre d'André Gide à Raymond Bonheur, [décembre 1906], (BON., p. 96).

Lettre d'André Gide à Raymond Bonheur, [20 avril 1907], (BON., p. 97).

Lettre d'André Gide à Raymond Bonheur, 1er octobre 1897, (BON., pp. 97-99).

Lettre d'André Gide à Raymond Bonheur, [12 décembre 1907], (BON., p. 99).

Lettre d'André Gide à Raymond Bonheur, [8 décembre 1908], (BON., p. 100).

Lettre d'André Gide à Raymond Bonheur, 1er juin [1909], (BON., pp. 100-101).

Lettre d'André Gide à Raymond Bonheur, [14 septembre 1909], (BON., p. 101).

Lettre d'André Gide à Raymond Bonheur, 2 janvier [1910], (BON., pp. 102-103).

Lettre d'André Gide à Raymond Bonheur, [7 novembre 1911], (BON., p. 103).

Lettre d'André Gide à Raymond Bonheur, 8 septembre 1916, (BON., pp. 104-105).

Lettre d'André Gide à Raymond Bonheur, [30 décembre 1919], (BON., pp. 105-106).

Lettre d'André Gide à Raymond Bonheur, 25 novembre 1925, (BON., pp. 106-107).

BOS. Lettres de Charles Du Bos et réponses d'André Gide, Paris, Corréa, 1950, 212p.

Lettre d'André Gide à Charles Du Bos, 29 mai 1915, (BOS., p. 18).

Lettre d'André Gide à Charles Du Bos, 14 janvier 1921,
(BOS., pp. 27-29).

Lettre d'André Gide à Charles Du Bos, 22 mars 1921,
(BOS., p. 30).

Lettre d'André Gide à Charles Du Bos, [1921],
(BOS., p. 31).

Lettre d'André Gide à Charles Du Bos, [1921],
(BOS., pp. 32-33).

Lettre d'André Gide à Charles Du Bos, 23 juillet 1921,
(BOS., p. 34).

Lettre d'André Gide à Charles Du Bos, [1921],
(BOS., p. 35).

Lettre d'André Gide à Charles Du Bos, [1921],
(BOS., p. 39).

Lettre d'André Gide à Charles Du Bos, 4 novembre 1922,
(BOS., p. 48).

Lettre d'André Gide à Charles Du Bos, février 1923,
(BOS., p. 52).

Lettre d'André Gide à Charles Du Bos, 1er janvier 1924,
(BOS., pp. 61-62).

Lettre d'André Gide à Charles Du Bos, 27 février 1924,
(BOS., p. 65).

Lettre d'André Gide à Charles Du Bos, 21 mars 1924,
(BOS., p. 66).

Lettre d'André Gide à Charles Du Bos, [1924],
(BOS., pp. 74-75).

Lettre d'André Gide à Charles Du Bos, 21 novembre 1924,
(BOS., p. 78).

Lettre d'André Gide à Charles du Bos, [1925],
(BOS., p. 89).

Lettre d'André Gide à Charles Du Bos, 30 août 1925,
(BOS., pp. 90-91).

Lettre d'André Gide à Charles Du Bos, juin 1926,
(BOS., p. 98).

Lettre d'André Gide à Charles Du Bos, 2 juillet 1926,
(BOS., pp. 105-106).

Lettre d'André Gide à Paul Desjardins, [1926],
(BOS., pp. 107-108).

Lettre d'André Gide à Charles Du Bos, 14 novembre 1926,
(BOS., p. 109).

Lettre d'André Gide à Charles Du Bos, 1er février 1927,
(BOS., p. 110).

Lettre d'André Gide à Charles Du Bos, 5 mai 1927,
(BOS., pp. 120-122).

Lettre d'André Gide à Charles Du Bos, [1927],
(BOS., p. 126).

Lettre d'André Gide à Charles Du Bos, 20 février 1928,
(BOS., p. 129).

Lettre d'André Gide à Charles Du Bos, 15 mars 1928,
(BOS., pp. 133-134).

Lettre d'André Gide à Charles Du Bos, 14 juin 1928,
(BOS., pp. 137-138).

Lettre d'André Gide à Charles Du Bos, 17 juin 1928,
(BOS., pp. 139-140).

Lettre d'André Gide à Charles Du Bos, 26 juin 1928,
(BOS., pp. 143-144).

Lettre d'André Gide à Charles Du Bos, 28 septembre 1928,
(BOS., pp. 147-148).

Lettre d'André Gide à Charles Du Bos, 3 octobre 1928,
(BOS., p. 159).

Lettre d'André Gide à Charles Du Bos, 5 octobre 1928,
(BOS., pp. 161-162).

Lettre d'André Gide à Charles Du Bos, décembre 1928,
(BOS., p. 165).

Lettre d'André Gide à Charles Du Bos, 2 janvier 1929,
(BOS., p. 169).

Lettre d'André Gide à Charles Du Bos, 10 avril 1929,
(BOS., pp. 178-180).

Lettre d'André Gide à Charles Du Bos, 15 avril 1929,
(BOS., p. 185).

Lettre d'André Gide à Charles Du Bos, 5 juin 1929,
(BOS., pp. 187-188).

CLA. Correspondance Paul Claudel - André Gide (1899-1926), préface et notes par Robert Mallet, [Paris], Gallimard, 1949, 400p.

[Dans son Répertoire chronologique des lettres publiées d'André Gide (Paris, Minard, 1971), Claude Martin rectifie certaines dates proposées par Robert Mallet:

	Mallet	Martin
CLA., pp. 58-59	[8 décembre 1905]	7 décembre 1905
CLA., p.130	[mars 1910]	21 mars 1910
CLA., pp.171-172	[printemps 1911]	[mai?] 1911
CLA., pp.242-243	[mai 1925]	13 mai 1925]

[Dans "Additions to the Gide Bibliography", The Romanic Review, XLIII, February 1952, pp. 34-53, Justin O'Brien a corrigé quelques notes de Robert Mallet, en plus de fournir parfois des précisions supplémentaires. Cet article fut repris dans: Justin O'Brien, Contemporary French Literature [368], pp. 173-198.]

Lettre d'André Gide à Paul Claudel, 25 septembre 1905,
(CLA., pp. 50-51).

Lettre d'André Gide à Paul Claudel, [8 décembre 1905],
(CLA., pp. 58-59). *Voir: publications préoriginales.*

Lettre d'André Gide à Paul Claudel, [17 décembre 1905],
(CLA., p. 60). *Voir: publications préoriginales.*

Lettre d'André Gide à Paul Claudel, 7 novembre 1906, (CLA., pp. 67-68). *Voir: publications préoriginales.*

Lettre d'André Gide à Paul Claudel, 14 mars [1907], (CLA., pp. 72-73).

Lettre d'André Gide à Paul Claudel, 20 juin 1907, (CLA., pp. 74-76).

Lettre d'André Gide à Paul Claudel, 24 octobre 1907, (CLA., pp. 77-78).

Lettre d'André Gide à Paul Claudel, 17 janvier 1908, (CLA., pp. 79-80).

Lettre d'André Gide à Paul Claudel, juillet 1908, (CLA., pp. 86-87).

Lettre d'André Gide à Paul Claudel, 17 octobre 1908, (CLA., pp. 89-90).

Lettre d'André Gide à Paul Claudel, 9 janvier 1909, (CLA., pp. 93-95).

Lettre d'André Gide à Paul Claudel, 31 janvier 1909, (CLA., pp. 97-98).

Lettre d'André Gide à Paul Claudel, 24 février [1909], (CLA., pp. 99-100).

Lettre d'André Gide à Paul Claudel, 19 avril 1909, (CLA., pp. 100-101).

Lettre d'André Gide à Paul Claudel, 18 juin 1909, (CLA., pp. 103-104).

Lettre d'André Gide à Paul Claudel, 19 juillet 1909, (CLA., pp. 109-110).

Lettre d'André Gide à Paul Claudel, Noël 1909, (CLA., p. 112).

Lettre d'André Gide à Paul Claudel, [Début de janvier 1910], (CLA., pp. 114-115).

Lettre d'André Gide à Paul Claudel, 8 janvier 1910, (CLA., p. 116).

Lettre d'André Gide à Paul Claudel, 15 février 1910, (CLA., pp. 119-120).

Lettre d'André Gide à Paul Claudel, 23 février 1910, (CLA., pp. 122-124).

Lettre d'André Gide à Paul Claudel, 12 mars 1910, (CLA., pp. 127-128).

Lettre d'André Gide à Paul Claudel, [mars 1910], (CLA., p. 130).

Lettre d'André Gide à Paul Claudel, [17 avril 1910], (CLA., p. 131).

Lettre d'André Gide à Paul Claudel, 14 juin 1910, (CLA., pp. 138-139).

Lettre d'André Gide à Paul Claudel, [juin 1910], (CLA., pp. 142-144).

Lettre d'André Gide à Paul Claudel, 27 juin [1910], (CLA., pp. 145-146).

Lettre d'André Gide à Paul Claudel, 6 août 1910, (CLA., pp. 148-149).

Lettre d'André Gide à Paul Claudel, 7 janvier 1911, (CLA., p. 159). Voir: publications préoriginales.

Lettre d'André Gide à Paul Claudel, 22 février 1911, (CLA., pp. 161-164).

Lettre d'André Gide à Paul Claudel, [février 1911], (CLA., p. 165).

Lettre d'André Gide à Paul Claudel, 9 mars 1911, (CLA., pp. 167-168).

Lettre d'André Gide à Paul Claudel, 1er avril 1911, (CLA., p. 170).

Lettre d'André Gide à Paul Claudel, [printemps 1911], (CLA., pp. 171-172).

Lettre d'André Gide à Paul Claudel, 16 juin 1911, (CLA., pp. 176-177).

Lettre d'André Gide à Paul Claudel, 20 juin [1911], (CLA., p. 179).

Lettre d'André Gide à Paul Claudel, 14 août 1911, (CLA., pp. 181-182).

*Lettre d'André Gide à Paul Claudel, 1º décembre 1911,
(CLA., pp. 185-186). Voir: publications préoriginales.*

*Lettre d'André Gide à Paul Claudel, 7 janvier 1912,
(CLA., pp. 188-189). Voir: publications préoriginales.*

*Lettre d'André Gide à Paul Claudel, 25 juillet [1912],
(CLA., p, 201).*

*Lettre d'André Gide à Paul Claudel, 7 mars 1914,
(CLA., pp. 217-218). Voir: publications préoriginales.*

*Lettre d'André Gide à Paul Claudel, 8 mars 1914,
(CLA., p. 219). Voir: publications préoriginales.*

*Lettre d' André Gide à Paul Claudel, 16 mars 1914,
(CLA., pp. 223-224). Voir: publications préoriginales.*

*Lettre d'André Gide à Paul Claudel, 19 mars 1914,
(CLA., pp. 225-226). Voir: publications préoriginales.*

*Brouillon d'une lettre d'André Gide à Francis Jammes, [fin
mars 1914], (CLA., pp. 230-231: ce brouillon n'est pas dans
JAM.).*

*Lettre d'André Gide à Paul Claudel, [Paris, mai 1925],
(CLA., pp. 242-243). Voir: publications préoriginales.*

*Lettre d'André Gide à Paul Claudel, 15 juin 1926,
(CLA., pp. 244-245).*

*Lettre d'André Gide à Francis Jammes, 25 décembre 1909,
(CLA., pp. 301-302). Dans JAM. (pp. 269-270), cette même
lettre est datée du 29 décembre 1909.*

*Lettre d'André Gide à Francis Jammes, 2 janvier 1910,
(CLA., p. 302; JAM., p. 271).*

*Lettre d'André Gide à Francis Jammes, [3 janvier 1910],
(CLA., p. 303; JAM., pp. 271-272).*

*Lettre d'André Gide à Francis Jammes, [9 février 1911],
(CLA., p. 329; JAM., p. 274).*

*Lettre d'André Gide au Journal Le Temps, 1º septembre 1913,
(CLA., p. 358. Nous n'avons pas retrouvé cette lettre dans
Le Temps.)*

*Lettre d'André Gide à Francis Jammes, 15 novembre 1913,
(CLA., p. 360. Cette lettre n'est pas citée dans JAM. et
Claude Martin (op.cit.) n'en fait pas mention).*

Publications préoriginales:

"La correspondance entre Claudel et Gide" (fragments), <u>Le Figaro littéraire</u>, 22 octobre 1949, pp. 5-6.

> *Lettre d'André Gide à Paul Claudel*, 8 décembre 1905, p. 5 (<u>CLA</u>., pp. 58-59).
>
> *Lettre d'André Gide à Paul Claudel*, 17 décembre 1905, p. 5 (<u>CLA</u>., p. 60).
>
> *Lettre d'André Gide à Paul Claudel*, 7 novembre 1906, p. 5 (<u>CLA</u>., pp. 67-68).
>
> *Lettre d'André Gide à Paul Claudel*, 7 janvier 1911, p. 6 (<u>CLA</u>., p. 159).

"La correspondance entre Claudel et Gide" (fragments), <u>Le Figaro littéraire</u>, 29 octobre 1949, p. 5.

> *Lettre d'André Gide à Paul Claudel*, 10 décembre 1911, p. 5 (<u>CLA</u>., pp. 185-186).
>
> *Lettre d'André Gide à Paul Claudel*, 7 janvier 1912, p. 5 (<u>CLA</u>., pp. 188-189).

"La correspondance entre Claudel et Gide" (fragments), <u>Le Figaro littéraire</u>, 5 novembre 1949, pp. 5 et 7.

> *Lettre d'André Gide à Paul Claudel*, 7 mars 1914, p. 5 (<u>CLA</u>., pp. 217-218).
>
> *Lettre d'André Gide à Paul Claudel*, 8 mars 1914, p. 5 (<u>CLA</u>., p. 219).
>
> *Lettre d'André Gide à Paul Claudel*, 16 mars 1914, p. 5 (<u>CLA</u>., pp. 223-224).
>
> *Lettre d'André Gide à Paul Claudel*, 19 mars 1914, p. 5 (<u>CLA</u>., pp. 225-226).

Lettre d'André Gide à Paul Claudel, mai 1925, p. 7 (CLA., p. 242).

COC. Jean Cocteau, Lettres à André Gide, avec quelques réponses d'André Gide, préface et commentaires de J.-J. Kihm, Paris, La Table ronde, 1970, 221p.

Fragment d'une lettre d'André Gide à Jean Cocteau, 6 août 1912, (COC., pp. 29-30).

Lettre d'André Gide à Jean Cocteau, [C.P. 12 janvier 1914], (COC., p. 42).

Lettre d'André Gide et d'Edith Wharton à Jean Cocteau, 23 novembre [1915], (COC., p. 57).

Lettre d'André Gide à Jean Cocteau, [17 avril 1917], (COC., p. 61).

Lettre d'André Gide à Jean Cocteau, 2 juin 1918, (COC., pp. 68-69). Voir: publications préoriginales

Lettre ouverte d'André Gide à Jean Cocteau, [mai 1919], (COC., pp. 78-80). Voir: publications préoriginales.

Lettre d'André Gide à Jean Cocteau, [6 mai 1919], (COC., pp. 83-84).

Lettre d'André Gide à Jean Cocteau, 11 juillet 1919, (COC., pp. 97-99).

"La Nouvelle parade de Jean Cocteau", [septembre 1919], (COC., pp. 102-106).

Lettre d'André Gide à Jean Cocteau, 12 mai 1922, (COC., pp. 116-117).

Brouillon d'une lettre d'André Gide à Jean Cocteau, [mai 1922], (COC., pp. 122-123).

Lettre d'André Gide à Jean Cocteau, [s.d.],
(COC., p. 131).

Lettre d'André Gide à Jean Cocteau, 24 janvier 1923,
(COC., pp. 135-136).

Lettre d'André Gide à Jean Cocteau, 26 décembre 1931,
(COC., p. 168).

Lettre d'André Gide à Jean Desbordes, 26 décembre 1931,
(COC., p. 169).

Lettre d'André Gide à Jean Cocteau, 28 février 1935,
(COC., p. 170).

Lettre d'André Gide à Jean Cocteau, 30 mars 1937,
(COC., p. 176). Voir: publications préoriginales.

Lettre d'André Gide à Jean Cocteau, 31 juillet 1946,
(COC., pp. 188-189).

Lettre d'André Gide à Jean Cocteau, 13 février 1949,
(COC., p. 196).

Lettre d'André Gide à Jean Cocteau, 27 août 1949,
(COC., pp. 201-202).

Lettre d'André Gide à Jean Cocteau, 2 décembre 1950,
(COC., p. 205).

Lettre d'André Gide à Jean Cocteau, [31 décembre 1950],
(COC., pp. 205-206). Voir publications préoriginales.

Publications préoriginales:

"Lettre ouverte à Jean Cocteau", Nouvelle revue française,
1er juin 1919, pp. 125 - 128 (COC., pp. 78-80). Cette lettre
fut aussi publiée dans: Incidences, Paris, Gallimard, 1924,
pp. 64-66; O.C. XI, pp. 109-112.

[Lettre d'André Gide à Jean Cocteau], Empreintes, mai-juillet 1950, pp. 109-110.

> *Lettre d'André Gide à Cocteau, 2 juin 1918, p. 109 (COC., pp. 68-69).*

> *Lettre d'André Gide à Jean Cocteau, 30 mars 1937, p. 110 (COC., p. 176).*

"Lettre d'André Gide à Jean Cocteau", Biblio-Hachette, octobre 1955, p. 8.

> *Cette lettre du 2 juin 1918 avait précédemment été publiée dans Empreintes, mai-juillet 1950, p. 109 (COC., pp. 68-69).*

"Lettre à Jean Cocteau", Circulaire du Cercle André Gide, no 76, s.d.

> *Lettre d'André Gide à Jean Cocteau, [30 décembre 1950], s.p., (COC., pp. 205-206).*

GOS. The Correspondence of André Gide and Edmund Gosse (1904-1928) edited with translation, introduction and notes, by Linette F. Brugmans, New York, New York University Press, 1959, 220p. [Aussi: London, Peter Owen Ltd., 1960, 220p.]

> *Lettre d'André Gide à Edmund Gosse, 14 juillet 1909, (GOS., pp. 46-47).*

> *Lettre d'André Gide à Edmund Gosse, 9 septembre 1909, (GOS., p. 51).*

> *Lettre d'André Gide à Edmund Gosse, 10 mars 1910, (GOS., p. 55).*

> *Lettre d'André Gide à Edmund Gosse, 4 avril 1910, (GOS., p. 56).*

Lettre d'André Gide à Edmund Gosse, 10 avril 1910, (GOS., pp. 56-57).

Lettre d'André Gide à Edmund Gosse, 21 juillet 1911, (GOS., p. 60).

Lettre d'André Gide à Edmund Gosse, 26 juillet 1911, (GOS., p. 62).

Lettre d'André Gide à Edmund Gosse, 11 août 1911, (GOS., p. 64).

Lettre d'André Gide à Edmund Gosse, 4 septembre 1911, (GOS., pp. 66-67).

Lettre d'André Gide à Edmund Gosse, 8 octobre 1911, (GOS., pp. 68-69).

Lettre d'André Gide à Edmund Gosse, 31 décembre 1911, (GOS., pp. 72-73).

Lettre d'André Gide à Edmund Gosse, 11 janvier 1912, (GOS., pp. 74-75).

Lettre d'André Gide à Edmund Gosse, 11 juin 1912, (GOS., pp. 76-77).

Lettre d'André Gide à Edmund Gosse, 12 août 1912, (GOS., pp. 80-81).

Lettre d'André Gide à Edmund Gosse, 28 novembre 1912, (GOS., pp. 83-84).

Lettre d'André Gide à Edmund Gosse, décembre 1912, (GOS., p. 87).

Lettre d'André Gide à Edmund Gosse, 25 décembre, 1912, (GOS., p. 87).

Lettre d'André Gide à Edmund Gosse, 10 février 1913, (GOS., pp. 88-89).

Lettre d'André Gide à Edmund Gosse, 25 avril 1913, (GOS., pp. 92-93).

Lettre d'André Gide à Edmund Gosse, 4 mai 1913, (GOS., pp. 96-97).

Lettre d'André Gide à Edmund Gosse, 18 mai 1913, (GOS., p. 98).

Lettre d'André Gide à Edmund Gosse, 20 mai 1913, (GOS., p. 99).

Lettre d'André Gide à Edmund Gosse, 29 juin 1913, (GOS., pp. 101-102).

Lettre d'André Gide à Edmund Gosse, 8 janvier 1914, (GOS., pp. 106-107).

Lettre d'André Gide à Edmund Gosse, 10 novembre 1914, (GOS., p. 113).

Lettre d'André Gide à Edmund Gosse, 29 décembre 1914, (GOS., pp. 115-116).

Lettre d'André Gide à Edmund Gosse, 5 juin 1915, (GOS., p. 119).

Lettre d'André Gide à Edmund Gosse, 7 juillet 1915, (GOS., p. 121).

Lettre d'André Gide à Edmund Gosse, 19 juillet 1915, (GOS., p. 122).

Lettre d'André Gide à Edmund Gosse, 23 janvier 1916, (GOS., p. 123).

Lettre d'André Gide à Edmund Gosse, 6 février 1916, (GOS., pp. 127-128). Voir : publications préoriginales.

Lettre d'André Gide à Edmund Gosse, 3 juillet 1916, (GOS., pp. 130-131).

Lettre d'André Gide à Edmund Gosse, 27 juillet 1916, (GOS., pp. 136-137).

Lettre d'André Gide à Edmund Gosse, 20 septembre 1916, (GOS., p. 143).

Lettre d'André Gide à Edmund Gosse, 21 décembre 1916, (GOS., pp. 147-148).

Lettre d'André Gide à Edmund Gosse, 23 décembre 1916, (GOS., p. 150).

Lettre d'André Gide à Edmund Gosse, 26 octobre 1917, (GOS., pp. 151-152).

Lettre d'André Gide à Edmund Gosse, 10 juin 1918, (GOS., p. 155).

Lettre d'André Gide à Edmund Gosse, 31 juillet 1918,
(GOS., pp. 157-158).

Lettre d'André Gide à Edmund Gosse, 9 août 1918,
(GOS., p. 160).

Lettre d'André Gide à Edmund Gosse, 25 août 1918,
(GOS., p. 161).

Lettre d'André Gide à Edmund Gosse, 30 août 1918,
(GOS., pp. 162-163).

Lettre d'André Gide à Edmund Gosse, 4 septembre 1918,
(GOS., p. 164).

Lettre d'André Gide à Edmund Gosse, 23 août 1920,
(GOS., p. 166).

Lettre d'André Gide à Edmund Gosse, 16 janvier 1921,
(GOS., pp. 167-168).

Lettre d'André Gide à Edmund Gosse, 12 septembre 1924,
(GOS., pp. 171-172).

Lettre d'André Gide à Edmund Gosse, 26 octobre 1924,
(GOS., pp. 174-175).

Lettre d'André Gide à Edmund Gosse, 15 janvier 1925,
(GOS., p. 177).

Lettre d'André Gide à Edmund Gosse, 25 octobre 1925,
(GOS., p. 178).

Lettre d'André Gide à Edmund Gosse, 27 juillet 1926,
(GOS., pp. 179-180).

Lettre d'André Gide à Edmund Gosse, 22 décembre 1926,
(GOS., 184-185).

Lettre d'André Gide à Edmund Gosse, 30 décembre 1926,
(GOS., p. 187).

Lettre d'André Gide à Edmund Gosse, 16 janvier 1927,
(GOS., pp. 189-190). Voir: publications préoriginales.

Lettre d'André Gide à Edmund Gosse, 8 avril 1928,
(GOS., pp. 192-194).

Lettre d'André Gide à Philip Gosse, 4 février 1929,
(GOS., p. 203).

> Lettre d'André Gide à Philip Gosse, 8 février 1929, (GOS., pp. 203-204).
>
> Lettre d'André Gide à Philip Gosse, 22 février 1929, (GOS., p. 204).
>
> Lettre d'André Gide à Philip Gosse, 11 mars 1930, (GOS., p. 204).
>
> Lettre d'André Gide à Philip Gosse, 14 avril 1930, (GOS., pp. 204-205).

Publications préoriginales :

"Lettre à Sir Edmund Gosse", dans "Lettres", Nouvelle revue française, 1er juillet 1928, pp. 49-50.

> Lettre d'André Gide à Edmund Gosse, 16 janvier 1927, (GOS., pp. 189-190). Cette lettre fut aussi publiée dans : Lettres, Liège, A la lampe d'Aladdin, 1930, pp. 49-51 ; Divers, Paris, Gallimard, 1931, pp. 155-157 ; O.C. XIV, pp. 399-400.

Journal 1889-1939, [Paris], Nouvelle revue française, "Bibliothèque de la Pléiade", 1939.

> Fragment d'une lettre d'André Gide à Edmund Gosse, 5 février 1916, pp. 536-537 (GOS., pp. 127-128). Il est à remarquer qu'à ce dernier endroit la lettre est du 6 février 1916.

L. Brugmans, "André Gide et la langue anglaise", Columbia Review, Spring 1951

> Plusieurs fragments de lettres d'André Gide à Edmund Gosse sont cités dans cet article, ainsi que la lettre du 31 décembre 1911 (GOS., pp. 72-74).

[Sept lettres d'Edmund Gosse à André Gide sont citées dans:
E. Charteris, The Life and Letters of Sir Edmund Gosse,
London, Harper and Brothers, 1931. L'ouvrage ne renferme
cependant aucune lettre d'André Gide. Ajoutons que quatre
autres lettres d'Edmund Gosse à André Gide, jusqu'alors
inédites, ont été publiées dans: Paul F. Mattheisen, "More
on Gosse and Gide", Notes and Queries, October 1963, pp. 377-
379.]

JAM. Correspondance Francis Jammes - André Gide (1893-1938), préface et notes par Robert Mallet, [Paris], Gallimard, [1948], 387p.

[Dans son Répertoire chronologique des lettres publiées d'André Gide (Paris, Minard, 1971), Claude Martin rectifie certaines dates proposées par Robert Mallet:

	Mallet	Martin
JAM., pp. 37-38	[Fin de l'année 1894]	5 novembre 1894
JAM., pp. 53-54	[Début d'août] 1895	juillet 1895
JAM., p. 72	[Début de mai 1896]	30 avril 1896
JAM., p. 90	[octobre 1896]	novembre 1896
JAM., pp. 102-103	[Fin février 1897]	mars 1897
JAM., p. 134	[Fin de janvier 1898]	12 janvier 1898

On trouvera également de très précieuses rectifications dans:
Justin O'Brien, "Additions to the Gide Bibliography", The Romanic Review, February 1952 et repris dans Contemporary French Literature [368], pp. 180-183. Deux lettres d'André Gide à Francis Jammes et le fragment d'une troisième, absentes de l'ensemble, ont été publiés ailleurs. Yvonne Davet [voir 163] cite celle du 31 août 1897 (p. 111). Justin O'Brien, par ailleurs, révèle celle du 12 juin 1932, dans: "Gide et l'Antigyde", La Quinzaine littéraire, 1-15 avril 1968, p. 11 (article repris dans Contemporary French Literature [voir 368].) Michel Decaudin cite enfin le fragment d'une autre lettre, apparemment de juillet 1898, dans La Crise des valeurs symbolists [voir 258]. Notons aussi, incidemment,

qu'André Gide cita quelques lettres de Francis Jammes, dans la préface à Vers et Prose de Francis Jammes (Lausanne, La Guilde du Livre, 1939, pp. 7-17).

Lettre d'André Gide à Francis Jammes, [mai] 1893, (JAM., p. 33).

Lettre d'André Gide à Francis Jammes, [automne 1894], (JAM., pp. 35-36).

Lettre d'André Gide à Francis Jammes, [fin de l'année 1894], (JAM., pp. 37-38).

Lettre d'André Gide à Francis Jammes, vendredi soir, [avril 1895], (JAM., pp. 41-42).

Lettre d'André Gide à Francis Jammes, mardi [mai 1895], (JAM., p. 45).

Lettre d'André Gide à Francis Jammes, [juin 1895], (JAM., pp. 47-48).

Lettre d'André Gide à Francis Jammes, [Début d'août] 1895, (JAM., pp. 53-54).

Lettre d'André Gide à Francis Jammes, 23 octobre 1895, (JAM., pp. 55-56).

Lettre d'André Gide à Francis Jammes, [novembre 1895], (JAM., pp. 59-60).

Lettre d'André Gide à Francis Jammes, 19 janvier [1896], (JAM., pp. 62-63).   *Voir: publications préoriginales.*

Lettre d'André Gide à Francis Jammes, 21 février 1896, (JAM., pp. 65-66).   *Voir: publications préoriginales.*

Lettre d'André Gide à Francis Jammes, [fin de février 1896], (JAM., pp. 66-67).   *Voir: publications préoriginales.*

Lettre d'André Gide à Francis Jammes, [début de mai 1896], (JAM., p. 72).   *Voir: publications préoriginales.*

Lettre d'André Gide à Francis Jammes, [début de juin 1896], (JAM., pp. 73-74).

Lettre d'André Gide à Francis Jammes, [début de juillet 1896], (JAM., pp. 77-78).

Lettre d'André Gide à Francis Jammes, 2 août 1896, (JAM., p. 80).

Lettre d'André Gide à Francis Jammes, 18 août 1896, (JAM., pp. 81-82). Voir: publications préoriginales.

Lettre d'André Gide à Francis Jammes, 23 août 1896, (JAM., p. 83).

Lettre d'André Gide à Francis Jammes, [octobre 1896], (JAM., p. 90). Selon Yvonne Davet (Autour des Nourritures terrestres, Paris, Gallimard, 1948, p. 99), cette lettre serait du mois de septembre 1896; Claude Martin, par contre, la situe en novembre 1896, dans son Répertoire chronologique des lettres publiées d'André Gide (Paris, Minard, 1971). Voir: publications préoriginales.

Lettre d'André Gide à Francis Jammes, 3 décembre [1896], (JAM., p. 94). Voir: publications préoriginales.

Lettre d'André Gide à Francis Jammes, [début de février 1897], (JAM., pp. 100-101). Voir: publications préoriginales.

Lettre d'André Gide à Francis Jammes, 20 février 1897, (JAM., pp. 101-102). Voir: publications préoriginales.

Lettre d'André Gide à Francis Jammes, [fin de février 1897], (JAM., pp. 102-103).

Lettre d'André Gide à Francis Jammes, 16 mars 1897, (JAM., pp. 103-104).

Lettre d'André Gide à Francis Jammes, 22 avril 1897, (JAM., p. 107).

Lettre d'André Gide à Francis Jammes, 27 mai 1897, (JAM., pp. 109-110). Voir: publications préoriginales.

Lettre d'André Gide à Francis Jammes, [début de juin 1897], (JAM., pp. 110-111).

Lettre d'André Gide à Francis Jammes, 4 juillet [1897], (JAM., pp. 113-114). Voir: publications préoriginales.

Lettre d'André Gide à Francis Jammes, [juillet 1897], (JAM., pp. 115-116)., Voir: publications préoriginales.

Lettre d'André Gide à Francis Jammes, [juillet 1897], (JAM., p. 117). Voir: publications préoriginales.

Lettre d'André Gide à Francis Jammes, août [1897], (JAM., pp. 120-121).

Lettre d'André Gide à Francis Jammes, [octobre 1897], (JAM., pp. 125-126). Voir: publications préoriginales.

Lettre d'André Gide à Francis Jammes, [1er novembre 1897], (JAM., p. 127).

Lettre d'André Gide à Francis Jammes, 1er décembre 1897, (JAM., pp. 129-130). Voir: publications préoriginales.

Lettre d'André Gide à Francis Jammes, [décembre 1897], (JAM., pp. 131-132). Voir: publications préoriginales.

Lettre d'André Gide à Francis Jammes, 4 janvier 1898, (JAM., pp. 133-134).

Lettre d'André Gide à Francis Jammes, [fin de janvier 1898], (JAM., p. 134).

Lettre d'André Gide à Francis Jammes, 11 mars 1898, (JAM., p. 135).

Lettre d'André Gide à Francis Jammes, 28 mars 1898, (JAM., p. 136).

Lettre d'André Gide à Francis Jammes, 17 avril 1898, (JAM., pp. 137-138).

Lettre d'André Gide à Francis Jammes. [avril 1898], (JAM., pp. 139-140).

Lettre d'André Gide à Francis Jammes, 5 mai [1898], (JAM., pp. 141-142).

Lettre d'André Gide à Francis Jammes, [début d'août 1898], (JAM., pp. 143-144).

Lettre d'André Gide à Francis Jammes, ? septembre 1898, (JAM., pp. 147-148).

Lettre d'André Gide à Francis Jammes, [avril 1899], (JAM., pp. 150-151).

Lettre d'André Gide à Francis Jammes, 21 juillet [1899], (JAM., pp. 152-153).

Lettre d'André Gide à Francis Jammes, 26 août [1900], (JAM., pp. 166-167).

Lettre d'André Gide à Francis Jammes, 14 octobre [1900], (JAM., p. 169).

Lettre d'André Gide à Francis Jammes, juillet [1901], (JAM., pp. 174-175).

Lettre d'André Gide à Francis Jammes, novembre 1901, (JAM., pp. 178-179).

Lettre d'André Gide à Francis Jammes, décembre 1901, (JAM., p. 181).

Lettre d'André Gide à Francis Jammes, décembre 1901, (JAM., p. 182).

Lettre d'André Gide à Francis Jammes, décembre 1901, (JAM., p. 183).

Lettre d'André Gide à Francis Jammes, 12 avril 1902, (JAM., pp. 184-185).

Lettre d'André Gide à Francis Jammes, 7 mai 1902, (JAM., pp. 187-188).

Lettre d'André Gide à Francis Jammes, [mai 1902], (JAM., pp. 188-189).

Lettre d'André Gide à Francis Jammes, [12 juin 1902], (JAM., pp. 194-195).

Lettre d'André Gide à Francis Jammes, 7 juillet [1902], (JAM., p. 197).

Lettre d'André Gide à Francis Jammes, 6 août 1902, (JAM., pp. 199-200). Voir: *publications préoriginales.*

Lettre d'André Gide à Francis Jammes, 8 octobre [1903], (JAM., pp. 205-206).

Lettre d'André Gide à Francis Jammes, 11 février [1904], (JAM., pp. 208-209).

Lettre d'André Gide à Francis Jammes, 10 mars 1904, (JAM., pp. 209-210). Voir: *publications préoriginales.*

Lettre d'André Gide à Francis Jammes, [milieu de mars 1904], (JAM., p. 211).

Lettre d'André Gide à Francis Jammes, [fin d'août 1904], (JAM., p. 214).

Lettre d'André Gide à Francis Jammes, 14 octobre 1904, (JAM., pp. 214-216). Voir: publications préoriginales.

Lettre d'André Gide à Francis Jammes, 18 octobre 1904, (JAM., p. 218). Voir: publications préoriginales.

Lettre d'André Gide à Francis Jammes, [13 décembre 1904], (JAM., pp. 219-220).

Lettre d'André Gide à Francis Jammes, [fin de décembre 1904], (JAM., pp. 224-226).

Lettre d'André Gide à Francis Jammes, [18 avril 1905], (JAM., p. 226).

Lettre d'André Gide à Francis Jammes, [fin d'avril 1905], (JAM., pp. 226-227).

Lettre d'André Gide à Francis Jammes, 5 mai [1905], (JAM., p. 227).

Lettre d'André Gide à Francis Jammes, 27 juillet [1905], (JAM., p. 228).

Lettre d'André Gide à Francis Jammes, [début d'octobre 1905], (JAM., p. 229).

Lettre d'André Gide à Francis Jammes, 29 novembre 1905, (JAM., pp. 230-231).

Lettre d'André Gide à Francis Jammes, 15 février 1906, (JAM., pp. 232-233).

Lettre d'André Gide à Francis Jammes, [26 avril 1906], (JAM., p. 234). Voir: publications préoriginales.

Lettre d'André Gide à Francis Jammes, 2 mai 1906, (JAM., pp. 235-236).

Lettre d'André Gide à Francis Jammes, 7 mai 1906, (JAM., p. 237). Voir: publications préoriginales.

Lettre d'André Gide à Francis Jammes, 16 mai 1906, (JAM., pp. 237-238). Voir: publications préoriginales.

Lettre d'André Gide à Francis Jammes, 19 août 1906,
(JAM., pp. 239-240). *Voir: publications préoriginales.*

Lettre d'André Gide à Francis Jammes, [fin d'août 1906],
(JAM., pp. 242-243).

Lettre d'André Gide à Francis Jammes, [13 novembre 1906],
(JAM., p. 245).

Lettre d'André Gide à Francis Jammes, 8 décembre [1906],
(JAM., p. 245).

Lettre d'André Gide à Francis Jammes, [fin de mars 1907],
(JAM., p. 247).

Lettre d'André Gide à Francis Jammes, [21 janvier 1908],
(JAM., p. 250).

Lettre d'André Gide à Francis Jammes, 5 avril 1908,
(JAM., pp. 250-251).

Lettre d'André Gide à Francis Jammes, 9 janvier 1909,
(JAM., p. 253).

Lettre d'André Gide à Francis Jammes, 24 janvier 1909,
(JAM., pp. 254-255).

Lettre d'André Gide à Francis Jammes, 27 janvier 1909,
(JAM., pp. 255-257). *Voir: publications préoriginales.*

Lettre d'André Gide à Francis Jammes, 19 février 1909,
(JAM., p. 258).

Lettre d'André Gide à Francis Jammes, 15 juin 1909,
(JAM., p. 260).

Lettre d'André Gide à Francis Jammes, 11 août 1909,
(JAM., p. 261).

Lettre d'André Gide à Francis Jammes, 26 octobre 1909,
(JAM., pp. 261-262).

Lettre d'André Gide à Francis Jammes, 3 novembre 1909,
(JAM., p. 262).

Lettre d'André Gide à Francis Jammes, 14 décembre [1909],
(JAM., pp. 263-264).

Lettre d'André Gide à Francis Jammes, [décembre 1909],
(JAM., p. 266). *Voir: publications préoriginales.*

Lettre d'André Gide à Francis Jammes, Noël [1909],
(JAM., pp. 266-267).

Lettre d'André Gide à Francis Jammes, [28 décembre 1909],
(JAM., pp. 268-269).

Lettre d'André Gide à Francis Jammes, 29 décembre 1909,
(JAM., pp. 269-270).

Lettre d'André Gide à Francis Jammes, 2 janvier 1910,
(JAM., p. 271). *Voir: publications préoriginales.*

Lettre d'André Gide à Francis Jammes, [3 janvier 1910],
(JAM., pp. 271-272].

Lettre d'André Gide à Francis Jammes, 15 février 1910,
(JAM., p. 273).

Lettre d'André Gide à Francis Jammes, [3 mai 1910],
(JAM., p. 273).

Télégramme d'André Gide à Francis Jammes, [9 février 1911],
(JAM., p. 274).

Lettre d'André Gide à Francis Jammes, 19 juin 1911,
(JAM., pp. 276-277).

Lettre d'André Gide à Francis Jammes, [juin 1911],
(JAM., pp. 278-279). *Voir: publications préoriginales.*

Lettre d'André Gide à Francis Jammes, [octobre 1911],
(JAM., pp. 281-282).

Lettre d'André Gide à Francis Jammes, [juin 1915],
(JAM., p. 283).

Lettre d'André Gide à Francis Jammes, 22 décembre 1931,
(JAM., pp. 286-287).

Lettre d'André Gide à Francis Jammes, 24 décembre 1931,
(JAM., pp. 287-288).

Lettre d'André Gide à Francis Jammes, 4 novembre 1935,
(JAM., p. 290).

Lettre d'André Gide à Francis Jammes, 6 juillet 1938,
(JAM., p. 291).

Télégramme d'André Gide à Mme Francis Jammes, 3 novembre 1938,
(JAM, p. 291).

*Lettre d'André Gide à Francis Jammes, 28 août 1897,
(JAM., pp. 299-301). Cette lettre fut publiée dans Le
Spectateur catholique, no 9, septembre 1897, pp. 141-142,
sous le titre de: "Réponse à la lettre du Faune".*

*Lettre d'André Gide à Louis Comte, [novembre 1897],
(JAM., pp. 302-304).*

*Lettre d'André Gide à Arthur Fontaine, 26 février 1911,
(JAM., pp. 313-314).*

*Fragment de la lettre d'André Gide à Christian Beck, 2 juillet
1907, (JAM., pp. 352-353). Cette lettre se trouve aussi dans:
"Lettres à Christian Beck", [voir 165, pp. 620-622].*

*Lettre d'André Gide à Francis Jammes, 24 avril 1923,
(JAM., pp. 363-364). Cette lettre fut tout d'abord publiée
dans les Nouvelles llittéraires du 28 avril 1923.*

Publications préoriginales:

"Réponse à la lettre du Faune", Le Spectateur catholique, no 9,
septembre 1897, pp. 141-142.

*Lettre d'André Gide à Francis Jammes, 28 août 1897,
(JAM., pp. 299-301).*

"Lettre à Francis Jammes", Les Nouvelles littéraires, 28 avril 1923.

*Cette lettre d'André Gide à Francis Jammes, du 24 avril 1923,
fut aussi publiée dans: Incidences, Paris, Gallimard, 1924, pp.
67-68; O.C. XI, pp. 113-115; JAM., pp. 363-364; CLA., pp. 254-255.*

DAVET (Yvonne), "Le Cinquantenaire des Nourritures terrestres",
L'Arche, nos 27-28, mai 1947, pp. 46-108. Ces pages furent reprises dans l'ouvrage du même auteur: Autour des Nourritures terrestres. Histoire d'un livre, Paris, Gallimard, 1948 (achevé d'imprimer le 28 septembre 1948). C'est à ce livre que nous référons ci-après

Notons, incidemment, que la <u>Correspondance Francis Jammes-André Gide</u> fut achevé d'imprimer le 14 janvier 1948.

Fragment d'une lettre d'André Gide à Francis Jammes, ["début de l'automne probablement"], p. 25. Un autre fragment de cette même lettre est aussi cité à la page 100. Dans <u>JAM</u>. (pp. 110-111), cette lettre est datée du [début de juin 1897]. Claude Martin, dans son <u>Répertoire chronologique des lettres publiées d'André Gide</u>, la mentionne en février 1897. Quoi qu'il en soit, la date attribuée par Robert Mallet est manifestement fausse: d'une part, la lettre vient de Paris et Gide ne s'y trouvait pas en juin 1897; d'autre part, il est question des épreuves des <u>Nourritures terrestres</u> à corriger. Or, en juin 1897, le livre avait déjà été publié.

Fragment d'une lettre d'André Gide à Francis Jammes, 18 août 1896, pp. 29-30 (<u>JAM</u>., pp. 81-82).

Fragment d'une lettre d'André Gide à Francis Jammes, s.d., pp. 31-32. Dans <u>JAM</u>. (p. 90), la lettre est datée de [octobre 1896]; Claude Martin (<u>op.cit</u>.) croit qu'elle est plutôt du mois de novembre 1896.

Fragment d'une lettre d'André Gide à Francis Jammes, ["très vraisemblablement des derniers jours de 1896 ou des premiers jours de janvier 1897"], p. 32. Dans <u>JAM</u>. (pp. 100-101), la lettre est datée du [début de février 1897].

Fragment d'une lettre d'André Gide à Francis Jammes, 6 août 1902, p. 36 (<u>JAM</u>., p. 200).

Fragment d'une lettre d'André Gide à Francis Jammes, 19 janvier 1896, p. 91 (<u>JAM</u>., p. 63).

Fragment d'une lettre d'André Gide à Francis Jammes, 21 février 1896, p. 94 (<u>JAM</u>., p. 65).

Fragment d'une lettre d'André Gide à Francis Jammes, [fin de février 1896], p. 95 (<u>JAM</u>., pp. 66-67).

Fragment d'une lettre d'André Gide à Francis Jammes, ["qui date vraisemblablement de la fin d'avril ou des tout premiers jours de mai"], p. 99. Dans <u>JAM</u>. (p. 72), la lettre est datée du [début de mai 1896], alors que Claude Martin (<u>op.cit</u>.) précise qu'elle fut écrite le 30 avril 1896.

Fragment d'une lettre d'André Gide à Francis Jammes [septembre 1896], p. 99. Dans <u>JAM</u>. (p. 90), la lettre serait de [octobre 1896], tandis que de l'avis de Claude Martin (<u>op.cit</u>.), elle serait de [novembre 1896].

Fragment d'une lettre d'André Gide à Francis Jammes, 3 décembre 1896, p. 100 (JAM., p. 94).

Fragment d'une lettre d'André Gide à Francis Jammes, 20 février 1897, p. 100 (JAM., pp. 101-102).

Fragment d'une lettre d'André Gide à Francis Jammes, [février 1897], p. 100 [la lettre d'où sont extraites les trois lignes citées par Yvonne Davet ne semble pas avoir été reprise par Robert Mallet].

Fragment d'une lettre d'André Gide à Francis Jammes, 27 mai 1897, p. 102 (JAM., pp. 109-110).

Fragments d'une lettre d'André Gide à Francis Jammes, 4 juillet 1897, p. 104 et p. 120 (JAM., p. 113).

Fragment d'une lettre d'André Gide à Francis Jammes, ["dans la première quinzaine de juillet"] 1897, p. 106 (JAM., pp. 115-116).

Fragment d'une lettre d'André Gide à Francis Jammes, s.d., p. 108 (JAM., p. 125).

Fragment d'une lettre d'André Gide à Francis Jammes, pp. 110-111 (JAM., p. 117).

Fragments d'une lettre d'André Gide à Francis Jammes, 1er décembre 1897, p. 115 et p. 168 (JAM., p. 130).

Fragment d'une lettre d'André Gide à Francis Jammes, s.d., p. 116 (JAM., p. 132).

Fragment d'une lettre d'André Gide à Francis Jammes, 14 octobre 1904, pp. 171-172 (JAM., pp. 214-215).

Fragment d'une lettre d'André Gide à Francis Jammes, 18 octobre 1904, pp. 174-175 (JAM., p. 218).

Fragment d'une lettre d'André Gide à Francis Jammes, 26 avril 1906, p. 175 (JAM., p. 234).

Fragment d'une lettre d'André Gide à Francis Jammes, 6 mai 1906, p. 176. Dans JAM. (p. 237), la lettre est datée du 7 mai 1906. Claude Martin (op.cit) donne raison à Robert Mallet.

"Lettres de Francis Jammes et d'André Gide", Revue de Paris, septembre 1947, pp. 11-28.

Lettre d'André Gide à Francis Jammes, 6 août 1902, pp. 15-16
(JAM., pp. 199-200).

Lettre d'André Gide à Francis Jammes, 10 mars 1904, pp. 16-17
(JAM., pp. 209-210).

Lettre d'André Gide à Francis Jammes, 18 octobre 1904, p. 19
(JAM., p. 218).

Lettre d'André Gide à Francis Jammes, 16 mai 1906, p. 20
(JAM., pp. 237-238).

Lettre d'André Gide à Francis Jammes, 19 août 1906, pp. 21-22
(JAM., pp. 239-240).

Lettre d'André Gide à Francis Jammes, 27 janvier 1909, pp. 24-25
(JAM., pp. 255-257).

Lettre d'André Gide à Francis Jammes, [décembre] 1909, p. 25
(JAM., p. 266).

Lettre d'André Gide à Francis Jammes, 2 janvier 1910, p. 26
(JAM., p. 271).

Lettre d'André Gide à Francis Jammes, juin 1911, p. 28
(JAM., pp. 278-279).

"Correspondance Francis Jammes et André Gide", <u>Biblio-Hachette</u>, avril 1948, pp. 4-5.

Lettre d'André Gide à Francis Jammes, mai 1893, p. 4
(JAM., p. 33).

Lettre d'André Gide à Francis Jammes, 23 octobre 1895, p. 5
(JAM., pp. 55-56).

Lettre d'André Gide à Francis Jammes, 3 mai 1910, p. 5
(JAM., p. 273).

JOU.   Marcel JOUHANDEAU, <u>Correspondance avec André Gide</u>, Paris, Marcel Sautier, 1958, 91p.

Lettre d'André Gide à Marcel Jouhandeau, 8 octobre 1922,
(JOU., p. 9).

Lettre d'André Gide à Marcel Jouhandeau, 3 janvier 1924,
(JOU., p. 10).

Lettre d'André Gide à Marcel Jouhandeau, 9 janvier 1924,
(JOU., p. 11).

Lettre d'André Gide à Marcel Jouhandeau, 14 octobre 1924,
(JOU., p. 12).

Lettre d'André Gide à Marcel Jouhandeau, 31 octobre 1924,
(JOU., p. 13).

Lettre d'André Gide à Marcel Jouhandeau, [1924-1925?],
(JOU., pp. 14-15). Claude Martin précise, dans son Répertoire chronologique des lettres publiées d'André Gide, (Paris, Minard, 1971), que cette lettre fut écrite en août 1924.

Lettre d'André Gide à Marcel Jouhandeau, août [1925?],
(JOU., pp. 16-17). Claude Martin (op.cit.) croit que cette lettre est plutôt de 1924.

Lettre d'André Gide à Marcel Jouhandeau, 3 février 1925,
(JOU., pp. 17-18).

Lettre d'André Gide à Marcel Jouhandeau, s.d. [mercredi],
(JOU., p. 19).

Lettre d'André Gide à Marcel Jouhandeau, s.d.
(JOU., pp. 19-20). Claude Martin (op.cit.) croit que cette lettre est de [juillet 1926].

Lettre d'André Gide à Marcel Jouhandeau, 18 juillet 1926,
(JOU., pp. 20-21). Claude Martin (op.cit.) rectifie la date: 17 juillet 1926.

Lettre d'André Gide à Marcel Jouhandeau, 8 août 1926,
(JOU., p. 21).

Lettre d'André Gide à Marcel Jouhandeau, 30 décembre 1926,
(JOU., pp. 21-23).

Lettre d'André Gide à Marcel Jouhandeau, 10 janvier 1927,
(JOU., p. 23).

Lettre d'André Gide à Marcel Jouhandeau, 6 juillet 1927,
(JOU., p. 24).

Lettre d'André Gide à Marcel Jouhandeau, dimanche, s.d.,
(JOU., p. 25). Claude Martin (op.cit.) précise que cette lettre est du [11 janvier 1925].

Lettre d'André Gide à Marcel Jouhandeau, [1929?],
(JOU., p. 26). Claude Martin (op.cit.) est d'avis que cette lettre est du [1º novembre 1929].

Lettre d'André Gide à Marcel Jouhandeau, 23 novembre 1929, (JOU., pp. 26-27).

Lettre d'André Gide à Marcel Jouhandeau, 17 mars 1930, (JOU., p. 27).

Lettre d'André Gide à Marcel Jouhandeau, 3 juin 1930, (JOU., pp. 28-32).

Lettre d'André Gide à Marcel Jouhandeau, 1er juillet 1931, (JOU., p. 32).

Lettre d'André Gide à Marcel Jouhandeau, 30 novembre 1931, (JOU., p. 33).

Lettre d'André Gide à Marcel Jouhandeau, [fin 1931], (JOU., p. 34). Claude Martin (op.cit.) précise que cette lettre est du mois de décembre 1931.

Lettre d'André Gide à Marcel Jouhandeau, 1er mars 1932, (JOU., p. 35).

Lettre d'André Gide à Marcel Jouhandeau, 3 novembre 1932, (JOU., pp. 35-36).

Lettre d'André Gide à Marcel Jouhandeau, 1er février 1933, (JOU., pp. 36-37).

Lettre d'André Gide à Marcel Jouhandeau, 24 mars 1933, (JOU., pp. 37-38).

Lettre d'André Gide à Marcel Jouhandeau, 14 avril 1933, (JOU., p. 38).

Lettre d'André Gide à Marcel Jouhandeau, 26 novembre 1933, (JOU., p. 39).

Lettre d'André Gide à Marcel Jouhandeau, 18 juin 1938, (JOU., p. 39).

Lettre d'André Gide à Marcel Jouhandeau, 29 octobre 1938, (JOU., pp. 39-40).

Lettre d'André Gide à Marcel Jouhandeau, 7 novembre 1938, (JOU., pp. 40-41).

Lettre d'André Gide à Marcel Jouhandeau, 4 décembre 1938, (JOU., p. 41).

Lettre d'André Gide à Marcel Jouhandeau, 25 juillet 1939, (JOU., pp. 41-42).

Lettre d'André Gide à Marcel Jouhandeau, 27 septembre 1946, (JOU., p. 43).

MAR. **Lettres à un sculpteur**, Paris, Marcel Sautier, 1952, 54 [6]p.

Lettre d'André Gide à Simone Marye, 20 juillet 1929, (MAR., pp. 21-22).

Lettre d'André Gide à Simone Marye, 23 juillet 1929, (MAR., pp. 23-24).

Lettre d'André Gide à Simone Marye, 27 juillet 1935, (MAR., pp. 25-26).

Lettre d'André Gide à Simone Marye, 11 janvier 1938, (MAR., pp. 27-28).

Lettre d'André Gide à Simone Marye, 24 avril 1938, (MAR., p. 29).

Lettre d'André Gide à Simone Marye, 1er décembre 1938, (MAR., pp. 30-31).

Lettre d'André Gide à Simone Marye, 17 janvier 1940, (MAR., 32-34).

Lettre d'André Gide à Simone Marye, 22 janvier 1940, (MAR., p. 35).

Lettre d'André Gide à Simone Marye, 5 janvier 1945, (MAR., pp. 36-38).

Lettre d'André Gide à Simone Marye, 17 avril 1945, (MAR., pp. 39-40).

Lettre d'André Gide à Simone Marye, 20 juin 1946,
(MAR., pp. 41-42).

Lettre d'André Gide à Simone Marye, 21 novembre 1946,
(MAR., p. 45).

Lettre d'André Gide à Simone Marye, 3 décembre 1946,
(MAR., pp. 46-48).

Lettre d'André Gide à Simone Marye, 7 janvier 1947,
(MAR., pp. 49-50).

Lettre d'André Gide à Simone Marye, 7 juillet 1948,
(MAR., p. 52).

Lettre d'André Gide à Frédéric Dupont, 18 janvier 1951,
(MAR., pp. 53-54).

MAU. Correspondance André Gide - François Mauriac (1912-1950), édition établie, présentée et annotée par Jacqueline Morton, Cahiers André Gide, no 2, Paris, Gallimard, 1971, 275 p.

Lettre d'André Gide à François Mauriac, 15 avril 1912,
(MAU., p.61). Voir: publications préoriginales.

Lettre d'André Gide à François Mauriac, 29 décembre 1921,
(MAU., pp. 64-65). Voir: publications préoriginales.

Lettre d'André Gide à François Mauriac, 24 janvier 1922,
(MAU., p. 67).

Lettre d'André Gide à François Mauriac, [février 1922],
(MAU., p. 68). Selon Peter R. Fawcett (Bulletin des Amis d'André Gide, no 12, 15 juillet 1971, p. 7), cette lettre serait du 25 juin 1922.

Lettre d'André Gide à François Mauriac, [1er juillet 1922],
(MAU., p. 69). Voir: publications préoriginales.

Lettre d'André Gide à François Mauriac, [1927?],
(MAU, p. 72).

Lettre d'André Gide à François Mauriac, [1927],
(MAU., p. 73).

Lettre d'André Gide à François Mauriac, 7 octobre [1927],
(MAU., pp. 73-75). Voir: publications préoriginales.

Lettre d'André Gide à François Mauriac, 24 avril 1928,
(MAU., pp. 75-77). *Voir: publications préoriginales.*

Lettre d'André Gide à François Mauriac, 10 mai 1928,
(MAU., p. 77). *Voir: publications préoriginales.*

Lettre d'André Gide à François Mauriac, 4 février 1929,
(MAU., pp. 79-80). *Voir: publications préoriginales.*

Lettre d'André Gide à François Mauriac, [10 mai 1931],
(MAU., p. 82).

Lettre d'André Gide à François Mauriac, 14 juillet 1931,
(MAU., p. 84).

Lettre d'André Gide à François Mauriac, 17 avril 1932,
(MAU., pp. 84-85).

Lettre d'André Gide à François Mauriac, 21 juillet 1932,
(MAU., p. 86).

Lettre d'André Gide à François Mauriac, 11 août 1933,
(MAU., p. 87). *Voir: publications préoriginales.*

Lettre d'André Gide à François Mauriac, 14 décembre 1937,
(MAU., p. 89). *Voir: publications préoriginales.*

Lettre d'André Gide à François Mauriac, [22 juin 1939],
(MAU., p. 91).

Lettre d'André Gide à François Mauriac, 22 juillet 1939,
(MAU., pp. 93-94). *Voir: publications préoriginales.*

Lettre d'André Gide à François Mauriac, 26 septembre 1939,
(MAU., p. 96).

Lettre d'André Gide à François Mauriac, 4 octobre 1939,
(MAU., pp. 96-97). *Voir: publications préoriginales.*

Lettre d'André Gide à Edouard Daladier, 4 octobre 1939,
(MAU., pp. 97-98).

Lettre d'André Gide à François Mauriac, 9 janvier 1940,
(MAU., p. 98).

Lettre d'André Gide à François Mauriac, 3 juillet 1940,
(MAU., p. 99). *Voir: publications préoriginales.*

Lettre d'André Gide à François Mauriac, [29 juillet 1941],
(MAU., p. 100).

Lettre d'André Gide à François Mauriac, 6 octobre 1941,
(MAU., p. 100). *Voir: publications préoriginales.*

Lettre d'André Gide à François Mauriac, 13 décembre 1941,
(MAU., p. 101).

Lettre d'André Gide à François Mauriac, 13 décembre 1944,
(MAU., pp. 101-102). *Voir: publications préoriginales.*

Lettre d'André Gide à François Mauriac, 29 juin 1946,
(MAU., pp. 103-104).

Lettre d'André Gide à François Mauriac, 26 novembre 1946,
(MAU., p. 104).

Lettre d'André Gide à François Mauriac, 1 décembre 1946,
(MAU., pp. 106-107). *Voir: publications préoriginales.*

Lettre d'André Gide à François Mauriac, 21 juin 1948,
(MAU., pp. 107-108). *Voir: publications préoriginales.*

Lettre d'André Gide à François Mauriac, 5 juillet 1949,
(MAU., pp. 109-110). *Voir: publications préoriginales.*

Lettre d'André Gide à François Mauriac, 13 novembre 1949,
(MAU., pp. 111-112). *Voir: publications préoriginales.*

Lettre d'André Gide à François Mauriac, 11 décembre 1949,
(MAU., pp. 113-114). *Voir: publications préoriginales.*

Lettre d'André Gide à François Mauriac, 7 mars 1950,
(MAU., p. 115).

Lettre d'André Gide à François Mauriac, 5 avril 1950,
(MAU., pp. 115-116).

Lettre d'André Gide à François Mauriac, 12 décembre 1950,
(MAU., p. 116). *Voir: publications préoriginales.*

Publications préoriginales:

"Lettre à François Mauriac", dans André Gide, Paris, Editions du Capitole, 1928 [achevé d'imprimer le 25 janvier 1928], pp. 191-192.

Cette lettre d'André Gide à François Mauriac, du 7 octobre [1927], fut aussi publiée dans: A. Gide, "Lettres", Nouvelle Revue française, *1er juin 1928, pp. 722-724;* F. Mauriac, Dieu et Mammon, *Paris, Editions du Capitole, 1929, pp. 203-204;* A. Gide, Lettres, *Liège, A la Lampe d'Aladdin, 1930, pp. 43-47;* A. Gide, Divers, *Paris, Gallimard, 1931, pp. 151-154;* A. Gide, O.C. XIV, *pp. 401-403;* F. Mauriac, Oeuvres *complètes*, Paris, Fayard, 1951, VII, pp. 332-333; MAU., pp. 73-75.

"Lettre à François Mauriac", dans "Lettres", Nouvelle revue française, 1er juin 1928, pp. 724-726.

Cette lettre d'André Gide à François Mauriac, du 24 avril 1928, fut aussi publiée -- avec quelques variantes -- dans: F. Mauriac, Dieu et Mammon, Paris, Editions du Capitole, 1929, pp. 197-201; A. Gide, Lettres, Liège, A la Lampe d'Aladdin, 1930, pp. 73-77; A. Gide, Divers, Paris, Gallimard, 1931, pp. 173-176; A. Gide, O.C. XV, pp. 538-540; F. Mauriac, Oeuvres complètes, Paris, Fayard, 1951, VII, pp. 330-331 (il est à noter que Mauriac date, ici, cette lettre du 7 mai 1928); MAU., pp. 75-77.

MAURIAC (Claude), Conversations avec André Gide, Paris, Albin Michel, 1951. [voir no 197]

Fragments d'une lettre d'André Gide à François Mauriac, s.d., pp. 200-201 (MAU., pp. 93-94). Dans MAU., la date est précisée: 22 juillet 1939.

Lettre d'André Gide à François Mauriac, 26 septembre 1939, p. 236 (MAU., p. 96).

Lettre d'André Gide à François Mauriac, 3 juillet 1940, pp. 249-250 (MAU., p. 99).

Lettre d'André Gide à François Mauriac, [29 juillet 1941], pp. 254-255 (MAU., p. 100).

Lettre d'André Gide à François Mauriac, 6 octobre 1941, p. 255 (MAU., p. 100).

Lettre d'André Gide à François Mauraic, 13 décembre 1941, p. 256 (MAU., p. 101).

"Lettres d'André Gide à François Mauriac", La Table ronde, no 61, janvier 1953, pp. 91-106.

Lettre d'André Gide à François Mauriac, 15 avril 1912, p. 91 (MAU., p. 61).

Lettre d'André Gide à François Mauriac, 29 décembre 1921, pp. 91-92 (MAU., pp. 64-65).

Lettre d'André Gide à François Mauriac, 1er juillet 1922, pp. 92-93 (MAU., p. 69).

Lettre d'André Gide à François Mauriac, 4 février 1929, pp. 93-94 (MAU., pp. 79-80).

Lettre d'André Gide à François Mauriac, 11 août 1933, p. 94 (MAU., p. 87).

Lettre d'André Gide à François Mauriac, 14 décembre 1937, p. 95 (MAU., p. 89).

Lettre d'André Gide à François Mauriac, 22 juillet 1939, pp. 96-97 (MAU., pp. 93-94).

Lettre d'André Gide à François Mauriac, 17 août 1939, p. 97 (MAU., p. 95).

Lettre d'André Gide à François Mauriac, 4 octobre 1939, p. 98 (MAU., pp. 96-97).

Lettre d'André Gide à François Mauriac, 3 juillet 1940, pp. 99-100 (MAU., p. 99).

Lettre d'André Gide à François Mauriac, 6 octobre 1941, p. 100 (MAU., p. 100).

Lettre d'André Gide à François Mauriac, 13 décembre 1944, pp. 100-101 (MAU., pp. 101-102).

Lettre d'André Gide à François Mauriac, 1 décembre 1946, pp. 101-102 (MAU., pp. 106-107).

Lettre d'André Gide à François Mauriac, 21 juin 1948, pp. 102-103 (MAU., pp. 107-108).

Lettre d'André Gide à François Mauriac, 5 juillet 1949, p. 103 (MAU., pp. 109-110).

Lettre d'André Gide à François Mauriac, 13 novembre 1949, p. 104 (MAU., pp. 111-112).

Lettre d'André Gide à François Mauriac, 11 décembre 1949, pp. 104-106 (MAU., p. 116).

François Mauriac, Catalogue de l'exposition François Mauriac à la Bibliothèque littéraire Jacques Doucet, (24 janvier - 15 mai 1968), préparé par François Chapon, Paris, Bibliothèque littéraire Jacques Doucet, 1968.

Lettre d'André Gide à François Mauriac, 14 décembre 1935, p. 37 (MAU., p. 89).

Lettre d'André Gide à François Mauriac, 10 mai 1928, p. 77 (MAU., p. 77).

Fragment d'une lettre d'André Gide à François Mauriac, 4 février 1929, p. 79 (MAU., pp. 79-80).

PEG.   Correspondance André Gide - Charles Péguy (1905-1912), présentée par Alfred Suffrey, Cahiers de l'Amitié Charles Péguy, no 65, juin 1958, pp. 3-28. [Un tirage à part fut publié, la même année, par l'imprimerie de Persan-Beaumont.]

Lettre d'André Gide à André Bourgeois, [C.P. 1er novembre 1906], (PEG., p. 21).

Lettre d'André Gide à Charles Péguy, [C.P. 31 mars 1907], (PEG., p. 21).

Lettre d'André Gide à André Bourgeois, [C.P. 2 mai 1907], (PEG., p. 22).

Lettre d'André Gide à Charles Péguy, 15 février 1908, (PEG., pp. 22-23).

Lettre d'André Gide à Charles Péguy, [C.P. 24 janvier 1910], (PEG., pp. 23-24).

Lettre d'André Gide à André Bourgeois, 11 février 1910, (PEG., p. 24). Voir: publication préoriginale

Lettre d'André Gide à Charles Péguy, 11 février [1910], (PEG., p. 24). Voir: publication préoriginale

Lettre d'André Gide à Charles Péguy, 10 juillet 1910, (PEG., pp. 24-25). Un très court extrait de cette lettre sera publié dans le Bulletin des Amis de Charles-Louis Philippe, no 16, 2e série, 1958, p. 249.

Lettre d'André Gide à Charles Péguy, [C.P. 8 novembre 1910], (PEG., p. 25). Un fragment de cette même lettre fut aussi publié dans: Théodore Alajouanine, "Un extrait d'une lettre d'André Gide à Charles Péguy à propos de Charles-Louis Philippe", Bulletin des Amis de Charles-Louis Philippe, no 25, décembre 1967, p. 25.

Lettre d'André Gide à Charles Péguy, [C.P. 8 février 1911], (PEG., p. 26). Un ligne de cette lettre sera citée dans le Bulletin des Amis de Charles-Louis Philippe, no 16, 2e série, 1958, p. 249.

Lettre d'André Gide à André Bourgeois, [C.P. 24 mars 1911], (PEG., p. 26).

Lettre d'André Gide à Charles Péguy, [C.P. 10 juin 1911], (PEG., p. 27). Voir : publication préoriginale.

Lettre d'André Gide à Charles Péguy, 30 juin 1911, (PEG., p. 27). Un fragment de cette lettre fut aussi publié dans : Bulletin des Amis de Charles-Louis Philippe, no 16, 2e série, 1958, p. 249.

Lettre d'André Gide à André Bourgeois, 4 juillet [1911], (PEG., p. 27).

Lettre d'André Gide à Charles Péguy, [C.P. 25 VII. 12], (PEG., p. 28).

Publication préoriginale :

"Lettres à Charles Péguy et à André Bourgeois", Cahiers de l'Amitié Charles Péguy, no 28, août 1952, p. 13 et p. 29.

    Lettre d'André Gide à Charles Péguy, 11 février 1910, p. 13 (PEG., p. 24).

    Lettre d'André Gide à André Bourgeois, 11 février 1910, p. 13 (PEG., p. 24).

    Lettre d'André Gide à Charles Péguy, [C.P. 10 juin 1911], p. 29 (PEG., p. 27).

PRO.   Marcel Proust, Lettres à André Gide, Neuchâtel et Paris, Ides et Calendes, 1949, 122p.

    Lettre d'André Gide à Marcel Proust, [janvier 1914],

(PRO., pp. 9-11). Cette lettre avait précédemment été publiée dans: "Lettres", Nouvelle revue française, 1er novembre 1928, pp. 609-610; Divers, Paris, Gallimard, 1931, pp. 210-212; O.C. VIII, pp. 377-378; "Lettres inédites" [sic], L'Arche, février 1947, pp. 19-20. On trouvera enfin le texte original dans: Philip KOLB, "An Enigmatic Proustian Metaphor", The Romanic Review, October 1953, pp. 187-197.
Dans son Répertoire chronologique des lettres publiées d'André Gide, (Paris, Minard, 1971), Claude Martin précise que la présente lettre est du 11 janvier 1914.

Lettre d'André Gide à Marcel Proust, [janvier 1914],
(PRO., p. 12). Cette lettre fut tout d'abord publiée dans: "Lettres", Nouvelle revue française, 1er novembre 1928, pp. 612-613 [aucune date n'est alors mentionnée]; Divers, Paris, Gallimard, 1931, pp. 212-213; O.C. VIII, p. 379; "Lettres inédites" [sic], L'Arche, février 1947, pp. 23-24.
Dans le Répertoire chronologique des lettres publiées d'André Gide (Paris, Minard, 1971), c'est le 12 janvier 1914 qu'il est fait mention de la lettre de Gide à Proust.

Lettre d'André Gide à Marcel Proust, 14 juin 1922,
(PRO., pp. 89-91). A notre connaissance, seule cette lettre n'avait pas été publiée auparavant.

RIL. Correspondance Rainer Maria Rilke - André Gide (1909-1926, introduction et commentaires par Renée Lang, Paris, Corréa, 1952, 268p.

> [On aura intérêt à consulter l'édition allemande de cet ouvrage, qui offre un texte revu et corrigé: Briefwechsel Rainer Maria Rilke - André Gide: 1909 bis 1926. Eingeleitet und mit Anmerkungen von Renée Lang, Stuttgart, Deutsche Verlagsantalt & Wiesbaden, Insel-Verlag, 1957.]

Lettre d'André Gide à Rainer Rilke, 16 octobre 1910,
(RIL., p. 43). Voir: publications préoriginales.

Lettre d'André Gide à Rainer Maria Rilke, 31 octobre 1910,
(RIL., p. 46).

Lettre d'André Gide à Rainer Maria Rilke, 29 novembre 1910,
(RIL., pp. 49-52).

Lettre d'André Gide à Mme Emile Mayrisch, 14 janvier 1911,
(RIL., p. 53).

*Lettre d'André Gide à Mme Emile Mayrisch, 19 février 1911,
(RIL., p. 55).*

*Lettre d'André Gide à Rainer Maria Rilke, [fin mai 1911],
(RIL., p. 58). Voir: publications préoriginales.*

*Fragment d'une lettre d'André Gide à Mme Emile Mayrisch,
4 juillet 1911, (RIL., p. 61).*

*Lettre d'André Gide à Rainer Maria Rilke, [8 mars 1913],
(RIL., p. 71).*

*Lettre d'André Gide à Rainer Maria Rilke, [novembre 1913],
(RIL., p. 75).*

*Lettre d'André Gide à Rainer Maria Rilke, [début janvier 1914],
(RIL., p. 80). Claude Martin précise, dans son Répertoire
chronologique des lettres publiées d'André Gide (Paris, Minard,
1971), que cette lettre est du 5 janvier 1914.*

*Lettre d'André Gide à Rainer Maria Rilke, 14 février 1914,
(RIL., pp. 93-94). Voir: publications préoriginales.*

*Lettre d'André Gide à Rainer Rilke, [17 février 1914],
(RIL., pp. 97-98). Voir: publications préoriginales.*

*Lettre d'André Gide à Rainer Maria Rilke, [25 février 1914],
(RIL., p. 105).*

*Lettre d'André Gide à Rainer Maria Rilke, [28 février 1914],
(RIL., p. 106).*

*Lettre d'André Gide à Rainer Maria Rilke, 23 mars 1914,
(RIL., p. 107).*

*Lettre d'André Gide à Rainer Maria Rilke, 24 mars 1914,
(RIL., pp. 107-108). Voir: publications préoriginales.*

*Lettre d'André Gide à Rainer Maria Rilke, 22 juillet 1914,
(RIL., pp. 116-117). Voir: publications préoriginales.*

*Lettre d'André Gide à Romain Rolland, 11 janvier 1916,
(RIL., pp. 126-127).*

*Lettre d'André Gide à Romain Rolland, 25 janvier 1916,
(RIL., pp. 131-132).*

*Lettre d'André Gide à Rainer Maria Rilke, 11 février 1921,
(RIL., pp. 143-144).*

*Lettre d'André Gide à Rainer Maria Rilke, 16 avril 1921,
(RIL., p. 148).*

Lettre d'André Gide à Rainer Maria Rilke, 13 mai 1921, (RIL., pp. 154-155). *Voir: publications préoriginales.*

Lettre d'André Gide à Rainer Maria Rilke, 11 juillet [1921], (RIL., p. 165).

Lettre d'André Gide à Rainer Maria Rilke, 29 août 1921, (RIL., pp. 170-171).

Lettre d'André Gide à Rainer Maria Rilke, 19 décembre 1921, (RIL., pp. 174-175). *Voir: publications préoriginales.*

Lettre d'André Gide à Rainer Maria Rilke, 25 avril 1922, (RIL., pp. 185-186).

Lettre d'André Gide à Rainer Maria Rilke, 2 juin 1922, (RIL., pp. 190-191).

Lettre d'André Gide à Rainer Maria Rilke, 8 novembre 1922, (RIL., pp. 198-199).

Lettre d'André Gide à Rainer Maria Rilke, 17 novembre 1922, (RIL., pp. 202-203).

Lettre d'André Gide à Rainer Maria Rilke, 27 novembre 1922, (RIL., pp. 204-206). *Voir: publications préoriginales.*

Lettre d'André Gide à Rainer Maria Rilke, 31 décembre 1922, (RIL., pp. 208-209).

Lettre d'André Gide à Rainer Maria Rilke, 28 avril 1923, (RIL., p. 212).

Lettre d'André Gide à Rainer Maria Rilke, 2 juin 1923, (RIL., p. 215).

Lettre d'André Gide à Rainer Maria Rilke, 13 juillet 1923, (RIL., pp. 216-217).

Lettre d'André Gide à Rainer Maria Rilke, 1er novembre 1923, (RIL., pp. 220-221).

Lettre d'André Gide à Rainer Maria Rilke, 15 décembre 1923, (RIL., pp. 228-230).

Lettre d'André Gide à Rainer Maria Rilke, 29 mai 1924, (RIL., pp. 234-235).

Lettre d'André Gide à Rainer Maria Rilke, [janvier 1925], (RIL., pp. 236-237).

Lettre d'André Gide à Rainer Maria Rilke, [18 février 1925], (RIL., p. 241).

*Lettre d'André Gide à Rainer Maria Rilke, 6 juillet 1926,
(RIL., pp. 244-245). Voir: publications préoriginales.*

*Lettre d'André Gide à Mme Baladine Klossowska, 1er janvier 1927,
(RIL., p. 250).*

*Fragment d'une lettre d'André Gide à Renée Lang, 3 octobre 1947,
(RIL., pp. 258-259). Voir no 170.*

Publications préoriginales:

"Lettres inconnues de Gide et de Rilke", Carrefour, s.d., no 425,
pp. 11-12.

*Lettre d'André Gide à Rainer Maria Rilke, 14 février 1914,
(RIL., pp. 93-94).*

*Lettre d'André Gide à Rainer Maria Rilke, 17 février 1914,
(RIL., pp. 97-98).*

*Lettre d'André Gide à Rainer Maria Rilke, 19 décembre 1921,
(RIL., pp. 174-175).*

*Lettre d'André Gide à Rainer Maria Rilke, 27 novembre 1922,
(RIL., pp. 204-206).*

Ranée Lang, "Rilke and Gide: Their Reciprocal Translations",
Yale French Studies, VII, 1951, pp. 98-105. [Traduit en italien,
cet article parut sous le titre de: "Rilke, Gide e le loro tra-
duzioni reciproche" dans Inventario, IV, no 2, mars-avril 1952,
pp. 72-78.]

*Fragment d'une lettre d'André Gide à Rainer Maria Rilke,
24 mars 1914, (RIL., pp. 107-108).*

*Fragment d'une lettre d'André Gide à Rainer Maria Rilke,
22 juillet 1914, (RIL., pp. 116-117).*

*Fragment d'une lettre d'André Gide à Rainer Maria Rilke,
19 décembre 1921, (RIL., pp. 174-175).*

Renée Lang, "Rilke, Gide et Valéry", Preuves, no 21, novembre 1952, pp. 15-22.

> *Fragment d'une lettre d'André Gide à Rainer Maria Rilke, 13 mai 1921, (RIL., pp. 154-155).*
>
> *Fragment d'une lettre d'André Gide à Rainer Maria Rilke, 19 décembre 1921, (RIL., pp. 174-175).*
>
> *Fragment d'une lettre d'André Gide à Rainer Maria Rilke, 6 juillet 1926, (RIL., pp. 244-245).*

Renée Lang, "Autour de Cahiers de Malte Laurids Brigge", La Table ronde, novembre 1952, pp. 118-124.

> *Lettre d'André Gide à Rainer Maria Rilke, 16 octobre 1910, p. 121 (RIL., p. 43).*
>
> *Lettre d'André Gide à Rainer Maria Rilke, [fin mai 1911], pp. 122-123 (RIL., p. 58).*

"Lettre à Rainer Maria Rilke", Les Lettres, nos 14, 15, 16, [1952], p. 45.

> *Lettre d'André Gide à Rainer Maria Rilke, 6 juillet 1926, (RIL., pp. 244-245).*

[Dans ce même numéro de la revue Les Lettres, Renée Lang publia un article intitulé: "Rilke et Gide" (pp. 148-160), qui renfermait des fragments de lettres d'André Gide.]

Renée Lang, "Svelata l'amicizia fra Rilke e Gide", Giovedi, 11 décembre 1952, p. 9.

> *[Quelques fragments de lettres d'André Gide à Rainer Maria Rilke sont cités dans ce court article.]*

RMG I Correspondance André Gide – Roger Martin du Gard (1913-1934), introduction par Jean Delay, Paris, Gallimard, 1968, vol. I, 732 (6)p.

Notons que deux autres lettres de Roger Martin du Gard à André Gide furent publiées dans l'ouvrage de Susan M. Stout: Index de la correspondance André Gide - Roger Martin du Gard, Paris, Gallimard, 1971. Cet Index n'a été qu'à 500 exemplaires réservés aux membres de l'Association des Amis d'André Gide.

Signalons aussi que, dans son Répertoire chronologique des lettres publiées d'André Gide (Paris, Minard, 1971), Claude Martin corrige plusieurs dates:

	Delay	Martin
RMG I, p. 162	[décembre 1920]	9 décembre 1920
RMG I, p. 166	[15] juillet 1921	12 juillet 1921
RMG I, p. 233	[novembre 1923]	18 novembre 1923
RMG I, p. 234	[lundi]	3 décembre 1923
RMG I, pp. 234-235	[novembre 1923]	décembre 1923
RMG I, pp. 253-254	[jeudi 1924]	18 septembre 1924
RMG I, pp. 260-261	[mai 1925]	3 mai 1925
RMG I, p. 270	juin 1925	18 juin 1925
RMG I, p. 292	[jeudi]	17 juin 1926
RMG I, p. 300	novembre 1926	3 novembre 1926
RMG I, pp. 306-307	[mars 1927]	19 mars 1927
RMG I, p. 319	[19 décembre 1927]	17 décembre 1927
RMG I, pp. 332-333	[16 février 1928]	12 février 1928
RMG I, pp. 349-350	[août 1928]	23 août 1928
RMG I, pp. 380-381	[fin novembre]	26 novembre 1929
RMG I, p. 387	[vendredi]	7 février 1930
RMG I, p. 387	2 février 1930	4 février 1930
RMG I, pp. 395-396	6[?] mai 1930	7 mai 1930
RMG I, pp. 503-504	[février 1932]	15 février 1932
RMG I, p. 551	29 février 1933	28 février 1933

Lettre d'André Gide à Roger Martin du Gard, 2 janvier 1914, (RMG I, p. 127).

Carte postale d'André Gide à Roger Martin du Gard, 6 janvier 1914, (RMG I, pp. 127-128).

Lettre d'André Gide à Roger Martin du Gard, 6 janvier 1914, (RMG I, pp. 128-129).

Carte postale d'André Gide à Roger Martin du Gard, 13 mars 1914 (RMG I, p. 131).

Lettre d'André Gide à Roger Martin du Gard, [Hiver 1915: fin janvier 1915], (RMG I, pp. 135-136).

Lettre d'André Gide à Roger Martin du Gard, 27 février 1916, (RMG I, p. 137).

Carte postale d'André Gide à Roger Martin du Gard, 5 mai 1919, (RMG I, p. 140).

Lettre d'André Gide à Roger Martin du Gard, 7 mai 1919, (RMG I, p. 140).

Lettre d'André Gide à Roger Martin du Gard, 30 mai 1919, (RMG I, p. 143).

Lettre d'André Gide à Roger Martin du Gard, 14 juin 1919, (RMG I, p. 144).

Lettre d'André Gide à Roger Martin du Gard, [6 juillet 1919], (RMG I, p. 146).

Lettre d'André Gide à Roger Martin du Gard, 18 août 1919, (RMG I, pp. 147-148).

Lettre d'André Gide à Roger Martin du Gard, 22 mai 1920, (RMG I, p. 150).

Lettre d'André Gide à Roger Martin du Gard, 17 juillet 1920, (RMG I, pp. 151-152). Voir: publications préoriginales.

Carte postale d'André Gide à Roger Martin du Gard, [10 août 1920], (RMG I, p. 156). Voir: publications préoriginales.

Carte postale d'André Gide à Roger Martin du Gard, [août 1920], (RMG I, p. 156).

Lettre d'André Gide à Roger Martin du Gard, octobre 1920, (RMG I, pp. 159-160).

Lettre d'André Gide à Roger Martin du Gard, [décembre 1920], (RMG I, p. 162). Claude Martin, dans son Répertoire chronologique des lettres publiées d'André Gide (Paris, Minard,

1971), *précise la date: 9 décembre 1920.*

Lettre d'André Gide à Roger Martin du Gard, 2 juillet 1921,
(RMG I, p. 165).

Lettre d'André Gide à Roger Martin du Gard, 11 juillet 1921,
(RMG I, pp. 165-166).

Lettre d'André Gide à Roger Martin du Gard, [15] juillet 1921,
(RMG I, p. 166). *Claude Martin (*op.cit.*) corrige cette date:
12 juillet 1921.*

Lettre d'André Gide à Roger Martin du Gard, 19 juillet [1921],
(RMG I, p. 169). *Voir: publications préoriginales.*

Lettre d'André Gide à Roger Martin du Gard, 20 août 1921,
(RMG I, p. 171).

*Lettre d'André Gide à Roger Martin du Gard, [août ou septembre
1921],* (RMG I, pp. 172-173). *Claude Martin (*op.cit.*) opte pour
le mois d'août.*

Lettre d'André Gide à Roger Martin du Gard, [17 septembre 1921],
(RMG I, pp. 173-174).

Lettre d'André Gide à Roger Martin du Gard, [début octobre 1921],
(RMG I, p. 175). *Voir: publications préoriginales.*

Lettre d'André Gide à Roger Martin du Gard, [10 décembre 1921],
(RMG I, pp. 176-177).

Lettre d'André Gide à Roger Martin du Gard, [février 1922],
(RMG I, p. 181).

Lettre d'André Gide à Roger Martin du Gard, 21 juin 1922,
(RMG I, pp. 182-184).

Lettre d'André Gide à Roger Martin du Gard, 12 juillet 1922,
(RMG I, pp. 185-186).

Lettre d'André Gide à Roger Martin du Gard, 18 juillet [1922],
(RMG I, p. 187).

Lettre d'André Gide à Roger Martin du Gard, [12 septembre 1922],
(RMG I, pp. 190-192).

Lettre d'André Gide à Roger Martin du Gard, 7 octobre 1922,
(RMG I, pp. 192-194). *Voir: publications préoriginales.*

Lettre d'André Gide à Roger Martin du Gard, [s.d.],
(RMG I, pp. 196-197). *Dans le Répertoire chronologique des
lettres publiées d'André Gide, cette lettre est mentionnée entre
le 19 et le 25 octobre 1922.*

Lettre d'André Gide à Roger Martin du Gard, 4 novembre 1922, (RMG I, pp. 198-200).

Lettre d'André Gide à Roger Martin du Gard, [14 décembre 1922], (RMG I, pp. 201-202).

Lettre d'André Gide à Roger Martin du Gard, 26 décembre 1922, (RMG I, p. 204).

Lettre d'André Gide à Roger Martin du Gard, 1er février 1923, (RMG I, pp. 206-207).

Lettre d'André Gide à Roger Martin du Gard, 14 février 1923, (RMG I, pp. 208-209).

Lettre d'André Gide à Roger Martin du Gard, 18 février 1923, (RMG I, p. 209).

Lettre d'André Gide à Roger Martin du Gard, 25 février 1923, (RMG I, pp. 211-212).

Lettre d'André Gide à Roger Martin du Gard, 3 mars 1923, (RMG I, pp. 214-215).

Lettre d'André Gide à Roger Martin du Gard, 16 avril 1923, (RMG I, pp. 216-217).

Lettre d'André Gide à Roger Martin du Gard, 27 avril 1923, (RMG I, pp. 218-219).

Lettre d'André Gide à Roger Martin du Gard, 5 juillet 1923, (RMG I, pp. 222-223).

Lettre d'André Gide à Roger Martin du Gard, 23 juillet 1923, (RMG I, pp. 225-226).

Lettre d'André Gide à Roger Martin du Gard, [fin juillet 1923], (RMG I, pp. 227-228). Claude Martin (op.cit.) situe cette lettre entre le 23 et le 28 juillet 1923.

Lettre d'André Gide à Roger Martin du Gard, 10 octobre 1923, (RMG I, p. 229).

Lettre d'André Gide à Roger Martin du Gard, [dernier jour d'octobre ou premier de novembre 1923], (RMG I, pp. 230-231). Claude Martin (op.cit.) a opté pour le 1er novembre 1923.

Lettre d'André Gide à Roger Martin du Gard, [novembre 1923], (RMG I, p. 233). Claude Martin (op.cit.) précise: 18 novembre 1923.

Lettre d'André Gide à Roger Martin du Gard, [Lundi, s.d.], (RMG I, p. 234). Claude Martin (op.cit.) précise: 3 décembre 1923.

Lettre d'André Gide à Roger Martin du Gard, [novembre 1923], (RMG I, pp. 234-235). Claude Martin (op.cit.) est plutôt d'avis que cette lettre est du mois de décembre 1923.

Lettre d'André Gide à Roger Martin du Gard, 30 janvier 1924, (RMG I, p. 237).

Lettre d'André Gide à Roger Martin du Gard, [février 1924], (RMG I, p. 239).

Lettre d'André Gide à Roger Martin du Gard, 19 février [1924], (RMG I, pp. 242-243).

Lettre d'André Gide à Roger Martin du Gard, 2 avril 1924, (RMG I, pp. 245-247).

Lettre d'André Gide à Roger Martin du Gard, 4 avril 1924, (RMG I, p. 247).

Lettre d'André Gide à Roger Martin du Gard, 10 avril [1924], (RMG I, p. 248).

Lettre d'André Gide à Roger Martin du Gard, 24 avril 1924, (RMG I, p. 249).

Lettre d'André Gide à Roger Martin du Gard, 13 juin 1924, (RMG I, p. 250).

Lettre d'André Gide à Roger Martin du Gard, 21 juillet 1924, (RMG I, pp. 250-251).

Lettre d'André Gide à Roger Martin du Gard, 29 juillet 1924, (RMG I, pp. 251-252).

Lettre d'André Gide à Roger Martin du Gard, [jeudi, 1924], (RMG I, pp. 253-254). Claude Martin précise (op.cit.) que cette lettre est du 18 septembre 1924.

Lettre d'André Gide à Roger Martin du Gard, 2 novembre 1924, (RMG I, p. 254).

Lettre d'André Gide à Roger Martin du Gard, 20 janvier 1925, (RMG I, p. 255).

Lettre d'André Gide à Roger Martin du Gard, 25 janvier 1925, (RMG I, pp. 255-256).

Lettre d'André Gide à Roger Martin du Gard, mars 1925, (RMG I, p. 258).

Lettre d'André Gide à Roger Martin du Gard, avril 1925, (RMG I, p. 259). Claude Martin (op.cit.) situe cette lettre entre le 2 et le 13 avril 1925.

Lettre d'André Gide à Roger Martin du Gard, 1er mai 1925,
(RMG I, pp. 259-260).

Lettre d'André Gide à Roger Martin du Gard, mai 1925,
(RMG I, pp. 260-261). *Claude Martin (*op.cit.*) précise:
3 mai 1925.*

Lettre d'André Gide à Roger Martin du Gard, 6 mai 1925,
(RMG I, p. 261).

Lettre d'André Gide à Roger Martin du Gard, 3 juin 1925,
(RMG I, pp. 263-264).

Lettre d'André Gide à Roger Martin du Gard, 9 juin 1925,
(RMG I, pp. 267-269).

Lettre d'André Gide à Roger Martin du Gard, juin 1925,
(RMG I, p. 270). *Claude Martin précise (*op.cit.*): 18 juin
1925.*

Lettre d'André Gide à Roger Martin du Gard, 8 juillet 1925,
(RMG I, p. 271).

Carte postale d'André Gide à Roger Martin du Gard, s.d.,
(RMG I, pp. 272-273). *Claude Martin (*op.cit.*) croit que
cette carte fut adressée en juillet 1925.*

Lettre d'André Gide à Roger Martin du Gard, 30 août 1925,
(RMG I, p. 273).

Lettre d'André Gide à Roger Martin du Gard, 18 octobre 1925,
(RMG I, pp. 278-279).

Lettre d'André Gide à Roger Martin du Gard, 29 décembre 1925,
(RMG I, pp. 279-281).

Lettre d'André Gide à Roger Martin du Gard, [3 juin 1926],
(RMG I, p. 287).

Lettre d'André Gide à Roger Martin du Gard, 11 juin [1926],
(RMG I, p. 289).

Lettre d'André Gide à Roger Martin du Gard, [jeudi],
(RMG I, p. 292). *Claude Martin précise (*op.cit.*): 17 juin
1926.*

Lettre d'André Gide à Roger Martin du Gard, 20 juin 1926,
(RMG I, p. 293).

Lettre d'André Gide à Roger Martin du Gard, 8 juillet 1926,
(RMG I, pp. 295-296).

Lettre d'André Gide à Roger Martin du Gard, 29 octobre 1926, (RMG I, p. 298).

Lettre d'André Gide à Roger Martin du Gard, [novembre 1926], (RMG I, p. 300). Claude Martin (op.cit.) précise: 3 novembre 1926.

Lettre d'André Gide à Roger Martin du Gard, 3 décembre 1926, (RMG I, p. 301).

Lettre d'André Gide à Roger Martin du Gard, 11 décembre 1926, (RMG I, pp. 302-303).

Lettre d'André Gide à Roger Martin du Gard, 22 février 1927, (RMG I, p. 306).

Lettre d'André Gide à Roger Martin du Gard, [mars 1927], (RMG I, pp. 306-307). Claude Martin (op.cit.) précise: 19 mars 1927.

Lettre d'André Gide à Roger Martin du Gard, [3 mai 1927], (RMG I, p. 307).

Lettre d'André Gide à Roger Martin du Gard, 8 mai 1927, (RMG I, p. 308).

Lettre d'André Gide à Roger Martin du Gard, 30 juin 1927, (RMG I, p. 312).

Lettre d'André Gide à Roger Martin du Gard, 1er juillet 1927, (RMG I, pp. 312-313).

Lettre d'André Gide à Roger Martin du Gard, [juillet 1927], (RMG I, p. 315).

Lettre d'André Gide à Roger Martin du Gard, 14 octobre 1927, (RMG I, p. 317).

Lettre d'André Gide à Roger Martin du Gard, [19 décembre 1927], (RMG I, p. 319). Claude Martin (op.cit.) corrige: 17 décembre 1927.

Lettre d'André Gide à Roger Martin du Gard, 7 janvier 1928, (RMG I, pp. 320-321).

Lettre d'André Gide à Roger Martin du Gard, 11 janvier 1928, (RMG I, p. 325).

Lettre d'André Gide à Roger Martin du Gard, 3 février 1928, (RMG I, p. 326).

Lettre d'André Gide à Roger Martin du Gard, 10 février 1928, (RMG I, pp. 328-330).

Lettre d'André Gide à Roger Martin du Gard, [16 février 1928 ?], (RMG I, pp. 332-333). Claude Martin (op.cit.) corrige: 12 février 1928

Lettre d'André Gide à Roger Martin du Gard, 16 février 1928, (RMG I, pp. 333-334).

Lettre d'André Gide à Roger Martin du Gard, 13 mars 1928, (RMG I, pp. 334-335).

Lettre d'André Gide à Roger Martin du Gard, 30 mars 1928, (RMG I, pp. 337-338).

Lettre d'André Gide à Roger Martin du Gard, 10 avril 1928, (RMG I, pp. 341-342).

Lettre d'André Gide à Roger Martin du Gard, 10 mai 1928, (RMG I, pp. 342-343).

Lettre d'André Gide à Roger Martin du Gard, 31 mai 1928, (RMG I, pp. 346-348).

Lettre d'André Gide à Roger Martin du Gard, [23 juillet 1928], (RMG I, p. 349).

Lettre d'André Gide à Roger Martin du Gard, [août 1928], (RMG I, pp. 349-350). Claude Martin (op.cit.) précise: 23 août 1928.

Lettre d'André Gide à Roger Martin du Gard, 22 septembre 1928, (RMG I, pp. 351-353).

Lettre d'André Gide à Roger Martin du Gard, 28 septembre 1928, (RMG I, pp. 354-355).

Lettre d'André Gide à Roger Martin du Gard, 2 octobre 1928, (RMG I, pp. 357-358).

Lettre d'André Gide à Roger Martin du Gard, 5 octobre 1928, (RMG I, p. 359).

Lettre d'André Gide à Roger Martin du Gard, 17 octobre 1928, (RMG I, pp. 359-360).

Lettre d'André Gide à Roger Martin du Gard, 5 novembre 1928, (RMG I, pp. 360-361).

Lettre d'André Gide à Roger Martin du Gard, 20 novembre 1928, (RMG I, pp. 362-363).

Lettre d'André Gide à Roger Martin du Gard, 21 janvier 1929, (RMG I, p. 366).

Lettre d'André Gide à Roger Martin du Gard, juin 1929, (RMG I, p. 369).

Lettre d'André Gide à Roger Martin du Gard, 15 juin 1929,
(RMG I, p. 370).

Lettre d'André Gide à Roger Martin du Gard, 19 juin 1929,
(RMG I, p. 371).

Lettre d'André Gide à Roger Martin du Gard, 25 juin 1929,
(RMG I, p. 374).

Lettre d'André Gide à Roger Martin du Gard, 25 septembre 1929,
(RMG I, p. 376).

Lettre d'André Gide à Roger Martin du Gard, 29 octobre 1929,
(RMG I, pp. 378-379).

Lettre d'André Gide à Roger Martin du Gard, 22 novembre 1929,
(RMG I, p. 379).

Lettre d'André Gide à Roger Martin du Gard, [fin novembre],
(RMG I, pp. 380-381). Claude Martin (op.cit.) précise: 26 novembre 1929.

Lettre d'André Gide à Roger Martin du Gard, 1er décembre 1929,
(RMG I, p. 381).

Lettre d'André Gide à Roger Martin du Gard, [22 décembre 1929],
(RMG I, p. 384).

Lettre d'André Gide à Roger Martin du Gard, [vendredi, s.d.],
(RMG I, p. 387). Claude Martin (op.cit.) précise: 7 février 1930.

Lettre d'André Gide à Roger Martin du Gard, 2 février 1930,
(RMG I, p. 387). Claude Martin (op.cit.) corrige: 4 février 1930.

Lettre d'André Gide à Roger Martin du Gard, 9 février 1930,
(RMG I, pp. 391-392).

Lettre d'André Gide à Roger Martin du Gard, 12 mars 1930,
(RMG I, pp. 392-393).

Lettre d'André Gide à Roger Martin du Gard, 22 mars 1930,
(RMG I, pp. 393-394).

Lettre d'André Gide à Roger Martin du Gard, 26 mars 1930,
(RMG I, p. 394).

Lettre d'André Gide à Roger Martin du Gard, 6 [?] mai 1930,
(RMG I, pp. 395-396). Claude Martin (op.cit.) corrige: 7 mai 1930.

Lettre d'André Gide à Roger Martin du Gard, 25 mai 1930,
(RMG I, pp. 396-397).

Lettre d'André Gide à Roger Martin du Gard, 1er juin 1930,
(RMG I, pp. 398-399).

Lettre d'André Gide à Roger Martin du Gard, 2 juin 1930,
(RMG I, pp. 399-400).

Lettre d'André Gide à Roger Martin du Gard, 15 juin 1930,
(RMG I, pp. 403-404).

Lettre d'André Gide à Roger Martin du Gard, 28 juin 1930,
(RMG I, pp. 405-406).

Lettre d'André Gide à Roger Martin du Gard, 3 juillet 1930,
(RMG I, pp. 407-408).

Lettre d'André Gide à Roger Martin du Gard, 25 juillet 1930,
(RMG I, pp. 410-415).

Lettre d'André Gide à Roger Martin du Gard, 29 septembre 1930,
(RMG I, pp. 418-419).

Lettre d'André Gide à Roger Martin du Gard, octobre [1930],
(RMG I, p. 419).

Lettre d'André Gide à Roger Martin du Gard, 19 octobre 1930,
(RMG I, pp. 420-421).

Lettre d'André Gide à Roger Martin du Gard, 2 novembre 1930,
(RMG I, p. 422).

Lettre d'André Gide à Roger Martin du Gard, 11 novembre 1930,
(RMG I, pp. 422-423).

Lettre d'André Gide à Roger Martin du Gard, 26 novembre 1930,
(RMG I, pp. 424-426).

Lettre d'André Gide à Roger Martin du Gard, 16 janvier 1931,
(RMG I, pp. 432-433).

Lettre d'André Gide à Roger Martin du Gard, 26 janvier 1931,
(RMG I, pp. 434-435).

Lettre d'André Gide à Roger Martin du Gard, 1er février 1931,
(RMG I, pp. 440-443). *Voir: publications préoriginales.*

Lettre d'André Gide à Roger Martin du Gard, 2 février 1931,
(RMG I, 443-444).

Lettre d'André Gide à Roger Martin du Gard, 5 février 1931,
(RMG I, p. 445).

Lettre d'André Gide à Roger Martin du Gard, 6 février 1931,
(RMG I, pp. 445-446).

*Lettre d'André Gide à Roger Martin du Gard, 18 février 1931,
(RMG I, pp. 447-448).*

*Télégramme d'André Gide à Roger Martin du Gard, 4 mars 1931,
(RMG I, p. 451).*

*Lettre d'André Gide à Roger Martin du Gard, 5 mars 1931,
(RMG I, pp. 452-453).*

*Lettre d'André Gide à Roger Martin du Gard, 11 mars 1931,
(RMG I, pp. 457-459).*

*Lettre d'André Gide à Roger Martin du Gard, 12 mars 1931,
(RMG I, pp. 459-461).*

*Lettre d'André Gide à Roger Martin du Gard, 22 mars 1931,
(RMG I, pp. 466-467).*

*Lettre d'André Gide à Roger Martin du Gard, 22 mars 1931,
(RMG I, pp. 468-469).*

*Lettre d'André Gide à Roger Martin du Gard, 27 mars 1931,
(RMG I, pp. 471-472).*

*Lettre d'André Gide à Roger Martin du GArd, 15 avril 1931,
(RMG I, p. 474).*

*Lettre d'André Gide à Roger Martin du Gard, 13 juin 1931,
(RMG I, pp. 476-477).*

*Carte postale d'André Gide à Roger Martin du Gard, 29 juin
1931 (RMG I, p. 477).*

*Lettre d'André Gide à Roger Martin du Gard, 14 juillet 1931,
(RMG I, pp. 477-478).*

*Lettre d'André Gide à Roger Martin du Gard, 20 juillet 1931,
(RMG I, p. 478).*

*Lettre d'André Gide à Roger Martin du Gard, 31 juillet 1931,
(RMG I, pp. 480-481).*

*Lettre d'André Gide à Roger Martin du Gard, 3 août 1931,
(RMG I, pp. 482-483).*

*Lettre d'André Gide à Roger Martin du Gard, 13 août 1931,
(RMG I, p. 485).*

*Lettre d'André Gide à Roger Martin du Gard, 7 septembre 1931,
(RMG I, pp. 486-487).*

*Lettre d'André Gide à Roger Martin du Gard, 28 janvier 1932,
(RMG I, p. 493).*

*Lettre d'André Gide à Roger Martin du Gard, 2 février 1932,
(RMG I, p. 494).*

Lettre d'André Gide à Roger Martin du Gard, 5 février 1932, (RMG I, pp. 495-497).

Lettre d'André Gide à Roger Martin du Gard, 12 février 1932, (RMG I, pp. 499-500).

Lettre d'André Gide à Roger Martin du Gard, 13 février 1932, (RMG I, p. 501).

Lettre d'André Gide à Roger Martin du Gard, 13 février 1932, (RMG I, pp. 501-502).

Lettre d'André Gide à Roger Martin du Gard, [février 1932], (RMG I, pp. 503-504). Claude Martin (op.cit.) précise : 15 février 1932.

Lettre d'André Gide à Roger Martin du Gard, 17 février 1932, (RMG I, pp. 504-505).

Lettre d'André Gide à Roger Martin du Gard, 18 février 1932, (RMG I, pp. 505-507).

Lettre d'André Gide à Roger Martin du Gard, 19 février 1932, (RMG I, pp. 508-509).

Lettre d'André Gide à Roger Martin du Gard, 22 février 1932, (RMG I, pp. 510-511).

Lettre d'André Gide à Roger Martin du Gard, 25 février 1932, (RMG I, p. 513).

Lettre d'André Gide à Roger Martin du Gard, 10 mars 1932, (RMG I, p. 514).

Lettre d'André Gide à Roger Martin du Gard, 11 mars 1932, (RMG I, p. 514).

Lettre d'André Gide à Roger Martin du Gard, 29 mars 1932, (RMG I, pp. 516-517).

Lettre d'André Gide à Roger Martin du Gard, 17 avril 1932, (RMG I, p. 519).

Lettre d'André Gide à Roger Martin du Gard, 19 mai 1932, (RMG I, pp. 520-521).

Lettre d'André Gide à Roger Martin du Gard, 25 mai 1932, (RMG I, pp. 521-522).

Lettre d'André Gide à Roger Martin du Gard, [23 juin 1932], (RMG I, p. 527).

Lettre d'André Gide à Roger Martin du Gard, 7 juillet 1932, (RMG I, pp. 528-529).

Lettre d'André Gide à Roger Martin du Gard, 13 juillet 1932, (RMG I, pp. 529-530). *Voir: publications préoriginales.*

Lettre d'André Gide à Roger Martin du Gard, 14 juillet 1932, (RMG I, p. 531).

Lettre d'André Gide à Roger Martin du Gard, 18 juillet 1932, (RMG I, pp. 532-534). *Voir: publications préoriginales.*

Lettre d'André Gide à Roger Martin du Gard, 14 août 1932, (RMG I, pp. 535-536).

Lettre d'André Gide à Roger Martin du Gard, 1er septembre [1932], (RMG I, p. 536).

Lettre d'André Gide à Roger Martin du Gard, 27 septembre 1932, (RMG I, pp. 538-539).

Lettre d'André Gide à Roger Martin du Gard, 1er octobre 1932, (RMG I, pp. 539-540).

Lettre d'André Gide à Roger Martin du Gard, 8 octobre 1932, (RMG I, pp. 541-542).

Lettre d'André Gide à Roger Martin du Gard, 4 février 1933, (RMG I, pp. 545-546).

Lettre d'André Gide à Roger Martin du Gard, 21 février [1933], (RMG I, p. 547).

Lettre d'André Gide à Roger Martin du Gard, 24 février 1933, (RMG I, pp. 548-549).

Lettre d'André Gide à Roger Martin du Gard, 29 février 1933, (RMG I, p. 551). Claude Martin (op.cit.) corrige: 28 février 1933.

Lettre d'André Gide à Roger Martin du Gard, 2 avril 1933, (RMG I, pp. 554-555).

Lettre d'André Gide à Roger Martin du Gard, 5 avril 1933, (RMG I, pp. 558-559).

Lettre d'André Gide à Roger Martin du Gard, 12 avril 1933, (RMG I, pp. 559-560).

Lettre d'André Gide à Roger Martin du Gard, 15 avril 1933, (RMG I, p. 562).

Lettre d'André Gide à Roger Martin du Gard, 26 avril 1933, (RMG I, pp. 563-564).

Lettre d'André Gide à Roger Martin du Gard, 2 mai 1933,
(RMG I, pp. 565-566). *Voir: publications préoriginales.*

Carte postale d'André Gide à Roger Martin du Gard, 21 juin 1933,
(RMG I, p. 567).

Lettre d'André Gide à Roger Martin du Gard, 2 juillet 1933,
(RMG I, pp. 567-568).

Lettre d'André Gide à Roger Martin du Gard, 19 juillet 1933,
(RMG I, pp. 569-570).

Lettre d'André Gide à Roger Martin du Gard, 9 août 1933,
(RMG I, pp. 570-571).

Lettre d'André Gide à Roger Martin du Gard, 15 août 1933,
(RMG I, pp. 574-575).

Lettre d'André Gide à Roger Martin du Gard, 23 août 1933,
(RMG I, pp. 576-577).

Lettre d'André Gide à Roger Martin du Gard, 28 septembre 1933,
(RMG I, pp. 578-579).

Lettre d'André Gide à Roger Martin du Gard, 8 octobre 1933,
(RMG I, pp. 581-582).

Lettre d'André Gide à Roger Martin du Gard, 14 octobre 1933,
(RMG I, p. 583).

Lettre d'André Gide à Roger Martin du Gard, 27 octobre 1933,
(RMG I, p. 585).

Lettre d'André Gide à Roger Martin du Gard, 3 novembre 1933,
(RMG I, p. 587).

Lettre d'André Gide à Roger Martin du Gard, 26 novembre 1933,
(RMG I, pp. 590-591).

Lettre d'André Gide à Roger Martin du Gard, 2 février 1934,
(RMG I, pp. 592-593).

Lettre d'André Gide à Roger Martin du Gard, 10 février 1934,
(RMG I, p. 596).

Lettre d'André Gide à Roger Martin du Gard, 15 février 1934,
(RMG I, pp. 597-598).

Lettre d'André Gide à Roger Martin du Gard, 9 mars 1934,
(RMG I, pp. 598-599).

Lettre d'André Gide à Roger Martin du Gard, 16 mars 1934,
(RMG I, p. 602).

Lettre d'André Gide à Roger Martin du Gard, 18 mars 1934,
(RMG I, pp. 602-603).

Lettre d'André Gide à Roger Martin du Gard, 25 mars 1934,
(RMG I, pp. 607-608). *Voir: publications préoriginales.*

Lettre d'André Gide à Roger Martin du Gard, 30 mars 1934,
(RMG I, pp. 610-611).

Télégramme d'André Gide à Roger Martin du Gard, 1er avril 1934,
(RMG I, p. 611).

Lettre d'André Gide à Roger Martin du Gard, [5 avril 1934],
(RMG I, p. 611).

Lettre d'André Gide à Roger Martin du Gard, 12 mai 1934,
(RMG I, pp. 612-613).

Lettre d'André Gide à Roger Martin du Gard, 30 mai 1934,
(RMG I, pp. 615-616).

Lettre d'André Gide à Roger Martin du Gard, 25 juin 1934,
(RMG I, pp. 620-621).

Lettre d'André Gide à Roger Martin du Gard, 5 juillet 1934,
(RMG I, pp. 624-625).

Lettre d'André Gide à Roger Martin du Gard, 10 juillet 1934
(RMG I, pp. 625-626).

Lettre d'André Gide à Roger Martin du Gard, 22 août 1934,
(RMG I, p. 629).

Lettre d'André Gide à Roger Martin du Gard, 23 août 1934,
(RMG I, pp. 629-630).

Lettre d'André Gide à Roger Martin du Gard, 11 septembre 1934,
(RMG I, p. 631).

Lettre d'André Gide à Roger Martin du Gard, 20 septembre 1934,
(RMG I, pp. 633-634).

Lettre d'André Gide à Roger Martin du Gard, 15 octobre 1934,
(RMG I, p. 635).

Lettre d'André Gide à Roger Martin du Gard, 19 novembre 1934,
(RMG I, p. 636).

Lettre d'André Gide à Roger Martin du Gard, 3 décembre 1934,
(RMG I, pp. 639-640).

Lettre d'André Gide à Jean Schlumberger, 29 juin 1913,
(RMG I, p. 647).

Télégramme d'André Gide à Gaston Gallimard, 2 juillet 1913,
(RMG I, p. 648).

Lettre d'André Gide à Gaston Gallimard, [2 ou 3 juillet 1913],
(RMG I, p. 648). *Claude Martin (*op.cit.*) précise: 3 juillet 1913.*

Lettre d'André Gide à Louis Aragon, 12 avril 1923,
(RMG I, pp. 663-664). [Voir no 31.]

Lettre d'André Gide à Hélène Martin du Gard, 26 décembre 1924,
(RMG I, p. 668).

Lettre d'André Gide à Hélène Martin du Gard, 14 janvier 1925,
(RMG I, p. 671).

Lettre d'André Gide à André Rouveyre, 8 février 1928,
(RMG I, pp. 684-685). *Cette lettre avait tout d'abord été publiée dans: "Lettre à André Rouveyre",* Mercure de France, *15 mars 1928, pp. 656-658. Elle fut reprise dans: "Lettres",* Nouvelle revue française, *1er juin 1928, pp. 726-729;* Lettres, *Liège, A la Lampe d'Aladdin, 1930, pp. 79-84;* Divers, *Paris, Gallimard, 1931, pp. 177-182;* ROU., *pp. 105-107.*

Lettre d'André Gide à Jean Prévost, 14 juin 1929,
(RMG I, p. 692).

Fragment d'une lettre d'André Gide à Dorothy Bussy, 15 mars 1931,
(RMG I, p. 700).

Lettre d'André Gide à Félicien Challaye, 7 juillet 1932,
(RMG I, p. 720). [Voir no 75.]

Publications préoriginales:

Littérature engagée, textes réunis et présentés par Yvonne Davet, Paris, Gallimard, 1950, pp. 16-17.

Fragment d'une lettre d'André Gide à Roger Martin du Gard, 13 juillet 1932, (RMG I, pp. 529-530).

"Lettre d'André Gide à Roger Martin du Gard", Nouvelle revue française, 1er janvier 1957, pp. 189-192.

Lettre d'André Gide à Roger Martin du Gard, octobre 1921, p. 189, (RMG I, p. 175).

"Lettres d'André Gide et de Roger Martin du Gard", Nouvelle revue française, 1er décembre 1967, pp. 1037-1057.

    Lettre d'André Gide à Roger Martin du Gard, 17 juillet 1920, pp. 1037-1038 (RMG I, pp. 151-152).

    Lettre d'André Gide à Roger Martin du Gard, 10 aout 1920, p. 1042 (RMG I, p. 156).

    Lettre d'André Gide à Roger Martin du Gard, 19 juillet [1921], pp. 1048-1049 (RMG I, p. 169).

    Lettre d'André Gide à Roger Martin du Gard, 7 octobre 1922, pp. 1049-1050 (RMG I, pp. 192-194).

    Lettre d'André Gide à Roger Martin du Gard, 1er février 1931, pp. 1054-1057 (RMG I, pp. 440-443).

S. Fabert, "Martin du Gard et Gide : l'art et la sincérité", L'Evénement, no 26, mars 1968, pp. 45-51 (il n'est pas certain qu'il s'agisse d'une publication préoriginale, l'achevé d'imprimer de l'ensemble de la correspondance échangée entre Gide et Martin du Gard étant du 1er mars 1968).

    Fragment de la lettre d'André Gide à Roger Martin du Gard, 18 juillet 1932, p. 48 (RMG I, pp. 532-534).

    Lettre d'André Gide à Roger Martin du Gard, 2 mai 1933, p. 49 (RMG I, pp. 565-566).

    Fragment de la lettre d'André Gide à Roger Martin du Gard, 25 mars 1934, p. 50 (RMG I, pp. 607-608).

RMG II   Correspondance André Gide - Roger Martin du Gard (1935-1951), Paris, Gallimard, 1968, II, 571(10)p.

[Dans son Répertoire chronologique des lettres publiées d'André Gide (Paris, Minard, 1971), Claude Martin a corrigé quelques dates:

	Delay	Martin
RMG II, p. 56	[8 novembre 1935]	7 novembre 1935
RMG II, p. 73	[mai 1936]	3 mai 1936
RMG II, p.144	[fin juin 1938]	28 juin 1938
RMG II, p.214	[août 1940]	27 août 1940
RMG II, pp.384-385	21 octobre 1947	12 octobre 1947
RMG II, pp.433-434	[s.d.]	décembre 1948

Lettre d'André Gide à Roger Martin du Gard, 14 janvier 1935, (RMG II, pp. 9-11).

Lettre d'André Gide à Roger Martin du Gard, 16 février 1935, (RMG II, pp. 15-16).

Lettre d'André Gide à Roger Martin du Gard, 23 février 1935, (RMG II, p. 19).

Lettre d'André Gide à Roger Martin du Gard, 19 mars 1935, (RMG II, pp. 21-22).

Lettre d'André Gide à Roger Martin du Gard, 22 avril 1935, (RMG II, pp. 22-23).

Lettre d'André Gide à Roger Martin du Gard, 28 avril 1935, (RMG II, pp. 25-26).

Lettre d'André Gide à Roger Martin du Gard, 5 mai 1935, (RMG II, pp. 27-29).

Lettre d'André Gide à Roger Martin du Gard, 18 mai 1935, (RMG II, pp. 31-32).

Lettre d'André Gide à Roger Martin du Gard, 2 juin 1935, (RMG II, p. 32).

Lettre d'André Gide à Roger Martin du Gard, 28 juin 1935,
(RMG II, pp. 35-36).

Lettre d'André Gide à Roger Martin du Gard, 3 juillet 1935,
(RMG II, pp. 36-37).

Lettre d'André Gide à Roger Martin du Gard, 10 juillet 1935,
(RMG II, p. 39).

Lettre d'André Gide à Roger Martin du Gard, 13 août 1935,
(RMG II, pp. 39-40).

Lettre d'André Gide a Roger Martin du Gard, 18 août 1935,
(RMG II, pp. 42-43).

Lettre d'André Gide à Roger Martin du Gard, 12 septembre 1935,
(RMG II, pp. 47-48).

Lettre d'André Gide à Roger Martin du Gard, 15 septembre 1935,
(RMG II, pp. 48-49).

Lettre d'André Gide à Roger Martin du Gard, 8 octobre 1935,
(RMG II, pp. 50-51).

Lettre d'André Gide à Roger Martin du Gard, [8 novembre 1935],
(RMG II, p. 56). Dans le *Répertoire chronologique des lettres publiées d'André Gide* (Paris, Minard, 1971), Claude Martin rectifie la date: 7 novembre 1935.

Lettre d'André Gide à Roger Martin du Gard, 30 décembre 1935,
(RMG II, pp. 62-63.

Lettre d'André Gide à Roger Martin du Gard, 21 janvier 1936,
(RMG II, pp. 65-66).

Lettre d'André Gide à Roger Martin du Gard, 23 février 1936,
(RMG II, pp. 66-67).

Lettre d'André Gide à Roger Martin du Gard, 17 mars 1936,
(RMG II, pp. 70-71).

Lettre d'André Gide à Roger Martin du Gard, 19 mars [1936],
(RMG II, pp. 71-72).

Lettre d'André Gide à Roger Martin du Gard, [mai 1936],
(RMG II, p. 73). Claude Martin (op.cit.) précise: 3 mai 1936.

Lettre d'André Gide à Roger Martin du Gard, 14 juin 1936,
(RMG II, pp. 73-75).

Lettre d'André Gide à Roger Martin du Gard, 22 juillet 1936,
(RMG II, pp. 75-76).

Lettre d'André Gide à Roger Martin du Gard, 7 septembre 1936,
(RMG II, pp. 78-79).

Lettre d'André Gide à Roger Martin du Gard, 23 octobre 1936, (RMG II, p. 80).

Lettre d'André Gide à Roger Martin du Gard, 3 décembre 1936, (RMG II, pp. 83-85).

Lettre d'André Gide à Roger Martin du Gard, 10 décembre 1936, (RMG II, pp. 86-87).

Lettre d'André Gide à Roger Martin du Gard, 23 décembre 1936, (RMG II, pp. 87-88).

Lettre d'André Gide à Roger Martin du Gard, 2 janvier 1937, (RMG II, p. 88).

Lettre d'André Gide à Roger Martin du Gard, 4 février 1937, (RMG II, p. 91).

Lettre d'André Gide à Roger Martin du Gard, 18 février 1937, (RMG II, pp. 92-93). Voir: publications préoriginales.

Lettre d'André Gide à Roger Martin du Gard, 8 mars 1937, (RMG II, pp. 96-97).

Lettre d'André Gide à Roger Martin du Gard, 26 avril 1937, (RMG II, pp. 101-102).

Lettre d'André Gide à Roger Martin du Gard, 17 mai 1937, (RMG II, pp. 103-104). Voir: publications préoriginales.

Lettre d'André Gide à Roger Martin du Gard, 27 mai 1937, (RMG II, pp. 104-106). Voir: publications préoriginales.

Lettre d'André Gide à Roger Martin du Gard, 4 juillet 1937, (RMG II, p. 107).

Lettre d'André Gide à Roger Martin du Gard, 8 août 1937, (RMG II, pp. 110-111).

Lettre d'André Gide à Roger Martin du Gard, 24 août 1937, (RMG II, pp. 114-115).

Lettre d'André Gide à Roger Martin du Gard, 4 septembre 1937, (RMG II, pp. 115-116).

Lettre d'André Gide à Roger Martin du Gard, [octobre 1927] [sic], (RMG II, p. 117). Il s'agit vraisemblablement d'une coquille et c'est [octobre 1937] qu'il faut lire.

Lettre d'André Gide à Roger Martin du Gard, 17 octobre 1937, (RMG II, pp. 117-118).

Lettre d'André Gide à Roger Martin du Gard, 23 octobre 1937, (RMG II, p. 119).

Lettre d'André Gide à Roger Martin du Gard, 12 novembre 1937, (RMG II, p. 122).

Lettre d'André Gide à Roger Martin du Gard, 16 novembre 1937, (RMG II, pp. 124-125).

Lettre d'André Gide à Roger Martin du Gard, 1er avril 1938, (RMG II, pp. 128-129).

Lettre d'André Gide à Roger Martin du Gard, 6 avril 1938, (RMG II, pp. 130-131).

Lettre d'André Gide à Roger Martin du Gard, 23 avril 1938, (RMG II, p. 135). Voir: publications préoriginales.

Lettre d'André Gide à Roger Martin du Gard, 7 mai 1938, (RMG II, p. 138). Voir: publications préoriginales.

Lettre d'André Gide à Roger Martin du Gard, 27 mai 1938, (RMG II, pp. 142-143).

Lettre d'André Gide à Roger Martin du Gard, 18 juin 1938, (RMG II, p. 143).

Lettre d'André Gide à Roger Martin du Gard, [fin juin 1938], (RMG II, p. 144). Claude Martin (op.cit.) précise: 28 juin 1938.

Lettre d'André Gide à Roger Martin du Gard, [21 août 1938], (RMG II, pp. 147-148). Voir: publications préoriginales.

Lettre d'André Gide à Roger Martin du Gard, 24 août 1938, (RMG II, p. 149).

Lettre d'André Gide à Roger Martin du Gard, 26 septembre 1938, (RMG II, p. 150).

Lettre d'André Gide à Roger Martin du Gard, 2 octobre 1938, (RMG II, pp. 152-153).

Lettre d'André Gide à Roger Martin du Gard, 9 octobre 1938, (RMG II, pp. 154-155).

Lettre d'André Gide à Roger Martin du Gard, 22 octobre 1938, (RMG II, pp. 155-156).

Lettre d'André Gide à Roger Martin du Gard, 28 octobre 1938, (RMG II, p. 156).

Lettre d'André Gide à Roger Martin du Gard, 9 janvier 1939 (RMG II, p. 157).

Lettre d'André Gide à Roger Martin du Gard, 16 janvier 1939, (RMG II, pp. 158-159).

Lettre d'André Gide à Roger Martin du Gard, 18 janvier 1939, (RMG II, p. 160).

Lettre d'André Gide à Roger Martin du Gard, 24 février 1939, (RMG II, pp. 162-163).

Lettre d'André Gide à Roger Martin du Gard, 24 avril 1939, (RMG II, pp. 167-168).

Lettre d'André Gide à Roger Martin du Gard, 1º juin 1939, (RMG II, pp. 169-170).

Lettre d'André Gide à Roger Martin du Gard, 28 juillet 1939, (RMG II, pp. 181-182).

Lettre d'André Gide à Roger Martin du Gard, 19 septembre 1939, (RMG II, pp. 187-188).

Lettre d'André Gide à Roger Martin du Gard, 13 février 1940, (RMG II, pp. 194-195).

Lettre d'André Gide à Roger Martin du Gard, 13 avril 1940, (RMG II, p. 197).

Lettre d'André Gide à Roger Martin du Gard, 14 avril 1940, (RMG II, pp. 197-198).

Lettre d'André Gide à Roger Martin du Gard, 18 avril 1940, (RMG II, pp. 200-201).

Lettre d'André Gide à Roger Martin du Gard, 19 avril 1940, (RMG II, pp. 201-203).

Lettre d'André Gide à Roger Martin du Gard, 7 mai 1940, (RMG II, pp. 204-205).

Lettre d'André Gide à Roger Martin du Gard, 26 mai 1940, (RMG II, pp. 207-208).

Lettre d'André Gide à Roger Martin du Gard, 7 juin 1940, (RMG II, pp. 208-209).

Lettre d'André Gide à Roger Martin du Gard, 14 juin 1940, (RMG II, p. 210).

Lettre d'André Gide à Roger Martin du Gard, 16 juillet 1940, (RMG II, pp. 211-212).

Lettre d'André Gide à Roger Martin du Gard, 23 juillet 1940, (RMG II, pp. 212-213).

Lettre d'André Gide à Roger Martin du Gard, [août 1940], (RMG II, p. 214). Claude Martin (op.cit.) précise: 27 août 1940.

Lettre d'André Gide à Roger Martin du Gard, 31 août 1940,
(RMG II, pp. 216-217).

Lettre d'André Gide à Roger Martin du Gard, 3 septembre 1940,
(RMG II, p. 217).

Lettre d'André Gide à Roger Martin du Gard, 10 septembre 1940,
(RMG II, pp. 218-219).

Lettre d'André Gide à Roger Martin du Gard, 14 septembre 1940,
(RMG II, p. 220).

Lettre d'André Gide à Roger Martin du Gard, 17 septembre 1940,
(RMG II, p. 221).

Lettre d'André Gide à Roger Martin du Gard, [26 septembre 1940],
(RMG II, 221-222).

Lettre d'André Gide à Roger Martin du Gard, 29 septembre 1940,
(RMG II, pp. 222-223).

Lettre d'André Gide à Roger Martin du Gard, [10 décembre 1940],
(RMG II, pp. 223-224).

Lettre d'André Gide à Roger Martin du Gard, 12 janvier 1941,
(RMG II, pp. 225-226).

Lettre d'André Gide à Roger Martin du Gard, 18 janvier 1941,
(RMG II, pp. 226-228).

Lettre d'André Gide à Roger Martin du Gard, 24 janvier 1941,
(RMG II, pp. 231-232).

Lettre d'André Gide à Roger Martin du Gard, 7 février 1941,
(RMG II, pp. 232-233).

Lettre d'André Gide à Roger Martin du Gard, 2 juin 1941,
(RMG II, pp. 233-234).

Lettre d'André Gide à Roger Martin du Gard, 10 juillet 1941,
(RMG II, pp. 234-235).

Lettre d'André Gide à Roger Martin du Gard, 18 septembre 1941,
(RMG II, pp. 236-238).

Lettre d'André Gide à Roger Martin du Gard, 22 septembre 1941,
(RMG II, pp. 238-239).

Lettre d'André Gide à Roger Martin du Gard, 14 octobre 1941,
(RMG II, pp. 239-240).

Lettre d'André Gide à Roger Martin du Gard, 29 octobre 1941,
(RMG II, pp. 240-241).

Lettre d'André Gide à Roger Martin du Gard, 9 février 1942,
(RMG II, pp. 242-243).

Lettre d'André Gide à Roger Martin du Gard, 7 mai 1942,
(RMG II, pp. 243-244).

Lettre d'André Gide à Roger Martin du Gard, 14 mai 1942,
(RMG II, pp. 245-246).

Lettre d'André Gide à Roger Martin du Gard, 24 mai 1942,
(RMG II, pp. 248-249).

Lettre d'André Gide à Roger Martin du Gard, 15 juin 1942,
(RMG II, pp. 250-252).

Lettre d'André Gide à Roger Martin du Gard, 30 juin 1942,
(RMG II, pp. 255-256).

Lettre d'André Gide à Roger Martin du Gard, 2 juillet 1942,
(RMG II, pp. 256-257).

Lettre d'André Gide à Roger Martin du Gard, août 1942,
(RMG II, pp. 259-260).

Lettre d'André Gide à Roger Martin du Gard, 3 septembre 1942,
(RMG II, pp. 265-266). *Voir: publications préoriginales.*

Lettre d'André Gide à Roger Martin du Gard, 23 septembre 1942,
(RMG II, pp. 268-271).

Lettre d'André Gide à Roger Martin du Gard, 11 octobre 1942,
(RMG II, pp. 274-275).

Lettre d'André Gide à Roger Martin du Gard, 31 mars 1943,
(RMG II, p. 278).

Lettre d'André Gide à Roger Martin du Gard, 21 septembre 1944,
(RMG II, pp. 280-281).

Lettre d'André Gide à Roger Martin du Gard, 17 octobre 1944,
(RMG II, pp. 281-282).

Lettre d'André Gide à Roger Martin du Gard, 30 octobre 1944,
(RMG II, pp. 283-284).

Lettre d'André Gide à Roger Martin du Gard, 24 novembre 1944,
(RMG II, pp. 287-288).

Lettre d'André Gide à Roger Martin du Gard, 5 décembre 1944,
(RMG II, pp. 290-291).

Lettre d'André Gide à Roger Martin du Gard, 2º janvier 1945,
(RMG II, pp. 301-302).

Lettre d'André Gide à Roger Martin du Gard, 11 février 1945,
(RMG II, pp. 312-313). *Voir: publications préoriginales.*

Lettre d'André Gide à Roger Martin du Gard, 15 février 1945,
(RMG II, pp. 313-315). *Voir: publications préoriginales.*

Lettre d'André Gide à Roger Martin du Gard, 14 mars 1945,
(RMG II, pp. 316-317).

Lettre d'André Gide à Roger Martin du Gard, 5 avril 1945,
(RMG II, pp. 317-318). *Voir: publications préoriginales.*

Lettre d'André Gide à Roger Martin du Gard, 29 avril 1945,
(RMG II, pp. 320-321). *Voir: publications préoriginales.*

Lettre d'André Gide à Roger Martin du Gard, 12 mai 1945,
(RMG II, pp. 322-324).

Lettre d'André Gide à Roger Martin du Gard, 12 août 1945,
(RMG II, pp. 327-328).

Lettre d'André Gide à Roger Martin du Gard, 23 août 1945,
(RMG II, pp. 329-330).

Lettre d'André Gide à Roger Martin du Gard, 20 septembre 1945,
(RMG II, pp. 330-331).

Lettre d'André Gide à Roger Martin du Gard, 16 décembre 1945,
(RMG II, p. 335).

Lettre d'André Gide à Roger Martin du Gard, 8 février 1946,
(RMG II, pp. 337-338).

Lettre d'André Gide à Roger Martin du Gard, 28 mars 1946,
(RMG II, pp. 342-343).

Lettre d'André Gide à Roger Martin du Gard, 13 avril 1946,
(RMG II, pp. 343-344).

Lettre d'André Gide à Roger Martin du Gard, 15 juillet 1946,
(RMG II, p. 344).

Lettre d'André Gide à Roger Martin du Gard, 7 août 1946,
(RMG II, p. 346).

Lettre d'André Gide à Roger Martin du Gard, [27 août 1946],
(RMG II, p. 347).

Lettre d'André Gide à Roger Martin du Gard, 17 septembre 1946,
(RMG II, p. 351).

Lettre d'André Gide à Roger Martin du Gard, 24 septembre 1946,
(RMG II, pp. 353-354).

Lettre d'André Gide à Roger Martin du Gard, 17 octobre 1946,
(RMG II, pp. 354-356).

Lettre d'André Gide à Roger Martin du Gard, 15 novembre 1946,
(RMG II, p. 356).

Lettre d'André Gide à Roger Martin du Gard, Novembre 1946,
(RMG II, p. 358).

Lettre d'André Gide à Roger Martin du Gard, 25 novembre 1946,
(RMG II, p. 358).

*Lettre d'André Gide à Roger Martin du Gard, 3 décembre 1946
au soir,* (RMG II, p. 359).

Lettre d'André Gide à Roger Martin du Gard, [4 décembre 1946],
(RMG II, p. 359).

Lettre d'André Gide à Roger Martin du Gard, 26 décembre 1946,
(RMG II, p. 360).

Lettre d'André Gide à Roger Martin du Gard, 23 février 1947,
(RMG II, pp. 363-364).

Lettre d'André Gide à Roger Martin du Gard, 13 mars 1947,
(RMG II, pp. 364-365). *Voir: publications préoriginales.*

Lettre d'André Gide à Roger Martin du Gard, 7 mai 1947,
(RMG II, p. 368).

Lettre d'André Gide à Roger Martin du Gard, 22 mai 1947,
(RMG II, p. 369).

Billet, d'André Gide à Roger Martin du Gard, 22 mai 1947,
(RMG II, p. 369).

Lettre d'André Gide à Roger Martin du Gard, 12 juin 1947,
(RMG II, p. 370).

Lettre d'André Gide à Roger Martin du Gard, 17 juin 1947,
(RMG II, pp. 373-374).

Lettre d'André Gide à Roger Martin du Gard, 29 juillet 1947,
(RMG II, pp. 374-375).

Lettre d'André Gide à Roger Martin du Gard, 18 août 1947,
(RMG II, pp. 377-378).

Lettre d'André Gide à Roger Martin du Gard, 8 septembre 1947,
(RMG II, pp. 378-379).

Lettre d'André Gide à Roger Martin du Gard, 16 septembre 1947,
(RMG II, pp. 381-382).

Lettre d'André Gide à Roger Martin du Gard, 21 octobre 1947, (RMG II, pp. 384-385). Claude Martin (op.cit.) est d'avis que cette lettre est du 12 octobre 1947.

Lettre d'André Gide à Roger Martin du Gard, 18 novembre 1947, (RMG II, p. 386).

Lettre d'André Gide à Roger Martin du Gard, 22 novembre 1947, (RMG II, p. 387).

Lettre d'André Gide à Roger Martin du Gard, 15 décembre 1947, (RMG II, pp. 388-389).

Lettre d'André Gide à Roger Martin du Gard, 27 novembre 1947, (RMG II, pp. 389-390). Il s'agit, en réalité, d'une lettre ouverte à Roger Martin du Gard. Elle parut dans *Le Figaro littéraire*, du 13 décembre 1947. Elle a probablement été publiée, en premier lieu, dans le *Dagens Nyheter*. Il nous fut impossible de nous en assurer.

Lettre d'André Gide à Roger Martin du Gard, [28 janvier 1948], (RMG II, pp. 394-396).

Lettre d'André Gide à Roger Martin du Gard, 11 février [?] 1948, (RMG II, p. 396).

Lettre d'André Gide à Roger Martin du Gard, 23 février 1948, (RMG II, pp. 398-399).

Lettre d'André Gide à Roger Martin du Gard, 22 mars 1948, (RMG II, pp. 402-403).

Lettre d'André Gide à Roger Martin du Gard, 30 mars 1948, (RMG II, pp. 403-404).

Lettre d'André Gide à Roger Martin du Gard, 7 avril 1948, (RMG II, pp. 407-408).

Lettre d'André Gide à Roger Martin du Gard, 22 juin 1948, (RMG II, pp. 412-413).

Lettre d'André Gide à Roger Martin du Gard, 26 juin 1948, (RMG II, pp. 415-416).

Lettre d'André Gide à Roger Martin du Gard, 14 août 1948, (RMG II, p. 418).

Lettre d'André Gide à Roger Martin du Gard, 3 septembre 1948, (RMG II, pp. 423-424).

Lettre d'André Gide à Roger Martin du Gard, 11 septembre 1948, (RMG II, pp. 425-426).

Lettre d'André Gide à Roger Martin du Gard, 19 octobre 1948, (RMG II, pp. 429-430). Voir: publications préoriginales.

Lettre d'André Gide à Roger Martin du Gard, [s.d.], (RMG II, pp. 433-434). Claude Martin (op.cit.) situe cette lettre en décembre 1948.

Lettre d'André Gide à Roger Martin du Gard, 29 décembre 1948, (RMG II, p. 434).

Lettre d'André Gide à Roger Martin du Gard, 1º janvier 1949, (RMG II, pp. 435-436).

Lettre d'André Gide à Roger Martin du Gard, 15 février 1949, (RMG II, pp. 440-441).

Lettre d'André Gide à Roger Martin du Gard, 22 février 1949, (RMG II, pp. 443-444).

Lettre d'André Gide à Roger Martin du Gard, 6 mars 1949, (RMG II, pp. 445-447).

Lettre d'André Gide à Roger Martin du Gard, 21 mars 1949, (RMG II, pp. 449-451).

Lettre d'André Gide à Roger Martin du Gard, 3 ou 4 juin 1949, (RMG II, p. 451). Voir: publications préoriginales.

Lettre d'André Gide à Roger Martin du Gard, 22 juin 1949, (RMG II, p. 453). Voir: publications préoriginales.

Lettre d'André Gide à Roger Martin du Gard, 1er juillet 1949, (RMG II, p. 455).

Lettre d'André Gide à Roger Martin du Gard, 11 juillet 1949, (RMG II, p. 457).

Lettre d'André Gide à Roger Martin du Gard, 27 juillet 1949, (RMG II, p. 458).

Lettre d'André Gide à Roger Martin du Gard, 26 août 1949, (RMG II, p. 460).

Lettre d'André Gide à Roger Martin du Gard, [début d'octobre 1949], (RMG II, pp. 461-462).

Lettre d'André Gide à Roger Martin du Gard, 23 octobre 1949, (RMG II, p. 463).

Lettre d'André Gide à Roger Martin du Gard, 10 novembre 1949, (RMG II, pp. 466-467).

Lettre d'André Gide à Roger Martin du Gard, 21 novembre 1949, (RMG II, pp. 468-469).

Télégramme d'André Gide à Roger Martin du Gard, 29 novembre 1949, (RMG II, p. 469).

Lettre d'André Gide à Roger Martin du Gard, 9 décembre 1949, (RMG II, p. 470).

Lettre d'André Gide à Roger Martin du Gard, 31 décembre 1949, (RMG II, p. 474).

Lettre d'André Gide à Roger Martin du Gard, 5 janvier 1950, (RMG II, p. 476).

Lettre d'André Gide à Roger Martin du Gard, 23 avril 1950, (RMG II, p. 478).

Lettre d'André Gide à Roger Martin du Gard, 25 avril 1950, (RMG II, pp. 481-482).

Lettre d'André Gide à Roger Martin du Gard, 16 mai 1950, (RMG II, pp. 484-485).

Lettre d'André Gide à Roger Martin du Gard, 23 mai 1950, (RMG II, pp. 486-487).

Lettre d'André Gide à Roger Martin du Gard, 15 juin 1950, (RMG II, pp. 488-489).

Lettre d'André Gide à Roger Martin du Gard, 19 juin 1950, (RMG II, pp. 489-490).

Lettre d'André Gide à Roger Martin du Gard, 7 juillet 1950, (RMG II, pp. 491-492).

Lettre d'André Gide à Roger Martin du Gard, 11 juillet 1950, (RMG II, p. 493).

Lettre d'André Gide à Roger Martin du Gard, 7 septembre 1950, (RMG II, pp. 496-497).

Lettre d'André Gide à Roger Martin du Gard, 13 septembre 1950, (RMG II, pp. 498-499).

Lettre d'André Gide à Roger Martin du Gard, 28 septembre 1950, (RMG II, p. 499).

Lettre d'André Gide à Roger Martin du Gard, 23 novembre 1950, (RMG II, pp. 500-501).

Lettre d'André Gide à Roger Martin du Gard, 26 novembre 1950, (RMG II, pp. 501-502).

Lettre d'André Gide à Roger Martin du Gard, 15 décembre 1950,
(RMG II, pp. 503-504).

Lettre d'André Gide à Roger Martin du Gard, 11 janvier 1951,
(RMG II, pp. 507-508).

Lettre d'André Gide à Thomas Mann, 3 mai 1935,
(RMG II, p. 514).

Lettre d'André Gide à Hélène Martin du Gard, 13 novembre 1937,
(RMG II, pp. 527-528).

Lettre d'André Gide à Hélène Martin du Gard, 19 mai 1938,
(RMG II, p. 531).

Lettre d'André Gide au Svenska Dagbladet, [novembre 1947],
(RMG II, pp. 554-555). *Voir: no 159.*

Lettre d'André Gide aux membres du Comité Nobel, [décembre 1947],
(RMG II, pp. 555-556). *Voir: no 160.*

Lettre d'André Gide à Jean Amrouche, 13 mai 1950,
(RMG II, pp. 567-568).

Publications préoriginales:

"Une lettre d'André Gide à Roger Martin du Gard", Le Figaro littéraire,
13 décembre 1947.

> *Cette lettre du 27 novembre 1947 fut probablement publiée, en premier lieu, dans le Dagens Nyheter, Il nous fut impossible de nous en assurer.* (RMG II, pp. 389-390).

Roger Martin du Gard, "Souvenirs autobiographiques et littéraires",
Oeuvres complètes, I, "Bibliothèque de la Pléiade", Paris, Gallimard, 1955, pp. XLI-CXLII.

Lettre d'André Gide à Roger Martin du Gard, 3 septembre 1942,
pp. CXIV-CXV (RMG II, pp. 265-266).

Lettre d'André Gide à Roger Martin du Gard, 11 février 1945,
pp. CXXIV-CXXV (RMG II, pp. 312-313).

Lettre d'André Gide à Roger Martin du Gard, 5 avril 1945, p. CXXV (RMG II, pp. 317-318).

Lettre d'André Gide à Roger Martin du Gard, 29 avril 1945, p. CXXVI (RMG II, pp. 320-321).

Lettre d'André Gide à Roger Martin du Gard, 13 mars 1947, p. CXXXI (RMG II, pp. 364-365).

Lettre d'André Gide à Roger Martin du Gard, 19 octobre 1948, p. CXXXVIII (RMG II, pp. 429-430).

Lettre d'André Gide à Roger Martin du Gard, 4 juin 1949, p. CXXXIX (RMG II, p. 451).

Lettre d'André Gide à Roger Martin du Gard, 22 juin 1949, p. CXLI (RMG II, p. 453).

"Lettres d'André Gide à Roger Martin du Gard", Nouvelle revue française, 1er janvier 1957, pp. 189-192.

Lettre d'André Gide à Roger Martin du Gard, 18 février 1937, pp. 189-190 (RMG II, pp. 92-93).

Lettre d'André Gide à Roger Martin du Gard, 17 mai 1937, p. 190 (RMG II, pp. 103-104).

Lettre d'André Gide à Roger Martin du Gard, 29 mai 1937, p. 191 (RMG II, pp. 104-106). A ce dernier endroit, la lettre est datée du 27 mai 1937.

Lettre d'André Gide à Roger Martin du Gard, 23 avril 1938, p.191 (RMG II, p. 135).

Lettre d'André Gide à Roger Martin du Gard, 7 mai 1938, p. 191 (RMG II, p. 138).

Lettre d'André Gide à Roger Martin du Gard, 21 août 1938, p.192 (RMG II, pp. 147-148).

S. Fabert, "Martin du Gard et Gide: l'art et la sincérité", L'Evénement, no 26, mars 1968, pp. 45-51. [Il n'est pas certain qu'il s'agisse vraiment d'une édition préoriginale, l'achevé d'imprimer de RMG II étant du 5 mars 1968.]

Fragment d'une lettre d'André Gide à Roger Martin du Gard, 15 février 1945, p. 51 (RMG II, pp. 313-315).

ROU. Correspondance André Gide - André Rouveyre (1909-1951), édition présentée et annotée par Claude Martin, Paris, Mercure de France, 1967, 283p.

> [Voir aussi: Claude Martin, "Gide et le singulier retors: compléments à la Correspondance Gide - Rouveyre", Australian Journal of French Studies, January - August 1970, pp. 23-39.]

Lettre d'André Gide à André Rouveyre, [1907?],
(ROU., p. 49).

Lettre d'André Gide à André Rouveyre, [1909?],
(ROU., p. 51). Dans l'article ci-haut mentionné, Claude Martin précise que cette lettre serait du 23 octobre 1909.

Lettre d'André Gide à André Rouveyre, [1909?],
(ROU., p. 51). Claude Martin (op.cit.) est d'avis que cette lettre fut écrite le 28 novembre 1909.

Lettre d'André Gide à André Rouveyre, [décembre 1909?],
(ROU., p. 52). Dans son Répertoire chronologique des lettres publiées d'André Gide (Paris, Minard, 1971), Claude Martin situe cette lettre entre le 14 et le 22 décembre 1909.

Lettre d'André Gide à André Rouveyre, [7 novembre 1910],
(ROU., p. 52).

Lettre d'André Gide à André Rouveyre, 15 mai 1917,
(ROU., p. 54).

Lettre d'André Gide à André Rouveyre, [Fin mai 1917?],
(ROU., p. 55).

Lettre d'André Gide à André Rouveyre, 1er juin 1918,
(ROU., p. 55).

Lettre d'André Gide à André Rouveyre, 6 décembre 1919,
(ROU., p. 56).

Lettre d'André Gide à André Rouveyre, 11 décembre 1919,
(ROU., pp. 57-58).

Lettre d'André Gide à André Rouveyre, 21 décembre [1920],
(ROU., p. 59).

Lettre d'André Gide à André Rouveyre, Mercredi [1921?],
(ROU., pp. 59-60).

Lettre d'André Gide à André Rouveyre, 2 juin 1923,
(ROU., pp. 61-62). Voir: publications préoriginales.

Lettre d'André Gide à André Rouveyre, 9 juin 1923, (ROU., p. 63). Voir: publications préoriginales.

Lettre d'André Gide à André Rouveyre, 11 juin 1923, (ROU., p. 68).

Lettre d'André Gide à André Rouveyre, [11 juin 1923], (ROU., p. 69). Voir: publications préoriginales.

Lettre d'André Gide à André Rouveyre, 30 juin [1923], (ROU., p. 72).

Lettre d'André Gide à André Rouveyre, 8 novembre 1923, (ROU., p. 73).

Lettre d'André Gide à André Rouveyre, [14 ou 15 novembre 1923], (ROU., p. 74).

Lettre d'André Gide à André Rouveyre, 30 novembre 1923, (ROU., pp. 76-77).

Lettre d'André Gide à André Rouveyre, 12 décembre 1923, (ROU., pp. 77-78).

Lettre d'André Gide à André Rouveyre, [29 janvier 1924], (ROU., p. 79).

Lettre d'André Gide à André Rouveyre, 14 avril 1924, (ROU., pp. 80-81). Cette lettre est donnée *in extenso* dans l'article de Claude Martin que nous avons mentionné plus haut (pp. 31-32). Voir: publications préoriginales.

Lettre d'André Gide à André Rouveyre, 31 octobre 1924, (ROU., pp. 83-86). Voir: publications préoriginales.

Lettre d'André Gide à André Rouveyre, 5 novembre 1924, (ROU., p. 87). Voir: publications préoriginales.

Lettre d'André Gide à André Rouveyre, 10 novembre 1924, (ROU., pp. 88-89). Voir: publications préoriginales.

Lettre d'André Gide à André Rouveyre, 22 novembre 1924, (ROU., pp. 89-91). Voir: publications préoriginales.

Lettre d'André Gide à André Rouveyre, [28 novembre 1924], (ROU., p. 91). Voir: publications préoriginales.

Lettre d'André Gide à André Rouveyre, 14 décembre [1924], (ROU., p. 92).

Lettre d'André Gide à André Rouveyre, [29 juin 1925], (ROU., p. 92).

Lettre d'André Gide à André Rouveyre, 26 juin 1927,
(ROU., pp. 93-94).

Lettre d'André Gide à André Rouveyre, 1er juillet [1927],
(ROU., pp. 99-100).

Lettre d'André Gide à André Rouveyre, 8 février 1928,
(ROU., pp. 105-107). Voir; publications préoriginales.

Lettre d'André Gide à André Rouveyre, 2 mars 1928,
(ROU., pp. 107-108).

Lettre d'André Gide à André Rouveyre, 11 avril 1928,
(ROU., pp. 108-110). Voir: publications préoriginales.

Lettre d'André Gide à André Rouveyre, [mai 1928],
(ROU., pp. 110-113). Voir: publications préoriginales.

Lettre d'André Gide à André Rouveyre, 17 juin 1928,
(ROU., p. 115).

Lettre d'André Gide à André Rouveyre, 10 août 1928,
(ROU., pp. 124-127). Voir; publications préoriginales.

Lettre d'André Gide à André Rouveyre, 9 octobre 1928,
(ROU., p. 127).

Lettre d'André Gide à André Rouveyre, 10 avril 1930,
(ROU., pp. 128-129).

Lettre d'André Gide à André Rouveyre, 4 ou 5 septembre 1931,
(ROU., p. 133).

Lettre d'André Gide à André Rouveyre, 20 septembre 1931,
(ROU., p. 136).

Lettre d'André Gide à André Rouveyre, [24 septembre 1931],
(ROU., p. 137).

Lettre d'André Gide à André Rouveyre, 21 avril 1932,
(ROU., p. 139).

Lettre d'André Gide à André Rouveyre, 1er février 1933,
(ROU., p. 145).

Lettre d'André Gide à André Rouveyre, 8 février [1933],
(ROU., p. 145).

Lettre d'André Gide à André Rouveyre, 14 février 1933,
(ROU., p. 146).

Lettre d'André Gide à André Rouveyre, 11 janvier 1934,
(ROU., pp. 146-147).

Lettre d'André Gide à André Rouveyre, 4 février 1940, (ROU., pp. 150-151).

Lettre d'André Gide à André Rouveyre, 18 décembre 1940, (ROU., p. 154).

Lettre d'André Gide à André Rouveyre, 17 janvier 1941, (ROU., p. 155).

Lettre d'André Gide à André Rouveyre, 27 avril 1941, (ROU., pp. 155-156).

Lettre d'André Gide à André Rouveyre, 27 mai 1941, (ROU., p. 156).

Lettre d'André Gide à André Rouveyre, [début juillet 1946], (ROU., p. 156).

Lettre d'André Gide à André Rouveyre, 15 juillet 1946, (ROU., pp. 158-159).

Lettre d'André Gide à André Rouveyre, 8 janvier 1949, (ROU., pp. 162-163).

Lettre d'André Gide à André Rouveyre, 10 janvier 1949, (ROU., p. 163).

Lettre d'André Gide à André Rouveyre, 28 janvier 1949, (ROU., p. 165).

Lettre d'André Gide à André Rouveyre, 14 février 1949, (ROU., p. 168).

Lettre d'André Gide à André Rouveyre, 14 février 1949, (ROU., pp. 168-169).

Lettre d'André Gide à André Rouveyre, 10 juillet 1949, (ROU., p. 174).

Lettre d'André Gide à André Rouveyre, [15 juillet 1949?], (ROU., p. 177).

Lettre d'André Gide à André Rouveyre, 31 octobre 1949, (ROU., pp. 178-179).

Lettre de Madame Yvonne Davet [pour André Gide] à André Rouveyre, 24 décembre 1949, (ROU., pp. 179-180).

Lettre de Madame Yvonne Davet [pour André Gide] à André Rouveyre, 25 janvier 1950, (ROU., pp. 183-184).

Lettre de Madame Yvonne Davet [pour André Gide] à André Rouveyre, 4 février 1950, (ROU., pp. 186-189).

Lettre d'André Gide à André Rouveyre, 26 mai 1950,
(ROU., p. 191).

Lettre d'André Gide à André Rouveyre, 3 janvier 1951,
(ROU., p. 193).

Publications préoriginales*:

André Rouveyre, Le Reclus et le Retors   Paris, Les Editions G. Crès et Cie, 1927, IV-210(4)p.

Fragment de la lettre d'André Gide à André Rouveyre, 2 juin 1923, pp. 188-189, (ROU., pp. 61-62). *Cette lettre fut aussi publiée dans: André Gide, "Lettres", Nouvelle revue française, 1er août 1928, pp. 230-231.*

Lettre d'André Gide a André Rouveyre, 9 juin 1923, pp. 189-190 (ROU., p. 63). *André Gide publiera la même lettre dans: "Lettres", Nouvelle revue française, 1er août 1928, pp. 231-232 (var.).*

Fragment de la lettre d'André Gide à André Rouveyre, 10 juin 1923, pp. 190-191 (ROU., p. 69). *Claude Martin précise, dans le Répertoire chronologique des lettres publiées d'André Gide (Paris, Minard, 1971) et dans ROU., que cette lettre est du 11 juin 1923. André Gide la publie dans "Lettres", Nouvelle revue française, 1er août 1928, p. 232.*

Fragment de la lettre d'André Gide à André Rouveyre, 12 avril 1924, pp. 191-192 (ROU., pp. 80-81). *Claude Martin (op.cit.) est plutôt d'avis que cette lettre est du 14 avril 1924 et, dans son article de l'Australian Journal of French Studies (pp. 31-32), il révèle une version nouvelle de cette même lettre. André Gide l'avait publiée dans "Lettres", Nouvelle revue française, 1er août 1928, pp. 222-223.*

Fragment d'une lettre d'André Gide à André Rouveyre, 31 octobre 1924, pp. 192-199 (ROU., pp. 83-86). *André Gide publiera cette lettre à maintes reprises (avec quelques variantes, parfois): "Lettres", Nouvelle revue française, 1er août 1928, pp. 233-236; Lettres, Liège, A la Lampe d'Aladdin, 1930, pp. 33-35; Divers, Paris, Gallimard, 1931, pp. 143-144; C.C. XII, pp. 560-561.*

---

*Les variantes étant particulièrement nombreuses dans cette correspondance, on aura sûrement intérêt à consulter l'édition de Claude Martin qui les indique.

> *Lettre d'André Gide à André Rouveyre, 10 novembre 1924, pp. 201-204 (ROU., pp. 88-89). André Gide publia cette lettre dans: "Lettres", Nouvelle revue française, 1er août 1928, pp. 237-238; Lettres, Liège, A la Lampe d'Aladdin, 1930, pp. 33-35; Divers, Paris, Gallimard, 1931, pp. 145-147; O.C. XII, pp. 562-563.*
>
> *Fragment d'une lettre d'André Gide à André Rouveyre, 22 novembre 1924, pp. 204-208 (ROU., pp. 89-91). Rouveyre ne cite point le premier paragraphe. André Gide, pour sa part, publia cette lettre dans: "Lettres", Nouvelle revue française, 1er août 1928, pp. 239-241; Lettres, Liège, A la Lampe d'Aladdin, 1930, pp. 37-38; Divers, Paris, Gallimard, 1931, pp. 147-151; O.C. XII, pp. 563-566.*
>
> *Lettre d'André Gide à André Rouveyre, vendredi [s.d.], pp. 208-209 (ROU., p. 91). Claude Martin précise que cette lettre est du 28 novembre 1924. Elle fut citée par André Gide dans "Lettres", Nouvelle revue française, 1er août 1928, p. 241.*
>
> *Lettre d'André Gide à André Rouveyre, 14 décembre 1924, p. 210 (ROU., p. 92). André Gide la publia dans "Lettres", Nouvelle revue française, 1er août 1928, p. 241.*

André Gide, "Lettre à André Rouveyre", Mercure de France, 15 mars 1928, pp. 656-658.

> *Cette lettre d'André Gide à André Rouveyre, du 8 février 1928, fut aussi publiée dans: "Lettres", Nouvelle revue française, 1er juin 1928, pp. 726-729; Lettres, Liège, A la Lampe d'Aladdin, 1930, pp. 79-84; Divers, Paris, Gallimard, 1931, pp. 177-182; ROU., pp. 105-107; RHG I, pp. 684-685.*

André Gide, "Lettres", Nouvelle revue française, 1er juin 1928, pp. 726-735.

> *Outre celle que nous venons de mentionner plus haut, sont également citées:*
>
> *Lettre d'André Gide à André Rouveyre, 11 avril 1928, pp. 729-732. Elle fut ensuite reproduite dans: [Lettre à André Rouveyre], Mercure de France, 1er juillet 1928, pp. 169-170; Lettres, Liège, A la Lampe d'Aladdin, 1930, pp. 85-89; Divers, Paris, Gallimard, 1931, pp. 182-186; ROU., pp. 108-110.*
>
> *Lettre d'André Gide à André Rouveyre, [mai 1928], pp. 732-735 (ROU., pp. 110-113).*

André Gide, "Lettres", Nouvelle revue française, 1er octobre 1928, pp. 516-523.

Lettre d'André Gide à André Rouveyre, 10 août 1928, pp. 520-523 (ROU., pp. 124-127).

SCHU. Lettres au Docteur Schuermans (1920-1928), Bruxelles, Raoul Simonson, 1955, 64p. [édition hors commerce].

Lettre d'André Gide à Willy Schuermans, 4 novembre 1920, (SCHU., pp. 9-10).

Lettre d'André Gide à Willy Schuermans, 14 novembre 1920, SCHU., pp. 11-12).

Lettre d'André Gide à Willy Schuermans, 19 novembre 1920, (SCHU., p. 13).

Lettre d'André Gide à Willy Schuermans, 2 février 1921, (SCHU., pp. 14-15).

Lettre d'André Gide à Willy Schuermans, 13 mai [1921], (SCHU., pp. 16-17).

Lettre d'André Gide à Willy Schuermans, 10 août [1921], (SCHU., pp. 18-19).

Télégramme d'André Gide à Willy Schuermans, 22 août 1921, (SCHU., p. 20).

Lettre d'André Gide à Willy Schuermans, 2 septembre 1921, (SCHU., p. 21).

Lettre d'André Gide à Willy Schuermans, 9 septembre 1921, (SCHU., p. 22).

Lettre d'André Gide à Willy Schuermans, 29 septembre 1921, (SCHU., p. 23).

Télégramme d'André Gide à Willy Schuermans, 30 septembre 1921, (SCHU., p. 24).

Lettre d'André Gide à Willy Schuermans, 8 octobre 1921, (SCHU., p. 25).

Lettre d'André Gide à Willy Schuermans, 30 octobre 1921, (SCHU., p. 26).

Lettre d'André Gide à Willy Schuermans, 10 novembre 1921, (SCHU., pp. 27-28).

Lettre d'André Gide à Willy Schuermans, 2 décembre 1921, (SCHU., pp. 29-30).

Lettre d'André Gide à Willy Schuermans, 13 décembre 1921, (SCHU., p. 31).

Lettre d'André Gide à Willy Schuermans, 20 [décembre] 1921, (SCHU., p. 32). La lettre est datée du 20 janvier 1921, ce qui est apparemment une erreur. Entre parenthèses, on a corrigé et on a écrit: décembre. La correction est peut-être de la main du Docteur Schuermans lui-même.

Lettre d'André Gide à Willy Schuermans, 9 janvier 1922, (SCHU., p. 33).

Lettre d'André Gide à Willy Schuermans, 30 janvier 1922, (SCHU., p. 34).

Lettre d'André Gide à Willy Schuermans, 7 février 1922, (SCHU., p. 35).

Lettre d'André Gide à Willy Schuermans, 21 février 1922, (SCHU., p. 36).

Lettre d'André Gide à Willy Schuermans, 1er avril 1922, (SCHU., p. 37).

Lettre d'André Gide à Willy Schuermans, 7 avril 1922, (SCHU., p. 38).

Lettre d'André Gide à Willy Schuermans, 28 octobre 1922, (SCHU., pp. 39-42).

Lettre d'André Gide à Willy Schuermans, 3 novembre [1922], (SCHU., p. 43).

Lettre d'André Gide à Willy Schuermans, 14 décembre [1922], (SCHU., p. 44).

Lettre d'André Gide à Willy Schuermans, 4 décembre 1923, (SCHU., pp. 45-46).

Lettre d'André Gide à Willy Schuermans, 10 décembre 1923, (SCHU., p. 47).

Lettre d'André Gide à Willy Schuermans, 7 juin [1924], (SCHU., p. 48).

Lettre d'André Gide à Willy Schuermans, 3 juillet [1924],
(SCHU., p. 49).

Lettre d'André Gide à Willy Schuermans, [s.d.],
(SCHU., p. 50). *Claude Martin précise, dans son Répertoire
chronologique des lettres publiées d'André Gide (Paris
Minard, 1971), que cette lettre est de juillet 1924.*

Lettre d'André Gide à Willy Schuermans, 12 novembre 1924,
(SCHU., pp. 51-53).

Lettre d'André Gide à Willy Schuermans, 2 avril 1925,
(SCHU., pp. 54-55).

Lettre d'André Gide à Willy Schuermans, 15 février 1927,
(SCHU., pp. 56-57).

Lettre d'André Gide à Willy Schuermans, 4 juin 1928,
(SCHU., pp. 58-59).

Lettre d'André Gide à Willy Schuermans, 13 août 1928,
(SCHU., p. 60).

SUA.   Correspondance André Gide - André Suarès (1908-1920), préface et
notes de Sidney D. Braun, Paris, Gallimard, 1963, 111p.

Lettre d'André Gide à André Suarès, [14 décembre 1908],
(SUA., pp. 30-31). *Voir: publications préoriginales*

Lettre d'André Gide à André Suarès, 7 janvier 1909,
(SUA., p. 31). *Dans son catalogue André Suarès (Paris, Musée
Antoine Bourdelle, 1968), François Chapon rectifie certaines
notes de Sidney D. Braun. C'est ainsi qu'il écrit, au sujet
de la présente: "[...] Cette lettre ne concerne pas, comme le
croit le commentateur, Visite à Pascal qui ne parut en volume
qu'au mois d'octobre de la même année. [...] Les termes de cette lettre-ci paraissent convenir au livre Sur la mort de mon
frère: [...]" (p.20). Voir: publications préoriginales.*

Lettre d'André Gide à André Suarès, 27 février 1909,
(SUA., p. 32). *Voir: publications préoriginales.*

Lettre d'André Gide à André Suarès, 18 mars [1909],
(SUA., pp. 34-35).

Lettre d'André Gide à André Suarès, 24 novembre 1909, (SUA., pp. 38-39).

Lettre d'André Gide à André Suarès, 1er janvier 1910, (SUA., pp. 40-41).

Lettre d'André Gide à André Suarès, 6 novembre 1910, (SUA., pp. 45-46).

Lettre d'André Gide à André Suarès, 9 novembre 1910, (SUA., p. 48).

Lettre d'André Gide à André Suarès, 12 novembre 1910, (SUA., pp. 48-49).

Lettre d'André Gide à André Suarès, 6 décembre 1910, (SUA., pp. 49-50).

Lettre d'André Gide à André Suarès, 10 février 1911, (SUA., pp. 52-53).

Lettre d'André Gide à André Suarès, 13 février 1911, (SUA., pp. 54-55).

Lettre d'André Gide à André Suarès, 7 mars 1911, (SUA., p. 57).

Lettre d'André Gide à André Suarès, 21 février 1912, (SUA., p. 59).

Lettre d'André Gide à André Suarès, 2 avril [1912], (SUA., p. 60).

Lettre d'André Gide à André Suarès, 18 juin 1912, (SUA., p. 61).

Lettre d'André Gide à André Suarès, 1er juillet [1912], (SUA., pp. 63-64).

Lettre d'André Gide à André Suarès, [été 1912], (SUA., pp. 65-66). Sidney D. Braun commente: "Quoiqu'il n'y ait, ici, aucune indication de date, la référence à Prométhée mal enchaîné et à Chesterton [...] suggère que la lettre a dû être écrite entre le 8 juillet et le 2 août 1912, alors que Suarès se trouvait, comme il l'a indiqué lui-même, au bord de la mer" (p.100). Claude Martin, dans son Répertoire chronologique des lettres publiées d'André Gide (Paris, Minard, 1971), situe la lettre en juillet 1912. Voir: publications préoriginales.

Lettre d'André Gide à André Suarès, 11 août 1912, (SUA., p. 70).

Lettre d'André Gide à André Suarès, [24 mars 1913], (SUA., p. 71).

Lettre d'André Gide à André Suarès, 14 mars [1915], (SUA., pp. 74-76).

Lettre d'André Gide à André Suarès, [février 1920], (SUA., pp. 77-78).

Publications préoriginales:

Catalogue de livres et manuscrits provenant de la bibliothèque de M. André Gide, (avec une préface de M. André Gide), Paris, Librairie ancienne Honoré Champion, 1925, (Vente des lundi 27 et mardi 28 avril 1925, Hôtel Drouot).

Fragment d'une lettre d'André Gide à André Suarès, [s.d.], p. 65, no 365. Dans SUA. (p. 65), cette lettre est datée de l'été 1912; Claude Martin (op.cit.) précise, pour sa part, qu'elle est de juillet 1912.

"Lettres inédites Gide et Suarès", Revue de Paris, octobre 1963, pp. 10-15. [Bien que l'achevé d'imprimer de la Correspondance André Gide - André Suarès (1908-1920) soit du 30 juillet 1963, les pages de la Revue de Paris constituent néanmoins une publication "préoriginale", semble-t-il. Consulté à ce sujet, Sidney D. Braun s'est dit d'accord avec nous.]

Lettre d'André Gide à André Suarès, [14 décembre 1908], pp. 10-11 (SUA., pp. 30-31).

Lettre d'André Gide à André Suarès, 7 janvier 1909, p. 11 (SUA., p. 31).

Fragment de la lettre d'André Gide à André Suarès, 27 février 1909, p. 11 (SUA., p. 32).

VAL. Correspondance Paul Valéry - André Gide (1890-1942), préface et notes par Robert Mallet, Paris, Gallimard, 1955, 558p.

[Dans son Répertoire chronologique des lettres publiées d'André Gide (Paris, Minard, 1971), Claude Martin corrige quelques dates et en précise nombre d'autres:

	Mallet	Martin
VAL., p. 50	[février 1891]	1er février 1891
VAL., pp. 52-54	[février 1891]	11 février 1891
VAL., pp. 69-70	[C.P. 21 mars 1891]	19 mars 1891
VAL., pp. 141-142	[décembre 1891]	4 décembre 1891
VAL., p. 146	[février 1892]	13 février 1892
VAL., p. 177	[novembre 1892]	25 novembre 1892
VAL., pp. 186-187	[septembre 1893]	août 1893
VAL., pp. 206-207	[juillet 1894]	23 juin 1894
VAL., pp. 213-214	[3 septembre 1894]	31 août 1894
VAL., pp. 239-240	[mai 1895]	28 mai 1895
VAL., p. 240	[mai 1895]	29 mai 1895
VAL., p. 240	[C.P. 30 mai 1895]	29 mai 1895
VAL., p. 243	[9 juillet 1895]	8 juillet 1895
VAL., p. 248	[C.P. 3 octobre 1895]	2 octobre 1895
VAL., p. 250	[C.P.10 octobre 1895]	8 octobre 1895
VAL., pp. 264-266	[mai 1896]	18 mai 1896
VAL., pp. 286-287	[avril 1897]	mars 1897
VAL., pp. 289-290	[avril 1897]	16 avril 1897
VAL., pp. 293-294	[C.P. 29 avril 1897]	27 avril 1897
VAL., pp. 314-315	[C.P. 15 mars 1898]	13 mars 1898
VAL., p. 352	[fin de septembre 1899]	1er octobre 1899
VAL., p. 367	[C.P. décembre 1899]	1er décembre 1899

VAL.,	p. 390	[C.P. 6 avril 1902]	5 avril	1902
VAL.,	p. 393	[C.P. octobre 1902]	23 octobre	1902
VAL.,	p. 400	[C.P. juillet 1903]	26 juillet	1903
VAL.,	p. 401	[C.P. juillet 1903]	28 juillet	1903
VAL.,	p. 413	[C.P. 11 novembre 1907]	10 novembre	1907
VAL.,	p. 421	[C.P. 1910]	août	1910
VAL.,	p. 424	[C.P. 5 juin 1912]	4 juin	1912
VAL.,	p. 444	[C.P. 17 juillet 1915]	18 juillet	1915
VAL.,	pp. 449-450	[C.P. 21 juin 1917]	18 juin	1917
VAL.,	pp. 483-484	[printemps 1921]	9 mai	1921
VAL.,	p. 486	mardi [1921]	5 juillet	1921
VAL.,	pp. 490-491	[octobre 1922]	19 octobre	1922
VAL.,	pp. 502-503	[1926]	[début juillet	1926]

Lettre d'André Gide à Paul Valéry, [21 décembre 1890],
(VAL., p. 39).

Lettre d'André Gide à Paul Valéry, [24 décembre 1890],
(VAL., p. 40).

Lettre d'André Gide à Paul Valéry, [C.P. 16 janvier 1891],
(VAL., pp. 42-44). Voir: publications préoriginales.

Lettre d'André Gide à Paul Valéry, 26 janvier 1891,
(VAL., pp. 46-47). Dans L'Heureuse rencontre de Valéry
et Mallarmé (Lausanne, La Guilde du Livre, 1948, pp. 55-56),
Henri Mondor a cité un fragment de cette lettre, en le datant
de février 1891. Voir: publications préoriginales.

Lettre d'André Gide à Paul Valéry, [février 1891],
(VAL., p. 50). Claude Martin précise, dans le Répertoire
chronologique des lettres publiées Gide (Paris,
Minard, 1971), que cette lettre est du 1er février 1891.
Notons aussi que, dans L'Heureuse rencontre de Valéry et
Mallarmé (Lausanne, La Guilde du Livre, 1948, pp. 57-58),
Henri Mondor citait un fragment de la présente et le datait
du 8 février 1891. Voir: publications préoriginales.

Lettre d'André Gide à Paul Valéry, [février 1891],
(VAL., pp. 52-54). Claude Martin (op.cit.) précise que
cette lettre est du 11 février 1891.

Lettre d'André Gide à Paul Valéry, 1er mars [1891],
(VAL., pp. 55-61). A cette lettre, est joint le début d'une
lettre précédente, non expédiée, d'André Gide à Paul Valéry.
Elle était du 24 [février 1891]. Voir: publications
préoriginales.

Lettre d'André Gide à Paul Valéry, [C.P. 8 mars 1891],
(VAL., pp. 63-66). Voir: publications préoriginales.

Lettre d'André Gide à Paul Valéry, 9 mars 1891,
(VAL., pp. 66-67). Voir: publications préoriginales.

Lettre d'André Gide à Paul Valéry, [C.P. 21 mars 1891],
(VAL., pp. 69-70). Claude Martin (op.cit.) précise que cette
lettre fut écrite le 19 mars 1891. Voir: publications
préoriginales.

Lettre d'André Gide à Paul Valéry, [29 mars 1891],
(VAL., pp. 74-77). Voir: publications préoriginales.

Lettre d'André Gide à Paul Valéry, [12 avril 1891],
(VAL., pp. 77-79). Cette lettre est signée André Walter.
Voir: publications préoriginales.

Lettre d'André Gide à Paul Valéry, [mai 1891],
(VAL., pp. 81-82). Voir: publications préoriginales.

Lettre d'André Gide à Paul Valéry, [C.P. 12 mai 1891],
(VAL., pp. 83-85). Voir: publications préoriginales.

Lettre d'André Gide à Paul Valéry, Mardi soir [C.P. 12 mai 1891],
(VAL., p. 85).

Lettre d'André Gide à Paul Valéry, [2 juin 1891],
(VAL., pp. 88-89). Cette lettre est signée André Walter.
Voir: publications préoriginales.

Lettre d'André Gide à Paul Valéry, [5 juin 1891],
(VAL., p. 90).

Lettre d'André Gide à Paul Valéry, [C.P. 11 juin 1891],
(VAL., pp. 91-93).

Lettre d'André Gide à Paul Valéry, [C.P. 17 juin 1891],
(VAL., pp. 95-99).

Lettre d'André Gide à Paul Valéry, [C.P. 23 juin 1891],
(VAL., pp. 99-102). Voir: publications préoriginales.

Lettre d'André Gide à Paul Valéry, 2º juin 1891,
(VAL., pp. 104-107).

Lettre d'André Gide à Paul Valéry, [C.P. 9 juillet 1891],
(VAL., pp. 107-109). Dans L'Heureuse rencontre de Valéry
et Mallarmé (Lausanne, La Guilde du Livre, 1948, p. 84), Henri
Mondor a cité un fragment de cette lettre, en le datant du
[début de juillet 1892]. Voir: publications préoriginales.

Lettre d'André Gide à Paul Valéry, 14 et 15 juillet [1891],
(VAL., pp. 110-112).

Lettre d'André Gide à Paul Valéry, 31 juillet 1891,
(VAL., pp. 113-114). Cette lettre est signée André Walter.

Lettre d'André Gide à Paul Valéry, [8 août 1891],
(VAL., pp. 114-115).

Lettre d'André Gide à Paul Valéry, [début d'août 1891],
(VAL., pp. 117-119).

Lettre d'André Gide à Paul Valéry, [C.P. 28 août 1891],
(VAL., pp. 120-121). Cette lettre est signée André Walter.

Lettre d'André Gide à Paul Valéry, [C.P. 9 septembre 1891],
(VAL., pp. 123-124). Cette lettre est signée André Walter.
Voir: publications préoriginales.

Lettre d'André Gide à Paul Valéry, [septembre 1891],
(VAL., pp. 127-128). Cette lettre est signée André Walter.
Voir: publications préoriginales.

Lettre d'André Gide à Paul Valéry, [septembre 1891],
(VAL., pp. 129-130). Dans L'Heureuse rencontre de Valéry
et Mallarmé (Lausanne, La Guilde du Livre, 1948, pp. 96-97),
Henri Mondor a cité un fragment de cette lettre. Il l'a
alors daté du [1er octobre 1891]. Claude Martin, pour sa part,
a repris la date proposée par Robert Mallet. Voir: publications
préoriginales.

Lettre d'André Gide à Paul Valéry, [début d'octobre 1891],
(VAL., p. 130). Voir: publications préoriginales.

Lettre d'André Gide à Paul Valéry, 7 octobre 1891,
(VAL., pp. 131-132). Voir: publications préoriginales.

Carte postale d'André Gide à Paul Valéry, [15 octobre 1891],
(VAL., p. 132).

Lettre d'André Gide à Paul Valéry, [3 novembre 1891],
(VAL., pp. 133-135). Cette lettre est signée André Walter.

Lettre d'André Gide à Paul Valéry, [15 novembre 1891],
(VAL., pp. 136-138). *Voir: publications préoriginales.*

Lettre d'André Gide à Paul Valéry, [28 novembre 1891],
(VAL., pp. 139-140).

Lettre d'André Gide à Paul Valéry, [décembre 1891],
(VAL., pp. 141-142). *Cette lettre est signée André Walter. Claude Martin (*op.cit.*) en précise la date: 4 décembre 1891. Voir: publications préoriginales.*

Lettre d'André Gide à Paul Valéry, 24 décembre [1891],
(VAL., p. 144).

Lettre d'André Gide à Paul Valéry, [début de 1892],
(VAL., p. 144).

Lettre d'André Gide à Paul Valéry, [début de janvier 1892],
(VAL., p. 145).

Lettre d'André Gide à Paul Valéry, [janvier 1892],
(VAL., p. 145).

Lettre d'André Gide à Paul Valéry, [février 1892],
(VAL., p. 146). *A l'instar d'Yvonne Davet [voir 163., p. 40], Claude Martin (*op.cit.*) date cette lettre du 13 février 1892. Voir: publications préoriginales.*

Lettre d'André Gide à Paul Valéry, [C.P. 2 mars 1892],
(VAL., pp. 147-149).

Lettre d'André Gide à Paul Valéry, [C.P. 13 mars 1892],
(VAL., pp. 151-152).

Lettre d'André Gide à Paul Valéry, [C.P. 21 mars 1892],
(VAL., pp. 153-154).

Lettre d'André Gide à Paul Valéry, [C.P. 12 avril 1892],
(VAL., p. 156).

Lettre d'André Gide à Paul Valéry, [C.P. 26 avril 1892],
(VAL., pp. 156-157).

Lettre d'André Gide à Paul Valéry, [5 mai 1892],
(VAL., pp. 160-161).

Lettre d'André Gide à Paul Valéry, [C.P. 11 juin 1892],
(VAL., pp. 162-163).

Lettre d'André Gide à Paul Valéry, [C.P. 25 juin 1892],
(VAL., p. 164).

Lettre d'André Gide à Paul Valéry, [C.P. 12 juillet 1892],
(VAL., pp. 165-166).

Lettre d'André Gide à Paul Valéry, 25 juillet [1892],
(VAL., pp. 166-167). Voir: *publications préoriginales*.

Lettre d'André Gide à Paul Valéry, [août 1892],
(VAL., pp. 169-170). Claude Martin (op.cit.) situe cette lettre entre le 8 et le 24 août 1892. Voir: *publications préoriginales*.

Lettre d'André Gide à Paul Valéry, [septembre 1892],
(VAL., pp. 172-173).

Lettre d'André Gide à Paul Valéry, [C.P. 18 octobre 1892],
(VAL., pp. 174-175).

Lettre d'André Gide à Paul Valéry, [fin d'octobre 1892],
(VAL., p. 175).

Lettre d'André Gide à Paul Valéry, [novembre 1892],
(VAL., p. 177). Claude Martin (op.cit.) précise la date: 25 novembre 1892.

Lettre d'André Gide à Paul Valéry, [février 1893],
(VAL., p. 180).

Lettre d'André Gide à Paul Valéry, [mars 1893],
(VAL., pp. 180-181). Claude Martin (op.cit.) est d'avis que la présente fut écrite plus tard que le 20 mars 1893.

Lettre d'André Gide à Paul Valéry, [24 août 1893],
(VAL., pp. 184-185). Voir: *publications préoriginales*.

Lettre d'André Gide à Paul Valéry, [septembre 1893],
(VAL., pp. 186-187). D'après Claude Martin (op.cit.), cette lettre serait plutôt d'août 1893.

Lettre d'André Gide à Paul Valéry, [octobre 1893],
(VAL., p. 189).

Lettre d'André Gide à Paul Valéry, [27 novembre 1893],
(VAL., pp. 191-192). Voir: *publications préoriginales*.

Lettre d'André Gide à Paul Valéry, [décembre 1893],
(VAL., p. 194). Selon Claude Martin (op.cit.), cette lettre aurait été écrite entre le 16 et le 20 décembre 1893. Voir: *publications préoriginales*.

Lettre d'André Gide à Paul Valéry, [février 1894],
(VAL., pp. 197-198).

Lettre d'André Gide à Paul Valéry, [Biskra, mars 1894],
(VAL., pp. 200-201). Voir: *publications préoriginales*.

Lettre d'André Gide à Paul Valéry, [28 mai 1894],
(VAL., pp. 204-205).

Lettre d'André Gide à Paul Valéry, [juillet 1894],
(VAL., pp. 206-207). Yvonne Davet cite cette lettre dans:
Autour des Nourritures terrestres. Histoire d'un livre [voir
no 163, p. 70] et la date du [19 juin 1894]. Claude Martin
(op.cit.) croit, pour sa part, qu'elle est du 23 juin 1894.
Voir: publications préoriginales.

Lettre d'André Gide à Paul Valéry, 16 juillet 1894,
(VAL., pp. 210-211). Voir: publications préoriginales.

Lettre d'André Gide à Paul Valéry, [6 août 1894],
(VAL., p. 212).

Lettre d'André Gide à Paul Valéry, [3 septembre 1894],
(VAL., pp. 213-214). Yvonne Davet (op.cit.), p. 40 et p. 71)
indique que cette lettre est du 31 août 1894. Claude Martin
(op.cit.) reprend cette dernière date. Voir: publications
préoriginales.

Lettre d'André Gide à Paul Valéry, 11 novembre 1894,
(VAL., pp. 218-220). Voir: publications préoriginales.

Lettre d'André Gide à Paul Valéry, [C.P. 21 novembre 1894],
(VAL., pp. 221-222).

Lettre d'André Gide à Paul Valéry, 2 décembre 1894,
(VAL., pp. 223-224).

Lettre d'André Gide à Paul Valéry, 6 décembre 1894,
(VAL., pp. 225-226).

Lettre d'André Gide à Paul Valéry, 28 décembre 1894,
(VAL., pp. 227-228).

Lettre d'André Gide à Paul Valéry, [C.P. janvier 1895],
(VAL., pp. 230-231). Claude Martin (op.cit.) situe cette
lettre entre le 3 et 6 janvier 1895.

Lettre d'André Gide à Paul Valéry, [C.P. 27 janvier 1895],
(VAL., pp. 231-232).

Lettre d'André Gide à Paul Valéry, [mars 1895],
(VAL., pp. 233-236). Claude Martin (op.cit.) mentionne
cette lettre entre le 3 et le 5 avril 1895.

Télégramme d'André Gide à Paul Valéry, [mai 1895],
(VAL., p. 237).

Lettre d'André Gide à Paul Valéry, [mai 1895],
(VAL., pp. 237-238).

Lettre d'André Gide à Paul Valéry, [mai 1895],
(VAL., pp. 239-240). Claude Martin (op.cit.) précise la
date: 28 mai 1895.

Télégramme d'André Gide à Paul Valéry, [mai 1895],
(VAL., p. 240). Claude Martin (op.cit.) précise la date:
29 mai 1895.

Lettre d'André Gide à Paul Valéry, [C.P. 30 mai 1895],
(VAL., p. 240). Claude Martin (op.cit.) précise: 29 mai
1895.

Lettre d'André Gide à Paul Valéry, [31 mai 1895],
(VAL., p. 241).

Lettre d'André Gide à Paul Valéry, [20 juin 1895],
(VAL., p. 242).

Télégramme d'André Gide à Paul Valéry, [22 juin 1895],
(VAL., p. 242).

Lettre d'André Gide à Paul Valéry, [24 juin 1895],
(VAL., p. 243).

Lettre d'André Gide à Paul Valéry, [9 juillet 1895],
(VAL., p. 243). Claude Martin (op.cit.) corrige la date:
8 juillet 1895.

Lettre d'André Gide à Paul Valéry, [29 juillet 1895],
(VAL., p. 244).

Lettre d'André Gide à Paul Valéry, [C.P. 15 août 1895],
(VAL., pp. 244-245).

Lettre d'André Gide à Paul Valéry, [C.P. septembre 1895],
(VAL., pp. 246-247).

Lettre d'André Gide à Paul Valéry, [C.P. 3 octobre 1895],
(VAL., p. 248). Claude Martin (op.cit.) corrige la date:
2 octobre 1895.

Lettre d'André Gide à Paul Valéry, [C.P. 10 octobre 1895],
(VAL., p. 250). Claude Martin (op.cit.) rectifie la date:
8 octobre 1895.

Lettre d'André Gide à Paul Valéry, [C.P. 25 octobre 1895],
(VAL., p. 250).

Lettre d'André Gide à Paul Valéry, [C.P. 15 décembre 1895],
(VAL., pp. 254-255). Yvonne Davet (op.cit., pp. 72-73) date
cette lettre du 16 décembre 1895; Claude Martin (op.cit.) donne,
ici, raison à Robert Mallet. Voir: publications préoriginales.

Lettre d'André Gide à Paul Valéry, 24 janvier [1896],
(VAL., pp. 257-258). *Voir: publications préoriginales.*

Lettre d'André Gide à Paul Valéry, 25 mars [1896],
(VAL., pp. 260-262).

Lettre d'André Gide à Paul Valéry, [mai 1896],
(VAL., pp. 264-266). *Yvonne Davet* (op.cit., pp. 75-76) *précise
la date: 18 mai 1896. Claude Martin* (op.cit.) *reprend cette
date. Voir: publications préoriginales.*

Lettre d'André Gide à Paul Valéry, [C.P. 19 mai 1896],
(VAL., pp. 266-267). *Dans André Gide, Paul Valéry,* (Paris,
Domat, 1947, pp. XLVI-XLVIII), *cette lettre ne porte qu'une
date très approximative: [mai 1895 ou 1896]. Voir:
publications préoriginales.*

Lettre d'André Gide à Paul Valéry, [C.P. 24 mai 1896],
(VAL., pp. 269-270).

Lettre d'André Gide à Paul Valéry, [juillet 1896],
(VAL., p. 271).

Lettre d'André Gide à Paul Valéry, [C.P. 29 août 1896],
(VAL., pp. 273-274).

Lettre d'André Gide à Paul Valéry, 14 septembre 1896,
(VAL., pp. 276-277).

Lettre d'André Gide à Paul Valéry, [fin de septembre 1896],
(VAL., p. 278).

Lettre d'André Gide à Paul Valéry, [C.P. 4 octobre 1896],
(VAL., pp. 279-280). *Dans André Gide, Paul Valéry, Paris,
Domat, 1947, pp. XLVIII - L, cette lettre était datée du
5 octobre 1896. Claude Martin* (op.cit.) *fait mention de
la lettre le 4 octobre 1896. Voir: publications préoriginales.*

Lettre d'André Gide à Paul Valéry, [C.P. octobre 1896],
(VAL., p. 282). *Yvonne Davet* (op.cit., p. 110) *précise que
cette lettre est du 26 octobre 1896. Voir: publications
préoriginales.*

Lettre d'André Gide à Paul Valéry, [C.P. 3 janvier 1897],
(VAL., p. 284).

Lettre d'André Gide à Paul Valéry, [C.P. 20 janvier 1897],
(VAL., pp. 284-285).

Lettre d'André Gide à Paul Valéry, [février 1897],
(VAL., pp. 286-287). *Claude Martin* (op.cit.) *indique que
cette lettre fut écrite en mars 1897.*

Lettre d'André Gide à Paul Valéry, [C.P. 19 mars 1897],
(VAL., pp. 288-289).

Lettre d'André Gide à Paul Valéry, [avril 1897],
(VAL., pp. 289-290). Claude Martin (op.cit.) précise que
cette lettre est du 16 avril 1897.

Lettre d'André Gide à Paul Valéry, [C.P. 29 avril 1897],
(VAL., pp. 293-294). Yvonne Davet (op.cit., p. 101) date
la présente du 27 avril 1897; Claude Martin (op.cit.) fait
de même. Voir: publications préoriginales.

Lettre d'André Gide à Paul Valéry, 21 [mai 1897],
(VAL., p. 296).

Lettre d'André Gide à Paul Valéry, [C.P. 4 juin 1897],
(VAL., p. 299).

Lettre d'André Gide à Paul Valéry, 7 janvier 1898,
(VAL., pp. 302-303).

Lettre d'André Gide à Paul Valéry, 12 janvier 1898,
(VAL., pp. 305-307). Voir: publications préoriginales.

Lettre d'André Gide à Paul Valéry, 18 janvier 1898,
(VAL., pp. 310-311).

Lettre d'André Gide à Paul Valéry, [C.P. 15 mars 1898],
(VAL., pp. 314-315). Claude Martin (op.cit.) précise que
cette lettre est du 13 mars 1898.

Lettre d'André Gide à Paul Valéry, [C.P. mai 1898],
(VAL., p. 317).

Lettre d'André Gide à Paul Valéry, 9 mai 1898,
(VAL., p. 318).

Lettre d'André Gide à Paul Valéry, [C.P. juillet 1898],
(VAL., p. 319). Claude Martin (op.cit.) précise que cette
lettre fut écrite entre le 4 et 10 juillet 1898.

Lettre d'André Gide à Paul Valéry, [C.P. 10 juillet 1898],
(VAL., pp. 322-323).

Lettre d'André Gide à Paul Valéry, [C.P. 26 juillet 1898],
(VAL., p. 325).

Lettre d'André Gide à Paul Valéry, [C.P. 27 juillet 1898],
(VAL., p. 327).

Lettre d'André Gide à Paul Valéry, 20 août 1898,
(VAL., pp. 328-329).

Lettre d'André Gide à Paul Valéry, 8 septembre [1898],
(VAL., pp. 329-330).

Lettre d'André Gide à Paul Valéry, [C.P. 11 septembre 1898], (VAL., p. 331). Cette lettre semble avoir été oubliée par Claude Martin (op.cit.).

Lettre d'André Gide à Paul Valéry, [C.P. septembre 1898], (VAL., pp. 333-334). Claude Martin (op.cit.) situe cette lettre après le 20 septembre 1898.

Lettre d'André Gide à Paul Valéry, [octobre 1898], (VAL., p. 336).

Lettre d'André Gide à Paul Valéry, 22 octobre 1898, (VAL., pp. 338-340). Yvonne Davet (op.cit., pp. 207-208) date cette lettre du 21 octobre 1898; Claude Martin (op.cit.) retient le 22 octobre 1898. Voir: publications préoriginales.

Lettre d'André Gide à Paul Valéry, [C.P. novembre 1898], (VAL., p. 342).

Lettre d'André Gide à Paul Valéry, 11 avril 1899, (VAL., pp. 344-345).

Lettre d'André Gide à Paul Valéry, 11 juillet [1899], (VAL., pp. 348-349).

Lettre d'André Gide à Paul Valéry, 24 juillet [1899], (VAL., pp. 350-351).

Lettre d'André Gide à Paul Valéry, [fin de septembre 1899], (VAL., p. 352). Claude Martin (op.cit.) date cette lettre du 1er octobre 1899.

Lettre d'André Gide à Paul Valéry, 19 octobre 1899, (VAL., pp. 357-358). Voir: publications préoriginales.

Lettre d'André Gide à Paul Valéry, 28 octobre 1899, (VAL., pp. 362-363). Voir: publications préoriginales.

Lettre d'André Gide à Paul Valéry, [C.P. 22 novembre 1899], (VAL., p. 366).

Lettre d'André Gide à Paul Valéry, [C.P. décembre 1899], (VAL., p. 367). Claude Martin (op.cit.) précise que cette lettre est du 1er décembre 1899.

Lettre d'André Gide à Paul Valéry, [C.P. janvier 1900], (VAL., p. 367).

Lettre d'André Gide à Paul Valéry, [C.P. 1º juillet 1900], (VAL., p. 369).

Lettre d'André Gide à Paul Valéry, [C.P. 31 août 1900], (VAL., pp. 371-372).

Lettre d'André Gide à Paul Valéry, 15 octobre 1900,
(VAL., pp. 372-373).

Lettre d'André Gide à Paul Valéry, 21 octobre [1900],
(VAL., pp. 375-376) *Voir: publications préoriginales.*

Lettre d'André Gide à Paul Valéry, 26 décembre [1900],
(VAL., pp. 377-378).

Lettre d'André Gide à Paul Valéry, [C.P. 28 mars 1901],
(VAL., p. 380).

Lettre d'André Gide à Paul Valéry, [C.P. avril 1901],
(VAL., p. 381). *Claude Martin (op.cit.) fait mention de cette lettre après le 24 avril 1901.*

Lettre d'André Gide à Paul Valéry, [C.P. 5 juillet 1901],
(VAL., pp. 384-385).

Lettre d'André Gide à Paul Valéry, 27 août [1901],
(VAL., p. 387).

Lettre d'André Gide à Paul Valéry, [C.P. 23 septembre 1901],
(VAL., p. 389).

Lettre d'André Gide à Paul Valéry, [C.P. 22 décembre 1901],
(VAL., pp. 389-390).

Lettre d'André Gide à Paul Valéry, [C.P. 6 avril 1902],
(VAL., p. 390). *Claude Martin (op.cit.) précise que cette lettre fut écrite le 5 avril 1902.*

Lettre d'André Gide à Paul Valéry, [C.P. mai 1902],
(VAL., pp. 391-392).

Lettre d'André Gide à Paul Valéry, [C.P. octobre 1902],
(VAL., p. 393). *Claude Martin (op.cit.) précise que cette lettre est du 23 octobre 1902.*

Lettre d'André Gide à Paul Valéry, 2 juillet [1903],
(VAL., p. 397).

Lettre d'André Gide à Paul Valéry, 9 juillet [1903],
(VAL., pp. 399-400).

Lettre d'André Gide à Paul Valéry, [C.P. juillet 1903],
(VAL., p. 400). *Claude Martin (op.cit.) précise que cette lettre est du 26 juillet 1903.*

Lettre d'André Gide à Paul Valéry, [C.P. juillet 1903],
(VAL., p. 401). *Claude Martin (op.cit.) date cette lettre du 28 juillet 1903.*

Lettre d'André Gide à Paul Valéry, 17 [août 1906],
(VAL., pp. 409-410).

Lettre d'André Gide à Paul Valéry, [C.P. 17 novembre 1906],
(VAL., p. 412).

Lettre d'André Gide à Paul Valéry, 10 octobre [1907],
(VAL., p. 412).

Lettre d'André Gide à Paul Valéry, [C.P. 19 octobre 1907],
(VAL., p. 413).

Lettre d'André Gide à Paul Valéry, [C.P. 11 novembre 1907],
(VAL., p. 413). Claude Martin (op.cit.) précise que cette lettre fut écrite le 10 novembre 1907.

Lettre d'André Gide à Paul Valéry, [C.P. janvier 1908],
(VAL., p. 413).

Lettre d'André Gide à Paul Valéry, 10 mars 1908,
(VAL., pp. 414-415).

Lettre d'André Gide à Paul Valéry, [C.P. 16 mars 1908],
(VAL., p. 415).

Lettre d'André Gide à Paul Valéry, [juillet 1908],
(VAL., pp. 417-418).

Carte postale d'André Gide à Paul Valéry, [C.P. 4 juillet 1909],
(VAL., pp. 419-420).

Lettre d'André Gide à Paul Valéry, 24 novembre 1909,
(VAL., p. 420).

Carte postale d'André Gide à Paul Valéry, [C.P. 1910],
(VAL., p. 421). Claude Martin (op.cit.) croit que cette carte fut envoyée en août 1910.

Lettre d'André Gide à Paul Valéry, 24 janvier 1912,
(VAL., p. 422).

Lettre d'André Gide à Paul Valéry, [C.P. 31 mai 1912],
(VAL., p. 423).

Lettre d'André Gide à Paul Valéry, [C.P. 5 juin 1912],
(VAL., p. 424). Claude Martin (op.cit.) précise que cette lettre est du 4 juin 1912.

Lettre d'André Gide à Paul Valéry, 19 juillet [1912],
(VAL., pp. 424-425).

Lettre d'André Gide à Paul Valéry, 15 octobre 1912,
(VAL., p. 430).

*Lettre d'André Gide à Paul Valéry, 4 juillet [1914],
(VAL., pp. 434-435). Voir: publications préoriginales.*

*Lettre d'André Gide à Paul Valéry, 18 juillet [1914],
(VAL., p. 437).*

*Lettre d'André Gide à Paul Valéry, 26 juillet [1914],
(VAL., pp. 439-440).*

*Lettre d'André Gide à Paul Valéry, 4 octobre 1914,
(VAL., pp. 440-444).*

*Lettre d'André Gide à Paul Valéry, [C.P. 17 juillet 1915],
(VAL., p. 444). Claude Martin (op.cit.) rectifie: 18 juillet 1915.*

*Lettre d'André Gide à Paul Valéry, 20 janvier 1917,
(VAL., pp. 444-445).*

*Lettre d'André Gide à Paul Valéry, 13 juin 1917,
(VAL., pp. 446-447). Voir: publications préoriginales.*

*Lettre d'André Gide à Paul Valéry, [C.P. 21 juin 1917],
(VAL., pp. 449-450). Claude Martin (op.cit.) précise: 18 juin 1917.*

*Lettre d'André Gide à Paul Valéry, [C.P. 28 juin 1917],
(VAL., p. 450).*

*Lettre d'André Gide à Paul Valéry, 1er novembre 1917,
(VAL., pp. 457-458).*

*Lettre d'André Gide à Paul Valéry, [C.P. 5 novembre 1917],
(VAL., pp. 458-459).*

*Lettre d'André Gide à Paul Valéry, 5 janvier 1918,
(VAL., p. 460).*

*Lettre d'André Gide à Paul Valéry, 16 janvier 1918,
(VAL., pp. 461-462).*

*Lettre d'André Gide à Paul Valéry, 27 février 1918,
(VAL., p. 462).*

*Lettre d'André Gide à Paul Valéry, 4 mars 1918,
(VAL., pp. 464-465).*

*Lettre d'André Gide à Paul Valéry, 12 mars 1918,
(VAL., p. 467).*

*Lettre d'André Gide à Paul Valéry, 5 mai 1918,
(VAL., pp. 467-469). Voir: publications préoriginales.*

Lettre d'André Gide à Paul Valéry, 8 mai 1918,
(VAL., p. 471).

Lettre d'André Gide à Paul Valéry, 27 mai [1919],
(VAL., pp. 474-475).

Lettre d'André Gide à Paul Valéry, 6 octobre 1919,
(VAL., p. 476).

Lettre d'André Gide à Paul Valéry, 7 janvier 1920,
(VAL., p. 477).

Lettre d'André Gide à Paul Valéry, 16 septembre 1920,
(VAL., pp. 480-481).

Lettre d'André Gide à Paul Valéry, [2 octobre 1920],
(VAL., pp. 481-483).

Lettre d'André Gide à Paul Valéry, [printemps 1921],
(VAL., pp. 483-484). Claude Martin (op.cit.) précise:
9 mai 1921.

Lettre d'André Gide à Paul Valéry, mardi [1921],
(VAL., p. 486). Claude Martin (op.cit.) précise:
5 juillet 1921.

Lettre d'André Gide à Paul Valéry, 22 juillet 1922,
(VAL., pp. 487-488).

Lettre d'André Gide à Paul Valéry, [octobre 1922],
(VAL., pp. 490-491). Claude Martin (op.cit.) précise:
19 octobre 1922.

Lettre d'André Gide à Paul Valéry, 25 octobre 1922,
(VAL., pp. 491-492).

Lettre d'André Gide à Paul Valéry, 9 [octobre 1923],
(VAL., p. 495).

Lettre d'André Gide à Paul Valéry, 9 août [1924],
(VAL., pp. 496-497).

Lettre d'André Gide à Paul Valéry, [C.P. 25 octobre 1924],
(VAL., pp. 497-498).

Lettre d'André Gide à Paul Valéry, 26 décembre 1924,
(VAL., pp. 498-499).

Lettre d'André Gide à Paul Valéry, [28 décembre 1924],
(VAL., pp. 499-500). Dans "Quelques lettres à Paul Valéry",
Hommage à André Gide, Nouvelle revue française, novembre
1951, p. 406, cette lettre ne portait aucune autre date que:
"dimanche matin". Claude Martin (op.cit.) a repris celle du
28 décembre 1924. Voir: publications préoriginales.

Lettre d'André Gide à Paul Valéry, [C.P. 11 janvier 1925],
(VAL., pp. 500-501).

Lettre d'André Gide à Paul Valéry, 5 [mai 1925],
(VAL., p. 501).

Télégramme d'André Gide à Paul Valéry, 12 janvier 1926,
(VAL., p. 502).

Lettre d'André Gide à Paul Valéry, [1926],
(VAL., pp. 502-503). Claude Martin (op.cit.) fait mention
de cette lettre au début juillet 1926.

Lettre d'André Gide à Paul Valéry, 9 octobre 1927,
(VAL., p. 506).

Lettre d'André Gide à Paul Valéry, 21 décembre 1928,
(VAL., p. 507).

Lettre d'André Gide à Paul Valéry, 23 janvier 1931,
(VAL., p. 511).

Lettre d'André Gide à Paul Valéry, 1er août 1931,
(VAL., p. 512).

Lettre d'André Gide à Paul Valéry, 15 septembre 1932,
(VAL., pp. 513-514).

Lettre d'André Gide à Paul Valéry, 1er août 1933,
(VAL., p. 516).

Lettre d'André Gide à Paul Valéry, 7 octobre 1934,
(VAL., p. 516).

Lettre d'André Gide à Paul Valéry, 5 février 1940,
(VAL., pp. 518-519).

Lettre d'André Gide à Paul Valéry, 10 avril 1941,
(VAL., p. 521).

Carte familiale d'André Gide à Paul Valéry, 1º juillet 1941,
(VAL., pp. 521-522).

Lettre d'André Gide à Paul Valéry, 15 août 1941,
(VAL., pp. 522-523).

Lettre d'André Gide à Paul Valéry, 21 août 1941,
(VAL., pp. 523-524).

Lettre d'André Gide à Paul Valéry, [22 août 1941],
(VAL., pp. 524-525).

Lettre d'André Gide à Paul Valéry, 10 septembre 1941,
(VAL., p. 525).

Lettre d'André Gide à Paul Valéry, 21 septembre 1941,
(VAL., p. 526).

Lettre d'André Gide à Paul Valéry, 5 février 1942,
(VAL., p. 526).

Lettre d'André Gide à Paul Valéry, 25 juin [1942],
(VAL., p. 527).

Publications préoriginales:

"Paul Valéry vivant. Premières lettres à Paul Valéry (1891)"
Cahiers du Sud, 1946, [numéro spécial consacré à Paul Valéry],
pp. 29-38.

Lettre d'André Gide à Paul Valéry, 26 janvier 1891, pp. 29-30
(VAL., pp. 46-47).

Lettre d'André Gide à Paul Valéry, 1er mars 1891, pp. 31-34
(VAL., pp. 55-60).

Lettre d'André Gide à Paul Valéry, 9 mars 1891,   p. 35
(VAL., pp. 66-67).

*Lettre d'André Gide à Paul Valéry, [C.P. 23 juin 1891], pp. 36-
38* (VAL., pp. 99-102).

"Lettres inédites d'André Gide à Paul Valéry", dans: André Gide,
Paul Valéry, Paris, Domat, 1947 [achevé d'imprimer le 30 avril 1947],
pp. XLI-LXI.

*Lettre d'André Gide à Paul Valéry, 16 juillet 1894, pp. XLI-
XLIII* (VAL., pp. 210-211).

*Lettre d'André Gide à Paul Valéry, 11 novembre 1894, pp. XLIII-
XLVI* (VAL., pp. 218-220).

*Lettre d'André Gide à Paul Valéry, [mai 1895 ou mai 1896],
pp. XLVI-XLVIII* (VAL., pp. 266-267). *A ce dernier endroit, la
lettre est datée de* [C.P. 1º mai 1896].

Lettre d'André Gide à Paul Valéry, [5 octobre 1896], pp. XLVIII-L (VAL., pp. 279-280). Robert Mallet indique: [C.P. 4 octobre 1896].

Lettre d'André Gide à Paul Valéry, 12 janvier 1898, pp. L-LIV (VAL., pp. 305-307).

Lettre d'André Gide à Paul Valéry, 19 octobre 1899, pp. LIV-LVI (VAL., pp. 357-358).

Lettre d'André Gide à Paul Valéry, 21 octobre[1900], pp. LVII-LIX (VAL., pp. 375-376).

Lettre d'André Gide à Paul Valéry, 5 mai 1918, pp. LIX-LXI (VAL., pp. 467-469).

MONDOR (Henri) <u>Les premiers temps d'une amitié. André Gide et Paul Valéry</u>, Monaco, Editions du Rocher, 1947 [achevé d'imprimer le 10 juin 1947].

Fragment de la lettre d'André Gide à Paul Valéry, 16 janvier 1891, pp. 22-26 (VAL., pp. 42-44). Henri Mondor croyait, semble-t-il, qu'il s'agissait de la première lettre d'André Gide à Paul Valéry (p. 22).

Lettre d'André Gide à Paul Valéry, Mardi 24 [février 1891], pp. 60-62 (VAL., p. 61).

Fragment de la lettre d'André Gide à Paul Valéry, 1er mars [1891], pp. 62-63 (VAL., pp. 55-59).

Fragment de la lettre d'André Gide à Paul Valéry, [C.P. 8 mars 1891], pp. 67-69 (VAL., pp.63-66).

Fragment de la lettre d'André Gide à Paul Valéry, [C.P. 21 mars 1891], pp. 71-72 (VAL., pp. 69-70).

Fragment de la lettre d'André Gide à Paul Valéry, [29 mars 1891], pp. 74-75 (VAL., pp. 74-77).

Fragment de la lettre d'André Gide à Paul Valéry, [2 juin 1891], p. 79 (VAL., pp. 88-89).

Fragment de la lettre d'André Gide à Paul Valéry, [C.P. 23 juin 1891], pp. 99-100 (VAL., pp. 99-102).

Fragment de la lettre d'André Gide à Paul Valéry, [C.P. 9 juillet 1891], pp. 145-146 (VAL., pp. 107-109).

MONDOR (Henri), L'Heureuse rencontre de Valéry et Mallarmé, Lausanne, La Guilde du livre, 1948. [Achevé d'imprimer le 15 mars 1948.]

Fragment d'une lettre d'André Gide à Paul Valéry, [février 1891], pp. 55-56. Dans <u>VAL</u>. (pp. 46-47), la lettre est du 26 janvier 1891.

Fragment d'une lettre d'André Gide à Paul Valéry, 8 février 1891, pp. 57-58. Dans <u>VAL</u>. (p. 50), la lettre est simplement datée de [février 1891]. Claude Martin, dans son <u>Répertoire chronologique des lettres publiées d'André Gide</u>, précise qu'elle est du 1er février 1891.

Fragment d'une lettre d'André Gide à Paul Valéry, [fin juin 1891], pp. 79-80. Dans <u>VAL</u>.(99-102), cette lettre est datée du [C.P. 23 juin 1891].

Fragment d'une lettre d'André Gide à Paul Valéry, [début de juillet 1892], p. 84. Dans <u>VAL</u>. (p. 107), la lettre est datée de [C.P. 9 juillet 1891].

Fragment d'une lettre d'André Gide à Paul Valéry, 25 juillet [1892], p. 85 (<u>VAL</u>., pp. 166-167).

Fragment d'une lettre d'André Gide à Paul Valéry, [s.d.], p. 91. Dans <u>VAL</u>. (pp. 169-170), la lettre est datée de [août 1892]. Claude Martin, pour sa part, la situe entre le 8 et le 24 août 1892.

Fragment d'une lettre d'André Gide à Paul Valéry, [1er octobre 1891], pp. 96-97. Dans <u>VAL</u>. (pp. 129-130), la lettre est datée de [septembre 1891]. Il en est de même dans l'ouvrage de Claude Martin.

DAVET (Yvonne), Autour des Nourritures terrestres. Histoire d'un livre, Paris, Gallimard, 1948. [Achevé d'imprimer le 28 septembre 1948]. Notons que de larges extraits de cet ouvrage, dont des fragments de lettres d'André Gide à Paul Valéry, avaient été publiés dans <u>L'Arche</u>, nos 27-28, [1947], pp. 46-108, sous le titre de: "Le Cinquantenaire des <u>Nourritures terrestres</u>".

Fragment d'une lettre d'André Gide à Paul Valéry, 18 mai 1896, pp. 16-17. Dans <u>VAL</u>. (pp. 264-266), la lettre est simplement datée de [mai 1896].

Lettre d'André Gide à Paul Valéry, 24 mai 1896, pp. 17-18 (<u>VAL</u>., pp. 269-270).

*Fragment d'une lettre d'André Gide à Paul Valéry, [1? février]
1892, p. 40. Dans* VAL. *(p. 146), cette lettre est tout simplement datée de samedi [février 1892]. Tout comme dans le cas
précédent, Claude Martin (Répertoire chronologique des lettres
publiées d'André Gide, Paris, Minard, 1971) est d'accord avec
Yvonne Davet.*

*Fragments d'une lettre d'André Gide à Paul Valéry, [31 août]
1894, p. 40 et p. 71. Dans* VAL. *(pp. 213-214), cette lettre
est du [3 septembre 1894]. Claude Martin (op.cit.) donne à
nouveau raison à Yvonne Davet.*

*Fragment d'une lettre d'André Gide à Paul Valéry, [1° juin
1894], p. 70. Dans* VAL. *(pp. 206-207), cette lettre est datée
de juillet 1894, tandis que Claude Martin (op.cit.) précise
qu'elle est du 23 juin 1894.*

*Fragment d'une lettre d'André Gide à Paul Valéry, 16 juillet
[1894], p. 70. Cette lettre (VAL., pp. 210-211) avait été
publiée, in extenso, dans* Paul Valéry, *Paris, Domat, 1947,
pp. XLI-XLIII.*

*Lettre d'André Gide à Paul Valéry, [16 décembre 1895],
pp. 72-73. Dans* VAL. *(pp. 254-255), elle est datée du
15 décembre 1895. Claude Martin (op.cit.) est de l'avis
de Robert Mallet.*

*Fragment d'une lettre d'André Gide à Paul Valéry, 18 mai 1896,
pp. 75-76 (VAL., pp. 264-266).*

*Fragment d'une lettre d'André Gide à Paul Valéry, 24 janvier
[1896], p. 85 (VAL, pp. 257-258).*

*Fragment d'une lettre d'André Gide à Paul Valéry, 27 avril 1897,
p. 101 (VAL., pp. 293-294).*

*Fragment d'une lettre d'André Gide à Paul Valéry, [mars 1893],
p. 118 (VAL., p. 181).*

*Fragment d'une lettre d'André Gide à Paul Valéry, 24 janvier
1896, p. 118 (VAL., p. 257).*

*Fragment d'une lettre d'André Gide à Paul Valéry, 26 octobre
1896, p. 119. Ni dans* VAL. *(p. 282), ni dans Martin (op.cit.),
n'est précisée aucune date, si ce n'est [C.P. octobre 1896].*

*Fragment d'une lettre d'André Gide à Paul Valéry, 1° janvier
1898, pp. 148-149 (VAL., pp. 305-307). Cette lettre avait été publiée dans* Paul Valéry, *Paris, Domat, 1947, pp. L-LII.*

*Lettre d'André Gide à Paul Valéry, 28 octobre 1900, pp. 170-171
(VAL., pp. 362-363).*

Fragment d'une lettre d'André Gide à Paul Valéry, 21 octobre 1898, pp. 207-208. Dans VAL. (pp. 338-340) et dans Martin (op.cit.), la lettre est datée du 22 octobre 1898.

"Quelques lettres à Paul Valéry", Hommage à André Gide, Nouvelle revue française, novembre 1951, pp. 393-407.

Lettre d'André Gide à Paul Valéry, 16 janvier 1891, pp. 393-395 (VAL., pp. 42-44).

Lettre d'André Gide à Paul Valéry, mars-avril [?], dimanche de Pâques, pp. 396-399 (VAL., pp. 74-77). A ce dernier endroit, la lettre est datée du 29 mars 1891.

Lettre d'André Gide à Paul Valéry, [C.P. 1893], pp. 399-400. (VAL., p. 194). A ce dernier endroit, la lettre est datée de [décembre 1893]. Claude Martin (op.cit.) la situe entre le 16 et le 20 décembre 1893.

Lettre d'André Gide à Paul Valéry, [C.P. 27 novembre 1893], pp. 400-401 (VAL., pp. 191-192).

Lettre d'André Gide à Paul Valéry, [C.P. juillet 1898], pp. 401-402 (VAL., p. 319).

Lettre d'André Gide à Paul Valéry, [C.P. 4 octobre 1896], pp. 402-403 (VAL., pp. 279-280).

Lettre d'André Gide à Paul Valéry, 4 juillet [1914], pp. 404-405 (VAL., pp. 434-435).

Lettre d'André Gide à Paul Valéry, 13 juin 1917, pp. 405-406 (VAL., pp. 446-447).

Lettre d'André Gide à Paul Valéry, dimanche matin, p. 406 (VAL., pp. 499-500). A ce dernier endroit, la lettre est datée du [28 décembre 1924]; il en est de même dans l'ouvrage de Claude Martin.

"La correspondance intime d'André Gide et de Paul Valéry. La naissance d'une amitié de cinquante ans", lettres inédites présentées par Robert Mallet, Le Figaro littéraire, 18 décembre 1954, p. 1 et pp. 7-8.

Lettre d'André Gide à Paul Valéry, avril 1891, p. 7, (VAL., pp. 74-77). A ce dernier endroit, la lettre est datée du 29 mars 1891.

Lettre d'André Gide à Paul Valéry, 12 avril 1891, p. 7,
(VAL., pp. 77-79).

Lettre d'André Gide à Paul Valéry, mai 1891, p. 7
(VAL., pp. 81-82).

Lettre d'André Gide à Paul Valéry, 12 mai 1891, p. 8
(VAL., pp. 83-85).

Lettre d'André Gide à Paul Valéry, 9 juillet 1891, p. 8
(VAL., pp. 107-109).

"La correspondance intime d'André Gide et de Paul Valéry",
Le Figaro littéraire, 25 décembre 1954, pp. 7-8.

Lettre d'André Gide à Paul Valéry, [C.P. 9 septembre 1891],
p. 7 (VAL., pp. 123-124).

Lettre d'André Gide à Paul Valéry, [septembre 1891], p. 7
(VAL., pp. 127-128).

Lettre d'André Gide à Paul Valéry, [septembre 1891], p. 7
(VAL., pp. 129-130).

Lettre d'André Gide à Paul Valéry, [début d'octobre 1891],
p. 7 (VAL., p. 130).

Lettre d'André Gide à Paul Valéry, [7 octobre 1891], p. 7
(VAL., pp. 131-132).

Lettre d'André Gide à Paul Valéry, [15 novembre 1891], p. 8
(VAL., pp. 136-138).

Lettre d'André Gide à Paul Valéry, [décembre 1891], p. 8
(VAL., pp. 141-142).

Lettre d'André Gide à Paul Valéry, [24 août 1893], p. 8
(VAL., pp. 184-185).

Lettre d'André Gide à Paul Valéry, [mars 1894], p. 8
(VAL., pp. 200-201).

"Lettres André Gide - Paul Valéry", Nouvelle revue française,
1er janvier 1955, pp. 22-38.

Lettre d'André Gide à Paul Valéry, 19 octobre 1890, pp. 26-28
(VAL., pp. 357-358).

Lettre d'André Gide à Paul Valéry, 28 octobre 1899, pp. 33-34 (VAL., 362-363).

VER.   **Rilke, Gide et Verhaeren**, correspondance inédite recueillie et présentée par C. Bronne, Paris, Messein, 1955, 90p.

Lettre d'André Gide à Emile Verhaeren, 10 mars 1895, (VER., p. 46).

Lettre d'André Gide à Emile Verhaeren, [janvier 1896], (VER., p. 50).

Lettre d'André Gide à Emile Verhaeren, [début janvier 1900], (VER., p. 58). *Claude Martin précise, dans son Répertoire chronologique des lettres publiées d'André Gide (Paris, Minard, 1971), que cette lettre est du 9 janvier 1900.*

Lettre d'André Gide à Emile Verhaeren, [1910], (VER., pp. 60-63).

Lettre d'André Gide à Emile Verhaeren, [mercredi], (VER., p. 70). *Claude Martin (op.cit.) précise que cette lettre est du 16 février 1910.*

Lettre d'André Gide à Emile Verhaeren, 27 juin [1910], (VER., pp. 72-73).

Lettre d'André Gide à Emile Verhaeren, jeudi, (VER., pp. 74-75). *Dans le catalogue Emile Verhaeren, rédigé par Livia Stijns, précédé d'une préface de Julien Cain et d'une introduction de Lucien Christophe, (Paris, Bibliothèque nationale, 1955, p. 40), il est fait mention de cette lettre. Elle ne porte, cependant, aucune date. Claude Martin (op.cit.), pour sa part, la datera du 7 juillet 1910.*

Lettre d'André Gide à Emile Verhaeren, 9 avril 1912, (VER., pp. 79-80).

Lettre d'André Gide à Emile Verhaeren, 25 janvier 1914, (VER., p. 82). *Un fragment de cette lettre sera publiée dans Présence d'André Gide, catalogue rédigé par Jean Warmoes, avant-propos de Carlo Bronne, Bruxelles, Bibliothèque royale Albert 1er, 1970, pp. 74-75, no 213.*

Lettre d'André Gide à Emile Verhaeren, 3 juin 1916, (VER., p. 85).

Lettres Dispersées

1897

1. "Une protestation", <u>Mercure de France,</u> février 1897, pp. 428-429.

   Lettre d'André Gide à Alfred Vallette, [janvier 1897].

2. "Lettre à Mécislas Golberg", <u>La Revue sentimentale,</u> Nos 11-12, février-mars 1897, pp. 108-111.

   Cette lettre, écrite en janvier 1897, fut aussi citée dans <u>Les Nouvelles littéraires</u>, 22 février 1951, p. 5; <u>Les Nouvelles littéraires</u>, 14 février 1952, p. 4; <u>Rolet</u>, No 532, 10 mars 1955, p. 4.

1898

3. "Réponse à <u>Inchiesta su l'arte e la letteratura</u>", <u>Il Marzocco,</u> 9 janvier 1898, pp. 3-4.

   Cette lettre, datée du 20 novembre 1897, est également citée dans: A. FONGARO, <u>Bibliographie d'André Gide en Italie,</u> Firenze et Paris, Edizioni Sansoni Antiquariato et Librairie Marcel Didier, 1966, pp. 45-47.

4. *[Fragment d'une lettre à Emmanuel Signoret]*, <u>Saint-Graal,</u> [1898], p.492.

5. *[Fragment d'une lettre à Emmanuel Signoret]*, <u>Saint-Graal,</u>[1898],p.522.

6. "Lettre à Angèle", <u>L'Ermitage,</u> novembre, 1898, pp. 352-362.

Cette "Lettre à Angèle" renferme une lettre d'André Gide à Emmanuel Signoret, qui ne porte aucune date. Elle a été reprise dans Prétextes *et dans* O.C.III, *pp. 169 - 177.*

1899

7. [Lettre d'André Gide à Emmanuel Signoret], Saint-Graal, [1899], pp. 575-576.

   La lettre d'André Gide est datée du 15 juillet 1898.

1900

8. "Lettre à M. Saint-Georges de Bouhélier," L'Ermitage, septembre 1900, pp. 239-240.

   Cette lettre, datée du 10 août 1900, a aussi été publiée dans Prétextes *(Paris, Mercure de France, 1903, pp. 239-240).*

1903

9. "Une lettre de M. André Gide", Mercure de France, octobre 1903, p. 286.

   Lettre d'André Gide à Alfred Vallette, 1er septembre 1903. Cette lettre est aussi citée dans le Circulaire *no 84, du Cercle André Gide, 3 octobre 1965, p. 1.*

10. ROUART, E., "Un prétexte", L'Ermitage, décembre 1903, p. 249.

    Lettre d'André Gide à Eugène Rouart, 1er février 1903.

1905

11. "Lettre à F.T. Marinetti", Poesia, No 9, Ottobre 1905, [p. 17].

   Cette lettre du 20 avril 1905 est également citée dans: A. FONGARO, Bibliographie d'André Gide en Italie, Firenze et Paris, Edizioni Sansoni Antiquariato et librairie Marcel Didier, 1966, p. 47. Elle se trouve aussi dans CLA., pp. 283-284.

12. MASON, S. (ed.) Oscar Wilde, a study from the French of André Gide, with introduction, notes and bibliography by Stuart Mason, Oxford, The Holywell Press, 1905.

   Deux lettres d'André Gide à Stuart Mason: la première est du 9 septembre 1904 (p.12) et la seconde du 14 septembre 1904 (p.13).

1906

13. [Lettre au Gil Blas], Gil Blas, 31 décembre 1906, p. 2.

   Cette lettre, datée du 29 décembre 1906, a aussi été publiée dans le Bulletin des Amis de Charles-Louis Philippe, no 11, 1953, pp. 25-26.

1908

13a. [Réponse à l'enquête "Wagner und die europaische kultur"], Berliner Tageblatt, 12 Februar 1908.

Cette réponse, écrite le 25 janvier 1908, est aussi citée dans: Journal 1889-1939 [139], p. 259; Notes sur Chopin, Paris, L'Arche, 1948, p. 65.

14. [Lettre sur la littérature belge], Almanach des Etudiants libéraux de l'Université de Gand, 1908.

1910

15. [Lettre à Monsieur Alcippe], La Gazette aptésienne, 24 décembre 1910.

Cette lettre, écrite en décembre 1910, fait suite à l'article d'Alcippe:"Autour des prix littéraires", paru dans La Gazette aptésienne, le 7 décembre 1910.

1911

16. "Lettre à M. Deherme", La Coopération des Idées, juin 1911, p. 379.

Cette lettre, écrite le 1° mai 1911, fut aussi publiée dans: Nouvelle revue française, 1er août 1911, p. 268; O.C. VI, pp. 469-470. Notons que le texte de la N.R.F. n'est pas daté.

17. "Réponse à la lettre de Jules Renard", Nouveaux prétextes, Paris, Mercure de France, 1911, pp. 326-327.

Aussi publiée dans: O.C. VI, pp. 134-135.

1912

18. "Lettre à Jean Variot", <u>Nouvelle revue française</u>, 1er janvier 1912, pp. 139-140.

   Lettre écrite le 15 décembre 1911. Elle est aussi citée dans <u>CLA</u>., pp. 342-343.

1913

19. "Lettre à Jacques Copeau", <u>Nouvelle revue française</u>, 1er janvier 1913, p. 172.

20. "Lettera a Prezzolini, un plagiario ostinato", <u>La Voce</u>, V, no 16, 17 avril 1913, p. 1058.

   Cette lettre du 12 avril 1913 est aussi citée dans: A. FONGARO, <u>Bibliographie d'André Gide en Italie</u>, Firenze et Paris, Edizioni Sansoni Antiquariato et Librairie Marcel Didier, 1966, pp. 47-48.

21. "Lettre à Valery Larbaud", <u>Nouvelle revue française,</u> 1er juin 1913, pp. 1044-1045.

22. [Lettre à M. le Rédacteur en chef du <u>Temps</u>], [<u>Le Temps</u> (?), septembre 1913 (?)].

   Cette lettre du 19 septembre 1913 est citée par M. Robert Mallet dans <u>CLA</u>., p. 358. Il ne semble pas, cependant, qu'elle ait été effectivement publiée; du moins, nos recherches pour la repérer ont été vaines.

23. "Une lettre sur Emmanuel Signoret", <u>Nouvelle revue française</u>, 1er décembre 1913, pp. 997-998.

1914

24. [*Lettre au journal Paris-Midi*], Paris-Midi, 17 juin 1914.

    Cette lettre, citée par Jean de L'Escritoire, était en réalité adressée à André Billy.

25. "Lettre à Jacques Copeau", Les Caves du Vatican, Paris, Nouvelle revue française, 1914.

    Lettre dédicatoire des Caves du Vatican, écrite à Cuverville, le 29 août 1913. On trouvera cette lettre dans: O.C. VII, pp. 407-408; Romans, récits et soties. Oeuvres lyriques [243], p. 679.

1916

25a. "Mots d'introduction", Le Troubadour, 1er août 1916, p. 1.

    Le destinataire de ce fragment de lettre, simplement daté de 1916, n'est pas identifié.

26. [*Lettre à Charles Maurras*], L'Action française, 5 novembre 1916.

    Cette lettre du 2 novembre 1916 est aussi publiée, mais en partie seulement, dans: André Gide et notre temps, Paris, Gallimard, 1935, pp. 20-21 et, en entier, dans: O.C. IX, p. 426.

27. SOUDAY (Paul), "Le pauvre subjonctif", Le Temps, 15 septembre 1916, p.1.

    Dans sa chronique, Paul Souday citait des extraits d'une lettre que lui avait adressée un écrivain qui préférait garder l'anonymat. Cet écrivain était, en réalité, André Gide; on trouvera le texte entier de la lettre en question dans la troisième partie de "Crise du français", O.C. IX, pp. 169-172.

1919

28. "Lettre ouverte à Jacques Rivière", Nouvelle revue française, 1er juin 1919, pp. 121-125.

    Aussi publiée dans: Incidences, *Paris, Gallimard, 1924, pp. 61-64;* O.C. XI, pp. 105-109.

1921

29. [*Lettre à la revue* Parse], Parse, no 3, mai 1921, pp. 33-34.

    Cette lettre du 3 mai 1921 est citée par H. Honarmandi dans: "André Gide et la littérature persane", Entretiens sur André Gide, *sous la direction de Marcel Arland et Jean Mouton, Paris et La Haye, Mouton & Co., 1967, pp. 178-179.*

1922

30. [*Lettre à Jacques Rivière*], Nouvelle revue française, 1er mars 1922, p. 384.

1923

31.   [Lettre à Louis Aragon], Les Nouvelles littéraires, 21 avril 1923.

Cette lettre, datée du 12 avril 1923, parut peut-être tout d'abord dans Paris-Journal. Il nous fut cependant impossible de nous nous en assurer. Nous savons, par contre, que Henri BERAUD la publia dans La Croisade des longues figures (Paris, Editions du Siècle, 1924, pp. 46-47) et qu'elle est citée dans RMG I, pp. 663-664.

32.   "Pro Domo", Les Nouvelles littéraires, 26 mai 1923.

Cette lettre ouverte à M. T'serstevens est aussi citée par Henri BERAUD dans La Croisade des longues figures (Paris, Editions du Siècle, 1924, pp. 95-97).

33.   "Lettre ouverte à M. Paul Souday", Le Temps, 25 octobre 1923.

Aussi publiée dans: Nouvelle revue française, 1er novembre 1923, pp. 637-640; Incidences, Paris, Gallimard, 1924, pp. 68-72; O.C. XI, pp. 115-119.

34.   DUJARDIN (Edouard), "Un scandale littéraire", Les Cahiers idéalistes, no 7, février 1923, p. 14.

Edouard Dujardin cite deux lettres que lui adressa André Gide: la première est du 1er juillet 1891 et la seconde, du 25 juin 1892.

34a.   VARILLON (Pierre) et RAMBAUD (Henri), Enquête sur les maîtres de la jeune littérature, Paris, Bloud & Gay, 1923, p. 305.

Lettre d'André Gide aux auteurs de l'enquête. Cette lettre, qui est sûrement de 1923, n'est pas une réponse à l'enquête, mais y fait tout simplement suite. Elle ne parut donc pas dans la Revue hebdomadaire où fut tenue l'enquête du 30 septembre au 30 décembre 1922.

1924

35.   [Lettre à l'Ecole alsacienne], Cinquantenaire de l'Ecole alsacienne (1874-1924), Paris, Ecole alsacienne, 1924, p. 91.

La lettre d'André Gide est datée de Cuverville-en-Caux, le 2 novembre 1924.

36. BERAUD (Henri), La Croisade des longues figures, Paris, Editions du Siècle, 1924.

Lettre d'André Gide à Henri Béraud, 24 mai 1923 (p. 121). Outre cette lettre, l'ouvrage en renferme deux autres que nous avons énumérées précédemment [voir nos 31 et 32].

36a. TREICH (Léon), Almanach des lettres françaises et étrangères, Paris, Crés 1924.

Lettre d'André Gide à un ami, s.d., p. 261. Cette lettre est aussi citée dans le Bulletin des amis d'André Gide, No 17, octobre 1972, pp. 7-8.

1925

37. "Une lettre d'André Gide", Mercure de France, 1er mars 1925, pp. 563-564.
Lettre à Alfred Vallette, 3 février 1925.

38. "Lettre à M. Paul Souday", Le Temps, 17 avril 1925.

Aussi publiée dans: Paul Souday, André Gide, Paris, Simon Kra, 1927, pp. 60-62.

39. "Lettre à Valentin Bresle", Mercure de Flandre, août 1925, pp. 24-25.

Cette lettre est du 4 juin 1925 et est, en réalité, adressée à Jules Mouquet. On la retrouvera dans: Yvonne DAVET, Autour des Nourritures terrestres. Histoire d'un livre, Paris, Gallimard, 1948, p. 120 et pp. 121-122.

40. Catalogue de livres et manuscrits provenant de la bibliothèque de M. André Gide, (avec une préface de M. André Gide), Paris, Librairie ancienne Honoré Champion, 1925 (vente des lundi 27 et mardi 28 avril 1925, Hôtel Drouot).

Extrait d'une lettre d'André Gide à Maurice Maeterlinck, s.d. (p. 45, no 228). Voir: Stuart PARP, "André Gide and Maurice Maeterlinck", Annales de la Fondation Maurice Maeterlinck, XII, 1966, pp. 43-58.

Extrait d'une lettre d'André Gide à André Suarès, s.d., (p. 65, no 365). Dans SUA. (p. 65), Sidney D. Praun date cette lettre de l'été 1912.

1926

41. MAUS (Madeleine O.), <u>Trente années de lutte pour l'art (1884-1914)</u>, Bruxelles, L'Oiseau bleu, 1926.

Lettre d'André Gide à Octave Maus, 2 avril 1900, p. 252.

1927

42. [*Lettre à <u>L'Intransigeant</u>*], 13 décembre 1927, p. 2.

43. "Lettre à Maurice Bedel", <u>Nouvelles littéraires</u>, 31 décembre 1927.

44. "Lettre à Suzanne-Paul Hertz", <u>Journal des Faux-Monnayeurs</u>, Paris, Gallimard, 1927, pp. 111-114. *L'appendice où est citée cette lettre ne se trouvait pas dans l'édition originale, c'est-à-dire dans celle de 1926.*

Cette lettre est aussi dans <u>O.C.</u> XIII, pp. 71-72.

45. BLUM (Léon), "Suite du <u>Voyage au Congo</u>", <u>Le Populaire</u>, 11 juillet 1927.

Léon Blum cite une lettre qu'il vient de recevoir d'André Gide, à la suite de la publication de ses deux articles: "Voyage au Congo", Le Populaire, 5 juillet 1927 et "Suite du Voyage au Congo", Le Populaire, 7 juillet 1927.

1928

46. "Lettre à Jean Paulhan", dans "Lettres", Nouvelle revue française, 1er mai 1928, pp. 721-722.

    Cette lettre, datée du 25 avril 1928, fut aussi publiée dans: Lettres, Liège, A la Lampe d'Aladdin, 1930, pp. 9-11 et dans Divers, Paris, Gallimard, 1931, pp. 125-127.

47. "Lettre à la direction des Nouvelles littéraires", Nouvelles littéraires, 16 juin 1928.

48. "Lettre au R.P. Victor Poucel", dans "Lettres", Nouvelle revue française, 1er juillet 1928, pp. 41-45.

    Cette lettre, datée du 27 novembre 1927, fut aussi publiée dans: Victor POUCEL, L'Esprit d'André Gide, Paris, A l'Art catholique, 1929, pp. 59-66; A. GIDE, Lettres, Liège, A la Lampe d'Aladdin, 1930, pp. 55-63; Divers, Paris, Gallimard, 1931, pp. 158-167; O.C. XIV, pp. 404-410.

49. "Lettre au R.P. Victor Poucel", dans "Lettres", Nouvelle revue française, 1er juillet 1928, pp. 45-46.

    Cette lettre, datée du 17 décembre 1927, fut aussi publiée dans: Victor POUCEL, L'Esprit d'André Gide, Paris, A l'Art catholique, 1929, pp. 73-75; A. GIDE, Lettres, Liège, A la Lampe d'Aladdin, 1930, pp. 65-67; Divers, Paris, Gallimard, 1931, pp. 167-169; O.C. XIV, pp. 411-412.

50. "Lettre à M. le pasteur Ferrari", dans "Lettres", Nouvelle revue française, 1er juillet 1928, pp. 46-48.

Cette lettre du 15 mars 1928 fut aussi publiée dans: Lettres, Liège, A la Lampe d'Aladdin, 1930, pp. 69-72; Divers, Paris, Gallimard, 1931, pp. 169-172; O.C. XV, pp. 531-534.

51. [Lettre à Edmond Jaloux], Les Nouvelles littéraires, 14 avril 1928, p. 3.

52. [Lettre à M. Hirschfeld], Literarische Welt, 13 juillet 1928.

    Aussi publiée dans: Revue d'Allemagne, novembre-décembre 1928, p.406.

53. "Lettre à Walter Rathenau", dans "Lettres", Nouvelle revue française, 1er septembre 1928, pp. 305-306.

    Cette lettre du 25 juin 1921 est aussi publiée dans: Lettres, Liège, A la Lampe d'Aladdin, 1930, pp. 19-21; Divers, Paris, Gallimard, 1931, pp. 133-135; O.C. X, pp. 554-555.

54. "Lettre à Louis Laloy" [non envoyée], dans "Lettres", Nouvelle revue française, 1er septembre 1928, pp. 306-309.

    Lettre datée du 14 mai 1928.

55. "Lettre à André Thérive" [non envoyée], dans "Lettres", Nouvelle revue française, 1er septembre 1928, pp. 309-314.

    Cette lettre, datée du 14 mai 1928, fut publiée en guise de préface à la traduction du premier acte de Hamlet de Shakespeare (Paris, La Tortue, 1930, VIII-77p.). Elle fut ensuite reprise dans: Lettres, Liège, A la Lampe d'Aladdin, 1930, pp. 93-103; Divers, Paris, Gallimard, 1931, pp. 188-198; O.C. XV, pp. 541-547; Préfaces, Neuchâtel et Paris, Ides et Calendes, 1948, pp. 45-53.

56. "Lettre à ....", dans "Lettres", Nouvelle revue française, 1er septembre 1928, pp. 314-315.

    Cette lettre du 17 avril 1928 fut aussi publiée dans: Lettres, Liège, A la Lampe d'Aladdin, 1930, pp. 91-92; Divers, Paris, Gallimard, 1931, pp. 186-188; O.C. XV, pp. 534-535.

57. Le Retour du Tchad, Paris, Nouvelle revue française, 1928.

> La lettre d'André Gide à M. le Gouverneur intérimaire de l'Afrique Equatoriale Française, datée de Nola, le 6 novembre 1925 (Le Retour du Tchad, pp. 203-208), fut également publiée dans: O.C. XIV, pp. 239-246; Journal 1939-1949. Souvenirs, "Bibliothèque de la Pléiade", Paris, Gallimard, 1954, pp. 1010-1014.
>
> La lettre d'André Gide à M. Poissenot, adressée de Carnot, le 19 novembre 1925 (Le Retour du Tchad, p. 208), fut aussi publiée dans: O.C. XIV, pp. 246-247; Journal 1939-1949. Souvenirs, pp. 1014-1015.
>
> La lettre d'André Gide à M. Jean Weber, adressée de Carnot, le 19 novembre 1925 (Le Retour du Tchad, pp. 209-210), a été reprise dans: O.C. XIV, pp. 248-249; Journal 1939-1949. Souvenirs, "Bibliothèque de la Pléiade", Paris, Gallimard, 1954, p. 1016.
>
> La lettre d'André Gide à M. de Nalèche, du 8 février 1928 (Le Retour du Tchad, pp. 246-247), fut aussi publiée dans: O.C. XIV, pp. 303-305 [sous le titre de: Dernière heure]; Journal 1939-1949. Souvenirs, "Bibliothèque de la Pléiade", Paris, Gallimard, 1954, pp. 1045-1046.

58. "Lettre-préface" à: René LALOU, André Gide, Strasbourg, Joseph Heissler, 1928

> Lettre d'André Gide à François Le Grix [non envoyée], Cuverville, 10 mars 1923, pp. 7-9.

1929

59. "Lettre à René Schwob", dans "Lettres", Nouvelle revue française, 1er janvier 1929, pp. 57-59.

> Cette lettre du 17 novembre 1928 ne fut pas publiée ailleurs.

60. "Lettre à François Porché", dans "Lettres", <u>Nouvelle revue française</u>, 1er janvier 1929, pp. 59-65.

Cette lettre, écrite en janvier 1928, fut reprise dans: <u>Corydon</u>, Paris, Gallimard, 1929, pp. 189-198; <u>O.C.</u> IX, pp. 321-328.

61. [Lettre à Jean Guéhenno], <u>Europe</u>, décembre 1929, pp. 588-589.

62. "Lettre à Charles Du Bos" [non envoyée], dans "Lettres", <u>Nouvelle revue française</u>, 1er décembre 1929, pp. 759-762.

Cette lettre, écrite à l'automne 1929, fut aussi publiée dans: <u>Lettres</u>, Liège, A la lampe d'Aladdin, 1930, pp. 13-18; <u>Divers</u>, Paris, Gallimard, 1931, pp. 127-133; O.C.X, pp. 547-551. Elle ne fut cependant pas reprise dans <u>BOS.</u>

63. "Lettre à Madame X..." [non envoyée], dans "Lettres", <u>Nouvelle revue française</u>, 1er décembre 1929, pp. 762-764.

Cette lettre, datée du 17 avril 1928, fut aussi publiée dans: <u>Lettres</u>, Liège, A la lampe d'Aladdin, 1930, pp. 105-108; <u>Divers</u>, Paris, Gallimard, 1931, pp. 186-188; O.C. XV, pp. 535-537. Dans le Répertoire chronologique des <u>lettres</u> publiées d'André Gide, Paris, Minard, 1971, Claude Martin identifie la destinataire de cette lettre comme étant Mme Emile Mayrisch.

64. "Lettre à J.C." [non envoyée], dans "Lettres", <u>Nouvelle revue française</u>, 1er décembre 1929, pp. 764-765.

Cette lettre, écrite en 1928, fut aussi publiée dans: <u>Lettres</u>, Liège, A la lampe d'Aladdin, 1930, pp. 109-110; <u>Divers</u>, Paris, Gallimard, 1931, pp. 201-203; O.C. XV, pp. 547-548. Dans <u>Divers</u> et dans <u>O.C.</u>, la lettre est publiée sous le titre de: "Lettre à X...".

65. "Lettre à Henri Massis (ça, c'est envoyé)" [sic], dans "Lettres", <u>Nouvelle revue française</u>, 1er décembre 1929, pp. 765-766.

Cette lettre du 21 octobre 1929 fut aussi publiée dans: <u>Lettres</u>, Liège, A la lampe d'Aladdin, 1930, pp. 111-114.

66. Robert. Supplément à L'Ecole des femmes, Paris, Gallimard, 1929 [achevé d'imprimer le 27 décembre 1929], p. 7.

La lettre d'André Gide à Ernst Robert Curtius, datée de Cuverville, le 5 septembre 1929, est également citée dans: Romans. Récits et soties. Oeuvres lyriques, "Bibliothèque de la Pléiade", Paris, Gallimard, 1958, p. 1313.

1930

67. "Lettre à Montgomery Belgion", dans "Lettres", Nouvelle revue française, 1er février 1930, pp. 194-197.

Cette lettre du 22 novembre 1929 fut aussi publiée dans: Lettres, Liège, A la lampe d'Aladdin, 1930, pp. 115-122; Divers, Paris, Gallimard, 1931, pp. 203-209; O.C. XV, pp. 550-554.

68. Bibliothèque de feu M. Paul Souday, (vente des 12 - 15 mars 1930 à l'Hôtel Drouot), Paris, G. Andrieux, 1930.

Des extraits de 23 lettres d'André Gide à Paul Souday sont cités dans ce catalogue. Claude Martin a eu l'heureuse idée de les reprendre dans son Répertoire chronologique des lettres publiées d'André Gide, Paris, Minard, 1971, s.p.

Ajoutons que la lettre du 6 juin 1917 a été publiée in extenso dans le Bulletin des Amis d'André Gide, no 13, octobre 1971, pp. 6-8. Signalons enfin que la lettre du 5 août 1911, citée par Yvonne DAVET (Autour des Nourritures terrestres, Paris, Gallimard, 1948, p. 180), comporte quelques variantes et que le fragment qui en est donné dans le catalogue est plus long d'une phrase.

69. [Lettre à Fortunat Strowski], dans Lettres, Liège, A la lampe d'Aladdin, 1930, pp. 53-54.

Cette lettre du 9 avril 1929 fut aussi publiée dans: Divers, Paris, Gallimard, 1931, pp. 157-158; O.C. XV, pp. 549-550.

69a. SEBASTIEN (Robert) et De VOGT (Wsevolod), Rencontres, soirées franco-russes des 29 octobre 1929 - 26 novembre 1929 - 18 décembre 1929 - 28 janvier 1930, Cahiers de la Quinzaine, douzième cahier de la vingtième série, 1930.

Lettre d'André Gide à [Wsevolod de Vogt], 8 décembre 1929, pp. 147-148.

1931

70. "Lettre à André Levinson", <u>Nouvelle revue française</u>, 1er mai 1931, pp. 791-792.

    Aussi publiée dans: <u>Nouvelles littéraires</u>, 2 mai 1931, sous le titre de "Autour de <u>Dostoievsky</u>".

71. "Lettre sur Dostoievsky", <u>Nouvelle revue française</u> 1er juin 1931, pp. 960-961.

72. CHAUVIERE (Claude), <u>Colette</u>, Paris, Firmin-Didot, 1931, p. 48.

    La lettre d'André Gide à Colette, datée du 11 décembre 1920, fut aussi publiée dans: <u>Le Figaro littéraire</u>, 24 janvier 1953; <u>Carrefour</u>, 11 août 1954, p. 12; <u>Revue d'Histoire Littéraire de la France</u>, mars - avril 1970, pp. 193-194.

73. DUJARDIN (Edouard), <u>Le Monologue intérieur</u>, Paris, Messein, 1931.

    L'auteur cite des extraits de la lettre qu'André Gide lui écrivit le 4 juillet 1930: p. 22, p 66 et p. 72.

74. YANG (Tchang Lomine), <u>L'Attitude d'André Gide</u>, Peiping, Université chinoise de Peiping, 1931, pp. 5 - 6.

    Lettre du 12 janvier 1931, adressée à l'auteur.

1932

75. "Lettre à Félicien Challaye", <u>Monde</u>, 16 juillet 1932.

Cette lettre du 7 juillet 1932 fut aussi publiée dans: Nouvelle revue française, 1er août 1932, p. 319: Littérature engagée, Paris, Gallimard, 1950, pp. 15-16; RMG I, p. 720.

76. "Lettre à Henri Ghéon", Nouvelle revue française, 1er octobre 1932, pp. 632-634.

77. "Lettre à X...", dans Oeuvres complètes, I, [Paris], Nouvelle revue français, [achevé d'imprimer le 8 décembre 1932], pp. 543-545.

   Cette lettre est datée de Munich, le 25 mai 1893, "ce qui est évidemment une erreur, car, à cette date, Gide n'était pas à Munich, mais il y était l'année précédente, et les oeuvres dont parle cette lettre, le Torquato Tasso, le Prométhée et l'Iphigénie sont bien celles qu'il lisait alors" (Jean DELAY, La Jeunesse d'André Gide, Paris, Gallimard, 1957, II, p. 156.) Dans son Répertoire chronologique des lettres publiées d'André Gide (Paris, Minard, 1971), Claude Martin fait mention de la "lettre à X...", le 25 mai 1892.

78. "Lettre à M.D.", dans Oeuvres complètes, I, [Paris], Nouvelle revue français, [achevé d'imprimer le 8 décembre 1932], pp. 545-546.

1933

79. "Lettre à Armand Godoy", Le Manuscrit autographe, No. 41, janvier-mars 1933, p. 58.

   Lettre du 30 avril 1929. Un long extrait de cette lettre est cité dans: Anne FONTAINE, Armand Godoy, Paris, Grasset, 1959, pp. 121-122.

80. "Lettre à E.R. ...", dans Oeuvres complètes, II, [Paris], Nouvelle revue française, [achevé d'imprimer le 5 janvier 1933], pp. 479-481.

   Lettre à Eugène Rouart, datée du 20 avril 1897.

81. "Lettre à A.R. ...", dans Oeuvres complètes, II, [Paris], Nouvelle revue française, [achevé d'imprimer le 5 janvier 1933], pp. 481-483.

Cette lettre à André Ruyters, datée du 31 octobre 1897, est aussi citée dans: Yvonne DAVET, Autour des Nourritures terrestres. Histoire d'un livre, Paris, Gallimard, 1948, pp. 76-77.

82. "Lettre à E.R. ...", dans Oeuvres complètes, II, [Paris], Nouvelle revue française, [achevé d'imprimer le 5 janvier 1933], pp. 483-485.

Lettre à Eugène Rouart, datée de novembre 1897. Dans son Répertoire chronologique des lettres publiées d'André Gide (Paris, Minard, 1971), Claude Martin précise que cette lettre est du 27 novembre 1897.

83. "Lettre à E.R. ...", dans Oeuvres complètes, II, [Paris], Nouvelle revue française, [achevé d'imprimer le 5 janvier 1933], pp. 485-488.

Lettre à Eugène Rouart, datée du 24 janvier 1898.

84. "Lettre à E.R. ...", dans Oeuvres complètes, II, [Paris], Nouvelle revue française, [achevé d'imprimer le 5 janvier 1933], pp. 489-491.

Lettre à Eugène Rouart, datée du 11 septembre 1898.

85. "Lettre à E.R. ...", dans Oeuvres complètes, II, [Paris], Nouvelle revue française, [achevé d'imprimer le 5 janvier 1933], pp. 491-492.

Lettre à Eugène Rouart, datée de 1898.

86. "Lettre à X...", dans Oeuvres complètes, II, [Paris], Nouvelle revue française, [achevé d'imprimer le 5 janvier 1933], pp. 492-493.

Lettre datée de 1898.

87. "Lettre à X ...", dans Oeuvres complètes, III, [Paris], Nouvelle revue française, [achevé d'imprimer le 20 mars 1933], pp. 557-558.

88. "Lettre à M.D. ...", dans Oeuvres complètes, III, [Paris], Nouvelle

revue française, [achevé d'imprimer le 20 mars 1933], pp. 558-559.

Lettre à Marcel Drouin [non envoyée], datée de Marseille, le 4 novembre 1900.

89. "Lettre à R.K. ...", dans Oeuvres complètes, III, [Paris], Nouvelle revue française, [achevé d'imprimer le 20 mars 1933], pp. 560-561.

Lettre à Rudolf Kassner, datée du 28 février 1901.

90. "Lettre au Directeur de la Revue du Siècle", Revue du Siècle, No 3, juin 1933, p. 94.

Cette lettre du 22 avril 1933 fut aussi publiée dans Littérature engagée, Paris, Gallimard, 1950, pp. 28-29.

91. "Lettre à Scheffer", dans Oeuvres complètes, IV, [Paris], Nouvelle revue française, [achevé d'imprimer le 28 juin 1933], pp. 615-617.

92. "Lettre-préface" au Catalogue de la première exposition de la bibliothèque littéraire Jacques Doucet (21 juin - 15 juillet). Paris, Bibliothèque Sainte-Geneviève, 1933.

93. [Télégramme de félicitations adressé à Dimitrov, Popov, Tanev et Torgler], L'Humanité, 15 octobre 1933.

Aussi publié dans Littérature engagée, Paris, Gallimard, 1950, p. 41.

94. "Lettre à Fontaine", dans Oeuvres complètes, V, [Paris], Nouvelle revue française, [achevé d'imprimer le 18 octobre 1933], pp. 417-419.

Cette lettre du 24 janvier 1909 fut aussi publiée in extenso dans: "Lettres de Gide à Arthur Fontaine", Le Figaro littéraire, 6 septembre 1952, p. 3.

95. "Lettre à A.R. ...", dans Oeuvres complètes, V, [Paris], Nouvelle revue française, [achevé d'imprimer le 18 octobre 1933], pp. 419-420.

Lettre datée du printemps 1909.

96. "Lettre à X ...", dans Oeuvres complètes, V, [Paris], Nouvelle revue française, [achevé d'imprimer le 18 octobre 1933], pp. 420-421.

   Lettre datée du printemps 1909.

97. "Lettres de jeunesse à Pierre Louÿs", L'Art et la Vie, No 4, automne 1933, pp. 7-8.

   Lettre d'André Gide à Pierre Louÿs, 23 juin 1890, p. 7-8;

   lettre d'André Gide à Pierre Louÿs, 7 juillet 1890, p. 8.

98. PIERRE-QUINT (Léon), André Gide, Paris, Stock, 1933.

   [Une édition considérablement augmentée de cet ouvrage a paru en 1952; il ne s'y trouve cependant aucune lettre jusqu'alors inédite. Cette édition étant plus facilement accessible que la première, nous y ferons référence entre crochets.].

   Pierre-Quint cite quelques fragments de lettres inédites (en 1933):

   p. 38 [p. 23]: fragments de deux lettres ne portant aucune date et dont le destinataire n'est pas identifié;

   fragment d'une lettre à Edouard Ducoté, s.d.;

   p. 76 [p. 48]: fragment d'une lettre à Paterne Berrichon. Cette lettre ne porte aucune date.

99. SCHREIBER (Lotte), Leben und Denken im Werk von André Gide, Berlin, Romanische Studien Heft 34, 1933.

   La lettre d'André Gide à l'auteur ne porte aucune date (p. 12). Elle sera citée dans: Renée LANG, "Gide et Nietzsche", The Romanic Review, April 1943, p. 141.

1934

100. "Lettre à Goebbels" [co-signée par André Malraux], L'Humanité, 26 janvier 1934.

>   Cette lettre fut aussi publiée dans: Lu, 2 février 1934; Littérature engagée, Paris, Gallimard, 1950, pp. 41-42.

101. "Lettre au Rédacteur en chef de Comoedia", Comoedia, 26 mars 1934, p. 1.

>   Notons qu'une autre lettre d'André Gide est citée dans celle mentionnée ci-dessus. Elle porte la date du 21 mai 1933 et est adressée au Comité antifasciste chargé d'organiser le Congrès Européen antifasciste qui allait se tenir, salle Pleyel, du 4 au 8 juin 1933. Ces lettres seront aussi publiées dans: L'Humanité, 27 mars 1934, p. 4; Lu, 6 avril 1934, p. 14; Littérature engagée, Paris, Gallimard, 1950, pp. 46-48.

102. "Deux lettres à Cholokhov", Nouvelle revue française, 1er avril 1934, pp. 731-733.

>   Lettre d'André Gide à Michel Cholokhov, Syracuse, le 27 février 1934, pp. 731-732;

>   Lettre d'André Gide à Michel Cholokhov, Paris, le 7 mars 1934, p. 732.

>   Ces deux lettres furent aussi publiées dans Commune, mars-avril 1934, pp. 853-855.

103. "Lettre à Jean-Marc Bernard", dans Oeuvres complètes, VI, [Paris], Nouvelle revue ffrançaise, [achevé d'imprimer le 19 avril 1934], pp. 470-472.

>   Un fragment de cette lettre du 21 septembre 1911 sera reproduit dans le catalogue André Gide, Paris, Bibliothèque nationale, 1970, p. 131.

104. "Lettre à Gaston Sauvebois", dans Oeuvres complètes, VI, [Paris], Nouvelle revue française, [achevé d'imprimer le 19 avril 1934], pp. 472-474.

>   Lettre du 17 février 1912.

105. "Lettre à M. Pierrefeu", dans Oeuvres complètes, VII, [Paris], Nouvelle revue française, [achevé d'imprimer le 1er août 1934], p. 563.

    Cette lettre se trouve aussi dans: Journal 1889-1939, "Bibliothèque de la Pléiade", Paris, Gallimard, 1948, p. 386.

106. "Lettre à J.M. Bernard", dans Oeuvres complètes, VII, [Paris], Nouvelle revue française, [achevé d'imprimer le 1er août 1934], pp. 581-583.

107. Pages de Journal (1929-1932), Paris, Gallimard, 1934.

    Lettre d'André Gide à l'Association des écrivains révolutionnaires, 13 décembre 1932, pp. 195-196. Cette lettre sera reprise dans Littérature engagée, Paris, Gallimard, 1950, pp. 18-19.

    Lettre d'André Gide au Bureau du "Congrès mondial de la jeunesse", s.d., p. 197. Cette lettre sera reprise dans Littérature engagée, Paris, Gallimard, 1950, p. 40.

    Lettre d'André Gide à Henri Barbusse, 31 août 1933, pp. 193-194. Cette lettre sera reprise dans: Littérature engagée, Paris, Gallimard, 1950, pp. 39-40.

    Lettre d'André Gide à R. de B., 16 janvier 1934, pp. 198-201. Cette lettre sera aussi publiée dans Littérature engagée, Paris, Gallimard, 1950, pp. 44-46.

    Lettre d'André Gide à la mère de Dimitrov, Marseille, 29 janvier 1934, pp. 202-203. Cette lettre sera aussi publiée dans Littérature engagée, Paris, Gallimard, 1950, pp. 43-44.

108. GOUIRAN (Emile), André Gide. Essai de psychologie littéraire, Paris, Jean Crès. 1934.

    Lettre d'André Gide à Jean Crès, 25 juillet 1933, pp. 5-6.

1935

109. "Lettre à Monsieur le Directeur des Reportages des Grandes Conférences de Paris", Reportages des Grandes Conférences de Paris, No 9, 2 mars 1935.

>Cette lettre du 18 février 1935 se trouve aussi dans: Littérature engagée, Paris, Gallimard, 1950, pp. 77-78.

110. "Lettre à Jean Schlumberger", Bulletin de l'Union pour la Vérité, avril - mai 1935, pp. 102-106.

>Cette lettre du 1er mars 1935 fut aussi publiée dans Nouvelle revue française, 1er juin 1935, pp. 946-948; André Gide et notre temps, Paris, Gallimard, 1935 [achevé d'imprimer le 8 juin 1935], pp. 86-90; Littérature engagée, Paris, Gallimard, 1950, pp. 79-82.

111. "Pages de Journal (1933)", Nouvelle revue française, 1er avril 1935, pp. 497-519.

>Lettre à un ami non identifié, s.d., pp. 500-501. Cette lettre qui, dans Nouvelles pages de Journal (1932-1935), Paris, Gallimard, 1936 (pp.44-46), sera intitulée "Lettre à X...", était en réalité destinée à Jean Paulhan. Elle sera reprise, outre dans l'ouvrage que nous venons de mentionner, dans Littérature engagée, Paris, Gallimard, 1950, (pp. 36-38) et, avec quelques variantes, dans: "Lettres à Jean Paulhan", Nouvelle revue française, 1er janvier 1970, pp. 76-77.

>Lettre à R.F., s.d., p. 502. Cette lettre sera reprise dans: Nouvelles pages de Journal (1932-1935), Paris, Gallimard, 1936, pp. 46-47; Littérature engagée, Paris, Gallimard, 1950, p. 36. Dans ce dernier ouvrage, le destinataire est identifié comme étant Ramon Fernandez et on donne comme date: juin 1933 (?).

112. "Lettre à Albert Thibaudet", Nouvelle revue française 1er juillet 1935, p. 142.

>Lettre du 18 juin 1935.

113. "Pages de Journal (1934-1935)", Nouvelle revue française, 1er août 1935, pp. 181-193.

> *Lettre à X., Cuverville, janvier [19]35, pp. 191-193. Cette lettre fut aussi publiée dans: Nouvelles pages de Journal (1932-1935), Paris, Gallimard, 1936, pp. 156-160; Littérature engagée, Paris, Gallimard, 1950, pp. 61-63.*

114. [Lettre à Alfred Vallette], Mercure de France, 15 septembre 1935, pp. 663-664.

> *Aussi publiée dans Nouvelles pages de Journal (1932-1935), Paris, Gallimard, 1936, pp. 231-233.*

114a. [Lettre d'André Gide à Saint-Georges de Bouhélier], L'Echo de Paris, 15 octobre 1935.

> *Cette lettre du [24 août 1896] sera également publiée dans Introduction à la vie de grandeur [voir no 149, pp. 240-241] et dans Le Printemps d'une génération [voir no 157, p. 320]. Des extraits en seront cités par Michel Décaudin dans La Crise des valeurs symbolistes [voir no 258, p. 64].*

115. "Lettre à M.D.", dans Oeuvres complètes, IX, [Paris], Nouvelle revue française, [achevé d'imprimer le 19 novembre 1935], pp. 465-467.

> *Cette lettre est simplement datée: Cuverville, 7 novembre 19...*

116. Quatorze lettres (deux fois sept), [Ouvrage écrit en collaboration et tiré à 28 exemplaires seulement, "au dépens d'un amateur pour l'enchantement de ses amis"], s.l., n.e., 1935, s.p.

> *Lettre d'André Gide à Paul Fort, Biskra, 12 décembre [1903].*

117. De MASSOT (Pierre), Mon corps, ce doux démon, s.l., n.e., n.d.

> *Lettre d'André Gide à Pierre de Massot, datant de 1934.*

118. HARTLEY (Klever), Oscar Wilde. L'Influence française dans son oeuvre, Paris, Librairie du Recueil Sirey, 1935.

   Fragment d'une lettre d'André Gide à l'auteur, datée du 1er novembre 1934, p. 277.

119. PFLL (Elsie E.), André Gide. L'Evolution de sa pensée religieuse, Grenoble, Imprimerie Saint-Bruno, 1935 et Paris, Didier, 1936.

   Lettre d'André Gide à l'auteur, 28 janvier 1935, pp. 9-10.

   Fragment d'une lettre d'André Gide à l'auteur, 4 juillet 1935, pp. 22-23.

   Fragment d'une lettre d'André Gide à l'auteur, 26 janvier 1935, pp. 24-25.

   Fragment d'une lettre d'André Gide à l'auteur, 1 février 1935, pp. 29-30.

   Fragments d'une lettre d'André Gide à l'auteur, 12 décembre 1934, p. 59 et 62.

1936

120. "Pages de Journal", Nouvelle revue française 1er janvier 1936, pp. 5-16.

   Lettre [non envoyée] d'André Gide a Thierry Maulnier, s.d., pp. 12-13. Elle fut reprise dans: Nouvelles pages de Journal (1932-1935), Paris Gallimard, 1936, pp. 199-201: Littérature engagée, Paris, Gallimard, 1950, pp. 101-102. Dans ce dernier ouvrage, la lettre est datée de la fin juillet 1935.

121. "Note: correspondence", Nouvelle revue française, 1er février 1936, pp. 301-303.

   Lettre datée du 10 janvier [1936], dont le destinataire n'est pas identifié.

122. "Lettre à M. Lucien Combelle, rédacteur en chef de Arts et Idées," Arts et Idées, novembre 1936, pp. 2-3.

   Cette lettre, datée du 16 octobre 1936, fut aussi publiée dans:

Nouvelle revue française, 1er novembre 1936, p. 918; Lucien COMBELLE, *Je dois à André Gide*, Paris, Editions F. Chambriand, 1951, pp. 142-144.

123. [Lettre d'André *Gide*], Vendredi, 20 novembre 1936.

124. [Lettre au Pariser Tageszeitung], Pariser Tageszeitung, 25 novembre 1936.

125. [Télégramme d'André Gide], Pravda, 3 décembre 1936.

Ce télégramme, datant du mois d'août 1936, fut cité dans un article de la Pravda. Il sera repris dans L'Humanité, 18 - 19 décembre 1936 et dans: Léon PIERRE-QUINT, André Gide, Paris, Stock, 1952, pp. 536-537.

126. LAMBERT (Henri), Souffles dans les ténèbres, Cagnes-sur-mer, L'auteur, 1936, s.p.

Lettre d'André Gide à Henri Lambert, 13 décembre 1935, s.p.

1937

127. "Lettre à Henri Massis", Oeuvres complètes, XII, [Paris], Nouvelle revue française, [achevé d'imprimer le 22 janvier 1937], pp. 553-555.

Lettre du 23 janvier 1924.

128. "Lettre à la revue Arts et Idées", **Arts et Idées, avril 1937, p. 2.**

Cette lettre fut aussi publiée dans: Lucien COMBELLE, Je dois à André Gide, Paris, Editions F. Chambriand, 1951, pp. 144-145.

129. Retouches à mon Retour de l'U.R.S.S., Paris, Gallimard, [juin 1937].

*Lettre à X..., Cuverville, 10 décembre 1936.
Aussi publiée dans* Littérature engagée, *Paris, Gallimard, 1950, pp. 141-142.*

*Lettre à Jean Guéhenno, Cuverville, 17 février 1937.
Aussi publiée dans* Littérature engagée, *Paris, Gallimard, 1950, pp. 155-156.*

*Lettre à A. Gulminelli, secrétaire fédéral adjoint des "Amis de l'Union Soviétique" à Nice, 28 décembre 1936.
Aussi publiée dans* Littérature engagée, *Paris, Gallimard, 1950, pp. 143-145.*

*Lettre au "Club de la Jeunesse du 7e arrondissement", Paris, le 5 janvier 1937.
Aussi publiée dans* Littérature engagée, *Paris, Gallimard, 1950, pp. 146-147.*

130. "Lettre ouverte à Gaston Bergery", La Flèche, 11 décembre 1937.

Aussi publiée dans Littérature engagée, *Paris Gallimard, 1950, pp. 199-200.*

131. "Lettre ouverte à Vendredi, 24 décembre 1937.

Aussi publiée dans: Littérature engagée, *Paris, Gallimard, 1950, pp. 207-208.*

132. ISELER (Paul), Les débuts d'André Gide vus par Pierre Louys, Paris, Editions du Sagittaire, 1937.

Lettre d'André Gide à Paul Iseler, 26 novembre 1931, pp. 9-12.

Lettre d'André Gide à Henri Albert, [1896], pp. 114-115.

1938

133. "Lettre inédites de R. de Gourmont et d'André Gide", Arts et idées,

avril 1938, pp. 3-5.

Lettre d'André Gide à Rémy de Gourmont, [1902], p. 4. Cette même lettre est aussi citée dans: Karl D. UITTI, La Passion littéraire de Rémy de Gourmont, Paris, P.U.F., 1962, pp. 38-39. Karl D. Uitti donne quelques variantes et date la lettre de mars 1902.

134. "Correspondance", Nouvelle revue française, 1er juillet 1938, p. 155.

135. BRASOL (Boris), Oscar Wilde. The Man - The Artist, London, Williams and Norgate Ltd, 1938.

Photographie d'une carte postale qu'André Gide adressa à Robert Harborough Sherard, le 28(?) novembre 1933, p. 256

135a. [Lettre à André Thérive], Oeuvres complètes, XV, Paris, Nouvelle revue française, [achevé d'imprimer le 23 mars 1939], 554-555.

Lettre du 2 février 1932.

1939

136. "Max Jacob", Aguedal, 4e année, no 2, mai 1939, p. 101.

Sous ce titre, fut publiée une lettre d'André Gide au Directeur d'Aguedal, datée de Cuverville, le 2 mai 1938. Cette même lettre fut à nouveau citée dans: Aguedal, nouvelle série, nos 1-2, 1944, p. 9 [numéro spécial intitulé: "Tombeau de Max Jacob"].

137. [Fragment d'une lettre à Daniel Simond], Suisse romande, III, série, no 3, 15 juin 1939.

Cette lettre, du 20 octobre 1938, fut aussi publiée dans: Daniel SIMOND, <u>Antipolitique</u>, Lausanne, Bibliothèque des trois Collines, Roth, 1941, p. 132. On en trouvera enfin le texte intégral dans: Kevin O'NEILL, "Deux lettres sur Nietzsche et Dostoievsky", <u>Australian Journal of French Studies</u>, January-August 1970, p. 17.

<u>138</u>.   "Lettre à M. H. Dommartin", <u>Nouvelle revue française</u>, 1er août 1939, p. 333.

   Lettre du 8 juillet 1939.

<u>139</u>.   <u>Journal 1889-1939</u>, [Paris], Nouvelle revue française, "Bibliothèque de la Pléiade", 1939 [nos références sont à l'édition de 1948.]

   Lettre [non envoyée] d'André Gide à Marcel Drouin, 29 juin 1907, p. 250.

   Lettre d'André Gide à Lucien Rolmer, [octobre 1909], p. 276.

   Lettre d'André Gide à André Beaunier, 12 juillet 1914, pp. 436-437.

   Fragment d'une lettre d'André Gide à Jacques Copeau, 17 juillet 1914, p. 440.

   Lettre d'André Gide à André Ruyters, 16 septembre 1914, pp. 489-490.

   Fragment d'une lettre d'André Gide à Edmund Gosse, 5 février 1916, pp. 536-537. Dans <u>GOS</u>. (pp. 127-128), cette lettre sera datée du 6 février 1916.

   Projets de lettre à Charles Maurras, 20 octobre 1916, pp. 574-575.

   Lettre d'André Gide à Guillaume Lerolle, 29 octobre 1917, p. 635.

   Lettre d'André Gide à Lady Rothermere, [7 janvier] 1918, p. 644.

   Lettre d'André Gide à Henri Ghéon, [23 février] 1918, pp. 647-648.

   Mention d'une lettre [non citée] d'André Gide à André Ruyters, p. 649.— Cette lettre "assez importante" dont Gide "regrette de n'avoir pas pris copie", sera publiée dans: Kevin O'NEILL, "Deux lettres sur Nietzsche et Dostoievsky", <u>Australian Journal of French Studies</u>, January - August 1970, pp. 18-19 [voir no <u>360</u>].

   Lettre d'André Gide à Paul Souday, [non envoyée], 28 octobre 1922, pp. 744-745.

> *Lettre d'André Gide à Suzanne Allégret*, [non envoyée], 23 janvier 1923, pp. 754-755.
>
> *Lettre d'André Gide aux frères L.*, [non envoyée], 28 juillet 1929, p. 928. Cette lettre aurait été destinée aux frères Marius et Ary Leblond, selon Jean-Jacques Thierry qui la cite dans: Romans, récits et soties. Oeuvres lyriques, introduction par Maurice Nadeau, notices et bibliographie par Yvonne Davet et Jean-Jacques Thierry, Paris, Gallimard, "Bibliothèque de la Pléiade", 1958, p. 1595 [voir no 243].
>
> *Lettre d'André Gide à Mademoiselle X...*, 2 février 1931, p. 1029.
>
> *Lettre d'André Gide à Jean Giraudoux*, [non envoyée], 12 novembre 1931, p. 1092.
>
> La lettre à Jean de Pierrefeu (p. 386) avait précédemment paru dans O.C. VII, p. 563 et celle à l'Association des Ecrivains et Artistes Révolutionnaires (pp. 1146-1147), du 13 décembre 1932, avait été publiée dans Pages de Journal (1929-1932), Paris, Gallimard, 1934, pp. 195-196. Cette dernière lettre sera reprise dans Littérature engagée, Paris, Gallimard, 1950, pp. 18-19.

140. BENZ (Ernest), André Gide et l'art d'écrire, Paris, Messageries du livre, 1939.

> *Fragments d'une lettre d'André Gide à l'auteur*, 18 novembre 1933, pp. 45-46 et pp. 47-48.

141. SAINT-GEORGES de BOUHELIER, "Rencontre avec André Gide", Le Figaro, 18 novembre 1939.

> SAINT-GEORGES de BOUHELIER cite une lettre qu'André Gide lui adressa, en janvier 1897. Claude Martin précise que cette lettre fut écrite le 10 janvier 1897, dans son Répertoire chronologique des lettres publiées d'André Gide, Paris, Minard, 1971. Semblable hypothèse nous paraît douteuse, étant donné que Gide répond à un article de SAINT-GEORGES de BOUHELIER qui parut précisément le 10 janvier 1897, dans Le Figaro. Or, cet article, il en prit connaissance après parution. C'est du moins ce que semble indiquer le début de la lettre: "Ma femme me renvoie à Bruxelles votre manifeste".
>
> La lettre de Gide est également citée dans: Michel DECAUDIN, "Sur une lettre inédite de Gide à Saint-Georges de Bouhélier", Revue des Sciences humaines, juillet-septembre 1952, p. 274 et par le même auteur dans: La Crise des valeurs symbolistes,

Toulouse, Privat, 1960, p. 67.

1940

142. "Lettre sur le langage", Cahiers du Sud, no 230, décembre 1940, pp. 552-556.

Cette lettre, écrite à Cabris, le 5 décembre 1940, à l'intention de Gabriel Audisio, fut aussi publiée dans: Amérique française, novembre 1941, pp. 31-34.

143. MONNIER (Adrienne), "Souvenirs", Gazette des "Amis des livres", no 9, janvier 1940.

Cette lettre, du 17 décembre 1916, fut aussi publiée dans: Yvonne DAVET, Autour des Nourritures terrestres. Histoire d'un livre, Paris, Gallimard, 1948, pp. 158-159; "Le Souvenir d'Adrienne Monnier", Mercure de France, 1er janvier 1956, p. 104; Adrienne MONNIER, Rue de l'Odéon, Paris, Albin Michel, 1960, pp. 56-57.

144. RHODES (S.A.), "The Influence of Walt Whitman on André Gide", The Romanic Review, April 1940, pp. 156-171.

Lettre d'André Gide à l'auteur, [1931], pp. 157-158.

1941

145. MONDOR (Henri), Vie de Mallarmé, Paris, Gallimard, 1941. [L'édition à laquelle nous référons est la 34e.]

Lettre d'André Gide à Stéphane Mallarmé, 5 février, 1891, p. 596. Henri MONDOR citera à nouveau cette lettre dans: L'Heureuse rencontre de Valéry et Mallarmé [163a, pp. 53-54]. Elle sera en-

suite publiée dans: Jean DELAY, La Jeunesse d'André Gide [237, p. 40]; Catalogue André Gide [348, p. 37]; VAL., p. 52.

Lettre d'André Gide à Stéphane Mallarmé, [janvier 1897], p. 749. Aussi citée dans VAL., p. 285.

Lettre d'André Gide à Stéphane Mallarmé, 21 janvier 1897, p. 751.

Lettre d'André Gide à Stéphane Mallarmé, 3 février 1897, p. 754.

Lettre d'André Gide à Stéphane Mallarmé, 9 mai 1897, p. 770. Aussi citée dans VAL., p. 297. Il est à remarquer que, dans L'Heureuse rencontre de Valéry et Mallarmé [163 a, p. 114], Henri MONDOR cite la même lettre, mais en la datant du 5 mai 1897.

1942

146. KAAS-ALBARDA (Maria), André Gide et son Journal, Arnhem, Van Loghum Slaterus, 1942, p. 127.

Court fragment d'une lettre d'André Gide à l'auteur, 16 mars 1940.

1943

147. [Lettre d'André Gide à Claude Francis], Interviews imaginaires, [Paris], Gallimard, [1943], p. 179.

Cette lettre ne porte aucune date.

148. MANN (Klaus), André Gide and the Crisis of Modern Thought, New York, Creative Age Press, 1943, s.p. et London, Dennis Dobson Ltd, 1948, pp. 10-11.

Photographie d'une lettre d'André Gide à l'auteur, 8 février 1940.

149. SAINT-GEORGES de BOUHÉLIER, Introduction à la vie de grandeur, Paris, E. Aubanel, 1943.

Lettre d'André Gide à Saint-Georges de Bouhélier, Lundi soir [1896], pp. 240-241. Dans Le Printemps d'une génération (Paris, Nagel, 1946, p. 320), Saint-Georges de Bouhélier datera cette lettre du 24 août 1896.

1944

150. "Lettre à M. Pierre Brisson", Le Figaro, 10 septembre 1944, p. 1.

Lettre du 29 août 1944.

1946

151. "Lettre à M. Taha Hussein Bey", Valeurs, No. 4, janvier 1946, p. 129.

Cette lettre du 5 juillet 1945 servira de préface à la traduction arabe de la Porte étroite.

152. "Controverse sur la Symphonie pastorale. Une lettre d'André Gide", XXe siècle, 28 février 1946, p. 1 et p. 5.

Dans son édition critique de La Symphonie pastorale (Paris, Minard, 1970, p. 182), Claude Martin cite un large extrait de cette lettre adressée à la revue XXe Siècle.

153. Deux interviews imaginaires suivies de feuillets, [Paris], Charlot, 1946 [achevé d'imprimer en juillet], pp. 49-52.

Lettre d'André Gide à Mlle M.S. de Saint-Cyr, 15 août 1941. Cette lettre qui, à notre connaissance, n'avait jamais été publiée auparavant, sera reprise dans Feuillets d'automne, *Paris, Gallimard, 1949, pp. 264-265.*

154. [Lettre à André Billy], Le Littéraire, 27 juillet 1946.

   Lettre du 13 juillet 1946.

155. FAYER (Mischa Harry), Gide, Freedom and Dostoevsky, Burlington, [The Lane Press], 1946, pp. 1-2.

   Lettre d'André Gide à l'auteur, 16 octobre 1945.

156. LEPOUTRE (Raymond), André Gide, Paris, Richard-Masse, 1946, [p.9.].

   [Bien que l'achevé d'imprimer soit du 31 janvier 1947, la première page porte la date de 1946.]
   Lettre-préface d'André Gide, 9 juillet 1946.

157. SAINT-GEORGES DE BOUHÉLIER, Le Printemps d'une génération, Paris, Nagel, 1946.

   Lettre d'André Gide à Saint-Georges de Bouhélier, 4 décembre 1896, p. 297.

   La lettre d'André Gide à Saint-Georges de Bouhélier, du 24 août 1896 (p. 320), avait été publiée dans Introduction à la vie de grandeur *[voir no 149, pp. 240-241]. Elle était alors tout simplement datée de: Lundi soir, [1896]. Michel Décaudin, qui cite un extrait de cette lettre dans* La Crise des valeurs symbolistes *[voir no 258, p. 64], indique que ce fut dans* L'Echo de Paris *du 15 octobre 1935 qu'elle parut tout d'abord. Il nous a été impossible de vérifier cette référence.*

1947

158. "André Gide et Jean Cassou adhèrent au Comité de défense d'Henry Miller", Combat, 21 mars 1947, p. 2.

Lettre d'André Gide à Combat, mars 1947.

159. "Tankefriheten Grunden för vär kultur. André Gide manar till kamp för individens hotade frihet", Svenska Dagbladet, 19 novembre 1947, p. 1 et p. 7.

Cette lettre, datée de novembre 1947, fut publiée, en français, sous le titre de Remerciements au Comité Nobel, dans le Figaro du 21 novembre 1947, et en espagnol, sous le titre de Gratitud, dans Sur, Noviembre de 1947, pp. 151-152. Elle sera à nouveau citée dans RMG II, pp. 554-555.

160. [Lettre aux membres du Comité Nobel], Le Figaro, 11 décembre 1947.

Aussi citée dans RMG II, pp. 555-556.

161. ECKHOFF (Lorentz), André Gide, Oslo, A. Cammermeyer Forlag, 1947, [p. 85].

Photographie d'une lettre d'André Gide à l'auteur, 30 novembre 1926.

162. LACAZE (Jean), Chants de départs, Finham, Ed. Chantal, 1947.

Cet ouvrage est précédé d'une lettre-préface d'André Gide qui, à la rigueur, pourrait être considérée comme une simple lettre. Ecrite en 1946, elle est adressée à Raymond Lacaze, père de Jean. Elle fut reprise dans: Préfaces, Neuchâtel et Paris, Ides et Calendes, 1948, pp. 101-108; Feuillets d'automne Paris, Mercure de France, 1949, pp. 227-231. Raymond LACAZE la cita dans Qu'on me pardonne d'en parler ..., Rodez, Editions Subervie, 1958, pp. XIII-XVI.

1948

163. DAVET (Yvonne), <u>Autour des Nourritures terrestres. Histoire d'un livre</u>, Paris, Gallimard, 1948.

[Rappelons qu'une partie considérable de ce livre avait été publiée, sous le titre de "Le Cinquantenaire des <u>Nourritures terrestres</u>, dans L'Arche, nos 27-28, mai 1947, pp. 46-108. Quelques-unes des lettres énumérées ci-dessous y étaient citées. Nous n'en avons pas dressé l'inventaire, en 1947, ainsi qu'il convenait peut-être de le faire, car il nous semblait inutile, d'une part, de répéter, même partiellement, une même liste de références et nous estimons, par ailleurs, que, somme toute, le livre de Yvonne DAVET est plus facilement accessible que la revue L'Arche. Cela dit, nous ne ferons mention, ici, que des lettres d'André Gide <u>inédites</u> au moment où parut l'ouvrage de Yvonne DAVET et qui, depuis, n'ont pas été reprises dans un ensemble. Dans ce dernier cas, nous avons classé les lettres, dans la première partie du présent inventaire bibliographique, parmi les publications préoriginales.]

Fragment d'une lettre d'André Gide à Jacques-Emile Blanche, [28 octobre 1907], pp. 19-20.

Fragment d'une lettre d'André Gide à Jacques Doucet, janvier 1918, p. 21.

Fragment d'une lettre d'André Gide à André Ruyters, septembre 1896, p. 22.

Fragment d'une lettre d'André Gide à Eugène Rouart, 28 septembre 1896, p. 22.

Fragment d'une lettre d'André Gide à Paterne Berrichon, 4 juin 1911, p. 42. Ce fragment est aussi cité dans: Jean DELAY, <u>La Jeunesse d'André Gide</u>, Paris, Gallimard, 1957, vol. II, p. 357.

Lettre d'André Gide à Marcel Drouin, 18 mars 1893, pp. 44-46.

Fragment d'une lettre d'André Gide à Marcel Drouin, 3 décembre 1895, pp. 49-50. Dans <u>André Gide. A Study of his Creative Writings</u> (London, Oxford University Press, 1970, p. 181), G. W. Ireland cite un autre fragment de cette même lettre.

Fragment d'une lettre d'André Gide à Marcel Drouin, [hiver 1894-1895], pp. 55-56. Claude Martin, dans son <u>Répertoire chronologique des lettres publiées d'André Gide</u> (Paris, Minard, 1971), situe cette lettre en octobre 1894.

Fragment d'une lettre d'André Gide à Pierre Louÿs, 19 octobre 1894, p. 56. Dans Jeunesse d'André Gide (Paris, Gallimard, 1957, vol. II, pp. 388-389), Jean Delay cite un passage beaucoup plus long de cette même lettre.

Fragment d'une lettre d'André Gide à Marcel Drouin, 9 novembre 1895, pp. 56-57. Dans l'ouvrage cité plus haut, G. W. Ireland donne deux autres fragments de cette même lettre (p. 134 et p. 181).

Lettre d'André Gide à Marcel Drouin, 30 mars 1898, pp. 61-63.

Lettre d'André Gide à Marcel Drouin, 10 mai 1894, pp. 65-68. Jean Delay cite de longs passages de cette lettre dans La Jeunesse d'André Gide (Paris, Gallimard, 1957, vol. II, pp. 318-320).

Lettre d'André Gide à Marcel Drouin, 5 décembre [1894], pp. 68-70.

Lettre d'André Gide à Marcel Drouin, 25 décembre [1895], pp. 73-75.

Fragment d'une lettre d'André Gide à Marcel Drouin, [1896], pp. 85-86. Claude Martin, dans son Répertoire chronologique des lettres publiées d'André Gide (Paris, Minard, 1971), situe cette lettre en janvier 1896.

Fragment d'une lettre d'André Gide à Henri Drain, 18 juillet 1932, pp. 89-90.

Fragment d'une lettre d'André Gide à J.D., 12 décembre 1932, p. 150. Dans "Mécislas Golberg, Emmanuel Signoret et André Gide", The Romanic Review, October 1967, p. 187, Pierre AUBERY identifie J.D. comme étant José David. Ajoutons que cette même lettre se trouve aussi dans VAL. (p. 292) mais que, à ce dernier endroit, on a imprimé, par erreur, "réfugié politique" au lieu de "réfugié polonais".

Lettre d'André Gide à la Librairie Plon, début de mai 1923, p. 177.

Fragment d'une lettre d'André Gide à Thomas Mann, 13 janvier 1930, p. 178.

Fragment d'une lettre d'André Gide à André Thérive, 26 novembre 1929, p. 178.

Fragment d'une lettre d'André Gide à Paul Souday, 5 août 1911, p. 180. Ce fragment avait été publié, en partie, dans: Bibliothèque de Paul Souday [voir no 68], p. 64. Il sera repris dans: Claude MARTIN, Répertoire chronologique des lettres publiées d'André Gide, Paris, Minard, 1971, s.p.

Lettre d'André Gide à une "jeune fille" non identifiée, 17 juillet 1928, pp. 183-184.

Fragment d'une lettre d'André Gide à Mme A.V., 14 décembre 1935, p. 206

Fragment d'une lettre d'André Gide à Albert Samain, [décembre 1898], pp. 208-209.

Fragment d'une lettre d'André Gide à Marcel Drouin, [1898], p.210.

Fragment d'une lettre d'André Gide à Arthur Fontaine, 17 juillet [1899], pp. 220-221. Cette lettre fut publiée, in extenso, dans: "Lettres de Gide à Arthur Fontaine", Le Figaro littéraire, 6 septembre 1952, p. 3 [voir no 199].

163a. MONDOR (Henri), L;Heureuse rencontre de Valéry et Mallarmé, Lausanne, La Guilde du Livre, 1948.

Lettre d'André Gide à Stéphane Mallarmé, 22 mai 1897, p. 117.

[Le livre de Henri MONDOR renferme aussi plusieurs fragments de lettres d'André Gide à Paul Valéry. Nous les avons énumérés dans la première partie, parmi les publications préoriginales de VAL.]

1949

164. "Lettres à Christian Beck", Mercure de France, juillet 1949, pp. 385-401.

[Ces lettres avaient été publiées, au préalable, dans: Lettres à Christian Beck, Bruxelles, Editions de L'Altitude, 1946. Toutefois, comme cet ouvrage n'a été tiré qu'à 21 exemplaires seulement, il nous a paru plus utile de référer le lecteur au Mercure de France].

Lettre d'André Gide à Christian Beck, s.d., pp. 387-388. Dans son Répertoire chronologique des lettres publiées d'André Gide (Paris, Minard, 1971), Claude Martin a classé cette lettre en 1895.

Lettre d'André Gide à Christian Beck, [1895], pp. 388-389. Claude Martin précise (op.cit.):août 1895.

Lettre d'André Gide à Christian Beck, 3 juin 1897, p. 389.

Lettre d'André Gide à Christian Beck, 13 avril 1899, p. 390.

Lettre d'André Gide à Christian Beck, s.d., p. 391. Claude Martin (op.cit.) situe cette lettre entre le 24 et le 30 juillet 1899.

Lettre d'André Gide à Christian Beck, [1899], p. 392. Claude Martin (op.cit.) date cette lettre de juin 1899.

Lettre d'André Gide à Christian Beck, 18 février 1900, pp. 392-393.

Lettre d'André Gide à Christian Beck, 8 octobre 1900, p. 393.

Lettre d'André Gide à Christian Beck, s.d., p. 394. [Cette lettre ne semble pas avoir été répertoriée par Claude Martin (op.cit.)]

Lettre d'André Gide à Christian Beck, s.d. pp. 394-395. [Cette lettre ne semble pas pas avoir été répertoriée par Claude Martin.]

Lettre d'André Gide à Christian Beck, s.d., p. 395. [Cette lettre ne semble pas avoir été répertoriée par Claude Martin.]

Lettre d'André Gide à Christian Beck, mercredi matin, pp. 395-396. [Cette lettre ne semble pas avoir été répertoriée par Claude Martin.]

Lettre d'André Gide à Christian Beck, 23 juin, pp. 396-397. Claude Martin (op.cit.) précise: 23 juin [1902].

Lettre d'André Gide à Christian Beck, 4 mai 1903, p. 398.

Lettre d'André Gide à Christian Beck, 6 septembre 1903, pp. 398-399.

Lettre d'André Gide à Christian Beck, 29 avril 1906, pp. 399-401.

Lettre d'André Gide à Christian Beck, 19 mai 1906, p. 401.

Lettre d'André Gide à Christian Beck, 11 octobre 1906, p. 402.

165. "Lettres à Christian Beck", Mercure de France, août 1949, pp. 616-637.

[Ces lettres avaient été publiées, au préalable, dans: Lettres à Christian Beck, Bruxelles, Editions de l'Altitude, 1946. Toutefois, comme ce livre n'a été tiré qu'à 21 exemplaires seulement, il nous a paru plus utile de référer le lecteur au Mercure de France.]

Lettre d'André Gide à Christian Beck, 18 novembre 1906, pp. 617-618.

Lettre d'André Gide à Christian Beck, 23 décembre [1906], p. 618.

Lettre d'André Gide à Christian Beck, 21 février 1907, p. 619.

Lettre d'André Gide à Christian Beck, 27 février 1907, p. 619.

Lettre d'André Gide à Christian Beck, 1 avril 1907, p. 620.

Lettre d'André Gide à Christian Beck, 2 juillet 1907, pp. 620-622. Un fragment de cette lettre avait été cité dans JAM., *pp. 352-353 et le sera à nouveau dans* CLA., *pp. 274-275.*

Lettre d'André Gide à Christian Beck, 17 décembre 1907, pp. 622-623.

Lettre d'André Gide à Christian Beck, 21 décembre 1907, pp. 623-624.

Lettre d'André Gide à Christian Beck, Noël 1907, p. 624.

Lettre d'André Gide à Christian Beck, fin décembre 1907, pp. 624-625.

Lettre d'André Gide à Christian Beck, 13 février 1908, p. 625.

Lettre d'André Gide à Christian Beck, 28 février 1908, p. 625.

Lettre d'André Gide à Christian Beck, 6 avril 1908, p. 626.

Lettre d'André Gide à Christian Beck, 12 octobre 1908, p. 627.

Lettre d'André gide à Christian Beck, [1909], p. 627.

Lettre d'André Gide à Christian Beck, 15 juillet 1909, p. 628.

Lettre d'André Gide à Christian Beck, 21 septembre 1909, p. 628.

Lettre d'André Gide à Christian Beck, 16 octobre 1909, p. 629.

Lettre d'André Gide à Christian Beck, Rouen, s.d., p. 630. [Claude Martin ne semble pas avoir répertorié cette lettre.]

Lettre d'André Gide à Christian Beck, [1909] p. 630. Claude Martin (op.cit.) *date cette lettre de novembre 1909.*

Lettre d'André Gide à Christian Beck, 1 décembre 1909, p. 631.

Lettre d'André Gide à Christian Beck, 2 janvier 1910, p. 631.

Lettre d'André Gide à Christian Beck, 29 janvier 1910, pp. 631-632.

Lettre d'André Gide à Christian Beck, [1910], pp. 632-633. Claude Martin (op.cit.) est d'avis que cette lettre fut écrite entre le 9 et le 24 janvier 1910.

Lettre d'André Gide à Christian Beck, [1910], p. 633. Selon Claude Martin (op.cit.), cette lettre aurait été écrite entre le 9 et le 24 janvier 1910.

Lettre d'André Gide à Christian Beck, [1910], pp. 633-634. [Cette lettre ne semble pas avoir été répertoriée par Claude Martin (op.cit.).]

Lettre d'André Gide à Christian Beck, 24 mars 1911, p. 634.

Lettre d'André Gide à Christian Beck, 26 janvier, pp. 634-635. [Cette lettre ne semble pas avoir été répertoriée par Claude Martin (op.cit.).]

Lettre d'André Gide à Christian Beck, s.d., p. 635. [Cette lettre ne semble pas avoir été répertoriée par Claude Martin (op.cit.).]

Lettre d'André Gide à Christian Beck, s.d., p. 636. [Cette lettre ne semble pas avoir été répertoriée par Claude Martin (op.cit.).]

Lettre d'André Gide à Christian Beck, 25 juin, pp. 636-637. [Cette lettre ne semble pas avoir été répertoriée par Claude Martin (op.cit.).]

166. "Lettre à Julien Green", Biblio-Hachette, décembre 1949, pp. 15-19.

Cette lettre, datée de Karlsbad, le 28 juillet 1934, fut aussi publiée dans: Livres de France, février 1967, p. 13.

167. Catalogue de la Vente de la bibliothèque Gide d'Arnold Naville, Genève, Kundig, 1949.

Des fragments de quatre lettres d'André Gide y sont cités:

fragment d'une lettre à Edouard Ducoté, 1er octobre 1903, (no 224);

fragment d'une lettre à Paul Fort, 27 juin 1911, (no 225);

fragment d'une lettre à Charles Salomon, 16 janvier 1921, (no 226);

fragment d'une lettre à Daniel Hirsch, 24 avril 1924, (no 227).

Ces fragments ont été cités dans: Claude MARTIN, Répertoire chronologique des lettres publiées d'André Gide, Paris, Minard, 1971, s.p.

168. HEYD (Richard), "Notice" au Procès de Kafka, adaptation d'André Gide et de Jean-Louis Barrault, dans: André GIDE, Théâtre complet, VIII, Neuchâtel et Paris, Ides et Calendes, [1949], pp. 124-125.

Lettre d'André Gide à "un ami", 12 décembre 1947.

169. JEAN-AUBRY (Georges), Valery Larbaud. Sa vie et son Oeuvre. La Jeunesse (1881-1920), Monaco, Editions du Rocher, 1949.

Lettre d'André Gide à Valery Larbaud, 2 mai 1905, p. 100.

Lettre d'André Gide à Valery Larbaud, 30 juillet [1908], pp. 120-121.

Lettre d'André Gide à Valery Larbaud, 30 octobre 1908, p. 125.

Fragment d'une lettre d'André Gide à Valery Larbaud, [début de 1909], p. 126. Dans son Répertoire chronologique de lettres publiées d'André Gide (Paris, Minard, 1971), Claude Martin situe cette lettre entre le 9 et le 24 janvier 1909.

Fragment d'une lettre d'André Gide à Valery Larbaud, 17 juin 1909, p. 131.

Mention d'une lettre d'André Gide à Valery Larbaud, 11 décembre 1909. Cette date est vraisemblablement erronée. En effet, après avoir cité une lettre de Larbaud, datée du 6 novembre 1909, Jean-Aubry poursuit: "L'acceptation fut prompte; cinq jours plus tard, André Gide avisait l'auteur que ...", ce qui laisserait supposer que la lettre de Gide date du 11 novembre et non du 11 décembre.

Fragment d'une lettre d'André Gide à Valery Larbaud, s.d. [1909], p. 131. De l'avis de Claude Martin (op.cit), cette lettre aurait été écrite entre le 4 et le 14 juillet 1909.

Fragment d'une lettre d'André Gide à Valery Larbaud, s.d. [fin 1909], p. 136. Claude Martin (op.cit.) classe cette lettre entre le 3 et le 16 novembre 1909.

Fragment d'une lettre d'André Gide à Valery Larbaud, 15 avril 1910, p. 143.

Mention de deux lettres [non citées] d'André Gide à Valery Larbaud: la première du 12 juin 1910 et la seconde, du mois de juillet, p. 144.

Mention d'une lettre d'André Gide à Valery Larbaud [non citée], 1er août 1910, pp. 144-145.

Fragment d'une lettre d'André Gide à Valery Larbaud, 14 novembre 1910, p. 146.

Mention d'une lettre d'André Gide à Valery Larbaud [non citée], 8 janvier 1911, p. 148.

Fragment d'une lettre d'André Gide à Valery Larbaud, 9 mars 1911, p. 156.

Fragment d'une lettre d'André Gide à Valery Larbaud, [1911], p. 158. Selon Claude Martin (op.cit.), cette lettre aurait été écrite entre le 9 et le 24 mars 1911.

Fragment d'une lettre d'André Gide à Valery Larbaud, 23 avril 1911. p. 161.

Fragment d'une lettre d'André Gide à Valery Larbaud, 25 mai [1911], p. 164.

Fragment d'une lettre d'André Gide à Valery Larbaud, [fin mai 1911], p. 165.

Fragment d'une lettre d'André Gide à Valery Larbaud, 19 juin 1911, p. 175.

Mention d'une lettre d'André Gide à Valery Larbaud, 27 juin 1911, p. 174.

Fragment d'une lettre d'André Gide à Valery Larbaud, 25 juillet 1911, p. 180.

Lettre d'André Gide à Valery Larbaud, 11 août 1911, p. 181.

Fragment d'une lettre d'André Gide à Valery Larbaud, [septembre 1911], p. 181.

Fragment d'une lettre d'André Gide à Valery Larbaud, [novembre 1911], p. 190.

Fragment d'une lettre d'André Gide à Valery Larbaud, [fin 1911], p. 190. Claude Martin (op.cit.) situe cette lettre en novembre 1911.

Fragment d'une lettre d'André Gide à Valery Larbaud, 13 janvier 1912, p. 198.

Fragment d'une lettre d'André Gide à Valery Larbaud, 19 février 1912, pp. 192-193.

Lettre d'André Gide à Valery Larbaud, 11 mars 1912, p. 195.

Fragment d'une lettre d'André Gide à Valery Larbaud, [mars 1912], p. 198.

Fragment d'une lettre d'André Gide à Valery Larbaud, [mars ou avril 1912], p. 200. Claude Martin (op.cit.) opte pour le mois de mars.

Fragment d'une lettre d'André Gide à Mme Nicolas Larbaud, [mère de Valery Larbaud], 4 mai 1912, pp. 202-203.

Mention d'une lettre d'André Gide à Valery Larbaud [non citée], 6 mai 1912, p. 204.

Fragment d'une lettre d'André Gide à Valery Larbaud, [mai 1912], p. 206.

Carte postale d'André Gide à Valery Larbaud, 10 avril 1913, p. 226.

Fragment d'une lettre d'André Gide à Valery Larbaud, 14 juin 1913, p. 228.

Fragment d'une lettre d'André Gide à Valery Larbaud, 1er septembre 1913, p. 232.

Mention d'une lettre d'André Gide à Valery Larbaud, [non citée], 15 novembre 1913, p. 232.

Mention d'une lettre d'André Gide à Valery Larbaud [non citée], 17 novembre 1913, p. 232.

Lettre d'André Gide à Valery Larbaud, 23 mars 1914, p. 237.

Mention d'une lettre d'André Gide à Valery Larbaud [non citée], [janvier 1915], p. 244.

Mention d'une lettre d'André Gide à Valery Larbaud [non citée], 26 janvier 1916, pp. 249-250.

Fragment d'une lettre d'André Gide à Valery Larbaud, fin février 1918, p. 268.

---

170. LANG (Renée), André Gide et la pensée allemande, Paris, LUF, 1949; Plon, 1955.

Fragment d'une lettre d'André Gide à Jacques Schiffrin, 18 juin 1942, p. 177.

Lettre d'André Gide à Renée Lang, 10 juin 1946, pp. 178-180.

Fragment d'une lettre d'André Gide à Renée Lang, 27 décembre 1946, p. 181.

Fragment d'une lettre d'André Gide à Marcel Drouin, 30 mars 1898, pp. 182-183. Cette lettre avait été citée dans: Yvonne DAVET, Autour des Nourritures terrestres. Histoire d'un livre, [voir no 163], pp. 61-63.

Fragment d'une lettre d'André Gide à Marcel Drouin, [fin 1895], p. 184. Cité par Yvonne DAVET, dans Autour des Nourritures terrestres. Histoire d'un livre [voir no 163, pp. 56-57], ce fragment est alors daté du 9 novembre 1895.

Lettre d'André Gide à Renée Lang, 3 octobre 1947, p. 185.

Fragment d'une lettre d'André Gide à Renée Lang, 3 octobre 1947, p. 186. Augmenté d'une phrase, ce fragment sera cité dans RIL., pp. 258-259. Il le sera à nouveau dans: "Lettera d'André Gide a Renée Lang", Inventario, Anno 4, No 2, marzo - aprile 1952, p. 7; A. FONGARO, Bibliographie d'André Gide en Italie, Firenze et Paris, Edizioni Sansoni Antiquariato et Librairie Didier, 1966, p. 49. La date du 3 octobre 1941 que porte la lettre, publiée dans ce dernier livre, est manifestement une coquille.

171. NOBECOURT (René-Gustave), Les Nourritures normandes d'André Gide, préface de Thierry Maulnier, Paris, Editions Médicis, 1949.

Fragment d'une lettre d'André Gide à Maxime X..., [février 1894], p. 179. Jean-Jacques THIERRY citera cette lettre, in extenso, dans:"Autour d'Isabelle", juillet 1958, p. 553. Il identifiera alors Maxime comme étant Maxime de Langenhagen et il datera la lettre de Biskra 1893. Claude Martin, par ailleurs, dans son Répertoire chronologique des lettres publiées d'André Gide, (Paris, Minard, 1971), classera cette même lettre parmi celles qui furent écrites en février 1895.

Fragment d'une lettre d'André Gide à René-Gustave Nobécourt, 4 janvier 1948, p. 170.

1950

172. [Lettre à Giancarlo Vigorelli], La Fiera letteraria, 1er janvier 1950, p. 1.

Cette lettre, du 26 décembre 1949, est aussi citée dans: A. FONGARO, Bibliographie d'André Gide en Italie, Firenze et Paris, Edizioni Sansoni Antiquariato et Librairie Marcel Didier, 1966, pp. 48-49.

173. "André Gide en 1930 félicitait ainsi l'auteur, Edouard Bourdet", Le Figaro, 25-26 février 1950, p. 6.

Lettre d'André Gide à Edouard Bourdet, 1930.

174. "Pour les 80 ans d'un réfractaire", Le Figaro, 23 octobre 1950, p. 1.

Lettre d'André Gide en hommage à Ivan Bounine, à l'occasion de son 80ème anniversaire.

175. Journal 1942-1949, Paris, Gallimard, 1950.

Lettre à X..., novembre 1947, p. 271. Cette lettre [non envoyée] était, en réalité, destinée au directeur du journal italien Il Giornale dell'Emilia-Bologna. Elle fut reprise dans: Journal 1939-1949. Souvenirs, "Bibliothèque de la Pléiade", Paris, Gallimard, 1954, p. 308. Des extraits de cette lettre paraîtront dans un des catalogues [s.d.] de la Maison Descombes, de Genève.

Lettre d'André Gide à Bernard Enginger, [février 1946], pp. 252-253. Cette lettre est aussi citée dans: Journal 1939-1949. Souvenirs, "Bibliothèque de la Pléiade", Paris, Gallimard, 1954, p. 295.

176. Littérature engagée, textes réunis et présentés par Yvonne Davet, Paris, Gallimard, 1950.

Lettre d'André Gide à Jean Guéhenno, [fin octobre 1930], pp. 13-14.

> *Lettre d'André Gide à Roger Martin du Gard, 13 juillet 1932,;*
> *pp. 16-17. Cette lettre sera reprise dans* RMG I, *pp. 529-530.*
>
> *Lettre d'André Gide à Jean Guéhenno, 5 février 1930, p. 20.*
>
> *Lettre d'André Gide à Louis Aragon, 19 mai 1933, pp. 31-32.*
>
> *Lettre d'André Gide à Daniel-Rops, 20 mai 1933, pp. 33-35.*
>
> *Lettre d'André Gide à M. L'Ambassadeur de l'U.R.S.S. en France, 29 juin 1935, pp. 97-99.*
>
> *Lettre d'André Gide à Magdeleine Paz, 6 juillet 1935, pp. 99-100.*
>
> *Lettre d'André Gide à Pierre Alessandri, 27 août 1937, pp. 176-177.*
>
> *Lettre d'André Gide à Pierre Alessandri, 3 septembre 1937, pp. 178-181.*
>
> *Lettre d'André Gide à Pierre Alessandri, 9 septembre 1937, pp. 181-183.*
>
> *Lettre d'André Gide à Pierre Alessandri, 11 septembre 1937, pp. 183-184.*
>
> *Lettre d'André Gide à Pierre Alessandri, 15 septembre 1937, pp. 185-187.*
>
> *Lettre d'André Gide à Ignazio Silone, 8 septembre, 1937, pp. 188-189.*

<u>177.</u> ADAMOV (Arthur), <u>La Parodie. L'Invasion</u>, Paris, Charlot, 1950, pp. 9-10.

> *Lettre d'André Gide à l'auteur, s.d. Claude Martin, dans son* Répertoire chronologique des lettres publiées d'André Gide (Paris, Minard, 1971), *date cette lettre du mois d'octobre 1949.*

<u>178.</u> JALOUX (Edmond), <u>Les Saisons littéraires (1904-1914)</u>, Fribourg, Ed. de la librairie de l'Université, 1950.

> *Lettre d'André Gide à Edmond Jaloux, 14 juillet 1941, pp. 295-296;*
>
> *Lettre d'André Gide à Edmond Jaloux, 18 septembre 1941, pp. 296-297.*

179.   SCHLUMBERGER (Jean), Eveils, Paris, Gallimard, 1950.

   Lettre d'André Gide à Jean Schlumberger, juin 1902, pp. 151-152;

   Lettre d'André Gide à Jean Schlumberger, décembre 1903, p. 154.

1951

180.   [Fragment d'une lettre d'André Gide à Henri Corbiere], Les Nouvelles littéraires, 22 février 1951, p. 1.

   Ce fragment ne porte aucune date.

181.   [Lettre d'André Gide à Jean Schlumberger], Réforme, 3 mars 1951, p. 7.

   Cette lettre du 7 décembre 1921 fut reprise dans: Jean SCHLUMBERGER, Oeuvres, VII, Paris, Gallimard, 1962, pp. 183-184.

182.   "Deux lettres inédites d'André Gide", Revue de la Pensée française, avril 1951, pp. 16-17.

   Lettre d'André Gide à X..., 18 mai 1944, p. 16.

   Lettre d'André Gide à Paul Léautaud, [1930], pp. 16-17.

183.   [Letter to the Columbia Review], Columbia Review, Spring 1951, p. 4 et p. 6.

   Lettre datée du 22 janvier 1951.

184.   "Lettre à Umberto Campagnolo", [Venise] Comprendre, no 3, mai 1951, pp. 123-124.

   Cette lettre, du 28 janvier 1951, fut aussi publiée dans: Liberté de l'Esprit, no 24, octobre 1951, p. 236; Circulaire du Cercle

André Gide, no. 64, 24 novembre 1964. Traduite en anglais, elle parut dans: "Two Declarations by André Gide", Partisan Review, July-August 1951, pp. 399-400.

185. "Two Declarations by André Gide" [With introductory notes by Justin O'Brien], Partisan Review, July - August 1951, pp. 395-400.

   Lettre d'André Gide à Mitsuo Nakamura, 2 janvier 1951, pp. 396-398.

   Lettre d'André Gide à Umberto Campagnolo, 28 janvier 1951, pp. 399-400. [Voir no 184]

186. **"Lettres d'Italie à Marcel Drouin"**, Hommage à André Gide, Nouvelle revue française, novembre 1951, pp. 380-392.

   Lettre d'André Gide à Marcel Drouin, Rome, [s.d.], pp. 381-383. Claude Martin, dans son Répertoire chronologique des lettres publiées d'André Gide (Paris, Minard, 1971), date cette lettre de janvier 1896.

   Lettre d'André Gide à Marcel Drouin, Rome, 2 mars 1898, pp. 383-384.

   Lettre d'André Gide à Marcel Drouin, Orvieto, 26 mars 1898, pp. 384-390.

   Lettre d'André Gide à Marcel Drouin, Venise, [18 avril 1898], pp. 390-392.

187. "Saul au Vieux-Colombier, juin 1922", Revue d'Histoire du Théâtre, III, 1951, pp. 266-267.

   Lettre d'André Gide à Jacques Copeau, 20 juin 1922.

188. Lettres inédites sur l'inquiétude moderne [Jacques et Raissa Maritain, André Gide, Paul Claudel, René Schwob, Aldous Huxley, Elie Faure], commentaire introductif par Pierre Angel, préface de Maurice Mignon, Paris, Editions universelles, 1951.

   Lettre d'André Gide à René Schwob, 14 août 1920, pp. 91 - 92.

   Lettre d'André Gide à René Schwob, 23 août 1920, p. 93.

Lettre d'André Gide à René Schwob, 7 novembre 1920, p. 94.

Lettre d'André Gide à René Schwob, 16 février 1921, pp. 94-95.

Lettre d'André Gide à René Schwob, 1 mai 1923, pp. 95-96.

Lettre d'André Gide à René Schwob, 6 février 1923, p. 97.

Lettre d'André Gide à René Schwob, 1 août 1923, pp. 98-99.

Lettre d'André Gide à René Schwob, 4 décembre 1923, p. 99.

Lettre d'André Gide à René Schwob, 13 décembre 1924, pp. 100-101.

Lettre d'André Gide à René Schwob, 13 mars 1925, p. 101.

Lettre d'André Gide à René Schwob, 14 mars 1927, p. 102.

Lettre d'André Gide à René Schwob, 26-30 décembre 1930, pp. 103-105. Le post-scriptum de cette lettre avait été publié dans: René SCHWOB, Le vrai drame d'André Gide, Paris, Grasset, 1932, p. 35.

Lettre d'André Gide à René Schwob, 31 décembre 1930, p. 105.

Lettre d'André Gide à René Schwob, 6 janvier 1931, p. 106.

Lettre d'André Gide à René Schwob, 13 février 1931, p. 107.

Lettre d'André Gide à René Schwob, 14 mars 1931, pp. 107-108.

Lettre d'André Gide à René Schwob, 12 octobre 1931, pp. 109-110.

Lettre d'André Gide à René Schwob, 23 février 1932, pp. 111-112.

Lettre d'André Gide à René Schwob, 15 avril 1932, pp. 112-113.

Lettre d'André Gide à René Schwob, [septembre 1932], pp. 113-114. Claude Martin situe cette lettre entre le 15 et le 27 septembre 1932, dans le Répertoire chronologique des lettres publiées d'André Gide (Paris, Minard, 1971).

Lettre d'André Gide à René Schwob, 17 octobre 1932, p. 114.

Lettre d'André Gide a René Schwob, 18 novembre 1932, pp. 115-116.

Lettre d'André Gide à René Schwob, 21 mai 1933, pp. 116-117.

Lettre d'André Gide à René Schwob, 26 mars 1937, p. 117.

Lettre d'André Gide à René Schwob, 1 mai 1939, p. 118.

Lettre d'André Gide à René Schwob, 25 février 1941, p. 119.

Lettre d'André Gide à René Schwob, 19 février 1945, pp. 119-120.

189. BOIS (Jacques), "André Gide et l'objection de conscience", Le Christianisme social, mars 1951, pp. 315-317.

Lettre d'André Gide à Jacques Bois, 27 juillet 1935, p. 316.

190. COMBELLE (Lucien), Je dois à André Gide, Paris, Editions, F. Chambriand, 1951.

Lettre d'André Gide à Lucien Combelle, 21 janvier 1945, pp. 103-105.

Lettre d'André Gide à Lucien Combelle, 24 septembre 1947, pp. 107-109.

Lettre d'André Gide à Lucien Combelle, 5 janvier 1948, pp. 111-112.

Lettre d'André Gide à Lucien Combelle, 9 décembre 1949, pp. 113-114.

Lettre d'André Gide à Lucien Combelle, 16 octobre 1936, pp. 142-144. Cette lettre parut tout d'abord dans: Arts et Idées, novembre 1936, pp. 2-3 [voir no 122].

Lettre d'André Gide à Arts et Idées, avril 1937, pp. 144-145. Elle fut tout d'abord publiée dans Arts et Idées, avril 1937, p. 2 [voir no 128].

191. DROUIN (Dominique), "1904-1914", Nouvelle revue français, 1er novembre 1951, pp. 166-177.

Lettre d'André Gide à Jeanne Drouin, 20 février 1898, pp. 166-167;

Lettre d'André Gide à Marcel Drouin, juillet 1901, pp. 170-172.

192. GIONO (Jean), "Lundi", Nouvelle revue française, 1er novembre 1951, pp. 205-219.

Lettre d'André Gide à Jean Giono, 18 juillet 1935, p. 215.

193. GUERARD (Albert J.), <u>André Gide</u>, Cambridge, Harvard University Press, 1951.

Lettre d'André Gide à Albert J. Guerard, 16 mai 1947, pp. 240-242

Lettre d'André Gide à Albert J. Guerard, 18 décembre 1950, p. 242.

194. HESSE (Hermann), <u>Erinnerung an André Gide</u>, St-Gall, H. Tschudyn Verlag, 1951, p. 6.

Lettre d'André Gide à Hermann Hesse, 1933. Cette lettre fut aussi publiée dans: H. HESSE, "Souvenirs d'André Gide", <u>Nouvelle revue française</u>, 1er novembre 1951, pp. 17-18.

195. LAGERKWIST (Par), <u>Barabbas</u>, Paris, Stock, 1951.

Lettre d'André Gide à Lucien Maury, octobre 1950, pp. 11-13.

196. MAURIAC (Claude), "Gide et Balzac", <u>Liberté de l'Esprit</u>, no 23, juillet - septembre 1951, pp. 213-214.

197. MAURIAC (Claude), <u>Conversations avec André Gide</u>, Paris, Albin Michel, 1951.

[Les quelques lettres à François Mauriac que renferme cet ouvrage sont répertoriées parmi les publications préoriginales de MAU.]

Lettre d'André Gide à Claude Mauriac, [2 novembre 1938], pp. 19-20. Claude Martin, dans le <u>Répertoire chronologique des lettres publiées d'André Gide</u> (Paris, Minard, 1971), date cette lettre du 1er novembre 1938.

Lettre d'André Gide à Claude Mauriac, [8] novembre 1938, p. 20.

Fragment d'une lettre d'André Gide à Claude Mauriac, [27] juillet 1939, p. 200.

Fragment d'une lettre d'André Gide à Claude Mauriac, [29] juillet 1939, p. 201.

Lettre d'André Gide à Claude Mauriac, 16 septembre 1939, pp. 235-236.

Fragment d'une lettre d'André Gide à Claude Mauriac, [26 septembre 1939], p. 236.

Fragment d'une lettre d'André Gide à Claude Mauriac, 14 octobre 1939, pp. 236-237.

Fragment d'une lettre d'André Gide à Claude Mauriac, 1° novembre 1939, pp. 237-238.

Fragment d'une lettre d'André Gide à Claude Mauriac, 1° décembre 1939, p. 238.

Fragment d'une lettre d'André Gide à Claude Mauriac, 23 décembre 1939, pp. 238-239.

Fragment d'une lettre d'André Gide à Claude Mauriac, 9 février 1940, p. 239.

Fragment d'une lettre d'André Gide à Claude Mauriac, 11 mars 1940, p. 240.

Fragment d'une lettre d'André Gide à Claude Mauriac, 18 mars 1940, p. 241.

Fragment d'une lettre d'André Gide à Claude Mauriac, 1 avril 1940, pp. 241-242.

Fragment d'une lettre d'André Gide à Claude Mauriac, 27 avril 1940, pp. 247-248.

Lettre d'André Gide à Claude Mauriac, 31 mai 1940, p. 249.

Lettre d'André Gide à Claude Mauriac, 18 juin 1940, p. 249.

Lettre d'André Gide à Claude Mauriac, 13 juillet 1940, pp. 250-251.

Lettre d'André Gide à Claude Mauriac, 14 août 1940, pp. 251-252.

Lettre d'André Gide à Claude Mauriac, 25 novembre 1940, p. 252.

Lettre d'André Gide à Claude Mauriac, 11 juillet 1941, pp. 253-254.

Lettre d'André Gide à Claude Mauriac, 2° juillet 1941, p. 254.

Lettre d'André Gide à Claude Mauriac, 17 avril 1941, pp. 254-257. Claude Martin (op.cit.) a rectifié: 17 avril 1942.

Lettre d'André Gide à Claude Mauriac, 3 février 1945, pp. 266-267.

Lettre d'André Gide à Claude Mauriac, 4 août 1945, pp. 278-280.

Lettre d'André Gide à Claude Mauriac, 6 août 1945, pp. 280-281.

Lettre d'André Gide à Claude Mauriac, 28 septembre 1947, p. 282.

Lettre d'André Gide à Claude Mauriac, 3 octobre 1947, pp. 282-283.

Lettre d'André Gide à Claude Mauriac, 6 avril 1950, p. 283.

1952

198. "Lettre à Maurice Maeterlinck", Biblio-Hachette, mai-juin 1952, p. 4;

   Cette lettre date vraisemblablement de 1896.

199. "Lettres à Arthur Fontaine", Le Figaro littéraire, 6 septembre 1952, p. 3.

   Lettre d'André Gide à Arthur Fontaine, janvier 1899, p. 3.

   Lettre d'André Gide à Arthur Fontaine, 17 juillet 1809, p. 3. Cette lettre avait été citée dans: Yvonne DAVET, Autour des Nourritures terrestres. Histoire d'une livre [voir no 163], pp. 220-221.

   Lettre d'André Gide à Arthur Fontaine, 8 juillet 1902, p. 3.

   Lettre d'André Gide à Arthur Fontaine, 24 janvier 1909, p. 3. Un fragment de cette lettre fut publié dans: O.C. V, pp. 417-419.

200. CHAAMBA (Abdallah), Le Vieillard et l'enfant, s.l.n.e.n.d. [1952].

   Lettre d'André Gide à François Augiéras, 30 mars 1950, p. 74.

Lettre d'André Gide à François Augiéras, 31 juillet 1950, p. 75.

Ces deux mêmes lettres ont été reprises dans: François AUGIERAS, Une adolescence au temps du Maréchal, Paris, Christian Bourgois, 1968, p. 230 et p. 237. Notons, cependant, que la lettre du 31 juillet 1950 est datée du 27 juillet 1950, dans ce dernier ouvrage.

201. DE BOISDEFFRE (Pierre), Barrès parmi nous, Paris, Amiot-Dumont, 1952.

Fragment d'une lettre d'André Gide à Pierre de Boisdeffre, 22 mars 1949, pp. 172-173.

202. DECAUDIN (Michel), "Sur une lettre inédite de Gide à Saint-Georges de Bouhélier", Revue des sciences humaines, juillet - septembre 1952, pp. 273-277.

Lettre d'André Gide à Saint-Georges de Bouhélier, 19 novembre 1939, p. 276.

203. KRUGER (Paul), Correspondance de Georg Brandes, lettres choisies et annotées par Paul Kruger, Copenhague, Rosenkilde og Bagger, 1952, I.

Lettre d'André Gide à Georg Brandes, 5 août 1926, p. 495. Cette lettre est aussi citée dans ROU., p. 258.

204. LE POVREMOYNE (Jean), "Quand André Gide, propriétaire terrien à Cuverville-en-Caux, défendait ses hêtraies ... d'après une lettre inédite d'André Gide", La Revue de Rouen, janvier - février 1952, pp. 24-26.

Lettre d'André Gide à M. Crochemore, 13 octobre 1947.

205. LIME (Maurice), Gide, tel je l'ai connu, Paris, Julliard, 1952.

Lettre d'André Gide à Maurice Lime, 19 septembre 1935, p. 15.

Lettre d'André Gide à Maurice Lime, vendredi soir, s.d., p. 15. Dans son Répertoire chronologique des lettres publiées d'André Gide (Paris, Minard, 1971), Claude Martin précise que cette lettre est du 4 octobre 1935.

Lettre d'André Gide à Maurice Lime, [octobre 1935], p. 21. Claude Martin (op.cit.) date cette lettre du 1º octobre 1935.

Lettre d'André Gide à Maurice Lime, mardi matin, s.d., pp. 43-44. Claude Martin (op.cit.) précise que cette lettre est du 29 octobre 1935.

Lettre d'André Gide à Maurice Lime, 20 novembre 1935, pp. 59-60.

Lettre d'André Gide à Maurice Lime, 11 décembre 1935, p. 67.

Lettre d'Andrdré Gide à Maurice Lime, dimanche, s.d. pp. 72-73. Claude Martin (op.cit.) précise que cette lettre fut écrite entre le 14 et le 30 décembre 1935.

Lettre d'André Gide à Maurice Lime, 14 janvier 1936, pp. 80-82.

Lettre d'André Gide à Maurice Lime, 4 février 1936, p. 90.

Lettre d'André Gide à Maurice Lime, 3 mars [1936], p. 97.

Lettre d'André Gide à Maurice Lime, 4 juin 1936, p. 100.

Lettre d'André Gide à Maurice Lime, 11 février 1937, p. 115.

Lettre d'André Gide à Maurice Lime, dimanche, s.d., p. 119. Claude Martin (op.cit.) situe cette lettre au début d'avril 1937.

Lettre d'André Gide à Maurice Lime, 28 juillet 1937, p. 120.

Lettre d'André Gide à Maurice Lime, 24 avril 1938, pp. 128-130.

Lettre d'André Gide à Maurice Lime, 9 novembre 1938, pp. 141-142.

Lettre d'André Gide à Maurice Lime, 14 avril 1947, p. 160.

Lettre d'André Gide à Maurice Lime, 3 mai 1947, pp. 160-161.

1953

206. [Lettre à Pierre Lafille], Le Monde, 13 janvier 1953.

Lettre du 21 décembre 1950. Pierre Lafille cite la même lettre dans: "André Gide et le souci de l'opinion", Cahiers

André Gide, 3, Paris, Gallimard, 1972, pp. 113-114.

207. **Figueras** [avec la collaboration d'André Gide, Jean Cocteau, Raoul Dufy, Jean Cassou, et alt.], Manresa, Ramon Torra, S.C., Impremta de Sant Josep, 1953. [Achevé d'imprimer en avril 1953]

Lettre d'André Gide à Alfred Figueras, 19 mars 1949, [p.1].

208. "Lettre à René Boylesve", Le Disque vert, novembre-décembre 1953, pp. 85-87.

Lettre datée de Cuverville, le 24 octobre 1912.

209. BELLI (Carlo), "Vannicola", La Nazione italiana, 14 juillet 1953. p. 7.

Lettre d'André Gide à Giuseppe Vannicola, 21 mai 1907.

210. BOISSIEU (Jean), "François-Paul Alibert et la Fontaine de Nîmes", Reflets de la Provence et de la Méditerranée, no 2, septembre-octobre 1953, s.p.

Lettre d'André Gide à François-Paul Alibert, 2 décembre 1909.

211. BONGS (Rolf), Das Antlitz André Gides, Dusseldorf, Droste-Verlag, 1953.

Photographie d'une lettre d'André Gide à Rolf Bongs, 14 janvier 1947, [p. 53].

212. BORNECQUE (Jacques-Henry), "Le Rayonnement de Maurice Denis", Le Monde, 3 novembre 1953, p. 7.

L'auteur cite quelques fragments de lettres d'André Gide à Maurice Denis. Seul, semble-t-il, un fragment daté de 1898 n'a pas été repris dans le Journal de Maurice Denis. On trouvera celui d'avril 1901, dans le Journal [238], p. 169; celui du [7 décembre 1907], dans le *Journal* [239], p. 87. Il est à ajouter qu'un brouillon de la *lettre* de [juin 1902], au sujet de *L'Immoraliste*, où se trouvent de nombreuses variantes, fut publié dans le *BAAG* du 15 janvier 1971 [voir 362].

213. DAVET (Yvonne), "L'Acte gratuit, étiquette provisoire", Club, été 1953, pp. 11-12.

Lettre d'André Gide à Frédéric Lefèvre, 19 avril 1931. Yvonne DAVET citera un plus long extrait de cette lettre dans: Romans, récits et soties. Oeuvres lyriques, introduction par Maurice Nadeau, notices et bibliographie par Yvonne Davet et Jean-Jacques Thierry, Paris, Gallimard, "Bibliothèque de la Pléiade", 1958, pp. 1568-1569.

214. DUBOURG (Maurice), Eugène Dabit et André Gide, Paris, Maurice Pernette, 1953.

Lettre d'André Gide à Eugène Dabit, 17 juillet 1935, pp. 10-11.

Lettre d'André Gide à Eugène Dabit, s.d., [février 1927], p. 14.

Lettre d'André Gide à Eugène Dabit, 12 mai 1936, p. 21.

Lettre d'André Gide à Eugène Dabit, 15 mai 1936, p. 22.

Lettre d'André Gide à Eugène Dabit, 14 mars 1927, pp. 29-30.

Lettre d'André Gide à Eugène Dabit, 6 novembre 1927, pp. 30-31.

Lettre d'André Gide à Eugène Dabit, 23 novembre 1927, pp. 32-33. Un fragment de cette lettre fut cité dans le Bulletin no 58 de la librairie de l'Abbaye, no 44. La lettre est alors datée du 23 octobre 1927. Claude Martin mentionne les deux dates, dans son Répertoire chronologique des lettres publiées d'André Gide (Paris, Minard, 1971), comme s'il s'agissait de deux lettres distinctes. En réalité, c'est la même.

Lettre d'André Gide à Eugène Dabit, 7 juin 1928, p. 34.

Lettre d'André Gide à Eugène Dabit, 11 août 1928, pp. 34-35.

Lettre d'André Gide à Eugène Dabit, 4 septembre 1929, pp. 35-38.

Lettre d'André Gide à Eugène Dabit, 19 novembre 1929, pp. 38-39.

Lettre d'André Gide à Eugène Dabit, 5 janvier 1930, pp. 39-40.

Lettre d'André Gide à Eugène Dabit, 12 septembre 1930, pp. 40-41.

Lettre d'André Gide à Eugène Dabit, 8 novembre 1931, pp. 41-42.

Lettre d'André Gide à Eugène Dabit, 20 février 1932, p. 42.

Lettre d'André Gide à Eugène Dabit, 26 novembre 1932, pp. 43-44.

Lettre d'André Gide à Eugène Dabit, 15 février 1934, p. 44.

Lettre d'André Gide à Eugène Dabit, 16 juillet 1934, p. 45.

215. LANOIZELEE (Louis), Charles-Louis Philippe: l'homme, l'écrivain, Paris, M. Pernette, 1953.

Lettre d'André Gide à Marguerite Audoux, 28 décembre 1909, p. 109. Une partie de cette même lettre sera citée par Louis LANOIZELEE, dans Marguerite Audoux, Paris, Plaisir du Bibliophile, 1954, p. 68. Elle est alors tout simplement datée de décembre 1909. Elle sera enfin reprise dans: François TALVA, "Marguerite Audoux et André Gide", Les Cahiers bourbonnais et du Centre, no 46, 2e trimestre 1968, p. 291.

215a. MOR (Antonio), Tre lettere inedite di Gide, Genova, Tipografia Edizioni Scientifiche, s.d. [mais 1953]

Lettre d'André Gide à Christian Beck, 25 janvier 1905. Cette lettre fut citée dans lettres à Christian Beck [BEC., pp. 36-38], mais ne fut pas reprise dans le Mercure de France [164;165].

Lettre d'André Gide à Christian Beck, 11 novembre 1909.

Billet d'André Gide à Kathleen Spiers [veuve de Christian Beck], 26 mars 1916

216. TEXIER (Jean), "Quelques lettres d André Gide à Maurice Beaubourg", Nouvelle nouvelle revue française, 1er avril 1953, pp. 756-767.

Lettre d'André Gide à Maurice Beaubourg, [janvier 1900], pp. 759-762.

Lettre d'André Gide à Maurice Beaubourg, 14 juillet 1899, pp. 762-763.

Lettre d'André Gide à Maurice Beaubourg, 1er septembre 1900, pp. 764-766.

Lettre d'André Gide à Maurice Beaubourg, [20 décembre 1920], pp. 766-767.

1954

217. "Miszellen. Zwei Unbekannte Briefe von André Gide", Romanische Forschungen, vol. LXV, 1954, no 3-4, pp. 411-414.

Lettre d'André Gide à Marcel Drouin, 16 mars 1898, pp. 411-413.

Lettre d'André Gide à Marcel Drouin, 27 juin 1901, pp. 413-414.

218. "Une lettre inédite d'André Gide à Lucien Jean", Bulletin des Amis de Charles-Louis Philippe, no 12, 1954, pp. 73-74.

Lettre du 18 septembre 1902.

219. Oeuvres de André Gide [...] provenant de la bibliothèque Michel Bolloré, Paris, G. Blaizot, 1954.

Fragment d'une lettre d'André Gide à Romain Coolus, 16 mai 1901, no 22. Ce fragment est cité par Claude Martin, dans Répertoire chronologique des lettres publiées d'André Gide, Paris, Minard, 1971, s.p.

220. LANOIZELEE (Louis), Marguerite Audoux. Sa vie - son oeuvre, Préface de René Bonnet, Paris, Plaisir du bibliophile, Maurice Pernette, 1954.

Lettre d'André Gide à Marguerite Audoux, décembre 1909, p. 68. Cette lettre avait été citée par Louis LANOIZELEE, dans Charles-Louis Philippe: l'homme, l'écrivain [voir no 215], p. 109. Dans ce dernier ouvrage, elle était datée du 28 décembre 1909 et était reproduite in extenso. Elle sera reprise dans: François TALVA, "Marguerite Audoux et André Gide", Les Cahiers Bourbonnais et du Centre, no 46, 2e trimestre 1968, p. 291.

Lettre d'André Gide à Marguerite Audoux, 20 décembre 1910, pp. 75-76.

Lettre d'André Gide à Madame Charles Philippe, 1er mars 1910, p. 71. Cette lettre sera aussi citée dans: Vincent DETHARE, Images et pèlerinages littéraires, Paris, Editions du Vieux Colombier, 1962, pp. 141-142.

Lettre d'André Gide à Madame Charles Philippe, 8 avril 1910, p. 72. Cette lettre sera aussi citée dans: Vincent DETHARE, Images et pèlerinages littéraires, Paris, Editions du Vieux Colombier, 1962, p. 142.

Lettre d'André Gide à Madame Tournayre, 6 décembre 1910, p. 72. Cette lettre sera aussi citée dans: Vincent DETHARE, Images et pèlerinages littéraires, Paris, Editions du Vieux Colombier, 1962, pp. 142-143.

221. LEVY (Jacques), Journal et correspondance, fragments précédés d'une étude sur "Les Faux-monnayeurs d'André Gide, et l'expérience religieuse", avec deux lettres inédites d'André Gide, préface par le R.P. Morelli, o.p., Grenoble, Ed. des Cahiers de l'Alpe, 1954.

Lettre d'André Gide à Jacques Lévy, 25 juillet 1939, pp. 36-37

Lettre d'André Gide à Mademoiselle Reclus, 16 mars 1948, pp. 37-38.

222. MALAQUAIS (Jean), Les Javanais, Paris, Corréa, 1954.

Lettre - utilisée en guise de préface - d'André Gide à Jean Malaquais, 13 mai 1938, pp. 7-8.

223. VAN HAELEN (Jan), "Une lettre d'André Gide", Le livre et l'estampe, Bruxelles, no 1, 1er décembre 1954, pp. 13-17.

Brouillon d'une lettre d'André Gide à André Maurois, datée du 26 juillet 1939.

1955

224. "Remembrances", L'Essor, 18 avril 1955, p. 19.

Lettre d'André Gide à Alexandre Fichet, 28 mai 1950.

225. "Un exercice préparatoire", Cahiers des quatre saisons, no 1, août 1955, pp. 65-66.

Lettre adressée, le 2 avril 1933, à un élève non identifié de Première Supérieure.

226. BAYROU (Pierre), Solitudes d'Anglars, Rodez, Subervie, 1955.

Lettre d'André Gide à Pierre Bayrou, 8 juin 1941, s.p. Cette lettre sera utilisée en guise de préface.

227. DAVIES (John C.), L'Oeuvre critique d'Albert Thibaudet, Genève et Lille, Droz et Giard, 1955.

Fragment d'une lettre d'André Gide à Albert Thibaudet, 2 décembre 1910, p. 42.

228. SIMON (Pierre-Henri), Témoins de l'homme, Paris, A. Colin, 1955.

Fragment d'une lettre d'André Gide à Pierre-Henri Simon 11 décembre 1946, p. 45.

1956

229. "Lettres d'André Gide à Adrienne Monnier", dans Le Souvenir d'Adrienne Monnier, Mercure de France, 1er janvier 1956, pp. 104-109.

Lettre d'André Gide à Adrienne Monnier, 17 décembre 1916, p. 104. Cette lettre avait précédemment été publiée dans: Adrienne MONNIER, "Souvenirs", Gazette des "Amis des livres", no 9, janvier 1940; Yvonne DAVET, Autour des Nourritures terrestres. Histoire d'un livre [voir no 163, pp. 158-159]. Elle sera enfin reprise dans: Adrienne MONNIER, Rue de l'Odéon, Paris, Albin Michel, 1960, pp. 56-57.

Lettre d'André Gide à Adrienne Monnier, 24 avril 1931, pp. 105-106. Un extrait de cette lettre sera publié dans: Georges MARKOW-TOTEVY, "André Gide et James Joyce", Mercure de France, février 1960, p. 278.

Lettre d'André Gide à Adrienne Monnier, 24 avril 1935, p. 106.

Lettre d'André Gide à Adrienne Monnier, 15 avril 1938, pp. 106-107.

Lettre d'André Gide à Adrienne Monnier, 4 mars 1942, p. 107.

229a. Catalogue de la vente de la Collection Alfred Dupont, première partie, Hôtel Drouot, 11-12 décembre 1956.

Fragment d'une lettre d'André Gide à Henri Albert, 4 septembre 1896. Ce fragment est aussi cité dans le Bulletin des Amis d'André Gide, no 17, octobre 1972, p. 9.

Fragment d'une lettre d'André Gide à Henri Vandeputte, 23 septembre 1910. Ce fragment est aussi cité dans le Bulletin des Amis d'André Gide, no 17, octobre 1972, pp. 9-10.

Fragment d'une lettre d'André Gide à X..., 1er janvier 1938. Ce fragment est aussi cité dans le Bulletin des Amis d'André Gide, no 17, octobre 1972, p. 10.

230. CAPRIER (Christian), "Gide, lecteur bénévole", La Table ronde, février 1956, pp. 47-49.

Fragment d'une lettre d'André Gide à Christian Caprier, décembre 1934, p. 46.

Fragment d'une lettre d'André Gide à Christian Caprier, s.d., p. 47.

Fragment d'une lettre d'André Gide à Christian Caprier, juillet 1937, pp. 47-48.

Fragment d'une lettre d'André Gide à Christian Caprier, octobre 1937, p. 48.

Fragment d'une lettre d'André Gide à Christian Caprier, mars 1938, pp. 48-49.

231. CHONEZ (Claudine), Giono par lui-même, Paris, Éditions du Seuil, 1956.

Lettre d'André Gide à Jean Giono, 29 mars 1929, s.p. [p. 30].

232. DELAY (Jean), La Jeunesse d'André Gide, Paris, Gallimard, 1956, vol. I.

[A moins d'avis contraire, nous ne mentionnons ici que les lettres ou fragments de lettres inédits au moment de la parution de l'ouvrage.]

Fragments d'une lettre d'André Gide à sa mère, 10 octobre 1893, p. 102 et p. 106.

Fragments d'une lettre d'André Gide à sa mère, 24 décembre 1893, p. 142.

Fragments d'une lettre d'André Gide à sa mère, 22 juin 1890, p. 232 ; pp. 458-459.

Fragment d'une lettre d'André Gide à Jeanne Rondeaux, [juin 1885], p. 313.

Lettre d'André Gide à Jeanne Rondeaux, [janvier 1884], pp. 316-317.

Fragment d'une lettre d'André Gide à Jeanne Rondeaux, [hiver 1893], pp. 321-323.

Fragment d'une lettre d'André Gide à Jeanne Rondeaux, 25 janvier 1886, pp. 347-348.

Fragments d'une lettre d'André Gide à sa mère, 18 mars 1890, p. 355; p. 418; p. 426.

Fragment d'une lettre d'André Gide à Jeanne Rondeaux, [1886], p. 355.

Fragment d'une lettre d'André Gide à Jeanne Rondeaux, [septembre 1887], pp. 383-384. Cette lettre est signée: Hippolyte Durillon.

Fragment d'une lettre d'André Gide à sa mère, 12 janvier 1891, pp. 386-387.

Fragment d'une lettre d'André Gide à Jeanne Rondeaux, 27 septembre [1888], pp. 406-407.

Fragment d'une lettre d'André Gide à Jeanne Rondeaux, [septembre 1888], p. 407.

Fragment d'une lettre d'André Gide à sa mère, 17 octobre 1894, p. 414.

Fragment d'une lettre d'André Gide à Jeanne Rondeaux, [1889], pp. 416-417.

Fragments d'une lettre d'André Gide à sa mère, 23 mars 1890, p. 426 et pp. 440-441.

Fragments d'une lettre d'André Gide à sa mère, [1890], p. 428.

Fragment d'une lettre d'André Gide à sa mère, [14 mars 1890], pp. 434-436.

Fragment d'une lettre d'André Gide à sa mère, 16 mars 1890, pp. 436-438.

Fragment d'une lettre d'André Gide à sa mère, 28 mai 1890, pp. 447-448.

Fragments d'une lettre d'André Gide à sa mère, 30 mai 1890, p. 448 et p. 453.

Fragments d'une lettre d'André Gide à sa mère, 31 mai 1890, pp. 449-450.

Fragment d'une lettre d'André Gide à sa mère, 2 juin 1890, p. 450.

Fragment d'une lettre d'André Gide à sa mère, 1er juin 1890, p. 451.

Fragments d'une lettre d'André Gide à sa mère, 6 juin 1890, pp. 451-452 et pp. 454-455.

Fragment d'une lettre d'André Gide à Jeanne Rondeaux, 8 juin 1890, p. 452.

Fragment d'une lettre d'André Gide à sa mère, 10 juin 1890, p. 453.

Fragment d'une lettre d'André Gide à sa mère, 29 juin 1890, p. 455.

Fragment d'une lettre d'André Gide à sa mère, 16 juin 1890, p. 458.

Fragment d'une lettre d'André Gide à sa mère, 30 juin 1890, p. 459.

Fragment d'une lettre d'André Gide à sa mère, [juin-juillet 1890], pp. 459-460.

Fragment d'une lettre d'André Gide à sa mère, 19 octobre 1890, pp. 469-470.

Fragment d'une lettre d'André Gide à Jeanne Rondeaux, 23 novembre 1890, pp. 471-472.

Fragments d'une lettre d'André Gide à Albert Démarest, janvier 1892, p. 480 et p. 488.

Fragment d'une lettre d'André Gide à sa mère, 20 janvier 1891, p. 488.

233. SCHLUMBERGER (Jean), Madeleine et André Gide, Paris, Gallimard, 1956.

Lettre d'André Gide à Madeleine Rondeaux, s.d., pp. 81-85. Claude Martin, dans son Répertoire chronologique des lettres publiées d'André Gide (Paris, Minard, 1971), date cette lettre de novembre 1892. Ajoutons qu'un fragment de cette même lettre fut publié dans le catalogue André Gide, Paris, Bibliothèque nationale, 1970, p. 66.

Lettre d'André Gide à Madeleine Rondeaux, s.d., pp. 86-88. Claude Martin (op.cit.) croit que cette lettre fut écrite en octobre 1892. Un fragment en sera publié dans le catalogue André Gide, Paris, Bibliothèque nationale, 1970, p. 66.

Brouillon d'une lettre d'André Gide à Albert Démarest, juin 1895, pp. 113-114.

Fragment d'une lettre d'André Gide à Albert Démarest, 19 août 1895, pp. 120-121. Un extrait de ce fragment sera cité par Jean DELAY, dans La Jeunesse d'André Gide, Paris, Gallimard, 1957, vol. II, p. 512 [voir no 237]. Un autre extrait sera publié dans le catalogue André Gide, Paris, Bibliothèque nationale, 1970, p. 67.

Fragment d'une lettre d'André Gide à Jacques Copeau, [fin juin 1913], p. 156.

Fragment d'une lettre d'André Gide à François-Paul Alibert, 17 janvier 1914, pp. 171-172.

Lettre d'André Gide à Jean Schlumberger, 25 novembre 1918, p. 183.

Fragment d'une lettre d'André Gide à Pierre Louÿs, s.d., p. 214.

1957

234. "Lettres de Nice", <u>Cahiers des saisons</u>, no. 11, juin-juillet 1957, pp. 366-369.

   Lettre d'André Gide à Henri Thomas, 17 octobre [1939], p. 366.

   Lettre d'André Gide à Henri Thomas, 4 décembre [1939], pp. 366-367.

   Lettre d'André Gide à Henri Thomas, 5 février 1940, pp. 367-368.

   Lettre d'André Gide à Henri Thomas, 8 février 1940, p. 368.

235. <u>Catalogue</u> de la librairie Gallimard, no 28, 1957, no 175.

   Fragment d'une lettre d'André Gide à Frédéric Lefèvre, 28 juillet 1923. Aussi cité dans: Claude MARTIN, <u>Répertoire chronologique des lettres publiées d'André Gide</u>, Paris, Minard, 1971, s.p.

236. <u>Colpach</u> [ouvrage hors commerce, écrit en collaboration], Luxembourg, Les Amis de Colpach, 1957.

   Fragment d'une lettre d'André Gide à Madame Théo Van Rysselberghe, [1903], pp. 69-71.

   Lettre d'André Gide à Madame Emile Mayrisch, 9 novembre 1910, p.75.

   Lettre d'André Gide à Robert Stumper, 5 juin 1937, p. 90.

   Lettre à Madame Emile Mayrisch, 14 janvier 1911, pp. 93-94. Cette lettre est aussi citée dans <u>RIL</u>., p. 53.

   Lettre d'André Gide à Madame Emile Mayrisch, 9 février 1911, p.94.

   Lettre d'André Gide à Madame Emile Mayrisch, 19 février 1911, p. 95. Cette lettre est aussi citée dans <u>RIL</u>., p. 55.

   Lettre d'André Gide à Madame Emile Mayrisch, 3 août 1911, pp. 95-96.

   Lettre d'André Gide à Madame Emile Mayrisch, 12 août 1911, pp. 96-97.

Lettre d'André Gide à Madame Emile Mayrisch, 25 juillet 1913, pp. 97-98.

Lettre d'André Gide à Madame Emile Mayrisch, 21 juin 1919, pp. 98-99.

Lettre d'André Gide à Madame Emile Mayrisch, 18 novembre 1919, p. 99.

Lettre d'André Gide à Madame Emile Mayrisch, 6 septembre 1920, p. 100.

Lettre d'André Gide à Madame Emile Mayrisch, 1º février 1921, pp. 100-101.

Lettre d'André Gide à Madame Emile Mayrisch, 1º mars 1921, pp. 101-102.

Lettre d'André Gide à Madame Emile Mayrisch, 2 mai 1921, pp. 102-104.

Lettre d'André Gide à Madame Emile Mayrisch, 20 mai 1921, p. 104.

Lettre d'André Gide à Madame Emile Mayrisch, 1º février 1922, p. 105.

237. DELAY (Jean), La Jeunesse d'André Gide, Paris, Gallimard, 1957, vol. II.

[A moins d'avis contraire, nous ne mentionnons ici que les lettres ou fragments de lettres inédits au moment de la parution de l'ouvrage.]

Fragments d'une lettre d'André Gide à sa mère, 27 mai 1892, p. 34; pp. 128-129; p. 166; pp. 170-171.

Fragment d'une lettre d'André Gide à sa mère, 17 mai 1892, p. 35.

Lettre d'André Gide à Stéphane Mallarmé, 5 février 1891, p. 40. Cette lettre avait précédemment été citée par Henri MONDOR, dans Vie de Mallarmé *[voir no 145].*

Fragment d'une lettre d'André Gide à sa mère, 31 mai 1894, p. 40.

Fragment d'une lettre d'André Gide à Pierre Louys, septembre 1891, p. 59.

Fragment d'une lettre d'André Gide à Maurice Quillot, juillet 1891, p. 68.

Fragment d'une lettre d'André Gide à Pierre Louÿs, [décembre (?) 1891], p. 69.

Fragment d'une lettre d'André Gide à Jeanne Rondeaux, [1891], pp. 95-96.

Fragment d'une lettre d'André Gide à Madeleine Rondeaux, 17 juin 1892, p. 97.

Fragments d'une lettre d'André Gide à Jeanne Rondeaux, [août 1892], p. 113 et pp. 176-177. Jean Schlumberger avait cité un plus long extrait de cette même lettre dans Madeleine et André Gide [voir no 233], pp. 89-92.

Fragment d'une lettre d'André Gide à sa mère, 18 mars 1890, p.129.

Fragments d'une lettre d'André Gide à sa mère, 30 janvier 1895, p. 141; pp. 450-452; p. 547.

Fragment d'une lettre d'André Gide à Albert Démarest, janvier 1892, p. 146.

Fragment d'une lettre d'André Gide à sa mère, 10 mars 1892, p.153.

Fragments d'une lettre d'André Gide à sa mère, 22 mars 1892, p. 153; p. 154; p. 167.

Fragment d'une lettre d'André Gide à Pierre Louÿs, 13 mai 1892, p. 154.

Fragment d'une lettre d'André Gide à sa mère, 29 mars 1892, p. 154.

Fragments d'une lettre d'André Gide à sa mère, 26 mars 1892, p. 155; p. 162; pp. 164-165.

Fragment d'une lettre d'André Gide à sa mère, 18 mai 1892, p.155.

Fragments d'une lettre d'André Gide à sa mère, 30 mars 1892, pp. 162-163; p. 164; p. 166.

Fragments d'une lettre d'André Gide à sa mère, 24 mars 1892, pp. 163-164; p. 167.

Fragment d'une lettre d'André Gide à sa mère, 14 mai 1892, p. 166.

Fragments d'une lettre d'André Gide à sa mère, 25 mars 1892, pp. 167-169.

Fragment d'une lettre d'André Gide à Pierre Louÿs, 16 juillet 1892, p. 175.

Fragment d'une lettre d'André Gide à Pierre Louÿs, 19 juillet 1892, p. 175.

Fragment d'une lettre d'André Gide à Pierre Louÿs, 27 juillet 1892, p. 175.

Fragment d'une lettre d'André Gide à un ami, [septembre 1894], pp. 175-176; p. 552.

Fragment d'une lettre d'André Gide à sa mère, août 1892, p. 178.

Fragment d'une lettre d'André Gide à Pierre Louÿs, 30 septembre 1892, p. 179.

Fragment d'une lettre d'André Gide à Pierre Louÿs, 14 octobre 1892, pp. 180-181.

Fragment d'une lettre d'André Gide à Jeanne Rondeaux, novembre 1892, pp. 187-188.

Fragments d'une lettre d'André Gide à Pierre Louÿs, 30 juillet 1892, p. 194; p. 666.

Fragment d'une lettre d'André Gide à Pierre Louÿs, 2 août 1892, p. 195.

Fragment d'une lettre d'André Gide à Pierre Louÿs, 4 février 1893, p. 219.

Fragment d'une lettre d'André Gide à Pierre Louÿs, 3 mars 1893, p. 219.

Fragment d'une lettre d'André Gide à Pierre Louÿs, 20 mars 1893, p. 220.

Fragments d'une lettre d'André Gide à sa mère, 18 octobre 1893, p. 222; p. 278; p. 280.

Fragment d'une lettre d'André Gide à un ami, 30 mars 1893, p.222.

Lettre d'André Gide à sa mère, 29 mai 1893, pp. 227-228.

Fragment d'une lettre d'André Gide à sa mère, mai 1893, pp. 228-229.

Fragment d'une lettre d'André Gide à Jeanne Rondeaux, [novembre 1891], p. 255.

Fragment d'une lettre d'André Gide à Marcel Drouin, 30 mai 1898, p. 257. Il y a une coquille, ici. C'est mars qu'il convient de lire et non mai. Cette lettre fut citée par Yvonne DAVET, Autour des Nourritures terrestres. Histoire d'un livre [voir no 163, pp. 61-63].

Fragments d'une lettre d'André Gide à sa mère, 17 octobre 1894, p. 259; p. 373; p. 388; p. 393.

Fragment d'une lettre d'André Gide à sa mère, 8 octobre 1893, p. 275.

Fragment d'une lettre d'André Gide à Jeanne Rondeaux, janvier 1894, p. 278.

Fragment d'une lettre d'André Gide à sa mère, 22 octobre 1893, p. 287.

Fragment d'une lettre d'André Gide à sa mère, 1 et 3 novembre 1893, p. 288.

Fragment d'une lettre d'André Gide à sa mère, 27 octobre 1893, pp. 288-289.

Fragment d'une lettre d'André Gide à sa mère, [novembre 1893], p. 289.

Fragments d'une lettre d'André Gide à sa mère, 14 novembre 1893, pp. 289-291.

Fragments de lettres d'André Gide à Albert Démarest, 12 et 14 novembre 1893, pp. 291-292.

Fragment d'une lettre d'André Gide à sa mère, 24 novembre 1893, p. 293.

Fragment d'une lettre d'André Gide à sa mère, 30 novembre 1893, p. 293.

Fragment d'une lettre d'André Gide à un ami, novembre 1893, p. 294.

Fragment d'une lettre d'André Gide à Albert Démarest, novembre 1893, pp. 294-295.

Fragment d'une lettre d'André Gide à Jeanne Rondeaux, 23 novembre 1893, pp. 295-296. Plus loin (p. 542), cette lettre est datée de 1894.
Fragments d'une lettre d'André Gide à Pierre Louÿs, 1er février 1894, p. 296 et p. 301.

Fragment d'une lettre d'André Gide à Jeanne Rondeaux, [1893], pp. 296-298.

Fragment d'une lettre d'André Gide à sa mère, 20 décembre 1893, pp. 297-298.

Fragment d'une lettre d'André Gide à sa mère, 26 janvier 1894, pp. 301-302.

Fragments d'une lettre d'André Gide à Jeanne Rondeaux, février 1894, pp. 302-303; pp. 307-308.

Fragment d'une lettre d'André Gide à sa mère, 3 février 1894, p. 302.

Fragments d'une lettre d'André Gide à Albert Démarest, mars 1894, p. 305; p. 545.

Fragment d'une lettre d'André Gide à un ami, 30 mars 1894, pp. 312-313.

Fragments d'une lettre d'André Gide à sa mère, 19 avril 1894, p. 315 et p. 428.

Fragment d'une lettre d'André Gide à Albert Démarest, avril 1894, p. 316.

Fragments d'une lettre d'André Gide à sa mère, 12 mai 1894, p. 316 et p. 324.

Fragment d'une lettre d'André Gide à sa mère, 13 avril 1894, p. 316.

Fragment d'une lettre d'André Gide à sa mère, 22 avril 1894, p. 317.

Fragments d'une lettre d'André Gide à sa mère, 25 avril 1894, p. 317; p. 323.

Fragments de lettres d'André Gide à sa mère, 22 et 28 mai 1894, p. 318.

Fragment d'une lettre d'André Gide à sa mère, 16 avril 1894, p. 321.

Fragments d'une lettre d'André Gide à sa mère, 4 mai 1894, p.321; p. 322; p. 323.

Fragment d'une lettre d'André Gide à sa mère. 6 mai 1894, p.322.

Fragments d'une lettre d'André Gide à sa mère, 30 avril 1894, pp. 322-323.

Fragment d'une lettre d'André Gide à sa mère, 19 mai 1894, p.324.

Fragment d'une lettre d'André Gide à sa mère, 23 mai 1894, pp. 324-325.

Fragments d'une lettre d'André Gide à sa mère, 28 mai 1894, pp. 325-326; 326-327. Un court extrait de cette lettre sera publié dans le catalogue André Gide, *Paris, Bibliothèque nationale, 1970, p. 59.*

Fragment d'une lettre d'André Gide à sa mère, 9 juin 1894, p. 328.

Fragment d'une lettre d'André Gide à sa mère, 15 juin 1894, pp. 328-329.

Fragment d'une lettre d'André Gide à sa mère, 17 juin 1894, pp. 329-330.

Fragment d'une lettre d'André Gide à sa mère, 23 juin 1894, pp. 329-330.

Fragments d'une lettre d'André Gide à sa mère, 27 juin 1894, p. 331; pp. 332-333.

Fragment d'une lettre d'André Gide à sa mère, 29 juin 1894, p. 336.

Fragment d'une lettre d'André Gide à sa mère, 4 juillet 1894, pp. 337-338.

Fragments d'une lettre d'André Gide à Jeanne Rondeaux, juillet 1894, pp. 338-339; 342-343.

Fragments d'une lettre d'André Gide à sa mère, 8 juillet 1894, p. 338; pp. 341-343.

Fragment d'une lettre d'André Gide à sa mère, 6 juillet 1894, pp. 339-341.

Fragment d'une lettre d'André Gide à sa mère, 7 juillet 1894, p. 341.

Fragment d'une lettre d'André Gide à Paul-Albert Laurens, 20 juillet 1894, pp. 345-346.

Lettre d'André Gide à Athman, 20 juillet 1894, pp. 346-347.

Fragments d'une lettre d'André Gide à sa mère, 20 août 1894, p. 352; pp. 354-355.

Fragment d'une lettre d'André Gide à sa mère, 31 août 1894, pp. 355-356.

Fragment d'une lettre d'André Gide à sa mère, 4 septembre 1894, p. 357.

Fragments d'une lettre d'André Gide à sa mère, 11 septembre 1894, pp. 357-358; p. 364.

Fragment d'une lettre d'André Gide à sa mère, 13 ou 14 septembre 1894, p. 359.

Fragment d'une lettre d'André Gide à sa mère, 15 septembre 1894, pp. 359-360.

Fragments de lettres d'André Gide à sa mère, 18 et 23 septembre 1894, p. 361.

Fragment d'une lettre d'André Gide à sa mère, 23 septembre 1894, pp. 361-362.

Fragments d'une lettre d'André Gide à sa mère, 22 septembre 1894, pp. 365-366. Claude Martin a publié cette lettre en entier dans son édition critique de La Symphonie pastorale, *Paris, Minard, 1971, pp. 142-146.*

*Fragment d'une lettre d'André Gide à un ami, 5 octobre 1894, p. 367. A la page 623, le même fragment est cité. Cette fois, il est cependant daté du 5 octobre 1895. Claude Martin [*op.cit.*] a retenu le 5 octobre 1894.*

Fragments d'une lettre d'André Gide à sa mère, 30 septembre 1894, pp. 368-369.

Brouillon d'une lettre d'André Gide à Madeleine Rondeaux, 1er octobre 1894, p. 370.

Fragment d'une lettre d'André Gide à Maurice Quillot, avril 1894, p. 372.

Fragment d'une lettre d'André Gide à sa mère, 28 septembre 1894, p. 375.

Fragment d'une lettre d'André Gide à sa mère, [2 octobre 1894], pp. 376-378. Claude Martin cite cette lettre, en entier, dans son édition critique de La Symphonie pastorale, *Paris, Minard, 1971, pp. 146-154.*

Fragment d'une lettre d'André Gide à sa mère, 3 octobre 1894, p. 379.

Fragments d'une lettre d'André Gide à sa mère, 18 octobre 1894, p. 380 et p. 392.

Fragment d'une lettre d'André Gide à sa mère, 26 octobre 1894, p. 382.

Fragment d'une lettre d'André Gide à sa mère, 8 novembre 1894, p. 383.

Fragment d'une lettre d'André Gide à sa mère, 13 novembre 1894, p. 383.

Fragment d'une lettre d'André Gide à sa mère, 20 novembre 1894, p. 383.

Fragments d'une lettre d'André Gide à sa mère, 22 novembre 1894, p. 383; p. 389; pp. 394-395.

Fragment d'une lettre d'André Gide à sa mère, 3 décembre 1894, p. 383.

Fragments d'une lettre d'André Gide à sa mère, 6 décembre 1894, pp. 383-384; pp. 389-390; pp. 395-397.

Fragments d'une lettre d'André Gide à sa mère, 11 décembre 1894, p. 384; p. 388; pp. 397-398.

Fragment d'une lettre d'André Gide à sa mère, 29 novembre 1894, p. 385.

Fragment d'une lettre d'André Gide à sa mère, 3 novembre 1894, p. 388.

Fragment d'une lettre d'André Gide à Pierre Louys, 19 octobre 1894, pp. 388-389.

Fragment d'une lettre d'André Gide à sa mère, 31 octobre 1894, pp. 392-393.

Fragment d'une lettre d'André Gide à sa mère, 24 novembre 1894, p. 395.

Fragment d'une lettre d'André Gide à Eugène Rouart, 20 mai 1894, p. 401.

Fragment d'une lettre d'André Gide à sa mère, 13 décembre 1894, p. 425.

Fragment d'une lettre d'André Gide à sa mère, 28 décembre 1894, p. 427.

Fragments d'une lettre d'André Gide à sa mère, 1er janvier 1895, p. 427; pp. 429-430; p. 432.

Fragment d'une lettre d'André Gide à sa mère, 13 janvier 1895, p. 428.

Fragment d'une lettre d'André Gide à sa mère, 17 janvier 1895, pp. 429-430; p. 432.

Fragment d'une lettre d'André Gide à sa mère, 18 janvier 1895, pp. 432-433.

Fragments d'une lettre d'André Gide à sa mère, 1º janvier 1895, pp. 433-434; pp. 435-436.

Fragments d'une lettre d'André Gide à sa mère, 20 janvier 1895, p. 436; pp. 445-446.

Fragment d'une lettre d'André Gide à sa mère, 23 janvier 1895, pp. 436-437.

Fragments d'une lettre d'André Gide à sa mère, 24 janvier 1895, pp. 438-439; p. 488.

Fragments d'une lettre d'André Gide à sa mère, 28 janvier 1895, p. 439; p. 446; p. 448; p. 450.

Fragments d'une lettre d'André Gide à sa mère, 25 janvier 1895, pp. 439-440; p. 441; p. 446.

Fragment d'une lettre d'André Gide à sa mère, 31 janvier 1895, pp. 457-458.

Fragment d'une lettre d'André Gide à sa mère, 2 février 1895, pp. 458-460.

Fragments d'une lettre d'André Gide à sa mère, 8 février 1895, pp. 460-462; p. 547.

Fragment d'une lettre d'André Gide à sa mère, 19 février 1895, pp. 466-467.

Fragments d'une lettre d'André Gide à sa mère, 25 février 1895, p. 466; p. 469.

Fragments d'une lettre d'André Gide à sa mère, 6 mars 1895, pp. 469-470; p. 477.

Fragment d'une lettre d'André Gide a sa mère, 10 mars 1895, p. 470.

Fragment d'une lettre d'André Gide à sa mère, 14 mars 1895, pp. 470-472.

Fragment d'une lettre d'André Gide à sa mère, 15 mars 1895, pp. 473-475.

Fragment d'une lettre d'André Gide à sa mère, 17 mars 1895, pp. 476-477. A la page 630, cette lettre est datée du 27 mars 1895.

Fragments d'une lettre d'André Gide à un ami, 3 avril 1895, pp. 482-483; p. 484; p. 485; p. 622; p. 657.

Lettre d'André Gide à sa mère, 3 avril 1895, pp. 486-487.

Brouillon d'une lettre d'André Gide à Madeleine Rondeaux, 21 octobre 1894, p. 488.

Lettre d'André Gide à sa mère, 5 avril 1895, pp. 492-494; p. 575; p. 622 et p. 653.

Fragments d'une lettre d'André Gide à Albert Démarest, juin ou juillet 1895, pp. 508-509.

Fragment d'une lettre d'André Gide à Albert Démarest, juin 1895, p. 510.

Fragment d'une lettre d'André Gide à Albert Démarest, 19 août 1895, p. 512.

Fragment d'une lettre d'André Gide à un ami, octobre 1894, p. 522.

Fragment d'une lettre d'André Gide à R.F. [Ramon Fernandez ?], [1934], p. 549. Cette lettre fut tout d'abord citée par M. V[ivier], dans La Nation française [voir 241]. Notons que M.V. croyait que la lettre était adressée à Léon Pierre-Quint.

Fragment d'une lettre d'André Gide à Marcel Drouin, 10 mars 1894, p. 542.

Fragment d'une lettre d'André Gide à Albert Demarest, [1894], p. 542. Cette lettre avait précédemment été datée de novembre 1893 (p. 294).

Fragment d'une lettre d'André Gide à Maurice Quillot, 19 juillet 1892, p. 552.

Fragment d'une lettre d'André Gide à Jeanne Rondeaux, octobre 1895, p. 557.

Fragment d'une lettre d'André Gide à sa mère, 9 octobre 1893, p. 558.

Fragment d'une lettre d'André Gide à un ami, avril 1895, p. 615.

Fragment d'une lettre d'André Gide à Marcel Drouin, s.d., p. 622.

Fragment d'une lettre d'André Gide à un ami, 5 octobre 1895, p. 623.

Fragment d'une lettre d'André Gide à sa mère, 27 mars 1895, p. 630. Aux pages 476-477, cette lettre était datée du 17 mars 1895.

Fragments d'une lettre d'André Gide à sa mère, novembre 1894, pp. 641-642; p. 646.

Fragment d'une lettre d'André Gide à Marcel Drouin, [1896], p. 656.

238. DENIS (Maurice), Journal (1884-1904), Paris, La Colombe, 1957.

Lettre d'André Gide à Maurice Denis, [août 1892], pp. 104-105.

Claude Martin précise, dans son *Répertoire chronologique des lettres publiées d'André Gide* (Paris, Minard, 1971), que cette lettre est du 8 août 1892.

Lettre d'André Gide à Maurice Denis, juin 1893, pp. 108-109.

Lettre dd'André Gide à Maurice Denis, [fin mars - tout début d'avril 1898], pp. 141-143. La seconde partie de cette lettre est datée du 3 avril 1898.

Lettre d'Andrré Gide à Maurice Denis, [1899], p. 153.

Lettre d'André Gide à Maurice Denis, avril 1901, p. 168. Claude Martin (op.cit.) précise: 22 avril 1901.

Lettre d'André Gide à Maurice Denis, [avril 1901], p. 169. Claude Martin précise (op.cit.): 24 avril 1901. Un fragment de cette lettre avait précédemment été cité par Jacques-Henry Bornecque [voir 212].

239. DENIS (Maurice), Journal (1905-1920), Paris, La Colombe, 1957.

Lettre d'André Gide à Maurice Denis, 20 juin 1907, pp. 64-65.

Lettre d'André Gide à Maurice Denis, 7 décembre 1907, pp. 87-88. Un fragment de cette lettre fut cité par Jacques-Henry Bornecque [Voir 212].

Lettre d'André Gide à Maurice Denis, 1 mars 1908, p. 98.

Lettre d'André Gide à Maurice Denis, fin avril 1909, pp. 111-112.

Lettre d'André Gide à Maurice Denis, 28 juin 1910, pp. 213-214.

240. JASINSKI (Béatrice W.), "Gide et Vielé-Griffin: documents inédits", Modern Philology, vol. LV, no 2, November 1957, pp. 103-123.

Fragment d'une lettre d'André Gide à Francis Vielé-Griffin, 9 mars 1891, p. 104.

Fragment d'une lettre d'André Gide à Francis Vielé-Griffin, 25 avril 1891, p. 104.

Fragment d'une lettre d'André Gide à Francis Vielé-Griffin, 29 avril 1891, pp. 104-105.

Fragment d'une lettre d'André Gide à Francis Vielé-Griffin, [fin janvier ou février 1892], p. 105.

Fragment d'une lettre d'André Gide à Francis Vielé-Griffin, [mi-juillet 1892], pp. 105-106.

Fragment d'une lettre d'André Gide à Francis Vielé-Griffin, [avril 1893 ?], p. 106.

Fragment d'une lettre d'André Gide à Francis Vielé-Griffin, Biskra [hiver 1893-1894], p. 106.

Lettre d'André Gide à Francis Vielé-Griffin, [été 1895], pp. 106-107. Claude Martin, dans son Répertoire chronologique des lettres publiées d'André Gide (Paris, Minard, 1971), situe cette lettre entre le 8 et le 29 juillet 1895.

Fragment d'une lettre d'André Gide à Francis Vielé-Griffin, [été 1897], p. 107. Claude Martin (op.cit) date cette lettre du mois d'août.

Fragment d'une lettre d'André Gide à Francis Vielé-Griffin, [début janvier 1898], pp. 107-108. Claude Martin (op.cit.) estime que cette lettre fut écrite entre le 7 et le 12 janvier 1898.

Fragment d'une lettre d'André Gide à Francis Vielé-Griffin, [janvier - février 1899], p. 108.

Fragment d'une lettre d'André Gide à Francis Vielé-Griffin, [1899], p. 109. Claude Martin (op.cit.) date cette lettre de février 1899.

Fragments de deux billets d'André Gide à Francis Vielé-Griffin, [automne 1898 - fin 1899], p. 109.

Lettre d'André Gide à Francis Vielé-Griffin, 17 février 1900, p. 110.

Lettre d'André Gide à Francis Vielé-Griffin, 21 février 1900, p. 110.

Billet d'André Gide à Francis Vielé-Griffin, 22 février 1900 p. 110.

Billet d'André Gide à Francis Vielé-Griffin, 11 juin 1900, p. 111.

Lettre d'André Gide à Francis Vielé-Griffin, 26 juillet [1900], p. 111.

Lettre d'André Gide à Francis Vielé-Griffin, [juin 1901], pp. 111-112.

Fragment d'une lettre d'André Gide à Francis Vielé-Griffin, [septembre 1902], p. 112.

Billet d'André Gide à Francis Vielé-Griffin, 13 avril 1902, p. 113.

Fragments d'une lettre d'André Gide à Francis Vielé-Griffin, 2 avril 1903, p. 113.

Fragment d'une lettre d'André Gide à Francis Vielé-Griffin, 6 février 1908, p. 114.

Fragment d'une lettre d'André Gide à Francis Vielé-Griffin, 12 février 1908, p. 114.

Fragments d'une lettre d'André Gide à Francis Vielé-Griffin, [seconde quinzaine d'avril, ou mai 1909], pp. 114-115, Claude Martin (op.cit.) situe la lettre en mai 1909.

Fragment d'une lettre d'André Gide à Francis Vielé-Griffin, 2 janvier 1912, p. 116. Martin (op.cit.) corrige la coquille: 2 janvier 1910.

Fragment d'une lettre d'André Gide à Francis Vielé-Griffin, 6 janvier 1910, pp. 116-117.

Fragment d'une lettre d'André Gide à André Royère, 6 janvier 1910, p. 117.

Fragments d'une lettre d'André Gide à Francis Vielé-Griffin, 23 juin 1911, pp. 118-119.

Fragment d'une lettre d'André Gide à Francis Vielé-Griffin, 8 ou 9 janvier 1910, p. 118.

Fragment d'une lettre d'André Gide à Francis Vielé-Griffin, 12 février 1911, p. 120.

Fragment d'un billet d'André Gide à Francis Vielé-Griffin, [mi-février 1911], p. 120.

Fragment d'un billet d'André Gide à Francis Vielé-Griffin, 6 mai 1910, p. 120.

Fragment d'une lettre d'André Gide à Francis Vielé-Griffin, 9 mai 1910, p. 120.

Fragment d'une lettre d'André Gide à Francis Vielé-Griffin, dimanche [1911], pp. 120-121.

Carte postale d'André Gide à Francis Vielé-Griffin, 10 avril 1912, p. 121.

> *Fragment d'une lettre d'André Gide à Francis Vielé-Griffin, 23 juin 1911, p. 121.*
>
> *Fragment d'une lettre d'André Gide à Francis Vielé-Griffin, 25 juin 1912, p. 121.*
>
> *Mention d'une lettre d'André Gide à Francis Vielé-Griffin, 15 juin 1923, p. 122.*
>
> *Mention d'une lettre d'André Gide à Francis Vielé-Griffin, 4 avril 1924, p. 122.*
>
> *Mention d'une lettre d'André Gide à Francis Vielé-Griffin, 25 décembre 1922, p. 122.*
>
> *Mention d'une lettre d'André Gide à Francis Vielé-Griffin, 17 avril 1930, p. 122.*
>
> *Fragments d'une lettre d'André Gide à Francis Vielé-Griffin, 11 mai 1931, p. 122.*
>
> *Fragment d'une lettre d'André Gide à Francis Vielé-Griffin, 15 juin 1923, p. 122.*
>
> *Fragment d'une lettre d'André Gide à Francis Vielé-Griffin, 1930, p. 122.*

241. V[ivier] (M.), "Sur une lettre inédite d'André Gide", La Nation française, no 84, 15 mai 1957, p. 8.

> *Lettre d'André Gide à X..., [1934]. M.V. croit que le destinataire était Léon Pierre-Quint. Jean Delay, qui citera cette même lettre dans La Jeunesse d'André Gide [voir 237, p. 549], croit qu'il s'agit plutôt de R.F. [Ramon Fernandez ?].*

1958

242. [Fragment d'une lettre d'André Gide à Mme Dieudonné], Circulaire des Amis de Charles-Louis Philippe, no 4, 1er juin 1958.

242a. Catalogue de la vente la Collection Alfred Dupont, troisième partie, Hôtel Drouot, 3-4 décembre 1958.

*Fragment d'une lettre d'André Gide à un ami, 4 août 1896.
Aussi cité dans le <u>Bulletin des Amis d'André Gide</u>, no 17,
octobre 1972, p. 10.*

*Fragment d'une lettre d'André Gide à X..., 29 mars 1901.
Aussi cité dans le <u>Bulletin des Amis d'André Gide</u>, no 17,
octobre 1972, pp. 10-11.*

*Fragment d'une lettre d'André Gide à X..., s.d. Aussi cité
dans le <u>Bulletin des Amis d'André Gide</u>, no 17, octobre 1972,
p. 11.*

*Fragment d'une lettre d'André Gide à X..., [20 mars 1914].
Aussi cité dans le <u>Bulletin des Amis d'André Gide</u>, no 17,
octobre 1972, p. 11.*

*Fragment d'une lettre d'André Gide à X..., 25 décembre [19...].
Aussi cité dans le <u>Bulletin des Amis d'André Gide</u>, no 17,
octobre 1972, p. 11.*

*Fragment d'une lettre d'André Gide à X..., s.d. Aussi cité
dans le <u>Bulletin des Amis d'André Gide</u>, no 17, octobre 1972,
p. 11.*

*Fragment d'une lettre d'André Gide à Henri Vandeputte, 20 janvier
1910. Aussi cité dans le <u>Bulletin des Amis d'André Gide</u>, no 17,
octobre 1972, pp. 11-12.*

242b. <u>Catalogue</u> de la vente de la <u>Bibliothèque du Docteur Lucien-Graux</u>, huitième partie, Hôtel Drouot, 11-12 decembre 1958.

*Fragment d'une lettre d'André Gide à Edmond Picard, 22 novembre
[1902], Ce fragment est aussi cité dans le <u>Bulletin des Amis
d'André Gide</u>, no 17, octobre 1972, p. 12.*

243. <u>Romans, récits et soties. Oeuvres lyriques</u>, introduction par Maurice Nadeau, notices et bibliographie par Yvonne Davet et Jean-Jacques Thierry, Paris, Gallimard, "Bibliothèque de la Pléiade", 1958.

*Fragments d'une lettre d'André Gide à Albert Thibaudet,
28 août 1927, p. 1496 et p. 1574.*

*Fragment d'une lettre d'André Gide à Marcel Drouin, [1899],
p. 1509.*

*Fragment d'une lettre d'André Gide à Paul Valéry, [été 1892],
p. 1560. Cette lettre ne semble pas avoir été publiée dans
<u>VAL</u>.*

Fragment d'une lettre d'André Gide à Maurice Denis, 7 juillet 1912, p. 1565. Ce même fragment est cité dans André Gide [no 348, p. 132].

Fragment d'une lettre d'André Gide à F.L. [Frédéric Lefèvre], 19 avril 1931, pp. 1568-1569. Une partie de cette lettre avait été citée par Yvonne DAVET dans:"L'Acte gratuit, étiquette provisoire", Club, été 1953 [voir no 213].

Fragment d'une lettre d'André Gide à Albert Thibaudet, 21 mars 1930, p. 1569.

244. Catalogue de la librairie Gallimard, no 29, 1958, p. 23.

Fragment d'une lettre d'André Gide à Eugène Rouart, 13 août 1912. Aussi cité dans: Claude MARTIN, Répertoire chronologique des lettres publiées d'André Gide, Paris, Minard, 1971, s.p.

245. ALDEN (Douglas W.), Jacques de Lacretelle, an Intellectual Itinerary, New Brunswick, New Jersey, Rutgers University Press, 1958.

La lettre d'André Gide à Jacques de Lacretelle, citée dans une traduction anglaise [pp. 206-207], est ici datée du 6 septembre 1931. Dans "Souvenirs d'un romancier", Revue des Deux Mondes, 1er juin 1959, pp. 401-402, Jacques de Lacretelle citera la même lettre sans préciser aucune date, toutefois.

246. DE LA LONDE (Loïc), "Le Menez-Hom, succédané du Parnasse", Les Cahiers de l'Iroise, juillet-septembre 1958, p. 176.

Lettre d'André Gide à José-Maria de Heredia, [septembre 1892].

247. DE LUPPE (Robert), "Au nom de cinq amis, le très jeune André Gide obtient audience de E.M. de Vogüé", Le Figaro littéraire, 11 janvier 1958.

Lettre d'André Gide à Eugène Melchior de Vogüé, [février] 1890.

248. FERNANDAT (René), "Mallarmé, Gide et Jean-Marc Bernard", Le Monde, 3 mars 1958.

Lettre d'André Gide à Jean-Marc Bernard, 24 février 1914.

249. FRANK (André), Georges Pitoeff, Paris, L'Arche, 1958.

  Lettre d'André Gide à Georges Pitoeff, 26 juillet 1922, pp. 64-65.

  Lettre d'André Gide à Georges Pitoeff, 22 novembre (?) 1931, pp. 131-132.

250. LACAZE (Raymond), Qu'on me pardonne d'en parler ..., Rodez, Editions Subervie, 1958.

  Outre la lettre-préface qu'André Gide écrivit pour l'ouvrage de Jean LACAZE, Chants de départs (Finham, Ed. Chantal, 1947) — lettre-préface reprise dans Préfaces (Paris et Neuchâtel, Ides et Calendes, 1948, pp. 191-198) et dans Feuillets d'automne (Paris, Mercure de France, 1949, pp. 227-232) — le livre de Raymond LACAZE, père de Jean, renferme les lettres suivantes:

  Lettre d'André Gide à Raymond Lacaze, 10 novembre 1944, pp. IV-V

  Lettre d'André Gide à Raymond Lacaze, 27 novembre 1944, p. VI

  Lettre d'André Gide à Raymond Lacaze, 1 février 1946, p. VIII

  Lettre d'André Gide à Raymond Lacaze, 12 août 1947, pp. XVI-XVII.

251. LAMBERT (Jean), Gide familier, Paris, Julliard, 1958.

  Lettre d'André Gide à Jean Lambert, 3 février 1942, pp. 83-84.

  Lettre d'André Gide à Jean Lambert, 25 août 1939, pp. 94-95.

252. THIERRY (Jean-Jacques), "Autour d'Isabelle", Mercure de France, juillet 1958, p. 553.

  Lettre d'André Gide à Maxime de Langenhagen, datée de Biskra, 1893. D'après R.-G. NOBECOURT, qui cite un passage de cette même lettre dans Les Nourritures normandes d'André Gide [voir no 171, p. 179], Gide aurait écrit à Maxime, en février 1894. Dans son Répertoire chronologique des lettres publiées d'André Gide (Paris, Minard, 1971), Claude Martin classera cette lettre parmi celles de février 1895.

252a.   Beaux livres et autographes, Hôtel Drouot, 12-13-19 février 1959.

*Fragment d'un billet d'André Gide à Henri de Régnier, [1909].
Aussi cité dans le* Bulletin des Amis d'André Gide, *no 17, octobre 1972, p. 12.*

Fragment d'un billet d'André Gide à X..., [1909]. Aussi cité dans le Bulletin des Amis d'André Gide, *no 17, octobre 1972, p. 12.*

Fragment de deux lettres d'André Gide à Edmond Jaloux, [1909], Aussi cité dans le Bulletin des Amis d'André Gide, *no 17, octobre 1972, p. 12.*

1959

253.   Catalogue de la Libraire Les Argonautes, Paris, juin 1959.

Fragment d'une lettre d'André Gide à Jean-Paul Sartre, 10 décembre 1949. Ce fragment est aussi cité dans: Claude MARTIN, Répertoire chronologique des lettres publiées d'André Gide *(Paris, Minard, 1971), s.p.*

253a.   Catalogue de la vente de la Bibliothèque du Docteur Lucien-Graux neuvième partie, Hôtel Drouot, 26 juin 1959.

Fragment d'une lettre d'André Gide à X..., s.d. Aussi cité dans le Bulletin des Amis d'André Gide, *no 17, octobre 1972, p. 12.*

254.   "Lettre d'André Gide à Jacques de Lacretelle", Biblio-Hachette, no 6, juillet 1959, p. 4.

Lettre d'André Gide à Jacques de Lacretelle, 9 mars 1928.

255.   DENIS (Maurice), Journal (1921-1943), Paris, La Colombe, 1959.

Lettre d'André Gide à Maurice Denis, 13 mai 1924, p. 42.

Lettre d'André Gide à Maurice Denis, 30 juin 1928, p. 94.

256. LEAUTAUD (Paul), Journal littéraire, VII, Paris, Mercure de France, 1959.

> *Lettre d'André Gide à Paul Léautaud, 16 février 1929, pp. 368-369. Cette lettre, signée Victor Chassepot, n'est qu'une plaisanterie à l'endroit de l'auteur de Passe-Temps.*

257. MAZARS (Pierre), "La Nouvelle revue française naissait il y a cinquante ans", Le Figaro littéraire, 21 février 1959, p. 6.

> *Fragment d'une lettre d'André Gide à Jean Schlumberger, [1909].*

1960

258. DECAUDIN (Michel), La Crise des valeurs symbolistes. Vingt ans de poésie française (1895-1914), Toulouse, Editions Privat, 1960.

> *Mention d'une lettre d'André Gide à A.-Ferdinand Hérold, 21 décembre 1894, p. 53.*

> *Fragment d'une lettre (inédite) d'André Gide à Francis Jammes, [juillet 1898], p. 84.*

259. DECAUDIN (Michel), Le Dossier d'"Alcools", Genève, Droz, 1960.

> *Lettre d'André Gide à Guillaume Apollinaire, mai 1913, p. 43.*

260. LANG (Renée), "André Gide und Goethe", Neue Zürcher Zeitung, 4 décembre 1960. [L'article de Renée Lang fut aussi publié dans: Rheinischer Merkur, 24 février 1961.]

> *Fragment d'une lettre d'André Gide à Ernst Robert Curtius, 28 juillet 1930.*

> *Fragment d'une lettre d'André Gide à Jean Guéhenno, 5 octobre 1929.*

261. MARKOW-TOTFVY (Georges), "André Gide et James Joyce", <u>Mercure de France</u>, 1er février 1960, pp. 272-290.

>   *Lettre d'André Gide à James Joyce, 30 avril 1931, pp. 277-278. Cette lettre est aussi citée dans : R. ELLMANN (ed.), Letters of James Joyce, vol. III, New York, The Viking Press, 1966, p. 218.*

>   *Fragment d'une lettre d'André Gide à Adrienne Monnier, 24 avril 1931, p. 278. La lettre dont cet extrait est tiré avait été publiée in extenso dans : Le Souvenir d'Adrienne Monnier, Mercure de France, 1er janvier 1956, pp. 105-106.*

>   *Lettre d'André Gide à Louis Gillet, 7 juin 1942, p. 285.*

262. PREZZOLINI (Giuseppe), <u>Il Tempo della Voce</u>, Milano-Firenze, Vallecchi, 1960.

>   *Lettre d'André Gide à Giuseppe Prezzolini, 14 avril 1913, p. 317. Aussi citée dans : A. FONGARO, Bibliographie d'André Gide en Italie, Firenze et Paris, Edizioni Sansoni Antiquariato et Librairie Marcel Didier, 1966, p. 50.*

263. REDON (Arï), <u>Lettres de Gauguin, Gide Huysmans, Jammes, Mallarmé Verhaeren à Odilon Redon</u>, Paris, José Corti, 1960.

>   *Lettre d'André Gide à Odilon Redon, [mai 1894], p. 250.*

>   *Lettre d'André Gide à Odilon Redon, [1896], p. 251.*

>   *Lettre d'André Gide à Odilon Redon, mai 1901, p. 251.*

>   *Lettre d'André Gide à Odilon Redon, février 1903, p. 252.*

264. REYNAUD (Jacques), <u>Henri Ghéon (1875-1944)</u>, Paris, Association des Amis d'Henri Gheon, 1960.

>   *Lettre d'André Gide à Henri Ghéon, 23 janvier 1921, p. 28.*

265. STRAVINSKY (Igor) & CRAFT (Robert), <u>Memories and Commentaries</u>, London, Faber & Faber, 1960. Ce livre fut traduit par Francis Ledoux, sous le titre de <u>Souvenirs et commentaires</u>, Paris, Gallimard, 1963. C'est à la version française que nous référons.

Lettre d'André Gide à Igor Stravinsky, 20 janvier 1933, p. 186.

Lettre d'André Gide à Igor Stravinsky, 8 février 1933, pp. 187-188.

Lettre d'André Gide à Igor Stravinsky, 24 février 1933, pp. 188-189.

Lettre d'André Gide à Igor Stravinsky, 8 août 1933, p. 190.

Lettre d'André Gide à Igor Stravinsky, 28 mai 1934, p. 191.

1961

265a. Catalogue de la vente de la Bibliothèque de Monsieur X..., Hôtel Drouot, 28 avril 1961.

Fragment d'une lettre d'André Gide à X..., s.d. Aussi cité dans le Bulletin des Amis d'André Gide, no 17, octobre 1972, pp. 12-13.

266. "Lettre d'André Gide à Charles-Louis Philippe", Nouvelle revue française, 1er septembre 1961, pp. 582-583.

Lettre datée de Cuverville, le 17 octobre 1904.

267. Rabindranath Tagore (1861-1941), catalogue de l'exposition Tagore à la Bibliothèque nationale, précédé d'une préface de Julien Cain et d'une introduction de Jean Filliozat, Paris, Bibliothèque nationale, 1961.

Lettre d'André Gide à Muni, 19 décembre 1948, p. 77.

1962

268. "Lettre inédite d'André Gide à Eugène Rouart", Bulletin des Amis de Charles-Louis Philippe, no 20, décembre 1962, p. 507.

Cette lettre fut vraisemblablement écrite en juin 1908.

269. Maurice Barrès, catalogue rédigé par Jacques Lethève et René Rancoeur, préface de Julien Cain, Paris, Bibliothèque nationale, 1962.

Fragment d'une lettre d'André Gide à Maurice Barrès, 18 août 1891, no 114, p. 21.

Fragment d'une lettre d'André Gide à Maurice Barrès, juin 1906, no 279, p. 52. La lettre ne porte aucune date dans le catalogue; Claude Martin lui donne cependant celle de juin 1906, dans son Répertoire chronologique des lettres publiées d'André Gide (Paris, Minard, 1971).

Fragments de lettres d'André Gide à Maurice Barrès, 8 et 18 mars 1910, no 296, p. 54. La lettre du 8 mars 1910 sera citée dans le Bulletin des Amis de Charles-Louis Philippe, no 21, décembre 1963, pp. 35-36.

[Le Bulletin des lettres du 15 février 1963 citera des extraits de la correspondance Gide-Barrès, tirés du Catalogue. Ajoutons, à titre d'information, que Jean-Pierre Lacassagne cite de nombreuses lettres de Maurice Barrès à André Gide dans le Bulletin de la Faculté des lettres de Strasbourg, mars 1969, pp. 349-360.]

270. Léon Blum, préface de Julien Cain, Paris, Bibliothèque nationale, 1962.

Mention d'une lettre d'André Gide à Léon Blum, [1901], p. 8.

271. Maurice Maeterlinck (1862-1949), Paris, Bibliothèque nationale, 1962.

Fragment d'une lettre d'André Gide à Maurice Maeterlinck, [1896], p. 28.

272. DETHARE (Vincent), Images et pélérinages littéraires, Paris, Editions du Vieux Colombier, 1962.

Fragment d'une lettre d'André Gide à la mère de Charles-Louis Philippe, [janvier 1910], p. 123.

Fragment d'une lettre d'André Gide à la mère de Charles-Louis Philippe, 8 janvier 1910, p. 124.

Lettre d'André Gide à la mère de Charles-Louis Philippe, 1er mars 1910, pp. 141-142. Cette lettre avait précédemment été publiée dans: Louis LANOIZELEE, Marguerite Audoux [voir no 220, p. 71].

Lettre d'André Gide à la mère de Charles-Louis Philippe, 8 avril 1910, p. 142. Cette lettre avait été publiée dans: Louis LANOIZELEE, Marguerite Audoux [voir no 220, p. 72].

Lettre d'André Gide à Madame Tournayre [soeur de Charles-Louis Philippe], 6 décembre 1910, pp. 142-143. Cette lettre avait été publiée dans: Louis LANOIZELEE, Marguerite Audoux, [voir no 220, p. 72].

Lettre d'André Gide à Madame Pajault [nièce de Charles-Louis Philippe], 21 novembre 1935, p. 125.

273. GRINDFA (Miron), (ed.), "The Amazon of Letters. A World Tribute to Natalie Clifford Barney", Adam International Review, XXIX, no 299, 1962, p. 29.

Photographie d'une carte postale d'André Gide à Natalie Clifford Barney, datée seulement de "vendredi soir".

274. HYTIER (Jean), André Gide, translated by Richard Howard, London, Constable and Company Ltd, 1962.

Un fragment d'une lettre d'André Gide à Jean Hytier est citée sur la couverture du livre.

1963

274a. Catalogue de la vente de la Bibliothèque d'un Amateur, troisième partie, Hôtel Drouot, 26-27 février 1963.

> *Fragment d'une lettre d'André Gide à Louis Aragon, 26 septembre 1934. Aussi mentionné dans le <u>Bulletin des Amis d'André Gide</u>, no 17, octobre 1972, p. 13.*

> *Fragment d'une lettre d'André Gide à Jean Royère, 18 mars 1910. Aussi cité dans le <u>Bulletin des Amis d'André Gide</u>, no 17, octobre 1972, p. 13.*

> *Fragment d'une lettre d'André Gide à Eugène Rouart, s.d. Aussi cité dans le <u>Bulletin des Amis d'André Gide</u>, no 17, octobre 1972, p. 13.*

> *Fragment d'une lettre d'André Gide à Eugène Rouart, 21 janvier 1927. Aussi cité dans le <u>Bulletin des Amis d'André Gide</u>, no 17, octobre 1972, p. 13.*

> *Fragment d'une lettre d'André Gide à Eugène Rouart, 24 août 1933. Aussi cité dnas le <u>Bulletin des Amis d'André Gide</u>, no 17, octobre 1972, p. 13.*

275. "Pour une aide effective", dans <u>Sylvia Beach, 1887-1962, Mercure de France</u>, août-septembre 1963, p. 130.

> *Lettre d'André Gide à Sylvia Beach, 27 octobre 1935.*

276. [Lettre d'André Gide à Richard Heyd], <u>Circulaire du Cercle André Gide</u>, Bruxelles, no 33, 20 novembre 1963.

> *Lettre du 31 octobre 1946.*

277. "Lettres à Barrès", <u>Bulletin des Amis de Charles-Louis Philippe</u>, no 21, décembre 1963, pp. 35-37.

> *Lettre d'André Gide à Maurice Barrès, 8 mars 1910, pp. 35-36. Un fragment de cette lettre avait été publié dans le catalogue <u>Maurice Barrès</u> [voir no 26º, p. 54].*

> *Lettre d'André Gide à Maurice Barrès, juin 1911, p. 37.*

278. BARNEY (Natalie), <u>Traits et portraits</u> suivi de <u>L'Amour défendu</u>, Paris, Mercure de France, 1963.

> *Une lettre d'André Gide à Natalie Barney, 12 décembre 1950, p. 155.*

279. FRATEILI (Arnaldo), Dall'Aragno al Rosati. Ricordi di vita letteraria, Milano, Bompiani, 1963.

> *Lettre d'André Gide à Arnaldo Frateili, 3 septembre 1922, p. 17. Aussi citée dans: A. FONGARO, Bibliographie d'André Gide en Italie, Firenze et Paris, Edizioni Sansoni Antiquariato et Librairie Marcel Didier, 1966, pp. 50-51.*

280. KOLB (Philip), "An Enigmatic Proustian Metaphor", <u>The Romanic Review</u>, October 1953, pp. 187-197.

> *Texte original de la lettre d'André Gide à Marcel Proust, [janvier 1914]. Voir PRO.*

1964

281. "Lettres inédites d'André Gide. Trente ans de confidences à Dorothy Bussy", <u>Le Figaro littéraire</u>, 30 avril - 6 mai 1964, p. 17.

> *Lettre d'André Gide à Dorothy Bussy, [1918], p. 17. Cette lettre n'a pas été inventoriée par Claude Martin, dans son <u>Répertoire chronologique des lettres publiées d'André Gide</u>, Paris, Minard, 1971.*

> *Lettre d'André Gide à Dorothy Bussy, [1918], p. 17. Cette lettre n'a pas été répertoriée par Claude Martin (<u>op.cit.</u>).*

> *Lettre d'André Gide à Dorothy Bussy, [1918], p. 17. Cette lettre n'a pas été répertoriée par Claude Martin (<u>op.cit.</u>) Il la cite cependant dans son édition critique de <u>La Symphonie pastorale</u> (Paris, Minard, 1970) et en précise la date: 1º novembre 1918 (p. XVI).*

> *Lettre d'André Gide à Dorothy Bussy, [1919], p. 17. Cette lettre n'a pas été répertoriée par Claude Martin (<u>op.cit.</u>).*

> *Lettre d'André Gide à Dorothy Bussy, [1919], p. 17. Cette lettre n'a pas été répertoriée par Claude Martin (<u>op.cit.</u>).*

> *Lettre d'André Gide à Dorothy Bussy, 23 avril 1923, p. 17.*

> *Lettre d'André Gide à Dorothy Bussy, 5 juin 1948, p. 17.*

Lettre d'André Gide à Dorothy Bussy, 5 juillet 1950, p. 17.

Lettre d'André Gide à Dorothy Bussy, 9 janvier 1951, p. 17.

282. "André Gide et L'Ermitage", Nouvelle revue française, 1er juin 1964, pp. 1144-1153.

Lettre d'André Gide à Edouard Ducoté, [1899], pp. 1144-1145. Claude Martin précise, dans son Répertoire chronologique des lettres publiées d'André Gide (Paris, Minard, 1971), que cette lettre fut écrite en juin 1899.

Lettre d'André Gide à Edouard Ducoté, s.d., pp. 1145-1147. Cette lettre serait de février 1900, de l'avis de Claude Martin (op.cit.).

Lettre d'André Gide à Edouard Ducoté, s.d., pp. 1147-1148. Cette lettre aurait été écrite en août 1899, d'après Claude Martin (op.cit.).

Lettre d'André Gide à Edouard Ducoté, 22 février 1900, pp. 1148-1150.

Lettre d'André Gide à Francis de Miomandre, s.d., pp. 1150-1151.

Lettre d'André Gide à Edouard Ducoté, 8 mars 1903, pp. 1151-1152.

283. Catalog of Nineteenth-Century and Modern English and French Literature ... comprising the property of ... the late Mme Dorothy Bussy, 11 May 1964, London, Sotheby & Co., 1964, pp. 59-61

Fragment d'une lettre d'André Gide à Dorothy Bussy, s.d. [18 octobre 1918 (?)], p. 60.

Fragment d'une lettre d'André Gide à Dorothy Bussy, [1930], p.60.

Mention d'une lettre d'André Gide à Dorothy Bussy, 18 novembre 1918, p. 60.

Mention d'une lettre d'André Gide à Dorothy Bussy, mars 1925, p. 60.

Mention d'une lettre d'André Gide à Dorothy Bussy, [1942], p.60.

284. ARTAUD (Antonin), Oeuvres complètes, V, Paris, Gallimard, 1964.

Lettre d'André Gide à Antonin Artaud, 16 août 1932, pp. 340-341.

Lettre d'André Gide à Antonin Artaud, 1er septembre 1932, pp. 343-344.

285. HEURGON-DESJARDINS (Anne) (ed.), <u>Paul Desjardins et les Décades de Pontigny</u>, Paris, P.U.F., 1964.

Lettre d'André Gide à Paul Desjardins, 20 juin 1908, p. 349.

1965

286. <u>Catalogue</u> de la Librairie Simonson, Bruxelles, no 307, février 1965, p. 2.

Résumé d'une lettre d'André Gide à Richard Heyd, 23 mars 1948. Aussi cité dans: Claude Martin, <u>Répertoire chronologique des lettres publiées d'André Gide</u>, Paris, Minard, 1971, s.p.

287. "Lettres à Jean-Louis Barrault", <u>Cahiers de la Compagnie Madeleine Renaud — Jean-Louis Barrault</u>, no 50, 1er trimestre 1965, [février 1965].

Lettre d'André Gide à Jean-Louis Barrault, 12 septembre 1942, p. 12.

Lettre d'André Gide à Jean-Louis Barrault, décembre 1946, pp. 83-85.

288. <u>Honneur à Saint-John Perse</u> [ouvrage écrit en collaboration], Paris, Gallimard, 1965.

Lettre d'André Gide à Saint-John Perse, 5 décembre [1924], p. 404.

Lettre d'André Gide à Saint-John Perse, 29 mars 1944, p. 439.

Lettre d'André Gide à Saint-John Perse, 17 janvier 1948, pp. 465-466.

Lettre d'André Gide à Saint-John Perse, 14 mars 1948, p. 466.

Lettre d'André Gide à Saint-John Perse, 2 juin 1949, p. 467.

Lettre d'André Gide à Saint-John Perse, [1913], p. 611.

Lettre d'André Gide à Saint-John Perse, 17 avril 1930, p. 795.

289. COLLET (Georges-Paul), "André Gide, épistolier", The French Review, May 1965, pp. 754-765.

[*Le même texte parut dans Entretiens sur André Gide, sous la direction de Marcel Arland et de Jean Mouton, Paris, Mouton & Co., 1967, pp. 69-80. Nous référerons à ce dernier livre, entre crochets.*]

Fragment d'une lettre d'André Gide à Jacques-Emile Blanche, 29 décembre 1916, p. 756 [p. 71].

Fragment d'une lettre d'André Gide à Jacques-Emile Blanche, [1913], pp. 756-757 [pp. 71-72].

Fragment d'une lettre d'André Gide à Jacques-Emile Blanche, 15 août 1901, p. 757 [p. 72].

Fragment d'une lettre d'André Gide à Jacques-Emile Blanche, 10 octobre 1901, pp. 757-758 [p. 72].

Fragment d'une lettre d'André Gide à Jacques-Emile Blanche, 12 juillet 1902, p. 758 [p. 73].

Fragment d'une lettre d'André Gide à Jacques-Emile Blanche, 22 septembre 1915, p. 759 [p. 74].

Fragment d'une lettre d'André Gide à Jacques-Emile Blanche 6 octobre 1916, pp. 759-760 [p. 74].

Fragment d'une lettre d'André Gide à Jacques-Emile Blanche, 28 janvier 1925, p. 760 [pp. 74-75].

Fragment d'une lettre d'André Gide à Jacques-Emile Blanche, 8 octobre 1932, pp. 760-761 [p. 75].

Fragment d'une lettre d'André Gide à Jacques-Emile Blanche, [automne 1893], p. 761. [pp. 75-76].

Fragment d'une lettre d'André Gide à Jacques-Emile Blanche, 1er février 1917, pp. 761-762 [p. 76].

Fragment d'une lettre d'André Gide à Jacques-Emile Blanche, 20 novembre 1919, p. 762 [p. 76].

Fragment d'une lettre d'André Gide à Jacques-Emile Blanche, 19 mai 1916, pp. 762-763 [p. 77].

Lettre d'André Gide à la Librairie Stock, 1928, pp. 763-764 [p. 78].

Fragment d'une lettre d'André Gide à Jacques-Emile Blanche, [1932], p. 764 [pp. 78-79].

290. ROTHENSTEIN (John), <u>Summer's Lease. Autobiography (1901-1938)</u>, London, Hamish Hamilton, 1965.

Lettre d'André Gide à Sir John Rothenstein, 4 juin 1930, pp. 173-174.

1966

290a. <u>Bibliothèque de Madame Louis Solvay</u>, III, Bruxelles, Bibliothèque Royale de Belgique, 1965, 228p.

Fragment d'une lettre d'André Gide à Alfred Vallette, [1902], p. 135.

Fragment d'une lettre d'André Gide à Paul Fort, [1905], p. 136.

Fragment d'une lettre d'André Gide à Mme Forster-Nietzsche, [1907]; p. 136.

Fragment d'une lettre d'André Gide à Adolphe Van Bever, 3 juillet 1911, p. 137.

Fragment d'une lettre d'André Gide à Maurice Darantière, 10 juillet [1929], p. 138.

Fragment d'une lettre d'André Gide à [Maurice Darantière], [1930], p. 138.

291. Catalogue de la Librairie Simonson, Bruxelles, no 316, avril 1966, p. 3.

*Extrait d'une lettre d'André Gide à Eugène [Rouart],
29 janvier 1914. Aussi cité dans: Claude MARTIN, Répertoire chronologique des lettres publiées d'André
Gide, Paris, Minard, 1971, s.p.*

292. <u>Catalogue</u> G. Morssen, Paris, Hiver 1965-1966.

*Fragment d'une lettre d'André Gide à Régis Gignoux,
du <u>Figaro</u>, datée de Bruges, mai 1911. Ce même fragment est cité dans le <u>Bulletin des Amis de Charles-Louis Philippe</u>, no 24, décembre 966, p. 25 et dans:
Claude MARTIN, Répertoire chronologique des lettres
publiées d'André Gide, Paris, Minard, 1971, s.p.*

293. <u>Catalogue</u> de la Librairie Coulet & Faure, Paris, no 95, 1966.

*Fragment d'une lettre d'André Gide à Richard Heyd, 16
août 1948, p. 103.*

*Fragment d'une lettre d'André Gide à Richard Heyd, 15
janvier 1950, p. 103.*

*Fragment d'une lettre d'André Gide à Richard Heyd, 25
janvier 1950, p. 103.*

*Fragment d'une lettre d'André Gide à Richard Heyd, 1?
mars 1950, p. 103.*

*Ces quatre fragments sont aussi cités dans: Claude MARTIN,
Répertoire chronologique des lettres publiées d'André Gide,
Paris, Minard, 1971, s.p.*

294. <u>Albert Mockel. Le Centenaire de sa naissance</u>, Bruxelles, Bibliothèque royale, 1966.

Fragment d'une lettre d'André Gide à Albert Mockel, 18 novembre 1918, p. 91.

295. CHAPON (François), "<u>Partage de Midi</u> vient de paraître", <u>Bulletin
de la Société Paul Claudel</u>, no 24, octobre - novembre - décembre
1966, pp. 1-22.

Lettre d'André Gide à Albert Chapon, octobre [1906], p. 8.

Lettre d'André Gide à Albert Chapon, [octobre 1906], p. 9.

> *Lettre d'André Gide à Albert Chapon*, [octobre ou novembre] 1906, p. 9.

296. FAY (Bernard), Les Précieux, Paris, Librairie académique Perrin, 1966.

> *Lettre d'André Gide à Bernard Faÿ*, [1923], pp. 68-69. Claude Martin date cette lettre de novembre 1923, dans son Répertoire chronologique des lettres publiées d'André Gide (Paris, Minard, 1971).

> *Lettre d'André Gide à Bernard Faÿ*, 11 juin 1925, p. 76.

> *Lettre d'André Gide à Bernard Faÿ*, 20 février 1928, pp. 78-79.

296a. FONGARO (Antoine) Bibliographie d'André Gide en Italie, Firenze et Paris, Edizioni Sansoni Antiquariato et Librairie Marcel Didier, 1966.

> *A notre connaissance, seule la lettre d'André Gide à Diego Valeri, du 12 novembre 1913, n'avait pas déjà été publiée auparavant (p. 45). Quant aux autres, que cite Antoine Fongaro, nous en avons fait mention à la date de leur parution* [voir nos 3, 11, 20, 170, 172, 262, 279].

297. LANG (Renée), "Le cosmopolitisme littéraire d'André Gide illustré par ses rapports épistolaires inédits avec quelques écrivains de langue allemande", Actes du IV Congrès de l'Association Internationale de littérature comparée, [Fribourg, 1964], Paris, Mouton, 1966, pp. 58-64.

> *Fragment d'une lettre d'André Gide à Bernard Grasset*, [1933], p. 59.

> *Fragment d'une lettre d'André Gide à Jean Guéhenno*, s.d., p. 64.

> *Le fragment de la lettre d'André Gide à Thomas Mann*, [1930], *n'était pas inédit. Il avait été publié dans: Yvonne DAVET, Autour des Nourritures terrestres. Histoire d'un livre* [voir no 163, p. 178].

298. LAST (Jef), Mijn Vriend André Gide, Amsterdam, Van Ditmar, 1966.

[*Les lettres de Gide, citées dans ce livre, sont traduites en hollandais.*]

*Fragment d'une lettre d'André Gide à Jef Last, s.d.
[août 1945 ?], pp. 190-191.*

*Fragment d'une lettre d'André Gide à Jef Last, s.d.,
[été 1949?], pp. 237-238.*

*Fragment d'une lettre d'André Gide à Jef Last,
17 février 1950, p. 238.*

Lettre d'André Gide à Jef Last, 30 mars 1950, p. 238.

1967.

299. "Lettre à Joë Bousquet", Réalités secrètes, no XXX, avril 1967, s.p.

Lettre du 7 octobre 1945.

300. Catalogue de la Librairie Simonson, Bruxelles, no 325, avril 1967, p. 3.

*Fragment d'une lettre d'André Gide à Raphael Schwartz,
3 novembre [1913]. Aussi cité dans: Claude MARTIN, Répertoire chronologique des lettres publiées d'André Gide,
Paris, Minard, 1971, s.p.*

301. "Lettre à C.-F. Ramuz", Présence de C.-F. Ramuz, Nouvelle revue française, 1er juillet 1967, pp. 188-189.

*Cette lettre du 20 janvier 1937 sera aussi citée dans:
Gilbert GUISAN, C.-F. Ramuz, ses amis et son temps (1919-1939), Lausanne et Paris, La Bibliothèque des Arts, 1970,
tome VI, p. 296.*

302. Bulletin d'autographes, Paris, Librairie Charavay, no 726, octobre 1967, p. 33.

Fragment d'une lettre d'André Gide à X..., [1912]. Aussi cité dans: Claude MARTIN, Répertoire chronologique des lettres publiées d'André Gide, Paris, Minard, 1971, s.p.

Fragment d'une lettre d'André Gide à Arthur Fontaine, 18 février 1910. Aussi cité dans: Claude MARTIN, Répertoire chronologique des lettres publiées d'André Gide, Paris, Minard, 1971, s.p.

303. Bulletin de la Librairie de l'Abbaye, no 62, Paris, 1967.

Fragment d'une lettre d'André Gide à Eugène Dabit, novembre 1931. Aussi cité dans: Claude MARTIN, Répertoire chronologique des lettres publiées d'André Gide, Paris, Minard, 1971, s.p.

304. BOUVARD (Philippe), "Les dernières fouilles cinématographiques: une lettre inédite de Gide sur Belle de Jour", Le Figaro, 24 mai 1967, p. 28.

Lettre d'André Gide à Gaston Gallimard, [1928].

305. CALAS (André), "Brèves rencontres", Arcadie, no. 165, septembre 1967, pp. 410-415.

Lettre d'André Gide à André Calas, 24 novembre 1940, p. 412.

Lettre d'André Gide à André Calas, 13 décembre 1940, pp. 412-413.

Lettre d'André Gide à André Calas, 6 septembre 1941, p. 414.

Lettre d'André Gide à André Calas, 5 septembre 1949, p. 415.

306. COLLET (Georges-Paul), "Jacques-Emile Blanche, épistolier", Etudes française, février 1967, pp. 74-93.

Fragment d'une lettre d'André Gide à Jacques-Emile Blanche, 17 janvier 1917, p. 91.

307. HEURGON-DESJARDINS (Anne), "Gide à Alger", dans Entretiens sur

André Gide, sous la direction de Marcel Arland et de Jean Mouton, Paris, Mouton & Co., 1967. pp. 1-12.

Lettre d'André Gide à des amis, s.d., pp. 10-11. Dans son Répertoire chronologique des lettres publiées d'André Gide (Paris, Minard, 1971), Claude Martin identifie le destinataire de cette lettre comme étant Mme Théo Van Rysselberghe et précise que la lettre fut écrite en août 1944.

308. VIDAN (Ivo), "Thirteen Letters of André Gide to Joseph Conrad", Studia Romanica et anglica, no XXIV, décembre 1967, pp. 145-168.

Lettre d'André Gide à Joseph Conrad, 13 août 1912, pp. 151-152.

Lettre d'André Gide à Joseph Conrad, 8 juin 1916, pp. 153-155.

Lettre d'André Gide à Joseph Conrad, 2 août 1916, p. 155.

Lettre d'André Gide à Joseph Conrad, 9 juin 1917, p. 156.

Lettre d'André Gide à Joseph Conrad, 7 novembre 1917, pp. 156-157.

Lettre d'André Gide à Joseph Conrad, 25 novembre 1920, pp. 158-159.

Lettre d'André Gide à Joseph Conrad, 12 décembre 1920, pp. 159-160.

Lettre d'André Gide à Joseph Conrad, 22 juillet 1921, pp. 160-162.

Lettre d'André Gide à Joseph Conrad, 18 octobre 1921, pp. 162-163.

Lettre d'André Gide à Joseph Conrad, 26 octobre 1921, p. 164.

Lettre d'André Gide à Joseph Conrad, 26 décembre 1922, pp. 164-165.

Lettre d'André Gide à Joseph Conrad, 8 octobre 1923, p. 166.

Lettre d'André Gide à Joseph Conrad, 7 juin 1924, pp. 167-168.

1968

309. <u>Bulletin d'autographes</u>, Paris, Librairie Charavay, no 728, mars 1968.

Fragment d'une lettre d'André Gide à X..., 17 février 1911, p.30. Aussi cité dans: Claude MARTIN, <u>Répertoire chronologique des lettres publiées d'André Gide</u>, Paris, Minard, 1971, s.p.

Fragment d'une lettre d'André Gide à Gabriel Audisio, 8 mai 1934, p. 30. Aussi cité dans: Claude MARTIN, <u>Répertoire chronologique des lettres publiées d'André Gide</u>, Paris, Minard, 1971, s.p.

310. "Manuscrit inédit d'André Gide", <u>L'Evénement</u>, no 26, mars 1968, p.52.

Fragment d'une lettre d'André Gide à Christiane et Marcel de Coppet, 2 mai 1938.

311. <u>Catalogue</u> de la Librairie Simonson, Bruxelles, avril 1968, p. 3.

Fragment d'une lettre d'André Gide à Alfred Vallette, 18 mars 1925. Aussi cité dans: Claude MARTIN, <u>Répertoire chronologique des lettres publiées d'André Gide</u>, Paris, Minard, 1971, s.p.

312. <u>Exposição Darius Milhaud</u>, XII Festival Guilbenkian de Musica, Salão Nobre de Teatro Nacional de S. Carlos, de 28 de Maio a de 8 de Junho de 1968, s.p.

Lettre d'André Gide à Darius Milhaud, 28 octobre 1916.

Lettre d'André Gide à Darius Milhaud, 16 mai 1917.

313. <u>Bulletin d'autographes</u>, Paris, Librairie Charavay, no 729, juin 1968, p. 31.

Fragment d'une lettre d'André Gide à X..., 3 janvier 1916. Aussi cité dans: Claude MARTIN, <u>Répertoire chronologique des lettres publiées d'André Gide</u>, Paris, Minard, 1971, s.p.

Fragment d'une lettre d'André Gide à X..., 19 mai 1917. Aussi cité dans: Claude MARTIN, Répertoire chronologique des lettres publiées d'André Gide, Paris, Minard, 1971, s.p.

314. "Lettre à Léon Werth", Bulletin des Amis de Charles-Louis Philippe, no 26, décembre 1968, p. 21.

    Lettre du 31 janvier 1910.

315. Catalogue de la Librairie Coulet & Faure, no 103, Paris, 1968, p. 51.

    Fragment d'une lettre d'André Gide à X..., 11 août 1922. Aussi cité dans: Claude MARTIN, Répertoire chronologique des lettres publiées d'André Gide, Paris, Minard, 1971.

316. Catalogue de la Librairie Descombes, Genève, 1968.

    Fragment d'une lettre d'André Gide à Richard Heyd, 27 juillet 1948, p. 24. Aussi cité dans: Claude MARTIN, Répertoire chronologique des lettres publiées d'André Gide, Paris, Minard, 1971, s.p.

    Fragment d'une lettre d'André Gide à Richard Heyd, 14 juin 1948, p. 25. Aussi cité dans: Claude MARTIN, Répertoire chronologique des lettres publiées d'André Gide, Paris, Minard, 1971, s.p.

    Fragment d'une lettre d'André Gide à X..., [1902], p. 25. Aussi cité dans: Claude MARTIN, Répertoire chronologique des lettres publiées d'André Gide, Paris, Minard, 1971, s.p.

317. CHAPON (François), André Suarès, Paris, Musée Antoine Bourdelle, 1968.

    Fragment d'une lettre d'André Gide à Pierre De Massot, 23 décembre 1947, p. 76.

318. O'BRIEN (Justin), "Gide et l'Antigyde", La Quinzaine littéraire, 1 - 15 avril 1968, p. 11.

    Lettre inédite d'André Gide à Francis Jammes, 12 juin 1932.

Cette lettre fut aussi publiée dans: Contemporary French Literature, essays by Justin O'Brien, edited and introduced by Leon S. Roudiez, New Brunswick, New Jersey, Rutgers University Press, 1971, pp. 229-232.

1969

319 Catalogue de la Librairie Simonson, no 342, Bruxelles, février 1969, p. 3.

Fragment d'une lettre d'André Gide à Philippe Berthelot, 15 février 1921, p. 3. Aussi cité dans: Claude MARTIN, Répertoire chronologique des lettres publiées d'André Gide, Paris, Minard, 1971, s.p.

320. "Lettre à Alain Bosquet", Marginales, avril 1969, p. 63.

Lettre du 31 décembre 1930.

321. "Témoignages", Revue neuchâteloise, no 46, printemps 1969, pp. 3-4.

Lettre d'André Gide à Georges Redard, 29 juillet 1941, p. 3.

Lettre d'André Gide à Georges Redard, 24 avril 1942, p. 4.

322. Bulletin d'autographes, Paris, Librairie Charavay, juin 1969.

Fragment d'une lettre d'André Gide à un ami, [s.d.], [1908 ?]. Étant donné que ce fragment n'est pas cité ailleurs, à notre connaissance, et que le Bulletin d'autographes est difficilement accessible, voici le texte de ce fragment:

"En effet ... c'est bien vendredi et non mercredi que Jammes nous avait donné rendez-vous ... impossible de m'expliquer notre erreur. Le plus fort c'est que ma femme ... a retardé son voyage précisément à cause de ce déjeuner. Absurde! Absurde! Absurde! ...."

323. "Lettre à Jean Denoel", La Quinzaine littéraire, 1er novembre 1969, p. 19.

    Lettre du 16 décembre 1943.

324. "Trois lettres à Naim Kattan", Le Devoir [Montréal], 14 novembre 1969, p. XXVI.

    Lettre d'André Gide à Naim Kattan, 5 février 1946.

    Lettre d'André Gide à Naim-Kattan, 16 novembre 1947.

    Lettre d'André Gide à Naim Kattan, 15 juin 1948.

325. Catalogue de la Librairie Simonson, no 349, Bruxelles, novembre 1969, p. 5.

    Résumé d'une lettre d'André Gide à Eugène Rouart, 24 août 1933. Aussi cité dans: Claude MARTIN, Répertoire chronologique des lettres publiées d'André Gide, Paris, Minard, 1971, s.p.

326. Catalogue de la Librairie Simonson, no 350, Bruxelles, décembre 1969, p. 4.

    Télégramme d'André Gide à Charles Du Bos, avril 1921. Aussi cité dans: Claude MARTIN, Répertoire chronologique des lettres publiées d'André Gide, Paris, Minard, 1971, s.p.

    Télégramme d'André Gide à Charles Du Bos, février 1922. Aussi cité dans: Claude MARTIN, Répertoire chronologique des lettres publiées d'André Gide, Paris, Minard, 1971, s.p.

327. "Lettres d'un Ami", Adam, XXXIV, nos 328-330, 1969, pp. 29-48.

    [Quelques-unes de ces lettres seront publiées dans: Gaetan PICON, "Quand Gide écrivait à Simenon (1938-1950)", Le Figaro littéraire, 12 - 18 janvier 1970, pp. 10-13. Nous les indiquons par un astérisque entre crochets.]

    *Lettre d'André Gide à Georges Simenon, 31 décembre 1938, pp. 29-30 [*].*

    Lettre d'André Gide à Georges Simenon, 6 janvier 1939, pp. 30-31 [*].

Lettre d'André Gide à Georges Simenon, 20 janvier 1939, pp. 31-32 [*].

Lettre d'André Gide à Georges Simenon, 14 mars 1939, pp. 32-33.

Lettre d'André Gide à Georges Simenon, 22 avril 1939, p. 33.

Lettre d'André Gide à Georges Simenon, 28 mai 1940, pp. 33-34.

Lettre d'André Gide à Georges Simenon, 19 septembre 1941, p. 34.

Lettre d'André Gide à Georges Simenon, 27 décembre 1941, pp. 34-35.

Lettre d'André Gide à Georges Simenon, 21 août 1942, pp. 35-36 [*].

Lettre d'André Gide à Georges Simenon, 11 décembre 1944, pp. 36-37 [*].

Lettre d'André Gide à Georges Simenon, 12 juillet, p. 38. Claude Martin précise, dans son *Répertoire chronologique des lettres publiées d'André Gide* (Paris, Minard, 1971), que cette lettre fut écrite le 12 juillet 1942.

Lettre d'André Gide à Georges Simenon, 5 juin 1945, p. 38.

Lettre d'André Gide à Georges Simenon, 6 juillet 1945, p. 38.

Lettre d'André Gide à Georges Simenon, 14 juillet 1945, p. 39.

Lettre d'André Gide à Georges Simenon, 21 juillet [1945], p. 40.

Lettre d'André Gide à Georges Simenon, jeudi matin, [s.d.], p. 40.

Lettre d'André Gide à Georges Simenon, 3 septembre 1946, pp. 40-41.

Lettre d'André Gide à Georges Simenon, 27 décembre 1947, p. 41.

Lettre d'André Gide à Georges Simenon, 12 à 16 février 1948, pp. 42-43 [*].

Lettre d'André Gide à Georges Simenon, 11 mars 1948, pp. 43-44.

Lettre d'André Gide à Georges Simenon, 10 octobre 1948, pp. 44-45.

Lettre d'André Gide à Georges Simenon, 28 décembre 1948, p. 45.

Lettre d'André Gide à Georges Simenon, 22 juin 1949, p. 46.

Lettre d'André Gide à Georges Simenon, 7 décembre 1949, pp. 46-47.

Lettre d'André Gide à Georges Simenon, 29 novembre 1950, pp. 47-48 [*].

328. Catalogue de la Librairie Coulet & Faure, no 109, Paris, 1969, p. 24.

Fragment d'une lettre d'André Gide à André Cayatte, 17 novembre 1950. Aussi cité dans: Claude MARTIN, Répertoire chronologique des lettres publiées d'André Gide, Paris, Minard, 1971, s.p.

329. Catalogue de l'Exposition André Gide, Uzès, Musée municipal. 1969.

Fragment d'une lettre d'André Gide à Mme Jean-Paul Laurens, 10 octobre 1893, no 47.

Fragment d'une lettre d'André Gide à Mme Jean-Paul Laurens, 25 novembre 1893, no 46. Ce fragment sera cité dans André Gide, Paris, Bibliothèque nationale, 1970, p. 51.

330. Catalogue de l'Exposition André Gide, Oxford, Maison Française, 1969.

Mention d'une lettre d'André Gide à Enid Starkie, 29 juillet 1948, no 127.

330a. CASSA SALVI (Elvira), "Una lettera di Gide", Paragone, vol. 20, no 238, décembre 1969, pp. 115-118.

Lettre d'André Gide à l'auteur, 25 janvier 1950.

331. GAULMIER (Jean), "Quelques souvenirs sur André Gide", Bulletin de la Faculté des lettres de Strasbourg, no 6, mars 1969, pp. 339-344.

Lettre d'André Gide à Jean Gaulmier, 24 juillet 1943, pp. 340-341.

Lettre d'André Gide à Jean Gaulmier, 29 juillet 1943, p. 341.

332. GOULET (Alain), "Les premiers vers d'André Gide", Cahiers André Gide, no 1, Paris, Gallimard, 1969.

Fragment d'une lettre d'André Gide à X..., 11 juin 1892, p. 148.

333. LAST (Jef), De Persoonlijkheid van André Gide, Amsterdam. Actuele Onderwerpen — Reeks Boekje, 1969.

Fragment d'une lettre d'André Gide à Jef Last, 3 avril 1938, p. 8.

334. MEYLAN (Jean-Pierre), "La Revue de Genève", miroir des lettres européennes, Genève, Droz, 1969.

Fragment d'une lettre d'André Gide à Robert de Traz, 16 janvier 1923, p. 256.

Lettre d'André Gide à Robert de Traz, [16 novembre 1932], pp. 473-474.

335. O'NEILL (Kevin), André Gide and the Roman d'aventure, Sydney, Sydney University Press, 1969.

Fragment d'une lettre d'André Gide à Marcel Drouin, 23 janvier 1902, pp. 23-24.

Fragment d'une lettre d'André Gide à Marcel Drouin, [fin mai 1901], p. 26.

Fragment d'une lettre d'André Gide à Marcel Drouin, 17 juillet 1902, p. 26.

Fragment d'une lettre d'André Gide à Marcel Drouin, 4 novembre 1903, p. 26.

Fragment d'une lettre d'André Gide à Marcel Drouin, 17 mai 1903, p. 31.

Fragment d'une lettre d'André Gide à Henri Clouard, 2 août 1911, p. 53.

336. PELAYO (Donato), [ed.], "Joseph Delteil", Entretiens sur les lettres et les Arts, nos 27-28, [1969], p. 179.

Lettre d'André Gide à Joseph Delteil, 29 octobre 1923.

337. PETERSEN (Carol), <u>André Gide</u>, Berlin, Colloquium Verlag, 1969.

A vrai dire, il s'agit plutôt d'une dédicace d'André Gide à Rudi Pallas, écrite le 30 novembre 1932, que d'une lettre [p. 79]. Nous en faisons néanmoins mention, à titre d'information.

1970

338. "Lettre à Madeleine", <u>Nouvelle revue française</u>, 1er janvier 1970, pp. 72-74.

Un fragment de cette lettre, datée du 6 août 1903, est cité dans le catalogue <u>André Gide</u>, Paris, Bibliothèque nationale, 1970, p. 84.

339. "Lettres à Jean Paulhan", <u>Nouvelle revue française</u>, 1er janvier 1970, pp. 75-80.

Lettre d'André Gide à Jean Paulhan, 15 mars 1919, p. 75.

La lettre d'André Gide à Jean Paulhan, datée du 25 juin 1933, [pp. 76-77], avait précédemment été publiée et à maintes reprises [voir no <u>111</u>].

Lettre d'André Gide à Jean Paulhan, 24 avril 1936, p. 77.

Lettre d'André Gide à Jean Paulhan, 27 juillet 1937, p. 78.

Lettre d'André Gide à Jean Paulhan, 1er octobre 1938, p. 78.

Lettre d'André Gide à Jean Paulhan, 27 mars 1945, p. 79.

Lettre d'André Gide à Jean Paulhan, [1949], pp. 79-80.

340. "Lettre à Berta Franzos", <u>Bulletin d'information de l'Association des Amis d'André Gide</u>, no 6, 15 janvier 1970, pp. 3-4.

Lettre du 2 mars 1903.

341. "Une lettre d'André Gide", <u>La Quinzaine littéraire</u>, no 89, 16-28 février 1970, p. 7.

   Lettre d'André Gide à Léon Blum, datée vraisemblablement de décembre 1936.

342. <u>Bulletin d'autographes</u>, no 736, Paris, Librairie Charavay, mars 1970, pp. 25-26.

   Fragment d'une lettre d'André Gide à Jean Galtier-Boissière, 25 juillet 1937. Aussi cité dans: Claude MARTIN, <u>Répertoire chronologique des lettres publiées d'André Gide</u>, Paris, Minard, 1971, s.p.

343. <u>Catalogue</u> de la Librairie Simonson, no 352, Bruxelles, mars 1970, p. 4.

   Résumé d'une lettre d'André Gide à X..., 21 juin 1926. Aussi cité dans: Claude MARTIN, <u>Répertoire chronologique des lettres publiées d'André Gide</u>, Paris, Minard, 1971, s.p.

344. 'Une lettre à Jean Paulhan', <u>Bulletin d'information de l'Association des Amis d'André Gide</u>, no 7, avril 1970, p. 8.

   Lettre du 12 novembre 1926.

345. <u>Catalogue</u> de la Librairie Simonson, no 354, Bruxelles, mai 1970, p.2.

   Fragment d'une lettre d'André Gide à X..., 15 novembre 1894. Aussi cité dans: Claude MARTIN, <u>Répertoire chronologique des lettres publiées d'André Gide</u>, Paris, Minard, 1971, s.p.

346. <u>Bulletin d'autographes</u>, no 738, Paris, Librairie Charavay, octobre 1970, p. 26.

   Fragment d'une lettre d'André Gide à X..., 15 juin 1937. Aussi cité dans: Bulletin d'information de l'Association des Amis d'André Gide, no 10, 15 janvier 1971, p. 10; Claude MARTIN, <u>Répertoire chronologique des lettres publiées d'André Gide</u>, Paris, Minard, 1971, s.p.

*Fragment d'une lettre d'André Gide à X..., 29 janvier 1940.
Aussi cité dans: Bulletin d'information de l'Association des
Amis d'André Gide, no 10, 15 janvier 1971, p. 10; Claude
MARTIN, Répertoire chronologique des lettres publiées d'André
Gide, Paris, Minard, 1971, s.p.*

347. [Lettres d'André Gide à Enid Starkie et à Miron Grindea], <u>Adam</u>, XXXV, nos 337-339, 1970, s.p.

Lettre d'André Gide à Enid Starkie, 12 mai 1947, s.p.

Lettre d'André Gide à Miron Grindea, 5 juillet 1948, s.p.

Lettre d'André Gide à Miron Grindea, 7 novembre 1949, s.p.

347a. <u>Catalogue</u> de la Librairie "Les Mains Libres", No 2, 1970.

*Fragment d'une lettre d'André Gide à Jean Cocteau, s.d.
Ce fragment est aussi cité dans le <u>Bulletin des Amis d'André
Gide</u>, no 17, octobre 1972, p. 8.*

*Fragment d'une lettre d'André Gide à Jean Cocteau, 17 mai 1946.
Ce fragment est aussi cité dans le <u>Bulletin des Amis d'André Gide</u>,
no 17, octobre 1972, p. 8.*

347b. <u>Catalogue</u> de la Librairie "Les Mains libres", no 3, 1970.

*Fragment d'une lettre d'André Gide à Georges Hubert, 5 novembre
[1919]. Aussi cité dans le <u>Bulletin des Amis d'André Gide</u>, no 17,
octobre 1972, pp. 8-9.*

*Fragment d'une lettre d'André Gide à Georges Herbich, 14 octobre
1926. Aussi cité dans le <u>Bulletin des Amis d'André Gide</u>, no 17,
octobre 1972, p. 9.*

*Fragment d'une lettre d'André Gide à X..., 5 septembre 1920.
Aussi cité dans le <u>Bulletin des Amis d'André Gide</u>, no 17, octobre
1972, p. 9.*

348. <u>André Gide</u>, catalogue rédigé par Florence Callu, Simone Gravereau, Madeleine Barbin, Paris, Bibliothèque nationale, 1970.

*[A moins d'indication contraire, nous ne faisons mention que
des fragments de lettres qui, à notre connaissance, n'avaient
jamais été publiées auparavant.]*

Fragment d'une lettre d'André Gide à Pierre Louÿs, 6 mai 1892, p. 33.

Fragment d'une lettre d'André Gide à sa mère, 4 juin 1890, p. 34.

Fragment d'une lettre d'André Gide à Albert Démarest, [novembre 1893], p. 51.

Fragment d'une lettre d'André Gide à Mme Jean-Paul Laurens, [fin novembre 1893], p. 51. Ce fragment est aussi cité dans: Catalogue de l'Exposition André Gide, Uzès, Musée municipal, 1969, no 46. La lettre y est datée du 25 novembre 1893.

Fragment d'une lettre d'André Gide à Albert Démarest, [février 1894], p. 54. Cette lettre est datée de mars 1894 par Jean Delay [voir no 237, p. 305] et par Claude Martin, dans son Répertoire chronologique des lettres publiées d'André Gide, Paris, Minard, 1971.

Fragment d'une lettre d'André Gide à sa mère, 6 décembre 1894, p. 55.

Fragment d'une lettre d'André Gide à Pierre Louÿs, 10 mars 1895, p. 57.

Fragment d'une lettre d'André Gide à Paul-Albert Laurens, février 1895, p. 60. Claude Martin (op.cit.) situe cette lettre entre le 8 et le 16 février 1895.

Fragment d'une lettre d'André Gide à Marcel Drouin, [avril 1897], p. 75.

Fragment d'une lettre d'André Gide à Edmond Jaloux, 10 juillet 1897, p. 77.

Fragment d'une lettre d'André Gide à Henri Ghéon, [20 juillet 1899], p. 91.

Fragment d'une lettre d'André Gide au Docteur Andreae, [1906], p. 106.

Fragment d'une lettre d'André Gide à Pierre de Lanux, [2 octobre 1908], p. 110.

Fragment d'une lettre d'André Gide à Charles-Louis Philippe, [1906], p. 115.

Fragment d'une lettre d'André Gide à Edmond Jaloux, 5 octobre [1908], p. 116.

Fragment d'une lettre d'André Gide à Eugène Montfort, 27 novembre 1908, p. 117.

Fragment d'une lettre d'André Gide à Henri Ghéon, 19 janvier 1916, p. 141.

Fragment d'une lettre d'André Gide à Florent Schmitt, 1º novembre 1923, p. 154.

Fragment d'une lettre d'André Gide à Mme Paul-Albert Laurens, 23 avril 1938, p. 187.

Fragment d'une lettre d'André Gide à Henri Ghéon, 7 août 1938, p. 188.

349. Présence d'André Gide, catalogue rédigé par Jean Warmoes, avant-propos de Carlo Bronne, Bruxelles, Bibliothèque royale Albert ler, 1970.

[A moins d'indication contraire, nous ne faisons mention que des fragments de lettres qui, à notre connaissance, n'avaient jamais été publiés auparavant.]

Résumé d'une lettre d'André Gide à Charles Van Lerberghe, [1893], p. 13.

Fragment d'une lettre d'André Gide à Albert Mockel, [s.d.], p.16. Claude Martin, dans son Répertoire chronologique des lettres publiées d'André Gide (Paris, Minard, 1971), situe cette lettre en juillet 1894.

Fragment d'une lettre d'André Gide à Max Elskamp, 3 février 1896, p. 26.

Fragment d'une lettre d'André Gide à André Fontainas, 28 avril 1897, p. 28.

Fragment d'une lettre d'André Gide à Charles Van Lerberghe, 18 mars 1898, p. 34.

Résumé d'une lettre d'André Gide à Albert Mockel, [1899], p. 38. Claude Martin (op.cit.) date cette lettre du mois d'août 1899.

Résumé d'une lettre d'André Gide à Octave Maus, [avril 1900], p. 44. Cette lettre est vraisemblablement celle qui fut publiée dans: Madeleine MAUS, Trente années de lutte pour l'art [voir no 41, p. 252]. Elle est alors datée du 2 avril 1900.

Fragment d'une lettre d'André Gide à Georges Eekhoud, [2 avril 1900], p. 44.

Fragment d'une lettre d'André Gide à Georges Eekhoud, 3 avril 1900, p. 44.

*Billet d'André Gide à Théo van Rysselberghe, 6 juin, p. 51. Claude Martin (*op.cit.*) précise que ce billet fut écrit le 6 juin 1903.*

*Fragment d'un brouillon de lettre d'André Gide à Charles Van Lerberghe, [1906], p. 59. Claude Martin (*op.cit.*) précise que cette lettre fut écrite en février 1906.*

Résumé d'une lettre d'André Gide à Théo Van Rysselberghe, [s.d.], p. 62.

Fragment d'une lettre d'André Gide à Théo Van Rysselberghe, [s.d.], p. 62.

*Résumé d'un billet d'André Gide à Dumont-Wilden, [1907], p. 62. Claude Martin (*op.cit.*) est d'avis que ce billet fut écrit en octobre 1907.*

Résumé d'une lettre d'André Gide à André Ruyters, [juin 1909], p. 64.

Résumé d'une lettre d'André Gide à André Ruyters, 16 novembre [1909], p. 67.

Résumé d'une lettre d'André Gide à Albert Mockel, 5 juillet 1914, p. 76.

Fragment d'un brouillon d'une lettre d'André Gide au Président Mithouard, 19 janvier 1915, p. 79.

*Fragment d'une lettre d'André Gide à Théo Van Rysselberghe, 7 janvier, p. 81. Claude Martin (*op.cit.*) date cette lettre du 7 janvier 1917.*

Fragment d'une lettre d'André Gide à Théo Van Rysselberghe, [s.d.], p. 86.

Résumé d'une lettre d'André Gide à Jean Vanden Eeckhoudt, 6 juin [1921], p. 87.

Fragment d'une lettre d'André Gide à Robert Mélot du Dy, 14 décembre [1924], p. 95.

Fragment d'une lettre d'André Gide à Jean de Boschère, 12 février 1935, p. 111.

Fragment d'une lettre d'André Gide à Jean Vanden Eeckhoudt, 30 décembre 1935, p. 113.

Résumé d'une lettre d'André Gide à Paul Dresse de Lébioles, 23 janvier 1936, p. 113.

Fragment d'une lettre d'André Gide à Louis Gérin, 27 juin 1937, p. 115 et p. 118.

Fragment d'une lettre d'André Gide à Jean de Boschère, 24 mars 1942, p. 122.

Fragment d'une lettre d'André Gide à Marie Delcourt, 6 juillet 1945, p. 123.

Fragment d'une lettre d'André Gide à Zoom Walter, 27 octobre 1946, p. 126.

Fragment d'une lettre d'André Gide à X..., 19 mai 1934, p. 130.

Fragment d'une lettre d'André Gide à Richard Heyd, 25 juin 1948, p. 130.

Fragment d'une lettre d'André Gide à Richard Heyd, 27 février 1950, p. 130.

Fragment d'une lettre d'André Gide à Pierre Lesdain, 20 juin 1948, p. 130.

Télégramme d'André Gide à Pandit Nehru, 30 janvier 1948, p. 131.

Résumé d'une lettre d'André Gide à X..., 29 décembre 1949, p. 133.

Fragment d'une lettre d'André Gide à Arnold Naville, 8 mars 1950, p. 134.

Résumé d'une lettre d'André Gide à X..., 4 février 1902, p. 135.

350. CHAPON (François), "Claudel, collaborateur de l'Occident", Bulletin de la Société Paul Claudel, no 36, novembre 1969-janvier 1970, pp. 29-30.

Lettre d'André Gide à Adrien Mithouard, 25 janvier 1909, p. 29.

Lettre d'André Gide à Adrien Mithouard, 28 janvier 1909, pp. 29-30.

351. DE BOISDEFFRE (Pierre), Vie d'André Gide, Paris, Hachette, 1970, tome I.

Brouillon d'une lettre d'André Gide à Henri de Régnier, novembre 1901, p. 444.

Fragment d'une lettre d'André Gide à Anna de Noailles, 24 mars 1908, p. 502.

Fragment d'un brouillon de lettre d'André Gide à Henri Clouard, 17 juin 1909, p. 527.

352. GUISAN (Gilbert), <u>C.-F. Ramuz, ses amis et son temps (1919-1939)</u>, Lausanne et Paris, La Bibliothèque des Arts, 1970, tome VI.

Lettre d'André Gide à C.-F. Ramuz, 4 décembre 1933, p. 257.

Lettre d'André Gide à C.-F. Ramuz, 7 février 1936, pp. 280-281.

Lettre d'André Gide à C.-F. Ramuz, 20 janvier 1937, p. 296. Cette lettre avait été publiée dans la <u>Nouvelle revue française</u>, le 1er juillet 1967, pp. 188-189 [voir no <u>301</u>].

Lettre d'André Gide à C.-F. Ramuz, 1er mars 1937, p. 298.

353. IRELAND (G.W.), <u>André Gide</u>, London, Oxford University Press, 1970.

Fragment d'une lettre d'André Gide à Marcel Drouin, [1889-début 1890], pp. 20-21

Fragment d'une lettre d'André Gide à Marcel Drouin, 6 janvier 1894, p. 105.

Fragment d'une lettre d'André Gide à Marcel Drouin, 9 novembre 1895, p. 134 et p. 181. Un extrait de cette même lettre est aussi cité par Yvonne DAVET, dans <u>Autour des Nourritures terrestres. Histoire d'un livre</u> [voir no <u>163</u>, pp. 56-57].

Fragment d'une lettre d'André Gide à Marcel Drouin, [1897], p. 134.

Fragment d'une lettre d'André Gide à Marcel Drouin, 28 mars 1899, p. 177.

Fragment d'une lettre d'André Gide à Marcel Drouin, [1893], p. 180. Selon le <u>Répertoire chronologique des lettres publiées d'André Gide</u> (Paris, Minard, 1971) de Claude Martin, cette lettre serait plutôt de 1894.

Fragment d'une lettre d'André Gide à Marcel Drouin, 3 décembre 1895, p. 181. Yvonne DAVET (op.cit.) cite un autre passage de cette même lettre [pp. 49-50].

Fragments d'une lettre d'André Gide à Marcel Drouin, 10 mars 1899, p. 115 et p. 181.

Fragment d'une lettre d'André Gide à Marcel Drouin, 25 août 1898, p. 182.

Fragment d'une lettre d'André Gide à Marcel Drouin, 28 mars [1897], p. 183. Selon Claude Martin (op.cit.), cette lettre serait plutôt du 28 mars 1898.

Fragment d'une lettre d'André Gide à Marcel Drouin, [1898], p. 183.

Fragment d'une lettre d'André Gide à Marcel Drouin, samedi soir 1899, p. 250.

Fragment d'une lettre d'André Gide à Marcel Drouin, [juillet 1898], pp. 252-253.

Fragment d'une lettre d'André Gide à Ernst Robert Curtius, 26 novembre 1931, p. 395.

Fragment d'une lettre d'André Gide à Ernst Robert Curtius, 22 décembre 1931, p. 395.

354. LEINER (Jacqueline), Le Destin littéraire de Paul Nizan et ses étapes successives, Paris, Klincksieck, 1970.

Lettre d'André Gide à Paul Nizan, 28 septembre 1934, p. 166.

355. LEVEQUE (Alain), "Gide et l'Italie: voyage et création", Quaderni Francesi, Napoli, 1970, pp. 609-620.

Fragment d'une lettre d'André Gide à Marcel Drouin, [1893], p. 612.

Fragment d'une lettre d'André Gide à Marcel Drouin, 11 février 1896, pp. 614-615.

Fragment d'une lettree d'André Gide à Marcel Drouin, 10 mars 1896, p. 615.

356. MARTIN (Claude), "Ce fou de Jef...: André Gide et Munich", Revue des sciences humaines, no 137, janvier - mars 1970, pp. 119-125.

   Lettre d'André Gide à Jef Last, 2 octobre 1938, p.124.

357. MARTIN (Claude), "Gide et le singulier retors: compléments à la Correspondance Gide - Rouveyre", Australian Journal of French Studies, January - August 1970, pp. 23-39.

   Lettre d'André Gide à André Rouveyre, 14 avril 1924, pp. 31-32. Seul un fragment de cette lettre avait été publié dans ROU., pp. 80-81.

   Lettre d'André Gide à Paul Léautaud, 24 décembre 1946, pp. 38-39.

358. MARTIN (Claude), "Gide 1907 ou Galatée s'apprivoise", Revue d'histoire littéraire de la France, mars - avril 1970, pp. 196-208.

   Lettre d'André Gide à Emile Haguenin, 23 octobre 1907, pp. 198-201.

   Lettre d'André Gide à Emile Haguenin, 13 janvier 1908, pp. 202-203.

   Lettre d'André Gide à Franz Blei, 23 avril 1908, pp. 204-206.

359. MARTIN (Claude), La Symphonie pastorale, édition critique établie et présentée par Claude Martin, Paris, Minard, 1970.

   Fragments d'une lettre d'André Gide à Jean Schlumberger, 31 mai 1918, p. XIII et p. 3.

   Fragment d'une lettre d'André Gide à Dorothy Bussy, 25 février 1919, p. XVII.

Fragment d'une lettre d'André Gide à sa mère, 22 novembre 1894, p. XXXVIII.

Fragment d'une lettre d'André Gide à sa mère, 6 décembre 1894, p. XXXVIII.

Fragment d'une lettre d'André Gide à Jean Schlumberger, janvier 1920, p. CL.

Lettre d'André Gide à sa mère, 22 septembre 1894, pp. 142-146. Jean DELAY ne citait qu'un long extrait de cette lettre dans La Jeunesse d'André Gide [voir no 237, pp. 365-366].

Fragment d'une lettre d'André Gide à sa mère, 29-30 juin 1894, p. 145. Jean DELAY cite un autre extrait de cette même lettre [voir no 237, p. 336].

Lettre d'André Gide à sa mère, 2 octobre 1894, pp. 146-154. Jean DELAY [voir no 237, pp. 376-378] ne cite que des fragments de cette lettre.

Lettre d'André Gide à Anna de Noailles, 8 février 1919, pp. 161-163.

Lettre d'André Gide à René Salomé, 23 février 1920, pp. 166-167.

Fragment d'une lettre d'André Gide à Richard Heyd, 7 septembre 1948, p. 181.

Mention d'une lettre [non citée] d'André Gide à Edouard Gide,, 21 juin 1946, p. 182.

360. O'NEILL (Kevin), "Deux lettres sur Nietzsche et Dostoievsky", Australian Journal of French Studies, January - August 1970, pp. 17-19.

Lettre d'André Gide à Daniel Simond, 20 octobre 1938, p. 17. Un fragment de cette lettre avait été publié dans Suisse romande, 15 juin 1939 [voir no 137].

Lettre d'André Gide à André Ruyters, 2 mars 1918, pp. 18-19.

1971

361. [Lettre d'André Gide à des amis], Bulletin d'information de l'Association des Amis d'André Gide, no 10, 15 janvier 1971, pp. 3-4.

Les destinataires de cette lettre, écrite le 26 juillet 1945, ne sont pas identifiés

362. "Une lettre à Maurice Denis", Bulletin d'information de l'Association des Amis d'André Gide, no 10, 15 janvier 1971, pp. 6-7.

Lettre datée de juin 1902. Notons que Jacques-Henry Bornecque cite une version passablement différente de cette même lettre [voir 212].

363. Bulletin d'autographes, Paris, Librairie Charavay, no 741, juin 1971, p. 22.

Fragment d'une lettre d'André Gide à F. Pélissier, 8 septembre 1916. Ce fragment parut aussi dans: Bulletin d'information de l'Association des Amis d'André Gide, no 12, juillet 1971, p. 14; Claude MARTIN, Répertoire chronologique des lettres publiées d'André Gide, Paris, Minard, 1971, s.p.

Fragment d'une lettre d'André Gide à F. Pélissier, 8 février 1922. Aussi publié dans: Répertoire chronologique des lettres publiées d'André Gide, Paris, Minard, 1971, s.p.

364. Catalogue de la Librairie Simonson, no 366, Bruxelles, juillet 1971, p. 5.

Fragment d'une lettre d'André Gide à Y..., 8 décembre 1916. Aussi cité dans: Bulletin des Amis d'André Gide *, no 13, octobre 1971, p. 1010; Claude MARTIN, Répertoire chronologique des lettres publiées d'André Gide, Paris, Minard, 1971, s.p.

---

* Auparavant intitulé: Bulletin d'information de l'Association des Amis d'André Gide.

365. "A propos d'une dédicace", Bulletin des Amis d'André Gide, no 13, octobre 1971, pp. 3-8.

    Lettre d'André Gide à Paul Bourget, 12 mai 1917, pp. 3-4.

    Lettre d'André Gide à Paul Souday, 6 juin 1917, pp. 6-8. Un extrait de cette lettre avait été publié dans: Bibliothèque de feu M. Paul Souday [voir no 68, p. 65].

366. [Lettre à X...], Bulletin des Amis d'André Gide, no 13, octobre 1971, p. 18.

    Lettre du 17 décembre 1901.

367. CHAPON (François), "Note sur l'édition du second Corydon", Bulletin du bibliophile, I, 1971, pp. 1-9.

    Lettre d'André Gide à Jacques Doucet, 8 février 1919, p. 4.

    Lettre d'André Gide à Jacques Doucet, 13 novembre 1919, pp. 4-5.

    Lettre d'André Gide à Jacques Doucet, 18 novembre 1919, pp. 6-7.

    Lettre d'André Gide à Jacques Doucet, 1 décembre 1919, p. 7.

    Lettre d'André Gide à Jacques Doucet, 3 mars 1920, pp. 7-8.

    Lettre d'André Gide à Jacques Doucet, 4 juin 1920, p. 8.

    Lettre d'André Gide à Jacques Doucet, [C.P. 2 août 1920], p. 9.

368. ROUDIEZ (Léon S.), [ed.], Contemporary French Literature, Essays by Justin O'Brien, edited and introduced by Leon S. Roudiez, New Brunswick, New Jersey, Rutgers University Press, 1971.

    Fragment d'une lettre d'André Gide à Justin O'Brien écrite vraisemblablement en 1937, p. VIII.

369. SCHVEITZER (Marcelle), Gide aux oasis, Paris, Editions de la Francité, 1971.

    Lettre d'André Gide à Marcelle Schveitzer, 7 février 1945, pp. 24-25. Cette lettre fut aussi publiée dans: Bulletin des amis d'André Gide, avril 1971, no 11, p. 21.

Lettre d'André Gide à Marcelle Schveitzer, 9 février 1945, p. 25.

Lettre d'André Gide à Marcelle Schveitzer, 23 octobre 1945, pp. 152-153.

Lettre d'André Gide à Marcelle Schveitzer, 29 octobre 1946, pp. 153-154.

Lettre d'André Gide à Marcelle Schveitzer, 9 novembre 1946, p. 154.

Lettre d'André Gide à Marcelle Schveitzer, 5 août 1947, p. 154.

Lettre d'André Gide à Marcelle Schveitzer, 1 juillet 1948, p. 155.

370. Catalogue de la Librairie Jean-Pierre Cézanne, Paris, s.d.

Fragment d'une lettre d'André Gide à Catulle Mendès, 10 mai 1901, no 142. Aussi cité dans: Claude MARTIN, <u>Répertoire chronologique des lettres publiées d'André Gide</u>, Paris, Minard, 1971, s.p.

Fragment d'une lettre d'André Gide à Henri Van Deputte, 23 juin 1906, no 143. Aussi cité dans: Claude MARTIN, <u>Répertoire chronologique des lettres publiées d'André Gide</u>, Paris, Minard, 1971, s.p.

370a. Catalogue de la Librairie Descombes, Genève, s.d.

Fragment d'une lettre d'André Gide à X..., 3 mai 1912, no 422. Aussi cité dans: Claude MARTIN, <u>Répertoire chronologique des lettres publiées d'André Gide</u>, Paris, Minard, 1971, s.p.

371. Catalogue de la Librairie Descombes, Genève, s.d., no 426.

Fragment d'une lettre d'André Gide à Maurice Sachs, 18 novembre 1933. Aussi cité dans: Claude MARTIN, <u>Répertoire chronologique des lettres publiées d'André Gide</u>, Paris, Minard, 1971, s.p.

371a. Catalogue de la Librairie G. Coulet et A. Faure, no 129,
[1972].

> Lettre d'André Gide à Marcel Drouin, 27 juin 1901.
> Cette lettre n'est pas inédite, puisqu'elle fut
> publiée dans les Romanische Forschungen, en 1954,
> [voir 217].
>
> Fragment d'une lettre d'André Gide à Richard Heyd,
> 3 juin 1949. Ce fragment est aussi cité dans:
> Bulletin des Amis d'André Gide, no 17, octobre 1972, p. 7.

372. [Les deux fragments de lettres suivants sont tirés d'un catalogue
de libraire. Mme Renée B. Lang, qui nous les a gentiment communiqués,
n'avait cependant pas conservé le catalogue. Il nous est donc
impossible d'y référer. Voici, néanmoins, les deux fragments:

Fragment d'une lettre à un ami, Cuverville, 15 juin 1905
"Demain arrive ici Copeau, sa femme et ses deux mioches...
si je dois te trouver encore à Paris, je t'apporterai L'Immoraliste (manuscrit)...Prodigieux Le dernier No de l'Occident; il ne parle que d'Espagnols et d'Italiens. Du reste l'article de ton frère est bon; mais à toutes ces broutilles il perd son temps et ses forces; il me tarde de le voir se concentrer dans un travail plus sérieux..."

Fragment d'un lettre à un **ami, 11 décembre 1918**
"Ceci n'est qu'un petit mot d'affection pour ne point rester
sur le goût de notre dernière rencontre. Je souhaitais te revoir et le redoutais à la fois. .. T'avouerais-je ma cruelle
déconvenue lorsque, devant la grille où tu m'attendais, j'ai
vu que tu n'étais point seul ... le dépit a fait que je n'ai
pu sortir de moi que quelques phrases ironiques ... qui n'ont
servi qu'à justifier tes réticences, puis tu t'es échappé ...
sans marquer aucun désir de me revoir... tandis que l'affreuse
tristesse où j'agonisais depuis quinze jours (mais comment
aurais-tu pu t'en douter?) se sentait si près de la tienne
et que j'étais en droit d'attendre de notre réciproque affection quelque réconfort pour l'un et pour l'autre. Oh! ne vois
point ici récriminations ou plaintes. Je ne t'écris que par besoin de te dire ce qu'il ne m'a pas été possible hier de t'exprimer: c'est qu'une amitié qui n'est d'usage qu'en temps de
joie n'est digne de nous..."

Inventaire Bibliographique
Addenda

Nous n'avons pas tenu compte des références suivantes et cela pour des raisons diverses. Dans la plupart des cas, il s'agit de références postérieures à 1971, date à laquelle nous avons commencé la compilation des différents index. Il devenait alors impossible de tenir à jour notre ouvrage, si ce n'est en le recommençant sans cesse, ce que nous ne pouvions nous permettre.

D'autres références, pourtant antérieures à 1971, nous étaient cependant inconnues au moment de la compilation. Nous en tiendrons compte, ainsi que des précédentes, dans le Supplément au présent ouvrage que nous espérons publier dans quelques années.

Enfin, nous avons exclu certaines réponses à des enquêtes qui ne nous paraissaient pas devoir être classées comme lettres.

"Réponse à l'enquête sur le sens énergique chez la jeunesse", L'effort, janvier-février 1898, p. 17.

/ Réponse à une enquête sur le mariage / , La Plume, 15 juin 1901, p. 445.

"Réponse à l'enquête de l'Ermitage", L'Ermitage, février 1902, p. 109.

"Réponse à une enquête sur l'influence allemande", Mercure de France, novembre 1902, pp. 335-336.

/Réponse à "L'Enquête sur le roman contemporain" / , The Weekly Critical Review, 29 janvier 1904.

/Réponse à l'enquête de Georges Le Cardonnel et Charles Vellay/, dans: Georges Le Cardonnel et Charles Vellay, La littérature contemporaine, Paris, Mercure de France, 1905, 331p. (Réponse d'André Gide, pp. 86-90).

Oscar Wilde, Paris, Mercure de France, 1910, 78p. (La première édition renferme des pages qui ne furent pas reprises ailleurs et où est cité un fragment de lettre à X..., p. 53.)

/Réponse à l'enquête sur la fête de Jeanne d'Arc/, Les Marches de l'Est, 15 mai 1911, p. 139.

/Réponse à l'enquête: Pourquoi écrivez-vous? /, Littérature, no 10, décembre 1919, p. 24.

/Réponse à une enquête sur les peintres: "Une tribune française au Louvre"/, L'Opinion, 13 mars 1920, p. 302.

/Réponse à l'Enquête sur le romantisme et le classicisme/, La Renaissance politique, littéraire, artistique, 8 janvier 1921, p. 10.

"Réponse à l'enquête sur Anatole France", Tambour, no 5, novembre 1929, p. 12.

GUEHENNO (Jean), "Sur une lettre de M. André Gide", Europe, décembre 1929, pp. 588-592.

/Une protestation/, Feuille rouge, no 2, /mars 1933/.

"Gagnons au Parti de nouvelles forces", L'Humanité, 27 septembre 1934, p. 4.
    Lettre d'André Gide à Marcel Cachin, 16 septembre 1934.

/Déclaration d'André Gide/, Pravda, 19 juillet 1936.

/Déclaration d'André Gide/, Pravda, 31 juillet 1936.

/Lettre à Béria/, Pravda, 3 août 1936.

/Déclaration d'André Gide/, Pravda, 19 août 1936.

/Télégramme d'adieu/, Pravda, 25 août 1936.

Soviet Kikô Shûsei, Tokyo, Dauchi-Shobô, 1937.
    Cette traduction japonaise du Retour de l'U.R.S.S. renferme le fac-similé d'une lettre d'André Gide à Nico Horogoutchi, du 27 août 1937.

"Paris chasse Dullin", Combat, 22 mai 1947, p. 1.

"Réponse à l'enquête: Que pensez-vous de Maupassant?", Les Nouvelles littéraires, 3 août 1950.

SOUCHON (Paul), Emmanuel Signoret, incarnation du Poète, Paris, La Couronne littéraire, 1950, 266p.
    Fragment d'une lettre d'André Gide à Emmanuel Signoret, s.d., /25 juillet 1899/, p. 184.

"Qui sauvera l'humanité en crise?", Yomiuri Shimbun, 15 janvier 1951.
    Lettre d'André Gide à Mitsuo Nakamura, 2 janvier 1951. Nous la mentionnons, par ailleurs, au no 185.

ROLLAND (Romain), Journal des années de guerre (1914-1919), Paris, Albin Michel, 1952, XXIII-1908 (6)p.

    Fragment d'une lettre d'André Gide à Romain Rolland, s.d., pp. 92-93.

    Mention d'une lettre d'André Gide à Romain Rolland, 10 novembre 1914.

    Lettre d'André Gide à Romain Rolland, 11 janvier 1916, p. 664.

Catalogue de la Librairie Maurice Bazy, /1956?/.

    Fragment d'une lettre d'André Gide à X..., /1902/, mo 578. Ce fragment est aussi cité dans le Bulletin des Amis d'André Gide, no 16, juillet 1972, pp. 16-17.

    Lettre d'André Gide à X..., 1934, no 579. Aussi citée dans le Bulletin des Amis d'André Gide, no 16, juillet 1972, p. 17.

Bulletin d'autographes de la librairie Charavay, /1957 ou 1958?/.

    Fragment d'une lettre d'André Gide à un ami, 15 juin 1905. Aussi cité dans: Bulletin des Amis d'André Gide, no 16, juillet 1972, p. 16.

    Fragment d'une lettre d'André Gide à X..., 11 décembre 1918. Aussi cité dans: Bulletin des Amis d'André Gide, no 16, juillet 1972, p. 16.

Beaux livres et autographes, Hôtel Drouot, 12-13-19 février 1959.

    Fragment d'un billet d'André Gide à Henri de Régnier, /1909/. Aussi cité dans le Bulletin des Amis d'André Gide, no 17, octobre 1972, p. 12.

    Fragment d'un billet d'André Gide à X..., /1909/. Aussi cité dans le Bulletin des Amis d'André Gide, no 17, octobre 1972, p. 12.

    Fragment de deux lettres d'André Gide à Edmond Jaloux, /1909/. Aussi cité dans le Bulletin des Amis d'André Gide, no 17, octobre 1972, p. 12.

Catalogue de la Librairie Charavay, novembre 1960.

    Fragment d'une lettre d'André Gide à Alfred Vallette, 19 avril 1907. Aussi cité dans le Bulletin des Amis d'André Gide, no 15, avril 1972, p. 26.

Fragment d'une lettre d'André Gide à Rachilde, 9 août 1909.
Aussi cité dans le Bulletin des Amis d'André Gide, no 15,
avril 1972, pp. 26-27.

Fragment d'une lettre d'André Gide à Pierre de Lanux, 8 juin
1910. Aussi cité dans le Bulletin des Amis d'André Gide, no 15,
avril 1972, p. 27.

Fragment d'une lettre d'André Gide à Eugène Rouart, /avril 1901/.
Aussi cité dans le Bulletin des Amis d'André Gide, no 15, avril
1972, p. 27.

CATALA (J.-A.), Le Béarn de Charles de Bordeu, Pau, Collet et Marrimpouey,
1961.

Lettre d'André Gide à Charles de Bordeu, 5 octobre 1896,
pl. XVIII-XXI et p. 213.

MALLET (Robert), Francis Jammes, Paris, Mercure de France, 1961.

Lettre d'André Gide à Francis Jammes, 21 juin 1896, (?), p. 100.
Cette lettre ne semble pas avoir été reprise dans l'ensemble de
la correspondance Gide-Jammes.

Lettre d'André Gide à Mme Victor Jammes, 9 avril 1900, p. 191.

MALLET (Robert), Le Jammisme, Paris, Mercure de France, 1961.

Lettre d'André Gide à Francis Jammes, juillet 1898, p. 222.
Cette lettre ne semble pas avoir été citée dans l'ensemblr de la
correspondance Gide-Jammes.

Lettre d'André Gide à Francis Jammes, 20 juin 1898, p. 224.
Cette lettre ne semble pas avoir été citée dans l'ensemble de la
correspondance Gide-Jammes.

Catalogue de la Librairie Bernard Loliée, novembre 1963.

Fragment d'une lettre d'André Gide à Albert Mockel, 23 août 1891.
Aussi cité dans le Bulletin des Amis d'André Gide, no 15, avril
1972, p. 26.

Fragment d'une lettre d'André Gide au Comte de Guerne, s.d.
Aussi cité dans le Bulletin des Amis d'André Gide, no 15, avril
1972, p. 26.

Autographen. Auktionskatalog. J.A. Stargardt, Marburg, 3 und 4 dezember 1963, Katalog 565, p. 25, no 106.

>Fragment d'une lettre d'André Gide à X..., s.d. Aussi cité dans le Bulletin des Amis d'André Gide, no 18, avril 1973, p. 16.

Autographen aus allen gebieten. Auktionskatalog. J.A. Stargardt, Marburg, 26 und 27 mai 1964, Katalog 567, p. 19, no 82.

>Fragment d'une lettre d'André Gide à Jean Strohl, 16 juillet 1941. Aussi cité dans le Bulletin des Amis d'André Gide, no 18, avril 1973, p. 16.

Vente publique de beaux livres, Bruxelles, Galerie Falmagne, 7 mai 1966, catalogue no 180.

>Fragment d'une lettre d'André Gide à X..., 19 février 1924. Aussi publié dans le Bulletin des Amis d'André Gide, no 18, avril 1973, p. 17.

Autographen. Auktionskatalog. J.A. Stargardt, Marburg, 24 und 25 mai 1966. Katalog 576, p. 20.

>Fragment d'une lettre d'André Gide à Prinzhorm, 21 mars 1931, no 95. Aussi cité dans le Bulletin des Amis d'André Gide, no 18, avril 1973, p. 17.

Autographen. Auktion um 29 und 30 november 1966. J.A. Stargardt, Marburg, Katalog 577, p. 29, no 115.

>Fragments de deux lettres d'André Gide au Dr Carl Bjorkman, datées du 8 octobre 1928 et du 26 novembre 1930. Aussi cités dans le Bulletin des Amis d'André Gide, no 18, avril 1973, pp. 17-18.

Catalogue de la Librairie Auguste Blaizot, no 325, 1966.

>Fragments de trois lettres, s.d., d'André Gide à Lucie Delarue-Mardrus, no 1368. Ces fragments sont aussi cités dans le Bulletin des Amis d'André Gide, no 20, octobre 1973, pp. 44-45.

Autographen. Auktion um 23 und 24 mai 1967. J.A. Stargardt, Marburg, Katalog 580, p. 26.

>Fragment d'une lettre d'André Gide à Charles Du Bos, s.d., no 87. La lettre n'est pas citée dans l'ensemble de la correspondance

Gide-Du Bos. Le fragment fut repris dans le Bulletin des Amis d'André Gide, no 18, avril 1973, p. 18.

Catalogue de la Librairie Casella, septembre ou octobre 1967.

Fragment d'une lettre d'André Gide à Eugène Rouart, octobre 1900, no 412. Aussi cité dans le Bulletin des Amis d'André Gide, no 20, octobre 1973, p. 45.

Précieux manuscrits et lettres autographes. XVIIe au XXe siècle, Paris, Hôtel Drouot, vente du 27 octobre 1969.

Fragment d'une lettre d'André Gide à Georges Gabory, s.d., no 105. Aussi cité dans le Bulletin des Amis d'André Gide, no 18, avril 1973, pp. 18-19.

Fragment d'une lettre d'André Gide à M. et Mme Richard Heyd, 4 mai 1948,, no 106. Aussi cité dans le Bulletin des Amis d'André Gide, no 18, avril 1973, p. 19.

Fragment d'une lettre d'André Gide à Richard Heyd, 3 juin 1949, no 107. Aussi cité dans le Bulletin des Amis d'André Gide, no 18, avril 1973, p. 19.

Autographen. Auktion um 13 und 14 november 1969. J.A. Stargardt, Marburg, Katalog 591, p. 30, no 112.

Fragment d'une lettre d'André Gide à Forum, 13 février 1929. Aussi cité dans le Bulletin des Amis d'André Gide, no 18, avril 1973, p. 19.

Catalogue de la Librairie Coulet & Faure, Paris, septembre 1970.

Fragment d'une lettre d'André Gide à Alfred Vallette, 19 juillet 1907, no 495.
Ce fragment est aussi cité dans le Bulletin des Amis d'André Gide, no 20, octobre 1973, pp. 45- 46.

Bulletin d'autographes, no 738, Paris, Librairie Charavay, octobre 1970, p. 26.

Fragment d'une lettre d'André Gide à X..., 15 juin 1937. Aussi cité dans: Bulletin d'information de l'Association des Amis d'André Gide, no 10, 15 janvier 1971, p. 10; Claude Martin, Répertoire chronologique des lettres publiées d'André Gide, Paris, Minard, 1971, s.p.

> Fragment d'une lettre d'André Gide à X..., 29 janvier 1940.
> Aussi cité dans: <u>Bulletin d'information de l'Association des
> Amis d'André Gide</u>, no 10, 15 janvier 1971, p. 10; Claude
> Martin, <u>Répertoire chronologique des lettres publiées d'André
> Gide,</u> Paris, Minard, 1971, s.p.

<u>Catalogue</u> de la Librairie Bernard Loliée, Paris, décembre 1970.

> Fragment d'une lettre d'André Gide à Edmond Bonniot, 16 mai
> 1913, no 26. Aussi cité dans le <u>Bulletin des Amis d'André Gide</u>,
> no 20, octobre 1973, p. 46.

MARTIN (Claude), <u>Répertoire chronologique des lettres publiées d'André Gide</u>,
Paris, Minard, 1971, s.p.

> Cet excellent instrument de travail renferme un appendice où
> sont cités les "fragments de lettres seulement connus par des
> catalogues de librairies ou de ventes publiques". Nous y avons
> référé au moment de leur parution.

ROUNTREE (Benjamin), "Quelques lettres inédites à Jean de Boschère",
<u>Revue des Sciences humaines</u>, octobre-décembre 1971, pp. 617-627.

> Lettre d'André Gide à Jean de Boschère, 12 février 1935,
> pp. 622-623. Un fragment de cette lettre fut publié dans
> <u>Présence d'André Gide</u>.

ROWLAND (Michael L.), "André Gide's Tribute to Charles-Louis Philippe:
Some Unpublished Correspondence (1910-1911)", <u>Romance Notes</u>, XIII, no 2,
Winter 1971, pp. 204-210.

> Lettre d'André Gide à Stuart Merrill, / 4 janvier 1910/,
> pp. 205-206.

> Lettre d'André Gide à Régis Gignoux, / janvier 1910/, p. 206.

VANWELKENHUYSEN (Gustave), "André Gide, Albert Mockel et <u>La Wallonie</u>",
<u>Bulletin de l'Académie royale de langue et de littérature françaises</u>,
XLIX, nos 3-4, /1971/, pp. 231-257. Un tirage à part (auquel nous référons ci-après) fut publié: Bruxelles, Palais des Académies, 1971,
29p.

> Fragment d'une lettre d'André Gide à Albert Mockel, / mai ou
> juin 1891/, p. 4.

> Mention d'une lettre d'André Gide à Albert Mockel, 23 août
> 1891, p. 5.

Mention d'une lettre d'André Gide à Albert Mockel, 4 août 1896, p. 5.

Fragment d'une lettre d'André Gide à Albert Mockel, / fin juillet 1894/, p. 6 et p. 10.

Fragments d'une lettre d'André Gide à Albert Mockel, 15 janvier 1891, p. 8 et p. 9.

Fragments d'une lettre d'André Gide à Albert Mockel, /mars/ 1892, p. 9.

Fragments d'une lettre d'André Gide à Albert Mockel, 5 juillet /1914/, p. 13.

Fragments d'une lettre d'André Gide à Albert Mockel, 4 août 1896, p. 14.

Fragments d'une lettre d'André Gide à Albert Mockel, 25 février 1896, p. 14.

Lettre d'André Gide à Albert Mockel, 20 avril 1897, p. 16.

Fragment d'une lettre d'André Gide à Albert Mockel, /20 janvier 1924/, p. 22.

Fragment d'une lettre d'André Gide à Albert Mockel, 28 janvier 1936, p. 24.

Fragment d'une lettre d'André Gide à Albert Mockel, 29 mai 1938, p. 27.

VIDAN (Ivo et Gabrijela), "Further Correspondence between Joseph Conrad and André Gide", Studia Romanica et Anglica Zagrabiensia, nos 29-32, 1970-1971, pp. 523-536.

Lettre d'André Gide à Joseph Conrad, 10 novembre 1919, pp. 528-529.

Lettre d'André Gide à Joseph Conrad, 21 novembre 1919, p. 530.

Précieux manuscrits et lettres autographes, Hôtel Drouot, salle 8, janvier 1972.

    Fragment d'une lettre d'André Gide à Eugène Rouart, 25 avril 1915. Aussi cité dans le Bulletin des Amis d'André Gide, no 17, octobre 1972, p. 8.

    Fragment d'une lettre d'André Gide à un ami, s.d. Aussi cité dans le Bulletin des Amis d'André Gide, no 17, octobre 1972. p. 8.

    Fragment d'une lettre d'André Gide à un ami, 24 octobre 1900. Aussi cité dans le Bulletin des Amis d'André Gide, no 17, octobre 1972, p. 8.

"Lettres inédites d'André Gide à Jean Denoel", Bulletin des Amis d'André Gide, no 15, avril 1972, pp. 5-14.

    Lettre d'André Gide à Jean Denoel, 1er septembre 1941, pp. 6-7.

    Lettre d'André Gide à Jean Denoel, 12 juin 1942, pp. 7-8.

    Lettre d'André Gide à Jean Denoel, juin 1943, p. 9.

    Lettre d'André Gide à Jean Denoel, 16 décembre 1943, pp. 9-12.

    Lettre d'André Gide à Jean Denoel, 19 janvier 1944, pp. 13-14.

[Lettre d'André Gide à Paul Fort], Bulletin des Amis d'André Gide, no 15, avril 1972, p. 28.

    Cette lettre ne porte aucune date.

[Lettre d'André Gide à R.-G. Nobécourt], Bulletin des Amis d'André Gide, no 15, avril 1972, pp. 28-29.

    Fragment d'une lettre d'André Gide à R.-G. Nobécourt, 26 août 1939, p. 28.

    Fragment d'une lettre d'André Gide à R.-G. Nobécourt, 21 février 1947, p. 28.

    Fragment d'une lettre d'André Gide à R.-G. Nobécourt, 20 novembre 1947, p. 28.

    Fragment d'une lettre d'André Gide à R.-G. Nobécourt, 18 mars 1949, p. 29.

"Si je m'intéresse aux fous ...", <u>Bulletin des Amis d'André Gide</u>, no 16, juillet 1972, p. 4.

    Lettre d'André Gide à Mme Paul Schlumberger, 1891.

"De l'influence" (suite), <u>Bulletin des Amis d'André Gide</u>, no 16, juillet 1972, pp. 5-6.

    Lettre d'André Gide à Charles Gide, (1904).

"Deux autres lettres inédites d'André Gide à Jean Denoel", <u>Bulletin des Amis d'André Gide</u>, no 17, octobre 1972, pp. 3-6.

    Lettre d'André Gide à Jean Denoel, 1er novembre 1944, pp. 3-4.

    Lettre d'André Gide à Jean Denoel, 14 septembre 1950, pp. 4-5.

<u>Catalogue</u> Sevin Seydi, octobre 1972.

    Mention d'une lettre d'André Gide à X..., 27 mai 1940, no 240.

<u>Autographes. Souvenirs historiques et littéraires</u>, Librairie G. Morssen, Paris, Hiver 1971-1972.

    Fragment d'une lettre d'André Gide à X... (Marcel Drouin?), décembre 1901, no 276. Aussi cité dans le <u>Bulletin des Amis d'André Gide</u>, no 16, juillet 1792, p. 15.

<u>Catalogue</u> de la Librairie G. Coulet & A. Faure, no 129, (1972).

    Fragment d'une lettre d'André Gide à Marcel Drouin, 27 juin 1901. La lettre avait été publiée dans les <u>Romanische Forschungen</u>, en 1954.

    Fragment d'une lettre d'André Gide à Richard Heyd, 3 juin 1949. Ce fragment est aussi cité dans le <u>Bulletin des Amis d'André Gide</u>, no 17, octobre 1972, p. 7.

<u>Correspondance Jacques Copeau - Roger Martin du Gard</u>, introduction par Jean Delay; texte établi et annoté par Claude Sicard, Paris, Gallimard, 1972, vol. I, 452(10)p.

    Achevé d'imprimer le 3 février 1972.

    Fragment d'une lettre d'André Gide à Agnès Copeau, 29 avril 1925, p. 414.

Correspondance Jacques Copeau - Roger Martin du Gard, notes et index de Claude Sicard, Paris, Gallimard, 1972, vol. II, (14)0440 (14)p.

    Achevé d'imprimer le 7 février 1972.

    Fragment d'une lettre d'André Gide à Agnès Copeau, 5 juin 1929, p. 484.

    Fragment d'une lettre d'André Gide à Agnès Copeau, 8 mai 1940, p. 622.

Pierre Jean Jouve, Paris, Cahiers de l'Herne, no 19, 1972.

    Lettre d'André Gide à Pierre Jean Jouve, 3 janvier 1941, p. 123.

    Lettre d'André Gide à Pierre Jean Jouve, 22 janvier 1942, p. 124.

COTNAM (Jacques), "Refus et acceptation d'André Gide au Québec", Cahiers André Gide, no 3, Paris, Gallimard, 1972, pp. 281-314.

    Lettre d'André Gide à Maurice Blain, 16 février 1949, p. 309.

PETERS (Arthur King), "Cocteau et Gide : lettres inédites", Jean Cocteau I, "Cocteau et les mythes", La Revue des lettres modernes, nos 298-303, Paris, Minard, 1972, pp. 55-67.

    Lettre d'André Gide à Jean Cocteau, (23 avril 1917), p. 57.

    Lettre d'André Gide à Jean Cocteau, (26 juin 1919), p. 57.

    Lettre d'André Gide à Jean Cocteau, 20 novembre 1919, p. 58.

    Lettre d'André Gide à Jean Cocteau, (juin 1921), p. 58-59.

    Lettre d'André Gide à Jean Cocteau, (fin juin 1922), p. 60.

    Lettre (non envoyée) d'André Gide à Jean Cocteau, 1928, pp. 63-64.

    Lettre d'André Gide à Jean Cocteau, 18 janvier (1931), p. 65.

    Lettre d'André Gide à Jean Cocteau, 18 janvier (1931), p. 66.

    Lettre d'André Gide à Jean Cocteau, 17 mai 1946, p. 67.

    Ces lettres sont aussi citées dans : Arthur King Peters, Jean Cocteau and André Gide. An Abrasive Friendship, New Brunswick, New Jersey, Rutgers University Press, 1973.

REGNIER (Henri de), Lettres à André Gide (1891-1911), avec cinq brouillons de lettres d'André Gide à Henri de Régnier, préface et notes par David J. Niederauer, Paris et Genève, Minard et Droz, 1972, 147(4)p.

    Brouillon d'une lettre d'André Gide à Henri de Régnier, mai 1896, pp. 100-101.

    Brouillon d'une lettre d'André Gide à Henri de Régnier, (vers décembre 1901), pp. 118-119.

    Brouillon d'une lettre d'André Gide à Henri de Régnier, (fin d'avril 1905), pp. 121-123.

    Brouillon d'une lettre d'André Gide à Henri de Régnier, 25 juillet 1907, pp. 125-126.

    Brouillon d'une lettre d'André Gide à Henri de Régnier, 20 novembre 1909, p. 131.

ROWLAND (Michael L.), "Gide's correspondence with Eugène Dabit : Three New Letters", Romance Notes, XIV, no 2, Winter 1972, pp. 222-225.

    Lettre d'André Gide à Eugène Dabit, 10 décembre 1928, p. 223.

    Lettre d'André Gide à Eugène Dabit, 10 novembre 1931, pp. 223-224.

    Lettre d'André Gide à Eugène Dabit, (3 avril 1933), pp. 224-225.

SAINT-JOHN PERSE, Oeuvres complètes, "Bibliothèque de la Pléiade", Paris, Gallimard, 1972, XLII-1415p.

    Achevé d'imprimer le 5 octobre 1972.

    Fragment d'une lettre d'André Gide à Saint-John Perse, 9 novembre 1949, p. 1300.

Archives Arnold Naville : André Gide, Paris, Pierre Berès, 8 février 1973.

    Mention d'une lettre d'André Gide à Léon Daudet, 21 septembre 1931, no 30.

"La fin d'une amitié. La dernière lettre d'André Gide à Pierre Louys", Bulletin des Amis d'André Gide, no 18, avril 1973, pp. 6-8.

    Lettre d'André Gide à Pierre Louys, (3 juin 1895).

Catalogue de la librairie C. Coulet & A. Faure, no 132, avril 1973, p. 99.

    Fragments d'une lettre d'André Gide à Pierre X..., s.d., no 903. Aussi cités dans le Bulletin des Amis d'André Gide, no 19, juillet 1973, p. 36.

    Résumé d'une lettre d'André Gide au Président du Conseil, s.d., no 904. Cité dans le Bulletin des Amis d'André Gide, no 19, juillet 1973, p. 36.

    Fragments d'une lettre d'André Gide à Maurice Magre, 24 novembre 1919, no 905. Aussi cités dans le Bulletin des Amis d'André Gide, no 19, juillet 1973, pp. 37-38.

    Fragments d'une lettre d'André Gide à Maurice Magre, 27 novembre 1939, no 906. Aussi cités dans le Bulletin des Amis d'André Gide, no 19, juillet 1973, p. 38.

Bulletin de la Librairie Charavay, no 749, Paris, juin 1973, no 35563.

    Fragments d'une lettre d'André Gide à Eugène Rouart, 25 avril 1915. Aussi cité dans le Bulletin des Amis d'André Gide, no 20, octobre 1973, p. 42.

Catalogue de vente aux enchères, Sotheby, London, 5 juin 1973.

    Mention d'une lettre d'André Gide à V. Payen-Payne, 24 octobre 1923, no 281.

Catalogue de la Librairie Coulet & Faure, no 134, septembre 1973.

    Fragment d'une lettre d'André Gide à X..., 17 décembre 1930, no 694. Aussi cité dans le Bulletin des Amis d'André Gide, no 20, octobre 1973, p. 42.

Carte postale d'André Gide à X..., 30 janvier 1933, no 694.
Aussi citée dans le Bulletin des Amis d'André Gide, no 20,
octobre 1973, p. 42.

Carte postale d'André Gide à X..., 23 novembre 1933, no 694.
Aussi citée dans le Bulletin des Amis d'André Gide, no 20,
octobre 1973, p. 42.

Fragment d'une lettre d'André Gide à Pierre Lanux, 4
février 1945, no 415. Aussi cité dans le Bulletin des Amis
d'André Gide, no 20, février 1973, p. 43.

Catalogue de l'exposition André Malraux, Fondation Meght, St-Paul
de Vence, 1973.

Fragment d'une lettre d'André Gide à André Malraux, 26 octobre
1937, p. 136, no 387. Aussi cité dans le Bulletin des Amis
d'André Gide, no 20, octobre 1973, p. 33.

HARRIS (Frederick John), André Gide and Romain Rolland : Two Men
Divided, New Brunswick, New Jersey, Rutgers University Press, 1973,
X-295p.

Lettre d'André Gide à Romain Rolland, 20 octobre 1914,
pp. 21-22; pp. 201-202. Des fragments de cette lettre
avaient été publiés par Romain Rolland, dans son Journal
1914-1919, pp. 92-93.

Lettre d'André Gide à Romain Rolland, 10 novembre 1914,
pp. 29-30; pp. 204-205. Un bref fragment de cette lettre
avait été publié par Romain Rolland, dans son Journal 1914-
1919, p. 123.

Lettre d'André Gide à Romain Rolland, 11 janvier 1916,
pp. 35-36; pp. 207-208. Cette lettre avait été citée par
Romain Rolland, dans son Journal 1914-1919, p. 664
et par Renée Lang, dans l'ensemble de la correspondance Gide-
Rilke, pp. 126-127.

Lettre d'André Gide à Romain Rolland, 25 janvier 1916, pp. 36-
37; pp. 208-209. Cette lettre avait été citée par Renée Lang,
dans l'ensemble de la correspondance Gide-Rilke, pp. 131-133.

Lettre d'André Gide à Romain Rolland, 17 février 1916, pp. 38-41;
pp. 209-212.

Lettre d'André Gide à Romain Rolland, 1er mai 1934, p. 129;
p. 247.

PETERS (Arthur King), Jean Cocteau and André Gide. An Abrasive Friendship, New Brunswick, New Jersey, Rutgers University Press, 1973, XV-405p.

> Les lettres d'André Gide à Jean Cocteau que renferme cet ouvrage avaient précédemment été citeés, soit dans l'ensemble de leur correspondance (voir COC.), soit dans le complément que publia Arthur King Peters.
>
> Lettre d'André Gide à Marc Allégret, 25 avril 1918, pp. 322-323.
>
> Lettre d'André Gide à Marc Allégret, 19 janvier 1919, p. 327.

VAN RYSSELBERGHE (Maria), Notes pour l'histoire authentique d'André Gide, Les Cahiers de la Petite Dame (1918-1929), préface d'André Malraux, Cahiers André Gide, 4, Paris, Gallimard, 1973, XXXI-461p.

> Achevé d'imprimer le 15 février 1973.
>
> Télégramme d'André Gide à Maria Van Rysselberghe, 18 janvier 1923, p. 164.
>
> Fragment d'une lettre d'André Gide à Jean Schlumberger, janvier 1923, p. 165.
>
> Lettre d'André Gide à Elizabeth Van Rysselberghe, (fin juin 1929), p. 254.
>
> Fragment d'une lettre d'André Gide à Elizabeth Van Rysselberghe, (fin juin 1926), p. 255.
>
> Télégramme d'André Gide à Maria et à Elizabeth Rysselberghe, 4 décembre 1927, p. 336.
>
> Télégramme d'André Gide à Maria Van Rysselberghe, 22 janvier 1929.
>
> Télégramme d'André Gide à Maria Van Rysselberghe, 23 janvier 1929, p. 398.

Catalogue de la Librairie Kenneth W. Rendell, Somerville, Mass. U.S.A., s.d.

>Fragment d'une lettre d'André Gide à Eugène Rouart, 16 mars 1900. Aussi cité dans le Bulletin des Amis d'André Gide, no 15, avril 1972, p. 29.
>
>Fragment d'une lettre d'André Gide à Eugène Rouart, s.d. Aussi cité dans le Bulletin des Amis d'André Gide, no 15, avril 1972, p. 29.
>
>Fragment d'une lettre d'André Gide à Eugène Rouart, 5 juillet 1911. Aussi cité dans le Bulletin des Amis d'André Gide, no 15, avril 1972, pp. 29-30.
>
>Fragment d'une lettre d'André Gide à Eugène Rouart, 12 juillet 1911. Aussi cité dans le Bulletin des Amis d'André Gide, no 15, avril 1972, p. 30.
>
>Mention d'une lettre d'André Gide à X..., 21 avril 1904.

INDEX DE L'INVENTAIRE BIBLIOGRAPHIQUE DE LA CORRESPONDANCE D'ANDRE GIDE[*]

---

[*] Précisons qu'il nous a paru inutile d'inclure ici le nom GIDE. Cela aurait en effet entraîné la répétition de toutes les références énumérées dans le précédent inventaire.

Action française (L')
26

Adam
273; 327; 347.

ADAMOV (Arthur)
177

Aguedal
136

Albert Mockel
294

ALDEN (Douglas W.)
245

Almanach des lettres française et étrangères
36a

Amérique française
142

André Gide [Catalogue de l'exposition à la Bibliothèque nationale]
145; 233; 237; 348.

Annales de la Fondation Maurice Maeterlinck
40

Arcadie
305

Arche (L')
163

ARLAND (Marcel)
29; 289; 307.

ARTAUD (Antonin)
284

Art et la vie (L')
97

Arts et Idées
122; 128; 133; 190.

AUBERY (Pierre)
163

AUGIERAS (François)
200

Australian Journal of French Studies
ROU.; 137; 139; 357; 360.

BARBIN (Madeleine)
348

BARNEY (Natalie Clifford)
278

BARR (Stuart)
40

BAYROU (Pierre)
226

Beaux livres et autographes
252a

BELLI (Carlo)
209

BENZ (Ernest)
140

BÉRAUD (Henri)
31; 32; 36.

Berliner Tageblatt
13a

Biblio-Hachette
COC; JAM; 166; 198; 254.

Bibliothèque de Madame Louis Solvay
290a

Bibliothèque de Monsieur X...
265a

Bibliothèque d'un Amateur

__274a__

Bibliothèque du Docteur Lucien Graux

242b; 253a.

BLUM (Léon)

__45__

BOIS (Jacques)

__189__

BOISSIEU (Jean)

__210__

BONGS (Rolf)

__211__

BORNECQUE (J.-H.)

__212__

BRASOL (Boris)

__135__

BRAUN (Sidney D.)

SUA; __40__.

BRONNE (Carlo)

VER.; __349__.

BRUGMANS (Linette F.)

BEN; GOS.

Bulletin[s] d'autographes

302; 309; 313; 322; 342; 346; 363.

Bulletin de la Faculté de lettres de Strasbourg

269; 331.

Bulletin[s] de la Librairie de l'Abbaye

__214__; __303__.

Bulletin de la Société Paul Claudel

__295__; __350__.

Bulletin de l'Union pour la vérité

__110__

Bulletin des Amis de Charles-Louis Philippe

__13__; __218__; __277__; __314__.

Bulletin des lettres

__269__

Bulletin d'information de l'Association des Amis d'André Gide [aussi nommé: Bulletin des Amis d'André Gide]

__68__; __340__; __361__; __362__; __365__; __366__; __369__.

Bulletin du bibliophile

__367__

Cahiers Bourbonnais et du Centre (Les)

__215__; __220__.

Cahiers de la Compagnie Madeleine Renaud-Jean-Louis Barrault

__287__

Cahiers de l'Amitié Charles Péguy

PEG.

Cahiers de l'Iroise (Les)

__246__

Cahiers des quatre saisons

__225__

Cahiers des saisons

__234__

Cahiers du Sud

VAL.; __142__.

Cahiers idéalistes (Les)

__34__

CAIN (Julien)

VER; __267__; __269__

CALAS (André)

__305__

CALLU (Florence)

348

CAPRIER (Christian)

230

Carrefour

RIL.

Catalogue de la Librairie J.-P. Cézanne

370

Catalogue de la Librairie Coulet & Faure

293;   315;   328;   371a.

Catalogue de la Librairie Descombes

316

Catalogue de la Librairie Gallimard

235;   244.

Catalogue de la Librairie Les Argonautes

253

Catalogue de la Librairie "Les Mains libres"

347a;   347b.

Catalogue de la Librairie Simonson

286;   291;   300;   311;   319;   325;   326; 343;   345;   364.

Catalogue de la vente de la bibliothèque d'Arnold Naville

167

Catalogue de la vente de la Bibliothèque de Monsieur X...

265a

Catalogue de la vente de la Bibliothèque du Docteur Lucien Graux

242b;   253a.

Catalogue de la vente de la Bibliothèque d'un Amateur

274a

Catalogue de la vente de la Collection Alfred Dupont

229a

Catalogue de l'Exposition André Gide [Oxford]

330

Catalogue de l'Exposition André Gide [Uzès]

329;   348.

Catalogue de livres et manuscrits provenant de la bibliothèque de M. André Gide

SUA.;   40.

Catalogue G. Morssen

292

Catalogue de l'Hôtel Drouot

229a;   242a;   242b;   252a.

Catalogue of Nineteenth-Century and Modern English and French Literature [...] comprising the property of [...] the late Mme Dorothy Bussy

283

CHAAMBA (Abdallah)

200

CHAPON (François)

MAU.;   SUA.;   295;   317;   350;   367.

CHARTERIS (Evan)

GOS.

CHAUVIÈRE (Claude)

72

CHONEZ (Claudine)

231

Christianisme social (Le)

189

CHRISTOPHE (Lucien)

VER.

Cinquantenaire de l'Ecole Alsacienne

35

Circulaires des Amis de Charles-Louis Philippe

242

Circulaire du Cercle André Gide
  COC.; 184; 276.

Club
  243

Collection Alfred Dupont
  229a

COLLET (Georges-Paul)
  289; 306.

Colpach
  236

Columbia Review
  GOS.; 183.

Combat
  158

COMBELLE (Lucien)
  122; 128; 190.

Commune
  102

Comoedia
  101

Comprendre
  184

Coopération des idées
  16

CRAFT (Robert)
  265

DAVET (Yvonne)
  JAM.; RMG I; VAL.; 39; 81; 90; 93; 100; 101; 107; 109; 110; 111; 113; 120; 129; 130; 131; 139; 143; 163; 170; 176; 199; 213; 229; 237; 243; 297; 353.

DAVIES (John C.)
  227

De BOISDEFFRE (Pierre)
  201; 351.

DECAUDIN (Michel)
  141; 202; 258; 259.

De LACRETELLE (Jacques)
  245

De LA LONDE (Loïc)
  246

DELAY (Jean)
  RMG I; RMG II; 77; 145; 163; 232; 233; 237; 359.

De LUPPÉ (Robert)
  247

De MASSOT (Pierre)
  117

DENIS (Maurice)
  238; 239; 255.

DÉTHARÉ (Vincent)
  220; 272.

Devoir (Le)
  324

Disque vert (Le)
  208

DROUIN (Dominique)
  191

DUBOURG (Maurice)

214

DUJARDIN (Edouard)

34;   73;

ECKHOFF (Lorentz J.)

161

ELLMANN (R.)

261

Emile Verhaeren

VER.

Empreintes

COC.

Entretiens sur les lettres et les arts

336

Ermitage (L')

6;   8;   10.

Essor (L')

224

Etudes françaises

306

Europe

61

Evénement (L')

RMG I;   RMG II.

Exposicão Darius Milhaud

312

FABERT (S.)

RMG I;   RMG II.

FAY (Bernard)

296

FAYER (Misha Harry)

155

FERNANDAT (René)

248

Fiera Letteraria (La)

172

Figaro (Le)

141;   150;   159;   160;   173;   174;   304.

Figaro littéraire (Le) [Voir aussi Le Littéraire]

CLA.;   RMG II;   VAL.;   94;   163;   199;   247;   257;   281;   327.

Figueras

207

FILLIOZAT (Jean)

267

Flèche (La)

130

FONGARO (Antoine)

3;   11;   20;   170;   172;   262;   279;   296a;

FONTAINE (Anne)

79

FRANK (André)

249

FRATEILI (Arnaldo)

279

French Review (The)

289

GAULMIER (Jean)

331

Gazette aptésienne (La)

15

Gazette des Amis des livres

229

Gil Blas

13

GIONO (Jean)

192

GOUIRAN (Emile)

108

GOULET (Alain)

332

GRAVEREAU (Simone)

348

GRINDEA (Miron)

273

GUERARD (Albert)

193

GUISAN (Gilbert)

301; 352.

HARTLEY (Klever)

118

HESSE (Hermann)

194

HEURGON-DESJARDINS (Anne)

285; 307.

HEYD (Richard)

168

Honneur à Saint-John Perse

288

Hôtel Drouot

229a; 242a; 242b; 252a; 253a; 265a 274a.

Humanité (L')

93; 100; 101; 125.

HYTIER (Jean)

274

Il Marzocco

3

Intransigeant (L')

42

Inventario

RIL.; 170.

IRELAND (G.W.)

163; 353.

ISELER (Paul)

132

JALOUX (Edmond)

178

JASINKI (Béatrice)

240

JEAN-AUBRY (Georges)
169

JOUHANDEAU (Marcel)
JOU.;

KAAS-ALBARDA (Maria)
146

KIHM (Jean-Jacques)
COC.;

KOLB (Philip)
PRO.; 280.

KRUGER (Paul)
203

LACASSAGNE (Jean-Pierre)
269

LACAZE (Jean)
162; 250.

LACAZE (Raymond)
162; 250.

LAGERKWIST (Par)
195

LALOU (René)
58

LAMBERT (Henri)
126

LAMBERT (Jean)
251

LANG (Renée)
RIL.; 170; 260; 297.

LANOIZELÉE (Louis)
215; 220; 272.

LAST (Jef)
298; 333.

LÉAUTAUD (Paul)
256

LEINER (Jacqueline)
354

Léon Blum
270

Le POVREMOYNE (Jean)
204

LEPOUTRE (Raymond)
156

LEVEQUE (Alain)
355

LETHEVE (Jacques)
269

Lettres (Les)
RIL.

LEVY (Jacques)
221

Liberté de l'Esprit
196

LIME (Maurice)
205

Littéraire (Le) [Voir aussi Le Figaro littéraire]
154

Literarische Welt
52

Livre et l'estampe (Le)
223

Livres de France
166

Lu
100; 101.

MALAQUAIS (Jean)
222

MALLET (Robert)
CLA.; JAM.; VAL.; 22.

MANN (Klaus)
148

Manuscrit autographe (Le)
79

Marginales
320

MARKOW-TOTEVY (Georges)
229; 261.

MARTIN (Claude)
ROU.; 68; 82; 152; 163; 164; 165;
167; 169; 171; 177; 186; 187; 197;
205; 233; 237; 238; 240; 244; 252;
253; 269; 281; 282; 286; 291; 292;
293; 296; 302; 303; 307; 309; 311;
313; 315; 316; 319; 322; 327; 342;
342; 345; 346; 348; 349; 353; 356;
357; 358; 359; 363; 364; 370.

MARTIN DU GARD (Roger)
RMG II

MASON (Stuart)
12

MATTHEISEN (Paul F.)
GOS.

MAURIAC (Claude)
MAU.; 196; 197.

MAURIAC (François)
MAU.

Maurice Barrès
269; 277.

Maurice Maeterlinck
271

MAUS (Madeleine)
41; 349.

MAZARS (Pierre)
257

Mercure de Flandre
39

Mercure de France
BEC.; ROU.; 1; 9; 37; 114; 143;
164; 165; 229; 252; 261; 275.

MEYLAN (Jean-Pierre)
334

Modern Philology
240

Monde (Le)
75; 206; 212; 248.

MONDOR (Henri)
VAL.; 145; 163a; 237.

MONNIER (Adrienne)
143; 229; 261.

MOR (Antonio)

215a

MORTON (Jacqueline)

MAU.

MOUTON (Jean)

29; 289; 307.

O'BRIEN (Justin)

JAM.; 185; 318; 368.

Oeuvres de André Gide [...] provenant de la Bibliothèque Michel Bolloré

219

O'NEILL (Kevin)

137; 139; 335; 360.

Nation française (La)

241

Nazione italiana

209

Neue Zürcher Zeitung

260

NOBECOURT (Gustave-René)

171; 252.

Notes and Queries

GOS.

Nouvelle revue française

COC.; GOS.; MAU.; PRO.; RMG I; RMG II; ROU.; VAL.; 16; 18; 19; 21; 23; 28; 30; 46; 48; 49; 50; 53; 54; 55; 56; 59; 60; 62; 63; 64; 65; 67; 70; 71; 76; 102; 110; 111; 112; 113; 120; 121; 122; 134; 138; 186; 191; 192; 193; 216; 266; 282; 301; 338; 339.

Nouvelles littéraires (Les)

JAM.; 31; 32; 43; 47; 51; 180.

Pariser Tageszeitung

124

Paris-Midi

24

Parse

29

Partisan Review

184

PELAYO (Donato)

336

PELL (Élsie)

119

PETERSEN (C.)

337

PICON (Gaetan)

327

PIERRE-QUINT (Léon)

98; 125.

Poesia

11

Populaire (Le)

45

POUCEL (Victor)
48; *49*.

Pravda
125

Présence d'André Gide
349

Preuves
RIL.

PREZZOLINI (Giuseppe)
262

PROUST (Marcel)
PRO.

Quaderni Francesi
355

Quinzaine littéraire (La)
JAM.; *318*; *323*; *341*.

Rabindranath Tagore
267

RAMBAUD (Henri)
34a

RANCOEUR (René)
269

Réalités scrètes
299

REDON (Ari)
263

Reflets de la Provence et de la Méditerranée
210

Réforme
181

Reportages des Grandes conférences de Paris
109

Revue d'Allemagne
52

Revue de la Pensée française
182

Revue de Paris
JAM.; *SUA.*

Revue de Rouen (La)
204

Revue des deux mondes
245

Revue des sciences humaines
141; *202*.

Revue d'Histoire du théâtre
187

Revue d'Histoire littéraire de la France
358

Revue du siècle
90

Revue neuchâteloise
321

Revue sentimentale (La)
2

REYNAUD (Jacques)
264

Rheinischer Merkur
260

RHODES (S.A.)

144

Romanic Review (The)

JAM.; PRO.; 99; 144; 280.

Romanische Forschungen

217

ROTHENSTEIN (John)

290

ROUART (Eugène)

10

ROUDIEZ (Léon S.)

318; 368.

ROUVEYRE (André)

ROU.

SAINT-GEORGES DE BOUHELIER

141; 149; 157.

Saint-Graal

4; 5; 7.

SCHLUMBERGER (Jean)

179; 181; 233; 237.

SCHREIBER (Lotte)

99

SCHVEITZER (Marcelle)

369

SIMON (Pierre-Henri)

228

SIMON (Daniel)

187; 360.

SOUDAY (Paul)

27; 68; 163.

Spectateur catholique (Le)

JAM.

STIJNS (Livia)

VER.

STOUT (Susan M.)

RMG I

STRAVINSKY (Igor)

265

Studia Romanica et Anglica

308

SUFFREY (Alfred)

PEG.

Suisse romande

137

Sur

159

Svenska Dagbladet

159

Table ronde (La)

MAU.; RIL.; 230.

TALVA (François)

215; 220.

Temps (Le)

22; 27; 33; 38.

TEXIER (Jean)

216

THIERRY (Jean-Jacques)

139; 171; 243; 252.

TREICH (Léon)

36a

Troubadour (Le)

25a

UITTI (Karl D.)

133

Valeurs

151

VAN HAELEN (Jan)

223

VARILLON (Pierre)

34a

Vendredi

123; 131.

VIDAN (Ivo)

308

Vingtième siècle

152

VIVIER (M.)

241

Voce (La)

20

WARMOES (Jean)

349

Yale French Studies

RIL.

YANG (Tchang Lomine)

74

INDEX ANALYTIQUE

DE LA

CORRESPONDANCE D'ANDRÉ GIDE

(publiée de 1897 à 1971)

Index des Correspondants

ADAMOV (Arthur)
177.

ALBERT (Henri)
132; 229a

ALCIPPE
15.

ALESSANDRI (Pierre)
176.

ALIBERT (François-Paul)
210; 233.

ALLEGRET (Suzanne)
139.

Almanach des Etudiants libéraux de l'université de Gand
14.

AMBASSADEUR DE L'U.R.S.S.
176.

AMROUCHE (Jean)
RMG II.

ANDREAE
348.

APOLLINAIRE (Guillaume)
259.

ARAGON (Louis)
31; 176; 274a.

ARTAUD (Antonin)
284.

Arts et Idées
128; 190.

Association des écrivains et artistes révolutionnaires
107.

ATHMAN
237.

AUDISIO (Gabriel)
142; 309.

AUDOUX (Marguerite)
215; 220.

AUGIERAS (François)
200.

B. (R. de)
107.

BARBUSSE (Henri)
107.

BARNEY (Natalie C.)
273; 278.

BARRAULT (Jean-Louis)
287.

BARRES (Maurice)
269; 277; 348.

BAYROU (Pierre)
226.

BEACH (Sylvia)
275.

BEAUBOURG (Maurice)
216.

BEAUNIER (André)
139.

BECK (Christian)
BEC. 164; 165; 215a.

BECK (Mme Christian)
Voir: Kathleen SPIERS

BEDEL (Maurice)
43.

BELGION (Montgomery)
67; 163.

BENDZ (Ernst)
140.

BENNETT (Arnold)
BEN.

BERAUD (Henri)
36.

BERGERY (Gaston)
130.

Berliner Tageblatt
13a

BERNARD (Jean-Marc)
103; 106; 130; 248; 348.

BERRICHON (Paterne)
98; 163; 237.

BERTHELOT (Philippe)
319.

BILLY (André)
24; 154.

BLANCHE (Jacques-Emile)
163; 289; 306.

BLEI (Franz)
358.

BLUM (Léon)
45; 270; 341.

BOIS (Jacques)
189.

BOISDEFFRE (Pierre de)
201.

BONGS (Rolf)
211.

BONHEUR (Raymond)
BON.

BOSCHERE (Jean de)
349.

BOSQUET (Alain)
320.

BOULENGER (Jacques)
349.

BOUNINE (Ivan)
174.

BOURDET (Edouard)
173.

BOURGEOIS (André)
PEG.

BOURGET (Paul)
365

BOUSQUET (Joë)
299

BOYLESVE (René)
208.

BRANDES (Georg)
ROU.; 203.

BRESLE (Valentin)
39.

BRISSON (Pierre)
150.

Bureau du "Congrès Mondial de la Jeunesse"
107.

BUSSY (Dorothy)
RMG I; 281; 283; 359.

BUSSY (Simon)
281.

CALAS (André)
305.

CAMPAGNOLO (Umberto)
184.

CAPRIER (Christian)
230.

CASSA SALVI (Elvira)
330a

CAYATTE (André)
328.

CHALLAYE (Félicien)
RMG I; 75.

CHAPON (Albert)
295.

CHOLOKHOV (Michel)
102.

CLAUDEL (Paul)
CLA.

CLOUARD (Henri)
335; 351.

Club de la Jeunesse du VIIe Arrondissement
129.

COCTEAU (Jean)
COC.; 347a.

COLETTE
72

Columbia Review
183.

Combat
158.

COMBELLE (Lucien)
122; 190.

Comoedia
101.

COMTE (Louis)
JAM.

CONRAD (Joseph)
308.

COOLUS (Romain)
219.

COPEAU (Jacques)
19; 25; 139; 187; 233; 348.

COPPET (Christiane de)
310.

COPPET (Marcel de)
310.

CORBIERE (Henri)
180.

CRES (Jean)
108.

CROCPEMORE (M.)
204

CURTIUS (Ernst Robert)
66; 260; 353.

DABIT (Eugène)
214; 303.

DALADIER (Edouard)
MAU.

DANIEL-ROPS
176.

DARANTIERE (Maurice)
290a.

DAVID (José)
163.

DEHERME (Georges)
16.

DELARUE-MARDRUS (Lucie)
348.

DELCOURT (Marie)
349.

DELTEIL (Joseph)
336.

DEMAREST (Albert)
232; 233; 237; 348.

DENIS (Maurice)
212; 238; 239; 243; 255; 348; 362.

DENOEL (Jean)
323.

DESBORDES (Jean)
COC.

DESJARDINS (Paul)
BOS; 285.

DIEUDONNE (Mme)
242.

DIMITROV (Georges)
93.

DIMITROV (mère de ...)
107.

DOMMARTIN (Henri)
138.

DOUCET (Jacques)
163; 367.

DRAIN (Henri)
163.

DRESSE DE LEBIOLES (Paul)
349.

DROUIN (Mme Marcel) [Voir aussi Jeanne Rondeaux]
191.

DROUIN (Marcel)
78; 88; 115; 139; 163; 170; 186; 191; 217; 237; 243; 335; 353; 355.

DU BOS (Charles)
BOS; 62; 326.

DUCOTE (Edouard)
98; 167; 282.

DUJARDIN (Edouard)
34; 73.

DUMONT-WILDEN (Louis)
349.

DUPONT (Frédéric)
MAR.

ECKHOFF (Lorentz J.)
161.

ECOLE ALSACIENNE
35.

EECKHOUD (Georges)
349.

ELSKAMP (Max)
349.

ENGINGER (Bernard)
175.

FAŸ (Bernard)
296.

FAYER (Mischa Harry)
155.

FERNANDEZ (Ramon)
111; 237.

FERRARI (Eugène)
50.

FICHET (Alexandre)
224.

Figaro (Le)
159; 160.

FIGUERAS (Alfred)
207.

FONTAINAS (André)
349.

FONTAINE (Arthur)
JAM; 94; 163; 199; 302.

FORSTER-NIETZSCHE (Mme)
290a.

FORT (Paul)
116; 167; 290a.

FRANCIS (Claude)
147.

FRANZOS (Bertha)
340.

FRATFILI (Arnaldo)
279.

GALLIMARD (Gaston)
RMG I; 304.

GALTIER-BOISSIERE (Jean)
342.

GAULMIER (Jean)
331.

GERIN (Louis)
349.

GHEON (Henri)
76; 139; 264; 348.

GIDE (Edouard)
359.

GIDE (Mme Paul) [Juliette Rondeaux]
232; 237; 348; 359.

GIDE (Madeleine) [Voir aussi Madeleine RONDEAUX]
338; 348.

GIGNOUX (Régis)
202.

Gil Blas (Le)
13.

GILLET (Louis)

261.

GIONO (Jean)

192; 231.

GIRAUDOUX (Jean)

139.

GODOY (Armand)

79.

GOEBBELS (Joseph)

100.

GOLBERG (Mécislas)

2.

GOSSE (Edmund)

GOS; 139.

GOSSE (Philip)

GOS.

GOURMONT (Remy de)

133.

Gouverneur Général de l'A.E.F.

57.

GRASSET

297.

GREEN (Julien)

166.

GRINDEA (Miron)

347.

GUEHENNO (Jean)

61; 129; 176; 260; 297.

GUERARD (Albert J.)

193.

GULMINELLI (A.)

129.

HAGUENIN (Emile)

358.

HARTLEY (Kelver)

118.

HENEIN (Georges)

MAR.

HERBICH (Georges)

347b.

HEREDIA (José-María de)

246.

HEROLD (A.-Ferdinand)

258.

HERTZ (Suzanne-Paul)

44.

HESSE (Hermann)

194.

HEYD (Richard)
276; 286; 293; 316; 349; 359; 371a

HIRSCH (Daniel)
167.

HIRSCHFELD
52.

HUBERT (Georges)
347b.

HUSSEIN (Taha)
151.

HYTIER (Jean)
228; 274.

Intransigeant (L')
42

ISELER (Paul)
132.

JALOUX (Edmond)
51; 178; 252a; 348.

JAMMES (Francis)
CLA; JAM; 318; 349.

JAMMES (Mme Francis)
JAM.

JEAN (Lucien)
218.

JOUHANDEAU (Marcel)
JOU.

JOYCE (James)
261

KAAS-ALBARDA (Maria)
146

KASSNER (Rudolf)
89.

KATTAN (Naïm)
324

KLOSSOWSKA (Baladine)
RIL.

LACAZE (Raymond)
162; 250.

LACRETELLE (Jacques de)
245; 254.

LAFILLE (Pierre)
206.

LALOU (René)
348.

LALOY (Louis)
54.

LAMBERT (Henri)
126.

LAMBERT (Jean)
251.

LANG (Renée B.)
RIL; 170.

LANGENHAGEN (Maxime de)
171; 252.

LANUX (Pierre de)
348.

LARBAUD (Mme Nicholas)
169.

LARBAUD (Valery)
21; 169.

LAST (Jef)
298; 333; 356.

LAURENS (Mme Jean-Paul)
329; 348.

LAURENS (Paul-Albert)
237; 348.

LAURENS (Mme Paul-Albert)
348.

LEAUTAUD (Paul)
182; 256; 357.

LEBLOND (Ary)
139.

LEBLOND (Marius)
139.

LEFEVRE (Frédéric)
213; 235; 243; 348.

LE GRIX (François)
58.

LEPOUTRE (Raymond)
156.

LEROLLE (Guillaume)
139.

LESDAIN (Pierre)
349.

LEVINSON (André)
70.

LEVY (Jacques)
221.

LIME (Maurice)
205.

LOUŸS (Pierre)
97; 163; 233; 348.

MAETERLINCK (Maurice)
40; 198; 271.

MALAQUAIS (Jean)
222.

MALLARME (Stéphane)
VAL.; 145; 163a; 237; 348.

MANN (Klaus)
148.

MANN (Thomas)
RMG II; 163.

MARINETTI (F.T.)
11.

MARTIN DU GARD (Héléne)
RMG I; RMG II.

MARTIN DU GARD (Roger)
RMG I; RMG II; 176.

MARYE (Simone)
MAR.

Marzocco (Il)
3.

MASON (Stuart)
12.

MASSIS (Henri)
65; 127.

MASSOT (Pierre de)
117; 317.

MAULNIER (Thierry)
120.

MAURIAC (Claude)
197.

MAURIAC (François)
MAU; 197.

MAUROIS (André)
223.

MAURRAS (Charles)
26; 139.

MAURY (Lucien)
195.

MAUS (Octave)
41; 349.

MAYRISCH (Mme Emile)
RIL; 236.

MELOT DU DY (Robert)
349.

MENDES (Catulle)
370.

MILHAUD (Darius)
312.

MIOMANDRE (Francis de)
282.

MITHOUARD (Adrien)
349; 350.

MOCKEL (Albert)
294; 349.

MONNIER (Adrienne)
143; 229; 261.

MONTFORT (Eugène)
348.

MOUQUET (Jules)
39.

MUNI
267.

NAKAMURA (Mitsuo)
185.

NALECHE (M. de)
57.

NAVILLE (Arnold)
349.

NEHRU (Pandit)
349.

NIZAN (Paul)
354.

NOAILLES (Anna de)
351; 359.

NOBECOURT (René-Gustave)
171.

NOBEL (Le Comité)
160.

Nouvelle Revue Française
23; 71; 134.

Nouvelles Litteraires
47.

O'BRIEN (Justin)
368.

PAJAULT (Mme)
272;

PALAS (Rudi)
337.

Pariser Tageszeitung
124.

Parse
29.

PAULHAN (Jean)

46; 111; 339; 344.

PAZ (Magdeleine)

176.

PEGUY (Charles)

PEG.

PELISSIER (F.)

363.

PELL (Elsie E.)

119.

PICARD (Edmond)

242b.

PHILIPPE (Mme Charles)

220; 272.

PHILIPPE (Charles-Louis)

266; 348.

PIERREFEU (Jean de)

105.

PITOËFF (Georges)

249.

PLON [éditeur]

163.

POISSENOT (M.)

57.

POPOV

93.

PORCHE (François)

60.

POUCEL (R.P. Victor)

48; 49.

PREVOST (Jean)

RMG I.

PREZZOLINI (Giuseppe)

20; 262.

PROUST (Marcel)

PRO.; 280.

QUILLOT (Maurice)

237.

RAMUZ (C.-F.)

301; 352.

RATHENAU (Walter)

53.

RECLUS (Mlle)

221.

REDARD (Georges)

321.

REDON (Odilon)
263.

REGNIER (Henri de)
252a; 351.

RENARD (Jules)
17.

Reportages des Grandes Conférences de Paris
109.

Revue du Siècle
90.

RHODES (S.A.)
144.

RILKE (Rainer Maria)
RIL.

RIVIERE (Jacques)
28; 30.

ROLLAND (Romain)
RIL.

ROLMER (Lucien)
139.

RONDEAUX (Jeanne) [Voir aussi: Mme Marcel DROUIN]
232; 233; 237.

RONDEAUX (Madeleine) [Voir aussi: Madeleine GIDE]
233; 237; 338; 348.

ROTHENSTEIN (John)
290.

ROTHERMERE (Lady Lilian)
139.

ROUART (Eugène)
10; 80; 82; 83; 84; 85; 163; 237; 244; 268; 274a; 291; 325; 348.

ROUVEYRE (André)
ROU; 357.

ROYERE (Jean)
240.

RUYTERS (André)
81; 139; 163; 349; 360.

SACHS (Maurice)
371.

SAINT-CYR (Mlle S. de)
153.

SAINT-GEORGES DE BOUHELIER
8; 141; 149; 157; 202.

SAINT-JOHN PERSE
288.

SALOME (René)
359.

SALOMON (Charles)
167.

SAMAIN (Albert)
163.

SATRE (Jean-Paul)
253.

SAUVEBOIS (Gaston)
104.

SCHEFFER
91.

SCHIFFRIN (Jacques)
170.

SCHLUMBERGER (Jean)
RMG I; 110; 163; 176; 179; 181; 233; 257; 359.

SCHMITT (Florent)
348.

SCHREIBER (Lotte)
99.

SCHUERMANS (Willy)
SCHU.

SCHVEITZER (Marcelle)
369.

SCHWARTZ (Raphaël)
300.

SCHWOB (René)
59; 188.

SHERARD (Robert H.)
135

SIGNORET (Emmanuel)
4; 5; 6; 7.

SILONE (Ignazio)
176.

SIMENON (Georges)
327.

SIMON (Pierre-Henri)
228.

SIMOND (Daniel)
137; 360.

SOUDAY (Paul)
27; 33; 38; 68; 139; 163; 365.

SPIERS (Kathleen)
215a.

STARKIE (Enid)
330; 347.

STOCK (Librairie)
289.

STRAVINSKY (Igor)
265.

STROWSKI (Fortunat)
69.

STUMPER (Robert)
236.

SUARES (André)
SUA.

Svenska Dagbladet
159.

TANEV
93.

Temps (Le)
CLA; 22.

THERIVE (André)
55; 135a; 163.

THIBAUDET (Albert)
112; 227; 243.

THOMAS (Henri)
234.

TORNOUËL (Georges)
240.

TOURNAYRE (Mme)
220; 272.

TRAZ (Robert de)
334.

Troubadour (Le)
25a.

T'SERSTEVENS (Albert)
32.

V. (Mme A.)
163.

VALERI (Diego)
296a.

VALERY (Paul)
VAL.; 163; 243.

VALLETTE (Alfred)
1; 9; 37; 114; 290a; 311.

VAN BEVER (Adolphe)
290a.

VANDEN EECKHOUDT (Jean)
349.

VAN DEPUTTE (Henri)
229a; 242a; 370.

VAN HAELEN (Jan)
223.

VAN LERBERGHE (Charles)
349.

VANNICOLA (Giuseppe)
209.

VAN RYSSELBERGHE (Théo)
349.

VAN RYSSELBERGHE (Mme Théo)
236; 307.

VARIOT (Jean)

18.

Vendredi

123; 131;

VERHAEREN (Emile)

VER.; 349.

VERHAEREN (Marthe)

349.

VIELE-GRIFFIN (Francis)

240.

VIGORELLI (Giancarlo)

172.

Vingtième Siecle

152.

VOGÜE (Eugène-Melchior de)

247.

WALTER (Zoum)

349.

WEBER (Jean)

57.

WERTH (Léon)

314.

X....

BEN.; 36a; 56; 63; 64; 77; 86; 87; 96 ; 98 ; 113; 121; 129; 139; 163; 168; 175 ; 176 ; 182; 225; 229a; 242a; 253a; 265a; 302 ; 307 ; 309; 313; 315; 316 ; 322 ; 332 ; 343 ; 345 ; 346; 347b; 349; 361; 364 ; 366 ; 370a; 372.

YANG (Tchang Lomine)

74.

ZADKINE (Ossip)

349.

Index des Noms Propres

ABELARD (Pierre)

*René Schwob, 30.XII.30, 188, p. 105.

*Roger Martin du Gard, 27.III.31, RMGI, p. 471.

ABLANCOURT (Nicolas Perrot d')

[*PRELUDE des HISTOIRES de TACITE*]

*Paul Claudel, 9.III.11, CLA, p. 167.

*Paul Claudel, [printemps 1911], CLA, p. 172.

Paul Claudel, 16.VI.11, CLA, p. 177.

Académie de Stockholm

Roger Martin du Gard, 27.XI.47, RMGII, p. 389.

Académie française,

Louis Comte, [novembre 1897], JAM, p. 303.

*Christian Beck, [juillet 1899], 164, p. 391.

Maurice Barrès, [1906], 269, p. 52.

*Paul Claudel, 19.VII.09, CLA, p. 109.

Charles Péguy, [C.P.10.VI.11], PEG, p. 27.

Edmund Gosse, 29.VI.13, GOS, p. 102.

Roger Martin du Gard, 5.V.35, RMGII, p. 29.

Académie Goncourt

Gil Blas, 29.XII.06, 13.

M. Alcippe, [décembre 1910], 15.

Marguerite Audoux, 20.XII.10, 220, pp. 75-76.

Roger Martin du Gard, 14.XII.22, RMGI, p. 201.

L'Intransigeant, [décembre 1927], 42, p. 2.

Action française

*M.D. 7.XI. [?], 115, p. 465.

Roger Martin du Gard, 4.XI.22, RMGI, p. 199.

Adam

*Miron Grindea, 5.VII.48, 347.

*Miron Grindea, 7.XI.49, 347.

ADAM (Mme)

Francis Jammes, 18.VIII.96, JAM, p. 81.

ADAM (Mme Paul)

René Schwob, 1.V.23, 188, p. 96.

ADAM (Paul)

*Paul Valéry, [C.P. 23 juin 1891], VAL, p. 101.

*Paul Valéry, [9.VII.91], VAL, pp. 108-109.

*Maurice Denis, [juin 1893], 238, p. 108.

ADAMOV (Arthur)

INVASION

*Arthur Adamov, [octobre 1949], 177, pp. 9-10.

Agence des Etrangers

Roger Martin du Gard, [juin 22], RMGI, p. 184.

Agence Havas

Roger Martin du Gard, 18.III.34, RMGI, p. 603.

AISSAOUAS

*Mme Paul Gide, 14.XI.93, 237, p. 290.

ALAIN

*Willy Schuermans, 13.V.[21], SCHU, p. 16.

*Roger Martin du Gard, 2.IV.24, RMGI, pp. 245-247.

Roger Martin du Gard, 9.VI.25, RMGI, p. 268

*Roger Martin du Gard, 9.II.30, RMGI, pp. 391-392.

*Roger Martin du Gard, 9.III.34, RMGI, p. 598.

*Dorothy Bussy, 12.III.34, 281, p. 17.

Roger Martin du Gard, 18.III.34, RMGI, p. 603.

ALAIN-FOURNIER (Henri)

*Joseph Conrad, 8.VI.16, 308, p. 153.

GRAND MEAULNES (LE)
*Joseph Conrad, 8.VI.16, 308, p. 153.

ALBENIZ (Isaac)

IBERIA
*Jacques-Emile Blanche, 19.V.16, 289, p. 763.

ALBERT (Henri)
*Paul Valéry, [mai 1896], VAL, pp. 265-266.
Paul Valéry, [19.V.96], VAL, p. 266.
*Paul Valéry, [C.P. 24.V.96] VAL, p. 269.
Paul Valéry, [février 1897], VAL, p. 287.
Christian Beck, 17.XII.07, 165, p. 622.
Renée Lang, 10.VI.46, 170, p. 179.

ALBERTI (Rafael)
Roger Martin du Gard, [mars 1927], RMGI, p. 307.

ALBIN MICHEL [Editions]
Roger Martin du Gard, 7.II.41, RMGII, p. 233.

ALCAN [Imprimeries]
Mme Paul Gide, 19.X.90, 232, pp. 469-470.
Roger Martin du Gard, 21.VI.33, RMGI, p. 567.

ALCIBIADE
Pierre Louys, 7.VII.90, 97, p. 8.
Mme Paul Gide, 15.III.95, 237, p. 474.

ALCOFRIBAS
Jeanne Rondeaux, [IX.87], 232, p. 383.

ALDOBRANDI (Tegghiajo)
François Porché, [janvier 1928], 60, p. 61.

ALEMBERT (Jean Le Rond d')
Roger Martin du Gard, 17.IX.46, RMGII, p. 351.

ALESSANDRI (Pierre)
*A. Gulminelli, 28.XII.36, 129.
Roger Martin du Gard, 4.IX.37, RMGII, p. 115.
Roger Martin du Gard, 17.X.37, RMGII, p. 118.
Roger Martin du Gard, 23.X.37, RMGII, p. 119.
Roger Martin du Gard, 27.V.38, RMGII, p. 142.

ALEXANDRE (Jeanne)
Roger Martin du Gard, 2.IV.24, RMGI, p. 245.

ALEXANDRE (Maxime)
Roger Martin du Gard, 2.IV.24, RMGI, p. 245.

ALEXANDRE (Michel)
*Claude Mauriac, 23.XII.39, 197, pp. 238-239.

ALFASSA
Roger Martin du Gard, 26.XI.30, RMGI, p. 425.

ALIBERT (François-Paul)
Eugène Rouart, 13.VIII.12, 244, p. 23.
Paul Valéry, 13.VI.17, VAL, p. 447.
Roger Martin du Gard, [17.IX.21] RMGI, p. 174.
Roger Martin du Gard, 23.VII.23, RMGI, p. 225.
Roger Martin du Gard, [février 1931], RMGI, p. 468.

"Fontaine mortelle (La)"
*François-Paul Alibert, 2.XII.09, 210.

ALLEGRET (André)
René Schwob, 1.VIII.23, 188, p. 98.
*Eugène Rouart, 24.VIII.33, 325, p. 5.

ALLEGRET (Elie)
Paul Bourget, 12.V.17, 365, p. 4.
Edmund Gosse, 10.VI.18, GOS, p. 155.
Roger Martin du Gard, 27.IV.23, RMGI, p. 219.

Roger Martin du Gard, 19.II.[24], RMGI, p. 242.

*Roger Martin du Gard, 10.II.28, RMGI, p. 329.

ALLEGRET (Jean-Paul)

Roger Martin du Gard, 18.VIII.19, RMGI, p. 148.

Roger Martin du Gard, 21.VII.24, RMGI, p. 251.

Roger Martin du Gard, 29.VII.24, RMGI, p. 252.

Bernard Fay, 20.II.28, 296, p. 79.

*Roger Martin du Gard, 25.V.30, RMGI, p. 397.

*Roger Martin du Gard, 25.VII.30, RMGI, p. 415.

ALLEGRET [Les]

Jeanne Rondeaux, 27.IX.88, 232, pp. 406-407.

Madeleine Rondeaux, [novembre 1892], 233, p. 84.

Paul Valéry, 6.X.19, VAL, p. 476.

Mme Emile Mayrisch, 18.XI.19, 236, p. 99.

Charles Du Bos, [1921], BOS, p. 39.

ALLEGRET (Mme Elie)

Edmund Gosse, 30.VIII.18, GOS, pp. 162-163.

ALLEGRET (Marc)

*Paul Valéry, 5.V.18, VAL, p. 468.

*Edmund Gosse, 10.VI.18, GOS, p. 155.

Arnold Bennett, 21.VI.18, BEN, pp. 90-91.

Dorothy Bussy, [1918], 281, p. 17.

Arnold Bennett, 16.VII.18, BEN, p. 94.

Arnold Bennett, 21.VII.18, BEN, p. 95.

Edmund Gosse, 25.VIII.18, GOS, p. 161.

*Edmund Gosse, 30.VIII.18, GOS, pp. 162-163.

Edmund Gosse, 4.IX.18, GOS, p. 164.

*Dorothy Bussy, [1919], 281, p. 17.

Arnold Bennett, 24.VIII.20, BEN, p. 99.

René Schwob, 7.XI.20, 188, p. 94.

Mme Emile Mayrisch, 10.II.21, 236, p. 101.

*Philippe Berthelot, 15.II.21, 319, p. 3.

René Schwob, 16.II.21, 188, p. 95.

Mme Emile Mayrisch, 10.III.21, 236, p. 102.

Mme Emile Mayrisch, 2.V.21, 236, p. 103.

*Arnold Bennett, 9.V.22, BEN, p. 115.

Roger Martin du Gard, 12.VII.22, RMGI, p. 185.

Roger Martin du Gard, [Octobre 1922], RMGI, p. 197.

*Roger Martin du Gard, 4.XI.22, RMGI, p. 200.

Roger Martin du Gard, [14.XII.22], RMGI, p. 202.

Roger Martin du Gard, 14.II.23, RMGI, p. 208.

*Roger Martin du Gard, 27.IV.23, RMGI, p. 218 et p. 219.

Roger Martin du Gard, [fin juillet 1923], RMGI, p. 228.

Roger Martin du Gard, 5.VII.23, RMGI, p. 222.

René Schwob, 1.VIII.23, 188, p. 98.

Arnold Bennett, [fin août 1923], BEN, p. 125.

Arnold Bennett, 29.I.24, BEN, p. 130.

Arnold Bennett, 9.V.24, BEN, p. 141.

*Arnold Bennett, 18.V.24, BEN, p. 143.

Roger Martin du Gard, 29.VII.24, RMGI, p. 252.

Roger Martin du Gard, 2.XI.24, RMGI, p. 254.

*René Schwob, 13.XII.24, 188, p. 100.

Arnold Bennett, 19.II.25, BEN, p. 147.

Paul Valéry, 5.[V.25], VAL, p. 501.

Roger Martin du Gard, [juin 1925], RMGI, p. 270.

*Roger Martin du Gard, 3.VI.25, RMGI, p. 263.

*Roger Martin du Gard, 9.VI.25, RMGI, p. 269.

Bernard Fay, 11.VI.25, 296, p. 76.

Arnold Bennett, 8.VIII.25, BEN, p. 152 et p. 153.

Roger Martin du Gard, 30.VIII.25, RMGI, p. 273.

Charles du Bos, 30.VIII.25, BOS, p. 91.

Roger Martin du Gard, 18.X.25, RMGI, p. 279.

Gouverneur Général intérimaire de l'Afrique Equatoriale Française, 6.XI.25, 57.

Roger Martin du Gard, [1926], RMGI, p. 292.

Roger Martin du Gard, 20.VI.26, RMGI, p. 293.

Roger Martin du Gard, 29.X.26, RMGI, p. 298.

Marcel Jouhandeau, 30.XII.26, JOU, p. 22.

Marcel Jouhandeau, 10.I.27, JOU, p. 23.

Arnold Bennett, [24.II.27], BEN, p. 156.

Roger Martin du Gard, [mars 1927], RMGI, p. 307.

Roger Martin du Gard, [3.V.27], RMGI, p. 307.
*Roger Martin du Gard, 1.VII.27, RMGI, p. 313.
Roger Martin du Gard, 14.X.27, RMGI, p. 317.
Roger Martin du Gard, 7.I.28, RMGI, p. 320.
Roger Martin du Gard, 3.II.28, RMGI, p. 326.
Roger Martin du Gard, 10.II.28, RMGI, p. 330.
Roger Martin du Gard, 16.II.28, RMGI, p. 334.
Roger Martin du Gard, 10.V.28, RMGI, p. 342.
Arnold Bennett, 26.XII.29, BEN, p. 170.
Arnold Bennett, 23.II.30, BEN, p. 176.
Roger Martin du Gard, 12.III.30, RMGI, p. 392.
Saint-John Perse, 17.IV.30, 288, p. 795.
Roger Martin du Gard, 6.(?)V.30, RMGI, p. 396.
Roger Martin du Gard, 25.V.30, RMGI, p. 397.
Roger Martin du Gard, 3.VII.30, RMGI, p. 408.
*Roger Martin du Gard, 25.VII.30, RMGI, p. 410, pp. 411-415.
*Arnold Bennett, 28.VII.30, BEN, pp. 185-186.
Roger Martin du Gard, 29.IX.30, RMGI, p. 418.
Roger Martin du Gard, 16.I.31, RMGI, p. 433.
Roger Martin du Gard, 13.VI.31, RMGI, p. 476.
Roger Martin du Gard, [février 1932] RMGI, p. 503.
Marcel Jouhandeau, 1.III.32, JOU p. 35.
Roger Martin du Gard, 17.IV.32, RMGI, p. 519.
Roger Martin du Gard, 19.V.32, RMGI, p. 520.
Roger Martin du Gard, 14.VIII.32, RMGI, p. 535.
*Roger Martin du Gard, 1.X.32, RMGI, p. 540.
Roger Martin du Gard, 4.II.33, RMGI, p. 546.
Roger Martin du Gard, 9.VIII.33, RMGI, p. 571.
*Roger Martin du Gard, 15.VIII.33, RMGI, pp. 574-575.
*Roger Martin du Gard, 28.IX.33, RMGI, p. 578.
Gabriel Audisio, 8.V.34, 309, p. 30
Roger Martin du Gard, 25.VI.34, RMGI, pp. 620-621.
Roger Martin du Gard, 19.XI.34, RMGI, p. 636.
Roger Martin du Gard, 16.II.35, RMGII, p. 15.
Roger Martin du Gard, 30.XII.35, RMGII, p. 63.

Roger Martin du Gard, 27.V.37, RMGII, p. 105.
Roger Martin du Gard, 8.VIII.37, RMGII, p. 111.
Roger Martin du Gard, 10.VI.39, RMGII, p. 169.
Roger Martin du Gard, 7.VI.40, RMGII, p. 208.
Roger Martin du Gard, 16.VII.40, RMGII, p. 212.
Roger Martin du Gard, 10.IX.40, RMGII, p. 219.
Georges Simenon, 27.XII.41, 327, p. 35.
*Roger Martin du Gard, 9.II.42, RMGII, p. 241.
Roger Martin du Gard, 15.VI.42, RMGII, p. 251.
Roger Martin du Gard, 21.IX.44, RMGII, p. 280.
Roger Martin du Gard, 17.X.44, RMGII, p. 282.
Roger Martin du Gard, 23.VIII.45, RMGII, p. 330.
Roger Martin du Gard, 20.IX.45, RMGII, p. 331.
XXe Siècle, [février 1946], 152.
Roger Martin du Gard, 18.VIII.47, RMGII, p. 378.
*Roger Martin du Gard, 22.III.48, RMGII, p. 402.
Richard Heyd, 23.III.48, 286, p. 2.
Richard Heyd, 27.VII.48, 316, p. 24.
Roger Martin du Gard, 14.VIII.48, RMGII, p. 418.
Roger Martin du Gard, 3.IX.48, RMGII, p. 424.
*Roger Martin du Gard, 11.IX.48, RMGII, pp. 425-426.
Georges Simenon, 10.X.48, 327, p. 44.
Roger Martin du Gard, 23.X.49, RMGII, p. 463.
*Roger Martin du Gard, 7.VII.50, RMGII, p. 492.
*Roger Martin du Gard, 15.XII.50, RMGII, p. 503.

Dame de Malacca (La) [film]

Roger Martin du Gard, 27.V.37, RMGII, p. 105.

Mam'zelle Nitouche [film]

Roger Martin du Gard, 13.VI.31, RMGI, p. 476.

ALLEGRET (Mlle)

*Edmund Gosse, 4.IX.18, GOS, p. 164.

ALLEGRET (Nadine)

Roger Martin du Gard, 9.II.42, RMGII, p. 241.

Roger Martin du Gard, 15.VI.42, RMGII, p. 251.
*X..., [août 1944], 307, p. 11.
*Roger Martin du Gard, 21.IX.44, RMGII, p. 281.
*Roger Martin du Gard, 17.X.44, RMGII, p. 282.
Roger Martin du Gard, 18.VIII.47, RMGII, p. 378.
*Roger Martin du Gard, 22.III.48, RMGII, p. 402.
*Roger Martin du Gard, 11.IX.48, RMGII, pp.425-426.

ALLEGRET (Yves)
Roger Martin du Gard, 19.II.[24], RMGI, p. 242.
Roger Martin du Gard, 25.VI.34, RMGI, p. 621.
*Roger Martin du Gard, 16.II.35, RMGII, pp. 15-16.
Georges Simenon, 22.VI.49, 327, p. 46.

ALLIBAUD (M.)
J. Weber, [19.XI.25], 57, p. 209.
M. Poissenot, 19.XI.25, 57, p. 208.

American Library Association
*Charles Du Bos, 14.I.21, BOS, p. 29.

AMIEL (Henri-Frédéric)
Charles Du Bos, [1921], BOS, p. 35.
*Roger Martin du Gard, 1.IV.38, RMGII, p. 129.

AMOUR [frère d'ATHMAN]
Edouard Ducoté, [février 1900], 282, p. 1146.

AMROUCHE (Jean)
Roger Martin du Gard, 29.IV.45, RMGII, p. 320.
*Roger Martin du Gard, 25.XI.46, RMGII, p. 358.
Roger Martin du Gard, [4.XII.46], RMGII, p. 359.
Roger Martin du Gard, 23.II.48, RMGII, p. 398.
Roger Martin du Gard, 30.III.48, RMGII, p. 403.
Roger Martin du Gard, 5.I.50, RMGII, p. 476.
[André Rouveyre, 25.I.50, ROU, p. 184.]
*Roger Martin du Gard, 25.IV.50, RMGII, p. 481.
*Roger Martin du Gard, 16.V.50, RMGII, p. 485.

*Roger Martin du Gard, 19.VI.50, RMGII, p. 490.

AMROUCHE [Les]
Roger Martin du Gard, 27.VII.49, RMGII, p. 458.

AMROUCHE (Suzanne)
Jean Amrouche, 13.V.50, RMGII, p. 568.

ANDLER (Charles)
*Roger Martin du Gard, 18.VII.32, RMGI, p. 533.

ANDREAE [Dr]
Mme Paul Gide, 27.VI.94, 237, p. 333.
Mme Paul Gide, 13.XII.94, 237, p. 425.
Paul Valéry, 24.I.12, VAL, p. 422.

ANDRIEUX (Georges)
Roger Martin du Gard, 12.III.30, RMGI, p. 393.

ANGELICO
Voir : FIESOLE (Giovanni da)

Annales de Loigny
Frédéric Lefebvre, 19.IV.31, 348, p. 132.

ANNUNZIO (Gabriele d')
*Marcel Drouin, [fin 1895], 186, p. 382.
*Il Marzocco, 20.XI.97, 3, pp. 3-4.
Christian Beck, [juillet 1899], 164, p. 391.
Maurice Denis, 7.XII.07, 239, p. 87.
*Francis Jammes, 27.I.09, JAM, p. 256.
*Guiseppe Prezzolini, 12.IV.13, 20, p. 1058.
Paul Souday, 13.IV.25, 38, p. 61.
*X..., [novembre 1947], 175, p. 271.

INTRUS (L')
*Paul Valéry, [mars 1895], VAL, p. 236.
*Mme Paul Gide, 5.IV.95, 237, p. 575.

MARTYRE DE SAINT SEBASTIEN [LE]

*André Suarès, [été 1912], SUA, p. 66.

VILLE MORTE (LA)

*Paul Valéry, [C.P.15.III.98], VAL, p. 315.

VIRGINI DELLE ROCCE

*Marcel Drouin, [fin 1895], 186, p. 382.

ANTEE

Henri Van Deputte, 23.VI.[1906?], 370, No 143.
Christian Beck, 21.XII.07, 165, p. 623.
Christian Beck, Noël 1907, 165, p. 624.
*Paul Claudel, 17.I.08, CLA, p. 80.
Francis Viélé-Griffin, 6.II.08, 240, p. 114.
Francis Viélé-Griffin, 12.II.08, 240, p. 114.
*Christian Beck, 13.II.08, 165, p. 625.
*Christian Beck, 28.II.08, 165, p. 625.
*Christian Beck, 6.IV.08, 165, p. 626.

ANTOINE (André)

Paul Valéry, [C.P. novembre 1898], VAL, p. 342.
Raymond Bonheur, 15.XI.98, BON, p. 44.
*X... [25.XII.1900?], 242a.
Raymond Bonheur, 10.X.06, BON, p. 95.
Francis Jammes, 24.I.09, JAM, p. 254.
François Porché, [janvier 1928], 60, p. 60.

ANTONETTI (M.)

Gouverneur Général intérimaire de l'Afrique Equatoriale Française, 6.XI.25, 57.
*Roger Martin du Gard, [16.II.28], RMGI, p. 332.
*Roger Martin du Gard, 16.II.28, RMGI, p. 333.
Roger Martin du Gard, 10.V.28, RMGI, p. 342.
*Roger Martin du Gard, 31.V.28, RMGI, p. 346 et p. 347.

APOLLINAIRE (Guillaume)

André Rouveyre, 21.XII.[20], ROU, p. 59.

*André Rouveyre, 8.II.28, ROU, p. 106.
*André Rouveyre, 11.IV.28, ROU, p. 109 et p. 110.
*Roger Martin du Gard, 19.IV.40, RMGII, p. 202.

ALCOOLS

Guillaume Apollinaire, [mai 1913], 259, p. 43.

APPIA (Béatrice)

Eugène Dabit, 11.VIII.28, 214, p. 35.
Eugène Dabit, 4.IX.29, 214, p. 38.
Eugène Dabit, 5.I.30, 214, p. 40.
Roger Martin du Gard, 3.XII.36, RMGII, p. 84.
Roger Martin du Gard, 18.II.37, RMGII, p. 92.

APPUHN (Charles)

SPINOZA ET LE CHRISTIANISME

Roger Martin du Gard, 21.I.29, RMGI, p. 366.

APULEE

ANE D'OR (L')

*Roger Martin du Gard, 18.VIII.47, RMGII, p. 377.

ARAGON (Louis)

*Roger Martin du Gard, 2.II.32, RMGI, p. 494.
*Roger Martin du Gard, 5.II.32, RMGI, pp. 495-497.
*Roger Martin du Gard, 13.II.32, RMGI, pp. 501-502.
*Roger Martin du Gard, 13.II.32 [matin], RMGI, p. 501.
*Roger Martin du Gard, 17.II.32, RMGI, pp.504-505.
*Roger Martin du Gard, 18.II.32, RMGI, pp. 505-507.
*Roger Martin du Gard, 22.II.32, RMGI, pp. 510-511.
*Roger Martin du Gard, 11.III.32, RMGI, p. 514.
Marcel Jouhandeau, 1.II.33, JOU, p. 37.
Maurice Lime, [fin 1935], 205, p. 72.
Maurice Lime, 4.I.36, 205, p. 81.
Eugène Dabit, 12.V.36, 214, p. 21.

Roger Martin du Gard, 6.IV.38, RMGII, p. 130.
*Henri Thomas 5.II.40, 234, p. 368.
*Roger Martin du Gard, 5.XII.44, RMGII, p. 290.
*Roger Martin du Gard, 29.I.45, RMGII, p. 301.
Claude Mauriac, 3.II.45, 197, p. 266.
*Roger Martin du Gard, 16.V.50, RMGII, p. 485.

ARCHAMBAULT (Paul)

"Tenter de vivre"
*Paul Valéry, 5.II.40, VAL, p. 519.

Arche (L')
Jean Lacaze, 27.XI.44, 250, p. VI.
*Roger Martin du Gard, 29.IV.45, RMGII, pp. 320-321.
Richard Heyd, 31.X.46, 276.

ARCHIMEDE
Roger Martin du Gard, 18.IX.41, RMGII, p. 236.

ARETIN (Pierre L')
François Porché, [janvier 1928], 60, p. 60.

ARISTOTE
Joseph Conrad, 13.VIII.12, 308, p. 152.
Scheffer, s.d. 91, p. 617.

ARNAUD (Michel)
Voir : DROUIN (Marcel)

ARON [les]
Roger Martin du Gard, 2.X.38, RMGII, p. 153.

ARON (Raymond)
*Roger Martin du Gard, 17.IX.40, RMGII, p. 221

ARON (Robert)
Roger Martin du Gard, 23.VIII.33, RMGI, p. 577.

Roger Martin du Gard, 8.X.33, RMGI, p. 582.
Roger Martin du Gard, 30.V.34, RMGI, p. 616.

Arts et Idées
Arts et Idées, [avril 1937], 128, p. 2.

Art Jeune
*Emile Verhaeren, [janvier 1896], VER, p. 50.

Art moderne
Octave Maus, 2.IV.1900, 41, p. 252.
Mme Emile Mayrisch, 3.VIII.II, 236, p. 96.

ATHMAN
*Jeanne Rondeaux, 23.XI.93, 237, p. 298.
*Mme Paul Gide, 20.XII.93, 237, pp. 297-298.
*Jeanne Rondeaux, [février 1894], 237, pp. 302-303.
Paul-Albert Laurens, 20.VII.94, 237, p. 345.
Mme Paul Gide, 8.II.95, 237, p. 461.
*Mme Paul Gide, 19.II.95, 237, pp. 466-467.
*Mme Paul Gide, 25.II.95, 237, p. 468.
*Mme Paul Gide, 6.III.95, 237, p. 469.
*Mme Paul Gide, 10.III.95, 237, p. 470.
*Mme Paul Gide, 14.III.95, 237, pp. 470-472.
*Mme Paul Gide, 15.III.95, 237, p. 474.
*Mme Paul Gide, 17.III.95, 237, p. 476.
*Francis Jammes, [fin de février 1896], JAM, p. 67.
*Francis Jammes, [début de juillet 1896], JAM, p. 77.
Eugène Rouart, 20.IV.97, 80, p. 479.
*Francis Jammes, 27.V.97, JAM, p. 110.
*Francis Jammes, [juillet 1897], JAM, p. 115.
Francis Jammes, [juillet 1897], JAM, p. 117.
*Edouard Ducoté, [février 1900], 282, p. 1146.
*Edouard Ducoté, 22.II.1900, 282, p. 1149.
*Rainer Maria Rilke, 29.XI.10, RIL, p. 50-52.

AUBIN [Dr]
Roger Martin du Gard, 3.XII.46, RMGII, p. 359.

AUCLAIR (Marcelle)

Jean Prévost, 14.VI.29, RMGI, p. 692.

AUDISIO (Gabriel)

LEÇON D'ABRARD

Gabriel Audisio, 5.XII.40, 142.

AUDOUX (Marguerite)

*Mme Charles Philippe, 1.III.10, 272, p. 141 et 220, p. 71.

*Mme Charles Philippe, 8.IV.10, 272, p. 142 et 220, p. 72.

*Mme Tournayre, 6.XII.10, 220, p. 72 et 272, pp. 142-143.

Régis Gignoux, [mai 1911], 292, p. 25.

MARIE-CLAIRE

M. Alcippe, [décembre 1919], 15.

Mme Tournayre, 6.XII.10, 220, p. 72 et 272, pp. 142-143.

Marguerite Audoux, 20.XII.10, 220, pp. 75-76.

AUGIERAS (François)

VIEILLARD ET L'ENFANT (LE)

François Augieras, 30.III.50, 200, p. 74.

François Augieras, 31.VII.50, 200, p. 75.

AUGUSTIN [saint]

*François Le Grix, 10.III.23, 58.

AUGUSTO (José)

*Paul Valéry, [22.VIII.41] VAL, p. 521.

Paul Valéry, 10.IX.41, VAL, p. 525.

AUREL [Mme Alfred Mortier]

*Franz Blei, 23.IV.08, 358, p. 206.

*Paul Valéry, [C.P.28.VI.17], VAL, p. 450.

AURENCHE (Jean)

*XXe Siècle, [février 1946], 152.

Aurore

Marcel Drouin, 2.III.98, 186, p. 384.

AUSONE

Francis Jammes, [fin de février 1897], JAM, p.102.

AVELINE

Jules Mouquet, 4.VI.25, 163, p. 122.

AYME (Marcel)

*Roger Martin du Gard, 19.I.49, RMGII, p. 436.

BACH (Jean-Sébastien)

Jeanne Rondeaux, [1886], 232, p. 355.

Mme Paul Gide, 18.III.90, 232, p. 418.

Mme Paul Gide, [juin-juillet] 90, 232, p. 460.

Paul Valéry, [C.P. 17 juin 1891], VAL, p. 98.

*Mme Paul Gide, [2.X.94], 359, p. 149 et p. 153.

*Marcel Drouin, 29.III.99, 353, p. 177.

Christian Beck, 29.IV.06, 164, p. 400.

*Jacques-Emile Blanche, 13.III.17, 289, p. 763.

André Rouveyre, 22.XI.24, ROU, p. 90.

*André Rouveyre, 11.IV.28, ROU, p. 109.

Roger Martin du Gard, 12.VIII.45, RMGII, p. 328.

BACHELIN

Régis Gignoux, [mai 1911], 292, p. 25.

BACHER

Paul Valéry, [24.VI.95], VAL, p. 243.

Raymond Bonheur, [28.IX.99], BON, p. 50.

BACHIR

Athman, 20.VII.94, 237, p. 346.

BACON (Francis)

*Marcel Drouin, 10.V.94, 163, pp. 65-66.

BADY

Francis Jammes, 3.XII.[96], JAM, p. 94.

Francis Jammes, 16.III.97, JAM, p. 104.

*Francis Jammes, [décembre 1897], JAM, pp. 131-132.

BAEDEKER

Charles Du Bos, 14.I.21, BOS, p. 27.

BAILLY (Edmond)

Paul Valéry, [9.VII.91], VAL, p. 109.

Paul Valéry, 14 et 15.VII.[91], VAL, p. 112.

Paul Valéry, [C.P.21.III.92] VAL, p. 154.

Maurice Denis, [août 1892], 238, p. 105.

Paul Valéry, [août 1892], VAL, p. 170.

Paul Valéry, [C.P.21.XI.94], VAL, p. 222.

Paul Valéry, 6.XII.94, VAL. p. 226.

*Francis Jammes, [avril 1895], JAM, p. 42.

Francis Jammes, 19 janvier [96], JAM, p. 63.

Francis Jammes, 18.VIII.96. JAM, p. 81.

Francis Jammes, 28.III.98, JAM, p. 136.

BALZAC (Honoré de)

Paul Valéry, [février 1892], VAL, p. 146.

*Paul Valéry, [2.II.92], VAL, p. 148.

Maurice Quillot, [avril 1894] 237, p. 372.

*Paul Valéry, [avril 1897], VAL, pp.289-290.

Francis Jammes, août [97], JAM, p. 120.

*Marcel Douin, 26.III.98, 186, p. 388.

Maurice Beaubourg, 1.IX.[1900], 216, p. 765.

*Emile Haguenin, 23.X.07, 358, p. 200.

Marcel Jouhandeau, 6.VII.27, JOU, p. 24.

*Roger Martin du Gard, 13.III.28, RMGI, p. 335.

Paul Valéry, 23.I.31, VAL, p. 511.

*Roger Martin du Gard, 7.IX.31, RMGI, p. 487.

*Roger Martin du Gard, 5.V.35, RMGII, p. 29.

*Alfred Vallette, [septembre 1935], 114, pp. 663-664.

*Claude Mauriac, 4.VIII.45, 197, pp. 278-280.

*Claude Mauriac, 6.VIII.45, 197, pp. 280-281.

Roger Martin du Gard, 23.II.47, RMGII, p. 364.

BEATRIX

*Claude Mauriac, 4.VIII.45, 197, p. 279.

CESAR BIROTTEAU

Claude Mauriac, 4.VIII.45, 197, p. 279

COMEDIE HUMAINE (LA)

Raymond Bonheur, [15.IV.01], BON, p. 61.

Paul Claudel, 14.VI.10, CLA, p. 138.

*Claude Mauriac, 4.VIII.45, 197, pp. 278-280.

COUSINE BETTE (LA)

*Paul Valéry, 21.X.[1900], VAL, p. 375.

*Paul Souday, 10.IV.13, 68, p. 64.

COUSIN PONS (LE)

*Paul Valéry, [C.P. 18.X.92], VAL, p. 175.

*Paul Souday, 10.IV.13, 68, p. 64.

Claude Mauriac, 4.VIII.45, 197, p. 279.

CURE DE TOURS (LE)

*Claude Mauriac, 4.VIII.45, 197, pp. 278-279.

DEPUTE D'ARCIS (LE)

*Alfred Vallette, [septembre 1935], 114, pp. 663-664.

DOUBLE FAMILLE

*Roger Martin du Gard, 13.III.28, RMGI, p. 335.

EUGENIE GRANDET

*Roger Martin du Gard, 22.III.31, RMGI, p. 467.

*Albert Thibaudet, 18.VI.35, 112, p 142.

*Claude Mauriac, 4.VIII.45, 197, p. 279.

*Claude Mauriac, 6.VIII.45, 197, p. 281.

FILLE D'EVE (UNE)
Roger Martin du Gard, 13.III.28, RMGI, p. 335.

ILLUSIONS PERDUES (LES)
Roger Martin du Gard, 28.IV.35, RMGII, p. 26.
*Roger Martin du Gard, 5.V.35, RMGII, p. 29.

INTERDICTION (L')
*Claude Mauriac, 4.VIII.45, 197, p. 278.

LOUIS LAMBERT
*Paul Valéry, [3.XI.91], VAL, p. 134.
*Paul Souday, 10.IV.13, 68, p. 64.
*Claude Mauriac, 6.VIII.45, 197, p. 281.

LYS DANS LA VALLEE (LE)
*Raymond Bonheur, [15.IV.01], BON, p. 61.
*Claude Mauriac, 4.VIII.45, 197, p. 279.

MAISON NUCINGEN (LA)
*Roger Martin du Gard, [octobre 1922], RMGI, p. 197.

PAIX DU MENAGE (LA)
Roger Martin du Gard, 13.III.18, RMGI, p. 335.

PERE GORIOT (LE)
*Raymond Bonheur, [15.IV.01], BON, p. 61.
*Claude Mauriac, 4.VIII.45, 197, p. 279.

RABOUILLEUSE (LA)
Claude Mauriac, 4.VIII.45, 197, p. 279.

SERAPHITA
*Paul Souday, 10.IV.13, 68, p. 64.

TENEBREUSE AFFAIRE (LA)
*Roger Martin du Gard, 19.VII.21?, RMGI, p. 169.

BANVILLE (Théodore de)
*Paul Valéry, [2.II.92], VAL, p. 148.
Mme Paul Gide, 24.III.92, 237, p. 164.
Paul Valéry, [juillet 1894], VAL, p. 207.

"Décor"
Paul Valéry, [5.V.92], VAL, p. 161.

SOUVENIRS
*André Rouveyre, 31.X.24, ROU, p. 83.

BAOUE
Gouverneur Général intérimaire de l'Afrique
Equatoriale Française, 6.XI.25, 57.

BARBEY D'AUREVILLY (Jules)
*Paul Souday, 6.VI.17, 365, p. 7.
*Guillaume Lerolle, 29.X.17, 139, p. 635.
*Henri Massis, 21.X.79, 65, p. 765.

BARBUSSE (Henri)
Association des écrivains et artistes
révolutionnaires, 13.XII.32, 107, p. 196.
*Roger Martin du Gard, 25.VI.34, RMGI, p. 621.
Roger Martin du Gard, 3.XII.34, RMGI, p. 640.

BARET

[Traduction des Oeuvres de LOPE DE VEGA]
*Paul Claudel, 9.III.11, CLA, p. 168.

BARINE (Arvède)

"La Question féministe en Angleterre"
*Mme Paul Gide, [22.IX.94], 237, p. 365.

BARNEY (Natalie Clifford)
André Rouveyre, [1921?], ROU, p. 60.

BARNOWSKY

Emile Haguenin, 23.X.07, 358, p. 193.
*Roger Martin du Gard, 15.X.34, RMGI, p. 635.

BARRAULT (Jean-Louis)

Roger Martin du Gard, 24.V.42, RMGII, p. 248.
Roger Martin du Gard, 25.XI.44, RMGII, p. 288.
*Roger Martin du Gard, 20.IX.45, RMGII, p. 331
*Roger Martin du Gard, 24.IX.46, RMGII, p. 353.
*Roger Martin du Gard, 17.X.46, RMGII, p. 355.
Marcelle Schveitzer, 29.X.46, 369, p. 153.
*Richard Heyd, 31.X.46, 276.
Roger Martin du Gard, 26.XII.46, RMGII, p. 360.
*Roger Martin du Gard, 23.II.47, RMGII, p. 364.
*Roger Martin du Gard, 29.VII.47, RMGII, p. 374.
X..., 13.XII.47, 168, p. 125.
Richard Heyd, 25.VI.48, 349, p. 130.
*Roger Martin du Gard, 6.III.49, RMGII, p. 447.
Richard Heyd, 15.I.50, 293, p. 103.
Richard Heyd, 12.III.50, 293, p. 103.

BARRES (Maurice)

Paul Valéry, [février 1891], VAL, p. 52.
Paul Valéry, 24 [février] 91, VAL, p. 61.
Paul Valéry, 1.III.[1891], VAL, p. 55.
*Paul Valéry, [mars 1894], VAL, p. 200.
Louis Comte, [novembre 1897], JAM, p. 303.
Marcel Drouin, 26.III.98, 186, p. 387.
*Paul Valéry, 11.VII.[99], VAL, p. 348.
*Raymond Bonheur, 1.II.[05], BON, p. 92.
*Maurice Barrès, [1906], 269, p. 52.
Maurice Denis, 7.XII.07, 239, p. 87.
Franz Blei, 23.IV.08, 358, p. 204.
Arthur Fontaine, 24.I.09, 199, p. 3.
*Paul Claudel, 7.I.11, CLA, p. 159.
*Paul Claudel, [février 1911], CLA, p. 165.
*André Suarès, 10.II.11, SUA, p. 53.

*Paul Claudel, 22.II.11, CLA, p. 163.
Paul Souday, 13.X.23, 33, p. 116.
*André Rouveyre, 14.IV.24, 357, p. 32.
André Rouveyre, 5.XI.24, ROU, p. 87.
Paul Souday, 13.IV.25, 38, p. 61.
*Georg Brandes, 5.VIII.26, 203, p. 495.
Jacques de Lacretelle, 9.III.28, 254, p. 4.
Paul Souday, 30.IX.28, 68, p. 68.
Eugène Dabit, 4.IX.29, 214, p. 37.
Roger Martin du Gard, 22.III.31, RMGI, p. 466.
*Roger Martin du Gard, 17.II.32, RMGI, p. 504.
Vendredi, [16.XII.37], 131.
*Roger Martin du Gard, 1.IV.38, RMGII, p. 129.
*Gabriel Audisio, 5.XII.40, 142.
Roger Martin du Gard, 8.IX.47, RMGII, p. 379.
*Pierre de Boisdeffre, 22.III.49, 201, pp. 173-174.

AU SERVICE DE L'ALLEMAGNE

*Raymond Bonheur, 1.II.[05], BON, pp. 91-92.
*Maurice Barrès, [1906], 269, p. 52.

CAHIERS (MES)

*Roger Martin du Gard, 2.VI.30, RMGI, p. 400.
*Roger Martin du Gard, 14.VII.31, RMGI, p. 478.

DERACINES (LES)

*Eugène Dabit, novembre 1897, 82, pp. 483-485.

DEUX FEMMES DU BOURGEOIS DE BRUGES (LES)

*Mme Paul Gide, 15.VI.94, 237, p. 329.

HOMME LIBRE (UN)

Mme Paul Gide, [1890], 232, p. 428.
Mme Paul Gide, 19.X.90, 232, pp. 469-470.

MORT DE VENISE (LA)

*Raymond Bonheur, [2.VI.03], BON, p. 78.

TROIS STATIONS DE PSYCHOTHERAPIE

Maurice Barrès, 18.VIII.91, 342, p. 21.

VOYAGE DE SPARTE

*Maurice Barrès, [1906], 269, p. 52.

BARRES (Philippe)

Paul Claudel, 22.II.11, CLA, p. 163.

BARRUCAND (M.)

Rainer Maria Rilke, 29.XI.10, RIL, p. 49.

BASCH (Victor)

Roger Martin du Gard, 11.I.28, RMGI, p. 325.

Roger Martin du Gard, 31.V.28, RMGI, p. 347. et p. 348.

BASSERMANN

Mme Emile Mayrisch, 2.V.21, 236, p. 103.

BASSIANO [Princesse de]

Voir: CAETANI (Marguerite, Princesse de Bassiano)

BATAILLE (Henri)

*Francis Jammes, [novembre 1895], JAM, p. 60.

Francis Jammes, 18.VIII.96, JAM, p. 81.

*Francis Jammes 3.XII.[96], JAM, p. 94.

*Francis Jammes, 16.III.97, JAM, pp. 103-104.

*Francis Jammes, [décembre 1897], JAM, pp. 131-132.

LEPREUSE (LA)

*Francis Jammes, [décembre 1897], JAM, p. 131.

BATCHEF-TUAL (Denise)

*Roger Martin du Gard, 18.I.41, RMGII, p. 227.

BAUCHAU (Henry)

[André Rouveyre, 25.I.50, ROU, p. 184].

BAUDELAIRE (Charles)

Paul Valéry, [décembre 1891], VAL, p. 141.

Mme Paul Gide, 28.V.94, 237, p. 326.

Mme Paul Gide, 8.XI.94, 237, p. 383.

*Raymond Bonheur, 7.X.03, BON, p. 84.

Charles Péguy, [C.P.2.V.07], PEG, p. 22.

*Paul Claudel, 19.VII.09, CLA, p. 109.

Adolphe Van Bever, 3.VII.11, 290a, p. 137.

Paul Bourget, 12.V.17, 365, p. 4.

*Paul Souday, 6.VI.17, 365, p. 7.

Roger Martin du Gard, 29.XII.25, RMGI, p. 280.

X..., 21.VI.26, 343, p. 4.

*André Rouveyre, 11.IV.28, ROU, p. 109.

René Schwob, 18.XI.32, 188, p. 115.

*Roger Martin du Gard, [21.VIII.38], RMGII, p. 148.

Georges Simenon, 11.XII.44, 327, p. 37.

Claude Mauriac, 4.VIII.45, 197, p. 278.

*Figaro, [novembre 1947], 159 et RMGII, p. 554.

FLEURS DU MAL

Marcel Drouin, [fin 1895], 186, p. 382.

"Sonnet d'automne"

Paul Valéry, 4.VII.[14], VAL, p. 434.

BAYMFORD-PARKES (H.)

*Roger Martin du Gard, 2.VI.35, RMGII, p. 32.

BAZALGETTE (Léon)

*Paul Valéry, 1.XI.17, VAL, p. 458.

BAZIN (René)

Francis Jammes, 14.X.04, JAM, p. 216.

BEACH (Sylvia)

*Roger Martin du Gard, 2.XI.24, RMGI, p. 254.

James Joyce, 30.IV.31, 261, p. 278.

Adrienne Monnier, 4.III.42, 229, p. 107.

BEAUBOURG (Maurice)

JOUEURS DE BOULES DE SAINT-MANDE (LES)

*Maurice Beaubourg, 14.VII.99 [?], 216, pp. 762-763.

NOUVELLES PASSIONNEES

Maurice Beaubourg, [1900?], 216, p. 762.

RUE AMOUREUSE

*Maurice Beaubourg, 1.IX.[1900], 216, pp. 764-765.

BEAUNIER (André)

Francis Viélé-Griffin, [janvier-février 1899], 240, p. 108.

Francis Jammes, [fin de décembre 1904], JAM, p. 225.

BECK (Béatrix)

*Roger Martin du Gard, 15.XII.50, RMGII, p. 503.

*Roger Martin du Gard, 11.I.51, RMGII, p. 507.

BECK (Christian)

*Mme Christian Beck, 26.III.16, 215a, p. 15.

*J.V.H., 11.I.47, 223, p. 16.

"Canard et la Succinée (Le)"

*Christian Beck, 27.II.[07], 165, p. 119.

CARNET D'UN SUICIDE

Christian Beck, 28.II.08, 165, p. 625.

CHASSE AU TIGRE

Christian Beck, [janvier 1910], 165., p. 633.

"Deux Amants (Les)"

*Christian Beck, 19.V.06, 164, p. 401.

"Frédérique"

Christian Beck, 19.V.06, 164, p. 401.

GANGOLPHE LE BLOND

Christian Beck, [1900? - 1901?], 164, p. 394.

Christian Beck, [1900? - - 1901?], 164, pp. 394-395.

*Christian Beck, [1900? - 1901?], 164, p. 395.

Christian Beck, [1901? - 1902?], 164, p. 396.

HERCULE

*Christian Beck, 24.III.11, 165, p. 634.

"Papillon (Le)"

Christian Beck, 21.IX.09, 165, p. 628.

*Christian Beck, 11.XI.09, 215a, p. 15.

*Christian Beck, 1.XII.09, 165, p. 631.

*Christian Beck, [1912], 165, p. 636.

"Querelle du Peuplier (La)", Revue de Belgique, novembre 1904.

Christian Beck, 25.I.05, 215a, p. 12.

"Sensitive (La)"

*Christian Beck, 19.V.06, 164, p. 401.

BECKFORD (William)

VATHEK

*Valery Larbaud, [mai 1931], 21, pp. 1044-1045.

BECQUE (Henry)

CORBEAUX (LES)

*Paul Valéry, 4.VII.[14], VAL, p. 435.

BEDEL (Maurice)

*L'intransigeant [décembre 1927], 42, p. 2
Charles Du Bos, 10.IV.29, BOS, p. 178.

BEETHOVEN (Ludwig Van)

*Mme Paul Gide, 30.IV.94, 237, pp. 322-323.
Stéphane Mallarmé, 9.V.97, 145. p. 770 et VAL p. 297.
*Marcel Drouin, 29.III.99, 353, p. 177.
Francis Jammes, [fin mars 1914], CLA, p. 231.
*Henri Ghéon, [octobre 1932], 76, p. 633.

"Sonates"

*Paul Valéry, [septembre 1892], VAL, p. 173.
Jeanne Rondeaux, [hiver 1893], 232, p. 323.

BEHAGUE (Comtesse de)

Roger Martin du Gard, 14.VIII.32, RMGI, p. 535.

BEIGBEDER (Marc)

Roger Martin du Gard, 30.VI.42, RMGII, p. 256.

BELGION (Montgomery)

OUR PRESENT PHILOSOPHY OF LIFE, ACCORDING TO BERNARD SHAW, ANDRE GIDE, FREUD AND BERTRAND RUSSELL

*Montgomery Belgion, 22.XI.29, 67, pp. 194-197.

BELLE-VISTO (DE)

Paul Valéry, 29.VI.91, VAL, p. 105.

BENDA (Julien)

Roger Martin du Gard, 17.II.32, RMGI, p. 505.
*Roger Martin du Gard, 8.X.35, RMGII. p. 51.
Pierre Alessandri, 9.IX.37, 176, p. 182.
Roger Martin du Gard, 23.VII.40, RMGII, p. 213.
*Roger Martin du Gard, 29.I.45, RMGII, pp. 301-302.

BENILAN (Jean)

*Roger Martin du Gard, 26.XI.30, RMGI, pp. 424-425.
*Roger Martin du Gard, 12.III.31, RMGI, p. 460.

"André Gide à Léré"

*Roger Martin du Gard, 26.XI.30, RMGI, pp. 424-425.

BENJAMIN (René)

IL FAUT QUE CHACUN SOIT A SA PLACE

*Roger Martin du Gard, [février 1924], RMGI, p.239.

BENNETT (Arnold)

*Valéry Larbaud, 25.V.[11], 169, p. 164.
Valery Larbaud, 11.III.12, 169, p. 195.
Paul Valéry, 4.X.14, VAL, p. 441.
Joseph Conrad, 7.XI.17, 308, p. 156.
Paul Valéry, 9 [X.23], VAL, p. 495.
Marcel Jouhandeau, 30.XII.26, JOU, p. 23.
Roger Martin du Gard, 25.VII.30, RMGI, p. 415.
*Roger Martin du Gard, 16.I.31, RMGI, p. 432.
*Roger Martin du Gard, 15.IV.31, RMGI, p. 474.
*X..., 21.VII.31, BEN, p. 207.

"A French Romantic"

*Arnold Bennett, 15.XI.20. BEN, p. 104.

BOOKS AND PERSONS

*Arnold Bennett, 15.XI.20, BEN, p. 107.

CLAYHANGER

*Valéry Larbaud, 19.II.12. 169, p. 192-193.
Arnold Bennett, 8.VIII.25, BEN, p. 150

IMPERIAL PALACE

*Arnold Bennett, 3.I.31, BEN, p. 199.

JOURNAL 1929

*Arnold Bennett, 4.VII.30, BEN, pp. 180-181.
Arnold Bennett, 28.VII.30, BEN, p. 185.

LION'S SHARE (THE)

Arnold Bennett, 24.VIII.20, BEN, p. 100.

LITERARY TASTE

*Arnold Bennett, 1.VIII.[14], BEN, p. 76.

OLD WIVES'TALE (THE)

*Arnold Bennett, 15.XI.20, BEN, pp. 104-106.
Arnold Bennett, [fin août 1923], BEN, p. 126.
*Arnold Bennett, 29.I.24, BEN, p. 131.
*Arnold Bennett, 8.VIII.25, BEN, pp. 150-151 et p. 153.
Arnold Bennett, 8.III.29, BEN, p. 158.
*Arnold Bennett, 12.VIII.29, BEN, pp. 165-167.
*Arnold Bennett, 26.XII.29, BEN, p. 170.
*Arnold Bennett, 29.I.30, BEN, p. 174.
*Arnold Bennett, 23.II.30, BEN, pp. 175-176.
*Arnold Bennett, [6.III.30], BEN, p. 178.
*Roger Martin du Gard, 22.III.30, RMGI, pp. 393-394.
Arnold Bennett, 4.VII.30, BEN, p. 182.
Arnold Bennett, 28.VII.30, BEN, p. 186.
Arnold Bennett, 14.IX.30, BEN, p. 191.
*Arnold Bennett, 27.X.30, BEN, p. 194.
Roger Martin du Gard, 26.XI.30, RMGI, p. 424.
*Arnold Bennett, 3.I.31, BEN, p. 199.
Roger Martin du Gard, 5.II.31, RMGI, p. 445.

PRETTY LADY (THE)

Arnold Bennett, 26.I.21, BEN, p. 111.

RICEYMAN STEPS

*Arnold Bennett, 8.VIII.25, BEN, pp. 150-151.
Arnold Bennett, 26.XII.29, BEN, p. 170.

TITLE (THE)

Arnold Bennett, 16.VII.18, BEN, p. 94.
*Arnold Bennett, 21.VII.18, BEN, p. 95.

BENNETT (Mme Arnold)

Arnold Bennett, [27.X.13], BEN, p. 69.
Arnold Bennett, 2.III.14, BEN, p. 72.
Arnold Bennett, 14.VI.[14], BEN, p. 75.
Arnold Bennett, 1.VIII.[14], BEN, p. 76.
Arnold Bennett, 17.IX.[14] BEN, p. 79.
Arnold Bennett, [août1915], BEN, p. 85.
Arnold Bennett, 16.I.16, BEN, p. 88.
Arnold Bennett, [juin 1918], BEN, p. 93.
Arnold Bennett, 16.VII.18, BEN, p. 94.
Arnold Bennett, 21.VII.18, BEN p. 96.
Arnold Bennett, 24.VII.18, BEN, p. 97.
Arnold Bennett, [27.VII.18], BEN, p. 97.
Arnold Bennett, 24.VIII.20, BEN, p. 99.
Arnold Bennett, 26.I.21, BEN, p. 113.
Arnold Bennett, 12.VIII.29, BEN, p. 167.
Arnold Bennett, 26.XII.29, BEN, p. 171.

BENOIST-MECHIN

André Thérive, 14.V.28, 55.

BENOIT (Pierre)

Roger Martin du Gard, 4.XI.22, RMGI, p. 199.

BERANGER

Maurice Lime, [février 1935], 205, p. 73.

BERANGER (Pierre-Jean de)

Alfred Vallette, 1.IX.03, 9, p. 286.

BERARD (Christian)

Jean Cocteau, 13.II.49, COC, p. 196.

BERARD (Léon)

*Roger Martin du Gard, 5.II.32, RMGI, pp. 496-497.

BERAUD (Henri)

Louis Aragon, 12.IV.23, 31.
*Albert T'serstevens, [mai 1923], 32, p. 1.
Roger Martin du Gard, 5.VII.23, RMGI, p. 223.
Roger Martin du Gard, 23.VII.23, RMGI, p. 226.
*René Schwob, 1.VIII.23, 188, p. 98.
*Roger Martin du Gard, 2.IV.24, RMGI, p. 246.
Roger Martin du Gard, 13.VI.24, RMGI, p. 250.
*André Rouveyre, 31.X.24, ROU, p. 84.
*Roger Martin du Gard, 3.VI.25, RMGI, p. 263.
André Rouveyre, 8.II.28, ROU, p. 107.
Roger Martin du Gard, 12.II.32, RMGI, p. 500.
Roger Martin du Gard, 4.II.33, RMGI, p. 546.

MARTYRE DE L'OBESE (LE)

Roger Martin du Gard, 2.IV.33, RMGI, p. 555.

BERDIAEFF (Nicolas)

*Daniel-Rops, 20.V.33, 176, pp. 33-34.
R. de B., 16.I.34, 107, p. 199.

BERENSON (les)

Charles Du Bos, 22.III.21, BOS, p. 30.

BERGAMIN (José)

François Mauriac, 22.VII.39, MAU, p. 94.

BERGERY (Gaston)

*Roger Martin du Gard, 9.X.38, RMGII, p. 155.

BERGSON (Henri)

*Franz Blei, 23.IV.08, 358, p. 205.
André Suarès, 14.III.[15], SUA, p. 76.
Paul Valéry, [2.X.20], VAL, p. 481.

Marcel Proust, 14.VI.22, PRO, p. 90.

EVOLUTION CREATRICE (L')

Charles Péguy, [C.P. 2.V.07], PEG, p. 22.

BERKELEY (George)

*Marcel Drouin, [hiver 1894], 163, p. 56.

BERL (Emmanuel)

Roger Martin du Gard, 14.VI.36, RMGII, p. 74.

MORT DE LA MORALE BOURGEOISE (LA)

*Jean Prévost, 14.VI.29, RMGI, p. 692.

BERNADIN DE SAINT-PIERRE (Jacques-Henri)

Francis Jammes, 9.I.09, JAM, p. 253.

BERNANOS (Georges)

Georges Simenon, 11.III.48, 327, p. 44.

BERNARD (Jean-Marc)

Francis Jammes, 16.III.97, JAM, p. 103.
*Francis Viélé-Griffin, 6.I.10, 240, p. 116.

Sub Tegmine Fagi

Jean-Marc Bernard, s.d., 106, p. 581.

BERNARD [Saint]

*René Schwob, 30.XII.30, 188, p. 105.
Roger Martin du Gard, 27.III.31, RMGI, p. 471.

BERNHARD (Sarah)

Georges Pitoeff, 26.VII.22, 249, p. 64.
André Rouveyre, 8.II.28, ROU, p. 106.

BERNHEIM

Paul Valéry, [C.P. 19.X.07], VAL, p. 413.

BERNSTEIN (Henri)

*Valéry Larbaud, [fin 1911], 169, p. 190.

Roger Martin du Gard, 17.II.32, RMGI, p. 505.

RAFALE (LA)

Roger Martin du Gard, 2.VII.33, RMGI, p. 568.

SECRET (LE)

Roger Martin du Gard, 10.V.28, RMGI, p. 343.

BEROULE

Gouverneur Générale intérimaire de l'Afrique Equatoriale, 6.XI.25, 57.

M. Poissenot, 19.XI.25, 57, p. 208.

BERRICHON (Mme Paterne)

*Paul Valéry, [C.P. 21.VI.17], VAL, p. 449.

BERRICHON (Paterne)

*Paul Claudel, 10.XII.11, CLA, pp. 185-186.

Paul Valéry, [C.P. 21.VI.17], VAL, p. 449.

Fortunat Strowski, 9.IV.29, 69, p. 549.

BERTAUX (Félix)

Thomas Mann, 3.V.35, RMGII, p. 514.

Roger Martin du Gard, [décembre 1948], RMGII, p. 433.

BERTHELOT (les)

Francis Jammes, 16.V.06, JAM, p. 238.

BERTHELOT (Philippe)

Francis Jammes, 7.V.06, JAM, p. 237.

Paul Claudel, 14.III.[07], CLA, p. 72.

Paul Claudel, 17.I.08, CLA, p. 80.

Paul Claudel, 9.I.09, CLA, p. 93 et p. 94.

Francis Jammes, 24.I.09, JAM, p. 255.

Paul Claudel, 31.I.09, CLA, p. 97.

Paul Claudel, 22.II.11, CLA, p. 163.

*Roger Martin du Gard, [mai 1936], RMGII, p. 73.

BERTHELOT (René)

Albert Thibaudet, 18.VI.35, 112, p. 142.

BERTHELOT (Claude-Louis, comte)

Mme Paul Gide, 6.II.90, 232, p. 454.

BERTRAND (Louis)

*Guillaume Lerolle, 29.X.17, 139, p. 635.

SANG DES RACES (LE)

*Edouard Ducoté, 22.II.1900, 282, p. 1149.

BESNARD (Albert)

Mme Paul Gide, 6.II.90, 232, p. 454.

BESSON

Roger Martin du Gard, [16.II.28], RMGI, p. 332. et p. 333.

Roger Martin du Gard, 16.II.28, RMGI, p. 333 et et p. 334.

Roger Martin du Gard, 31.V.28, RMGI, p. 347.

BEYLE (Henri)

Voir : STENDHAL

BIANQUIS (Geneviève)

Elsie Pell, 28.I.35, 112, p. 9

BIBESCO (les)

Anna de Noailles, 24.III.08, 351, p. 502.

Bibliothèque littéraire Jacques Doucet

*Lettre-préface..., 4.VI.33, 92.

Biche

Voir : APPIA (Béatrice)

Bidot [Agence]

   Paul Valéry, [avril 1897], VAL, p. 290.

BIDOU (Henry)

   Roger Martin du Gard, 16.IV.23, RMGI, p. 216.

BILLY (André)

   André Rouveyre 27.V.41, ROU, p. 156.

"André Gide et la grammaire"

   *André Billy, 13.VII.46, 154.

BING (Mme)

   Rainer Maria Rilke, 8.XI.22, RIL, p. 199.

BJOERNSON (Bjoernstjerne)

VOIES DE DIEU

   *Mme Paul Gide, [2.X.94], 359, p. 153.

BLACQUE-BELAIR (Mimi)

   *Roger Martin du Gard, 6.III.49, RMGII, p. 447.

BLACQUE-BELAIR (Robert)

   Roger Martin du Gard, 25.V.30, RMGI, p. 397.
   Roger Martin du Gard, 25.VII.30, RMGI, p. 412.

BLAKE (William)

   *Elsie Pell, 28.I.35, 119, p. 9.

MARIAGE DU CIEL ET DE L'ENFER (LE)

   Albert T'serstevens, [mai 1923], 32, p. 1.
   Montgomery Belgion, 22.XI.29, 67.
   Robert de Traz, [16.XI.52], 334, p. 473.

BLANZEY (Comtesse de)

   Voir : FEUCHERES (Mlle de)

BLANCHE (Jacques-Emile)

   Pierre Louys, 6.V.92, 348, p. 33.
   Mme Paul Gide, 27.V.92, 237, p. 171.
   *Paul Valéry, [C.P. 12.VII.92], VAL, p. 165.
   Paul Valéry, 21.X.[1900], VAL, p. 376.
   Paul Valéry, [C.P. 23.IX.01], VAL, p. 389.
   Francis Viélé-Griffin, 13.IV.02, 240, p. 113.
   Paul Claudel, 23.II.10, CLA, p. 124.
   *Edmund Gosse, 10.III.10, GOS, p. 55.
   Jean Cocteau, [17.IV.17], COC, p. 61.
   Paul Valéry, 27.II.18, VAL, p. 462.
   *Paul Valéry, 4.III.18, VAL, p. 465.
   *Paul Valéry, 8.V.18, VAL, p. 471.

BLANZAT (Jean)

   Roger Martin du Gard, 3.XII.36, RMGII, p. 84.
   Roger Martin du Gard, 1.IV.38, RMGII, p. 129.
   Claude Mauriac, 14.VIII.40, 197, p. 252.

BLEI (Franz)

   *Paul Claudel, 25.IX.05, CLA, pp. 50 et 51.
   *Emile Haguenin, 23.X.07, 358, pp. 198-199.
   *Paul Claudel, 24.X.07, CLA, p. 77.
   Paul Claudel, 17.I.08, CLA, p. 80.
   Paul Claudel, 14.VI.10, CLA, p. 138.
   Paul Claudel, 14.VIII.11, CLA, p. 181.
   André Suarès, [24.III.13], SUA, p. 71.

"Le Nietzschéisme en France"

   Alfred Valette, 1.IX.03, 9, p. 286.
   *Emile Haguenin, 23.X.07, 358, p. 199.

BLOCH (Jean-Richard)

   *Roger Martin du Gard, 17.II.32, RMGI, p. 504.
   *Roger Martin du Gard, 2.V.33, RMGI, pp. 565-566.
   Maurice Lime, 4.I.36, 205, p. 81.
   Eugène Dabit, 12.V.36, 214, p. 21.

AIGLE ET GANYMEDE (L')

*Roger Martin du Gard, 2.V.33, RMGI, pp. 565-566.

SYBILLA

*Roger Martin du Gard, 2.V.33, RMGI, pp. 565-566.

BLONDIN (Antoine)

"Morte Avenue de Ségur"

*Roger Martin du Gard, 26.VIII.49, RMGII, p. 460.

BLOUD ET GAY

Roger Martin du Gard, 21.III.49, RMGII, p. 450.

BLOY (Léon)

François Mauriac, 26.XI.46, MAU, p. 104.

BLUM (Léon)

Eugène Melchior de Vogüé, [février] 1890, 247.

Mme Paul Gide, 18.III.90, 232, p. 426.

Mme Paul Gide, 23.III.90, 232, p. 426.

Albert Chapon, [octobre ou novembre 1906] 295, p. 9.

Christian Beck, 25.VI.12. 165, p. 637.

*Roger Martin du Gard, 13.II.32, RMGI, p. 502.

*Roger Martin du Gard, 22.II.32, RMGI, pp. 510-511.

Roger Martin du Gard, 14.VI.36, RMGII, p. 74.

Roger Martin du Gard, 23.VIII.45, RMGII, p. 330.

*Marcelle Schveitzer, 29.X.46, 369, p. 153.

*Roger Martin du Gard, 21.III.49, RMGII, p. 450.

*François Mauriac, 5.IV.50, MAU, p. 116.

DU MARIAGE

*Marcel Drouin, 29.VI.07, 139, p. 250.

NOUVELLES CONVERSATIONS DE GOETHE AVEC ECKERMANN

*Léon Blum, [1901], 270, p. 8.

BLUMENTHAL (Mme Georges)

Paul Valéry, 16.IX.20, VAL, p. 480.

Paul Valéry, 2.X.20, VAL, p. 481 et p. 482.

BOCCACIO (Giovanni)

François Porché, [janvier 1928], 60, p. 60.

BOILEAU-DESPREAUX (Nicolas)

Albert Démarest, [12.et 14.XI.93], 237, p. 292.

Marcel Drouin, 27.VI.01, 217, p. 413.

*Francis Jammes, [juillet 1901], JAM, p. 175.

Paul Claudel, 1.IV.11, CLA, p. 170.

Arnold Bennett, 8.VIII.25, BEN, p. 151.

*X..., 10.I.[36], 121, p. 302.

Roger Martin du Gard, 22.IX.41, RMGII, p. 239.

BOISSARD (Maurice)

Voir : LEAUTAUD (Paul)

BOISSIER (Gaston)

Marcel Drouin, 26.III.98, 186, p. 385.

*Emile Verhaeren, [1910], VER, p. 61.

BOLESLAVSKI (R.) & WOODWARD (H.)

LANCIERS (LES)

Roger Martin du Gard, 2.VII.42, RMGII, p. 256.

BONARDI (Pierre)

Roger Martin du Gard, 1.IV.38, RMGII, p. 129.

BONCOUR (Paul)

Roger Martin du Gard, 13.II.32, RMGI, p. 502.

Roger Martin du Gard, 22.II.32, RMGI, p. 510.

BONDJO

*Gouverneur Général intérimaire de l'Afrique Equatoriale Française, 6.XI.25, 57.

BONHAM-CARTER (Sir Maurice)

 Edmund Gosse, 30.VIII.18, GOS, p. 162.

BONHEUR (Raymond)

 Francis Jammes, 4.VII.[97], JAM, p. 113.
 Francis Jammes, 2.IX.98, JAM, p. 148.
 Francis Jammes, 26.VIII.[1900], JAM, p. 166.
 *Francis Jammes, 7.V.02, JAM, p. 188.
 Paul Valéry, [mai 1902], VAL, p. 392.
 Francis Jammes, 19.VIII.06, JAM, p. 239.
 Francis Jammes, 5.IV.08, JAM, p. 251.
 Christian Beck, 26.I.[12], 165, p. 635.
 Jules Mouquet, 4.VI.25, 163, p. 121.
 *Valentin Bresle, 4.VI.25, 39, p. 24.

"DUCHESSE DE LANGEAIS (LA)"

 Raymond Bonheur, 6.II.02, BON, p. 63.

MALVA

 Raymond Bonheur, [3.III.03], BON, p. 72.
 Raymond Bonheur, 6.III.03, BON, p. 73.
 *Raymond Bonheur, 3(ou 4).V.03, BON, p. 74.
 *Raymond Bonheur, 10.V.03], BON, pp. 75-77.
 *Raymond Bonheur, 7.X.03, BON, p. 83.
 Raymond Bonheur, 1.II.[05], BON, p. 92.

POLYPHEME

 Voir : SAMAIN (Albert)

BONNARD (Pierre)

 Dorothy Bussy, [1919], 281, p. 17.

BONNET (M.   )

 Mme Paul Gide, 8.II.95, 237, p. 461.

BONNIER

 Roger Martin du Gard, 9.VI.25, RMGI, p. 267.

BONNIERES (Robert de)

 Paul Valéry, [C.P.11.VI.1891], VAL, p. 91.
 Paul Valéry, [C.P. 17.VI.1891], VAL, p. 97.
 Paul Valéry, [mars 1895], VAL, p. 235.
 *Paul Valéry, 24.1.[96], VAL, p. 258.
 Paul Valéry, [C.P. 15.III.98], VAL, p. 315.

BONNIOT (Geneviève)

 *Edmund Gosse, 10.II.13, GOS, pp. 88-89.
 Edmund Gosse, 25.IV.13, GOS, p. 92.

BONNIOT (Les)

 Edmund Gosse, 10.II.13, GOS, pp. 88-89.
 Edmund Gosse, 18.V.13, GOS, p. 98.

BONNIOT (M.)

 Edmund Gosse, 4.V.13, GOS, p. 97.

BORDEAUX (Henry)

 Francis Jammes, 14.X.04, JAM, p. 216.

BORDEU (Charles de)

 Francis Jammes, 23.VIII.96, JAM, p. 83.
 Francis Jammes, 26.VIII.[1900], JAM, p. 167
 *Francis Jammes, 6.VIII.02, JAM, p. 200.

BORELY (Jules)

 Roger Martin du Gard, 13.III.47, RMGII, p. 365.

BORNIER (Henri de)

FILLE DE ROLAND (LA)

 Robert de Traz, [16.XI.32], 334, p. 474.

BOSIS (Lauro de)

ICARE

 *Roger Martin du Gard, 2.II.32, RMGI, p. 494.

BOSSARD (Aloys)

   André Rouveyre, 2.VI.23, ROU, p. 62.

BOSSUET (Jacques-Bénigne)

   Marcel Drouin, 10.V.94, 163, p. 67.

   Arthur Fontaine, janvier 1899, 199, p. 3.

   Marcel Drouin, 27.VI.01, 217, p. 414.

   Edmund Gosse, 6.II.16, GOS, p. 127.

   Charles Maurras, 2.XI.16, 26.

   Paul Souday, 13.X.23, 33, p. 118.

   Charles Du Bos, 1.I.24, BOS, p. 61.

   André Rouveyre, 31.X.24, ROU, p. 85.

   *Charles Du Bos, 5.X.28, BOS, p. 161.

   Jean Crès, 25.VII.33, 108, p. 5.

   X..., janvier [35], 176, p. 62.

   X..., 13.XII.47, 168, p. 125.

HISTOIRE DES VARIATIONS DE L'EGLISE

   Roger Martin du Gard, [octobre 1922], RMGI p. 197.

MEDITATIONS SUR L'EVANGILE

   François Mauriac, [1.VII.22], MAU, p. 69.

"*Oraison funèbre de la Princesse Palatine*"

   Charles Du Bos, 1.I.24, BOS, p. 61.

ORAISON FUNEBRE DU GRAND CONDE

   Paul Valéry, 23.I.31, VAL, p. 511.

BOST (Pierre)

   *XXe Siècle, [février 1946], 152.

BOTTA (G.)

   *Giuseppe Prezzolini, 12.IV.13, 20, p. 1058.

BOTTICELLI

   *Mme Paul Gide, 30.IV.94, 237, p. 322.

BOUBACKAR

   Voir : SADECK

BOULENGER (Jacques)

   Charles Du Bos, 14.I.21, BOS, p. 28.

   Paul Souday, 13.X.23, 33, p. 115.

   Roger Martin du Gard, 10.II.28, RMGI, p. 329.

SOUS LOUIS PHILLIPPE-LES DANDYS

   Charles Péguy, [C.P.2.V.07], PEG, p. 22.

BOUNINE (Ivan)

   *Roger Martin du Gard, 18.IX.41, RMGII, p. 237.

   *Roger Martin du Gard, 29.X.41, RMGII, p. 241.

BRUME (LA)

   *Ivan Bounine, [octobre 1950], 174.

DELIVRANCE DE TOLSTOI (LA)

   *Roger Martin du Gard, 18.IX.41, RMGII, p. 238.

VILLAGE (LE)

   *Roger Martin du Gard, 12.VII.22, RMGI, p. 185.

   *Roger Martin du Gard, 18.VII.[22], RMGI, p. 187.

BOUNINE (Mme Ivan)

   Ivan Bounine, [octobre 1950], 174.

BOUR (Armand)

   *Francis Jammes, 24.I.09, JAM, p. 255.

   Francis Jammes, 27.I.09, JAM, p. 256.

   Adrien Mithouard, 28.I.09, 350, p. 29.

   *Paul Claudel, 31.I.09, CLA, p. 97.

BOURDON

   Roger Martin du Gard, 31.VIII.40, RMGII, p. 216.

   Roger Martin du Gard, 3.IX.40, RMGII, p. 217.

BOURCART

   Roger Martin du Gard, 21.VII.24, RMGI, p. 251.

BOURDELLE (Antoine)

   Charles Péguy, 8.X.10, PEG, p. 25.

BOURDET (Claude)

   *Claude Mauriac, 14.VIII.40, 197, p. 252.
   Roger Martin du Gard, 18.I.41, RMGII, p. 227.

BOURDET (Edouard)

   Roger Martin du Gard, 25.V.30, RMGI, p. 397.
   *Roger Martin du Gard, 15.VI.30, RMGI, p. 403.
   *Roger Martin du Gard, 25.VII.30, RMGI, pp. 411-412.

PRISONNIERE (LA)

   *Edouard Bourdet, [1930], 173, p. 6.
   *Roger Martin du Gard, 1.VI.30, RMGI, p. 399.

SEXE FAIBLE (LE)

   *Edouard Bourdet, [1930], 173, p. 6.

BOURDET (Mme Claude)

   Roger Martin du Gard, 16.VII.40, RMGII, p. 212.
   *Claude Mauriac, 14.VIII.40, 197, p. 252.

BOURGEOIS (André)

   Charles Péguy, [C.P.25.VII.12], PEG, p. 28.

BOURGEREL (Henri)

   *Paul Valéry, 4.VII.[14], VAL, p. 435.

BOURGES (Elémir)

   M. Alcippe, [décembre 1910], 15.
   Paul Claudel, 7.I.11, CLA, p. 159.
   Adolphe Van Bever, 3.VII.11, 290a, p. 137.

CREPUSCULE DES DIEUX (LE)

   *Franz Blei, 23.IV.08, 358, p. 205.
   *Edmund Gosse, 4.IX.11, GOS, pp. 66-67.

NEF (LA)

   *Paul Claudel, 22.II.11, CLA, p. 162.

BOURGET (Paul)

   *Mme Paul Gide, 28.V.94, 237, p. 326.
   Mme Paul Gide, 11.IX.94, 237, p. 357.
   *Paul Souday, 6.VI.17, 365, pp. 6-7.

DEMON DE MIDI (LE)

   *Roger Martin du Gard, 28.VI.30, RMGI, p. 406.

ESSAIS DE PSYCHOLOGIE

   *Paul Bourget, 12.V.17, 365, p. 4.

BOUSQUET (Joe)

   Roger Martin du Gard, 25.VII.30, RMGI, p. 410.
   *Roger Martin du Gard, 16.VII.40, RMGII, p. 211.

MEDISANT (LE)

   *Joe Bousquet, 7.X.45, 299.

BOUTROUX (Emile)

   Marcel Drouin, 4.XI.1900, 88, p. 558.

BOYAR

   Georges Simenon, 10.X.48, 327, p. 45.

BOYLESVE (René))

   *Franz Blei, 23.IV.08, 358, p. 206.
   Adolphe Van Bever, 3.VII.11, 290a, p. 137.
   Paul Valéry, [2.X.20], VAL, p. 481.
   *Roger Martin du Gard, 8.IX.47, RMGII, p. 379.

MADELEINE, JEUNE FEMME

*René Boylesve, 24.X.12, 208, pp. 85-87.

MON AMOUR

X..., [février 1908], 358, p. 206.

BRAHMS (Johannes)

*Jacques-Emile Blanche, 19.V.16, 289, p. 762.

BRAUN (Otto)

AUS DEN NACHGELASSENEN SCHRIFTEN EINES FRUHVOLLENDETEN

*Rainer Maria Rilke, 16.IV.21, RIL, p. 148.
*Mme Emile Mayrisch, 2.V.21, 236, p. 103.
*Rainer Maria Rilke, 13.V.21, RIL, pp. 154-155.

BRAUN (Thomas)

*Francis Jammes, 6.VIII.02, JAM, p. 200.

BRAUNBERGER (Pierre)

*Roger Martin du Gard, 7.VII.50, RMGII, p. 492.

BREAL (Auguste)

X..., 11.VIII.[22], 315, p. 51.
Paul Claudel, [mai 1925], CLA, p. 242.
*Roger Martin du Gard, [mai 1936], RMGII, p. 73.
*Roger Martin du Gard, 4.VII.37, RMGII, p. 107.

BREBEUF (Georges de)

LA GAGEURE OU CENT CINQUANTE EPIGRAMMES ET RONDEAUX CONTRE DES FEMMES FARDEES

*André Rouveyre, 2.VI.23, ROU, p. 61.

BREMOND (Henri)

Roger Martin du Gard, 25.VI.34, RMGI, p. 621.

BRETON (André)

*Paul Valéry, [2.X.20], VAL, p. 482.

*Roger Martin du Gard, 11.III.32, RMGI, p. 514.

BRIEUX (Eugène)

BLANCHETTE

Roger Martin du Gard, 2.VII.33, RMGI, p. 568.

BRION (Marcel)

X..., 11.VIII.[22], 315, p. 51.

BRISSON (Pierre)

*Roger Martin du Gard, 14.III.45, RMGII, p. 316.
Roger Martin du Gard, 5.IV.45, RMGII, p. 318.
*Roger Martin du Gard, 6.III.49, RMGII, p. 447.
Roger Martin du Gard, 10.XI.49, RMGII, p. 466.

BRONTE (Emily)

Jeanne Rondeaux, [1891], 237, pp. 95-96.
*Jeanne Rondeaux, [fin novembre] 91, 237, p. 255.

WUTHERING HEIGHTS

*X..., 4.VIII.96, 242a.
*André Thérive, 14.V.28, 55.

BROOKE (Rupert)

*Edmund Gosse, 5.VI.15, GOS, p. 119.
Edmund Gosse, 19.VII.15, GOS, p. 122.
Edmund Gosse, 31.VII.18, GOS, p. 157.

[SONNETS]

*Edmund Gosse, 7.VII.15, GOS, p, 121.

BROUTELLES (Mme)

Henri de Régnier, [1909], 252a.

BROWNE (Sir Thomas)

Edmund Gosse, 8.X.11, GOS, p. 68.

RELIGIO MEDICI

*Edmund Gosse, 8.X.11, GOS, p. 68.

BROWNING (Robert)

Rudolf Kassner, 28.II.01, 89, p. 560.
*Dorothy Bussy, [18.X.18], 283, p. 60.
*Mme Emile Mayrisch, 21.VI.19, 236, p. 98.
*Jacques-Emile Blanche, 20.XI.19, 289, p. 762.
Willy Schuermans, 12.XI.24, SCHU, p. 51.
Claude Mauriac, 4.VIII.45, 197, p. 278.

Mr. Sludge, The Medium

*Edouard Dujardin, 4.VII.30, 73, p. 66.

Sordello

Charles Du Bos, 1.I.24, BOS, p. 62.

BRUANT (Aristide)

Paul Valéry, [décembre 1891], VAL, p. 142.

BRULLER (Jean)

Voir : VERCORS

BRUNETIERE (Ferdinand)

*Mme Paul Gide, 26.III.92, 237, p. 165.
Mme Paul Gide, [2.X.94], 359, p. 148.
*Marcel Drouin, 27.VI.01, 217, p. 413 et p. 414.
André Suarès, 18.VI.12, SUA, p. 61.

BUFFON (Georges-Louis LECLERC, comte de)

Anna de Noailles, 24.III.08, 351, p. 502.
Roger Martin du Gard, 11.III.31, RMGI, p. 457.
Ernest Bendz, 18.XI.33, 140, p. 47.
Roger Martin du Gard, 16.V.50, RMGII, p. 485.

Bulletin de l'Union morale

Roger Martin du Gard, 16.II.35, RMGII, p. 16.

BUNSEN (Mlle Van)

Emile Haguenin, 13.I.08, 358, p. 203.

BURNAND

Mme Paul Gide, 13.I.95, 237, p. 428.

BURY (R. de)

Voir : Jean de GOURMONT

BUSSIERE [Imprimeur]

X..., 6.II.09, 265a.

BUSSY (Dorothy)

Mme Emile Mayrisch, 21.VI.19, 236, p. 98.
Roger Martin du Gard, 10.IV.[24], RMGI, p. 248.
Arnold Bennett, 8.VIII.25, BEN, p. 152.
André Thérive, 14.V.28, 55.
*Arnold Bennett, 8.III.29, BEN, pp. 157-159.
*Arnold Bennett, 11.III.29, BEN, p. 163.
*Roger Martin du Gard, 25.VII.30, RMGII, p. 411.
*Roger Martin du Gard, 26.I.31, RMGI, p. 435.
*Roger Martin du Gard, 5.III.31, RMGI, p. 452.
Roger Martin du Gard, 11.III.31, RMGI, p. 458. p. 459.
Roger Martin du Gard, 22.III.31, RMGI, p. 467.
*Roger Martin du Gard, 27.III.31, RMGI, pp. 471-472.
Roger Martin du Gard, 7.IX.31, RMGI, p. 487.
*Roger Martin du Gard, 28.I.32, RMGI, p. 493.
Roger Martin du Gard, 12.IV.33, RMGI, p. 559.
Roger Martin du Gard, 15.IV.33, RMGI, p. 562.
Roger Martin du Gard, 10.II.34, RMGI, p. 596.
*Roger Martin du Gard, 12.V.34, RMGI, p. 612.
Roger Martin du Gard, 28.IV.35, RMGII, p. 26.
Roger Martin du Gard, 23.IV.38, RMGII, p. 135.
*Roger Martin du Gard, 26.IX.38, RMGII, p. 150.
*Roger Martin du Gard, 2.X.38, RMGII p. 153.
Jef Last, 2.X.38, 356, p. 124.

Roger Martin du Gard, 7.V.40, RMGII, p. 204.
Roger Martin du Gard, 18.I.41, RMGII, p. 226.
Roger Martin du Gard, 29.I.45, RMGII, p. 301.
Roger Martin du Gard, 29.IV.45, RMGII, p. 320.
Roger Martin du Gard, 12.V.45, RMGII, p. 323.
*Roger Martin du Gard, 23.VIII.45, RMGII, p. 329.
Enid Starkie, 12.V.47, 347.
*Roger Martin du Gard, 19.I.49, RMGII, p. 435.
Roger Martin du Gard, 22.II.49, RMGII, p. 444.
*Roger Martin du Gard, 6.III.49, RMGII, pp. 445-446.
Roger Martin du Gard, 22.VI.49, RMGII, p. 453.
Roger Martin du Gard, 15.XII.50, RMGII, p. 503.
*Roger Martin du Gard, 11.I.51, RMGII, p. 508.

NURSERY RHYMES

*Roger Martin du Gard, 16.XII.45, RMGII, p. 335.
Roger Martin du Gard, 30.III.48, RMGII, p. 403.

OLIVIA

*Dorothy Bussy, 5.VI.48, 281, p. 17.
*Roger Martin du Gard, 22.VI.48, RMGII, p. 413.
*Roger Martin du Gard, 26.VI.48, RMGII, p. 415.
*Roger Martin du Gard, 29.XII.48, RMGII, p. 434.
*Roger Martin du Gard, 19.I.49, RMGII, p. 435.
*Roger Martin du Gard, 15.II.49, RMGII, p. 441.
*Roger Martin du Gard, 6.III.49, RMGII, pp. 445-446.
*Roger Martin du Gard, 11.VII.49, RMGII, p. 457.

BUSSY (Janie)

Roger Martin du Gard, 25.VII.30, RMGI, p. 411.
Roger Martin du Gard, 26.IX.38, RMGII, p. 150.
Jef Last, 2.X.38, 356, p. 124.
Roger Martin du Gard, 10.IX.40, RMGII, p. 219.
Roger Martin du Gard, 23.VIII.45, RMGII, p. 329.
Roger Martin du Gard, 17.VI.47, RMGII, p. 373.

BUSSY (Les)

Mme Emile Mayrisch, 10.III.21, 236, p. 101.
*Charles Du Bos, 22.III.21, BOS, p. 30.
Charles Du Bos, [1921], BOS, p. 31.
Charles Du Bos, [1921], BOS, p. 33.
René Schwob, 6.II.23, 188, p. 97.
Roger Martin du Gard, 4.IV.24, RMGI, p. 247.
François Mauriac, [1927?], MAU, p. 72.
Charles Du Bos, 1.II.27, BOS, p. 110.
Roger Martin du Gard, 22.II.27, RMGI, p. 306.
Roger Martin du Gard, [3.V.27], RMGI, p. 307.
Roger Martin du Gard, 2.II.30, RMGI, p. 387.
Roger Martin du Gard, 6.(?).V.30, RMGI, 396.
*Roger Martin du Gard, 25.VII.30, RMGI, p. 411.
*René Schwob, 30.XII.30, 188, p. 104.
Roger Martin du Gard, 16.I.31, RMGI, p. 432.
Roger Martin du Gard, 5.III.31, RMGI, p. 452.
Roger Martin du Gard, 12.IV.33, RMGI, p. 559.
Roger Martin du Gard, 30.III.34, RMGI, p. 611.
Roger Martin du Gard, 2.VI.35, RMGII, p. 32.
Roger Martin du Gard, 8.X.35, RMGII, p. 51.
Roger Martin du Gard, 8.XI.35, RMGII, p. 56.
Roger Martin du Gard, 30.XII.35, RMGII, p. 62.
Roger Martin du Gard, 14.VI.36, RMGII, p. 75.
Roger Martin du Gard, 17.V.37, RMGII, p. 104.
Roger Martin du Gard, 27.V.37, RMGII, p. 105.
Roger Martin du Gard, 16.I.39, RMGII, p. 158.
Roger Martin du Gard, 24.IV.39, RMGII, p. 168.
Roger Martin du Gard, 19.IX.39, RMGII, p. 188.
François Mauriac, 9.I.40, MAU, p. 98.
André Rouveyre, 4.II.40, ROU, p. 151.
Paul Valéry, 5.II.40, VAL, p. 518.
Roger Martin du Gard, 13.II.40, RMGII, p. 194.
Roger Martin du Gard, 13.IV.40, RMGII, p. 197.
*Roger Martin du Gard, 7.V.40, RMGII, p. 205.
Roger Martin du Gard, 26.V.40, RMGII pp. 207 et 208.

*Georges Simenon, 28.V.40, 327, pp. 33-34.

Claude Mauriac, 31.V.40, 197, p. 248.

*Roger Martin du Gard, 7.VI.40, RMGII, pp. 208-209.

Roger Martin du Gard, 14.VI.40, RMGII, p. 210.

*Roger Martin du Gard, 16.VII.40, RMGII, pp. 211-212.

Roger Martin du Gard, 23.VII.40, RMGII, p. 213.

Roger Martin du Gard, 3.IX.40, RMGII, p. 217.

Roger Martin du Gard, 10.IX.40, RMGII, p. 218.

Roger Martin du Gard, [26.IX.40], RMGII, p. 222.

Roger Martin du Gard, 14.X.41, RMGII, p. 240.

Roger Martin du Gard, 29.X.41, RMGII, p. 241.

Paul Valéry, 5.II.42, VAL, p. 526.

Adrienne Monnier, 4.III.42, 229, p. 107.

Roger Martin du Gard, 7.V.42, RMGII, p. 243.

X..., [août 1944], 307, p. 11.

*Roger Martin du Gard, 30.X.44, RMGII, p. 283.

Roger Martin du Gard, 25.XI.44, RMGII, p. 288.

Roger Martin du Gard, 5.XII.44, RMGII, p. 290.

*Roger Martin du Gard, 29.I.45, RMGII, p. 302.

Roger Martin du Gard, 11.II.45, RMGII, p. 313.

*Roger Martin du Gard, 29.IV.45, RMGII, p. 320.

*Roger Martin du Gard, 12.V.45, RMGII, pp. 323-324.

Roger Martin du Gard, 21.X.47, RMGII, p. 384.

Roger Martin du Gard, [11.II.48], RMGII, p. 396.

Roger Martin du Gard, 23.II.48, RMGII, p. 398.

Roger Martin du Gard, 23.IV.50, RMGII, p. 478.

Roger Martin du Gard, 15.XII.50, RMGII, p. 503.

BUSSY (Simon)

Roger Martin du Gard, 4.IV.24, RMGI, p. 247.

Paul Valéry, 9.X.27, VAL, p. 506.

*Roger Martin du Gard, 25.VII.30, RMGI, p. 411.

*Roger Martin du Gard, 12.V.34, RMGI, p. 612.

Roger Martin du Gard, 14.VI.36, RMGII, p. 75.

Jef Last, 2.X.38, 356, p. 124.

Roger Martin du Gard, 13.II.40, RMGII, p. 195.

Claude Mauriac, 13.VII.40, 197, p. 251.

Roger Martin du Gard, 24.V.42, RMGII, p. 249.

Claude Mauriac, 4.VIII.45, 197, p. 278.

Roger Martin du Gard, 23.VIII.45, RMGII, p. 329.

Enid Starkie, 12.V.47, 347.

Roger Martin du Gard, 23.II.48, RMGII, p. 398.

Roger Martin du Gard, 30.III.48, RMGII, p. 403.

*Roger Martin du Gard, 7.IV.48, RMGII, p. 407.

Roger Martin du Gard, 11.IX.48, RMGII, p. 426.

*Roger Martin du Gard, 19.X.48, RMGII, p. 429.

Roger Martin du Gard, 15.II.49, RMGII, p. 440.

BUTLER (Samuel)

Valery Larbaud, 26.I.16, 169, pp. 249-250.

EREWHON REVISITED

*Arnold Bennett, [août 1915], BEN, p. 84.

*Henri Thomas, 5.II.40, 234, p. 367.

WAY OF ALL FLESH (THE)

*Arnold Bennett, [août 1915], BEN, p. 84.

Roger Martin du Gard, 18.VII.[22], RMGI, p. 187.

Henri Thomas, 5.II.40, 234, p. 367.

BYRON (George Gordon, Lord)

Pierre Louÿs, 7.VII.90, 97, p. 8.

Paul Valéry, [8 mars 1891], VAL, p. 64.

Mme Paul Gide, 25.IV.94, 237, p. 323.

Mme Paul Gide, 19.V.94, 237, p. 324.

*Mme Paul Gide, 28.V.94, 237, p. 326.

Maurice Denis, [fin mars-tout début d'avril 1898], 238, p. 142.

Maurice Denis, 7.XII.07, 239, p. 87.

CABANEL (Alexandre)

Francis Jammes, 8.X.[03], JAM, p. 205.

CAETANI (Marguerite, Princesse de Bassiano)

Roger Martin du Gard, 22.II.32, RMGI, p. 510.

Simone Marye, 17.I.40, MAR, p. 32.

Cahiers de la Pléiade (Les)
 *Jean Paulhan, 27.III.45, 339, p. 79.
 Roger Martin du Gard, 18.VIII.47, RMGII, p. 378.
 Roger Martin du Gard, 22.VI.48, RMGII, p. 413.
 Saint-John Perse, 2.VI.49, 288, p. 467.

Cahiers de la Quinzaine
 Charles Péguy, [31.III.07], PEG, p. 21.
 *Charles Péguy, 15.II.08, PEG, p. 22.
 Christian Beck, 15.VII.09, 165, p.628.
 André Suarès, 24.XI.09, SUA, p. 38.
 Charles Péguy, [C.P.24.I.10], PEG, p. 23.
 Charles Péguy, 10.VII.10, PEG, p. 25.
 Charles Péguy, [8.XI.10], PEG, p. 25.
 André Bourgeois, 4.VII.12, PEG, p. 27.
 Roger Martin du Gard, 9.VI.25, RMGI, p. 268.

Cahiers du Sud
 Paul Valéry, 21.IX.41, VAL, p. 526.
 Richard Heyd, 31.X.46, 276.

Cahiers mensuels (Les)
 Yang Tchang Lomine, 12.I.31, 74, p. 5.

Cahiers protestants
 François Mauriac, 13.XII.41, MAU, p. 101.

CAILLAVET (Gaston-Armand de) et FLERS (Robert de)

ROI (LE)
 Roger Martin du Gard, 2.VII.33, RMGI, p. 568.

CAILLEUX (Dr Roland)
 Roger Martin du Gard, 7.VI.40, RMGII, pp. 208-209.
 Roger Martin du Gard, 14.VI.40, RMGII, p. 210.
 *Roger Martin du Gard, 19.I.49, RMGII, p. 435.

CAIRNS (Huntington)
 Saint-John Perse, 17.I.48, 288, p. 465.

CALDERON DE LA BARCA (Pedro)
 Marcel Drouin, 16.III.98, 217, p. 412.
 *Paul Claudel, 9.III.11, CLA, pp. 167-168.

VIE EST UN SONGE (LA)
 Paul Valéry, [septembre 1893], VAL, p. 186.

CALENDERS
 Paul Valéry, 11.VII.[99], VAL, p. 349.
 *Marcel Drouin, 4.XI, 1900, 88.

CALET (Henri)
 *Roger Martin du Gard, 22.VI.48, RMGII, p. 413.

Caliban
 Jean Guéhenno, [fin octobre 1930], 176, p. 14.

CALVIN
 André Suarès, 18.VI.12, SUA, p. 61.
 Roger Martin du Gard, [28.I.48], RMGII, p. 395.

CAMUS (Albert)
 Roger Martin du Gard, 22.V.47, RMGII, p. 369.
 *Roger Martin du Gard, 26.VI.48, RMGII, p. 413.

ETRANGER (L')
 Georges Simenon, 14.VII.45, 327, p. 39.

PESTE (LA)
 Roger Martin du Gard, [28.I.48], RMGII, p. 395.

CAMUS (Francine)
 *Roger Martin du Gard, 20.IX.45, RMGII, p. 332.
 Roger Martin du Gard, 11.VII.49, RMGII, p. 437.

Canard enchaîné
    Gaston Bergery [décembre 1937], 130.
    Edouard Gide, 21.VI.46, 359, p. 182.

Candide
    Roger Martin du Gard, 27.III.31, RMGI, p. 472.
    Roger Martin du Gard, 12.II.32, RMGI, p. 500.
    Roger Martin du Gard, 24.II.39, RMGII, p. 163.

CANOVA (Antonio)
    *Mme Paul Gide, 6.V.94, 237, p. 322.

Capitole [Editions du]
    François Mauriac, [1927], MAU, p. 73.
    André Rouveyre, 1.VII.[27], ROU, p. 99.
    Edmund Gosse, 8.IV.28, GOS, p. 193.
    Jean Paulhan, 25.IV.28, 46, p. 721.

CAPUS (Alfred)
    Francis Jammes, 14.X.04, JAM, p. 216.

ADVERSAIRE (L')
    Roger Martin du Gard, 2.VII.33, RMGI, p. 568.

CARBUCCIA (Horace de)
    *Roger Martin du Gard, 18.III.34, RMGI, p. 603.

CARCO (Francis)

"Retour à la Terre"
    Roger Martin du Gard, 29.IX.40, RMGII, p. 222.

CARDUCCI (Giosué)
    Marcel Drouin, 25.XII.[95], 163, p. 74.
    *X..., [novembre 1947], 175, p. 271.

CAREY
    Christian Beck, [1909], 165, p. 630.

CARRERE (J.)
    Giuseppe Prezzolini, 12.IV.13, 20, p. 1058.

CARRIERE (Eugène)
    *Raymond Bonheur, [6.X.02], BON, p. 71.
    *Raymond Bonheur, [28.III.06], BON, p. 93.
    Francis Jammes, 19.VIII.06, JAM, p. 239.

CASSOU (Jean)
    *Roger Martin du Gard, 5.II.32, RMGI, p. 496.
    *Roger Martin du Gard, 13.II.32, RMGI, p. 501.
    *Roger Martin du Gard, 13.II.32, [soir], RMGI, pp. 501-502.
    *Roger Martin du Gard, 17.II.32, RMGI, p. 504.
    Roger Martin du Gard, 18.II.32, RMGI, p. 506.
    *Roger Martin du Gard, 19.II.32, RMGI, p. 509.
    Roger Martin du Gard, 22.II.32, RMGI, p. 510.
    Eugène Dabit, 12.V.36, 214, p. 21.
    *Pierre Alessandri, 27.VIII.37, 176, p. 177.
    Pierre Alessandri, 3.IX.37, 176, p. 179.
    *Roger Martin du Gard, 21.IX.44, RMGII, p. 280.

CASTAGNO (Andrea Del)
    *Maurice Denis, [fin avril 1909], 239, p. 112.

CASTANIE (Mme)
    *Emile Verhaeren, [1910], VER, p. 61.

CASTELNAU
    Mme Paul Gide, 13.I.95, 237, p. 428.

CASTRE
    Charles Du Bos, 14.I.21, BOS, p. 29.

CAUMARTIN
    Joseph Conrad, 25.XI.20, 308, p. 158.

CAYATTE (André)

NOUS SOMMES TOUS DES ASSASSINS [film]
   *André Cayatte, 17.XI.50, 328, p. 24.

CECILIA METELLA
   Marcel Drouin, 26.III.98, 186, p. 388.

CELLINI (Benvenuto)

Persée
   *Mme Paul Gide, 28.V.94, 237, p. 326.

CENDRARS (Blaise)

J'AI TUE
   *Anna de Noailles, 8.II.19, 359, p. 162.

Centaure
   *Henri Albert, [1896], 132, pp. 114-115.
   *Paul Valéry, 25.III.96, VAL, pp. 260-261.
   *Paul Valéry, [mai 1896], VAL, p. 265.
   Paul Valéry, [C.P. 19.V.96], VAL, p. 266.
   *Paul Valéry, [C.P. 24.V.96], VAL, p. 269.
   *Francis Jammes [début de juin 1896], JAM, p. 74.
   *Francis Jammes, [début juillet 1896], JAM, p. 78.
   *Henri Albert, 4.IX.96, 229a.
   *Paul Valéry, [février 1897], VAL, p. 287.
   Paul Valéry, 21 [mai 1897], VAL, p. 296.
   Paul Valéry, 21.X.[1900], VAL, p. 375.
   *Christian Beck, 17.XII.07, 165, p. 622.

CERVANTES (Miguel de)
   *X..., 10.I.[36]. 121, p. 302.

DON QUICHOTTE DE LA MANCHE
   *Roger Martin du Gard, 28.IX.28, RMGI, p. 355.
   Roger Martin du Gard, [février 1931], RMGI, p. 468.
   *X..., 10.I.[36], 121, p. 303.

CESAR (Julius)
   Roger Martin du Gard, 17.X.44, RMGII, p. 281.
   Roger Martin du Gard, 30.X.44, RMGII, p. 284.

CEZANNE (Paul)
   Louis Dumont-Wilden, [octobre 1907], 349, p. 62.
   Maurice Denis, 28.VI.19, 239, p. 214.
   Robert de Traz, [16.XI.32], 334, p. 474.

CHADOURNE (Marc)

VASCO
   L'Intransigeant, [décembre 1927], 42, p. 2.

CHALLAYE (Félicien)
   *Roger Martin du Gard, 17.II.32, RMGI, p. 504.
   *Roger Martin du Gard, 19.II.32, RMGI, p. 508.
   Roger Martin du Gard, 22.II.32, RMGI, p. 511.
   Roger Martin du Gard, 7.VII.32, RMGI, p. 528.

Chambre des Députés
   Maurice Barrès, [1906], 269, p. 52.

CHAMPION (Edouard)
   Willy Schuermans, 2.IV.25, SCHU, p. 55.
   Roger Martin du Gard, [mai 1925], RMGI, p. 261.

CHAMSON (André)
   Jean Giono, 29.III.29, 231.
   *Roger Martin du Gard, 19.IV.40, RMGI, p. 201.

ANNEE DES VAINCUS (L')
   *Roger Martin du Gard, 23.II.35, RMGII, p. 19.

HERITAGES
   *Roger Martin du Gard, 13.VII.32, RMGI, p. 530.
   *Roger Martin du Gard, 18.VII.32, RMGI, p. 533.

<u>HOMMES DE LA ROUTE</u>

L'Intransigeant, [décembre 1927], <u>42</u>, p. 2.

CHANTAVOINE (Henri)

"Les très jeunes poètes"
Paul Valéry, [12 avril 1891], <u>VAL</u>, p. 78.

CHANVIN (Charles)

Paul Valéry, [C.P. 27.VII.98], <u>VAL</u>, p. 327.
Roger Martin du Gard, 31.V.28, <u>RMGI</u>, p. 347.

CHAPELAIN (Jean)

Marcel Drouin, 27.VI.01, <u>217</u>, p. 414.

CHAPON (Albert)

Paul Claudel, 7.XI.06, <u>CLA</u>, p. 68.
Adrien Mithouard, 25.I.09, <u>350</u>, p. 29.
Francis Jammes, 27.I.09, <u>JAM</u>, p. 256.
Paul Claudel, 31.I.09, <u>CLA</u>, p. 97.
Paul Claudel, 12.III.10, <u>CLA</u>, p. 127.
Paul Claudel, [mars 1910], <u>CLA</u>, p. 130.
Paul Claudel, [17.IV.10], <u>CLA</u>, p. 131.
Paul Claudel, [juin 1910], <u>CLA</u>, p. 143.
Paul Claudel, 22.II.11, <u>CLA</u>, p. 161.

CHARBONNEL

Louis Comte, [novembre 1897], <u>JAM</u>, p. 303.

CHARDONNE (Jacques)

<u>EPITHALAME</u>

Roger Martin du Gard, 24.V.42, <u>RMGII</u>, p. 248.

CHARLEMAGNE

Marcel Drouin, 25.XII.[95], <u>163</u>, p. 74.

CHARNISEY (M. de)

Mme Paul Gide, 8.X.93, <u>237</u>, p. 275.

CHARPENTIER

Paul Claudel, 9.III.11, <u>CLA</u>, p. 168.
Roger Martin du Gard, 22.III.48, <u>RMGII</u>, p. 402.
Roger Martin du Gard, 30.III,48, <u>RMGII</u>, p. 403.
*Roger Martin du Gard, 7.IV.48, <u>RMGII</u>, p. 407.
Roger Martin du Gard, 11.IX.48, <u>RMGII</u>, p. 426.

CHATAIGNEAU (Yves)

Roger Martin du Gard, 12.V.45, <u>RMGII</u>, p. 323.

CHATEAUBRIAND (François-René de)

Pierre Louÿs, 7.VII.90, <u>97</u>, p. 8.
*Jeanne Rondeaux, [août 1892], <u>233</u>, p. 92.
*Paul Valéry, 27.IV.97, <u>VAL</u>, p. 293.
Marcel Drouin, 26.III.98, <u>186</u>, p. 387.
Maurice Denis, [fin mars-tout début d'avril 1898] <u>238</u>, p. 142.
Paul Valéry, 11.VII.[99], <u>VAL</u>, p. 349.
André Suarès, 2.IV.[12], <u>SUA</u>, p. 60.
[André Billy], [juin] 14, <u>24</u>.
*Eugène Dabit, 4.IX.29, <u>214</u>, p. 37.
Scheffer, [s.d.], <u>91</u>, p. 616.

<u>ITINERAIRE DE PARIS A JERUSALEM</u>

*Mme Paul Gide, 30.I.95, <u>237</u>, 451.

<u>RENE</u>

[Voir aussi "René", dans l'Index des personnages]
José-Maria de Heredia, [septembre 1892], <u>246</u>, p. 176.
Francis Jammes, 18.VIII.96, <u>JAM</u>, p. 81.
Maurice Denis, [juin 1902], <u>362</u>, pp. 6-7.
Christian Beck, 23.VI.[02], <u>164</u>, p. 396.
*Arthur Fontaine, 8.VII.02, <u>199</u>, p. 3.

Victor Poucel, 27.XI.27, 48, p. 45.

Scheffer [s.d.], 91, p. 616.

CHATTO AND WINDUS

Edmund Gosse, 26.X.17, GOS, p. 152.

CHAUCER (Geoffrey)

*Edmund Gosse, 28.XI.12, GOS, p. 84.

CHAUVEAU [Dr]

Eugène Dabit, 5.I.30, 214, p. 40.

CHAUVEAU (Léopold)

Roger Martin du Gard, 19.III.35, RMGII, p. 21.

Roger Martin du Gard, 3.XII.36, RMGII, p. 84.

CHAUVEAU [les]

Roger Martin du Gard, 2.X.38, RMGII, p. 153.

CHAUVIN

Edmond Jaloux, 18.IX.41, 178, p. 296.

CHAUVIN (Charles)

Simone Marye, 3.XII.46, MAR, p. 47.

CHENIER (André)

Marcel Drouin, 25.XII.[95], 163, p. 74.

Christian Beck, 2.VII.07, 165, p. 621.

Roger Martin du Gard, [fin janvier 1915], RMGI, p. 136.

CHESTERTON (Gilbert Keith)

*Valéry Larbaud, 14.XI.10, 169, p. 146.

*André Suarès, [été 1912], SUA, p. 66.

ORTHODOXY

Paul Claudel, 12.III.10, CLA, p. 128.

CHESTOV (Léon)

REVELATIONS DE LA MORT (LES)

*Roger Martin du Gard, 19.VI.29, RMGI, p. 371.

CHEVASSON (Louis)

Roger Martin du Gard, 24.II.39, RMGII, p. 163.

CHIRON (M.)

Roger Martin du Gard, [fin juillet 1923], RMGI, p. 227.

CHOLOKHOV (Michel)

DEFRICHEURS (LES)

*Michel Cholokhov, 27.II.34, 102, pp. 731-732.

*Michel Cholokhov, 7.III.34, 102, p. 732.

CHOPIN (Frédéric)

Mme Paul Gide, 22.III.92, 237, p. 154.

*Mme Paul Gide, [2.X.94], 359, p. 153.

*Maurice Denis, [fin avril 1909], 239, p. 111.

Darius Milhaud, 28.X.16, 312.

André Ruyters, 2.III.18, 360, p. 19.

*André Rouveyre, 11.IV.28, ROU, p. 109.

Georges Simenon, 11.XII.44, 327, p. 37.

*Roger Martin du Gard, 24.IX.46, RMGII, p. 353.

CHOUX (J.)

JEAN DE LA LUNE

*Roger Martin du Gard, 15.IV.31, RMGI. p. 474.

CHRIST

Paul Valéry, [C.P.25.X.95], VAL, p. 250.

Francis Jammes, 28.VIII.97, JAM, p. 299.

Christian Beck, 4.V.03, 164, p. 398.

*Christian Beck, 29.IV.06, 164, p. 400.

André Suarès, 24.XI.09, SUA, p. 39.

*Paul Claudel 7.I.12, CLA, p. 189.

Francis Jammes, [fin de mars 1914], CLA, p. 231.

*André Ruyters, 2.III.18, 360, p. 19.

*Suzanne Allégret, 23.I.23, 139, p. 754.

François Le Grix, 10.III.23, 58.

André Rouveyre, 31.X.24, ROU, p. 86.

*René Schwob, 14.III.27, 188, p. 102.

*Charles Du Bos, 5.V.27, BOS, p. 121.

*François Mauriac, 7.X.27, MAU, pp. 73-75.

*Victor Poucel, 27.XI.27, 48.

*Eugène Ferrari, 15.III.28, 50, p. 48.

*René Schwob, 17.XI.28, 59, pp. 57-58.

*René Schwob, 30.XII.30, 188, p. 104.

Roger Martin du Gard, 27.III.31, RMGI, p. 471.

*Roger Martin du Gard, 18.VII.32, RMGI, p. 533.

*Daniel Rops, 20.V.33, 176, p. 35.

*R. de B., 16.I.34, 107, p. 201.

*Roger Martin du Gard, 19.III.35, RMGII, p. 22.

*Mlle S. de Saint-Cyr, 15.IX.41, 153, pp. 49-52.

*Elvira Cassa Salvi, 25.I.50, 330a, p. 117.

*Lucien Maury, [octobre 1950], 195, pp. 12-13.

Voir aussi : JESUS

CINGRIA

Jean Paulhan, 25.VI.33, 111, p. 44.

CITRINE (Sir Walter)

Roger Martin du Gard, 10.XII.36, RMGII, p. 86.

*A. Gulminelli, 28.XII.36, 129.

VERITE SUR LE COMMUNISME (LA)

*Roger Martin du Gard, 2.I.37, RMGII, p. 89.

CLAUDEL (Marie)

Paul Claudel, 14.III.[07], CLA, p. 72 et p. 73.

Paul Claudel, 20.VI.07, CLA, p. 76.

CLAUDEL (Mme Paul)

Paul Claudel, 14.III.[07], CLA, p. 73.

Paul Claudel, 20.VI.07, CLA, p. 76.

Paul Claudel, 17.I.08, CLA, p. 80.

Paul Claudel, [juillet 1908], CLA, p. 87.

Paul Claudel, 17.X.08, CLA, p. 90.

Paul Claudel, 9.I.09, CLA, p. 95.

Paul Claudel, 23.II.10, CLA, p. 122.

Paul Claudel, 12.III.10, CLA, p. 128.

Paul Claudel, [juin 1910], CLA, p. 143 et p. 144.

Paul Claudel, 7.I.11, CLA, p. 159.

Paul Claudel, [février 1911], CLA, p. 165.

Paul Claudel, 10.XII.11, CLA, p. 186.

CLAUDEL (Paul)

*X..., 4.VIII.96, 242a.

*Francis Jammes, [fin d'avril 1905], JAM, p. 226.

*Francis Jammes, 27.VII.[05], JAM, p. 228.

*Francis Jammes, 29.XI.05, JAM, p. 231.

Francis Jammes 15.II.06, JAM, p. 233.

*Francis Jammes, 26.IV.06, JAM, p. 234.

*Francis Jammes, 2.V.06, JAM, p. 236.

Francis Jammes, 7.V.06, JAM, p. 237.

*Francis Jammes, 16.V.06, JAM, p. 238.

*Francis Jammes, 19.VIII.06, JAM, p. 239.

*Francis Jammes, [fin d'août 1906], JAM, pp. 242-243.

*Christian Beck, 2.VII.07, 165, p. 221.

*Francis Jammes, 5.IV.08, JAM, p. 251.

*Franz Blei, 23.IV.08, 358, p. 204.

André Suarès, [14.XII.08], SUA, p. 30.

*Jean Schlumberger, [1909], 257, p. 6.

*Francis Jammes, 27.I.09, JAM, pp. 255-256.

Adrien Mithouard, 28.I.09, 350, p. 29.

Francis Jammes, 19.II.09, JAM, p. 258.

Francis Jammes, 11.VI.[09], 349, p. 65.

Francis Jammes, 3.XI.09, JAM, p. 262.

Francis Jammes, 14.XII.[09], JAM, p. 263.

*André Suarès, 24.XI.09, SUA, p. 39.

Francis Jammes, [28.XII.09], JAM, p. 268.

Raymond Bonheur, 2.I.10, BON, p. 102.

Charles Péguy, 11.II.[10], PEG, p. 24.

Charles Péguy, 10.VII.10, PEG, p. 25.

*André Suarès, 6.XI.10, SUA, p. 45.

Valery Larbaud, 14.XI.10, 169, p. 146.

André Suarès, 10.II.11, SUA, p. 53.

André Bourgeois, [C.P.24.III.11], PEG, p. 26.

Francis Jammes, 19.VI.11, JAM, p. 277.

Valery Larbaud, 11.VIII.11, 169, p. 181.

Jean-Marc Bernard, 21.XI.11, 103, p. 472.

Francis Jammes, [octobre 1911], JAM, p. 282.

Valery Larbaud, [mars 1912], 169, p. 198.

Valery Larbaud, [mars ou avril 1912], 169, p. 200.

*Francis Jammes, 15.XI.13, CLA, p. 360.

*[André Billy], [juin] 14, 24.

Darius Milhaud, 16.V.17, 312.

*Maurice Denis, 28.VI.19, 239, p. 213.

*Francis Jammes, 24.IV.23, JAM, pp. 363-364.

Albert T'Serstevens, [mai 1923], 32, p. 1.

*Henri Massis, 25.I.24, 127, p. 553.

*Paul Claudel, 13.IV.25, 38, pp. 60-61.

*René Schwob, 14.III.27, 188, p. 102.

Victor Poucel, 27.XI.27, 48, p. 41.

*François Mauriac, 24.IV.28, MAU, p. 76.

André Rouveyre, [mai 1928], ROU, p. 110.

Eugène Dabit, 4.IX.29, 214, p. 37.

Henri Massis, 21.X.29, 65, p. 766.

*Roger Martin du Gard, 18.II.35, RMGII, p. 16.

Jean Paulhan 27.VII.37, 339, p. 78.

Roger Martin du Gard, 28.VII.39, RMGII, p. 182.

*Roger Martin du Gard, 29.IX.40, RMGII, p. 223.

*Roger Martin du Gard, [août 1942], RMGII, p. 259.

Albert J. Guerard, 16.V.47, 193.

X..., 13.XII.47, 168, p. 125.

Roger Martin du Gard, [28.I.48], RMGII, p. 395.

*Roger Martin du Gard, 11.IX.48, RMGII, p. 426.

*André Rouveyre, 28.I.49, ROU, p. 165.

*Roger Martin du Gard, [octobre 1949], RMGII, pp. 461-462.

André Rouveyre, 31.X.49, ROU, p. 178.

*Roger Martin du Gard, 10.XI.49, RMGII, pp. 466-467.

*Roger Martin du Gard, 21.XI.49, RMGII, p. 469.

*François Mauriac, 11.XII.49, MAU, pp. 113 et 114.

*Richard, Heyd, 27.II.50, 349, p. 130.

*Claude Mauriac, 6.IV.50, 197, p. 283.

André Rouveyre 26.V.50, ROU, p. 191.

*Dorothy Bussy, 5.VII.50, 281, p. 17.

*Roger Martin du Gard, 26.XI.50, RMGII, p. 502.

M.D. [sic], 7.XI.19[?], 115, p. 466.

ANNONCE FAITE A MARIE (L')

Paul Claudel, 9.III.11, CLA, p. 168.

Paul Claudel, 16.VI.11, CLA, p. 177.

*Paul Claudel, 20.VI.[11], CLA, p. 179.

*Paul Claudel, 7.I.12, CLA, pp. 188-189.

*Le Temps, 19.IX.13, 22.

[André Billy], [juin] 14, 24.

"A Philippe"

*Francis Jammes, 2.I.10, JAM, p. 271.

*Paul Claudel, 8.I.10, CLA, p. 116.

*Paul Claudel, 23.II.10, CLA, p. 123.

ARBRE (L')

Paul Claudel, 25.IX.05, CLA, p. 51.

André Suarès, 24.XI.09, SUA, p. 39.

Paul Claudel, 1.IV.11, CLA, p. 170.

ART POETIQUE

*Paul Claudel, 9.I.09, CLA, p. 95.

"Cantique de Mesa"

*Paul Claudel, 7.XI.06, CLA, p. 68.

"Chemin de la Croix"

Paul Claudel, 14.VIII.11, CLA, p. 182.

CINQ GRANDES ODES SUIVIES D'UN PROCESSIONNAL POUR SALUER LE SIÈCLE NOUVEAU

*Paul Claudel, 9.I.09, CLA, pp. 93-94.

Paul Claudel, [mars 1910], CLA, p. 130.

Paul Claudel, [17.IV.10], CLA, p. 131.

*Paul Claudel, [juin 1910], CLA, p. 143.

*Le Temps, 19.IX.13, 22.

[Voir aussi : "Odes"]

CO-NAISSANCE AU MONDE ET DE SOI-MEME

*Paul Claudel, 20.VI.07, CLA, p. 75.

CONNAISSANCE DE L'EST

*Paul Claudel, 14.III.[07], CLA, pp. 72 et 73.

*Paul Claudel, 20.VI.07, CLA, pp. 74-75.

ECHANGE (L')

Paul Claudel, 25.IX.05, CLA, p. 50.

Paul Claudel, 24.X.07, CLA, p. 78.

Francis Jammes, 27.I.09, JAM, p. 256.

*Paul Claudel, 25.VII.[12], CLA, p. 201.

"Hymne du Saint-Sacrement"

Jean Schlumberger, [1909], 257, p. 6.

*Francis Jammes, 19.II.09, JAM, p. 258.

*Paul Claudel, 24.II.[09], CLA, p. 99

André Suarès, 27.II.09, SUA, p. 32.

Paul Claudel, 19.IV.09, CLA, p. 101.

"Hymnes"

Paul Claudel, 8.I.10, CLA, p. 116.

Valery Larbaud, 12.VI.10, et [juillet 1910], 169, p. 144.

JEUNE FILLE VIOLAINE (LA)

‡Francis Jammes, 24.I.09, JAM, pp. 254-255.

*Adrien Mithouard, 25.I.09, 350, p. 29.

*Francis Jammes, 27.I.09, JAM, pp. 255-256.

*Adrien Mithouard, 28.I.09, 350, pp. 29-30.

*Paul Claudel, 31.I.09, CLA, pp. 97-98.

*Francis Jammes, 19.II.09, JAM, p. 258.

Paul Claudel, 24.II.[09], CLA, p. 100.

"Magnificat"

*Paul Claudel, [mars 1910], CLA, p. 130.

*Paul Claudel, [17 avril 1910], CLA, p. 131.

"Muse qui est la Grâce (La)"

*Paul Claudel, 12.III.10, CLA, p. 127.

"Ode aux Muses"

*Paul Claudel, 25.IX.05, CLA, p. 51.

*Francis Jammes, [début d'octobre 1905], JAM, p. 229.

Odes

Paul Claudel, 17.I.08, CLA, p. 80.

*Paul Claudel, 15.II.08, CLA, p. 120.

*Paul Claudel, 23.II.08, CLA, p. 123.

*Paul Claudel, 7.I.11, CLA, p. 159.

OTAGE (L')

*Paul Claudel, 15.II.10, CLA, p. 120.

*Paul Claudel, 23.II.10, CLA, p. 123.

*Paul Claudel, [juin 1910], CLA. 143.

*Paul Claudel, 14.VI.10, CLA, pp. 138-139.

*Paul Claudel, 6.VIII.10, CLA, p. 148.

*Maurice Barrès, [1911], 269, p. 55.

*Paul Claudel, 7.I.11, CLA, p. 159.

*Paul Claudel, [février 1911], CLA, p. 165.

*Paul Claudel, 22.II.11, CLA, pp. 161-164.

Paul Claudel, 9.III.11, CLA, p. 168.

*Paul Claudel, 1.IV.11, CLA, p. 170.

*Paul Claudel, 16.VI.11, CLA, pp. 176-177.

*Paul Claudel, 20.VI.[11], CLA, p. 179.

*Paul Claudel, 14.VIII.11, CLA, p. 181.
Gaston Sauvebois, 17.II.12, 104, p. 473.
*Paul Souday, 13.IV.25, 38, p. 61.

PARTAGE DE MIDI
*Albert Chapon, octobre, [1906], 295, p. 8.
*Albert Chapon, [octobre 1906], 295, p. 9.
*Albert Chapon, [octobre ou novembre 1906], 295, p. 9.
*Paul Claudel, 7.XI.06, CLA, pp. 67-68.
Paul Claudel, 14.III.[07], CLA, p. 73.
Paul Claudel, 20.VI.07, CLA, p.74.
Paul Claudel, 24.X.07, CLA, p. 78.
*Paul Claudel, 17.I.08, CLA, p. 80.
Paul Claudel, [début de janvier 1910], CLA, p. 115.
*Paul Claudel, 8.I.10, CLA, p. 116.
*Paul Claudel, [juin 1910], CLA, p. 143.
Paul Claudel, 14.VI.10, CLA, p. 139.
*Paul Claudel, 27.VI.[10], CLA, p. 145.
Paul Claudel, 22.II.11, CLA, p. 161.

SOULIER DE SATIN (LE)
*Roger Martin du Gard, 29.X.29, RMGI, p. 378.

TETE D'OR
Francis Jammes 28.III.98, JAM, p. 136.
Paul Claudel, [juillet 1908], CLA, p. 87.
Paul Claudel, 1.IV.11, CLA, p. 170.
Francis Jammes, 24.IV.23, JAM, p. 363.

[Traduction des Poèmes de Coventry Patmore, N.R.F., 1er septembre 1911.]
Paul Claudel 10.XII.11, CLA, p. 185.

[Traduction d'un chapitre d'Orthodoxy de G.K. Chesterton, N.R.F., 1er Août 1910].
*Paul Claudel, 12.III.10, CLA, p. 128.
Paul Claudel, [mars 1910], CLA, p. 130.

Paul Claudel, 14.VI.10, CLA, p. 138.
*Valery Larbaud, 14.VI.10, 169, p. 146.

"Trois Hymnes"
Francis Jammes, 26.X.09, JAM, p. 261.

VILLE (LA)
Francis Jammes, 28.III.98, JAM, p. 136.

CLAUDEL (Reine)
Paul Claudel, 15.II.10, CLA, p. 119.
Paul Claudel, 23.II.10, CLA, p. 122.

CLEMENCEAU (Georges)
X..., janvier [35], 176, p. 62.
Saint-John Perse, 14.III.48, 288, p. 466.

CLEMENT (Franz)
Mme Emile Mayrisch, 25.VII.13, 236, p. 97.

CLERC (Charly)
Roger Martin du Gard, [12.IX.22], RMGI, p. 192.

CLIN (Mme)
Rainer Maria Rilke, 2.VI.23, RIL, p. 216.

CLOTHIS (Josette)
Roger Martin du Gard, 25.XI.44, RMGII, p. 288.

CLOUARD (Henri)

"André Gide, critique littéraire", Mercure de France, 1911.
Henri Clouard, 2.VIII.11, 335, p. 53.

"André Gide, ou la peur d'avoir raison"
*Jean-Marc Bernard, 21.IX.11, 103, pp. 471-472.

COCHU

Raymond Bonheur, 28.VI.[03], BON, p. 82.

COCTEAU (Jean)

*Anna de Noailles, 8.II.19, 359, pp. 162-163.
*Roger Martin du Gard, 23.II.35, RMGII, p. 19.
*Claude Mauriac, 12.VI.40, 197, p. 249.
Simone Marye, 20.VI.46, MAR, p. 42.

ANTIGONE

*Jean Cocteau, 24.I.23, COC, pp. 135-136.

CAP DE BONNE ESPERANCE (LE)

*Anna de Noailles, 8.II.19, 359, p. 162.
*Jean Cocteau, 6.V.19, COC, pp. 83-84.
*Jean Cocteau, [mai 1919], COC, pp. 78-80.

COQ ET L'ARLEQUIN (LE)

*Anna de Noailles, 8.II.19, 359, p. 162.
*Jean Cocteau, [mai 1919], COC, pp. 78-80.
*Jean Cocteau, 11.VII.19, COC, pp. 98-99.

DANSE DE SOPHOCLE (LA)

*Jean Cocteau, 6.III.12, COC, pp. 29-30.

"Lettre aux Américains"

Jean Cocteau, 13.II.49, COC, p.196.

MON PREMIER VOYAGE

Jean Cocteau, 30.III.37, COC, p. 176.

PARADE

*Jean Cocteau, [mai 1919], COC, pp. 79-80.

"Portraits-Souvenir"

Roger Martin du Gard, 23.II.35, RMGII, p. 19.
Jean Cocteau, 28.II.35, COC, p. 170.

*Roger Martin du Gard, 5.V.35, RMGII, p. 29.

POTOMAK

*Jean Cocteau, 12.V.22, COC, p. 117.

SECRET PROFESSIONNEL (LE)

*Roger Martin du Gard, [12.IX.22], RMGI, p. 192.

COGNET (Louis)

LANCELOT

*Roger Martin du Gard, 11.I.51, RMGII, p. 508.

COHEN (Gilbert)

"En écoutant parler André Gide"
*Roger Martin du Gard, 28.III.46, RMGII, p. 343.

COLETTE

CHERI

*Colette, 11.XII.20, 72, p. 48.

MES APPRENTISSAGES

Roger Martin du Gard, 23.II.36, RMGII, p. 67.

COLLIGNON (Albert)

Marcel Drouin, 26.III.98, 186, p. 385.

COLOMB (Romain)

Paul Valéry, 19.X.99, VAL, p. 357.

COLOMBO (M.)

Francis Jammes, 24.IV.23, JAM, p. 364.

COLUMELLE

Francis Jammes, [fin de février 1897], JAM, p.102.

Combat
 Roger Martin du Gard, 29.I.45, RMGII, p. 301.
 Roger Martin du Gard, 22.V.47, RMGII, p. 369.

Comédie française
 Roger Martin du Gard, 18.I.41, RMGII, p. 227.
 *Roger Martin du Gard, 20.IX.45, RMGII, p. 331.

Comité Antifasciste
 *Comoedia, 24.III.34, 101.

Commerce
 Charles Du Bos, [décembre 1928], BOS, p. 165.
 Arnold Bennett, 3.I.31, BEN, p. 200.
 René Schwob, 6.I.31, 188, p. 106.

Commission d'enquête dans les Colonies
 *Roger Martin du Gard, 4.VII.37, RMGII, p. 107.
 *Roger Martin du Gard, 8.VIII.37, RMGII, p. 111.
 *Roger Martin du Gard, 6.IV.38, RMGII, p. 130.
 Adrienne Monnier, 15.IV.38, 229, p. 106.
 *Christiane et Marcel de Coppet, 2.V.38, 310, p.53.
 *Roger Martin du Gard, 7.V.38, RMGII, p. 138.

Commune
 Roger Martin du Gard, 3.XII.36, RMGII, p. 83.

Comoedia
 Roger Martin du Gard, 21.VI.22, RMGI, p. 183.
 Roger Martin du Gard, 25.II.23, RMGI, p. 211.
 *Roger Martin du Gard, 3.VI.25, RMGI, p. 264.

COMTE (Auguste)
 [Voir : Vie d'Auguste Comte, dans l'Index des Oeuvres]

COMTE (Louis)
 *Francis Jammes, 5.V.[98], JAM, p. 142.

"Poètes d'après-demain"
 *Louis Comte, [novembre 1897], JAM, pp. 302-304.

Concordia
 *Jeanne Rondeaux, 25.I.86, 232, p. 347.

CONGREVE (William)
 *Edmund Gosse, 26.X.24, GOS, p. 174.

CONQUE (LA)
 Paul Valéry, 26.I.91, VAL, p. 47.
 Paul Valéry, [février 1891], VAL, p. 50.
 Paul Valéry, 1.III.[91], VAL, p. 58.
 Paul Valéry, 29.III.91, VAL, p. 76.
 Paul Valéry, [C.P. 11 juin 91], VAL, p. 92.
 Paul Valéry, [8.VIII.91], VAL, p. 115.
 Paul Valéry, [28.XI.91], VAL, p. 139.
 Francis Viélé-Griffin, [fin janvier ou février 1892], 240, p. 105.
 Paul Valéry, [2.II.98], VAL, p. 148.
 Paul Valéry, [C.P.21.III.92], VAL, p. 154.
 Paul Valéry, [C.P. 26.IV.92], VAL, p. 157.
 Paul Valéry, [août 1892], VAL, p. 170.

CONRAD (Borys)
 Joseph Conrad, 8.VI.16, 308, p. 154.
 Joseph Conrad, 7.XI.17, 308, p. 157.
 Joseph Conrad, 22.VII.21, 308, p. 162.

CONRAD (John)
 Joseph Conrad, 8.VI.16, 308, p. 154.
 Joseph Conrad, 7.XI.17, 308, p. 157.
 Joseph Conrad, 22.VII.21, 308, p. 162.
 Joseph Conrad, 8.X.23, 308, p. 166.
 Paul Valéry, 9.[X.23], VAL, p. 495.

CONRAD (Joseph)
 Paul Claudel, 7.I.12, CLA, p. 189.
 Francis Viélé-Griffin, 25.VI.12, 240, p. 121.

René Boylesve, 24.X.12, 208, p. 85.
Dorothy Bussy, [1919], 281, p. 17.
Paul Valéry, 9.[X.23], VAL, p. 495.
Arnold Bennett, 19.II.25, BEN, p. 146.
André Thérive, 14.V.28, 55.
*Albert J. Guerard, 16.V.47, 193.
Albert J. Guerard, 18.XII.50, 193.

ARROW OF GOLD
   Joseph Conrad, 25.XI.20, 308, p. 158.

CHANCE
   Joseph Conrad, 8.VI.16, 308, pp. 153-154.

COMPLETE WORKS
   Joseph Conrad, 12.XII.20, 308, p. 159.
   Joseph Conrad, 22.VII.21, 308, p. 160.

END OF THE TETHER
   Edmund Gosse, 8.X.11, GOS, p. 68.
   Paul Valéry, 1.XI.17, VAL, p. 458.
   *Joseph Conrad, 7.XI.17, 308, p. 157.
   Joseph Conrad, 22.VII.21, 308, p. 160.

FORTUNE
   Roger Martin du Gard, 8.X.33, RMGI, p. 582.

HEART OF DARKNESS
   *Joseph Conrad, 7.XI.17, 308, p. 157.
   Joseph Conrad, 22.VII.21, 308, p. 160.

LORD JIM
   Joseph Conrad, 13.VIII.12, 308, p. 151.
   *Jacques-Emile Blanche, 1.II.17, 289, pp. 761-762.
   *Joseph Conrad, 22.VII.21, 308, p. 161.
   *Joseph Conrad, 16.X.[21], 308, p. 163.
   Eugène Dabit, 23.XI.27, 214, p. 33.

MIRROR OF THE SEA
   *Joseph Conrad, 13.VIII.12, 308, p. 151.
   Joseph Conrad, 25.XI.20, 308, p. 158.

NEGRE DU NARCISSE
   *Paul Claudel, 12.III.10, CLA, p. 128.
   *Paul Claudel, [mars 1910], CLA, p. 130.
   *André Thérive, 14.V.28, 55.

NOSTROMO
   Joseph Conrad, 25.XI.20, 308, p. 158.
   Joseph Conrad, 12.XII.20, 308, p. 159.

"Poland Revisited"
   *Joseph Conrad, 8.VI.16, 308, p. 154.

RESCUE (THE)
   *Joseph Conrad, 25.XI.20, 308, p. 158 et p. 159.
   Joseph Conrad, 12.XII.20, 308, p. 160.
   *Joseph Conrad, 16.X.[21], 308, pp. 162-163.
   *Joseph Conrad, 26.X.21, 308, p. 164.

SECRET AGENT
   *Joseph Conrad, 13.VIII.12, 308, p. 152.

TYPHOON
   *Joseph Conrad, 8.VI.16, 308, pp. 153-154.
   *Joseph Conrad, 9.VI.17, 308, p. 156.
   Paul Valéry, 1.XI.17, VAL, p. 458.
   *Joseph Conrad, 7.XI.17, 308, pp. 156-157.
   Paul Souday, [mars 1918], 68, p. 65.
   *Paul Valéry, 4.III.18, VAL, p. 465.
   *Joseph Conrad, 25.XI.20, 308, p. 158.
   *Joseph Conrad, 26.XII.22, 308, p. 165.
   Albert T'serstevens, [mai 1923], 32, p. 1.
   *Paul Souday, [octobre 1923], 68, p. 66.
   *Joseph Conrad, 8.X.23, 308, p. 166.

André Thérive, 14.V.28, 55.
C.-F. Ramuz, 1.III.37, 352, p. 298.
*Gabriel Audisio, 5.XII.40, 142.

UNDER WESTERN EYES
   Joseph Conrad, 25.XI.20, 308, p. 158.
   Edmund Gosse, 16.I.21, GOS, p. 167.
   Joseph Conrad, 22.VII.21, 308, p. 161.
   Roger Martin du Gard, 30.XII.35, RMGII, p. 63.

VICTORY
   *Joseph Conrad, 8.VI.16, 308, pp. 153-154.
   *Joseph Conrad, 2.VIII.16, 308, p. 155.
   [Raymond Bonheur, 8.IX.16, BON, p. 104].

YOUTH
   *Joseph Conrad, 12.XII.20, 308, p. 160.
   *Joseph Conrad, 22.VII.21, 308, p. 160.

CONRAD (Mme Joseph)
   Joseph Conrad, 13.VIII.12, 308, p. 152.
   Joseph Conrad, 8.VI.16, 308, p. 154.
   Joseph Conrad, 9.VI.17, 308, p. 156.
   Joseph Conrad, 7.XI.17, 308, p. 157.
   Joseph Conrad, 25.XI.20, 308, p. 159.
   Joseph Conrad, 12.XII.20, 308, p. 159 et p. 160.
   Joseph Conrad, 22.VII.21, 308, p. 162.
   Joseph Conrad, 26.XII.22, 308, p. 165.
   Joseph Conrad, 8.X.23, 308, p. 166.
   Paul Valéry, 9.[X.23], VAL, p. 495.
   *Joseph Conrad, 7.VI.[24], 308, pp. 167-168.

CONSTANT (Benjamin)
   Francis Jammes, 5.V.[05], JAM, p. 227.
   *Emile Haguenin, 23.X.07, 358, p. 200.
   Scheffer, [s.d.], 91, p. 616.

ADOLPHE
   *Colette, 11.XII.20, 72, p. 48.
   Scheffer, [s.d.], 91, p. 616.

Contemporary Review
   Edmund Gosse, 9.IX.09, GOS, p. 51.

COPEAU (Agnès)
   Emile Verhaeren, 27.VI.[10], VER, p. 73.
   Edmund Gosse, 10.XI.14, GOS, p. 113.
   Edmund Gosse, 29.XII.14, GOS, p. 116.
   Edmund Gosse, 3.VII.16, GOS, p. 130.
   Roger Martin du Gard, [octobre 1920], RMGI, p. 159.
   Roger Martin du Gard, [octobre 1922], RMGI, p. 197.
   Rainer Maria Rilke, 8.XI.22, RIL, p. 199.
   Roger Martin du Gard, 14.II.23, RMGI, p. 209.
   Roger Martin du Gard, 19.II.[24], RMGI, p. 242.
   Roger Martin du Gard, 11.VI.[26], RMGI, p. 289.
   Roger Martin du Gard, 29.X.26, RMGI, p. 298.
   Roger Martin du Gard, 30.VI.27, RMGI, p. 312.
   Roger Martin du Gard, 22.IX.28, RMGI, p. 353.
   Roger Martin du Gard, 2.XI.30, RMGI, p. 422.
   Roger Martin du Gard, 26.I.31, RMGI, p. 435.
   Roger Martin du Gard, 1.II.31, RMGI, p. 443.
   Roger Martin du Gard, 5.II.31, RMGI, p. 445.
   Roger Martin du Gard, 6.II.31, RMGI, p. 446.
   Roger Martin du Gard, 2.II.32, RMGI, p. 494.
   Roger Martin du Gard, 14.I.35, RMGII, p. 10 et p. 11.
   Roger Martin du Gard, 30.XII.35, RMGII, p. 63.
   Hélène Martin du Gard, 19.V.38, RMGII, p. 531.
   Roger Martin du Gard, 19.IX.39, RMGII, p. 188.
   *Roger Martin du Gard, 23.X.49, RMGII, p. 463.
   *Roger Martin du Gard, 23.V.50, RMGII, p. 486.

COPEAU (Edy)
   Roger Martin du Gard, 23.VIII.33, RMGII, p. 577.

Roger Martin du Gard, 23.V.50, RMGII, p. 486.

COPEAU (Jacques)

Albert Chapon, [octobre 1906], 295, p. 9.
Paul Claudel, 7.XI.06, CLA, p. 67.
*Edmund Jaloux, 5.X.[08], 348, p. 116.
André Ruyters, [juin 1909], 349, p. 64.
François-Paul Alibert, 2.XII.09, 210.
*Francis Jammes, 14.XII.[09], JAM, p. 263.
*Emile Verhaeren, 27.VI.[10], VER, p. 73.
Regis Gignoux, [mai 1911], 292, p. 25.
Francis Jammes, 19.VI.11, JAM, p. 276.
Francis Jammes, [octobre 1911] JAM, p. 282.
Jean Variot, 15.XII.11, 18, p. 140 et CLA, p. 342.
Paul Claudel, 7.I.12, CLA, p. 189.
André Suarès, 21.II.12, SUA, p. 59.
Paul Valéry, [C.P. 5.VI.12], VAL, p. 424.
Paul Claudel, 25.VII.[12], CLA, p. 201.
Joseph Conrad, 13.VIII.12, 308, p. 152.
André Suarès, [24.III.13], SUA, p. 71.
Roger Martin du Gard, 2.I.14, RMGI, p. 127.
*Edmund Gosse, 8.I.14, GOS, p. 107.
Emile Verhaeren, 25.I.14, VER, p. 82.
Roger Martin du Gard, 13.III.14, RMGI, p. 131.
*Paul Valéry, 4.VII.[14], VAL, p. 435.
*André Ruyters, 16.IX.14, 139, p. 489.
Arnold Bennett, 17.IX.[14], BEN, p. 79.
Paul Valéry, 4.X.14, VAL, p. 441.
*Edmund Gosse, 10.XI.14, GOS, p. 113.
Roger Martin du Gard, [fin janvier 1915], RMGI, pp. 135-136.
Romain Rolland, 11.I.16, RIL, p. 126.
Edmund Gosse, 23.I.16, GOS, p. 123.
*Edmund Gosse, 3.VII.16, GOS, p. 130.
*Paul Valéry, 20.I.17, VAL, p. 445.
Jean Paulhan, 15.III.19, 339, p. 75.
Roger Martin du Gard, 14.VI.19, RMGI, p. 144.
Mme Emile Mayrisch, 21.VI.19, 236, p. 98.

Roger Martin du Gard, [6.VII.19], RMGI, p. 146.
André Suarès, [février 1920], SUA, p. 77.
René Schwob, 16.II.21, 188, p. 94.
Mme Emile Mayrisch, 10.III.21, 236, p. 102.
Roger Martin du Gard, 20.VIII.21, RMGI, p. 171.
*Roger Martin du Gard, [17.IX.21], RMGI, p. 173 et p. 174.
Willy Schuermans 30.I.22, SCHU, p. 34.
Rainer Maria Rilke, 25.IV.22, RIL, p. 185.
Roger Martin du Gard, [octobre 1922], RMGI, p.197.
Rainer Maria Rilke, 8.XI.22, RIL, p. 198 et p.199.
*Rainer Maria Rilke, 17.XI.22, RIL, p. 203.
Rainer Maria Rilke, 27.XI.22, RIL, p. 204.
Rainer Maria Rilke, 31.XII.22, RIL, p. 208.
Comoedia, [février 1923], RMGI, p. 212.
Roger Martin du Gard, 25.II.23, RMGI, p. 211.
Roger Martin du Gard, [fin juillet 1923], RMGI, p. 228.
*Edmund Gosse, 26.X.24, GOS, p. 175.
Roger Martin du Gard, [juin 1925], RMGI, p. 270.
Roger Martin du Gard, 3.VI.25, RMGI, p. 263.
Roger Martin du Gard, 9.VI.25, RMGI, p. 269.
Roger Martin du Gard, 8.VII.26, RMGI, p. 296.
Roger Martin du Gard, 29.X.26, RMGI, p. 298.
*Roger Martin du Gard, 22.II.27, RMGI, p. 306.
Roger Martin du Gard, 30.VI.27, RMGI, p. 312.
André Rouveyre, 8.II.28, ROU, p. 105.
Roger Martin du Gard, [16.II.28], RMGI, p. 333.
*André Rouveyre, [mai 1928], ROU, p. 110 et p. 112.
Roger Martin du Gard, 22.IX.28, RMGI, p. 351 et p. 353.
Roger Martin du Gard, 28.IX.28, RMGI, p. 354.
Roger Martin du Gard, 2.XI.30, RMGI, p. 422.
*Roger Martin du Gard, 16.I.31, RMGI, pp. 432-433.
Roger Martin du Gard, 26.I.31, RMGI, p. 435.
Roger Martin du Gard, 1.II.31, RMGI, p. 443.
Roger Martin Ju Gard, 5.II.31, RMGI, p. 445.
*Roger Martin du Gard, 6.II.31, RMGI, p. 446.
*Roger Martin du Gard, 13.VI.31, RMGI, pp. 476-477.
René Schwob, 15.IV.32, 188, p. 113.

*Roger Martin du Gard, 7.VII.32, RMGI, p. 528.
Roger Martin du Gard, 18.VII.32, RMGI, p. 533.
*Antonin Artaud, 16.VIII.32, 284, p. 340.
*Roger Martin du Gard, 4.II.33, RMGI, p. 546.
Roger Martin du Gard, 2.VII.33, RMGI, p. 568.
Roger Martin du Gard, 12.V.34, RMGI, p. 612.
*Roger Martin du Gard, 15.X.34, RMGI, p. 635.
Roger Martin du Gard, 18.VIII.35, RMGII, p. 42.
*Roger Martin du Gard, 30.XII.35, RMGII, p. 63.
*Roger Martin du Gard, 23.II.36, RMGII, p. 67.
Roger Martin du Gard, 23.IV.38, RMGII, p. 135.
Hélène Martin du Gard, 19.V.38, RMGII, p. 531.
Roger Martin du Gard, 19.IX.39, RMGII, p. 188.
*X..., 29.I.40, 346, p. 27.
*Roger Martin du Gard, 18.I.41, RMGII, p. 227.
Roger Martin du Gard, 18.IX.41, RMGII, pp. 237-238.
*Roger Martin du Gard, 15.II.49, RMGII p. 441.
Roger Martin du Gard, 23.X.49, RMGII, p. 463.

COPEAU (les)
 *Paul Valéry, 4.X.14, VAL, pp. 441-443.
 *Rainer Maria Rilke, 8.XI.22, RIL, p. 199.
 Roger Martin du Gard, 21.VII.24, RMGI, p. 251.
 Roger Martin du Gard, 30.XII.35, RMGII, p. 63.

COPEAU (Mme) [mère de Jacques Copeau]
 Roger Martin du Gard, [1924], RMGI, p. 253.

COPEAU (Mme Jacques)
 Voir : COPEAU (Agnès)

COPEAU (Maïenne)
 Roger Martin du Gard, 10.V.28, RMGI, p. 343.
 Roger Martin du Gard, 23.VIII.33, RMGI, p. 577.
 Roger Martin du Gard, 19.IX.39, RMGII, p. 188.
 Roger Martin du Gard, 23.X.49, RMGII, p. 463.
 Roger Martin du Gard, 23.V.50, RMGII, p. 486.

COPEAU (Odile)
 Paul Valéry, 4.X.14, VAL, p. 441.

COPEAU (Pascal)
 Paul Valéry, 4.X.14, VAL, p. 441.
 *Roger Martin du Gard, 18.I.41, RMGII, p. 227.

COPPEE (François)

"Grève des Forgerons (La)"
 Paul Valéry, [2.II.92], VAL, p. 148.

HUMBLES (Les)
 *Francis Jammes, [juillet 1897], JAM, p. 117.

COPPET (Daniel de)
 Roger Martin du Gard, 20.IX.34, RMGI, p. 634.
 Roger Martin du Gard, 3.VII.35, RMGII, p. 37.
 *Roger Martin du Gard, 23.II.36, RMGII, p. 67.
 Roger Martin du Gard, 17.III.36, RMGII, p. 71.

COPPET (Les)
 *Roger Martin du Gard, 8.III.37, RMGII, p. 97.
 Roger Martin du Gard, 23.IV.38, RMGII, p. 135.
 Roger Martin du Gard, [21.VIII.38], RMGII, p. 148.
 Roger Martin du Gard, 24.II.39, RMGII, p. 163.
 Roger Martin du Gard, 24.IV.39, RMGII, p. 167.
 Roger Martin du Gard, 31.III.43, RMGII, p. 278.

COPPET (Mme de) [mère de Marcel de Coppet]
 Roger Martin du Gard, 30.I.24, RMGI, p. 237.

COPPET (Mme Marcel de)
 Voir : MARTIN DU GARD (Christiane)

COPPET (Marcel de)
 Roger Martin du Gard, [17.IX.21], RMGI, p. 173.

Roger Martin du Gard, 30.I.24, RMGI, p. 237.
Roger Martin du Gard, [février 1924], RMGI, p. 239.
Roger Martin du Gard, 19.II.24, RMGI, p. 242.
*Roger Martin du Gard, 21.VII.24, RMGI, p. 250.
Roger Martin du Gard, 29.VII.24, RMGI, p. 252.
Roger Martin du Gard, 25.I.25, RMGI, p. 256.
*Arnold Bennett, 19.II.25, BEN, p. 147.
Arnold Bennett, 8.VIII.25, BEN, p. 153.
Roger Martin du Gard, 18.X.25, RMGI, p. 278.
*Roger Martin du Gard, 29.XII.25, RMGI, p. 280 et p. 281.
Roger Martin du Gard, 30.VI.27, RMGI, p. 312.
Roger Martin du Gard, 3.II.28, RMGI, p. 326.
Roger Martin du Gard, 10.II.28, RMGI, p. 330.
*Roger Martin du Gard, [16.II.28], RMGI, p. 332.
*Roger Martin du Gard, 16.II.28, RMGI, p. 333 et p. 334.
*Roger Martin du Gard, 10.V.28, RMGI, p. 342 et p. 343.
*Roger Martin du Gard, 31.V.28, RMGI, pp. 346-347.
Roger Martin du Gard, 23.VII.28, RMGI, p. 349.
Roger Martin du Gard, 28.IX.28, RMGI, p. 355.
Arnold Bennett, 8.III.29, BEN, p. 158.
Roger Martin du Gard, 25.VI.29, RMGI, p. 374.
*Arnold Bennett, 12.VIII.29, BEN, pp. 166-167.
Roger Martin du Gard, 25.IX.29, RMGI, p. 376.
Roger Martin du Gard, 29.X.29, RMGI, p. 379.
*Arnold Bennett, 26.XII.29, BEN, pp. 169-170.
Arnold Bennett, 23.II.30, BEN, p. 176.
Roger Martin du Gard, 22.III.30, RMGI, p. 394.
*Roger Martin du Gard, 26.XI.30, RMGI, p. 424 et p. 425.
*Roger Martin du Gard, 26.I.31, RMGI, p. 435.
Roger Martin du Gard, 5.II.31, RMGI, p. 445.
Roger Martin du Gard, 7.VII.32, RMGI, p. 529.
*Roger Martin du Gard, 13.VII.32, RMGI, p. 530.
Roger Martin du Gard, 14.VIII.32, RMGI, p. 536.
*Roger Martin du Gard, 29.II.33, RMGI, p. 551.

Roger Martin du Gard, 9.VIII.33, RMGI, p. 571.
Roger Martin du Gard, 15.VIII.33, RMGI, p. 575.
Eugène Rouart, 24.VIII.33, 325, p. 5.
*Roger Martin du Gard, 28.IX.33, RMGI, p. 578.
Roger Martin du Gard, 26.XI.33, RMGI, p. 590 et p. 591.
Roger Martin du Gard, 25.III.34, RMGI, p. 608.
Roger Martin du Gard, 25.VI.34, RMGI, p. 621.
Roger Martin du Gard, 22.VIII.34, RMGI, p. 629.
Roger Martin du Gard, 28.IV.35, RMGII, p. 26.
*Roger Martin du Gard, 28.VI.35, RMGII, p. 35.
Roger Martin du Gard, 3.VII.35, RMGII, p. 37.
Roger Martin du Gard, 8.X.35, RMGII, p. 51.
*Roger Martin du Gard, 23.II.36, RMGII, p. 67.
Roger Martin du Gard, 17.III.36, RMGII, p. 71.
*Roger Martin du Gard, 14.VI.36, RMGII, p. 74.
Roger Martin du Gard, 22.VII.36, RMGII, p. 76.
Roger Martin du Gard, 7.IX.36, RMGII, p. 78.
Roger Martin du Gard, 18.II.37, RMGII, p. 92.
Roger Martin du Gard, 7.V.38, RMGII, p. 138.
*Roger Martin du Gard, 22.X.38, RMGII, pp. 155-156.
*Roger Martin du Gard, 18.I.39, RMGII, p. 160.
Roger Martin du Gard, 24.II.39, RMGII, p. 163.
*Roger Martin du Gard, 24.IV.39, RMGII, pp. 167-168.

CORNEILLE (Pierre)

Marcel Drouin, 27.VI.01, 217, p. 413.
*Edouard Ducoté, 8.XI.03, 282, p. 1151.
Christian Beck, [fin décembre 07], 165, p. 624.
Voir aussi : P. DESJARDINS, Théâtre choisi de Pierre Corneille.

IMITATION (L')

Paul Valéry, 1.III.[91], VAL, p. 57.

MENTEUR (Le)

*Marcel Drouin, 27.VI.01, 217, p. 413.

CORNIGLION-MOLINIER [Général]

    Roger Martin du Gard, 25.III.34, RMGI, p. 608.

Correspondant (Le)

    Paul Claudel, 16.VI.11, CLA, p. 177.

Cosmopolis

    Stéphane Mallarmé, 9.V.97, 145, p. 770 et VAL, p. 297.

COSSERY (Albert)

    *Simone Marye, 27.VII.35, MAR, p. 25.

COSTE (Albert)

    Paul Valéry, [C.P.11 juin 1891], VAL, p. 93.

    Paul Valéry, [C.P.17 juin 1891], VAL, p. 99.

    Paul Valéry, 29.VI.91, VAL, p. 107.

    Paul Valéry, [décembre 1891], VAL, p. 142.

    *Paul Valéry, [mars 1893], VAL, p. 181.

    Paul Valéry, [mars 1895], VAL, p. 236.

    Paul Valéry, [juillet 1896], VAL, p. 271.

COTTIN (Paul)

MEMOIRES DU SERGENT BOURGOGNE (Les)

    Paul Valéry, 19.X.99, VAL, p. 358.

Courrier de la presse (Le)

    Francis Jammes 15.XI.13, CLA, p. 360.

COUSIN (Victor)

    *Francis Jammes, 21.VII.[99], JAM, p. 153.

CRANACH (Lucas)

    Francis Jammes [début d'octobre 1905], JAM, p. 229.

Crapouillot

    André Rouveyre, 8.II.28, ROU, p. 105.

    Roger Martin du Gard, 10.II.28, RMGI, p. 329.

CREBILLON (Prosper)

    Paul Valéry,[C.P. 15.III.98], VAL, p. 314.

    *Marcel Drouin, 26.III.98, 186, p. 388.

CREMIEUX (Benjamin)

    *Marcel Proust, 14.VI.22, PRO, p. 90.

    *Bernard Fay, 11.VI.25, 296, p. 76.

    Roger Martin du Gard, 24.I.41, RMGII, p. 231.

CREMIEUX (Francis)

    *Roger Martin du Gard, 24.I.41, RMGII, pp.231-232.

CREMNITZ

    Christian Beck, [1900?-1901?], 164, p. 395.

    Christian Beck, [s.d.], 164, p. 396.

CREPET (Jacques)

CHARLES BAUDELAIRE

    Charles Péguy, [C.P.2.V.07], PEG, p. 22.

CRES [éditeur]

    Charles Du Bos, 2.VII.26, BOS, p. 105.

CREVEL (René)

    *Roger Martin du Gard, [fin novembre 1929], RMGI, p. 381.

    *Roger Martin du Gard, 18.II.32, RMGI, pp. 505-506.

    Roger Martin du Gard, 10.III.32, RMGI, p. 514.

    *Marcel Jouhandeau, 1.II.33, JOU, pp. 36-37.

    Marcel Jouhandeau, 24.III.33, JOU, p. 38.

CRISPI (Francesco)

    Paul Valéry, 18.I.98, VAL, p. 311.

Critique indépendante

    Gaston Sauvebois, 17.II.12, 104, p. 472 et p. 474.

CROCE (Benedetto)

X..., [novembre 1947], 175, p. 271.

Croix (La)

Roger Martin du Gard, 10.II.28, RMGI, p. 329.

CROQUEZ [Me]

Lucien Combelle, 21.I.45, 190, p. 103.

CROSS (Henri-Charles)

Emile Verhaeren, [juillet 1910], VER, p. 74.
Roger Martin du Gard, [21.VIII.38], RMGII, p. 148.

CURTIUS (Ernst-Robert)

*René Schwob, 14.VIII.20, 188, pp. 91-92.
René Schwob, 23.VIII.20, 138, p. 93.
Mme Emile Mayrisch, 20.V.21, 236, p. 104.
Jacques Rivière, [février 1922], 30, p. 384.
Rainer Maria Rilke, 25.IV.22, RIL, p. 186.
Robert de Traz, 16.I.23, 334, p. 256.
Rainer Maria Rilke, 29.V.24, RIL, p. 234.
Roger Martin du Gard, [3.V.27], RMGI, p. 307.
Roger Martin du Gard, 6.(?)V.30, RMGI, p. 395.
Roger Martin du Gard, 25.V.32, RMGI, p. 522.
Claude Mauriac, 4.VIII.45, 197, pp. 278-279.

DIE LITERARISCHEN WEGBEREITER DES NEUEN FRANKREICH

*René Schwob, 14.VIII.20, 188, p. 92.

CURVERT (Alexis)

*Roger Martin du Gard, 14.IX.40, RMGII, p. 220.

CURVERT (Mme Alexis)

Voir : Marie DELCOURT

CUVIER (Georges Leopold)

Gabriel Audisio, 5.XII.40, 142, p. 552.

CYPRIEN [R.P.]

CANTIQUES SPIRITUELS DE SAINT JEAN DE LA CROIX (LES)

Paul Valéry, 18.VII.41, VAL, pp. 521-522.

CZERNY (Charles)

Jeanne Rondeaux, [1886], 232, p. 355.

DABIT (Eugène)

Roger Martin du Gard, 7.I.28, RMGI, p. 321.
Roger Martin du Gard, 10.II.28, RMGI, p. 329.
*Roger Martin du Gard, 15.VI.29, RMGI, p. 370.
Roger Martin du Gard, 4.II.33, RMGI, p. 546.
Roger Martin du Gard, 25.III.34, RMGI, p. 608.
Roger Martin du Gard, 5.V.35, RMGII, p. 28.
Roger Martin du Gard, 14.VI.36, RMGII, p. 74.
Roger Martin du Gard, 22.VII.36, RMGII, p. 75.
Roger Martin du Gard, 7.IX.36, RMGII, p. 78.
Roger Martin du Gard, 3.XII.36, RMGII, p. 84.
A. Gulminelli, 28.XII.36, 129.
*Maurice Lime, 28.VII.37, 205, p. 120.

HOTEL DU NORD

*Eugène Dabit, 6.XI.27, 214, pp. 30-31.
*Eugène Dabit, 23.XI.27, 214, p. 33.
*Roger Martin du Gard, [19.XII.27], RMGI, p. 319.
*Eugène Dabit, 5.I.30, 214, p. 40.
*Eugène Dabit, 12.IX.30, 214, p. 41.
*Eugène Dabit, 8.XI.31, 214, pp. 41-42.
*Eugène Dabit, 26.XI.32, 214, p. 44.

ILE (L')

*Eugène Dabit, 16.VII.34, 214, p. 45.

MORT TOUT NEUF

*Eugène Dabit, 15.II.34, 214, p. 44.

PETIT LOUIS

*Eugène Dabit, 14.III.27, 214, p. 29.

*Eugène Dabit, 8.XI.31, 214, pp.41-42.

VILLA OASIS ou LES FAUX BOURGEOIS

*Eugène Dabit, 20.II.32, 214, p. 42.

*Eugène Dabit, 26.XI.32, 214, pp. 43-44.

*Eugène Dabit, 15.II.34, 214, p. 44.

ZONE VERTE (LA)

*Eugène Dabit, 17.VII.35, 214, p. 10.

DABIT (Mme EUGENE)

Voir " APPIA (Béatrice)

Dagens Nyheter

Roger Martin du Gard, 15.XII.47, RMGII, p. 388.

Daily Telegraph

Roger Martin du Gard, 18.IV.40, RMGII, p. 201.

DALADIER (Edouard)

*Roger Martin du Gard, 2.XI.24, RMGI, 254.

Roger Martin du Gard, 8.X.33, RMGI, p. 582.

*Roger Martin du Gard, 10.VI.39, RMGII, p. 169.

François Mauriac, 4.X.39, MAU, p. 97.

DANA (Richard Henry)

TWO YEARS BEFORE THE MAST

*René Schwob, 23.VIII.20, 188, p. 93.

DANIELOU (Jean)

*Roger Martin du Gard, 7.IV.48, RMGII, p. 408.

DANIEL-ROPS

Roger Martin du Gard, 11.XII.26, RMGI, p. 302.

NOTRE INQUIETUDE

Roger Martin du Gard, 3.XII.26, RMGI, p. 301.

DANTE ALIGHIERI

Paul Valéry, [C.P. 11 juin 1891], VAL, p. 92.

Marcel Drouin, 5.XII.[1894], 163, p. 69.

Mme Paul Gide, 17.I.95, 237, p. 429.

Francis Jammes, 18.X.04, JAM, p. 218.

*Francis Jammes, [fin d'avril 1905], JAM, p. 226.

François Le Grix, 10.III.23, 58.

*François Porché, [janvier 1928], 60, pp. 60-62.

*Henri Ghéon, [octobre 1932], 76, p. 633.

DIVINE COMEDIE (LA)

Francis Jammes 18.X.04, JAM, p. 218.

*François Porché, [janvier 1928], 60, pp. 60-62.

VITA NUOVA

*Charles Du Bos, 2.VII.26, BOS, p. 105.

DARWIN (Charles

*Paul Valéry, [décembre 1893], VAL, p. 194.

Marcel Drouin, [hiver 1894], 163, p. 56.

Jean Cocteau, 11.VII.19, COC, p. 99.

DARWIN (Mlle)

Edmund Gosse, 5.VI.15, GOS, p. 119.

DAUDET (Léon)

Charles Maurras, 20.X.16, 139, p. 575.

Roger Martin du Gard, 4.XI.22, RMGI, p. 199.

*Rainer Maria Rilke, 27.XI.22, RIL, p. 205.

Roger Martin du Gard, 17.II.32, RMGI, p. 505.

Roger Martin du Gard, 23.VIII.34, RMGI, p. 630.

DAUDET (Philippe)

*Arnold Bennett, 12.III.24, BEN, p. 136.

DAUPHIN (Léopold)

   Emile Verhaeren, [1910], VER, p. 62.

DAVET (Yvonne)

   Roger Martin du Gard, 20.IX.45, RMGII, p. 330.
   *Roger Martin du Gard, 15.VII.46, RMGII, p. 344.
   *Roger Martin du Gard, 23.II.47, RMGII, p. 364.
   Albert J. Guerard, 16.V.47, 193.
   *Roger Martin du Gard, 29.VII.47, RMGII, p. 374.
   Miron Grindea, 5.VII.48, 347.
   Richard Heyd, 16.VIII.48, 293, p. 103.
   Georges Simenon, 7.XII.49, 327, p. 46.
   *Roger Martin du Gard, 25.IV.50, RMGII, p. 481.
   *Jean Amrouche, 13.V.50, RMGII, p. 567.
   *Roger Martin du Gard, 16.V.50, RMGII, p. 485.
   *Roger Martin du Gard, 19.VI.50, RMGII, p. 490.

DAVID [Dr]

   *Roger Martin du Gard, 3.IX.42, RMGII, p. 265.
   Roger Martin du Gard, 23.IX.42, RMGII, p. 268.

DAVIDSON

   X..., 21.VII.31, BEN, p. 206.

DAVRAY (Henry-D.)

   Edmund Gosse, 31.XII.11, GOS, p. 73.
   Edmund Gosse, 11.VI.12, GOS, p. 77.
   Joseph Conrad, 13.VIII.12, 308, p. 152.
   Edmund Gosse, 18.V.13, GOS, p. 98.
   Jean Schlumberger, 29.VI.13, RMGI, p. 647.
   *Claude Mauriac, 14.VIII.40, 197, p. 252.
   Claude Mauriac, 3.II.45, 197, p. 267.

DAWANT

   Mme Paul Gide, 14.III.90, 232, p. 436.

Débats

   Voir : Journal des Débats

DEBUSSY (Claude)

   Albert Chapon, [octobre ou novembre] 1906, 295, p. 9.

PELLEAS ET MELISANDE

   Jean-Louis Barrault, [décembre 1946], 287.

DEFOE (Daniel)

   René Boylesve, 24.X.12, 208, p. 85.
   *Charles Du Bos, [automne 1920], 62.
   *André Thérive, 2.II.32, 135a, p. 555.
   *X..., 10.I.[36], 121, p. 302.

CAPTAIN SINGLETON

   André Thérive, 2.II.32, 135a, p. 555.

COLONEL JACK

   *Roger Martin du Gard, [12.IX.22], RMGI, p. 191.
   André Thérive, 2.II.32, 135a, p. 555.

MOLL FLANDERS

   *Marcel Drouin, 4.XI.03, 335, p. 26.
   Arnold Bennett, 28.VII.30, BEN, p. 186.

ROBINSON CRUSOE

   *X..., 10.I.[36], 121, p. 303.

DEGAS (Edgar)

   Paul Valéry, 25.III.[96], VAL, p. 261.
   Eugène Rouart, 24.I.98, 83, p. 485.
   Paul Valéry, [juillet 1908], VAL, p. 418.
   André Suarès, 14.III.[15], SUA, p. 76.
   *Paul Souday, 13.IV.18, 68, p. 68.
   *Paul Valéry, 8.V.18, VAL, p. 471.
   Robert de Traz, [16.XI.32], 334, p. 474.

DELACRE (Mme)

   Willy Schuermans, 4.VI.28, SCHU, p. 58.

DELACROIX (Eugène)
    Paul Valéry, [8 mars 1891], VAL, p. 64 et p. 65.
    *André Rouveyre, 11.IV.28, ROU, p. 109.

DELANNOY (Jean)
    *XXe siècle, [février 1946], 152.
    Jean Cocteau, 31.VII.46, COC, pp. 188-189.

ETERNEL RETOUR
    *XXe siècle, [février 1946], 152.

DELARUE-MARDRUS (Lucie)
    *Emile Haguenin, 23.X.07, 358, p. 199.

DELAY (Jean
    Roger Martin du Gard, 22.II.49, RMGII, p. 443.
    Roger Martin du Gard, 23.X.49, RMGII, p. 463.

CITE GRISE
    *Roger Martin du Gard, [novembre 1946], RMGII, p. 358.

DELAY [Les]
    Roger Martin du Gard, 8.IX.47, RMGII, p. 378.
    *Roger Martin du Gard, 30.III.48, RMGII, pp. 403-404.
    Roger Martin du Gard, 23.X.49, RMGII, p. 463.

DELBOUSQUET (Emmanuel)
    Francis Jammes, 14.X.04, JAM, p. 216.
    Francis Jammes, 29.XII.09, JAM, p. 269.

DELCOURT (Marie)
    Roger Martin du Gard, 26.V.40, RMGII, p. 208.
    Claude Mauriac, 14.VIII.40, 197, p. 252.

LEGENDES ET CULTES DES HEROS EN GRECE
    *Marie Delcourt, 6.VII.45, 349, p. 123.

DELON (Guy)
    Jef Last, [août 1945], 298, p. 191.

DE MAN
    Paul Valéry, 29.VI.91, VAL, p. 106.

DE MAN (Henri)
    Voir : MAN (Henri de)

DEMAREST (Albert)
    Mme Paul Gide, 14.III.90, 232, p. 434.
    Mme Paul Gide, 16.III.90, 232, p. 436.
    Mme Paul Gide, 19.X.90, 232, pp. 469-470.
    Mme Paul Gide, 20.I.91, 232, p. 488.
    Mme Paul Gide, 25.III.92, 237, p. 167.
    Mme Paul Gide, 27.V.92, 237, p. 170.
    Jeanne Rondeaux, [août 1892], 233, p. 89.
    Jeanne Rondeaux, 23.XI.93, 237, p. 296.
    Mme Paul Gide, 6.VII.94, 237, p. 340.
    *Paul Valéry, [C.P.17.XI.06], VAL, p. 412.
    Raymond Bonheur, [décembre 1906], BON, p. 96.

DEMAREST (Mme Albert)
    Paul Valéry, [C.P. 17.XI.06], VAL, p. 412.

DEMAREST (Claire)
    Mme Paul Gide, 14.III.90, 232, p. 434.
    *Jeanne Rondeaux, [novembre 1892], 237, p. 188.
    Mme Paul Gide, 18.X.93, 237, p. 280.
    Mme Paul Gide, 31.VIII.94, 237, p. 355.
    *Albert Demarest, [juin 1895], 233, p. 114.
    Paul Valéry, 14.IX.96, VAL, p. 276.
    Raymond Bonheur, [20.III.01], BON, p. 60.
    Paul Valéry, [C.P.28.III.01], VAL, p. 380.
    *X..., 29.III.01, 242a.
    Paul Valéry, 24.I.12, VAL, p. 422.

DEMAREST (Maurice)

Jeanne Rondeaux, [1889], 232, p. 417.

Mme Paul Gide, 22.III.92, 237, p. 167.

DENIS (Maurice)

*Mme Paul Gide, 15.VI.94, 237, p. 328.

Raymond Bonheur, 24.X.[99], BON, p. 53.

Odilon Redon, [mai 1901], 263, p. 251.

Raymond Bonheur, 27.VIII.06, BON, p. 95.

Raymond Bonheur, 2.I.10, BON, p. 102.

*Charles Du Bos, 5.V.27, BOS, p. 122.

*Henri Ghéon, [octobre 1932], 76, p. 634.

"Hommage à Cézanne"

Maurice Denis, [avril 1901], 238, p. 168.

*Maurice Denis, 13.V.24, 255, p. 42.

DENIS (Mme Maurice)

Maurice Denis, [fin mars - tout début d'avril 1898], 238, p. 143.

Maurice Denis, [avril 1901], 238, p. 169.

Maurice Denis, [fin avril 1909], 239, p. 112.

Maurice Denis, 13.V.24, 255, p. 42.

DENOEL (Jean)

Pierre de Massot, 23.XII.47, 317, p. 76.

Roger Martin du Gard, 5.I.50, RMGII, p. 476.

Roger Martin du Gard, 23.IV.50, RMGII, p. 478.

DENT [éditeur]

Arnold Bennett, [fin août 1923], BEN, p. 126.

Roger Martin du Gard, [février 1924], RMGI, p. 239.

Edmund Gosse, 12.IX.24, GOS, p. 172.

Dépêche de Rouen (La)

Roger martin du Gard, [juin 22], RMGI, p. 184.

Dépêche de Toulouse (La)

Roger Martin du Gard, 21.I.36, RMGII, p. 66.

DEPONT (Léonce)

Francis Jammes, 14.X.04, JAM, p. 216.

DESBORDES (Jean)

Jean Cocteau, 26.XII.31, COC, p. 168.

DESBORDES-VALMORE (Marceline)

Paul Valéry, [28.V.94], VAL, p. 204.

DESCARTES (René)

Marcel Drouin, [hiver 1894], 163, p. 56.

*Marcel Drouin 27.VI.01, 217, p. 414.

Reportages, 18.II.35, 109.

André Billy, 13.VII.46, 154.

Mitsuo Nakamura, 2.II.51, 185, p. 398.

DESCHAMPS (Gaston)

[Article sur Pomme d'Anis, de Francis Jammes]

*Francis Jammes, 14.X.04, JAM, p. 215.

DESJARDINS (Anne)

Voir : HEURGON (Anne)

DESJARDINS (Blaise)

Roger Martin du Gard, 23.VII.40, RMGII, p. 213.

Claude Mauriac, 14.VIII.40, 197, p. 251.

DESJARDINS [Les]

François Mauriac, 22.VII.39, MAU, p. 94.

*Roger Martin du Gard, 19.IX.39, RMGII, p. 188.

DESJARDINS (Mme Paul)

François Mauriac, 22.VII.39, MAU, p. 94.

Roger Martin du Gard, 23.VII.40, RMGII, p. 213.

Roger Martin du Gard, 10.IX.40, RMGII, p. 218.

Roger Martin du Gard, 21.IX.44, RMGII, p. 280.

Roger Martin du Gard, 17.X.44, RMGII, p. 282.

DESJARDINS (Michel)

    *Edmund Gosse, 9.VIII.18, GOS, p. 160.

DESJARDINS (Paul)

    Emile Verhaeren, 27.VI.[10], VER, p. 72.
    André Suarès, 9.XI.[10], SUA, p. 48.
    Edmund Gosse, 21.VII.11, GOS, p. 60.
    Edmund Gosse, 26.VII.11, GOS, p. 62.
    *Paul Claudel, 7.I.12, CLA, p. 189.
    *Paul Claudel, 25.VII.[12], CLA, p. 201.
    *Edmund Gosse, 9.VIII.18, GOS, p. 160.
    Paul Valéry, [octobre 1922], VAL, p. 490.
    Paul Valéry, 25.X.22, VAL, p. 492.
    Roger Martin du Gard, 16.IV.23, RMGI, p. 216.
    Roger Martin du Gard, 5.VII.23, RMGI, p. 222.
    Rainer Maria Rilke, 13.VII.23, RIL, p. 216.
    Charles Du Bos, 2.VII.26, BOS, p. 105.
    Roger Martin du Gard, [août 1928], RMGI, p. 349.
    *Roger Martin du Gard, 6.(?).V.30, RMGI, p. 395.
    Roger Martin du Gard, 8.X.33, RMGI, p. 581.
    Roger Martin du Gard, 18.IX.41, RMGII, p. 236.

METHODE DES CLASSIQUES FRANCAIS :CORNEILLE POUSSIN, PASCAL (LA)

    Paul Desjardins, 20.VI.08, 285, p. 349.

POUSSIN

    *Paul Desjardins, 20.VI.08, 285, p. 349.

THEATRE CHOISI DE PIERRE CORNEILLE AVEC NOTICES ET ANNOTATIONS.

    Paul Desjardins, 20.VI.08, 285, p. 349.

DESJARDINS (Mme Paul)

    Paul Desjardins, [1926], BOS, p. 107.

DES MICHELS

HISTOIRE DU MOYEN AGE

    Mme Paul Gide, 28.V.90, 232, p. 448.

DESOMBIAUX

    Christian Beck, 13.IV.99, 164, p. 390.

DESPORTES (A.)

    Mme Emile Mayrisch, 21.VI.19, 236, p. 99.

DETOEUF (Auguste)

    *Roger Martin du Gard, 2.X.38, RMGII, p. 152.

DEVIES

    Roger Martin du Gard, 12.III.30, RMGI, p. 393.
    Roger Martin du Gard, 25.V.30, RMGI, p. 397.

DICKENS (Charles)

    *Emile Haguenin, 23.X.07, 358, p. 200.
    René Boylesve, 24.X.12, 208, p. 85.
    *Charles Dickens, [Automne 1920]. 62.

BARNABE RUDGE

    *Paul Valéry, [janvier 1895], VAL, p. 230.

DICQUEMARE [Dr]

    Athman, 20.VII.94, 237, p. 347.

DIDEROT (Denis)

    Paul Souday, 13.X.23, 33, p. 116.
    Roger Martin du Gard, 11.III.31, RMGI, p. 459.
    Roger Martin du Gard, 14.I.35, RMGII, p. 10.

SUPPLEMENT AU VOYAGE DE BOUGAINVILLE

    André Rouveyre, 2.VI.23, ROU, p. 61.

DIETZ (M.)

    Mme Paul Gide, 14.III.90, 232, p. 434.
    Mme Paul Gide, 19.X.90, 232, p. 470.

Mme Paul Gide, 12.I.91, 232, p. 386.
Mme Paul Gide, 20.I.91, 232, p. 488.
Mme Paul Gide, 11.XII.94, 237, p. 397.
*Ecole Alsacienne, 2.XI.24, 35, p. 91.

Dieu vivant
  Roger Martin du Gard, 7.IV.48, RMGII, p. 408.

Die Zeit
  Emile Haguenin, 23.X.07, 358, p. 199.

Die Zukunft
  Emile Haguenin, 23.X.07, 358, pp. 198-199.

DIMITROV (Georges)
  *Joseph Goebbels, 4.I.34, 100, pp. 41-42.
  *X..., 29.I.34, 107, pp. 202-203.
  *Comoedia, 24.III.34, 101.

DIOGENE
  *Maurice Beaubourg, 1.IX.[1900], 216, p. 766.

DIVAN [Editions]
  Roger Martin du Gard, 14.III.45, RMGII, p. 316.

Documents sur le Naturisme
  *Saint-Georges de Bouhélier, [24.VIII.96], 149, p. 240.

DOLFUS-MIEG (Mme)
  Mme Paul Gide, 14.III.90, 232, p. 436.

DOM ADALBERTO
  *Maurice Denis, [fin avril 1909], 239, p. 111.

DOM DUNSTAN
  Maurice Denis, [fin avril 1909], 239, p. 111.

DOMINIQUE (Pierre)

REVOLUTION CREATRICE (LA)
  Roger Martin du Gard, 3.VII.30, RMGI, p. 408.
  *Roger Martin du Gard, 25.VII.30, RMGI, p. 414.

DONATELLO
  *Marcel Drouin, [fin 1895], 186, p. 381.
  Paul Valéry, 4.III.18, VAL, p. 465.

DONCOEUR (R.P. Paul)
  *Roger Martin du Gard, 2.VII.42, RMGII, p. 257.
  *Roger Martin du Gard, [août 42], RMGII, pp. 259-260.

DONNAY (Maurice)
  Roger Martin du Gard, 2.VII.33, RMGI, p. 568.

DON JUAN D'AVILA
  Mme Paul Gide, 16.IV.94, 237, p. 321.

DORBON
  Christian Beck, [janvier 1910], 165, p. 633.

DORGELES (Roland)
  *Frédéric Lefèvre, 28.VII.23, 235, No. 175.
  Roger Martin du Gard, 13.VI.24, RMGI, p. 250.

DORMOY (Marie)
  [André Rouveyre, 4.II.50, ROU, p. 189].

DOSTOIEVSKI (Fédor)
  Marcel Drouin, [1889-début 1890], 353, pp. 20-21.
  Paul Valéry, [C.P.29.VIII.96], VAL, p. 274.
  *Emile Haguenin, 23.X.07, 358, p. 200.
  *Charles Péguy, 15.II.08, PEG, pp. 22-23.
  *Jean de Pierrefeu, [fin novembre 1912], 105, p. 563.
  *Francis Jammes, [fin de mars 1914], CLA, p. 231.

Henri Ghéon, 23.II.18, 139, p. 647.

*André Ruyters, 2.III.18, 360, pp. 18-19.

*Charles Du Bos, [automne 1920], 62.

Willy Schuermans 30.I.22, SCHU, p. 34.

Willy Schuermans, [7.II.22], SCHU, p. 35.

Roger Martin du Gard, [12.IX.22], RMGI, p. 192.

*Willy Schuermans, 28.X.22, SCHU, pp. 40-41.

*Roger Martin du Gard, 19.VI.29, RMGI, p. 371.

*Roger Martin du Gard, 2.VI.30, RMGI, pp. 399-400.

*Roger Martin du Gard, 15.VI.30, RMGI, p. 404.

Roger Martin du Gard, 29.IX.30, RMGI, p. 418.

*André Levinson, [mars ou avril 1931], 70, pp. 791-792.

*N.R.F. [mai 1931], 71, pp. 960-961.

*Francis Viélé Griffin, 11.V.31, 240, p. 122.

René Schwob 18.XI.32, 188, p. 115.

*Elsie Pell, 28.I.35, 119, p. 9.

*Roger Martin du Gard, 18.V.35, RMGII, p. 31.

Roger Martin du Gard, 31.VIII.40, RMGII, p. 216.

*Claude Mauriac, 6.VIII.45, 197, p. 281.

FRERES KARAMAZOV (Les)

Paul Valéry, [C.P. octobre 1896], VAL, p. 282.

*Francis Jammes, [octobre 1911], JAM, p. 282.

René Schwob, 17.XI.28, 59, p. 58.

Arnold Bennett, 3.I.31, BEN, p. 200.

IDIOT (L')

* Paul Valéry, [C.P. octobre 1896], VAL, p. 282.

*André Ruyters, 2.III.18, 360, pp. 18-19.

KROTKAIA

*Edouard Dujardin, 4.VII.30, 73, p. 66.

POSSEDES (Les)

Albert J. Guerard, 16.V.47, 193.

DOTTIN (Paul)

*Roger Martin du Gard, 22.III.31, RMGI, p. 467.

DOUCET [Bibliothèque]

Jean Amrouche, 13.V.50, RMGII, p. 567.

DOUCET (Jacques)

Paul Valéry, 8.V.18, VAL, p. 471.

Mme Emile Mayrisch, 18.XI.19, 236, p. 99.

Willy Schuermans, 4.XI.20, SCHU, p. 10.

Willy Schuermans, 14.XI.20, SCHU, p. 11.

*Lettre-préface ..., 4.VI.33, 92.

DOUGLAS (Lord Alfred)

Mme Paul Gide, 28.I.95, 237, p. 448.

*Mme Paul Gide, 30.I.95, 237, p. 451 et p. 547.

*Mme Paul Gide, 31.I.95, 237, pp. 457-458.

Paul Albert Laurens, [février 1895], 348, p. 60.

*Mme Paul Gide, 2.II.95, 237, p. 458.

*Mme Paul Gide, 8.II.95, 237, pp. 461-462 et p. 547.

DOUMERGUE

*Mme Paul Gide, 29.VI.94, 359, p. 145.

Mme Paul Gide, 22.IX.94, 237, p. 365 et 359, p.145.

DOUMIC (René)

Anna de Noeilles, 8.II.19, 359. p. 162.

DREISER (Theodore)

AN AMERICAN TRAGEDY

*Roger Martin du Gard, 14.V.42, RMGII, p. 246.

DREYFUS (Alfred)

*Eugène Rouart, 24.I.98, 83, pp. 485-489.

*Francis Jammes, [avril 1898], JAM, p. 139.

*Edmond Jaloux, [avril 1928], 51, p. 3.

Roger Martin du Gard, 18.III.34, RMGI, p. 603.

*Ambassadeur de l'U.R.S.S. en France, 29.VI.35, 176, p. 99.

Roger Martin du Gard, 3.VII.35, RMGII, p. 36.

*Roger Martin du Gard, 8.X.35, RMGII, p. 51.

DRIEU LA ROCHELLE (Pierre)
Louis Aragon, 12.IV.23, 31.
*Lucien Combelle, 24.IX.47, 190, p. 108.

"Droits de l'Homme (Les)"
Gaston Sauvebois, 17.II.12, 104, p. 474.

DROUIN (Dominique)
Jeanne Drouin, 20.II.98, 191, p. 167.
Marcel Drouin, 26.III.98, 186, p. 385 et p. 386.
Marcel Drouin, 27.VI.01, 217, p. 414.
Marcel Drouin, [juillet 1901], 191, p. 170 et p. 172.
Raymond Bonheur, 7.X.03, BON, p. 84.
Francis Jammes, 8.X.03, JAM, p. 205.
Francis Jammes, [10.III.04], JAM, p. 210.
Francis Jammes, [fin de décembre 1904], JAM, p. 225.
Paul Valéry, [juillet 1908], VAL, p. 418.
Paul Valéry, 4.X.14, VAL, p. 443.
Edmund Gosse, 3.VII.16, GOS, p. 131.
Paul Valéry, 4.III.18, VAL, p. 465.
*Edmund Gosse, 9.VIII.18, GOS, p. 160.
Mme Emile Mayrisch, 18.XI.19, 236, p. 99.
*Joseph Conrad, 8.X.23, 308, p. 166.
*Roger Martin du Gard, 13.VIII.31, RMGI, p. 485.
Roger Martin du Gard, 23.VIII.33, RMGI, p. 577.
Roger Martin du Gard, 12.V.34, RMGI, p. 613.
*Roger Martin du Gard, 15.X.34, RMGI, p. 635.
Roger Martin du Gard, 18.VIII.35, RMGII, p. 42.
Roger Martin du Gard, 30.XII.35, RMGII, p. 63.
Roger Martin du Gard, 23.IV.38, RMGII, p. 135.
*Roger Martin du Gard, 7.VI.40, RMGII, p. 209.
*Roger Martin du Gard, 14.VI.40, RMGII, p. 210.
François Mauriac, 3.VII.40, MAU, p. 99.
Roger Martin du Gard, 16.VII.40, RMGII, p. 212.
Roger Martin du Gard, 23.VII.40, RMGII, p. 213.
Claude Mauriac 14.VIII.40, 197, pp. 251-252.

*Roger Martin du Gard, 18.I.41, RMGII, p. 227.
N. Crochemore, 13.X.47, 204, pp. 25-26.
*Roger Martin du Gard, 7.VII.50, RMGII, p. 492.
Roger Martin du Gard, 23.XI.50, RMGII, p. 500.
*Roger Martin du Gard, 15.XII.50, RMGII, p. 503.
*Roger Martin du Gard, 11.I.51, RMGII, p. 507.

DROUIN (Jacques)
Roger Martin du Gard, 14.X.27, RMGI, p. 317.
Roger Martin du Gard, 25.VII.30, RMGI, p. 414.
*Roger Martin du Gard, 15.VIII.33, RMGI, p. 575.
*Roger Martin du Gard, 23.VIII.33, RMGI pp. 576-577.
Roger Martin du Gard, 8.X.33, RMGI, p. 582.
*Roger Martin du Gard, 26.V.40, RMGII, p. 207.
François Mauriac, 3.VII.40, MAU, p. 99.
Roger Martin du Gard, 16.VII.40, RMGII, p. 212.
Roger Martin du Gard, 23.VII.40, RMGII, p. 213.
Claude Mauriac, 14.VIII.40, 197, pp. 251-252.

DROUIN (Jeanne)
Voir : RONDEAUX (Jeanne)

DROUIN [Les]
Raymond Bonheur, 10.VII.01, BON, p. 65.
Paul Valéry, [C.P.23.IX.01], VAL, p. 390.
Francis Jammes, [13.XII.04], JAM, p. 219.
Francis Jammes, 5.IV.08, JAM, p. 251.
Paul Valéry, [juillet 1908], VAL, p. 418.
Paul Valéry, 9.VIII.[24], VAL, p. 497.
*Roger Martin du Gard, 6.IV.38, RMGII, pp. 130-131.
*Roger Martin du Gard, 23.IV.38, RMGII, p. 135.
Roger Martin du Gard, 7.VI.40, RMGII, p. 209.
*Roger Martin du Gard, 14.VI.40, RMGII, p. 210.
François Mauriac, 3.VII.40, MAU, p. 99.

DROUIN (Marcel)
Eugène Melchior de Vogüé, [février] 1890, 247.
*Paul Valéry, [C.P. 23 juin 1891], VAL, p. 101.

*Paul Valéry, 14 et 15.VII.[91], VAL, p. 111.
*Paul Valéry, [8.VIII.91], VAL, p. 115.
*Paul Valéry, [2.II.92], VAL, p. 148.
Paul Valéry, [C.P.12.IV.92], **VAL**, p. 156.
*Pierre Louÿs, 2.VIII.92, 237, p. 195.
Mme Paul Gide, 6.VII.94, 237, p. 340.
Mme Paul Gide, 17.X.94, 232, p. 414.
Paul Valéry, [mars 1895], VAL, p. 233.
Paul Valéry, [septembre 1895], VAL, p. 246.
Paul Valéry, [C.P. 3.X.95], VAL, p. 248.
*Paul Valéry, 24.I.[96], VAL, p. 258.
*Paul Valéry, [juillet 1896], VAL, p. 271.
*X..., 4.VIII.96, 242a.
Paul Valéry, [C.P.29.VIII.96], VAL, p. 274.
Paul Valéry, 14.IX.96, VAL, p. 276.
*Paul Valéry, [4.X.96], VAL, p. 280.
*Francis Jammes, 4.VII.[97], JAM, p. 113.
Francis Jammes, [juillet 1897], JAM, p. 117.
*Francis Jammes, août [97], JAM, p. 120.
*Eugène Rouart, 24.I.98, 83, p. 489.
Jeanne Drouin, 20.II.98, 191, p. 166.
Francis Jammes, 17.IV.98, JAM, p. 138.
Paul Valéry, 20.VIII.98, VAL, p. 329.
Francis Jammes, 2.IX.98, JAM, p. 147.
Paul Valéry, 8.IX.98, VAL, p. 329.
Paul Valéry, 24.VII.[99], VAL, p. 351.
Raymond Bonheur, [28.IX.99], BON, p. 50.
Paul Valéry, [fin de septembre 1899], VAL, p. 352.
Francis Jammes, 26.VIII.[1900], JAM, p. 166.
Paul Valéry, 26.XII.[1900], VAL, p. 377.
Léon Blum, [1901], 270, p. 8.
Paul Valéry, [C.P.28.III.01], VAL, p. 380.
Paul Valéry, 27.VIII.[01], VAL, p. 387.
Paul Valéry, [C.P.23.IX.01], VAL, p. 390.
*Francis Jammes [décembre 1901], JAM, p. 182.
Francis Jammes [12.VI.02], JAM, p. 194.
Paul Valéry, 9.VII.[03], VAL, p. 399.
Francis Jammes, [10.III.04], JAM, p. 210.

Francis Jammes, [13.XII.04], JAM, p. 219.
Francis Jammes, [fin de décembre 1904], JAM p.225.
Maurice Barrès, [1905], 269, p. 52.
Paul Claudel, 7.XI.06, CLA, p. 68.
Paul Claudel, 14.III.[07], CLA, p. 73.
Charles Péguy, [31.III.07], PEG, p. 21.
Christian Beck, [Noel 1907], 165, p. 624.
Christian Beck, 6.IV.08, 165, p. 626.
Paul Valéry, [juillet 1908], VAL, p. 418.
*Edmond Jaloux, 5.X.[08], 348, p. 116.
André Ruyters, [juin 1909], 349, p. 64.
Christian Beck, 21.IX.09, 165, p. 628.
Paul Claudel, 15.II.10, CLA, p. 119.
Christian Beck, 24.III.11, 165, p. 634.
*Francis Viélé-Griffin, 23.VI.11, 240, p. 119.
Mme Emile Mayrisch, 12.VIII.11, 236, p. 96.
Paul Claudel, 10.XII.11, CLA, p. 185.
Paul Valéry, 4.X.14, VAL, p. 441 et p. 443.
Edmund Gosse, 3.VII.16, GOS, p. 131.
*Paul Valéry, 4.III.18, VAL, p. 465.
*Edmund Gosse, 9.VIII.18, GOS, p. 160.
*Paul Valéry, 6.X.19, VAL, p. 476.
Roger Martin du Gard, 26.XII.22, RMGI, p. 204.
Rainer Maria Rilke, 13.VII.23, RIL, p. 216.
Joseph Conrad, 8.X.23, 308, p. 166.
Rainer Maria Rilke, 15.XII.23, RIL, p. 229.
Roger Martin du Gard, 30.III.28, RMGI, p. 338.
Roger Martin du Gard, 25.VII.30, RMGI, pp. 414-415.
Roger Martin du Gard, 16.I.31, RMGI, p. 432.
Paul Valéry, 15.IX.32, VAL, p. 514.
Roger Martin du Gard, 12.V.34, RMGI, p. 613.
*Jean Schlumberger, 1.III.35, 110, p. 948.
*Roger Martin du Gard, 2.X.38, RMGII, p. 153.
Claude Mauriac, 31.V.40, 197, p. 248.
*Roger Martin du Gard, 7.VI.40, RMGII, p. 209.
Claude Mauriac, 14.VIII.40, 197, pp. 251-252.
*Edmond Jaloux, 18.IX.41, 178, p. 297.
*Jean Denoel, 16.XII.43, 323, p. 19.

X..., [août 1944], 307, p. 11.
Roger Martin du Gard, 21.IX.44, RMGII, p. 280.
Roger Martin du Gard, 17.X.44, RMGII, p. 282.
Renée Lang, 27.XII.46, 170, p. 181.

[Article sur Péguy]
*Francis Jammes, 14.XII.[09], JAM, p. 263.

[Compte-rendu d'Almaide d'Etremont de Francis Jammes, Revue blanche, 15 août 1901]
*Francis Jammes, [décembre 1901], JAM, p. 182.
*Francis Jammes 12.IV.02, JAM, p. 184.

"Indifférent"
Paul Valéry, [8.VIII.91], VAL, p. 115.

"L'Immoraliste, d'André Gide", La Revue blanche, 15 novembre 1902.
*Emile Haguenin, 23.X.07, 358, p. 199.

"Sagesse de Goethe (La)"
*Edouard Ducoté, 22.II.1900, 282, p. 1150.
*Roger Martin du Gard, 25.VII.30, RMGI, p. 414.

DROUIN (Odile)
Roger Martin du Gard, 23.VIII.33, RMGI, p. 577.
*Jean Denoel, 16.XII.43, 323, p. 19.
X..., [août 1944], 307, p. 11.
Roger Martin du Gard, 21.IX.44, RMGII, p. 280.
Roger Martin du Gard, 17.X.44, RMGII, p. 282.

DRUET [Galerie]
Francis Jammes, [fin de décembre 1904], JAM, p. 225.
Roger Martin du Gard, [fin janvier 1915], RMGI, p. 136.
Maurice Denis, 13.V.24, 255, p. 42.

DRUMONT (Edouard)
*Eugène Rouart, [1898], 85, pp. 491-492.

DUBOIS (André)
François Mauriac, 22.VII.39, MAU, p. 94.
*Roger Martin du Gard, 28.VII.39, RMGII, p. 181.
Claude Mauriac, 14.X.39, 197, p. 237.
Claude Mauriac, 12.XI.30, 197, p. 237.
Claude Mauriac, 31.V.40, 197, p. 248.
*Roger Martin du Gard, 10.IX.40, RMGII, p. 218.
Claude Mauriac, 17.IV.42, 197, p. 256.

DUBOIS (Lucile)
Francis Viélé-Griffin, 6.II.08, 240, p. 114.

DU BOS (Charles)
Roger Martin du Gard, [fin janvier 1915], RMGI, p. 136.
Jean Cocteau, 6.V.19, COC, p. 83.
*Paul Valéry, 27.V.[19], VAL, p. 475.
Rainer Maria Rilke, 15.XII.23, RIL, p. 229.
Rainer Maria Rilke, 29.V.24, RIL, p. 234.
*Rainer Maria Rilke, [janvier 1925], RIL, pp. 236-237.
Paul Desjardins, [1926], BOS, p. 107.
Roger Martin du Gard, 25.VI.29, RMGI, p. 374.
Henri Massis, 21.X.29, 65, p. 766.
Roger Martin du Gard, 12.III.30, RMGI, p. 393.
*Jean Guéhenno, [fin octobre 1930], 176, p. 14.
René Schwob, 30.XII.30, 188, p. 105.
Roger Martin du Gard, 1.II.31, RMGI, p. 442.
René Schwob, 23.II.32, 188, p. 112.
*Henri Ghéon, [octobre 1932], 76, pp. 632-633.
Jean Crès, 25.VII.33, 108, p. 5.
Roger Martin du Gard, 15.VIII.33, RMGI, p. 575.
Roger Martin du Gard, 28.IV.35, RMGII, p. 26.
Claude Mauriac, 14.VIII.40, 197, p. 252.

"Amiel"
*Charles Du Bos, [1921], BOS, p. 35.
*Charles Du Bos, [1921], BOS, p. 39.

BYRON ET LE BESOIN DE LA FATALITE

Charles du Bos 28.IX.28, BOS, p. 148.
Charles Du Bos, [décembre 1928], BOS, p.165.
Charles Du Bos, 2.I.29, BOS, p. 169.
*Charles Du Bos, 5.VI.29, BOS, p. 187.

JOURNAL

*Charles Du Bos, 26.VI.28, BOS, p. 143.

"Sur la Symphonie pastorale d'André Gide"
*Charles Du Bos, 14.I.21, BOS, pp. 27-28.

DU BOS (Primerose)

Charles Du Bos, 14.I.21, BOS, p. 29.
Charles Du Bos, 22.III.21, BOS, p. 30.
*Charles Du Bos, [1921], BOS, p. 31.
Charles Du Bos, [1921], BOS, p. 33.
Charles Du Bos, 5.V.27, BOS, p. 122.
Charles Du Bos, 15.III.28, BOS, p. 133.

DU BOS (Zézette)

Charles Du Bos, 14.I.21, BOS, p. 29.
Charles Du Bos, [1921], BOS, p. 31.
Charles Du Bos, [1921], BOS, p. 33.
Charles Du Bos, [1924], BOS, p. 75.
Charles Du Bos, [1925], BOS, p. 89.
Charles Du Bos, 30.VIII.25, BOS, p. 91.
Charles Du Bos, 14.XI.26, BOS, p. 109.
Charles Du Bos, 5.V.27, BOS, p. 122.
Charles Du Bos, 15.III.28, BOS, p. 133.
Charles Du Bos, 26.VI.28, BOS, p. 143.
Charles Du Bos, 3.X.28, BOS p. 159.
Charles Du Bos, [décembre 1928], BOS, p. 165.
Charles Du Bos, 5.VI.29, BOS, p. 188.

DUBREUIL (H.)

STANDARDS

*Roger Martin du Gard, 29.IX.30, RMGI, p. 419.

DU CAMP (Maxime)

Claude Mauriac, 6.VIII.45, 197, pp. 280-281.

DUCOTE (Edouard)

Paul Valéry, 24.I.[96], VAL, p. 258.
Francis Viélé-Griffin, [janvier-février 1899] 240, p. 108.
*Francis De Miomandre, [1900?], 282, p. 1150 et 1151.
Paul Claudel, 7.XI.06, CLA, p. 67 et p. 68.

BELLE VUE (Une)

Valery Larbaud, 12.VI.10 et [juillet 1910], 169, p. 144.

SERVAGE (LE)

*Edouard Ducoté, [1903?], 282, pp. 1152-1153.

DUCOTE (Mme Edouard)

Edouard Ducoté, [août 1899], 282, p. 1147.
Edouard Ducoté, [février 1900], 282, p. 1147.
Edouard Ducoté, 22.II.1900, 282, p. 1150.
Edouard Ducoté, [1903?] 282, p. 1153.
Edouard Ducoté, 8.XI.03, 282, p. 1152.

DUHAMEL (Georges)

Roger Martin du Gard, 14.X.27, RMGI, p. 317.
Roger Martin du Gard, 10.IV.28, RMGI, p. 341.
Roger Martin du Gard, 28.IX.28, RMGI, p. 354.
Roger Martin du Gard, 17.II.32, RMGI, p. 505.
Roger Martin du Gard, 23.VIII.33, RMGI, p. 577.
*Roger Martin du Gard, 17.X.37, RMGII, p. 117.
*Roger Martin du Gard, 19.IX.39, RMGII, p. 187.
Roger Martin du Gard, 5.XII.44, RMGII, p. 290.
Roger Martin du Gard, 12.V.45, RMGII, p. 324.
Roger Martin du Gard, 23.VIII.45, RMGII, p. 329.
Roger Martin du Gard, [28.I.48], RMGII, p. 395.

MAITRES (Les)
 Roger Martin du Gard, 14.IV.40, RMGII, p. 198.

SCENES DE LA VIE FUTURE
 *Roger Martin du Gard, 29.IX.30, RMGI, p. 418.

DUJARDIN (Edouard)
 Emile Verhaeren, 10.III.95, VER, p. 46.
 Louis Comte, [novembre 1897], JAM, p. 303.
 *Paul Valéry, [octobre 1898], VAL, p. 336.

ANTONIA
 *Edouard Dujardin, 1.VII.91, 34, p. 14.
 *Edouard Dujardin, 25.VI.92, 34, p. 14.
 Edouard Dujardin, 4.VII.30, 73, p. 22.

DULLIN (Charles)
 *Roger Martin du Gard, 22.V.47, RMGII, p. 369.

DUMAS (Alexandre) [fils]
 *Roger Martin du Gard, 9.VI.25, RMGI, p. 268.

DUMONT (éditeur)
 Odilon Redon, [1896], 263, p. 251.

DUMONT-WILDEN (Louis)

"André Gide", Mercure de France, décembre 1909
 *André Ruyters, 16.XI.[09], 349, p. 67.

DUMUR
 Francis Jammes 16.III.97, JAM, p. 103.

DUNOYER DE SEGONZAC (André)
 Roger Martin du Gard, 30.III.48, RMGII, p. 403.

DUPONT
 Roger Martin du Gard, 16.VII.40, RMGII, p. 211.

 Roger Martin du Gard, 15.XII.50, RMGII, p. 504.

DUPOUEY (Dominique)
 Paul Claudel, 14.VI.10, CLA, p. 139.

DUPOUEY (Pierre)

LETTRES DU LIEUTENANT DE VAISSEAU DUPOUEY
 *Willy Schuermans, 28.X.22, SCHU, p. 41.

DUPROIX (Marthe)
 Joseph Conrad, 12.XII.20, 308, p. 160.

DURAND-VAILLANT
 Raymond Bonheur, 28.VI.[03], BON, p. 81.

DURKHEIM (Emile)
 *Franz Blei, 23.IV.08, 358, p. 205.

DURTAIN (Luc)
 Roger Martin du Gard, 28.IV.35, RMGII, p. 25.
 Eugène Dabit, 12.V.36, 214, p. 21.
 Pierre Alessandri, 9.IX.37, 176, p. 182.

DURUY (Victor)
 Marcel Drouin, 26.III.98, 186, p. 385.

DUSE (Eleonora)
 Maurice Denis, 7.XII.07, 239, p. 87.

DUVERNOIS (Henri)
 *Roger Martin du Gard, 22.III.31, RMGI, p. 467.

DWINGER (Edwin Erich)

MON JOURNAL DE SIBERIE
 *Roger Martin du Gard, 27.IX.32, RMGI, p. 538.

Echanges

    Richard Heyd, 31.X.46, 276.

Echo de Paris

    Saint-Georges de Bouhélier, 4.XII.96, 157 p. 297.
    Paul Claudel, [février 1911], CLA, p. 165.
    Paul Claudel, 16.VI.11, CLA, p. 177.
    François Mauriac, 21.VII.32, MAU, p. 86.
    Roger Martin du Gard, 8.III.37, RMGII, p. 96.

ECKERMANN (Johann Peter)

    Gabriel Audisio, 5.XII.40, 142, p. 552.

Eclaireur de Nice

    Roger Martin du Gard, 12.IV.33, RMGI, p. 559.

Ecole Alsacienne

    *Ecole Alsacienne, 2.XI.24, 35, p. 91.

Ecole du Vieux-Colombier

    Voir : Théâtre du Vieux-Colombier

Ecrits nouveaux

    Roger Martin du Gard, [août ou septembre 1921] RMGI, p. 173.
    Jean Cocteau, 12.V.22, COC, p. 117.

Edinburgh Review

    Edmund Gosse, 6.II.16, GOS, p. 127.
    Edmund Gosse, 3.VII.16, GOS, p. 130.

EDISON (Thomas)

    Paul Valéry, [C.P.16.III.08], VAL, p. 415.

Editions Sociales Internationales

    Michel Cholokhov, 7.III.34, 102, p. 732.

EEKHOUD (Georges)

    Alain Bosquet, 31.XII.39, 320, p. 63.

Eglise

    André Ruyters, 2.III.18, 360, p. 19.
    *Paul Claudel, 15.VI.26, CLA, p. 244.
    François Mauriac, [1927], MAU, p. 73.
    René Schwob, 14.III.27, 188, p. 102.
    *R. de B., 16.I.34, 107, pp. 198-201.
    X..., janvier [35], 176, p. 62.
    Pierre Alessandri, 3.IX.37, 176, p. 180.
    François Mauriac, 14.XII.37, MAU, p. 89.
    *Roger Martin du Gard, [août 42], RMGII, p. 259.
    *Claude Mauriac, 6.VIII.45, 197, p. 281.
    *Roger Martin du Gard, 14.VIII.48, RMGII, p. 418.
    *Roger Martin du Gard, 3.IX.48, RMGII, p. 423.

EHRENBOURG (Ilya)

    *Roger Martin du Gard, 30.V.34, RMGI, p. 615.
    *Vendredi, [16.XII.37], 131.
    *Roger Martin du Gard, 29.IV.45, RMGII, p. 321.
    *Roger Martin du Gard, 16.V.50, RMGII, p. 485.

CONQUETE DE PARIS

    *Roger Martin du Gard, 15.II.45, RMGII, p. 315.

SECOND JOUR DE LA CREATION

    *Roger Martin du Gard, 8.X.33, RMGI, p. 582.

EINSTEIN (Albert)

    *Roger Martin du Gard, 22.II.32, RMGI, p. 511.
    *Roger Martin du Gard, 12.IV.33, RMGI, p. 559.
    *Roger Martin du Gard, 15.IV.33, RMGI, p. 562.

ELIOT (George)

    Jeanne Rondeaux [1891], 237, pp. 95-96.
    *Jeanne Rondeaux, [fin novembre] 91, 237, p. 255.
    *Paul Souday, 10.IV.13, 68, p. 64.
    *Henri Ghéon, 23.II.18, 139, pp. 647-648.
    *Charles Du Bos, [automne 1920], 62.

ADAM BEDE
*Henri Ghéon, 23.II.18, 139, p. 648.

MIDDLEMARCH
*Roger Martin du Gard, 25.II.23, RMGI, p. 211.
Arnold Bennett, 28.VII.30, BEN, p. 186.

ELIOT (Thomas Stearns)
*Roger Martin du Gard, 12.V.45, RMGII. p. 324.

ELLERMANN [Les]
Roger Martin du Gard, 29.VII.24, RMGI, p. 252.

ELLIS (Havelok)
*Marcel Jouhandeau, 14.IV.33, JOU, p. 38.

ELOSU (Dr S.)

MALADIE DE J.-J. ROUSSEAU (LA)
Roger Martin du Gard, 28.VI.30, RMGI, p. 406.

ELSKAMP (Max)
Christian Beck, 13.IV.99, 164, p. 390.
*Franz Blei, 23.IV.08, 358, p. 205.
Francis Jammes, [28.XII.09], JAM, p. 268.
Francis Jammes, 29.XII.09, JAM, p. 270.
Charles Péguy, 11.II.[10], PEG, p. 24.
*Alain Bosquet, 31.XII.39, 320, p. 63.

EN SYMBOLE VERS L'APOSTOLAT
*Max Elskamp, 3.II.96, 349, p. 26.

EMERSON (Ralph Waldo)
Marcel Drouin, [hiver 1894], 163, p. 55.
*Columbia Review, 22.I.51, 183, p. 6.

EMILE-PAUL
André Suarès, [été 1912], SUA, p. 66.

André Suarès, 14.III.[15], SUA, p. 75.

ENGELS (Friedrich)
Pierre Alessandri, 15.IX.37, 176, p. 186.

ENGELS (Friedrich) et MARX (Karl)

MANIFESTE COMMUNISTE
Roger Martin du Gard, 18.VII.32, RMGI, p. 533.

English Association
Edmund Gosse, 29.VI.13, GOS, p. 101.

Entretiens Politiques et Littéraires (Les)
Paul Valéry, 29.VI.91, VAL, p. 106.
Francis Viélé-Griffin, [fin janvier ou février 1892], 240, p. 105.
Paul Valéry, [février 1892], VAL, p. 146.
Paul Valéry, [2.II.92], VAL, p. 148.
Paul Valéry, 25.VII.[92], VAL, p. 167.
Maurice Denis, [juin 1893], 238, p. 103.
Elsie Pell, 26.I.35, 119, p. 24.

ERMILOFF (V.)
*Roger Martin du Gard, 30.V.34, RMGI, pp. 615-616.

Ermitage (L')
Paul Valéry, 9.III.91, VAL, p. 66.
Paul Valéry, [C.P. 21 mars 1891], VAL, p. 69.
Paul Valéry, 29.III.91, VAL, p. 75.
*Paul Valéry, [C.P.17 juin 1891], VAL, p. 96.
Marcel Drouin, [fin 1895], 186, p. 383.
Francis Jammes, 19.I.[96], JAM, p. 63.
Francis Jammes, 21.II.96, JAM, p. 65.
Francis Jammes [fin de février 1896], JAM, p. 66.
Francis Jammes [début de Mai 1896] JAM, p. 72.
Francis Jammes, [début de juin 1896], JAM, p. 74.
Francis Jammes [juillet 1897], JAM, p. 116.

Il Marzocco, 20.XI.97, 3.
Francis Jammes [fin de janvier 1898], JAM, p. 134.
Francis Jammes, 17.IV.98, JAM, p. 137.
Paul Valéry, [C.P. septembre 1898], VAL, p. 334.
*Raymond Bonheur, 15.XI.98, BON. p. 44.
Edouard Ducoté, [1899], 282, p. 1144.
*Francis Viélé-Griffin, [janvier-février 1899] 240, p. 108.
Edouard Ducoté, [août 1899], 282, p. 1148.
Francis de Miomandre, [1900?] 282, p. 1151.
*Edouard Ducoté, [février 1900], 282, p. 1145.
*Edouard Ducoté, 22.II.1900. 282, p. 1149.
*Paul Valéry, 21.X.[1900], VAL, p. 372.
Christian Beck, [1900?], 164, p. 394.
Francis Viélé-Griffin, [juin 1901], 240, p. 112.
Raymond Bonheur, [24.VI.01], BON, p. 63.
Marcel Drouin, 27.VI.01, 217, p. 413.
Paul Valéry, [5.VII.01], VAL, p. 385.
Raymond Bonheur, 10.VII.01, BON, p. 64.
X..., [1902], 316, p. 25.
Francis Jammes, [12.VI.02]. JAM, p. 195.
Francis Viélé-Griffin, 2.IV.03, 240, p. 113.
Edouard Ducoté, 1.X.03, 167.
Edouard Ducoté 8.XI.03, 282, p. 1152.
Stuart Mason, 9.IX.04, 12.
*Stuart Mason, 14.IX.04, 12.
*Francis Jammes, [13.XII.04], JAM, pp. 219-220.
Paul Claudel, 25.IX.05, CLA, p. 51.
Maurice Barrès, [1906], 269, p. 52.
Henri Van Deputte, 23.VI.[06?], 370, no 143.
Albert Chapon, [octobre 1906], 295, p. 9.
*Paul Claudel, 7.XI.06, CLA, p. 67 et p. 68.
Francis Viélé-Griffin, 6.II.08, 240, p. 114.
Franz Blei, 23.IV.08, 358, p. 206.
*Edmond Jaloux, 5.X.[08], 348, p. 116.
Paul Claudel, 9.I.09, CLA, p. 94.
*Francis Jammes, 27.I.09, JAM, p. 257.
Jean Paulhan, 25.IV.28, 46, p. 721.

Escholiers
  Francis Jammes, [décembre 1897], JAM, p. 132.

ESCHYLE

PERSES (Les)
  Paul Valéry, [octobre 1896], VAL, p. 282.

"TRILOGIE (La)"
  *Paul Valéry, [C.P.26.IV.92], VAL, p. 157.

ESOPE
  Mme Paul Gide, 11.XII.94, 237, p. 397.

ESPINASSE-MONGENET (Mme)
  *François Porché, [janvier 1928], 60, p. 61.

Esprit
  Roger Martin du Gard, 11.II.45, RMGII, p. 313.

ESTEVE (P.-L.)

"Les Maîtres de la psychologie : André Gide"
  André Rouveyre, 9.X.28, ROU, p. 127.

Etudes
  François Mauriac, 7.X.[27], MAU, p. 74.
  Paul Valéry, 5.II.40, VAL, p. 519.
  Pierre de Boisdeffre, 22.III.49, 201, pp. 173-174.

EUCLIDE
  Marcel Drouin, [fin 1895], 186, p. 383.
  Marcel Jouhandeau, 9.I.24, JOU, p. 11.

EUGENIE [Servante de Gide]
  *Roger Martin du Gard, [21.VIII.38], RMGII, p.148.

Eulenspiegel
   *Mme Emile Mayrisch, 3.VIII.11, 236, pp. 95-96.

EURIPIDE
   Marcel Drouin, 10.III.96, 355, p. 615.

BACCHANTES
   *X..., s.d., 36a, p. 261.

HYPPOLYTE A LA COURONNE
   *Paul Valéry, [C.P.26.IV.92], VAL, p. 157.

Europe
   Roger Martin du Gard, [3.V.27], RMGI, p. 307.
   Jean Ghéhenno, [novembre 1929], 61, p. 588.
   Roger Martin du Gard, 28.I.32, RMGI, p. 493.
   Roger Martin du Gard, 17.II.32, RMGI, p. 504.
   Roger Martin du Gard, 22.II.32, RMGI, p. 511.
   Roger Martin du Gard, 18.VII.32, RMGI, p. 533.
   Roger Martin du Gard, 4.II.33, RMGI, p. 546.
   Roger Martin du Gard, 2.VI.35, RMGII, p. 32.
   Roger Martin du Gard, 22.VI.48, RMGII, p. 413.

Europe Nouvelle
   Charles Du Bos, 10.IV.29, BOS, p. 178.

Exposition à la Galerie Durand-Ruel
   *Odilon Redon, [mai 1894], 263, p. 250.

FABRE (Lucien)

RABEVEL
   *Arnold Bennett, 29.I.24, BEN, p. 132.

FABRE-LUCE (Alfred)
   Roger Martin du Gard, 5.IV.33, RMGI, p. 558.
   Roger Martin du Gard, 12.IV.33, RMGI, p. 559.
   Roger Martin du Gard, 15.IV.33, RMGI, p. 562.

   Roger Martin du Gard, 26.IV.33, RMGI, p. 564.
   *Roger Martin du Gard, 15.VIII.33, RMGI, p. 574.

FABULET (Louis)
   Adolphe Van Bever, 3.VII.11, 290a, p. 137.

FARAMONT
   Adolphe Van Bever, 3.VII.11, 290a, p. 137.

FARGUE (Léon-Paul)
   *Valery Larbaud, 6.V.12, 169, p. 204.
   Guiseppe Prezzolini, 12.IV.13, 20, p. 1058.
   *Jean Cocteau, [C.P. 12.I.14], COC, p. 42.
   *Paul Valéry, 20.I.17, VAL, p. 445.
   Paul Valéry, [printemps 1921], VAL, p. 483.
   *Edmond Jaloux, 18.IX.41, 178, p. 297.
   *Roger Martin du Gard, 6.III.49, RMGII, p. 446.
   *François Mauriac, 7.III.50, MAU, p. 115.

POEMES
   Valery Larbaud, [1911], 169, p. 158.

TANCREDE
   *Edmond Jaloux, 18.IX.41, 178, p. 297.

FARKI (B.)
   *Georges Simenon, 14.III.39, 327, p. 32.

FARRERE (Claude)

FUMEE D'OPIUM
   *Gil Blas, 29.XII.06, 13, p. 2.

FASQUELLE

    Christian Beck, [janvier 1910], 165, p. 633.

    Christian Beck, 29.I.10, 165, p. 631.

    Paul Claudel, 22.II.11, CLA, p. 163.

    Valery Larbaud, [1911], 169, p. 158.

FAULKNER (William)

    Roger Martin du Gard, 7.II.41, RMGII, p. 232.

BRUIT ET LA FUREUR (LE)

    *Roger Martin du Gard, 18.I.41, RMGII, p. 226.

    *Roger Martin du Gard, 24.I.41, RMGII, p. 232.

FAUREL (Jean)

    Voir : DELAY (Jean)

FAY (Bernard)

"BARRES"

    *Bernard Fay, [1923], 296, p. 68.

PANORAMA DE LA LITTERATURE CONTEMPORAINE

    *Bernard Fay, 11.VI.25, 296, p. 76.

FAYARD [Editions]

    Arthur Fontaine, 24.I.09, 199, p. 3

    Georges Simenon, 31.XII.38, 327, p. 29.

    Georges Simenon, 21.VIII.42, 327, p. 36.

    Georges Simenon, 12 à 16.II.48, 327, p. 42.

FAYARD (Jean)

OXFORD ET MARGARET

    *L'Intransigeant, [décembre 1927], 42, p. 2.

FAYER (Mischa Harry)

GIDE, FREEDOM AND DOSTOIEVSKY

    *Mischa Harry Fayer, 16.X.45, 155, [pp.1-2.]

FELINE (Michel)

    Paul Valéry, [C.P.25.VI.92], VAL, p. 164.

    *Paul Valéry, 25.VII.[92], VAL, p. 167.

FEMKE

    Jef Last, [août 1945], 298, p. 190.

FENELON (François de Salignac de la Mothe)

    Roger Martin du Gard, 18.VI.38, RMGII, p. 143.

    René Schwob, 19.II.45, 188, p. 120.

LETTRES SPIRITUELLES

    Roger Martin du Gard, [octobre 1920], RMGI, p. 160.

FENEON (Félix)

    Louis Comte, [novembre 1897], JAM, p. 303.

    Francis Jammes, [fin de décembre 1904], JAM, p. 225.

FERDOUSI

    *Parse, [mai 1921], 29.

FERNANDEL

    *Adrienne Monnier, 24.I.35, 229, p. 106.

FERNANDEZ (Ramon)

    Roger Martin du Gard, 13.VII.32, RMGI, p. 530.

    Roger Martin du Gard, 15.VIII.33, RMGI, p. 575.

    *Roger Martin du Gard, 9.III.34, RMGI, p. 598.

    *Dorothy Bussy, 12.III.34, 281, p. 17.

    *Roger Martin du Gard, 18.III.34, RMGI, p. 603.

    *Roger Martin du Gard, 25.III.34, RMGI, p. 608.

    Hélène Martin du Gard, 13.XI.37, RMGII, p. 527.

    Roger Martin du Gard, 16.XI.37, RMGII, p. 125.

    Roger Martin du Gard, 26.VI.48, RMGII, p. 416.

ANDRE GIDE

*Ramon Fernandez, [juin 1933], 111, pp. 46-47.

"André Gide et son temps"

*Reportages, 18.II.35, 109.

FERNET (Jean)

Roger Martin du Gard, 16.I.31, RMGI, p. 432.

FERRARI (Eugène)

ANDRE GIDE : LE SENSUALISME LITTERAIRE ET LES EXIGENCES DE LA RELIGION

*Eugène Ferrari, 15.III.28, 50, pp. 46-48.

FESTY

Roger Martin du Gard, 30.III.48, RMGII, p. 403.

FEUCHERES (Mlle de)

Mme Paul Gide, 14.III.90, 232, p. 436.

FEUCHTWANGER

Vendredi, [16.XII.37], 131.

Feuillets d'Art

René Schwob, 7.XI.20, 188, p. 94.

FEYDEAU (Georges)

DAME DE CHEZ MAXIMS' (LA)

*Roger Martin du Gard, 2.IV.33, RMGI, p. 555.

FICHBACHER [Librairie]

Mme Paul Gide, 8.X.93, 237, p. 275.

FICHET (Mme Alexandre)

Alexandre Fichet, 28.V.50, 224, p. 19.

FICHTE (Johann Gottlieb)

*Marcel Drouin, 10.V.94, 163, pp. 66-67.

*Mme Paul Gide, 2.II.95, 237, p. 460.

*Jacques Schiffrin, 18.VI.42, 170, p. 177.

DESTINEE DU SAVANT ET DE L'HOMME DE LETTRES

Mme Paul Gide, 28.I.95, [?], 237, p. 446.

DOCTRINE DE LA SCIENCE

*Mme Paul Gide, 28.XII.94, 237, p. 427.

FICIN (Marsile)

Marcel Drouin, 25.XII.[95], 163, p. 74.

FIELDING (Henry)

*Edmund Gosse, 8.X.11, GOS, p. 68.

René Boylesve, 24.X.12, 208, p. 85.

*Charles Du Bos, [Automne 1920], 62.

*André Thérive, 2.II.32, 135a, p. 555.

TOM JONES

*Valery Larbaud, 25.V.11. 169, p. 164.

*Roger Martin du Gard, [fin juillet 1923], RMGI, p. 228.

Frédéric Lefèvre, 28.VII.23, 235, No 175.

Arnold Bennett, [fin août 1923], BEN, p. 126.

*Roger Martin du Gard, [février 1924], RMGI, p. 239.

*Edmund Gosse, 12.IX.24, GOS, p. 172.

*Roger Martin du Gard, 2.X.28, RMGI, p. 358.

Arnold Bennett, 28.VII.30, BEN, p. 186.

Fiera Letteraria

*Giancarlo Vigorelli, 26.XII.49, 172, p. 1.

FIESOLE (Giovanni da)

*Marcel Drouin, [fin 1895], 186, p. 381.

*Victor Poucel, 27.XI.27, 48.

Figaro (Le)

Paul Valéry, [C.P.13.III.92], VAL, p. 152.

Marcel Drouin, [fin 1895], 186, p. 382.

Francis Jammes, [fin de décembre 1904], JAM, p. 225.

Paul Claudel, 15.II.10, CLA, p. 119.

Marcel Proust, 11.IV.14, PRO. et 280.

Bernard Fay, 20.II.28, 296, p. 79.

Jean Cocteau, 28.II.35, COC, p. 170.

Lucien Combelle, 16.X.36, 190, p. 143.

*Pierre Alessandri, 9.IX.37, 176, pp. 182-183.

Pierre Alessandri, 11.IX.37, 176, p. 184.

Hélène Martin du Gard, 13.XI.37, RMGII, p. 527.

Roger Martin du Gard, 16.XI.37, RMGII, p. 125.

Roger Martin du Gard, 28.X.38, RMGII, p. 156.

Saint-Georges de Bouhelier, 19.XI.39, 202.

Roger Martin du Gard, 13.II.40, RMGII, p. 195.

Claude Mauriac, 1.IV.40, 197, p. 242.

André Rouveyre, 27.V.41, ROU, p. 156.

Paul Valéry, 5.II.42, VAL, p. 526.

Adrienne Monnier, 4.III.42, 229, p. 107.

Louis Gillet, 7.VI.42, 261, p. 285.

Roger Martin du Gard, 15.VI.42, RMGII, p. 251.

Roger Martin du Gard, 3.IX.42, RMGII, p. 265.

*X..., 18.V.44, 182, p. 16.

*Pierre Brisson, 29.VIII.44, 150, p. 1.

Roger Martin du Gard, 29.I.45, RMGII, p. 301.

Claude Mauriac, 3.II.45, 197, p. 266.

Roger Martin du Gard, 12.V.45, RMGII, p. 324.

Roger Martin du Gard, 22.V.47, RMGII, p. 369.

Roger Martin du Gard, 12.VI.47, RMGII, p. 370.

Claude Mauriac, 3.X.47, 197, p. 283.

Roger Martin du Gard, 7.IV.48, RMGII, p. 408.

François Mauriac, 21.VI.48, MAU, p. 107.

Roger Martin du Gard, 14.VIII.48, RMGII, p. 418.

Roger Martin du Gard, 3.IX.48, RMGII, p. 423.

François Mauriac, 5.VII.49, MAU, p. 109.

François Mauriac, 13.XI.49, MAU, p. 112.

François Mauriac, 7.III.50, MAU, p. 115.

Figaro Littéraire

Roger Martin du Gard, 10.XI.49, RMGII, p. 466.

Roger Martin du Gard, 26.XI.50, RMGII, p. 502.

FISCHBACHER [Editions]

Roger Martin du Gard, 28.VI.30, RMGI, p. 406.

FISCHER [éditeur]

Thomas Mann, 3.V.35, RMGII, p. 514.

Fischer Verlag

Rainer Maria Rilke, 22.VII.14, RIL, p. 116 et p. 117.

FITZGERALD (?)

Valery Larbaud, 30.X.08, 169, p. 125.

FITZGERALD (Edward)

Jean-Marc Bernard, s.d., 106, p. 582.

FLAMMARION

Francis Jammes, 22.XII.31, JAM, p. 286.

Francis Jammes, 24.XII.31, JAM, p. 287.

Roger Martin du Gard, 19.II.32, RMGI, p. 507.

Roger Martin du Gard, 22.II.32, RMGI, p. 511.

FLAUBERT (Gustave)

Paul Valéry, [8 mars 1891], VAL, p. 65.

Paul Valéry, [8.VIII.91], VAL, p. 115.

*Mme Paul Gide, 30.I.95, 237, p. 451.

Marcel Drouin, [fin 1895], 186, p. 382.

*Mécislas Golberg, [janvier], 1897, 2.

*Rudolf Kassner, 28.II.01, 89, p. 561.

Francis Jammes, [milieu de mars 1904], JAM, p.211.

*Emile Haguenin, 23.X.07, 358, p. 200.

*Jean-Marc Bernard, 21.IX.11, 103, p. 471.

Arnold Bennett, 15.XI.20, BEN, p. 105.
Charles Du Bos, 4.XI.22, BOS, p. 48,
*Albert Thibaudet, 28.VII.27, 243, p. 1574.
André Thérive, 14.V.28, 55.
Yang Tchang Lomine, 12.I.31, 74, p. 6.
Roger Martin du Gard, 2.II.31, RMGI, p. 444.
Roger Martin du Gard, 27.III.31, RMGI, p. 472.
*Roger Martin du Gard, 19.VI.50, RMGII, p. 490.

BOUVARD et PECUCHET
*Mme Paul Gide, 29.V.93, 237, p. 228.

CANDIDAT
Jeanne Rondeaux, [août 1892], 233, p. 92.

EDUCATION SENTIMENTALE (L')
*Mme Paul Gide, 8.VII.94, 237, p. 343.
*Roger Martin du Gard, [avril 1925], RMGI, p.259.
Paul Souday, 13.IV.25, 38, p. 62.

SALAMMBÔ
Paul-Albert Laurens, 20.VII.94, 237, p. 346.

TENTATION DE SAINT-ANTOINE (LA)
Marcel Drouin, [fin 1895]. 186, p. 382.
Odilon Redon, [1896], 263, p. 251.

FLAUX (Marguerite de)
Mme Paul Gide, 8.X.93, 237, p. 275.

Flèche (La)
Roger Martin du Gard, 23.X.37, RMGII, p. 119.
*Gaston Bergery, [décembre 1937], 130.
Roger Martin du Gard, 22.X.38, RMGII, p. 155.

FLERS (Robert de) et CAILLAVET (Gaston-Armand de)

ROI (LE)
Roger Martin du Gard, 2.VII.33, RMGI, p. 568.

FLORIO (John)
Roger Martin du Gard, 17.X.46, RMGII, p. 355.

FONTAINAS (André)
Paul Valéry, 27.IV.97, VAL, p. 294.
Francis Jammes, 8.X.[03], JAM, p. 205.
*René Schwob, 16.II.21, 188, p. 95.

Fontaine
François Mauriac, 26.XI.46, MAU, p. 104.
Saint-John Perse, 17.I.48, 288, p. 465.
Saint-John Perse, 14.III.48, 288, p. 466.

FONTAINE (Les)
Raymond Bonheur, 6.III.[03], BON, p. 73.
Raymond Bonheur, 7.X.03, BON, p. 83.

FONTAINE (Arthur)
Raymond Bonheur, [17.V.1900], BON, p. 58.
Raymond Bonheur, [24.VIII.1900], BON, p. 59.
Francis Jammes, 14.X.04, JAM, p. 215.
Raymond Bonheur, 22.XI.05, BON, p. 92.
Francis Jammes, 29.XI.05, JAM, p. 231.
*Francis Jammes, 16.V.06, JAM, p. 238.
Paul Claudel, 7.XI.06, CLA, p. 67.
*Paul Claudel, 14.III.[07], CLA, p. 72.
Francis Jammes, [fin de mars 1907], JAM, p. 247.
*Christian Beck, 2.VII.07, 165, p. 621.
Paul Claudel, 17.I.08, CLA, p. 80.
Francis Jammes, 5.IV.08. JAM, p. 251.
Francis Jammes, 29.XII.09, JAM, p. 269.
Paul Claudel, 23.II.10, CLA, p. 122.
Paul Claudel, 22.II.11, CLA, p. 163.
Francis Jammes, [octobre 1911], JAM, p. 282.

Paul Claudel, 7.I.12, CLA, p. 189.

Paul Valéry, 4.X.14, VAL, p. 441.

Paul Valéry, 25.X.22, VAL, p. 492.

*Roger Martin du Gard, 7.IX.31, RMGI, p. 487.

*Roger Martin du Gard, 28.I.32, RMGI, p. 493.

Daniel Rops, 20.V.33, 176, p. 35.

FONTAINE (Mme Arthur)

Arthur Fontaine, 17.VII.[99], 199, p. 3.

Francis Jammes, [décembre 1901], JAM, p. 182.

FONTAINE (Martine)

Roger Martin du Gard, 23.V.50, RMGII, p. 486.

FONTAINE (Philippe)

Roger Martin du Gard, 23.V.50, RMGII, p. 486.

FONTANIER

Roger Martin du Gard, 10.V.28, RMGI, p. 343.

FONTENELLE (Bernard Le Bovier, Sieur de)

Paul Valéry, 21.VIII.41, VAL, p. 524.

François Mauriac, 26.XI.46, MAU, p. 104.

FORAIN (Jean-Louis)

François Mauriac, 29.XI.46, MAU, p. 104.

FORT (Jeanne)

Francis Jammes, 4.VII.[97], JAM, p. 114.

Paul Fort, 12.XII.[03], 116.

FORT (Paul)

Saint-Georges de Bouhélier, [24.VIII.96], 149, p. 240.

Saint-Georges de Bouhélier, 4.XII.96, 157, p. 297.

Paul Valéry, [C.P. 20.I.97], VAL, p. 284.

Stéphane Mallarmé, [21.I.97], 145, p. 749 et VAL, p. 285.

*Francis Jammes, [début de février 1897], JAM, p. 100.

*Francis Jammes, [début de juin 1897], JAM, p.110.

Paul Valéry, 12.I.98, VAL, p. 307.

Francis Jammes, [juillet 1898], 258, p. 84.

Francis Jammes, 15.II.06, JAM, p. 233.

Roger Martin du Gard, 9.II.30, RMGI, p. 392.

BALLADES

**Paul Fort, 12.XII.[03], 116.*

Forum

Charles Du Bos, 5.X.28, BOS, p. 161.

Arnold Bennett, 8.III.29, BEN, p. 159.

FOUCAULT (Henri)

Roger Martin du Gard, [fin janvier 1915], RMGI, p. 136.

FOUCHET (Max-Pol)

François Mauriac, 26.XI.46, MAU, p. 104.

FOUQUE (Friedrich Heinrich Carl, Baron de La Motte)

ONDINE

Marcel Drouin, [hiver 1894], 163, p. 56.

FOURNIER (Alain)

Voir : ALAIN-FOURNIER (Henri)

Foyer Franco-Belge

*Edmund Gosse, 29.XII.14, GOS, p. 116.

*Adrien Mithouard, 19.I.15, 349, p. 79.

*Roger Martin du Gard, [fin janvier 1915], RMGI, p. 135.

Charles Du Bos, 29.V.15, BOS, p. 18.

Francis Jammes, [juin 1915], JAM, p. 283.

Edmund Gosse, 5.VI.15, GOS, p. 119.

*Edmund Gosse, 7.VII.15, GOS, p. 123.
Paul Valéry, [C.P.17.VII.15], VAL, p. 444.
*Arnold Bennett, [août 1915], BEN, pp. 84-85.
X..., 3.I.16, 313, p. 31.
Arnold Bennett, 16.I.16, BEN, p. 88.
Romain Rolland, 25.I.16, RIL, p. 131.
Valery Larbaud, 26.I.16, 169, p. 249 et p. 250.
Edmund Gosse, 6.II.16, GOS, p. 127.
Joseph Conrad, 8.VI.16, 308, p. 154.
*Edmund Gosse, 27.VII.16, GOS, p. 137.
*Raymond Bonheur, 8.IX.16, BON, p. 104.
Charles Du Bos, 5.V.27, BOS, p. 122.

FRA ANGELICO

Voir : FIESOLE (Giovanni da)

FRAIGNEAU

Claude Mauriac, 1.IV.40, 197, p. 242.

FRANCE (Anatole)

*Franz Blei, 23.IV.08, 358, p. 205.
Paul Valéry, 4.VII.[14], VAL, p. 434.
*Roger Martin du Gard, 9.VI.25, RMGI, p. 268.

Franchise

Roger Martin du Gard, 5.I.50, RMGII, p. 476.

FRANCIS (Claude)

Roger Martin du Gard, 19.VII.41, RMGII, p. 234.

FRANCK (César)

*Francis Jammes, [début de février 1897], JAM, p. 101.

FRANC-NOHAIN

*Mme Paul Gide, 17.X.94, 237, p. 373 et 232, p. 414.

FRANCOIS D'ASSISE [Saint]

Francis Jammes, 28.III.98, JAM, p. 136.
Paul Claudel, 9.I.09, CLA, p. 94.

FRANCOIS DE SALES [Saint]

René Schwob, 17.XI.28, 59, p. 58.

FRATEILI (Arnaldo)

"André Gide e le Caves du Vatican"
*Arnaldo Frateili, 3.IX.22, 279, p. 17.

FREDERIC II

Madeleine Gide, 6.VIII.03, 338, p. 73.

Free World

Jean Gaulmier, 24.VII.43, 331, p. 340.

FREUD (Sigmund)

*Mme Emile Mayrisch, 2.V.21, 236, p. 103.
Jacques-Emile Blanche, [1932], 289, p. 764.
Roger Martin du Gard, 22.IV.35, RMGII, p. 22.
Dorothy Bussy, 5.VI.48, 281, p. 17.

"Origine et le développement de la psychanalyse (L')"
*Mme Emile Mayrisch, 2.V.21, 236, p. 103.

FRIZEAU (Gabriel)

Francis Jammes [12.VI.02], JAM, p. 194.
*Francis Jammes, [fin d'avril 1905], JAM, p. 226.
Paul Claudel, 17.I.08, CLA, p. 79.
Francis Jammes 27.I.09, JAM, p. 256.
Paul Claudel, 12.III.10, CLA, p. 128.
Paul Claudel, 20.VI.[11], CLA, p. 179.

FROMENTIN (Eugène)

Paul Valéry, [8 mars 1891], VAL, p. 65.
Mme Paul Gide, 27.X.93, 237, p. 288.

ANNEE DANS LE SAHEL (UNE)
  Rainer Maria Rilke, 29.XI.10, RIL, p. 52.
  Madame X..., 17.IV.28, 63, p. 762.

DOMINIQUE
  *Madame X..., 17.IV.28, 63, p. 762.
  *Robert de Traz, [16.XI.32], 334, p. 474.

ETE DANS LE SAHARA (UN)
  Rainer Maria Rilke, 29.XI.10. RIL. p. 52.
  Madame X..., 17.IV.28, 63, p. 762.

MAITRES D'AUTREFOIS
  *Madame X..., 17.IV.28, 63, p. 762.

GABILANEZ
  Roger Martin du Gard, 13.VIII.35, RMGII, p. 40.

GABORY (Georges)
  *Jean Cocteau, 12.V.22, COC, p. 117.
  *Marcel Proust, 14.VI.22, PRO, pp. 89-90.
  Roger Martin du Gard, 3.VI.25, RMGI, p. 264.

GALLIMARD (Anne)
  *Roger Martin du Gard, 17.IX.40, RMGII, p. 221.

GALLIMARD (Claude)
  Roger Martin du Gard, 14.VI.40, RMGII, p. 210.
  Roger Martin du Gard, 16.VII.40, RMGII, p. 211.
  Roger Martin du Gard, 23.VII.40, RMGII, p. 213.
  Georges Simenon, 28.XII.48, 327, p. 45.
  Roger Martin du Gard, 29.XII.48, RMGII, p. 434.
  Roger Martin du Gard, 19.I.49, RMGII, p. 435.
  *Roger Martin du Gard, 19.VI.50, RMGI, p. 490.

GALLIMARD (Gaston)
  *Paul Claudel, [printemps 1911], CLA, pp. 171-172.
  Paul Claudel, 10.XII.11, CLA, p. 185.

Paul Valéry, [C.P.31.V.[12], VAL, p. 423.
Paul Valéry, 19.VII.[12], VAL, p. 424.
Paul Claudel, 25.VII.[12], CLA, p. 201.
Paul Valéry, 15.X.12, VAL, p. 430.
Mme Emile Mayrisch, 25.VII.13, 236, p. 97.
*Paul Valéry, 4.X.14, VAL, p. 442.
Edmund Gosse, 29.XII.14, GOS, p. 116.
Paul Valéry, 20.I.17, VAL, p. 445.
Paul Valéry, 13.VI.17, VAL, p. 446 et p. 447.
*Paul Valéry, 1.XI.17, VAL, p. 457.
Paul Valéry, 8.V.18, VAL, p. 471.
Jean Paulhan, 15.III.19, 339, p. 75.
Jean Cocteau, 6.V.19, COC, p. 83.
Mme Emile Mayrisch, 18.XI.19, 236, p. 99.
André Rouveyre, 6.XII.19, ROU, p. 56.
René Schwob, 14.VIII.20, 188, p. 91.
René Schwob, 23.VIII.20, 188, p. 93.
Rainer Maria Rilke, 27.XI.22, RIL, p. 205.
André Rouveyre, 2.VI.23, ROU, p. 61.
Roger Martin du Gard, 29.VII.24, RMGI, p. 252.
Paul Valéry, [25.X.24], VAL, p. 497.
*Bernard Fay, 11.VI.25, 296, p. 76.
Roger Martin du Gard, 8.VII.25, RMGI, p. 271.
Maurice Darantière, 10.VII.[29], 290a, p. 138.
Arnold Bennett, [6.III.30], BEN, p. 178.
Roger Martin du Gard, 22.III.30, RMGI, p. 393.
Roger Martin du Gard, 26.III.30, RMGI, p. 394.
Roger Martin du Gard, 16.I.31, RMGI, p. 432.
*Roger Martin du Gard, 10.II.34, RMGI, p. 596.
Roger Martin du Gard, 15.II.34, RMGI, p. 597.
Roger Martin du Gard, 14.VI.36, RMGII, p. 74.
Roger Martin du Gard, 16.XI.37, RMGII, p. 125.
Roger Martin du Gard, 27.V.38, RMGII, p. 142.
Roger Martin du Gard, 16.VII.40, RMGII, p. 211.
Roger Martin du Gard, 23.VII.40, RMGII, p. 213.
Claude Mauriac, 25.XI.40, 197, p. 253.
Roger Martin du Gard, 10.XII.40, RMGII, p. 223.
André Calas, 13.X.40, 305, p. 413.

Roger Martin du Gard, 12.I.41, RMGII, p. 225.
Roger Martin du Gard, 24.I.41, RMGII, p. 232.
Roger Martin du Gard, 2.VI.41, RMGII, p. 233.
Paul Valéry, 15.VIII.41, VAL, p. 522.
*Roger Martin du Gard, 24.V.42, RMGII, p. 248.
Jean-Louis Barrault, 12.IX.42, 287, p. 12.
*Roger Martin du Gard, 29.IV.45, RMGII, pp. 320 et 321.
Roger Martin du Gard, 20.IX.45, RMGII, p. 331.
Roger Martin du Gard, 16.XII.45, RMGII, p. 335.
Georges Simenon, 12 à 16.II.48, 327, p. 42.
*Roger Martin du Gard, 22.III.48, RMGII, p. 402.
Roger Martin du Gard, 30.III.48, RMGII, p. 404.
*Roger Martin du Gard, 6.III.49, RMGII, p. 446.
Roger Martin du Gard, 23.X.49, RMGII, p. 463.
Roger Martin du Gard, 16.V.50, RMGII, p. 485.
*Roger Martin du Gard, 19.VI.50, RMGII, p. 490.

GALLIMARD [Librairie]

*Paul Valéry, 6.X.19, VAL, p. 476.
Rainer Maria Rilke, 2.VI.23, RIL, p. 215.
Willy Schuermans, 4.XII.23, SCHU, p. 45.
Rainer Maria Rilke, 15.XII.23, RIL, p. 230.
Francis Viélé-Griffin, 4.IV.24, 240, p. 122.
Maurice Lime, 4.I.36, 205, p. 81.
*C.-F. Ramuz, 7.II.36, 352, p. 281.
X..., 1.I.38, 229a.
Richard Heyd, 31.X.46, 276.
Roger Martin du Gard, 3.XII.46, RMGII, p. 359.
Roger Martin du Gard, 6.III.49, RMGII, p. 445.
Jean Amrouche, 13.V.50, RMGII, p. 567.

GALLIMARD (Mme Gaston)

Roger Martin du Gard, 16.VII.40, RMGII, p. 211.

GALLIMARD (Raymond)

Roger Martin du Gard, 19.VII.41, RMGII, p. 234.
Georges Simenon, 19.IX.41, 327, p. 34.

GALOPIN (Arnauld)

Roger Martin du Gard, [fin juillet 1923], RMGI, p. 227.

GALSWORTHY (John)

"*Pommier (Le)*"
Joseph Conrad, 12.XII.20, 308, p. 160.

GANDERAX (Louis)

Arthur Fontaine, 24.I.09, 199, p. 3.
Francis Jammes, 27.I.09, JAM, p. 257.

GANDHI (Mahatma)

*Roger Martin du Gard, [28.I.48], RMGII, p. 395.
Pandit Nehru, 30.I.48, 349, p. 131.
Roger Martin du Gard, 7.IV.48, RMGII, pp. 407-408.

GARIBALDI (Guiseppe)

Paul Valéry, [C.P.15.XII.95], VAL, p. 254.

GASPARD-MICHEL (A.)

*Paul Valéry, 15.X.12, VAL, p. 430.

GASQUET (Joachim)

Paul Valéry, 25.VII.[92], VAL, p. 167.
Paul Valéry, [août 1892], VAL, p. 170.
*Mme Paul Gide, 17.I.95, 237, p. 429.

GASTILLEUR

Christian Beck, 21.XII.07, 165, p. 623.

GATTESCHI

Mme Paul Gide, 15.VI.94, 237, p. 329.

GAUCHON (Suzanne)

*Roger Martin du Gard, 23.VIII.33, RMGI, p. 577.

GAUGUIN (Paul)

*Francis Jammes, 8.X.[03], JAM, p. 205.

*Roger Martin du Gard, 26.XI.50, RMGII, p. 502.

GAULLE (Charles de)

*Roger Martin du Gard, 21.IX.44, RMGII, p. 280.

*Roger Martin du Gard, 3.II.45, 197, p. 266.

*Roger Martin du Gard, 11.II.45, RMGII, p. 312.

GAULMIER (Jean)

MORCEAUX CHOISIS [aussi publié sous le titre de: ANTHOLOGIE DE GAULLE]

Jean Gaulmier, 24.VII.43, 331, p. 341.

Gaulois (Le)

Francis Jammes, [fin de décembre 1904], JAM, p. 225.

GAULTIER (Jules de)

*Franz Blei, 23.IV.08, 358, p. 205.

GAUTHIER-VILLARS (Henri)

Adolphe Van Bever, 3.VII.11, 290a, p. 137.

GAUTIER (Théophile)

Mme Paul Gide, 24.III.92, 237, p. 164.

Henri Ghéon, [20.VII.99], 348, p. 91.

*Jacques-Emile Blanche, 28.X.07, 163, p. 20.

*Paul Souday, 6.VI.17, 365, p. 7.

*Paul Souday, 28.X.22, 139, p. 744.

*Roger Martin du Gard, 9.VI.25, RMGI, p. 268.

*Charles Du Bos, 14.XI.26, BOS, p. 109.

*André Rouveyre, 11.IV.28, ROU, p. 109.

Gazette (la)

Edmond Jaloux, 14.VII.41, 178, p. 295.

Gazette aptésienne

*M. Alcippe, [décembre 1910], 15.

Gazette des Amis des livres

*Adrienne Monnier, 15.IV.38, 229, pp. 106-107.

Henri Thomas, 8.II.40, 234, p. 368.

GHELDERODE (Michel de)

FASTES D'ENFER

*X..., 29.XII.49, 349, p. 133.

HOP SIGNOR

*X..., 29.XII.49, 349, p. 133.

GEMIER (Firmin)

X..., 25.XII.[1900?], 242a.

GEMIER [Théâtre]

Paul Claudel, 31.I.09, CLA, p. 97.

GEOFFROY DE SAINT-HILAIRE (Etienne)

*Gabriel Audisio, 5.XII.40, 142, p. 552.

GEORGE (Stephan)

Rainer Maria Rilke, 19.XII.21, RIL, p. 174.

Rainer Maria Rilke, 29.V.24, RIL, p. 234.

*M. Hirschfeld, [juillet 1928], 52.

GERAUD (M.A.)

M. de Nalèche, 8.II.28, 57.

GERIN (Louis)

*Roger Martin du Gard, 16.II.35, RMGII, p. 15.

"André Gide nous dit"

*Louis Gérin, 27.VI.37, 349, p. 116.

GERMAIN (Alphonse)

"Puvis de Chavannes et son esthétique"
Paul Valéry, 9.III.91, VAL, p. 67.

Gestapo
Saint-John Perse, 17.I.48, 288, p. 466.

GHEON (Henri)
Francis Jammes, 4.VII.[97], JAM, p. 113.
Francis Jammes, [juillet 1897], JAM, p. 117.
Francis Jammes, [décembre 1897], JAM, p. 132.
Francis Jammes, [juillet 1898], 258, p. 84.
Francis Jammes, 2.IX.98, JAM, p. 147.
Marcel Drouin, 29.III.99, 353, p. 177.
Raymond Bonheur, [9.VI.99], BON, p. 48.
Edouard Ducoté, 22.II.1900, 282, p. 1150.
Francis Viélé-Griffin, 26.VII.1900, 240, p. 111.
Francis Jammes, 26.VIII.[1900], JAM, p. 166.
Raymond Bonheur, [24.VI.01], BON, p. 63.
X..., 17.XII.01, 366, p. 18.
Alfred Vallette, [1902], 290a, p. 135.
Raymond Bonheur, [8.V.02], BON, p. 69.
Francis Jammes, [mai 1902], JAM, p. 189.
Francis Jammes, [12.VI.02], JAM, p. 194.
Charles-Louis Philippe, 17.X.04, 266, p. 582.
Albert Chapon, [octobre 1906], 295, p. 9.
Paul Claudel, 7.XI.06, CLA, p. 67.
Raymond Bonheur, 2.I.10, BON, p. 102.
Francis Viélé-Griffin, 6.I.10, 240, p. 116.
Charles Péguy, 11.II.[10], PEG, p. 24.
Emile Verhaeren, 27.VI.[10], VER, p. 72.
*Henri Vandeputte, 23.IX.10, 229a.
Charles Péguy, 8.XI.10, PEG, p. 25.
*Francis Viélé-Griffin, 12.II.11, 240, p. 120.
Francis Viélé-Griffin, [mi-février 1911], 240, p. 120.
*Francis Viélé-Griffin, 23.VI.11, 240, p. 119.
Mme Emile Mayrisch, 12.VIII.11, 236, p. 97.

*Gaston Sauvebois, 17.II.12, 104, p. 472 et p.474.
Paul Valéry, 19.VII.[12], VAL, p. 424.
André Suarès, [été 1912], SUA, p. 66.
René Boylesve, 24.X.12, 208, p. 86.
Edmund Gosse, 4.V.13, GOS, p. 97.
Jacques Copeau, [juin 1913], 233, p. 156.
Roger Martin du Gard, 2.I.14, RMGI, p. 127.
Emile Verhaeren, 25.I.14, VER, p. 82.
*Paul Valéry, 4.X.14, VAL, p. 443.
Edmund Gosse, 10.XI.14, GOS, p. 113.
Edmund Gosse, 29.XII.14, GOS, p. 116.
*Roger Martin du Gard, [fin janvier 1915], RMGI, p. 136.
Paul Souday, 23.VIII.15, 68, pp. 64-65.
*Maurice Denis, 28.VI.19, 239, p. 213.
Charles Du Bos, 14.I.21, BOS, p. 28.
Mme Emile Mayrisch, 2.V.21, 236, p. 103.
*Roger Martin du Gard, 4.XI.22, RMGI, pp. 198-199.
*François Mauriac, 7.X.27, MAU, pp. 73-74.
Roger Martin du Gard, 7.V.42, RMGII, p. 243.
X..., [août 1944], 307, p. 11.
*Roger Martin du Gard, 5.IV.45, RMGII, p. 317.
*René Lang, 10.VI.46, 170, p. 179.
M.D. [sic], 7.XI.19[?], 115, p. 465.

FOI EN LA FRANCE
*Edmund Gosse, 27.VII.16, GOS, pp. 136-137.

HOMME NE DE LA GUERRE. TEMOIGNAGE D'UN CONVERTI
*Henri Ghéon, 23.II.18, 139, pp. 647-648.

PAUVRE SOUS L'ESCALIER (LE)
*Henri Ghéon, 23.I.21, 264, p. 28.

GIDE (Catherine)
Dorothy Bussy, 23.IV.23, 281, p. 17.
*Roger Martin du Gard, 5.VII.23, RMGI, p. 222.
*Roger Martin du Gard, 23.VII.23, RMGI, p. 225.
Roger Martin du Gard, 10.VII.35, RMGII, p. 39.

*Eugène Dabit, 17.VII.35, 214, p. 11.
Jean Giono, 18.VII.35, 192, p. 215.
Roger Martin du Gard, 13.VIII.35, RMGII, p. 40.
*Roger Martin du Gard, 12.IX.35, RMGII, p. 47.
Jean Vanden Eeckhoudt, 30.XII.35, 349, p. 113.
Roger Martin du Gard, 17.III.36, RMGII, p. 71.
Roger Martin du Gard, 3.XII.36, RMGII, p. 84.
Roger Martin du Gard, 10.XII.36, RMGII, p. 87.
Roger Martin du Gard, 23.XII.36, RMGII, p. 86.
*Roger Martin du Gard, 27.V.37, RMGII, p. 105.
Roger Martin du Gard, 16.XI.37, RMGII, p. 124.
Roger Martin du Gard, 9.X.38, RMGII, p. 155.
Roger Martin du Gard, 24.IV.39, RMGII, p. 168.
Roger Martin du Gard, 28.VII.39, RMGII, p. 181.
Roger Martin du Gard, 19.IX.39, RMGII, p. 187.
Claude Mauriac, 13.VII.40, 197, p. 251.
*Claude Mauriac, 14.VIII.40, 197, p. 252.
Roger Martin du Gard, [26.IX.40], RMGII, p. 222.
*Roger Martin du Gard, 7.II.41, RMGII, p. 232.
René Schwob, 25.II.41, 188, p. 119.
André Rouveyre, 27.IV.41, ROU, p. 155.
*Roger Martin du Gard, 2.VI.41, RMGII, p. 234.
*Paul Valéry, 15.VIII.41, VAL, pp. 522-523.
Paul Valéry, 21.VIII.41, VAL, p. 524.
Paul Valéry, 10.IX.41, VAL, p. 525.
*Roger Martin du Gard, 18.IX.41, RMGII, p. 236.
*Roger Martin du Gard, 22.IX.41, RMGII, p. 238.
*Roger Martin du Gard, 14.X.41, RMGII, pp. 239-240.
Adrienne Monnier, 4.III.42, 229, p. 107.
Roger Martin du Gard, 7.V.42, RMGII, p. 243.
*Roger Martin du Gard, 3.IX.42, RMGII, p. 266.
*X..., [août 1944], 307, p. 11.
*Roger Martin du Gard, 12.V.45, RMGII, pp. 323-324.
*Roger Martin du Gard, 15.VII.46, RMGII, p. 344.
Roger Martin du Gard, 17.IX.46, RMGII, p. 351.
Roger Martin du Gard, 23.II.47, RMGII, p. 364.
Roger Martin du Gard, 13.III.47, RMGII, p. 365.

Roger Martin du Gard, 29.VII.47, RMGII, p. 374.
Roger Martin du Gard, [11.II.48], RMGII, p. 396.
Georges Simenon, 12 à 16.II.48, 327, p. 42.
Roger Martin du Gard, 11.IX.48, RMGII, p. 426.
*Roger Martin du Gard, 15.VI.50, RMGII, pp. 488-489.
*André Cayatte, 17.XI.50, 328, p. 24.

GIDE (Charles)

Paul Valéry, [24.XII.91], VAL, p. 144.
Mme Paul Gide, 25.III.92, 237, p. 168.
Mme Paul Gide, 8.X.93, 237, p. 275.
Mme Paul Gide, 10.X.93, 232, p. 102.
Mme Paul Gide, 12.V.94, 237, p. 324.
Jeanne Rondeaux, [juillet 1894], 237, p.339.
Mme Paul Gide, 20.VIII.94, 137, p. 355.
Paul Valéry, [3.IX.94], VAL, p. 213.
Mme Paul Gide, [2.X.94], 359, p. 150.
*Mme Paul Gide, 25.I.95, 237, p. 441.
Paul Valéry, [C.P. 15.VIII.95], VAL, p. 244.
Paul Valéry, [C.P. 3.X.95], VAL, p. 248.
Paul Valéry, [C.P. octobre 1896], VAL, p. 282.
Jeanne Drouin, 20.II.98, 191, p. 167.
*Christian Beck, 25.VI.[1912], 165, p. 636.
Paul Valéry, [C.P.17.VII.15], VAL, p. 444.
*René Schwob, 23.VIII.20, 188, p. 93.
Roger Martin du Gard, 25.V.32, RMGI, p. 521.
Roger Martin du Gard, 27.V.37, RMGII, p. 105.
André Rouveyre, 4.II.40, ROU, p. 151.

GIDE (Mme Charles)

*Jeanne Rondeaux, [juillet 1894], 237, p. 339.
Mme Paul Gide, 18.I.95, 237, p. 432.
Mme Paul Gide, 17.III.95, 237, p. 476.
Paul Valéry, [juillet 1908], VAL, p. 417.

GIDE (Edouard)

Paul Valéry, [24.XII.90], VAL, p. 40.
Roger Martin du Gard, 19.X.48, RMGII, p. 430.

GIDE (Jeanne)

Mme Paul Gide, 8.X.93, 237, p. 275.

GIDE (Madeleine)

Voir : RONDEAUX (Madeleine)

GIDE (Mme Paul)

Jeanne Rondeaux, IX.88, 232, p. 407.

Jeanne Rondeaux, 27.IX.88, 232, pp. 406-407.

Paul Valéry, 31.VII.91, VAL, p. 113

*Madeleine Rondeaux, [octobre 1892], 233, p. 87.

Paul Valéry, [septembre 1893], VAL, p. 187.

Albert Démarest, [12 et 14.XI.93], 237, p. 292.

Jeanne Rondeaux, [hiver 1893], 232, p. 323.

Paul Valéry, [décembre 1893], VAL, p. 194.

Jeanne Rondeaux, [février 1894], 237, pp. 302-303.

Paul Valéry, [février 1894], VAL, p. 197.

Albert Démarest, [mars 1894], 237, p. 305.

Odilon Redon, [mai 1894], 263, p. 250.

*Jeanne Rondeaux, [juillet 1894], 237, pp. 338-339.

Paul Valéry, 2.XII.94, VAL, p. 223.

*X..., 3.IV.95, 237, p. 485.

Paul Valéry, [mai 1895], VAL, p. 239.

*Paul Valéry, [30.V.95], VAL, p. 240.

*Paul Valéry, [31.V.95], VAL, p. 241.

*Albert Démarest, [juin 1895], 237, p. 510.

*François Mauriac, 22.VII.39, MAU, p. 93.

Renée Lang, 27.XII.46, 170, p. 181.

GIDE (Paul)

Mme Paul Gide, 10.X.93, 232, p. 102.

Jeanne Rondeaux, [janvier 1894], 237, p. 278.

Mme Paul Gide, 27.VI.94, 237, p. 331.

*Mme Paul Gide 31.X.94, 237, pp. 392-393.

Francis Jammes, [fin de février 1897], JAM, p. 102.

*Maurice Beaubourg, [janvier 1900?], 216, p. 760.

Edouard Ducoté, 22.II.1900, 282, p. 1149.

GIDE (Paul) [Cousin d'André Gide]

*Paul Valéry, 28.XII.94, VAL, p. 228.

*Paul Valéry, [janvier 1895], VAL, p. 230.

Roger Martin du Gard, [fin janvier 1915], RMGI, p. 136.

*Paul Valéry, [C.P. 17.VII.15], VAL, p. 444.

GIGUET (Paul)

Roger Martin du Gard, 4.IX.37, RMGII, p. 115.

Gilbert [valet d'André Gide]

Roger Martin du Gard, 22.II.49, RMGII, p. 444.

*Roger Martin du Gard, 23.IV.50, RMGII, p. 478.

Roger Martin du Gard, 7.VII.50, RMGII, p. 491.

Roger Martin du Gard, 13.IX.50, RMGII, p. 498.

Roger Martin du Gard, 28.IX.50, RMGII, p. 499.

GILBERT (Marcel)

Paul Claudel, 17.I.08, CLA, p. 80.

GILLET (Louis)

André Levinson, [mars ou avril 1931], 70, p. 792.

Roger Martin du Gard, 19.IX.39, RMGII, p. 187.

STELE POUR JAMES JOYCE

*Louis Gillet, 7.VI.42, 261, p. 285.

GILLOUIN (René)

Reportages, 18.II.35, 109.

GIONO (Jean)

Roger Martin du Gard, 30.III.34, RMGI, p. 610.

Roger Martin du Gard, 13.VIII.35, RMGII, p. 40.

Roger Martin du Gard, 4.IX.37, RMGII, p. 115.

*Roger Martin du Gard, 2.X.38, RMGII, p. 152.

*Edouard Daladier, 4.X.39, MAU, pp. 97-98.

*François Mauriac, 4.X.39, MAU, pp. 96-97.

*Claude Mauriac, 14.X.39, 197, p. 237.

*Claude Mauriac, 23.XII.39, 197, p. 239.
*Roger Martin du Gard, 13.II.40, RMGII, p. 195.
Roger Martin du Gard, 10.IX.40, RMGII, p. 219.

COLLINE
 Arnold Bennett, 8.III.29, BEN, p. 160.
 *Jean Giono, 29.III.29, 231.

NAISSANCE DE L'ODYSSEE (LA)
 *Jean Giono, 29.III.29, 231.

UN DE BAUMUGNES
 *Jean Giono, 29.III.29, 231.

GIOTTO (di Bondone)
 *Marcel Drouin, 30.III.98, 163, p. 61.

GIRARDOT (Dr)
 *Georges Simenon, 14.III.39, 327, p. 32.

GIRAUDOUX (Jean)
 Roger Martin du Gard, 5.II.32, RMGI, p. 496.
 Roger Martin du Gard, 17.II.32, RMGI, p. 505.
 *Roger Martin du Gard, 22.II.32, RMGI, pp. 510-511.
 Richard Heyd, 31.X.46, 276.

JUDITH
 *Jean Giraudoux, 12.XI.31, 139, p. 1092.

GISSING (George)

RUE DES MEURT-DE-FAIM (LA)
 *Roger Martin du Gard, [octobre 1922], RMGI, p.197.

GLOZEL
 Roger Martin du Gard, 14.X.27, RMGI, p. 317.

GLUCK (Christophe Willibald)

ORPHEE
 Jean-Louis Barrault, [décembre 1946], 287.

GOBILLARD (Paule)
 Paul Valéry, [C.P. juillet 1903], VAL, p. 400.
 Paul Valéry, 2.VII.[03], VAL, p. 397.
 Paul Valéry, [28.XII.24], VAL, p. 499.

GODDE (Billard)
 Roger Martin du Gard, 21.VII.24, RMGI, p. 251.

GODEBSKI (Cipa)
 Paul Valéry, 16.I.18, VAL, p. 462.
 Paul Valéry, 27.II.18, VAL, p. 462.
 Paul Valéry, 4.III.18, VAL, p. 465.
 Paul Valéry, 5.V.18, VAL, p. 468.
 Arnold Bennett, 21.VI.18, BEN, p. 91.

GODEBSKI (Ida)
 Arnold Bennett, 21.VI.18, BEN, p. 91.

GODEBSKY [Les]
 Arnold Bennett, 9.V.22, BEN, p. 114.

GODOY (Armand)

"Drame de la Passion"
 Armand Godoy, 30.IV.29, 79, p. 58.

GOETHE (Johann Wolfgang)
 *X..., 25.V.92, 77, p. 544.
 *Jeanne Rondeaux, [août 1892], 237, p. 177.
 Paul Valéry, [août 1892], VAL, p. 170.
 *Paul Valéry, [C.P. 18.X.92], VAL, p. 175.
 *Jacques-Emile Blanche, [automne 1893], 289, p.762.

*Mme Paul Gide, [novembre 1893], 237, p. 289.
X..., 30.III.94, 237, pp. 312-313.
Mme Paul Gide, 17.X.94, 237, p. 373.
Mme Paul Gide, 11.IX.94, 237, p. 364.
Mme Paul Gide, 15.IX.94, 237, p. 359.
Marcel Drouin, [hiver 1894], 163, p. 55.
X..., 3.IV.95, 237, p. 483 et p. 657.
Mme Paul Gide, 5.IV.95, 237 p. 495 et p. 653.
Marcel Drouin, 3.XII.95, 163, pp. 49-50.
*Marcel Drouin 2.III.98, 186, p. 383.
Marcel Drouin, 26.III.98, 186, p. 387.
Berta Franzos, 2.III.03, 340, p. 3.
*Christian Beck, 6.IX.03, 164, p. 399.
*Emile Haguenin, 23.X.07, 358, p. 200.
*André Suarès, 27.II.09, SUA, p. 32.
*André Suarès, 14.III.[15], SUA, p. 75.
*Guillaume Lerolle, 29.X.17, 139, p. 635.
*André Rouveyre, [28.XI.24], ROU, p. 91.
Charles Du Bos, [1927], BOS, p. 126.
*François Mauriac, 7.X.[27], MAU, p. 74.
*André Rouveyre, 11.IV.28, ROU, p. 109.
*Charles Du Bos, 5.X.28, BOS, p. 161.
*René Schwob, 17.XI.28, 59, p. 58.
*Henri Massis, 21.X.29, 65, pp. 765-766.
*Jean Guéhenno, [novembre 1929], 61, p. 588.
*Roger Martin du Gard, 18.VII.32, RMGI, p. 533.
*Henri Ghéon, [octobre 1932], 76, p. 633.
*Albert Thibaudet, 18.VI.35, 112, p. 142.
Roger Martin du Gard, 29.IX.40, RMGII, p. 223.
*Gabriel Audisio, 5.XII.40, 142, pp. 552-553.
Paul Valéry, 10.IX.41, VAL, p. 525.
*Roger Martin du Gard, 22.IX.41, RMGII, p. 238.
*Jacques Schiffrin, 18.VI.42, 170, p. 177.
*Roger Martin du Gard, 14.III.45, RMGII, p. 316.
Renée Lang, 10.VI.46, 170, pp. 178-179.
Elvira Cassa Salvi, 25.I.50, 330a, p. 116.
Scheffer, s.d., 91, p. 616.

AFFINITES ELECTIVES (LES)
Mme Paul Gide, 8.X.93, 237, p. 275.
Rainer Maria Rilke, 6.VII.26, RIL, p. 244.

ANNEES D'APPRENTISSAGE DE WILHELM MEISTER (LES)
*Paul Valéry, [septembre 1892], VAL, p. 173.
*Paul Valéry, [C.P.18.X.92], VAL, p. 175.
*Mme Paul Gide, 15.IX.94, 237, p. 359.

CONFESSIONS D'UNE BELLE AME (LES)
Lucien Rolmer, [octobre 1909], 139, p. 276.

ELEGIES ROMAINES
*Marcel Drouin, 18.III.93, 163, p. 45.
Rainer Maria Rilke, 6.VII.26, RIL, p. 244.
*Roger Martin du Gard, 26.IV.37, RMGII, p.101.
*Jacques Schiffrin, 18.VI.42, 170, p. 177.

EPIGRAMMES VENITIENNES
Rainer Maria Rilke, 6.VII.26, RIL, p. 244.
Roger Martin du Gard, 26.IV.37, RMGII, p. 101.

FAUST
*Francis Jammes, 17.IV.98, JAM, p. 138.
Rainer Maria Rilke, 6.VII.26, RIL, p. 244..
Roger Martin du Gard, 1.I.31, RMGI, p. 441.
*Jacques Schiffrin, 18.VI.42, 170, p. 177.

IPHIGENIE
*X..., 25.V.92, 77, p. 543.
*Paul Valéry, 25.VII.[92], VAL, p. 167.

MEMOIRES
*Roger Martin du Gard, 25.VII.30, RMGI, p. 414.

PROMETHEE
*X..., 25.V.92, 77, pp. 544-545.

SOUFFRANCES DU JEUNE WERTHER (LES)
 *Francis Jammes 17.IV.98, JAM, p. 138.
 Scheffer, s.d. 91, p. 616.

TORQUATO TASSO
 *X..., 25.V.92, 77, p. 543.

GOGOL (Nicolas)

AMES MORTES (LES)
 Roger Martin du Gard, 19.V.32, RMGI, p. 521.
 Roger Martin du Gard, 18.II.37, RMGII, p. 93.

REVIZOR (LE)
 Roger Martin du Gard, 8.X.33, RMGI, p. 582.

GOLBERG (Mécislas)
 André Rouveyre, 6.XII.19, ROU, p. 56.
 *[José David], 12.XII.32, 163, p. 150.

GONCOURT (Edmond)

FAUSTIN (LA)
 *Paul Valéry, [C.P. 26.IV.92], VAL, p. 157.

MAISON D'UN ARTISTE (LA)
 *Paul Valéry, [C.P. 26.IV.92], VAL, p. 157.

GONCOURT (Edmond et Jules)
 *Jacques-Emile Blanche, 28.X.07, 163, p. 20.
 Roger Martin du Gard, 10.VII.34, RMGI, p. 626.

JOURNAL
 *Paul Valéry, [C.P.26.IV.92], VAL, p. 156.

GONTCHAROV Ivan)
 *Jeanne Rondeaux, [fin novembre], 91, 237, p. 255

GORKI (Maxime)
 *Roger Martin du Gard, [fin juillet 1923], RMGI, p. 228.
 *Charles Du Bos, 20.II.28, BOS, p. 129.
 Roger Martin du Gard, 5.V.35, RMGII, p. 28.

KLIM L'ENFANT
 Roger Martin du Gard, 8.X.33, RMGI, p. 582.

MERE (LA)
 Roger Martin du Gard, 28.IV.35, RMGII, p. 26.
 *Roger Martin du Gard, 5.V.35, RMGII, p. 29.

GOSSE (Edmund)
 Berta Franzos, 2.III.03, 340, p. 3.
 Valery Larbaud, 11.VIII.11, 169, p. 181.
 Francis Viélé-Griffin, 25.VI.12, 240, p. 121.
 *Philip Gosse, 4.II.29, GOS, p. 203.
 *Philip Gosse, 8.II.29, GOS, pp. 203-204.
 Philip Gosse, 22.II.29, GOS, p. 204.
 *Philip Gosse, 11.III.30, GOS, p. 204.

"André Gide" [Contemporary Review]
 *Edmund Gosse, 9.IX.09, GOS, p. 51.

COLLECTED POEMS OF EDMUND GOSSE
 *Edmund Gosse, 31.XII.11, GOS, p. 72.

CRITICAL KIT KATS
 *Edmund Gosse, 29.XII.14, GOS, p. 116.

FATHER AND SON
 Edmund Gosse 14.VII.09, GOS, p. 47.
 Edmund Gosse 10.III.10, GOS, p. 55.
 Edmund Gosse, 4.IV.10, GOS, p. 56.
 *Edmund Gosse, 10.IV.10, GOS, p. 56.
 *Edmund Gosse, 31.XII.11, GOS, p. 73.
 *Edmund Gosse, 11.VI.12, GOS, p. 77.

*Edmund Gosse, 12.VIII.12, GOS, p. 81.
*Edmund Gosse, 29.VI.13, GOS p. 102.
*Edmund Gosse 26.X.17, GOS, p. 151.
*Edmund Gosse, 10.VI.18, GOS, p. 155.
*Edmund Gosse, 30.XII.26, GOS, p. 187.

"Future of English Poetry (The)"
   *Edmund Gosse, 29.VI.13, GOS, pp. 101-102.

INTER ARMA
   *Edmund Gosse, 27.VII.16, GOS, p. 136.

LIFE AND LETTERS OF JOHN DONNE, DEAN OF ST-PAUL'S
   *Edmund Gosse, 31.VII.18, GOS, p. 158.

LIFE OF WILLIAM CONGREVE
   *Edmund Gosse, 26.X.24, GOS, p. 174.

PORTRAITS AND SKETCHES
   *Edmund Gosse, 28.XI.12, GOS, pp. 83-84.

POSTHUMOUS POEMS [de Charles Swinburne]
   *Edmund Gosse, 26.X.17, GOS, p. 151.

"Reims Revisited"
   *Edmund Gosse, 21.XII.16, GOS, p. 148.

SIR THOMAS BROWNE
   Edmund Gosse, 8.X.11, GOS, p. 68.

THREE FRENCH MORALISTS
   *Edmund Gosse, 31.VII.18, GOS, p. 157.

"To our Dead"
   *Edmund Gosse, 10.XI.14, GOS, p. 113.

"Unité française (L')"
   *Edmund Gosse, 6.II.16, GOS, pp. 127-128.
   Edmund Gosse, 3.VII.16, GOS, p. 130.

"War and Literature"
   *Edmund Gosse, 27.VII.16, GOS, p. 136.

GOSSE (Mme Edmund)
   Edmund Gosse, 21.VII.11, GOS, p. 60.
   Edmund Gosse, 11.VIII.11, GOS, p. 64.
   Edmund Gosse, 4.IX.11, GOS, p. 67.
   Edmund Gosse, 8.X.11, GOS, p. 69.
   Edmund Gosse, 31.XII.11, GOS, p. 73.
   Edmund Gosse, 11.I.12, GOS, p. 75.
   Edmund Gosse, 11.VI.12, GOS, p. 77.
   Edmund Gosse, 12.VIII.12, GOS, p. 80.
   Edmund Gosse, 28.XI.12, GOS, p. 84.
   Edmund Gosse, 25.XII.12, GOS, p. 87.
   Edmund Gosse, 10.II.13, GOS, p. 89.
   Edmund Gosse, 25.IV.13, GOS, p. 93.
   Edmund Gosse, 4.V.13, GOS, p. 97.
   Edmund Gosse, 18.V.13, GOS, p. 98.
   Edmund Gosse, 20.V.13, GOS, p. 99.
   Edmund Gosse, 29.VI.13, GOS, p. 102.
   Edmund Gosse, 8.I.14, GOS, p. 106 et p. 107.
   Edmund Gosse, 10.XI.14, GOS, p. 113.
   Edmund Gosse, 5.VI.15, GOS, p. 119.
   Edmund Gosse, 7.VII.15, GOS, p. 121.
   Edmund Gosse, 23.I.16, GOS, p. 123.
   Edmund Gosse, 3.VII.16, GOS, p. 131.
   Edmund Gosse, 27.VII.16, GOS, p. 137.
   Edmund Gosse, 21.XII.16, GOS, p. 148.
   Edmund Gosse, 26.X.17, GOS, p. 152.
   Edmund Gosse, 10.VI.18, GOS, p. 155.
   Edmund Gosse, 31.VII.18, GOS, p. 158.
   Edmund Gosse, 23.VIII.20, GOS, p. 166.
   Edmund Gosse, 16.I.21, GOS, p. 168.

Edmund Gosse, 26.X.24, GOS, p. 175.
Edmund Gosse, 15.I.25, GOS, p. 177.
Edmund Gosse, 30.XII.26, GOS, p. 187.
Edmund Gosse, 8.IV.28, GOS, p. 194.

GOSSE (Philip)

Edmund Gosse, 21.XII.16, GOS, p. 148.

GOUIRAN (Emile)

ANDRE GIDE. ESSAI DE PSYCHOLOGIE LITTERAIRE

*Jean Crès, 25.VII.33, 108, pp. 5-6.

GOULD (Florence)

Roger Martin du Gard, 5.I.50, RMGII, p. 476.

GOUMARAH

Mme Paul Gide, 8.II.95, 237, p. 461.

GOUNOD (Charles)

Jeanne Rondeaux, 25.I.86, 232, p. 347.

GOURMONT (Jean de)

*Francis Jammes, [26.IV.06], JAM, p. 234.
*Francis Jammes, 2.V.06, JAM, p. 235.
*Francis Jammes, 5.IV.08, JAM, p. 251.
Arthur Fontaine, 24.I.09, 199, p. 3.
*Alfred Vallette, 3.II.[25], 37, p. 563.
*André Rouveyre, 26.VI.27, ROU, p. 93.
Louis Comte, [novembre 1897], JAM, p. 303.
*Francis Jammes, [13.XII.04], JAM, p. 220.
Paul Claudel, 17.I.08, CLA, p. 80.
Francis Jammes, 5.IV.08, JAM, p. 251.
*Franz Blei, 23.IV.08, 358, p. 204.
Francis Jammes, 26.X.09, JAM, p. 261.
Paul Claudel, [mars 1910], CLA, p. 130.
*M. Alcippe, [décembre 1910], 15.
*Francis Jammes, [octobre 1911], JAM, p. 282.

*Paul Claudel, 10.XII.11, CLA, pp. 185-186.
*Paul Souday, 6.VI.17, 365, p. 7.
André Rouveyre, 31.X.24, ROU, p. 85.
*André Rouveyre, 26.VI.27, ROU, p. 93.

CULTURE DES IDEES

*Remy de Gourmont, [1902], 133, p. 4.

LIVRE DES MASQUES (LE)

*Paul Claudel, 10.XII.11, CLA, pp. 185-186.

GOZZOLI (Benozzo)

*Marcel Drouin, [fin 1895], 186, p. 381.

GRAAL

Voir : LALLEMAND (Marcel)

GRACIAN (Baltazar)

*André Rouveyre, [29.VI.25], ROU, p. 92.

HOMME DE COUR (L')

*André Rouveyre, 2.VI.23, ROU, p. 61.

GRANADOS (Enrique)

GOYESCAS

*Jacques-Emile Blanche, 19.V.16, 289, p. 763.

Grand-Duc Karl August

Madeleine Gide, 6.VIII.03, 338, p.73.

Grande Revue (La)

Paul Claudel, 17.I.08, CLA, p. 80.
Charles Péguy, 15.II.08, PEG, p. 22.
Francis Jammes, 5.IV.08, JAM, p. 251.
Christian Beck, 6.IV.08, 165, p. 626.
Valery Larbaud, [octobre ou novembre 1909], 165, p. 136.

Francis Jammes, 14.XII.[09], JAM, p. 263.

Paul Claudel, 15.II.10, CLA, p. 120.

André Suarès, 6.XI.10, SUA, p. 46.

André Suarès, 10.II.11, SUA, p. 52.

André Suarès, 13.II.11, SUA, p. 54.

Paul Claudel, 22.II.11, CLA, p. 161.

André Suarès 7.III.11, SUA, p. 57.

Francis Jammes, [octobre 1911], JAM, p. 282.

GRASSET

Marcel Proust, [janvier 1914], PRO, p. 12.

André Rouveyre, [14 ou 15.XI.23], ROU, p. 74.

Roger Martin du Gard, 29.IX.30, RMGI, p. 418.

Roger Martin du Gard, 26.I.31, RMGI, p. 435.

Roger Martin du Gard, 22.III.31, RMGI, p. 467.

Francis Jammes, 22.XII.31, JAM, p. 286.

Francis Jammes, 24.XII.31, JAM, p. 287.

GREEN (Julien)

L'Intransigeant, [décembre 1927], 42, p. 2.

Arnold Bennett, 11.III.29, BEN, p. 163.

Roger Martin du Gard, [octobre 1949], RMGII, pp. 461-462.

Elvira Cassa Salvi, 25.I.50, 330a, p. 116.

JOURNAL

Elvira Cassa Salvi, 25.I.50, 330a, p. 116.

VISIONNAIRE (Le)

*Julien Green, 28.VII.34, 166, p. 19.

GREGG (Sir Alan)

*Roger Martin du Gard, 30.III.48, RMGII, pp. 403-404.

GREGH (Fernand)

*Roger Martin du Gard, 21.VI.22, RMGI, p. 183.

GREGOVORIUS

Marcel Drouin, 26.III.98, 186, p. 385.

GRENIER (Fernand)

Pierre Alessandri, 3.IX.37, 176, p. 180.

Pierre Alessandri, 15.IX.37, 176, p. 186.

GREVE

*Paul Claudel, 25.IX.05, CLA, p. 50.

GRIMM (Frédéric-Melchior, Baron de)

CORRESPONDANCE LITTERAIRE, PHILOSOPHIQUE ET CRITIQUE

Roger Martin du Gard, 17.X.28, RMGI, p. 360.

GRIMM (Jacob)

Jacques Rivière, [mai 1919], 28, p. 123.

GRIMM (Wilhelm)

*André Rouveyre, [mai 1928], ROU, pp. 110-111.

HERR KORB

*André Rouveyre, [mai 1928], ROU, p. 110-111.

GRIMMELSHAUSEN (Hans von)

SIMPLICISSIMUS

*Roger Martin du Gard, 18.I.41, RMGII, pp. 226-227.

Gringoire

Roger Martin du Gard, 18.III.34, RMGI, p. 603.

*Roger Martin du Gard, 22.VIII.34, RMGI, p. 629.

Roger Martin du Gard, 23.VIII.34, RMGI, p. 630.

GROETHUYSEN (Alix)

Roger Martin du Gard, 17.IX.46, RMGII, p. 351.

Roger Martin du Gard, 24.IX.46, RMGII, p. 354.

GROETHUYSEN (Bernard)

*Roger Martin du Gard, 22.XI.29, RMGI, p. 379.

Roger Martin du Gard, 14.X.33, RMGI, p. 583.

Maurice Lime 19.IX.35, 205, p. 15.

*Roger Martin du Gard, 17.IX.46, RMGII, p. 351.

*Roger Martin du Gard, 24.IX.46, RMGII, p. 354.

GROETHUYSEN [les]

Roger Martin du Gard, 30.XII.35, RMGII, p. 63.

X..., [août 1944], 307, p. 11.

GROSFILS

Christian Beck, 21.XII.07, 165, p. 624.

GROSS (Hans)

MANUEL PRATIQUE D'INSTRUCTION JUDICIAIRE (LE)

*Roger Martin du Gard, 21.VII.24, RMGI, p. 251.

GROUX (Henry de)

François Mauriac, 26.XI.46, MAU, p. 104.

GUEHENNO (Jean)

*Roger Martin du Gard, 17.II.32, RMGI, p. 504.

*Roger Martin du Gard, 24.II.33, RMGI, p. 549.

Roger Martin du Gard, 25.III.34, RMGI, p. 608.

Roger Martin du Gard, 3.XII.34, RMGI, p. 640.

*Vendredi, [16.XII.37], 131.

Roger Martin du Gard, 12.V.45, RMGII, p. 324.

"Ame, ma belle âme"

*Jean Guehenno, [fin octobre 1930], 176, pp. 13-14.

CONVERSION A L'HUMAIN

Jean Guehenno, 5.II.33, 176, p. 20.

"Culture européenne et dénationalisation"

*Jean Guéhenno, [novembre 1929], 61, pp. 588-589.

"Monsieur Gide"

*Roger Martin du Gard, 4.II.33, RMGI, p. 546.

*Jean Guehenno, 5.II.33, 176, p. 20.

"Mort inutile (La)"

*Jean Guehenno, 17.II.37, 129.

Guêpes (Les)

*Paul Claudel, 1.IV.11, CLA, p. 170.

GUERET

Marcel Jouhandeau, [1924 ou 1925], JOU, p. 15.

GUERIN (Charles)

*Francis Jammes, [fin d'août 1904], JAM, p. 214.

*Francis Jammes, 14.X.04, JAM, p. 215.

Francis Jammes 18.X.04, JAM, p. 218.

Francis Jammes, [13.XII.04], JAM, p. 220.

Arthur Fontaine, 24.I.09, 199, p. 3.

Marguerite Audoux, 28.XII.09, 215, p. 109.

Francis Jammes, 29.XII.09, JAM, p. 269.

GUERNE (André de)

Paul Valéry, [C.P. 11.VI.1891], VAL, p. 91.

GUERRA (Guido)

François Porché, [janvier 1928], 60, p. 61.

GUERUNL

Christiane et Marcel de Coppet, 2.V.38, 310, p. 53.

GUICCIOLI

Maurice Denis, 7.XII.07, 239, p. 87.

GUILBERT (Yvette)

Paul Valéry, [2.II.92], VAL, p. 148.

GUILLAIN (Alix)

Roger Martin du Gard, 22.XI.29, RMGI, p. 379.
Roger Martin du Gard, 14.X.33, RMGI, p. 583.

GUILLAUMET

Claude Mauriac, [27].VII.39, 197, p. 200.

GUILLAUMIN (Emile)

Francis Jammes, 14.X.04, JAM, p. 216.
Paul Claudel, [Noel 1909], CLA, p. 112.
Francis Jammes, [28.XII.09], JAM, p. 268.

VIE D'UN SIMPLE (LA)

Paul Claudel, [Noël 1909], CLA, p. 112.

GUILLOUX (Louis)

Eugène Dabit, 12.V.36, 214, p. 21.
*Roger Martin du Gard, 14.VI.36, RMGII, p. 74.
Roger Martin du Gard, 22.VII.36, RMGII, p. 75.

SANG NOIR

*X..., 10.I.[36], 121, p. 303.

GUITRY (Sacha)

Roger Martin du Gard, 16.I.31, RMGI, p. 433.
Roger Martin du Gard, 30.XII.35, RMGII, p. 63.

HACHETTE

Roger Martin du Gard, 19.VI.50, RMGII, p. 490.

HADING (Jane)

X..., 25.XII.[1900?], 242a.

HADRIEN

Marcel Drouin, 26.III.98, 186, p. 387.

HAFIZ (Schems ed-Din Mohammed)

Christian Beck, 4.V.03, 164, p. 398.
Parse, [mai 1921], 29.

HAGUENIN (Emile)

*Francis Viélé-Griffin, 6.II.08, 240, p. 114.
*Francis Viélé-Griffin, 12.II.08, 240, p. 114.

HALEVY (Daniel)

Roger Martin du Gard, 6.I.14, RMGI, p. 128.
Roger Martin du Gard, 27.III.31, RMGI, p. 472.
*Roger Martin du Gard, 16.II.35, RMGII, p.16.

TRAVAIL DE ZARATHOUSTRA (LE)

*Christian Beck, 15.VII.09, 165, p. 628.

HAMP (Pierre)

*Roger Martin du Gard, 16.IV.23, RMGI, p. 216.

GLÜCK AUF

*Roger Martin du Gard, 23.II.35, RMGII, p. 19.

"Peine des Hommes (La)"

*Roger Martin du Gard, 14.I.35, RMGII, p. 10.

HANOTAUX (Gabriel)

Roger Martin du Gard, 18.X.25, RMGI, p. 279.
*Eugène Rouart, 21.I.27, 274a.
Suzanne-Paul Hertz, 24.I.27, 44.
*Paul Valéry, 1.VIII.33, VAL, p. 516.

HARAUCOURT (Edmond)

Paul Valéry, [C.P.17 juin 1891], VAL, p. 97.

HARDEKOPF (Ferdinand)

*Roger Martin du Gard, [août 1940], RMGII, p. 214.
*Roger Martin du Gard, 31.VIII.40, RMGII, p. 216.

*Roger Martin du Gard, 3.IX.40, RMGII, p. 217.

*Roger Martin du Gard, 10.IX.40, RMGII, pp. 218-219.

Roger Martin du Gard, 17.IX.40, RMGII, p. 221.

Roger Martin du Gard, 23.IX.42, RMGII, p. 271.

HARDEN (Maximilian)

*Emile Haguenin, 23.X.07, 358, p. 198 et p. 201.

HARDY (Thomas)

*Valery Larbaud, 30.X.08, 169, p. 125.

René Boylesve, 24.X.12, 208, p. 85.

Charles Du Bos, [1925], BOS, p. 89.

Albert J. Guerard, 16.V.47, 193.

Albert J. Guerard, 18.XII.50, 193.

JUDE THE OBSCURE

*Marcel Drouin, [fin mai 1901], 335, p. 26.

Eugène Dabit, 23.XI.27, 214, p. 33.

MAYOR OF CASTERBRIDGE

Edmund Gosse, 8.X.11, GOS, p. 68.

*Edmund Gosse, 16.I.21, GOS, p. 167.

Arnold Bennett, 28.VII.30, BEN, p. 186.

WOODLANDERS

*Arnold Bennett, 14.IX.30, BEN, p. 190.

*Roger Martin du Gard, 29.IX.30, RMGI, p. 419.

HARPIGNIES (Henri)

Mme Paul Gide, 14.III.90, 232, p. 436.

HARVARD [University]

Montgomery Belgion, 22.XI.29, 67.

HAUTANT [Dr]

Roger Martin du Gard, 28.IV.35, RMGII, p. 25.

François Mauriac, 22.VII.39, MAU, p. 94.

HAVAS [Agence...]

Paul Valéry, 15.X.1900, VAL, p. 372.

HAVELOQUE

*Roger Martin du Gard, [17.IX.21], RMGI, p. 174.

HEBBEL (Friedrich)

Emile Haguenin, 13.I.08, 358, p. 202.

GYGES

*Mme Forster-Nietzsche, [1907], 358, p. 136.

HEBERT [Abbé]

Roger Martin du Gard, 27.II.16, RMGI, p. 137.

HEBERT (Marie)

Roger Martin du Gard, 9.VI.25, RMGI, p. 269.

Roger Martin du Gard, [novembre 1926], RMGI, p. 300.

HEGEL (Georg Wilhem Friedrich)

Paul Valéry, 26.I.91, VAL, p. 46.

HEIBLRUTH-EOS

Paul Valéry, [1926], VAL, p. 503.

HEIDEGGER (Martin)

Roger Martin du Gard, 17.X.46, RMGII, p. 355.

HEINE (Henri)

Mme Paul Gide, [22.IX.94], 359, p. 144.

Paul Souday, 23.VIII.15, 68, pp. 64-65.

*André Rouveyre, 11.IV.28, ROU, p. 109.

*Klaus Mann, 8.II.40, 148.

BUCH DER LIEDER

*Jacques Schiffrin, 18.VI.42, 170, p. 177.

HEINEMAN [éditeur]
  Edmund Gosse, 8.IV.28, GOS, p. 193.

HELIOGABALE
  Mme Paul Gide, 30.I.95, 237, p. 452.

HELLO (Ernest)
  Paul Valéry, [début d'août 1891], VAL, p. 118.
  Francis Jammes, 17.IV.98, JAM, p. 137.
  *Franz Blei, 23.IV.08, 358, p. 205.

Style, Théorie et Histoire (Le)
  Paul Valéry, [15.XI.91], VAL, p. 137.

HELM (Brigitte)
  *Roger Martin du Gard, 25.VII.30, RMGI, p. 415.

HENEIN (Georges)
  *Simone Marye, 1.XII.38, MAR, p. 30.

HENRIOT (Emile)

A QUOI REVENT LES JEUNES GENS
  Jacques Copeau, [décembre 1912], 19, p. 172.

HENRY
  Eugène Rouart, 11.IX.98, 84, pp. 489-490.

HENRY (Mme)
  *X..., [1898], 86, p. 493.

HENRY (Prince Reuss)
  Madeleine Gide, 6.VIII.03, 338, p. 73.

HERBART (Elisabeth)
  Voir : VAN RYSSELBERGHE (Elisabeth)

HERBART [les]
  Roger Martin du Gard, 24.IV.39, RMGII, p. 168.
  Roger Martin du Gard, 19.IX.39, RMGII, p. 187.
  Roger Martin du Gard, 16.VII.40, RMGII, p. 211.
  Paul Valéry, 21.VIII.41, VAL, p. 524.
  Roger Martin du Gard, 7.IV.48, RMGII, p. 408.

HERBART (Mme) [mère de Pierre Herbart]
  *Roger Martin du Gard, 7.IX.50, RMGII, p. 497.
  *Roger Martin du Gard, 13.IX.50, RMGII, p. 498.

HERBART (Pierre)
  Roger Martin du Gard, 28.I.32, RMGI, p. 493.
  *Roger Martin du Gard, 29.III.32, RMGI, p. 517.
  Roger Martin du Gard, 24.II.33, RMGI, p. 549.
  René Schwob 21.V.33, 188, p. 116.
  *Roger Martin du Gard, 12.IX.35, RMGII, p. 47.
  Roger Martin du Gard, 8.X.35, RMGII, p. 51.
  Roger Martin du Gard, 14.VI.36, RMGII, p. 74.
  Roger Martin du Gard, 22.VII.36, RMGII, pp. 75-76.
  Roger Martin du Gard, 3.XII.36, RMGII, pp. 83-84.
  Roger Martin du Gard, 23.XII.36, RMGII, p.87.
  A. Gulminelli, 28.XII.36, 129.
  Maurice Lime, 11.II.37, 205, p. 115.
  Roger Martin du Gard, 18.II.37, RMGII, p. 93.
  Roger Martin du Gard, 26.IV.37, RMGII, p. 101.
  *Roger Martin du Gard, 8.VIII.37, RMGII, p. 111.
  *Roger Martin du Gard, 24.II.39, RMGII, p. 163.
  Roger Martin du Gard, 10.VI.39, RMGII, p. 169.
  Roger Martin du Gard, 19.IX.39, RMGII, p. 188.
  Claude Mauriac, [26.IX.39] 197, p. 236.
  Henri Thomas 4.XII.[39], 234, p. 367.
  Roger Martin du Gard, 26.V.40, RMGII. p. 208.
  Roger Martin du Gard, 7.VI.40, RMGII, p. 208.
  Claude Mauriac, 13.VII.40, 197, p. 251.
  Claude Mauriac, 14.VIII.40, 197, p. 252.
  Roger Martin du Gard, 3.IX.40, RMGII, p. 217.

Roger Martin du Gard, 10.IX.40, RMGII, p. 218.
Roger Martin du Gard, [26.IX.40], RMGII, p. 222.
*Roger Martin du Gard, 2.VII.42, RMGII, p. 256.
X..., [août 1944], 307, p. 11.
Roger Martin du Gard, 24.XI.44, RMGII, p. 287.
Roger Martin du Gard, 5.XII.44, RMGII, p. 290.
*René Schwob, 19.II.45, 188, p. 120.
Roger Martin du Gard, 12.V.45, RMGII, p. 323.
Georges Simenon, 14.VII.45, 327, p. 39.
*Roger Martin du Gard, 20.IX.45, RMGII, pp. 330-331.
Georges Simenon, [s.d.], 327, p. 40.
*Roger Martin du Gard, 7.VIII.46, RMGII, p. 346.
Roger Martin du Gard, 17.IX.46, RMGII, p. 351.
Roger Martin du Gard, 24.IX.46, RMGII, p. 354.
Roger Martin du Gard, 12.VI.47, RMGII, p. 370.
Roger Martin du Gard, 17.VI.47, RMGII, p. 373.
*Roger Martin du Gard, 29.VII.47, RMGII, p. 375.
*Roger Martin du Gard, 18.VIII.47, RMGII, pp. 377-378.
Roger Martin du Gard, [28.I.48], RMGII, p. 395.
Georges Simenon, 12 à 16.I.48, 327, p. 42.
Roger Martin du Gard, 30.III.48, RMGII, pp. 403 et 404.
Roger Martin du Gard, 7.IV.48, RMGII, p. 408.
Roger Martin du Gard, 22.VI.48, RMGII, p. 413.
Roger Martin du Gard, 14.VIII.48, RMGII, p. 418.
*Roger Martin du Gard, 3.IX.48, RMGII, p. 424.
Roger Martin du Gard, 11.IX.48, RMGII, p. 425.
*Georges Simenon, 10.X.48, 327, p. 44.
Roger Martin du Gard, 19.X.48, RMGII, p. 429.
Roger Martin du Gard, 22.II.49, RMGII, p. 443.
*Roger Martin du Gard, 6.III.49, RMGII, p. 446.
Roger Martin du Gard, 3 ou 4.VI.49, RMGII, p. 451.
Roger Martin du Gard, 22.VI.49, RMGII, p. 453.
Georges Simenon, 22.VI.49, 327, p. 46.
Roger Martin du Gard, 1.VII.49, RMGII, p. 455.
Roger Martin du Gard, 11.VII.49, RMGII, p. 457.
Roger Martin du Gard, 26.VIII.49, RMGII, p. 460.
Roger Martin du Gard, 10.XI.49, RMGII, p. 466.

Roger Martin du Gard, 21.XI.49, RMGII, p. 469.
*Roger Martin du Gard, 23.IV.50, RMGII, p. 478.
*Roger Martin du Gard, 25.IV.50, RMGII, pp. 481-482.
*Roger Martin du Gard, 16.V.50, RMGII, pp. 484-485.
Roger Martin du Gard, 23.V.50, RMGII, p. 487.
*Roger Martin du Gard, 15.VI.50, RMGII, pp. 488-489.
*Roger Martin du Gard, 19.VI.50, RMGII, p. 490.
*Roger Martin du Gard, 7.VII.50, RMGII, pp.491-492.
*Roger Martin du Gard, 7.IX.50, RMGII, pp. 496-497.
*Roger Martin du Gard, 13.IX.50, RMGII, p. 498.
*Roger Martin du Gard, 26.XII.50, RMGII, p. 502.
*Roger Martin du Gard, 15.XII.50, RMGII, p. 503.
Roger Martin du Gard, 11.I.51, RMGII, p. 508.

ALCYON

*Roger Martin du Gard, 6.III.49, RMGII, p. 446.

HEREDIA (José-Maria de)

Mme Paul Gide, 16.II.90, 232, p. 458.
*Paul Valéry, [8.III.1891], VAL, p. 64.
Paul Valéry, 29.III.91, VAL, p. 76.
Paul Valéry, [C.P. 17.VI.1891], VAL, p. 97.
Paul Valéry,[15.XI.91], VAL, p. 136.
Paul Valéry, [28.XI.91], VAL, p. 139.
Mme Paul Gide, 24.III.92, 237, p. 164.
Paul Valéry, [C.P.26.IV.92], VAL, p. 157.
Paul Valéry, [C.P.25.VI.92], VAL, p. 164.
Paul Valéry, [C.P.4.X.96], VAL, p. 279.
Paul Valéry, 21 [mai 1897], VAL, p. 296.
Edmund Gosse, 10.II.13, GOS, p. 89.
Edmund Gosse, 25.IV.13, GOS, p. 92.
Paul Souday, 13.IV.25, 38, p. 61.

HERMANT (Abel)

CADET DE COUTRAS (LE)

*Roger Martin du Gard, [12.IX.22], RMGI, p. 190.

CONFESSIONS D'UN ENFANT D'HIER

*Roger Martin du Gard, [12.IX.22], RMGI, p. 190.

ENTRETIENS SUR LA GRAMMAIRE FRANCAISE

*Paul Souday, 13.X.23, 33, pp. 115-116.

TRANSATLANTIQUES (LES)

*L'Intransigeant, [décembre 1927], 42, p. 2.

HEROLD (Ferdinand)

Paul Valéry, [C.P.11.VI.1891], VAL, p. 92.
Paul Valéry, [C.P.17.VI.1891], VAL, p. 97.
Paul Valéry, [février 1892], VAL, p. 146.
Paul Valéry, [2.II.92], VAL, p. 148.
*Paul Valéry, [28.V.94], VAL, p. 205.
Albert Mockel, [juillet 1894], 349, p. 17.
*Paul Valéry, 16.VII.94, VAL, p. 210.
Paul-Albert Laurens, 20.VII.94, 237, p. 345.
Athman, 20.VII.94, 237, p. 346.
*Paul Valéry, 24.I.[96], VAL, p. 258.
Paul Valéry, 25.III.[96], VAL, p. 261.
Paul Valéry, [mai 1896], VAL, p. 265 et p. 266.
Paul Valéry, [C.P.19.V.96], VAL, p. 266.
*Paul Valéry, [C.P. 24.V.96], VAL, p. 269 et p. 270.
Paul Valéry, 18.I.98, VAL, p. 311.
Paul Valéry, [C.P. 15.III.98], VAL, p. 315.
Paul Valéry, [C.P.10.VII.98], VAL, p. 322.

PERSES (LES)

Paul Valéry, [C.P. octobre 1896], VAL, p. 282.
Francis Jammes, [début de février 1897], JAM, p. 100.

VICTORIEUX (LE)

*Paul Valéry, 16.VII.94, VAL, p. 210.

HERR (Lucien)

*Marcel Drouin, 2.III.98, 186, p. 384.

Arthur Fontaine, 24.I.09, 199, p. 3.

HERRAND (Marcel)

Roger Martin du Gard, 5.V.35, RMGII, p. 28.

HERRICK (Robert)

Arnold Bennett, 16.VII.18, BEN, p. 94.

HERRIOT (Edouard)

Roger Martin du Gard, 22.II.32, RMGI, p. 511.
Roger Martin du Gard, 4.II.33, RMGI, p. 546.

HESSE (Hermann)

DEMIAN

*Roger Martin du Gard, 2.VI.30, RMGI, p. 400.
*Hermann Hesse, [1933], 194, p. 6.

GOLDMUND

*Hermann Hesse, [1933], 194, p. 6.

KNULP

Hermann Hesse, [1933], 194, p. 6.

MORGENLANDIAHRT

*Hermann Hesse, [1933], 194, p. 6.

HETTNER (Otto)

Christian Beck, [1900?-1901?], 164, p. 395.
Christian Beck, [s.d.], 164, p. 396.

HEURGON (Anne)

Roger Martin du Gard, 29.X.41, RMGII, p. 240.
Roger Martin du Gard, 21.IX.44, RMGII, p. 280.
*Roger Martin du Gard, 17.X.44, RMGII, p. 282.
Roger Martin du Gard, 30.X.44, RMGII, p. 283.
*Roger Martin du Gard, 24.XI.44, RMGII, pp. 287-288.
*Roger Martin du Gard, 5.XII.44, RMGII, pp. 290-291.

*François Mauriac, 13.XII.44, MAU, p. 101.
Marcelle Schveitzer, 7.II.45, 369, p. 24.
*Roger Martin du Gard, 14.III.45, RMGII, p. 316.
Roger Martin du Gard, 29.IV.45, RMGII, p. 321.

HEURGON-DESJARDINS (Anne)
   Voir: HEURGON (Anne)

HEURGON (Jacques)
   *Roger Martin du Gard, 21.IX.44, RMGII, p. 280.
   *Roger Martin du Gard, 17.X.44, RMGII, p. 282.

HEURGON [Les]
   Roger Martin du Gard, 12.V.45, RMGII, p. 323.

HEYD (Jacqueline)
   *Roger Martin du Gard, 15.XII.47, РMGII, p. 389.
   Georges Simenon, 27.XII.47, 327, p. 40.
   *Georges Simenon, 12 à 16.II.48, 327, p. 42.

HEYD [les]
   Roger Martin du Gard, [27.VIII.46], RMGII, p. 347.
   Georges Simenon, 12 à 16.II.48, 327, p. 42.

HEYD (Richard)
   Roger Martin du Gard, 15.XII.47, RMGII, p. 389.
   *Saint-John Perse, 17.I.48, 288, p. 466.
   Roger Martin du Gard, [11.II.48], RMGII, p. 396.
   *Georges Simenon, 12 à 16.II.48, 327, p. 42.
   *Roger Martin du Gard, 19.VI.50, RMGII, p. 490.

HEYWOOD (Thomas)

FEMME TUEE PAR LA DOUCEUR (LA)
   Edmund Gosse, 3.VII.16, GOS, p. 130.

HINARD (Damas)
   *Paul Claudel, 9.III.11, CLA, pp. 167-168.

[Traduction de La Vie est un songe de Calderon]
   Paul Valéry, [septembre 1893], VAL, p. 187.
   *Paul Claudel, 9.III.11, CLA, pp. 167-168.

HIRSCH (Daniel)
   Roger Martin du Gard, 10.IV.28, RMGI, p. 341.
   Roger Martin du Gard, 29.II.33, RMGI, p. 551.
   Roger Martin du Gard, 16.XI.37, RMGII, p. 125.
   Roger Martin du Gard, 27.V.38, RMGII, p. 142.
   Georges Simenon, 6.VII.45, 327, p. 38.
   Roger Martin du Gard, [28.I.48], RMGII, p. 395.

HITLER (Adolf)
   *Roger Martin du Gard, 15.VIII.33, RMGI, p. 574.
   *Roger Martin du Gard, 25.III.34, RMGI, p. 608.
   *Roger Martin du Gard, 2.X.38, RMGII, p. 152.
   *Jef Last, 2.X.38, 356, p. 124.
   *Claude Mauriac, 19.XII.39, 197, p. 238.
   *Roger Martin du Gard, 26:V.40, RMGII, p. 208.
   *Roger Martin du Gard, 29.IX.40, RMGII, p. 222.
   *Roger Martin du Gard, 19.VII.41, RMGII, p. 235.
   *Roger Martin du Gard, 15.II.45, RMGII, p. 314.
   *Pierre de Boisdeffre, 22.III.49, 201, pp. 173-174.

MEIN KAMPF
   *Roger Martin du Gard, 3.XI.33, RMGI, p. 587.

HOBBES (Thomas)
   *Marcel Drouin, [hiver 1894], 163, p. 56.

HODDER & STOUGHTON
   Edmund Gosse, 23.I.16, GOS, p. 123.

HOFFMANN (Ernst Théodor Amadeus)
   Jeanne Rondeaux, [1889], 232, p. 417.

HOFMANNSTHAL [Fils de Hugo von]
   *Roger Martin du Gard, 25.V.30, RMGI, p. 397.

*Roger Martin du Gard, 25.VII.30, RMGI, p. 412-413.

HOFMANNSTHAL (Hugo von)
Valery Larbaud, 30.VII.[08], 169, p. 121.
Roger Martin du Gard, 25.VII.30, RMGI, p. 412.
Claude Mauriac, 4.VIII.45, 197, p. 278.

HOLDERLIN (Johann Christian Friedrich)
Rainer Maria Rilke, 14.II.14, RIL, p. 93.

HYPERION
*Charles Du Bos, 15.III.28, BOS, p. 133.

HOLLANDE (Eugène)
Paul Valéry, [C.P. 17.VI.1891], VAL, p. 98.

HOMERE
Paul Valéry, 12.I.98, VAL, p. 306.
*Roger Martin du Gard, 19.VI.50, RMGII, p. 490.

ILIADE
*Roger Martin du Gard, 4.IX.37, RMGII, p. 115.

ODYSSEE
*Igor Stravinsky, 8.II.33, 265, p. 187.

HONEGGER (Arthur) & VALERY (Paul)

AMPHION
Paul Valéry, 15.IX.32, VAL, pp. 513-514.

HORACE
Paul Valéry, 29.III.91, VAL, p. 77.
Roger Martin du Gard, 17.X.44, RMGII, p. 281.
Roger Martin du Gard, 30.X.44, RMGII, p. 284.
*Roger Martin du Gard, 18.VIII.47, RMGII, p. 377.
Roger Martin du Gard, 8.IX.47, RMGII, p. 379.

Odes
Paul Valéry, 1.III.[91], VAL, p. 58.

HUGO (Jean-François-Victor)
*Arnold Bennett, 26.I.21, BEN, p. 113.
Georges Pitoeff, 26.VII.22, 249, p. 65.

HUGO (Victor)
Jeanne Rondeaux, [juin], 85, 232, p. 313.
Mme Paul Gide, 24.III.92, 237, p. 164.
*Paul Valéry, [septembre 1892], VAL, p. 172.
Paul Valéry, [septembre 1893], VAL, p. 187.
Mme Paul Gide, 4.V.94, 237, p. 321.
*Mme Paul Gide, 30.I.95, 237, p. 451.
*Louis Comte, [novembre 1897], JAM, p. 303.
Saint-Georges de Bouhélier, 10.VIII.1900, 8, p. 239.
*Edouard Ducoté, 8.XI.03, 282, p. 1151.
Paul Valéry, 9.[X.23], VAL, p. 495.
Roger Martin du Gard, 14.I.35, RMGII, p. 10.
Claude Mauriac, 4.VIII.45, 197, p. 278.
Roger Martin du Gard, 31.XII.49, RMGII, p. 474.
*Roger Martin du Gard, 19.VI.50, RMGII, p. 490.

"Enthousiasme"
Jean Paulhan, [1949], 339, pp. 79-80.

HERNANI
Paul Valéry, [8.III.1891], VAL, p. 65.
*Louis Comte, [novembre 1897], JAM, p. 303.

ORIENTALES
Jean Paulhan, [1949], 339, pp. 79-80.

"Satyre"
*Paul Valéry, [2.II.92], VAL, p. 148.

"Tristesse d'Olympio"
*François·Mauriac, 5.VII.49, MAU, p. 110.

HUGUES
René Schwob, 14.III.31, 188, p. 108.

Humanité (L')
Roger Martin du Gard, 18.X.25, RMGI, p. 278.
Roger Martin du Gard, 11.III.32, RMGI, p. 514.
*Roger Martin du Gard, 3.XII.36, RMGII, p. 83.
Jean Guéhenno, 17.II.37, 129.

HUMBERT (Thérèse)
Francis Jammes, [12.VI.02], JAM, p. 194.

HUMIERES (Robert d')
*Paul Claudel, 12.III.10, CLA, p. 128.
*André Thérive, 14.V.28, 55.

HURET (Jules)
Paul Valéry, 29.VI.91, VAL, p. 106.

HUSSERL (Edmund)
Roger Martin du Gard, 17.X.46, RMGII, p. 355.

HUXLEY (Aldous)

POINT COUNTER POINT
*Roger Martin du Gard, 29.IX.30, RMGI, p. 419.

HUYSMANS (Joris-Karl)
*Paul Valéry, [C.P.11.VI.1891], VAL, p. 92.
*Paul Valéry, [C.P. 17.VI.1891], VAL, p. 97 et p. 99.
*Paul Valéry, [C.P. 23.VI.1891], VAL, p. 100.
*Maurice Denis, [juin 1893], 238, p. 108.
Paul Valéry, 12.I.98, VAL, p. 307.

EN RADE
Paul Valéry, [C.P. 23 juin 1891], VAL, p. 100.

LA-BAS
*Paul Valéry, [15.XI.91], VAL, pp. 137-138.
*Paul Valéry, [décembre 1891], VAL, p. 142.

Hyperion
Franz Blei, 23.IV.08, 358, p. 206.

HYTIER (Jean)

ANDRE GIDE
*Jean Hytier, [1938?], 274.
*Pierre-Henri Simon, 11.XII.46, 228, p. 45.

IBSEN (Henrik)
*Mme Paul Gide, [22.IX.94], 237, p. 365; 359 p. 143 et p. 145.
*Christian Beck, 2.VII.07, 165, p. 621.
*Emile Haguenin 23.X.07, 358, p. 200.
*Henri Ghéon, 23.II.18, 139, p. 647.
*Roger Martin du Gard, 22.III.31, RMGI, p. 467
*Roger Martin du Gard. 8.X.33, RMGI, p. 582.

CANARD SAUVAGE (LE)
Albert Démarest, [janvier 1892], 232, p. 488.

EMPEREUR ET GALILEEN
*Roger Martin du Gard, 6.I.14, RMGI, p. 128.

PEER GYNT
Francis Vielé-Griffin, 13.IV.02, 240, p. 113.

PRETENDANTS A LA COURONNE (LES)
*Mme Paul Gide, 22.IX.94, 237, p. 365 et 359, p. 143.
Marcel Drouin, [hiver 1894], 163, p. 56.

REVENANTS (LES)

Roger Martin du Gard, [octobre 1922], RMGI, p. 197.

Roger Martin du Gard, 7.IX.31, RMGI, p. 487.

Idea Nazionale (L')

Arnaldo Frateili, 3.IX.22, 279, p. 17.

IDES ET CALENDES

Saint-John Perse, 17.I.48, 288, p. 466.

IEHL (Jules)

*Eugène Rouart, [juin 1908], 268, p. 507.

Valery Larbaud, 23.IV.11, 169, p. 161.

CAUET

Valery Larbaud, 12.VI.10 et [juillet 1910], 169, p. 144.

Il Giornale dell'Emilia-Bologna

X..., [novembre 1947], 175, p. 271.

Indépendance

*Paul Claudel, 25.VII.[12], CLA, p. 201.

INDY (Vincent d')

Paul Valéry, [C.P.17.VI.1891], VAL, p. 97.

INGRES (Dominique)

*André Rouveyre, 11.IV.28, ROU, p. 109.

*Roger Martin du Gard, 22.IX.28, RMGI, p. 352.

Insel

Rainer Maria Rilke, [début janvier 1914], RIL, p. 80.

INSEL-VERLAG

Rainer Maria Rilke, 14.II.14, RIL, p. 94.

Rainer Maria Rilke, 11.II.21, RIL, p. 143.

Intentions

Marcel Jouhandeau, 3.I.24, JOU, p. 10.

Arnold Bennett, 29.I.24, BEN, p. 130.

Marcel Jouhandeau, [août 1925], JOU, p. 16.

INTERNATIONALE DES ETUDIANTS REVOLUTIONNAIRES

Henri Barbusse, 31.VIII.33, 107, pp. 193-194.

Intransigeant (L')

Valery Larbaud, [mai 1912], 169, p. 206.

Roger Martin du Gard, 13.VI.24, RMGI, p. 250.

Roger Martin du Gard, 13.II.32, RMGI, p. 502.

JACCARD (Pierre)

"François Mauriac, romancier du péché et de la grâce"

*François Mauriac 13.XII.41, MAU, p. 101.

JALABERT (Les)

Madeleine Rondeaux, [novembre 1892], 233, p. 33.

JALOUX (Edmond)

Francis de Miomandre, [1900?], 282, p. 1150.

Christian Beck, [1900?], 164, p. 394.

Natalie Clifford Barney, [s.d.] 273, p. 29.

*Paul Valéry, [2.X.20], VAL, p. 481 et p. 482.

*Arnold Bennett, [fin août 1923], BEN, p. 125.

Roger Martin du Gard, [3.V.27], RMGI, p. 307.

Roger Martin du Gard, 5.II.32, RMGI, pp. 496-497.

*Roger Martin du Gard, 13.II.32, RMGI, p. 501.

*Roger Martin du Gard, 13.II.32, [soir], RMGI, pp. 501-502.

*Roger Martin du Gard, 17.II.32, RMGI, pp. 504-50.

*Roger Martin du Gard, 18.II.32, RMGI, p. 506-507.

*Roger Martin du Gard, 22.II.32, RMGI, p. 510.

FUMEES SANS LA CAMPAGNE

*Edmond Jaloux, 14.VII.41, 178, p. 295.

RESTE EST SILENCE (LE)

Henri de Régnier, [1909], 252a.
*Arnold Bennett, [fin août 1923], BEN, p. 125.
*Edmond Jaloux, 14.VII.41, 178, p. 295.

SAISONS LITTÉRAIRES (LES)

*Edmond Jaloux, 14.VII.41, 178, p. 295.

JAMES (Henry)

Edmund Gosse, 23.XII.16, GOS, p. 150.
*Charles Du Bos, [automne 1920], 62, pp. 759-762.

JAMMES (Emmanuèle)

Francis Jammes, [28.XII.09], JAM, p. 269.

JAMMES (Francis)

Saint-Georges de Bouhélier, [24.VIII.96], 149, p. 240.
Eugène Rouart, 20.IV.97, 80, p. 479.
*Louis Comte, [novembre 1897], JAM, pp. 302-304.
*Marcel Drouin, 18.IV.[98], 186, pp. 391-392.
Raymond Bonheur, 29.VII.[98], BON, p. 40.
*Raymond Bonheur, [8.IX.98], BON, pp. 41-42
Raymond Bonheur, 20.IX.98, BON, p. 42.
Raymond Bonheur, 15.XI.98, BON, p. 44.
*Edouard Ducoté, [1899], 282, p. 1145.
*Raymond Bonheur, 24.X.[99], BON, p. 53.
Raymond Bonheur, 12.III.1900, BON, p. 57.
*Raymond Bonheur, [17.V.1900], BON, pp. 57-58.
*X..., 29.III.01, 242a.
Raymond Bonheur, 10.VII.01, BON, p. 64.
X..., [s.d.], 322.
Raymond Bonheur, 6.III.[03], BON, p. 73.
*Raymond Bonheur, [juin ? 1903], BON, p. 80
Raymond Bonheur, 22.XI.05, BON, p. 92.
*Arthur Fontaine, 25.VI.07, JAM, p. 274.
*Christian Beck, 2.VII.07, 165, p. 621.

*Raymond Bonheur, 1.X.07, BON, pp. 97-98.
*Paul Claudel, 17.I.08, CLA, pp. 79 et 80.
Franz Blei, 23.IV.08, 358, p. 205.
*Arthur Fontaine, 24.I.09, 199, p. 3.
Adrien Mithouard, 28.I.09, 350, p. 29.
Paul Claudel, 31.I.09, CLA, p. 97,
X..., [printemps 1909], 96, p. 421.
Raymond Bonheur, 1.VI.[09], BON, p. 101.
Paul Claudel, 18.VI.09, CLA, p. 104.
Paul Claudel, [Noel 1909], CLA, p. 112.
*Raymond Bonheur, 2.I.10, BON, p. 102.
Charles Péguy, 11.II.[10], PEG, p. 24.
*Paul Claudel 23.II.10, JAM, pp. 122-123.
Paul Claudel, 14.VI.10, CLA, p. 138.
*Paul Claudel, 27.VI.[10], CLA. p. 146.
André Suarès, 6.XI.10, SUA, p. 45.
*André Suarès, 10.II.11, SUA, p. 53.
Paul Claudel, 22.II.11, CLA, p. 161.
*Arthur Fontaine, 26.II.11, JAM, pp. 313-314.
*Paul Claudel, 1.IV.11, CLA, p. 170.
Valery Larbaud, 19.VI.11, 169, p. 175.
Paul Claudel, 10.XII.11, CLA, p. 185.
Paul Claudel, 7.I.12, CLA, p. 189.
Paul Claudel, 19.III.14, CLA, p. 226.
André Rouveyre, [fin mai 1917], ROU, p. 55.
*Charles Du Bos, [1921], BOS, p. 39.
André Rouveyre, 22.XI.24, ROU, p. 90.
*Roger Martin du Gard, 16.II.35, RMGII, p. 16.
*Mme Francis Jammes, 3.XI.38, JAM, p. 291.
*Jean Denoel, 16.XII.43, 323, p. 19.
Roger Martin du Gard, 5.IV.45, RMGII, p. 317.
*André Rouveyre, 28.I.49, ROU, p. 165.
André Rouveyre, 31.X.49, ROU, p. 178.
André Rouveyre, 26.V.50, ROU, p. 191.

"Alger"

Francis Jammes, [début de juillet 1896], JAM, p. 78.

Francis Jammes, 18.VIII.96, JAM, p. 82.

Francis Jammes, [octobre 1896], JAM, p. 90.

ALMAIDE D'ETREMONT

Francis Jammes, 14.X.[1900], JAM, p. 169.

*Francis Jammes, [juillet 1901], JAM, pp. 174-175.

*Francis Jammes, [décembre 1901], JAM, p. 182.

*Francis Jammes, [fin d'août 1904], JAM, p. 214.

Paul Claudel, 25.IX.05, CLA, p. 50.

*Francis Jammes, 15.VI.09, JAM, p. 260.

Paul Souday, 13.IV.25, 38, p. 61.

ANTIGYDE

Francis Jammes, 22.XII.31, JAM, pp. 286-287.

*Francis Jammes, 24.XII.31, JAM, pp. 287-288.

*Francis Jammes, 12.VI.32, 318, p. 11.

[Article sur La Porte étroite d'André Gide, L'Occident, juillet 1909].

*Francis Jammes 11.VIII.09, JAM, p. 261.

*Christian Beck, 16.X.09, 165, p. 629.

*Francis Jammes, 26.X.09, JAM, pp. 261-262.

"Caugt"

*Francis Jammes, [début d'août] 95, JAM, p. 54.

CLARA D'ELLEBEUSE

*Francis Jammes, [juillet 1901], JAM, p. 175.

*Francis Jammes, [fin d'août 1904], JAM, p. 214.

Paul Claudel, 25.IX.05, CLA, p. 50.

CONTES

*Francis Jammes, [avril 1898], JAM, p. 140.

DE L'ANGELUS DE L'AUBE A L'ANGELUS DU SOIR

*Francis Jammes, [juillet 1897], JAM, p. 117.

Francis Jammes, 11.III.98, JAM, p. 135.

*Marcel Drouin, 26.III.98, 186, p. 389.

EGLISE HABILLEE DE FEUILLES (L')

Raymond Bonheur, 22.XI.05, BON, p. 92.

*Francis Jammes 29.XI.05, JAM, p. 230.

*Francis Jammes, 15.II.06, JAM, p. 233.

*Francis Jammes, 19.VIII.06, JAM, p. 239.

*Francis Jammes, 15.VI.09, JAM, p. 260.

"Elégie à Samain"

*Francis Jammes 14.X.[1900], JAM, p. 169.

ELEGIES

*Francis Jammes, [10.III.04], JAM, p. 210.

ELIE DE NACRE

*Francis Jammes 22.XII.31, JAM, p. 287.

*Albert J. Guerard, 18.XII.50, 193.

"Enfants assistés"

*Francis Jammes, [juillet 1897], JAM, p. 116.

"Et c'est ça ce qu'on appelle la vie"

*Francis Jammes, [novembre 1901], JAM, p. 179.

EXISTENCES

*Francis Jammes, 12.IV.02, JAM, pp. 184-185.

*Francis Jammes, 7.V.02, JAM, pp. 187-188.

*Francis Jammes, [mai 1902], JAM, pp. 188-189.

*Francis Jammes, [12.VI.02], JAM, p. 194.

*Francis Jammes, 6.VIII.02, JAM, p. 200.

Francis Jammes, [fin de mars 1914], CLA, p. 231.

"Fragments philosophiques"

*Francis Jammes, 11.II.04, JAM, p. 208.

GEORGIQUES CHRETIENNES

*Francis Jammes, 19.VI.11, JAM, p. 277.

*Francis Jammes, [octobre 1911], JAM, pp. 281-282.

JEAN DE NOARRIEU

　Raymond Bonheur, 10.VII.01, BON, p. 64.

　*Francis Jammes, [novembre 1901], JAM, pp. 178-179.

　*Francis Jammes, 7.V.02, JAM, p. 188.

　Paul Claudel, 17.I.08, CLA, p. 80.

"Je fus à Hambourg"

　*Francis Jammes, [18.IV.05], JAM, p. 226.

"Je m'embête"

　Francis Jammes, [début de juin 1897], JAM, p. 111.

"Jeune fille nue"

　Francis Jammes, 21.VII.[99], JAM, p. 152.

"Lettre à Ménalque"

　*Francis Jammes, [fin de février 1896], JAM, p. 66.

　*Francis Jammes, [juillet 1897], 163, p. 106 et JAM, p. 116.

　*Francis Jammes, [juillet 1897], JAM, p. 117.

　*Francis Jammes, 1.XII.97, JAM, p. 130.

MA FILLE BERNADETTE

　*Francis Jammes, [3.V.10], JAM, p. 273.

　*André Suarès, 10.II.11, SUA, p. 53.

MANUSCRIT D'UN MENDIANT

　Francis Jammes, [décembre 1909], JAM, p. 266.

MÉMOIRES

　*Francis Jammes, 24.IV.23, JAM, pp. 363-364.

MORT DU POETE (LA)

　*Francis Jammes, [juillet 1897], JAM, pp. 115-116.

　*Francis Jammes, [juillet 1897], JAM, p. 117.

　*Francis Jammes, août [1897], JAM, p. 121.

NAISSANCE DU POETE (LA)

　*Francis Jammes, [fin de février 1897], JAM, p.102.

"OASIS (Les)"

　Francis Jammes, [début de juillet 1891], JAM, p.78.

PENSEES DES JARDINS

　*Christian Beck, 2.VII.07, 165, p. 621.

POEMES MESURES

　*Francis Jammes, 5.IV.08, JAM, pp. 250-251.

"Poète et sa femme (Le)"

　Arthur Fontaine, 24.I.09, 199, p. 3.

POMME D'ANIS

　*Francis Jammes, 11.II.04, JAM, p. 208.

　*Francis Jammes, [milieu de mars 1904], JAM, p.211.

　Francis Jammes, [fin d'août 1904], JAM, p. 214.

　Paul Claudel, 25.IX.05, CLA, p. 50.

　Voir aussi : DESCHAMPS (Gaston)

PRIERES

　*Francis Jammes, [10.III.04], JAM, p. 210.

RAYONS DE MIEL

　*Francis Jammes, 27.I.09, JAM, p. 257.

　Francis Jammes, 19.II.09, JAM, p. 258.

　*Francis Jammes, 15.VI.09, JAM, p. 260.

[SIMPLES (LES)]

　*Francis Jammes, [juillet 1897], JAM, p. 117.

"Sindbad"

　*Francis Jammes, [debut de juin 1897], JAM, p. 111.

["Souvenirs d'enfance"]
 *Francis Jammes, [fin de mars 1907], JAM, p. 247.

TRIOMPHE DE LA VIE
 Paul Claudel, 23.II.10, CLA, p. 122.

TRISTESSES
 *Francis Jammes, 5.V.[05], JAM, p. 227.

UN JOUR
 *Francis Jammes, [mai 1895] JAM, p. 45.
 *Francis Jammes, [juin 1895], JAM, pp. 47-48.
 *Francis Jammes, [début d'août] 95, JAM, pp. 53-54.
 Francis Jammes, [23.X.95], JAM, pp. 55-56.
 *Francis Jammes, [novembre 1895], JAM, pp. 59-60.
 *Francis Jammes, [début de février 1897], JAM, p. 100.
 *Francis Jammes, 20.II.97, JAM, p. 101.
 *Francis Jammes, 16.III.97, JAM, pp. 103-104.
 *Francis Jammes, 1.XI.97, JAM, p. 127.
 *Francis Jammes, [décembre 1897], JAM, pp. 131-132.
 *Francis Jammes, 2.IX.98, JAM, p. 147.
 *Francis Jammes, 5.IV.08, JAM, p. 250.

VERS
 *Francis Jammes, [mai] 93, JAM, p. 33.
 *Francis Jammes, [automne 1894], JAM, p. 35.

"Vie (La)"
 Francis Jammes, 3.XI.09, JAM, p. 262.
 *Francis Jammes, 14.XII.[09], JAM, pp. 263-264.

JAMMES (Michel)
 Francis Jammes, [juin 1915], JAM, p. 283.

JAMMES (Mme Francis)
 Paul Claudel, 17.I.08, CLA, p. 80.
 Francis Jammes, 21.01.08, JAM, p. 250.

Francis Jammes, 9.I.09, JAM, p. 253.
Francis Jammes, 11.VIII.09, JAM, p. 261.
Francis Jammes, [Noel 1909], JAM, p. 267.
Francis Jammes, 19.VI.11, JAM, p. 277.
Francis Jammes, [juin 1911], JAM, p. 279.
Francis Jammes, [octobre 1911], JAM, p. 282.
Francis Jammes, 22.XII.31, JAM, p. 287.

JAMMES (Marie)
 Francis Jammes, [octobre 1911], JAM, p. 282.

JAMMES (Mme Victor)
 Francis Jammes, [début de février 1896], JAM, p. 100.
 Francis Jammes, 22.IV.97, JAM, p. 107.
 Francis Jammes, 27.V.97, JAM, p. 110.
 Francis Jammes, [début de juin 1897] JAM, p. 111.
 *Francis Jammes, [juillet 1897], JAM, p. 116.
 Francis Jammes, août [97], JAM, pp. 120-121.
 Francis Jammes, 1.XII.97, JAM, p. 130.
 Francis Jammes, 4.I.98, JAM, p. 133.
 Francis Jammes, 28.III.98, JAM, p. 136.
 Francis Jammes, [avril 1898] JAM, p. 140.
 Francis Jammes, 5.V.[98], JAM, p. 142.
 Francis Jammes, 2.IX.98, JAM, p. 147 et p. 148.
 Francis Jammes, [avril 1899], JAM, p. 151.
 Francis Jammes, 21.VII.[99], JAM, p. 153.
 Francis Jammes, 26.VIII.[1900], JAM, p. 167.
 Francis Jammes, 14.X.[1900], JAM, p. 169.
 Francis Jammes, [novembre 1901], JAM, p. 179.
 Francis Jammes, 12.IV.02, JAM, p. 185.
 Francis Jammes, [12.VI.02], JAM, p. 194.
 Francis Jammes, 6.VIII.02, JAM, p. 200.
 Francis Jammes, 8.X.[03], JAM, p. 206.
 Francis Jammes, 11.II.[04], JAM, p. 209.
 Francis Jammes, [10.III.04], JAM, p. 210.
 Francis Jammes, [milieu de mars 1904], JAM, p. 211.
 Francis Jammes, [fin d'août 1904], JAM, p. 214.

Francis Jammes, 18.X.04, JAM, p. 218.

Francis Jammes, [fin de décembre 1904], JAM, p. 226.

Francis Jammes, [18.IV.05], JAM, p. 226.

Francis Jammes, [fin d'avril 05], JAM, p. 226.

Francis Jammes, 27.VII.[05], JAM, p. 228.

Francis Jammes, [début d'octobre 1905], JAM, p. 229.

Francis Jammes, 29.XI.05, JAM, p. 231.

Francis Jammes, 15.II.06, JAM, p. 233.

Francis Jammes, [fin d'août 1906], JAM, p. 242.

Paul Claudel, 17.I.08, CLA, p. 80.

Francis Jammes, 5.IV.08, JAM, p. 251.

Francis Jammes, 9.I.09, JAM, p. 253.

Francis Jammes, 11.VIII.09, JAM, p. 261.

Francis Jammes, [Noel 1909], JAM, p. 267.

Francis Jammes, 19.VI.11, JAM, p. 277.

JAMMES (Paul)

Roger Martin du Gard, 16.II.35, RMGII, p. 16.

JARRY (Alfred)

*Franz Blei, 23.IV.08, 358, p. 206.

J.V.H., 11.I.47, 223, p. 16.

*Roger Martin du Gard, 22.VI.48, RMGII, pp. 412-413.

UBU-ROI

*Paul Valéry, 18.I.98,, VAL, p. 311.

JAUJARD (Jacques)

Roger Martin du Gard, 29.XII.48, RMGII, p. 434.

JEAN [saint]

Francis Jammes, 28.VIII.97, JAM, p. 299.

Jean (Lucien)

*Eugène Rouart, [juin 1908], 268, p. 507.

Francis Jammes, 29.XII.09, JAM, p. 270.

Christian Beck, [janvier 1910], 165, p. 633.

Paul Claudel, [juin 1910], CLA, p. 143.

Christian Beck, 24.III.11, 165, p. 634.

JEAN-AUBRY (Jean)

Joseph Conrad, 25.XI.20, 308, p. 158.

Paul Valéry, 9.[X.23], VAL, p. 495.

André Thérive, 14.V.28, 55.

JEROME [saint]

Paul Claudel, 19.III.14, CLA, p. 226.

Je suis partout

Roger Martin du Gard, 28.I.32, RMGI, p. 493.

JESUS

Francis Jammes, 28.VIII.97, JAM, p. 300.

Voir aussi : CHRIST

JOFFRE (Joseph)

Roger Martin du Gard, 23.VIII.34, RMGI, p. 630.

JOHANNET (M.)

Jacques Rivière, [février 1922], 30, p. 384.

JOINVILLE

Voir : André SUARES, "Joinville"

JONSON (Ben)

Paul Valéry, [décembre 1891], VAL, p. 141.

JOUHANDEAU (Elise)

Marcel Jouhandeau, 23.XI.29, JOU, p. 26 et p. 27.

Marcel Jouhandeau, 17.III.30, JOU, p. 27.

Marcel Jouhandeau, 3.VI.30, JOU, p. 32.

JOUHANDEAU (Marcel)

*Arnold Bennett, 29.I.24, BEN, p. 130.

Arnold Bennett, 11.III.29, BEN, p. 163.
Claude Mauriac, [8] XI.38, 197, p. 20.

ABJECTION (L')
*Marcel Jouhandeau, 25.VII.39, JOU, pp. 41-42.

CHRONIQUES MARITALES
*Marcel Jouhandeau, 29.X.38, JOU, pp. 39-40.

CLODOMIR L'ASSASSIN
*Marcel Jouhandeau, 8.X.22, JOU, p. 9.
*Arnold Bennett, [fin août 1923], BEN, p. 125.

CRUCIFIX DE PORCELAINE (LE)
*Marcel Jouhandeau, 31.X.24, JOU, p. 13.

"Dame Elie ou l'initiation amoureuse"
Marcel Jouhandeau, 3.II.25, JOU, p. 18.

ELISE
*Marcel Jouhandeau, 30.XI.31, JOU, p. 33.

ELOGE DE L'IMPRUDENCE
*Marcel Jouhandeau, 1.III.32, JOU, p. 35.

"Léda"
Marcel Jouhandeau, 30.XII.26, JOU, p. 22.

"Monsieur Godeau intime"
Marcel Jouhandeau, 3.I.24, JOU, p. 10.
*Marcel Jouhandeau, 9.I.24, JOU, p. 11.
*Arnold Bennett, 29.I.24, BEN, p. 130.
*Marcel Jouhandeau, [août 1925], JOU, p. 16.
Marcel Jouhandeau, [1925?], JOU, p. 19.
Marcel Jouhandeau, 30.XII.26, JOU, p. 22.

"Monsieur Godeau marié"
*Marcel Jouhandeau, [1931], JOU, p. 34.

Marcel Jouhandeau, 1.III.32, JOU, p. 35.

PARRICIDE IMAGINAIRE (LE)
*Marcel Jouhandeau, 3.VI.30, JOU, pp. 28-31.

PINGENGRAIN (LES)
*Marcel Jouhandeau, 9.I.24, JOU, p. 11.

TEREBINTHES (LES)
Marcel Jouhandeau, 30.XII.26, JOU, p. 22.

VERONICANA
*Marcel Jouhandeau, 1.VII.31, JOU, p. 32.
*Marcel Jouhandeau, 30.XI.31, JOU, p. 33.

JOURDAIN (Francis)
Marguerite Audoux, 28.XII.09, 215, p. 109.
Paul Claudel, 8.I.10, CLA, p. 116.

JOURDAN (Henri)
Roger Martin du Gard, 6.(?)V.30, RMGI, p. 395.

Journal de...Lorraine
Francis Jammes, [fin d'août 1904], JAM, p. 214.

Journal de Nevers
Mme Paul Gide, 17.X.94, 232, p. 414.

Journal de Rouen
Roger Martin du Gard, 18.III.34, RMGI, p. 603.

Journal des Débats
Eugène Melchior de Vogüé, [février] 1890, 247.
Paul Valéry, [12 avril 1891], VAL, p. 78.
Christian Beck, 24.III.11, 165, p. 634.
Roger Martin du Gard, 11.I.28, RMGI, p. 325.
M. de Nalèche, 8.II.28, 57.
Roger Martin du Gard, 26.IX.38, RMGII, p. 150.

JOUVET (Louis)

Roger Martin du Gard, [octobre 1922], RMGI, p. 197.
*Roger Martin du Gard, 11.IX.34, RMGI, p. 631.
Roger Martin du Gard, 20.IX.34, RMGI, p. 633.
*Roger Martin du Gard, 3.XII.34, RMGI, p. 639.
Roger Martin du Gard, 14.I.35, RMGII, p. 9.
*Roger Martin du Gard, 2.VI.35, RMGII, p. 32.
Roger Martin du Gard, 14.VI.36, RMGII, p. 74.

JOXE (Louis)

Roger Martin du Gard, 29.XII.48, RMGII, p. 434.
Roger Martin du Gard, 19.I.49, RMGII, p. 435.
Roger Martin du Gard, 15.II.49, RMGII, p. 441.
*Roger Martin du Gard, 6.III.49, RMGII, pp. 445-446.

JOYCE (James)

Willy Schuermans, [7.IV.22], SCHU, p. 38.
*Adrienne Monnier, 24.IV.31, 229, p. 106.

PORTRAIT OF THE ARTIST AS A YOUNG MAN

*Willy Schuermans, 28.X.22, SCHU, p. 39.

ULYSSES

Willy Schuermans, 30.I.22, SCHU, p. 34.
*Willy Schuermans, 28.X.22, SCHU, pp. 39-40.

JULIAN [Capitaine]

Mme Paul Gide, 27.X.93, 237, p. 288.

JULIEN l'apostat

Lucien Maury, [octobre 1950], 195, p. 13.

JUNIUS

Paul Claudel, [février 1911], CLA, p. 165.
Paul Claudel, 16.VI.11, CLA, p. 177.

KAFKA (Franz)

*Klaus Mann, 8.II.40, 149.

PROCÈS (LE)

*Julien Green, 28.VII.34, 166, p. 19.
*Jean-Louis Barrault, 12.IX.42, 287, p. 12.
*Roger Martin du Gard, 24.IX.46, RMGII, p. 354.
*Roger Martin du Gard, 17.X.46, RMGII, pp. 355-356.
*Marcelle Schveitzer, 29.X.46, 369, p. 153.
*Richard Heyd, 31.X.46, 276.
*Jean Louis Barrault, [décembre 1946], 287.
*Roger Martin du Gard, 26.XII.46, RMGII, p. 360.
*Roger Martin du Gard, 23.II.47, RMGII, p. 364.
*Roger Martin du Gard, 13.III.47, RMGII, p. 365.
*Roger Martin du Gard, 29.VII.47, RMGII, p. 374.
Roger Martin du Gard, 21.X.47, RMGII, p. 384.
*X..., 12.XII.47, 168, pp. 124-125.
Roger Martin du Gard, 16.V.50, RMGII, p. 485.

KAHN (Gustave)

Paul Valéry, 11.XI.94, VAL, p. 219.
Paul Valéry, [avril 1897], VAL, p. 290.
Francis Viélé-Griffin, 17.II.1900, 240, p. 110.
*Francis Viélé-Griffin, 21.II.1900, 240, p. 110.

KALF (Marie)

*Francis Jammes, 24.I.09, JAM, p. 254.
Adrien Mithouard, 28.I.09, 350, p. 29.
*Paul Claudel, 31.I.09, CLA, p. 97.

KANT (Emmanuel)

*Paul Valéry, [23.VI.1891], VAL, p. 100.
*Paul Valéry, [3.XI.91], VAL, p. 134.
*Maurice Beaubourg, 1.IX.[1900], 216, p. 766.
M. Deherme, 19.V.11, 16, p. 379.
*Jacques Schiffrin, 18.VI.42, 170, p. 177.

KASSNER (Rudolf)

Rainer Maria Rilke, 16.X.10, RIL, p. 43.
Rainer Maria Rilke, 16.IV.21, RIL, p. 148.
Rainer Maria Rilke, 29.VIII.21, RIL, p. 171.

Rainer Maria Rilke, 19.XII.21, RIL, p. 174.

Rainer Maria Rilke, 13.VII.23, RIL, p. 216.

Rainer Maria Rilke, 29.V.24, RIL, p. 234.

ZAHL UND GESICHT

Rainer Maria Rilke, 16.IV.21, RIL, p. 148.

KEATS (John)

Marcel Drouin, [mars 1898], 348, p. 104.

*Marcel Drouin, 2.III.98, 186, pp.333-384.

*Marcel Drouin, 16.III.98, 217, p. 412.

*Marcel Drouin, 26.III.98, 186, p. 387.

Rudolf Kassner, 28.II.01, 89, p. 560.

Paul Claudel, [8.XII.05], CLA, p. 59.

Roger Martin du Gard, 7.X.22, RMGI, p. 193.

Roger Martin du Gard, 9.VI.25, RMGI, p. 269.

Gabriel Audisio, 5.XII.40, 142.

*Figaro, [novembre 1947], 159, et RMGII, p. 554.

ENDYMION

*Charles Du Bos, [février 1923], BOS, p. 52.

KELLER (Got)

Mme Emile Mayrisch, 9.II.11, 236, p. 94.

KELLER (Jacob)

Jeanne Rondeaux, 25.I.86, 232, p. 347.

Mme Paul Gide, 14.III.90, 232, p. 436.

KESSLER (Harry von)

Madeleine Gide, 6.VIII.03, 338, p. 73.

[RATHENAU]

*Grasset, [1933], 297, p. 59.

KHEYYAM

*Parse, [mai 1921], 29.

KIBALTCHICH (Vladimir)

Magdeleine Paz, 6.VII.35, 176, p. 99.

KIERKEGAARD (Soren)

*Figaro, [novembre 1947], 159 et RMGII, p. 554.

KINSEY (Alfred C.) & MARTIN (Clyde) & POMEROY (Wardel)

COMPORTEMENT SEXUEL DE L'HOMME (LE)

*Roger Martin du Gard, 30.III.48, RMGII, p. 404.

KIPLING (Rudyard)

KIM

*Marcel Drouin, 23.I.02, 335, pp. 23-24.

KIPPENBERG (A.)

Rainer Maria Rilke, 14.II.14, RIL, p. 94.

Rainer Maria Rilke, 24.III.14, RIL, p. 107 et p. 108.

KLINGSOR (Tristan)

Francis Jammes, 21.VII.[99], JAM, p. 153.

KLOSSOWSKA (Baladine)

Rainer Maria Rilke, 29.V.24, RIL, p. 234.

Paul Valéry, [1926], VAL, pp. 502-503.

KLOSSOWSKI (Pierre)

*Rainer Maria Rilke, 25.IV.22, RIL, p. 185.

*Rainer Maria Rilke, 8.XI.22, RIL, pp. 198-199.

*Rainer Maria Rilke, 17.XI.22, RIL, pp. 202-203.

*Rainer Maria Rilke, 27.XI.22, RIL, p. 204.

*Rainer Maria Rilke, 31.XII.22, RIL, pp. 208-209.

Roger Martin du Gard, [novembre 1923], RMGI, p. 235.

*Rainer Maria Rilke, 1.X.23, RIL, pp. 220-221.

*André Rouveyre, 30.XI.23, ROU, p. 77.

*André Rouveyre, 12.XII.23, ROU, p. 78.

*Rainer Maria Rilke, 15.XII.23, RIL, pp. 228-230.

André Rouveyre, [29.I.24], ROU, p. 79.

Roger Martin du Gard, 19.II.[24], RMGI, p. 242.

*André Rouveyre, 14.IV.24, 357, pp. 31-32.

Baladine Klossowska, 1.I.27, RIL, p. 250.

KNICKERBOCKER (H.-R.)

   *Roger Martin du Gard, 18.II.32, RMGI, p. 507.

COMMERCE ROUGE

   Roger Martin du Gard, 18.II.32, RMGI, p. 507.

   *Roger Martin du Gard, 22.II.32, RMGI, p. 511.

KNOPF [éditeur]

   Arnold Bennett, 12.III.24, BEN, p. 137.

   Arnold Bennett, 21.IV.24, BEN, p. 139.

   Arnold Bennett, 8.VIII.25, BEN, p. 152.

   Edmund Gosse, 8.IV.28, GOS, p. 193.

KNOPF (Mme)

   Arnold Bennett, 8.VIII.25, BEN, p, 152.

   Arnold Bennett, 8.III.29, BEN, pp. 157-159.

KOBELE

   Gouverneur Général intérimaire de L'Afrique Equatoriale Française, 6.XI.25, 57.

KOESTLER (Arthur)

TESTAMENT ESPAGNOL (UN)

   *Roger Martin du Gard, 7.II.41, RMGII, p. 233.

KOLBASSINE

   *Paul Valéry, [septembre 1893], VAL, p. 187.

   Paul Valéry, [C.P. 27.I.95], VAL, p. 232.

KOLT (Annette)

   Mme Emile Mayrisch, 19.II.22, 236, p. 105.

KRA

   Roger Martin du Gard, 26.III.30, RMGI, p. 394.

KRAVCHENKO (Victor)

   Roger Martin du Gard, [28.I.48], RMGII, p. 395.

J'AI CHOISI LA LIBERTE

   *Roger Martin du Gard, 8.IX.47, RMGII, p. 378.

KRUGER (Etienne)

   René Schwob, 1.VIII.23, 188, p. 98.

KZERNY

   Voir : CZERNY (Charles)

LABASQUE (Joseph)

   Paul Valéry, 4.III.18, VAL, p. 465.

LABORY (Mlle)

   Charles Du Bos, 2.VII.26, BOS, p. 105.

LA BRUYERE

   André Ruyters, 2.III.18, 360, p. 19.

   Joe Bousquet, 7.X.45, 299.

   André Billy, 13.VII.46, 154.

LACAZE (Jean)

   *Raymond Lacaze, 10.XI.44, 250, pp. IV-V.

   *Raymond Lacaze, 27.XI.44, 250, p. VI.

CHANTS DE DEPARTS

   *Raymond Lacaze, 27.XI.44, 250, p. VI.

   *Raymond Lacaze, 1.II.46, 250, p. VIII.

   *Raymond Lacaze, 12.VIII.47, 250, pp. XVI-XVII.

LACHELIER (Jules)

   Marcel Drouin, 26.III.98, 186, p. 388.

DU FONDEMENT DE L'INDUCTION
Paul Valéry, [C.P.29.VIII.96], VAL, p. 274.

LACLOS (P. Choderlos de)

LIAISONS DANGEREUSES
*Paul Valéry, [C.P.15.III.98], VAL, p. 314.
*André Maurois, 26.VII.39, 233, p. 14.
*Claude Mauriac, [29].VII.39, 197, p. 201.
*J.V.H., 11.I.47, 223, p. 16.

LACOSTE (Charles)
Francis Jammes, 3.XII.[96], JAM, p. 94.
*Francis Jammes, [fin de février 1897], JAM, p. 103.
*Francis Jammes, [juillet 1897], JAM, p. 116.
Francis Jammes, 26.VIII.[1900], JAM, p. 167.
*Francis Jammes, 12.IV.02, JAM, p. 184.
*Francis Jammes, [mai 1902], JAM, p. 189.
*Francis Jammes, [fin de décembre 1904], JAM, p. 225.

LACRETELLE (Jacques de)
*Roger Martin du Gard, 2.V.33, RMGI, p. 566.

LETTRES ESPAGNOLES
*Jacques de Lacretelle, 9.III.28, 254, p. 4.

SABINE
*Jacques de Lacretelle, [6.IX.31], 245, pp. 401-402.

SILBERMANN
Arnold Bennett, 29.I.24, BEN, p. 132.

LAFFONT [Editions]
Albert J. Guerard, 16.V.47, 193.

LAFON (André)
*François Mauriac, 5.VII.49, MAU, p. 109.

MAISON PAUVRE (LA)
François Mauriac, 5.VII.49, MAU, p. 110.

LA FONTAINE (Jean de)
*Marcel Drouin, 27.VI.01, 217, p. 414.
Roger Martin du Gard, 16.I.39, RMGII, p. 158.

"ADONIS"
Rainer Maria Rilke, 13.V.21, RIL, p. 154.

"Amours de Psyché et de Cupidon (Les)"
Valery Larbaud, [mai 1913], 21, p. 1045.

LAFORGUE (Jules)
*Paul Valéry, [C.P. 23.VI.1891], VAL, p. 101.
*Paul Valéry, 29.VI.91, VAL, p. 106.

COMPLAINTES (Les)
*Paul Valéry, 29.VI.91, VAL, p. 106.

"Hamlet"
*Paul Valéry, 29.VI.91, VAL, p. 106.

"Imitation de Notre-Dame la Lune (L')"
Paul Valéry, 29.VI.91, VAL, p. 106.
Paul Valéry, [9.VII.91], VAL, p. 109.

[Lettres]
*Octave Maus, 2.IV.1900, 41, p. 252.

"Miracle des roses"
*Paul Valéry, 29.VI.91, VAL, p. 106.

MORALITES LEGENDAIRES
Paul Valéry, [C.P. 23.VI.1891], VAL, p. 100.
Paul Valéry, 29.VI.91, VAL, p. 106.

*Francis Viélé-Griffin, [fin janvier ou février 1892], 240, p. 105.

"Pan et la Syrinx"
*Paul Valéry, 29.VI.91, VAL, p. 106.

"Parsifal"
*Paul Valéry, 29.VI.91, VAL, p. 106.

LAGARDE
Paul Valéry, [C.P.23.VI. 1891], VAL, p. 102.

LAGARDE (Pierre)
Comoedia, 24.III.34, 101.

LAGERKVIST (Pär)

BARABBAS
*Lucien Maury, [Octobre 1950], 195, pp. 11-13.

NAIN (Le)
*Lucien Maury, [octobre 1950], 195, p. 11.

LA JEUNESSE (Ernest)
*Francis Jammes, [début de juin 1897], JAM, pp. 110-111.

LALLEMAND (Marcel)
Roger Martin du Gard, 23.II.35, RMGII, p. 19.

LALOU (Etienne)
Paul Souday, 21.IV.28, 68, p. 67.
Maurice Lime, 20.XI.35, 205, p. 59.
Maurice Lime, 4.I.36, 205, p. 81.
*Roger Martin du Gard, 24.VIII.37, RMGII, p. 114.
Pierre Alessandri, 9.IX.37, 176, p. 182.
Roger Martin du Gard, 12.XI.37, RMGII, p. 122.
*Hélène Martin du Gard, 13.XI.37, RMGII, p. 527.

*Roger Martin du Gard, 16.XI.37, RMGII, p. 125.
Roger Martin du Gard, 15.II.45, RMGII, p. 315.

LALOU (Mme Etienne)
Roger Martin du Gard, 20.IX.45, RMGII, p. 331.

LAMARTINE (Alphonse de)
Paul Valéry, 1.III.[91], VAL, p. 58.
*Louis Comte, [novembre 1897], JAM, p. 303.
Paul Souday, 13.X.23, 33, p. 118.

LAMB (Charles)
Charles du Bos, [1921], BOS, p. 31.

LAMBERT (Henri)
*Roger Martin du Gard, 9.III.34, RMGI, p. 599.

SOUFFLES DANS LES TENEBRES
*Henri Lambert, 13.XII.35, 126.

LAMBERT (Jean)
Roger Martin du Gard, 15.VII.46, RMGII, p. 344.
Roger Martin du Gard, 7.VIII.46, RMGII, p. 346.
Roger Martin du Gard, 17.IX.46, RMGII, p. 351.
Roger Martin du Gard, 13.III.47, RMGII, p. 365.
Roger Martin du Gard, 12.VI.47, RMGII, p. 370.
Roger Martin du Gard, 17.VI.47, RMGII, p. 373.
Roger Martin du Gard, 29.VII.47, RMGII, p. 374.
Georges Simenon, 12 à 16.II.48, 327, p. 42.
Roger Martin du Gard, 23.II.48, RMGII, p. 398.
Georges Simenon, 10.X.48, 327, p. 44.
Roger Martin du Gard, 15.II.49, RMGII, p. 441.
Roger Martin du Gard, 22.II.49, RMGII, p. 444.
Roger Martin du Gard, 21.XI.49, RMGII, p. 469.
Roger Martin du Gard, 25.IV.50, RMGII, p. 481.
Roger Martin du Gard, 15.VI.50, RMGII, p. 488.

LAMBERT [Les]

 Roger Martin du Gard, 16.V.50, RMGII, p. 484.

 Roger Martin du Gard, 19.VI.50, RMGII, p. 490.

LAMBLIN [Gouverneur]

 *Roger Martin du Gard, 18.X.25, RMGI, p. 278.

 Gouverneur Général intérimaire de l'Afrique Equatoriale Française, 6.XI.25, 57.

 Roger Martin du Gard, 31.V.28, RMGI, p. 346.

LAMENNAIS (Félicité de)

 François Porché, [janvier 1928], 60, p. 61.

DANTE

 *Francis Jammes, [fin d'avril 1905] JAM, p. 226.

 *Francis Jammes, [début d'octobre 1905], JAM, p. 229.

LANDOR (Walter Savage)

 Valery Larbaud, 11.III.12, 169, p. 195.

HAUTES ET BASSES CLASSES EN ITALIE

 *Valery Larbaud, 14.XI.10, 169, p. 146.

LANG (Renée)

 Jacques Schiffrin, 18.VI.42, 170, p. 177.

"*André Gide et Nietzsche*"

 *Renée Lang, 1.III.47, 170, p. 185.

LANGEVIN (Paul)

 Roger Martin du Gard, 18.III.34, RMGI, p. 603.

LANGWEIL (Mlle)

 Jacques-Emile Blanche, 22.IX.15, 289, p. 759.

LA NUX (Marc de)

 *Mme Paul Gide, 18.III.90, 232, p. 355.

 Mme Paul Gide, 18.III.90, 232, p. 418.

 Mme Paul Gide, 29.III.93, 237, p. 228.

 Mme Paul Gide, 15.III.95, 237, p. 475.

LA NUX (Pierre de)

 Francis Jammes, 14.XII.[09], JAM, p. 263.

 Paul Claudel, [juin 1910], CLA, p. 143.

LAOCOON

 André Rouveyre, 10.VIII.28, ROU, p. 126.

LARBAUD (Valery)

 Paul Claudel, 12.III.10, CLA, p. 128.

 Paul Claudel, 14.VI.10, CLA, p. 138.

 Paul Claudel, 22.II.11, CLA, p. 163.

 Paul Claudel, 16.VI.11, CLA, p. 177.

 Francis Jammes, 19.VI.11, JAM, p. 276.

 Paul Claudel, 10.XII.11, CLA, p. 185.

 *Mme Nicolas Larbaud, 4.V.12, 169, pp. 202-203.

 Arnold Bennett, 17.IX.[14], BEN, p. 78.

 Arnold Bennett, [août 1915], BEN, p. 84.

 Paul Valéry, 13.VI.17, VAL, p. 446.

 Roger Martin du Gard, [août ou septembre 1921], RMGI, p. 173.

 Albert T'serstevens, [mai 1923], 32, p. 1.

 Edouard Dujardin, 4.VII.30, 73, p. 72.

A.O. BARNABOOTH

 *Valery Larbaud, 23.IV.11, 169, p. 161.

 Valery Larbaud, 19.II.12, 169, p. 192.

 *Valery Larbaud, 10.IV.13, 169, p. 226.

 *Valery Larbaud, 14.VI.13, 169, p. 228.

"*Couperet (Le)*"

 *Valery Larbaud, [fin février 1918], 169, p. 268.

ENFANTINES

 *Valery Larbaud, [25.VII.11], 169, p. 180.

Valery Larbaud, 19.II.12, 169, p. 193.

Valery Larbaud, 23.III.14, 169, p. 237.

*Valery Larbaud, [fin février 1918], 169, p. 268.

FERMINA MARQUEZ

*Valery Larbaud, [octobre ou novembre 1909], 169, p. 136.

Valery Larbaud, 11.XII.09, 169, p. 137.

Valery Larbaud, 1.VIII.10, 169, p. 144.

Valery Larbaud, 8.I.11, 169, p. 148.

*Valery Larbaud, 9.III.11, 169, p. 156.

*Valery Larbaud, [novembre 1911], 169, p. 190.

Gaston Sauvebois, 17.II.12, 104, p. 473.

[Journal d'un homme libre]

Valery Larbaud, [1909], 169, p. 126.

[Lettre à Henry D. Davray], Mercure de France, 1er décembre 1911.

*Paul Claudel, 10.XII.11, CLA, p, 185.

"Londres"

*Valery Larbaud, 30.X.08, 169, p. 125.

"Notes sur Stratford"

Valery Larbaud, [juin ou juillet 1909], 169, p. 131.

POEMES PAR UN RICHE AMATEUR

*Valery Larbaud, 30.VII.[08], 169, pp. 120-121.

*Valery Larbaud, 30.X.08, 169, p. 125.

*Valery Larbaud, [1909], 169, p. 126.

Valery Larbaud, 17.VI.09, 169, p. 131.

[Préface à la traduction d'un choix de Poèmes de Coventry Patmore, par Paul Claudel]

*Paul Claudel, 16.VI.11, CLA, p. 177.

*Francis Jammes, 19.VI.11, JAM, pp. 276-277.

*Valery Larbaud, 11.VIII.11, 169, p. 181.

*Paul Claudel, 14.VIII.11, CLA, p. 182.

Valery Larbaud, 19.II.12, 169, p. 193.

"Rose Lourdin"

*Valery Larbaud, [25.VII.11], 169, p. 180.

*Valery Larbaud, [novembre 1911], 169, p. 190.

*Valery Larbaud, [fin 1911], 169, p.190.

[The Going over to Rome]

*Valery Larbaud, [mars ou avril 1912], 169, p. 200.

"William Ernest Henley, critique littéraire et critique d'art", N.R.F., 1er février 1911.

Valery Larbaud, 8.I.11, 169, p. 148.

LARBI

Athman, 20.VII.94, 237, p. 347.

LA ROCHEFOUCAULD (Duchesse Edmée de)

Roger Martin du Gard, 14.VIII.32, RMGI, p. 535.

LA ROCHEFOUCAULD (François, duc de)

*Edmund Gosse, 31.VII.18, GOS, p. 157.

*Roger Martin du Gard, 9.VI.25, RMGI, p. 268.

Christian Caprier, [juillet 1937], 230, p. 48.

REFLEXIONS OU SENTENCES ET MAXIMES MORALES

*Edmund Gosse, 31.VII.18, GOS, p. 157.

*Robert de Traz, [16.XI.32], 334, p. 473.

LARTIGAUD [Mme]

X..., 19.V.34, 349, p. 130.

Richard Heyd, 31.X.46, 276.

LASERRE (Pierre)

René Schwob, 30.XII.30, 188, p. 105.

ROMANTISME FRANCAIS, ESSAI SUR LA REVOLUTION DANS LES SENTIMENTS ET DANS LES IDEES AU XIXe SIECLE

*Franz Blei, 23.IV.08, 358, p. 205.

LASSAIGNE (Jacques)

*Roger Martin du Gard, 30.III.48, RMGII, pp. 403-404.

*Roger Martin du Gard, 7.IV.48, RMGII, p. 407.

Roger Martin du Gard, 11.IX.48, RMGII, p. 426.

LAST (Jef)

*Roger Martin du Gard, 19.III.35, RMGII, p. 21.

*Roger Martin du Gard, 22.IV.35, RMGII, p. 23.

*Roger Martin du Gard, 18.V.35, RMGII, p. 31.

*Roger Martin du Gard, 28.VI.35, RMGII, p. 35.

*Roger Martin du Gard, 3.VII.35, RMGII, p. 36.

*Roger Martin du Gard, 10.VII.35, RMGII, p. 39.

*Roger Martin du Gard, 12.IX.35, RMGII, p. 48.

Maurice Lime [octobre 1935], 205, p. 38.

*Roger Martin du Gard, 8.X.35, RMGII, p. 51.

*Maurice Lime, [novembre 1935], 205, p. 43.

Eugène Dabit, 12.V.36, 214, p. 21.

*Roger Martin du Gard, 14.VI.36, RMGII, p. 74.

Roger Martin du Gard, 22.VII.36, RMGII, p. 75.

*Roger Martin du Gard, 3.XII.36, RMGII, p. 84.

*Roger Martin du Gard, 23.XII.36, RMGII, p. 87.

A. Gulminelli, 28.XII.36, 129.

*Roger Martin du Gard, 2.I.37, RMGII, p. 89.

*Roger Martin du Gard, 18.II.37, RMGII, p. 93.

*Maurice Lime, 28.VII.37, 205, p. 120.

*Roger Martin du Gard, 4.IX.37, RMGII, p. 115.

Roger Martin du Gard, 18.VI.38, RMGII, p. 143.

*Roger Martin du Gard, 26.V.40, RMGII, p. 207.

*Claude Mauriac, 31.V.40, 197, p. 248.

Roger Martin du Gard, 17.VI.47, RMGII, p. 373.

Saint-John Perse, 17.I.48, 288, p. 466.

Roger Martin du Gard, 22.II.49, RMGII, p. 444.

LETTRES D'ESPAGNE

Jef Last, 2.X.38, 356, p. 124.

ZUYDERSEE

Jef Last, 3.IV.38, 333, p. 8.

LATINI (Brunetto)

*François Porché, [janvier 1928], 60, p. 61.

LAUBRY [Dr]

Georges Simenon 11.III.48, 327, p. 44.

Saint-John Perse, 14.III.48, 288, p. 466.

LAURENCIN (Marie)

Dorothy Bussy, [1919], 281, p. 17.

LAURENS

Mme Paul Gide, 14.III.90, 232, p. 436.

LAURENS (Claude)

Roger Martin du Gard, 12.VII.22, RMGI, p. 185.

LAURENS [Les]

Paul Valéry, [C.P. 17 juin 1891], VAL, p. 93.

Mme Paul Gide, 29.V.93, 237, pp. 227-228.

Mme Paul Gide, 18.X.93, 237, p. 280.

Mme Paul Gide, 6.VII.94, 237, p. 340.

Mme Paul Gide, 19.II.95, 237, p. 467.

Paul Valéry, [29.VII.95], VAL, p. 244.

Paul Valéry, [C.P.29.VIII.96], VAL, p. 274.

Roger Martin du Gard, 1.VI.30, RMGI, p. 398.

LAURENS [Mme]

Mme Paul Gide, 29.V.93, 237, pp. 227-228.

Mme Paul Gide, 18.I.95, 237, p. 433.

LAURENS (Paul-Albert)

Mme Paul Gide, 18.X.93, 237, p. 280.

Mme Paul Gide, 27.X.93, 237, p. 288.

Mme Paul Gide, 1 et 3.XI.93, 237, p. 288.

*Albert Démarest, 12 et 14.XI.93, 237, p. 292.

Mme Paul Gide, 14.XI.93, 237, p. 290.

Jeanne Rondeaux, 23.XI.93, 237, p. 297.

*Jeanne Rondeaux, [février 1894], 237, p. 303.

*Marcel Drouin, 10.V.94, 163, p. 65 et p. 68.
Paul Valéry, [28.V.94], 237, p. 204.
Mme Paul Gide, 15.VI.94, 237, p. 328.
*Mme Paul Gide, 23.VI.94, 237, p. 330.
Athman, 20.VII.94, 237, p. 346.
Mme Paul Gide, [2.X.94], 359, p. 151.
Mme Paul Gide, 20.I.95, 237, p. 436.
*Mme Paul Gide, 30.I.95, 237, p. 450.
Paul Valéry, [mars 1895], VAL, p. 233 et p. 235.
Mme Paul Gide, 14.III.95, 237, p. 471.
Paul Valéry, [24.VI.95], VAL, p. 243.
*Paul Valéry, 12.I.98, VAL, p. 307.
*Paul Valéry, [C.P.15.III.98], VAL, p. 315.
*Francis Jammes, 14.X.[1900], JAM, p. 169.
*Paul Valéry, 15.X.1900, VAL, p.373
Paul Valéry, 26.XII.[1900], VAL, p. 377.
Charles Péguy, 8.XI.10, PEG, p. 25.
Roger Martin du Gard, [août ou septembre 1921], RMGI, p. 172.
Ecole Alsacienne, 2.XI.24, 35, p. 91.
Roger Martin du Gard, 16.I.31, RMGI, p. 432.
Roger Martin du Gard, 31.VII.31, RMGI, p. 481.
Roger Martin du Gard, 4.II.33, RMGI, p. 546.

LAURENS (Pierre)

Mme Paul Gide, [2.X.94], 359, p. 151.
Francis Jammes, [juillet 1897], JAM, p. 117.

LAUTREAMONT [Comte de]

CHANTS DE MALDOROR [Les]

*Henri Thomas, 4.XII.[39], 234, p.367.

LAVAL (Pierre)

Roger Martin du Gard, 3.VII.35, RMGII, p. 37.
Roger Martin du Gard, 8.X.35, RMGII, p. 51.

LAVAUD (Guy)

POEMES

Valery Larbaud, 12.VI.10, et [juillet 1910], 169, p. 144.

LAVAULT (M.)

Valery Larbaud, [mai 1913], 21, p. 1044.

LAVEDAN (Henri)

DUEL (LE)

Roger Martin du Gard, 2.VII.33, RMGI, p. 568.

LA VILLE DE MIRMONT (Jean de)

*François Mauriac, 5.VII.49, MAU, p. 109.

LAWRENCE (David Herbert))

*Arnold Bennett, 27.X.30, BEN, p. 193.
Elvira Cassa Salvi, 25.I.50, 330a, p. 116.

LADY CHATTERLEY'S LOVER

Roger Martin du Gard, 28.I.32, RMGI, p. 493.

VIRGIN AND THE GYPSY (THE)

Arnold Bennett, 27.X.30, BEN, p. 193.
*Arnold Bennett, 3.I.31, BEN, p. 199.

LAZARE [dans l'Evangile]

Francis Jammes, 28.VIII.97, JAM, p. 300.
Christian Beck, 29.IV.06, 164, p. 400.

LAZARE (Bernard)

Paul Valéry, [C.P.11.VI.1891], VAL, p. 91.
Paul Valéry, [C.P.17.VI.1891], VAL, p. 97.
*Paul Valéry, [9.VII.91], VAL, p. 108.
Paul Valéry, [2.II.92], VAL, p. 148.
Paul Valéry, [août 1892], VAL, p. 170.

FIGURES CONTEMPORAINES : CEUX D'AUJOURD'HUI
CEUX DE DEMAIN

*Paul Valéry, [janvier 1895], VAL, p. 231.

LEAUTAUD (Paul)

*Franz Blei, 23.IV.08, 358, p. 205.
*Arnold Bennett, [fin août 1923], BEN, p. 125.
*André Rouveyre, 27.V.41, ROU, p. 156.
*André Rouveyre, 8.I.49, ROU, p. 162.
*André Rouveyre, 10.I.49, ROU, p. 163.
*André Rouveyre, 14.II.49, ROU, p. 168.
*André Rouveyre, 10.VII.49, ROU, p. 174.

PASSE-TEMPS [?]

*Paul Léautaud, [1930], 182, pp. 16-17.

LEBARDIER DE TINAN (Jean)

Mme Paul Gide, 19.IV.94, 237, p. 428.

LEBASQUE

Paul Valéry, 4.III.18, VAL, p. 465.

LEBEY (André)

*Paul Valéry, [mai 1896], VAL, p. 265.
Francis Jammes, 4.VII.[97], JAM, p. 113.

LE BLOND (Maurice)

*Francis Jammes, [juillet 1898], 258, p. 84.

LE BON (Gustave)

*Roger Martin du Gard, 15.IV.31, RMGI, p. 474.

LE BOULANGER

Eugène Rouart, s.d., 274a.
Eugène Rouart, 29.I.14, 291, p. 3.

LE BRAZ (Anatole)

Francis Jammes, 14.X.04, JAM, p. 216.

LEBRUN-RENAULT

Paul Valéry, [C.P. 10.VII.98], VAL, p.322.

LECLERC [Général]

Mme Paul Gide, 18.X.93, 237, p. 280.
Mme Paul Gide, 27.X.93, 237, p. 288.

LECOMTE (Georges)

Francis Jammes, 14.X.04, JAM, p. 216.

LECOMTE DU NOUY (Pierre)

Roger Martin du Gard, 24.IX.46, RMGII, p. 353.

LECONTE DE LISLE (Charles)

Paul Valéry, 1.III.[91], VAL, p. 58.
Paul Valéry, [C.P.17.VI.1891], VAL, p. 97.
*Louis Comte, [novembre 1897], JAM, p. 303.

"Nazaréen (Le)"

*Roger Martin du Gard, 11.IX.48, RMGII, p. 426.
Roger Martin du Gard, 19.X.48, RMGII, p. 429.

POEMES BARBARES

Roger Martin du Gard, 11.IX.48, RMGII, p. 426.

LECOQ (Charlotte)

Paul Valéry, 5.V.18, VAL, p. 468.

LEENHARTZ

Mme Paul Gide, 13.I.95, 237, p. 428.

LEFEVRE (Frédéric)

Roger Martin du Gard, 2.IV.24, RMGI, p. 246.
Roger Martin du Gard, 10.II.28, RMGI, p. 329.
*Hélène Martin du Gard, 13.XI.37, RMGII, p. 527.
Roger Martin du Gard, 16.XI.37, RMGII, p. 125.

LEFEVRE (Louis-Raymond)
  François Mauriac, 29.XII.21, MAU, p. 64.

Lefèvre (Robert-Louis)
  *Roger Martin du Gard, 10.II.28, RMGI, p.330.

LEGAY (Kléber)
  Jean Guéhenno, 17.II.37, 129.

LEGER (Alexis)
  Voir : SAINT-JOHN PERSE

Légion étrangère
  *Montgomery Belgion, 22.XI.29, 67.

LEGRAND (Maurice)
  Voir : FRANC-NOHAIN

LE GRIX (François)
  Charles Du Bos, 14.I.21, BOS, p. 28.
  Paul Valéry, 22.VII.22, VAL, p. 487.
  Charles Du Bos, [1925], BOS, p. 89.
  *Roger Martin du Gard, 9.II.30, RMGI, p. 391.
  Roger Martin du Gard, 3.VII.30, RMGI, p. 408.

LEIBNITZ (Gottfried Wilhelm)
  Paul Valéry, [août 1892], VAL, p. 170.
  Mme Paul Gide, 17.X.94, 237, p. 373.
  Paul Valéry, 11.XI.04, VAL, p. 219.
  *Marcel Drouin, 5.XII.[1894], 163, p. 69.
  Charles Du Bos, 5.X.28, BOS, p. 161.
  *Jacques Schiffrin, 18.VI.42, 170, p. 177.

NOUVEAUX ESSAIS
  Marcel Drouin, 10.V.94, 163, p. 68.

THÉODICÉE
  *Paul Valéry, [C.P.18.X.92], VAL, p. 175.

LEMAITRE (Jules)
  Roger Martin du Gard, 9.VI.25, RMGI, p. 268.

LEMARIÉ (Berthe)
  *Paul Valéry, 20.I.17, VAL, p. 445.

LEMERRE [éditions]
  Roger Martin du Gard, 11.IX.48, RMGII, p. 426.

LENAU
  Mme Paul Gide, [novembre 1893], 237, p. 289.

LENINE (Vladimir Oulianov)
  R. de B., 16.I.34, 107, p. 201.
  Roger Martin du Gard, 16.II.35, RMGII, p. 15.
  Pierre Alessandri, 15.IX.37, 176, p. 186.

ETAT ET LA REVOLUTION (L')
  *Pierre Alessandri, 15.IX.37, 176, p. 186.

LENORMAND (H.R.)

RATÉS [Les]
  Roger Martin du Gard, [octobre 1922], RMGI, p. 197.

LEON XIII
  Mme Paul Gide, 16.IV.94, 237, p. 321.
  *Marcel Drouin, [juillet 1898], 353, pp. 252-253.
  Frédéric Lefebvre, 19.IV.31, 348, p. 132.

LEOPARDI (Giacomo)
  Marcel Drouin, 25.XII.[95], 163, p. 74.
  Marcel Drouin 16.III.98, 217, p. 413.
  Marcel Drouin, 26.III.98, 186, p. 384.

Christian Beck, [1909], 165, p. 627.

*Jean Paulhan, 1.X.38, 339, p. 78.

LEPOUTRE (Raymond)

ANDRE GIDE

*Raymond Lepoutre, 9.VII.46, 156.

LERICHE (René)

Roger Martin du Gard, 30.III.48, RMGII, p. 403.

CHIRURGIE DE LA DOULEUR (LA)

*Roger Martin du Gard, 15.XII.47, RMGII, p. 389.
*Georges Simenon, 27.XII.47, 327, p. 40.
*Roger Martin du Gard, [28.I.48], RMGII, p. 395.
*Roger Martin du Gard, 30.III.48, RMGII, p. 403.

LEROLLE (Guillaume)

*Francis Jammes, [fin de février 1897], JAM, p. 103.

Francis Jammes [début de juin 1897], JAM, p. 111.

Raymond Bonheur, [4.VII.98], BON, p. 40.

Paul Valéry, I.XI.17, VAL, p. 458.

LEROLLE (Mme Guillaume)

*Francis Jammes, [décembre 1901], JAM, p. 182.

LEROUX (Xavier)

Raymond Bonheur, [15.IV.01], BON, p. 61.

LE ROY (Eugène)

Francis Jammes, 14.X.04, JAM, p. 216.

LE ROY (Grégoire)

Christian Beck, 21.XII.07, 165, p. 623.

LE ROY (Mervyn)

JE SUIS UN EVADE

Roger Martin du Gard, 2.IV.33, RMGI, p. 555.

LESAGE (Alain-René)

GIL BLAS

Mme Paul Gide, 14.V.92, 237, p. 166.

LESDAIN (Pierre)

"Un héros selon Carlyle : André Gide"

*Pierre Lesdain, 20.VI.48, 349, pp. 130-131.

LESSING (Gotthold Ephraim

*Mme Paul Gide, 26.III.92, 237, p. 165.
Mme Paul Gide, 17.X.94, 237, p. 373.

LESTRANGE (Yvonne de)

Roger Martin du Gard, 25.V.30, RMGI, p. 397.
Roger Martin du Gard, 25.VII.30, RMGI, p. 412.
Roger Martin du Gard, 23.III.31, RMGI, p. 472.
Roger Martin du Gard, 13.VI.31, RMGI, p. 476.
*Roger Martin du Gard, 7.VII.32, RMGI, p. 529.
Roger Martin du Gard, 14.VIII.32, RMGI, p. 535.
Roger Martin du Gard, 15.X.34, RMGI, p. 635.
Roger Martin du Gard, 10.VI.39, RMGII, p. 169.
Roger Martin du Gard, 28.VII.39, RMGII, p. 181.
Roger Martin du Gard, 19.IX.39, RMGII, p. 187.
Roger Martin du Gard, 29.VII.47, RMGII, p. 374.

Lettres françaises

*Roger Martin du Gard, 5.XII.44, RMGII, p. 290.
Roger Martin du Gard, 19.VI.50, RMGII, p. 490.

LEUENBERGER (Anna)

Mme Paul Gide, 14.III.90, 232, p. 436.

Mme Paul Gide, 8.II.90, 232, p. 452.

Mme Paul Gide, 14.XI.93, 237, p. 291.

Mme Paul Gide, [22.IX.94], 359, p. 145.

Mme Paul Gide, [3.XII.94], 237, p. 383.

Mme Paul Gide, 8.II.95, 237, p. 461.

Mme Paul Gide, 19.II.95, 237, p. 466.

Mme Paul Gide, 25.II.95, 237, p. 468.

Mme Paul Gide, 6.III.95, 237, p. 477.

Mme Paul Gide, 14.III.95, 237, p. 470 et p. 472.

Mme Paul Gide, 15.III.95, 237, p. 474.

Mme Paul Gide, 3.IV.95, 237, p. 487.

Paul Valéry, [mai 1895], VAL, p. 239.

Paul Valéry, [30.V.95], VAL, p. 240.

Francis Jammes [fin de février 1897], JAM, p. 102.

Francis Jammes, août [97], JAM, p. 121.

LE VERDIER (Pierre)

Mme Paul Gide, [juin-juillet], 90, 232, p. 459.

LEVESQUE (Michel)

*Roger Martin du Gard, 30.V.34, RMGI, p. 616.

Roger Martin du Gard, 26.V.40, RMGI, p. 207.

Claude Mauriac, 31.V.40, 197, p. 248.

Claude Mauriac, 14.VIII.40, 197, pp. 252-253.

Claude Mauriac, 17.IV.[42], 197, p. 256.

LEVESQUE (Robert)

Marcel Jouhandeau, 10.I.27, JOU, p. 23.

Marcel Jouhandeau, 6.VII.27, JOU, p. 24.

Roger Martin du Gard, 25.VI.34, RMGI, p. 621.

*Roger Martin du Gard, 14.I.35, RMGII, p. 9.

*Roger Martin du Gard, 13.VIII.35, RMGII, p. 40.

Roger Martin du Gard, 18.VIII.35, RMGII, p. 42.

Roger Martin du Gard, 8.VIII.37, RMGII, p. 110.

*Roger Martin du Gard, [21.VIII.38], RMGII, p.148.

Roger Martin du Gard, 28.VII.39, RMGII, p. 181.

Roger Martin du Gard, 19.IX.39, RMGII, p. 187.

Roger Martin du Gard, 9.II.42, RMGII, p.242.

*Roger Martin du Gard, 8.II.46, RMGII, p. 338.

*Roger Martin du Gard, 13.IV.46, RMGII, p. 344.

Claude Mauriac, 3.X.47, 197, p. 282.

LEVI (Hermann)

*Mme Paul Gide, 22.III.92, 237, p. 154.

LEVINSON (André)

Francis Viélé-Griffin, 11.V.31, 240, p. 122.

LEVY (Jacques)

*Elvira Cassa Salvi, 25.I.50, 330a, p. 118.

LES FAUX-MONNAYEURS D'ANDRE GIDE ET L'EXPERIENCE RELIGIEUSE

**Jacques Levy, 25.VII.39, 221, pp. 36-37.*

**Elvira Cassa Salvi, 25.I.50, 330a, p. 118.*

LEVY-BRUHL (Lucien)

*Roger Martin du Gard, 30.VI.27, RMGI, p. 312.

*Louis Laloy, 14.V.28, 54, pp. 306-309.

*Roger Martin du Gard, 25.VII.30, RMGI, p. 414.

LHERBIER (Marcel)

Roger Martin du Gard, 23.VIII.34, RMGI, p. 630.

Libre Esthétique

Voir : Index des noms de lieux.

Libre parole (La)

Marcel Drouin, 2.III.98, 186, p. 384.

Life and Letters

Marcel Jouhandeau, 14.IV.33, JOU, p. 38.

Ligue des Droits de l'Homme

Roger Martin du Gard, 31.V.28, RMGI, p. 347.

LIME (Maurice)

"Gendarme ex-braconnier (Le)"
  *Maurice Lime, [mars ou avril 1937]?, 205, p. 119.

"Nouveau se sent perdu (L')"
  *Maurice Lime, [mars ou avril, 1937], 205, p. 119.

PAYS CONQUIS
  *Maurice Lime, 4.I.36, 205, pp. 80-81.
  *X..., 10.I.[36], 121, p. 302.
  Maurice Lime, 4.II.36, 205, p. 90.

"Tournant"
  *Maurice Lime, 24.IV.38, 205, pp. 128-130.

LINSEC (M. de)
  Mme Paul Gide, 30.I.95, 237, p. 452.

LIPPI (Filippino)
  *Marcel Drouin, [fin 1895], 186, p. 381.

Littéraire (Le)
  André Billy, 13.VII.46, 154.
  Roger Martin du Gard, 6.III.49, RMGII, p. 447.

Littérature internationale (La)
  Paul Nizan, 28.IX.34, 354, p. 166.

LITTRE (Emile)
  Paul Souday, 13.X.23, 33, p. 118.
  *André Billy, 13.VII.46, 154.

DICTIONNAIRE DE LA LANGUE FRANÇAISE
  Valery Larbaud, [mai 1913], 21, p. 1045.
  Roger Martin du Gard, 12.IV.33, RMGI, p. 560.

LLOYD GEORGE (David)
  Edmund Gosse, 23.XII.16, GOS, p. 150.

Lloyds Sunday News
  Arnold Bennett, 24.VII.[18], BEN, p. 97.

LONGFELLOW (Henry Wadsworth)

HIAWATHA
  Mme Emile Mayrisch, 25.VII.13, 326, p. 97.

MINNE HAHA
  Voir : HIAWATHA

LOPE DE VEGA
  *Paul Claudel, 9.III.11, CLA, pp. 167-168.

LORRAIN (Jean)
  Louis Comte, [novembre 1897], JAM, p. 303.
  *Christian Beck, 21.II.[07], 165, p. 619.
  Franz Blei, 23.IV.08, 358, p. 205.
  *André Rouveyre, 14.IV.24, 357, p. 32.

Lorraine (La) [nom d'un bateau]
  Roger Martin du Gard, 14.VI.19, RMGI, p. 144.

LOTI (Pierre)

ROMAN D'UN SPAHI (LE)
  Mme Paul Gide, 27.VI.94, 237, p. 332.

Loup
  Voir : MAYRISCH (Mme Emile)

LOUYS (Pierre)
  Marcel Drouin, [1889-début 1890], 353, pp. 20-21.
  Eugène Melchior de Vogue, [février] 1890, 247.
  Mme Paul Gide, 14.III.90, 232, p. 434.
  Jeanne Rondeaux, 23.XI.90, 232, p. 472.
  Paul Valéry, [16.I.91], VAL, p. 43.

Paul Valéry, [février 1891], VAL, p. 50.

Paul Valéry, [février 1891] VAL, p. 53.

Paul Valéry, 24 [février] 91, VAL, p. 61.

*Paul Valéry, [8 mars 1891], VAL, p. 64.

*Paul Valéry, [C.P.21.III.1891], VAL, p. 70.

Paul Valéry, 29.III.91, VAL, p. 76.

Paul Valéry, [2 juin 1891], VAL, p. 89.

Paul Valéry, [C.P.11.VI.1891], VAL, p. 91 et p.93.

*Paul Valéry, [C.P.17.VI.1891], VAL, p. 96 et et p. 98.

*Paul Valéry, [C.P.23.VI.1891], VAL, p. 100.

*Paul Valéry, 29.VI.91, VAL, pp. 105-106.

*Maurice Quillot, juillet 91, 237, p. 68.

Paul Valéry, [9.VII.91], VAL, p. 108.

*Paul Valéry, 14 et 15.VII.[91] VAL, p. 111.

Paul Valéry, [28.VIII.91], VAL, p. 121.

*Paul Valéry, [septembre 1891], VAL, p. 128.

*Paul Valéry, [septembre 1891], VAL, p. 129.

*Paul Valéry, [3.XI.91], VAL, p. 134.

*Paul Valéry, [15.XI.91], VAL, p. 137.

*Paul Valéry, [28.XI.91], VAL, p. 139.

Paul Valéry, [décembre 1891], VAL, p. 142.

*Paul Valéry, [début de janvier 1892], VAL, p. 145.

Francis Viélé-Griffin, [fin janvier ou février 1892], 240, p. 105.

Paul Valéry, [février 1892], VAL, p. 146.

Paul Valéry, [2,II.92], VAL, p. 148.

*Mme Paul Gide, 24.III.92, 237, p. 163.

Paul Valéry, [C.P.26.IV.92], VAL, p. 157.

Paul Valéry, 25,VII.[92], VAL, p. 167.

José Maria de Heredia, [septembre 1892], 246, p. 176.

Paul Valéry, [septembre 1892], VAL, p. 173.

*Paul Valéry, [mars 1893], VAL, p. 181.

*Marcel Drouin, 18.III.93, 163, p. 46.

Paul Valéry, [septembre 1893], VAL, p. 187.

Marcel Drouin, 10.V.94, 163, p. 68.

Albert Mockel, [juillet 1894], 349, p. 17.

Paul Valéry, [juillet 1894], VAL, p. 207.

*Paul Valéry, 16.VII.94, VAL, pp. 210-211.

*Paul-Albert Laurens, 20.VII.94, 237, p. 345.

*Athman, 20.VII.94, 237, pp. 346-347.

Paul Valéry, [6.VIII.94], VAL, p. 212.

*X..., [septembre 1894], 237, pp. 175-176 et p.512.

*Mme Paul Gide, [2.X.94], 359, p. 151.

Paul Valéry, [21.XI.94], VAL, p. 222.

A.-Ferdinand Herold, 21.XII.94, 258, p. 53.

*Paul Valéry, [Janvier 1895], VAL, p. 230.

*Paul Valéry, [C.P. 27.I.95], VAL, p. 231.

*Paul Valéry, [mars 1895], VAL, p. 234 et p. 236.

Mme Paul Gide, 15.III.95, 237, p. 475.

Marcel Drouin, [fin 1895], 186, p. 382.

Henri Albert, [1896], 132, p. 114.

*Paul Valéry, [mai 1896], VAL, pp. 265-266.

Paul Valéry, [C.P. 24.V.96], VAL, p. 269.

Paul Valéry, [février 1897], VAL, p. 287.

Paul Valéry, [avril 1897], VAL, p. 290.

*Paul Valéry, 21 [mai 1897], VAL, p. 296.

*Louis Comte, [novembre 1897], JAM, p. 303.

Francis Jammes, 1.XII.97, JAM, p. 130.

Paul Valéry, 28.X.99, VAL, p. 362.

Paul Valéry, [C.P.31.VIII.1900], VAL, p. 371.

*Paul Valéry, 21.X.[1900], VAL, pp. 375-376.

Ecole Alsacienne, 2.XI.24, 35, p. 91.

*André Rouveyre, 11.IV.28, ROU, p. 108.

*Paul Iseler, 26.XI.31, 132, pp.9-12.

Elsie Pell, 26.I.35, 119, p. 25.

Jacques Schiffrin, 18.VI.42, 170, p. 177.

ASTARTE

Paul Valéry, [août 1892], VAL, p. 170.

CHANSONS DE BILITIS (LES)

Paul Iseler, 26.XI.31, 132.

"Pegase"

Paul Valéry, 29.III.91, VAL, p. 76.

POESIES DE MELEAGRE (LES)

*Paul Valéry, [octobre 1893], VAL, p. 189.

ROI PAUSOLE (LE)

*Paul Valéry, [C.P.5.VII.01], VAL, p. 385.

"Tritons Joufflus"

*Paul Valéry, 29.III.91, VAL, p. 76.

Loyola (Ignace de)

Victor Poucel, 27.XI.27, 48, p. 41.

*Victor Poucel, 17.XII.27, 49, p. 45.

Lu

Roger Martin du Gard, 3.XI.33, RMGI, p. 587.

LUCHAIRE (Jean)

*Roger Martin du Gard, 30.V.34, RMGI, p. 616.

LUCRECE

*Roger Martin du Gard, 8.IX.47, RMGII, p. 379.

LUGNE POE

Francis Jammes, 3.XII.[96], JAM, p. 94.

Francis Jammes, 16.III.97, JAM, p. 103.

Emile Verhaeren, [début de janvier 1900], VER, p. 58.

Edouard Ducoté, [février 1900], 282, p. 1145.

*X..., [25.XII.1900?], 242a.

X..., [1901], 242a.

Raymond Bonheur, [avril 1904], BON, p. 87.

*Emile Haguenin, 23.X.07, 358, p. 200.

Roger Martin du Gard, 22.II.32, RMGI, p. 511.

LUIGGI

Mme Paul Gide, 14.XI.93, 237, p. 289.

LUTECE (R. de)

Christian Beck, 25.VI.[12], 165, p. 637.

LUTHER

*Mme Paul Gide, 22.IX.94, 237, p. 365 et 359 p. 144.

LWOF (Tania)

Roger Martin du Gard, 24.IX.46, RMGII, p. 354.

LYON-CAEN

Mme Paul Gide, 25.III.92, 237, p. 169.

M...(Mlle)

Roger Martin du Gard, 29.X.26, RMGI, p. 298.

Jean Paulhan, 12.XI.26, 344, p. 8.

Roger Martin du Gard, 8.V.27, RMGI, p. 308.

MACHIAVEL (Niccolo)

François Porché, [janvier 1928], 60, p. 60.

MAC KENTY (Emma)

*Mme Charles Philippe, 8.IV.10, 220, p. 72 et 272, p. 142.

MADAULE (Jacques)

*Roger Martin du Gard, 10.VI.39, RMGII, p. 170.

MAETERLINCK (Maurice)

*Paul Valéry, 26.I.91, VAL, p. 46.

Paul Valéry, [C.P.17.VI.1891], VAL, p. 95.

Paul Valéry, [C.P.23.VI.1891], VAL, p. 101.

*Paul Valéry, 29.VI.91, VAL, p.106.

*Paul Valéry, 14 et 15.VII.[91], VAL, p. 112.

Paul Valéry, [début d'août 1891], VAL, p. 118.

*Maurice Denis, [juin 1893], 238, p. 109.

*Mme Paul Gide, 31.V.94, 237, p. 49.

Marcel Drouin, [fin 1895], 186, p. 382.

*Louis Comte, [novembre 1897], JAM, p. 303.

*Almanach des étudiants libéraux de l'Université de Gand, [1908], 14.

Valery Larbaud, [25.VII.11], 169, p. 180.

*Alain Bosquet, 31.XII.39, 320, p. 63.

*Jacques Schiffrin, 18.VI.42, 170, p. 177.

AGLAVAINE ET SELYSETTE (L')

Maurice Maeterlinck, [1896], 198, p. 4.

AVEUGLES (LES)

Paul Valéry, 26.I.91, VAL, p. 46.

GENRE SATYRIQUE DANS LA PEINTURE FLAMANDE (LE)

Charles Péguy, [C.P.2.V.07], PEG, p. 22.

INTERIEUR

*Mme Paul Gide, 11.XII.94, 237, p. 397.

MONNA VANNA

*Almanach des étudiants libéraux de l'Université de Gand, [1908], 14.

PELEAS ET MELISANDE

Francis Vielé-Griffin, 13.IV.02, 240, p. 113.

*Raymond Bonheur, [8.V.02], BON, p. 69.

Raymond Bonheur, [28.X.02], BON, p. 71.

Raymond Bonheur, [3.III.03], BON, p. 72.

Jean-Louis Barrault, [décembre 1946], 287.

PRINCESSE MALEINE (LA)

*Paul Valéry, [début d'août 1891], VAL, p. 118.

SERRES CHAUDES (LES)

Marcel Drouin, [fin 1895], 186, p. 382.

SEPT PRINCESSES (LES)

*Maurice Maeterlinck, [1891], 40, p. 45.

MAHIAS (Claude)

Roger Martin du Gard, 18.VIII.47, RMGII, p. 377.

Roger Martin du Gard, 22.VI.48, RMGII, p. 413.

Roger Martin du Gard, 3.IX.48, RMGII, p. 424.

Roger Martin du Gard, 11.IX.48, RMGII, p. 425.

Roger Martin du Gard, 22.VI.49, RMGII, p. 453.

Roger Martin du Gard, 1.VII.49, RMGII, p. 455..

Roger Martin du Gard, 26.VIII.49, RMGII, p. 460.

MAHOMET

Francis Jammes, 18.X.04, JAM, p. 218.

MAILLOL (Aristide)

*Paul Valéry, [C.P.19.X.07], VAL, p. 413.

Paul Valéry, 4.X.14, VAL, p. 444.

MAISON

Marcel Drouin, 16.III.98, 217, p. 412.

MALACKI

Voir : MALAQUAIS (Jean)

MALAQUAIS (Jean)

Roger Martin du Gard, 27.V.37, RMGII, p. 105.

Roger Martin du Gard, 23.VII.40, RMGII, p. 213.

JAVANAIS (LES)

*Jean Malaquais, 13.V.38, 222, pp. 7-8.

MALHERBE (François de)

André Billy, 13.VII.46, 154.

MALLARME (Geneviève)

Paul Valéry, [C.P. septembre 1898], VAL, p. 334.

Paul Valéry, [octobre 1898], VAL, p. 336.

Paul Valéry, 22.X.98, VAL, p. 338.

Voir aussi : Lonniot(Geneviève)

MALLARME (Stéphane)

*Paul Valéry, 26.I.91, VAL, p. 46.
*Paul Valéry, [février 1891], VAL, p. 52.
*Paul Valéry, [8 mars 1891], VAL, p. 65.
*Paul Valéry, [mai 1891], VAL, p. 82.
*Paul Valéry, [23 juin 1891], VAL, p. 101.
Paul Valéry, 29.VI.91, VAL, p. 105.
Paul Valéry, [septembre 1891], VAL, p. 130.
Paul Valéry, [15.XI.91], VAL, p. 137.
*Paul Valéry, [2.II.92], VAL, p. 148.
*Mme Paul Gide, 26.III.92, 237, p. 165.
Paul Valéry, [C.P.26.IV.92], VAL, p. 157.
Mme Paul Gide, 18.V.92, 237, p. 155.
*Paul Valéry, [C.P.12.VII.92], VAL, p. 165.
*Paul Valéry, 25.VII.[92], VAL, p. 167.
Paul Valéry, [fin d'octobre 1892], VAL, p. 175.
Paul Valéry, [février 1893], VAL, p. 180.
Maurice Denis, [juin 1893], 238, p. 109.
Paul Valéry, [janvier 1895], VAL, p. 230.
*Paul Valéry, [C.P.27.I.95], VAL, p. 232.
Paul Valéry, [mai 1895], VAL, p. 237.
Marcel Drouin, 25.XII.[95], 163, p. 73.
*Alfred Vallette, [janvier 1897], 1, pp. 428-429.
*Paul Valéry, [février 1897], VAL, pp. 286-287.
*Paul Valéry, [avril 1897], VAL, p. 290.
Paul Valéry, [C.P.27.VII.98], VAL, p. 327.
*Paul Valéry, [C.P.11.IX.98], VAL, p. 331.
*Eugène Rouart, 11.IX.98, 84, pp. 489-491.
*Paul Valéry, [C.P. septembre 1898], VAL, pp. 333-334.
*Francis Jammes, 27.I.09, JAM, p. 256.
*Francis Jammes, 15.VI.09, JAM, p. 260.
*Christian Beck, 15.VII.09, 165, p. 628.
Emile Verhaeren, [1910], VER, p. 62.
*Francis Viélé-Griffin, 6.I.10, 240, p. 116.
*Edmund Gosse, 10.II.13, GOS, pp. 88-89.
*Edmund Gosse, 25.IV.13, GOS, p. 92.
*Edmund Gosse, 29.VI.13, GOS, p. 102.
*Jacques Doucet, [janvier 1918], 163, p. 21.
Francis Viélé-Griffin, 15.VI.23, 240, p. 122.
Francis Viélé-Griffin, 4.IV.24, 240, p. 122.
*André Rouveyre, 31.X.24, ROU, p. 84.
*Paul Souday, 13.IV.25, 38, p. 60 et p. 61.
Julien Green, 28.VII.34, 166, p. 19.
Jean Schlumberger, 1.III.35, 110.
*Elsie Pell, 4.VII.35, 119, pp. 22-23.

"Apparition"

Roger Martin du Gard, 18.I.41, RMGII, p. 226.

"Après-midi d'un Faune (L')"

Paul Valéry, [mai 1891], VAL, p. 82.

"Un coup de dés jamais n'abolira le Hasard"

*Stéphane Mallarmé, 9.V.97, 145, p. 770 et VAL, p. 297.

Don du Poème

Stéphane Mallarmé, 5.II.91, 145, p. 596; 237, p. 40.

Hérodiade

Paul Valéry, [février 1891], VAL, p. 50.
Paul Valéry, 1.III.[91], VAL, p. 56.

POESIES COMPLETES

Edmund Gosse, 10.II.13, GOS, p. 88.

"Toast funèbre"

Paul Valéry, [janvier 1895], VAL, p. 230.

MALLARME (Mme Stéphane)

Paul Valéry, [C.P.11.IX.98], VAL, p. 331.
Paul Valéry, [C.P. septembre 1898], VAL, p. 334.
Paul Valéry, [octobre 1898], VAL, p. 336.

MALLET (Robert)
  Roger Martin du Gard, 10.XI.49, RMGII, p. 466.

MALOT (H.)

SANS FAMILLE [film]
  Roger Martin du Gard, 25.VI.34, RMGI, p. 621.

MALRAUX (André)
  Maurice Darantière, 10.VII.[29], 290a, p. 138.
  Roger Martin du Gard, 27.IX.32, RMGI, p. 538.
  *Roger Martin du Gard, 15.IV.33, RMGI, p. 562.
  X..., 29.I.34, 107, p. 202.
  *Roger Martin du Gard, 9.III.34, RMGI, p. 599.
  *Dorothy Bussy, 12.III.34, 281, p. 17.
  *Roger Martin du Gard, 18.III.34, RMGI, p. 602.
  *Roger Martin du Gard, 25.III.34, RMGI, p. 608.
  Roger Martin du Gard, 15.X.34, RMGI, p.635.
  Roger Martin du Gard, 14.I.35, RMGII, p. 11.
  Thierry Maulnier, [juillet 1935], 120, p. 199.
  *Roger Martin du Gard, 3.VII.35, RMGII, p. 36.
  Eugène Dabit, 12.V.36, 214, p. 21.
  *Roger Martin du Gard, 7.IX.36, RMGII, p. 78.
  Roger Martin du Gard, 27.V.37, RMGII, p. 105.
  Maurice Lime 28.VII.37, 205, p. 120.
  Roger Martin du Gard, 7.II.41, RMGII, p. 233.
  Paul Valéry, [22.VIII.41], VAL, p. 524.
  Paul Valéry, 10.IX.41, VAL, p. 525.
  *Roger Martin du Gard, 18.IX.41, RMGII, p. 238.
  *Roger Martin du Gard, 25.XI.44, RMGII, p. 288.

MALRAUX (Clara)
  *Dorothy Bussy, 12.III.34, 281, p. 17.
  Roger Martin du Gard, 18.III.34, RMGI, p. 602.
  Roger Martin du Gard, 25.III.34, RMGI, p. 608.
  Roger Martin du Gard, 7.IX.36, RMGII, p. 78,
  Roger Martin du Gard, 7.II.41, RMGII, p. 232.

MALRAUX [Les]
  Roger Martin du Gard, 14.X.41, RMGII, p. 240.

MALRAUX (Roland)
  Roger Martin du Gard, 4.II.33, RMGII, p. 546.

MAMMIUS
  Marcel Drouin, 26.III.98, 186, p. 386.

MAN (Henri de)
  Roger Martin du Gard, 14.I.35, RMGII, p. 10.
  *Roger Martin du Gard, 16.II.35, RMGII, p. 15.

AU-DELA DU MARXISME
  *Daniel-Rops, 20.V.33, 176, p. 34.
  *Roger Martin du Gard, 21.VI.33, RMGI, p. 567.

Manchester Guardian
  Roger Martin du Gard, 22.II.49, RMGII, p. 444.

MANDEL (Georges)
  Roger Martin du Gard, 22.X.38, RMGII, p. 155.

MANET (Edouard)
  Robert de Traz, [16.XI.32], 334, p. 474.

MANN (Thomas)
  *Roger Martin du Gard, 5.V.35, RMGII, p. 29.
  Roger Martin du Gard, 17.V.37, RMGII, p. 104.

AVERTISSEMENT A L'EUROPE
  Pierre Alessandri, 11.IX.37, 176, p. 184.
  *Roger Martin du Gard, 16.XI.37, RMGII, p. 125.

ZAUBERBERG
  *Thomas Mann, 13.I.30, 163, p. 178.

MANN (Mme Thomas)
   Thomas Mann, 3.V.35, RMGII, p. 514.

MARC [saint]
   Victor Poucel, 27.XI.27, 48.

MARC-AURELE
   Pierre Louÿs, 7.VII.90, 97, p. 8.

MARCEL (Gabriel)
   *Charles Du Bos, 10.IV.29, BOS, p. 178.
   *Charles Du Bos, 15.IV.29, BOS, p. 185.
   Jean Guéhenno, [fin octobre 1930], 176, p. 14.
   *Roger Martin du Gard, 16.II.35, RMGII, p. 16.
   *Reportages, 18.II.35, 109.
   Roger Martin du Gard, 21.I.36, RMGII, p. 65.
   Mlle Reclus, 16.III.48, 221, pp. 37-38.
   Marcelle Schveitzer, 1.VII.48, 369, p. 153.
   *Elvira Cassa Salvi, 25.I.50, 330a, p. 118.

MARCHAL
   Roger Martin du Gard, 21.VII.24, RMGI, p. 251.

MARCHAT [M.]
   Muni, 19.XII.48, 267, p. 77.

MARDRUS [Les]
   Christian Beck, 15.VII.09, 165, p. 628.

MARDRUS (DR. J.-C.)
   *Paul Valéry, 12.I.98, VAL, p. 305.
   Paul Valéry, 11.VII.[99], VAL, p. 349.
   *Emile Verhaeren, [début de janvier 1900], VER, p. 58.

MILLE ET UNE NUITS [LES]
   *Paul Valéry, 11.VII.[99], VAL, p. 349.
   *Paul Valéry, 24.VII.[99], VAL, p. 350.
   Edouard Ducoté, [février 1900], 282, p. 1146.

   Georges Eekhoud, [2.IV.1900], 349, p. 44.
   Francis Jammes, 27.I.09, JAM, p. 256.

MARGARITIS (Gilles)
   Roger Martin du Gard, 16.XI.37, RMGII, p. 125.

Marges (Les)
   *Francis Jammes, 27.I.09, JAM, p. 256.
   *Christian Beck, [janvier 1910], 165, p. 632.
   Paul Claudel, [juin 1910], CLA, p. 143.

Marianne
   Roger Martin du Gard, 12.IV.33, RMGI, p. 560.
   Roger Martin du Gard, 9.VIII.33, RMGI, p. 570.
   *Pierre Alessandri, 11.IX.37, 176, p. 184.
   Hélène Martin du Gard, 13.XI.37, RMGII, p. 527.
   Roger Martin du Gard, 16.XI.37, RMGII, p. 125.

MARIE [dans l'Evangile]
   Francis Jammes, 28.VIII.97, JAM, p. 300.

MARIE [servante de Mme Théo Van Rysselberghe]
   Roger Martin du Gard, [21.VIII.38], RMGII, p. 148.

"Marie-Marguerite"
   Arnold Bennett, 9.V.24, BEN, p. 141.
   Arnold Bennett, 18.V.24, BEN, p. 143.

MARINETTI (F.T.)
   *Roger Martin du Gard, 2.V.33, RMGI, p. 566.

MARITAIN (Jacques)
   Henri Massis, 25.I.24, 127, p. 554.
   André Rouveyre, 5.XI.24, ROU, p. 87.
   *Roger Martin du Gard, 30.III.28, RMGI, p. 338.
   Roger Martin du Gard, 10.IV.28, RMGI, p. 342.
   *Roger Martin du Gard, 16.II.35, RMGII, p. 16.
   *Reportages, 18.II.35, 109.

Francis Jammes, 4.XI.35, JAM, p. 290.

*Jean Paulhan, 27.VII.37, 339, p. 78.

Roger Martin du Gard, 28.VII.39, RMGII, p. 182.

MARIVAUX (Pierre Carlet de Chamblain de)

FAUSSES CONFIDENCES (LES)

*Jean-Louis Barrault, [décembre 1946], 287.

MARLOWE (Christopher)

HERO AND LEANDER

*Edmund Gosse, 28.XI.12, GOS, p. 84.

MARMELADOV

Voir : HARDEKOPF (Ferdinand)

MARPON

Francis Jammes, [début de mai 1896], JAM, p. 72.

MARSH (Edward Howard)

Edmund Gosse, 19.VII.15, GOS, p. 122.

MARTEL [Dr]

Charles Du Bos, 14.VI.28, BOS, p. 137.

Roger Martin du Gard, 3.IX.42, RMGII, p. 265.

MARTHE [dans l' Evangile]

Francis Jammes, 28.VIII.97, JAM, p. 300.

MARTIN (Clyde) & KINSEY (Alfred C.) & POMEROY (Wardel)

Voir : KINSEY (Alfred C.)

MARTIN-CHAUFFIER (Louis)

René Schwob 12.X.31, 188, p. 109.

Roger Martin du Gard, 2.IV.33, RMGI, p. 555.

*Roger Martin du Gard, 3.XI.33, RMGI, p. 587.

Roger Martin du Gard, [mai 1936], RMGII, p. 73.

Albert J. Guerard, 16.V.47, 193.

Roger Martin du Gard, [11.II.48], RMGII, p. 396.

MARTIN DU GARD (Christiane)

Roger Martin du Gard, 11.VII.21, RMGI, p. 166.

Roger Martin du Gard, [17.IX.21], RMGI, p. 174.

Roger Martin du Gard, [12.IX.22], RMGI, p. 192.

Roger Martin du Gard, [octobre 1922], RMGI, p. 197.

Roger Martin du Gard, 1.II.23, RMGI, p. 207.

Roger Martin du Gard, 27.IV.23, RMGI, p. 219.

Roger Martin du Gard, [fin juillet 1923], RMGI, p. 228.

Roger Martin du Gard, 21.VII.24, RMGI, p. 251.

Roger Martin du Gard, 2.XI.24, RMGI, p. 254.

Roger Martin du Gard, [avril 1925], RMGI, p. 259.

Roger Martin du Gard, [juillet-août 1925], RMGI, p. 273.

Roger Martin du Gard, 30.III.1925, RMGI, p. 273.

Roger Martin du Gard, 18.X.25, RMGI, p. 279.

Roger Martin du Gard, 29.XII.25, RMGI, p. 280.

Roger Martin du Gard, 11.VI.[26], RMGI, p. 289.

Roger Martin du Gard, 8.VII.26, RMGI, p. 296.

Roger Martin du Gard, 29.X.26, RMGI, p. 298.

Roger Martin du Gard, 3.XII.26, RMGI, p. 301.

Roger Martin du Gard, 30.VI.27, RMGI, p. 312.

Roger Martin du Gard, 14.X.27, RMGI, p. 317.

Roger Martin du Gard, 3.II.28, RMGI, p. 326.

Roger Martin du Gard, 10.II.28, RMGI, p. 330.

Roger Martin du Gard, 13.III.28, RMGI, p. 335.

Roger Martin du Gard, 30.III.28, RMGI, p. 338.

Roger Martin du Gard, 28.IX.28, RMGI, p. 355.

Roger Martin du Gard, 17.X.28, RMGI, p. 360.

Roger Martin du Gard, 21.I.29, RMGI, p. 366.

Roger Martin du Gard, [juin 1929], RMGI, p. 369.

*Arnold Bennett, 26.XII.29, BEN, p. 169.

Arnold Bennett, 23.II.30, BEN, p. 176.

Roger Martin du Gard, 26.I.31, RMGI, p. 435.
Roger Martin du Gard, 8.X.33, RMGI, p. 582.
*Roger Martin du Gard, 26.XI.33, RMGI, p. 590.
Roger Martin du Gard, 3.VII.35, RMGII, p. 37.
*Roger Martin du Gard, 23.II.36. RMGII, p. 67.
Roger Martin du Gard, 17.III.36, RMGII, p. 71.
Roger Martin du Gard, 4.IX.37, RMGII, p. 115.
Roger Martin du Gard, 16.XI.37, RMGII, pp. 124-125.
*Roger Martin du Gard, 23.IV.38, RMGII, p. 135.
Roger Martin du Gard, [fin juin 1938], RMGII, p. 144.
Roger Martin du Gard, 24.IV.39, RMGII, p. 168.
Roger Martin du Gard, 21.IX.44, RMGII, p. 281.
Roger Martin du Gard, 7.V.47, RMGII, p. 368.
*Roger Martin du Gard, 9.XII.49, RMGII, p. 470.
*Roger Martin du Gard, 5.I.50, RMGII, p. 476.
Roger Martin du Gard, 19.VI.50, RMGII, p. 489.

MARTIN DU GARD (Hélène)

Roger Martin du Gard, 17.VII.20, RMGI, p. 152.
Roger Martin du Gard, [octobre 1920], RMGI, p. 159.
Roger Martin du Gard, 11.VII.21, RMGI, p. 166.
Roger Martin du Gard, [17.IX.21], RMGI, p. 174.
Roger Martin du Gard, 12.VII.22, RMGI, p. 185.
Roger Martin du Gard, [12.IX.22], RMGI, p. 192.
Roger Martin du Gard, [octobre 1922], RMGI, p. 196.
Roger Martin du Gard, 16.IV.23, RMGI, p. 217.
Roger Martin du Gard, 27.IV.23, RMGI, p. 219.
Roger Martin du Gard, [fin juillet 1923], RMGI, p. 228.
Roger Martin du Gard, [1924], RMGI, p. 254.
Roger Martin du Gard, 19.II.[24], RMGI, p. 242.
Roger Martin du Gard, 2.IV.24, RMGI, p. 245.
Roger Martin du Gard, 4.IV.24, RMGI, p. 247.
Roger Martin du Gard, 10.IV.[24], RMGI, p. 248.
Roger Martin du Gard, 21.VII.24, RMGI, p. 251.
Roger Martin du Gard, 29.VII.24, RMGI, p. 251.
Roger Martin du Gard, 2.XI.24, RMGI, p. 254.
Roger Martin du Gard, 25.I.25, RMGI, p. 256.

Roger Martin du Gard, [mai 1925], RMGI, p. 260.
Roger Martin du Gard, I.V.25, RMGI, p. 260.
Roger Martin du Gard, [juillet-août 1925], RMGI, p. 273.
Roger Martin du Gard, 30.VIII.25, RMGI, p. 273.
Roger Martin du Gard, 18.X.25, RMGI, p. 279.
Roger Martin du Gard, 11.VI.[26], RMGI, p. 289.
Roger Martin du Gard, 8.VII.26, RMGI, p. 296.
Roger Martin du Gard, 29.X.26, RMGI, p. 298.
Roger Martin du Gard, [novembre 1926], RMGI, p.300.
Roger Martin du Gard, 3.XII.26, RMGI, p. 301.
Roger Martin du Gard, 22.II.27, RMGI, p. 306.
Roger Martin du Gard, 30.VI.27, RMGI, p. 312.
Roger Martin du Gard, 14.X.27, RMGI, p. 317.
Roger Martin du Gard, 10.II.28, RMGI, p. 330.
Roger Martin du Gard, 30.III.28, RMGI, p. 338.
Roger Martin du Gard, 10.V.28, RMGI, p. 343.
Roger Martin du Gard, 28.IX.28, RMGI, p. 355.
Roger Martin du Gard, 5.X.28, RMGI, p. 359.
Roger Martin du Gard, 17.X.28, RMGI, p. 359 et p. 360.
Roger Martin du Gard, 21.I.29, RMGI, p. 366.
Roger Martin du Gard, [juin 1929], RMGI, p. 369.
Roger Martin du Gard, [22.XII.29], RMGI, p. 384.
Roger Martin du Gard, [1930], RMGI, p. 387.
Roger Martin du Gard, 2.II.30, RMGI, p. 387.
Roger Martin du Gard, 9.II.30, RMGI, p. 392.
Roger Martin du Gard, 22.III.30, RMGI, p. 394.
Roger Martin du Gard, 6.(?)V.30, RMGI, p.396.
Roger Martin du Gard, 15.VI.30, RMGI, p. 404.
Roger Martin du Gard, 25.VII.30, RMGI, p. 415.
Roger Martin du Gard, 26.XI.30, RMGI, p. 426.
Roger Martin du Gard, 16.I.31, RMGI, p. 432.
Roger Martin du Gard, 26.I.31, RMGI, p. 435.
Roger Martin du Gard, 1.II.31, RMGI, p. 443.
*Roger Martin du Gard, 18.II.31, RMGI, pp. 447-448.
*Roger Martin du Gard, 15.IV.31, RMGI, p. 474.
Roger Martin du Gard, 13.VI.31, RMGI, p. 477.
Roger Martin du Gard, 14.VII.31, RMGI, p. 478.

Roger Martin du Gard, 20.VII.31, RMGI, p. 478.
Roger Martin du Gard, 31.VII.31, RMGI, p. 481.
Roger Martin du Gard, 2.II.32, RMGI, p. 494.
Roger Martin du Gard, 12.II.32, RMGI, p. 500.
Roger Martin du Gard, 8.X.33, RMGI, p. 582.
Roger Martin du Gard, 10.II.34, RMGI, p. 596.
Roger Martin du Gard, 11.IX.34, RMGI, p. 631.
Roger Martin du Gard, 20.IX.34, RMGI, p. 634.
Roger Martin du Gard, 16.II.35, RMGI, p. 16.
Roger Martin du Gard, 19.III.35, RMGII, p. 22.
Roger Martin du Gard, 15.IX.35, RMGII, p. 48.
Roger Martin du Gard, 30.XII.35, RMGII, p. 63.
*Roger Martin du Gard, 17.V.37, RMGII, p. 104.
Roger Martin du Gard, 27.V.37, RMGII, p. 105.
Roger Martin du Gard, 16.XI.37, RMGII, p. 125.
Roger Martin du Gard, 23.IV.38, RMGII, p. 135.
Roger Martin du Gard, 27.V.38, RMGII, p. 143.
Roger Martin du Gard, 2.X.38, RMGII, p. 153.
Roger Martin du Gard, 18.I.39, RMGII, p. 160.
Roger Martin du Gard, 24.II.39, RMGII, p. 163.
*Roger Martin du Gard, 10.VI.39, RMGII, p. 170.
Roger Martin du Gard, 28.VII.39, RMGII, p. 182.
Roger Martin du Gard, 19.IX.39, RMGII, p. 188.
Roger Martin du Gard, 13.II.40, RMGII, p. 194.
*Roger Martin du Gard, 13.IV.40, RMGII, p. 197.
Roger Martin du Gard, 14.IV.40, RMGII, p. 198.
*Roger Martin du Gard, 26.V.40, RMGII, p. 207.
Roger Martin du Gard, 14.VI.40, RMGII, p. 210.
*Roger Martin du Gard, 16.VII.40, RMGII, p. 211 et p. 212.
Roger Martin du Gard, 23.VII.40, RMGII, p. 213.
Roger Martin du Gard, [août 1940], RMGII, p. 214.
Claude Mauriac, 14.VIII.40, 197, p. 251.
Roger Martin du Gard, 7.II.41, RMGII, p. 233.
Roger Martin du Gard, 2.VI.41, RMGII, p. 234.
Roger Martin du Gard, 14.X.41, RMGII, p. 240.
Roger Martin du Gard, 29.X.41, RMGII, p. 241.
Roger Martin du Gard, 7.V.42, RMGII, p. 244.

Roger Martin du Gard, 15.VI.42, RMGII, p. 252.
Roger Martin du Gard, 31.III.43, RMGII, p. 278.
Roger Martin du Gard, 21.IX.44, RMGII, p. 281.
Roger Martin du Gard, 24.XI.44, RMGII, p. 287.
Roger Martin du Gard, 11.II.45, RMGII, p. 312.
Roger Martin du Gard, 14.III.45, RMGII, p. 316.
Roger Martin du Gard, 3.XII.46, RMGII, p. 359.
Roger Martin du Gard, 23.II.47, RMGII, p. 363.
*Roger Martin du Gard, 22.III.48, RMGII, p. 402.
Roger Martin du Gard, 30.III.48, RMGII, p. 404.
*Roger Martin du Gard, 19.X.48, RMGII, p. 429.
*Roger Martin du Gard, 21.XI.49, RMGII, p. 468.
*Roger Martin du Gard, 29.XI.49, RMGII, p. 469.
Roger Martin du Gard, 31.XII.49, RMGII, p. 474.
Roger Martin du Gard, 5.I.50, RMGII, p. 476.

MARTIN DU GARD [Les]
    X..., [août 1944], 307, p. 11.

MARTIN DU GARD (Mme Prosper)
    Roger Martin du Gard, 27.II.16, RMGI, p. 137.

MARTIN DU GARD (Maurice)
    Roger Martin du Gard, [août ou septembre 1921], RMGI, p. 173.
    Roger Martin du Gard, [octobre 1922], RMGI, p. 196.
    Roger Martin du Gard, 7.I.28, RMGI, p. 320.
    Roger Martin du Gard, 11.I.28, RMGI, p. 325.
    Roger Martin du Gard, 10.II.28, RMGI, p. 329.
    Roger Martin du Gard, 5.II.32, RMGI, p. 496.
    Roger Martin du Gard, 22.II.32, RMGI, p. 510.
    Roger Martin du Gard, 12.XI.37, RMGII, p. 122.
    Hélène Martin du Gard, 13.XI.37, RMGII, p. 527.
    Roger Martin du Gard, 2.VI.41, RMGII, p. 234.

MARTIN DU GARD (Paul)
    *Roger Martin du Gard, 10.IV.[24], RMGI, p. 248.

MARTIN DU GARD (Roger)

André Rouveyre, 21.XII.[20], ROU, p. 59.

Paul Valéry, 22.VII.22, VAL, p. 487.

*Arnold Bennett, 29.I.24, BEN, p. 131.

*Hélène Martin du Gard, 26.XII.24, RMGI, p. 668.

Hélène Martin du Gard, 14.I.25, RMGI, p. 671.

Marcel Jouhandeau, 3.II.25, JOU, pp. 17 et 18.

*Arnold Bennett, 19.II.25, BEN, pp. 145-147.

Arnold Bennett, 8.VIII.25, BEN, p. 151.

André Rouveyre, 1.VII.[27], ROU, p. 99.

*Mme X..., 17.IV.28, 63, p. 764.

Eugène Dabit, 7.VI.28, 214, p. 34.

Arnold Bennett, 8.III.29, BEN, p. 160.

Arnold Bennett, 11.III.29, BEN, p. 163.

*Jean Giono, 29.III.29, 231.

Jean Prévost, 14.VI.29, RMGI, p. 692.

*Arnold Bennett, 12.VIII.29, BEN, pp. 165-167.

Eugène Dabit, 4.IX.29, 214, p. 36.

Eugène Dabit, 5.I.30, 214, p. 40.

Arnold Bennett, 23.II.30, BEN, p. 176.

Arnold Bennett, 27.X.30, RMGI, p. 194.

*René Schwob, 30.XII.30, 188, p. 104.

Dorothy Bussy, 15.III.31, RMGI, p. 700.

*Pierre Alessandri, 27.VIII.37, 176, p. 177.

*Pierre Alessandri, 3.IX.37, 176, pp. 178-179.

Pierre Alessandri, 15.IX.37, 176, p. 185.

*Hélène Martin du Gard, 13.XI.37, RMGII, p. 527.

Hélène Martin du Gard, 19.V.38, RMGII, p. 531.

Georges Simenon, 31.XII.38, 327, p. 29.

Claude Mauriac, 14.VIII.40, 197, p. 251.

Claude Mauriac, 28.VII.41, 197, p. 254.

Paul Valéry, 5.II.42, VAL, p. 526.

Adrienne Monnier, 4.III.42, 229, p. 107.

Georges Simenon, 21.VII.45, 327, p. 39.

*Claude Mauriac, 4.VIII.45, 197, p. 278.

Maria Van Rysselberghe, 16.XII.45, RMGII, p. 335.

Ivan Bounine, [octobre 1950], 174.

BELLE SAISON (LA)

*Roger Martin du Gard, [novembre 1923], RMGI, p. 231.

CLOISONS ETANCHES

*Roger Martin du Gard, 20.XI.28, RMGI, pp. 362-363.

CONFIDENCE AFRICAINE

Roger Martin du Gard, 28.VI.30, RMGI, p. 405.

*Roger Martin du Gard, 3.VII.30, RMGI, p. 408.

Roger Martin du Gard, 1.II.31, RMGI, p. 443.

*Roger Martin du Gard, 2.II.31, RMGI, pp. 443-444.

*Roger Martin du Gard, 5.III.31, RMGI, p. 452.

*Roger Martin du Gard, 11.III.31, RMGI, pp. 458-459.

*Dorothy Bussy, 15.III.31, RMGI, p. 700.

*Roger Martin du Gard, 27.III.31, RMGI, p. 472.

Roger Martin du Gard, 14.VII.31, RMGI, p. 478.

*Roger Martin du Gard, 7.IX.31, RMGI, p. 487.

*Roger Martin du Gard, 25.V.32, RMGI, p. 522.

Roger Martin du Gard, 10.II.34, RMGI, p. 596.

Roger Martin du Gard, 8.III.37, RMGII, p. 97.

Roger Martin du Gard, 15.II.49, RMGII, p. 440.

CONSULTATION (LA)

Roger Martin du Gard, 5.XI.28, RMGI, p. 360.

Roger Martin du Gard, 21.I.29, RMGI, p. 366.

DEVENIR

Roger Martin du Gard, 13.III.14, RMGI, p. 131.

EPILOGUE

*Roger Martin du Gard, 26.IV.37, RMGII, p. 101.

Roger Martin du Gard, 23.X.37, RMGII, p. 119.

Roger Martin du Gard, 24.II.39, RMGII, p. 163.

Roger Martin du Gard, 24.IV.39, RMGII, p. 168.

*Roger Martin du Gard, 10.VI.39, RMGII, p. 169.

*Roger Martin du Gard, 28.VII.39, RMGII, pp. 181-182.

*Roger Martin du Gard, 13.II.40, RMGII, p. 194.

GONFLE (LA)
Roger Martin du Gard, 18.VII.22, RMGI, p. 187.
*Roger Martin du Gard, 30.I.24, RMGI, p. 237.
*Roger Martin du Gard, 4.IV.24, RMGI, p. 247.

JEAN BAROIS
*Jean Schlumberger, 29.VI.13, RMGI, p. 647.
*Gaston Gallimard, 2.VII.13, RMGI, p. 648.
*Gaston Gallimard, [2 ou 3.VII.13], RMGI, p. 648.
Roger Martin du Gard, 6.I.14, RMGI, p. 128.
*Roger Martin du Gard, 6.I.14, [soir], RMGI, p. 128.
Roger Martin du Gard, 27.II.16, RMGI, p. 137.
*Roger Martin du Gard, 18.VIII.19, RMGI, pp. 147-148.
Roger Martin du Gard, 17.VII.20, RMGI, p. 152.
*Roger Martin du Gard, 18.II.31, RMGI, p. 448.
Roger Martin du Gard, 18.III.34, RMGI, p. 603.
Roger Martin du Gard, 30.V.34, RMGI, p. 616.
Roger Martin du Gard, 9.X.38, RMGII, p. 155.
Roger Martin du Gard, 13.IV.46, RMGII, p. 343.
Roger Martin du Gard, 15.II.49, RMGII, p. 440.

JOURNAL DE MAUMORT
Roger Martin du Gard, 15.VI.42, RMGII, p. 251.
Roger Martin du Gard, 30.VI.42, RMGII, p. 256.
Roger Martin du Gard, 11.II.45, RMGII, p. 313.
Roger Martin du Gard, 11.I.51, RMGII, p. 508.

"Lettre ouverte à Paul Louis Couchoud"
*Roger Martin du Gard, [3.V.27], RMGI, p. 307.

[MADAME BOVARY]
*Roger Martin du Gard, 2.IV.33, RMGI, p. 555.

MORT DU PERE (LA)
*Roger Martin du Gard, 24.II.33, RMGI, p. 549.

Roger Martin du Gard, 15.VIII.33, RMGI, p. 574.
Roger Martin du Gard, 2.II.34, RMGI, p. 593.

SORELLINA (LA)
*Roger Martin du Gard, 5.XI.28, RMGI, p. 360.
Roger Martin du Gard, 21.I.29, RMGI, p. 366.
*Roger Martin du Gard, 9.II.30, RMGI, p. 391.

TACITURNE (UN)
Roger Martin du Gard, 4.III.31, RMGI, p. 451.
Roger Martin du Gard, 11.III.31, RMGI, p. 460.
Roger Martin du Gard, 13.VI.31, RMGI, p. 476.
*Roger Martin du Gard, 31.VII.31, RMGI, pp. 480-481.
*Roger Martin du Gard, 3.VIII.31, RMGI, pp. 482-483.
*Roger Martin du Gard, 13.VIII.31, RMGI, p. 485.
*Roger Martin du Gard, 7.IX.31, RMGI, p. 487.
Eugène Dabit, [novembre 1931], 303.
Roger Martin du Gard, 19.II.32, RMGI, p. 509.
Roger Martin du Gard, 8.X.33, RMGI, p. 581.
Roger Martin du Gard, 20.IX.34, RMGI, p. 633.

TESTAMENT DU PERE LELEU (LE)
*Roger Martin du Gard, 2.I.14, RMGI, p. 127.
Roger Martin du Gard, 6.I.14, RMGI, p. 128.
Roger Martin du Gard, 6.I.14, [soir], RMGI, p.128.

THIBAULT (LES)
Roger Martin du Gard, [juin 1922], RMGI, p. 184.
Roger Martin du Gard, [14.XII.22], RMGI, pp. 201-202.
Roger Martin du Gard, 26.XII.22, RMGI, p. 204.
Roger Martin du Gard, 25.II.23, RMGI, p. 211.
Roger Martin du Gard, 16.IV.23, RMGI, p. 216.
Roger Martin du Gard, 27.IV.23, RMGI, p. 218.
*Roger Martin du Gard, [novembre 1923], RMGI, pp. 234-235.
*Arnold Bennett, 29.I.24, BEN, p. 131.
Roger Martin du Gard, 21.VII.24, RMGI, p. 251.

Arnold Bennett, 19.II.25, BEN, p. 146.
*Roger Martin du Gard, 9.VI.25, RMGI, p. 268.
Roger Martin du Gard, 8.VII.25, RMGI, p. 271.
Roger Martin du Gard, 18.X.25, RMGI, p. 279.
Roger Martin du Gard, 29.XII.25, RMGI, p. 280.
Roger Martin du Gard, 14.X.27, RMGI, p. 317.
Roger Martin du Gard, 3.II.28, RMGI, p. 326.
Roger Martin du Gard, 30.III.28, RMGI, p. 338.
*Mme X..., 17.IV.28, 63, pp. 763-764.
*Roger Martin du Gard, 23.VII.28, RMGI, p. 349.
*Roger Martin du Gard, 20.XI.28, RMGI, p. 363.
Roger Martin du Gard, 25.VI.29, RMGI, p. 374.
Roger Martin du Gard, 1.XII.29, RMGI, p. 381.
Roger Martin du Gard, 1.VI.30, RMGI, p. 399.
Roger Martin du Gard, 2.II.31, RMGI, p. 444.
Roger Martin du Gard, 11.III.31, RMGI, p. 460.
Roger Martin du Gard, 28.I.32, RMGI, p. 493.
Roger Martin du Gard, 12.II.32, RMGI, p. 500.
*Roger Martin du Gard, 25.II.32, RMGI, p. 513.
Roger Martin du Gard, 25.V.32, RMGI, p. 522.
Roger Martin du Gard, 21.II.33, RMGI, p. 547.
*Roger Martin du Gard, 24.II.33, RMGI, pp. 548-549.
Roger Martin du Gard, 12.IV.33, RMGI, p. 559.
*Roger Martin du Gard, 2.V.33, RMGI, p. 566.
*Roger Martin du Gard, 9.VIII.33, RMGI, p. 570.
*Roger Martin du Gard, 15.VIII.33, RMGI, p. 574.
Roger Martin du Gard, 8.X.33, RMGI, p. 581.
Roger Martin du Gard, 2.II.34, RMGI, p. 593.
*Roger Martin du Gard, 10.II.34, RMGI, p. 596.
Roger Martin du Gard, 15.II.34, RMGI, p. 597.
*Roger Martin du Gard, 16.III.34, RMGI, p. 602.
Roger Martin du Gard, 18.III.34, RMGI, p. 603.
Roger Martin du Gard, 25.III.34, RMGI, p. 608.
Roger Martin du Gard, 25.VI.34, RMGI, p. 621.
*Roger Martin du Gard, 22.VIII.34, RMGI, p. 629.
Roger Martin du Gard, 11.IX.34, RMGI, p. 631.

*Roger Martin du Gard, 3.XII.34, RMGI, p. 639.
Roger Martin du Gard, 14.I.35, RMGII, p. 10.
Roger Martin du Gard, 22.IV.35, RMGII, p. 23.
Roger Martin du Gard, 18.V.35, RMGII, p. 32.
*Roger Martin du Gard, 13.VIII.35, RMGII, pp. 39-40.
*Roger Martin du Gard, 12.IX.35, RMGII, p. 47.
Roger Martin du Gard, 8.X.35, RMGII, p. 51.
Roger Martin du Gard, 23.II.36, RMGII, p. 67.
*Roger Martin du Gard, 17.III.36, RMGII, pp. 70-71.
*Roger Martin du Gard, 19.III.[36], RMGII, pp. 71-72.
*Roger Martin du Gard. [mai 1936], RMGII, p. 73.
*Roger Martin du Gard, 23.X.36, RMGII, p. 80.
Roger Martin du Gard, 3.XII.36, RMGII, p. 84.
Roger Martin du Gard, 10.XII.36, RMGII, p. 86 et p. 87.
Roger Martin du Gard, 23.XII.36, RMGII, p. 88.
Roger Martin du Gard, 2.I.37, RMGII, p. 89.
Roger Martin du Gard, 18.II.37, RMGII, p. 92.
*Roger Martin du Gard, 8.III.37, RMGII, p. 97.
Roger Martin du Gard, 18.I.39, RMGII, p. 160.
Roger Martin du Gard, 24.IV.39, RMGII, p. 168.
Roger Martin du Gard, 23.IX.42, RMGII, p. 270.
Roger Martin du Gard, 13.IV.46, RMGII, p. 343.
*Roger Martin du Gard, 15.VII.46, RMGII, p. 344.

UNE DE NOUS (L')

Roger Martin du Gard, 13.III.14, RMGI, p. 131.

VIEILLE FRANCE

*Roger Martin du Gard, 12.IV.33, RMGI, pp. 559-560.
*Roger Martin du Gard, 15.IV.33, RMGI, p. 562.
Roger Martin du Gard, 19.VII.33, RMGI, p. 570.
Roger Martin du Gard, 8.X.33, RMGI, p. 581.
Roger Martin du Gard, 10.II.34, RMGI, p. 596.
Roger Martin du Gard, 15.II.49, RMGII, p. 440.

MARTINI (F.M.)

*Giuseppe Prezzolini, 12.IV.13, 20, p. 1058.

MARTINO (Pierre)

Roger Martin du Gard, 12.V.45, RMGII, p. 323.

MARX (Karl)

*Roger Martin du Gard, 18.VII.32, RMGI, p. 533.
Roger Martin du Gard, 16.II.35, RMGII, p. 15.
X..., 10.I. [36], 121, p. 303.
Pierre Alessandri, 15.IX.37, 176, p. 186.
Henri Thomas, 5.II.40, 234, p. 368.

MARX (Karl) et ENGELS (Friedrich)

MANIFESTE COMMUNISTE

Roger Martin du Gard, 18.VII.32, RMGI, p. 533.

MARYE (Simone)

*Georges Henein, 27.VI.46, MAR, p. 43.
*Frédéric Dupont, 18.I.51, MAR, pp. 53-54.

MASACCIO (Thomas)

*Marcel Drouin, [fin 1895], 186, p. 381.

MASSARY (Mme Ernest de)

Paul Claudel, 20.VI.[11], CLA, p. 179.

MASSIGNON (Louis)

Roger Martin du Gard, 7.IV.48, RMGII, p. 408.

PRIERE SUR SODOME

Roger Martin du Gard, [juin 1929], RMGI, p. 369.

MASSILLON (Jean-Baptiste)

André Billy 13.VII.46, 154.

MASSIS (Henri)

*Paul Souday, 6.VI.17, 365, p. 7.
Willy Schuermans, 2.XII.21, SCHU, p. 30.
Jacques Rivière, [février 1922], 30, p. 384.
*Roger Martin du Gard, 4.XI.22, RMGI, pp. 198-199.
Louis Aragon, 12.IV.23, 31.
*Roger Martin du Gard, 30.I.24, RMGI, p. 237.
*Roger Martin du Gard, 2.IV.24, RMGI, p. 246.
André Rouveyre, 31.X.24, ROU, p. 84.
André Rouveyre, 5.XI.24, ROU, p. 87.
André Rouveyre, 10.XI.24. ROU, p. 89.
Roger Martin du Gard, [avril 1925], RMGI, p. 259.
Roger Martin du Gard, 9.VI.25, RMGI, p. 268.
*Victor Poucel, 27.XI.27, 48, p. 41.
François Mauriac, 24.IV.28, MAU, p. 76.
François Mauriac, 4.II.29, MAU, p. 79.
Roger Martin du Gard, 1.XII.29, RMGI, p. 381.
René Schwob 30.XII.30, 188, p. 105.
*Yang Tchang Lomine, 12.I.31, 74, p. 5.
Adrienne Monnier, 24.IV.31, 229, p. 105.
*Robert de Traz, [16.XI.32], 334, p. 473.
Roger Martin du Gard, 4.II.33, RMGI, p. 546.
René Schwob, 21.V.33, 188, p. 117.
*Roger Martin du Gard, 16.II.35, RMGII, p. 16.
Reportages, 18.II.35, 109.

DEFENSE DE L'OCCIDENT

Roger Martin du Gard, 5.III.31, RMGI, p. 453.

JUGEMENTS

*Roger Martin du Gard, 2.IV.24, RMGI, p. 246.

Matin

Paul Valéry, [2.X.20], VAL, p. 482.
Charles Du Bos, 4.XI.22, BOS, p. 48.

MATTHIEU [Dr]

André Rouveyre, 4 ou 5.XI.31, ROU, p. 133.

MAUCLAIR (Camille)

*Paul Valéry, [8.III.1891], VAL, p. 65.

*Paul Valéry, [C.P. 17.VI.1891], VAL, pp. 97-98.

*Paul Valéry, 29.VI.91, VAL, p. 105.

*Paul Valéry, [septembre 1891], VAL, p. 130.

Paul Valéry, [février 1892], VAL, p. 146.

Paul Valéry, [C.P.13.III.92], VAL, p.152.

Paul Valéry, [28.V.94], VAL, p. 205.

*Mme Paul Gide, [2.X.94], 359, p. 151.

*Paul Valéry, [C.P.15.XII.95], VAL, pp. 254-255.

Marcel Drouin, [fin 1895], 186, p. 382.

Francis Jammes, [début de juin 1897], JAM, p. 110.

Louis Comte, [novembre 1897], JAM, p. 303.

*Maurice Beaubourg, [20.XII.1900], 216, p. 767.

Christian Beck, [25.X.06], 165, p. 616.

Paul Claudel, 14.III.[07], CLA, p. 72.

Paul Claudel, 20.VI.07, CLA, p. 75.

*Franz Blei, 23.IV.08, 358, p. 204.

Francis Jammes, 15.VI.09, JAM, p. 260.

Paul Iseler, 26.XI.31, 132.

Roger Martin du Gard, 30.V.34, RMGI, p. 616.

Roger Martin du Gard, 21.I.36, RMGII, p. 66.

MAUDURIER (M.)

Gouverneur Général intérimaire de l'Afrique Equatoriale Française, 6.XI.25, 57.

MAUFRAIS (Raymond)

*Roger Martin du Gard, 7.VII.50, RMGII, p. 492.

MAULNIER (Thierry)

*Roger Martin du Gard, 6.III.49, RMGII, p. 446.

François Mauriac, 13.XI.49, MAU, p. 111.

Roger Martin du Gard, 21.XI.49, RMGII, p. 469.

MAUPASSANT (Guy de)

Roger Martin du Gard, 2.VI.30, RMGI, p. 400.

MAUPOIL (Bernard)

*Roger Martin du Gard, 6.(?).V.30, RMGI, p. 395.

Roger Martin du Gard, 26.XI.33, RMGI, p. 590.

Roger Martin du Gard, 1.IV.38, RMGII, p. 129.

MAURIAC (Claire)

François Mauriac, 29.VI.46, MAU, p. 103.

MAURIAC (Claude)

François Mauriac, 14.XII.37, MAU, p. 89.

*Roger Martin du Gard, 10.VI.39, RMGII, p. 169.

François Mauriac, 22.VI.39, MAU, p. 91.

*François Mauriac, 22.VII.39, MAU, p. 94.

*Roger Martin du Gard, 28.VII.39, RMGII, p. 181.

François Mauriac, 17.VIII.39, MAU, p. 95.

*Roger Martin du Gard, 19.IX.39, RMGII, p. 187.

*François Mauriac, 26.IX.39, MAU, p. 96.

François Mauriac, 9.I.40, MAU, p. 98.

Roger Martin du Gard, 26.V.40, RMGII, p. 207.

*François Mauriac, 3.VII.40, MAU, p. 99.

François Mauriac, 29.VII.41, MAU, p. 100.

François Mauriac, 6.X.41, MAU, p. 100.

François Mauriac, 13.XII.41, MAU, p. 101.

*Roger Martin du Gard, 21.IX.44, RMGII, p. 280.

*François Mauriac, 13.XII.44, MAU, pp. 101-102.

François Mauriac, 29.VI.46, MAU, p. 104.

AIMER BALZAC

*Claude Mauriac, 4.VIII.45, 197, pp. 278-280.

*Claude Mauriac, 6.VIII.45, 197, pp. 280-281.

"Précisions sur l'Enfer"

Claude Mauriac, 1.IV.40, 197, p. 242.

"Réponse à Bernard Lecache"

*Claude Mauriac, [1.XI.38], 197, pp. 19-20.

MAURIAC (François)

Paul Souday, 21.IV.28, 68, p. 67.
Jean Paulhan, 25.IV.28, 46, p. 721.
Arnold Bennett, 8.III.29, BEN, 160.
Arnold Bennett, 11.III.29, BEN, p. 163.
*Charles Du Bos, 10.IV.29, BOS, pp. 178-180.
*Roger Martin du Gard, 2.VI.30, RMGI, p. 400.
Roger Martin du Gard, 28.VI.30, RMGI, p. 406.
Roger Martin du Gard, 5.III.31, RMGI, p. 452.
*Roger Martin du Gard, 11.III.31, RMGI, p. 459.
Roger Martin du Gard, 27.III.31, RMGI, p. 472.
*Roger Martin du Gard, 16.II.35, RMGII, p. 16.
Reportages, 18.II.35, 109.
Roger Martin du Gard, 8.X.35, RMGII, p. 51.
*Roger Martin du Gard, 23.X.37, RMGII, p. 119.
Roger Martin du Gard, 24.II.39, RMGII, p. 163.
Roger Martin du Gard, 10.VI.39, RMGII, p. 169.
Henri Dommartin, 8.VII.39, 138, p. 333.
*André Maurois, 26.VII.39, 223, p. 14.
*Roger Martin du Gard, 28.VII.39, RMGII, p. 181.
*Claude Mauriac, 16.IX.39, 197, p. 235.
*Roger Martin du Gard, 19.IX.39, RMGII, p. 187.
Claude Mauriac, 23.XII.39, 197, p. 239.
Claude Mauriac, 13.VII.40, 197, p. 250.
Claude Mauriac, 14.VIII.40, 197, p. 251.
*Claude Mauriac, 11.VII.41, 197, p. 254.
Claude Mauriac, 28.VII.41, 197, p. 254.
*Edmond Jaloux, 18.IX.41, 178, p. 297.
Roger Martin du Gard, 5.XII.44, RMGII, p. 290.
Claude Mauriac, 3.II.45, 197, p. 266.
Roger Martin du Gard, 5.IV.45, RMGII, p. 318.
Roger Martin du Gard, 12.V.45, RMGII, p. 324.
Roger Martin du Gard, 23.VIII.45, RMGII, p. 329.
*Roger Martin du Gard, 22.V.47, RMGII, p. 369.
Lucien Combelle, 4.IX.47, 190, p. 108.
*Claude Mauriac, 3.X.47, 197, p. 283.
*Roger Martin du Gard, 26.XI.50, RMGII, p. 502.

"Anthologie (Une)"
 *François Mauriac, 5.VII.49, MAU, pp. 109-110.

"A propos d'André Gide, réponse à M. Massis"
 *François Mauriac, 29.XII.21, MAU, pp. 64-65.

ASMODEE
 *François Mauriac 14.XII.37, MAU, p. 89.

CE QUI ETAIT PERDU
 Roger Martin du Gard, 1.VI.30, RMGI, p. 399.
 *Roger Martin du Gard, 28.VI.30, RMGI, p. 406.

"Derniers feuillets de Faust (Les)"
 *François Mauriac, 21.VI.48, MAU, p. 107.
 *Roger Martin du Gard, 22.VI.48, RMGII, p. 413.

DESTINS
 *François Mauriac, 24.IV.28, MAU, pp. 75-76.

DIEU ET MAMMON
 *François Mauriac, 14.XII.37, MAU, p. 89.

"Don Juan d'Aix-en-Provence"
 *François Mauriac, 13.XI.49, MAU, p. 111.

"Exemple de Léon Blum (L')
 *François Mauriac, 5.IV.50, MAU, pp. 115-116.

"Evangile selon André Gide (L')"
 *François Mauriac, [1927], MAU, p. 73.
 *François Mauriac, 7.X.[27], MAU, pp. 73-75.

"Jeunesse littéraire (La)"
 *François Mauriac, 15.IV.12, MAU, p. 61.

"Leçon d'un verdict (La)"
 *François Mauriac, 26.XI.46, MAU, p. 104.

"Lettre à Jacques Rivière"
 *François Mauriac 11.XII.49, MAU, pp. 113-114.

"Maisons fugitives"
 François Mauriac, 9.I.40, MAU, p. 98.

NOEUD DE VIPERES
 *François Mauriac, 17.IV.32, MAU, p. 85.

"Notre raison d'être"
 *François Mauriac, 13.XI.49, MAU, p. 111.

"Orgueil des poètes (L')"
 *Roger Martin du Gard, 12.IX.35, RMGII, p. 48.

PHARISIENNE (LA)
 François Mauriac, [29.VII.41], MAU, p. 100.
 *François Mauriac, 6.X.41, MAU, p. 100.

"Pierre d'achoppement (La)"
 *Roger Martin du Gard, 7.IV.48, RMGII, p. 408.
 *François Mauriac, 21.VI.48, MAU, p. 107.

"Qui triche?"
 *François Mauriac, 21.VII.32, MAU, p. 86.

"Sang d'Atys (Le)"
 *François Mauriac, 9.I.40, MAU, p. 98.

"Saül d'André Gide"
 *François Mauriac, [1.VII.22], MAU, p. 69.

"Soirée perdue (Une)"
 *François Mauriac, 7.III.50, MAU, p. 115.

SOUFFRANCES ET BONHEUR DU CHRETIEN
 *François Mauriac, 14.VII.[31], MAU, p. 84.

VIE DE JEAN RACINE
 *François Mauriac, 24.IV.28, MAU, pp. 75-76.
 Jean Paulhan 25.IV.28, 46, p. 721.
 *François Mauriac, 10.V.28, MAU, p. 77.
 *François Mauriac, 4.II.29, MAU, p. 79.

MAURIAC (Jean)
 *François Mauriac, 29.VI.46, MAU, pp. 103-104.

MAURIAC [les]
 *Roger Martin du Gard, 10.VI.39, RMGII, p. 169.
 *Roger Martin du Gard, 27.VII.49, RMGII, p. 459

MAURIAC (Mme François)
 François Mauriac, 17.VIII.39, MAU, p. 95.

MAUROIS (André)
 Roger Martin du Gard, [14.XII.22], RMGI, p. 202.
 Charles Du Bos, [1924], BOS, p. 75.
 Charles Du Bos, 27.II.24, BOS, p. 65.
 *André Thérive, 14.V.28, 55, p. 309.
 Roger Martin du Gard, 25.V.30, RMGI, p. 397.
 *Roger Martin du Gard, 9.VIII.33, RMGI, p. 570.
 Roger Martin du Gard, 24.II.39, RMGII, p. 163.
 Henri Dommartin, 8.VII.39, 138, p. 333.
 *Claude Mauriac, [29], VII.39, 197, p. 201.
 Roger Martin du Gard, 19.IX.39, RMGII, p. 187.
 *Claude Mauriac, 3.II.45, 197, p. 266.

MAUROIS (Gérald)
 *Roger Martin du Gard, 18.IX.41, RMGII, pp. 236-237.

MAURRAS (Charles)
 *Paul Souday, 6.VI.17, 365, p. 7.

Arnold Bennett, 26.I.21, BEN, p. 113.
Roger Martin du Gard, 17.II.32, RMGI, p. 505.
[?], Georges Redard, 24.IV.42, 321, p. 4.
M.D. [sic], 7.XI.19[?], 115, p. 465.

TROIS IDÉES POLITIQUES

*Paul Valéry, 11.VII.[99]. VAL, pp. 348-349.

MAURY (Lucien)

*L'Intransigeant, [décembre 1927], 42, p. 2.
*Roger Martin du Gard, 22.XI.47, RMGII, p. 387.
Roger Martin du Gard, 15.XII.47, RMGII, pp. 388-389.
*Roger Martin du Gard, 22.III.48, RMGII, p. 402.
Roger Martin du Gard, 19.X.48, RMGII, p. 429.

MAUS (Octave)

Georges Eekhoud, [2.IV.1900], 349, p. 44.

MAUTE (Mathilde)

Voir : VERLAINE (Mathilde)

MAX (Edouard de)

Raymond Bonheur, [4.VII.98], BON, p. 40.
Paul Valéry, [C.P. 10.VII.98], VAL, p. 322.
X..., 25.XII.[1900?], 242a.
Raymond Bonheur, [15.IV.1901], BON, p. 61.
*Raymond Bonheur, [17.IV.04], BON, p. 86.
*Raymond Bonheur, [avril 1904], BON, p. 87.
Raymond Bonheur, [12.I.05], BON, p. 89.
Raymond Bonheur, [20.I.05], BON, p. 90.
Raymond Bonheur, 10.X.06, BON, p. 95 et p. 96.
Emile Verhaeren, 9.IV.12, VER, p. 80.

MAXWELL (James)

Paul Valéry, [juillet 1896], VAL, p. 271.

MAYRISCH (Aline)

Voir : MAYRISCH (Mme Emile)

MAYRISCH (Andrée)

Roger Martin du Gard, [12.IX.22], RMGI, p. 192.

MAYRISCH (Emile)

Mme Emile Mayrisch, 25.VII.13, 236, p. 98.
Mme Emile Mayrisch, 21.VI.19, 236, p. 99.
*Roger Martin du Gard, 13.III.28, RMGI, p. 334.
*Charles Du Bos, 15.III.28, BOS, p. 133.

MAYRISCH [Les]

Paul Valéry, 7.I.20, VAL, p. 477.
Paul Valéry, 16.IX.20, VAL, p. 481.
Walter Rathenau, 25.VI.21, 53, p. 305.
Roger Martin du Gard, 20.VIII.21, RMGI, p. 171.

MAYRISCH (Mme Emile)

Rainer Maria Rilke, [17.II.14], RIL p. 98.
Paul Valéry, 16.IX.20, VAL, p. 481.
*Rainer Maria Rilke, 13.V.21, RIL, p. 155.
Rainer Maria Rilke, 19.XII.21, RIL, p. 174.
Roger Martin du Gard, [12.IX.22], RMGI, p. 192.
Roger Martin du Gard, 16.IV.23, RMGI, p. 216.
Roger Martin du Gard, 27.IV.23, RMGI, p. 218.
Roger Martin du Gard, 22.XI.29, RMGI, p. 379.
Roger Martin du Gard, 28.IX.33, RMGI, p. 578.
Roger Martin du Gard, 19.IX.39, RMGII, p. 188.
Roger Martin du Gard, 26.V.40, RMGII, p. 208.
Claude Mauriac, 13.VII.40, 197, p. 251.
Roger Martin du Gard, 16.VII.40, RMGII, p. 212.
*Claude Mauriac, 14.VIII.40, 197, p. 252.
Roger Martin du Gard, 29.IX.40, RMGII, p. 223.
Roger Martin du Gard, 19.VII.41, RMGII, p. 234.
*Roger Martin du Gard, 22.IX.41, RMGII, p. 239.
X..., [août 1944], 307, p. 11.
Roger Martin du Gard, 17.IX.46, RMGII, p. 351.
*Robert Stumper, 7.II.47, 236, p. 72.

MAYRISCH (Mme Emile)

Voir aussi : SAINT-HUBERT (A.M. de)

EULENSPIEGEL

*Mme Emile Mayrisch, 3.VIII.11, 236, pp. 95-96.

*Mme Emile Mayrisch, 12.VIII.11, 236, pp. 96-97.

"Rainer Maria Rilke et son dernier livre Les Cahiers de Malte Laurids Brigge"

Mme Emile Mayrisch, 9.XI.10, 236, p. 75.

*Mme Emile Mayrisch, 14.I.11, RIL, p. 53 et 236, pp. 93-94.

*Mme Emile Mayrisch, 9.II.11, 236, p. 94.

Mme Emile Mayrisch, 19.II.11, 236, p. 95 et RIL, p. 55.

*Rainer Maria Rilke, [fin mai 1911], RIL, p. 58.

*Mme Emile Mayrisch, 4.VII.11, RIL, p. 61.

MAZARIN (Jules Mazarini, dit)

Paul Valéry, [septembre 1893], VAL, p. 187.

MAZEREAU

*Francis Jammes, [fin de décembre 1904], JAM, p. 225.

MAZUE (Mme)

Mme Paul Gide, 8.II.95, 237, p. 461.

M'BIRI

Gouverneur Général intérimaire de l'Afrique Equatoriale Française, 6.XI.25, 57.

MEDICIS

Mme Paul Gide, 23.V.94, 237, p. 325.

Mme Paul Gide, 28.V.94, 237, p. 326.

Méduse (La)

Paul Valéry, [5.V.92], VAL, p. 161.

Paul Valéry, [28.V.94], VAL, p. 204.

MELOT DU DY (Robert)

HOMMERIES

Robert Melot du Dy, 14.XII.[24], 349, p. 95.

MELVILLE (Herman)

Arnold Bennett, 14.IX.30, BEN, p. 191.

*Henri Thomas, 4.XII.[39], 234, p. 367.

MOBY DICK

*Arnold Bennett, 28.VII.30, BEN, p. 186.

*Roger Martin du Gard, 29.IX.30, RMGI, p. 412.

Sylvia Beach, 27.X.35, 275, p. 130.

MEMLING (Hans)

Paul Valéry, [8.VIII.91], VAL, p. 115.

MENARCE [Baronne de]

Simone Marye, 17.I.40, MAR, p. 32.

MENDES (Catulle)

Paul Valéry, [mars 1895], VAL, p. 235.

Jean Cocteau, 12.V.22, COC, p. 117.

André Rouveyre, 14.IV.24, 357, p. 32.

MERCIER (Louis)

Francis Jammes, 14.X.04, JAM, p. 216.

Mercure de France

Francis Jammes, [début d'août] 95, JAM, p. 53.

Francis Jammes, [novembre 1895], JAM, p. 59.

Francis Jammes, [début juillet 1896], JAM, p. 79.

Paul Valéry, [fin de septembre 1896], VAL, p. 278.

Henri Albert, 4.IX.96, 229a.

Paul Valéry, [C.P. 3.I.97], VAL, p. 284.

Paul Valéry, [février 1897], VAL, p. 286.

Christian Beck, 3.VI.97, 164, p. 389.

Louis Comte, [novembre 1897], JAM, p. 303.
X..., [1898], 86, p. 492.
Marcel Drouin, 26.III.98, 186, p. 389.
Francis Jammes, 17.IV.98, JAM, p. 137.
Paul Valéry, [C.P.septembre 1898], VAL, p. 334.
Paul Valéry, 8.IX.[98], VAL, p. 330.
Christian Beck, [juin 1899], 164, p. 392.
*Christian Beck, [1900?], 164, p. 394.
Christian Beck, [1900? - 1901?], 164, p. 395.
X..., 17.XII.01, 366, p. 18.
Christian Beck, [s.d.], 164, p. 396.
Rémy de Gourmont, [mars 1902], 133, p. 4.
Alfred Vallette, 1.IX.03, 9, p. 286.
Stuart Mason, 9.IX.04, 12.
Stuart Mason, 14.IX.04, 12.
*Francis Jammes, 14.X.04, JAM, p. 215.
Francis Jammes, [13.XII.04], JAM, p. 220.
Francis Jammes, [18.IV.05], JAM, p. 226.
Emile Haguenin, 23.X.07, 358, p. 198 et p. 201.
Paul Claudel, 24.X.07, CLA, p. 78.
*Emile Haguenin, 13.I.08, 358, p. 202.
Francis Viélé-Griffin, 6.II.08, 240, p. 114.
Francis Jammes, 5.IV.08, JAM, p. 251.
Franz Blei, 23.IV.08, 358, p. 205.
Eugène Rouart, [juin 1908], 268, p. 507.
Paul Valéry, [4.VII.09], VAL, p. 419.
*Francis Jammes, 26.X.09, JAM, p. 261.
André Ruyters, 16.XI.09, 349, p. 67.
André Rouveyre, [décembre 1909], ROU, p. 52.
Christian Beck, [janvier 1910], 165, p. 633.
*Paul Claudel, [Mars 1910], CLA, p. 130.
Edmund Gosse, 10.III.10, GOS, p. 55.
Paul Claudel, 14.VI.10, CLA, p. 138.
Paul Claudel, 22.II.11, CLA, p. 161.
Paul Claudel, 1.IV.11, CLA, p. 170.
Paul Claudel, 10.XII.11, CLA, p. 185.
Valery Larbaud, [1911], 169, p. 158.

André Suarès, 1.VII.[12], SUA, p. 63.
Paul Valéry, 19.VII.[12], VAL, p. 425.
Joseph Conrad, 13.VIII.12, 308, p. 152.
Le Temps, 19.IX.13, 22.
André Suarès 14.III. [15], SUA, p. 75.
Edmund Gosse, 6.II.16, GOS, p. 127.
*Paul Valéry, 1.XI.17, VAL, p. 457.
Paul Valéry, 6.X.19, VAL, p. 476.
André Rouveyre, 21.XII.[20], ROU, p. 59.
René Schwob, 1.V.23, 188, p. 96.
*André Rouveyre, 9.VI.23, ROU, p. 63.
André Rouveyre, [II.VI.23], ROU, p. 69.
André Rouveyre, 31.X.24, ROU, p. 85.
Alfred Vallette, 3.II.[25], 37, p. 563.
Roger Martin du Gard, 14.X.27, RMGI, p. 317.
Jean Paulhan, 25.IV.28, 46, p. 721.
André Rouveyre, [mai 1928], ROU, p. 110 et p. 111.
André Thérive, 14.V.28, 55.
Alfred Vallette, [septembre 1935], 114, p. 663.
C.-F. Ramuz, 7.II.36, 352, p. 281.
Paul Leautaud, 24.XII.46, 357, p. 38.
Roger Martin du Gard, 8.IX.47, RMGII, p. 379.
Roger Martin du Gard, [28.I.48], RMGII, p. 395.
Roger Martin du Gard, 6.III.49, RMGII, p. 446.

MEREDITH (George)
René Boylesve, 24.X.12, 208, p. 85.
*Charles Du Bos, [automne 1920], 62.
*Arnold Bennett, 15.XI.20, BEN, p. 105.

BEAUCHAMP'S CAREER
Arnold Bennett, 28.VII.30, BEN, p. 186.
*Arnold Bennett, 27.X.30, BEN, p. 194.

EVAN HARRINGTON
Arnold Bennett, 14.IX.30, BEN, p. 190.
*Roger Martin du Gard, 29.IX.30, RMGI, p. 419.
*Arnold Bennett, 27.X.30, BEN, pp. 193-194.

MERIEM

    Pierre Louÿs, 1.II.94, 237, p. 301.

    Paul-Albert Laurens, 20.VII.94, 237, p. 345.

MERIMEE (Prosper)

"Ames du purgatoire (Les)"

    Mme Paul Gide, 16.IV.94, 237, p. 321.

MERMOD

    C.-F. Ramuz, 7.II.36, 352, p. 280.

    C.-F. Ramuz, 20.I.37, 352, p. 296.

MERRILL (Stuart)

    Paul Valéry, [28.XI.91], VAL, p. 139.

    Paul Valéry, [décembre 1891], VAL, p. 141.

MERTENS (Eva)

    Roger Martin du Gard, 6.(?).V.30, RMGI, p. 396.

MESMER (Friedrich Anton)

    *Claude Mauriac, 6.VIII.45, 197, p. 281.

MESSAOUD

    Francis Jammes, [juillet 1897], JAM, p. 115.

MEISYS Quentin)

    Paul Valéry, [8.VIII.91], VAL, p. 115.

METTMAN [Les]

    Paul Valéry, 21.X.[1900], VAL, p. 376.

METZGER

    Francis Jammes, [juillet 1897], JAM, p. 115.

MEYER

    *Francis Jammes, [fin de décembre 1904], JAM, p. 225.

MEYER (Jean)

    Richard Heyd, 27.II.50, 349, p. 130.

    Roger Martin du Gard, 16.V.50, RMGII, p. 485.

    *Roger Martin du Gard, 23.V.50, RMGII, p. 486.

    *Dorothy Bussy, 5.VII.50, 281, p. 17.

    *Roger Martin du Gard, 7.IX.50, RMGII, p. 497.

    *Roger Martin du Gard, 23.XI.50, RMGII, p. 501.

    *Georges Simenon, 29.XI.50, 327, p. 47.

    *Roger Martin du Gard, 11.I.51, RMGII, p. 507.

MEZIERES

[Article sur Michel-Ange]

    *Eugène Rouart, 13.VIII.12, 244, p. 23.

MHAMMAR

    Athman, 20.VII.94, 237, p. 347.

MICHAUD

    Roger Martin du Gard, 31.V.28, RMGI, p. 346.

MICHAUX (Henri)

    Jean de Boschère, 24.III.42, 349, p. 122.

MICHEL-ANGE

    *Mme Paul Gide, 30.IV.94, 237, p. 322.

    André Bourgeois, 1.XI.06, PEG, p. 21.

    Paul Valéry, 4.III.18, VAL, p. 465.

    Jacques Rivière, [mai 1919], 28, p. 123.

    *François Le Grix, 10.III.23, 58.

    *Henri Ghéon, [octobre 1932], 76, p. 633.

    Roger Martin du Gard, 17.V.37, RMGII, p. 104.

    Roger Martin du Gard, 11.VII.49, RMGII, p. 457.

MICHELET (Jules)

    Paul Valéry, [8.III.1891], VAL, p. 65.

    *Mme Paul Gide, 4.V.94, 237, p. 323.

Mme Paul Gide, 29.VI.94, 237, p. 336.

Paul Valéry, 11.VII.[99], VAL, p. 349.

Roger Martin du Gard, 14.I.35, RMGII, p. 10.

AMOUR (L')

*Paul Valéry, [début d'août 1891], VAL, p. 118.

SORCIERE (LA)

*Paul Valéry, [C.P.17.VI.1891], VAL, p. 97.

MICKAEL

Mme Paul Gide, 14.XI.93, 237, p. 290.

MILOSZ (O.W.)

*Francis de Miomandre, [1900?], 282, p. 1150 et p. 1151.

MILTON (John)

PARADISE LOST

Edmund Gosse, 29.XII.14, GOS, p. 116.

MINDSZENTY (Jozsef)

*Roger Martin du Gard, 6.III.49, RMGII, p. 446.

*Roger Martin du Gard, 21.III.49, RMGII, p. 450.

Ministère des colonies

*Eugène Rouart, 21.I.27, 274a.

MIOMANDRE (Francis de)

*Francis Jammes, 14.X.04, JAM, p. 215.

Paul Valéry, 13.VI.17, VAL, p. 447.

Paul Valéry, [C.P.28.VI.17], VAL, p. 450.

MIRBEAU (Octave)

Francis Viélé-Griffin, 11.VI.1900, 240, p. 111.

*Emile Haguenin, 23.X.07, 358, p. 199.

Mme Tournayre, 6.XII.10, 220, p. 72 et 272, p. 143.

JOURNAL D'UNE FEMME DE CHAMBRE (LE)

*Francis Viélé-Griffin, 11.VI.1900, 240, p. 111.

MITHOUARD (Adrien)

Francis Jammes, 24.I.09, JAM, p. 255.

*Francis Jammes, 27.I.09, JAM, p. 255 et p. 257.

Paul Claudel, 31.I.09, CLA, p. 97.

Paul Claudel, 15.II.10, CLA, p. 120.

Paul Claudel, 12.III.10, CLA, p. 127.

Paul Claudel, [17.IV.10], CLA, p. 131.

Paul Claudel, 14.VI.10, CLA, p. 138.

MIUS

Raymond Bonheur, 28.VI.[03], BON, pp. 80 et 81.

MOCKEL (Albert)

Paul Valéry, 29.VI.91, VAL, p. 105.

Paul Valéry, [9.VII.91], VAL, p. 108.

Paul Valéry, [2.II.92], VAL, p. 148.

Paul Valéry, [février 1897], VAL, p. 286.

M. Hirschfeld, [juillet 1928], 52.

*Paul Dresse de Lébioles, 23.I.36, 349, p. 113.

PROPOS DE LITTERATURE

*Albert Mockel, [juillet 1894], 349, p. 16.

MOCKEL (Mme Albert)

Albert Mockel, 18.XI.18, 294, p. 91.

MOCKEL (Marie)

Albert Mockel [août 1899], 349, p. 38.

MOCKEL (Robert)

Albert Mockel 18.XI.18, 294, p. 91.

MOCTADAR (Calife)

Paul Valéry, [28.V.94], VAL, p. 205.

MOHAMMED

    Athman, 20.VII.94, 237, p. 346.

    *X..., 3.IV.95, 237, p. 484.

MOISE

    Paul Valéry, [début d'août 1891], VAL, p. 118.

    Paul Claudel, 7.XI.06, CLA, p. 67.

MOLIERE

    Jeanne Rondeaux, [août 1892], 233, p. 92.

    Francis Jammes, 20.II.97, JAM, p. 101.

    Marcel Drouin, [avril 1898], 186, p. 390.

    *Emile Haguenin, 23.X.07, 358, p. 200.

    Valery Larbaud, [mai 1913], 21, p. 1045.

    Paul Souday, 13.IV.25, 38, p. 62.

    Roger Martin du Gard, 9.II.30, RMGII, p. 391.

    Paul Valéry, 15.VIII.41, VAL, p. 523.

    André Billy, 13.VII.46, 154.

BOURGEOIS GENTILHOMME (LE)

    Marcel Drouin [*fin 1895*], 186, p. 382.

DON JUAN

    Roger Martin du Gard, 14.I.35, RMGII, p. 11.

FOURBERIES DE SCAPIN (LES)

    *Roger Martin du Gard, 6.III.49, RMGII, p. 447.

MONSIEUR DE POURCEAUGNAC

    Roger Martin du Gard, 14.X.41, RMGII, pp. 239-240.

MOLL (Albert)

PERVERSION DE L'INSTINCT GENITAL, ETUDE SUR L'INVERSION SEXUELLE, BASEE SUR DES DOCUMENTS OFFICIELS

    *X...[octobre 1894], 237, p. 522.

Monde

    Roger Martin du Gard, 18.V.35, RMGII, p. 31.

MONDOR (Henri)

    Roger Martin du Gard, 3.XII.46, RMGII, p. 359.

MONET (Claude)

    Paul Valéry, [27.XI..93], VAL, p. 192.

MONNIER (Adrienne)

    *Paul Valéry, [printemps 1921], VAL, p. 483.

    Roger Martin du Gard, 2.XI.24, RMGI, p. 254.

    Sylvia Beach, 27.X.35, 275, p. 130.

    Henri Thomas, 4.XII.[39], 234, p. 366.

    Henri Thomas, 8.II.40, 234, p. 368.

MONNIER (Henry)

    Roger Martin du Gard, 2.X.28, RMGI, p. 357.

    Roger Martin du Gard, 12.IX.35, RMGII, p. 48.

MONSABRE [Père de]

    Roger Martin du Gard, 17.X.28, RMGI, p. 360.

MONTAIGNE (Michel Eyquem de)

    Edmund Gosse, 16.I.27, GOS, p. 190.

    Roger Martin du Gard, 23.VII.28, RMGI, p. 349.

    *Roger Martin du Gard, 2.X.28, RMGI, p. 357.

    Roger Martin du Gard, 17.X.28, RMGI, p. 360.

    René Schwob, 17.XI.28, 59, p. 58.

    Roger Martin du Gard, 20.XI.28, RMGI, p. 363.

    *Paul Souday, 7.IV.29, 68.

    *Roger Martin du Gard, 22.III.31, RMGI, p. 467.

    *Roger Martin du Gard, 18.VII.32, RMGI, p. 533.

    *Albert Thibaudet, 18.VI.35, 112, p. 142.

    Roger Martin du Gard, 7.V.38, RMGII, p. 138.

    *Henri Donmartin, 8.VII.39, 138, p. 333.

    *Gabriel Audisio, 5.XII.40, 142, p. 553.

    *Roger Martin du Gard, 17.X.46, RMGII, p. 355.

MONTALEMBERT (Charles de)
　Roger Martin du Gard, 23.VIII.45, RMGII, p. 330.

MONTESQUIEU (Charles de Secondat, baron de)
　Jean Schlumberger, [juin 1902], 179, p. 152.
　*Emile Haguenin, 23.X.07, 358, p. 200.
　Paul Souday, 13.X.23, 33, p. 118.
　Charles Du Bos, 26.VI.28, BOS, p. 143.

"Mémoire sur la Constitution"
　*Roger Martin du Gard, 9.X.38, RMGII, p. 155.

NOTES DE VOYAGE
　Maurice Drouin, 1.III.08, 239, p. 98.

TEMPLE DE GNIDE
　Jeanne Rondeaux, [août 1892], 233, p. 91.

MONTESQUIOU [Comte Robert de]
　*Franz Blei, 23.IV.08, 358, p. 205 et p. 206.
　Roger Martin du Gard, 8.IX.47, RMGII, p. 379.

MONTET
　Roger Martin du Gard, 14.VI.36, RMGII, p. 75.

MONTFORT (Eugène)
　Francis Jammes, 5.V.[98], JAM, p. 141.
　Christian Beck, [1900], 164, p. 394.
　*Christian Beck, 6.IV.08, 165, p. 626.
　*Edmond Jaloux, 5.X.[08], 348, p. 116.
　Christian Beck, 12.X.08, 165, p. 627.
　*Paul Claudel, 9.I.09, CLA, p. 95.
　*Francis Jammes, 27.I.09, JAM, p. 256.
　Francis Jammes, [28.XII.09], JAM, p. 268.
　*Paul Claudel, [juin 1910], CLA, p. 143.
　Christian Beck, 26.I.[12], 165, p. 635.
　Paul Souday, 28.X.22, 139, p. 744.

OUBLI DES MORTS (L')
　*Roger Martin du Gard, [fin juillet 1923], RMGI, p. 228.

MONTHERLANT (Henri de)
　Roger Martin du Gard, 30.VI.27, RMGI, p. 312.
　*Roger Martin du Gard, 10.IX.40, RMGII, p. 218.

PARADIS A L'OMBRE DES EPEES (LE)
　Arnold Bennett, 29.I.24, BEN, p. 132.

MONZIE (Anatole de)
　Roger Martin du Gard, 15.IV.33, RMGI, p. 562.
　*Simone Marye, 22.I.40, MAR, p. 35.

MOORE (George)
　André Levinson, [mars ou avril 1931], 70, p. 792.

MOREAS (Jean)
　*Paul Valéry, 26.I.91, VAL, p. 46.
　Paul Valéry, [février 1891], VAL, p. 53.
　*Franz Blei, 23.IV.08, 358, p. 205.
　Jean-Marc Bernard, [s.d.], 106, p. 582.
　Paul Souday, 13.IV.25, 38, p. 61.
　*André Rouveyre, 15.VII.46, ROU, p. 158.

FEUILLETS
　Francis Jammes, 8.X.[03], JAM, p. 205.

MORGAN (Charles)
　*Roger Martin du Gard, 7.VIII.46, RMGII, p. 346.

MORGAN (Michèle)
　*XXe Siècle, [février 1946]. 152.

MORICE (Charles)
　Valery Larbaud, 30.X.08, 169, p. 125.

MORTIER (Pierre)
*François Mauriac, 22.VII.39, MAU, pp. 93-94.

MORTIMER (Raymond)
*Georges Simenon, 14.VII.45, 327, p. 39.
Georges Simenon, 21.VII.45, 327, p. 39.

MOUNIER (Emmanuel)
Pierre Alessandri, 9.IX.37, 176, p. 182.
*Roger Martin du Gard, 10.VI.39, RMGII, p. 170.

MOZART (Wolfgang)
Mme Paul Gide, 22.III.92, 237, p. 154.
*Henri Ghéon, [octobre 1932], 76, pp. 632-634.
Jean-Louis Barrault, [décembre 1946], 287.

MUHLFELD (Jeanne)
*Paul Valéry, 5.I.18, VAL, p. 460.
Paul Valéry, 16.I.18, VAL, p. 462.
Paul Valéry, 4.III.18, VAL, p. 465.
Paul Valéry, 12.III.18, VAL, p. 467.
Marcel Proust, 14.VI.22, PRO, p. 90.
François Mauriac, [1927?], MAU, p. 72.

MUHLFELD (Mme Lucien)
Voir : MUHLFELD (Jeanne)

MURILLO (Bartolomé ESTEBAN, dit)
Raymond Bonheur, 1.II.[05], BON, p. 92.

MURRY (John Middleton)
Paul Valéry, 5.I.18, VAL, p. 460.
Paul Valéry, 16.I.18, VAL, p. 462.
Paul Valéry, 4.III.18, VAL, p. 465.

MUSSET (Alfred de)
Maurice Denis, 7.XII.07, 239, p. 87.
*André Rouveyre, 11.IV.28, ROU, p. 109.

BARBERINE
Edmund Gosse, 3.VII.16, GOS, p. 130.

DOUBLE MAITRESSE (LA)
*Charles Du Bos, 14.XI.26, BOS, p. 109.

MUSSOLINI (Benito)
*Roger Martin du Gard, 2.X.38, RMGII, p. 152.
*Jef Last, 2.X.38, 356, p. 124.

NAPOLEON
Paul Valéry, [C.P.10.VII.98], VAL, p. 323.
André Thérive, 14.V.28, 55, p. 309.

NAQUET (Alfred)
Marcel Drouin, 30.III.98, 163, p. 61.

NARCEJAC (Thomas)

CAS SIMENON (LE)
*Georges Simenon, 29.XI.50, 327, pp. 47-48.

NATANSON [Les]
Maurice Beaubourg, 14.VII.99, 216, p. 762.

NATANSON (Alexandre)
Paul Valéry, 6.XII.94, VAL, p. 226.

NATANSON (Thadée)
*Marcel Drouin, 2.III.98, 186, p. 384.
Francis Jammes, 26.VIII.[1900], JAM, p. 167.

National Bank [du Caire]
Simone Marye, 3.XII.46, MAR, p. 46.

National Geographic Magazine
Sylvia Beach 27.X.35, 275, p. 130.

NAVILLE (Arnold)

Roger Martin du Gard, [avril 1925], RMGI, p. 259.
Roger Martin du Gard, 8.VII.25, RMGI, p. 271.
Roger Martin du Gard, 5.V.35, RMGII, p. 28.
Roger Martin du Gard, 7.VI.40, RMGI, p. 208.
Roger Martin du Gard, 14.VI.40, RMGII, p. 210.
Roger Martin du Gard, 16.VII.40, RMGII, p. 211.
Roger Martin du Gard, 23.VII.40, RMGII, p. 213.
Roger Martin du Gard, 12.VIII.45, RMGII, p. 328.
Richard Heyd, 31.X.46, 276.

BIBLIOGRAPHIE DES ECRITS DE ANDRE GIDE

*Arnold Naville, 8.III.50, 349, p. 134.

NAVILLE (Claude)

Roger Martin du Gard, 15.IX.35, RMGII, p. 49.
*Roger Martin du Gard, 30.XII.35, RMGII, p. 63.

NAVILLE (Mme Arnold)

Roger Martin du Gard, 7.VI.40, RMGII, p. 208.
Roger Martin du Gard, 14.VI.40, RMGII, p. 210.

N'DINGA

Gouverneur Général intérimaire de l'Afrique Equatoriale Française, 6.XI.25, 57.

NEGRINE

Roger Martin du Gard, 17.X.37, RMGII, p. 117.

N'GAFIO

Gouverneur Général intérimaire de l'Afrique Equatoriale Française, 6.XI.25, 57.

N'GOTO (Samba)

*Gouverneur Général intérimaire de l'Afrique Equatoriale Française, 6.XI.25, 57.

NEARQUE

Raymond Bonheur, [17.V.1900], BON, p. 57.

NEEL

*Joseph Conrad, 12.XII.20, 308, p. 159.
Edmund Gosse, 16.I.21, GOS, p. 167.
*Joseph Conrad, 22.VII.21, 308, p. 161.

Neue Runschau

Rainer Maria Rilke, [début janvier 1914], RIL, p. 80.

New Review

Francis Jammes, 3.XII.[96], JAM, p. 94.

NICOLE (Pierre)

*Fortunat Strowski, 9.IV.29, 69, p. 549.

NICOLLE

Roger Martin du Gard, 18.III.34, RMGI, p. 603.

NIETZSCHE (Frédéric)

Jeanne Rondeaux, [fin novembre] 91, 237, p. 255.
*Marcel Drouin, [fin 1895], 170, p. 184.
*Marcel Drouin, 9.XI.95, 163, p. 57.
*Paul Valéry, [juillet 1896], VAL, p. 271.
*Marcel Drouin, 28.III.[97?], 353, p. 183.
*Marcel Drouin, 26.III.98, 186, p. 385.
*Marcel Drouin, 30.III.98, 163, pp. 61-63.
*Marcel Drouin, 25.VIII.98, 353, p. 182.
*Christian Beck, 13.IV.99, 164, p. 390.
Paul Valéry, 19.X.99, VAL, p. 358.
*Paul Valéry, [C.P.31.VIII.1900], VAL, p. 371.
Francis Jammes, 14.X.[1900], JAM, p. 169.
*Marcel Drouin 4.XI.1900, 88, p. 558.
*Christian Beck, 6.IX.03, 164, p. 399.
*Mme Forster-Nietzsche, [1907], 290a, p. 136.
Anna de Noailles, 24.III.08, 351, p. 502.
*Guillaume Lerolle, 29.X.17, 139, p. 635.
Marcel Jouhandeau, [1924-1925?], JOU, p. 15.
*Lotte Schreiber, [1930-1932?], 99, p. 12.
Roger Martin du Gard, 25.VII.30, RMGI, p. 414.

Roger Martin du Gard, 1.II.31, RMGI, p. 441.
René Schwob, 18.XI.32, 188, p. 115.
*Elsie Pell, 28.I.35, 119, pp. 9-10.
*Daniel Simond, 20.X.38, 360, pp. 16-17.
*Jacques Schiffrin, 18.VI.42, 170, p. 177.
*Renée Lang, 10.VI.46, 170, pp. 178-180.
*Renée Lang, 27.XII.46, 170, p. 181.
*Renée Lang, 1.III.47, 170, p. 185.
*Figaro, [novembre 1947], 159, et RMGII, p. 554.

AINSI PARLAIT ZARATHOUSTRA
*Marcel Drouin, [fin 1895], 170, p. 184.
*Marcel Drouin 9.XI.95, 163, p. 56.
*Christian Beck, 15.VII.09, 165, p. 628.
*Renée Lang, 10.VI.46, 170, pp. 178-179.

ALCHIMIE DU VERBE
Marcel Drouin, 30.III.98, 163, p. 62.

CONSIDERATIONS INACTUELLES
Roger Martin du Gard, 25.VII.30, RMGI, p. 414.

DER WILLE ZUR MACHT
Marcel Drouin 30.III.98, 163, p. 62.

PAR DELA LE BIEN ET LE MAL
*Marcel Drouin, [1898], 353, p. 183.
*Charles Du Bos, 2.VII.26, BOS, p. 105.
Renée Lang, 10.VI.46, 170, p. 179.

NIN (Andrès)
*Pierre Alessandri, 3.IX.37, 176, p. 180.
*Roger Martin du Gard, 4.IX.37, RMGII, p. 115.

NIZAN (Paul)
*Roger Martin du Gard, 18.V.35, RMGII, p. 31.
Maurice Lime, 4.I.36, 205, p. 81.
Roger Martin du Gard, 23.X.36, RMGII, p. 80.

CHIENS DE GARDE (LES)
*Roger Martin du Gard, 18.VII.32, RMGI, p. 533.

NOAILLES (Anna de)
*Emile Haguenin, 23.X.07, 358, p. 199.
Maurice Denis, 7.XII.07, 239, p. 87.
Paul Claudel, 23.II.10, CLA, p. 124.
Paul Valéry, [2.X.20], VAL, p. 481.
*Marcel Proust, 14.VI.22, PRO, p. 90.
*Claude Mauriac, 4.VIII.45, 197, p. 280.
Roger Martin du Gard, 8.IX.47, RMGII, p. 379.
*François Mauriac, 5.VII.49, MAU, p. 110.

"Ce que j'appellerais le ciel..."
*Anna de Noailles, 8.II.19, 359, pp. 161-162.

NOEL (Maurice)
*Pierre Alessandri, 9.IX.37, 176, pp. 182-183.
Hélène Martin du Gard, 13.XI.37, RMGII, p. 527.
Roger Martin du Gard, 16.XI.37, RMGII, p. 125.

Notre Temps
Roger Martin du Gard, 14.VIII.32, RMGI, p. 536.
Roger Martin du Gard, 15.VIII.33, RMGI, p. 574.

NOUSANE (M. de)
Roger Martin du Gard, 3.VI.25, RMGI, p. 263.

Nouveaux Cahiers
Roger Martin du Gard, 28.X.38, RMGII, p. 156.

Nouveau Théâtre d'Art.
Francis Jammes, 24.I.09, JAM, p. 254.

Nouvelles littéraires
Louis Aragon, 12.IV.23, 31.
Francis Jammes, 24.IV.23, JAM, p. 363.
Roger Martin du Gard, 23.VII.23, RMGI, p. 226.

André Rouveyre 14.IV.24, 357, p. 32.

André Rouveyre, 31.X.24, ROU, p. 83.

André Rouveyre, 22.XI.24, ROU, p. 89.

Roger Martin du Gard, 7.I.28, RMGI, p. 320 et p. 321.

Roger Martin du Gard, 11.I.28, RMGI, p. 325.

Roger Martin du Gard, 3.II.28, RMGI, p. 326.

André Rouveyre, [mai 1928], ROU, p. 112.

Roger Martin du Gard, 5.II.32, RMGI, p. 496.

Roger Martin du Gard, 13.II.32, RMGI, p. 501.

Roger Martin du Gard, 13.II.32,[soir], RMGI, p. 502.

Roger Martin du Gard, 17.II.32, RMGI, p. 504.

Roger Martin du Gard, 18.II.32, RMGI, p. 506 et p. 507.

Roger Martin du Gard, 14.I.35, RMGII, p. 10.

Jean de Boschère 12.II.35, 349, p. 111.

Roger Martin du Gard, 16.II.35, RMGII, p. 16.

Hélène Martin du Gard, 13.XI.37, RMGII, p. 527.

Roger Martin du Gard, 16.XI.37, RMGII, p. 125.

Nouvelle revue française

*Edmond Jaloux, 5.X.[08], 348, p. 116.

Valery Larbaud, 30.X.08, 169, p. 125.

*Eugène Montfort, 27.XI.08, 348, p. 117.

Jean Schlumberger, [1909], 257, p. 6.

Christian Beck, [1909], 165, p. 630.

Edmond Jaloux, [1909], 252a.

*Paul Claudel, 9.I.09, CLA, p. 93 et p. 95

*Francis Jammes, 27.I.09, JAM, pp. 256-257.

*X..., 6.II.09, 265a.

Paul Claudel, 24.II.[09], CLA, p. 99.

André Suarès, 27.II.09, SUA, p. 32.

Paul Claudel, 19.IV.09, CLA, p. 101.

*Francis Vielé-Griffin, [seconde quinzaine d'avril ou mai 1909], 240, p. 114.

André Ruyters, [juin 1909], 349, p. 64.

Valery Larbaud, 17.VI.09, 169, p. 131.

Paul Claudel, 18.VI.09, CLA, p. 104.

Valéry Larbaud, [juin ou juillet 1909], 169, p. 131.

Paul Claudel, 19.VII.09, CLA, p. 109 et p. 110.

Valery Larbaud, [octobre ou novembre 1909], 169, p. 136.

André Suarès, 24.XI.09, SUA, p. 38.

François-Paul Alibert, 2.XII.09, 210.

Francis Jammes, [Noel 1909], JAM, p. 266.

Paul Claudel, [Noel 1909], CLA, p. 112.

*Francis Jammes, [28.XII.09], JAM, p. 268.

Christian Beck, [Janvier 1910], 165, p. 633.

Christian Beck, [janvier 1910], 165, p. 633.

Raymond Bonheur, 2.I.10, BON, p. 102.

*Francis Vielé-Griffin, 6.I.10, 240, p. 116.

Mme Charles Philippe, 8.I.10, 272, p. 124.

Henri Vandeputte, 20.I.10, 242a.

Léon Werth, 31.I.10, 314. p. 21.

Charles Péguy, 11.II.10, PEG, p. 24.

*Paul Claudel, 15.II.10, CLA, pp. 119-120.

*Paul Claudel, 23.II.10, CLA, pp. 122-123.

*Paul Claudel, [mars 1910], CLA, p. 130.

Paul Claudel, 12.III.10, CLA, p. 127.

*Paul Claudel, [17.IV.10], CLA, p. 131.

Francis Vielé-Griffin, 6.V.10, 240, p. 120.

Valery Larbaud, 12.VI.10 et [juillet 1910], 169, p. 144.

*Paul Claudel, 14.VI.10, CLA, pp. 138-139.

Emile Verhaeren, 27.VI.[10], VER, p. 72.

*Paul Claudel, 6.VIII.10, CLA, p. 148.

André Suarès 6.XI.10, SUA, p. 46.

Charles Péguy, 8.XI.10, PEG, p. 25.

Mme Emile Mayrisch, 9.XI.10, 236, p. 75.

*André Suarès, 12.XI.10, SUA, pp. 48-49.

Valery Larbaud, 14.XI.10, 169, p. 146.

André Suarès 6.XII.10, SUA, p. 49.

Maurice Barrès, [1911], 269, p. 55.

Paul Claudel, 7.I.11, CLA, p. 159.

Mme Emile Mayrisch, 9.II.11, 236, p. 94.

André Suarès, 10.II.11, SUA, p. 52.

*Paul Claudel, 22.II.11, CLA, pp. 161-164.

Arthur Fontaine, 26.II.11, JAM, p. 313.

Paul Claudel, 9.III.11, CLA, p. 168.
Paul Claudel, 1.IV.11, CLA, p. 170.
Rainer Maria Rilke, [fin mai 1911], RIL, p. 58.
Paul Claudel, 16.VI.11, CLA, p. 177.
Francis Jammes, 19.VI.11, JAM, p. 276.
Paul Claudel, 20.VI.[11], CLA, p. 179.
*Francis Vielé-Griffin, 23.VI.11, 240, p. 118 et p. 119.
Mme Emile Mayrisch, 12.VIII.11, 236, p. 97.
Paul Claudel, 14.VIII.11, CLA, p. 181.
*Paul Claudel, 7.I.12, CLA, pp. 188-189.
Christian Beck, 26.I.[12], 165, p. 635.
*Gaston Sauvebois, 17.II.12, 104, p. 473.
André Suarès, 2.IV.[12], SUA, p. 60.
Emile Verhaeren, 9.IV.12, VER, p. 79.
Paul Valéry, [C.P.5.VI.12], VAL, p. 424.
André Suarès, 1.VII.[12], SUA, p. 64.
Paul Valéry, 19.VII.[12], VAL, p. 424.
Paul Valéry, 15.X.12, VAL, p. 430.
René Boylesve, 24.X.12, 208, p. 86.
*Jacques Copeau, [decembre 1912], 19, p. 172.
André Suarès, [24.III.13], SUA, p. 71.
Edmund Gosse, 25.IV.13, GOS, p. 92.
Guillaume Apollinaire, [mai 1913], 259, p. 43.
Valery Larbaud, [mai 1913], 21, p. 1044.
Edmund Gosse, 4.V.13, GOS, p. 96.
Gaston Gallimard, [2.ou 3.VII.13], RMGI, p. 648.
Mme Emile Mayrisch, 25.VII.13, 236, p. 97.
*Le Temps, 19.IX.13, 22.
Edmund Gosse, 8.I.14, GOS, p. 107.
Marcel Proust, 11.I.14, 280, et PRO.
Marcel Proust, [janvier 1914], PRO, p. 12.
Rainer Maria Rilke, [17.II.14], RIL, p. 98.
Arnold Bennett, 1.VIII.[14], BEN, p. 76.
André Suarès 14.III, [15], SUA, p. 75.
Edmund Gosse, 7.VII.15, GOS, p. 121.
Arnold Bennett, [août 1915], BEN, p. 84.
*Paul Souday, 23.VIII.15, 68, pp. 64-65.
Edmund Gosse, 23.I.16, GOS, p. 123.

Valery Larbaud, 26.I.16, 169, p. 249.
Joseph Conrad, 8.VI.16, 308, p. 153.
Joseph Conrad, 2.VIII.16, 308, p. 155.
*Paul Souday, 9.X.16, 68, p. 65.
*Paul Valéry, 20.I.17, VAL, p. 445.
Paul Valéry, 1.XI.17, VAL, p. 458.
Paul Valéry, 8.V.18, VAL, p. 471.
*Dorothy Bussy, [1919], 281, p. 17.
*Dorothy Bussy, 25.II.19, 359, p. XVII.
*Jean Paulhan, 15.III.19, 339, p. 75.
Jean Cocteau, 6.V.19, COC, p. 83.
Jacques Doucet, 18.XI.19, 367, p. 6.
Jacques Doucet, 3.III.20, 367, p. 7.
Jacques Doucet, 4.VI.20, 367, p. 8.
Paul Valéry, [2.X.20], VAL, p. 481.
Charles Du Bos, [automne 1920], 62.
Willy Schuermans, 4.XI.20, SCHU, p. 9.
Arnold Bennett, 15.XI.20, BEN, p. 104.
Joseph Conrad, 25.XI.20, 308, p. 158.
Edmund Gosse, 16.I.21, GOS, p. 167.
Arnold Bennett, 26.I.21, BEN, p. 113.
Willy Schuermans 2.II.21, SCHU, p. 14.
Mme Emile Mayrisch, 10.II.21, 236, p. 100.
René Schwob, 16.II.21, 188, p. 95.
*Willy Schuermans, 13.V.[21], SCHU, pp. 16-17.
Rainer Maria Rilke, 13.V.21, RIL, p. 154.
Roger Martin du Gard, 2.VII.21, RMGI, p. 165.
Joseph Conrad, 22.VII.21, 308, p. 160.
Charles Du Bos, 23.VII.21, BOS, p. 34.
Roger Martin du Gard, [août ou septembre 1921], RMGI, p. 173.
Willy Schuermans, 2.IX.21, SCHU, p. 21.
Willy Schuermans, 9.IX.21, SCHU, p. 22.
Willy Schuermans, 29.IX.21, SCHU, p. 23.
Willy Schuermans, 8.X.21, SCHU, p. 25.
*Willy Schuermans, 10.XI.21, SCHU, pp. 27-28.
Willy Schuermans, 2.XII.21, SCHU, p. 30.
Willy Schuermans, 13.XII.21, SCHU, p. 31.
Charles Du Bos, [1921], BOS, p. 35.

Marcel Proust 14.VI.22, PRO, p. 90.
Roger Martin du Gard, 12.VII.22, RMGI, p. 185.
Marcel Jouhandeau, 8.X.22, JOU, p. 9.
Rainer Maria Rilke 27.XI.22, RIL, p. 205.
Comoedia, [février 1923], RMGI, p. 212.
Roger Martin du Gard, 14.II.23, RMGI, p. 208.
Rainer Maria Rilke, 28.IV.23, RIL, p. 212.
*Albert T'serstevens, [mai 1923], 32, p. 1.
André Rouveyre, 2.VI.23, ROU, p. 62.
*Arnold Bennett, [fin août 1923], BEN, p. 125.
André Rouveyre, [14.ou 15.XI.23], ROU, p. 74.
Willy Schuermans, 4.XII.23, SCHU, p. 46.
Roger Martin du Gard, 30.I.24, RMGI, p. 237.
Roger Martin du Gard, 21.VII.24, RMGI, p. 250.
Edmund Gosse, 26.X.24, GOS, p. 175.
Saint-John Perse, 5.XII.[24], 288, p. 404.
Marcel Jouhandeau, 3.II.25, JOU, p. 18.
Willy Schuermans, 2.IV.25, SCHU, p. 55.
Bernard Faÿ, 11.VI.25, 296, p. 76.
Arnold Bennett, 8.VIII.25, BEN, p. 151.
Marcel Jouhandeau, [1926?], JOU, p. 19.
Roger Martin du Gard, 20.VI.26, RMGI, p. 293.
Marcel Jouhandeau, 18.VII.26, JOU, p. 21.
Georges Herbich, 14.X.26, 347a.
Roger Martin du Gard, 3.XII.26, RMGI, p. 301.
Edmund Gosse, 22.XII.26, GOS, p. 184.
Eugène Rouart, 21.I.27, 274a.
Eugène Dabit, 14.III.27, 214, p. 29.
Roger Martin du Gard, 8.V.27, RMGI, p. 308.
Roger Martin du Gard, 14.X.27, RMGI, p. 317.
Eugène Dabit, 6.XI.27, 214, p. 31.
Eugène Dabit, 23.XI.27, 214, p. 33.
André Rouveyre, 8.II.28, ROU, p. 107.
*Roger Martin du Gard, 10.II.28, RMGI, p. 329.
Charles Du Bos, 20.II.28, BOS, p. 129.
Jean Paulhan, 25.IV.28, 46, p. 721.
*André Rouveyre, [mai 1928], ROU, p. 110.
François Mauriac, 10.V.28, MAU, p. 77.

André Thérive, 14.V.28, 55.
Eugène Dabit, 7.VI.28, 214, p. 34.
Roger Martin du Gard, 23.VII.28, RMGI, p. 349.
Eugène Dabit, 11.VIII.28, 214, p.35.
Roger Martin du Gard, 5.XI.28, RMGI, p. 360.
Paul Valéry, 21.XII.28, VAL, p. 507.
Roger Martin du Gard, 21.I.29, RMGI, p. 366.
Maurice Darantière, 10.VII.[29], 290a, p. 138.
Eugène Dabit, 5.I.30, 214, p. 40.
Roger Martin du Gard, 9.II.30, RMGI, p. 392.
Arnold Bennett, 23.II.30, BEN, p. 175.
Arnold Bennett, [6.III.30], BEN, p. 178.
John Rothenstein, 4.VI.30, 290, p. 174.
Roger Martin du Gard, 28.VI.30, RMGI, p. 406.
*Roger Martin du Gard, 3.VII.30, RMGI, p. 408.
Arnold Bennett, 14.IX.30, BEN, p. 191.
Arnold Bennett, 27.X.30, BEN, p. 194.
Roger Martin du Gard, 26.XI.30, RMGI, p. 424.
Arnold Bennett, 3.I.31, BEN, p. 200.
René Schwob, 6.I.31, 188, p. 106.
Roger Martin du Gard, 16.I.31, RMGI, p. 432.
Roger Martin du Gard, 26.I.31, RMGI, p. 435.
Roger Martin du Gard, 1.II.31, RMGI, p. 443.
Roger Martin du Gard, 15.IV.31, RMGI, p. 474.
François Mauriac, 14.VII.31, MAU, p. 84.
Paul Valéry, 1.VIII.31, VAL, p. 512.
Paul Iseler, 26.XI.31, 132, p. 10.
Marcel Jouhandeau, 30.XI.31, JOU, p. 33.
*Roger Martin du Gard, 17.II.32, RMGI, p. 504.
Roger Martin du Gard, 13.VII.32, RMGI, p. 530.
*Roger Martin du Gard, 18.VII.32, RMGI, p. 533.
Antonin Artaud, 1.IX.32, 284, p. 344.
Henri Ghéon, 1.X.32, 76, p. 634.
Jacques-Emile Blanche, 8.X.32, 289, p. 760.
André Rouveyre, 1.II.33, ROU, p. 145.
Marcel Jouhandeau, 1.II.33, JOU, p. 37.
André Rouveyre, 14.II.33, ROU, p. 146.

*Roger Martin du Gard, 24.II.33, RMGI, p. 549.

Jean Paulhan, 25.VI.33, 111, pp. 44-46.

Roger Martin du Gard, 9.VIII.33, RMCI, p. 570.

*Michel Cholokhov, 27.II.34, 102, p. 731-732.

Michel Cholokhov, 7.III.34, 102, p. 732.

Roger Martin du Gard, 5.VII.34, RMGI, p. 624 et p. 625.

Julien Green, 28.VII.34, 166, p. 19.

Adrienne Monnier, 24.I.35, 229, p. 106.

Roger Martin du Gard, 16.II.35, RMGII, p. 16.

Jean Schlumberger, 1.III.35, 110, p. 446.

Thomas Mann, 3.V.35, RMGII, p. 514.

Simone Marye, 27.VII.35, MAR, p. 25.

Maurice Lime, [novembre 1935], 205, p. 44.

Francis Jammes, 4.XI.35, JAM, p. 290.

C.-F. Ramuz, 7.II.36, 352, p. 281.

Jean Paulhan, 24.IV.36, 339, p. 77.

Roger Martin du Gard, [mai 1936], RMGII, p. 73.

Roger Martin du Gard, 7.IX.36, RMGII, p. 79.

Roger Martin du Gard, 18.II.37, RMGII, p. 92.

C.-F. Ramuz, I.III. 37, 352, p. 298.

Roger Martin du Gard, 8.III.37, RMGII, p. 97.

Jean Cocteau, 30.III.37, COC, p. 176.

Hélène Martin du Gard, 13.XI.37, RMGII, p. 527.

Roger Martin du Gard, 16.XI.37, RMGII, p. 125.

*Roger Martin du Gard, 1.IV.38, RMGII, p. 129.

Roger Martin du Gard, [21.VIII.38] RMGII, p. 148.

Jean Paulhan 1.X.38, 339, p. 78.

Maurice Lime, 9.XI.38, 205, p. 141.

*Roger Martin du Gard, 24.II.39, RMGII, p. 163.

Roger Martin du Gard, 10.VI.39, RMGII, p. 169.

Roger Martin du Gard, 28.VII.39, RMGII, p. 181.

François Mauriac, 9.I.40, MAU, p. 98.

*Roger Martin du Gard, 13.II.40, RMGII, p. 194.

Claude Mauriac, 1.IV.40, 197, p. 242.

*Roger Martin du Gard, 19.IV.40, RMGII, p. 201-202.

Georges Simenon, 28.V.40, 327, p. 34.

Roger Martin du Gard, 14.VI.40, RMGII, p. 210.

*Roger Martin du Gard, 16.VII.40, RMGII, pp. 211-212.

Roger Martin du Gard, 23.VII.40, RMGII, 212.

Roger Martin du Gard, 10.IX.40, RMGII, p. 219.

Roger Martin du Gard, 29.IX.40, RMGII, p. 223.

*Claude Mauriac, 25.XI.40, 197, p. 253.

*Roger Martin du Gard, [10.XII.40]. RMGII, pp.223-224.

*André Calas, 13.XII.40, 305, p. 413.

*Roger Martin du Gard, 12.I.41, RMGII, pp. 225-226.

*Roger Martin du Gard, 24.I.41, RMGII, pp.231-232.

Roger Martin du Gard, 2.VI.41, RMGII, p. 233.

*Paul Valéry, 15.VIII.41, VAL, p. 522.

Paul Valéry, 10.IX.41, VAL, p. 525.

Roger Martin du Gard, 18.IX.41, RMGII, p. 238.

Georges Simenon, 21.VIII.42, 327, p. 36.

*Jean Paulhan, 27.III.45, 339, p. 79.

Georges Simenon, 6.VII.45, 327, p. 38.

*Roger Martin du Gard, 16.XII.45, RMGII, p. 335.

André Billy, 13.VII.46, 154.

Georges Simenon, 3.IX.46, 327, p. 41.

Roger Martin du Gard, 26.VI.48, RMGII, p. 416.

Georges Simenon, 28.XII.48, 327, p. 45.

Jean Paulhan, [1949], 339, p. 79.

André Rouveyre, 14.II.49, ROU, p. 168.

*Roger Martin du Gard, 6.III.49, RMGII, p. 446.

[André Rouveyre, 25.I.50, ROU, p. 183.]

Jean-Marc Bernard, s.d., 106, p. 581.

M.D. [sic], 7.XI.19. [?], 115, p. 465.

NOVALIS (Friedrich von Hardenberg)

*Paul Valéry, [C.P.11.VI.92], VAL, p. 162.

*Mme Paul Gide, 30.IX.94, 237, p. 368.

Marcel Drouin, [hiver 1894], 163, p. 55.

*Marcel Drouin, 3.XII.95, 163, p. 50.

*Jacques Schiffrin, 18.VI.42, 170, p. 177.

*Renée Lang, 10.VI.46, 170, p. 179.

DISCIPLES A SAIS
  Jacques Schiffrin, 18.VI.42, 170, p. 177.

HENRI d'OFTERDINGEN
  Jacques Schiffrin, 18.VI.42, 170, p. 177.

NOVELLI (Ermete)
  André Rouveyre, 8.II.28, ROU, p. 106.

NOZIERE (Fernand)
  Roger Martin du Gard, 21.VI.22, RMGI, p. 183.

Nuova Antologia
  Diego Valeri, 12.XI.13, 296a, p. 45.

OBOUSSIER (Robert)
  Roger Martin du Gard, 25.VII.30, RMGI, p. 411.

O'BRIEN (Justin)
  Georges Simenon, 12 à 16.II.48, 327, p. 43.
  Roger Martin du Gard, 15.II.49, RMGII, p. 440.

NOVEL OF ADOLESCENCE IN FRANCE
  Justin O'Brien, [1937], 368.

Occident (L')
  Francis Jammes, 7.VII.[02], JAM, p. 197.
  Francis Vielé-Griffin, [septembre 1902], 240, p. 112.
  Albert Chapon, octobre [1906], 295, p. 8.
  Franz Blei, 23.IV.08, 358, p. 204.
  Paul Claudel, 9.I.09, CLA, p. 93.
  André Suarès, 27.II.09, SUA, p. 32.
  Francis Jammes, 11.VIII.09, JAM, p. 261.
  Francis Jammes, 26.X.09, JAM, p. 261.
  André Suarès, 24.XI.09, SUA, p. 39.
  Paul Claudel, 12.III.10, CLA, p. 128.
  Paul Claudel, [17.IV.10], CLA, p. 131.
  Paul Claudel, 14.VI.10, CLA, p. 139.

Oeuvre (L')
  Francis Jammes, 20.II.97, JAM, p. 101.
  Francis Jammes, 16.III.97, JAM, p. 104.
  Francis Jammes, 1.XI.97, JAM, p. 127.
  *Edouard Ducoté, [février 1900], 282, p. 1145.
  Roger Martin du Gard, 15.IV.33, RMGI, p. 562.
  Roger Martin du Gard, 19.III.35, RMGII, p. 22.
  Roger Martin du Gard, 8.X.35, RMGII, p. 51.

Officiel (L')
  Roger Martin du Gard, 10.V.28, RMGI, p. 343.
  Claude Mauriac, 19.XII.39, 197, p. 238.

OHNET (Georges)
  Thierry Maulnier, [juillet 1935], 120, p. 200.

OLIVIER (Lawrence)
  Claude Mauriac, 3.X.47, 197, p. 283.

OMAR KHAYYAM
  Jean-Marc Bernard, s.d. 106, p. 581.

RUBBAYAT
  Jean Marc Bernard, s.d., 106, p. 581.

Opinion
  André Thérive, 14.V.28, 55, p. 309.

Ordre nouveau
  Roger Martin du Gard, 30.V.34, RMGI, p. 616.

ORIGENE
  *Maurice Beaubourg, 1.IX.[1900], 216, p. 765.

ORVIETO (Angiolo)
  *Christian Beck, [juillet 1899], 164, p. 391.

Osiris[prix]
Paul Valéry, 25.VI.[42], VAL, p. 527.

OSSIETZKY (Carl Von)
*Pariser Tageszeitung, [25.XI.36], 124.

OUEIL
Maurice Lime, [fin 1935], 205, p. 73.

OULED
Athman, 20.VII.94, 237, p. 347.

OXFORD UNIVERSITY PRESS
Edmund Gosse, 26.X.24, GOS, p. 174.

PACHA (M.)
*Gouverneur Général intérimaire de l'Afrique Equatoriale Française, 6.XI.25, 57.

Pages (Les)
Paul Valéry, 29.VI.91, VAL, p. 106.

PALEOLOGUE (Maurice)

VAUVENARGUES
Mme Paul Gide, [mai-juin 1890], 232, p. 448.

PALEWSKI (Gaston)
Roger Martin du Gard, 12.V.45, RMGII, p. 323.

Pamphlet
Roger Martin du Gard, 12.IV.33, RMGI, p. 559.
Roger Martin du Gard, 15.IV.33, RMGI, p. 562.

PAPINI
Guiseppe Prezzolini, 14.IV.13, 262, p. 317.

PARAIN (Brice)
Maurice Sachs, 18.XI.33, 371.
Roger Martin du Gard, 27.V.38, RMGII, p. 142.
Roger Martin du Gard, 9.II.42, RMGII, p. 241.

PARIS (Gaston)
Christian Beck, 6.IV.08, 165, p. 626.

Paris-Jounal
*Jean Royère, 18.III.10, 274a.
Francis Jammes, [octobre 1911], JAM, p. 282.
Louis Aragon, 12.IV.23, 31.
Roger Martin du Gard, 5.VII.23, RMGI, p. 223.

Paris-Midi
[André Billy], [juin] 14, 24.
*Paul Souday, 17.IX.16, 68, p. 65.
Paul Souday, 9.X.16, 68, p. 65.
Paul Souday, 8.VI.18, 68, p. 66.
Roger Martin du Gard, 23.VII.23, RMGI, p. 226.

Paris-Soir
Roger Martin du Gard, 12.XI.37, RMGII, p. 122.

Parnasse
Mme Paul Gide, 24.III.92, 237, p. 164.

PARSONS (Léon)
Paul Valéry, [C.P.27.I.95], VAL, p. 232.

PASCAL
Mme Paul Gide, [juin-juillet] 90, 232, p. 460.
*Jacques-Emile Blanche, [automne 1893], 289, p. 761.
*Marcel Drouin, 10.V.94, 163, p. 67.
Francis Jammes, [novembre 1901], JAM, p. 178.
Paul Desjardins, 20.VI.08, 285, p. 349.
*Paul Claudel, [juillet 1908], CLA, p. 87.

*Paul Claudel, 17.X.08, CLA, p. 90.
Francis Jammes, [fin de mars 1914], CLA, p. 231.
*Victor Poucel, 27.XI.27, 48, p. 41.
*Charles Du Bos, 5.X.28, BOS, p. 161.
*Fortunat Strowski, 9.IV.29, 69, p. 549.
*Henri Ghéon, [octobre 1932], 76, p. 633.
Roger Martin du Gard, 4.II.33, RMGI, p. 546.
André Billy, 13.VII.46, 154.
François Mauriac, 26.XI.46, MAU, p. 104.
Scheffer, s.d., 91, p. 616.

PROVINCIALES

Mme Paul Gide, 26.III.92, 237, p. 165.
Roger Martin du Gard, [octobre 1922], RMGI, p.197.
*Roger Martin du Gard, 7.X.22, RMGI, p. 193.

PASCOLI (Giovanni)

X..., [novembre 1947], 175, p. 271.

PASTEUR (Louis)

Mme Paul Gide, 30.VI.90, 232, p. 459.

PASTEUR-VALLERY-RADOT (Louis)

Roger Martin du Gard, [fin janvier 1915], RMGI, p. 136.

PATER (Walter)

*Edmund Gosse, 9.IX.09, GOS, p. 51.
Edmund Gosse, 21.XII.16, GOS, p. 148.

PATMORE (Coventry)

Paul Claudel, 12.III.10, CLA, p. 128.
Paul Claudel, 7.I.11, CLA, p. 159.
*Paul Claudel, 16.VI.11, CLA, p. 177.
*Francis Jammes, 19.VI.11, JAM, p. 276.
Valery Larbaud, 19.VI.11, 169, p. 175.
*Valéry Larbaud, 11.VIII.11, 169, p. 181.
*Paul Claudel, 14.VIII.11, CLA, p. 182.
Paul Claudel, 10.XII.11, CLA, p. 185.
Valery Larbaud, 19.II.12, 169, p. 192.

"EROS ET PSYCHE"

*Paul Claudel, 14.VIII.11, CLA, p. 182.

Patrie

Roger Martin du Gard, 3.IX.42, RMGII, p. 266.

PAUL DE TARSE

*Paul Claudel, 17.I.08, CLA, p. 79.
Paul Claudel, 23.II.10, CLA, p. 224.

PAUL-EMILE

Marcel Drouin, 26.III.98, 186, p. 385.

PAULHAN (Germaine)

Roger Martin du Gard, 25.XI.44, RMGII, p. 288.

PAULHAN (Jean)

Bernard Fay, 11.VI.25, 296, p. 76.
Roger Martin du Gard, 29.XII.25, RMGI, p. 279.
Roger Martin du Gard, 1.XII.29, RMGI, p. 381.
Roger Martin du Gard, 6.(?).V.30, RMGI, p. 396.
John Rothenstein, 4.VI.30, 290, p. 174.
Roger Martin du Gard, 18.II.32, RMGI, p. 506.
Roger Martin du Gard, 18.VII.32, RMGI, p. 533.
Antonin Artaud, 1.IX.32, 284, p. 344.
Henri Ghéon, [octobre 1932], 76, p. 634.
Maurice Sachs, 18.XI.33, 371.
Roger Martin du Gard, 14.I.35, RMGII, p. 9.
Roger Martin du Gard, 16.II.35, RMGII, p. 16.
Thomas Mann, 3.V.35, RMGII, p. 514.
Roger Martin du Gard, 5.V.35, RMGII, p. 29.
Francis Jammes, 4.XI.35, JAM, p. 290.
Jean Malaquais, 13.V.38, 222, p. 8.
Francis Jammes, 6.VII.38, JAM, p. 291.
Simone Marye, 1.XII.38, MAR, p. 30.

Henri Thomas, 5.II.40, <u>234</u>, p. 368.

Claude Mauriac, 1.IV.40, <u>197</u>, p. 242.

*Roger Martin du Gard, 16.VII.40, RMGII, p. 211.

Roger Martin du Gard, 17.IX.40, RMGII, p. 221.

Roger Martin du Gard, 24.V.42, RMGII, p. 248.

*Roger Martin du Gard, 25.XI.44, RMGII, p. 288.

Roger Martin du Gard, 12.V.45, RMGII, p. 324.

Roger Martin du Gard, 17.IX.46, RMGII, p. 351.

Roger Martin du Gard, 7.V.47, RMGII, p. 368.

Roger Martin du Gard, 18.VIII.47, RMGII, p. 378.

Saint-John Perse, 2.VI.49, <u>288</u>, p. 467.

*François Mauriac, 12.XII.50, MAU, p. 116.

FLEURS DE TARBES (LES)

Jean Paulhan 27.VII.37, <u>339</u>, p. 78.

Jean Paulhan, 1.X.38, <u>339</u>, p. 78.

PAULY (Jean de)

FAUX PAPE, OU LES EFFRONTES FIN DE SIECLE STIGMATI-
SES ET LIVRES A L'INDIGNATION ET AU MEPRIS DES
HONNETES GENS (LE)

*Frédéric Lefebre, 19.IV.31, <u>348</u>, pp. 131-132.

PAUWELS (Louis)

Roger Martin du Gard, 5.I.50, RMGII, p. 476.

PAYEN

*X..., [1902], <u>316</u>, p. 25.

PAYEN (M.)

M. de Nalèche, 8.II.28, <u>57</u>.

PAYOT [Editeur]

Roger Martin du Gard, 27.IX.32, RMGI, p. 538.

PAZ (Magdeleine)

Léon Blum, [décembre 1936], <u>341</u>, p. 7.

Roger Martin du Gard, 16.XI.37, RMGII, p. 125.

PEACOCK (Thomas Love)

NIGHTMARE ABBEY

*Dorothy Bussy, [18.X.18], <u>283</u>, p. 60.

PEGUY (Charles)

*Francis Jammes, 14.XII.[09], JAM, p. 263.

*Paul Claudel, 23.II.10, CLA, p. 224.

André Suarès, 7.III.11, SUA, p. 57.

Roger Martin du Gard, 6.I.14, RMGI, p. 128.

*Edmund Gosse, 6.II.16, GOS, p. 128.

Roger Martin du Gard, [16.II.28], RMGI, p. 333.

MYSTERE DE LA CHARITE DE JEANNE D'ARC (LE)

*André Bourgeois, 11.II.10, PEG, p. 24.

*Charles Péguy, 11.II.10, PEG, p. 24.

*Francis Jammes, 15.II.10, JAM, p. 273.

*Paul Claudel, 15.II.10, CLA, p. 120.

*Emile Verhaeren, [février 1910], VER, p. 70.

*Paul Claudel, 23.II.10, CLA, pp. 123-124.

Francis Jammes, [3.V.10], JAM, p. 273.

Charles Péguy, 10.VII.10, PEG, p. 25.

*M. Alcippe, [décembre 1910], <u>15</u>.

André Bourgeois, 4.VII.12, PEG, p. 27.

*Charles Péguy, [25.VII.12], PEG, p. 28.

NOTRE JEUNESSE

[?],*Charles Péguy, 10.VII.10, PEG, p. 24.

"Solvuntur objecta"

Charles Peguy, 8.XI.10, PEG, p. 25.

PEHLEVI

Francis Jammes, 2.VIII.96, JAM, p. 80.

PELADAN (Joséphin)

*Franz Blei, 23.IV.08, 358, p. 206.

PENEL [Dr]

Roger Martin du Gard, 13.III.47, RMGII, p. 365.

PERIER (Casimir)

Mme Paul Gide, 30.I.95, 237, p. 451.

PERRIGOT-MAZURE

Paul Claudel, 22.II.11, CLA, p. 161.

PERRIN [Maison d'édition]

Mme Paul Gide, [1890], 232, p. 428.

Mme Paul Gide, 19.X.90, 232, p. 470.

Paul Valéry, [février 1891], VAL, p. 52.

Paul Valéry, [C.P.17.VI.1891], VAL, p. 95.

PERROT (Georges) [?]

Mme Paul Gide, 6.II.90, 232, p. 454.

PETIOT (Henri)

Voir : DANIEL-ROPS

Petit Journal

Roger Martin du Gard, 18.III.34, RMGI, p. 603.

Petit Journal illustré

Edmund Gosse, 6.II.16, GOS, p. 127.

PETRARQUE

Paul Valéry, [C.P.5.XI.17], VAL, p. 459.

Peuple (Le)

Edmond Picard, 22.XI.[02], 242b.

Phalange (La)

Christian Beck, 6.IV.08, 165, p. 626.

Jean Royère, 6.I.10, 240, p. 117.

*Francis Vielé-Griffin, 23.VI.11, 240, p. 118 et p. 119.

Valery Larbaud, [septembre 1911], 169, p. 181.

PHILIPPE (Charles)

Francis Jammes, 29.XII.09, JAM, p. 270.

Charles Péguy, [C.P.24.I.10], PEG, p. 24.

PHILIPPE (Charles-Louis)

Francis Jammes, 7.V.02, JAM, p. 188.

Lucien Jean, 18.IX.[02], 218, p. 74.

*Franz Blei, 23.IV.08, 358, p. 205.

Eugène Rouart, [juin 1908], 268, p. 507.

Valery Larbaud, 30.VII.[08], 169, p. 120.

*Edmond Jaloux, 5.X.[08], 348, p. 116.

Valery Larbaud, 30.X.08, 169, p. 125.

*Francis Jammes, 14.XII.[09], JAM, p. 263.

*Francis Jammes, [décembre 1909], JAM, p. 266.

*Francis Jammes, [Noël 1909], JAM, pp. 266-267.

*Paul Claudel, [Noël 1909], CLA, p. 112.

*Francis Jammes, [28.XII.09], JAM, pp. 268-269.

*Francis Jammes, 29.XII.09, JAM, pp. 269-270.

*Christian Beck, [janvier 1910], 165, p. 632.

*Christian Beck, [janvier 1910], 165, p. 633.

*Mme Charles Philippe, [janvier 1910], 272, p. 123.

*Paul Claudel, [début de janvier 1910], CLA, pp. 114-115.

André Suarès 1.I.10, SUA, p. 40.

*Raymond Bonheur, 2.I.10, BON, p. 102.

*Francis Jammes, 2.I.10, JAM, p. 271.

*Christian Beck, 2.I.10, 165, p. 631.

*Francis Jammes, [3.I.10], JAM, pp. 271-272.

*Mme Charles Philippe, 8.I.10, 272, p. 124.

*Paul Claudel, 8.I.10, CLA, p. 116.

*Henri Vandeputte, 20.I.10, 242a.

*Charles Peguy, [C.P.24.I.10], PEG, pp.23-24.

*Christian Beck, 29.I.10, 165, pp. 631-632.

*Léon Werth, 31.I.10, <u>314</u>, p. 21.

*Paul Claudel, 15.II.10, <u>CLA</u>, p. 119.

*Paul Claudel, 23.II.10, <u>CLA</u>, p. 122.

*Mme Charles Philippe, 1.III.10, <u>220</u>, p. 71 et <u>272</u>, pp. 141-142.

Maurice Barrès, 8. et 18.III.10, <u>269</u>, p. 54.

*Mme Charles Philippe, 8.IV.10, <u>220</u>, p. 72 et <u>272</u>, p. 142.

Valery Larbaud, 15.IV.10, <u>169</u>, p. 143.

Paul Claudel, [17.IV.10], <u>CLA</u>, p. 131.

Paul Claudel, [juin 1910], <u>CLA</u>, p. 143.

*Paul Claudel, 27.VI.[10], <u>CLA</u>, p. 145.

Charles Péguy, 8.XI.10, <u>PEG</u>, p. 25.

*Mme Tournayre, 6.XII.10, <u>220</u>, p. 72 et <u>272</u>, pp. 142-143.

Marguerite Audoux, 20.XII.10, <u>220</u>, p. 76.

*Maurice Barrès [1911], <u>269</u>, p. 55.

#Arthur Fontaine, 26.II.11, <u>JAM</u>, pp. 313-314.

*Régis Gignoux, [mai 1911], <u>292</u>, p. 25.

Valery Larbaud, 27.VI.11, <u>169</u>, p. 174.

*Valery Larbaud, [1911], <u>169</u>, p. 158.

*Paul Claudel, 7.I.12, <u>CLA</u>, p. 189.

X..., 3.V.12, <u>370a</u>.

Valery Larbaud, 6.V.12, <u>169</u>, p. 204.

Rainer Maria Rilke, 14.II.14, <u>RIL</u>, p. 94.

Paul Claudel, 19.III.14, <u>CLA</u>, p. 226.

Albert T'serstevens, [mai 1923], <u>32</u>, p. 1.

Roger Martin du Gard, 15.IV.31, <u>RMGI</u>, p. 474.

*Mme Pajault, 21.XI.35, <u>272</u>, p. 125.

Voir aussi : CLAUDEL (Paul), "A Philippe"

    GIDE (André), "Charles-Louis Philippe"

BUBU DE MONTPARNASSE

*<u>Gil Blas</u>, 29.XII.06, <u>13</u>.

CHARLES BLANCHARD

Paul Claudel, 9.I.09, <u>CLA</u>, p. 94.

Francis Jammes, 27.I.09, <u>JAM</u>, p. 257.

Francis Jammes, 26.X.09, <u>JAM</u>, p. 261.

Francis Jammes, 14.XII.[09], <u>JAM</u>, p. 263.

Francis Jammes, [Noël 1909], <u>JAM</u>, pp. 266-267.

Paul Claudel, [Noël 1909], <u>CLA</u>, p. 112.

*Francis Jammes, [28.XII.09], <u>JAM</u>, pp. 268-269.

Raymond Bonheur, 2.I.10, <u>BON</u>, p. 102.

Henri Vandeputte, 20.I.10, <u>242a</u>.

*Paul Claudel, 15.II.10, <u>CLA</u>, p. 119.

*Régis Gignoux, [mai 1911], <u>292</u>, p. 25.

CROQUIGNOLE

*Charles-Louis Philippe, [1906], <u>348</u>, p. 115.

*<u>Gil Blas</u>, 29.XII.06, <u>13</u>.

*Régis Gignoux, [mai 1911], <u>292</u>, p. 25.

"LETTRES A SA MERE"

*Charles Péguy, [C.P.24.I.10], <u>PEG</u>, pp. 23-24.

*Charles Péguy, 10.VII.10, <u>PEG</u>, p. 25.

Charles Péguy, [8.II.11], <u>PEG</u>, p. 26.

*Charles Péguy 30.VI.11, <u>PEG</u>, p. 27.

LETTRES DE JEUNESSE

*Henri Vandeputte, 23.IX.10, <u>229a</u>.

Paul Claudel, 1.IV.11, <u>CLA</u>, p. 170.

MARIE DONADIEU

*Charles-Louis Philippe, 17.X.04, <u>266</u>, pp. 582-583.

*Christian Beck, [janvier 1910], <u>165</u>, p. 632.

Roger Martin du Gard, 10.IX.40, <u>RMGII</u>, p. 219.

MERE ET L'ENFANT (LA)

Paul Claudel, 22.II.11, <u>CLA</u>, p. 161.

*Régis Gignoux, [mai 1911], <u>292</u>, p. 25.

*Paul Claudel, 16.VI.11, <u>CLA</u>, pp. 176-177.

Francis Jammes 19.VI.11, <u>JAM</u>, p. 276.

*Paul Souday, 28.VI.11, <u>68</u>, p. 64.

PERE PERDRIX

Gil Blas, 29.XII.06, 13.

PHILIPPE (Mme Charles)

Francis Jammes, [Noel 1909], JAM, p. 266.

Francis Jammes, [28.XII.09], JAM, p. 269.

Paul Claudel, [début de janvier 1910], CLA, p. 115.

Francis Jammes, [3.I.10], JAM, p. 272.

*Charles Péguy, [C.P.24.I.10], PEG, pp. 23-24.

Christian Beck, 29.I.10, 165, p. 631.

*Henri Vandeputte, 20.I.10, 242a.

Charles Péguy, 30.VI.11, PEG, p. 27.

PIA (Pascal)

*Roger Martin du Gard, 18.I.41, RMGII, p. 228.

PICA (Vittorio)

Christian Beck, [juin 1899], 164, p. 392.

*Christian Beck, [juillet 1899], 164, p. 391.

PICARD (Edmond)

"*L'Etat moral de la jeune bourgeoisie française A propos de L'Immoraliste par André Gide*".

*Edmond Picard, 22.XI.[02], 242b.

PICARD (M.)

Rainer Maria Rilke, 19.XII.21, RIL, p. 174.

PICASSO (Pablo Ruiz)

Roger Martin du Gard, 1.VII.27, RMGI, p. 313.

PIE XI

*Roger Martin du Gard, 23.VIII.33, RMGI, p. 577.

Pie XII

Roger Martin du Gard, 10.VI.39, RMGII, p. 170.

PIERHAL (Armand)

Albert J. Guerard, 16.V.47, 193.

PIERO

Maurice Denis, [fin avril 1909], 239, p. 112.

PIERREFEU (Jean de)

Louis Aragon, 12.IV.23, 31.

PIGOT (Gustave)

François Mauriac, [1927], MAU, p. 73.

PILATE

Roger Martin du Gard, 27.III.31, RMGI, p. 471.

PINTURICCHIO (Bernardo Betti, dit)

Maurice Denis, [fin avril 1909], 239, p. 112.

PIOT (Gabriel)

Paul Valéry, [juillet 1908], VAL, p. 418.

Adrien Mithouard, 25.I.09, 350, p. 29.

PIRANESI (Giambattista)

Roger Martin du Gard, 11.VII.49, RMGII, p. 457

PITOEFF (Georges)

Willy Schuermans, 28.X.22, SCHU, p. 40.

André Rouveyre, 8.II.28, ROU, p. 106.

Eugène Dabit, [novembre 1931], 303.

Ernst Robert Curtius, 26.XI.31, 353, p. 395.

*Ernst Robert Curtius, 22.XII.31, 353, p. 395.

Roger Martin du Gard, 12.II.32, RMGI, pp. 499 et p. 500.

*Roger Martin du Gard, 19.II.32, RMGI, p. 509.

PITOEFF [les]

Roger Martin du Gard, 5.V.35, RMGII, p. 28.

PITOEFF (Mme Georges)

  Georges Pitoeff, 26.VII.22, <u>249</u>, p. 65.

  Georges Pitoeff, 22.XII.31, <u>249</u>, p. 132.

PLATON

  Marcel Drouin, 25.XII.[95], <u>163</u>, p. 74.

BANQUET (LE)

  *Mme Paul Gide, 17.X.94, <u>237</u>, p. 373.

PLEYEL

  Marcel Drouin, 27.VI.01, <u>217</u>, p. 413.

PLON

  Paul Claudel, 22.II.11, <u>CLA</u>, pp. 162 et 163.

  Paul Valéry, 6.X.19, <u>VAL</u>, p. 476.

  Charles Du Bos, [1921], <u>BOS</u>, p. 39.

  Roger Martin du Gard, [28.I.48], <u>RMGII</u>, p. 395.

Plume (La)

  Paul Valéry, 26.I.91, <u>VAL</u>, p. 46.

  Paul Valéry, 29.III.91, <u>VAL</u>, p. 76.

  *Stéphane Mallarmé, [janvier 1897], <u>145</u>, p. 749 et <u>VAL</u>, p. 285.

  *Alfred Vallette, [janvier 1897], <u>1</u>, p. 428.

POE (Edgar)

  Paul Valéry, [8 mars 1891], <u>VAL</u>, p. 64.

  Paul Valéry, [C.P. 23 juin 1891], <u>VAL</u>, p. 101.

  *Paul Valéry, [3.XI.91], <u>VAL</u>, p. 134.

  Paul Valéry, [décembre 1891], <u>VAL</u>, p. 141.

  *Paul Valéry, [C.P.11.VI.92], <u>VAL</u>, p. 162 et p.163.

  *André Suarès, 27.II.09, <u>SUA</u>, p. 32.

  *André Suarès, 18.III.[09], <u>SUA</u>, pp. 34-35.

  *André Rouveyre, 11.IV.28, <u>ROU</u>, p. 109.

"Coeur révélateur"

  *Edouard Dujardin, 4.VII.30, <u>73</u>, p. 66.

[Lettres]

  *Paul Valéry, [septembre 1893], <u>VAL</u>, p. 187.

"Ligeia"

  *Paul Valéry, [début d'août 1891], <u>VAL</u>, p. 118.

"Morella"

  *Paul Valéry, [début d'août 1891], <u>VAL</u>, p. 118.

  *Paul Valéry, [C.P.11.VI.92], <u>VAL</u>, p. 162.

Poèmes

  Paul Valéry, [16.I.91], <u>VAL</u>, p. 42.

"Révélation magnétique"

  Paul Valéry, [C.P.11.VI.92], <u>VAL</u>, p. 162.

"Stances à Hélène"

  Paul Valéry, [C.P.11.VI.92], <u>VAL</u>, p. 162.

POEMIRAULT [Général]

  Roger Martin du Gard, 16.IV.23, <u>RMGI</u>, p. 217.

Poesia

  *F.T Marinetti, 20.IV.05, <u>11</u>, p. [17].

POINCARE (Raymond)

  *Roger Martin du Gard, 31.V.28, <u>RMGI</u>, p. 348.

  Paul Valéry, 15.IX.32, <u>VAL</u>, p. 514.

POISSENOT [Directeur Général de la Compagnie Forestière, Brazzaville]

  J. Weber, [19.XI.25], <u>57</u>, p. 209.

POMAIROLS (Charles de)

  Francis Jammes, 14.X.04, <u>JAM</u>, p. 216.

POMEROY (Wardel) & KINSEY (Alfred) & MARTIN (Clyde)
Voir : KINSEY (Alfred C.)

Pomme

   Voir : LESTRANGE (Yvonne de)

POMMIER (Mme)

   Roger Martin du Gard, 23.II.47, RMGII, p. 364.

   *Roger Martin du Gard, 19.X.48, RMGII, p. 429.

PONS (Jean)

   Pierre Alessandri, 3.IX.37, 176, p. 180.

   Pierre Alessandri, 15.IX.37, 176, p. 186.

POPOV

   Joseph Goebbels, 4.I.34, 100, p. 42.

   X..., 29.I.34, 107, p. 202.

   *Comoedia, 24.III.34, 101.

Populaire

   Roger Martin du Gard, 23.XII.36, RMGII, p. 87.

   Roger Martin du Gard, 16.XI.37, RMGII, p. 125.

   Roger Martin du Gard, 23.VIII.45, RMGII, p. 330.

PORCHE (François)

AMOUR QUI N'OSE PAS DIRE SON NOM (L')

   *François Porché, [janvier 1928], 60, pp. 59-65.

PORTAL (Commandant de)

   Joseph Conrad, 8.X.23, 308, p. 166.

PORTO-RICHE (Georges de)

   Paul Claudel, [juillet 1908], CLA, p. 87.

POSSART (Ernst)

   *Mme Paul Gide, 29.III.92, 237, p. 154.

Potache-Revue

   Mme Paul Gide, 17.X.94, 232, p. 414.

POTEMKINE

   *Roger Martin du Gard, 3.VII.35, RMGII, pp. 36-37.

   Magdeleine Paz, 6.VII.35, 176, p. 100.

   Roger Martin du Gard, 10.VII.35, RMGII, p. 39.

POUCEL (Victor)

"André Gide"

   *François Mauriac, 7.X.[27], MAU, p. 74.

POUCHET (Georges)

   Mme Paul Gide, 18.X.93, 237, p. 280.

POUCHKINE (Alexandre)

   Willy Schuermans 28.X.22, SCHU, p. 40.

   Thierry Maulnier, [juillet 1935], 120, p. 200.

RECITS

   *Roger Martin du Gard, 19.XI.34, RMGI, p. 636.

POULAILLE (Henry)

   *X..., 10.I.[36], 121, pp. 301-302.

POURTALES (Guy de)

   Roger Martin du Gard, [3.V.27], RMGI, p. 307.

   André Rouveyre 11.IV.28, ROU, p. 109.

POUSSIN (Nicolas)

   Paul Desjardins, 20.VI.08, 285, p. 349.

   *Roger Martin du Gard, 14.III.45, RMGII, p. 316.

POUVILLON (Emile)

   Francis Jammes, 14.X.04, JAM, p. 216.

POVIE (Mme)

   Charles Du Bos, 21.XI.24, BOS, p. 78.

POYEN-BELLISLE

   Roger Martin du Gard, 7.IX.31, RMGI , p. 487.

POZZI

COUPABLES (LES)

   *Roger Martin du Gard, 14.VI.36, RMGII, p. 74.

PRAXITELE

"FAUNE"

   *Mme Paul Gide, 18.V.92, 237, p. 155.

PREVERT (Jacques)

   Georges Simenon, 22.VI.49, 327, p. 46.

PREVOST (Jean)

   *Roger Martin du Gard, 21.IX.44, RMGII, p. 280.

FRERES BOUQUINQUANT (LES)

   *Roger Martin du Gard, 1.VI.30, RMGI, p. 399.
   *Roger Martin du Gard, 28.VI.30, RMGI, p. 406.
   *Roger Martin du Gard, 3.VII.30, RMGI, p. 407.

HISTOIRE DE FRANCE

   *Roger Martin du Gard, 13.VII.32, RMGI, p. 530.
   *Roger Martin du Gard, 18.VII.32, RMGI, p. 533.

PREVOST (Marcel)

   Joseph Conrad, 7.XI.17, 308, p. 156 et p. 157.

PRIETO

   Roger Martin du Gard, 17.X.37, RMGII, p. 117.

Princesse de TOUR ET TAXIS

   Rainer Maria Rilke, 13.V.21, RIL, p. 155.
   Rainer Maria Rilke, 11.VII.[21], RIL, p. 165.

PRIVAZ (E.)

MALFAITEUR (UN)

   *Roger Martin du Gard, 21.I.36, RMGII, p. 65.

Prix Balzac

   Roger Martin du Gard, 4.XI.22, RMGI, p. 199.

Prix Nobel

   Roger Martin du Gard, 22.XI.47, RMGII, p. 387.
   *Figaro, [novembre 1947], 157, et RMGII, pp. 554-555.
   Roger Martin du Gard, [28.I.48], RMGII, p. 395.
   Ivan Bounine, [octobre 1950], 174.

PROUST (Marcel)

   *Jacques-Emile Blanche, 20.XI.19, 289, p. 762.
   *Paul Valéry, [2.X.20], VAL, p. 481 et p. 482.
   Charles Du Bos, [1921], BOS, p. 31.
   *Rainer Maria Rilke, 27.XI.22, RIL, pp. 204-205.
   Albert T'serstevens, [mai 1923], 32, p. 1.
   Paul Souday, 13.X.23, 33, p. 116.
   *François Porché, [janvier 1928], 60, p. 60.
   André Rouveyre, [mai 1928], ROU, p. 110.
   Roger Martin du Gard, 19.VII.33, RMGI, p. 570.
   *Roger Martin du Gard, [21.VIII.33], RMGII, p. 148.
   *Albert J. Guerard, 16.V.47, 193.
   Roger Martin du Gard, 6.III.49, RMGII, p. 446.

A LA RECHERCHE DU TEMPS PERDU

   *Marcel Proust, [1914], PRO, p. 12.
   *Dorothy Bussy, 5.VI.48, 281, p. 17.

CÔTE DE GUERMANTES (LE)

   Charles Du Bos, [1921], BOS, p. 31.
   *Charles Du Bos, [1921], BOS, pp. 32-33.

DU CÔTE DE CHEZ SWANN

   *Marcel Proust, 11.I.14, PRO, et 280.

Rainer Maria Rilke, 16.IV.21, RIL, p. 148.

SODOME ET GOMORRHE
Rainer Maria Rilke, 16.IV.21, RIL, p. 148.

PROUST (Robert)
Rainer Maria Rilke, 27.XI.22, RIL, p. 205.

PSICHARI (Jean)
*Paul Valéry, [C.P.11.VI.1891], VAL, p. 92.
Paul Valéry, [C.P.17.VI.1891], VAL, p. 97.

Psychologie et la Vie (La)
André Rouveyre, 9.X.28, ROU, p. 127.

PUDENTIENNE [Sainte]
Marcel Drouin, 26.III.98, 186, p. 386.

PUVIS DE CHAVANNES (Pierre)
Paul Valéry, 9.III.91, VAL, p. 67.

QUEENSBERRY (Marquis de)
*Mme Paul Gide, 17.III.95, 237, p. 477.

Que faire?
Pierre Alessandri, 3.IX.37, 176, p. 180.

QUENEAU (Raymond)
Roger Martin du Gard, 16.XII.45, RMGII, p. 335.

QUEVEDO Y VILLEGAS (Francisco)

DON PABLO DE SEGOVIE
Marcel Drouin, 17.VII.02, 335, p. 26.

QUILLARD (Pierre)
Paul Valéry, [C.P.11.VI.1891], VAL, p. 91.

*Paul Valéry, 24.I.[96], VAL, p. 258.
Paul Valéry, 18.I.98, VAL, p. 311.

QUILLOT (Louis)
*Mme Paul Gide, 17.X.94, 232, p. 414.

QUILLOT (Maurice)
Paul Valéry, [C.P.12.VII.92], VAL, p. 166.
*Pierre Louÿs, 16.VII.92, 237, p. 175.
Pierre Louÿs, 19.VII.92, 237, p. 175.
*Paul Valéry, 25.VII.[92], VAL, p. 167.
*Pierre Louÿs, 2.VIII.92, 237, p. 195.
Paul Valéry, 16.VII.94, VAL, p. 210.
X..., [septembre 1894], 237, pp. 175-176 et 552.
*Mme Paul Gide, 17.X.94, 232, p. 414 et 237, p. 373; pp. 387-388.
Paul Valéry, [mars 1895], VAL, p. 235.
X..., 4.VIII.96, 242a.
*X..., 17.II.11, 309, p. 30.

QUINCEY (Thomas de)
*Francis Jammes, 21.VII.[99], JAM, p. 153

RABELAIS
Paul Souday, 10.IV.13, 68, p. 64.
*Roger Martin du Gard, 18.I.41, RMGII, p. 226.

PANTAGRUEL
*Roger Martin du Gard, [février 1931], RMGI, p. 468.

RABOU (Charles)
*Alfred Vallette, [septembre 1935], 114, pp. 663-664.

RACHILDE
*Franz Blei, 23.IV.08, 358, p. 205.

RACINE (Jean)

*Louis Comte, [novembre 1897], JAM, p. 304.

*Marcel Drouin, 27.VI.01, 217, p. 414.

*Emile Haguenin, 23.X.07, 358, p. 200.

Paul Souday, 13.IV.25, 38, p. 62.

*André Rouveyre, 11.IV.28, ROU, p. 109.

*François Mauriac, 24.IV.28, MAU, pp. 75-76.

*Roger Martin du Gard, 9.II.30, RMGI, p. 391.

*Robert de Traz, [16.XI.32], 334, p. 473.

Roger Martin du Gard, 22.IX.41, RMGII, p. 239.

ALEXANDRE

*Roger Martin du Gard, 19.VII.41, RMGII, pp. 234-235.

ANDROMAQUE

Roger Martin du Gard, 19.VII.41, RMGII, p. 235.

ATHALIE

Roger Martin du Gard, 18.II.37, RMGII, p. 93.

PHÈDRE

*Mme Paul Gide, 17.X.94, 237, p. 373.

*François Mauriac, 24.IV.28, MAU, pp. 75-76.

Radical

François Mauriac, 29.XII.21, MAU, p. 64.

Radio-Luxembourg

Roger Martin du Gard, 16.XI.37, RMGII, p. 125.

Radio-Normandie

Roger Martin du Gard, 16.XI.37, RMGII, p. 125.

RAGU [Dr.]

*Roger Martin du Gard, 14.V.42, RMGII, p. 246.

RAIMU

*Roger Martin du Gard, 17.IV.32, RMGI, p. 515.

RAMEAU, (Jean-Philippe)

Jeanne Rondeaux, [1886], 232, p. 355.

RAMUZ (Charles-Ferdinand)

BESOIN DE GRANDEUR

*C.-F. Ramuz, 1.III.37, 352, p. 298.

DERBORENCE

C.-F. Ramuz, 20.I.37, 352, p. 296.

C.-F. Ramuz, 1.III.37, 352, p. 298.

QUESTIONS

C.-F. Ramuz, 7.II.36, 352, p. 280.

TAILLE DE L'HOMME

C.-F. Ramuz, 4.XII.33, 352, p. 257.

RAPHAEL

*Mme Paul Gide, 30.IV.94, 237, p. 322.

*Henri Ghéon, [octobre 1932], 76, p. 633 et p. 634.

RATHENAU (Walter)

Mme Emile Mayrisch, 10.II.21, 236, p. 101.

Rainer Maria Rilke, 11.II.21, RIL, p. 144.

Grasset, [1933], 297, p. 59.

Robert Stumper, 7.II.47, 236, p. 72.

RAUCAT (Thomas)

HONORABLE PARTIE DE CAMPAGNE (L')

*L'Intransigeant, [décembre 1927], 42, p. 2.

RAUSCHNING (Hermann)

<u>HITLER M'A DIT</u>

*Roger Martin du Gard, 13.II.40, <u>RMGII</u>, p. 195.

RAVERAT (Jacques)

Edmund Gosse ,5.VI.15, <u>GOS</u>, p. 119.

*Maurice Denis, 28.VI.19, <u>239</u>, p. 213.

*Charles Du Bos, [1921], <u>BOS</u>, p. 31.

*Roger Martin du Gard, 2.IV.24, <u>RMGI</u>, p. 247.

RAY (Marcel)

Paul Claudel, [Noël 1909], <u>CLA</u>, p. 112.

?Francis Jammes, [28.XII.09], <u>JAM</u>, p. 268.

Marguerite Audoux, 28.XII.09, <u>215</u>, p. 109.

Paul Claudel, 27.VI.[10], <u>CLA</u>, p. 145.

REBEL (Hughes)

Louis Comte, [novembre 1897], <u>JAM</u>, p. 303.

*Il Marzocco, 20.XI.97, <u>3</u>, p. 4.

REDON (Odilon)

Maurice Denis, [avril 1901], <u>238</u>, p. 169.

"Tête laurée"

*Odilon Redon, [mai 1894], <u>263</u>, p. 250.

"Troisième suite consacrée à la <u>Tentation de Saint-Antoine</u>"

*Odilon Redon, [1896], <u>263</u>, p. 251.

REDONNEL (Paul)

Paul Valéry, 9.III.91, <u>VAL</u>, p. 67.

Paul Valéry, 29.III.91, <u>VAL</u>, p. 76.

<u>Réforme (La)</u>

Georges Eekhoud, [2.IV.1900], <u>349</u>, p. 44.

Georges Eekhoud, 3.IV.1900, <u>349</u>, p. 44.

REGNIER (Henri de)

Paul Valéry, 1.III.[91], <u>VAL</u>, p. 56.

Paul Valéry, [8 mars 1891], <u>VAL</u>, p. 64.

Paul Valéry, [12 avril 1891], <u>VAL</u>, p. 78.

Francis Vielé-Griffin, 25.IV.91, <u>240</u>, p. 104.

Paul Valéry, [mai 1891], <u>VAL</u>, p. 82.

Paul Valéry, [C.P. 11.VI.1891], <u>VAL</u>, p. 91.

*Paul Valéry, [P.17.VI.1891], <u>VAL</u>, p. 95 et p.97.

Paul Valéry, [C.P.23.VI.1891], <u>VAL</u>, pp. 101-102.

*Paul Valéry, 29.VI.1891. <u>VAL</u>, p. 105.

Edouard Dujardin, 1.VII.91, <u>34</u>, p. 14.

Paul Valéry, [9.VII.91], <u>VAL</u>, p. 108.

Paul Valéry, [15.XI.91], <u>VAL</u>, pp. 136-137.

Paul Valéry, [28.XI.91], <u>VAL</u>, p. 139.

Paul Valéry, [février 1892], <u>VAL</u>, p. 146.

Paul Valéry, [2.II.92], <u>VAL</u>, p. 148.

Paul Valéry, [C.P.26.IV.92], <u>VAL</u>, p. 157.

Paul Valéry, [C.P.11.VI.92], <u>VAL</u>, p. 163.

Paul Valéry,[C.P.25.VI.92], <u>VAL</u>, p. 164.

*Paul Valéry, [été 1892], <u>243</u>, p. 1560.

*Paul Valéry, [C.P.12.VII.92], <u>VAL</u>, p. 165.

Paul Valéry, [août 1892], <u>VAL</u>, p. 169.

*José Maria de Heredia, [septembre 1892], <u>246</u>, p. 176.

Paul Valéry, [septembre 1892], <u>VAL</u>, p. 172.

Paul Valéry, [novembre 1892], <u>VAL</u>, p. 177.

Francis Jammes, [mai] 93, <u>JAM</u>, p. 33.

*Paul Valéry, [28.V.94], <u>VAL</u>, p. 204.

*Mme Paul Gide, 20.VIII.94, <u>237</u>, p. 352.

Francis Jammes, [automne 94], <u>JAM</u>, p. 36.

Francis Jammes, [fin 1894], <u>JAM</u>, p. 38.

Francis Jammes, [juin 1895], <u>JAM</u>, p. 47.

Francis Jammes, [novembre 95], <u>JAM</u>, p. 60.

*Henri Albert, [1896], <u>132</u>, pp. 114-115.

*Paul Valéry, 24.I.[96], <u>VAL</u>, p. 258.

*Paul Valéry, [mai 1896], <u>VAL</u>, p. 265 et p. 266.

Paul Valéry, [C.P.19.V.96], VAL, p. 266.

Paul Valéry, [C.P.24.V.96], VAL, p. 269 et p.270.

Paul Valéry, [C.P.20.I.97], VAL, p. 285.

Stéphane Mallarmé, [21.I.97], 145, p. 749 et VAL, p. 285.

Francis Jammes, [début de février 1897], JAM, p. 100.

*Louis Comte, [novembre 1897], JAM, p. 303.

Paul Valéry, 20.VIII.98, VAL, p. 329.

*Francis Vielé-Griffin, [automne 98-fin 99], 240, p. 109.

*Paul Valéry, 21.X.[1900], VAL, p. 376.

Francis Jammes, [novembre 1901], JAM, p. 179.

Madeleine Gide, 6.VIII.03, 338, p. 73.

*Francis Jammes, [fin de décembre 1904], JAM, p. 225.

Franz Blei, 23.IV.08, 358, p. 205.

*Arthur Fontaine, 24.I.09, 199, p. 3.

X..., [printemps 1909], 96, p. 421.

Edmund Gosse, 10.II.13, GOS, p. 89.

Giuseppe Prezzolini, 12.IV.13, 20, p. 1058.

Edmund Gosse, 25.IV.13, GOS, p. 92.

Paul Valéry, [2.X.20], VAL, p. 481 et p. 482.

*Roger Martin du Gard, 2.IV.24, RMGI, p. 246.

Roger Martin du Gard, I.V.25, RMGI, p. 260.

EPISODES, SITES ET SONNETS

*Francis Vielé-Griffin, [fin janvier ou février 1892], 240, p. 105.

"Rupture (La)"

Francis Jammes 26.X.09, JAM, p. 261.

Francis Jammes, 3.XI.09, JAM, p. 262.

REINHARDT (Max)

Roger Martin du Gard, 25.VII.30, RMGI, p. 412.

REMBRANDT (Harmenszoon Van Ryn, dit)

*Francis Jammes, [juillet 1897], JAM, p. 115.

Roger Martin du Gard, 22.IX.28, RMGI, p. 352.

REMOND [Mgr]

René Schwob, 25.II.41, 188, p. 119.

RENAN (Ernest)

Mme Paul Gide, 6.II.90, 232, p. 454.

Victor Poucel, 27.XI.27, 48, p. 41.

*Roger Martin du Gard, 1.IV.38, RMGII, p. 129.

Albert J. Guerard, 16.V.47, 193.

Roger Martin du Gard, 22.XI.47, RMGII, p. 387.

AVENIR DE LA SCIENCE (L')

Mme Paul Gide, 26.III.92, p. 162.

DIALOGUES PHILOSOPHIQUES

Roger Martin du Gard, 18.XI.47, RMGII, p. 386.

HISTOIRE DES ORIGINES DU CHRISTIANISME

*Lucien Maury, [octobre 1950], 195, pp. 11-12.

LETTRES A STRAUSS

*Roger Martin du Gard, 18.VIII.47, RMGII, p. 378.

LIBERALISME CLERICAL

Roger Martin du Gard, [28.1.48], RMGII, p. 395.

QU'EST-CE QU'UNE NATION?

Roger Martin du Gard, 18.XI.47, RMGII, p. 386.

REFLEXIONS SUR L'ETAT DES ESPRITS

Roger Martin du Gard, [28.1.48], RMGII, p. 395.

RENARD (Jules)

*Franz Blei, 23.IV.08, 358, p. 205.

Paul Valéry, [juillet 1908], VAL, p. 418.

Paul Claudel, 14.VI.10, CLA, p. 138.

LANTERNE SOURDE (LA)

Roger Martin du Gard, 13.VIII.31, RMGI, p. 485.

PAIN DE MENAGE (LE)

Edmund Gosse, 3.VII.16, GOS, p. 130.

RENAUD (Madeleine)

*Jean-Louis Barrault, [décembre 1946], 287.

RENCY

Francis Jammes, [fin de février 1897], JAM, p. 102.

RENDINA (Massimo)

"Italia di Gide"

*X..., [novembre 1947], 175, p. 271.

RENOIR (Pierre)

Roger Martin du Gard, 14.I.35, RMGII, p. 9.
Roger Martin du Gard, 2.VI.35, RMGII, p. 32.
Roger Martin du Gard, 14.VI.36, RMGII, p. 74.

RESTIF DE LA BRETONNE (Nicolas-Edme)

MONSIEUR NICOLAS

*Roger Martin du Gard, 19.I.49, RMGII, p. 436.

RETINGER (Joseph)

Arnold Bennett, 17.IX.[14], BEN, p. 79.

RETTE (Adolphe)

*Alfred Vallette, [janvier 1897], 1, p. 428 et p. 429.
Roger Martin du Gard, 21.I.36, RMGII, p. 65.

RETZ (Paul De Gondi, Cardinal de)

*Emile Haguenin, 23.X.07, 358, p. 200.

Roger Martin du Gard, 7.X.22, RMGI, p. 193.

Révolution prolétarienne

*Pierre Alessandri, 3.IX.37, 176, p. 180.

Revue Blanche (La)

Paul Valéry, [C.P.21.XI.94], VAL, p. 222.
Paul Valéry, 6.XII.94, VAL, p. 225.
Francis Jammes, [fin 1894], JAM, p. 38.
Francis Jammes, [début d'août], 95, JAM, p. 53.
Francis Jammes, [début de juillet 1896], JAM, p. 78.
Francis Jammes, 18.VIII.96, JAM, p. 81.
Francis Jammes, 3.XII.[96], JAM, p. 94.
Francis Jammes, [début de février 1897], JAM, p. 100.
Francis Jammes, 20.II.97, JAM, p. 101.
Paul Valéry, 18.I.98, VAL, p. 311.
Marcel Drouin, 2.III.98, 186, p. 384.
Raymond Bonheur, 15.XI.98, BON, p. 44.
Maurice Beaubourg, 14.VII.99[?], 216, p. 762.
Maurice Beaubourg, [janvier 1900?], 216, p. 762.
*Raymond Bonheur, [16.I.1900], BON, p. 55.
*Christian Beck, 18.II.1900, 164, p. 392.
Francis Vielé-Griffin, 21.II.1900, 240, p. 110.
Christian Beck, [1900?], 164, p. 394.
Paul Claudel, 7.XI.06, CLA, p. 68.
Emile Haguenin, 23.X.07, 358, p. 199.

Revue Critique

M.D. [sic], 7.XI.19[?], 115, p. 465.
Jean-Marc Bernard, s.d., 106, p. 582.

Revue de France

Roger Martin du Gard, 26.XI.30, RMGI, pp. 424-425.

Revue de Genève

Mme Emile Mayrisch, 2.V.21, 236, p. 103.
Jean Cocteau, 12.V.22, COC, p. 116.

Roger Martin du Gard, 7.X.22. RMGI, p. 192.
Willy Schuermans, 28.X.22, SCHU, p. 40.
Roger Martin du Gard, 10.V.28, RMGI, p. 343.
Roger Martin du Gard, 28.VI.30, RMGI, p. 406.

Revue de la Semaine [?]
Charles Du Bos, [1921], BOS, p. 39.

Revue de Paris
*X..., 4.VIII.96, 242a.
Marcel Drouin, 26.III.98, 186, p. 388.
Paul Valéry, [C.P.septembre 1898], VAL, p. 334.
Paul Claudel, 9.I.09, CLA, p. 94.
Francis Jammes, 27.I.09, JAM, p. 257.
Jacques-Emile Blanche, 22.IX.15, 289, p. 759.
*Joseph Conrad, 7.XI.17, 308, p. 158.
Paul Valéry, 4.III.18, VAL, p. 465.
Roger Martin du Gard, [12.IX.22], RMGI, p. 192.
Paul Souday, 14.VII.27, 68, p. 66.
Roger Martin du Gard, 20.XI.28, RMGI, p. 362.
Arnold Bennett, 8.III.29, BEN, p. 159.
Arnold Bennett, 27.X.30, BEN, p. 194.
Francis Jammes, 4.XI.35, JAM, p. 290.
C.-F. Ramuz, 7.II.36, 352, p. 281.
Roger Martin du Gard, 24.VIII.37, RMGII, p. 114.
Hélène Martin du Gard, 13.XI.37, RMGII, p. 527.
Gabriel Audisio, 5.XII.40, 142.

Revue des Deux Mondes
Louis Comte, [novembre 1897], JAM, p. 303.
*Paul Valéry, 7.I.98, VAL, p. 303.
André Suarès 24.XI.09, SUA, p. 38.
André Suarès 1.I.10, SUA, p. 40.
Edmund Gosse, 31.XII.11, GOS, p. 73.
André Beaunier, [12.VII.14], 139, p. 436.
Jean Schlumberger, 31.V.18, 359, p. XIII.
Dorothy Bussy, [18 ou 19.XI.18], 281, p. 17.
*Anna de Noailles, 8.II.19, 359, p. 161 et p. 162.

Arnold Bennett, 23.II.30, BEN, p. 176.
Arnold Bennett, 27.X.30, BEN, p. 194.

Revue des Jeunes
René Salomé, 23.II.20, 359, p. 166.

Revue des Vivants
Roger Martin du Gard, 19.II.32, RMGI, p. 508.

Revue du Nouveau Siècle
Rémy de Gourmont, [1902], 133, p. 4.

Revue du Siècle
*François Mauriac, 11.VIII.33, MAU, p. 87.

Revue encyclopédique (la)
Paul Valéry, 11.VII.[99], VAL, p. 349.

Revue Hebdomadaire
Christian Beck, [janvier 1910], 165, p. 633.
François Mauriac, 15.IV.12, MAU, p. 61.
Willy Schuermans, 28.X.22, SCHU, p. 40.
Comoedia, [février 1923], RMGI, p. 212.
René Schwob, 6.II.23, 188, p. 97.
François Le Grix, 10.III.23, 58, p. 7.
Paul Valéry, 9.[X.23], VAL, p. 495.
Charles Du Bos, [1925], BOS, p. 89.
Roger Martin du Gard, 5.XI.28, RMGI, p. 360.
Roger Martin du Gard, 2.VI.30, RMGI, p. 400.
Roger Martin du Gard, 28.VI.30, RMGI, p. 406.
Roger Martin du Gard, 3.VII.30, RMGI, p. 408.

REVUE INDÉPENDANTE
Paul Valéry, [C.P.17.VI.1891], VAL, p. 98.

Revue Naturiste
Saint-Georges de Bouhélier, 10.VIII.1900, 8, p. 240.

Revue Théâtrale

    Christian Beck, 25.I.05, 215a, p. 10.

Revue Universelle

    Willy Schuermans, 2.XII.21, SCHU., p. 30.

    Francis Jammes, 24.IV.23, JAM, p. 364.

Revue Wallonne

    Albert Mockel, [juillet 1894], 349, p. 17.

REYBAUD (Louis)

JEROME PATUROT A LA RECHERCHE D'UNE POSITION SOCIALE

    Mme Paul Gide, [2.X.94], 359, p. 146.

REYMOND DE GENTILE (François)

    *Roger Martin du Gard, 23.IX.42, RMGII, pp. 269-271.

    *Roger Martin du Gard, 11.XI.42, RMGII, p. 274.

REYMOND DE GENTILE [Les]

    *Roger Martin du Gard, 15.VI.42, RMGII, p. 251.

    Paul Valéry, 25.VI.[42], VAL, p. 527.

    *Roger Martin du Gard, 30.VI.42, RMGII, p. 255.

    *Roger Martin du Gard, 2.VII.42, RMGII, p. 256.

    Georges Simenon, 21.VIII.42, 327, p. 35.

REYMOND DE GENTILE (Mme Théo)

    *Roger Martin du Gard, 3.IX.42, RMGII, p. 265.

    *Roger Martin du Gard, 23.IX.42, RMGII, pp. 269-271.

    *Roger Martin du Gard, 11.XI.42, RMGII, p. 274.

REYMOND DE GENTILE (Théo)

    Roger Martin du Gard, 3.IX.42, RMGII, p. 265.

    *Roger Martin du Gard, 23.IX.42, RMGII, p. 269.

REYNAYD (Mme)

    *Roger Martin du Gard, 12.V.45, RMGII, p. 323.

RHAMADAN

    Christian Beck, 25.I.05, 215a, p. 11.

RIBORD (André)

    Roger Martin du Gard, [novembre 1923], RMGI, p. 231.

RICHARDSON (Samuel)

CLARISSA HARLOWE

    *Roger Martin du Gard, 1.II.31, RMGI, p. 443

    Roger Martin du Gard, 2.II.31, RMGI, p. 444.

    *Roger Martin du Gard, 11.III.31, RMGI, p. 459.

    *Roger Martin du Gard, 22.III.31, RMGI, p. 467.

    *André Thérive, 2.II.32, 135a, pp. 554-555.

RICHTER (Jean-Paul)

TITAN

    Francis Jammes, [début d'août], 95 JAM, p. 54.

Rideau Gris

    Roger Martin du Gard, 5.V.35, RMGII, p. 28.

RIEDER

    Jeanne Rondeaux, 1X.87, 232, p. 384.

RIEDER

    Roger Martin du Gard, 18.VII.32, RMGII, p. 533.

RILKE (Rainer Maria)

    *Emile Verhaeren, [juillet 1910], VER, p. 75.

    *Mme Emile Mayrisch, 9.XI.10, 236, p. 75.

    *Mme Emile Mayrisch, 19.II.11, 236, p. 95 et RIL, p. 55.

    *Romain Rolland, 11.I.16, RIL, pp. 126-127.

    *Romain Rolland, 25.I.16, RIL, pp. 131-133.

    *Jacques Rivière, [mai 1919], 28, pp. 123-124.

    Paul Valéry, [printemps 1921], VAL, pp. 483-484.

Mme Emile Mayrisch, 2.V.21, 236, p. 103.
Paul Valéry, [1926], VAL, pp. 502-503.
Rudi Pallas, 30.XI.32, 337, [p.79].
Richard Heyd, 31.X.46, 276.
Robert Stumper, 7.II.47, 236, p. 72.
*Renée Lang 3.X.47, 170, et RIL, p. 258.

CHANSON D'AMOUR ET DE MORT DU CORNETTE CHRISTOPH RILKE.
*Rainer Maria Rilke, [17.II.14], RIL, pp. 97-98.
Rainer Maria Rilke, 24.III.14, RIL, p. 108.
*Rainer Maria Rilke, 22.VII.14, RIL, p. 116.

DIE AUFZEICHNUNGEN DES MALTE LAURIDS BRIGGE
*Rainer Maria Rilke, 16.X.10, RIL, p. 43.
*Mme Emile Mayrisch, 9.XI.10, 236, p. 75.
*Mme Emile Mayrisch, 14.I.11, 236, pp. 93-94, et RIL, p. 53.
*Mme Emile Mayrisch, 9.II.11, 236, p. 94.
*Rainer Maria Rilke, [fin mai 1911], RIL, p. 58.
*Mme Emile Mayrisch, 4.VII.11, RIL, p. 61.
Rainer Maria Rilke, [17.II.14], RIL, p. 98.
Robert Stumper, 7.II.47, 236, p. 72.

DUINESER ELEGIEN
Rainer Maria Rilke, 6.VII.26, RIL, p. 244.

VERGERS
*Rainer Maria Rilke, 6.VII.26, RIL, p. 244.

RIMBAUD (Arthur)
*Paul Valéry, [3.IX.94], VAL, p. 214.
*Paul Valéry, [C.P.21.XI.94], VAL, p. 222.
Paul Valéry, [C.P.27.I.95], VAL, p. 231.
Paterne Berrichon, s.d., 98, p. 48.
*Mme Paul Gide, 30.I.95, 237, p. 452.
X..., 3.IV.95, 237, p. 482 et p. 622.
Paul Valéry, [3.X.95], VAL, p. 248.

Paul Valéry, [C.P.15.XII.95], VAL, p. 255.
Marcel Drouin 25.XII.[95], 163, p. 73.
*Marcel Drouin, 30.III.98, 163, p. 62.
*Paul Valéry, [juillet 1908], VAL, p. 418.
*Paul Claudel, 10.XII.11, CLA, pp. 185-186.
*André Suarès, 18.VI.12, SUA, p. 61.
Fortunat Strowski, 9.IV.29, 69, p. 549.
Maurice Lime, 28.VII.37, 205, p. 120.
*Elvira Cassa Salvi, 25.I.50, 330a, p. 117.

"Antique (L')"
*Paul Valéry, [février 1892], VAL, p. 146.

"Bateau ivre (Le)"
Paul Valéry, [début d'août 1891], VAL, p. 118.
Paul Valéry, [début de janvier 1892], VAL, p. 145.
Paul Valéry, [3.IX.94], VAL, p. 213.

"Comedie de la soif"
Paul Valéry, [6.VIII.94], VAL, p. 212.

ILLUMINATIONS (LES)
*Paul Valéry, [février 1892], VAL, p. 146.
*Paul Valéry, [3.IX.94], VAL, p. 214.
*Paterne Berrichon, 4.VI.11, 163, p. 42.

"Premières communions (Les)"
Paul Valéry, [2.II.92], VAL, p. 148.

RIVAROL (Antoine de)
Roger Martin du Gard, 2.IV.24, RMGI, p. 246.

RIVET (Paul)
Roger Martin du Gard, 18.III.34, RMGI, p. 603.
Roger Martin du Gard, 8.VIII.37, RMGII, p. 111.
Roger Martin du Gard, 17.X.37, RMGII, p. 117.
Roger Martin du Gard, 23.X.37, RMGII, p. 119.
*Roger Martin du Gard, 22.X.38, RMGII, p. 155-156.

Roger Martin du Gard, 18.I.39, RMGII, p. 160.

RIVIERE (Isabelle)
  Paul Claudel, 15.II.10, CLA, p. 119.
  Paul Claudel, [juin 1910], CLA, p. 143.
  *Isabelle Rivière, 8.VI.16, 308, pp. 153-154.
  *Joseph Conrad, 2.VIII.16, 308, p. 155.
  *François Mauriac, 11.XII.49, MAU, p. 113.

RIVIERE (Jacques)
  Adrien Mithouard, 28.I.09, 350, p. 29.
  *Paul Claudel, 24.II.[09], CLA, p. 100.
  Paul Claudel, 15.II.10, CLA, p. 119.
  Paul Claudel, 12.III.10, CLA, p. 128.
  Paul Claudel, [juin 1910], CLA, p. 143.
  Paul Claudel, 22.II.11, CLA, p. 163.
  Paul Claudel, 16.VI.11, CLA, p. 177.
  Paul Claudel, 20.VI.11, CLA, p. 179.
  Valery Larbaud, [1911], 169, p. 158.
  Paul Claudel, 7.I.12, CLA, p. 188.
  Giuseppe Prezzolini, 12.IV.13, 20, p. 1058.
  Paul Claudel, 16.III.14, CLA, p. 224.
  Edmund Gosse, 10.XI.14, GOS, p. 113.
  *Joseph Conrad, 8.VI.16, 308, p. 153.
  *Edmund Gosse, 3.VII.16, GOS, pp. 130-131.
  Paul Valéry, 20.I.17, VAL, p. 445.
  Jean Cocteau, 6.V.19, COC, p. 83.
  Jean Cocteau, 11.VII.19, COC, p. 98 et p. 99.
  Paul Valéry, [2.X.20], VAL, p. 481.
  Arnold Bennett, 15.XI.20, BEN, p. 104.
  Mme Emile Mayrisch, 10.II.21, 236, p. 100.
  Mme Emile Mayrisch, 2.V.21, 236, p. 102.
  Willy Schuermans, 13.V.[21], SCHU, p. 17.
  Willy Schuermans, 10.XI.21, SCHU, p. 28.
  *Jean Schlumberger, 7.XII.21, 181, pp. 183-184.
  Rainer Maria Rilke, 27.XI.22, RIL, p. 205.
  Comoedia, [février 1923], RMGI, p. 212.
  Roger Martin du Gard, 25.II.23, RMGI, p. 211.
  Willy Schuermans, 4.XII.23, SCHU, p. 46.
  Charles Du Bos, 1.I.24, BOS, p. 61.
  Marcel Jouhandeau, 3.I.24, JOU, p. 10.
  *Marcel Jouhandeau, 3.II.25, JOU, p. 18.
  Rainer Maria Rilke, [18.II.25], RIL, p. 241.
  *Arnold Bennett, 19.II.25, BEN, pp. 146-147.
  Willy Schuermans, 2.IV.25, SCHU, p. 55.
  Paul Souday, 14.VII.27, 68, p. 66.
  André Rouveyre, [mai 1928], ROU, p. 110.
  *André Rouveyre, 10.VIII.28, ROU, p. 126.
  Roger Martin du Gard, 15.IV.31, RMGI, p. 474.
  *Roger Martin du Gard, 26.IV.48, RMGII, p. 416.
  *François Mauriac, 11.XII.49, MAU, pp. 113-114.
  Elvira Cassa Salvi, 25.I.50, 330a, p. 117.
  M.D. [sic],[7.XI.19?], 115, p. 465.

[Article sur le Bouclier du Zodiaque d'André Suarès]
  *André Suarès 27.II.09, SUA, p. 32.
  *André Suarès, 24.XI.09, SUA, pp. 38-39.

[Article sur Rimbaud], [N.R.F., 1er juillet 1914]
  *Paul Valéry, 26.VII.[14], VAL, p. 439.

MORALISME ET LITTERATURE
  Roger Martin du Gard, 26.VI.48, RMGII, p. 416.

"Paul Claudel"
  Francis Jammes, 27.I.09, JAM, p. 255.

RIVIERE (Marcel)
  *Paul Claudel, 22.II.11, CLA, p. 162 et p. 163.

RIVOIRE [Dr]
  Roger Martin du Gard, 15.VI.42, RMGII, p. 251.

ROBERTSAU
  Charles Du Bos, 2.VII.26, BOS, p. 105.

ROBERTY (Mathilde)

   Charles Du Bos, [31.III.07], PEG, p. 21.

ROCKFELLER [Fondations]

   Roger Martin du Gard, 30.III.48, RMGII, p. 404.

RODIN (Auguste)

   Saint-Georges de Bouhélier 10.VIII.1900, 8, p. 240.

ROEDERER (Pierre-Louis)

   Roger Martin du Gard, 30.VI.42, RMGII, p. 256.

   Roger Martin du Gard, 2.VII.42, RMGII, p. 256.

ROERHER

   *Roger Martin du Gard, 7.VII.32, RMGI, pp. 528-529.

   Roger Martin du Gard, 8.X.33, RMGI, p. 582.

   Roger Martin du Gard, 27.X.33, RMGI, p. 585.

   Roger Martin du Gard, 10.II.34, RMGI, p. 596.

ROLLAND (Romain)

   Paul Souday, 23.VIII.15, 68, p. 64-65.

   Roger Martin du Gard, 2.IV.24, RMGI, p. 246.

   Paul Souday, 13.IV.25, 38, p. 61.

   *Roger Martin du Gard, 9.VI.25, RMGI, p. 268.

   Henri Dommartin, 8.VII.39, 138, p. 333.

   Renée Lang, 3.X.47, 170, et RIL, p. 258.

   Roger Martin du Gard, 11.IX.48, RMGII, p. 426.

JEAN-CHRISTOPHE

   *Roger Martin du Gard, [6.VII.19], RMGI, p. 146.

   *Roger Martin du Gard, 9.VI.25, RMGI, p. 268.

[Michel-Ange]

   André Bourgeois, 1.X.06, PEG, p. 21.

ROMAINS (Jules)

   André Ruyters, [juin 1909], 349, p. 64.

   Francis Jammes, [3.V.10], JAM, p. 273.

   Guillaume Apollinaire, [mai 1913], 259, p. 43.

   Comoedia, [février 1923], RMGI, p. 212.

   Roger Martin du Gard, 25.II.23, RMGI, p. 211.

   Albert T'serstevens, [mai 1923], 32, p. 1.

   *Roger Martin du Gard, [22.XII.29], RMGI, p. 384.

   Roger Martin du Gard, 12.III.30, RMGI, p. 392.

   Roger Martin du Gard, 25.V.30, RMGI, p. 397.

   *Roger Martin du Gard, 15.VI.30, RMGI, pp. 403-404.

   *Roger Martin du Gard, 25.VII.30, RMGI, pp. 411-412.

   *Roger Martin du Gard, 19.III.35, RMGII, p. 22.

   Roger Martin du Gard, 8.X.35, RMGII, p. 51.

   Pierre Alessandri, 9.IX.37, 176, p. 182.

   François Mauriac, 14.XII.37, MAU, p. 89.

   Roger Martin du Gard, 14.IV.40, RMGII, p. 198.

DONOGOO-TONKA

   *Roger Martin du Gard, 25.VII.30, RMGI, p. 412.

DOUCEUR DE LA VIE

   Roger Martin du Gard, 14.IV.40, RMGII, p. 198.

LUCIENNE

   *Arnold Bennett, 29.I.24, BEN, p. 132.

PRELUDE A VERDUN

   *Roger Martin du Gard, 14.IV.40, RMGII, p. 198.

VERDUN

   *Roger Martin du Gard, 14.IV.40, RMGII, p. 198.

VIE UNANIME (LA)

   *Paul Claudel, 9.I.09, CLA, p. 95.

VORGE CONTRE QUINETTE

   Roger Martin du Gard, 14.IV.40, RMGII, p. 198.

RONDEAUX (Claire)

Voir : DEMAREST (Claire)

RONDEAUX (Edouard)

Jeanne Rondeaux, [février 1894], 237, p. 339.

RONDEAUX (Emile)

Mme Paul Gide, 16.III.90, 232, p. 436.
Mme Paul Gide, 6.II.90, 232, p. 454.
Mme Paul Gide, 22.III.92, 237, p. 167.

RONDEAUX (Georges)

Mme Paul Gide, 23.III.90, 232, pp. 440-441.
Madeleine Rondeaux, [novembre 1892], 233, p. 84.
Jeanne Rondeaux, [juillet 1894], 237, p. 339.
Francis Jammes, août[97], JAM, p. 120.
*Charles Péguy, [31.III.07], PEG, p. 21.
*André Ruyters, 16.IX.14, 139, p. 489.
Paul Valéry, 4.X.14, VAL, p. 443.
Roger Martin du Gard, [novembre 1923], RMGI, p. 234.

RONDEAUX (Jeanne)

Mme Paul Gide, 18.III.90, 232, p. 418.
Madeleine Rondeaux, [octobre 1892], 233, p. 87.
Madeleine Rondeaux, [novembre 1892], 233, p. 84.
Mme Paul Gide, 29.V.93, 237, p. 228.
Mme Paul Gide, 7.VII.94, 237, p. 341.
Mme Paul Gide, [2.X.94], 359, p. 147.
*Paul Valéry, [C.P.4.X.96], VAL, p. 280.
*Francis Jammes, [début de février 1897], JAM, p. 100.
Francis Jammes, 4.VII.[97], JAM, pp. 113-114.
*Francis Jammes, [juillet 1897], JAM, p. 117.
Francis Jammes, [août 97], JAM, p. 120.
*Marcel Drouin, 2.III.98, 186, p. 384.
*Marcel Drouin, 16.III.98, 217, pp. 411-412.
Marcel Drouin, 26.III.98, 186, p. 385 et p. 389.
Francis Jammes, 17.IV.98, JAM, p. 138.
Francis Jammes, [avril 1898], JAM, p. 139.
*Paul Valéry, 20.VIII.98, VAL, p. 329.
*Francis Jammes, 2.IX.98, JAM, p. 147.
*Paul Valéry, 8.IX.[98], VAL, p. 329.
Eugène Rouart, 11.IX.98, 84, p. 491.
Francis Jammes, 21.VII.[99], JAM, p. 152.
Francis Jammes, 26.VIII.[1900], JAM, p. 166.
Marcel Drouin, 27.VI.01, 217, p. 414.
Marcel Drouin, [juillet 1901], 191, p. 171.
*Francis Jammes, [décembre 1901], JAM, p. 182.
Jacques-Emile Blanche, 12.VII.02, 289, p. 758.
Paul Valéry, 2.VII.[03], VAL, p. 397.
Paul Valéry, 9.VII[03], VAL, p. 399.
Francis Jammes, [10.III.04], JAM, p. 210.
Francis Jammes, [fin de décembre 1904], JAM, p. 225.
Paul Claudel, 10.XII.11, CLA, p. 185.
Paul Valéry, 4.X.14, VAL, p. 443.
Roger Martin du Gard, 17.V.37, RMGII, p. 103.
*Roger Martin du Gard, 23.IV.38, RMGII, p. 135.
Claude Mauriac, 31.V.40, 197, p. 248.
Roger Martin du Gard, 7.VI.40, RMGII, p. 209.
Jean Denoel, 16.XII.43, 323, p. 19.
Roger Martin du Gard, 21.IX.44, RMGII, p. 280.
*Roger Martin du Gard, 17.X.44, RMGII, p. 282.

RONDEAUX (Madeleine)

Jeanne Rondeaux, IX.87, 232, p. 383.
Mme Paul Gide, 16.III.90, 232, p. 436.
Mme Paul Gide, [juin-juillet] 90, 232, p. 459.
*Paul Valéry, [9.VII.91], VAL, p. 108.
*Paul Valéry, [28.VIII.91], VAL, p. 121.
Paul Valéry, [9.IX.91], VAL, p. 123.
Paul Valéry, [septembre 1891], VAL, p. 128.
*Albert Démarest, [janvier 1892], 237, p. 146.
*Mme Paul Gide, 25.III.92, 237, p. 169.
Paul Valéry, [C.P.26 avril 92], VAL, p. 157.
*Paul Valéry, [C.P.II.VI.92], VAL, p. 162.

Jeanne Rondeaux, [août 1892], 233, pp. 89-92.
*Jeanne Rondeaux, 23.XI.93, 237, p. 295.
*Jeanne Rondeaux, [hiver 1893], 232, p. 323.
*Mme Paul Gide, 12.V.94, 237, p. 324.
*Mme Paul Gide, 7.VII.94, 237, p. 341.
*Mme Paul Gide, 18.X.94, 237, pp. 391-392.
*Mme Paul Gide, 31.X.94, 237, pp. 392-393.
*Mme Paul Gide, 24.XI.94, 237, p. 395.
*Mme Paul Gide, 11.XII.94, 237, p. 398.
*Mme Paul Gide, 17.I.95, 237, p. 431.
*Mme Paul Gide, 18.I.95, 237, pp. 432-433.
*Mme Paul Gide, 19.I.95, 237, pp. 433-434.
Mme Paul Gide, 20.I.95, 237, p. 436.
Mme Paul Gide, 23.I.95, 237, p. 437.
Mme Paul Gide, 24.I.95, 237, p. 438.
Mme Paul Gide, 25.I.95, 237, p. 441.
Mme Paul Gide, 28.I.95, 237, p. 439.
Mme Paul Gide, 19.II.95, 237, p. 467.
Mme Paul Gide, 25.II.95, 237, p. 468.
*Mme Paul Gide, 14.III.95, 237, pp. 471-472.
*Mme Paul Gide, 3.IV.95, 237, p. 485.
*Mme Paul Gide, 5.IV.95, 237, p. 494.
*Paul Valéry, [mai 1895], VAL, p. 237.
*Albert Démarest, [juin 1895], 233, p. 119.
*Albert Démarest, [juin 1895], 237, p. 510.
*Albert Démarest, [juin ou juillet 1895], 237, p. 508.
*Francis Jammes, [début d'août], 95, JAM, p. 53.
*Albert Démarest, 19.VIII.95, 233, pp. 120-121.
*Marcel Drouin, [fin 1895], 186, p. 381.
Francis Jammes, [fin de février 1896], JAM, p.67.
Marcel Drouin, 10.III.96, 355, p. 615.
Francis Jammes, [début de juin 1896], JAM, p. 74.
Francis Jammes, [début de juillet 1896], JAM, p. 78.
*X..., 4.VIII.96, 242a.
Francis Jammes, 18.VIII.96, JAM, p. 81.
Paul Valéry, [C.P. 29.VIII.96], VAL, p. 274.

Paul Valéry, 19.IX.96, VAL, p. 277.
Paul Valéry, [4.X.96], VAL, p. 280.
Francis Jammes, 3.XII.[96], JAM, p. 94.
Paul Valéry, [février1897], VAL, p. 286.
*Francis Jammes, 20.II.97, JAM, pp. 101-102.
Paul Valéry, [C.P.19.III.97], VAL, p. 288.
*Eugène Rouart, 20.IV.97, 80, p. 480.
Francis Jammes, 22.IV.97, JAM, p. 107.
*André Fontainas, 28.IV.97, 349, p. 28.
*Paul Valéry, 27.IV.97, VAL, p. 293.
*Paul Valéry, 21[mai 1897], VAL, p. 296.
*Stéphane Mallarmé, 22.V.97, 163a, p. 117.
*Francis Jammes, 27.V.97, JAM, p. 109.
Francis Jammes, [début de juin 1897], JAM, p. 111.
*Paul Valéry, [C.P. 4.VI.97], VAL, p. 299.
*Francis Jammes, [juillet 1897], 163, p. 106 et JAM, p. 116.
Francis Jammes, 4.VII.[97], JAM, p. 114.
Francis Jammes, [juillet 1897], JAM, p. 117.
Francis Vielé-Griffin, [été 1897], 240, p. 107.
*Francis Jammes, août [97], JAM, p. 120 et p. 121.
Eugène Rouart, novembre 97, 82, p. 483.
Francis Jammes, 1.XII.97, JAM, p. 130.
Francis Jammes, [décembre 1897], JAM, p. 132.
Francis Jammes, 4.I.98, JAM, p. 134.
*Paul Valéry, 7.I.98, VAL, p. 302.
*Paul Valéry, 12.I.98, VAL, p. 305 et p. 307.
Paul Valéry, 18.I.98, VAL, p. 311.
Francis Jammes, [fin de janvier 1898], JAM, p. 134.
*Jeanne Drouin, 20.II.98, 191, pp. 166-167.
*Marcel Drouin, 2.III.98, 186, p. 384.
*Paul Valéry, [C.P.15.III.98], VAL, p. 315.
*Marcel Drouin, 16.III.98, 217, p. 411 et p. 412.
Marcel Drouin, 26.III.98, 186, p. 385 et p. 387.
Francis Jammes, 28.III.98, JAM, p. 136.
Marcel Drouin, 30.III.98, 163, p. 61.
Maurice Denis, [fin mars-tout début d'avril 1898] 238, p. 141.

*Marcel Drouin, [avril 1898], 186, p. 390 et p. 391.

Francis Jammes, 17.IV.98, JAM, p. 138.

Paul Valéry, [C.P. mai 1898], VAL, p. 317.

Francis Jammes, 5.V.[98], JAM, p. 142.

Paul Valéry, [C.P. juillet 1898], VAL, p. 319.

Raymond Bonheur, [4.VII.98], BON, pp. 39-40.

Francis Jammes, [début d'août 1898], JAM, p.144.

Paul Valéry, 20.VIII.98, VAL, p. 329.

Francis Jammes, 2.IX 98, JAM, p. 148.

Raymond Bonheur, 15.XI.98, BON, p. 45.

Raymond Bonheur, 3.XII.98, BON, p. 45.

Maurice Denis, [1899], 238, p. 153.

*Raymond Bonheur, 4.III.[99], BON, p. 47.

*Francis Jammes, [avril 1899], JAM, pp. 150-151.

Paul Valéry, 11.IV.99, VAL, p. 345.

Raymond Bonheur, [9.VI.99], BON, p. 48.

Arthur Fontaine, 17.VII.[99], 199, p. 3.

Francis Jammes, 21.VII.[99], JAM, p. 152 et p. 153.

Albert Mockel [août 1899], 349, p. 38.

Raymond Bonheur, 24.X.[99], BON, p. 53.

Edouard Ducoté, [février 1900], 282, p. 1147.

Edouard Ducoté, 22.II.1900, 282, p. 1149.

Raymond Bonheur, 12.III.1900, BON, p. 57.

*Raymond Bonheur, [20.VI.1900], BON, p. 58.

*Paul Valéry, [C.P.19.VII.1900], VAL, p. 369.

*Francis Vielé-Griffin, 26.VII.1900. 240, p. 111.

Raymond Bonheur, [24.VIII.1900], BON, p. 59.

*Francis Jammes, 26.VIII.[1900], JAM, pp. 166-167.

*Paul Valéry, [C.P.31.VIII.1900], VAL, p. 371.

Francis Jammes, 14.X.[1900], JAM, p. 169.

*Paul Valéry, 15.X.1900, VAL, p. 372.

Paul Valéry, 26.XII.[1900], VAL, p. 378.

*Marcel Drouin, 30.XII.1900, 348, p. 99.

X..., 29.III.01, 242a.

*Marcel Drouin, [juillet 1901], 191, p. 170.

Paul Valéry, [C.P. 5.VII.01], VAL, pp. 384-385.

Raymond Bonheur 10.VII.01, BON, p. 65.

Paul Valéry, 27.VIII.[01], VAL, p. 387.

Paul Valéry, [C.P.23.IX.01], VAL, p. 389.

Francis Jammes,[novembre 1901], JAM, p. 179.

X..., 4.II.02, 349, p. 135.

Francis Jammes, 12.IV.02, JAM, p. 184.

*Francis Jammes, 7.V.02, JAM, p. 188.

*Jacques-Emile Blanche, 12.VII.02, 289, p. 758.

Francis Jammes, 6.VIII.02, JAM, p. 200.

*Odilon Redon, [février 1903], 263, p. 252.

Raymond Bonheur, 3 [ou4], V.03, BON, p. 75.

Paul Valéry, 2.VII.[03], VAL, p. 397.

Raymond Bonheur, 7.X.03, BON, p. 84.

Francis Jammes, [10.III.04], JAM, p. 210.

Francis Jammes, [milieu de mars 1904], JAM, p.211.

Francis Jammes, [fin de décembre 1904], JAM, p. 215.

Raymond Bonheur, 1.II.[05], BON, p. 92.

Francis Jammes, [18.IV.05], JAM, p. 226.

Francis Jammes 27.VII.[05], JAM, p. 228.

Francis Jammes, [début d'octobre 1905], JAM, p. 229.

Francis Jammes, 29.XI.05, JAM, p. 231.

Francis Jammes, 15.II.06, JAM, p. 233.

Paul Claudel, 7.XI.06, CLA, p. 68.

Paul Valéry, [C.P.17.XI.06], VAL, p. 412.

Paul Claudel, 14.III.[07], CLA, p. 73.

*Christian Beck, 1.IV.[07], 165, p. 620.

Maurice Denis, 7.XII.07, 239, p. 87.

Paul Valéry, 10.III.08, VAL, p. 415.

Francis Jammes, 5.IV.08, JAM, p. 251.

Paul Claudel, [juillet 1908], CLA, p. 87.

Paul Claudel, 17.X.08, CLA, p. 90.

Paul Claudel, 9.I.09, CLA, p. 95.

Francis Jammes, 19.II.09, JAM, p. 258.

Paul Claudel, 24.II.[09], CLA, p. 100.

Maurice Denis, [fin avril 1909], 239, p. 112.

Raymond Bonheur, 1.VI.[09], BON, p. 101.

Francis Jammes, 15.VI.09, JAM, p. 260.

Francis Jammes, 11.VIII.09, JAM, p. 261.

Raymond Bonheur, [14.IX.09], BON, p. 101.

Paul Valéry, 24.XI.09, VAL, p. 420.

Raymond Bonheur, 2.I.10, BON, p. 103.

Paul Claudel, 23.II.10, CLA, p. 124.

Paul Claudel, [mars 1910], CLA, p. 130.

Edmund Gosse, 10.IV.10, GOS, p. 57.

Paul Claudel, 7.I.11, CLA, p. 159.

Valery Larbaud, 23.IV.11, 169, p. 161.

Francis Jammes 19.VI.11, JAM, p. 277.

Paul Claudel, 20.VI[11], CLA, p. 179.

Francis Jammes, [juin 1911], JAM, p. 279.

Raymond Bonheur, [7.XI.11], BON, p. 103.

Paul Claudel, 10.XII.11, CLA, p. 186.

Edmund Gosse, 11.VI.12, GOS, p. 77.

*Jacques-Emile Blanche, [1913], 289, pp. 756-757.

Edmund Gosse, 4.V.13, GOS, p. 97.

Edmund Gosse, 18.V.13, GOS, p. 98.

Edmund Gosse, 20.V.13, GOS, p. 99.

*Jacques Copeau, [juin 1913], 233, p. 156.

Edmund Gosse, 29.VI.13, GOS, p. 102.

Edmund Gosse, 8.I.14, GOS, p. 107.

Rainer Maria Rilke, [28.II.14], RIL, p. 106.

*Paul Claudel, 7.III.14, CLA, p. 217.

*Paul Claudel, 16.III.14, CLA, p. 224.

Paul Valéry, 4.VII.[14], VAL, p. 435.

*André Ruyters, 16.IX.14, 139, p. 489.

*Arnold Bennett, 17.IX.[14], BEN, p. 79.

*Paul Valéry, 4.X.14, VAL, p. 442.

Edmund Gosse, 10.XI.14, GOS, p. 113.

Edmund Gosse, 29.XII.14, GOS, p. 116.

Francis Jammes, [juin 1915], JAM, p. 283.

Edmund Gosse, 5.VI.15, GOS, p. 119.

Edmund Gosse, 7.VII.15, GOS, p. 121.

Edmund Gosse, 23.I.16, GOS, p. 123.

Emile Verhaeren, 3.VI.16, VER, p. 85.

Edmund Gosse, 3.VII.16, GOS, p. 130 et p. 131.

Raymond Bonheur, 8.IX.16, BON, p. 105.

Edmund Gosse, 21.XII.16, GOS, p.148.

Edmund Gosse, 26.X.17, GOS, p. 151.

Paul Valéry, [C.P.5.XI.17], VAL, p. 459.

Paul Valéry, 8.V.18, VAL, p. 471.

Edmund Gosse, 9.VIII.18, GOS, p. 160.

Dorothy Bussy, [1919], 281, p. 17.

Roger Martin du Gard, 7.V.19, RMGI, p. 140.

*Paul Valéry, 6.X.19, VAL, p. 476.

Edmund Gosse, 23.VIII.20, GOS, p. 166.

Roger Martin du Gard, [octobre 1920], RMGI, p.159.

Roger Martin du Gard, [décembre 1920], RMGI, p. 162.

Joseph Conrad, 12.XII.20, 308, p. 159.

Edmund Gosse, 16.I.21, GOS, p. 168.

Mme Emile Mayrisch, 20.V.21, 236, p. 104.

*Joseph Conrad, 22.VII.21, 308, p. 161.

*Roger Martin du Gard, [début d'octobre 1921], RMGI, p. 175.

Joseph Conrad, 16.X.[21], 308, p. 162.

*Roger Martin du Gard, 7.X.22, RMGI, p. 193.

Paul Valéry, 25.X.22, VAL, p. 492.

Rainer Maria Rilke, 8.XI.22, RIL, p. 199.

*Roger Martin du Gard, [octobre 1922], RMGI, p.197.

Roger Martin du Gard, [14.XII.22], RMGI, p. 202.

Roger Martin du Gard, 27.IV.23, RMGI, p. 219.

Joseph Conrad, 8.X.23, 308, p. 166.

Roger Martin du Gard, [avril 1925], RMGII, p. 259.

Roger Martin du Gard, 1.V.25, RMGI, p. 260.

Roger Martin du Gard, 18.X.25, RMGI, p. 279.

Paul Claudel, 15.VI.26, CLA, p. 244.

Roger Martin du Gard, 8.VII.26, RMGI, p. 295.

Edmund Gosse, 30.XII.26, GOS, p. 187.

*Roger Martin du Gard, 10.II.28, RMGI, p. 329.

Roger Martin du Gard, 30.III.28, RMGI, p. 338.

Roger Martin du Gard, 10.V.28, RMGI, p. 342.

*Maurice Denis, 30.VI.28, 255, p. 94.

Roger Martin du Gard, 22.IX.28, RMGI, p. 353.

Charles Du Bos, 2.I.29, BOS, p. 169.

Simone Marye 20.VII.29, MAR, p. 21.

Roger Martin du Gard, 25.VII.30, RMGI, p. 410.

*René Schwob, 6.I.31, 188, p. 106.

Roger Martin du Gard, 26.I.31, RMGI, p. 434.

Roger Martin du Gard, 1.I.31, RMGI, p. 442.

Roger Martin du Gard, 6.II.31, RMGI, p. 446.

Roger Martin du Gard, 18.II.31, RMGI, p. 447.

*René Schwob 14.III.31, 188, p. 108.

Roger Martin du Gard, 13.VI.31, RMGI, p. 477.

Roger Martin du Gard, 31.VII.31, RMGI, p. 481.

André Rouveyre, 4 ou 5.IX.31, ROU, p. 133.

Francis Jammes, 22.XII.31, JAM, p. 287.

Francis Jammes, 24.XII.31, JAM, p. 288.

Roger Martin du Gard, 2.II.32, RMGI, p. 494.

Roger Martin du Gard, 25.V.32, RMGI, p. 521.

André Rouveyre, 8.II.[33], ROU, p. 145.

*Roger Martin du Gard, 15.VIII.33, RMGI, p. 575.

*Roger Martin du Gard, 23.VIII.33, RMGI, pp. 576-577.

Roger Martin du Gard, 8.X.33, RMGI, p. 582.

André Rouveyre, 11.I.34, ROU, p. 147.

*Roger Martin du Gard, 12.V.34, RMGI, p. 613.

Roger Martin du Gard, 11.IX.34, RMGI, p. 631.

Roger Martin du Gard, 15.X.34, RMGI, p. 635.

Roger Martin du Gard, 14.I.35, RMGII, p. 11.

*Roger Martin du Gard, 19.III.35, RMGII, p. 21.

*Roger Martin du Gard, 18.VIII.35, RMGII, pp. 42-43.

*Roger Martin du Gard, 15.IX.35, RMGII, p. 48.

Roger Martin du Gard, 8.X.35, RMGII, p. 51.

Roger Martin du Gard, 10.XII.36, RMGII, p. 86.

Roger Martin du Gard, 18.II.37, RMGII, p. 93.

Roger Martin du Gard, 8.III.37, RMGII, p. 96.

*Roger Martin du Gard, 17.V.37, RMGII, pp. 103-104.

*Roger Martin du Gard, 27.V.37, RMGII, pp. 104-105.

*Roger Martin du Gard, 4.VII.37, RMGII, p. 107.

*Roger Martin du Gard, 24.VIII.37, RMGII, pp. 114-115.

*Simone Marye, 24.IV.38, MAR, p. 29.

*Roger Martin du Gard, 23.IV.38, RMGII, p. 135.

*Mme Paul-Albert Laurens, 23.IV.38, 348, p. 187.

Maurice Lime 24.IV.38, 205, p. 128.

Jean Lambert, 25.VIII.39, 251, p. 95.

*Roger Martin du Gard, 26.V.40, RMGII, p. 207.

*Simone Marye, 5.I.45, MAR, p. 38.

Roger Martin du Gard, 23.V.50, RMGII, p. 486.

RONDEAUX (Valentine)

Jeanne Rondeaux, IX.87, 232, p. 383.

Mme Paul Gide, [juin-juillet] 90, 232, p. 459.

Jeanne Rondeaux, [fin novembre] 91, 237, p. 255.

Mme Paul Gide, 20.VIII.94, 237, pp. 354-355.

*Mme Paul Gide, 31.VIII.94, 237, p. 355.

Mme Paul Gide, [2.X.94], 359, p. 154.

Francis Jammes, [avril 1898], JAM, p. 139.

*Francis Jammes, 26.VIII.[1900], JAM, p. 166.

*Paul Valéry, [C.P. 31.VIII.1900], VAL, p. 371.

Maurice Beaubourg, [20.XII.1900], 216, p. 766.

*Francis Jammes, [26.IV.06], JAM, p. 234.

Paul Valéry, 4.X.14, VAL, p. 443.

Roger Martin du Gard, 10.II.28, RMGI, p. 329.

RONSARD (Pierre de)

Paul-Albert Laurens 20.VII.94, 237, p. 346.

*Gabriel Audisio, 5.XII.40, 142, p. 553.

ROPS (Félicien)

Paul Valéry, [septembre 1891], VAL, p. 129.

ROSENBERG (Fedor)

Francis Jammes, [début de juin 1896], JAM, p. 74.

Francis Jammes, [début de février 1897], JAM, p. 101.

Francis Jammes, [juillet 1897], JAM, p. 115.

Francis Jammes, 5.V.[98], JAM, p. 142.
Raymond Bonheur, 10.VII.01, BON, p. 64.
Christian Beck, 4.V.03, 164, p. 398.
Christian Beck, 6.IX.03, 164, p. 399.
Christian Beck, 25.I.05, 215a, p. 11.
Christian Beck, [25.X.06], 165, p. 616.
Roger Martin du Gard, 19.VII.33, RMGI, p. 569.

ROSNY (Joseph-Henri)
*Jean Cocteau, s.d., 347a.

TERMITE (LE)
*Paul Valéry, [C.P.11 juin 1891], VAL, p. 92.

ROSTAND (Edmond)
*Edouard Ducoté 8.XI.03, 282, p. 1151.
Francis Jammes, 14.X.04, JAM, p. 216.

ROTHERMERE [Lady]
*Edmund Gosse, 26.X.17, GOS, p. 152.

ROTHSCHILD (Philippe de)
Roger Martin du Gard, 5.IV.33, RMGI, p. 558.
Roger Martin du Gard, 15.VIII.33, RMGI, p. 574.
Roger Martin du Gard, 28.IX.33, RMGI, p. 578.
Roger Martin du Gard, 23.VIII.34, RMGI, p. 630.
*Simone Marye, 20.VI.46, MAR, p. 41.
Georges Henein, 27.VI.46, MAR, p. 43.

ROUANET (Léo)
[Traduction de Calderon : DRAMES RELIGIEUX]
*Paul Claudel, 9.III.11, CLA, p. 168.

ROUART (Eugène)
Mme Paul Gide, 18.X.93, 237, p. 280.
*Paul Valéry, [27.XI.93], VAL, p. 192.
Paul Valéry, [mars 1894], VAL, p. 200.

*Mme Paul Gide, 28.V.94, 237, p. 318.
Mme Paul Gide, 6.VII.94, 237, p. 340.
Paul Valéry, [6.VIII.94], VAL, p. 212.
*Paul Valéry, [3.IX.94], VAL, p. 214.
Mme Paul Gide, 18.IX.94, 359, p. 144.
*Mme Paul Gide, [22.IX.94], 359, pp. 145-146.
Mme Paul Gide, [2.X.94], 359, p. 151.
Francis Jammes, [automne 94], JAM, p. 35.
Mme Paul Gide, 3.XI.94, 237, p. 388.
*Paul Valéry, 11.XI.94, VAL, p. 220.
Paul Valéry, 2.XII.94, VAL, p. 224.
*Paul Valéry, 28.XII.94, VAL, p. 228.
Francis Jammes, [fin 1894], JAM, p. 37.
Mme Paul Gide, 19.II.95, 237, p. 467.
Paul Valéry, [mars 1895], VAL, p. 233 et p. 235.
Mme Paul Gide, 14.III.95, 237, p. 472.
Francis Jammes, [avril 1895], JAM, p. 41.
Francis Jammes, [mai 1895], JAM, p. 45.
*Paul Valéry, [mai 1895], VAL, p. 238.
*Paul Valéry, [mai 1895], VAL, p. 239.
Paul Valéry, [29.VII.95], VAL, p. 244.
Paul Valéry, [septembre 1895], VAL, p. 246.
*Francis Jammes, [novembre 1895], JAM, p. 60.
Francis Jammes, 19.I.[96], JAM, p. 62.
*Francis Jammes, [fin de février 1896], JAM, p. 67.
Paul Valéry, 25.III.[96], VAL, p. 261.
Paul Valéry, [C.P.19.V.96], VAL, p. 266 et p. 267.
Francis Jammes, [début de juillet 1896], JAM, p.77.
Francis Jammes, 2.VIII.96, JAM, p. 80.
*Paul Valéry, 14.IX.96, VAL, p. 276.
Francis Jammes, 16.III.97, JAM, p. 103.
Francis Jammes, 27.V.97, JAM, p. 109.
Francis Jammes, [début de juin 1897], JAM, pp. 110 et 111.
Francis Jammes, [juillet 1897], JAM, p. 116.
Francis Jammes, [juillet 1897], JAM, p. 117.
Francis Jammes, août [97], JAM, p. 120.
*Francis Jammes, 1.XI.97, JAM, p. 127.

Marcel Drouin 26.III.98, 186, p. 389.

Francis Jammes, 28.III.98, JAM, p. 136.

*Marcel Drouin, 18.IV.[98], 186, pp.391-392.

*Francis Jammes, 17.IV.98, JAM, p. 137.

*Francis Jammes, [avril 1898], JAM, p. 139 et p. 140.

Raymond Bonheur, [4.VII.98], BON, p. 39.

*Paul Valéry, [C.P.10.VII.98], VAL, p. 322.

Raymond Bonheur, 29.VII.[98], BON, p. 40.

Raymond Bonheur, 15.XI.98, BON, p. 44.

Raymond Bonheur, [3.XII.98], BON, p. 45.

*Paul Valéry, 19.X.99, VAL, p. 358.

Raymond Bonheur, 24.X.[99], BON, p. 53.

Édouard Ducoté, [février 1900], 282, p. 1145.

Édouard Ducoté, 22.II.1900, 282, p. 1150.

*Paul Valéry, 15.X.1900, VAL, p. 372.

Raymond Bonheur, [15.IV.01], BON, p. 61.

Raymond Bonheur, 10.VII.01, BON, p. 64.

Raymond Bonheur, [12.VIII.01], BON, p. 66.

Paul Valéry, 2.VII.[03], VAL, p. 397.

Francis Jammes, 8.X.[03], JAM, p. 205.

*Francis Jammes, [13.XII.04], JAM, p. 220.

Paul Claudel, [juillet 1908], CLA, p. 87.

Raymond Bonheur, [8.XII.08], BON, p. 100.

Christian Beck, [1909], 165, p. 627.

Paul Claudel, 6.VIII.10, CLA, p. 148.

Christian Beck, 24.III.11, 165, p. 634.

*Christian Beck, 25.VI.[12], 165, p. 637.

*Paul Iseler, 26.XI.31, 132.

*Edmond Jaloux, 18.IX.41, 178, p. 296.

*Roger Martin du Gard, 5.IV.45, RMGII, p. 317.

VILLA SANS MAITRE (LA)

*Marcel Drouin, 26.III.98, 186, p. 389.

*Francis Jammes, 17.IV.98, JAM, pp. 137-138.

Gaston Bonheur, [30.XII.19], BON, p. 106.

ROUART (Louis)

Christian Beck, 26.I.[12], 165, pp. 634-635.

ROUCHÉ (Jacques)

Christian Beck, 17.XII.07, 165, p. 623.

Paul Valéry, 10.III.08, VAL, p. 414.

Valery Larbaud, [octobre ou novembre 1909], 169, p. 136.

Henri Vandeputte, 23.IX.10, 229a.

André Suarès 12.XI.10, SUA, p. 49.

André Suarès 7.III.11, SUA, p. 57.

*Christian Beck, 24.III.11, 165, p. 634.

ROUGEMONT (Denis de)

*Roger Martin du Gard, 10.VI.39, RMGII, p. 169.

ROULEAU (Raymond)

Roger Martin du Gard, 20.IX.34, RMGI, p. 633.

ROUSSEAU (Jean-Jacques)

Mme Paul Gide, 6.II.90, 232, p. 454.

*Francis Jammes, [décembre 1897], JAM, p. 132.

*Christian Beck, 23.VI.[02], 164, p. 397.

*Montgomery Belgion, 22.XI.29, 67, pp. 195-196.

Roger Martin du Gard, 28.VI.30, RMGI, p. 406.

*Columbia Review, 22.I.51, 183, p. 6.

CONFESSIONS

*Arnold Bennett, 4.VII.30, BEN, p. 181.

NOUVELLE HÉLOÏSE (LA)

*Mme Paul Gide, 8.VII.94, 237, p. 343.

ROUSSEAUX (André)

*Roger Martin du Gard, 1.IX.[32], RMGI, p. 536.

Roger Martin du Gard, 21.I.36, RMGII, pp. 65 et 66.

*Roger Martin du Gard, 18.IX.41, RMGII, p. 238.

"Mauvais Maîtres (Les)"

*Roger Martin du Gard, 29.IX.40, RMGII, p. 222.

ROUVEYRE (André)

   Roger Martin du Gard, [novembre 1923], RMGI, p. 233.

   *Rainer Maria Rilke, 15.XII.23, RIL, p. 229.

   *Georg Brandes, 5.VIII.26, 203, p. 495.

   *Jean Paulhan, 25.IV.28, 46, p. 721.

   *Paul Léautaud, 24.XII.46, 357, pp. 38-39.

"Au bras de Guillaume Apollinaire"

   *André Rouveyre, 21.XII.[20], ROU, p. 59.

"Contemporain capital :André Gide (Le)"

   *André Rouveyre, 31.X.24, ROU, pp. 83-86.

   *André Rouveyre, 10.XI.24, ROU, pp. 88-89.

   *André Rouveyre, 22.XI.24, ROU, pp. 89-91.

   *André Rouveyre, [mai 1928], ROU, p. 112.

   *André Rouveyre, 15.VII.46, ROU, pp. 158-159.

GYNECEE (LE)

   *André Rouveyre, [mai 1928], ROU, p. 113.

"Lettres dans l'Epoque"

   *André Rouveyre, 14.IV.24, 357, p. 32.

"Phedre"

   André Rouveyre, [7.XI.10], ROU, p. 52.

RECLUS ET LE RETORS (LE)

   *André Rouveyre, 26.VI.27, ROU, p. 93.

   *Roger Martin du Gard, 1.VII.27, RMGI, p. 313.

   *André Rouveyre, [mai 1928], ROU, p. 112.

   *André Rouveyre, 14.II.49, ROU, p. 168.

   *[André Rouveyre, 4.II.50, ROU, pp. 187-188].

RETRAITE PARTAGEE (LA)

   *André Rouveyre, 1.II.33, ROU, p. 145.

   *André Rouveyre, 14.II.33, ROU, p. 146.

SINGULIER

   *André Rouveyre, 11.I.34, ROU, p. 147.

SOUVENIRS DE MON COMMERCE

   André Rouveyre, [1921], ROU, pp. 59-60.

"Souvenirs de mon commerce :dans la contagion de Mécislas Golberg"

   *André Rouveyre, 9.VI.23, ROU, p. 63.

   André Rouveyre, [11.VI.23], ROU, p. 69.

ROUVEYRE (Mme André)

   André Rouveyre, 14.IV.24, 354, p. 31.

   André Rouveyre, 4 ou 5.IX.31, ROU, p. 133.

   André Rouveyre, 27.IV.41, ROU, p. 155.

ROY (Marcel)

   Francis Jammes, [28.XII.09], JAM, p. 268.

ROYERE (Jean)

   *Francis Vielé-Griffin, 2.I.10, 240, p. 116.

   *Francis Vielé-Griffin, 6.I.10, 240, p. 116.

   *Francis Vielé-Griffin, [8 ou 9.I.10], 240, p. 118.

   *Francis Vielé-Griffin, 9.V.10, 240, p. 120.

   Paul Valéry, 8.V.10, VAL, p. 471.

RUBENS (Pierre-Paul)

   *Madame X..., 17.IV.28, 63, p. 762.

RUBINSTEIN (Ida)

   Edmund Gosse, 26.X.17, GOS, p. 151.

   Paul Valéry, 15.IX.32, VAL, p. 514.

   *Igor Stravinsky, 20.I.33, 265, p. 186.

   Roger Martin du Gard, 4.II.33, RMGI, p. 546.

   *Igor Stravinsky, 8.II.33, 265, pp. 187-188.

   Igor Stravinsky, 24.II.33, 265, p. 189.

   Roger Martin du Gard, 19.VII.33, RMGI, p. 570.

   Roger Martin du Gard, 12.V.34, RMGI, p. 612.

RUMPELMAYER

    Mme Paul Gide, 30.V.90, 232, p. 448.

RUSTICUCCI (Jacopo)

    François Porché, [janvier 1928], 60, p.61.

RUTHERFORD (Mark)

    Arnold Bennett, 16.I.16, BEN, p. 88.

    *Edmund Gosse, 6.II.16, GOS, p. 127.

AUTOBIOGRAPHY OF MARK RUTHERFORD (THE)

    *Arnold Bennett, 4.X.15, BEN, p. 86.

    *Arnold Bennett, 16.I.16, BEN, p. 88.

    *Edmund Gosse, 23.I.16, GOS, p. 123.

    *Willy Schuermans, 4.XII.23, SCHU, p. 45.

CATHARINE FURZE

    Edmund Gosse, 23.I.16, GOS, p. 123.

DELIVERANCE

    *Edmund Gosse, 23.I.16, GOS, p. 123.

    *Willy Schuermans, 4.XII.23, SCHU, p. 45.

RYSBROEK (Jean de)

    Voir : VAN RYSBROEK (Jean)

RUYSDAEL (Jacob Isaac)

    *Madame X..., 17.IV.28, 63, p. 762.

RUYTERS (André)

    Eugène Rouart, 28.IX.96, 163, p. 22.

    Francis Jammes, [fin de février 1897], JAM, p. 102.

    Francis Jammes, [décembre 1897], JAM, p. 132.

    Francis Jammes, 21.VII.[99], JAM, p. 153.

    Christian Beck, [1900?], 164, p. 394.

    *Christian Beck, 4.V.03, 164, p. 398.

    Christian Beck, 21.XII.07, 165, p. 623.

    *Paul Claudel, 17.I.08, CLA, p. 79.

    Eugène Rouart, [juin 1908], 268, p. 507.

    *Edmund Jaloux, 5.X.[08], 348, p. 116.

    Paul Claudel, 24.II.[09], CLA, p. 99.

    Paul Claudel, 19.IV.09, CLA, p. 101.

    Paul Claudel, 18.VI.09, CLA, p. 103.

    Francis Jammes, [28.XII.09], JAM, p. 268.

    Paul Claudel, 23.II.10, CLA, p. 123.

    Paul Claudel, [juin 1910], CLA, p. 143.

    Paul Claudel, 14.VI.10, CLA, p. 139.

    Paul Claudel, 6.VIII.10, CLA, p. 148.

    Mme Emile Mayrisch, 12.VIII.11, 236, p. 96.

    Giuseppe Prezzolini, 12.IV.13, 20, p. 1058.

    *Paul Valéry, 4.X.14, VAL, p. 443.

    Roger Martin du Gard, [fin janvier 1915], RMGI, p. 136.

    Paul Valéry, 13.VI.17, VAL, p. 447.

    *Joseph Conrad, 7.XI.17, 308, p. 157.

    Paul Valéry, 27.II.18, VAL, p. 462.

    Paul Valéry, 4.III.18, VAL, p. 465.

    *Joseph Conrad, 12.XII.20, 308, p. 160.

    *Joseph Conrad, 22.VII.21, 308, pp. 160-161.

    Joseph Conrad, 8.X.23, 308, p. 166.

CONTES

    Valery Larbaud, 12.VI.10 et [juillet 1910], 169, p. 144.

MAUVAIS RICHE (LE)

    *Paul Claudel, 17.I.08, CLA, pp. 79-80.

SAADI

    *Parse, [mai 1921], 29.

SABATTIER (Paul)

    *Marcel Drouin, 30.III.98, 163, p. 61.

SADECK

    Athman, 20.VII.94, 237, p. 346 et p. 347.

SAINT-ALBAN (Mme Mathieu de)

Maxime de Langenhagen, [1894?], 171, p. 179 et 252, p. 553.

SAINT-DENIS (Michel)

Rainer Maria Rilke, 31.XII.22, RIL, p. 209.
Roger Martin du Gard, 25.II.23, RMGI, p. 211.

SAINTE-BEUVE (Charles-Augustin)

Paul Valéry, 11.VII.99, VAL, p. 349.
*Marcel Drouin, 27.VI.01, 217, p. 413.
Christian Beck, [fin décembre 07], 165, p. 624.
*Paul Souday, 6.VI.17, 365, p. 6.
*Roger Martin du Gard, 1.IV.38, RMGII, p. 129.
Roger Martin du Gard, 23.II.47, RMGII, p. 364.

CAUSERIES DU LUNDI

*Paul Souday, 6.VI.17, 365, p. 7.
Roger Martin du Gard, 29.XII.25, RMGI, p. 280.

NOUVEAUX LUNDIS

Roger Martin du Gard, [octobre 1922], RMGI, p. 197.

PORT-ROYAL

Roger Martin du Gard, 29.XII.25, RMGI, p. 280.

SAINTE-SOLINE (Claire)

JOURNEE

*Roger Martin du Gard, 23.II.36, RMGII, p. 67.

SAINT-EVREMOND (Charles de Saint-Denis, Sieur de)

Roger Martin du Gard, [octobre 1920], RMGI, p. 160.

SAINT-EXUPERY (Antoine de)

Claude Mauriac, [27], VII.39, 197, p. 200.
X..., [août 1944], 307, p. 11.
*Roger Martin du Gard, 21.IX.44, RMGII, p. 280.

*Roger Martin du Gard, 5.XII.44, RMGII, p. 291.
*Claude Mauriac, 3.II.45, 197, p. 266.

VOL DE NUIT

Eugène Dabit, 20.II.32, 214, p. 42.
Roger Martin du Gard, 18.VII.32, RMGI, p. 533.
Roger Martin du Gard, 19.VII.33, RMGI, p. 569.

SAINT-GEORGES DE BOUHELIER

*Francis Jammes 18.VIII.96, JAM, p. 81.
*Francis Jammes, [début de février 1897], JAM, p. 100.
Charles-Louis Philippe, 17.X.04, 266, p. 582.
André Suarès, 14.III.[15], SUA, p. 75.

HIVER EN MEDITATIONS OU LES PASSE-TEMPS DE CLARISSE (L')

*Francis Jammes, [octobre 1896], JAM, p. 90.
*Saint Georges de Bouhélier, [4.XII.96], 157, p. 297.

ROUTE NOIRE

*Saint-Georges de Bouhélier, 10.VIII.1900, 8, p. 239.

Saint-Graal

Francis Jammes, [juillet 1897], JAM, p. 116.
*Paul Valéry, 12.I.98, VAL, p. 307.
Edouard Ducoté, [1899], 282, p. 1144.

SAINT-HUBERT (A.M.de)

Voir :MAYRISCH (Mme Emile)

"Immoraliste et surhomme"

*Mme Theo Van Rysselberghe, [1903], 236, pp. 69-71.

SAINT-JACQUES (Louis de)

*Alfred Vallette, [Janvier 1897], 1, pp. 428-429.
*Stéphane Mallarmé, [21.I.97], 145, p. 749, et VAL, p. 285.

SAINT-JOHN PERSE
  Paul Claudel, 22.II.11, CLA, p. 163.
  Paul Claudel, 7.I.12, CLA, p. 189.
  Willy Schuermans, 2.IV.25, SCHU, p. 55.
  *Simone Marye, 17.I.40, MAR, p. 32,
  *Simone Marye, 20.VI.46, MAR, p. 42.

ANABASE
  *Saint John Perse, 5.XII.[24], 288, p. 404.
  Saint-John Perse, 17.I.48, 288, p. 466.

"Eloges"
  *Paul Claudel, 12.III.10, CLA, p. 128.
  *Francis Jammes, 19.VI.11, JAM, p. 276.
  *Valery Larbaud, [septembre 1911], 169, p. 181.
  *Saint-John Perse, 5.XII.[24], 288, p. 404.

EXIL
  *Saint-John Perse, 29.III.44, 288, p. 439.
  Saint-John Perse, 17.I.48, 288, p. 466.

VENTS
  *Saint-John Perse, 17.I.48, 288, p. 466.
  Saint-John Perse, 14.III.48, 288, p. 466.

SAINT-OFFICE
  Victor Poucel, 17.XII.27, 49, p. 46.

SAINT-POL-ROUX
  *Franz Blei, 23.IV.08, 358, p. 205.

SAINT-SIMON (Charles-Henri, comte de)
  Saint-Georges de Bouhélier, 10.VIII.1900, 8, p.239.
  Suzanne-Paul Hertz, 24.I.27, 44.
  Roger Martin du Gard, 10.VII.34, RMGI, p. 626.
  Albert J. Guerard, 16.V.47, 193.

SALES [Mlle]
  Mme Paul Gide, 8.X.93, 237, p. 275.

SALES (Valérie)
  Mme Paul Gide, 8.X.93, 237, p. 275.

SALIEGE [Cardinal]
  *Roger Martin du Gard, 21.III.49, RMGII, p. 450.

SALLUSTE
  Roger Martin du Gard, 17.X.44, RMGII, p. 281.
  Roger Martin du Gard, 30.X.44, RMGII, p. 284.

SALMON (André)
  *Paul Valéry, [2.X.20], VAL, p. 482.

SALOMON (Charles)
  Edmund Gosse, 23.I.16, GOS, p. 123.

SAMAIN (Albert)
  Francis Jammes, 4.VII.[97], JAM, p. 113.
  Raymond Bonheur, [8.IX.98], BON, p. 42.
  *Raymond Bonheur, [24.VIII.1900], BON, p. 59.
  *Francis Jammes, 26.VIII.1900, JAM, p. 166.
  Francis Jammes, 14.X.[1900], JAM, p. 169.
  Raymond Bonheur, 12.V.04, BON, p. 88.
  Raymond Bonheur, [20.I.05], BON, p. 90.
  *Jules Mouquet, 4.VI.25, 163, p. 121.

POLYPHEME
  *Raymond Bonheur, [avril 1904], BON, p. 87.
  Raymond Bonheur, [12.I.05], BON, p. 89.
  Raymond Bonheur, [20.I.05], BON, p. 90.
  *Raymond Bonheur, 10.X.06, BON, pp. 95-96.
  *Valentin Bresle, 4.VI.25, 39, p. 24.

SAND (George)

Paul Valéry, [3.XI.91], VAL, p. 133.
Maurice Denis, 7.XII.07, 239, p. 87.
*Paul Souday, 10.IV.13, 68, p. 64.

SANDEAU (Jules)

Claude Mauriac, 6.VIII.45, 197, p. 281.

SANGNIER (Marc)

Roger Martin du Gard, 25.VI.34, RMGI, p. 621.

SANTAYANA (George)

*Guillaume Lerolle, 29.X.17, 139, p. 635.

SARGENT

Edmund Gosse, 31.XII.11, GOS, p. 73.

SARRAIL (Dora)

Roger Martin du Gard, 12.VIII.45, RMGII, p. 328.

SARRAULT (A.)

*Revue du Siècle, 21.IV.33, 90, p. 95.

SARTIAUX (Félix)

Roger Martin du Gard, 27.V.38, RMGII, p. 142.

SARTRE (Jean-Paul)

*Jean Paulhan, 27.VII.37, 339, p. 78.
*Roger Martin du Gard, [21.VIII.38], RMGI, p. 148.
*Roger Martin du Gard, 18.IX.41, RMGII, p. 238.
*Jean-Louis Barrault, 12.IX.42, 287, p. 12.
*X..., [novembre 1947], 175, p. 271.

CHEMINS DE LA LIBERTE

*Jean-Paul Sartre, 10.XII.49, 253.

SASSOON (Siegfried)

MEMOIRS OF A FOX-HUNTING MAN

Arnold Bennett, 27.X.30, BEN, p. 195.

MEMOIRS OF AN INFANTRY OFFICER

*Arnold Bennett, 27.X.30, BEN, p. 195.

SAUCIER (Roland)

Rainer Maria Rilke, 2.VI.23, RIL, p. 215.

SAUVEBOIS (Gaston)

Charles Du Bos, 14.I.21, BOS, p. 28.

SAVONAROLE

Mme Paul Gide, 23.V.94, 237, p. 325.

SCANTREL (Yves)

Voir : SUARES (André)

SCARLATTI (Alessandro)

Jeanne Rondeaux, [1886], 232, p. 355.
Jeanne Rondeaux, [hiver 1893], 232, p. 323.

SCHERER

*Marcel Drouin, 27.VI.01, 217, p. 413.

SCHERER (Marc)

COMMUNISTES ET CATHOLIQUES

Roger Martin du Gard, 3.XII.36, RMGII, p. 85.

SCHIFFRIN (André)

Roger Martin du Gard, 1.VII.49, RMGII, p. 455.
Roger Martin du Gard, 27.VII.49, RMGII, p. 458.

SCHIFFRIN (Jacques)

Roger Martin du Gard, [novembre 1926], RMGI, p.300.

Eugène Dabit, 12.V.36, 214, p. 21.

Roger Martin du Gard, 14.VI.36, RMGII, pp. 73-74.

Roger Martin du Gard, 22.VII.36, RMGII, p. 75.

A. Gulminelli, 28.XII.36, 129.

Roger Martin du Gard, 7.V.38, RMGII, p. 138.

Roger Martin du Gard, 21.VIII.38, RMGII, p. 147.

Roger Martin du Gard, 9.I.39, RMGII, p. 157.

Roger Martin du Gard, 16.I.39, RMGII, p. 158.

*Roger Martin du Gard, 18.I.41, RMGII, pp. 227-228.

Roger Martin du Gard, 7.II.41, RMGII, p. 232.

*Roger Martin du Gard, 2.VI.41, RMGII, p. 233.

Roger Martin du Gard, 19.VII.41, RMGII, p. 234.

Roger Martin du Gard, 30.VI.42, RMGII, p. 256.

Roger Martin du Gard, 17.X.44, RMGII, p. 282.

Georges Simenon, 3.IX.46, 327, p. 40.

*Roger Martin du Gard, 1.VII.49, RMGII, p. 455.

Roger Martin du Gard, 13.IX.50, RMGII, p. 499.

SCHILLER (Friedrich)

DON CARLOS

*X..., 25.V.92, 77, p. 543.

DIE BRAUT VON MESSINA

X..., 25.V.92, 77, p. 543.

MARIE STUART

X..., 25.V.92, 77, p. 543.

WALLENSTEIN

X..., 25.V.92, 77, p. 543.

WILHELM TELL

*X..., 25.V.92, 77, p. 543.

SCHLAF (Johannes)

*Rainer Maria Rilke, 24.III.14, RIL, p. 108.

SCHLOEZER (Boris de)

*Roger Martin du Gard, 19.VI.29, RMGI, p. 371.

SCHLUMBERGER (Jean)

M.D. [sic], 7.XI.19[?], 115, p. 465.

*Edmond Jaloux, 5.X.[08], 348, p. 116.

Paul Claudel, 24.II.[09], CLA, p. 99.

Francis Jammes, 11.VI.[09], 349, p. 65.

Christian Beck, 21.IX.09, 165, p. 628.

Paul Claudel, 23.II.10, CLA, p. 123.

Paul Claudel, [juin 1910], CLA, p. 143.

Emile Verhaeren, 27.VI.[10], VER, p. 73.

Paul Claudel, 22.II.11, CLA, p. 161 et p. 163.

Paul Claudel, 9.III.11, CLA, p. 168.

Francis Vielé-Griffin, 23.VI.11, 240, p. 119.

Mme Emile Mayrisch, 12.VIII.11, 236, p. 97.

Paul Claudel, 14.VIII.11, CLA, p. 182.

Valery Larbaud, [1911], 169, p. 158.

Mme Emile Mayrisch, 25.VII.13, 236, p. 97.

*Paul Valéry, 4.X.14, VAL, p. 442.

Edmund Gosse, 29.XII.14, GOS, p. 116.

*Roger Martin du Gard, [fin janvier 1915], RMGI, pp. 135-136.

Paul Souday, 23.VIII.15, 68, pp. 64-65.

Edmund Gosse, 3.VII.16, GOS, p. 131.

Roger Martin du Gard, 20.VIII.21, RMGI, p. 171.

Rainer Maria Rilke, 29.VIII.21, RIL, p. 170.

Roger Martin du Gard, [août ou septembre 1921], RMGI, p. 173.

Mme Emile Mayrisch, 19.II.22, 236, p. 105.

*Rainer Maria Rilke, 17.XI.22, RIL, p. 203.

Rainer Maria Rilke, 2.VI.23, RIL, p. 215.

Rainer Maria Rilke, 13.VII.23, RIL, p. 216.

Rainer Maria Rilke, 15.XII.23, RIL, p. 229.

*Roger Martin du Gard, [1924], RMGI, p. 254.

Charles Du Bos, [1924], BOS, p. 74.

Rainer Maria Rilke, 29.V.24, RIL, p. 234.

André Rouveyre, 31.X.24, ROU, p. 86.

Charles Du Bos, 21.XI.24, BOS, p. 78.
Roger Martin du Gard, 11.XII.26, RMGI, p. 303.
Roger Martin du Gard, 22.XI.29, RMGI, p. 379.
Roger Martin du Gard, [22.XII.29], RMGI, p. 384.
Roger Martin du Gard, 12.III.30, RMGI, pp. 392-393.
Roger Martin du Gard, 22.III.30, RMGI, p. 393.
Roger Martin du Gard, 6(?)V.30, RMGI, p. 395.
Roger Martin du Gard, 2.VI.30, RMGI, p. 399.
Roger Martin du Gard, 15.VI.30, RMGI, p. 404.
René Schwob, 30.XII.30, 188, p. 104.
Roger Martin du Gard, 1.II.31, RMGI, p. 442.
Roger Martin du Gard, 5.II.31, RMGI, p. 445.
Roger Martin du Gard, 28.I.32, RMGI, p. 493.
Roger Martin du Gard, 15.VIII.33, RMGI, p. 575.
Roger Martin du Gard, 14.I.35, RMGII, p. 9.
Roger Martin du Gard, 19.III.35, RMGII, p. 21.
Roger Martin du Gard, 30.XII.35, RMGII, p. 63.
Roger Martin du Gard, 16.XI.37, RMGII, p. 125.
Roger Martin du Gard, 23.IV.38, RMGII, p. 135.
Roger Martin du Gard, 27.V.38, RMGII, p. 142.
Roger Martin du Gard, 26.IX.38, RMGII, p. 150.
*Roger Martin du Gard, 2.X.38, RMGII, p. 153.
Georges Simenon, 31.XII.38, 327, p. 29.
Roger Martin du Gard, 19.IX.39, RMGII, p. 188.
Simone Marye, 22.I.40, MAR, p. 35.
Roger Martin du Gard, 13.II.40, RMGII, p. 194 p. 195.
Roger Martin du Gard, 19.IV.40, RMGII, p. 202.
Roger Martin du Gard, 16.VII.40, RMGII, p. 212.
Roger Martin du Gard, 23.VII.40, RMGII, p. 213.
Claude Mauriac, 14.VIII.40, 197, pp. 251-252.
Roger Martin du Gard, [10.XII.40], RMGII, p. 224.
Roger Martin du Gard, 18.I.41, RMGII, p. 227.
Roger Martin du Gard, 19.VII.41, RMGII, p. 234.
X..., [août 1944], 307, p. 11.
Roger Martin du Gard, 21.IX.44, RMGII, p. 280.

*Roger Martin du Gard, 25.XI.44, RMGII, p. 288.
Roger Martin du Gard, 7.VIII.46, RMGII, p. 346.
Roger Martin du Gard, 26.VI.48, RMGII, p. 416.
Roger Martin du Gard, 29.XII.48, RMGII, p. 434.
Roger Martin du Gard, 19.I.49, RMGII, p. 435.
*Roger Martin du Gard, 15.II.49, RMGII, p. 441.
Roger Martin du Gard, 21.XI.49, RMGII, p. 468.
*François Mauriac, 11.XII.49, MAU, p. 114.
Roger Martin du Gard, 16.V.50, RMGII, p. 485.
Roger Martin du Gard, 19.VI.50, RMGII, p. 490.

[Article sur les *Morceaux choisis* d'André Gide]
*Jean Schlumberger, 7.XII.21, 151, pp. 183-184.

CAMARADE INFIDELE (LE)
*Roger Martin du Gard, 20.VIII.21, RMGI, p. 171.

"GIDE, rue Visconti"
*Jean Schlumberger, 1.III.35, 110, pp. 945-948.

HOMME HEUREUX (UN)
*Rainer Maria Rilke, 11.VII.[21], RIL, p. 165.
Roger Martin du Gard, 1.VI.30, RMGI, p. 399.

MARIE
*Roger Martin du Gard, 19.X.48, RMGII, p. 429.

SAINT-SATURNIN
*Roger Martin du Gard 31.V.28, RMGI, p. 348.
Roger Martin du Gard, 11.III.31, RMGI, p. 460.
*Roger Martin du Gard, 18.VII.32, RMGI, pp. 532-553.

STEPHANE LE GLORIEUX
*Roger Martin du Gard, 10.VI.39, RMGII, p. 169.

TENTATION DE TATI (LA)
*Roger Martin du Gard, 6.III.49, RMGII, pp. 446-447.

SCHLUMBERGER (Les)

   Edmund Gosse, 11.VI.12, GOS, p. 77.

SCHLUMBERGER (Mme Jean)

   Voir : SCHLUMBERGER (Suzanne)

SCHLUMBERGER (Marc)

   *Roger Martin du Gard, 13.III.28, RMGI, pp. 334-335.

   Roger Martin du Gard, 28.I.32, RMGI, p. 493.

   Roger Martin du Gard, 23.VII.40, RMGII, p. 213.

SCHLUMBERGER (Monique)

   Roger Martin du Gard, 30.XII.35, RMGII, p. 63.

SCHLUMBERGER (Suzanne)

   Emile Verhaeren 27.VI.[10], VER, p. 73.

   Mme Emile Mayrisch, 19.II.22, 236, p. 105.

   *Rainer Maria Rilke, 17.XI.22, RIL, p. 203.

   *Roger Martin du Gard, [1924], RMGI, p. 224.

SCHMITT (Florent)

   *Francis Jammes, 11.VIII.09, JAM, p. 261.

"Episodes symphoniques"

   Florent Schmitt, 19.XI.23, 348, p. 154.

SCHOLL (Aurélien)

   Paul Valéry, [mars 1895], VAL, p. 235.

SCHOPENHAUER (Arthur)

   Mme Paul Gide, 16.II.90, 232, p. 458.

   Mme Paul Gide, [juin-juillet], 90, 232, p. 460.

   Paul Valéry, 26.I.91, VAL, p. 46.

   *Paul Valéry, [C.P.23 juin 1891], VAL, p. 100.

   *Paul Valéry, [début d'août 1891], VAL, p. 118.

   *Paul Valéry, [28.VIII.91], VAL, p. 121.

   *Paul Valéry, [3.XI.91], VAL, p. 134.

   *Adrienne Monnier, 24.IV.31, 229, p. 106.

   *Jacques Schiffrin, 18.VI.42, 170, p. 177.

SCHUBERT (Franz)

   Mme Paul Gide, 22.III.92, 237, p. 154.

SCHUERMANS (André)

   Willy Schuermans, 7.VI.[24], SCHU, p. 48.

SCHUERMANS (Dr Willy)

   Mme Emile Mayrisch, 10.II.21, 236, p. 100.

SCHUERMANS (Mme Willy)

   Willy Schuermans, 19.VIII.[21], SCHU, p. 19.

   Willy Schuermans, 2.IX.21, SCHU, p. 21.

   Willy Schuermans, 10.XI.21, SCHU, p. 28.

   Willy Schuermans, 2.XII.21, SCHU, p. 30.

   Willy Schuermans, 30.I.22, SCHU, p. 34.

   Willy Schuermans, 28.X.22, SCHU, p. 40.

   Willy Schuermans, 4.XII.23, SCHU, p. 46.

SCHUMANN (Robert)

   Mme Paul Gide, [juin-juillet],90, 232, p. 460.

   Paul Valéry, [8 mars 1891], VAL, p. 64 et p. 65.

   Paul Valéry, [août 1892], VAL, p. 170.

   *André Rouveyre, 11.IV.28, ROU, p. 109.

MANFRED

   Mme Paul Gide, 26.III.92, 237, p. 155.

SCHVEITZER [les]

   *Roger Martin du Gard, 14.III.45, RMGII, p. 316.

SCHVEITZER (Marcelle)

SCHWA

Marcelle Schweitzer, 1.VII.48, 369, p. 153.

SCHWOB (Marcel)

Paul Valéry, [décembre 1891], VAL, p. 142.

*Christian Beck, [1895], 164, p. 388.

*Francis Jammes, [novembre 1895], JAM, p. 60.

*Francis Jammes, 3.XII.[96], JAM, p. 94.

Stéphane Mallarmé, [21.I.97], 145, p. 749 et VAL, p. 285.

Paul Valéry, [avril 1897], VAL, p. 290.

Eugène Rouart, novembre 1897, 82, p. 484.

*Francis Jammes, 21.VII.[99], JAM, p. 153.

Francis Jammes, [mai 1902], JAM, p. 189.

*Francis Jammes, 6.VIII.02, JAM, p. 200.

Edmund Gosse, 8.X.11, GOS, p. 69.

Georges Pitoëff, 26.VII.22, 249, p. 64.

LIVRE DE MONELLE (LE)

*X..., s.d., 87, pp. 557-558.

*S.A. Rhodes, [1931?], 144, pp. 157-158.

SCHWOB (René)

Daniel-Rops, 20.V.33, 176, p. 34.

MOI JUIF

*René Schwob, 17.XI.28, 59, pp. 57-59.

VRAI DRAME D'ANDRE GIDE (LE)

René Schwob, 23.II.32, 188, p. 112.

René Schwob, 15.IV.32, 188, p. 113.

*René Schwob, 18.XI.32, 188, p. 115.

*Jean Crès, 25.VII.33, 108, pp. 5-6.

*René Schwob, 19.II.45, 188, p. 120.

SEDOV

Pierre Alessandri, 3.IX.37, 176, p. 180.

SEIGNOBOS (Charles)

HISTOIRE SINCERE DU PEUPLE FRANCAIS

Roger Martin du Gard, 5.V.35, RMGII, p. 29.

Semaine Littéraire (La)

Joseph Conrad, 12.XII.20, 308, p. 160.

Joseph Conrad, 22.VII.21, 308, p. 160.

SEMENOFF

*Alfred Vallette, 1.IX.03, 9, p. 286.

SENNEP

Roger Martin du Gard, 8.X.35, RMGII, p. 51.

Sept

Roger Martin du Gard, 19.III.35, RMGII, p. 22.

*Roger Martin du Gard, 8.X.35, RMGII, p. 51.

*Roger Martin du Gard, 4.IX.37, RMGII, p. 115.

*Roger Martin du Gard, [août 1942], RMGII, p. 259.

SERGE (Victor)

*Ambassadeur de L'U.R.S.S. en France, 29.VI.35, 176, p. 98-99.

*Roger Martin du Gard, 3.VII.35, RMGII, p. 36.

*Magdeleine Paz, 6.VII.35, 176, p. 100.

*Roger Martin du Gard, 10.VII.35, RMGII, p. 39.

Pierre Alessandri, 3.IX.37, 176, p. 180.

Roger Martin du Gard, 23.X.37, RMGII, p. 119.

SERT

Igor Stravinsky, 20.I.33, 265, p. 186.

SERTILLANGES (A.-D.)

Roger Martin du Gard, 17.X.28, RMGI, p. 360.

SERVET (Michel)

Roger Martin du Gard, 22.IX.41, RMGII, p. 238.

SESSENBERG (Charlotte de)

Francis Jammes, 17.IV.98, JAM, p. 138.

SEURAT

    Emile Verhaeren, [juillet 1910], VER, p. 74.

SEVIGNE (Marie de Rabutin-Chantal, Marquise de)

    X..., 2.II.31, 139, p. 1029.

SFORZA [Comte]

FRERES ENNEMIS (LES)

    *Roger Martin du Gard, 29.II.33, RMGI, p. 551.

SHACKLETON (Anna)

    Mme Paul Gide, 8.X.93, 237, p. 275.
    Mme Paul Gide, 27.VI.94, 237, p. 331.
    Mme Paul Gide, 31.X.94, 237, p. 392.

SHAKESPEARE (William)

    Paul Valéry, [9.VII.91], VAL, p. 109.
    Paul Valéry, [3.IX.94], VAL, p. 214.
    Mme Paul Gide, 30.I.95, 237, p. 451.
    *Marcel Drouin, 16.III.98, 217, p. 412.
    *Marcel Drouin, 30.III.98, 163, p. 61.
    *Paul Valéry, [C.P.27.VII.98], VAL, p. 327.
    *Henri Ghéon, 23.II.18, 139, p. 647.
    Jacques-Emile Blanche, 20.XI.19, 289, p. 762.
    André Thérive, 14.V.28, 55.
    *Roger Martin du Gard, 2.X.28, RMGI, p. 358.
    *Roger Martin du Gard, 9.II.30, RMGI, p. 391.
    *Henri Ghéon, [octobre 1932], 76, p. 634.
    *Roger Martin du Gard, 23.II.36, RMGII, p. 67.
    Gabriel Audisio, 5.XII.40, 142.
    *Jean Lambert, 3.II.42, 251, pp. 83-84.

ANTONY AND CLEOPATRA

    *Edmund Gosse, 26.X.17, GOS, p. 151.
    *Paul Valéry, 1.XI.17, VAL, p. 458.
    *Dorothy Bussy, [1919], 281, p. 17.

    Jacques Doucet, 4.VI.20, 367, p. 8
    *Arnold Bennett, 26.I.21, BEN, pp. 111-113.
    Georges Pitoeff, 26.VII.22, 249, p. 64.
    Jean Cocteau, 24.I.23, COC, p. 136.
    Florent Schmitt, 19.XI.23, 348, p. 154.
    *André Rouveyre, 8.II.28, ROU, p. 105.
    Roger Martin du Gard, 10.V.28, RMGI, p. 343.
    *Roger Martin du Gard, 21.VIII.38, RMGII, p. 147.
    *Jean-Louis Barrault, 12.IX.42, 287, p. 12.
    Roger Martin du Gard, 25.XI.44, RMGII, p. 288
    Richard Heyd, 31.X.46, 276.

AS YOU LIKE IT

    Marcel Drouin, 16.III.98, 217, p. 412.
    Roger Martin du Gard, 15.X.34, RMGI, p. 635.

CORIOLAN

    *Paul Valéry, [C.P.15.III.98], VAL, p. 315.
    Marcel Drouin, 16.III.98, 217, p. 412.

HAMLET

    *Roger Martin du Gard 12.VII.22, RMGI, p. 185.
    *Roger Martin du Gard, 18.VII.[22], RMGI, p. 187.
    *Georges Pitoeff, 26.VII.22, 249, pp. 64-65.
    *Willy Schuermans, 28.X.22, SCHU, p. 40.
    *Joseph Conrad, 26.XII.22, 308, p. 165.
    Roger Martin du Gard, 25.I.25, RMGI, p. 256.
    *André Rouveyre, 8.II.28, ROU, pp. 105-106.
    *André Thérive, 14.V.28, 55.
    *Roger Martin du Gard, 2.X.28, RMGI, p. 358.
    André Rouveyre, 10.IV.30, ROU, p. 128.
    Dorothy Bussy, [1942], 283, p. 60.
    *Roger Martin du Gard, 24.V.42, RMGII, p. 248.
    *Roger Martin du Gard, 3.IX.42, RMGII, p. 265.
    Jean-Louis Barrault, 12.IX.42, 287, p. 12.
    *X..., 18.V.44, 182, p. 16.
    *Roger Martin du Gard, 20.IX.45, RMGII, p. 331.

*Roger Martin du Gard, 24.IX.46, RMGII, pp. 353-354.

*Roger Martin du Gard, 17.X.46, RMGII, pp. 354-356.

*Marcelle Schweitzer, 29.X.46, 369, p. 153.

*Richard Heyd, 31.X.46, 276.

HENRY V

*Claude Mauriac, 28.IX.47, 197, p. 282.

*Claude Mauriac, 3.X.47, 197, pp. 282-283.

JULES CESAR

*Paul Valéry, [C.P.15.III.98], VAL. p. 315.

MACBETH

Paul Valéry, [C.P.15.III.98], VAL, p. 315.

André Rouveyre, 8.II.28, ROU, p. 105.

MEASURE FOR MEASURE

*Jean Lambert, 3.II.42, 251, p. 84.

MUCH ADO ABOUT NOTHING

Roger Martin du Gard, 30.XII.35, RMGII, p. 63.

*Roger Martin du Gard, 23.II.36, RMGII, p. 67.

OTHELLO

André Rouveyre, 8.II.28, ROU, p. 105.

Roger Martin du Gard, 17.IV.32, RMGI, p. 519.

RICHARD III

*Mme Paul Gide, 29.III.92, 237, p. 154.

ROI LEAR (LE)

*Paul Valéry, [C.P.26.IV.92], VAL, p. 157.

Marcel Drouin, [fin 1895], 186, p. 381.

ROMEO ET JULIETTE

*Marcel Drouin [avril 1898], 186, pp. 390-391.

TIMON D'ATHENES

*Emile Haguenin, 23.X.07, 358, pp. 200-201.

Shakespeare et Cie

Roger Martin du Gard, 2.XI.24, RMGI, p. 254.

SHAW (George Bernard)

Emile Haguenin, 23.X.07, 358, p. 201

Valery Larbaud, 8.I.11, 169, p. 148.

Roger Martin du Gard, 17.II.32, RMGI, p. 504.

SHELLEY (Percy Bysshe)

*Marcel Drouin, [1889-début 1890], 353, pp. 20-21.

Mme Paul Gide, 25.IV.94, 237, p. 323.

*Marcel Drouin, 10.V.94, 163, p. 67.

*Marcel Drouin, [fin 1895], 186, p. 382.

Marcel Drouin, 11.II.96, 355, p. 614.

Marcel Drouin, 16.III.98, 217, p. 412.

Marcel Drouin 26.III.98, 186, p. 387.

Francis Vielé-Griffin, [seconde quinzaine d'avril, ou mai 1909], 240, p. 114.

Edmund Gosse, 28.XI.12, GOS, p. 84.

"Epipsychidion"

Charles Du Bos, 1.I.24, BOS, p. 62.

PROMETHEE

Marcel Drouin, 16.III.98, 217, p. 412.

SHIRER (William Laurence)

JOURNAL DE BERLIN

*Roger Martin du Gard, 29.I.45, RMGII, pp. 301-302.

*Roger Martin du Gard, 15.II.45, RMGII, p. 315.

SHORTHOUSE (Henry)

Edmund Gosse, 9.IX.09, GOS, p. 51.

SIEBURG (Friedrich)

DIEU EST-IL FRANCAIS?

*Roger Martin du Gard, 26.I.31, RMGI, p. 435.

SIEGFRIED (André)

Roger Martin du Gard, [avril 1925], RMGI, p. 259.
Charles Du Bos, [juin 1926], BOS, p. 98.
Paul Valéry, 5.II.40, VAL, p. 518.

SIEGFRIED (Mme André)

*Roger Martin du Gard, [février 1931], RMGI, p. 468.

SINGER (Kurt)

*Mme Emile Mayrisch, 9.II.11, 236, p. 94.

SIGNAC (Paul)

*Maurice Denis, [fin avril 1909], 239, p. 112.

Signal

*Louis Comte, [novembre 1897], JAM, p. 302.
Francis Jammes, 5.V.[98], JAM, p. 142.

SIGNORET (Emmanuel)

Francis Jammes, [juillet 1897], JAM, p. 116.
Paul Valéry, 7.I.98, VAL, p. 303.
*Paul Valéry, 12.I.98, VAL, p. 306 et p. 307.
*Marcel Drouin, 26.III.98, 186, p. 389.
*Edouard Ducoté, [1899], 282, pp. 1144-1145.
*Christian Beck, 13.IV.99, 164, p. 390.
*Paul Valéry, 11.VII.[99], VAL, p. 349.
Edouard Ducoté, [août 1899], 282, pp. 1147-1148.
Franz Blei, 23.IV.08, 358, p. 205.
*Nouvelle revue française, [novembre 1913], 23, pp. 997-998.
[*José David], 12.XII.32, 163, p. 150.

POESIES COMPLETES

Edmund Gosse, 4.IX.11, GOS, p. 66.

SONNETS

*Emmanuel Signoret, 15.VII.98, 7, pp. 575-576.

"Tombeau dressé à Stéphane Mallarmé"
Paul Valéry, 7.X.34, VAL, p. 516.

SIGNORET (Emmanuel) [fils]

*Paul Valéry, 7.X.34, VAL, p. 516.

SILONE (Ignazio)

*Pierre Alessandri, 9.IX.37, 176, p. 182.

SIMENON (Georges)

Roger Martin du Gard, 12.VIII.45, RMGII, p. 328.
*Albert J. Guerard, 16.V.47, 193.
*Roger Martin du Gard, [11.II.48], RMGII, p. 396.
Roger Martin du Gard, 21.III.49, RMGII, p. 450.

AGENCE "O"

Georges Simenon, 12.VII.[45?], 327, p. 38.

AINE DES FERCHAIN (L')

Georges Simenon, 6.VII.45, 327, p. 38.
*Georges Simenon, 14.VII.45, 327, p. 39.

AU RENDEZ-VOUS DES TERRE-NEUVAS

*Georges Simenon, 31.XII.38, 327, p. 29.

BEBE DONGE

*Georges Simenon, 10.X.48, 327, p. 45.

BERGELON

*Georges Simenon, 27.XII.41, 327, p. 35.

BOURMESTRE DE FURNES (LE)

Georges Simenon, 20.I. 39, 327, p. 32.
Georges Simenon 14.III.39, 327, p. 33.
Georges Simenon, 12 à 16.II.48, 327, p. 42.

CHEMINS SANS ISSUE

    Georges Simenon, 31.XII.38, 327, p. 29.

CHEVAL BLANC (LE)

    *Georges Simenon, 31.XII.38, 327, p. 29.

    *Georges Simenon, 6.I.39, 327, p. 30.

    Georges Simenon, 12 à 16.II.48, 327, p. 42.

COUP DE LUNE

    *Georges Simenon, 20.I.39, 327, p. 32.

COUR D'ASSISES

    *Georges Simenon, 27.XII.41, 327, p. 35.

FENETRE DES ROUET (LA)

    Georges Simenon, 21.VII.[45], 327, p. 39.

FIANCAILLES DE M. HIRE

    Georges Simenon, 12 à 16.II.48, 327, p. 42.

FOU DE BERGERAC (LE)

    *Georges Simenon, 31.XII.38, 327, p. 29.

HAUT-MAL (Le)

    *Roger Martin du Gard, 18.V.35, RMGII, p. 31.

    Georges Simenon, 12 à 16.II.48, 327, p. 42.

HOMME QUI REGARDAIT PASSER LES TRAINS (L')

    *Georges Simenon, 31.XII.38, 327, p. 29.

IL PLEUT BERGERE

    *Roger Martin du Gard, 22.IX.41, RMGII, p. 239.

    *Georges Simenon, 27.XII.41, 327, p. 35.

    Georges Simenon, 12 à 16.II.48, 327, p. 42.

INCONNUS DANS LA MAISON

    *Georges Simenon, 27.XII.41, 327, p. 35.

LETTRE A MON JUGE

    *Georges Simenon, 12 à 16.II.48, 327, p. 42.

LONG COURS

    *Georges Simenon, 6.I.39, 327, p. 30.

MARIE DU PORT (LA)

    *Georges Simenon, 31.XII.38, 327, p. 29.

    *Georges Simenon, 6.I.39, 327, p. 31.

MAUVAISE ETOILE

    *Georges Simenon, 21.VIII.42, 327, p. 36.

MONSIEUR GUSTAVE

    *Georges Simenon, 20.I.39, 327, p. 31.

NEIGE ETAIT SALE (LA)

    Georges Simenon, 10.X.48, 327, p. 44.

    *Georges Simenon, 28.XII.48, 327, p. 45.

    *Georges Simenon, 22.VI.49, 327, p. 46.

    *Georges Simenon, 7.XII.49, 327, p. 46.

    *Georges Simenon, 29.XI.50, 327, p. 47.

    *Roger Martin du Gard, 11.I.51, RMGII, p. 508.

ONCLE CHARLES

    Georges Simenon. 8.VI.42, 327, p. 35.

    *Georges Simenon, 21.VIII.42, 327, p. 36.

OSTENDAIS

    Georges Simenon, 27.XII.47, 327, p. 40.

OUTLAW

    *Georges Simenon, 27.XII.41, 327, p. 35.

PEDIGREE

    *Georges Simenon, 19.IX.41, 327, p. 34.

    Georges Simenon, 27.XII.41, 327, p. 35.

    *Georges Simenon, 8.VI.42, 327, p. 35.

*Georges Simenon, 21.VIII.42, 327, p. 36.
*Georges Simenon, 11.XII.44, 327, p. 37.

PERE LA SOURIS (LE)
Georges Simenon, 7.XII.49, 327, p. 46.

PETIT DOCTEUR (LE)
Georges Simenon, 12.VII.[45?], 327, p. 38.

PICPUS
Georges Simenon, 12.VII.[45?], 327, p. 38.

PIOTR
*Georges Simenon, 27.XII.41, 327, p. 35.

QUATRE JOURS DU PAUVRE HOMME (LES)
Georges Simenon, 7.XII.49, 327, p. 47.

RESCAPES DU TELEMAQUE (LES)
Georges Simenon, 31.XII.38, 327, p. 29.
*Georges Simenon, 20.I.39, 327, p. 32.

SOEURS LACROIX (LES)
*Georges Simenon, 31.XII.38, 327, p. 29.

SUSPECT (LE)
*Georges Simenon, 31.XII.38, 327, p. 29.

TESTAMENT DONADIEU (LE)
*Georges Simenon, 6.I.39, 327, p. 30.
*Georges Simenon, 11.III.48, 327, pp. 43-44.

TOURISTES ET BANANES
Georges Simenon, 31.XII.38, 327, p. 29.

TROIS CHAMBRES A MANHATTAN
Georges Simenon, 3.IX.46, 327, p. 41.

TROIS CRIMES DE MES AMIS
*Georges Simenon, 6.I.39, 327, p. 31.
*Georges Simenon, 20.I.39, 327, p. 31.

VEUVE COUDERC (LA)
Georges Simenon, 6.VII.45, 327, p. 38.
Georges Simenon, 12.VII.[45?], 327, p. 38.
*Georges Simenon, 14.VII.45, 327, p. 39.

VOLETS VERTS (LES)
Georges Simenon, 29.XI.50, 327, p. 47.
*Roger Martin du Gard, 11.I.51, RMGII, p. 508.

SIMENON (Mme Georges)
Georges Simenon, 14.III.39, 327, p. 33.
Georges Simenon, 22.IV.39, 327, p. 33.
Georges Simenon, 28.V.40, 327, p. 34.
Georges Simenon, 19.IX.41, 327, p. 34.
Georges Simenon, 27.XII.41, 327, p. 35.
Georges Simenon, 21.VIII.42, 327, p. 36.
Georges Simenon, 11.XII.44, 327, p. 37.
Georges Simenon [s.d.], 327, p. 40.

SIMENON (Marc)
Georges Simenon 22.IV.39, 327, p. 33.
Georges Simenon, 28.V.40, 327, p. 34.
Georges Simenon, 19.IX.41, 327, p. 34.
Geoges Simenon 27.XII.41, 327, pp. 34 et 35.
Georges Simenon, 21.VIII.42, 327, p. 36.
Georges Simenon, 11.XII.44, 327, p. 37.
Georges Simenon, 12.VII.[45?], 327, p. 38.
Georges Simenon, [s.d.], 327. p. 40.
Georges Simenon, 3.IX.46, 327, p. 41.
Georges Simenon, 12 à 16.II.48, 327, p. 43.
Georges Simenon, 10.X.48, 327, p. 45.
Georges Simenon, 28.XII.48, 327, p. 45.
Georges Simenon, 22.VI.49, 327, p. 46.

Georges Simenon, 7.XII.49, <u>327</u>, pp. 46 et 47.

*Georges Simenon, 29.XI.50, <u>327</u>, p. 47.

SIMON (Charles)

Mme Emile Mayrisch, 21.VI.19, <u>236</u>, p. 99.

SIMON (Edouard)

Mme Paul Gide, 19.X.90, <u>232</u>, p. 470.

SIMON (Pierre-Henri)

CATHOLIQUES, LA POLITIQUE ET L'ARGENT (LES)

Roger Martin du Gard, 3.XII.36, <u>RMGII</u>, p. 85.

SIMON (Simone)

*Roger Martin du Gard, 15.VIII.33, <u>RMGI</u>, p. 575.

SIMOND (Daniel)

"Notes sur Nietzsche et Gide"

*Daniel Simond, 20.X.38, <u>360</u>, pp. 16-17.

SIMONE

Roger Martin du Gard, 10.V.28, <u>RMGI</u>, p. 343.

SIMONSON (Raoul)

Willy Schuermans, 14.XII.22, <u>SCHU</u>, p. 44.

BIBLIOGRAPHIE DE L'OEUVRE DE ANDRE GIDE

Willy Schuermans, 14.XII.22, <u>SCHU</u>, p. 44.

Willy Schuermans, 12.XI.24, <u>SCHU</u>, p. 52.

SINGER (Kurt)

Rainer Maria Rilke, [début janvier 1914], <u>RIL</u>, p. 80.

SIRIUS

Paul Valéry, [21 mars 1891], <u>VAL</u>, p. 69.

Mme Paul Gide, 26.III.92, <u>237</u>, p. 164.

SKEAT (Walter William)

ETYMOLOGICAL DICTIONARY

*Edmund Gosse, 28.XI.12, <u>GOS</u>, p. 84.

Société des auteurs dramatiques

Paul Claudel, 25.IX.05, <u>CLA</u>, p. 50.

*Paul Claudel, 24.X.07, <u>CLA</u>, p. 77.

Société des Gens de Lettres

François Mauriac, 17.IV.32, <u>MAU</u>, p. 85.

Société des Nations

* Eugène Rouart, 21.I.27, <u>274a</u>.

Roger Martin du Gard, 31.V.28, <u>RMGI</u>, p. 347.

Roger Martin du Gard, 2.X.38, <u>RMGII</u>, p. 152.

Société F.P.F.

*Roger Martin du Gard, 25.VII.30, <u>RMGI</u>, p. 411, p. 413.

Société Mallarmé

Francis Viélé-Griffin, 15.VI.23, <u>240</u>, p. 122.

SOCRATE

Roger Martin du Gard, 27.III.31, <u>RMGI</u>, p. 471.

SOLEDAD

Edouard Ducoté, 8.XI.03, <u>282</u>, p. 1151.

SOLOGOUB (Fedor)

DEMON MESQUIN (LE)

*Roger Martin du Gard, 29.III.32, <u>RMGI</u>, p. 516.

*Roger Martin du Gard, 17.IV.32, <u>RMGI</u>, p. 519.

SOPHOCLE

   Paul Valéry, [août 1892], VAL, p. 170.

   Francis Jammes, [fin de février 1897], JAM, p.102.

   *Jean Cocteau, 24.I.23, COC, p. 135.

AJAX FURIEUX

   Paul Valéry, [août 1892], VAL, p. 170.

ANTIGONE

   Jean Cocteau, 24.I.23, COC, p. 135.

OEDIPE A COLONE

   *Roger Martin du Gard, [février 1931], RMGI, p. 468.

Sorcière (La)

   Voir : MUHLFELD (Jeanne)

SOREL (Georges)

   *Paul Claudel, 7.I.12, CLA, p. 189.

SORET (Frédéric)

   Gabriel Audisio, 5.XII.40, 142, p. 552.

SOUDAY (Paul)

   *Valery Larbaud, [25.VIII.11], 169, p. 180.

   *Roger Martin du Gard, 6.I.14, RMGI, p. 128.

   Paul Valéry, [C.P.28.VI.17], VAL, p. 450.

   Roger Martin du Gard, [novembre 1923], RMGI, p. 234 et p. 235.

   François Mauriac, 24.IV.28, MAU, p. 75.

   Jean Paulhan, 25.IV.28, 46, p. 721.

   Roger Martin du Gard, 2.X.28, RMGI, p. 357.

   *Roger Martin du Gard, 5.X.28, RMGI, p. 359.

   Jean Prévost, 14.VI.29, RMGI, p. 692.

   Roger Martin du Gard, 12.III.30, RMGI, p. 393.

SOURDEL (Dr)

   Roger Martin du Gard, 2.VII.33, RMGI, p. 568.

SOUVARINE (Boris)

   Roger Martin du Gard, 23.X.38, RMGII, p. 156.

CHOSES D'ESPAGNE

   Roger Martin du Gard, 28.X.38, RMGII, p. 156.

SOUZA (Robert de)

   *Paul Valéry, 24.I.[96], VAL, p. 258.

   Christian Beck, Noel 1907, 163, p. 624.

   Francis Vielé-Griffin, 6.I.10, 240, p. 116.

   *Francis Vielé-Griffin, [8 ou 9.I.10], 240, p. 118.

   *Francis Vielé-Griffin, 23.VI.11, 240, pp. 118-119.

ALMANACH DES POETES

   *Francis Jammes, 18.VIII.96, JAM, p. 81.

   *Paul Valéry, [février 1897], VAL, p. 286

Spectateur catholique (Le)

   Francis Jammes, août [97], JAM, p. 121.

   Francis Jammes, 31.VIII.97, 163, p. 111.

   Francis Jammes, 1.XII.97, JAM, p. 130.

   Maurice Denis, [1899], 238, p. 153.

SPENSER (Edmund)

FAERIE QUEENE

   *Edmund Gosse, 28.XI.12, GOS, p. 84.

SPINOZA (Baruch)

   *Jacques-Emile Blanche, [automne 1893], 289, p. 761.

   Roger Martin du Gard, 21.I.29, RMGI, p. 366.

STALINE (Joseph)

   *Jean Guéhenno, 17.II.37, 129.

   *Pierre Alessandri, 15.IX.37, 176, p. 187.

   Henri Thomas, 5.II.40, 234, p. 368.

STARKIE (Enid)

   Roger Martin du Gard, 15.VI.50, RMGII, p. 489.

STAUB [Mme]

   *Roger Martin du Gard, 31.VIII.40, RMGII, p. 216.

   *Roger Martin du Gard, 3.IX.40, RMGII, p. 217.

   *Roger Martin du Gard, 10.IX.40, RMGII, pp. 218-219.

STEINBECK (John)

EN UN COMBAT DOUTEUX

   *Roger Martin du Gard, 29.IX.40, RMGII, p. 223.

   Roger Martin du Gard, 12.I.41, RMGII, p. 226.

   Roger Martin du Gard, 18.I.41, RMGII, p. 226.

RAISINS DE LA COLERE (LES)

   *Roger Martin du Gard, 18.I.41, RMGII, p. 226.

STENDHAL

   Marcel Drouin, 25.XII.[95], 163, p. 74.

   *Paul Valéry, [avril 1897], VAL, pp. 289-290.

   *Paul Valéry, 18.I.98, VAL, p. 311.

   *Paul Valéry, 19.X.99, VAL, p. 357.

   *Emile Haguenin, 23.X.07, 358, p. 200.

   *Francis Jammes, 14.XII.[09], JAM, p. 263.

   André Suarès, 6.XI.10, SUA, p. 45.

   *André Suarès, 10.II.11, SUA, p. 52.

   *[André Billy], [juin] 14, 24.

   *Charles Du Bos, [automne 1920], 62.

   Albert T'serstevens, [mai 1923], 32, p. 1.

   François Mauriac, 26.XI.46, MAU, p. 104.

   Roger Martin du Gard, 23.II.47, RMGII, p. 364.

   *Roger Martin du Gard, 19.I.49, RMGII, p. 436.

ARMANCE

   *Elsie Pell, 28.I.35, 119, p. 10.

CHARTREUSE DE PARME (LA)

   *Paul Valéry, [avril 1897], VAL, p. 289.

   *Roger Martin du Gard, 18.I.41, RMGII, p. 227.

HENRI BRULARD

   Paul Valéry, 11.IV.99, VAL, p. 345.

LUCIEN LEUWEN

   *Paul Valéry, [avril 1897], VAL, p. 289.

   *Paul Valéry, [C.P.29.IV.97], VAL, p. 293.

   Paul Valéry, 21 [mai 1897], VAL, p. 296.

MEMOIRES D'UN TOURISTE (LES)

   *Paul Valéry, [avril 1897], VAL, p. 289.

PROMENADES DANS ROME (LES)

   Mme Paul Gide, 4.V.94, 237, p. 323.

   Marcel Drouin, 10.V.94, 163, p. 68.

ROME, NAPLES ET FLORENCE

   Paul Valéry, [avril 1897], VAL, p. 289.

ROUGE ET LE NOIR (LE)

   *Paul Valéry, [avril 1897], VAL, p. 289.

   Roger Martin du Gard, 18.I.41, RMGII, p. 227.

STEPHANE (Roger)

   Roger Martin du Gard, 2.VI.41, RMGII, p. 233.

   Roger Martin du Gard, 14.X.41, RMGII, p. 240.

   Roger Martin du Gard, 29.X.41, RMGII, p. 240.

STEPHENS (Winifred)

BOOK OF FRANCE (THE)

   Edmund Gosse, 5.VI.15, GOS, p. 119.

   *Arnold Bennett, [août 1915], BEN, p. 85.

STERHEIM (Stoisy)

   Julien Green, 28.VII.34, <u>166</u>, p. 19.

STERNE (Laurence)

TRISTRAM SHANDY

   André Thérive, 14.V.28, <u>55</u>, p. 309.

STERNHEIM (Thea)

   Roger Martin du Gard 4.X.32, <u>RMGI</u>, p. 540.

   *Roger Martin du Gard, 16.VII.40, <u>RMGII</u>, p. 212.

   Roger Martin du Gard, 21.XI.49, <u>RMGII</u>, p. 468.

STEVENSON (Robert-Louis)

   Marcel Drouin, 27.VI.01, <u>217</u>, p. 414.

   René Boylesve, 24.X.12, <u>208</u>, p. 85.

DYNAMITEUR (LE)

   *X..., 4.VIII.96, <u>242a</u>.

LETTERS OF ROBERT LOUIS STEVENSON

   Edmund Gosse, 8.X.11, <u>GOS</u>, p. 69.

WEIR OF HERMISTON (THE)

   Edmund Gosse, 8.X.11, <u>GOS</u>, p. 69.

STIRNER (Max)

   Christian Beck, 25.VI.[12], <u>165</u>, p. 637.

STOCK [Librairie]

   Roger Martin du Gard, 2.VI.30, <u>RMGI</u>, p. 400.

STOISY

   Voir : STERNHEIM (Thea)

STRACHEY (Lytton)

   Dorothy Bussy, [1919], <u>281</u>, p. 17.

   Arnold Bennett, 8.VIII.25, <u>BEN</u>, p. 152.

   Arnold Bennett, 8.III.29, <u>BEN</u>, p. 157.

   *Roger Martin du Gard, 28.I.32, <u>RMGI</u>, p. 493.

STRAUSS (Richard)

   *Jacques-Emile Blanche, 19.V.16, <u>289</u>, p. 762, et p. 763.

STRAVINSKY (Igor)

   Jean Cocteau, 24.I.23, <u>COC</u>, p. 136.

   René Schwob, 1.VIII.[23], <u>188</u>, p. 98.

   Robert de Traz, [16.XI.32], <u>334</u>, p. 474.

   Roger Martin du Gard, 4.II.33, <u>RMGI</u>, p. 546.

   Roger Martin du Gard, 24.II.33, <u>RMGI</u>, p. 549.

   Roger Martin du Gard, 19.VII.33, <u>RMGI</u>, p. 570.

STRINDBERG (August)

   *Roger Martin du Gard, 19.X.48, <u>RMGII</u>, p. 429.

MADEMOISELLE JULIE

   *Mme Paul Gide, [22.IX.94], <u>359</u>, p. 143 et <u>237</u>, p. 365.

   *Marcel Drouin, [hiver 1894], <u>163</u>, p. 56.

STROHL (J.)

   Rainer Maria Rilke, 25.IV.22, <u>RIL</u>, p. 185.

STROWSKI (Fortunat)

   Paul Souday, 28.XI.21, <u>68</u>, p. 68.

SUARES (André)

   *Paul Claudel, 20.VI.07, <u>CLA</u>, p. 75.

   *Franz Blei, 23.IV.08, <u>358</u>, p. 204.

   *Paul Claudel, [juillet 1908], <u>CLA</u>, pp. 86-87.

   *Paul Claudel, 17.X.08, <u>CLA</u>, p. 90.

   *Paul Claudel, 9.I.09, <u>CLA</u>, pp. 94-95.

   *Francis Jammes, 27.I.09, <u>JAM</u>, p. 256.

   Paul Claudel, 31.I.09, <u>CLA</u>, p. 97,

   *Francis Jammes, 14.XII.[09], <u>JAM</u>, p. 263.

Paul Claudel, 22.II.11, CLA, p. 161.

*Paul Valéry, 13.VI.17, VAL, p. 447.

*Pierre de Massot, 23.XII.47, 317, p. 76.

ACHILLE VENGEUR

*Franz Blei, 23.IV.08, 358, p. 204.

"Amour et amoureuses"

*Paul Claudel, [juillet 1908], CLA, p. 87.

BOUCLIER DU ZODIAQUE (LE)

André Suarès, 27.II.09, SUA, p. 32.

"D'Annunzio"

*Jean Paulhan, 1.X.38, 339, p. 78.

"De Chateaubriand",

*André Suarès, 2.IV.[12], SUA, p. 60.

DOSTOIEVSKI

*André Suarès, 7.III.11, SUA, p. 57.

"Edgar Poe"

*André Suarès, 27.II.09, SUA, p. 32.

*André Suarès, 18.III.[09], SUA, pp. 34-35.

[Etude sur Ibsen, Revue des Deux Mondes, 15 août 1903 et 15 septembre 1903].

*Paul Claudel, [juillet 1908], CLA, p. 86.

"Grand Dostoievski (Le)" [dans La Grande Revue],

André Suarès, 13.II.11, SUA, p. 54.

André Suarès, 7.III.11, SUA, p. 57.

"Joinville"

*André Suarès, 1.VII.[12], SUA, p. 64.

*André Suarès, [ete 1912], SUA, p. 66.

"Pascal"

*André Suarès, 24.XI.09, SUA, p. 38.

[Portrait du poète tragique]

*André Suarès, 12.XI.10, SUA, p. 49.

André Suarès, 6.XII.10, SUA, p. 49.

SUR LA MORT DE MON FRERE

*André Suarès, 7.I.09, SUA, p. 31.

SUR LA VIE

*André Suarès, 1.I.10, SUA, p. 41.

*Paul Claudel, 15.II.10, CLA, p. 120.

André Suarès, [ete 1912], SUA, p. 65.

TRAGEDIE D'ELEKTRE ET ORESTE (LA)

*Franz Blei, 23.IV.08, 358, p. 204.

VISITE A PASCAL

*Paul Claudel, [juillet 1908], CLA, pp. 86-87

*André Suarès, 1.I.10, SUA, p. 40.

VOICI L'HOMME

*Paul Claudel, 14.III.[07], CLA, p. 72.

*Paul Claudel, 20.VI.07, CLA, p. 75.

*André Suarès 14.III.[15], SUA, p. 75.

VOYAGE DU CONDOTTIERE

*André Suarès, 6.XI.10, SUA, p. 45.

André Suarès 6.XII.10, SUA, p. 49.

*André Suarès, 10.II.11, SUA, p. 52.

Francis Jammes, 19.VI.11, JAM, p. 277.

SUDEL

Rainer Maria Rilke, 14.II.14, RIL, p. 94.

SUE (Eugène)

Mme Paul Gide, 6.II.90, 232, p. 454.

Valery Larbaud, 23.III.14, 169, p. 237.

SULLIVER

Roger Martin du Gard, 11.I.51, RMGII, p. 508.

SULLY PRUDHOMME (Armand)

Paul Valéry, [8 mars 1891], VAL, p. 65.

Paul Valéry, 9.III.91, VAL, p. 66.

SUTER

C.-F. Ramuz, 20.I.37, 352, p. 296.

SWEDENBORG (Emmanuel)

*Claude Mauriac, 6.VIII.45, 197, p. 281.

SWIFT (Jonathan)

GULLIVER'S TRAVELS

Roger Martin du Gard, [février 1931], RMGI, p. 468.

SWINBURNE (Charles)

Paul Valéry, [décembre 1891], VAL, p. 141.

Rudolf Kassner, 28.II.01, 89, p. 560.

*Edmund Gosse, 10.II.13, GOS p. 88 et p. 89.

*Edmund Gosse, 25.IV.13, GOS, pp. 92-93.

*Edmund Gosse, 4.V.13, GOS, p. 96.

Edmund Gosse, 18.V.13, GOS, p, 98.

"Border Ballads"

*Edmund Gosse, 26.X.17, GOS, p. 152.

"Death of Sir John Franklin (The)"

*Edmund Gosse, 26.X.17, GOS, p. 152.

POSTHUMOUS POEMS

*Edmund Gosse, 26.X.17, GOS, p. 151.

SYLVERE (Jean)

*Roger Martin du Gard, 5.I.50, RMGII, p. 476.

SYMONDS (John Addington)

Paul Fort, [1905], 290a, p. 136.

Synops (La)

Roger Martin du Gard, 18.I.41, RMGII, p. 227.

Syrie et l'Occident (La)

Jean Gaulmier, 24.VII.43, 331, p. 340.

Syrinx (La)

Paul Valéry, [septembre 1892], VAL, p. 173.

Table ronde (La)

Roger Martin du Gard, 7.IV.48, RMGII, p. 408.

Richard Heyd, 14.VI.48, 316, p. 25.

*Roger Martin du Gard, 22.VI.48, RMGII, p. 413.

Roger Martin du Gard, 19.X.48, RMGII, p. 429.

Roger Martin du Gard, 19.I.49, RMGII, p. 436.

Roger Martin du Gard, 6.III.49, RMGII, p. 446.

François Mauriac, 13.XI.49, MAU, p. 111.

Roger Martin du Gard, 21.XI.49, RMGII, p. 469.

François Mauriac, 11.XII.49, MAU, p. 114.

Elvira Cassa Salvi, 25.I.50, 330a, p. 118.

Claude Mauriac, 6.IV.50, 197, p. 283.

TACITE

Paul Valéry, [mai 1891], VAL, p. 82.

Paul Claudel, [printemps 1911], CLA, p. 172.

HISTOIRES

*Paul Claudel, 9.III.11, CLA, p. 167.

*Paul Claudel, [printemps 1911], CLA, p. 172.

Paul Claudel, 16.VI.11, CLA, p. 177.

TAGORE (Rabindranath)

GITANJALI

Saint-John Perse, [1913], 288, p. 611.

X..., [20.III.14], 242a.

Willy Schuermans, [1924], SCHU, p. 50.

André Thérive, 14.V.28, 55.

OFFRANDE LYRIQUE (L')

Voir :GITANJALI

TAILLEFERRE (Germaine)

Paul Valéry, 15.VIII.41, VAL, p. 523.

TAINE (Hippolyte)

Mme Paul Gide, 6.II.90, 232, p. 454.

Marcel Drouin, 25.XII.[95], 163, p. 74.

Edmund Gosse, 25.XII.12, GOS, p. 87.

*Roger Martin du Gard, 1.IV.38, RMGII, p. 129.

HISTOIRE DE LA LITTERATURE ANGLAISE

*Paul Valéry, [C.P.11.VI.1891], VAL, p. 93.

TALLEMANT DES REAUX (Gédéon)

Roger Martin du Gard, 10.VII.34, RMGI, p. 626.

TALLERAND-PERIGORD, (Charles-Maurice de)

Maurice Beaubourg, 14.VII.99, 216, p. 763.

TANEV

Joseph Goebbels, 4.I.34, 100, p. 42.

X..., 29.I.34, 107, p. 202.

Comoedia, 24.III.34, 101.

TARDIEU (Jean)

Roger Martin du Gard, [novembre 1923], RMGI, p. 234.

Roger Martin du Gard, 17.IX.46, RMGII, p. 351.

Roger Martin du Gard, 10.XI.49, RMGII, p. 466.

TAUCHNITZ [Editeur]

Roger Martin du Gard, 26.XI.30, RMGI, p. 424.

TAXIL (Léo)

Louis Aragon, 19.V.33, 176, p. 32.

TCHAIKOVSKY (Pierre)

*Jeanne Rondeaux, [hiver 1893], 232, p. 323.

TCHEKOV (Anton)

*Charles Du Bos, 14.I.21, BOS, p. 28.

*Charles Salomon, 16.I.21, 167, no 226.

*Arnold Bennett, 26.I.21, BEN, p. 111.

Charles Du Bos, 1.I.24, BOS, p. 61.

Charles Du Bos, 20.II.28, BOS, p. 129.

TEICHMÜLLER

Marcel Drouin, 16.III.98, 217, p. 413.

Temps (Le)

Raymond Bonheur, [24.VIII.1900], BON, p. 59.

Eugène Rouart, [juin 1903], 268, p. 507.

Francis Jammes, 14.XII.[09], JAM, p. 263.

Christian Beck, 24.III.11, 165, p. 634.

*Paul Souday, 28.VI.11, 68, p. 64.

Valery Larbaud, [25.VII.11], 169, p. 180.

Paul Claudel, 10.XII.11, CLA, p. 186.

Giuseppe Prezzolini, 12.IV.13, 20, p. 1058.

*Le Temps, 19.IX.13, 22.

Paul Souday, 6.VI.17, 365, p. 6.

Paul Valéry, 4.III.18, VAL, p. 465.

Paul Souday, 13.X.23, 33, p. 115.

*Roger Martin du Gard, 18.X.25, RMGI, p. 279.

Paul Souday, 14.VII.27, 68, p. 66.

André Thérive, 26.XI.29, 163, p. 178.

Roger Martin du Gard, 15.IV.33, RMGI, p. 562.

Paul Valéry, 1.VIII.33, VAL, p. 516.

Roger Martin du Gard, 15.II.34, RMGI, p. 598.

Roger Martin du Gard, 18.III.34, RMGI, p. 603.

Roger Martin du Gard, 8.X.35, RMGII, p. 51.

Claude Mauriac, 19.XII.39, 197, p. 238.

Temps modernes (Les)

Roger Martin du Gard, 22.VI.48, RMGII, p. 413.

Jean-Paul Sartre, 10.XII.49, 253.

Temps présent (Le)

Paul Souday, 6.VI.17, 365, p. 7.

Terre des Hommes

*Roger Martin du Gard, 16.XII.45, RMGII, p. 335.

TERY (Simone)

*Pierre Alessandri, 3.IX.37, 176, p. 179 et p. 180.

*Roger Martin du Gard, 4.IX.37, RMGII, pp. 115-116.

THACKERAY (William)

FOIRE AUX VANITES (LA)

Marcel Drouin, 10.V.94, 163, p. 68.

THAELMANN (Ernst)

*Roger Martin du Gard, 12.V.34, RMGI, p. 612.

THARAUD (Jérôme et Jean)

François Porché, [janvier 1928], 60, p. 64.

COLLINEUR DEBILE (LE)

*Gil Blas, 29.XII.06, 13, p. 2.

DINGLEY, L'ILLUSTRE ECRIVAIN

*Gil Blas, 29.XII.06, 13, p. 2.

Théâtre du Vieux Colombier

*Edmund Gosse, 8.I.14, GOS, p. 107.

Paul Valéry, 4.VII.[14], VAL, p. 435.

Roger Martin du Gard, [fin janvier 1915], RMGI, p. 135.

Jean Schlumberger, 25.XI.18, 233, p. 183.

Dorothy Bussy, [1919], 281, p. 17.

Henri Ghéon, 23.I.21, 264, p. 28.

Roger Martin du Gard, [début octobre 1921], RMGI, p. 175.

Rainer Maria Rilke, 25.IV.22, RIL, pp. 185-186.

Jacques Copeau, 20.VI.[22], 187, p. 267.

Roger Martin du Gard, [octobre 1922], RMGI, p.197.

Rainer Maria Rilke, 17.XI.22, RIL, p. 203.

Rainer Maria Rilke, 31.XII.22, RIL, p. 208.

Comoedia, [février 1923], RMGI, p. 212.

*Roger Martin du Gard, 25.II.23, RMGI, p. 211.

Théâtre-Français

Dorothy Bussy, [1919], 281, p. 17.

THEOCRITE

René Schwob, 17.XI.28, 59, p. 58.

THERIVE (André)

Paul Valéry, [2.X.20], VAL, p. 482.

Paul Souday, 13.X.23, 33, p. 115 et p. 119.

*Georges Simenon, 6.I.39, 327, p. 31.

THEURIET (André)

Mme Paul Gide, 6.II.90, 232, p. 454.

THIBAUDET (Albert)

Charles Du Bos, 14.I.20, BOS, p. 28.

Marcel Proust, 14.VI.22, PRO, p. 90.

Roger Martin du Gard, [3.V.27], RMGI, p. 307.

*Jean Paulhan, 24.IV.36, 339, p. 77.

HEURES DE L'ACROPOLE (LES)

*Albert Thibaudet, 2.XII.10, 227, p. 42.

IMAGES DE LA GRECE

Valery Larbaud, 12.VI.10, et [juillet 1910], 169, p. 144.

THIBAULT (Dr. A.)

Roger Martin du Gard, 3.XII.34, RMGI, p. 639.

THIROLOIX [Dr]

Roger Martin du Gard, 28.IX.50, RMGII, p. 499.

Roger Martin du Gard, 11.I.51, RMGII, p. 508.

THOLUCK (Friedrich August)

MEDITATIONS

Mme Paul Gide, 23.I.95, 237, p. 437.

THOMAS

Charles Du Bos, [juin 1926], BOS, p. 98.

THOMAS (Henri)

Jean Lambert, 25.VIII.39, 251, p. 94.

SEAU A CHARBON (LE)

Henri Thomas, 5.II.40, 234, p. 368.

THOREZ (Maurice)

*Roger Martin du Gard, 29.IV.45, RMGII, p. 321.

THORWALDSEN (Berthel)

Mme Paul Gide, 29.VI.94, 237, p. 336.

Times

Edmund Gosse, 10.XI.14, GOS, p. 113.

Paul Valéry, 16.I.18, VAL, p. 462.

Arnold Bennett, 15.XI.20, BEN, p. 104.

Arnold Bennett, 26.I.21, BEN, p. 113.

TINAN (Jean de)

Paul Valéry, [janvier 1895], VAL, p. 230.

Henri Albert, [1896], 132, p. 115.

Paul Valéry, 25.III.[96], VAL, p. 261.

*Paul Valéry, [mai 1896], VAL, p. 265 et p. 266.

Paul Valéry, [C.P.19.V.96], VAL, p. 266.

*Paul Valéry, [C.P.24.V.96], VAL, p. 269.

Paul Valéry, [février 1897], VAL, p. 287.

*Francis Jammes, 1.XII.97, JAM, p. 130.

*Paul Valéry, 20.VIII.98, VAL, p. 329.

*Paul Valéry, 8.IX.[98], VAL, p. 330.

*Eugène Rouart, 11.IX.98, 84, p. 491.

Christian Beck, 17.XII.07, 165, p. 622.

*Franz Blei, 23.IV.08, 358, p. 205.

Christian Beck, 11.XI.09, 215a, p. 13.

Tit

Voir : VAN RYSSELBERGHE (Maria)

TITIEN

*Mme Paul Gide, 30.IV.94, 237, p. 322.

TOBIN (Agnès)

Francis Jammes, 19.VI.11, JAM, p. 276.

Valéry Larbaud, 19.VI.11, 169, p. 175.

Francis Jammes, [octobre 1911], JAM, p. 282.

André Bourgeois, 4.VII.12, PEG, p. 27.

*Charles Péguy, [25.VII.12], PEG, p. 28.

TOCQUEVILLE (Alexis de)

DÉMOCRATIE EN AMÉRIQUE (LA)

*Roger Martin du Gard, 8.X.35, RMGII, p. 51.

MÉMOIRES

Roger Martin du Gard, 18.II.37, RMGII, p. 93.

TOLSTOI (Léon)

Marcel Drouin, [1889-début 1890], 353, pp. 20-21.
*Jeanne Rondeaux, [fin novembre] 91, 237, p. 255.
Charles Du Bos, 20.II.28, BOS, p. 129.
*Roger Martin du Gard, 22.IX.28, RMGI, p. 352.
Paul Souday, 30.IX.28, 68, p. 68.
Roger Martin du Gard, 2.X.28, RMGI, p. 357.
*Roger Martin du Gard, 5.X.28, RMGI, p. 359.
*Roger Martin du Gard, 19.VI.29, RMGI, p. 371.
*Roger Martin du Gard, 2.VI.30, RMGI, p. 399-400.
Roger Martin du Gard, 15.VI.30, RMGI, p. 404.
Roger Martin du Gard, 15.IV.33, RMGI, p. 562.
Roger Martin du Gard, 18.IX.41, RMGII, p. 238.
Roger Martin du Gard, 29.X.41, RMGII, p. 241.

ANNA KARENINE

*Marcel Drouin, 4.XI.1900, 88.
Roger Martin du Gard, 9.VI.25, RMGI, p. 268.
*Roger Martin du Gard, 4.II.33, RMGI, p. 546.

GUERRE ET PAIX

*Roger Martin du Gard, 7.X.22, RMGI, p. 193.
Roger Martin du Gard, [octobre 1922], RMGI, p.197.
*Roger Martin du Gard, 4.XI.22, RMGI, p. 199.
*Roger Martin du Gard, 14.II.23, RMGI, p. 209.
Roger Martin du Gard, 9.VI.25, RMGI, p. 268.
*Roger Martin du Gard, 22.III.31, RMGI, p. 467.

RÉSURRECTION

*Marcel Drouin, 4.XI.1900, 88.
Roger Martin du Gard, [novembre 1923], RMGI, p. 231.

TOPFFER (Rodolphe)

VOYAGES EN ZIG-ZAG

Mme Paul Gide, [2.X.94], 359, p. 147.

TORNOUEL (Georges)

*Francis Vielé-Griffin, 6.I.10, 240, p. 116.
*Jean Royère, 6.I.10, 240, p. 116.
*Francis Vielé-Griffin, 23.VI.11, 240, p. 118.

TOUCHARD (Pierre-Aimé)

Georges Simenon, 29.XI.50, 327, p. 47.
François Mauriac, 12.XII.50, MAU, p. 116.

TOULET (Paul-Jean)

MARIAGE DE DON QUICHOTTE (LE)

*Paul Valéry, 4.III.18, VAL, p. 465.

MONSIEUR DU POUR, HOMME PUBLIC

*Paul Valéry, 4.III.18, VAL, p. 465.

TOUNY-LERIS

*Francis Jammes, 15.VI.09, JAM, p. 260.

TOUR ET TAXIS

Voir : Princesse de TOUR ET TAXIS

TOURGUENIEV (Ivan)

André Levinson, [mars ou avril 1931], 70, p. 792.
N.R.F., [mai 1931], 71, p. 961.
Francis Vielé-Griffin, 11.V.31, 240, p. 122.

PÈRES ET ENFANTS

*Roger Martin du Gard, 18.VIII.47, RMGII, p. 378.
*Roger Martin du Gard, 16.IX.47, RMGII, pp. 381-382.

TERRES VIERGES

Mme Paul Gide, 18.IX.94, 359, p. 144.

*Mme Paul Gide, [22.IX.94], 359, p. 144.

*Roger Martin du Gard, 16.IX.47, RMGII, pp. 381-382.

TOURNAYRE [Mme]

Mme Charles Philippe, 8.IV.10, 220, p. 72 et 272, p. 142.

*Marguerite Audoux, 20.XII.10, 220, pp. 75-76.

TOURNIER (Jean)

Roger Martin du Gard, 29.X.29, RMGI, p. 379.

Roger Martin du Gard, 26.XI.30, RMGI, p. 424.

*Roger Martin du Gard, 7.V.42, RMGII, p. 244.

*Roger Martin du Gard, 14.V.42, RMGII, pp. 245-246.

Roger Martin du Gard, 30.VI.42, RMGII, p. 256.

Roger Martin du Gard, 2.VII.42, RMGII, p. 256.

Roger Martin du Gard, 11.XI.42, RMGII, p. 274.

TOURNIER [Librairie]

Georges Simenon, 8.VI.42, 327, p. 35.

TRAZ (Robert de)

Roger Martin du Gard, 7.X.22, RMGI, p. 193.

Roger Martin du Gard, [3.V.27], RMGI, p. 307.

TRELAT [Dr]

Mme Paul Gide, 6.II.90, 232, p. 454.

TREVISE [Duchesse de]

Charles Du Bos, 30.VIII.25, BOS, p. 90.

Tribune de Genève (La)

Roger Martin du Gard, 19.VII.41, RMGII. p. 234.

Roger Martin du Gard, 22.IX.41, RMGII, pp. 238 et 239.

TRONCHE (G.)

Paul Valéry, 20.I.17, VAL, p. 445.

TROTSKY (Léon)

*Jean Paulhan, 25.VI.33, 111, pp. 44-46.

*Léon Blum, [décembre 1936], 341, p. 7.

*Jean Guéhenno, 17.II.37, 129.

Pierre Alessandri, 3.IX.37, 176, p. 180.

REVOLUTION TRAHIE (LA)

*Roger Martin du Gard, 10.XII.36, RMGII, p. 87.

TRYSTRAM (Jean-Paul)

Bernard Enginger, [février 1946], 175, p. 252.

TWIGHT (Miss)

Paul Valéry, [27.XI.93], VAL, p. 192.

TYBALT

Saint-Georges de Bouhélier, 4.XII.96, 157, p. 297.

UFA

Arnold Bennett, 28.VII.30, BEN, p. 186.

UNESCO

Marcelle Schweitzer, 29.X.46, 369, p. 153.

UNGARETTI (Giuseppe)

Roger Martin du Gard, 5.V.35, RMGII, p. 28.

Union pour l'Action morale

*Paul Claudel, 7.I.12, CLA, p. 189.

Union pour la Vérité

Jean de Boschère, 12.II.35, 349, p. 111.

UNRUH (Fritz von)

VERDUN

*André Thérive, 14.V.28, 55.

UNWIN (Fisher)

Willy Schuermans, 4.XII.23, SCHU, p. 45.

V. [?] (V. de)

Madeleine Gide, 6.VIII.03, 338, p. 74.

VADIM (Roger)

Roger Martin du Gard, 3.IX.48, RMGII, p. 424.

*Roger Martin du Gard, 11.IX.48, RMGII, pp. 425-426.

VAILLANT-COUTURIER (Paul)

Maurice Lime, 4.I.36, 205, p. 81.

VALENSIN (Auguste)

Roger Martin du Gard, 15.VII.46, RMGII, p. 344.

Roger Martin du Gard, 17.IX.46, RMGII, p. 351.

*Roger Martin du Gard, 16.IX.47, RMGII, p. 382.

VALERY (Agathe)

Paul Valéry, 4.X.14, VAL, p. 444.

VALERY (Claude)

Paul Valéry, 4.X.14, VAL, p. 444.

Paul Valéry, 5.V.18, VAL, p. 468.

Paul Valéry, 7.I.20, VAL, p. 477.

Paul Valéry, 16.IX.20, VAL, p. 481.

VALERY (Jeannie)

Paul Valéry, [C.P.31.VIII.1900], VAL, p. 371 et p. 372.

Paul Valéry, 15.X.1900. VAL, p. 373.

Paul Valéry, 21.X.[1900], VAL, p. 376.

Paul Valéry, 26.XII.[1900], VAL, p. 378.

Paul Valéry, [C.P. 23.IX.01], VAL, p. 389.

Paul Valéry, [C.P. mai 1902], VAL, p. 391.

Paul Valéry, [C.P. 17.XI.06], VAL, p. 412.

Paul Valéry, 24.XI.09, VAL, p. 420.

Paul Valéry, 4.X.14, VAL, p. 442.

Paul Valéry, 7.I.20, VAL, p. 477.

Paul Valéry, [2.X.20], VAL, p. 482.

Paul Valéry, [octobre 1922], VAL, p. 490.

Paul Valéry, 25.X.22, VAL, p. 492.

*René Schwob, 1.V.23, 188, p. 96.

*René Schwob, 1.VIII.[23], 188, p. 98.

*Roger Martin du Gard, [octobre 1949], RMGII, p. 462.

VALERY (Jules)

Paul Valéry, 15.X.1900. VAL, pp. 372-373.

VALERY (Mme Barthélemy)

Paul Valéry, [C.P.26.IV.92], VAL, p. 157.

Paul Valéry, [5.V.92], VAL, p. 161.

Paul Valéry, [novembre 1892], VAL, p. 177.

Paul Valéry, [mars 1893], VAL, p. 181.

Paul Valéry, [septembre 1893], VAL, p. 187.
Paul Valéry, [Hiver 1893], VAL, p. 194.
Paul Valéry, [mars 1894], VAL, p. 201.
Paul Valéry, 28.XII.94, VAL, p. 227.
Paul Valéry, [janvier 1895], VAL, p. 230.
Paul Valéry, [C.P.15.VIII.95], VAL, p. 244.
Paul Valéry, [C.P.3.X.95], VAL, p. 248.
Paul Valéry, [25.X.95], VAL, p. 250.
Paul Valéry, [juillet 1896] VAL, p. 271.
Paul Valéry, [C.P.29.VIII.96], VAL, p. 274.
Paul Valéry, 14.IX.96, VAL, p. 277.
Paul Valéry, [fin de septembre 1896], VAL, p. 278.
Paul Valéry, [C.P.4.X.96], VAL, p. 280.
Paul Valéry, [octobre 1896], VAL, p. 282.
Paul Valéry, [février 1897], VAL, p. 287.
Paul Valéry, [C.P. 19.III.97], VAL, p. 289.
Paul Valéry, 21[V. 97], VAL, p. 296.
Paul Valéry, 12.I.98, VAL, p. 305.
Paul Valéry, 20.VIII.98, VAL, p. 329.
Paul Valéry, [C.P.19.VII.1900], VAL, p. 369.
Paul Valéry, [C.P.VIII.1900], VAL, p. 372.
Paul Valéry, 15.X.1900, VAL, p. 373.
Paul Valéry, 21.X.[1900], VAL, p. 376.
Paul Valéry, 2.VII.[03], VAL, p. 397.
Paul Valéry, 17.[VIII.06], VAL, p. 409.
Paul Valéry, [C.P.5.XI.17], VAL, p. 459.
Paul Valéry, 7.I.20, VAL, p. 477.

VALERY (Mme Jules)

Paul Valéry, 27.VIII.[01], VAL, p. 387.
Paul Valéry, [C.P.23.IX.01], VAL, p. 389.

VALERY (Mme Paul)

Voir : VALERY (Jeannie)

VALERY (Paul)

Francis Vielé-Griffin, [fin janvier ou février 1892], 240, p. 105.

Mme Paul Gide, 30.III.92, 237, p. 164.
Francis Vielé-Griffin, [mi-juillet 1892], 240, p. 105.
Marcel Drouin, [fin 1895], 186, p. 383.
Henri Albert, [1896], 132, p. 114.
Stéphane Mallarmé, [21.I.97], 145, p. 749 et VAL, p. 285.
*Eugène Rouart, 20.IV.97, 80, p. 481.
*Eugène Rouart, novembre 97, 82, p. 484.
Marcel Drouin, 26.III.98, 186, p. 388.
Francis Jammes, 14.X.[1900], JAM, p. 169.
Mme Emile Mayrisch, 10.II.21, 236, p. 100.
René Schwob, 16.II.21, 188, p. 95.
Mme Emile Mayrisch, 2.V.21, 236, p. 102.
*Rainer Maria Rilke, 13.V.21, RIL, p. 154.
*Rainer Maria Rilke, 19.XII.21, RIL, pp. 174-175.
*Willy Schuermans, 28.X.22, SCHU, p. 40.
Willy Schuermans, 3.XI.[22], SCHU, p. 43.
*Joseph Conrad, 26.XII.22, 308, pp. 164-165.
*Arnold Bennett, 26.XII.22, BEN, p. 117.
Albert T'serstevens, [mai 1923], 32, p. 1.
Rainer Maria Rilke, 29.V.24, RIL, p. 234.
Rainer Maria Rilke, 6.VII.26, RIL, p. 244.
*Paul Souday, 14.VII.27, 68, p. 66.
*Roger Martin du Gard, 14.X.27, RMGI, p. 317.
*André Rouveyre, 8.II.28, ROU, pp. 105-106.
Roger Martin du Gard, 10.II.28, RMGI, p. 329.
*André Rouveyre, 11.IV.28, ROU, p. 109.
*Jean Paulhan, 25.IV.28, 46, p. 721.
André Rouveyre, [mai 1928], ROU, p. 110.
*Jacques-Emile Blanche, [1932], 289, p. 764.
Roger Martin du Gard, 17.II.32, RMGI, p. 505.
Roger Martin du Gard, 22.II.32, RMGI, p. 511.
Roger Martin du Gard, 7.VII.32, RMGI, p. 528.
*Roger Martin du Gard, 13.VII.32, RMGI, p. 530.
Roger Martin du Gard, 18.VII.32, RMGI, p. 534.
Roger Martin du Gard, 14.VIII.32, RMGI, p. 535.
*Roger Martin du Gard, 5.V.35, RMGII, pp. 28-29.

*Roger Martin du Gard, 18.IX.41, RMGII, p. 236.
Roger Martin du Gard, 24.V.42, RMGII, p. 248.
Roger Martin du Gard, 3.IX.42, RMGII, p. 266.
Roger Martin du Gard, 5.XII.44, RMGII, p. 290.
Roger Martin du Gard, 12.V.45, RMGII, p. 324.
Georges Simenon, 21.VII.45, 327, p. 39.
*X..., 26.VII.45, 361, pp. 3-4.
*Claude Mauriac, 6.VIII.45, 197, p. 281.
*Roger Martin du Gard, 12.VIII.45, RMGII, p. 328.
*Roger Martin du Gard, 23.VIII.45, RMGII, p. 329.
*Figaro, [décembre 1947], 160 et RMGII, pp. 555-556.
*Roger Martin du Gard, 19.I.49, RMGII, p. 436.
Roger Martin du Gard, 21.III.49, RMGII, p. 450.
*Roger Martin du Gard, [octobre 1949], RMGII, pp. 461-462.
*Roger Martin du Gard, 19.VI.50, RMGII, p. 490.
*Dorothy Bussy, [s.d.], 283, p. 60.

"Agathe"

Paul Valéry, 8.IX.[98], VAL, p. 330.
*Paul Valéry, 21.X.[1900], VAL, p. 375.
Paul Valéry, [C.P.5.VII.01], VAL, 385.
Paul Valéry, [C.P.23.IX.01], VAL, p. 389.
Paul Valéry, 19.VII.[12], VAL, p. 425.

"Arion"

*Paul Valéry, [septembre 1892], VAL, p. 173.

"Belle au Bois dormant (La)"

*Paul Valéry, [C.P. 23.VI.1891], VAL, p. 102.
*Paul Valéry, 29.VI.91, VAL, p. 105.

Bois Amical (Le)

Paul Valéry, [février 1891], VAL, p. 52.
Paul Valéry, [8 mars 1891], VAL, p. 65.

CHARMES

Paul Valéry, 22.VII.22, VAL, p. 488.

*Paul Valéry, 25.X.22, VAL, p. 492.

Cimetière Marin (Le)

*Rainer Maria Rilke, 19.XII.21, RIL. p. 175.
Paul Valéry, 5.II.40, VAL, p. 519.

"Durtal"

Paul Valéry, [C.P.15.III.98], VAL, p. 315.

"Ebauche d'un serpent"

*Paul Valéry, [juillet 1921], VAL, p. 486.

"Eupalinos ou l'architecte"

Mme Emile Mayrisch, 10.II.21, 236, p. 101.
Paul Valéry, [printemps 1911], VAL, p. 483.
Rainer Maria Rilke, 13.V.21, RIL, p. 154.
*Paul Valéry, 9.[X.23], VAL, p. 495.

"Fileuse (La)"

*Paul Valéry, [C.P.23.VI.1891], VAL, p. 101.
Paul Valéry, 29.VI.91, VAL, p. 105.
*Paul Valéry, [15.XI.91], VAL, p. 136.
Paul Valéry, [28.XI.91], VAL, p. 139.
*Francis Vielé-Griffin, [fin janvier ou février 1892], 240, p. 105.
*Paul Valéry, [C.P.12.IV.92], VAL, p. 156.

"Insinuant (L')"

Paul Valéry, 5.V.18, VAL, p. 468.

INTRODUCTION A LA MÉTHODE DE LÉONARD DE VINCI

Paul Valéry, [C.P. 27.I.95], VAL, p. 232.
Paul Valéry, [29.VII.95], VAL, p. 244.
*Paul Valéry, [C.P. 15.VIII.95], VAL, p. 244.
*Paul Valéry, [septembre 1895], VAL, p. 246.
Paul Valéry, [C.P. 3.X.95], VAL, p. 248.
Paul Valéry, [C.P.4.X.96], VAL, p. 279.
Paul Valéry, [C.P. 31.V.12], VAL, p. 423.

Paul Valéry, 19.VII.[12], VAL, p. 424.

*Rainer Maria Rilke, 13.V.21, RIL, p. 154.

JEUNE PARQUE (LA)
Paul Valéry, 20.I.17, VAL, p. 445.
*Paul Valéry, 13.VI.17, VAL, pp. 446-447.
Paul Valéry, 27.II.18, VAL, p. 462.
Paul Valéry, 4.III.18, VAL, p. 465.
*Paul Valéry, 1.VIII.31, VAL, p. 512.

JEUNE PRETRE (LE)
Paul Valéry, [8 mars 1891], VAL, p. 65.

"La Conquête allemande, essai sur l'expansion germanique", [The New Review, janvier 1897]
*Paul Valéry, [C.P.31.V.12], VAL, p. 423.

MELANGE
*Paul Valéry, 18.VII.41, VAL, pp. 521-522.
Paul Valéry, 15.VIII.41, VAL, p. 523.

MON FAUST
Paul Valéry, 18.VII.41, VAL, p. 521.
Paul Valéry, 15.VIII.41, VAL, p. 523.
*Paul Valéry, 10.VIII.41, VAL, p. 525.

NARCISSE
Paul Valéry, [février 1891], VAL, p. 53.
*Paul Valéry, 1.III.[91], VAL, p. 56.
*Paul Valéry, [12 avril 1891], VAL, p. 78.
Paul Valéry, [mai 1891], VAL, p. 81.
Paul Valéry, 15.VIII.41, VAL, p. 523.

"Nautiques"
Paul Valéry, [9.IX.91], VAL, p. 124.

"Note sur la Grandeur et la Décadence de l'Europe"
Paul Valéry, 21.XII.28, VAL, p. 507.

ODES
Paul Valéry, 16.IX.20, VAL, p. 480.

ORPHEE
Paul Valéry, [C.P. 21 mars 1891], VAL, p. 70.
*Paul Valéry, [C.P. 17.VI.1891], VAL, p. 96.

PAGES IMMORTELLES DE DESCARTES (LES)
Paul Valéry, 18.VII.41, VAL, p. 521.
Paul Valéry, 15.VIII.41, VAL, p. 523.

"Palme"
René Schwob, 16.II.21, 188, p. 95.
Paul Valéry, 25.X.22, VAL, p. 492.

"Paradoxe sur l'Architecte"
Paul Valéry, 29.III.91, VAL, p. 75.

"Préface" à l'Adonis de la Fontaine
Rainer Maria Rilke, 13.V.21, RIL, p. 154.

"Purs drames"
Francis Vielé-Griffin, [fin janvier ou février 1892], 240, p. 105.
*Paul Valéry, [février 1892], VAL, p. 146.
*Paul Valéry, [2.II.92], VAL, p. 148.

SOIREE AVEC MONSIEUR TESTE (LA)
*Henri Albert, 4.IX.96, 229a.
Paul Valéry, [fin septembre 1896], VAL, p. 278.
*Paul Valéry, [C.P.4.X.96], VAL, pp. 279-280.
*Paul Valéry, [octobre 1896], VAL, p. 282.
Paul Valéry, 24.VII.[99], VAL, p. 351.
Paul Valéry, [C.P.31.V.12], VAL, p. 423.
Paul Valéry, 19.VII.[12], VAL, p. 425.
*Paul Valéry, 21.XII.28, VAL, p. 507.

"Système (Le)"
Paul Valéry, [février 1897], VAL, p. 287.

"Variation sur une Pensée"

   Paul Valéry, 9.[X.23], VAL, p. 495.

VARIETE

   *Paul Valéry, 26.XII.24, VAL, p. 499.

VALERY (Paul) & HONEGGER (Arthur)

AMPHION

   Paul Valéry, 15.IX.32, VAL, pp. 513-514.

VALLERY-RADOT (Robert)

   *Roger Martin du Gard, [fin janvier 1915], RMGI, p. 136.

VALLETTE (Alfred)

   *Francis Jammes, [avril 1895], JAM, pp. 41-42.
   *Francis Jammes, [juin 1895], JAM, p. 48.
   Francis Jammes, [début d'août] 95, JAM, p. 53.
   Paul Valéry, [fin de septembre 1896], VAL, p.278.
   Stéphane Mallarmé, [21.I.97], 145, p. 749 et VAL, p. 287.
   Paul Valéry, [avril 1897], VAL, p. 290.
   Paul Valéry, 27.IV.97, VAL, p. 293.
   Stéphane Mallarmé, 22.V.97, 163a, p. 117.
   Francis Jammes, 27.V.97, JAM, p. 109.
   Paul Valéry, [C.P.4.VI.97], VAL, p. 299.
   Christian Beck, [1900?-1901?], 164, p. 395.
   Francis Jammes, [13.XII.04], JAM, p. 220.
   Paul Claudel, 25.IX.05, CLA, p. 51.
   Francis Jammes, 15.II.06, JAM, p. 233.
   Paul Claudel, 14.III.[07], CLA, p. 72.
   Paul Claudel, 24.X.07, CLA, p. 77.
   Emile Haguenin, 13.I.08, 358, p. 202.
   Christian Beck, 12.X.08, 165, p. 627.
   Paul Claudel, 27.VI.[10], CLA, p. 146.
   Paul Claudel, 22.II.11, CLA, p. 162.
   Paul Claudel, 10.XII.11, CLA, p. 186.

   *André Rouveyre, [11.VI.23], ROU, p. 69.
   Roger Martin du Gard, 6.III.49, RMGII, p. 446.

VALOIS (Georges)

   *Roger Martin du Gard, 9.III.34, RMGI, p. 598.

VAN DEN EECKHOUDT (Jean)

   Roger Martin du Gard 14.II.23, RMGI, p. 208.
   *Zoum Walter, 27.X.46, 349, p. 126.
   *Roger Martin du Gard, 15.XI.46, RMGII, p. 356.

VANDEPUTTE (Henri)

   Francis Jammes, [fin de février 1897], JAM, p.102.

LIEVRE (LE)

   *Henri Vandeputte, 23.IX.10, 229a.

VANDEREM (Fernand)

   *Paul Souday, 6.VI.17, 365, p. 7.
   Roger Martin du Gard, 26.XI.30, RMGI, p. 425.
   Roger Martin du Gard, 12.II.32, RMGI, p. 500.

VAN der LUBBE

   Roger Martin du Gard, 26.V.40, RMGII, p. 207.

VAN DE VELDE

   Emile Verhaeren, [juillet 1910], VER, p. 75.

VAN DYCK (Antoine)

   *Mme X..., 17.IV.28, 63, p. 762.

VAN EYCK (Jean)

   Paul Valéry, [8.VIII.91], VAL, p. 115.

VANGEON [Dr]

   Voir : GHEON (Henri)

VAN GOGH (Vincent)

   Roger Martin du Gard, 26.XI.50, RMGII, p. 502.

VANIER (Léon)

Saint-Georges de Bouhélier, [24.VIII.96], 149, p. 240.

VAN LERBERGHE (Charles)

Christian Beck, 23.XII.[1906], 165, p. 618.

Christian Beck, 21.XII.07, 165, p. 623.

Almanach des étudiants libéraux de l'Université de Gand, [1908], 14.

Franz Blei, 23.IV.08, 358, p. 205.

ENTREVISIONS

*Charles Van Lerberghe, 18.III.98, 349, p. 34.

PAN

Charles Van Lerberghe, [1906], 349, p. 59.

Christian Beck, 23.XII.[06], 165, p. 618.

VANNICOLA (Giuseppe)

*Maurice Denis, [fin avril 1909], 239, p. 111.

*Giuseppe Prezzolini, 12.IV.13, 20, p. 1058.

VANOR (Georges)

Paul Valéry, 1.III.[91], VAL, p. 56.

VAN RYSBROEK (Jean)

Paul Valéry, [début d'août 91], VAL, p. 118.

Paul Valéry, [28.III.91], VAL, p.121.

ORNEMENT DES NOCES SPIRITUELLES (L')

Paul Valéry, [29.III.91], VAL, p. 76.

VAN RYSSELBERGHE (Elisabeth)

Théo Van Rysselberghe, [1920], 349, p. 86.

Charles Du Bos, [1921], BOS, p. 31.

Charles Du Bos, [1921], BOS, p. 33.

Willy Schuermans, 9.I.22, SCHU, p. 33.

Roger Martin du Gard, 21.VI.22, RMGI, p. 183.

Roger Martin du Gard, [12.IX.22], RMGI, p. 192.

Charles Du Bos, [février 1923], BOS, p. 52.

*Roger Martin du Gard, 1.II.23, RMGI, p. 206 et p. 207.

*Roger Martin du Gard, 14.II.23, RMGI, pp. 208-209.

*Roger Martin du Gard, 18.II.23, RMGI, p. 209.

*Roger Martin du Gard, 3.III.23, RMGI, p. 214 et p. 215.

*Roger Martin du Gard, 27.IV.23, RMGI, p. 219.

Roger Martin du Gard, 5.VII.23, RMGI, p. 222.

Roger Martin du Gard, 19.II.[24], RMGI, p. 243.

Roger Martin du Gard, 8.VII.26, RMGI, p. 295.

*Roger Martin du Gard, 13.III.28, RMGI, pp. 334-335.

Charles Du Bos, 15.III.28, BOS, p. 133.

Charles Du Bos, [décembre 1928], BOS, p. 165.

Roger Martin du Gard, 22.XI.29, RMGI, p. 379.

Roger Martin du Gard, [fin novembre 1929], RMGI, p. 380.

Roger Martin du Gard, 1.XII.29, RMGI, p. 381.

*Arnold Bennett, 3.I.31, BEN, p. 199.

Roger Martin du Gard, 13.VI.31, RMGI, p. 476.

Roger Martin du Gard, 24.II.33, RMGI, p. 549.

Roger Martin du Gard, 12.V.34, RMGI, p. 612.

*Roger Martin du Gard, 12.IX.35, RMGII, p. 47.

Maurice Lime, [fin 1935], 205, p. 73.

Maurice Lime, 4.I.36, 205, p. 82.

Roger Martin du Gard, 3.XII.36, RMGII, p. 84.

Roger Martin du Gard, 18.II.37, RMGII, p. 93.

Roger Martin du Gard, 16.I.39, RMGII, p. 158.

Roger Martin du Gard, 10.VI.39, RMGII, p. 165.

Roger Martin du Gard, 13.II.40, RMGII, p. 194.

Roger Martin du Gard, [26.IX.40], RMGII, p. 222.

André Rouveyre, 27.IV.41, ROU, p. 155.

Paul Valéry, 15.VIII.41, VAL, p. 522.

Paul Valéry, 21.VIII.41, VAL, p. 524.

Adrienne Monnier, 4.III.42, 229, p. 107.

Roger Martin du Gard, 3.IX.42, RMGII, p. 266.

X..., [août 1944], 307, p. 11.

Roger Martin du Gard, 24.XI.44, RMGII, p. 287.
Roger Martin du Gard, 25.XI.44, RMGII, p. 288.
Roger Martin du Gard, 5.XII.44, RMGII, p. 290.
Roger Martin du Gard, 20.IX.45, RMGII, p. 331.
*Roger Martin du Gard, 15.XI.46, RMGII, p. 356.
Enid Starkie, 12.V.47, 347.
Roger Martin du Gard, 30.III.48, RMGII, p. 404.
Roger Martin du Gard, 9.XII.49, RMGII, p. 470.
Roger Martin du Gard, 15.VI.50, RMGII, p. 489.
Roger Martin du Gard, 11.I.51, RMGII, p. 508.

VAN RYSSELBERGHE [les]

Raymond Bonheur, 24.X.[99], BON, p. 52.
Raymond Bonheur, 3.VI.03, BON, p. 78.
Emile Verhaeren, [1910], VER, p. 60.
Emile Verhaeren, [juillet 1910], VER, p. 75.
*Paul Valéry, 4.X.14, VAL, p. 443.
Edmund Gosse, 29.XII.14, GOS, p. 116.
Edmund Gosse, 5.VI.15, GOS, p. 119.
Paul Valéry, 27.V.[19], VAL, p. 475.
Paul Valéry, 6.X.19, VAL, p. 476.
Charles Du Bos, 2.II.27, BOS, p. 110.
Roger Martin du Gard, 15.VI.42, RMGII, p. 251.

VAN RYSSELBERGHE (Maria)

Théo Van Rysselberghe, [1906], 349, p. 62.
Mme Emile Mayrisch, 18.XI.19, 236, p. 99.
Mme Emile Mayrisch, 10.III.21, 236, 101.
*Mme Emile Mayrisch, 2.V.21, 236, pp. 103-104.
Mme Emile Mayrisch, 20.V.21, 236, p. 104.
Jean Vanden Eeckhoudt, 6.VI.[21], 349, p. 87.
Roger Martin du Gard, [15].VII.21, RMGI, p. 166.
Charles Du Bos, [1921], BOS, p. 31.
Charles Du Bos, [1921], BOS, p. 32.
Mme Emile Mayrisch, 19.II.22, 236, p. 105.
Willy Schuermans, 21.II.22, SCHU, p. 36.
Willy Schuermans, 1.IV.22, SCHU, p. 37.

*Roger Martin du Gard, 18.VII.[22], RMGI, p. 187.
Roger Martin du Gard, [12.IX.22], RMGI, p. 192.
Charles Du Bos, 4.XI.22, BOS, p. 48.
Roger Martin du Gard, 1.II.23, RMGI, p. 206 et p. 207.
Roger Martin du Gard, 14.II.23, RMGI, p. 208 et p. 209.
Roger Martin du Gard, 3.III.23, RMGI, p. 214.
Roger Martin du Gard, 5.VII.23, RMGI, p. 222.
Rainer Maria Rilke, 13.VII.23, RIL, p. 216.
Roger Martin du Gard, 23.VII.23, RMGI, p. 225.
Roger Martin du Gard, [novembre 1923], RMGI, p. 231.
Rainer Maria Rilke, 29.V.24, RIL, p. 234.
Roger Martin du Gard, 9.VI.25, RMGI, p. 269.
Roger Martin du Gard, 8.VII.25, RMGI, p. 271.
Roger Martin du Gard, 30.VIII.25, RMGI, p. 273.
Roger Martin du Gard, 29.X.26, RMGI, p. 298.
Roger Martin du Gard, 22.II.27, RMGI, p. 306.
Roger Martin du Gard, [3.V.27], RMGI, p. 307.
Roger Martin du Gard, 14.X.27, RMGI, p. 317.
Charles Du Bos, 15.III.28, BOS, p. 133.
Charles Du Bos, 28.IX.28, BOS, p. 147 et p. 148.
Charles Du Bos, 5.X.28, BOS, p. 161.
Charles Du Bos, [décembre 1928], BOS, p. 165.
Roger Martin du Gard, 29.X.29, RMGI, p. 378.
Arnold Bennett, 23.II.30, BEN, p. 176.
Roger Martin du Gard, 12.III.30, RMGI, p. 393.
Roger Martin du Gard, 15.VI.30, RMGI, p. 403.
Roger Martin du Gard, 3.VII.30, RMGI, p. 408.
Roger Martin du Gard, 25.VII.30, RMGI, p. 415.
Roger Martin du Gard, 16.I.31, RMGI, p. 432.
Roger Martin du Gard, 5.II.31, RMGI, p. 445.
Roger Martin du Gard, 18.II.31, RMGI, p. 448.
Roger Martin du Gard, 11.III.31, RMGI, p. 459.
Roger Martin du Gard, 27.III.31, RMGI, p. 472.
*Roger Martin du Gard, 7.IX.31, RMGI, pp. 486-487.
*Roger Martin du Gard, 17.II.32, RMGI, p. 504.
Roger Martin du Gard, 21.II.33, RMGI, p. 547.

Roger Martin du Gard, 24.II.33, RMGI, p. 549.
*Roger Martin du Gard, 29.II.33, RMGI, p. 551.
*Roger Martin du Gard, 2.IV.33, RMGI, p. 555.
Roger Martin du Gard, 12.IV.33, RMGI, p. 560.
*Roger Martin du Gard, 9.VIII.33, RMGI, p. 570.
Roger Martin du Gard, 15.VIII.33, RMGI, p. 575.
Roger Martin du Gard, 28.IX.33, RMGI, p. 578.
*Roger Martin du Gard, 27.X.33, RMGI, p. 585.
Roger Martin du Gard, 2.II.34, RMGI, p. 592.
Roger Martin du Gard, 10.II.34, RMGI, p. 596.
Roger Martin du Gard, 30.III.34, RMGI, p. 611.
Roger Martin du Gard, 12.V.34, RMGI, p. 612.
*Roger Martin du Gard, 10.VII.34, RMGI, p. 626.
Roger Martin du Gard, 15.X.34, RMGI, p. 635.
Roger Martin du Gard, 19.XI.34, RMGI, p. 636.
Roger Martin du Gard, 3.XII.34, RMGI, p. 639.
Roger Martin du Gard, 14.I.35, RMGII, p. 10 et p. 11.
Roger Martin du Gard, 28.IV.35, RMGII, p. 25.
*Roger Martin du Gard, 5.V.35, RMGII, pp. 27-28.
Roger Martin du Gard, 2.VI.35, RMGII, p. 32.
Roger Martin du Gard, 10.VII.35, RMGII, p. 39.
Roger Martin du Gard, 12.IX.35, RMGII, p. 47.
Roger Martin du Gard, 8.X.35, RMGII, p. 51.
*Roger Martin du Gard, 30.XII.35, RMGII, p. 62.
Roger Martin du Gard, 17.III.36, RMGII, p. 71.
Roger Martin du Gard, [mai 1936], RMGII, p. 73.
Roger Martin du Gard, 7.IX.36, RMGII, p. 78 et p. 79.
Roger Martin du Gard, 3.XII.36, RMGII, p. 83.
Roger Martin du Gard, 2.I.37, RMGII, p. 89.
Roger Martin du Gard, 18.II.37, RMGII, p. 93.
Roger Martin du Gard, 8.III.37, RMGII, p. 97.
Roger Martin du Gard, 17.V.37, RMGII, p. 104.
Roger Martin du Gard, 27.V.37, RMGII, p. 104 et p. 105.
*Roger Martin du Gard, 4.VII.37, RMGII, p. 107.
Roger Martin du Gard, 23.X.37, RMGII, p. 119.
*Roger Martin du Gard, 12.XI.37, RMGII, p. 122.

Roger Martin du Gard, 16.XI.37, RMGII, p. 125.
Roger Martin du Gard, 7.V.38, RMGII, p. 138.
Roger Martin du Gard, [fin juin 1938], RMGII, p. 144.
*Roger Martin du Gard, 21.VIII.38, RMGII, p. 147 et p. 148.
Roger Martin du Gard, 2.X.38, RMGII, p. 152.
Roger Martin du Gard, 9.X.38, RMGII, p. 155.
Roger Martin du Gard, 24.II.39, RMGII, p. 163.
*Roger Martin du Gard, 24.IV.39, RMGII, p. 168.
*Roger Martin du Gard, 10.VI.39, RMGII, p. 169.
Roger Martin du Gard, 19.IX.39, RMGII, p. 187.
Roger Martin du Gard, 13.II.40, RMGII, p. 194.
*Roger Martin du Gard, 18.IV.40, RMGII, p. 201.
Roger Martin du Gard, 26.V.40, RMGII, p. 207.
Claude Mauriac, 13.VII.40, 197, p. 251.
Roger Martin du Gard, 16.VII.40, RMGII, p. 211.
Roger Martin du Gard, 23.VII.40, RMGII, p. 213.
Roger Martin du Gard, 31.VIII.40, RMGII, p. 216.
Roger Martin du Gard, 17.IX.40, RMGII, p. 221.
Roger Martin du Gard, 7.II.41, RMGII, p. 232.
Roger Martin du Gard, 19.VII.41, RMGII, p. 234.
Paul Valéry, 15.VIII.41, VAL, p. 522.
Paul Valéry, 21.VIII.41, VAL, p. 524.
Roger Martin du Gard, 18.IX.41, RMGII, p. 239.
Roger Martin du Gard, 14.X.41, RMGII, p. 239.
Roger Martin du Gard, 29.X.41, RMGII, p. 240.
Paul Valéry, 5.II.42, VAL, p. 526.
Adrienne Monnier, 4.III.42, 229, p. 107.
Roger Martin du Gard, 7.V.42, RMGII, pp. 243-244.
Roger Martin du Gard, 2.VII.42, RMGII, p. 256.
Roger Martin du Gard, 3.IX.42, RMGII, p. 265.
Roger Martin du Gard, 11.XI.42, RMGII, p. 274.
*Roger Martin du Gard, 21.IX.44, RMGII, p. 280.
Roger Martin du Gard, 17.X.44, RMGII, p. 281.
Roger Martin du Gard, 24.XI.44, RMGII, p. 284.
Roger Martin du Gard, 5.XII.44, RMGII, p. 290.
*Marcelle Schveitzer, 9.II.45, 369, p. 25.
*Roger Martin du Gard, 15.II.45, RMGII, p. 314.

*Roger Martin du Gard, 14.III.45, RMGII, p. 316.

*Roger Martin du Gard, 5.IV.45, RMGII, pp. 317-318.

*Roger Martin du Gard, 12.V.45, RMGII, p. 323.

*Roger Martin du Gard, 23.VIII.45, RMGII, p. 330.

Roger Martin du Gard, 20.IX.45, RMGII, p. 331.

Marcelle Schveitzer, 23.X.45, 369, p. 153.

Roger Martin du Gard, 8.II.46, RMGII, p. 337.

Roger Martin du Gard, 24.IX.46, RMGII, p. 354.

Marcelle Schveitzer, 29.X.46, 369, p. 154.

*Roger Martin du Gard, 15.XI.46, RMGII, p. 356.

Roger Martin du Gard, 25.XI.46, RMGII, p. 358.

Roger Martin du Gard, 23.II.47, RMGII, p. 364.

Roger Martin du Gard, 17.VI.47, RMGII, p. 373.

*Roger Martin du Gard, 29.VII.47, RMGII, pp. 374-375.

Roger Martin du Gard, 8.IX.47, RMGII, p. 379.

Roger Martin du Gard, 22.XI.47, RMGII, p. 387.

Roger Martin du Gard, 15.XII.47, RMGII, p. 389.

Roger Martin du Gard, [28.I.48], RMGII, p. 395.

Roger Martin du Gard, 11.II.48, RMGII, p. 396.

Roger Martin du Gard, 23.II.48, RMGII, p. 398.

Roger Martin du Gard, 30.III.48, RMGII, pp. 403 et 404.

*Roger Martin du Gard, 7.IV.48, RMGII, p. 408.

Roger Martin du Gard, 22.VI.48, RMGII, p. 413.

Roger Martin du Gard, 26.VI.48, RMGII, p. 415.

Roger Martin du Gard, 14.VIII.48, RMGII, p. 418.

Roger Martin du Gard, 11.IX.48, RMGII, p. 425.

Roger Martin du Gard, 19.X.48, RMGII, p. 429.

*Roger Martin du Gard, 19.I.49, RMGII, p. 436.

Roger Martin du Gard, 22.II.49, RMGII, p. 443.

Roger Martin du Gard, 6.III.49, RMGII, p. 447.

Roger Martin du Gard, 3 ou 4.VI.49, RMGII, p. 451.

*Roger Martin du Gard, 10.XI.49, RMGII, p. 466.

Roger Martin du Gard, 21.XI.49, RMGII, p. 468.

Roger Martin du Gard, 23.IV.50, RMGII, p. 478.

Roger Martin du Gard, 15.VI.50, RMGII, p. 489.

Roger Martin du Gard, 7.VII.50, RMGII, p. 492.

*Roger Martin du Gard, 7.IX.50, RMGII, p. 497.

Roger Martin du Gard, 23.XI.50, RMGII, p. 500.

*Roger Martin du Gard, 26.XI.50, RMGII, p. 502.

*Roger Martin du Gard, 15.XII.50, RMGII, p. 503.

*Roger Martin du Gard, 11.I.51, RMGII, p. 508.

VAN RYSSELBERGHE (Mme Théo)

Voir : VAN RYSSELBERGHE (Maria)

VAN RYSSELBERGHE (Théo)

*Francis Vielé-Griffin, 17.II.1900, 240, p. 110.

X..., 17.XII.01, 366, p. 18.

Maurice Denis, [fin avril 1909], 239, p. 112.

Rainer Maria Rilke, [25.II.14], RIL, p. 105.

Rainer Maria Rilke, [28.II.14], RIL, p. 106.

Arnold Bennett, 17.IX.[14], BEN, p. 79.

Emile Verhaeren, 3.VI.16, VER, p. 85.

Edmund Gosse, 21.XII.16, GOS, p. 147.

Paul Valéry, 8.V.18, VAL, p. 471.

Willy Schuermans, 21.II.22, SCHU, p. 105.

Roger Martin du Gard, 14.II.23, RMGI, p. 209.

Roger Martin du Gard, 27.IV.23, RMGII, p. 219.

Roger Martin du Gard, 9.VI.25, RMGI, p. 267.

Roger Martin du Gard, 6.(?).V.30, RMGI, p. 395.

Vatican

Roger Martin du Gard, 7.IV.48, RMGII, p. 408.

VAUVENARGUES (Luc de Clapiers, Marquis de)

Roger Martin du Gard, 9.VI.25, RMGI, p. 268.

VEILLOT

Maurice Denis, [fin mars - tout début d'avril 1898], 238, p. 142.

Vendredi

*Maurice Lime, 4.I.36, 205, p. 81.

Roger Martin du Gard, 23.X.36, RMGII, p. 80.

*Vendredi, [novembre 1936], 123.

*X..., 15.VI.37, 346, p. 26.

Pierre Alessandri, 11.IX.37, 176, p. 184.

Gaston Bergery, [décembre 1937], 130.

*Vendredi, [16.XII.37], 131.

VENEZIAN (Bruno)

*Adrienne Monnier, 24.IV.31, 229, p. 106.

James Joyce, 30.IV.31, 261, p. 277.

VERBECKE

Voir : VERBEKE

VERBEKE

Emile Verhaeren, 27.VI.[10], VER, p. 72.

Paul Claudel, [février 1911], CLA, p. 165.

Paul Claudel, 22.II.11, CLA, p. 161 et p. 164.

Dorothy Bussy, [1919], 281, p. 17.

Jacques Doucet, 8.II.19, 367, p. 4.

Jacques Doucet, 13.XI.19, 367, p. 4.

Jacques Doucet, 18.XI.19, 367, p. 6.

Mme Emile Mayrisch, 18.XI.19, 236, p. 99.

Paul Valéry, 7.I.20, VAL, p. 477.

Jacques Doucet, 3.III.20, 367, p. 7.

Jacques Doucet, 4.VI.20, 367, p. 8.

Mme Emile Mayrisch, 20.V.21, 236, p. 104.

Roger Martin du Gard, [août ou septembre 1921], RMGI, p. 173.

Willy Schuermans, 2.IX.21, SCHU, p. 21.

Willy Schuermans, 9.IX.21, SCHU, p. 22.

Willy Schuermans, 29.IX.21, SCHU, p. 23.

Willy Schuermans, 8.X.21, SCHU, p. 25.

Willy Schuermans, 30.X.21, SCHU, p. 26.

Willy Schuermans, 10.XI.21, SCHU, p. 27.

Willy Schuermans, 2.XII.21, SCHU, p. 29 et p. 30.

Willy Schuermans, 13.XII.21, SCHU, p. 31.

Willy Schuermans, 9.I.22, SCHU, p. 33.

Roger Martin du Gard, 18.II.23, RMGI, p. 209.

Roger Martin du Gard, 3.III.23, RMGI, p. 215.

Roger Martin du Gard, 19.I.49, RMGII, p. 435.

VERCORS

Roger Martin du Gard, 11.II.45, RMGII, p. 313.

*Roger Martin du Gard, 6.III.49, RMGII, pp. 446-447.

VERHAEREN (Emile)

Stéphane Mallarmé, [21.I.97], 145, p. 749 et VAL, p. 285.

*Louis Comte, [novembre 97], JAM, p. 303.

*Almanach des étudiants libéraux de l'Université de Gand, [1908], 14.

Francis Jammes, 27.I.09, JAM, p. 256.

*Francis Jammes, 14.XII.[09], JAM, p. 263 et p. 264.

Charles Péguy, 11.II.[10], PEG, p. 24.

*X..., 8.XII.16, 364, p. 5.

*Edmund Gosse, 21.XII.16, GOS, pp. 147-148.

*Théo Van Rysselberghe, 7.I.[17], 349, p. 81.

*Alain Bosquet, 31.XII.39, 320, p. 63.

BLES MOUVANTS (LES)

*Emile Verhaeren, [1912], VER, p. 80.

CLOITRE (LE)

Emile Verhaeren, [début de janvier 1900], VER, p. 58.

"Erreur"

*Emile Verhaeren, [1910], VER, p. 62.

FORCES TUMULTUEUSES (LES)

*Emile Verhaeren, [1910], VER, p. 60 et pp. 62-63.

HELENE DE SPARTE

*Franz Blei, 23.IV.08, 358, p. 204.

Francis Jammes, 26.X.09, JAM, p. 261.

*Emile Verhaeren, [février 1910], VER, p. 70.

Emile Verhaeren, 9.IV.12, VER, p. 79.

Paul Valéry, 1.XI.17, VAL, p. 458.

"Michel-Ange"

André Ruyters, [juin 1909], 349, p. 64.

RYTHMES SOUVERAINS

*Emile Verhaeren, 25.I.14, VER, p. 82.

VILLES TENTACULAIRES (LES)

Emile Verhaeren, 10.III.95, VER, p. 46.

*Emile Verhaeren, [janvier 1896], VER, p. 50.

Emile Verhaeren, [1910], VER, p. 62.

X..., 8.XII.16, 364, p. 5.

VERHAEREN (Mme Emile)

Emile Verhaeren 27.VI.[10], VER, p. 73.

Emile Verhaeren, [juillet 1910], VER, p. 75.

Emile Verhaeren, [1912], VER, p. 81.

Emile Verhaeren, 25.I.14, VER, p. 82.

Emile Verhaeren, 3.VI.16, VER, p. 85.

*Edmund Gosse, 21.XII.16, GOS, p. 147.

VERLAINE (Mathilde)

Roger Martin du Gard, 5.V.35, RMGII, p. 29.

VERLAINE (Paul)

*Mme Paul Gide, 30.I.95, 237, p. 452.

Paul Claudel, 20.VI.07, CLA, p. 75.

Emile Haguenin 23.X.07, 358, p. 199.

Marcel Jouhandeau, 18.VII.26, JOU, p. 20.

*André Rouveyre, 11.IV.28, ROU, p. 109.

Roger Martin du Gard, 13.VI.31, RMGI, p. 477.

André Rouveyre, 14.II.33, ROU, p. 146.

"Beams"

*Paul Valéry, [février 1892], VAL, p. 146.

"Bonheur"

*Maurice Denis, [1899], 238, p. 153.

"Crimen Amoris"

*Eugène Dabit, 23.XI.27, 214, p. 32.

ROMANCES SANS PAROLES

Paul Valéry, [février 1892], VAL, p. 146.

SAGESSE

Paul Valéry, 12.IV.91, VAL, p. 77.

Vers et Prose

*Paul Fort, [1905], 290a, p. 136.

Francis Jammes, 15.II.06, JAM, p. 233.

Francis Jammes, [26.IV.06], JAM, p. 234.

Henri Van Deputte, 23.VI.06, 370, No 143.

Francis Jammes, [fin de mars 1907], JAM, p. 247.

Christian Beck, 1.IV.[07], 165, p. 620.

Paul Claudel, 20.VI.07, CLA, p. 76.

*Paul Claudel, 9.I.09, CLA, p. 94.

*Paul Fort, 27.VI.11, 167.

Giuseppe Prezzolini, 12.IV.13, 20, p. 1058.

VIALATTE (Alexandre)

*Roger Martin du Gard, 26.XII.46, RMGII, p. 360.

X..., 12.XII.47, 168, pp. 124-125.

VICO (Giovanni Batista)

Pierre Alessandri, 15.IX.37, 176, p. 187.

Vie heureuse (La)

Andre Rouveyre, [décembre 1909], ROU, p. 52.

Vie heureuse [Prix]

   *Charles Péguy, 8.XI.10, PEG, p. 25.

   M. Alcippe, [décembre 1910], 15.

VIELE-GRIFFIN (Francis)

   Paul Valéry, [février 1892], VAL, p. 146.

   Paul Valéry, 25.VII.[92], VAL, p. 167.

   *Paul Valéry, 24.I.[96], VAL, p. 258.

   Paul Valéry, [C.P.24.V.96], VAL, p. 270.

   Paul Valéry, [C.P.20.I.97], VAL, p. 285.

   Stéphane Mallarmé, [21.I.97], 145, p. 749 et VAL, p. 285.

   *Paul Valéry, [février 1897], VAL, p. 287.

   *Louis Comte, [novembre 1897], JAM, p. 303.

   Marcel Drouin, 26.III.98, 186, p. 389.

   *Paul Valéry, [octobre 1898], VAL, p. 336.

   *Paul Valéry, 22.X.98, VAL, p. 338 et p. 340.

   *Edouard Ducoté, [1899], 282, pp. 1144-1145.

   Paul Claudel, 17.I.08, CLA, p. 80.

   *Christian Beck, 6.IV.08, 165, p. 626.

   *Franz Blei, 23.IV.08, 358, p. 205.

   *Francis Jammes, 27.I.09, JAM, p. 256.

   *Francis Jammes, 2.I.10, JAM, p. 271.

   *Jean Royère, 6.I.10, 240, p. 116.

   Paul Claudel, 14.VI.10, CLA, p. 138.

   Emile Verhaeren 27.VI.[10], VER, p. 73.

   Edmund Gosse, 20.V.13, GOS, p. 99.

   Emile Verhaeren, 25.I.14, VER, p. 82.

AMOUR SACRE (L')

   *Francis Vielé-Griffin, 2.IV.03, 240, p. 113.

[Article sur l'Immoraliste, dans L'Occident, septembre 1902].

   *Francis Vielé-Griffin, [septembre 1902], 240, p. 112,

CHEVAUCHEE D'YELDIS ET AUTRES POEMES (LA)

   *Francis Vielé-Griffin, [avril 1893], 240, p. 106.

   *Francis Vielé-Griffin, [hiver 1893-1894], 240, p. 106.

"Chevrier (Le)"

   *Francis Vielé-Griffin, [été 1897], 240, p. 107.

CLARTE DE VIE (LA)

   *Francis Vielé-Griffin, [été 1897], 240, p. 107.

"Coupe (La)"

   *Francis Vielé-Griffin, [été 1897], 240, p. 107.

"Cygnes"

   *Francis Vielé-Griffin, [fin janvier ou février 1892], 240, p. 105.

   Paul Valéry, [février 1892], VAL, p. 146.

"Délimitation du Barrèsisme (La)"

   Francis Vielé-Griffin, 10.IV.12, 240, p. 121.

DYPTYQUE

   *Francis Vielé-Griffin 25.IV.91, 240, p. 104.

   *Francis Vielé-Griffin, [29 avril 91], 240, p. 105.

JOIES

   Francis Vielé-Griffin, 9.III.91, 240, p. 104.

"Lectures poétiques"

   Francis Vielé-Griffin, [mi-juillet 1892], 240, p. 105.

"Légende ailée de Bellérophon Hippalide"

   *Francis Vielé-Griffin, 12.II.11, 240, p. 120.

LEGENDE AILEE DE WIELAND LE FORGERON (LA)

   *Francis Vielé-Griffin, 17.II.1900, 240, p. 110.

"Lettre à André Gide après l'émouvant Roi Candaule"

*Francis Vielé-Griffin, [juin 1901], 240, pp. 111-112.

*Francis Vielé-Griffin, 2.IV.03, 240, p. 113.

LUMIERE DE GRECE (LA)

Valery Larbaud, 12.VI.10 et [juillet 1910], 169, p. 144.

Francis Vielé-Griffin, [1911], 240, p. 121.

PALAI

Francis Jammes, [avril 1895], JAM, p. 42.

Francis Jammes, [début d'août] 95, JAM, p. 53.

PARTENZA

*Francis Vielé-Griffin, [1899], 240, p. 109.

*Francis Vielé-Griffin, [1911], 240, p. 121.

"Pasiphae"

Francis Vielé-Griffin, 10.IV.12, 240, p. 121.

"Sapho"

Francis Vielé-Griffin, 6.V.10, 240, p. 120.

*Francis Vielé-Griffin, 9.V.10, 240, p. 120.

SWINBURNE

*Francis Vielé-Griffin, [seconde quinzaine d'avril ou mai 1909], 240, p. 114.

*Francis Vielé-Griffin, [seconde quinzaine d'avril ou mai 1909], 240, pp. 114-115.

VIENOT (Andrée)

Roger Martin du Gard, 26.V.40, RMGII, p. 207.

X..., [août 1944], 307, p. 11.

VIENOT [Les]

Roger Martin du Gard, 19.VII.41, RMGII, p. 234.

VIENOT (Pierre)

Roger Martin du Gard, 22.XI.29, RMGI, p. 379.

Roger Martin du Gard, 30.XII.35, RMGII, p. 63.

Roger Martin du Gard, 14.VI.36, RMGII, p. 74.

Roger Martin du Gard, 7.IX.36, RMGII, p. 78.

*X..., [août 1944], 307, p. 11.

Roger Martin du Gard, 21.III.49, RMGII, p. 450.

Vierge (La)

Paul Valéry, [2 juin 1891], VAL, p. 89.

Vieux-Colombier

Voir : Théâtre du Vieux-Colombier.

Vigiles

*Roger Martin du Gard, 12.III.30, RMGI, p. 393.

Henri Ghéon, [octobre 1932], 76, p. 633.

VIGNY (Alfred de)

Arthur Fontaine, 24.I.09, 199, p. 3.

*Joseph Conrad, 16.X.[21], 308, p. 163.

"Moïse"

*François Mauriac, 5.VII.49, MAU, p. 110.

VILAR (Jean)

Roger Martin du Gard, 27.VII.49, RMGII, p. 458.

*Arthur Adamov, [octobre 1949], 177, pp. 9 et 10.

VILDRAC (Charles)

Roger Martin du Gard, 28.IX.28, RMGI, p. 354.

*Roger Martin du Gard, 5.XII.44, RMGII, p. 290.

BROUILLE (LA)

*Roger Martin du Gard, 2.VII.33, RMGI, p. 568.

VILLARI

Marcel Drouin, 25.XII.[95], 163, p. 74.

VILLETARD (Pierre)

*Franz Blei, 23.IV.08, 358, p. 206.

VILLIERS DE L'ISLE-ADAM (Auguste, comte de)
Paul Valéry, [décembre 1891], VAL, p. 141.
Paul Valéry, 12.I.98, VAL, p. 306.

VILLON (François)
*André Rouveyre, 11.IV.28, ROU, p. 109.

VILLOTEAU
Roger Martin du Gard, 2.X.38, RMGII, p. 153.

VINCI [Léonard de]
*Mme Paul Gide, 30.IV.94, 237, p. 322.
Paul Valéry, [juillet 1894], VAL, p. 206.
*Paul Valéry, [C.P.25.X.95], VAL, p. 250.
*André Rouveyre, 11.IV.28, ROU, p. 109.
Lucien Combelle, 5.I.48, 190, p. 112.

VIOLLIS
Christian Beck, 3.VI.97, 164, p. 389.

VIOLLIS (Andrée)
Roger Martin du Gard, 7.VII.32, RMGI, p. 529.
Roger Martin du Gard, 8.X.33, RMGI, p. 582.

VIRGILE
*Paul Valéry, [début d'août 1891], VAL, p. 118.
José Maria de Heredia, [septembre 1892], 246, p. 176.
Mme Paul Gide, 12.V.94, 237, p. 316.
Eugène Rouart, 20.IV.97, 80, p. 480.
*Francis Jammes, 22.IV.97, JAM, p. 107.
Louis Comte, [novembre 1897], JAM, p. 303.
Francis Jammes. 18.X.04, JAM, p. 218.
Francis Jammes, 2.V.06, JAM, p. 235.
*François Porché, [janvier 1928], 60, p. 60 et p. 62.
*Roger Martin du Gard, 17.X.44, RMGII, p. 281.
Roger Martin du Gard, 30.X.44, RMGII, p. 284.

*Roger Martin du Gard, 12.VIII.45, RMGII, p. 328.
*Roger Martin du Gard, 18.VIII.47, RMGII, p. 377.
*Roger Martin du Gard, 8.IX.47, RMGII, p. 379.

BUCOLIQUES
Paul Valéry, [C.P.21 mars 1892], VAL, p. 154.
Madeleine Rondeaux, 17.VI.92, 237, p. 97.
Jeanne Rondeaux, [février 1894], 237, pp. 307-308.

Voce (La)
Giuseppe Prezzolini, 12.IV.13, 20, p. 1058.
Giuseppe Prezzolini, 14.IV.13, 262, p. 317.

VOGUE (Eugène Melchior de)
*Marcel Drouin, [fin 1895], 186, p. 382.

"A ceux qui ont vingt ans"
Eugène Melchior de Vogue, [février] 1890, 247.

Vogue (La)
Paul Valéry, [2.II.92], VAL, p. 148.
Francis Jammes, 21.VII.[99], JAM, p. 153.

VOISIN
Roger Martin du Gard, 25.XI.46, RMGII, p. 358.
Roger Martin du Gard, 3.XII.46, RMGII, p. 359.
*Roger Martin du Gard, 15.XII.50, RMGII, p. 504.
*Roger Martin du Gard, 11.I.51, RMGII, p. 507.

VOISINS (Gilbert de)
*Joseph Conrad, 7.XI.17, 308, p. 156.

VOLLENHOVEN
*X..., janvier [35], 176, p. 62.

VOLMOELLER
Valery Larbaud, 30.VII.[08], 169, p. 121.

VOLTAIRE

*Mme Paul Gide, 26.III.92, 237, p. 165.
Paul Souday, 13.X.23, 33, p. 118.
Paul Souday, [avril 1925], 68, p. 66.
*Jean Guéhenno, [novembre 1929], 61, p. 589.
*Albert Thibaudet, 18.VI.35, 112, p. 142.
Roger Martin du Gard, 17.IX.46, RMGII, p. 351.
*X..., 13.XII.47, 168, p. 125.

CANDIDE

*Mme Paul Gide, [mai-juin] 90, 232, p. 448.
*Paul Souday, 10.IV.13, 68, p. 64.
Roger Martin du Gard, [février 1931], RMGI, p.468.
*Albert Thibaudet, 18.VI.35, 112, p. 142.

ESSAI SUR LES MOEURS

Roger Martin du Gard, [octobre 1949], RMGII, p. 462.

HOMME AUX QUARANTE ECUS (L')

*Albert Thibaudet, 18.VI.35, 112, p. 142.

INGENU (L')

*Paul Souday, 10.IV.13, 68, p. 64.
*Albert Thibaudet, 18.VI.35, 112, p. 142.

ZADIG

*Albert Thibaudet, 18.VI.35, 112, p. 142.

Voltigeur

*Roger Martin du Gard, 10.VI.39, RMGII, p. 170.

VU

Roger Martin du Gard, 28.I.32, RMGI, p. 493.
Roger Martin du Gard, 3.XI.33, RMGI, p. 587.

W[?](Mme E. de)

Madeleine Gide, 6.VIII.03, 338, p. 74.

WAGNER (Richard)

Paul Valéry, [septembre 1891], VAL, p. 130.
Paul Valéry, 16.VII.94, VAL, p. 210.
Marcel Drouin, [fin 1895], 170, p. 184.
Marcel Drouin, 9.XI.95, 163, p. 57.
*Marcel Drouin, 28.III.[97?], 353, p. 183.
*Paul Valéry, [C.P. mai 1898], VAL, p. 317.
Paul Valéry, 19.X.99, VAL, p. 358.
*Berliner Tageblatt, 25.I.08, 13a.
Paul Souday, 23.VIII.15, 68, pp. 64-65.
*Jacques-Emile Blanche, 19.V.16, 289, p. 762.
André Rouveyre, 11.IV.28, ROU, p. 109.
Robert de Traz, [16.XI.32], 334, p. 474.

TETRALOGIE

Paul Claudel, 22.II.11, CLA, p. 163.

Vaisseau fantôme (le)

Pierre Louÿs 13.V.92, 237, p. 154.

WAHL (Jean)

Roger Martin du Gard, 27.V.38, RMGII, p. 142.
Roger Martin du Gard, 24.I.41, RMGII, p. 231.

WALCKENAER (André)

Eugène Melchior de Vogüé, [février] 1890, 247.
Mme Paul Gide, 14.III.90, 232, p. 436.
Paul Valéry, [12 avril 1891], VAL, p. 79.
Paul Valéry, [C.P.23 juin 1891], VAL, p. 101.
Paul Valéry, [2.II.92], VAL, p. 148.
Mme Paul Gide, 25.III.92, p. 167 et p. 168.
Paul Valéry, [juillet 1894], VAL, p. 207.
Mme Paul Gide, 30.I.95, 237, p. 452.
Paul Valéry, [mars 1895], VAL, p. 235.

Wallonie (La)

Mme Paul Gide, 30.III.92, 237, p. 164.
Paul Valéry, [septembre 1892], VAL, p. 172.

Paul Valéry, [C.P.18.X.92], VAL, p. 175.
Albert Mockel, [juillet 1894], 349, p. 17.
Paul Dresse de Lébioles, 23.I.36, 349, p. 113.

WALTER (François)
  *Roger Martin du Gard, 18.III.34, RMGI, p. 603.
  Roger Martin du Gard, 30.XII.35, RMGII, p. 63.

WALTER [Les]
  Roger Martin du Gard, 21.IX.44, RMGII, p. 281.

War Office
  Joseph Conrad, 7.XI.17, 308, p. 157.

WASSERMANN (Jakob)
  Roger Martin du Gard, 27.X.33, RMGI, p. 585.

AFFAIRE MAURIZIUS
  Roger Martin du Gard, 29.IX.30, RMGI, p. 418.

WEBER (J.)
  M. Poissenot, 19.XI.25, 57, p. 208.

WEBSTER
  *Edmund Gosse, 8.X.11, GOS, p. 68.

WECHSSLER
  *Jean Guéhenno, [novembre 1929], 61, p. 588.

WELLS
  *Jean Guéhenno, [novembre 1929], 61, p. 588.

WELLS (Herbert George)
  Valery Larbaud, 25.V.[11], 169, p. 164.
  Charles Salomon, 16.I.21, 167, No 226.

WENZ (Paul)
  Arnold Bennett, [fin 1912 ou 1913?], BEN, p. 71.

Arnold Bennett, 21.VI.18, BEN, p. 90.
Ecole Alsacienne, 2.XI.24, 35, p. 91.

WERTH (Léon)
  Régis Gignoux, [mai 1911], 292, p. 25.

WESTPHAL (Alfred)
  Paul Valéry, [C.P.21.III.92], VAL, p. 154.
  Paul Valéry, [6.VIII.94], VAL, p. 212.
  Paul Valéry, 6.XII.94, VAL, p. 226.
  Paul Valéry, [janvier 1895], VAL, p. 230.
  Mme Paul Gide, 13.I.95, 237, p. 428.

WHARTON (Edith)
  Arnold Bennett, [août 1915], BEN, p. 85.
  *Romain Rolland, 25.I.16, RIL, p. 131.
  Edmund Gosse, 23.I.16, GOS, p. 123.
  *Joseph Conrad, 7.XI.17, 308, p. 156.
  Rainer Maria Rilke, 2.VI.23, RIL, p. 215.

BOOK OF THE HOMELESS
  Joseph Conrad, 8.VI.16, 308, p. 154.

WHITE (William Hale)
  Voir : RUTHERFORD (Mark)

WHITEHORN (Ethel)
  Roger Martin du Gard, 13.III.28, RMGI, p. 335.
  Roger Martin du Gard, 5.II.32, RMGI, p. 497.
  Roger Martin du Gard, 15.VI.50, RMGII, p. 489.

WHITMAN (Walt)
  *Paul Valéry, 1.XI.17, VAL, p. 458.
  Paul Valéry, [C.P.5.XI.17], VAL, p. 459.
  *S.A. Rhodes, [1931?], 144, p. 153.

LEAVES OF GRASS

    Paul Souday, 13.IV.25, 38, p. 62.

WHITY

    Voir : WHITEHORN (Ethel)

WIECHERT (Ernst)

ENFANTS JEROMINE (LES)

    *Roger Martin du Gard, [décembre 1948], RMGII, pp. 433-434.

    *Roger Martin du Gard, 29.XII.48, RMGII, p. 434.

WIEGLER (Paul)

    Rainer Maria Rilke, 24.III.14, RIL, p. 108.

WILDE (Oscar)

    *Paul Valéry, [28.XI.91], VAL, p. 139.

    *Paul Valéry, [décembre 1891], VAL, p. 141.

    *Paul Valéry, [24.XII.91], VAL, p. 144.

    *Mme Paul Gide, 28.V.94, 237, pp. 326-327.

    *Paul Valéry, [juillet 1894], VAL, p. 206.

    *Mme Paul Gide, 28.I.95, 237, p. 445, p. 446; p. 448.

    *Mme Paul Gide, 30.I.95, 237, pp. 451-452 et p. 547.

    *Mme Paul Gide, 31.I.95, 237, pp. 457-458.

    *Mme Paul Gide, 17.III.95, 237, p. 477.

    *André Ruyters, 31.X.97, 81, p. 483.

    *Marcel Drouin, 4.XI.1900, 88, p. 559.

    *Berta Franzos, 2.III.03, 340, pp. 3-4.

    Valery Larbaud, 30.VII.[08], 169, p. 121.

    *Roger Martin du Gard, 31.VIII.40, RMGII, p. 216.

    Claude Mauriac, 4.VIII.45, 197, p. 278.

ACHAB ET JEZABEL

    *Kelver Hartley, 1.XI.34, 118, p. 277.

AME DE L'HOMME ET LE SOCIALISME (L')

    *André Ruyters, 2.III.18, 360, p. 19.

IMPORTANCE D'ÊTRE SÉRIEUX (L')

    Mme Paul Gide, 28.I.95, 237, p. 448.

POEMES EN PROSE

    *Berta Franzos, 2.III.03, 340, p. 4.

    *Stuart Mason, 14.IX.04, 12.

WILLY

    Voir : GAUTHIER-VILLARS, (Henri)

WILMOTTE (Maurice)

    Albert Mockel, [juillet 1894], 349, p. 17.

WINKELMANN (Johann Joachim)

    Edmund Gosse, 21.XII.16, GOS, p. 148.

[Correspondance]

    *Georges Eekhoud, [2.IV.1900], 349, p. 44.

WINTZWEILLER

    Roger Martin du Gard, 21.VII.24, RMGI, p. 251.

WISNER

    Roger Martin du Gard, 23.VIII.34, RMGI, p. 630.

Witt (François de)

    Jeanne Rondeaux, IX.87, 232, p. 383 et p. 404.

WOLF

    *Paul Souday, 6.VI.17, 365, p. 6.

WOLLGENSINGER [Dr]

    Roger Martin du Gard, 15.VI.42, RMGII, p. 251.

WURMSER (André)

*Jean Guéhenno, 17.II.37, 129.

WYZEWA (Teodor de)

Jeanne Rondeaux, [1891], 237, pp. 95-96.

*Jeanne Rondeaux, [fin novembre] 91, 237, p. 255.

*Christian Beck, 24.III.11, 165, p. 634.

Adolphe Van Bever, 3.VII.11, 290a, p. 137.

*André Thérive, 14.V.28, 55.

XENOPHON

Roger Martin du Gard, 12.VIII.45, RMGII, p. 328.

YANG TCHANG (Lomine)

ATTITUDE D'ANDRE GIDE (L')

*Yang Tchang Lomine, 12.I.31, 74, pp. 5-6.

André Rouveyre, [24.IX.31], ROU, p. 137.

YBARNEGARAY

*Claude Mauriac, 19.XII.39, 197, p. 238.

YEMBA [Sergent]

*Gouverneur Général intérimaire de l'Afrique Équatoriale Française, 6.XI.25, 57.

YVON

*Roger Martin du Gard, 18.II.37, RMGII, p. 92.

Jean Galtier-Boissière, 25.VII.37, 342, p. 26.

*Roger Martin du Gard, 13.II.40, RMGII, p. 194.

*Roger Martin du Gard, 26.V.40, RMGII, p. 208.

U.R.S.S. TELLE QU'ELLE EST

Maurice Lime, 9.XI.38, 205, p. 142.

Roger Martin du Gard, 13.II.40, RMGII, p. 194.

ZAKLAD (Mlle)

Charles Du Bos, 15.III.28, BOS, p. 133.

Roger Martin du Gard, 1.VI.30, RMGI, p. 398.

Roger Martin du Gard, 25.VII.30, RMGI, p. 415.

ZAY (Jean)

Roger Martin du Gard, 19.IX.39, RMGII, p. 187.

ZELLER

Marcel Drouin, 25.XII.[95], 163, p. 74.

ZOLA (Emile)

*X..., [1898], 86, pp. 492-493.

*Eugène Rouart, [1898], 85, pp. 491-492.

*Paul Valéry, 18.I.98, VAL, p. 310.

*Eugène Rouart, 24.I.98, 83, pp. 485-489.

Marcel Drouin, 30.III.98, 163, p. 61.

*Roger Martin du Gard, 19.VI.50, RMGII, p. 490.

AU BONHEUR DES DAMES

*Roger Martin du Gard, 18.VII.32, RMGI, p. 533.

BETE HUMAINE (LA) [Film]

Roger Martin du Gard, 12.IV.33, RMGI, p. 559.

Roger Martin du Gard, 2.VII.33, RMGI, p. 568.

Roger Martin du Gard, 19.VII.33, RMGI, p. 570.

Roger Martin du Gard, 15.VIII.33, RMGI, p. 575.

*Roger Martin du Gard, 28.IX.33, RMGI, p. 578.

*Gabriel Audisio, 8.V.34, 309, p. 30.

Roger Martin du Gard, 19.XI.34, RMGI, p. 636.

CUREE (LA)

Roger Martin du Gard, 13.IV.40, RMGII, p. 197.

‡Roger Martin du Gard, 14.IV.40, RMGII, p. 197.

DOCTEUR PASCAL

Roger Martin du Gard, 7.IX.31, RMGI, p. 487.

GERMINAL

*Marcel Drouin, [avril 1898], 186, p. 391.

PARIS

*Marcel Drouin, [avril 1898], 186, p. 391.

POT-BOUILLE

*Roger Martin du Gard, 18.VII.32, RMGI, p. 533.

SON EXCELLENCE EUGENE ROUGON

*Roger Martin du Gard, 13.IV.40, RMGII, p. 197.

*Roger Martin du Gard, 14.IV.40, RMGII, pp. 197-198.

ZWEIG (Stefan)

Emile Verhaeren, 9.IV.12, VER, p. 79.

André Suarès, [24.III.13], SUA, p.71.

Roger Martin du Gard, 23.XII.36, RMGII, p. 83.

CASTELLION CONTRE CALVIN ou CONSCIENCE CONTRE VIOLENCE

*Roger Martin du Gard, [28.1.48], RMGII, p. 395.

Index des Personnages

Admète
   Roger Martin du Gard, 14.I.35, RMGII, p. 9.

ADOLPHE [B. Constant, Adolphe]
   Scheffer, s.d., 91, p. 616

AGNÈS [M. Jouhandeau, Parricide imaginaire]
   *Marcel Jouhandeau, 3.VI.30, JOU, p. 30

ALADIN
   Mme Paul Gide, 25.I.95, 237, p. 439.

ALAIN [A. Gide, Les Cahiers d'André Walter]
   *Pierre Louÿs, 2.VIII.92, 237, p. 195

ALCACER [J. Conrad, The Rescue]
   Joseph Conrad, 16.X. [21] , 308, p. 163.

ALDOBRANDI (Tegghiajo) [Dante: La Divine comédie]
   *François Porché, janvier 1928, 60, p. 63.

ALEXANDRE [Racine, Alexandre]
   Roger Martin du Gard, 19.VII.41, RMGII, p. 235

ALISSA [A. Gide, La Porte étroite]
   *A. R. [printemps 1909], 95, pp. 419-420
   *Paul Claudel, 18.VI.09, CLA. p. 104
   *François-Paul Alibert, 17.I.14, 233, p. 171
   Roger Martin du Gard, 9.II.30, RMGI, p. 391.

Amphitryon
   Marcel Drouin, 28.III. [97?], 353, p. 183.

Andromède
   Paul Valéry, 29.VI.91, VAL., p. 106.

ANGAIRE
   *Paul Valéry, [C. P. octobre 1896], VAL., p. 282.

ANTHIME ARMAND-DUBOIS [A. Gide, Les Caves du Vatican]
   Albert Thibaudet, 28.VIII.27, 243, p. 1574.

Antigone
   Roger Martin du Gard, II.III.31, RMGI, p. 458

ANTOINE [R. Martin du Gard, Les Thibault]
   *Roger Martin du Gard, 22.IX.28, RMGI, p. 352
   Roger Martin du Gard, 5.XI.28, RMGI, p. 361
   *Roger Martin du Gard, 20.XI.28, RMGI, pp. 362-363
   Roger Martin du Gard, 2.VI.30, RMGI, p. 400
   *Roger Martin du Gard, 24.II.33, RMGI, p. 548 et p. 549.
   Roger Martin du Gard, 23.VIII.33, RMGI, p. 577.
   Roger Martin du Gard, 17.III.36, RMGII, p. 71.
   Roger Martin du Gard, 28. VII. 39, RMGII, p. 182

Aphrodite
   Paul Valéry, [mai 1896], VAL., p. 265.

Apollon
   Jacques Copeau, 29.VIII.13, 25.
   Roger Martin du Gard, 14.I.35, RMGII, p. 9

ARBELET [G. Simenon, Le Cheval blanc]
   Georges Simenon, 31.XII.38, 327, p. 29.

Aréthuse
   Marcel Drouin, 10.III.96, 355, p. 615

ARMAND [A. Gide, Les Faux-Monnayeurs]
   *Albert J. Guerard, 16.V.47, 193

ARMAND [R. Martin du Gard, Un Taciturne]
   Roger Martin du Gard, 31.VII.31, RMGI, p. 480.
   *Roger Martin du Gard, 3.VIII.31, RMGI, p. 483.

ASTIN (Monsieur d') [F. Jammes, Almaïde d'Etremont]
   *Francis Jammes, [juillet 1901], JAM., p. 175
ATHALIE
   Paul Valéry, [septembre 1893], VAL. p. 187.

BARBEROUSSE
　Paul Valéry, [C. P. 13. III. 92], VAL., p. 152.

BARNABOOTH [V. Larbaud, A. O. Barnabooth]
　Valery Larbaud, 30.VII. 08 , 169, p. 121.
　Valery Larbaud, 9.III.11, 169, p. 156
　*Valery Larbaud, 23.IV.11, 169, p. 161
　Valery Larbaud, 11.III.12, 169, p. 195.

BEAUSÉANT (Mme) [Balzac, Le Père Goriot]
　Raymond Bonheur [15.IV.01], BON. p. 61.

BINCHE [M. Jouhandeau, Parricide imaginaire]
　Marcel Jouhandeau, 3.VI.30, JOU, p. 30

BLANÈS (Abbé) [Stendhal, La Chartreuse de Parme]
　Roger Martin du Gard. 18.I.41, RMGII, p. 227

BORIS [A Gide, Les Faux-monnayeurs]
　Jacques Lévy, 25.VII.39, 221, p. 36

BOUVARD [G. Flaubert, Bouvard et Pécuchet]
　Albert Thibaudet, 28.VIII,27, 243, p. 1574.

CALIBOR [A. Gide, LE VOYAGE D'URIEN]
　*Pierre Louÿs, 2.VIII.92, 237, p. 195

CANDAULE [A Gide, Le Roi Canadaule]
　Henri Ghéon, 20.VII.99 , 348, p. 91.
　*Emile Haguenin, 23.X.07, 358, pp. 200-201.

CAROLA [A. Gide, Caves du Vatican]
　Mme Emile Mayrisch, 2.V.21, 236, p. 102.

Castor
　Paul Valéry, [8 mars 1891], VAL., p. 65.
　*André Rouveyre, 11.IV.28, ROU. pp. 108-109

Cérès
　Marcel Drouin, 27.VI.01, 217, p. 413
　René Schwob, 17.XI.28, 59, p. 57.

CHACTAS [Chateaubriand, René]
　Maurice Denis, [juin 1902], 362, p. 6.
　Christian Beck, 23.VI. [02], 164, p. 396.
　Arthur Fontaine, 8.VII.02, 199, p. 3.
　Victor Poucel, 27.XI.27. 48.

　Scheffer, [s.d.], 91, p. 616.

CHARLOTTE [Goethe, WERTHER]
　*Francis Jammes, 17.IV.98, JAM., p. 138.

CHRYSIS
　Pierre Louÿs, 1.II.94, 237, p. 301.

CLARA D'ELLEBEUSE [F. Jammes, **Clara** d'Ellebeuse]
　*Francis Jammes, [juillet 1901], JAM., p. 175

Clytemnestre
　*André Rouveyre, 11.IV,28, ROU., pp. 108-109.

COCLE (A. Gide, Prométhée mal enchaîné)
　*Albert Mockel, [août 1899], 349, p. 38

Colonel de MAUMORT
　Roger Martin du Gard, 9.II.42, RMGII, p. 241
　Roger Martin du Gard, 15.VI.42, RMGII, p. 251.
　Roger Martin du Gard, 30.VI.42, RMGII, p. 256.
　Roger Martin du Gard, 2.VII.42, RMGII, p. 257
　Roger Martin du Gard, 15.II.45, RMGII, p. 315
　Roger Martin du Gard, 5. IV, 45, RMGII, p. 317 et p. 318.
　Roger Martin du Gard, 17.IX.46, RMGII, p. 351.
　Roger Martin du Gard, [28.I.48], RMGII, p. 395
　Roger Martin du Gard, 19.I.49, RMGII, p. 436
　Roger Martin du Gard, 6.III.49, RMGII, p. 446

Roger Martin du Gard, 3ou4.VI.49, <u>RMGII</u>, p. 451.

Roger Martin du Gard, 11.VII.49, <u>RMGII</u>, p. 457.

Roger Martin du Gard, 7.VII.50, <u>RMGII</u>, p. 491

Roger Martin du Gard, 11.I.51, <u>RMGII</u>, p. 508

COUFONTAINE [P. Claudel, <u>L'Otage</u>]
  *Paul Claudel, 6.VIII,10, <u>CLA.</u>, p. 148
  Paul Claudel, 22.II.11, <u>CLA.</u>, p. 162

COUTURE (Blaise) [F. Mauriac, <u>Asmodée</u>]
  *François Mauriac, 14.XII.37, <u>MAU.</u> p. 89.

CRÉON [A. Gide, <u>Oedipe</u>]
  *Ernst Robert Curtius, 26.XI.31. <u>353</u>, p. 395.
  Roger Martin du Gard, 19.II.32, <u>RMGI</u>, p. 509.

Cyane
  Marcel Drouin, 10.III.96, <u>355</u>, p. 615.

DAMOCLE [A. Gide, <u>PROMÉTHÉE MAL ENCHAÎNÉ</u>]
  *Albert Mockel, [août 1899], <u>349</u>, p. 38

Danaides
  Rainer Maria Rilke, 29.XI.10, <u>RIL.</u>, p. 51.

DANIEL [R. Martin du Gard, <u>Les Thibault</u>]
  Roger Martin du Gard, 22.IX.28, <u>RMGI</u>, p. 352.
  Roger Martin du Gard, 19.III. [36], <u>RMGII</u>, p. 72.

DAVID [A Gide, <u>SAÜL</u>]
  *Paul Valéry, 22.X.98, <u>VAL.</u>, p. 339.
  *Jacques Copeau, 20.VI. [22], <u>187</u>, p. 266.

Demeter
  Igor Stravinsky, 8.II.33, <u>265</u>, p. 187.

DESDÉMONE
  Henri Massis, 25.I.24, <u>127</u>, p. 554.

DES ESSEINTES [J.-K. Huysmans, <u>A Rebours</u>]
  Paul Valéry, [mai 1891], <u>VAL.</u>, p. 81.
  Paul Valéry, 25.VII. [92], <u>VAL.</u>, p. 167.

Didon
  Mme Paul Gide, 25.II.95, <u>237</u>, p. 468.

Dioscures
  André Rouveyre, 11.IV,28, <u>ROU.</u>, p. 108

DUPOIS [F. Jammes, <u>Existences</u>]
  *Francis Jammes, 12.IV.02, <u>JAM.</u>, p. 184.

ELISE [G. Simenon, <u>Pedigree</u>]
  *Georges Simenon, 21.VIII.42, <u>327</u>, p. 36.

ELSIE [A. Bennett, <u>Riceyman Steps</u>]
  Arnold Bennett, 8.VIII.25, <u>BEN.</u>, p. 151.

EMMANUÈLE
  *Paul Valéry, [9.VII.91], <u>VAL.</u>, p. 107.
  *Paul Valéry, [28.VIII.91], <u>VAL.</u>, p. 121.
  Paul Valéry, [9.IX.91], <u>VAL.</u>, p. 123.

EUGÉNIE GRANDET [Balzac, <u>Eugénie Grandet</u>]
  Claude Mauriac, 6.VIII.45, <u>197</u>, p. 281.

EUMOLPE [A. Gide, <u>Perséphone</u>]
  Igor Stravinsky, 24.II.33, <u>265</u>, p. 188

EUPHRASYE [M. Beaubourg, <u>Les joueurs de boules de Saint-Mandé</u>]
  *Maurice Beaubourg, 14.VII.99 [?], <u>216</u>, p. 763.

EURYDICE [A. Gide, <u>Perséphone</u>]
  Igor Stravinsky, 24.II.33, <u>265</u>, p. 189.

EVELINE [A. Gide, L'Ecole des femmes]
Ernst Robert Curtius, 5.IX.29, 66, [p. 7].
*Roger Martin du Gard, 9.II.30, RMGI, p. 391

FABRICE [Stendhal, La Chartreuse de Parme]
Roger Martin du Gard, 18.I.41, RMGII, p. 227.

FLEURISSOIRE [Gide, Les Caves du Vatican]
Edouard Dujardin, 4.VII.30, 73, p. 72.

FONTANIN [R. Martin du Gard, Les Thibault]
Roger Martin du Gard, 17.III.36, RMGII, p. 71

FRANK [G. Simenon, La Neige était sale]
Georges Simenon, 28.XII.48, 327, p. 45.

Galathée
Emile Haguenin, 23.X.07, 358, p. 198

GARGANTUA
Christian Beck, 25.I.05, 215a, p. 12

GLOSTER
Mme Paul Gide, 29.III.92, 237, p. 154.

GONFREVILLE (Blaise de)
R.-G. Nobecourt, 4.I.48, 171, p. 170.

GUERRA (Guido) [Dante: La Divine comédie]
*François Porché, janvier 1928, 60, p. 63

GYGÈS (A. Gide, Roi Candaule)
*Emile Haguenin, 23.X.97, 358, pp. 200-201

Hadès
Marcel Drouin, 16.III.98, 217, p. 411.

HAMLET [Shakespeare, Hamlet]
*Roger Martin du Gard, 17.X.46, RMGII, p. 355.

HÉLÈNE
*André Rouveyre, 11.IV.28, ROU, pp. 108-109.

Hélène [de Troie]
Edouard Ducoté, 8.XI.03, 282, p. 1151.

Hercule
Roger Martin du Gard, 3.IX.42, RMGII, p. 266.

HETTY SOREL [G. Eliot, Adam Bede]
*Henri Ghéon, 23.II.18, 139, p. 648

Hespérides
Francis Jammes, [fin de janvier 1898], JAM., p.134

HOLOPHERNE [J. Giraudoux, Judith]
Jean Giraudoux, 12.XI.31, 139, p. 1092

HOMAIS [G. Flaubert, Madame Bovary]
Paul Valéry, [septembre 1893], VAL., p. 187.
Albert Thibaudet, 28.VIII.27, 243, p. 1574.

Iago
Henri Massis, 25.I.24, 127, p. 554.

IVAN [Dostoïevski, Les Frères Karamazov]
Roger Martin du Gard, 18.II.32, RMGI, p. 506

JACQUES [R. Martin du Gard, Les Thibault]
Roger Martin du Gard, 22.IX.28, RMGI, p. 352
Roger Martin du Gard, 5.XI.28, RMGI, p. 361.
Roger Martin du Gard, 9.II.30, RMGI, p. 391.
*Roger Martin du Gard, 24.II.33, RMGI, p. 548 et p. 549.
Roger Martin du Gard, 23.VIII.33, RMGI, p. 577.
*Roger Martin du Gard, 8.X.33, RMGI, p. 581.
Roger Martin du Gard, 17.III.36, RMGII, p. 71.
Roger Martin du Gard, 19.III. [36], RMGII, p. 72.

JEAN [C.-L. Philippe, Marie Donadieu]
  *Charles-Louis Philippe, 17.X.04, 266, pp. 582-583

JEAN BAPTISTE (SAINT)
  Francis Jammes, 4.VII. [97], JAM., p. 113.
  Francis Jammes, 1.XII.97, JAM., p. 130.

JEANNETTE [C. Péguy, Le Mystère de la charité de Jeanne d'Arc]
  *Paul Claudel, 23.II.10, CLA., p. 224.

JENNY [R. Martin du Gard, Les Thibault]
  Roger Martin du Gard, 23.VIII.33, RMGI, p. 577

JÉRÔME [A. Gide, La Porte Etroite]
  *A. R. [printemps 1909], 95, pp. 419-420

JOCASTE [A. Gide, Oedipe]
  *Roger Martin du Gard, 19.II.32, RMGI, p. 509.

JOTUN
  *Paul Valéry, [2 juin 1891], VAL., p. 88.

JOURDAIN (Monsieur) [Molière, Le Bourgeois Gentilhomme]
  Marcel Drouin, [février 1895], 186, p. 382.

JUDITH [J. Giraudoux, Judith]
  *Jean Giraudoux, 12.XI.31, 139, p. 1092

JULIEN SOREL [Stendhal, Le Rouge et le noir]
  Roger Martin du Gard, 18.I.41, RMGII, p. 227.

JULIETTE [A. Gide, La Porte étroite]
  Pierre de Lanux, [2.X.08], 348, p. 110.

Jupiter
  Marcel Drouin, 28.III. [97?], 353, p. 183.
  André Rouveyre, 11.IV.28, ROU. p. 108.

Karagous
  *Christian Beck, 25.I.05, 215a, pp. 10-12

LADY ARABELLA [Balzac, Le lys dans la vallée]
  Raymond Bonheur, [15.IV.01], BON. p. 61.

LAFCADIO [A. Gide, Les Caves du Vatican]
  François-Paul Alibert, 17.I.14, 233, p. 171.
  Mme Emile Mayrisch, 2.V.21, 236, p. 103.
  Edouard Dujardin, 4.VII.30, 73, p. 72
  Roger Martin du Gard, 15.XII.50, RMGII, p. 503
  Roger Martin du Gard, 11.I.51, RMGII, p. 507.

LARRIBEAU [F. Jammes, Existences]
  *Francis Jammes, 12.IV.02, JAM., p. 184.

Léda
  *André Rouveyre, 11.IV.28, ROU. p. 108

LENOIR [F. Jammes, Existences]
  *Francis Jammes, 12.IV.02, JAM., p. 184.

LEOPOLD [G. Simenon, Pedigree]
  Georges Simenon, 21.VIII.42, 327, p. 36.

LINGARD [J. Conrad, The Rescue]
  Joseph Conrad, 16.X. [21], 308, p. 162

LOUVAIN (Mme) [F. Jammes, Existences]
  *Francis Jammes, 12.IV.02, JAM., p. 184.

MME DE RENAL [Stendhal, Le Rouge et le noir]
  Roger Martin du Gard, 18.I.41, RMGII, p. 227

MADAME DE CHASTELLER [Stendhal, Lucien Leuwen]
  Paul Valéry, [29.IV.97], VAL., p. 293.

MADELEINE [R. Boylesve, Madeleine, jeune femme]
  René Boylesve, 24.X.12, 208, p. 86

MANUEL [J. Green, Le Visionnaire]
  Julien Green, 28.VII.34, 166, p. 19.

MARCELLUS [M. Maeterlinck, Les Sept Princesses]
  *Maurice Maeterlinck, [1891], 40, p. 45.

MARGUERITE [Goethe, Faust]
  *Francis Jammes, 17.IV.98, JAM., p. 138.

MARIE DONADIEU [C. L. Philippe, Marie Donadieu]
  *Charles-Louis Philippe, 17.X.04, 266, p. 582.

MATHILDE DE LA MÔLE [Stendhal, Le rouge et le noir]
  Roger Martin du Gard, 18.I.41, RMGII, p. 227

Melpomène
  Roger Martin du Gard, 4.III.31, RMGI, p. 451

MENALQUE
  *Marcel Drouin, [janvier 1896], 163, pp. 85-86.
  Francis Jammes, 21.II.96, JAM. p. 65.
  *Francis Jammes, [début de mai 1896], JAM. p. 72.
  *Francis Jammes, 22.IV.97, JAM., p. 107
  *Francis Jammes, [juillet 1897], 163, p. 106.
  *Francis Jammes, 4.VII.[97] JAM., p. 113.
  Francis Jammes, [juillet 1897], JAM., p. 117
  Francis Jammes, 28.VIII.97, JAM. pp. 300-301.
  Francis Jammes, 17.IV.98, JAM., p. 138.
  *François-Paul Alibert, 17.I.14, 233, p. 171.

MERWYN
  Henri Thomas, 4.XII.[39], 234, p. 367

MICHEL [A. Gide, L'Immoraliste]
  *Maurice Denis, [s.d.], 212;362, pp. 6-7.
  *Christian Beck, 23 juin [1902], 164, pp. 396-397.
  *Arthur Fontaine, 8.VII.02, 199, p. 3.
  *Jacques-Emile Blanche, 12.VII.02, 289, p. 758.
  *Emile Haguenin, 23.X.07, 358, p. 201

  Victor Poucel, 27.XI.27, 48.
  *Scheffer, [s.d.], 91, pp. 615-617.

Midgard (Le serpent)
  Paul Valéry, [2 juin 1891], VAL., p. 88.

MOLL [D. Defoe, Moll Flanders]
  *Marcel Drouin, 4.XI.03, 335, p. 26.

MOSCA [Stendhal, La Chartreuse de Parme]
  Roger Martin du Gard, 18.I.41, RMGII, p. 227

MUISHKINE (Dostoievski, L'Idiot)
  *André Ruyters, 2.III.18, 360, p. 19.

NARCISSE
  Paul Valéry, 29.III.91, VAL., p. 75.
  Paul Valéry, [janvier 1895], VAL., p. 230.
  Paul Valéry, 24.I.[96], VAL., p. 257

NATHANAEL
  Pierre Louys, 2.VIII.92, 237, p. 195.
  *Marcel Drouin, [1898], 163, p. 210.

NEJDANOF [Tourgueniev, Terres Vierges]
  *Mme Paul Gide, 25.I.95, 237, p. 440.

NYSSIA [A. Gide, Le Roi Candaule]
  *Emile Haguenin, 23.X.07, 358, p. 201

OEDIPE [A. Gide, Oedipe]
  Roger Martin du Gard, 1.II.31, RMGI, p. 441.
  Roger Martin du Gard, 11.III.31, RMGI, p. 458
  Roger Martin du Gard, 27.III.31, RMGI, p. 471.
  *Georges Pitoeff, 22.XII.31, 249, pp. 131-132.
  Roger Martin du Gard, 19.II.32, RMGI, p. 509

Oncle FELIX [G. Simenon, Le Cheval Blanc]
    Georges Simenon, 31.XII.38, 327, p. 29.

OPHELIE [Shakespeare, Hamlet]
    *Roger Martin du Gard, 17.X.46, RMGII, p. 355.

Oreste
    Marcel Jonhandeau, 25.VII.39, JOU, p. 42

Pan
    X..., 5.X.94, 237, p. 367.

Paphos
    *X..., s.d., 36a, p. 261.

PANTAGRUEL
    Christian Beck, 25.I.05, 215a, p. 12.

PAPE [P. Claudel, L'Otage]
    Paul Claudel, 6.VIII.10, CLA, p. 148,

PARIDE
    Pierre Louys, 2.VIII.92, 237, p. 195.

PATUROT (Jérôme)
    Mme Paul Gide, [2.X.94], 359, p. 146.

PEAU d'ANE
    Francis Jammes, 28.VIII.97, JAM., p. 300.

PERSEPHONE
    Marcel Drouin, 10.III.96, 355, p. 615.

PHILIPPE DE CHAMPAIGNE [M. Beaubourg, Les joueurs de boules de Saint-Mandé]
    *Maurice Beaubourg, 14.VII.99 [?], 216, p. 763.

PHILOCTÈTE
    *Mme Paul Gide, 23.IX.94, 237, p. 362.

PLUTON [A. Gide, Perséphone]
    Igor Stravinsky, 24.II.33, 265, p. 188.

Pollux
    Paul Valéry, [8 mars 1891], VAL, p. 65.
    André Rouveyre, 11.IV.28, ROU, pp. 108-09.

PORUS [Racine, Alexandre]
    Roger Martin du Gard, 19.VII.41, RMGII, p. 235.

PROMETHEE
    *Mme Paul Gide, 23.IX.94, 237, p. 362.
    Francis Jammes, 28.VIII.97, JAM., p. 300.
    *Eugène Rouart, [novembre 97], 82, p. 484.
    Marcel Drouin, 18.IV.[98], 186, p. 392.
    Roger Martin du Gard, 27.III.31, RMGI, p. 471.
    *Mlle S. de Saint-Cyr, 15.VIII.41, 153, p. 51.

Protée
    Marcel Drouin, 10.III.99, 353, p. 181.
    *Christian Beck, 16.X.09, 165, p. 629.

PROTOS [A. Gide, Les Caves du Vatican]
    Dorothy Bussy, 5.VII.50, 281, p. 17.

RACHEL [R. Martin du Gard, Les Thibault]
*Roger Martin du Gard, 2.X.28, RMGI, p. 358.

RAPHAEL [C.L. Philippe, Marie Donadieu]
Charles - Louis Philippe, 17.X.04, 266, p. 582.

RENE [Chateaubriand, René]
Francis Jammes, 18.VIII.96, JAM, p. 81.
Eugene Rouart, [novembre 1897], 82, p. 484.
Victor Poucel, 27.XI.27, 48.
Scheffer, s.d., 91, p. 616.

ROBERT [A. Gide, Ecole des femmes]
[Marius et Ary Leblond], 4.IX.29, 139, p.928.
Ernst Robert Curtius, 5.IX.29, 66, [p. 7].
Roger Martin du Gard, 9.II.30, RMGI, p. 391.

RUSTICUCCI (Jacopo) [Dante, La Divine Comédie]
*François Porché, janvier 1928, 60, pp. 61-62 et p. 63.

SANSEVERINA [Stendhal, La Chartreuse de Parme]
Roger Martin du Gard, 18.I.41. RMGII, p. 227.

SAUL [A. Gide, Saul]
"...X, 29.I.40, 346, p. 27.

SIGISMOND [Calderon, La Vie est un songe]
Paul Valéry, [septembre 1893], VAL, p. 187.

SINDBAD
Paul Valéry, 25.III.[96], VAL, p. 261.
Francis Jammes, [fin d'août 1906], JAM, p. 242.

SMERDIAKOV [Dostoievski, Les frères Karamazov]
Roger Martin du Gard, 18.II.32, RMGI, p. 506.

SYGNE [P. Claudel, L'Otage]
*Paul Claudel, 6.VIII.10, CLA., p. 148.

TAXILE [Racine, Alexandre]
Roger Martin du Gard, 19.VII.41, RMGII, p. 235.

TELEMAQUE
Marcel Drouin, 26.III.98, 186, p. 386.

TESTE (Monsieur)
*Paul Valéry, [C.P. 4.X.96], VAL, p. 280.
Paul Valéry, [C.P. 3.I.97], VAL, p. 284.

THIBAULT (Oscar) [R. Martin du Gard, Les Thibault]
*Roger Martin du Gard, 5.XI.28, RMGI, pp. 360-361.

THIERRY [R. Martin du Gard, Un Taciturne]
*Roger Martin du Gard, 31.VII.31, RMGI, p. 480.

Thor (Le Dieu)
Paul Valéry, [2 juin 1891], VAL, p. 88.

TIRESIAS [A. Gide, Oedipe]

  Roger Martin du Gard, 1.II.31, RMGI, p. 441.

  Roger Martin du Gard, 27.III.31, RMGI, p. 471.

  Georges Pitoeff, 22.XII.31, 249, p. 132.

  *Roger Martin du Gard, 19.II.32, RMGI, p. 509.

TRADELINEAU

  *Pierre Louys, 2.VIII.92, 237, p. 195.

TRAVERS (Mrs) [J. Conrad, The Rescue]

  *Joseph Conrad, 16.X.[21], 308, p. 162.

TURELURE (P. Claudel, L'Otage)

  *Paul Claudel, 6.VIII.10, CLA, p. 148.

  *Paul Claudel, 7.I.11, CLA, p. 159.

Tyndare

  André Rouveyre, 11.IV.28, ROU, p. 108.

VAUTRIN [Balzac, Le Pere Goriot].

  *Claude Mauriac, 6.VIII.45, 197, p. 280.

VECART (Abbé) [R. Martin du Gard, Les Thibault].

  Roger Martin du Gard, 9.II.30, RMGI, p. 391.

VERCORS (Anne) [P. Claudel, Annonce faite à Marie].

  *Paul Claudel, 7.I.12, CLA, p. 189.

VERDURE (Mlle) [A. Gide, Isabelle]

  R. - G. Nobécourt, 4.I.48, 171, p. 170.

VERDURIN

  Marcel Proust, 11.1.14, PRO et 280.

VERNE (Abbé) [R. Martin du Gard, Vieille France]

  Roger Martin du Gard, 12.IV.33, RMGI, pp. 559-560.

VIOLAINE

  Francis Jammes, 24.I.09, JAM, p. 255.

  Paul Claudel, 31.I.09, CLA, p. 97.

VIRGINIE [F. Jammes, Clara d'Ellébeuse]

  *Francis Jammes, [juillet 1901], JAM, p. 175

WALTER (André)

   Paul Valéry, [C.P. 21 mars 1891], VAL, p. 70.

   Paul Valéry, 29.III.91, VAL, p. 74.

   Paul Valéry, [C.P. 21.III.92], VAL, p. 154.

   *Pierre Louys, 2.VIII.92, 237, p. 195.

   *Francis Jammes, 4.VII. [97], JAM, p. 113.

WANDA [R. Martin du Gard, Un Taciturne]

*Roger Martin du Gard, 31.VII.31, RMGI, p. 480.

*Roger Martin du Gard, 3.VIII.31, RMGI, pp. 482-483

WERTHER

   Scheffer, s.d., 91, p. 616.

YLIER [A. Gide, Le Voyage d'Urien]

   *Pierre Louys, 2.VIII.92, 237, p. 195.

Zeus

   Mme Emile Mayrisch, 19.II.11, 236, p. 95 et RIL, p.55.

   André Rouveyre, 11.IV.28, ROU, p. 108.

   Mlle S. de Saint-Cyr, 15.VIII.41, 153, p. 51.

Index des Noms de Lieux

Abbaye[Clairac, Lot-et-Garonne]

   Voir : L'Abbaye

ABRUZZES

   Francis Jammes, 22. IV. 97, JAM, p. 107.

ABYDOS

   Roger Martin du Gard, 24. II. 39, RMGII, p. 163.

ABYSSINIE

   Joseph Conrad, 12. XII. 20. 308, p. 160.

   Joseph Conrad, 8. X. 23. 308, p. 166.

   Roger Martin du Gard, 28. VI. 35. RMGII, p. 35.

Académie [de Florence]

   *Mme Paul Gide, 28. V. 94. 237, p. 326.

Acropole

   Claude Mauriac, 17. IV. [41 ou 42?], 197, p.256.

ADELBODEN

   *Christian Beck, 2. VII. 07, 165, p. 622.

Adriatic

   Voir : Hôtel Adriatic

ADRIATIQUE

   Marcel Drouin, 18. IV. [98], 186, p. 391.

AFRIQUE

   Mme Paul Gide, 8. X. 93. 237 p. 275.

   *Mme Paul Gide, 25.IV. 94. 237, p. 317.

   Mme Paul Gide, 27. VI. 94. 237, p. 332.

   *Paul Valéry, [Juillet 1894], VAL, p. 207.

   Mme Paul Gide, 8. VII. 94. 237, p. 341.

   Mme Paul Gide, 23. IX. 94. 237, p. 362.

   Mme Paul Gide, 6. XII. 94, 359, p. XXXVIII

   Maxime de Langenhagen, [1893], 252, p. 553.

   Marcel Drouin, 25. XII.[95], 163, p. 74.

   Paul Valéry, 7. I. 98, VAL, p. 302.

   *Raymond Bonheur, 7. X. 03, BON, p. 84.

   *Raymond Bonheur, I. II. [05], BON, p. 91.

   Arnold Bennett, 16.VII. 18., BEN, p. 93.

   Edmund Gosse, 25. X. 25, GOS, p. 178.

   Rainer Maria Rilke, 6. VII. 26, RIL., p. 244.

   André Rouveyre, 26. VI. 27, ROU., p. 93.

   *Louis Laloy, 14. V. 28, 54, p. 307.

   Jean Guéhenno, [novembre 1929], 61, p. 589.

   *Eugène Dabit, 19. XI. 29, 214, p. 39

   *Roger Martin du Gard, 14. VIII. 32, RMGI, p. 536.

   Jean Schlumberger, I.III. 35. 110.

   *Pierre Brisson, 29. VIII. 44, 150, p. 1.

   Roger Martin du Gard, 24. XI. 44, RMGII, p. 287.

   Claude Mauriac, 3.II.45, 197, p. 267.

   *Jef Last, [août 1945], 298, p. 190.

AFRIQUE EQUATORIALE FRANCAISE

   *Paul Valéry, [25. X. 24], VAL., p. 497.

   Edmund Gosse, 26. X. 24, GOS, p. 175.

   Arnold Bennett, 19. II. 25, BEN. p. 146.

   *Gouverneur Général intérimaire de l'A.E.F., 6. XI. 25, 57. pp. 239-246.

   M. Poissenot, 19. XI. 25. 57.

   Roger Martin du Gard, II. VI. 26. RMGI, p. 289.

   Roger Martin du Guard, 31. V. 28, RMGI p. 347.

   Arnold Bennett, 26. XII. 29, BEN, p. 169.

   *Roger Martin du Gard, 23.II. 36, RMGII, p. 66.

AFRIQUE ORIENTALE FRANCAISE

   Roger Martin du Gard, 8. VIII. 37, RMGII, p. 111.

   Roger Martin du Gard, 24. VIII. 37, RMGII, p. 115.

*Pierre Alessandri, 15, IX. 37. 176, p. 185.

Roger Martin du Gard, 23. X. 37, RMGII, p. 119.

*Roger Martin du Gard 16. XI. 37. RMGII, p. 125.

*Roger Martin du Gard, 27. V. 38. RMGII, p. 142.

AGAY

Roger Martin du Gard, 27. III. 31. RMGI, p. 472.

AIGUES-MORTES

Paul Valéry, [C.P. 12 mai 1891] VAL., p. 85

AIN DRAHAM

Roger Martin du Gard, 14. V. 42. RMGII, p. 246.

AIX-EN-PROVENCE

Paul Valéry, [août 1892], VAL, p. 170.

Mme Paul Gide, 17. I. 95, 237, p. 429.

Mme Paul Gide, 25. I. 95, 237, p. 440.

Paul Valéry, [C.P. 27.I. 95], VAL, p. 231.

Francis Jammes, [juillet 1897] JAM., p. 115.

Edmund Gosse, 4.IX. II, GOS, p. 66.

Roger Martin du Gard, 27. VII. 49, RMGII, p. 458

AIX-LA-CHAPELLE

Paul Valéry, 29. VI. 91, VAL, p. 106.

AIX-LES-BAINS

Roger Martin du Gard, 13 III. 28, RMGI, p. 334

Roger Martin du Gard, 10. IV. 28, RMGI, p. 342

ALBAYCIN [de Grenade]

Mme Paul Gide, 27. X. 93. 237, p. 288.

ALENÇON

Eugène Rouart, novembre 1897, 82, p. 483.

Francis Jammes, 17. IV. 98, JAM, p. 138.

Paul Valéry, 20. VIII. 98.VAL., p. 329.

Francis Jammes, 2. IX. 98. JAM., p. 147.

Paul Valéry, 8. IX. [98] VAL, pp. 329-330

ALEXANDRIE

Simone Marye, 17. I. 40, MAR, p. 32.

*Roger Martin du Gard, 8. II. 46, RMGII. pp. 337-338.

ALGER

Albert Démarest, [12 et 14. IX. 93], 237, p. 291.

Mme Paul Gide, 22.XI. 94. 359, p. XXXVIII.

Mme Paul Gide, 23. I. 95, 237, p.437.

Mme Paul Gide, 24. I. 95, 237, p.439.

Paul Valéry, [C.P. 27.I.95], VAL, p. 231.

*Mme Paul Gide, 30. I. 95, 237, p. 450 et p. 452.

Mme Paul Gide, 2. II. 95, 237, pp. 458-459.

*Paul Valéry, [mars 1895], VAL., p. 234 et p. 236.

Mme Paul Gide, 3. IV. 95, 237, p. 487.

Francis Jammes, [début de Juillet 1896], JAM, p. 78.

Paul Valéry, II.IV.99. VAL, p. 344.

Edouard Ducoté, [février 1900], 282, p. 1147.

*Edouard Ducoté, 22. II. 1900, 282, p. 1147.

Paul Valéry, 26. XII. [1900], VAL, p. 378.

Edouard Ducoté, I. X. 03, 167.

Raymond Bonheur, 7. X 03, BON, p. 84.

Francis Jammes, 8. X. [03], JAM, p. 205.

Edouard Ducoté, 8. XI. 03, 282, p. 1151 et p.1152

*Paul Fort, 12. XII. [03], 116.

*Christian Beck, 18. XI. 06, 165, p. 617 et p.618.

*Rainer Maria Rilke, 29. XI. 10, RIL., p. 49.

Valery Larbaud, 19. II. 12. 169, p. 192.

Roger Martin du Gard, 16. IV. 23, RMGI, p. 217.

Pierre Brisson, 29. VIII. 44, 150, p. 1.

*Roger Martin du Gard, 17. X. 44, RMGII, p. 287 et p. 288.

*Roger Martin du Gard, 30. X. 44, RMGII, p 283.

*Roger Martin du Gard, 24. XI. 44, RMGII, p. 287.

Raymond Lacaze, 27. XI. 44. 250, p. VI.

Georges Simenon, II. XII. 44. 327, p. 37.

Claude Mauriac, 3. II. 45. 197, p. 267.

Marcelle Schveitzer, 7. II.45, 369, p. 25.

*Roger Martin du Gard, 15. II. 45, RMGII, p. 314.

René Schwob, 19. II. 45. 188, p. 120.

Roger Martin du Gard, 14. III. 45. RMGII, p. 316 et p. 317.

Jean Paulhan, 27. III. 45, 339, p. 79.

Roger Martin du Gard, 5. IV. 45, RMGII, pp.317-318

Simone Marye, 17. IV. 45, MAR, p. 39.

Roger Martin du Gard, 29. IV. 45, RMGII, p. 320.

Roger Martin du Gard, 12. V. 45, RMGII, p. 323.

*Jef Last, [août 1945], 298, p. 190 et p. 191.

Mischa Harry Fayer, 16. X. 45, 155, p. 1.

Roger Martin du Gard, 13, III, 47, RMGII, p. 365.

ALGERIE

*Paul Valéry, [février 1894], VAL, p. 198.

Francis Jammes [octobre 1896], JAM, p. 90.

Christian Beck, 25. I. 05, 215A, p. 11.

Francis Jammes, 15. II. 06, JAM, p. 233.

Christian Beck, 18. XI. 06, 165, p. 618.

*Rainer Maria Rilke, 31. X. 10, RIL, p. 46

*Rainer Maria Rilke, 29. XI. 10, RIL. p. 51.

Madame X..., 17. IV. 28, 63.

Marcelle Schveitzer, 9. II. 45, 369, p. 25.

Roger Martin de Gard, 12. V. 45, RMGII, p. 323.

ALGESIRAS

*Roger Martin du Gard, 22. IV. 35, RMGII. p. 23.

*Roger Martin du Gard, 28. IV. 35, RMGII, p. 25.

*Roger Martin du Gard, 13. VIII. 35, RMGII, p. 40.

ALHAMBRA

Jacques de Lacretelle, 9. III. 28, 254, p. 4.

ALLEMAGNE

Maurice Barrès, 18. VIII. 91, 348, p. 21.

Marcel Drouin, 25. XII. [95], 163, p. 74.

Paul Valéry, [C.P. 27. VII. 98] VAL. p. 327.

Raymond Bonheur, [29. XI. 99], BON, p. 54.

*Madeleine Gide, 6. VIII. 03, 338, p. 72.

Raymond Bonheur, 7. X. 03. BON. p. 84.

Paul Fort, [1905], 290a, p. 136.

*Emile Haguemin, 23. X. 07. 358, p. 200.

*Berliner Tageblatt, 25. I. 08, 13a

*Edmund Gosse, 14. VII. 09. GOS, p. 47.

Emile Verhaeren, 27.VI.[10], VER, p. 73.

Paul Claudel, 22. II. 11. CLA. p. 163.

*André Suarès, 14. III. [15], SUA, p. 75.

*Jacques-Emile Blanche, 19. V. 16. 289, p. 762.

*Guillaume Lerolle, 29. X. 17. 139, p. 635.
*Jacques Rivière, [mai 1919], 28, pp. 121-125.
Mme Emile Mayrisch, 21. VI. 19, 236, p. 99.
Mme Emile Mayrisch, 2. V. 21, 236, p. 103.
*Walter Rathenau, 25. VI. 21, 53.
Rainer Maria Rilke, 29. VIII. 21, RIL., p. 170.
Roger Martin du Gard, 14.X.27, RMGI, p. 317.
Roger Martin du Gard, 7. I. 28, RMGI, p. 320.
Roger Martin du Gard, 11. I. 28, RMGI, p. 325.
*Jean Guéhenno, [novembre 1929], 61, pp. 588-589
Roger Martin du Gard, 22. III. 30, RMGI, p. 394.
Marcel Jouhandeau, 3, VI. 30. JOU, pp. 31-32.
Roger Martin du Gard, 25. VII. 30, RMGI, p. 412.
Roger Martin du Gard, 14. VII. 31, RMGI, p. 477.
Roger Martin du Gard, 20. VII. 31, RMGI, p. 478.
Antonin Artaud, 16. VIII. 32, 284, p. 341.
Marcel Jouhandeau, 24. III. 33, JOU, p. 37.
Roger Martin du Gard, 2. V. 33. RMGI, p. 565.
...X, 29. I. 1934, 107, p. 202.
Roger Martin du Gard, 9. III. 34, RMGI, p. 599.
*Roger Martin du Gard, 5. V. 35. RMGII, p. 29.
*X..., 10. XII. 36, 129.
Pierre Alessandri, 3. IX. 37, 176, p. 180.
*Roger Martin du Gard, 4. IX. 37, RMGII, p. 116.
*Roger Martin du Gard, 2. X. 38, RMGII, p. 152.
*Roger Martin du Gard, 10. VI. 39, RMGII, p. 170.
*François Mauriac, 4. X. 39. MAU, p. 97.
*Claude Mauriac, 14. X. 39. 197. p. 236.
*Roger Martin du Gard, 18. IV. 40. RMGII p. 201.
Roger Martin du Gard, 14. IX. 40, RMGII p. 220.
*Roger Martin du Gard. 29. IX. 40, RMGII p.222.
*Roger Martin du Gard, 11. II. 45, RMGII p. 312.

Claude Mauriac, 4. VIII. 45, 197, p. 280.
Richard Heyd, 31. X. 46, 276,
Saint John Perse, 17. I. 48, 288, p. 466.

ALPES

Mme Paul Gide, 26. X. 94, 237, p. 382.
Marcel Drouin, 26. III. 98, 186, p. 389.

ALPES MARITIMES

Claude Mauriac, 13. VII. 40, 197, p. 251.
Georges Simenon, 11. XII. 44. 327, p. 37.
Richard Heyd, 7. IX. 48, 359, p. 181.

AMALFI

Marcel Drouin, 11.II. 96, 355, p. 615.
René Schwob, 4. XII. 23, 188, p. 99.

AMÉRIQUE

Mme Paul Gide, [22. IX. 94], 359, p. 143.
Henri de Régnier, [novembre 1901], 351 p. 444.
Paul Valéry, 20. I. 17, VAL, p. 445.
Joseph Conrad, 7. XI. 17. 303. p. 156.
*Jacques Rivière, [mai 1919?], 28, p. 123.
*Bernard Fay, 20.II. 28, 296.
Roger Martin du Gard, 10.V. 28, RMGI p. 343.
Roger Martin du Gard, 2. V. 33, RMGI, p. 565.
Henri Dommartin, 8. VII. 39, 138, p. 333.
Claude Mauriac, [27. VII. 39], 197, p. 200.
Roger Martin du Gard, 18. IX. 41, RMGII, p. 237.
Roger Martin du Gard, 17. X. 44, RMGII, p. 282.
*Roger Martin du Gard, 15. II. 45, RMGII, p. 314.
Roger Martin du Gard, 8. IX. 47, RMGII p. 378.
*Saint-John Perse, 17. I. 48, 288, p. 465.
Roger Martin du Gard, 11.II. 48, RMGII, p. 396.

Georges Simenon, 11. III. 48, 327, p. 44.

*Saint-John Perse, 14. III. 48, 268, p. 466.

Georges Simenon, 28. XII. 48, 327, p. 45.

Roger Martin du Gard, 22. II. 49, RMGII, p. 444.

Georges Simenon, 22. VI. 49, 327, p. 46.

Roger Martin du Gard, I. VII. 49, RMGII, p. 455.

AMSTERDAM

Roger Martin du Gard, 19. III. 35, RMGII, p. 21.

Roger Martin du Gard, 28. VI. 35, RMGII, p. 35.

Roger Martin du Gard, 3. VII. 35, RMGII, p. 36.

Maurice Lime, [octobre 1935?], 205, p. 38.

Roger Martin du Gard, 26. V. 40. RMGII, p. 207.

Claude Mauriac, 31. V. 40, 197, p. 248.

ANACAPRI

Christian Beck, 12. X. 08, 165, p. 627.

ANDERMATT

Paul Valéry, 24. I. 12, VAL, p. 422.

ANGERS

Francis Jammes, 14. X. 04., JAM, p. 216

Paul Valéry, [C.P. 17. XI. 06], VAL, p. 412.

ANGKOR

Roger Martin du Gard, 9. III. 34, RMGI, p. 599

ANGLETERRE

Mme Paul Gide, [22. IX. 94.], 359, p. 143.

Mme Paul Gide, 30. I. 95. 237, p. 452

*Edmund Gosse, 14. VII. 09, GOS, p. 47.

Edmund Gosse, 9. IX. 09, GOS, p. 51.

Edmund Gosse, 28. XI. 12. GOS, p. 83.

Edmund Gosse, 8. I. 14. GOS, p. 107.

Arnold Bennett, I. VIII. [14], BEN, p. 76.

Paul Valéry, 4. X. 14. VAL, p. 441.

Arnold Bennett, 16. I. 16. BEN, p. 88

Edmund Gosse, 3. VII. 16. GOS, p. 130

Edmund Gosse, 27. VII. 16. GOS, p. 137.

Edmund Gosse, 23. XII. 16. GOS, p. 150.

Edmund Gosse, 26. X. 17. GOS, p. 151.

Paul Valéry, 5. V. 18. VAL, p. 468.

Edmund Gosse, 10. VI. 18. GOS, p. 155.

*Arnold Bennett, 21. VI. 18. BEN, p. 90.

*Jacques Rivière, [mai 1919] 28, p. 123.

Arnold Bennett, 24. VIII. 20. BEN, p. 99

Paul Valéry, 16. IX. 20, VAL, p. 430.

*Charles du Bos, [Automne 20] 62, p. 551

Arnold Bennett, 15. XI. 20. BEN, p. 104.

Joseph Conrad, 25. XI. 20, 308, p. 158

Joseph Conrad, 22. VII. 21, 308, p. 161.

Paul Valéry, 25. X. 22. VAL, p. 492.

Arnold Bennett, 26. XII. 22, BEN, p. 118.

Paul Valéry, 9 [X. 23.], VAL, p. 495.

Roger Martin du Gard, 29. VII. 24, RMGI, p. 252

Edmund Gosse, 8. IV. 28. GOS. p. 193.

*Roger Martin du Gard, 15.VI. 30, RMGI, p. 403.

Arnold Bennett, 4. VII. 30, BEN, p. 180.

Roger Martin du Gard, 25. VII. 30. RMGI, p. 413

Arnold Bennett, 28. VII. 30. BEN, p. 185.

Arnold Bennett, 14. IX. 30. BEN, p. 190.

Arnold Bennett, 3. I. 31. BEN, p. 199

*Dorothy Bussy, 12. III. 34, 281, p. 17.

Maurice Lime, 28. VII. 37. 205, p. 120.

*Roger Martin du Gard, 2. X. 38, RMGII. p. 152.

*Jef Last, 2. X. 38. 356. p. 124.

*Claude Mauriac, 14. X. 39. 197, p. 237.

*Henri Thomas, 17. X. [39]. 234, p. 366.

Roger Martin du Gard, 14. VI. 40. RMGII. p. 210.

Claude Mauriac, 14. VIII. 40. 197. p. 252.

Georges Simenon, 14. VII. 45. 327, p. 39.

*Roger Martin du Gard, 17. X. 46. RMGII p. 355.

*Enid Starkie, 12. V. 47. 347.

Roger Martin du Gard, 17. VI. 47. RMGII, p. 373

ANNECY

Mme Paul Gide 2.II. 90, 232. p. 450

Mme Paul Gide. [2. X. 94] 359, p. 153.

Roger Martin du Gard, 14. II. 23. RMGI. p. 209.

Roger Martin du Gard. 18. II. 23. RMGI. p. 209.

*Roger Martin du Gard, 25. II. 23. RMGI. p. 211 et p. 212.

Roger Martin du Gard, 3. III. 23. RMGI. p. 214.

Roger Martin du Gard, 27. IV. 23. RMGI. p. 218.

ANTIBES [voir aussi : CAP D'ANTIBES]

*Claude Mauriac, 14. X. 39, 197, p. 237.

*Henri Thomas, 17. X. [39], 234. p. 366.

*Claude Mauriac, 12. XI. 39. 197, p. 237.

APENNINS

Paul Valéry, [C.P. 15. XII. 95] VAL, p. 254.

Jean-Marc Bernard, s.d. 106, p. 583.

Jacques de Lacretelle, 9. III. 28, 254, p. 4.

ARABIE

Roger Martin du Gard, 9. III. 34. RMGI. p. 599.

ARCACHON

Roger Martin du Gard, 21. VII. 24, RMGI, p. 251.

Roger Martin du Gard, 25. V. 30, RMGI, p. 396.

Roger Martin du Gard, 25. VII. 30, RMGI, p. 415.

ARCADIA

Roger Martin du Gard, [août 1940], RMGII, p. 214.

ARCO

Marcel Drouin, [Avril 1898] 186, p. 390.

*Francis Jammes, [avril 1898] JAM, p. 140.

*Paul Valéry, [C.P. mai 1898] VAL, p. 317.

ARDENNES

Roger Martin du Gard, 9. VIII. 33, RMGI, p. 570.

Eugène Rouart, 24. VIII. 33. 325, p. 5.

AREZZO

Maurice Denis, [fin mars-tout début d'avril 1898] 238, p. 142.

Maurice Denis, [fin avril 1909], 239, p. 112.

ARGELÈS

Francis Jammes, 11. VIII, 09. JAM, p. 261.

ARIZONA

Roger Martin du Gard, 11. II. 48, RMCII, p. 396.

*Georges Simenon, 12 à 16. II. 48, 327, p. 43.

Georges Simenon, 10. X. 48. 327, p. 44.

ARNO

Mme Paul Gide, 28. V. 94. 237, p. 326

Marcel Drouin, 25. XII. [95], 163, p. 74.

Paul Claudel, 8. III. 14. CLA, p. 219.

AROSA

*Christian Beck, 2. VII. 07. 165, p. 622.

ASCONA

Roger Martin du Gard, 13. III. 47. RMGII, p. 365.

Maurice Lime, 14. IV. 47. 205, p. 160.
Roger Martin du Gard, 22. XI. 47. RMGII, p. 387.
Roger Martin du Gard, 11. II. 48, RMGII p. 396.
Roger Martin du Gard, 23.II. 48. RMGII, p. 398.

ASIE

*Adrienne Monnier, 24. IV. 31. 229, p. 105.

ASIE MINEURE

Rainer Maria Rilke, 22. VII. 14, RIL, p. 116.
René Schwob, 6 II. 23, 188, p. 97.

ASNIÈRES

Francis Jammes, [début de juin 1897] JAM, p. 110.

ASSISE

Francis Jammes, 28. III, 98, JAM, p. 136.
Marcel Drouin, 30. III. 98, 163, p. 61.
*Maurice Denis, [fin mars-tout début d'avril 1898] 238, p. 141.

Madeleine Gide, 6. VIII. 03. 338, p. 73.

ASSOUAN

*Roger Martin du Gard 24.II.39. RMGII, p. 162.
*Roger Martin du Gard, 8, II. 46, RMGII, p. 337.

Athenaeum
*Edmund Gosse, II. I. 12. GOS, p. 75.

Athénée

Voir : Théâtre Athénée

ATHÈNES

Marcel Drouin, [fin 1895], 186, p. 382.
Roger Martin du Gard, 24. IV. 39. RMGII p. 167.
Roger Martin du Gard, 13. IV. 46. RMGII, p. 344.

AUCH

Marcelle Schveitzer, 5. VIII. 47, 369, p. 154.

AUDE

Roger Martin du Gard, 16.VII.40, RMGII, p. 211.
Roger Martin du Gard, 23.VII.40. RMGII, p. 213.

AUTEUIL

Mme Paul Gide, 27.V.92, 237, p. 171.
*Paul Valéry, [C.P. 12.VII.92], VAL., p. 165.
Francis Jammes, [début de juillet 1896], JAM p.78.
Raymond Bonheur, [17.V.1900], BON, p. 58.
Francis Jammes, 15.II.06, JAM, p. 233.
Raymond Bonheur, [28.III.06.], BON., p. 93.
*Christian Beck, 29.IV.06, 164, p. 400.
Paul Valéry, 17. [VIII.06], VAL. p. 409.
Raymond Bonheur, [décembre 1906], BON., p. 96.
Louis Dumont-Wilden, [octobre 1907], 349, p. 62.
*[Arthur Fontaine], 18.II.10, 302, p. 33.
Rainer Maria Rilke, 31.X.10, RIL., p. 46.
Emile Verhaeren, [1912], VER., p. 80.
Edmund Gosse, 11.I.12. GOS., p. 74.
Edmund Gosse, 18.V.13, GOS., p. 98.
Edmund Gosse, 8.I.14, GOS., p. 106.
Mme Emile Mayrisch, 20.V.21. 236, p.104.
Rainer Maria Rilke, 8. XI.22, RIL, p. 199.
Roger Martin du Gard, I.VII.27, RMGI, p. 313.
*Roger Martin du Gard, 18.I.41, RMGII, p. 227.

AUTRICHE

Roger Martin du Gard, 14.X.27, RMGI, p. 317.
Roger Martin du Gard, 15.VIII.33, RMGI, p. 575.
*Dorothy Bussy, 12.III.34, 281, p. 17.
Claude Mauriac, 14.X.39, 197, p. 236.
Georges Simenon. 3.IX.46, 327, p. 40.

AUTUN

Raymond Bonheur, [4.VII.98], BON, p. 39.
Raymond Bonheur, 15.XI.98, BON, p. 44.

Avenue de Cimiez

Roger Martin du Gard, 27.V.37, RMGII, p. 106.

Avenue de Koenigsberg

Maurice Beaubourg, 1.IX.[1900], 216, p. 766.

Avenue de la Gare

Roger Martin du Gard, 27.V.37, RMGII, p. 106.

Avenue de la Victoire [Nice]

Roger Martin du Gard, 14.IX.40, RMGII, p. 220

Avenue de Saxe

*[Arthur Fontaine], 18.II.10, 302, p. 33.

Avenue des Champs Elysées

Edmund Gosse, 5.VI.15, GOS, p. 119.

Avenue des Sycomores

Edmund Gosse, 20.V.13, GOS, p. 99.

Avenue d'Orléans

Mme Emile Mayrisch, 18.XI.19, 236, p. 99.

Jacques Doucet, 3.III.20, 367, p. 8.

Avenue du Bois

Jacques Doucet, [C.P. 2.VIII.20], 367, p. 9.

Avenue Dubreuil

Roger Martin du Gard, 2.I.14, RMG, p. 127.

Avenue du Président Wilson

Roger Martin du Gard, 26.XII.46, RMGII, p. 360.

Avenue Latour-Maubourg

Paul Valéry, 22.VII.22, VAL, p. 487.

Avenue Mozart

Roger Martin du Gard, 27.II.16, RMGI, p. 137.

Avenue Victor-Hugo

Paul Valéry, 26.XII.[1900], VAL, p. 377 et p.378.

Roger Martin du Gard, 13.II.40, RMGII, p. 194.

Avenue Wagram

Odilon Redon, [1896], 263, p. 251.

AVIGNON

René Schwob, 4.XII.23, 188, p. 99.

Roger Martin du Gard, 13.VI.31, RMGI, p. 476.

Roger Martin du Gard, 25.V.32, RMGI, p. 522.

*Roger Martin du Gard, [23.VI.32], RMGI, p. 527.

Roger Martin du Gard, 27.VII.49, RMGII, p. 453.

BABEL

Roger Martin du Gard, 8.II.46, RMGII, p. 337.

BABYLONE

Roger Martin du Gard, 25.V.30, RMGI, p. 395.

BAGDAD

Paul Valéry, [28.V.94], VAL, p. 205.

*Naim Kattan, 5.II.46, 324, p. XVI.

BAGNI

Marcel Drouin, 26.III.98, 186, p. 387.

BAGNOLES

*Roger Martin du Gard, 25.V.30, RMGI, p. 396.

*Roger Martin du Gard, 1.VI.30, RMGI, p. 398.

Roger Martin du Gard, 28.VI.30, RMGI, p. 405.

Roger Martin du Gard, 7.IX.31, RMGI, p. 487.

Roger Martin du Gard, 7.IX.50, RMGII, p. 496.

Roger Martin du Gard, 13.IX.50, RMGII, p. 498.

BAGOUMA

Gouverneur Général intérimaire de l'A.E.F., 6.XI.25, 57, p. 244.

BÂLE

Rainer Maria Rilke, 29.VIII.21, RIL, p. 170.

Roger Martin du Gard, 3.V.27, RMGI, p. 307.

Roger Martin du Gard, 15.X.34, RMGI, p. 635.

BALÉARES

Jeanne Rondeaux, [juillet 1894], 237, p. 339.

*Mme Paul Gide, 6,VII.94, 237, p. 340.

Roger Martin du Gard, 7.V.42, RMGII, p. 243.

BALKANS

Mme Emile Mayrisch, 25.VII.13, 236, p. 98.

BALTIMORE

*Georges Simenon, 12 à 16.II.48, 327, p. 43.

BAMBIO

*Gouverneur général intérimaire de l'A.E.F., 6.XI.25, 57, pp. 242 à 246.

BANGASSOU

Roger Martin du Gard, 18.X.25. RMGI, p. 278.

BANGUI

Roger Martin du Gard, 2.XI.24, RMGI, p. 254.

Gouverneur géréral de l'A.E.F., 6.XI.25, 57, p.239.

BANYULS

Paul Valéry, 4.X.14, VAL. p. 444.

BARBIZON

André Rouveyre, 22.XI.24, ROU, p. 89.

André Rouveyre, 14.XII. [24], ROU, p. 92.

André Rouveyre, 26.VI.27, ROU, p. 93.

André Rouveyre, 1.VII. [27], ROU, p. 99.

BARCELONE

Mme Paul Gide, 22.XI.94, 237, p. 395.

Roger Martin du Gard, 29.IX.30, RMGI, p. 418.

BAS-MEUDON

Mme Paul Gide, 27.V.92, 237, p. 171.

BASSES-ALPES

Roger Martin du Gard, 25.VI.29, RMGI, p. 374.

BASTIDE

Mme Emile Mayrisch, 10.II.21, 236, p. 101.

Mme Emile Mayrisch, 10.III.21, 236, p. 102.

Charles Du Bos, 22.III.21, BOS, p. 30.

Charles Du Bos, [1921], BOS, p. 31.

*Charles Du Bos, [1921], BOS, p. 32.

*Roger Martin du Gard, 18.VII. [22], RMGI, p.187.

Roger Martin du Gard, 7.X.22, RMGI, p. 194.

Roger Martin du Gard, 4.XI.22, RMGI, p. 200.

Roger Martin du Gard, 27.IV.23, RMGI, p. 219.

Roger Martin du Gard, [fin juillet 1923], RMGI p. 228.

Roger Martin du Gard, [1924], RMGI, p. 254.

Roger Martin du Gard, 19.II. [24]. RMGI. p. 242.

Charles Du Bos. 21.III.24, BOS, p. 66.

Roger Martin du Gard, 8.VII.26, RMGI, p.295.

BATANGAFO

Gouverneur général intérimaire de l'A.E.F. 6.XI.25, 57, p. 245.

BATAVIA

*Paul Valéry, [juillet 1894], VAL, p. 207.

BATNA

Paul Valéry, II.IV.99, VAL p. 344.

BATOUM

Roger Martin du Gard, 22.VII.36, RMGII, p. 75.

BAUX

Paul Valéry, [5 juin 1891], VAL. p. 90.

*Paul Valéry,[C.P. 11 juin 1891], VAL, p. 92.

BAVELLO

René Schwob, 4.XII.23, 188, p. 99.

BAVIÈRE

Paul Valéry, [C.P. 13.III. 92], VAL. p. 152.

BAYREUTH

Albert Mockel, [Juillet 1894], 349, p. 17.

BEAUJON

Roger Martin du Gard, I. VII.27, RMGI, p. 313.

BEAUNE

Roger Martin du Gard, 23.X.49, RMGII, p. 463.

BEAURIVAGE

*Roger Martin du Gard, 14.IV.40, RMGII p. 198.

BELFORT

Edmund Gosse, 3. VII. 16, GOS, p. 131.

BELGIQUE

Paul Valéry, 29.VI.91, VAL, p. 106.
*Mme Paul Gide, 31.V.94, 237, p. 49.
X..., [1912], 302, p. 33.
Mme Emile Mayrisch, 6.IX.20, 236, p. 100.
Mme Emile Mayrisch, 2.V.21, 236. p. 104.
Mme Emile Mayrisch, 20. V. 21, 236. p. 104.
Willy Schuermans, 4.XII.23, SCHU. p. 46.
Willy Schuermans, 3.VII.24, SCHU, p. 49.
Roger Martin du Gard, 31.V.28, RMGI, p. 348.
Roger Martin du Gard, 17.II.32, RMGI, p.504.
Igor Stravinsky, 8.VIII.33, 265. p. 188.
Roger Martin du Gard, 16.II.35, RMGII. p. 15
Paul Dresse de Lébioles, 23.I.36, 349. p. 113.
*Alain Bosquet, 31.XII.39, 320, p. 63.
*Roger Martin du Gard, 26.V.40, RMGII. p. 207
*Georges Simenon, 28.V.40, 327, p. 34.

Roger Martin du Gard, 14.IX.40, RMGII. p. 220
Georges Simenon, 3.IX.46, 327, p. 40.

BELLE-ISLE

Paul Valéry, [C.P. 12.VII.92], VAL, p. 165.
Mme Paul Gide, [août 1892], 237, p. 178.
Paul Valéry, [août 1892], VAL, p. 169.

BELLÊME

Roger Martin du Gard, Octobre [1930], RMGI p. 419.
Roger Martin du Gard, 27.V.37, RMGII, p.106.

BELHÉNIL

Mme Paul Gide [juin-juillet] 90, 232, pp. 459-460.

BEMBIBRE

Roger Martin du Gard, 19.III.35, RMGII, p. 22.

BERLIN

*Marcel Drouin, 25.XII.[95], 163, p. 74 et p. 76.
Marcel Drouin, [fin 1895] 186. p. 382.
Christian Beck, 6.IX.03, 164, p. 399.
Paul Claudel, 25.IX.05. CLA, p. 50.
Mme Förster-Nietzsche [1907], 290a, p. 136.
Emile Haguenim, 23.X.07, 358, p. 198 et p. 200.
Paul Claudel, 24.X.07, CLA, p. 77.
Paul Claudel, 17.I.08, CLA, p. 80
Francis Viélé-Griffin, 6.I.10, 240, p. 116.
Rainer Maria Rilke, 23.III, 14, RIL, p. 107.
Rainer Maria Rilke, 24.III.14, RIL, p. 107.
Roger Martin du Gard, [août 20], RMGI, p. 156.
Mme Emile Mayrisch, 2.V.21, 236, p. 103.
Walter Rathenau, 25.VI.21, 53.
Arnold Bennett, 9.V.22, BEN, p. 115.
Roger Martin du Gard, 11.I.28, RMGI, p. 325.
* Roger Martin du Gard, 3.II.28, RMGI. p. 326.
Charles Du Bos, 20.II.28, BOS, p. 129.

Jacques de Lacretelle, 9.III.28, 254, p. 4.

Jean Guéhenno, [novembre 1929], 61, p.588.

Roger Martin du Gard, [6], V.30, RMGI, p. 396.

Roger Martin du Gard, 25.V.30, RMGI. p. 396.

Roger Martin du Gard, 25.VII.30, RMGI, p. 410 et p. 411, p. 413.

*Arnold Bennett, 28.VII.30, BEN. p. 185.

Roger Martin du Gard, 29.IX.30, RMGI, p. 418.

Roger Martin du Gard, 13.VI.31, RMGI, p. 476.

*Roger Martin du Gard, 14.VII.31, RMGI, p. 477.

Roger Martin du Gard, 29.III.32, RMGI, p. 516.

Roger Martin du Gard, 25.V.32, RMGI, pp. 521-522.

*Roger Martin du Gard, 14.VIII.32, RMGI p. 535.

Roger Martin du Gard, I.X.32, RMGI, p. 539.

Roger Martin du Gard, 4.X.32, RMGI, p. 540.

*René Schwob, 17.X.32, 188, p. 114.

Marcel Jouhandeau, 3.XI.32, JOU, p. 35.

Eugène Dabit, 26.XI.32, 214, p. 43.

Igor Stravinsky, 20.I.33, 265, p. 186.

André Rouveyre, 11.I.34, ROU, p. 147.
...X, 29.I.14, 107, p. 202.

*Rédacteur en chef de Comoedia. 24.III.34, 101, p. 48.

Roger Martin du Gard, 14.VI.36, RMGII, p. 74.

Roger Martin du Gard, 12.VI.47, RMGII, p. 370.

BERNE

Mme Paul Gide, 29.VI.94, 237, p. 336.

BERNEVAL

Kelver Hartley, I.XI.34, 118, p. 277.

BEUZEVILLE

Paul Valéry, [C.P. juillet 1898], VAL, p. 319.

Paul Valéry, [C.P. 27.VII.98], VAL, p. 327.

Raymond Bonheur, 3.VI.03, BON, p. 79.

BEX

Roger Martin du Gard, 12.IX.35, RMGII, p. 47.

C.F. Ramuz, 20.I.37, 352, p. 296.

BEYROUTH

Roger Martin du Gard, 28.III.46, RMGII, p. 342.

Georges Simenon, 3.IX.46, 327, p. 40.

Roger Martin du Gard, 13.III.47, RMGII, p. 364.

Claude Mauriac, 3.X.47, 197, p. 282.

BIARRITZ

Francis Jammes, [avril 1899], JAM, p. 151.

Francis Vielé-Griffin, [septembre 1902], 240 p. 112.

Raymond Bonheur [juin ? 1903], BON, p. 79.

Bibliothèque nationale

Octave Maus, 2.IV. 1900, 41, p. 252.

BISKRA

Albert Demarest, [12 et 14.XI.93], 237, pp.291-292.

Mme Paul Gide, 14.XI.93, 237, pp. 290-291.

Paul Valéry, [27.XI.93], VAL, pp. 191-192.

*Paul Valéry, [décembre 1893], VAL, p. 194.

Pierre Louys, I.II.94, 237, p. 301.

Mme Paul Gide, 22.IV.94, 237, p. 317.

*Mme Paul Gide, 25.IV.94, 237, p. 323.

Albert Mockel, [juillet 1894], 349, p. 17.

Paul Valéry, 16.VII.94, VAL, p. 210.

Paul-Albert Laurens, 20.VII.94, 237, p. 346.
*
Athman, 20.VII.94, 237, pp. 346-347.

*Mme Paul Gide, 31.VIII,94, 237, p. 356.

*Mme Paul Gide, [2.X.94], 359, p. 152.

*Mme Paul Gide, 17.X.94, 337, p. 373.

Mme Paul Gide, 22.XI.94, 359, p. XXXVIII.

*Paul Valéry, [C.P. 27.I.95], VAL, p. 231.

Mme Paul Gide, 28.I.95, 237, p. 448.

Mme Paul Gide, 30.I.95, 237, p. 452.

*Paul-Albert Laurens, [février 1895], 348, p. 60.

Mme Paul Gide, 2.II.95. 237, p. 458 et p. 460.

Mme Paul Gide, 8.II.95, 237, p. 460.

*Mme Paul Gide, 19.II.95, 237, p. 466.

Mme Paul Gide, 25.II.95, 237, p. 468.

*Pierre Louÿs, [10.III.95], 348, p. 57.

Mme Paul Gide, 14.III.95, 237, p. 471.

*Francis Jammes, 21.II.96, JAM, p. 65.

Francis Jammes, [fin de février 1896], JAM, p. 67.

Paul Valéry, 25.III. [96], VAL, p. 261.

*Francis Jammes, [début de mai 1896], JAM, p. p.72.

Francis Jammes, 2.VIII.96, JAM, p. 80.

Paul Valéry, 7.I.98, VAL, p. 302.

Edouard Ducoté, [février 1900], 282, p. 1147.

Marcel Drouin, 30.XII.1900, 348, p. 99.

*Christian Beck, 18.XI.06, 165, p. 617.

Rainer Maria Rilke, 29.XI.10, RIL, pp. 50-51

*Francis Jammes, 24.IV.23, JAM, p. 364.

Roger Martin du Gard, 14.III.45, RMGII, p. 316.

*Roger Martin du Gard, 5.IV.45, RMGII, p. 317.

Simone Marye, 17.IV.45, MAR, p. 39.

BIZERTE

Paul Valéry, 26.XII. [1900], VAL, p. 378.

BLANCHE-COURONNE

Jose-Maria de Heredia, [septembre 1892], 246, p. 176.

BLIDAH

Mme Paul Gide, 24.I.95, 237, p. 439.

*Mme Paul Gide, 25.I.95, 237, p. 446.

Mme Paul Gide, 30.I.95, 237, p. 451

Mme Paul Gide, 2.II.95, 237, p. 458.

*X..., 3.IV.95, 237, p. 484.

*Christian Beck, 18.XI.06, 165, p. 617.

Valery Larbaud, 30.VII.[08], 169, p. 121.

*Rainer Maria Rilke, 29.XI.10, RIL, p. 50.

BODA

*Gouverneur général intérimaire de l'A.E.F., 6.XI.25, 57, p. pp. 240-241 et pp. 245-246.

BODEMBÉRÉ

Gouverneur général intérimaire de l'A.E.F. 6.XI.25, 57, p. 241.

BODINIÈRE (La)

Francis Jammes, 16.III.97, JAM, p. 104.

BOHÊME

Rainer Maria Rilke, 11.VII. [21], RIL, p. 165.

BOIS DE BOULOGNE

Francis Jammes, 5.IV.08, JAM, p. 251.

BOISSY-LA-RIVIÈRE

Roger Martin du Gard, 25.VI.34, RMGI, p. 621.

BOLOGNE

*Paul Valéry, [C.P. 15.XII.95], VAL, p. 254.

*Jacques de Lacretelle, 9.III.28, 254, p. 4.

BONE

Francis Jammes [avril 1899], JAM, p. 150.

BONN

Roger Martin du Gard, [6] V.30, RMGI, p. 396.

Roger Martin du Gard, 25.V.32. RMGI, p. 522.

BORDEAUX

Raymond Bonheur, 7.X.03, BON, p. 84.

Paul Valéry, 20.I.17, VAL. p. 445

Roger Martin du Gard, [novembre 1923], RMGI, p.230.

Charles Du Bos, [1925], BOS, p. 89.

Arnold Bennett, 8.VIII.25, BEN, p. 150.

Roger Martin du Gard, 30.VIII.25, RMGI, p. 273.

Roger Martin du Gard, 23.X.37, RMGII, p. 119.
François Mauriac, 22.VI.39, MAU, p. 91.
Roger Martin du Gard, 28.VII.39, RMGII, p. 181.
*François Mauriac, 3.VII.40, MAU, p. 99.

Borghèse
   Voir : Palais Borghèse

BORINAGE
   ...X, 10.XII.36, 129.
   *Louis Gérin, 27.VI.37, 349, p. 118.

BORMES
   Mme Emile Mayrisch, 10.II.21, 236, p. 101.
   Roger Martin du Gard, 30.III.34, RMGI, p. 610.
   Roger Martin du Gard, 14.I.35, RMGII, p. 10.

BOSOUM
   Gouverneur général intérimaire de l'A.E.F., 6.XI.25, 57, p. 245.

Boulevard de Cimiez
   Roger Martin du Gard, 30.III.34, RMGI, p. 610.
   Claude Mauriac, 14.VIII.40, 197, p. 251.
   Roger Martin du Gard, 9.II.42, RMGII, p. 241.

Boulevard de Grenelle
   Marcel Jouhandeau, 30.XII.26, JOU, p. 22.

Boulevard Raspail
   Raymond Bonheur, 15.XI.98, BON, p. 45.
   Raymond Bonheur [8.V.02], BON, p. 69.
   Rainer Maria Rilke, 2.VI.23, RIL, p. 215.
   Roger Martin du Gard, 26.V.40, RMGII, p. 207.

Boulevard Saint-Michel
   Rainer Maria Rilke, 15.XII.23, RIL, p. 229.

Boulevard Suchet
   Simone Marye, 20.VI.46, MAR, p. 41.

BOURBOULE
   Mme Emile Mayrisch, 2.V.21, 236, p. 104.

Bourget (Aéroport)
   Roger Martin du Gard, 25.III.34, RMGI, p. 608.
   Eugène Dabit, 12.V.36, 214, p. 21.
   Roger Martin du Gard, 14.VI.36, RMGII, p. 74.
   Roger Martin du Gard, 12.V.45, RMGII, p. 323.

Braffy
   Roger Martin du Gard, 29.IX.30, RMGI, p. 413.
   Roger Martin du Gard, 26.IX.38, RMGII, p. 150.
   *Roger Martin du Gard, 2.X.38, RMGII, p. 153.
   Roger Martin du Gard, 19.IX.39, RMGII, p. 188.
   *Roger Martin du Gard, 21.IX.44, RMGII, p. 280.

Brandenburgische str.
   Roger Martin du Gard, 25.VII.30, RMGI, p. 410.

BRAY
   Raymond Bonheur, 2.I.10, BON, p. 102.

BRAZZAVILLE
   Arnold Bennett, 20.VIII.25, BEN, p. 153.
   Roger Martin du Gard, 30.VIII.25, RMGI, p. 273.
   Charles Du Bos, 30.VIII.25, BOS, p. 90.
   Roger Martin du Gard, 8.VII.26, RMGI, p. 295.

BRÉAUTÉ-BEUZEVILLE
   Charles Du Bos, [1924], BOS, p. 75.

BREST
   Paul Fort, 12.XII. [03], 116.

BRETAGNE

*Mme Paul Gide, 31.V.90, 232, p. 449.

Paul Valéry, [9.IX.91], VAL, p. 123.

Paul Valéry, [septembre 1891], VAL, p. 129.

Paul Valéry, [C.P. 12.VII.92], VAL, p. 165.

Maurice Denis [août 1892], 238, p. 105.

Paul Valéry, [août 1892], VAL, p. 169.

Jose-Maria de Hérédia, [septembre 1892], 246, p. 176.

Paul Valéry, [septembre 1892], VAL, p. 172

Paul Valéry, [24.VIII.93], VAL, p. 184.

Mme Paul Gide, [2.X.94.], 359, p. 150.

Max Elskamp, 3.II.96, 349, p. 26.

Francis Jammes [fin d'août 1906], JAM, p. 242.

Raymond Bonheur, 27.VIII.06, BON, p. 95.

Paul Claudel, 7.XI.06, CLA, p. 68.

BREVINE

*Mme Paul Gide, 23.IX.94, 237, p. 362.

*Mme Paul Gide, [2.X.94], 359, pp. 146-154.

*Mme Paul Gide, 18.X.94, 237, p. 380.

*Mme Paul Gide, 26.X.94. 237, p. 382

*Mme Paul Gide, 8.XI.94, 237, pp. 382-383.

*Mme Paul Gide, 20.XI.94, 237, p. 383.

*Mme Paul Gide, 3.XII.94. 237, p. 383.

*Mme Paul Gide, 6.XII.94. 359, p. XXXVIII.

*Mme Paul Gide, 11.XII.94, 237, p. 384.

Mme Paul Gide, 14.III.95, 237, p. 472.

BRIANÇON

Roger Martin du Gard, 29.IX.30, RMGI, p. 418.

BRIGNOLES

Charles Du Bos [1921], BOS, p. 32.

Roger Martin du Gard, 19.II.[24], RMGI, p. 243.

Marcel Jouhandeau, 3.II.25, JOU, p. 17.

Roger Martin du Gard, 18.X.25, RMGI, p. 279.

BRISTOL

Arnold Bennett, [24.II.27], BEN, p. 156.

BROUSSE

Paul Valéry, [6.VIII.94], VAL, p. 212.

Edmund Gosse, 29.VI.13, GOS, p. 102.

Edmund Gosse, 8.I.14, GOS, p. 107.

RenéSchwob, 6.II.23, 188, p. 97.

BRUGES

*Mme Paul Gide, 20.VIII.94, 237, p. 354.

Emile Verhaeren, 27.VI.[10], VER, p. 72.

Paul Claudel, [février 1911], CLA, p. 165.

Rainer Maria Rilke [fin mai 1911], RIL, p. 58.

Dorothy Bussy, [1919], 281, p. 17.

Jacques Doucet, 3.II.19, 367, p. 4.

Jacques Doucet, 13.XI.19, 367, p.4.

Jacques Doucet, 18.XI.19, 367, p. 6.

Paul Valéry, 7.I.20, VAL, p. 477.

Paul Valéry, 3.III.20, 367, p. 7.

Willy Schuermans, 29. XII.21, SCHU, p. 32

Willy Schuermans, 30. I.22, SCHU, p. 34.

BRUXELLES

Paul Valéry,14 et 15.VII [91], VAL, p. 112.

Saint-Georges de Bouhélier, [1897], 141,

Paul Valéry, [C.P. décembre 1899], VAL, p. 367.

Christian Beck, 18.II.1900, 164, p. 393.

Octave Maus, 2.IV. 1900, 41, p. 252.

Maurice Denis, [avril 1901] 238, p. 169.

Raymond Bonheur, [8.III.04], BON, p. 86.

Emile Verhaeren, 27.VI.[10], VER, p. 72.

Willy Schuermans, 2. II.21, SCHU, p. 14.

Willy Schuermans, 13.V. [21], SCHU, p. 16.

Jean Vanden Eeckhoudt, 6.VI. [21], 349, p. 87.

Roger Martin du Gard, [15], VII. 21, RMGI, p. 166.

Roger Martin du Gard, 19.VII. [21], RMGI, p. 169.

Willy Schuermans, 19.VIII. [21], SCHU, p. 18.

Willy Schuermans, 2.IX.21 SCHU, p. 21.
Willy Schuermans, 29.XII.21, SCHU, p. 32.
Willy Schuermans, 9.I.22, SCHU, p. 33.
Roger Martin du Gard, [février 1922], RMGI, p.181.
Willy Schuermans, [7.II.22], SCHU, p. 35.
Willy Schuermans, 21.II.22, SCHU, p. 36.
Willy Schuermans, I.IV.22, SCHU. p. 37.
Willy Schuermans, 7.IV.22, SCHU. p. 38.
Willy Schuermans, 28.X.22. SCHU. p. 41.
Willy Schuermans, 14. XII. [22], SCHU, p. 44.
Roger Martin du Gard, 21.VII.24, RMGI, p. 250.
Eugène Dabit, 6.XI.27, 214, p. 30.
Willy Schuermans, 4.VI.28, SCHU. p. 58.
Willy Schuermans, 13.VIII.28, SCHU. p. 60.
Roger Martin du Gard, 29.X.29, RMGI, p. 378.
Georges Pitoeff, 22.XII.31, 249, p. 131.
*Roger Martin du Gard, [février 1932], RMGI, pp. 503-504.
Roger Martin du Gard, 23.X.37, RMGII, p. 119.
Roger Martin du Gard, 26.V.40, RMGII, p. 207.
*Georges Simenon, 3.IX.46, 327, p. 40.
*Roger Martin du Gard, 15.XI.46, RMGII, p. 356.
Maurice Lime, 14.IV.47, 205, p. 160.
Mitsuo Nakamura, 2.I.51, 185, p. 397.

BUDAPEST

Roger Martin du Gard, 6.III.49, RMGII, p. 446.
Roger Martin du Gard, 21.III.49, RMGII, p. 450.

CABRIS

René Schwob, 14.III.31, 188, p. 108.
Roger Martin du Gard, 30.III.34, RMGI, p. 610.
Roger Martin du Gard, 23.VIII.34, RMGI, p. 629.
Roger Martin du Gard, 28.IV.35, RMGII, p. 25.
*Roger Martin du Gard, 12.IX.35, RMGII, p. 47.
Roger Martin du Gard, 8.X.35, RMGII, p. 51.
Maurice Lime, 11.II.37, 205. p. 115.
Roger Martin du Gard, 18.II.37, RMGII, p. 93.

Roger Martin du Gard, 16.I.39, RMGII, p. 158.
Roger Martin du Gard, 28.VII.39, RMGII, p. 181.
Roger Martin du Gard, 19.IX.39, RMGII, p. 187.
Henri Thomas, 4.XII. [39], 234, p. 367.
Roger Martin du Gard. 13.II.40, RMGII, p. 194.
*Roger Martin du Gard, 7.V.40, RMGII, p. 204.
*Roger Martin du Gard, 26.V.40, RMGII, pp. 207-208.
*Roger Martin du Gard, 7.VI.40, RMGII, p. 208.
Roger Martin du Gard, 14.VI.40, RMGII, p. 210.
*Claude Mauriac, 13.VII.40, 197, p. 251.
Roger Martin du Gard, 16.VII.40, RMGII, pp. 211-212.
*Roger Martin du Gard, 23.VII.40. RMGII, pp. 212-213.
Roger Martin du Gard, [août 1940] RMGII, p. 214.
*Claude Mauriac, 14.VIII.40, 197, p. 251.
Roger Martin du Gard, 14.IX.40, RMGII, p. 220.
André Rouveyre, 17.I.41, ROU, p. 155.
Roger Martin du Gard, 7.II.41, RMGII, p. 232.
René Schwob, 25.II.41, 188, p. 119.
André Rouveyre, 27.IV.41, ROU, p. 155.
*Claude Mauriac, 11.VII.41, 197, p. 253.
Claude Mauriac, 28.VII.41, 197, p. 254.
Paul Valéry 15.VIII.41, VAL, p. 522.
Paul Valéry 10.IX.41, VAL, p. 525.
Roger Martin du Gard, 18.IX.41, RMGII, p. 238.
Marie Delcourt, 6.VII.45., 349, p. 123.
Roger Martin du Gard, 7.VIII.46, RMGII, p. 346.
Roger Martin du Gard, 18.VIII.47, RMGII, p. 377.
Roger Martin du Gard, 22.VI.48, RMGII, p. 413.
Roger Martin du Gard, 11.IX.48, RMGII, p. 425.
Roger Martin du Gard, 19.X.48, RMGII, p. 429.
Roger Martin du Gard, 26.VIII.49, RMGII, p. 460.
Roger Martin du Gard, 23.V.50. RMGII, p. 487.
Roger Martin du Gard, 7.IX.50, RMGII, p. 497.
Roger Martin du Gard, 13.IX.50, RMGII, p. 498.

Cadogan Square
   Arnold Bennett, 18.V.24, BEN, p. 144.

CAEN
   Marcel Drouin, 27.VI.01, 217, p. 414.
   Marcelle Schveitzer, 9.XI.46, 369, p. 154.

CAIRE
   *Mme Paul Gide, 17.VI.94, 237, p. 329.
   *Paul Valéry, [juillet 1894], VAL, p. 207.
   *Paul Valéry [19.VI.94], 163, p. 70.
   Francis Jammes, I.XII.97, JAM, p. 130.
   Paul Valéry, 7.1.98, VAL, p. 302.
   Roger Martin du Gard, 24.II.39, RMGII, p. 163.
   *Simone Marye, 17.IV.45, MAR, p. 40.
   XXe siècle, [février 1946], 152.
   *Roger Martin du Gard, 8.II.46. RMGII, p. 337.
   Roger Martin du Gard, 28.III.46, RMGII, p. 342.
   Roger Martin du Gard, 13.IV.46, RMGII, p. 343.
   Simone Marye, 3.XII.46, MAR, p. 46.
   Roger Martin du Gard, 13.III.47, RMGII, p. 364.

CALCUTTA
   *Paul Claudel, 20.VI.07, CLA, p. 76.

CALVADOS
   Mme Paul Gide, 15.IX.94, 237, p. 359.

CALVI
   Arnold Bennett, 14.IX.30, BEN, p. 190.
   Roger Martin du Gard, 14.VIII.32, RMGI, p. 535.

CAM
   Arnold Bennett, 16.VII.18, BEN, p. 94.

CAMARET
   Paul Valéry [C.P. 12.VII.92], VAL, p. 165.

CAMARGUE
   Paul Valéry, [C.P. 12 mai 1891], VAL, p. 85.

CAMBO
   Francis Jammes, 14.X.04, JAM, p. 216.

CAMBRIDGE
   Edmund Gosse, 10.VI.18, GOS, p. 155.
   Arnold Bennett, 21.VI.18, BEN, p. 91.
   *Arnold Bennett, 16.VII.18, BEN, pp. 93-94.
   *Edmund Gosse, 31.VII.18, GOS, pp. 157-158.
   *Edmund Gosse, 25.VIII.18, GOS, p. 161.
   Edmund Gosse, 30.VIII.18, GOS, p. 162.

CAMEROUN
   *Edmund Gosse, 27.VII.26, GOS, p. 179.
   Roger Martin du Gard, 26.XI.30, RMGI, p. 425.

Camp de Gurs
   *Claude Mauriac, 19.XII.39, 197, p. 238.
   *Claude Mauriac, 11.III.40, 197, p. 240.
   Roger Martin du Gard, 16.VII.40, RMGII, p. 212.

Camp des Milles
   *Claude Mauriac, 12.III.40, 197, p. 241.

CAMPO SANTO
   *Mme Paul Gide, 27.VI.94, 237, p. 331.
   *Marcel Drouin, [fin 1895], 186, pp. 381-382.

CANADA
   Georges Simenon, 6.VII.45, 327, p. 38.
   Roger Martin du Gard, 8.II.46, RMGII, p. 338.
   Roger Martin du Gard, 28.III.46, RMGII, p. 343.

CANNES
   Mme Paul Gide, 22.XI.94, 237, p. 395.

Paul Valéry 12.I.93, VAL, p. 306.

André Calas, 13.XII.40, 305, p. 413.

*André Rouveyre, 13.XII.40, ROU, p. 154.

*André Rouveyre, 17.I.41, ROU, p. 155.

CANTAL

Claude Mauriac, 14.VIII.40, 197, p. 253.

CAP BRETON

Georges Pitoeff, 26.VII.22, 249, p. 65.

CAP D'ANTIBES

Roger Martin du Gard, 16.VII.40, RMGII, p. 212.

XXe siècle, [février 1946], 132.

Capel House

Joseph Conrad, 13.VIII.12 305, p. 152.

Capitole

Marcel Drouin, 26.III.93, 186, p. 385.

CAPRI

Paul Valéry, [C.P.3.X.95], VAL, p. 248.

Christian Beck, 12.X.08, 165, p. 627.

Christian Beck, [1911 ou 1912], 165, p. 635.

René Schwob, 4.XII.23, 188, p. 99.

CAPVERN

Roger Martin du Gard, 26.V.40, RMGII, p. 208.

Roger Martin du Gard, 7.VI.40, RMGII, p. 208.

Roger Martin du Gard, 16.VII.40, RMGII, p. 212.

Caracalla (Thermes de)

*Marcel Drouin, 10.V.94, 163, p. 67.

*Marcel Drouin, 16.III.93, 211, p. 411

Marcel Drouin, 26.III.93, 186, p. 388.

CARANTEC

Paul Valéry, 16.I.18, VAL, p. 462.

CARCASSONNE

Roger Martin du Gard, 23.VII.23, RMGI, p. 226.

Roger Martin du Gard, [novembre 1923] RMGI, p.230.

Roger Martin du Gard, 25.VI.34, RMGI, p. 621.

Roger Martin du Gard, 16.VII.40, RMGII, p. 211.

Roger Martin du Gard, 23.VII.40, RMGII, p. 213.

CARCUAYROLLES

*Joe Bousquet, 7.X.45, 299.

CARÉLIE

Roger Martin du Gard, 22.VII.36, RMGII, p. 75.

CARLSBAD

Rainer Maria Rilke, 11.VII.[21], RIL, p. 165.

CARNARVONSH

Edmund Gosse, 23.VIII.20, GOS, p. 166.

CARNOT

Gouverneur général intérimaire de l'A.E.F., 6.XI.25, 57, pp. 241 et 245.

CAROLINE DU SUD

Voir : SOUTH CAROLINA

CARTHAGE

Mme Paul Gide, 27.X.93, 237, p. 288.

Mme Paul Gide, 25.II.95, 237, p. 468.

CARTHAGÈNE

Francis Jammes, [avril 1899], JAM, pp. 150-151.

Raymond Bonheur, 7.X.03, BON, p. 84.

CASAMANCE

Roger Martin du Gard, 8.III.37, RMGII, p. 97.

Casa Tamaro

Maurice Lime, 14.IV.47, 205, p. 160.

CASCINE

Marcel Drouin, 25.XII.[95], 163, p. 74.

CASSIS

Eugene Dabit, 12.IX.30, 214, p. 40.
Roger Martin du Gard, 7.VII.32 RMGI, p. 528.
Roger Martin du Gard, 13.VII.32, RMGI, p. 530.
Roger Martin du Gard, 4.II.33, RMGI, p. 545.
Roger Martin du Gard, 8.X.33, RMGI, p. 581.
Roger Martin du Gard, 14.X.33, RMGI, p. 582.
Roger Martin du Gard, 10.II.34, RMGI, p. 596.
Roger Martin du Gard, 19.III.35, RMGII, p. 21.
Roger Martin du Gard, 29.X.41, RMGII, p. 240.

CATANE

*Roger Martin du Gard, 15.II.34, RMGI, p. 598.

CAUCASE

*Roger Martin du Gard, 19.IV.40. RMGII, p. 202.

CAUTERETS

Francis Viélé-Griffin, [septembre 1902], 240, p. 112.
Raymond Bonheur [juin ? 1903], BON, p. 79.
*Mme Emile Mayrisch, 2.V.21, 236, p. 104.

CAUX

André Ruyters, 16.IX.14, 139, p. 489.
Paul Valéry, 4.X.14, VAL, p. 443.
*Roger Martin du Gard, 23.XII.36, RMGII, p. 87.
C.F. Ramuz, 20.I.37, 352, p. 296.

Roger Martin du Gard, 24.VIII.37, RMGII, p. 115.

Cecilia Metella (Tombeau de)

Marcel Drouin, 26.III.98, 186, p. 388.

CELLE SAINT-CLOUD

Charles du Bos, 23.VII.21, BOS, p. 34.
Charles du Bos, [février 1923], BOS, p. 52.

CÉRILLY

Francis Jammes [décembre 1909], JAM, p. 266.
Francis Jammes [Noël 1909], JAM, p. 266.
Paul Claudel, [Noël 1909], CLA, p. 112.
Francis Jammes, [28.XII.09], JAM, p. 268.
Raymond Bonheur, 2.I.10, BON, p. 102.
Christian Beck, 29.I.10, 165, p. 631.
Charles Péguy, 8.XI.10. PEG, p. 25.

CERISY

*Roger Martin du Gard, 17.X.44, RMGII, p. 282.

CHALLES

Roger Martin du Gard, 25.VII.30, RMGI, p. 410.
André Rouveyre, 4 ou 5.IX.31, ROU, p. 133.
André Rouveyre, 21.IV.32, ROU, p. 139.
*François Mauriac, 22.VII.39, MAU, pp. 93-94.
*André Rouveyre, 4.II.40, ROU, p. 151.

CHALONS

Charles du Bos, 15.III.28, BOS. p. 133.

CHAMBÉRY

Mme Paul Gide, 28.III.90, 232, pp. 447-448.
Jean Giono, 18.VII.35, 192, p. 215.

CHAMPEL

Mme Paul Gide, 27.VI.94, 237, p. 333.

Mme Paul Gide, 29.VI.94, 237, p. 336.
Jeanne Rondeaux, [juillet 1894], 237, p. 338.
Mme Paul Gide, 4.VII.94, 237, p. 337.

Champs-Elysées
Voir : Avenue des Champs-Elysées
Voir: Théâtre des Champs Elysées.

CHANTEGRILLET
Madeleine Gide, 6.VIII.03, **338**, p. 73.

CHARENTON
Mme Paul Gide, 22.V.94, 237, p. 318.
Mme Paul Gide, 6.VII.94, 237, p. 340.

CHARI
Roger Martin du Gard, 2.XI.24, RMGI, p. 254.
Arnold Bennett, 19.II.25, BEN, p. 147.
Roger Martin du Gard, 18.X.25, RMGI, p. 279.

Charing Cross Hôtel
Edmund Gosse, [décembre 1912], GOS, p. 37.

CHARTRES
Roger Martin du Gard, [juin 1925], RMGI, p. 270.
Roger Martin du Gard, 11.VI.26, RMGI, p. 289.

CHASLES
*Roger Martin du Gard, 10.VI.39, RMGII, p. 169.

CHATEAUROUX
Roger Martin du Gard, 23.VII.40, RMGII, p. 213.

Château Suffren
Roger Martin du Gard, 18.I.41, RMGII, p. 228.

CHÂTEL-GUYON
Roger Martin du Gard, 19.I.49, RMGII, p. 435.

Chat-Noir [Cabaret de Montmartre]
Paul Valéry, [28.XI.91], VAL, p. 139.

CHERBOURG
Paul Valéry, [mai 1895], VAL, p. 240.
Paul Valéry [20.VI.95], VAL, p. 242.
Edmund Gosse, 11.VI.12, GOS, p. 77.

CHETMA
Mme Paul Gide, 25.II.95, 237, p. 469.
Rainer Maria Rilke, 29.XI.10, RIL, p. 51.

CHEVREUSE
Raymond Bonheur, 20.IX.98, BON, p. 43.

CHIAVARI
Paul Valéry 10.III.08, VAL, p. 415.

CHINE
André Fontainas, 28.IV.97, 349, p. 28.
Paul Valéry, 19.VII.[12], VAL, p. 425.

CHITRÉ (Château de)
Roger Martin du Gard, 14.VIII.32, RMGI. p. 535.
Roger Martin du Gard, 28.VII.39, RMGII, p. 181.
Claude Mauriac, 16.IX.39, 197, p. 235.
Roger Martin du Gard, 19.IX.39, RMGII, p. 187.

CHIUSI
Willy Schuermans, 10.XI.21, SCHU, p. 27.

CHOTT
Francis Jammes, 18.VIII.96, JAM, p. 81.
Edouard Ducoté, [février 1900], 282, p. 1145.

Christ's College
Edmund Gosse, 31.VII.18, GOS, p. 157.

Cimiez

Voir : Boulevard de Cimiez

Cintra

Roger Martin du Gard, 5.IV.34, RMGI, p. 611.

Cité du Grand Palais

Claude Mauriac, 14.VIII.40, 197, p. 251.

CLAIRAC

Roger Martin du Gard, 16.VII.40, RMGII, p. 212.
Claude Mauriac, 14.VIII.40, 197, p. 251.

CLERMONT

Roger Martin du Gard, [décembre 1920], RMGI, p.162
Roger Martin du Gard, 26.XII.22, RMGI, p. 204.
Roger Martin du Gard, 14.II.23, RMGI, p. 208.
Roger Martin du Gard, 27.IV.23, RMGI, pp. 218-219.
Roger Martin du Gard, [novembre 1923], RMGI, p.231
Roger Martin du Gard, I.VII.27, RMGI, p. 312.

CLERMONT-FERRAND

Roger Martin du Gard, 25.VI.34, RMGI, p. 621.

CLICHY

*Maurice Lime, 28.VII.37, 205, p. 120.

CLUNY (Musée de)

Paul Valéry, [septembre 1891], VAL. p. 129.
Mme Paul Gide, 18.V.92, 237, p. 155.

COIMBRA

Paul Valéry, [22.VIII.41], VAL, p. 524.

COLISÉE

*Mme Paul Gide, 30.IV.94, 237, pp. 322-323.
Marcel Drouin, 26.III.98, 186, p. 388.

Collège de France

Paul Valéry 21.VIII.41, VAL, p. 524.
Roger Martin du Gard, 28.I.48, RMGII, p. 395.
Roger Martin du Gard, 30.III.48, RMGII, p. 403.

COLOGNE

Paul Valéry, 29.VI.91, VAL, p. 106.
Roger Martin du Gard, 28.I.32, RMGI, p. 493.
Roger Martin du Gard, 25.V.32, RMGI, p. 522.

COLPACH

Paul Valéry, 7.I.20, VAL, p. 477.
Mme Emile Mayrisch, 6.IX.20, 236, p. 100.
Paul Valéry, 16.IX.20, VAL, pp. 480-481.
Mme Emile Mayrisch, 10.II.21, 236, p. 100.
Mme Emile Mayrisch, 2.V.21, 236, p. 104.
Mme Emile Mayrisch, 20.V.21, 236, p. 104.
Walter Rathenau, 25.VI.21, 53, p. 305.
Roger Martin du Gard, 20.VIII.21, RMGI, p. 171.
Roger Martin du Gard, 31.V.28, RMGI, p. 348.
Roger Martin du Gard, 25.VII.30, RMGI, p. 415.

COMARQUES

Arnold Bennett, 2.III. 14, BEN, p. 72.
Arnold Bennett, 17.IX.[14]. BEN, p. 78.
Arnold Bennett, 16.I.16, BEN, p. 83.
Arnold Bennett, 21.VI.18, BEN, p. 91.
Arnold Bennett, 21.VII.18, BEN, p. 96.
Arnold Bennett, 24.VIII.20, BEN, p. 99.
Arnold Bennett, 31.VIII.20, BEN, p. 101.
Arnold Bennett, 26.XII.22, BEN, p. 118.

CÔME

Mme Paul Gide, [13 ou 14.IX.94], 237, p. 359.
*Mme Paul Gide, 23.I.95, 237, p. 437.
*Mme Paul Gide, 15.IX.94, 237, p. 360.

Comédie Française

Roger Martin du Gard, 20.IX.45, RMGII, p. 331.

CONAKRY

*Roger Martin du Gard, [juillet-août 1925], RMGI, p.272.

*Arnold Bennett, 3.VIII.25, BEN, p. 150.

CONGO

Arthur Fontaine, Janvier 1899, 199, p. 3.
Paul Valéry, 9. VIII. [24]. VAL, p. 497.
René Schwob, 13.XII.24, 188, p. 100.
Jacques-Emile Blanche, 28.I.25, 239, p. 760.
Arnold Bennett, 19.II.25, BEN, p. 146.
Willy Schuermans, 2.IV.25, SCHU, p. 54.
Roger Martin du Gard, 3.VI.26, RMGI, p. 264.
*Roger Martin du Gard, [juillet-août 1925], RMGI, p. 272.
*Arnold Bennett, 3.VIII.25, BEN, pp. 150 et 153.
*Roger Martin du Gard, 30.VIII.25, RMGI, p. 273.
Charles Du Bos, 30.VIII.25, BOS, p. 90.
*Roger Martin du Gard, 18.X.25, RMGI, p. 279.
*Gouverneur général de l'A.E.F., 6.XI.25, 57, pp. 239-246.
Rainer Maria Rilke, 6.VII.26, RIL, p. 244.
Roger Martin du Gard, 11.XII.26, RMGI, p. 303.
Jacques-Emile Blanche, [1928], 289, p. 764.
Roger Martin du Gard, 10.V.28, RMGI, p. 343.
Eugène Dabit, 11.VIII.28, 214, p. 35.
Arnold Bennett, 3.III.29, BEN, p. 158.
Arnold Bennett, 26.XII.29, BEN, p. 170.
Jean Guéhenno, [fin octobre 1930], 176, p. 14.
*Roger Martin du Gard, 12.III.31, RMGI, p. 460
*Jean Schlumberger, I.III.35, 110.
...X, 10.I. [36], 121, p. 302.
Roger Martin du Gard, 10.XII.36, RMGII, p. 86.
*Louis Gérin, 27.VI.37, 349, p. 118.

CONSTANTINE

*Paul Valéry, [27.XI.93], VAL, p. 192.
Mme Paul Gide, 17.X.94, 237, p. 373.
Rainer Maria Rilke, 29.XI.10, RIL, p. 50.
Marcelle Schveitzer, 7.II.45, 369, p. 24.
*Marcelle Schveitzer, 9.II.45, 369, p. 25.
*Roger Martin du Gard, 14.III.45, RMGII, p. 316.
Roger Martin du Gard, 5.IV.45, RMGII, p. 317.
Simone Marye, 17.IV.45, MAR, p. 39.
*Roger Martin du Gard, 29.IV.45, RMGII, p. 321.

CONSTANTINOPLE

Paul Valéry [28.V.94], VAL, p. 205.
Paul Valéry [6.VIII.94], VAL, p. 212.
Francis Jammes, 26.VIII. [1900], JAM, p. 167.
Christian Beck, 25.I.05, 215a, p. 11.
Edmund Gosse, 29.VI.13, GOS, p. 102.
Mme Emile Mayrisch, 25.VII.13, 236, p. 98.
Edmund Gosse, 3.I.14, GOS, p. 107.
René Schwob, 6.II.23, 188, p. 97.

CONTREXÉVILLE

Roger Martin du Gard, 2.VII.33, RMGI, p. 563.
*Roger Martin du Gard, 13.IV.40, RMGII, p. 197.
Roger Martin du Gard, 18.IV.40, RMGII, p. 200.
*Claude Mauriac, 27.IV.40, 197, p. 247.

CORDOUE

Edouard Ducoté 8.XI.03, 282, p. 1152.
Jacques de Lacretelle, 9.III.28, 254, p. 4.

CORFOU

Paul Valéry, [C.P.3.X.95], VAL, p. 248.

CORINTHE

Paul Valéry [C.P. janvier 1908], VAL, p. 413.

CORMATIN

Francis Jammes, 14.X.04, JAM, p. 216.

CORSE

   Joseph Conrad, 22.VII.21, 308, p. 161.

   *Arnold Bennett, 14.IX.30, BEN, p. 190.

   *Roger Martin du Gard, 29.IX.30, RMGI, p. 418.

   *André Rouveyre, 20.IX.31, ROU, p. 136.

CORSO

   Marcel Drouin, 26.III.98, 186, p. 386.

CORTONE

   Maurice Denis, [fin mars - tout début d'avril 1898], 238, p. 142.

COSTE BELLE

   Paul Bourget, 12.V.17, 365, p. 4.

CÔTE-D'OR

   Paul Valéry, [C.P.12.VII..92], VAL, p. 166.

COUVET

   Mme Paul Gide, [2.X.94], 359, p. 147.

COVIGLIALO

   *Jacques de Lacretelle, 9.III.28, 254, p. 4.

COXYDE

   Willy Schuermans, 3.VII.24, SCHU, p. 49.

   Roger Martin du Gard, 21.VII.24, RMGI, p. 250.

   Roger Martin du Gard, 29.VII.24, RMGI, p. 252.

CRACOVIE

   Paul Claudel, 24.X.07, CLA, p. 77.

CREUSE

   Francis Viélé-Griffin, 25.VI.12, 240, p. 121.

   Arnold Bennett, 29.I.24, BEN, p. 130.

CRIQUETOT-L'ESNEVAL

   Paul Valéry, [fin de septembre 1899], VAL, p. 352.

   Paul Valéry, [C.P. 31.VIII.1900], VAL, p. 371.

   Raymond Bonheur, 3.VI.03, BON, p. 79.

   André Ruyters, 16.IX.14, 139, p. 489.

   Roger Martin du Gard, 2.VII.21, RMGI, p. 165.

   Roger Martin du Gard, 14.XII.22, RMGI, p. 201.

   Roger Martin du Gard, I.VI.30, RMGI, p. 399.

   Roger Martin du Gard, 19.V.32, RMGI, p. 521.

   Roger Martin du Gard, 1.IX.32, RMGI, p. 536.

   Roger Martin du Gard, 2.X.38, RMGII, p. 153

   M. Crochemore, 13.X.47, 204, p. 25.

CROISIC

   José-Maria de Heredia, [septembre 1892], 246, p. 176.

CUVERVILLE

   Madeleine Rondeaux, [octobre 1892], 233, p. 37.

   Mme Paul Gide, 6.VII.94, 237, p. 340.

   Mme Paul Gide, [22.IX.94], 359, p. 145.

   *Mme Paul Gide, 30.IX.94, 237, p. 369.

   *Francis Jammes, 18.VIII.96, JAM, p. 81.

   Paul Valéry, [C.P. 29.VIII.96], VAL, p. 274.

   Paul Valéry [C.P. octobre 1896], VAL, p. 282.

   Francis Jammes [juillet 1897], JAM, p. 117.

   Marcel Drouin, 30. III.98, 163, p. 62.

   Francis Jammes, [avril 1898], JAM, p. 139.

   Francis Jammes, 5.V.[98], JAM, p. 142.

   Paul Valéry [C.P. 10.VII.98], VAL, p. 322.

   Paul Valéry [C.P. 27.VII.98], VAL, p. 327.

   Paul Valéry, 20.VIII, 98, VAL, p. 328.

   Paul Valéry, 8.IX.[98], VAL, p. 329.

   Paul Valéry, [fin de septembre 1899], VAL, p. 352.

   Francis Viélé-Griffin, 26.VII.1900, 240, p. 111.

   Francis Jammes, 14.X.[1900], JAM, p. 169.

   Paul Valéry, 15.X.1900, VAL, p. 372.

   Francis Jammes [juillet 1901], JAM, p. 175.

   Paul Valéry 27.VIII.[01], VAL, p. 387.

*Jacques-Emile Blanche, 10.X.01, 289, pp. 757-758.
Francis Jammes, [12.VI.02], JAM, p. 194.
Edouard Ducoté, [1903?], 282, p. 1152.
Raymond Bonheur, 6.III.[03], BON, p. 73.
Raymond Bonheur, 3[ou 4].V.03, BON. pp. 74-75.
*Raymond Bonheur, [2.VI.03], BON, p. 77.
Raymond Bonheur, 3.VI.03, BON, p. 79.
Raymond Bonheur, [juin 1903?] BON, p. 80.
Paul Valéry, 2.VII. [03], VAL, p. 397.
Paul Valéry, 9.VII. [03], VAL, p. 399.
Raymond Bonheur, 7.X.03, BON, p. 84.
Francis Jammes, 8.X.[03], JAM, p. 205
Edouard Ducoté, 8. XI.03, 282, p. 1152.
Raymond Bonheur, [8.III.04], BON, p. 86.
Raymond Bonheur, I.II.[05], BON, p. 91.
Francis Jammes, [début d'octobre 1905], JAM, p.229
Francis Jammes, 15.II.06, JAM. p. 233.
Raymond Bonheur, [28.III.06], BON, p. 93.
Christian Beck, 19.V.06, 164, p. 401
Paul Valéry, 10.X.[07], VAL, p. 412.
Eugène Rouart, [juin 1908], 268, p. 507.
André Ruyters, [juin 1909], 349, p. 64.
Francis Jammes 11.VIII.09, JAM, p. 261.
Christian Beck, 11.XI.09, 215a, p. 13.
Paul Claudel, 15.II.10, CLA, p. 120.
*[Arthur Fontaine], 18.II.10, 302, p. 33.
Paul Claudel, 6.VIII.10, CLA, p. 148.
Paul Claudel, 16.VI.11, CLA, p. 176.
Mme Emile Mayrisch, 3.VIII.11, 236, p. 95.
Francis Jammes, [octobre 1911], JAM, p. 282.
Paul Valéry [C.P. 31.V.17], VAL, p. 423.
Paul Valéry, [C.P. 5.VI.12], VAL, p. 424.
Edmund Gosse, 11.VI.12, GOS, p. 77.
André Suarès, 1.VII.[12], SUA, p. 63.
Edmund Gosse, 12.VIII.12, GOS, p. 81.
Edmund Gosse, 29.VI.13. GOS, p. 102.
Mme Emile Mayrisch, 25.VII.13, 236, p. 98.

Paul Claudel, 25.VII.[12], CLA, p. 201.
Jacques Copeau, 29.VIII.13, 25.
Valery Larbaud, 1.IX.13, 169, p. 232.
Paul Valéry, 4.VII.[14], VAL. p. 435.
Paul Valéry, 26.VII.[14], VAL, p. 439.
*André Ruyters, 16.IX.14, 139, p. 489.
*Paul Valéry, 4.X.14, VAL, pp. 441-442.
Francis Jammes, [juin 1915], JAM, p. 283.
Edmund Gosse, 5.VI.15, GOS, p. 119.
Edmund Gosse, 7.VII.15, GOS, p. 123.
Edmund Gosse, 3.VII.16, GOS, pp. 130-131.
Joseph Conrad, 2.VIII.16, 308, p. 155.
Raymond bonheur, 8.IX.16, BON, p. 104.
Edmund Gosse, 20.IX.16, GOS, p. 143.
Jacques-Emile Blanche, 6.X.16, 289, p. 759.
Paul Valéry 20.I.17, VAL, p. 444.
Edmund Gosse, 26.X.17. GOS, p. 151.
Paul Valéry, 5.V.18, VAL, p. 468.
Dorothy Bussy, [1919], 281, p. 17.
Roger Martin du Gard, 7.V.19, RMGI, p. 140.
Jean Cocteau, 11.VII.19, COC, p. 98.
Mme Emile Mayrisch, 18.XI.19, 236, p. 99.
Raymond Bonheur, [30.XII.19], BON, p. 105.
Paul Valéry, 7.I.20, VAL, p. 477.
Roger Martin du Gard, [août 1920], RMGI, p. 156.
Edmund Gosse, 23.VIII.20, GOS, p. 166.
Paul Valéry, 16.IX.20, VAL, p. 480.
Paul Valéry, [2.X.20], VAL, p. 483.
Roger Martin du Gard, [décembre 1920], RMGI, p.162
Joseph Conrad, 12.XII.20, 308, p. 159.
André Rouveyre, [1921?], ROU, p. 60.
Mme Emile Mayrisch, 20.V.21, 236, p. 104.
Roger Martin du Gard, 2.VII.21, RMGI, p. 165.
Joseph Conrad, 22.VII.21, 308, p. 161.

Roger Martin du Gard, 20.VIII.21, RMGI, p. 171

Roger Martin du Gard, [août ou septembre 1921] RMGI, p. 173.

Willy Schuermans, 29.IX.21, SCHU, p. 23.

*Joseph Conrad, 16.X.21, 308, p. 162.

Willy Schuermans, 10.XI.21, SCHU, p. 27.

Willy Schuermans, 2.XII.21, SCHU, p. 29.

*Roger Martin du Gard, [12.IX.22], RMGI, pp. 191-192.

Roger Martin du Gard, [octobre 1922], RMGI, p. 197.

*Roger Martin du Gard, 7.X.22, RMGI, p. 193.

*Paul Valéry, [octobre 1922], VAL, p. 490.

Paul Valéry, 25.X.22. VAL, p. 492.

Willy Schuermans, 28.X.22, SCHU, p. 40.

Roger Martin du Gard, 14.XII.22, RMGI, p. 202.

Roger Martin du Gard, 26.XII.22, RMGI, p. 204.

*Joseph Conrad, 26.XII.22, 308, p. 165.

*Arnold Bennett, 26.XII.22, BEN, p. 118.

Roger Martin du Gard, I.II.23, RMGI, p. 206.

Roger Martin du Gard, 3.III.23, RMGI, p. 214.

Roger Martin du Gard, 27.IV.23, RMGI, pp. 218-219.

Rainer Maria Rilke, 28.IV.23, RIL. p. 212.

Roger Martin du Gard, [fin juillet 1923], RMGI, p. 228.

Joseph Conrad, 8.X.23, 308, p. 166.

Paul Valéry, 9 [X.23], VAL, p. 495.

Roger Martin du Gard. 10.X.23, RMGI, p. 229.

André Rouveyre, 8.XI.23, ROU, p. 73.

André Rouveyre, 30.XI.23, ROU, p. 77.

André Rouveyre, 12.XII.23, ROU, p. 78.

Rainer Maria Rilke, 15.XII.23, RIL, p. 229.

Roger Martin du Gard, [1924], RMGI, p. 253.

Arnold Bennett, 29.I.24, BEN, p. 131.

Roger Martin du Gard, 19.II.24, RMGI, p. 242.

André Rouveyre, 14.IV.24, 357, p. 32.

Roger Martin du Gard, 13.IV.24, RMGI, p. 250

Roger Martin du Gard, 21.VII.24, RMGI, p. 250.

Paul Valéry, 9. VIII. [24], VAL. p. 497.

Paul Valéry [25.X.24], VAL, p. 498.

Robert Mélot du Dy, 14.XII.[24], 349, p. 95.

René Schwob, 13.XII.24, 188, p. 100.

André Rouveyre, 14.XII.[24], ROU, p. 92.

Roger Martin du Gard, 20.I.25, RMGI, p. 255.

Roger Martin du Gard, 25.I.25, RMGI, p. 255.

Roger Martin du Gard, 6.V..25, RMGI, p. 261.

Roger Martin du Gard, 3.VI.25, RMGI, p. 263.

Roger Martin du Gard, 9.VI.25, RMGI, p. 269.

Roger Martin du Gard, 18.X.25, RMGI, p. 279.

Paul Valéry, [1926], VAL, p. 503.

Roger Martin du Gard, 11.VI.26, RMGI, p. 289.

Edmund Gosse, 27.VII.26, GOS, p. 179.

Roger Martin du Gard, 29.X.26, RMGI, p. 298.

Roger Martin du Gard, [novembre 1926], RMGI, p.300.

Roger Martin du Gard, 3.XII.26, RMGI, p. 301.

Roger Martin du Gard, 11.XII.26, RMGI, p. 303.

Roger Martin du Gard, 22.II.27, RMGI, p. 306.

Roger Martin du Gard, [mars 1927], RMGI, p. 306.

Roger Martin du Gard, 30.VI.27, RMGI, p. 312.

Roger Martin du Gard, 14.X.27, RMGI, p. 317.

Marcel Jouhandeau, [1927 ou 1928], JOU, p. 25.

Roger Martin du Gard, 7.I.28, RMGI, p. 320.

Roger Martin du Gard, 10.II.28, RMGI, p. 329.

Roger Martin du Gard, 30.III.28, RMGI, p. 338

Roger Martin du Gard, 10.IV.28, RMGI, p. 342.

André Rouveyre, [mai 1928], ROU, p. 110.

Eugène Dabit, 7.VI. 28, 214, p. 34.

Roger Martin du Gard. 22.IX.28, RMGI, pp. 351-353.

Charles Du Bos, 3.X.28, BOS, p. 159.

Charles Du Bos, [décembre 1928], BOS, p. 165.

Charles Du Bos 2.I.29, BOS, p. 169.

Charles Du Bos, 5.VI.29, BOS, p. 187.

Roger Martin du Gard, 15.VI.29, RMGI, p. 370.

Roger Martin du Gard, 9.II.30, RMGI, p. 392.

Roger Martin du Gard, 12.III.30, RMGI, p. 392.

Roger Martin du Gard, 25.V.30. RMGI, p. 395.

*Roger Martin du Gard, 25.VII.30, RMGI, pp. 410 et p. 414.

Arnold Bennett, 14.IX.30, BEN, p. 190.
Roger Martin du Gard, 29.IX.30, RMGI, p. 418.
Roger Martin du Gard, 19.X.30, RMGI, p. 421.
Arnold Bennett, 27.X.30, BEN, p. 194.
*René Schwob, 6.I.31, 188, p. 106.
*Roger Martin du Gard, 16.I.31, RMGI, pp. 432-433.
Roger Martin du Gard, 26.I.31, RMGI, p. 435.
René Schwob, 14.III.31, 188, p. 108.
Roger Martin du Gard, 15.IV.31, RMGI, p. 474.
Adrienne Monnier, 24.IV.31, 229, p. 105.
Roger Martin du Gard, 13.VI.31, RMGI, p. 476.
Roger Martin du Gard, 14.VII.31, RMGI, p. 477.
Roger Martin du Gard, 20.VII.31, RMGI, p. 478.
Roger Martin du Gard, 13.VIII.31, RMGI, p. 485.
André Rouveyre, 4 ou 5 IX.31, ROU, p. 133.
Roger Martin du Gard, 7.IX.31, RMGI, p. 487.
*André Rouveyre, 20.IX.31, ROU, p. 136.
René Schwob, 12.X.31, 188, p. 109.
*Francis Jammes, 22.XII.31, JAM, p. 286.
Francis Jammes, 24.XII.31, JAM, p. 288.
Jean Desbordes, 26.XII.31, COC, p. 169.
Roger Martin du Gard, 2.II.32, RMGI, p. 494.
Roger Martin du Gard, 25.II.32, RMGI, p. 513.
Roger Martin du Gard, 17.IV.32, RMGI, p. 519.
Roger Martin du Gard, 19.V.32, RMGI, p. 520.
*Roger Martin du Gard, 25.V.32, RMGI, p. 521.
Roger Martin du Gard, 18.VII.32, RMGI, p. 533.
* Roger Martin du Gard, 14.VIII.32, RMGI, p. 535.
Paul Valéry, 15. IX.32, VAL, p. 514.
Roger Martin du Gard, 27.IX.32, RMGI, p. 538.
René Schwob, 17.X.32, 188, p. 114.
Eugène Dabit, 26.XI.32, 214, p. 43.
Roger Martin du Gard, 4.II.33, RMGI, p. 546.
Marcel Jouhandeau, 24.III.33, JOU, p. 38.
Roger Martin du Gard, 2.VII.33, RMGI, p.568.
Roger Martin du Gard, 9.VIII.33, RMGI, p. 570.

*Roger Martin du Gard, 15.VIII.33, RMGI, p. 575.
*Roger Martin du Gard, 28.IX.33, RMGI, p. 578.
Roger Martin du Gard, 8.X.33, RMGI, p. 581.
André Rouveyre, 11.I.34, ROU, p. 146.
*Roger Martin du Gard, 9.III.34, RMGI, p. 598.
Roger Martin du Gard, 18.III.34, RMGI, p. 603.
Roger Martin du Gard, 12.V.34, RMGI, p. 613.
Roger Martin du Gard, 25.VI.34, RMGI, p. 620.
Roger Martin du Gard, 10.VII.34, RMGI, p. 625.
*Roger Martin du Gard, 15.X.34, RMGI, p. 635
Roger Martin du Gard, 14.I.35, RMGII, p. 10.
Roger Martin du Gard, 16.II.35, RMGII, p. 15.
Roger Martin du Gard, 19.III.35, RMGII, p. 21.
Roger Martin du Gard, 22. IV.35, RMGII, p. 23.
Roger Martin du Gard, 28.IV.35, RMGII, p. 25.
Roger Martin du Gard, 28.VI.35, RMGII, p. 36.
*Roger Martin du Gard, 3.VII.35, RMGII, p. 36.
Roger Martin du Gard, 13.VIII.35, RMGII, pp. 39-40.
*Roger Martin du Gard, 18.VIII.35, RMGII, pp.42-43.
* Roger Martin du Gard, 12.IX.35, RMGII, p. 48.
Maurice Lime, [28 ou 29.IX.35], 205, p. 15.
Roger Martin du Gard, 30.XII.35, RMGII, p. 62.
Eugène Dabit, 12.V.36, 214, p. 21.
Roger Martin du Gard, 7.IX.36, RMGII, p. 78.
Roger Martin du Gard, 3.XII.36, RMGII, p. 84.
Roger Martin du Gard, 4.II.37, RMGII, p. 91.
*Roger Martin du Gard, 18.II.37, RMGII, p. 92.
Roger Martin du Gard, 8.III.37, RMGII, p. 96.
Roger Martin du Gard, 17.V.37, RMGII, p. 103.
Roger Martin du Gard, 27.V.37, RMGII, p. 104 et p. 106.
Roger Martin du Gard, 4.VII.37, RMGII, p. 107.
*Roger Martin du Gard, 8.VIII.37, RMGI, p. 111.
*Roger Martin du Gard, 24.VIII.37, RMGII, p. 114.
Roger Martin du Gard, 4.IX.37, RMGII, p. 115.
Pierre Alessandri, 9.IX.37, 176, p. 182.

Pierre Alessandri, 15.IX.37, 176, p. 185.
Roger Martin du Gard, 23.X.37, RMGII, p. 119.
*Roger Martin du Gard, 6.IV.38, RMGII, p. 130.
*Roger Martin du Gard, 23.IV.38, RMGII, p. 135.
Roger Martin du Gard, [21.VIII.38], RMGII, p. 148.
Roger Martin du Gard, 24.VIII.38, RMGII, p. 149.
*Roger Martin du Gard, 2.X.38, RMGII, p. 153.
*Roger Martin du Gard, 10.VI.39, RMGII, p. 169.
*François Mauriac, 22.VII.39, MAU, p. 94.
*Jean Lambert, 25.VIII.39, 251, pp. 94-95.
*Roger Martin du Gard, 19.IX.39, RMGII, p. 188.
*Claude Mauriac, 31.V.40, 197, p. 248.
*Roger Martin du Gard, 7.VI.40, RMGII, p. 209.
*Roger Martin du Gard, 14.VI.40, RMGII, p. 210.
*François Mauriac, 3.VII.40, MAU, p. 99.
*Roger Martin du Gard, 16.VII.40, RMGII, p. 212
*Roger Martin du Gard, 23.VII.40, RMGII, p. 213.
*Claude Mauriac, 14.VIII.40, 197, p. 252.
*Roger Martin du Gard, 18.I.41, RMGII, p. 227.
*Paul Valéry, 15.VIII.41, VAL, p. 523.
Jean Denoel, 16.XII.43, 323, p. 19.
*Roger Martin du Gard, 21.IX.44, RMGII, p. 280.
*Roger Martin du Gard, 17.X.44, RMGII, p. 282.
Roger Martin du Gard, 16.IX.47, RMGII, p. 382.
*M. Crochemore, 13.X.47, 204, pp. 24-26.
Elvira Cassa Salvi, 25.I.50, 330a.

DAHOMEY

*Roger Martin du Gard, 7, VII, 32, RMGI, p. 529.
Roger Martin du Gard, 9, VIII, 33 RMGI, p. 571.
Eugène Rouart, 24, VIII, 33, 325, p. 5.
Roger Martin du Gard, 28, IX, 33 RMGI, p. 578.
Roger Martin du Gard, 26, XI, 33, RMGI, p. 590.

DAKAR

Arnold Bennett, 18, V, 24, BEN, p. 143.
Charles Du Bos, [1925], BOS, p. 89.
Roger Martin du Gard, 23, II, 36, RMGII, p. 66.
Roger Martin du Gard, 18, II, 37, RMGII, p. 92.
*Roger Martin du Gard, 8, III, 37, RMGII, p. 97.
Roger Martin du Gard, 8, VIII, 37, RMGII, p. 111.

DANEMARK

Jacques Copeau, 29, VIII, 13, 25.
Paul Valéry, 4, X, 14, VAL, p. 442

DARMSTADT

Roger Martin du Gard, 17, IV, 32, RMGI, p. 519

d'Harcourt (Restaurant)

Paul Valéry, [octobre] 1896, VAL, p. 282

DIABLERETS

René Schwob, 1, VIII, 23, 188, p. 98

DIEPPE

Arnold Bennett, 1, VIII, 14, BEN, p. 76
Arnold Bennett, 17, IX, [14], BEN, p. 78
Jacques - Emile Blanche, 22, IX, 15, 289, p. 759
Roger Martin du Gard, 5, VII, 23, RMGI, p. 222
Roger Martin du Gard, [fin juillet 1923], RMGI, p. 228
Roger Martin du Gard, 19, IX, 39, RMGII, p. 187

DJÉRID

Albert Démarest, [12et 14, XI, 93], 237, p. 291
Mme Paul Gide, 14, XI, 93, 237, p. 290

Paul Valéry, [27, XI, 93], VAL, p. 192

DJIBOUTI

*Roger Martin Du Gard, 9, III, 34, RMGI, p. 599
Dorothy Bussy, 12, III, 34, 281, p. 17
Roger Martin du Gard, 22, VIII, 34, RMGI, p. 629
Roger Martin du Gard, 28, VI, 35, RMGII, p. 35
Roger Martin du Gard, 3, VII, 35, RMGII, p. 36
Roger Martin du Gard, 10, VII, 35, RMGII, p. 39
Roger Martin du Gard, 8, X, 35, RMGII, p. 51

DJURJURA

Mme Paul Gide, 2, II, 95, 237, p. 459

DODÉCANÈSE

*Jef Last, 2, X, 38, 356, p. 124

DOUARNENEZ

*José-Maria de Heredia, [septembre 1892], 246, p. 176

DOUVE

*Francis Jammes, 21, VII, [99], JAM, p. 152

DOZULÉ

Edouard Ducoté, [août 1899], 282, p. 1147

DRESDE

Christian Beck, 6, IX, 03, 164, p. 399

DREUX

Paul Valéry, 4, X, 14, VAL, p. 442

DUDELANGE

Mme Emile Mayrisch, 21, VI, 19, 236, p. 98
Paul Valéry, 6, X, 19, VAL, p. 476
Mme Emile Mayrisch, 18, XI, 19, 236, p. 99

DUNKERQUE

Edmund Gosse, 29, XII, 14, GOS, p. 116

Roger Martin du Gard, 7, VI. 40, RMGII, p. 209
*Roger Martin du Gard, 14, VI. 40, RMGII, p. 210
*François Mauriac, 3. VII. 40, MAU, p. 99
Claude Mauriac, 14. VIII. 40, 197, p. 252

Durance
Roger Martin du Gard, 26. V. 40, RMGII, p. 208

Duval (café)
Roger Martin du Gard, [1926], RMGI, p. 292

ECHARCON
Roger Martin du Gard, 29. VII. 47, RMGII, p. 374

Ecole Alsacienne
Jeanne Rondeaux, [sept. 87], 232, p. 384
Ecole alsacienne, 2. XI. 24, 35

ECOSSE
Roger Martin du Gard, 26. IX. 38, RMGII, p. 150

EGYPTE
Paul Valéry, [septembre 1891], VAL., p. 129
Paul Valéry, I. XI. 17, VAL., p. 458
*Roger Martin du Gard, 29. X. 29, RMGI, p. 378
*Igor Stravinsky, 8. II. 33, 265, p. 187
*Roger Martin du Gard, 16. I. 39, RMGII, p. 158
Georges Simenon, 20. I. 39, 327, p. 31
*Roger Martin du Gard, 28. VII. 39, RMGII, p. 181
Simone Marye, 5. I. 45, MAR., p. 36
*Marcelle Schveitzer, 23. X. 45, 369, p. 153
XXe Siècle, [février 1946], 152.
*Roger Martin du Gard, 8. II. 46, RMGII, p. 337
Simone Marye, 3. XII. 46, MAR., p. 46.

EIFFEL (Tour)
Mme Paul Gide, 30. I. 95, 237, p. 450

EL KANTARA
*Paul Valéry, II. IV. 99, VAL., p. 344
*Edouard Ducoté, [février 1900], 282, p. 1145
*Roger Martin du Gard, 5. IV. 45, RMGII, p. 317

EL OUED
*Edouard Ducoté, [février 1900], 282, p. 1146
Roger Martin du Gard, 14. III. 45, RMGII, p. 316
Roger Martin du Gard, 5. IV. 45, RMGII, p. 317
Simone Marye, 17. IV. 45, MAR., p. 39

EMS
Roger Martin du Gard, [6], V. 30, RMGI, p. 396

ENGADINE
Marcel Drouin, [hiver 1894], 163, p. 55
Paul Valéry, [C.P. 3. X. 95], VAL., p. 248
Paul Valéry, [C.P. 25. X. 95], VAL. p. 250
Francis Jammes, 16. III. 97, JAM., p. 104
Georges Simenon, 12 à 16. II. 48, 327, p. 42

EPINAY
Roger Martin du Gard, 9. VIII. 33, RMGI, p. 570
Roger Martin du Gard, 15. VIII. 33, RMGI, p. 574

ESCLAVONS (quai des)
*Marcel Drouin, 18. IV. [98], 186, p. 391

ESPAGNE
*Paul Valéry, [mars 1893], VAL., p. 181
Pierre Louys, 20. III. 93, 237, p. 220
Mme Paul Gide, 15. VI. 94, 237, p. 329
*Francis Jammes, [avril 1899], JAM., pp. 150-151
Raymond Bonheur, 7. X. 03, BON., p. 84
Francis Jammes, 8. X. [03], JAM, p. 205
*Edouard Ducoté, 8. XI. 03, 282, p. 1151
Eugène Rouart, [juin 1908], 268, p. 507
Charles du Bos, 21. III. 24, BOS, p. 66
*Jacques de Lacretelle, 9. III. 28, 254, p. 4

*Roger Martin du Gard, 24. II. 33, RMGI. p. 549
*Roger Martin du Gard, 12. IV. 33, RMGI. p. 559
Roger Martin du Gard, 19.III. 35, RMGII, p. 21
Roger Martin du Gard, 5. V. 35, RMGII, p. 29
Roger Martin du Gard, 10. VII. 35, RMGII. p. 39
Roger Martin du Gard, 7, IX. 36, RMGII, p. 78
Roger Martin du Gard, 3. XII. 36, RMGII, p. 84
Roger Martin du Gard, 2. I. 37, RMGII, p. 89
Roger Martin du Gard, 27. V. 37, RMGII, p. 105
*Maurice Lime, 28. VII. 37, 205, p. 120
Pierre Alessandri, 3. IX. 37, 176, p. 180
*Jef Last, 2. X. 38, 356, p. 124

ETAMPES

Roger Martin du Gard, 25. VI. 34, RMGI, p. 620

ETATS-UNIS

Marcel Drouin, 25. XII. [95], 163, p. 74
Paul Valéry, 21. VIII. 41, VAL., p. 524
Saint-John Perse, 14. III. 48, 288, p. 466
*Umberto Campagnolo, 28. I. 51, 184

ETRETAT

Francis Jammes, 26. VIII. [1900], JAM., p. 167
Marcel Drouin, 27. VI. 01, 217, p. 414
Jacques Copeau, 29. VIII. 13, 25
André Ruyters, 16. IX. 14, 139, p. 489
Paul Valéry, 4. X. 14, VAL., p. 443
Joseph Conrad, 8. X. 23, 308, p. 166
Paul Valéry, 9. [X. 23], VAL., p. 495

EURE

André Rouveyre, 4. II. 40, ROU, p. 150

EUROPE

*Mme Paul Gide, 17, VI. 94, 237, p. 329
Mme Paul Gide, 29. VI. 94, 237, p. 336
Il Marzocco, 20. XI. 97, 3.
Francis Jammes, [avril 1899], JAM. p. 150

*Arnold Bennett, 15. XI. 20, BEN., p. 104
*Willy Schuermans, 28. X. 22, SCHU, p. 40

*Jean Guéhenno, [novembre 1929], 61, p. 589
Roger Martin du Gard, 25. VII. 30, RMGI, p. 412
Roger Martin du Gard, 2. V. 33, RMGI, p. 565
Joseph Goebbels, 4. I. 34, 100
*Roger Martin du Gard, 23. VIII. 45, RMGII, p. 330
*Svenska Dagbladet, [novembre 1947], 159, p. 7

EVREUX

Paul Valéry, [mai 1895], VAL., p. 239
Paul Valéry, [mai 1895], VAL., p. 240
Paul Valéry, [30. V. 95], VAL., p. 240
Paul Valéry, 4. X. 14, VAL., p. 443
Roger Martin du Gard, [fin janvier 1915], RMGI, p. 136

Exposition Universelle de 1900

Francis Jammes, 26. VIII. [1900], JAM., p. 167

EXTRÊME-ORIENT

Roger Martin du Gard, 29. X. 29, RMGI, p. 378

EZE

Christian Beck, [janvier 1910], 165, p. 632

Farnèse (Palais)

Roger Martin du Gard, 17. X. 44, RMGII, p. 282

Faubourg Poissonnière

Maurice Lime, 11. XII. 35, 205, p. 67

FÉCAMP

Mme Paul Gide, 29. V. 93, 237, p. 227
Eugène Rouart, 1. II. 03, 10, p. 249
André Ruyters, 16. IX. 14, 139, p. 489
Roger Martin du Gard, 11. VII. 21, RMGI, p. 166
Roger Martin du Gard, [15]. VII. 21, RMGI, p. 166
Roger Martin du Gard, 4, IX. 37, RMGII, p. 115

Georges Simenon, [1945-1946], 327, p. 40

Ferme Des Plaines

Raymond Bonheur, 29. VII. [98], BON., p. 40
Raymond Bonheur, 24. X. [99], BON., p. 53
Paul Valéry, 15. X. 1900, VAL. p. 372
Raymond Bonheur, [20. VI. 01], BON., p. 62

FERRIÈRES

Mme Paul Gide, 29. V. 93, 237, p. 227

FÈS

Voir: FEZ

FEZ

Roger Martin du Gard, 16. IV. 23, RMGI, p. 216
René Schwob, 1. V. 23, 188, p. 96
*Roger Martin du Gard, 19. V, 32, RMGI, p. 521
Roger Martin du Gard, 25, V, 32, RMGI, p. 522
Roger Martin du Gard, 18. III. 34, RMGI, p. 602
Roger Martin du Gard, 19, III, 35, RMGII, p. 21
*Roger Martin du Gard, 22. IV. 35, RMGII, p. 23
Roger Martin du Gard, 5. V. 35, RMGII, p. 27
Georges Simenon, 11. XII. 44, 327, p. 37
Roger Martin du Gard, 30. III. 48, RMGII, p. 404
Roger Martin du Gard, 7. IV. 48, RMGII, p. 408

FIGEAC

Roger Martin du Gard, 21. IX. 44, RMGII, p. 281
Roger Martin du Gard, 17. X. 44, RMGII, p. 282
*Roger Martin du Gard, 24. XI. 44, RMGII, p. 287
Roger Martin du Gard, 5. XII. 44, RMGII, p. 290

FLORENCE

Paul Valéry, 14 et 15. VII. [91], VAL., p. 111
Paul Valéry, [septembre 1892], VAL. p. 172
*Mme Paul Gide, 23, V. 94, 237, p. 325.
*Mme Paul Gide, 28. V. 94, 237, pp. 325-326
*Paul Valéry, [28, V. 94], VAL., p. 204

*Mme Paul Gide, 9. VI. 94, 237, p. 328
*Mme Paul Gide, 15. VI. 94, 237, p. 328
*Mme Paul Gide, 17. V_I. 94, 237, p. 329
Paul Valéry, [juillet 1894], VAL., p. 206
Paul Valéry, 16. VII. 94, VAL. p. 211
Mme Paul Gide, 28. I. 95, 237, p. 448
*Paul Valéry, [C.P. 15. XII. 95], VAL., p. 254
*Marcel Drouin, 25. XII. [1895], 163, p. 74.
Marcel Drouin, [fin 1895], 186, p. 382
*Paul Valéry, 24. I. [96], VAL, p. 258
Paul Valéry, 27. IV. 97, VAL. p. 293
Stéphane Mallarmé, 9. V. 97, 145, p. 770 et VAL. p. 297
Stéphane Mallarmé, 22. V. 97, 163a, p. 117
Il Marzocco, 20. XI. 97, 3, p. 3
*Francis Jammes, [fin de janvier 1898], JAM, p.134
*Christian Beck, 13. IV, 99, 164, p. 390
Christian Beck, [juillet 1899], 164, p. 391
Maurice Denis, 7. XII, 07, 239, p. 87
Maurice Denis, [fin avril 1909], 239, p. 112
Mme Nicolas Larbaud, 4. V. 12, 169, p. 202
Paul Claudel, 25, VII [12], CLA., p. 201
Valery Larbaud, 10. IV. 13, 169, p. 226
Guiseppe Prezzolini, 14. IV. 13, 262, p. 317
Valery Larbaud, I. IX. 13, 169, p. 232
Marcel Proust, [janvier 1914], PRO, p. 12
Arnold Bennett, 2. III. 14, BEN., p. 72
Rainer Maria Rilke, 23. III. 14, RIL., p. 107
Valery Larbaud, 23. III. 14, 169, p. 237
René Schwob, 4. XII. 23, 188, p. 99
Jacques de Lacretelle, 9. III. 28, 254, p. 4
. . .X, [Novembre 1947], 175, p. 271

FLORIDA

*Georges Simenon, 12 à 16. II. 48, 327, p. 43

FONTAINEBLEAU

Rainer Maria Rilke, 25. IV. 22, RIL., p. 185
Roger Martin du Gard, 8. III. 37, RMGII, p. 96

FORT-ARCHAMBAULT

*Roger Martin du Gard, 2.XI.24, RMGI, p. 254.

Arnold Bennett, 19.II.25, BEN, p. 147.

Arnold Bennett, 20.VIII.25, BEN, p. 153.

Roger Martin du Gard, 18.X.25, RMGI, p. 278.

Gouverneur général intérimaire de l'A.E.F., 6.XI.25, 57, p. 245.

Roger Martin du Gard, 29.XII.25, RMGI, p. 280.

Roger Martin du Gard, 8.VII.26, RMGI, p. 295.

*Roger Martin du Gard, 31.V.28, RMGI, p. 347.

Fort Carré [d'Antibes]

*Claude Mauriac, 14.X.39, 197, p. 237.

*Henri Thomas, 17.X.39, 234, p. 366.

FORT LAMY

Roger Martin du Gard, 29.VII.24, RMGI, p. 252.

Roger Martin du Gard, 2.XI.24, RMGI, p. 254.

Roger Martin du Gard, 3.II.28, RMGI, p. 326.

Roger Martin du Gard, 22,III.30, RMGI, p. 393.

Roger Martin du Gard, 7.IX.31, RMGI, p. 487.

FORT-NATIONAL

*Christian Beck, 18.XI.06, 165, p. 617.

Fort Saint Nicolas [de Marseille]

Edouard Daladier, 4.X.39, MAU, p. 97.

François Mauriac, 4.X.39, MAU, p. 98.

FORUM

Mme Paul Gide, 25.IV.94, 237, p. 323.

*Mme Paul Gide, 30.IV.94, 237, pp. 322-323.

Marcel Drouin, 26.III.98, 186, p. 388.

FOURMIES

Paul Valéry, [C.P. 12 mai 1891], VAL, p. 85.

Français

Voir: Théâtre Français

FRANCE

*Mme Paul Gide, 31.V.94, 237, p. 49.

Mme Paul Gide, 30.I.95, 237, p. 452.

Mme Paul Gide, 8.II.95, 237, p. 461.

Paul Valéry, [mars 1895], VAL, p. 236.

Paul Valéry, 24.I.[96], VAL, p. 258.

Il Marzocco, 20.XI.97, 3.

*Eugène Rouart, [1898], 85, pp. 491-492.

*Eugène Rouart, 24.I.98, 83, pp. 485-489.

Arthur Fontaine, [janvier 1899], 199, p. 3.

Paul Claudel, 25.IX.05, CLA, p. 51.

Paul Valéry, [juillet 1908], VAL, p. 418.

André Suarès, [14.XII.08], SUA, p. 30.

Paul Claudel, 24.II.[09], CLA, p. 100.

Francis Vielé-Griffin, [seconde quinzaine d'avril, ou mai 1909], 240, p. 114.

Francis Vielé-Griffin, [seconde quinzaine d'avril, ou mai 1909], 240, pp. 114-115.

Edmund Gosse, 14.VII.09, GOS, p. 47.

Paul Claudel, 14.VI.10, CLA, p. 138.

Paul Claudel, 16.VI.11, CLA, p. 177.

Joseph Conrad, 13.VIII.12, 308, p. 152.

Giuseppe Prezzolini, 12.IV.13, 20, p. 1058.

Edmund Gosse, 8.I.14, GOS, p. 106 et p. 107.

Arnold Bennett, 17.IX[14], BEN, p. 78.

Edmund Gosse, 10.XI.14, GOS, p. 113.

Edmund Gosse, 23.I.16, GOS, p. 123.

Edmund Gosse, 6.II.16, GOS, p. 127.

* Edmund Gosse, 27.VII.16, GOS, p. 136.

Edmund Gosse, 20.IX.16, GOS, p. 143.

* Edmund Gosse, 23.XII.16, GOS, p. 150.

René Schwob, 14.VIII.20, 188, p. 91.

Charles Du Bos, [automne 1920], 62, p. 551.

*Arnold Bennett, 15.XI.20, BEN, p. 104.

*Walter Rathenau, 25.VI.21, 53.

Roger Martin du Gard, [août ou septembre 1921], RMGI, p. 173.

Roger Martin du Gard, 12.VII.22, RMGI, p. 185.

Arnaldo Frateili, 3. IX. 22, 279, p. 17

Arnold Bennett, 26. XII. 22, BEN. p. 119

Roger Martin du Gard, 27, IV, 23, RMGI, p. 218

Joseph Conrad, 8. X. 23, 308, p. 166

Bernard Fay, 11. VI. 25, 296, p. 76

Arnold Bennett, 8. VIII. 25, BEN. p. 150

Edmund Gosse, 25. X. 25, GOS, p. 178

*Raymond Bonheur, 25. XI. 25, BON., p. 107

Roger Martin du Gard, 29. XII. 25, RMGI, p. 280

Edmund Gosse, 27, VII. 26, GOS, p. 179

Georg Brandes, 5. VIII. 26, 203, p. 495

*Maurice Bedel, [décembre 1927], 43, p. 1

*M. de Nalèche, 8, II. 28, 57

Roger Martin du Gard, 10. V. 28, RMGI, p. 343

[Marius et Ary Leblond], 28, VII. 29, 139, p. 928

Arnold Bennett, 12. VIII. 29, BEN, p. 167

*Jean Guéhenno, [novembre 1929], 61, p. 588

Philip Gosse, II.III.30, GOS, p. 204

S. A. Rhodes, [1931?], 144, p. 157

Hermann Hesse, [1933], 194, p. 18

Igor Stravinsky, 20. I. 33, 265, p. 186

*Roger Martin du Gard, 15. VIII. 33, RMGI, p. 574

Roger Martin du Gard, 23. VIII. 33, RMGI, p. 576

*Dorothy Bussy, 12. III. 34, 281, p. 17

Roger Martin du Gard, 14. I. 35, RMGII, p. 10

*Jean Schlumberger, I. III. 35, 110

Thierry Maulnier, [juillet 1935], 120, p. 102

Roger Martin du Gard, 3. VII. 35, RMGII. p. 37

Mme Pajault, 21. XI. 35, 272, p. 125

Roger Martin du Gard, 22. VII. 36, RMGII, p. 76

Lucien Combelle, 16. X. 36, 122

Roger Martin du Gard, 18. II. 37, RMGII, p. 92

Pierre Alessandri, 15. IX. 37, 176, p. 186

*Roger Martin du Gard, 2. X. 38, RMGII, p. 152

*Jef Last, 2. X. 38, 356, p. 124

Roger Martin du Gard, 24. II. 39, RMGII, p. 162

Georges Simenon, 14. III. 39, 327, p. 33

*Roger Martin du Gard, 24. IV. 39, RMGII. p. 168

Henri Dommartin, 8. VII. 39, 138, p. 333

*Roger Martin du Gard, 28. VII. 39, RMGII, p. 182

*Roger Martin du Gard, 19. IX, 39, RMGII, p. 187

*François Mauriac, 4. X. 39, MAU., p. 97

*Claude Mauriac. 14. X. 39, 197, p. 236

*Claude Mauriac. 14. X. 39, 197, p. 236

*Henri Thomas, 17. X. [39], 234, p. 366

*Roger Martin du Gard, 23. VII. 40, RMGII, p. 213

*Claude Mauriac, 14, VIII. 40, 197, p. 252

*Roger Martin du Gard, 29. IX. 40, RMGII, p. 222 et p. 223

*Gabriel Audisio, 5. XII. 40, 142, p. 552

Georges Redard, 29. VII. 41, 321, p. 3

*Roger Martin du Gard, 18. IX. 41, RMGII, p. 237

Roger Martin du Gard, 7. V. 42, RMGII, p. 243

Roger Martin du Gard, 14. V. 42, RMGII, p. 246

*Roger Martin du Gard, 2. VII. 42, RMGII, p. 256

*Pierre Brisson, 29. VIII. 44, 150, p. 1

*Roger Martin du Gard, 17. X. 44, RMGII, p. 281

*Raymond Lacaze, 10. XI. 44, 250, p. IV

*Georges Simenon, II. XII. 44, 327, p. 37

Simone Marye, 5. I. 45, MAR. p. 36

*Claude Mauriac, 3. II. 45, 197, p. 266

Marcelle Schveitzer, 7. II. 45, 369, p. 25

*Roger Martin du Gard, II. II. 45, RMGII, p. 312

*Roger Martin du Gard, 15. II. 45, RMGII, p. 313

Roger Martin du Gard, 5. IV. 45, RMGII, p. 317 et p. 318

*Simone Marye, 17. IV. 45, MAR. p. 39

Georges Simenon. 14. VII. 45, 327, p. 39

Roger Martin du Gard, 23. VIII. 45, RMGII, p. 330

XXe Siècle, [février 1946], 152

Roger Martin du Gard, 7. VIII. 46, RMGII, p. 346

Robert Stumper, 7. II. 47, 236, p. 72

Roger Martin du Gard, 17. VI. 47, RMGII, p. 373

Claude Mauriac, 28. IX. 47, 197, p. 282

Claude Mauriac, 3. X. 47, 197, p. 283

Comité Nobel, [décembre 1947], 160

Georges Simenon, 10. X. 48, 327, p. 44

Ivan Bounine, [Octobre 1950], 174, p. 1

FRANKFORT
    Francis Jammes, 26. VIII. [1900], JAM., p. 166
    Paul Claudel, 10. XII. 11, CLA., p. 185

Friedrichstrasse
    René Schwob, 17. X. 32, 188, p. 114

GABÈS
    Mme Paul Gide, 14. XI. 93, 237, p. 290
    Paul Valéry, [27. XI. 93], VAL., p. 192

GABON
    Roger Martin du Gard, 21. VII. 24, RMGI, p. 250
    Arnold Bennett, 8. VIII. 25, BEN., p. 150

GAC
    *Jef Last, [août 1945], 298, p. 191

GACHONS
    Edouard Ducoté, [août 1899], 282, p. 1147

GAFSA
    *Jean Schlumberger, I. III. 35, 110

Galerie Charpentier
    Roger Martin du Gard, 30, III. 48, RMGII, p. 403 et p. 404

Galerie des Offices [Florence]
    *Mme Paul Gide, 28. V. 94, 237, p. 326
    *Paul Valéry, [28. V. 94], 237, p. 204
    Marcel Drouin, 25. XII. [95], 163, p. 74

Gare d'Austerlitz
    Claude Mauriac, 4. VIII. 45, 197, p. 280

Gare de Lyon
    Paul Valéry [fin septembre 1899], VAL., p. 352
    Edmund Gosse, II, VIII. II, GOS, p. 64
    Roger Martin du Gard, 23. II. 47, RMGII, p. 364

Gare du Nord
    Christian Beck, 28. II. 08, 165, p. 625

Gare Saint-Lazare
    Paul Valéry, 17. [VIII. 06], VAL., p. 409
    Jean Schlumberger, 25. XI. 18, 233, p. 183
    Roger Martin du Gard, 2. VII. 21, RMGI. p. 165

GARGILESSE
    *Roger Martin du Gard, 19. IX. 39, RMGII, p. 188

GASCOGNE (Golfe de)
    Charles Du Bos, [1925], BOS, p. 89

GAVE
    Francis Jammes, 19. I. [96], JAM, p. 63
    Francis Jammes, 3. XII. [96], JAM., p. 94
    Francis Jammes, 20. II. 97, JAM., p. 102
    Francis Jammes, [mai 1902], JAM., p. 189

GÊNES
    Paul Valéry, [C.P. 18. X. 92], VAL., p. 175
    Paul Valéry, [28. V. 94], VAL., p. 204
    *Mme Paul Gide, 27. VI. 94, 237, pp. 331-332
    *Paul Valéry, [avril 1897], VAL., p. 289
    *Paul Valéry, 27. IV. 97, VAL. p. 293
    Paul Valéry, 21 [mai 97], VAL, p. 296
    Paul Valéry, 12. I. 98, VAL., p. 305
    *Paul Valéry, 24. VII, [99], VAL. p. 350
    Paul Valéry, 10. III. 08, VAL. p. 415
    *Paul Valéry, [C.P. 16. III. 08], VAL. p. 415
    Valery Larbaud, I. IX. 13, 169, p. 232
    Paul Valéry, I. XI. 17, VAL., p. 457
    Comoedia [février 1923], RMGI, p. 212
    Charles Du Bos, [fevrier 1923], BOS, p. 52
    René Schwob, 6. II. 23, 188, p. 97
    René Schwob, 4. XII. 23, 188, p. 99
    Roger Martin du Gard, II. IX. 48, RMGII, p. 426
    *Roger Martin du Gard, 7. VII. 50, RMGII, p. 492

GENÈVE

Mme Paul Gide, 30. V. 90, <u>232</u>, p. 448 et p. 453
*Mme Paul Gide, 19. V. 94, <u>237</u>, p. 324
Paul Valéry, [juillet 1894], <u>VAL</u>. p. 207
Paul Valéry, [6. VIII. 94], <u>VAL</u>. p. 212
Mme Paul Gide, 13. XII. 94, <u>237</u>, p. 425
Paul Valéry, [C.P. 3. X. 95] <u>VAL</u>. p. 248
Paul Valéry, 21 [mai 1897], <u>VAL</u>., p. 296
Raymond Bonheur, 3 [ou 4] V. 03, <u>BON</u>., p. 73
Francis Jammes, [10. III. 04], <u>JAM</u>. p. 209
Paul Valéry, 24. I. 12, <u>VAL</u>., p. 422
Edmund Gosse, 3. VII. 16, <u>GOS</u>, p. 130
Georges Pitoeff, 26. VII. 22, <u>249</u>, p. 64
Paul Valéry, 25. X. 22, <u>VAL</u>. p. 492
Roger Martin du Gard, 12. II. 32, <u>RMGI</u>, p. 500
Roger Martin du Gard, 7. VIII. 46, <u>RMGII</u>, p. 346
Georges Simenon, 3. IX. 46, <u>327</u>, p. 41
Rolf Bongs, 14. I. 47, <u>211</u>, [p. 53]
Roger Martin du Gard, 26. VI. 48, <u>RMGII</u>, p. 416

GÉTAFÉ

Roger Martin du Gard, 3. XII. 36, <u>RMGII</u>, p. 84

GIENS

Paul Valéry, 15. IX. 32, <u>VAL</u>. p. 514

GINOLES

Roger Martin du Gard, 16. VII. 40, <u>RMGII</u>, p. 211

Girard (Pension)

Mme Paul Gide, 23. V. 94, <u>237</u>, p. 325

GLOUCESTERSHIRE

John Rothenstein, 4.VI. 30, <u>290</u>, p. 173

Glyptothèque de Munich

*Mme Paul Gide, 18. 5. 92, <u>237</u>, p. 155

GOETHES ARCHIV

Madeleine Gide, 6. VIII. 03, <u>338</u>, p. 73

Gordon Square

Enid Starkie, 12. V. 47, <u>347</u>

GRAINVILLE-IMAUVILLE

Raymond Bonheur, 3. VI. 03, <u>BON</u>., p. 79

Grand Hôtel [de Grasse]

René Schwob, 14. III. 31, <u>188</u>, p. 108
Roger Martin du Gard, 22. III. 31, <u>RMGI</u>, p. 466
Roger Martin du Gard, 22. IX. 41, <u>RMGII</u>, p. 239

Grand Palais

. Roger Martin du Gard, 23. X. 37, <u>RMGII</u>, p. 119
Roger Martin du Gard, 8. II. 46, <u>RMGII</u>, p. 338

GRANTCHESTER

Arnold Bennett, 16. VII. 18, <u>BEN</u>., p. 94
*Edmund Gosse, 31. VII. 18, <u>GOS</u>, pp. 157-158

GRASSE

Christian Beck, [25. X. 06], <u>165</u>, p. 617
Roger Martin du Gard, 22. III. 31, <u>RMGI</u>, p. 466 et p. 467
Claude Mauriac, 13. VII. 40, <u>197</u>, p. 251
André Rouveyre, 17. I. 41, <u>ROU</u>., p. 155
Roger Martin du Gard, 18. IX. 41, <u>RMGII</u>, p. 237 et p. 238
*Roger Martin du Gard, 22. IX. 41, <u>RMGII</u>, p. 238
*Roger Martin du Gard, 3. IX. 48, <u>RMGII</u>, p. 424
*Roger Martin du Gard, II. IX. 48, <u>RMGII</u>, p. 426
Roger Martin du Gard, 13. IX. 50, <u>RMGII</u>, p. 498
*Ivan Bounine, [octobre 1950], <u>174</u>, p. 1

GRAU DU ROI

Roger Martin du Gard, [17. IX. 21], <u>RMGI</u>, p. 174

GRÈCE

Paul Valéry, [septembre 1891], <u>VAL</u>., p. 129
Marcel Drouin, [fin 1895], <u>186</u>, p. 382
Marcel Drouin, II. II. 96, <u>355</u>, p. 615
Arthur Fontaine, 8. VII. 02, <u>199</u>, p. 3

*Emile Haguenin, 23. X. 07, 358, p. 199.
Roger Martin du Gard, 27. III. 31, RMGI, p. 472.
Roger Martin du Gard, [21. VIII. 38], RMGII, p.148
Georges Simenon, 14. III. 39, 327, p. 33.
*Roger Martin du Gard, 28. VII. 39, RMGII, p. 181.
Claude Mauriac, 14. VIII. 40, 197, p. 253.
*Marie Delcourt, 6. VII. 45, 349, p. 123.

GRENADE

*Mme Paul Gide, 19. V. 94, 237, p. 324.
Edouard Ducoté, 8. XI. 03, 282, p. 1152.

GRENELLE

Roger Martin du Gard, 1. VII. 27, RMGI, p. 313.

GRENOBLE

Mme Paul Gide, 30. V. 90, 232, pp. 448 et 453.
Mme Paul Gide, 31. V. 90, 232, p. 449.
Mme Paul Gide, 20. VIII, 94, 237, p. 354.
Roger Martin du Gard, 24. II. 33, RMGI, p. 549.
Roger Martin du Gard, 13. VIII. 35, RMGII, p. 40.

GRÉOUX

Roger Martin du Gard, 25 VI. 29, RMGI, p. 374.

GRIGNON

Mme Paul Gide, 15. III. 95, 237, p. 474.
*Paul Valéry, [mai 1895], VAL., p. 237.

GRISSONS

Paul Valéry, [3. IX. 94], VAL., p. 213.

GRYON

C. F. Ramuz, 20. I. 37, 352, p. 296.

GUADELOUPE

Roger Martin du Gard, 24. IV. 39, RMGII, p. 167.

GUÉRET

Marcel Jouhandeau, 18. VII. 26, JOU., p. 20.

GUISE

Paul Valéry, 4. X. 14, VAL., p. 443.

GURS

Voir: Camp de Gurs

GUYANCOURT

Raymond Bonheur, [12. I. 05], BON., p. 89.

GUYANE

Roger Martin du Gard, 7. VII. 50, RMGII, p. 492.

HADES

Marcel Drouin, 10. III.96, <u>355</u>, p. 615.

Hadrien

Voir Villa d'Hadrien

HAMMAMET

Roger Martin du Gard, 14.V.42, <u>RMGII</u>, p. 246.

Harvard (Université)

Montgomery Belgion, 22.XI.29, <u>67</u>, p. 196.

HARWICH

Edmund Gosse, 21.VII.11, <u>GOS</u>, p. 60.

HASTINGS

Arnold Bennett, 17.IX.[14], <u>BEN</u>, p. 78.

HAUTEFORT

Francis Jammes, 14.X.04, <u>JAM</u>, p. 216.

HAUTE-GARONNE

Edmond Jaloux, 18.IX.41, <u>178</u>, p. 296.

HAVRE

Francis Jammes, 2.VIII.96, <u>JAM</u>, p. 80.
Paul Valéry, [C.P.27.VII.98], <u>VAL</u>, p. 327.
Paul Valéry, [C.P. septembre 1898], <u>VAL</u>, p. 333.
Paul Valéry, 8.IX.[98], <u>VAL</u>, p. 330.
Eugène Rouart, 1.II.03, <u>10</u>, p. 249.
Edmund Gosse, 11.VI.12, <u>GOS</u>, p. 77
André Ruyters, 16.IX.14, <u>139</u>, p. 489.
Arnold Bennett, 17.IX.14, <u>BEN</u>, p. 79.
*Paul Valéry 4.X.14, <u>VAL</u>, p. 442.
Mme Emile Mayrisch, 21.VI.19, <u>236</u>, p. 98.
Roger Martin du Gard, 18.VII.32, <u>RMGI</u>, p. 533.
Roger Martin du Gard, 8.X.33, <u>RMGI</u>, p. 582.

HEIDELBERG

Mme Paul Gide, [2.X.94], <u>359</u>, p. 150.
Roger Martin du Gard, [3.V.27], <u>RMGI</u>, p. 307.

HENDAYE

Francis Jammes, [18.IV.05], <u>JAM</u>, p. 226.
Roger Martin du Gard, 28.IV.35, <u>RMGII</u>, p. 25.

HOLLANDE

Francis Jammes [décembre 1897], <u>JAM</u>, p. 132.
Roger Martin du Gard, 31.V.28, <u>RMGI</u>, p. 348.
Willy Schuermans, 4.VI.28, <u>SCHU</u>, p. 58.
Roger Martin du Gard, 28. VI.35, <u>RMGII</u>, p. 35.
Roger Martin du Gard, 3.VII.35, <u>RMGII</u>, p. 36.
Roger Martin du Gard, 2.I.37, <u>RMGII</u>, p. 89.
*Roger Martin du Gard, 18.VI.38, <u>RMGII</u>, p. 143.
Marcel Jouhandeau, 18.VI.38, <u>JOU</u>, p. 39.

HONFLEUR

Paul Valéry, [juillet 1896], <u>VAL</u>, p. 271.

HONGRIE

Roger Martin du Gard, 4.IX.37, <u>RMGII</u>, p. 115.

Hopital Saint-Louis

Roger Martin du Gard, 14.V.42, <u>RMGII</u>, p. 246.

HOSSEGOR

*Roger Martin du Gard, 2.VI.35, <u>RMGII</u>, p. 32,
*Marcelle Schweitzer, 1.VII.48, <u>369</u>, p. 153.

Hotel Adriatic [Nice]

*Roger Martin du Gard, 14.X.41, <u>RMGII</u>, p. 239.
Roger Martin du Gard, 9.II.42 <u>RMGII</u>, p. 241.
Roger Martin du Gard, 7.V.42, <u>RMGII</u>, p. 244.
*Roger Martin du Gard, 15.II.45, <u>RMGII</u>, p. 314.

Hôtel Albert 1er

Roger Martin du Gard, [février 1932] <u>RMGI</u>, p. 503.

Hôtel Bristol (de Rapallo)
    Roger Martin du Gard, 14.II.23, RMGI, p. 208.

Hôtel Central
    Roger Martin du Gard, 14.VIII.32, RMGI, p. 535.
    René Schwob, 17.X.32, 188, p. 114.

Hôtel Charing Cross
    Edmund Gosse, [décembre 1912], GOS, p. 87.

Hôtel Courtès
    Paul Valéry [mars 1894], VAL, p. 200.

Hôtel Crillon
    Edmund Gosse, 21.XII.16, GOS, p. 148

Hôtel d'Angleterre
    Roger Martin du Gard, 19.X.48, RMGII, pp. 429-430.

Hôtel de France
    Edmund Gosse, 11.VI.12, GOS, p. 77.

Hôtel de Grasse
    Voir : Grand Hôtel de Grasse

Hôtel des Thermes
    Emile Verhaeren [1910], VER, p. 61.

Hôtel-Dieu
    Simone Marye, 7.VII.48, MAR, p. 52.

Hôtel du Pont-Royal
    Roger Martin du Gard, 12.II.32, RMGI, p. 500.
  * Roger Martin du Gard, 13.II.32, RMGI, p. 502.

Hôtel Lutetia
    Roger Martin du Gard, [10.XII.21], RMGI, p. 176.

Charles Du Bos, [1921], BOS, p. 39.
Roger Martin du Gard, 26.XII.22, RMGI, p. 204.
Rainer Maria Rilke, 31.XII.22, RIL, p. 209.
André Rouvèyre, 22.XI.24, ROU, p. 89.
René Schwob, 13.XII.24, 188, p. 100.
Roger Martin du Gard, I.X.32, RMGI, p. 539.
Roger Martin du Gard, 1.IV.38, RMGII, p. 128.
Roger Martin du Gard, 6.IV.38, RMGII, p. 130.

Hôtel Provençal [à Juan-Les-Pins]
    Roger Martin du Gard, 16.V.50, RMGII, p. 485.

Hôtel Splendide
    Roger Martin du Gard, 11.XI.30, RMGI, p. 422.
    Roger Martin du Gard, 22.III.31, RMGI, p. 467.
    Roger Martin du Gard, 15.IV.31, RMGI, p. 474.
    Roger Martin du Gard, 5.IV.33, RMGI, p. 558.
    Roger Martin du Gard, 30.III.34, RMGI, p. 610.

Hôtel Suisse
    Mme Paul Gide, 15.IX.94, 237, p. 359.

Hôtel Terminus
    Mme Paul Gide, 8.X.93, 237, p. 275.
    Mme Paul Gide, 18.X.93, 237, p. 280.

Hôtel Terminus [Chambéry]
    Jean Giono, 18.VII.35, 192, p. 215.

Hôtel Terminus [Saint-Lazare]
    Paul Valéry, [C.P. juillet 1903], VAL p. 400.
    Paul Valéry, [C.P. juillet 1903], VAL, p. 401.

Hôtel Timeo
    Roger Martin du Gard, 15.VI.50, RMGII, p. 489.

Hôtel Villa Majestic
    Roger Martin du Gard, 25.VII.30, RMGI, p. 410.

"Houlme"
  Mme Paul Gide, 31.VIII.94, 237, p. 355.

HYÈRES
  Willy Schuermans, 2.IX.21, SCHU, p. 21
  Roger Martin du Gard, [Juin 1922], RMGI, p. 184.
  *Roger Martin du Gard, 12.VII.22, RMGI, p. 185.
  Roger Martin du Gard, 18.VII.[22], RMGI, p. 187.
  Roger Martin du Gard, 23.VII.23, RMGI, p. 225.
  Roger Martin du Gard, 19.II.[24], RMGI, p. 242.
  Roger Martin du Gard, 25.I.25, RMGI, p. 256.
  Marcel Jouhandeau, 3.II.25, JOU, p. 18.
  Roger Martin du Gard, 22.IV.35, RMGII, p. 22.
  Roger Martin du Gard, 13.VIII.35, RMGII, p. 40.

IFS
  Charles du Bos, [1924], BOS, p. 75.

IMPFONDO
  Roger Martin du Gard, 30.VIII.25, RMGI, p. 273.

INDE
  X..., 3.IV.95, 237, p. 482.
  Maurice Beaubourg, I.IX.[1900], 216, p. 765.
  Marcel Jouhandeau, 6.VII.27, JOU, p. 24.

INDOCHINE
  Roger Martin du Gard, 28.I.32, RMGI, p. 493.

INDRE
  Roger Martin du Gard, 19.IX.39, RMGII, p. 188.
  Roger Martin du Gard, 23.VII.40, RMGII, p. 213.

INNSBRUCK
  Rainer Maria Rilke, 29.VIII.21, RIL, p. 170.
  Roger Martin du Gard, 7.VIII.46, RMGII, p. 346.
  Georges Simenon, 3.IX.46, 327, p. 41.

Institut français
  Roger Martin du Gard, 15.VI.50, RMGII, p. 489.

IRIGNY
  Roger Martin du Gard, [fin janvier 1915], RMGI, p. 136.

IRKOUTSK
  Roger Martin du Gard, 27.IX.32, RMGI, p. 539.

ISPAHAN
  Christian Beck, 4.V.03, 164, p. 398.

ITALIE
  *Paul Valéry [septembre 1892], VAL, p. 172.
  *Paul Valéry [mars 1894], VAL, p. 200.
  *Marcel Drouin, 10.V.94, 163, p. 67.
  *Paul Valéry [28.V.94], VAL, p. 204.
  Athman, 20.VII.94, 237, p. 347.
  *Mme Paul Gide, [18 et 23.IX.94], 237, p. 361.
  Mme Paul Gide, 22.XI.94, 237, p. 395.
  Paul Valéry, [C.P. 25.X.95], VAL, p. 250
  Marcel Drouin [fin 1895], 186, p. 382.
  Francis Jammes, [début de juin 1896], JAM, p. 74.
  Francis Jammes 22.IV.97, JAM, p. 107
  Il Marzocco, 20.XI.97, 3, pp. 3-4.
  Marcel Drouin, 26.III.98, 186, p. 389.
  Maurice Denis, [fin mars-tout début d'avril 1898], 238, p. 142.
  Christian Beck, [juillet 1899], 164, p. 391.
  *Christian Beck, 6.IV.08, 165, p. 626.
  Francis Jammes, 19.II.[09], JAM, p. 258.
  Paul Claudel, 24.II.[09], CLA, p. 100.
  *Maurice Denis, [fin avril 1909], 239, pp.111-112.
  X..., [printemps 1909], 96, p. 420.
  Edmund Gosse, 12.VIII.12, GOS, p. 80.
  Giuseppe Prezzolini, 12.IV.13, 20, p. 1058.

Mme Emile Mayrisch, 25.VII.13, 236, p. 98.

Valery Larbaud, 1.IX.13, 169, p. 232.

Diego Valeri, 12.XI.13, 296a, p. 45.

Edmund Gosse, 8.I.14, GOS, p. 107.

Rainer Maria Rilke, 14.II.14, RIL, p. 93.

Rainer Maria Rilke, [25.II.14], RIL, p.105.

Roger Martin du Gard, [17.IX.21], RMGI, p. 174.

Willy Schuermans, 10.XI.21, SCHU, p. 27.

Willy Schuermans, 2.XII.21, SCHU, p. 29.

Comoedia, [février 1923], RMGI, p. 212.

Alfred Vallette, 18.III.25, 311, p. 3.

Jacques de Lacretelle, 9.III.28, 254, p. 4.

Roger Martin du Gard, 13.VI.31, RMGI, p. 477.

Roger Martin du Gard, 30.V.34, RMGI, p. 616.

Roger Martin du Gard, 22.IV.35, RMGII, p. 23.

*Roger Martin du Gard, 5.V.35, RMGII, p. 28.

*... X, 10.XII.36, 129.

Roger Martin du Gard, 23.XII.36, RMGII, p. 87.

Roger Martin du Gard, 2.I.37, RMGII, p. 89.

Roger Martin du Gard, 24.VIII.37, RMGII, p. 114

Roger Martin du Gard, 4.IX.37, RMGII, p. 116.

Pierre Alessandri, 11.IX.37, 176, p. 184.

Jean Paulhan, 1.X.38, 339, p. 78.

*Jef Last, 2.X.38, 356, p. 124.

*Roger Martin du Gard, 7.VI.40. RMGII, p. 209.

Georges Simenon, 10.X.48, 327. p. 44

*Giancarlo Vigorelli, 26.XII.49, 172, p. 1.

*Roger Martin du Gard, 15.VI.50, RMGII, p. 489.

*Mitsuo Nakamura, 2.I.51, 185, p. 397.

JANSON

Mme Paul Gide, 17. X. 94, 232, p. 414

JANSON-DE-SAILLY

Paul Valéry, 4. III. 18, VAL., p. 465

JAPON

Francis Jammes, [début de juin 1896], JAM., p. 74
Eugène Rouart, 29. I. 14, 291, p. 3
Paul Claudel, [mai 1925], CLA. p. 242
*Mitsuo Nakamura, 2. I. 51, 185, pp. 396-397

JARDINS DES HESPÉRIDES

Francis Jammes, [fin de janvier 1898], JAM., p. 134

Jardin d'Essai

Rainer Maria Rilke, 29. XI. 10, RIL., p. 49

JAVA

Jef Last, 17. II. 50, 298, p. 238
Jef Last, 30. III. 50, 298, p. 238

JODESVILLE

Eugène Rouart, I. II. 03, 10, p. 249

John's Hopkins University

Georges Simenon, 12 à 16. II. 48, 327, p. 43
Saint-John Perse, 14. III. 48, 288, p. 466

JOUARRE

Mme Paul Gide, 19. X. 90, 232, pp. 469-470

JOUY-EN-JOSAS

Roger Martin du Gard, 21. III. 49, RMGII, p. 450

JUAN-LES-PINS

*Roger Martin du Gard, 22. VI. 49, RMGII, p. 453
*Roger Martin du Gard, I. VII. 49, RMGII, p. 455
Arthur Adamov, [octobre 1949], 177, p. 9

Roger Martin du Gard, 5. I. 50, RMGII, p. 476
Dorothy Bussy, 5. VII. 50, 281, p. 17
Georges Simenon, 29. XI. 50, 327, p. 47

JUDÉE

Francis Jammes, [octobre 1897], JAM., p. 125

JUMIÈGES

Paul Valéry, 20. VIII. 98, VAL., p. 329

JURA

Paul Valéry, 21 [mai 1897], VAL., p. 296
Christian Beck, 3. VI. 97, 164, p. 389
Francis Vielé-Griffin, [été 1897], 240, p. 107

KAIROUAN

*Mme Paul Gide, 14. XI. 93, <u>237</u>, p. 290

*Mme Paul Gide, 22. IV. 94, <u>237</u>, p. 317

Mme Paul Gide, 9. VI. 94, <u>237</u>, p. 328

*Paul Valéry, 11. IV. 99, <u>VAL.</u>, p. 344

Christian Beck, 25. I. 05, <u>215a</u>, p. 11

KAMTCHATKA

*Louis Laloy, 14. V. 28, <u>54</u>, p. 307

KARLSBAD

Eugène Dabit, 16. VII. 34, <u>214</u>, p. 45.

Julien Green, 28. VII. 34, <u>166</u>, p. 19

*Roger Martin du Gard, 22. VIII. 34, <u>RMGI</u>, p. 629

*Roger Martin du Gard, 11. IX. 34, <u>RMGI</u>, p. 631

KEMEROVO

*Jean Guéhenno, 17. II. 37, <u>129</u>

KHARTOUM

Roger Martin du Gard, 24. II. 39, <u>RMGII</u>, p. 162

KINCHASSA

Arnold Bennett, 20. VIII. 25, <u>BEN.</u>, p. 153

KISSINGEN

Madeleine Gide, 6. VIII. 03, <u>348</u>, p. 84 et 338, p. 72

Christian Beck, 6. IX. 03, <u>164</u>, p. 399

Kleines Theater

Emile Haguenin, 23. X. 07, <u>358</u>, p. 198.

KONAKRI

Arnold Bennett, 18. V. 24, <u>BEN.</u>, p. 143

KROUMIRIE

*Roger Martin du Gard, 14. V. 42, <u>RMGII</u>, p. 246

*Roger Martin du Gard, 15. VI. 42, <u>RMGII</u>, p. 251

KU LIANG

Francis Jammes, 24. IV. 23, <u>JAM.</u>, p. 363.

KUOLA LUMPUR

*Jean Cocteau, 30. III. 37, <u>COC.</u>, p. 176

Kurfürstendamm

Roger Martin du Gard, 14. VIII. 32, <u>RMGI</u>, p. 535.

L'Abbaye [Clairac, Lot-et-Garonne]

    Roger Martin du Gard, 16.VII.40, RMGII, p. 212.

LA CAVA

    Rene Schwob, 4.XII.23, 188, p. 99.

LAC DE GARDE

    *Richard Heyd, 27.VII.48, 316, p. 24.

    *Roger Martin du Gard, II.IX.48, RMGII, p. 425 et p. 426.

    *Georges Simenon, 10.X.48, 327, p. 44.

LA CROIX-VALMER

    Claude Mauriac, 28.VII.41, 197, p. 254.

    Roger Martin du Gard, 18.IX.41, RMGII, p. 238.

LA-FERTÉ-SOUS-JOUARRE

    Paul Valéry, 4.VII.[14], VAL, p. 435.

LA FLÈCHE

    Marcel Drouin, 9.VII.[03], VAL, p. 399.

LAFOUX

    Paul Valéry, [C.P. 12 mai 1891], VAL, p. 84.

LAMALOU

    Raymond Bonheur, 24.X.[99], BON, p. 52.

    Paul Valéry, 15.X.1900, VAL, p. 372.

    *Paul Valéry, 21.X.[1900], VAL, p. 375.

    Paul Valéry, 26.XII.[1900], VAL, p. 378.

    Francis Jammes, [10.III.04], JAM, p. 210.

    *Emile Verhaeren, [1910], VER, pp. 60-62.

Lancaster Gate

    Arnold Bennett, 21.VI.18, BEN, p. 90.

LANDES

    Francis Jammes, 14.X.04, JAM, p. 216.

LANGON

    François Mauriac, 22.VI.39, MAU, p. 91.

    *François Mauriac, 3.VII.40, MAU, p. 99.

La Panne

    X..., 8.XII.16, 364, p. 5.

    Edmund Gosse, 21.XII.16, GOS, p. 147.

LA PRESTE

    Paul Valéry, 4.VII.[14], VAL, p. 434.

LA ROCHE-POSAY

    Roger Martin du Gard, 15.VI.50, RMGII, p. 489.

    *Roger Martin du Gard, 7.VII.50, RMGII, p. 492.

    *Roger Martin du Gard, 7.IX.50, RMGII, p. 496.

LA ROQUE

    Paul Valéry, [9.IX.91], VAL, p. 123.

    Paul Valéry, 25.VII.[92], VAL, p. 167.

    Paul Valéry, [septembre 1892], VAL, p. 172.

    Jeanne Rondeaux, [novembre 1892], 237, p. 187.

    Mme Paul Gide, 14.XI.93, 237, p. 291.

    Jeanne Rondeaux, [février 1894], 237, p. 303.

    Jeanne Rondeaux, [juillet 1894], 237, p. 343.

    Jeanne Rondeaux, [juillet 1894], 237, p. 338.

    Mme Paul Gide, 4.VII.94, 237, p. 337.

    Mme Paul Gide, 6.VII.94, 237, p. 340.

    Mme Paul Gide, [22.IX.94], 359, p. 145.

    *Mme Paul Gide, 30.IX.94, 237, p. 369.

    Mme Paul Gide, [2.X.94], 359, p. 153.

    *Mme Paul Gide, 18.X.94, 237, p. 391.

    Marcel Drouin, [hiver 1894], 163, p. 55.

    Mme Paul Gide, 19.I.95, 237, p. 435.

    Mme Paul Gide, 19.II.95, 237, p. 466.

    Mme Paul Gide, 25.II.95, 237, p. 468.

    Mme Paul Gide, 14.III.95, 237, p. 470.

    Paul Valéry, [mai 1895], VAL, p. 239.

    Paul Valéry, [20.VI.95], VAL, p. 242.

Paul Valéry, 24.I.[96], VAL, p. 257.
*Paul Valéry, [mai 1896], VAL, p. 265.
Paul Valéry, [C.P.19.V.96], VAL, p. 267.
Francis Jammes, [début de juillet 1896], JAM, p. 77.
Francis Jammes, 18.VIII.96, JAM, p. 81.
Paul Valéry, 14.IX.96, VAL, p. 276.
Francis Jammes, 27.V.97, JAM, p. 110.
Francis Jammes, 4.VII.[97], JAM, p. 113.
Marcel Drouin, 30.III.98, 163, p. 61.
Francis Jammes, [avril 1898], JAM, p. 139.
Francis Jammes, 5 mai [98], JAM, p. 141.
Paul Valéry, 9.V.98, VAL, p. 318.
Paul Valéry, [C.P. juillet 1898], VAL, p. 319.
Francis Jammes, [début d'août 1898], JAM, p. 144.
Francis Jammes, 2.IX.98, JAM, p. 147.
Paul Valéry, 8.IX.[98], VAL, p. 330.
Raymond Bonheur, 20.IX.98, BON, p. 43.
Raymond Bonheur, 15.XI.98, BON, p. 44.
Maurice Denis, [1899], 238, p. 153.
Raymond Bonheur, [5.VI.99], BON, p. 48.
Paul Valéry, 11.VII.[99], VAL, p. 349.
Raymond Bonheur, [28.IX.99], BON, p. 50.
Paul Valéry, [fin de septembre 1899], VAL, p. 352.
Paul Valéry, [C.P.22.XI.99], VAL, p. 366.
Raymond Bonheur, [29.XI.99], BON, p. 54.
Raymond Bonheur, [17.V.1900], BON, p. 58.
Paul Valéry, [C.P.5.VII.01], VAL, p. 384.
Raymond Bonheur, [12.VIII.01], BON, p. 66.
Jacques-Emile Blanche, 15.VIII.01, 289, p. 757.
Paul Valéry, [C.P.23.IX.01], VAL, p. 389.
Christian Beck, [1902?], 164, p. 396.
Raymond Bonheur, [29.XI.02], BON, p. 72.
Raymond Bonheur, 10.V.[03], BON, p. 75.
*Francis Jammes, [10.III.43], JAM, p. 210.
Francis Jammes, [décembre 1909], JAM, p. 266.
Francis Jammes, [Noël 1909], JAM, p. 267.
Francis Jammes, [28.XII.09], JAM, p. 268.
Francis Jammes, 29.XII.09, JAM, p. 269.

*Francis Jammes, 24.IV.23, JAM, p. 364.
André Rouveyre, 22.XI.24, ROU, p. 90.
Roger Martin du Gard, II.XII.26, RMGI, p. 303.
Renée Lang, 10.VI.46, 170, p. 179.

La Rose de Sable
Roger Martin du Gard, 14.V.42, RMGII, p. 246.

La Souco
Charles Du Bos, 22.III.21, BOS, p. 30.
François Mauriac, [1927], MAU, p. 72.
Charles Du Bos, I.II.27, BOS, p. 110.
Roger Martin du Gard, 9.II.30, RMGI, p. 392.
Roger Martin du Gard, 5.III.31, RMGI, p. 452.
Roger Martin du Gard, 14.VI.36, RMGII, p. 75.

LATOMIES
*Marcel Drouin, 10.III.96, 355, p. 615.

LAUGIER
Théo Van Rysselberghe, 6.VI.03, 349, p. 51.

LAUSANNE
Mme Paul Gide, 20.VIII.94, 237, p. 354.
Paul Valéry, [3.IX.94], VAL, p. 213.
*Mme Paul Gide, 13.XII.94, 237, p. 425.
Francis Jammes, 4.I.98, JAM, p. 133.
Raymond Bonheur, 3 [ou 4].V.03, BON, p. 74.
Roger Martin du Gard, [3.V.27], RMGI, p. 307.
Roger Martin du Gard, 12.II.32, RMGI, p. 500.
André Rouveyre, II.I.34, ROU, p. 146.
C.-F. Ramuz, 7.II.36, 352, p. 66.
C.-F. Ramuz, 20.I.37, 352, p. 296.
Richard Heyd, 31.X.46, 276.
Roger Martin du Gard, 26.VI.48, RMGII, p. 416.
Dorothy Bussy, 5.VII.50, 281, p. 17.
Georges Simenon, 29.XI.50, 327, p. 47.

LAVANDOU

    Roger Martin du Gard, 29. II. 33, RMGI, p. 551

    Jean de Boschère, 24. III. 42, 349, p. 122

Lavandou Grand Hôtel

    Roger Martin du Gard, 21. II. [33], RMGI, p. 547

La Vigie

    Roger Martin du Gard, 5. I. 50, RMGII, p. 476

LEIPZIG

    Paul Valéry, 9. V. 98, VAL., p. 318

    Paul Claudel, 14. VI. 10, CLA., p. 138

    Joseph Goebbels, 4. I. 34, 100

Le Limon

    Paul Valéry, 4. VII. [14], VAL., p. 435

LENINGRAD

    Roger Martin du Gard, 14. VI. 36, RMGII, p. 74

    *Roger Martin du Gard, 22. VII. 36, RMGII, p. 75

LENK

    *Roger Martin du Gard, 13. VIII. 35, RMGII, p. 40

    *Roger Martin du Gard, 18. VIII. 35, RMGII, p. 42

Les Palmeraies

    Claude Mauriac, 28. VII. 41, 197, p. 254

L'Evêché [Villalier, Aude]

    Roger Martin du Gard, 16. VII. 40, RMGII, p. 211

    Roger Martin du Gard, 23. VII. 40, RMGII, p. 213

LEVIS-SAINT-NOM

    Roger Martin du Gard, 21. XI. 49, RMGII, p. 468

LEYSIN

    Roger Martin du Gard, [fin novembre 1929], RMGI, p. 380

LIBAN

    Roger Martin du Gard, 28. III. 46, RMGII, p. 343

    Roger Martin du Gard, 13. IV. 46, RMGII, p. 343

    Georges Simenon, 3. IX. 46, 327, p. 40

    Mitsuo Nakamura, 2. I. 51, 185, p. 397

Librairie Tournier [Tunis]

    Georges Simenon, 8. VI. 42, 327, p. 35

LIBRE ESTHETIQUE [de Bruxelles]

    Georges Eekhoud, 3. IV. 1900, 349, p. 44

LILLE

    Maurice Lime, 4. I. 36, 205, p. 81

    ... X, 10. XII. 36, 129

    Georges Simenon, 14. VII. 45, 327, p. 39

LIMOGES

    Paul Valéry, 5. V. 18, VAL., p. 468

LISBONNE

    Paul Valéry, [22. VIII. 41], VAL., p. 524

    Paul Valéry, 10. IX. 41, VAL., p. 525

LISIEUX

    Paul Valéry, [mai 1895], VAL. p. 239

    Paul Valéry, [20. VI. 95], VAL., p. 242

    Paul Valéry, [24. VI. 95], VAL., p. 243

    Paul Valéry, [19. V. 96], VAL., p. 266

    Raymond Bonheur, [8. IX. 98], BON., p. 41

    Raymond Bonheur, 20. IX. 98, BON., p. 42 et p. 43

    Raymond Bonheur, [28. IX. 99], BON, p. 50

    Edmund Gosse, II. VI. 12, GOS, p. 77

    Roger Martin du Gard, 23. VII. 40, RMGII, p. 213

    Renée Lang, 10. VI. 46. 170, p. 179

Little Palace

    Roger Martin du Gard, 13. II. 40, RMGII, p. 194

LOGES
  Roger Martin du Gard, 18. II. 37, RMGII, p. 92

LONDRES
  Paul Valéry, [28, V. 94], VAL., p. 205
  Paul Valéry, [juillet 1894], VAL. p. 206
  Paul Valéry, 16. VII. 94, VAL. p. 211
  Mme Paul Gide, 28. I. 95, 237, p. 448
  Mme Paul Gide, 30. I. 95, 237, p. 452
  Raymond Bonheur, [14. IX. 09], BON., p. 101
  Paul Claudel, [février, 1911] CLA., p. 165
  *Valery Larbaud, [fin mai 1911], 169, p. 165
  Valery Larbaud, 27. VI. II, 169, p. 174
  Edmund Gosse, 21. VII. II, GOS. p. 60
  Valery Larbaud, II, VIII. II, 169, p. 181
  Edmund Gosse, 4. IX. II, GOS, p. 67
  Francis Jammes, [octobre 1911], JAM. p. 282
  *Edmund Gosse, 8. X. 11, GOS, p. 69
  *Edmund Gosse, II. I. 12, GOS, pp. 74-75
  Edmund Gosse, 25. XII. 12, GOS, p. 87
  Edmund Gosse, 18. V. 13, GOS, p. 98
  Valery Larbaud, I. IX. 13, 169, p. 232
  Edmund Gosse, 8. I. 14, GOS, p. 106
  Paul Bourget, 12.V.17, 365, p. 4.
  Arnold Bennett, 21. VI. 18, BEN., p. 90
  Edmund Gosse, 31. VII. 18, GOS, p. 157
  Edmund Gosse, 30. VIII. 18, GOS, p. 163
  Arnold Bennett, 24. VIII. 20, BEN, p. 100
  Edmund Gosse, 23. VIII. 20, GOS, p. 167
  Paul Valéry, [octobre 22] VAL., p. 490
  Joseph Conrad, 26. XII. 22, 308, p. 164
  Arnold Bennett, 26. XII. 22, BEN. p. 118
  Arnold Bennett, 20. VIII. 25, BEN. p. 153
  Arnold Bennett, 28. VII. 30, BEN., p. 185
  Arnold Bennett, 14. IX. 30, BEN., p. 191
  Antonin Artaud, 16. VIII. 32, 284, p. 340
  *Roger Martin du Gard, 12. V. 34, RMGI, p. 612
  Roger Martin du Gard, 14. VI. 36, RMGII, p. 74
  Jean Galtier-Boissière, 25. VII. 37, 342

  François Mauriac, 3. VII. 40, MAU., p. 99
  Enid Starkie, 12. V. 47, 347
  Roger Martin du Gard, 12. VI. 47, RMGII, p. 370
  *Roger Martin du Gard, 17. VI. 47, RMGII, p. 373
  Roger Martin du Gard, 23. X. 49, RMGII, p. 463

LONS-LE-SAULNIER
  Roger Martin du Gard, 14. IX. 40, RMGII, p. 220

LOSDORF
  Stéphane Mallarmé, 22. V. 97, 163a, p. 117
  Francis Jammes, 27. V. 97, JAM., p. 109
  *Christian Beck, 3. VI. 97, 164, p. 389
  Francis Jammes, [début d'août 1898], JAM., p. 144

LOT-ET-GARONNE
  Roger Martin du Gard, 16. VII. 40, RMGII, p. 212

LOUQSOR

  Voir: LOUXOR

Louvre
  Raymond Bonheur, [décembre 1906], BON, p. 96
  Francis Jammes, [28. XII. 09], JAM., p. 268
  Dorothy Bussy, [1919], 281, p. 17

LOUXOR
  *Roger Martin du Gard, 24. II. 39, RMGII, p. 162
  *Georges Simenon, 14. III. 39, 327, p. 32
  Roger Martin du Gard, 24. IV. 39, RMGII, p. 168
  *Roger Martin du Gard, 8. II. 46, RMGII, p. 337

LUCERNE
  Mme Paul Gide, 29. VI. 94, 237, p. 336

LUGANO
  Roger Martin du Gard, 30. III. 34, RMGI, p. 611

LUNÉVILLE

 Francis Jammes, 14. X. 04, <u>JAM</u>. p. 216

LUNGARNO

 Valery Larbaud, II. III. 12, <u>169</u>, p. 195

LUXEMBOURG (Jardins du)

 Paul Valéry, [C.P. 18. X. 92], <u>VAL</u>., p. 174
 Paul Valéry, 2. XII. 94, <u>VAL</u>., p. 223
 André Rouveyre, 12. XII. 23, <u>ROU</u>., p. 78
 Rainer Maria Rilke, 15. XII. 23, <u>RIL</u>., p. 229

LUXEMBOURG

 Eugène Rouart, I. II. 03, <u>10</u>, p. 249
 Rainer Maria Rilke, [fin mai 1911], <u>RIL</u>. p. 58
 Emile Verhaeren, 3. VI. 16, <u>VER</u>., p. 85
 Roger Martin du Gard, 7. V. 19, <u>RMGI</u>, p. 140
 Paul Valéry, 6. X. 19, <u>VAL</u>., p. 476
 Mme Emile Mayrisch, 20. V. 21, <u>236</u>, p. 104
 Walter Ratheneau, 25. VI. 21, <u>53</u>
 Rainer Maria Rilke, 29. VIII. 21, <u>RIL</u>., p. 170
 Roger Martin du Gard, [août ou septembre 1921], <u>RMGI</u>, p. 173
 Paul Valéry, 9. VIII. [24], <u>VAL</u>., p. 497
 Roger Martin du Gard, 14. X. 27, <u>RMGI</u>, p. 317
 Charles Du Bos, 15. III. 28, <u>BOS</u>. p. 133
 Roger Martin du Gard, 31. V. 28, <u>RMGI</u>, p. 348
 Roger Martin du Gard, 7. IX. 31, <u>RMGI</u>, p. 486
 Roger Martin du Gard, 2. I. 37, <u>RMGII</u>, p. 89
 *Robert Stumper, 5. VI. 37, <u>236</u>, p. 90
 Hélène Martin du Gard, 13. XI. 37, <u>RMGII</u>, p. 527
 Roger Martin du Gard, 16. XI. 37, <u>RMGII</u>, p. 125

LUXOR

 Voir: LOUXOR

Lycée Chateaubriand [de Rome]

 Roger Martin du Gard, 14. I. 35, <u>RMGII</u>, p. 9

Lycée Hoche

 Roger Martin du Gard, 17. X. 37, <u>RMGII</u>, p. 118
 Roger Martin du Gard, 23. X. 37, <u>RMGII</u>, p. 119

Lycée Janson-de-Sailly

 Paul Valéry, 15. IX. 32, <u>VAL</u>., p. 514
 Edmond Jaloux, 18. IX. 41, <u>178</u>

Lycée Victor Duruy

 Edmund Gosse, 4. IX. 18, <u>GOS</u>, p. 164

LYON

 Mme Paul Gide, 28. XII. 94, <u>237</u>, p. 427
 Paul Valéry, [juillet 1908], <u>VAL</u>. p. 418
 Roger Martin du Gard, 12. II. 32, <u>RMGI</u>, p. 500
 Rene Schwob, 23. II. 32, <u>188</u>, p. 111
 Roger Martin du Gard, 25. III. 34, <u>RMGI</u>, p. 608
 Roger Martin du Gard, 13. VIII. 35, <u>RMGII</u>, p. 40
 Roger Martin du Gard, 16. VII. 40, <u>RMGII</u>, p. 211
 Roger Martin du Gard, 23. II. 47, <u>RMGII</u>, p. 364

MADAGASCAR
    Mme Paul Gide, 6.VII.94, 237, p. 341.
    *Roger Martin du Gard, 24.IV.39, RMGII, p. 168.

MADRID
    Francis Jammes [avril 1899], JAM, p. 151.
    Roger Martin du Gard, 15.IV.33, RMGI, p. 562.
    Roger Martin du Gard, 22.IV.35, RMGII, p. 23.
    *Roger Martin du Gard, 28.IV.35, RMGII, p.25.
    Roger Martin du Gard, 3.XII.36, RMGII, p. 83.
    Roger Martin du Gard, 18.II.37, RMGII, p. 93.

MAGHREB
    Jef Last, [août 1945], 293, p. 190.

MAGNY
    Raymond Bonheur, 29.VII.[98], BON, p. 40.
    Raymond Bonheur, 15.XI.98, BON, p. 44.
    Raymond Bonheur, 24.X.[99], BON, p. 52.
    Raymond Bonheur, [16.I.1900], BON, p. 55.
    Raymond Bonheur, [17.V.1900], BON, p. 58.
    Francis Jammes, 26.VIII.[1900], JAM, p. 166.
    Paul Valéry, [C.P. mai 1902], VAL, p. 392.
    Raymond Bonheur, [6.X.02], BON, p. 70.
    Raymond Bonheur, [29.XI.02], BON, p. 71.
    Raymond Bonheur, 6.III.[03], BON, p. 73.
    Raymond Bonheur, 3[ou 4], V. 03, BON, p. 75.
    Raymond Bonheur, [2.VI.03], BON, p. 78.
    Raymond Bonheur, [juin ? 03], BON, p. 80.
    Raymond Bonheur, [12.V.04], BON, p. 87.
    Raymond Bonheur, [12.I.05], BON, p. 89.
    Raymond Bonheur, [12.XII.07], BON, p. 99.
    Raymond Bonheur, 1.VI.[09], BON, p. 101.
    Raymond Bonheur, 2.I.10, BON, p. 102.
    Raymond Bonheur, [7.XI.11], BON, p. 103.
    Raymond Bonheur, 8.IX.16, BON, p. 104.

MAGUELONE
    Paul Valéry, [janvier 1895], VAL, p. 230.

Maison de la Culture
    Maurice Lime, 11.XII.35, 205, p. 67.
    Maurice Lime, 4.I.36, 205, p. 82.

Maison des Missions
    Roger Martin du Gard, 30.VI.27, RMGI, p. 312.

Maison dees Pères blancs
    Paul Valéry, 16.VII.94, VAL, p. 210.
    *Paul-Albert Laurens, 20.VII.94, 237, p. 346.

Maison du Peuple de Lausanne
    C.-F. Ramuz, 7.II.36, 352, p. 280.

MALAGAR
    *Roger Martin du Gard, 10.VI.39, RMGII, p. 169.
    *François Mauriac, [22.VI.39], MAU, p. 91.
    *François Mauriac, 22.VII.39, MAU, p. 94.
    *Roger Martin du Gard, 28.VII.39, RMGII, p. 181.
    *François Mauriac, 17.VIII.39, MAU, p. 95.
    *Claude Mauriac, 16.IX.39, 197, p. 235.
    *Roger Martin du Gard, 19.IX.39, RMGII, p. 187.
    *François Mauriac, 26.IX.39, MAU, p. 96.
    François Mauriac, 9.I.40, MAU, p. 98.
    *Claude Mauriac, 31.V.40, MAU, p. 248.
    François Mauriac, 3.VII.40, MAU, p. 99.
    Claude Mauriac, 14.VIII.40, 197, p. 251.
    Claude Mauriac, 11.VII.41, 197, p. 254.
    *François Mauriac, 29.VI.46, MAU, p. 104.

MALAKOFF
    Roger Martin du Gard, 1.VII.27, RMGI, p. 313.

MALDORME
    Francis Jammes, 5.V.[98], JAM, p. 142.

MALOU

Marcel Drouin, 4.XI.1900, 88.

MANCHE

Paul Valéry, 4.X.14, VAL, p. 442.

Arnold Bennett, 28.VII.30, BEN, p. 185.

MANCHESTER

Roger Martin du Gard, 22.II.49, RMGII, p. 444.

MANOSQUE

*Roger Martin du Gard, 30.III.34, RMGI, p. 610.

*Jean Giono, 18.VII.35, 192, p. 215.

Roger Martin du Gard, 8.X.35, RMGII, p. 51.

MANS

Roger Martin du Gard, 5.III.31, RMGI, p. 453.

MANS OURAH

Mme Paul Gide, 2.II.95, 237, p. 459.

Marigny

Voir : Théâtre Marigny

MARITIMA

Roger Martin du Gard, 25.I.25, RMGI, p. 256.

Marne (Canal de)

X..., 17.II.11, 309, p. 30.

MAROC

Jean-Marc Bernard, 21.IX.11, 103, p. 471.

*Francis Jammes, [octobre 1911], JAM, p. 282.

Edmund Gosse, 11.VI.12, GOS, p. 77.

François Le Gix, 10.III.23, 58, p. 9.

Rainer Maria Rilke, 28.IV.23, RIL, p. 212.

René Schwob, 1.V.23, 188, p. 96.

Eugène Dabit, 23.XI.27, 214, p. 33.

Roger Martin du Gard, 29.III.32, RMGI, p. 516.

*Roger Martin du Gard, 25.V.32, RMGI, p. 521.

Roger Martin du Gard, 19.III.35, RMGII, p. 21.

Thomas Mann, 3.V.35, RMGII, p. 514.

Roger Martin du Gard, 5.V.35, RMGII, p. 29.

Roger Martin du Gard, 28.VI.35, RMGII, p. 35.

Roger Martin du Gard, 10.VII.35, RMGII, p. 39.

Roger Martin du Gard, 14.VI.36, RMGII, p. 74.

*Roger Martin du Gard, 5.IV.45, RMGII, p. 317.

Jef Last, [août 1945], 298, p. 190.

Roger Martin du Gard, 11.I.51, RMGII, p. 508.

MAROUA

Roger Martin du Gard, 26.XI.30, RMGI, p. 424 et p. 425.

MARRAKECH

*Roger Martin du Gard, 16.IV.23, RMGI, p. 216.

Eugène Dabit, 7.VI.28, 214, p. 34.

MARSA

Roger Martin du Gard, 15.VI.42, RMGII, p. 251.

MARSEILLE

Paul Valéry, [mars 1893], VAL, p. 181.

Mme Paul Gide, 8.X.93, 237, p. 275.

*Mme Paul Gide, 18.X.93, 237, p. 280.

Paul Valéry, 16.VII.94, VAL, p. 210.

Mme Paul Gide, 18.I.95, 237, p. 432.

Mme Paul Gide, 25.I.95, 237, p. 440.

Paul Valéry, [C.P.27.I.95], VAL, p. 232.

Mme Paul Gide. 25.II.95, 237, p. 468.

Mme Paul Gide, 3.IV.95, 237, p. 487.

Francis Jammes, [début de mai 1896], JAM, p. 72.

*Francis Jammes, 4.I.98, JAM, p. 134.

*Paul Valéry, 7.I.98, VAL, p. 302.

Francis Jammes, 5.V.[98], JAM, p. 142.
Paul Valéry, [C.P.27.VII.98], VAL, p. 327.
Francis Jammes, [avril 1899], JAM, p. 150.
Paul Valéry, 26.XII.[1900], VAL, p. 378.
Roger Martin du Gard, [juin 1922], RMGI, p. 184.
Roger Martin du Gard, 12.VII.22, RMGI, p. 186.
X..., 11.VIII.22, 315, p. 51.
Roger Martin du Gard, 27.IV.23, RMGI, p. 218.
Jean Paulhan, 12.XI.26, 344, p. 8.
Roger Martin du Gard, 2.XI.30, RMGI, p. 422.
René Schwob, 30.XII.30, 188, p. 105.
Arnold Bennett, 3.I.31, BEN, p.193.
Roger Martin du Gard, 18.II.31, RMGI, p. 447
René Schwob, 14.III.31, 188, p. 108.
Roger Martin du Gard, 15.IV.31, RMGI, p. 474.
Jacques de Lacretelle, [6.IX.31], 245, p. 401.
Roger Martin du Gard, 4.II.33, RMGI, p. 546.
Roger Martin du Gard, 21.II.[33], RMGI, p. 547.
Roger Martin du Gard, 24.II.33, RMGI, p. 549.
Roger Martin du Gard, 29.II.33, RMGI, p. 551.
Roger Martin du Gard, 2.IV.33, RMGI, p. 555.
Roger Martin du Gard, 5.IV.33, RMGI, p. 558.
Roger Martin du Gard, 26.IV.33, RMGI, p. 563.
Roger Martin du Gard, 15.II.34, RMGI, p. 598.
Eugène Dabit, 15.II.34, 214, p. 44.
Roger Martin du Gard, 18.III.34, RMGI, p. 602.
Roger Martin du Gard, 30.III.34, RMGI, p. 610.
Roger Martin du Gard, 1.IV.34, RMGI, p. 611.
Roger Martin du Gard, 25.VI.34, RMGI, p. 621.
Roger Martin du Gard, 3.VII.35, RMGII, p. 36.
Roger Martin du Gard, 10.VII.35, RMGII, p. 39.
Roger Martin du Gard, 13.VIII.35, RMGII, p. 40.
Roger Martin du Gard, [mai 1936], RMGII, p. 73.
Roger Martin du Gard, 14.VI.36, RMGII, p. 75.
Roger Martin du Gard, 27.V.37, RMGII, p. 105.
Roger Martin du Gard, 23.X.37, RMGII, p. 119.
Roger Martin du Gard, 16.I.39, RMGII, p. 158.

Roger Martin du Gard, 18.I.39, RMGII, p. 160.
Edouard Daladier, 4.X.39, MAU, p. 97.
François Mauriac, 4.X.39, MAU, p. 97.
Paul Valéry, 21.IX.41, VAL, p. 526.
Roger Martin du Gard, 7.V.42, RMGII, p. 243.
Roger Martin du Gard, 24.V.42, RMGII, p. 248.
Paul Valéry, 23.VI.[42], VAL, p. 527.
Roger Martin du Gard, 3.IX.42, RMGII, p. 265 et p. 266.
Roger Martin du Gard, 23.IX.42, RMGII, p. 268.

MARTINIQUE

Roger Martin du Gard, 24.IV.39, RMGII, p. 167.

Mas Notre Dame

Roger Martin du Gard, 16.VII.40, RMGII, p. 212

MATADI

Arnold Bennett, 20.VIII.25, BEN, p. 153.

MAURITANIE

Roger Martin du Gard, 14.VI.36, RMGII, p. 74.

MÉDITERRANÉE

Mme Emile Mayrisch, 12.VIII.11, 236, p. 97.

Mée

Roger Martin du Gard, [octobre 1922], RMGI, p.196.
Roger Martin du Gard, 21.VII.24, RMGI, p. 251.
Roger Martin du Gard, 18.X.25, RMGI, p. 279.

MELUN

Roger Martin du Gard, 21.VII.24, RMGI, p. 251.

MENEZ-HOM

José-Maria de Heredia, [septembre 1892], 246, p. 176.

MENTHON

    Mme Paul Gide, 2.II.90, 232, p. 450.

    Mme Paul Gide, 4.II.90, 348, p. 34.

    Mme Paul Gide, 6.II.90, 232, p. 454.

MENTON

    Mme Christian Beck, 26.III.16, 215a, p. 15.

    Roger Martin du Gard, 1.II.23, RMGI, p. 206.

    René Schwob, 4.XII.23, 183, p. 99.

    Arnold Bennett, 12.III.24, BEN, p. 136.

    Roger Martin du Gard, 7.VI.40, RMGII, p. 209.

Mer des Indes

    Arnold Bennett, 28.VII.30, BEN, p. 185.

Mer Noire

    Roger Martin du Gard, 22.VII.36, RMGII, p. 75.

Mers du Sud

    Paul Valéry, 6.X.19, VAL, p. 476.

MESNIL

    Paul Valéry, 15.X.12, VAL, p. 430.

Messuguière

    Roger Martin du Gard, 16.VII.40, RMGII, p. 212.

    Roger Martin du Gard, 23.VII.40, RMGII, p. 213.

    Roger Martin du Gard, 18.I.41, RMGII, p. 226.

    Roger Martin du Gard, 22.IX.41, RMGII, p. 239.

    *Roger Martin du Gard, 15.VI.42, RMGII, p. 251.

MEXIQUE

    *Léon Blum, [décembre 1936], 341, p. 7.

MHAMMAR

    Francis Jammes, [début de juin 1896], JAM, p. 74.

Midi (Le)

    Edouard Dujardin, 1.VII.91, 34, p. 14.

    Mme Paul Gide, 29.V.93, 237, p. 228.

    Marcel Drouin, 10.V.94, 163, p. 68.

    Paul Valéry, [septembre 1895], VAL, p. 247.

    Paul Valéry, 7.I.98, VAL, p. 302.

    *Francis Viélé-Griffin, [septembre 1902], 240, p. 112.

    Jean-Marc Bernard, 21.IX.11, 103, p. 471.

    Paul Valéry, 7.I.20, VAL, p. 477.

    Arnold Bennett, 26.I.21, BEN, p. 111.

    Roger Martin du Gard, 20.VIII.21, RMGI, p. 171.

    Roger Martin du Gard, [août ou septembre 1921], RMGI, p. 173.

    Roger Martin du Gard, [octobre 1922], RMGI, p.197.

    Paul Valéry, 25.X.22, VAL, p. 491.

    *Willy Schuermans, 28.X.22, SCHU, p. 40.

    Rainer Maria Rilke, 17.XI.22, RIL, p. 203.

    Arnold Bennett, 26.XII.22, BEN, p. 118.

    Arnold Bennett, [fin août 1923], BEN, p. 125.

    Roger Martin du Gard, [février 1924], RMGI, p. 239.

    Roger Martin du Gard, 19.II.[24], RMGI, p. 242.

    Maurice Denis, 13.V.24, 255, p. 42.

    Paul Valéry, [25.X.24], VAL, p. 498.

    Arnold Bennett, 19.II.25, BEN, p. 147.

    Roger Martin du Gard, 8.VII.26, RMGI, p. 295.

    Marcel Jouhandeau, 18.VII.26, JOU, p. 21.

    Edmund Gosse, 27.VII.26, GOS, p. 180.

    Marcel Jouhandeau, 30.XII.26, JOU, p. 22.

    Roger Martin du Gard, 22.II.27, RMGI, p. 306.

    Roger Martin du Gard, [juillet 1927], RMGI, p.315.

    André Rouveyre, 2.III.28, ROU, p. 107.

    Jacques de Lacretelle, 9.III.28, 254, p. 4.

    Charles du Bos, 15.III.28, BOS, p. 133.

    Arnold Bennett, 12.VIII.29, BEN, p. 166.

    Eugène Dabit, 19.XI.29, 214, p. 38.

    Roger Martin du Gard, 22.XI.29, RMGI, p.379.

    Marcel Jouhandeau, 23.XI.29, JOU, p. 26.

Roger Martin du Gard, [fin novembre 1929], RMGI, p. 380.

Arnold Bennett, 26.XII.29, BEN, p. 171.

*Eugène Dabit, 5.I.30, 214, p. 40.

Arnold Bennett, 23.II.30, BEN, p. 175.

Marcel Jouhandeau, 17.III.30, JOU, p. 27.

Arnold Bennett, 27.X.30, BEN, p. 194.

Paul Valéry 23.I.31, VAL, p. 511.

*Roger Martin du Gard, 14.VII.31, RMGI, p. 477.

Roger Martin du Gard, 13.VIII.31, RMGI, p. 485.

René Schwob, 12.X.31, 188, p. 109.

René Schwob, 23.II.32, 188, p. 111.

Igor Stravinsky, 20.I.33, 265, p. 186.

Roger Martin du Gard, 26.IV.37, RMGII, p. 101.

Roger Martin du Gard, 23.X.37, RMGII, p. 119.

Roger Martin du Gard, [21.VIII.38], RMGII, p. 148.

Jef Last, [août 1945], 298, p. 190.

Ivan Bounine, [octobre 1950], 174, p. 1.

MILAN

Paul Valéry, [C.P. 15.XII.95], VAL, p. 254.

Marcel Drouin, 25.XII.[95], 163, p. 74.

MILLY

Jean Cocteau, 13.II.49, COC, p. 196.

MINORQUE

Eugène Dabit, 17.VII.35, 214, p. 11.

MIVOIE

Roger Martin du Gard, 15.VI.50, RMGII, p. 489.

Roger Martin du Gard, 11.I.51, RMGII, p. 508.

MODANE

Dorothy Bussy, 12.III.34, 281, p. 17.

MODENE

Mme Paul Gide, [13 ou 14.IX.94], 237, p. 359.

MONDORF

Roger Martin du Gard, 17.VI.47, RMGII, p. 373.

MONTAUBAN

Francis Jammes, 14.X.04, JAM, p. 216.

MONT BLANC

Eugène Dabit, 17.VII.35, 214, p. 11.

Roger Martin du Gard, 13.VIII.35, RMGII, p. 40.

MONT-CASSIN

Paul Claudel, 19.IV.09, CLA, p. 100.

*Maurice Denis, [fin avril 1909], 239, p. 111.

Paul Claudel, 15.II.10, CLA, p. 120.

MONT-DORE

Mme Emile Mayrisch, 2.V.21, 236, p. 104.

*François Mauriac, 22.VII.39, MAU, p. 94.

*Jacques Lévy, 25.VII.39, 221, p. 36.

André Maurois, 26.VII.39, 223, p. 14.

Roger Martin du Gard, 28.VII.39, RMGII, p. 181.

*Roger Martin du Gard, 19.IX.39, RMGII, p.187.

*André Rouveyre, 4.II.40, ROU, p. 151.

*Roger Martin du Gard, 12.VIII.45, RMGII, p. 328.

*Roger Martin du Gard, 23.VIII.45, RMGII, p. 329.

Roger Martin du Gard, 20.IX.45, RMGII, p. 330.

MONTE CALVARIO

Christian Beck, [juin 1899], 164, p. 392.

MONTIGNY

Paul Valéry, [C.P.12.VII.92], VAL, p. 166.

Pierre Louys, 16.VII.92, 237, p. 175.

MONTIVILLIERS

    Paul Valéry, 4.X.14, VAL, p. 442.

MONTMARTRE

    Paul Valéry, [décembre 1891], VAL, p. 241.

MONTPARNASSE

    Paul Valéry, [C.P. mai 1902], VAL, p. 392.
    Roger Martin du Gard, 7.I.28, RMGI, p. 320.

MONTPELLIER

    Paul Valéry, [C,P. 21 mars 1891], VAL, p. 70.
    Paul Valéry, 29.III.91, VAL, p. 76.
    Paul Valéry, [mai 1891], VAL, p. 81.
    Paul Valéry, [C.P.12 mai 1891], VAL, p. 85.
    Paul Valéry, [septembre 1891], VAL, p. 129.
    Paul Valéry, [début de janvier 1892], VAL, p. 145.
    Paul Valéry, [2.II.92], VAL, p. 149.
    Paul Valéry, [août 1892], VAL, p. 170.
    Paul Valéry, [septembre 1892], VAL, p. 172.
    Paul Valéry, [27.XI.93], VAL, p. 191 et p. 192.
    Mme Paul Gide, 3.IV.95, 237, p. 487.
    Paul Valéry, [C.P. 15.VIII.95], VAL, p. 244.
    Paul Valéry, [C.P. 3.X.95], VAL, p. 248.
    Paul Valéry, [C.P.10.X.95], VAL, p. 250.
    Paul Valéry, [C.P.25.X.95], VAL, p. 250.
    Paul Valéry, 24.I.[96], VAL, p. 257.
    Paul Valéry, 25.III.[96], VAL, p. 261.
    Paul Valéry, [juillet 1896], VAL, p. 271.
    Paul Valéry, [C.P.3.I.97], VAL, p. 284.
    Paul Valéry, [février 1897], VAL, p. 287.
    Paul Valéry, 21[mai 1897], VAL, p. 296.
    Paul Valéry, [C.P.27.VII.98], VAL, p. 327.
    Paul Valéry, [C.P.5.VII.01], VAL, p. 385.
    Joseph Conrad, 26.XII.22, 308, p. 164.
    Roger Martin du Gard, 26.V.40, RMGII, p. 207.

MONTPENSIER

    Jean Cocteau, 13.II.49, COC, p. 196.

MONTREUX

    Roger Martin du Gard, 17.IV.32, RMGI, p. 519.

MORTEFONTAINE

    Pierre Louys, 19.X.94, 237, p. 389.

MORTEUIL

    Roger Martin du Gard, [juin 1925], RMGI, p. 270.
    Roger Martin du Gard, 3.VI.25, RMGI, p. 263.
    Roger Martin du Gard, 9.VI.25, RMGI, p. 269.

MOSCOU

    Roger Martin du Gard, 3.VII.35, RMGII, p. 37.
    *Roger Martin du Gard, 12.IX.35, RMGII, p. 48.
    *Eugène Dabit, 12.V.36, 214, p. 21.
    Roger Martin du Gard, 14.VI.36, RMGII, p. 74.
    *Roger Martin du Gard, 22.VII.36, RMGII, p. 75.
    Lucien Combelle, 16.X.36, 122.
    Roger Martin du Gard, 10.XII.36, RMGII, p. 87.
    *A. Gulminelli, 28.XII.36, 129.
    Jean Guéhenno, 17.II.37, 129,
    *Roger Martin du Gard, 6.III.49, RMGII, p. 446.

MOULINS

    Francis Jammes, [décembre 1909], JAM, p. 266.

MOUTON BLANC

    *Marcel Drouin, 27.VI.01, 217, p. 414.

M'REYER

    Paul-Albert Laurens, 20.VII.94, 237, p. 346.
    Edouard Ducoté, [février 1900], 282, p. 1145.

MUNCHEN

Voir : Munich

MUNICH

[Voir aussi: glyptothèque]

Paul Valéry, [2.II.92], VAL, p. 148.

*Mme Paul Gide, 10.III.92, 237, p. 153.

*Paul Valéry, [C.P. 13.III.92], VAL, p. 151.

*Paul Valéry, [C.P. 21.III.92], VAL, p. 153 et p. 154.

Mme Paul Gide, 22.III.92, 237, p. 153.

Paul Valéry, [C.P. 26.IV.92], VAL, p. 157.

*Paul Valéry, [C.P. mai 1898], VAL, p. 317.

Paul Valéry, 9.V.98, VAL, p. 318.

*Roger Martin du Gard, 14.VII.31, RMGI, p. 477.

Joseph Goebbels, 4.I.34, 100.

*Jef Last, 2.X.38, 356, p. 124.

*Roger Martin du Gard, 9.X.38, RMGII, p. 154.

Roger Martin du Gard, 12.VI.47, RMGII, p. 370.

Roger Martin du Gard, 17.VI.47, RMGII, p. 373.

Roger Martin du Gard, 29.VII.47, RMGII, p. 375.

Musée du Trocadéro

Roger Martin du Gard, 18. III.34, RMGI, p. 603.

MUSTAPHA

Edouard Ducoté, 22.II.1900, 282, p. 1149.

Christian Beck, 18.XI.06, 165, p. 618.

Rainer Maria Rilke, 29.XI.10, RIL, p. 49.

NAFTA

*Roger Martin du Gard, 14.VIII.32, RMGI, p. 536.

NAG-HAMADI

*Roger Martin du Gard, 24.II.39, RMGII, p. 163.

Georges Simenon, 14.III.39, 327, p. 32.

NANCY

Paul Valéry, [8.VIII.91], VAL, p. 115.

Paul Valéry, [2.II.92], VAL, p. 148.

Paul Valéry, [C.P.12.IV.92], VAL, p. 156.

Paul Valéry, [C.P.18.X.92], VAL, p. 174.

Marcel Drouin, 18.III.93, 163, p. 44.

Paul Valéry, [septembre 1895], VAL, p. 246.

Paul Valéry, [C.P. mai 1898], VAL, p. 317.

NAPLES

Mme Paul Gide, 19.V.94, 237, p. 324.

Mme Paul Gide, 22.XI.94, 359, p. XXXVIII.

*Paul Valéry, 24.I. [96], VAL, p. 258.

Paul Valéry, [février 1897], VAL, p. 287.

*Paul Valéry [avril 1897], VAL, p. 289.

Francis Jammes, 22.IV.97, JAM, p. 107.

André Fontainas, 28.IV.97, 349, p. 28.

*Christian Beck, 13.IV.99, 164, p. 390.

Christian Beck, [1900? - 1901], 164, p. 395.

Raymond Bonheur, [20.III.01], BON, p. 60.

Paul Valéry, [C.P. 28.III.01], VAL, p. 380.

*Paul Valéry, [C.P. 16.III.08], VAL, p. 415.

Christian Beck, 12.X.06, 165, p. 627.

Christian Beck, 15.VII.09, 165, p. 628.

Christian Beck, 16.X.09, 165, p. 629.

Christian Beck, 11.XI.09, 215a, p. 13.

René Schwob, 4.XII.23, 188, p. 99.

*Roger Martin du Gard, 2.II.34, RMGI, p. 593.

*Roger Martin du Gard, 16.XII.45, RMGII, p. 335.

National Bank du Caire

   Simone Marye, 3.XII.46, MAR, p. 46.

NAZELLES

   Francis Viélé-Griffin, 26.VII.1900, 240, p. 111.

NERVI

   Paul Valéry, 10.III.08, VAL, p. 415.

NEUCHATEL

   *Mme Paul Gide, 23.I.95, 237, p. 437.

   Francis Jammes, [décembre 1897], JAM, p. 132.

   *Georges Redard, 29.VII.41, 321, p. 3.

   Georges Simenon, 3.IX.46, 327, p. 41.

   Roger Martin du Gard, 21.X.47, RMGII, p. 385.

   Georges Simenon, 27.XII.47, 327, p. 40.

   *Lucien Combelle, 5.I.48, 190, p. 111.

   Roger Martin du Gard, 11.II.48, RMGII, p. 396.

   Richard Heyd, 23.III.48, 286, p. 2.

   Giancarlo Vigorelli, 26.XII.49, 172, p. 1.

NEU RUPPIN

   *Roger Martin du Gard, 14.VIII.32, RMGI, p. 536.

NEWHAVEN

   Paul Valéry, 26.VII.[14], VAL, p. 439.

NEW YORK

   Charles Du Bos, 5.X.28, BOS, p. 161.

   Arnold Bennett, 8.III.29, BEN, p. 157.

N'GOTO

   Gouverneur général intérimaire de l'A.E.F., 6.XI.25, 57, p. 240; p. 241.

NICE

   Paul Valéry, 7.I.98, VAL, p. 302.

   Paul Valéry, 12.I.98, VAL, p. 305.

   Paul Valéry, 18.I.98, VAL, p. 310.

   Charles Du Bos, 22.III.21, BOS, p. 30.

   Roger Martin du Gard, 29.IX.30, RMGI, p. 418.

   Roger Martin du Gard, 9.III.34, RMGI, p. 599.

   Roger Martin du Gard, 16.III.34, RMGI, p. 602.

   *Roger Martin du Gard, 30.III.34, RMGI, p. 610 et p. 611.

   Roger Martin du Gard, 1.IV.34, RMGI, p. 611.

   Roger Martin du Gard, 30.V.34, RMGI, p. 616.

   Roger Martin du Gard, 22.VIII.34, RMGI, p. 629.

   Roger Martin du Gard, 15.X.34, RMGI, p. 635.

   Roger Martin du Gard, 22.IV.35, RMGII, p. 23.

   Roger Martin du Gard, 28.VI.35, RMGII, p. 35.

   Roger Martin du Gard, 3.VII.35, RMGII, p. 36.

   Roger Martin du Gard, 10.VII.35, RMGII, p. 39.

   Roger Martin du Gard, 12.IX.35, RMGII, p. 48.

   *Roger Martin du Gard, 17.III.36, RMGII, p. 71.

   Roger Martin du Gard, [mai 1936], RMGII, p. 74.

   Roger Martin du Gard, 10.XII.36, RMGII, p. 86.

   A. Gulminelli, 28.XII.36, 179.

   Roger Martin du Gard, 2.I.37, RMGII, p. 89.

   Roger Martin du Gard, 18.II.37, RMGII, p. 92.

   Roger Martin du Gard, 17.V.37, RMGII, p. 104.

   Pierre Alessandri, 15.IX.37, 176, p. 186.

   Roger Martin du Gard, 23.X.37, RMGII, p. 119.

   Roger Martin du Gard, 12.XI.37, RMGII, p. 122.

   Roger Martin du Gard, 26.IX.38, RMGII, p. 150.

   Jef Last, 2.X.38, 356, p. 124.

   Roger Martin du Gard, 16.I.39, RMGII, p. 158.

   Roger Martin du Gard, 19.IX.39, RMGII, p. 188.

   *André Rouveyre, 4.II.40, ROU, p. 151.

   Paul Valéry, 5.II.40, VAL, p. 518.

   Roger Martin du Gard, 13.II.40, RMGII, p. 194.

   Georges Simenon, 28.V.40, 327, p. 33.

Roger Martin du Gard, 14.VI.40, RMGII, p. 210.
Roger Martin du Gard, 23.VII.40, RMGII, p. 213.
Roger Martin du Gard, 14.VIII.40, 197, p. 251.
Roger Martin du Gard, 10.IX.40, RMGII, p. 219.
Roger Martin du Gard, 14.IX.40, RMGII, p. 220.
*Roger Martin du Gard, [26.IX.40], RMGII, p. 222.
Roger Martin du Gard, 29.IX.40, RMGII, p. 223.
René Schwob, 25.II.41, 183, p. 119.
*Georges Redard, 29.VII.41, 321, p. 3.
Paul Valéry, 15.VIII.41, VAL, p. 522.
Paul Valéry, 21.VIII.41, VAL, p. 524.
*Paul Valéry 10.IX.41, VAL, p. 525.
*Roger Martin du Gard, 18.IX.41, RMGII, p. 236 et p. 238.
*Paul Valéry, 21.IX.41, VAL, p. 526.
Roger Martin du Gard, 22.IX.41, RMGII, p. 238.
*François Mauriac, 6.X.41, MAU, p. 100.
*Roger Martin du Gard, 14.X.41, RMGII, p. 240.
*Adrienne Monnier, 4.III.42, 229, p. 107.
Claude Mauriac, 17.IV.[41 ou 42], 197, p. 256.
Roger Martin du Gard, 7.V.42, RMGII, p. 244.
Roger Martin du Gard, 14.V.42, RMGII, p. 246.
*Georges Simenon, 8.VI.42, 327, p. 35.
Roger Martin du Gard, 3.IX.42, RMGII, p. 266.
Roger Martin du Gard, 21.IX.44, RMGII, p. 281.
Roger Martin du Gard, 17.X.44, RMGII, p. 281.
*Roger Martin du Gard, 30.X.44, RMGII, p. 283.
Roger Martin du Gard, 25.XI.44, RMGII, p. 288.
Roger Martin du Gard, 5.XII.44, RMGII, p. 290.
Georges Simenon, 11.XII.44, 327, p. 37.
Marcelle Schveitzer, 9.II.45, 369, p. 25.
Roger Martin du Gard, 15.II.45, RMGII, p. 314.
Roger Martin du Gard, 5.IV.45, RMGII, p. 317.
Roger Martin du Gard, 13.IV.46, RMGII, p. 344.
Roger Martin du Gard, 23.II.48, RMGII, p. 398.

Roger Martin du Gard, 3 ou 4.VI.49, RMGII, p. 451.
George Simenon, 22.VI.49, 327, p. 46.
Jef Last, [été 1949?], 293, p. 237.
Roger Martin du Gard, 1.VII.49, RMGII, p. 455.
Roger Martin du Gard, 27.VII.49, RMGII, p. 458.
André Rouveyre, 25.I.50, ROU, p. 184.
Roger Martin du Gard, 19.VI.50, RMGII, p. 489.
Roger Martin du Gard, 13.IX.50, RMGII, p. 498.

NIEUL

Georges Simenon, 22.IV.39, 327, p. 33.
Georges Simenon, 28.V.40, 327, p. 34.

NIGER

Roger Martin du Gard, 1.IV.38, RMGII, p. 129.
Christiane et Marcel de Coppet, 2.V.38, 310, p. 53.
*Roger Martin du Gard, 18.I.39, RMGII, p. 160.
*Jef Last, [août 1945], 298, p. 191.

NIL

Francis Jammes, 18.VIII.96, JAM, p. 81.

NIMES

Paul Valéry, [21.XII.90], VAL, p. 39.
Paul Valéry, [2juin 1891], VAL, p. 89.
*Mme Paul Gide, 30.IV.94, 237, p. 322.
Paul Valéry, [C.P.3.X.95], VAL, p. 248.
François-Paul Alibert, 2.XII.09, 210.
Roger Martin du Gard, 10.IX.40, RMGII, p. 219.

NOGENT

Paul Valéry, 4.X.14, VAL, p. 443.

NOG HAMADI

Roger Martin du Gard, 8.II.46, RMGII, p. 337.

NOIRMOUTIER

Paul Valéry, [C.P. 15.VIII.95], VAL, p. 245.

NOLA

Gouverneur général intérimaire de l'A.E.F., 6.XI.25, 57, p. 245; p. 246.

NORMANDIE

Paul Valéry, [8.VIII.91], VAL, p. 115.
Paul Valéry, [début d'août 1891], VAL, p. 117.
Paul Valéry, [9.IX.91], VAL, p. 123.
Jeanne Rondeaux, [juillet 1894], 237, p. 338.
Mme Paul Gide, 4.VII.94, 237, p. 338.
Mme Paul Gide, [2.X.94], 359, p. 148.
Francis Viélé-Griffin, [été 1897], 240, p. 107.
Raymond Bonheur, [4.VII.98], BON, p. 39.
Raymond Bonheur, 24.X.[99], BON, p. 53.
Francis Jammes, 7.VII.[02], JAM, p. 197.
Paul Claudel, 12.III.10, CLA, p. 127.
Edmund Gosse, 8.I.14, GOS, p. 107.
André Ruyters, 16.IX.14, 139, p. 490.
Roger Martin du Gard, [août 1920], RMGI, p. 156.
André Rouveyre, [1921?], ROU, p. 60.
René Schwob, 6.I.31, 188, p. 106.
R. de B. 16.I.34, 107, p. 198.
*Roger Martin du Gard, 19.III.35, RMGII, p. 21.
*Roger Martin du Gard, 18.V.35, RMGII, p. 31.
Roger Martin du Gard, 16.XI.37, RMGII, p. 125.
Claude Mauriac, 14.VIII.40, 197, p. 252.
Roger Martin du Gard, 21.IX.44, RMGII, p. 280.

NORVEGE

*Mme Paul Gide, [2.X.94], 359, p. 153.
Roger Martin du Gard, 29.VII.24, RMGI, p. 252.
L'Intransigeant, 13.XII.27, 42, p. 2.
Léon Blum, [décembre 1936], 341, p. 7.

Roger Martin du Gard, 18.VI.39, RMGII, p. 143.
*Roger Martin du Gard, 18.IV.40, RMGII, p. 201.

NOTRE-DAME DE LA GARDE

Mme Paul Gide, 18.X.93, 237, p. 280.

NOTRE-DAME DES CHAMPS

Francis Jammes [fin de février 1897], JAM, p.102.

NOUVELLE-GUINÉE

Roger Martin du Gard, 10.V.28, RMGI, p. 342.

NOUVION-EN-THIERACHE

Paul Valéry, 4.X.14, VAL, p.443.

OCEANIE

Christian Beck, 12.X.08, 165, p. 627.

Odéon

Paul Valéry, 9.III.91, VAL, p. 67.
Paul Valéry, [15.X.91], VAL, p. 132,
Paul Valéry, [C.P. octobre 1896], VAL, p. 282.
Paul Valéry, 21[mai 1897], VAL, p. 295.
Eugène Rouart, novembre 97, 82, p. 484.
Paul Valéry, [C.P. juillet 1898], VAL, p. 319.
Raymond Bonheur, [12.I.05], BON, p. 89.
Raymond Bonheur, [20.I.95], BON, p. 90.

Old Vicarage (Grantchester)

Edmund Gosse, 31.VII.18, GOS, p. 157.

OLTEN

Stéphane Mallarmé, 22.V.97, 163a, p. 117.
Francis Jammes, [début d'août 1898], JAM, p. 144.

Olympe

Suzanne Allegret, 23.I.23, 139, p. 754.

Opéra

Dorothy Bussy, [1919], 281, p. 17.

ORAN

Francis Jammes [avril 1899], JAM, p. 150.
Edouard Ducoté, [février 1900], 282, p. 1147.
Raymond Bonheur, 7.X.03, BON, p. 84.
Valéry Larbaud, 19.II.12, 169, p. 192.
Roger Martin du Gard, 27.IV.23, RMGI, p. 218.
Roger Martin du Gard, 30.III.48, RMGII, p. 404.

ORCADES

Joseph Conrad, 8.VI.16, 308, p. 155.

ORDJENIKIDSE

*Roger Martin du Gard, 22.VII.36, RMGII, p. 75.

ORIENT

René Schwob, 1.V.23, 183, p. 95.
Voir aussi : Extrême-Orient
            Proche-Orient

ORLESTONE

Joseph Conrad, 13.VIII.12, 308, p. 152.

Orly (Aéroport)

Roger Martin du Gard, 25.III.34, RMGI, p. 608.

ORSAY

Charles Péguy, 8.XII.10, PEG, p.25.
Charles Péguy, [C.P. 25.VII.12], PEG, p. 28.
Roger Martin du Gard, 2.I.14, RMGI, p. 127.

ORTHEZ

Francis Jammes, [novembre 1895], JAM, p. 59.
Francis Jammes, [début de mai 1896], JAM, p. 72.
Eugène Rouart, 20.IV.97, 80, p. 479.
*Francis Jammes, 22.IV.97, JAM, p. 107.
*Francis Jammes, 1.XII.97, JAM, p. 130.
Francis Jammes, [décembre 1897], JAM, p. 132.
Francis Jammes, [avril 1898], JAM, p. 139 et p.140.
Francis Jammes [avril 1899], JAM, p. 150.
Raymond Bonheur, [17.V.1900], BON, p. 57.
Francis Jammes, 14.X.[1900], JAM, p. 169.
Francis Jammes, [juillet 1901], JAM, p. 175.
Francis Jammes, 6.VIII.02, JAM, p. 200.
Francis Viélé-Griffin, [septembre 1902], 240, p. 112.
Raymond Bonheur, [juin ? 1903], BON, p. 79.
Francis Jammes, [10.III.04], JAM, p. 209.

Francis Jammes, 14.X.04, JAM, p. 214.

Francis Jammes, [13.XII.04], JAM, p. 219.

Francis Jammes, [18.IV.05], JAM, p. 226.

Francis Jammes, [fin d'avril 1905], JAM, p. 226.

Francis Jammes, [fin d'août 1906], JAM, p. 242.

Paul Claudel, 17.I.08, CLA, p. 80.

Francis Jammes, 9.I.09, JAM, p. 253.

Arthur Fontaine, 24.I.09, 199, p. 3.

Francis Jammes, 11.VIII. 09, JAM, p. 261.

Francis Jammes, 26.X.09, JAM, p. 261.

Raymond Bonheur, 2.I.10, BON, p. 102.

ORTYGIE (Ile)

*Marcel Drouin, 10.III.96, 355, p. 615.

ORVIETO

Willy Schuermans, 10.XI.21, SCHU, p. 27.

OSLO

*Roger Martin du Gard, 18.IV.40, RMGII, p. 201.

OUADI-HALFA

*Roger Martin du Gard, 24.II.39, RMGII, p. 162.

OUBANGUI

Roger Martin du Gard, 30.VIII.25, RMGI, p. 273.

Charles Du Bos, 30.VIII.25, BOS, p. 90.

Roger Martin du Gard, 18.X.25, RMGI, p. 279.

OUDJA [parfois écrit : OUDJDA]

Valery Larbaud, 19.II.12, 169, p. 192.

Roger Martin du Gard, 16.IV.23, RMGI, p. 216.

Roger Martin du Gard, 27.IV.23, RMGI, p. 218.

OUMACH

*Mme Paul Gide, 23.VI.94, 237, p. 329.

Mme Paul Gide, 25.II.95, 237, p. 469.

OXFORD

Roger Martin du Gard, 7.V.47, RMGII, p. 368.

*Enid Starkie, 12.V.47, 347,

*Roger Martin du Gard, 22.V.47, RMGII, p. 369.

*Roger Martin du Gard, 12.VI.47, RMGII, p. 370.

*Roger Martin du Gard, 17.VI. 47, RMGII, p. 373.

Svenska Dagbladet, [novembre 1947], 159, p. 7.

Palace [de Caux]
   *C.F. Ramuz, 20. I. 37, 352, p. 296.

Palais Borghèse
   *Mme Paul Gide, 25. IV. 94, 237, p. 323

Palais des Papes
   Jean Cocteau, 23. XI. [15], COC, p. 57

Palais de Suse
   *Roger Martin du Gard, 27. III. 31, RMGI, p. 471.

Palatin
   Marcel Drouin, 26. III. 98, 186, p. 388.

PALAVAS
   Paul Valéry, [juillet 1896], VAL, p. 271.

Panthéon
   Jeanne Rondeaux, [juin] 85, 232, p. 313.

PARIS
   Mme Paul Gide, 16. III. 90, 232, p. 438.
   Mme Paul Gide, 18. III. 90, 232, p. 355.
   Paul Valéry, [16. I. 91], VAL, p. 42.
   Paul Valéry, 1. III [91], VAL, p. 57.
   Paul Valéry, [8 mars 1891], VAL, p. 63.
   Francis Vielé-Griffin, 25. IV. 91, 240, p. 104.
   Francis Vielé-Griffin, [29 avril 1891], 240, p. 105.
   Paul Valéry, [C.P. 11 juin 1891], VAL, p. 93.
   Paul Valéry, [C.P. 17 juin 1891], VAL, p. 96.
   *Paul Valéry, 14 et 15 juillet [91], VAL, p. 111 et. 112.
   Paul Valéry, 31. VII. 91, VAL, p. 114.
   Paul Valéry, [début d'août 1891], VAL, p. 117.
   Paul Valéry, [28 août 1891], VAL, p. 121.
   *Paul Valéry, [septembre 1891], VAL, p. 129.
   Paul Valéry, [début d'octobre 1891], VAL, p. 130.

   *Paul Valéry, [3. XI. 91], VAL, p. 133.
   Paul Valéry, [15. XI. 91], VAL, p. 137.
   *Albert Démarest, [janvier 1892], 232, p. 480.
   Paul Valéry, [2. II. 92], VAL, p. 148.
   Paul Valéry, [C.P. 13. III. 92], VAL, p. 151.
   Paul Valéry, [C.P. 21. III. 92], VAL, p. 154.
   Mme Paul Gide, 22. III. 92, 237, p. 153.
   Paul Valéry, [C.P. 12. IV. 92], VAL, p. 156.
   Paul Valéry, [C.P. 26. IV. 92], VAL, p. 157.
   Paul Valéry, [5. V. 92], VAL, p. 161.
   Mme Paul Gide, 17. V. 92, 237, p. 35.
   X..., 25. V. 92, 77, p. 545.
   Mme Paul Gide, 27. V. 92, 237, p. 171.
   Paul Valéry, [C.P. 11. VI. 92], VAL, p. 162.
   Paul Valéry, [C.P. 12. VII. 92], VAL, p. 165.
   Jeanne Rondeaux, [août 1892], 233, p. 90.
   Maurice Denis, [août 1892], 238, p. 105.
   Paul Valéry, [septembre 1892], VAL, p. 173.
   Pierre Louÿs, 14. X. 92, 237, p. 180.
   *Paul Valéry, [C.P. 18. X. 92], VAL, p. 174.
   Paul Valéry, [fin octobre 1892], VAL, p. 175.
   Paul Valéry, [novembre 1892], VAL, p. 177.
   *Paul Valéry, [mars 1893], VAL, p. 181.
   Francis Vielé-Griffin, [avril 1893], 240, p. 106.
   Paul Valéry, [septembre 1893], VAL, p. 187.
   Mme Paul Gide, 14. XI. 93, 237, p. 291.
   *Paul Valéry, [27. XI. 93], VAL, p. 192.
   *Paul Valéry, [décembre 1893], VAL, p. 194.
   Mme Paul Gide, 24. XII. 93, 232, p. 142.
   *Jeanne Rondeaux, [février 1894], 237, p. 307.
   Paul Valéry, [mars 1894], VAL, p. 200.
   *Mme Paul Gide, 25. IV. 94, 237, p. 317.
   Odilon Redon, [mai 1894], 263, p. 250.
   Marcel Drouin, 10. V. 94, 163, p. 68.
   *Paul Valéry, [28. V. 94], VAL, p. 205.
   Mme Paul Gide, 17. VI. 94, 237, p. 329.
   *Paul Valéry, [19. IV. 94], 163, p. 70.
   Paul Valéry, [juillet 1894], VAL, p. 206.

Paul Valéry, 16. VII. 94, VAL., p. 211.
Athman, 20. VII. 94, 237, p. 347.
Paul Valéry, [3. IX. 94], VAL., p. 213.
Mme Paul Gide, 18. IX. 94, 359, p. 144.
Mme Paul Gide, [22. IX. 94], 359, p. 146.
Mme Paul Gide, [2. X. 94], 359, p. 153.
Mme Paul Gide, 22. XI. 94, 359, p. xxxviii.
Mme Paul Gide, 17. X. 94, 237, p. 373.
Mme Paul Gide, 11. XII. 94, 237, p. 398.
Paul Valéry, 6. XII. 94, VAL., p. 226.
Francis Jammes, [fin 1894], JAM., p. 38.
Mme Paul Gide, 18. I. 95, 237, p. 433.
Mme Paul Gide, 23. I. 95, 237, p. 437.
Mme Paul Gide, 28. I. 95, 237, p. 448.
Mme Paul Gide, 30. I. 95, 237, p. 452.
Mme Paul Gide, 19. II. 95, 237, p. 466.
Mme Paul Gide, 25. II. 95, 237, p. 468.
Paul Valéry, [mars 1895], VAL., p. 234 et p. 236.
Mme Paul Gide, 14. III. 95, 237, p. 470.
Paul Valéry, [mai 1895], VAL., p. 238.
Paul Valéry, [mai 1895], VAL., p. 239.
Paul Valéry, [31. V. 95], VAL., p. 241.
Paul Valéry, [29. VI. 95], VAL., p. 244.
Christian Beck, [1895], 164, p. 388.
Francis Jammes, [début d'août] 95, JAM., p. 53.
Francis Vielé-Griffin, [été 1895], 240, p. 106.
Francis Jammes, 23. X. 95, JAM, p. 56.
Francis Jammes, [novembre 1895], JAM., p. 60.
Francis Jammes, 19. I. [96], JAM., p. 63.
*Francis Jammes, [début de mai 1896], JAM., p. 72.
Francis Jammes, [début de juin 1896], JAM., p. 75.
Francis Jammes, [début de juillet 1896], JAM., p. 78.
*Paul Valéry, [juillet 1896], VAL., p. 271.
Paul Valéry, 14. IX. 96, VAL., p. 276 et p. 277.
Francis Jammes, [octobre 1896], JAM, p. 90.
Paul Valéry, [C.P. octobre 1896], VAL., p. 282.
*Francis Jammes, 3. XII. [96], JAM., p. 94.

Paul Valéry, [3. I. 97], VAL., p. 284.
*Francis Jammes, [début de février 1897], JAM., p. 100.
*Paul Valéry, [février 1897], VAL., p. 287.
Paul Valéry, 21 [mai 1897], VAL., p. 296.
Stephane Mallarmé, 22. V. 97, 163a, p. 117.
Francis Jammes, 27. V. 97, JAM., p. 109.
Christian Beck, 3. VI. 97, 164, p. 389.
Francis Jammes, 4. VII. 97, JAM., p. 113.
Eugène Rouart, novembre 1897, 82, p. 484.
*Francis Jammes, 1. XII. 97, JAM., pp. 129-130.
Eugène Rouart, [1898], 85, p. 491.
Marcel Drouin, [1898], 163, p. 210.
Paul Valéry, 7. I. 98, VAL., p. 302.
Paul Valéry, 12. I. 98, VAL., p. 305.
*Paul Valéry, 18. I. 98, VAL., p. 310.
Paul Valéry, [C.P. 15. III. 98], VAL., p. 315.
Marcel Drouin, 16. III. 98, 217, p. 413.
Francis Jammes, [avril 1898], JAM., p. 140.
*Paul Valéry, [mai 1898], VAL., p. 317.
Francis Jammes, 5. V. [98], JAM., p. 142.
Paul Valéry, 9. V. 98, VAL., p. 318.
Paul Valéry, [C.P. juillet 98], VAL., p. 319.
Raymond Bonheur, 29. VII. [98], BON., p. 40.
Paul Valéry, 20. VIII. 98, VAL., p. 329.
Paul Valéry, 8. IX. 98, VAL., p. 329.
Raymond Bonheur, 20. IX. 98, BON., p. 42.
Paul Valéry, 22. X. 98, VAL., p. 340.
Raymond Bonheur, 15. XI. 98, BON., p. 44.
Raymond Bonheur, 3. XII. 98, BON., p. 45.
*Raymond Bonheur, 5. XII. 98, BON., p. 46.
Maurice Denis, [1899], 238, p. 153.
Marcel Drouin, 28. III. 99, 353, p. 177.
Christian Beck, 13. IV. 99, 164, p. 390.
Francis Jammes, 21. VII. [99], JAM., p. 153.
Christian Beck, [juillet 1899], 164, p. 391.
Paul Valéry, [fin de septembre 1899], VAL., p. 352.

Raymond Bonheur, 24. X. [99], BON., p. 53.
Maurice Beaubourg, [janvier 1900?], 216, p. 762.
Edouard Ducoté, [février 1900], 282, p. 1147.
Edouard Ducoté, 22. II. 1900, 282, p. 1149.
Raymond Bonheur, [17. V. 1900], BON., p. 57.
Francis Vielé-Griffin, 26. VII. 1900, 240, p. 111.
Francis Jammes, 26. VIII. [1900], JAM., p. 167.
Christian Beck, 8. X. [1900], 164, p. 393.
Paul Valéry, 15. X. 1900, VAL., p. 372.
Paul Valéry, 21. X. [1900], VAL., p. 376.
Maurice Beaubourg, [20. XII. 1900], 216, p. 766.
Paul Valéry, 26. XII. [1900], VAL, p. 377.
Christian Beck, [1900], 164, p. 394.
Christian Beck, [1900?-1901?], 164, p. 395.
Rudolf Kassner, 28. II. 01, 89, p. 561.
Raymond Bonheur, [15. IV. 01], BON., p. 61.
Maurice Denis, [avril 1901], 238, p. 169.
Raymond Bonheur, [24. VI. 01], BON., p. 63.
Paul Valéry, [C.P. 5. VII. 01], VAL., p. 384.
Raymond Bonheur, 10. VII. 01, BON., p. 64.
Paul Valéry, [C.P. 23. IX. 01], VAL., p. 389.
*Francis Jammes, [novembre 1901], JAM., p. 179.
...X, 17. XII. 01, 366, p. 18.
Christian Beck, [1901?-1902?], 164, p. 396.
Raymond Bonheur, [8. V. 02], BON, p. 69.
Paul Valéry, [C.P. mai 1902], VAL., p. 392.
Paul Valéry, [C.P. octobre 1902], VAL., p. 393.
Raymond Bonheur, [29. XI. 02], BON., p. 72.
Raymond Bonheur, 3 [ou 4], V. 03, BON., p. 74 et p. 75
Raymond Bonheur, 10. V. [03], BON., p. 77.
Raymond Bonheur, 3. VI. 03, BON., p. 79.
Paul Valéry, [C.P. juillet 1903], VAL., p. 400.
Edouard Ducoté, 1. X. 03, 167.
Francis Jammes, 8. X. [03], JAM., p. 205.
Francis Jammes, 14. X. 04, JAM., p. 214 et p. 215.
*Raymond Bonheur, [19. XII. 04], BON., p. 88.

Paul Fort, [1905], 290a, p. 136.
Raymond Bonheur, [12. I. 05], BON., p. 89.
Valery Larbaud, 2. V. 05, 169, p. 100.
Francis Jammes, 27. VII. [05], JAM., p. 228.
Christian Beck, 19. V. 06, 164, p. 401.
Paul Valéry, 17 [VIII. 06], VAL., p. 409.
Raymond Bonheur, 10. X. 06, BON., p. 96.
Christian Beck, 18. XI. 06, 165, p. 618.
Paul Valéry, 10. X. [07], VAL., p. 412.
Paul Valéry, [C.P. 19. X. 07], VAL., 413.
Emile Haguenin, 23. X. 07, 358, p. 200.
Paul Claudel, 24. X. 07, CLA., p. 77.
Francis Jammes, 21. I. 08, JAM., p. 250.
Francis Jammes, 5. IV. 08, JAM., p. 251.
Eugène Rouart, [juin 1908], 268, p. 507.
Paul Valéry, [juillet 1908], VAL., p. 417.
Valery Larbaud, 30. VII. [08], 169, p. 121.
*Christian Beck, 12. X. 08, 165, p. 627.
Paul Claudel, 17. X. 08, CLA., p. 89 et p. 90.
Francis Jammes, 27. I. 09, JAM., p. 256.
Paul Claudel, 19. IV. 09, CLA, p. 101.
Maurice Denis, [fin avril 1909], 239, p. 112.
Francis Jammes, 3. XI. 09, JAM., p. 262.
Christian Beck, 11. XI. 09, 215a, p. 13.
Francis Jammes, [28. XII. 09], JAM., p. 268.
Emile Verhaeren, [1910], VER., p. 61.
Paul Valéry, [1910], VAL., p. 421.
Paul Claudel, 15. II. 10, CLA., p. 120.
Paul Claudel, [mars 1910], CLA., p. 130.
Paul Claudel, 12. III. 10, CLA., p. 127.
Paul Claudel, [juin 1910], CLA, p. 143 et p. 144.
Paul Claudel, 27. VI. [10], CLA., p. 145.
Emile Verhaeren, 27. VI. [10], VER., p. 72.
Charles Péguy, 10. VII. 10, PEG., p. 24.
Paul Claudel, 6. VIII. 10, CLA., p. 148.
Rainer Maria Rilke, 16. X. 10, RIL., p. 43.
*Charles Péguy, [8. XI. 10], PEG., p. 25.

Christian Beck, 24. III. 11, 165, p. 634.
Régis Gignoux, [mai 1911], 292, p. 25.
Paul Claudel, 16. VI. 11, CLA., p. 176.
Francis Jammes, 19. VI. 11, JAM., p. 276.
Paul Claudel, 20. VI. [11], CLA., p. 179.
Paul Souday, 28. VI. 11, 68, p. 64.
Edmund Gosse, 11. VIII. 11, GOS., p. 64.
Edmund Gosse, 8. X. 11, COS., p. 69.
Raymond Bonheur, [7. XI. 11], BON., p. 103.
Valery Larbaud, 19. II. 12, 169, p. 192.
Emile Verhaeren, 9. IV. 12, VER., p. 79.
Edmund Gosse, 11. VI. 12, GOS., p. 77.
André Suarès, 18. VI. 12, SUA., p. 61.
Christian Beck, 25. VI. [12], 165, p. 636.
André Suarès, 1. VII. [12], SUA., p. 63 et p. 64.
Paul Valéry, 19. VII. [12], VAL., p. 424.
Edmund Gosse, 12. VIII. 12, GOS., p. 80.
André Suarès, [été 1912], SUA., p. 66.
Paul Valéry, 15. X. 12, VAL., p. 430.
Rene Boylesve, 24. X. 12, 208, p. 87.
Rainer Maria Rilke, [8. III. 13], RIL., p. 71.
André Suarès, [24. III. 13], SUA., p. 71.
Edmund Gosse, 25. IV. 13, COS., p. 92.
Edmund Gosse, 4. V. 13, GOS., p. 97.
Edmund Gosse, 18. V. 13, GOS., p. 98.
Gaston Gallimard, [2 ou 3. VII. 13], RMGI, p. 648.
Arnold Bennett, 2. III. 14, BEN., p. 72.
Roger Martin du Gard, 13. III. 14, RMGI, p. 131.
Rainer Maria Rilke, 22. VII. 14, RIL., p. 116.
André Ruyters, 16. IX. 14, 139, p. 490.
Arnold Bennett, 17. IX. [14], BEN., p. 79.
Paul Valéry, 4. X. 14, VAL., pp. 441, 442, 443.
Edmund Gosse, 10. XI. 14, GOS., p. 113.
Edmund Gosse, 29. XII. 14, GOS., p. 116.
Charles Du Bos, 29. V. 15, DOS., p. 18.
Francis Jammes, [juin 1915], JAM., p. 283.
Edmund Gosse, 5. VI. 15, GOS., p. 119.

Edmund Gosse, 7. VII. 15, GOS., p. 121.
Jacques-Emile Blanche, 22. IX. 15, 289, p. 759.
Emile Verhaeren, 3. VI. 16, VER., p. 85.
Edmund Gosse, 3. VII. 16, GOS., p. 130.
Edmund Gosse, 20. IX. 16, GOS., p. 143.
Darius Milhaud, 28. X. 16, 312.
Adrienne Monnier, 17. XII. 16, 143 et 229, p. 104.
Paul Valéry, 20. I.17, VAL., p. 445.
Edmund Gosse, 26. X. 17, GOS., p. 151.
Paul Valéry, 1. XI. 17, VAL., p. 458.
Paul Valéry, 16. I. 18, VAL., p. 461.
Paul Valéry, 5. V. 18, VAL., p. 467.
Paul Valéry, 8. V. 18, VAL., p. 471.
André Rouveyre, 1. VI. 18, ROU., p. 55.
Jean Cocteau, 2. VI. 18, COC., p. 68.
*Dorothy Bussy, [19. XI. 18], 281, p. 17.
Jean Schlumberger, 25. XI. 18, 233, p. 183.
Anna de Noailles, 8. II. 19, 359, p. 163.
Jacques Doucet, 8. II. 19, 367, p. 4.
Jean Paulhan, 15. III. 19, 339, p. 75.
Roger Martin du Gard, 14. VI. 19, RMGI, p. 144.
Mme Emile Mayrisch, 21. VI. 19, 236, p. 98.
Paul Valéry, 6. X. 19, VAL., p. 476.
Jacques Doucet, 13. XI. 19, 367, p. 4.
Jacques Doucet, 18. XI. 19, 367, p. 7.
Mme Emile Mayrisch, 18. XI. 19, 236, p. 99.
André Rouveyre, 6. XII. 19, ROU., p. 56.
Raymond Bonheur, 30. XII. 19, BON., p. 105.
Théo Van Rysselberghe, [vers 1920], 349, p. 86.
Paul Valéry, 7. I. 20, VAL., p. 477.
Jacques Doucet, 3. III. 20, 367, p. 7.
Roger Martin du Gard, 22. V. 20, RMGI, p. 150.
Jacques Doucet, [C.P. 2. VIII. 20], 367, p. 9.
Paul Valéry, 16. IX. 20, VAL., p. 480.
Arnold Bennett, 26. I. 21, BEN., p. 111.
Mme Emile Mayrisch, 10. II. 21, 236, p. 100
Rainer Maria-Rilke, 11. II. 21, RIL., p. 143.

René Schwob, 16. II. 21, 188, p. 94 et p. 95.
Mme Emile Mayrisch, 10. III. 21, 236, p. 102.
Mme Emile Mayrisch, 2. V. 21, 236, p. 104.
Roger Martin du Gard, 2. VII. 21, RMGI, p. 165.
Roger Martin du Gard, 11. VII. 21, RMGI, p. 166.
Roger Martin du Gard, [15], VII. 21, RMGI, p. 166.
Joseph Conrad, 22. VII. 21, 308, p. 160 et p. 161.
Charles Du Bos, 23. VII. 21, BOS, p. 34.
Roger Martin du Gard, [août ou septembre 1921], RMGI, p. 173.
Roger Martin du Gard, [17. IX. 21], RMGI, p. 174.
Willy Schuermans, 2. IX. 21, SCHU, p. 21.
Willy Schuermans, 9. IX. 21, SCHU, p. 22.
Roger Martin du Gard, [début octobre 1921], RMGI, p. 175.
Willy Schuermans, 8. X. 21, SCHU, p. 25.
Joseph Conrad, 16. X. [21], 308, p. 162.
Willy Schuermans, 30. X. 21, SCHU, p. 26.
Willy Schuermans, 10. XI. 21, SCHU, p. 28.
Roger Martin du Gard, [10. XII. 21], RMGI, p. 176 et 177.
Willy Schuermans, 13. XII. 21, SCHU, p. 31.
Rainer Maria Rilke, 19. XII. 21, RIL, p. 174.
François Mauriac, 29. XII. 21, MAU, p. 65.
Charles Du Bos, [1921], BOS, p. 39.
Paul Valéry, [1921], VAL, p. 486.
Willy Schuermans, 30. I. 22, SCHU, p. 34.
Roger Martin du Gard, [février 1922], RMGI, p. 181.
François Mauriac, [février 1922], MAU, p. 68.
Willy Schuermans, I. IV. 22, SCHU, p. 37.
Rainer Maria Rilke, 25. IV. 22, RIL, p. 185.
Rainer Maria Rilke, 2. VI. 22, RIL, p. 190.
Roger Martin du Gard, 21. VI. 22, RMGI, p. 182 et 183.
Roger Martin du Gard, 12. VII. 22, RMGI, p. 185.
Paul Valéry, 22. VII. 22, VAL, p. 487.
Roger Martin du Gard, [octobre 1922], RMGI, p.196.
Roger Martin du Gard, 7. X. 22, RMGI, p. 194.
Paul Valéry, [octobre 1922], VAL, p. 490.

Roger Martin du Gard, 4. XI. 22, RMGI, p. 200.
Rainer Maria Rilke, 8. XI. 22, RIL, p. 199.
Rainer Maria Rilke, 17. XI. 22, RIL, p. 203.
Rainer Maria Rilke, 27. XI. 22, RIL, p. 204.
Roger Martin du Gard, 14. XII. 22, RMGI, p. 201 et 202.
Roger Martin du Gard, 26. XII. 22, RMGI, p. 204.
Arnold Bennett, 26. XII. 22, BEN, p. 118.
Rainer Maria Rilke, 31. XII. 22, RIL, p. 208.
Roger Martin du Gard, 1. II. 23, RMGI, p. 207.
Roger Martin du Gard, 3. III. 23, RMGI, p. 215.
François Le Grix, 10. III. 23, 58, p. 7 et p. 9.
Roger Martin du Gard, 16. IV. 23, RMGI, p. 216.
Francis Jammes, 24. IV. 23, JAM, p. 363.
Roger Martin du Gard, 27. IV. 23, RMGI, p. 218 et 219.
Rainer Maria Rilke, 28. IV. 23, RIL, p. 212.
Albert T'serstevens, [mai 1923], 32.
René Schwob, 1. V. 23, 188, p. 95 et p. 96.
André Rouveyre, 30. VI. [23], ROU, p. 72.
René Schwob, 1. VIII. 23, 188, p. 98.
Roger Martin du Gard, [novembre 1923], RMGI, p. 234.
Rainer Maria Rilke, 1. XI. 23, RIL, p. 221.
Roger Martin du Gard, [novembre 1923], RMGI, p. 223.
Rainer Maria Rilke, 15. XII. 23, RIL, p. 229.
Charles Du Bos, [1924], BOS, p. 74.
Charles Du Bos, 1. I. 24, BOS, p. 61.
Marcel Jouhandeau, 3. I. 24, JOU, p. 10.
Arnold Bennett, 29. I. 24, BEN, p. 130.
*Roger Martin du Gard, 30. I. 24, RMGI, p. 237.
Arnold Bennett, 12. III. 24, BEN, p. 136.
Francis Viélé-Griffin, 4. IV.24, 240, p. 122.
André Rouveyre, 14. IV. 24, 357, p. 32.
Arnold Bennett, 21. IV. 24, BEN, p. 139.
Roger Martin du Gard, 24. IV. 24, RMGI, p. 249.
Arnold Bennett, 18. V. 24, BEN, p. 143.

Roger Martin du Gard, 13. VI. 24, RMGI, p. 250.
Willy Schuermans, 3. VII. 24, SCHU, p. 49.
Roger Martin du Gard, 29. VII. 24, RMGI, p. 251.
Paul Valéry, 9. VIII. [24], VAL, p. 497.
Paul Valéry, [C.P. 25. X. 24], VAL, p. 497 et 498.
Edmund Gosse, 26. X. 24, GOS, p. 175.
Charles Du Bos, 21. XI. 24, BOS, p. 78.
*René Schwob, 13. XII. 24, 188, p. 100.
Paul Valéry, 26. XII. 24, VAL, p. 488.
Roger Martin du Gard, 20. I. 25, RMGI, p. 255.
Rainer Maria Rilke, [18. II. 25], RIL, p. 241.
Arnold Bennett, 19. II. 25, BEN, p. 147.
Willy Schuermans, 2. IV. 25, SCHU, p. 55.
Roger Martin du Gard, 6. VI. 25, RMGI, p. 261.
Roger Martin du Gard, 3. VI. 25, RMGI, p. 263.
Roger Martin du Gard, 9. VI. 25, RMGI, p. 269.
Marcel Jouhandeau, août [1925?], JOU, p. 16.
Arnold Bennett, 20. VIII. 25, BEN, p. 153.
Roger Martin du Gard, 18. X. 25, RMGI, p. 279.
M. Poissenot, 19. XI. 25, 57.
Marcel Jouhandeau, [1926?], JOU, p. 19.
Marcel Jouhandeau, 18. VII. 26, JOU, p. 20.
Edmund Gosse, 27. VII.26, GOS, p. 179.
Roger Martin du Gard, 29. X. 26, RMGI, p. 298.
Lorentz Eckhoff, 30. XI. 26, 161, [p. 85].
Roger Martin du Gard, 11. XII. 26, RMGI, p. 303.
Marcel Jouhandeau, 30. XII. 26, JOU, p. 23.
Marcel Jouhandeau, 10. I. 27, JOU, p. 23.
Eugène Dabit, 14. III. 27, 214, p. 29.
Roger Martin du Gard, 8. V. 27, RMGI, p. 308.
André Rouveyre, 26. VI. 27, ROU, p. 94.
Roger Martin du Gard, 30. VI. 27, RMGI, p. 312.
André Rouveyre, 1. VII. [27], ROU, p. 99.
Paul Valéry, 9. X. 27, VAL, p. 506.
Eugène Dabit, 23. XI. 27, 214, p. 33.
Roger Martin du Gard, 7. I. 28, RMGI, p. 320.

Roger Martin du Gard, 3. II. 28, RMGI, p. 326.
Roger Martin du Gard, 10. II. 28, RMGI, p. 329.
Roger Martin du Gard, [16. II. 28], RMGI, p. 332.
Jacques de Lacretelle, 9. III. 28, 254, p. 4.
Roger Martin du Gard, 13. III. 28, RMGI, p. 334 et 335.
Roger Martin du Gard, 30. III. 28, RMGI, p. 338.
François Mauriac, 10. V. 28, MAU, p. 77.
Roger Martin du Gard, 10. V. 28, RMGI, p. 343.
*Roger Martin du Gard, 23. VII. 28, RMGI, p. 349.
Roger Martin du Gard, 28. IX. 28, RMGI, p. 354.
Roger Martin du Gard, 5. XI. 28, RMGI, p. 360.
Charles Du Bos, [décembre 1928], BOS, p. 165.
Roger Martin du Gard, [juin 1929], RMGI, p. 369.
Charles Du Bos, 5. VI. 1929, BOS, p. 187.
Maurice Darantière, 10. VII. [29], 230a, p. 138.
Simone Marye, 20. VII. 29, MAR, p. 21 et 22.
Simone Marye, 23. VII. 29, MAR, p. 23.
Eugène Dabit, 4. IX. 29, 214, p. 36.
Marcel Jouhandeau, 23. XI. 29, JOU, p. 26.
Roger Martin du Gard, [22. XII. 29], RMGI, p 384.
*Eugène Dabit, 5. I. 30, 214, p. 39.
Roger Martin du Gard, 2. II. 30, RMGI, p. 387.
Arnold Bennett, [6. III. 30], BEN, p. 178.
Marcel Jouhandeau, 17. III. 30, JOU, p. 27.
Roger Martin du Gard, 22. III. 30, RMGI, p. 394.
*Roger Martin du Gard, 25. VII. 30, RMGI, p. 411 et 412.
Arnold Bennett, 14. IX. 30, BEN, p. 191.
Roger Martin du Gard, 29. IX. 30, RMGI, p. 418.
René Schwob, 31. XII. 30, 188, p. 105.
Arnold Bennett, 3. I. 31, BEN, p. 198.
René Schwob, 6. I. 31, 188, p. 106.
Yang Tchang Lomine, 12. I. 31, 74, p. 5.
Roger Martin du Gard, 16. I. 31, RMGI, p. 432.
Paul Valéry, 23. I. 31, VAL, p. 511.
Roger Martin du Gard, 26. I. 31, RMGI, p. 435.
Roger Martin du Gard, 1. II. 31, RMGI, p. 443.

Roger Martin du Gard, 5. II. 31, RMGI, p. 445.
Roger Martin du Gard, 6. II. 31, RMGI, p. 446.
*Roger Martin du Gard, 18. II. 31, RMGI, p. 447.
Roger Martin du Gard, 27. III. 31, RMGI, p. 472.
Adrienne Monnier, 24. IV. 31, 229, p. 106 et 261 p. 278.
James Joyce, 30. IV. 31, 261, p. 277.
Roger Martin du Gard, 14. VII. 31, RMGI, p. 477.
Roger Martin du Gard, 20. VII. 31, RMGI, p. 478.
Roger Martin du Gard, 31. VII. 31, RMGI, p. 481.
Paul Valéry, 1. VIII. 31, VAL, p. 512.
Roger Martin du Gard, 7. IX. 31, RMGI, p. 486 et p. 487.
René Schwob, 12. X 31, 188, p. 109.
Eugène Dabit, 8. XI. 31, 214, p. 42.
Georges Pitoeff, 22. XII. 31, 249, p. 131.
Francis Jammes, 22. XII. 31, JAM, p. 286.
Francis Jammes, 24. XII. 31, JAM, p. 288.
Jean Desbordes, 26. XII. 31, COC, p. 169.
Roger Martin du Gard, 17. II. 32, RMGI, p. 504.
Roger Martin du Gard, 22. II. 32, RMGI, p. 511.
*René Schwob, 23. II. 32, 188, p. 111.
Marcel Jouhandeau, 1. III. 32, JOU, p. 35.
Roger Martin du Gard, 17. IV. 32, RMGI, p. 519.
Roger Martin du Gard, 19. V. 32, RMGI, p. 520.
Roger Martin du Gard, 25. V. 32, RMGI, p. 521.
Roger Martin du Gard, 7. VII. 32, RMGI, p. 528.
Roger Martin du Gard, 14. VIII. 32, RMGI, p. 535.
Roger Martin du Gard, 1. IX. 32, RMGI, p. 536.
Paul Valéry, 15. IX. 32, VAL, p. 514.
Roger Martin du Gard, 27. IX. 32, RMGI, p. 538.
Roger Martin du Gard, 8. X. 32, RMGI, p. 542.
René Schwob, 17. X. 32, 188, p. 114.
Eugène Dabit, 26. XI. 32, 214, p. 43.
Igor Stravinsky, 20. I. 33, 265, p. 186.
Marcel Jouhandeau, 1. II. 33, JOU, p. 37.
André Rouveyre, 14. II. 33, ROU, p. 146.
Roger Martin du Gard, 29. II. 33, RMGI, p. 551.

...X, 2. IV. 33, 225, p. 66.
Roger Martin du Gard, 2. IV. 33, RMGI, p. 555.
Roger Martin du Gard, 5. IV. 33, RMGI, p. 558.
Roger Martin du Gard, 2. VII. 33, RMGI, p. 568.
Roger Martin du Gard, 19. VII. 33, RMGI, p. 570.
Roger Martin du Gard, 9. VIII. 33, RMGI, p. 570.
Roger Martin du Gard, 15. VIII. 33, RMGI, p. 574.
Roger Martin du Gard, 23. VIII. 33, RMGI, p. 577.
Roger Martin du Gard, 28. IX. 33, RMGI, p. 578.
Roger Martin du Gard, 8. X. 33, RMGI, p. 581 et p. 582.
Roger Martin du Gard, 14. X. 33, RMGI, p. 582.
Roger Martin du Gard, 27. X. 33, RMGI, p. 585.
Marcel Jouhandeau, 26. XI. 33, JOU, p. 39.
Roger Martin du Gard, 26. XI. 33, RMGI, p. 591.
Joseph Goebbels, 4. I. 34, 100.
Roger Martin du Gard, 15. II. 34, RMGI, p. 598.
Eugène Dabit, 15. II. 34, 214, p. 44.
Michel Cholokhov, 27. II. 34, 102.
Michel Cholokhov, 7. III. 34, 102, p. 732.
Roger Martin du Gard, 9. III. 34, RMGI, p. 598.
*Dorothy Bussy, 12. III. 34, 281, p. 17.
*Roger Martin du Gard, 18. III. 34, RMGI, p. 602.
Roger Martin du Gard, 25. III. 34, RMGI, p. 608.
...X, 19. V. 34, 349, p. 130.
Roger Martin du Gard, 30. V. 34, RMGI, p. 616.
Roger Martin du Gard, 25. VI. 34, RMGI, p. 621.
Roger Martin du Gard, 5. VII. 34, RMGI, p. 625.
Roger Martin du Gard, 11. IX. 34, RMGI, p. 631.
Roger Martin du Gard, 19. XI. 34, RMGI, p. 636.
Roger Martin du Gard, 3. XII. 34, RMGI, p. 639.
Roger Martin du Gard, 19. III. 35, RMGII p. 21.
*Roger Martin du Gard, 28. IV. 35, RMGII, p. 25.
*Roger Martin du Gard, 5. V.35, RMGII, p. 28.
Roger Martin du Gard, 18. V. 35, RMGII, p. 31.
Roger Martin du Gard, 2. VI. 35, RMGII, p. 32.
Roger Martin du Gard, 10. VII. 35, RMGII, p. 39.

Simone Marye, 27. VII. 35, MAR, p. 25.

*Roger Martin du Gard, 13. VIII. 35, RMGII, p. 39 et p. 40.

*Roger Martin du Gard, 12. IX. 35, RMGII, p. 47.

Maurice Lime, [octobre 1935?], 205, p. 38.

*Roger Martin du Gard, 8. X. 35, RMGII, p. 51.

Sylvia Beach, 27. X. 35, 275, p. 130.

Maurice Lime, [novembre 1935], 205, p. 43.

Maurice Lime, 11. XII. 35, 205, p. 67.

Maurice Lime, [fin 1935], 205, p. 72.

*Maurice Lime, 4. I. 36, 205, p. 80.

Roger Martin du Gard, 21. I. 36, RMGII, p. 66.

Jean Paulhan, 24. IV. 36. 339, p. 77.

Roger Martin du Gard, [mai 1936], RMGII, p. 73.

*Roger Martin du Gard, 14. VI. 36, RMGII, p. 74 et p. 75.

Roger Martin du Gard, 7. IX. 36, RMGII, p. 78.

Léon Blum, [décembre 1936], 341, p. 7.

Roger Martin du Gard, 3. XII. 36, RMGII, p. 84.

Roger Martin du Gard, 10. XII. 36, RMGII, p. 87.

Roger Martin du Gard, 23. XII. 36, RMGII, p. 87.

Roger Martin du Gard, 2. I. 37, RMGII, p. 89.

Maurice Lime, 11. II. 37, 205, p. 115.

Roger Martin du Gard, 18. II. 37, RMGII, p. 93.

Roger Martin du Gard, 8. III. 37, RMGII, p. 97.

René Schwob, 26. III. 37, 188, p. 117.

Jean Cocteau, 30. III. 37, COC, p. 176.

Roger Martin du Gard, 26. IV. 37, RMGII, p. 101.

Roger Martin du Gard, 17. V. 37, RMGII, p. 104.

*Roger Martin du Gard, 27. V. 37, RMGII, p. 104 et p. 105.

Roger Martin du Gard, 4. VII. 37, RMGII, p. 107.

Maurice Lime, 28. VII. 37, 205, p. 120.

Roger Martin du Gard, 8. VIII. 37, RMGII, p. 111.

Pierre Alessandri, 15. IX. 37, 176, p. 185 et 186.

Roger Martin du Gard, 23. X. 37, RMGII, p. 119.

Maurice Lime, 24. IV. 38, 205, p. 128.

Hélène Martin du Gard, 19. V. 38, RMGII, p. 531.

Roger Martin du Gard, 18. VI. 38, RMGII, p. 143.

Francis Jammes, 6. VII. 38, JAM, p. 291.

Roger Martin du Gard, [21. VIII. 38], RMGII, p.147 et p. 148.

Roger Martin du Gard, 26. IX. 38, RMGII, p. 150.

Roger Martin du Gard, 2. X. 38, RMGII, p. 152.

Roger Martin du Gard, 9. X. 38, RMGII, p. 155.

Maurice Lime, 9. XI. 38, 205, p. 141.

Roger Martin du Gard, 16. I. 39, RMGII, p. 159.

Roger Martin du Gard, 18. I. 39, RMGII, p. 160.

*Roger Martin du Gard, 24. II. 39, RMGII, p. 162 et p. 163.

Georges Simenon, 22. IV. 39, 327, p. 33.

Roger Martin du Gard, 24. IV. 39, RMGII, p. 167.

Roger Martin du Gard, 10. VI. 39, RMGII, p. 169.

François Mauriac, 22. VII. 39, MAU, p. 93.

*Roger Martin du Gard, 28. VII. 39, RMGII, p. 181.

*Roger Martin du Gard, 19. IX. 39, RMGII, p. 187 ET p. 188.

*André Rouveyre, 4. II. 40, ROU, p. 151.

Paul Valéry, 5. II. 40, VAL, p. 518.

Claude Mauriac, 11. III. 40, 197, p. 240.

Roger Martin du Gard, 18. IV. 40, RMGII, p. 201.

*Roger Martin du Gard, 7. V. 40, RMGII, p. 204.

Roger Martin du Gard, 26. V. 40, RMGII, p. 208.

Georges Simenon, 28. V. 40, 327, p. 34.

Roger Martin du Gard, 16. VII. 40, RMGII, p. 212.

André Calas, 13. XII. 40, 305, p. 413.

*Roger Martin du Gard, 18. I. 41, RMGII, p. 227.

Claude Mauriac, 11. VII. 41, 197, p. 254.

Claude Mauriac, 28. VII. 41, 197, p. 254.

*Paul Valéry, 15. VIII. 41, VAL, p. 522.

Edmond Jaloux, 18. IX. 41, 178.

Roger Martin du Gard, 18. IX. 41, RMGII, p. 237.

Roger Martin du Gard, 9. II. 42, RMGII, p. 241.

Adrienne Monnier, 4. III. 42, 229, p. 107.

Roger Martin du Gard, 14. V. 42, RMGII, p. 246.

Roger Martin du Gard, 15. VI. 42, RMGII, p. 251.

*Roger Martin du Gard, 3. IX. 42, RMGII, p. 265 et p. 266.

Jean-Louis Barrault, 12. IX. 42, 287, p. 12.
Roger Martin du Gard, 23. IX. 42, RMGII, p. 268.
...X, [août 1944], 307, p. 11.
*Pierre Brisson, 29. VIII. 44, 150, p. 1.
*Roger Martin du Gard, 21. IX. 44, RMGII, p. 280.
*Roger Martin du Gard, 17. X. 44, RMGII, p. 281.
*Roger Martin du Gard, 30. X. 44, RMGII, p. 284.
Roger Martin du Gard, 24. XI. 44, RMGII, p. 287.
Raymond Lacaze, 27. XI. 44, 250, p. VI.
François Mauriac, 13. XII. 44, MAU, p. 102.
Claude Mauriac, 3. II. 45, 197, p. 267.
Marcelle Schveitzer, 9. II. 45, 369, p. 25.
*Roger Martin du Gard, 15. II. 45, RMGII, p. 314.
René Schwob, 19. II. 45, 188, p. 120.
Roger Martin du Gard, 5. IV. 45, RMGII, p. 317.
Simone Marye, 17. IV. 45, MAR, p. 40.
*Roger Martin du Gard, 29. IV. 45, RMGII, p. 320 et p. 321.
Roger Martin du Gard, 12. V. 45, RMGII, p. 323.
Georges Simenon, 12. VII. [45?], 327, p. 38.
Georges Simenon, 14. VII. 45, 327, p. 39.
Roger Martin du Gard, 12. VIII. 45, RMGII, p. 328.
*Joe Bousquet, 7. X. 45, 299.
Mischa Harry Fayer, 16. X. 45, 155, p. 1.
Roger Martin du Gard, 16. XII. 45, RMGII, p. 335.
XXe Siècle, [février 1946], 152.
Raymond Lacaze, 1. II. 46, 250, P. VIII.
Naim Kattan, 5. II. 46, 324, p. XVI.
Roger Martin du Gard, 8. II. 46, RMGII, p. 337.
Roger Martin du Gard, 28. III. 46, RMGII, p. 343.
Roger Martin du Gard, 13. IV. 46, RMGII, p. 343 et p. 344.
Georges Henein, 27. VI. 46, MAR, p. 43.
Roger Martin du Gard, 15. VII. 46, RMGII, p. 344.
Roger Martin du Gard, 7. VIII. 46, RMGII, p. 346.
Georges Simenon, 3. IX. 46, 327, p. 41.
Roger Martin du Gard, 17. IX. 46, RMGII, p. 351.
Roger Martin du Gard, 24. IX. 46, RMGII, p. 354.
Roger Martin du Gard, 15. XI. 46, RMGII, p. 356.

Jean-Louis Barrault, [décembre 1946?], 287.
Simone Marye, 3. XII. 46, MAR, p. 46.
Rolf Bongs, 14. I. 47, 211, [p. 53].
Roger Martin du Gard, 13. III. 47, RMGII, p. 365.
Maurice Lime, 14. IV. 47, 205, p. 160.
Maurice Lime, 3. V. 47, 205, p. 160.
Enid Starkie, 12. V. 47, 347.
*Roger Martin du Gard, 17. VI. 47, RMGII, p. 373 et p. 374.
*Roger Martin du Gard, 29. VII. 47, RMGII, p. 374.
Roger Martin du Gard, 18. VIII. 47, RMGII, p. 378.
Roger Martin du Gard, 16. IX. 47, RMGII, p. 382.
Lucien Combelle, 24. IX. 47, 190, p. 107.
Claude Mauriac, 28. IX. 47, 197, p. 282.
Renée Lang, 3. X. 47, RIL, p. 258.
Roger Martin du Gard, 21. X. 47, RMGII, p. 384 et p. 385.
...X, [novembre 1947], 175, p. 271.
Roger Martin du Gard, 22. XI. 47, RMGII, p. 387.
Naim Kattan, 16. XI. 47, 324, p. XVI.
Roger Martin du Gard, 15. XII. 47, RMGII, p. 389.
Saint-John Perse, 17. I. 48, 288, p. 465.
Roger Martin du Gard, 11. II. 48, RMGII, p. 396.
Georges Simenon, 12 à 16. II. 48, 327, p. 42.
Roger Martin du Gard, 23. II. 48, RMGII, p. 398.
Georges Simenon, 11. III. 48, 327, p. 44.
*Roger Martin du Gard, 30. III. 48, RMGII, p. 403.
Roger Martin du Gard, 7. IV. 48, RMGII, p. 407.
Marcelle Schveitzer, 1. VII. 48, 369, p. 163.
Miron Grindea, 5. VII. 48, 347.
Simone Marye, 7. VII. 48, MAR, p. 52.
Roger Martin du Gard, 3. IX. 48, RMGII, p. 424.
Roger Martin du Gard, 11. IX. 48, RMGII, p. 425 et p. 426.
*Georges Simenon, 10. X. 48, 327, p. 44 et p. 45.
Roger Martin du Gard, 19. X. 48, RMGII, p. 429.
André Rouveyre, 10. VII. 49, ROU, p. 174.
Roger Martin du Gard, 21. XI. 49, RMGII, p. 468.
Giancarlo Vigorelli, 26. XII. 49, 172, p. 1.

André Rouveyre, 25. I. 50, ROU, p. 183.
André Rouveyre, 4. II. 50, ROU, p. 188.
Roger Martin du Gard, 23. V. 50, RMGII, p. 487.
Dorothy Bussy, 5. VII. 50, 281, p. 17.
Roger Martin du Gard, 7. VII. 50, RMGII, p. 492.
Roger Martin du Gard, 7. IX. 50, RMGII, p. 497.
Roger Martin du Gard, 13. IX. 50, RMGII, p. 498.
Jean Cocteau, [31. XII. 50], COC, p. 205.

Roger Martin du Gard, 2. XI. 30, RMGI, p. 422.
Roger Martin du Gard, 6. II. 31, RMGI, p. 446.
Roger Martin du Gard, 13. VI. 31, RMGI, p. 477.
Roger Martin du Gard, 18. VII. 32, RMGI, p. 533.
Roger Martin du Gard, 18. VIII, 35, RMGII, p. 42.
Roger Martin du Gard, 19. IX. 39, RMGII, p. 188.
Roger Martin du Gard, 23. X. 49, RMGII, p. 463.

PARNASSE

José-Maria de Hérédia, [septembre 1892], 246, p. 176.
Paul Valéry, [fin d'octobre 1892], VAL, p. 175.
Francis Jammes, [novembre 1895], JAM, p. 59.
Marcel Drouin, 3. XII. 95, 163, p. 50.
Klaus Mann, 8. II. 40, 148.

PASSY

Simone Marye, 5. I. 45, MAR, p. 38.

PAU

Maurice Beaubourg, [20. XII. 1900], 216, p. 766.
Paul Claudel, 10. XII. 11, CLA, p. 185.

Pavillon

Roger Martin du Gard, 30. VI. 27, RMGI, p. 312.

PEKIN

Jeanne Rondeaux, [février 1894], 237, p. 307.

Pensione Luccariai

Willy Schuermans, 10. XI. 21, SCHU, p. 27.

Père-Lachaise (cimetière du)

Paul Valéry, 29. III. 91, VAL, p. 74.

PERNAND

Roger Martin du Gard, 30. VI. 27, RMGI, p. 312.

PERROS-GUIREC

Maurice Denis, [1899], 238, p. 153.

PETERSBOURG

Christian Beck, 25. I. 05, 215a, p. 11.

PEYROU

*Paul Valéry, [mars 1893], VAL, p. 181.
Paul Valéry, 28. XII. 94, VAL, p. 228.
Paul Valéry, [janvier 1895], VAL, p. 230.
Paul Valéry, 24. I. [96], VAL, p. 257.

PIN

Roger Martin du Gard, [fin novembre 1929], RMGI p. 380.
Roger Martin du Gard, 1. XII. 29, RMGI, p. 381.

PINCIO

Marcel Drouin, 2. III. 98, 186, p. 383.
*Marcel Drouin, 26. III. 98, 186, p. 388.

PINCIO (jardin du)

*Marcel Drouin, 10. V. 94, 163, p. 67.
Mme Paul Gide, 12. V. 94, 237, p. 316.

PISE

*Mme Paul Gide, 27. VI. 94, 237, p. 331 et p. 332.
*Marcel Drouin, [fin 1895], 186, pp. 381-382.

Willy Schuermans, 10. XI. 21, SCHU, p. 27.

PITTI (Palais...)
*Mme Paul Gide, 28. V. 94, 237, p. 326.

Place Dauphine
Roger Martin du Gard, 21. VII. 24, RMGI, p. 251.

Place de l'Alma
Roger Martin du Gard, 1. VII. 27, RMGI, p. 313.

Place de la Madeleine
Raymond Bonheur, 25. XI. 25, BON, p. 106.

Place Saint-Sulpice
Roger Martin du Gard, 22. IV. 35, RMGII, p. 22.

Place Wagram
Roger Martin du Gard, 1. VII. 27, RMGI, p. 313.

Plaisance [propriété de Jules Valéry]
Paul Valéry, 15. X. 1900, VAL, p. 373.
Paul Valéry, 21. X. [1900], VAL, p. 376.

POESTUM
Marcel Drouin, 11. II. 96, 355, p. 615.

POLOGNE
Roger Martin du Gard, 4. IX. 37, RMGII, p. 115.

PONT DU GARD
Roger Martin du Gard, 26. IV. 37, RMGII, p. 101.

Ponte Vecchio
Valery Larbaud, 11. III. 12, 169, p. 195.

PONTIGNY
*Emile Verhaeren, 27. VI [10], VER, pp. 72-73.

Emile Verhaeren, [juillet 1910], VER, p. 75.
Valery Larbaud, 1. VIII. 10, 169, p. 144.
Valery Larbaud, 25. V. [11], 169, p. 164.
Francis Viele-Griffin, 23. VI. 11, 240, p. 121.
Valery Larbaud, 27. VI. 11, 169, p. 174.
Edmund Gosse, 26. VII. 11, GOS, p. 62.
Edmund Gosse, 11. VIII. 11, GOS, p. 64.
Valery Larbaud, [septembre 1911], 169, p. 181.
Francis Jammes, [octobre 1911], JAM, p. 282.
Edmund Gosse, 8. X. 11, GOS, p. 68.
Francis Vielé-Griffin, 25. VI. 12, 240, p. 121.
Paul Claudel, 25. VII. [12], CLA, p. 201.
Edmund Gosse, 12. VIII. 12, GOS, p. 80.
Eugène Rouart, 13. VIII. 12, 244, p. 23.
Edmund Gosse, 28. XI. 12, GOS, p. 84.
Edmund Gosse, 29. XII. 14, GOS, p. 116.
Edmund Gosse, 5. VI. 15, GOS, p. 119.
*Edmund Gosse, 6. II. 16, GOS, p. 128.
Edmund Gosse, 9. VIII. 18, GOS, p. 160.
Roger Martin du Gard, [août 1920], RMGI, p. 156.
Rainer Maria Rilke, 25. IV. 22, RIL, p. 186.
Arnold Bennett, 9. V. 22, BEN, p. 114 et p. 115.
Rainer Maria Rilke, 2. VI. 22, RIL, p. 191.
Roger Martin du Gard, 12. VII. 22, RMGI, p. 186.
Roger Martin du Gard, 18. VII. [22], RMGI, p. 187.
X..., 11. VIII. 22, 315, p. 51.
Paul Valéry, [octobre 1922], VAL, p. 490.
Arnold Bennett, 26. XII. 22, BEN, p. 117 et p. 118.
Rainer Maria Rilke, 2. VI. 23, RIL, p. 215.
Roger Martin du Gard, 5. VI. 23, RMGI, p. 222.
Rainer Maria Rilke, 13. VII. 23, RIL, p. 216.
Roger Martin du Gard, 23. VII. 23, RMGI, p. 225 et p. 226.
Arnold Bennett, [fin août 1923], BEN, p. 123.
Charles du Bos, 21. III. 24, BOS, p. 66.
Rainer Maria Rilke, 29. V. 24, RIL, p. 234.
Roger Martin du Gard, 21. VII. 24, RMGI, p. 251.
Roger Martin du Gard, 29. VII. 24, RMGI, p. 251.

Paul Valéry, 9. VIII. [24], VAL, p. 496.
Charles du Bos, [1925], BOS, p. 89.
Paul Desjardins, [1926], BOS, p. 107.
Charles du Bos, [juin 1926], BOS, p. 98.
Charles du Bos, 2. VII. 26, BOS, p. 105.
Roger Martin du Gard, 8. VII. 26, RMGI, p. 296.
Roger Martin du Gard, 30. VI. 27, RMGI, p. 312.
Charles du Bos, 26. VI. 28, BOS, p. 144.
Roger Martin du Gard, 23. VII. 28, RMGI, p. 349.
Arnold Bennett, 8. III. 29, BEN, p. 160.
Arnold Bennett, 11. III. 29, BEN, p. 163.
Jean Giono, 29. III. 29, 231.
Charles du Bos, 10. IV. 29, BOS, p. 178.
Roger Martin du Gard, [6], V. 30, RMGI, p. 395.
*Roger Martin du Gard, 25. VII. 30, RMGI, pp. 413-414.
Roger Martin du Gard, 29. VI. 31, RMGI, p. 477.
François Mauriac, 21. VII. 32, MAU, p. 86.
*Roger Martin du Gard, 14. VIII. 32, RMGI, p. 535.
Roger Martin du Gard, 1. IX. 32, RMGI, p. 536.
Roger Martin du Gard, 2. VII. 33, RMGI, p. 568.
Roger Martin du Gard, 15. VIII. 33, RMGI, p. 575.
Roger Martin du Gard, 28. IX. 33, RMGI, p. 578.
Roger Martin du Gard, 22. VIII. 34, RMGI, p. 629.
Roger Martin du Gard, 8. VIII. 37, RMGII, p. 111.
Roger Martin du Gard, 24. VIII. 37, RMGII, p. 115.
Roger Martin du Gard, 4. IX. 37, RMGII, p. 115.
Pierre Alessandri, 15. IX. 37, 176, p. 185.
Roger Martin du Gard, 23. X. 37, RMGII, p. 119.
Roger Martin du Gard, 7. V. 38, RMGII, p. 138.
*François Mauriac, 22. VII. 39, MAU, p. 94.
*André Maurois, 26. VII. 39, 223, p. 14.
Claude Mauriac, [27], VII. 39, 197, p. 200.
Roger Martin du Gard, 28. VII. 39, RMGII, p. 181.
Claude Mauriac, [29], VII. 39, 197, p. 201.
François Mauriac, 17. VIII. 39, MAU, p. 95.
Claude Mauriac, 16. IX. 39, 197, p. 235.
*Roger Martin du Gard, 19. IX. 39, RMGII, p. 187 et p. 188.
François Mauriac, 26. IX. 39, MAU, p. 96.
*Claude Mauriac, 14.X.39, 197, p. 237.
*Claude Mauriac, 31. V. 40, 197, p. 248.
Roger Martin du Gard, 23. VII. 40, RMGII, p. 213.
Claude Mauriac, 14. VIII. 40, 197, p. 252.
*Roger Martin du Gard, 10. IX. 40, RMGII, p. 218 et p. 219.

Pont l'Evesque
Raymond Bonheur, 24. X. [99], BON, p. 53.

PORQUEROLLES
Roger Martin du Gard, [juin 1922], RMGI, p. 184.
Paul Valéry, 22. VII. 22, VAL, p. 487.
Roger Martin du Gard, 5. VII. 23, RMGI, p. 222.
Roger Martin du Gard, 27. VII. 49, RMGII, p. 458.

PORT-CROS
Roger Martin du Gard, 12. VII. 22, RMGI, p. 185.
*Roger Martin du Gard, 14. X. 27, RMGI, p. 317.
Jean Paulhan, 27. VII. 37, 339, p. 78.

PORTOFINO
Roger Martin du Gard, 14. II. 23, RMGI, p. 208.

PORTO-NOVO
Eugène Rouart, 24. VIII. 33, 325, p. 5.
Roger Martin du Gard, 26. XI. 33, RMGI, p. 590.

PORT-ROYAL
Raymond Bonheur, [4. VII. 98], BON, p. 39.
André Suarès, [14. XII. 08], SUA, p. 31.

PORTUGAL
Paul Valéry, [22. VIII. 41], VAL, p. 524.
Paul Valéry, 10. IX. 41, VAL, p. 525.

POSIDONIA
*Marcel Drouin, 11. II. 96, 355, p. 614.

Prado

  Paul Valéry, 7. I. 98, VAL, p. 302.

PRAGUE

  Paul Claudel, 15. II. 10, CLA, p. 120.
  Paul Claudel, 27. VI. [10], CLA, p. 145.
  Charles Péguy, 10. VII. 10, PEG, p. 25.
  Paul Claudel, 14. VIII. 11, CLA, p. 182.
  Arnold Bennett, 9. V. 22, BEN, p. 115.
  *Eugène Dabit, 12. V. 36, 214, p. 21.

PRE-SAINT-GERVAIS

  Roger Martin du Gard, 26. V. 40, RMGII, p. 208.

PROCHE-ORIENT

  Roger Martin du Gard, 29. X. 29, RMGI, p. 378.

Promenade des Anglais

  Roger Martin du Gard, 3. XII. 34, RMGI, p. 639.

PUGET-THENIERS

  Christian Beck, [25. X. 06], 165, p. 617.

PUY-DE-DOME

  Roger Martin du Gard, 7. VI. 40, RMGII, p. 208 et p. 209.
  Roger Martin du Gard, 14. VI . 40, RMGII, p. 210.

PYRENEES

  Roger Martin du Gard, 14. VI. 40, RMGII, p. 210.
  Pierre Bayrou, 8. VI. 41, 226.

Quai Bourbon

   Francis Jammes, [28. XII. 09], JAM., p. 269

Quai de Béthune

   Simone Marye, 3. XII. 46, MAR., p. 47

Quai de Passy

   Edmund Gosse, 20. V. 13, GOS, p. 99

Quai d'Orsay

   Saint-John Perse, 17. IV. 30, 288, p. 795
   Roger Martin du Gard, 13. III. 47, RMGII, p. 364

Quai Malaquais

   Eugene Dabit, [février 1927], 214, p. 14

Quartier Latin

   *Paul Valéry, 14 et 15. VII. [91], VAL., p. 112

Quenecdu (La Maison . . .)

   José-Maria de Heredia, [septembre 1892], 246, p. 176.

QUEUE-EN-BRIE (LA)

   Mme Paul Gide, 18. IX. 94, 359, p. 144
   Paul Valéry, [29. VII. 95], VAL., p. 244
   Eugène Rouart, 20. IV. 97, 80, p. 480

QUIBERON

   Mme Paul Gide, [août 1892], 237, p. 178

QUIBERVILLE

   Roger Martin du Gard, [21. VIII. 38], RMGII, p. 148.

RABAT

Roger Martin du Gard, 16.IV.23, RMGI, p. 216.
René Schwob, 1.V.23, 188, p. 96.

RAFAI

Roger Martin du Gard, 18.X.25, RMGI, p. 278.

RAMBOUILLET

Pierre Louÿs, 19.X.94, 237, p. 389.

RAPALLO

Paul Valéry, 10.III.08, VAL, p. 415.
Roger Martin du Gard, 1.II.23, RMGI, p. 206.
*Roger Martin du Gard, 14.II.23, RMGI, p. 208.
Roger Martin du Gard, 18.II.23, RMGI, p. 209.
Roger Martin du Gard, 25.II.23, RMGI, p. 211.

RAVELLO

*Paul Valéry, [avril 1897], VAL, p. 290.
Eugène Rouart, 20.IV.97, 80, p. 479.
Paul Valéry, 27.IV.97, VAL, p. 293.

RAVENNE

Mme Paul Gide, 25.IV.94, 237, p. 323.

REIMS

*Roger Martin du Gard, 21.I.36, RMGII, p. 65.

RENNES

Remy de Gourmont, [mars 1902], 133, p. 4.
Francis Jammes, 14.X.04, JAM, p. 215.

REUNION (Ile de la)

Mme Paul Gide, 18.III.90, 232, p. 355.

RHIN

Paul Valéry, 29.VI.91, VAL, p. 106.

RHÔNE

Roger Martin du Gard, 23.VII.23, RMGI, p. 226.

RIVIERA

Roger Martin du Gard, 14.II.23, RMGI, p. 209.

ROANNE

Francis Jammes, 14.X.04, JAM, p. 216.

ROME

*Mme Paul Gide, 13.IV.94, 237, p. 316.
*Mme Paul Gide, 25.IV.94, 237, p. 317.
*Mme Paul Gide, 30.IV.94, 237, p. 322.
Mme Paul Gide, 4.V.94, 237, p. 323.
*Marcel Drouin, 10.V.94, 163, p. 67.
*Mme Paul Gide, 23.V.94, 237, p. 325.
Mme Paul Gide, 30.IV.94, 237, p. 369.
Marcel Drouin, [fin 1895] 186, p. 382.
Emile Verhaeren [Janvier 1896], VER, p. 50.
*Francis Jammes, 19.I.[96], JAM, p. 63.
*Paul Valéry, 24.I.[96], JAM, p. 258.
*Paul Valéry, [avril 1897], VAL, p. 289.
Francis Jammes, 22.IV.97, JAM, p. 107.
*Paul Valéry, 7.I.98, VAL, p. 302.
Paul Valéry, 12.I.98, VAL, p. 305.
Paul Valéry, 18.I.98, VAL, p. 310.
Jeanne Drouin, 20.II.98, 191, p. 167.
*Paul Valéry, [C.P.15.III.98], VAL, p. 315.
*Marcel Drouin, 16.III.98, 217, p. 411 et p. 412.
*Marcel Drouin, 26.III.98, 186, pp. 385-388.
Maurice Denis, [fin mars-tout début d'avril 1898], 238, p. 141.
Marcel Drouin, [avril 1898], 186, p. 390.
Maurice Denis, [1899], 238, p. 153

Christian Beck, 13.IV.99, 164, p. 390.

Raymond Bonheur, 6.II.02, BON , p. 68.

Madeleine Gide, 6.VIII.03, 338, p. 73.

Raymond Bonheur, I.II.[05], BON, p. 91.

*Maurice Denis, 7.XII.07. 239, p. 87.

Paul Claudel, 24.II.[09], CLA, p. 99.

*Maurice Denis, [fin avril 1909], 239, p.111.

*X..., [printemps 1909], 96, p. 420.

Eugene Rouart, 13.VIII.12, 244, p. 23.

Giuseppe Prezzolini, 12.IV.13, 20, p. 1058.

Edmund Gosse, 4.V.13, GOS, p. 97.

Valery Larbaud, I.IX.13, 169. p. 232.

Roger Martin du Gard, 11.VII.21, RMGI, p. 166.

*Joseph Conrad, 22.VII.21, 308, p. 161.

*Roger Martin du Gard, [août ou septembre 1921], RMGI, pp. 172-173.

Willy Schuermans, 30.X.21, SCHU, p. 26.

Willy Schuermans, 10.XI.21, SCHU, p. 27.

Willy Schuermans, 13.XII.21, SCHU, p. 31.

Willy Schuermans, 29.XII.21, SCHU, p. 32.

René Schwob, 4.XII.23, 188, p. 99.

*Georges Pitoeff, 22.XII.31, 249, p. 131.

Roger Martin du Gard, 2.II.32, RMGI, p. 494.

Roger Martin du Gard, 12.II.32, RMGI, p. 499.

*Roger Martin du Gard, 2.II.34, RMGI, pp. 592-593.

Roger Martin du Gard, 14.I.35, RMGII, p. 9.

Roger Martin du Gard, 2.I.37, RMGII, p. 89.

Roger Martin du Gard, 4.II.37, RMGII, p. 91.

René Schwob, 26.III.37, 188, p. 117.

Roger Martin du Gard, 26.IV.37, RMGII, p. pp. 101-102.

Roger Martin du Gard, 17.V.37, RMGII, p. 104.

Roger Martin du Gard, 8.VIII.37, RMGII, p. 110.

Roger Martin du Gard, 21.IX.44, RMGII, p. 280.

Roger Martin du Gard, 23.IV.50, RMGII, p. 478.

Roger Martin du Gard, 7.VII.50, RMGII, p. 492.

Rond-Point des Champs-Elysées.

Claude Mauriac, [I.XI.38], 197, p. 20.

ROQUEBRUNE

Mme Emile Mayrisch, 10.II.21, 236, p. 101.

Charles Du Bos, 22.III.21, BOS, p. 30.

Charles Du Bos, [1921], BOS, p. 32 et p. 33.

Roger Martin du Gard, 1.II.23, RMGI, p. 206.

René Schwob, 6.II.23, 188, p. 97.

Roger Martin du Gard, 14.II.23, RMGI, p. 209.

Roger Martin du Gard, 19.II.[24], RMGI, p. 243.

Roger Martin du Gard, 10.IV.24, RMGI, p. 248.

François Mauriac, [1927], MAU, p. 72.

Roger Martin du Gard, 22.II.27, RMGI, p. 306.

Paul Valéry, 9.X.27, VAL, p. 506.

Roger Martin du Gard, 5.XI.28, RMGI, p. 360.

Roger Martin du Gard, 12.III.30, RMGI, p. 392.

Roger Martin du Gard, 11.III.31, RMGI, p. 459.

*Roger Martin du Gard, 13.VI.31, RMGI, p. 476.

Roger Martin du Gard, 12.IV.33, RMGI, p. 559.

Roger Martin du Gard, 15.IV.33, RMGI, p. 562.

*Roger Martin du Gard, 30.III.34, RMGI, p. 611.

Roger Martin du Gard, 8.X.35, RMGII, p. 51.

Roger Martin du Gard, 14.X.41, RMGII, p. 240.

Rose de Sable

Voir : La Rose de Sable

ROTTERDAM

Roger Martin du Gard, 10.II.28, RMGI, p. 329.

ROUEN

Mme Paul Gide, 16.III.90, 232, p. 438.

Mme Paul Gide, 23.III.90, 232, p. 426.

Paul Valéry, 29.III.91, VAL, p. 76.

Mme Paul Gide, 25.III.92, 237, p. 169.

*Albert Démarest, [novembre 1893], 237, pp.294-295

Paul Valéry, [mai 1895], VAL, p. 238.

Paul Valéry, [mai 1895], VAL, p. 240.

Paul Valéry, [C.P. 19.V.96], VAL, p. 267.

Eugene Rouart, 1.II.03, 10, p. 249.

Raymond Bonheur, 1.VI.[09], BON, p. 101.

Francis Viélé-Griffin, 25.VI.12, <u>240</u>, p. 121.

Royal Hôtel
  Mme Paul Gide, 8.II.95, <u>237</u>, p. 461.
  Rainer Maria Rilke, 29.XI.10, <u>RIL</u>, p. 51.

Rue Ampère
  Hélène Martin du Gard, 26.XII.24, <u>RMGI</u>, p. 668.
  Roger Martin du Gard, 20.I.25, <u>RMGI</u>, p. 255.

Rue Boissonade
  Roger Martin du Gard, 12.VII.22, <u>RMGI</u>, p. 186.

Rue Budé
  Charles Du Bos, 15.III.28, <u>BOS</u>, p. 133.

Rue Cadet
  Roger Martin du Gard, 12.IV.33, <u>RMGI</u>, p. 559.

Rue Campagne-Première
  Rainer Maria Rilke, [8.III.12], <u>RIL</u>, p. 71.
  Rainer Maria Rilke, [28.II.14], <u>RIL</u>, p. 106.
  Romain Rolland, 11.I.16, <u>RIL</u>, p. 127.
  Rainer Maria Rilke, 2.VI.23, <u>RIL</u>, p. 216.
  Roger Martin du Gard, 14.X.33, <u>RMGI</u>, p. 582.

Rue Cassette
  André Suarès, 6.XII.10, <u>SUA</u>, p. 49.
  André Suarès, 14.III.[15], <u>SUA</u>, p. 75.

Rue Cassini
  Paul Claudel, [juin 1910], <u>CLA</u>, p. 144.

Rue Claude-Lorrain
  Paul Valéry, 27.V.[19], <u>VAL</u>, p. 475.

Rue D'anjou
  Jean Cocteau, [17.IV.17], <u>COC</u>, p. 61.

Jean Cocteau, 12.V.22, <u>COC</u>, p. 116.

Rue de Babylone
  Philippe Berthelot, 15.II.21, <u>319</u>, p. 3.

Rue Decamps
  Paul Valéry, [C.P.17.VII.15], <u>VAL</u>, p. 444.
  René Schwob, 23.VIII.20, <u>188</u>, p. 93.

Rue de Commaille
  Paul Valéry, [28 août 1891], <u>VAL</u>, p. 121.
  Paul Valéry, [15.X.91], <u>VAL</u>, p. 132.
  Paul Valéry, [septembre 1892], <u>VAL</u>, p. 173.
  Paul Valéry, [juillet 1894], <u>VAL</u>, p. 207.
  Mme Paul Gide, 15.III.95, <u>237</u>, p. 474.
  Paul Valéry, [29.VII.95], <u>VAL</u>, p. 244.
  Paul Valéry, [C.P. 15.VIII.95], <u>VAL</u>, p. 245.
  Paul Valéry, [C.P. 10.X.95], <u>VAL</u>, p. 250.
  Francis Jammes, 23.X.95, <u>JAM</u>, p. 56.
  Paul Valéry, [C.P. 25.X.95], <u>VAL</u>, p. 250.
  Paul Valéry, [C.P. 3.I.97], <u>VAL</u>, p. 284.

Rue de Crosne
  Paul Valéry, [C.P. 19.V.96], <u>VAL</u>, p. 267.

Rue de Grenelle
  Valery Larbaud, [1911], <u>169</u>, p. 158.
  Willy Schuermans, 2.IX.21, <u>SCHU</u>, p. 21.
  Willy Schuermans, 9.IX.21, <u>SCHU</u>, p. 22.
  Willy Schuermans, 8.X.21, <u>SCHU</u>, p. 25.
  Willy Schuermans, 13.XII.21, <u>SCHU</u>, p. 31.
  Rainer Maria Rilke, 28.IV.23, <u>RIL</u>, p. 212.
  Arnold Bennett, 21.IV.24, <u>BEN</u>, p. 139.
  Roger Martin du Gard, 8.VII.25, <u>RMGI</u>, p. 271.
  Eugène Dabit, 14.III.27, <u>214</u>, p. 29.
  Roger Martin du Gard, 30.XII.35, <u>RMGI</u>, p. 63.

Rue de la Pépinière

    Willy Schuermans, 19.VIII.[21], SCHU, p. 18.

Rue de la Préfecture

    Roger Martin du Gard, [août 1940], RMGII, p. 214.

Rue de la Source

    Roger Martin du Gard, 30.V.19, RMGI, p. 143.

Rue de la Tour

    Simone Marye, 23.VII.29, MAR, p. 23.

Rue de la Victoire

    Roger Martin du Gard, 3.XII.34, RMGI, p. 639.

Rue de la Vieille-Intendance

    Paul Valéry, [C.P.10.X.95], VAL, p. 250.

Rue de l'Odéon

    Roger Martin du Gard, 2.XI.24, RMGI, p. 254.

Rue de Paris

    Roger Martin du Gard, 3.XII.34, RMGI, p. 639.

Rue des Sablons

    Edouard Dujardin, 1.VII.91, 34, p. 14.

Rue de Varenne

    Rainer Maria Rilke, 31.X.10, RIL, p. 46
    Rainer Maria Rilke, 29.XI.10, RIL, p. 49.

Rue de Villejust

    Paul Valéry, 17.[VII.06], VAL, p. 409.
    Paul Valéry, [17.XI.06], VAL, p. 412.
    Paul Valéry, [C.P. 16.III.08], VAL, p. 415.
    Paul Valéry, [juillet 1908], VAL, p. 417.
    Paul Valéry, 24.XI.09, VAL, p. 420.
    Paul Valéry 4.X.14, VAL, p. 441.
    Paul Valéry 5.V.18, VAL, p. 467.
    Paul Valéry 27.V.[19], VAL, p. 475.
    Paul Valéry 6.X.19, VAL, p. 476.
    Paul Valéry, 7.I.20, VAL, p. 477.
    Paul Valéry, 22.VII.22, VAL, p. 487.
    Paul Valéry, 26.XII.24, VAL, p. 499.
    Paul Valéry, [1926], VAL, p. 503.
    Paul Valéry, 9.X.27, VAL, p. 506.
    Paul Valéry, 1.VIII.31, VAL, p. 512.
    Paul Valéry, 15.VIII.41, VAL, p. 522 et p. 523.

Rue du Cherche-Midi

    Roger Martin du Gard, [1926], RMGI, p. 292.
    Roger Martin du Gard, 20.IV.26, RMGI, p. 293.
    Roger Martin du Gard, 21.I.29, RMGI, p. 366.
    Roger Martin du Gard, 20.VII.31, RMGI, p. 478.

Rue de Dragon

    Roger Martin du Gard, 16.XII.45, RMGII, p. 335.
    Roger Martin du Gard, 3.XII.46, RMGII, p. 359.
    Roger Martin du Gard, 26.XII.46, RMGII, p. 360.
    Roger Martin du Gard, 7.V.47, RMGII, p. 368.
    Roger Martin du Gard, 19.X.48, RMGII, p. 429.
    Roger Martin du Gard, 19.VI.50, RMGII, p. 489.
    Roger Martin du Gard, 7.VII.50, RMGII, p. 491.

Rue du Maréchal Joffre [Nice]

    Roger Martin du Gard, 9.III.34, RMGI, p. 599.

Rue du Quatorze Juillet [Châteauroux]

    Roger Martin du Gard, 23.VII.40, RMGII, p. 213.

Rue Jasmin

    Roger Martin du Gard, 25.VII.30, RMGI, p. 414.

Rue Laugier
  Paul Valéry, 4.X.14, VAL, p. 444.
  Edmund Gosse, 29.XII.14, GOS, p. 116.

Rue Lord Byron
  Roger Martin du Gard, 18.VIII.47, RMGII, p. 378.

Rue Madame
  André Suarès, [24.III.13], SUA, p. 71.
  Joseph Conrad, 2.VIII.16, 308, p. 155.
  Paul Valéry [2.X.20] VAL, p. 483.

Rue Masseran
  *Roger Martin du Gard, 15.X.34, RMGI, p. 635.

Rue Murillo
  Paul Iseler, 26.XI.31, 132.

Rue Oudinot
  Roger Martin du Gard, 14.VI.36, RMGII, p. 74.
  Roger Martin du Gard, 8.III.37, RMGII, p. 97.

Rue Réaumur
  Roger Martin du Gard, 22.V.47, RMGII, p. 369.

Rue Rembrandt
  Paul Iseler, 26.XI.31, 132.

Rue Royale
  Edmund Gosse, 5.VI.15, GOS, p. 119.

Rue Saint-Lazare
  Paul Valéry [C.P.31.V.12], VAL, p. 423.

Rue Saint-Roch
  Edmund Gosse, 18.V.13, GOS, p. 98.

Rue Sébastien-Bottin
  Jean Amrouche, 13.V.50, RMGII, p. 567.
  Roger Martin du Gard, 16.V.50, RMGII, p. 485.

Rue Servandoni
  Edmund Gosse, 18.V.13, GOS, p. 98

Rue Vaneau
  Roger Martin du Gard, 10.II.28, RMGI, p. 329.
  Roger Martin du Gard, 13.III.28, RMGI, p. 334.
  Roger Martin du Gard, 10.V.28, RMGI, p. 342.
  *Eugène Dabit, 7.VI.28, 214, p. 34.
  *Roger Martin du Gard, 23.VII.28, RMGI, p. 349.
  Eugène Dabit, 11.VIII.28, 214, p. 35.
  Marcel Jouhandeau, [1929], JOU, p. 26.
  Roger Martin du Gard, 15.VI.30, RMGI, p. 404.
  Roger Martin du Gard, 3.VII.30, RMGI, p. 408.
  Roger Martin du Gard, 25.VII.30, RMGI, p. 411.
  *Roger Martin du Gard, 1.II.31, RMGI, p. 443.
  Roger Martin du Gard, 15.IV.31, RMGI, p. 474.
  Eugène Dabit, 8.XI.31, 214, p. 42.
  Roger Martin du Gard, 10.III.32, RMGI, p. 514.
  *Roger Martin du Gard, 25.V.32, RMGI, p. 522.
  Roger Martin du Gard, 16.III.34, RMGI, p. 602.
  Roger Martin du Gard, 18.III.34, RMGI, p. 603.
  Roger Martin du Gard, 28.IV.35, RMGII, p. 25.
  Maurice Lime, [28 ou 29.IX.35], 205, p. 15.
  Roger Martin du Gard, 4.VII.37, RMGII, p. 107.
  Roger Martin du Gard, 24.VIII.37, RMGII, p. 115.
  Roger Martin du Gard, 17.X.37, RMGII, p. 118.
  Roger Martin du Gard, 12.XI.37, RMGII, p. 122.
  Hélène Martin du Gard, 13.XI.37, RMGII, p. 527.
  Roger Martin du Gard, 18.VI.38, RMGII, p. 143.
  Roger Martin du Gard, 2.X.38, RMGII, p. 153.
  Marcel Jouhandeau, 7.XI.38, JOU, p. 41.
  Henri Thomas, 4.XII.[39], 234, p. 367.

Georges Simenon, 28.V.40, <u>327</u>, p. 34.
Roger Martin du Gard, 5.XII.44, RMGII, p. 291.
Roger Martin du Gard, 29.IV.45, RMGII, p. 320.
Roger Martin du Gard, 12.V.45, RMGII, p. 323.
Georges Simenon, 21.VII.[45], <u>327</u>, p. 39.
Claude Mauriac, 4.VIII.45, <u>197</u>, p. 280.
Roger Martin du Gard, 23.VIII.45, RMGII, p. 330.
Roger Martin du Gard, 13.IV.46, RMGII, p. 344.
Roger Martin du Gard, 15.XI.46, RMGII, p. 356.
Roger Martin du Gard, 26.XII.46, RMGII, p. 360.
Roger Martin du Gard, 18.VIII.47, RMGII, p. 378.
Roger Martin du Gard, 21.X.47, RMGII, p. 384.
Roger Martin du Gard, 15.XII.47, RMGII, p. 389.
Roger Martin du Gard, 23.II.48, RMGII, pp. 398-399.
Roger Martin du Gard, 23.II.48, RMGII, p. 402.
Roger Martin du Gard, 14.VIII.48, RMGII, p. 418.
Roger Martin du Gard, 19.X.48, RMGII, p. 429.
André Rouveyre, 10.VII.49, ROU, p. 174.
*Roger Martin du Gard, 5.I.50, RMGII, p. 476.
André Rouveyre, 4.II.50, ROU, p. 188.
Roger Martin du Gard, 28.IX.50, RMGII, p. 499.
Roger Martin du Gard, 11.I.51, RMGII, p. 508.

Rue Vavin

Roger Martin du Gard, 31.VII.31, RMGI, p. 481.

Rue Verdi

Roger Martin du Gard, 10.IX.40, RMGII, p. 219.
*Roger Martin du Gard, 31.III.43, RMGII, p. 278.
Roger Martin du Gard, 23.II.48, RMGII, p. 399.
Roger Martin du Gard, 15.XII.50, RMGII, p. 503.

Rue Visconti

Roger Martin du Gard, 16.II.35, RMGII, p. 16.
Jean Schlumberger, 1.III.35, <u>110</u>, p. 946.

RUMENIL

Edouard Ducoté [août 1899], <u>282</u>, p. 1147.

RUSSIE

Roger Martin du Gard, 3.XII.34, RMGI, p. 640.
*Roger Martin du Gard, 12.IX.35, RMGII, p. 47.
*Roger Martin du Gard, 8.X.35, RMGII, p. 51.
*Roger Martin du Gard, 7.IX.36, RMGII, p. 78.
Voir aussi : U. R. S. S.

SAHARA
   Christian Beck, 18.XI.06, 165, p. 617.

SAINT BURYAN
   Arnold Bennett, 14.IX.30, BEN, p. 190.

SAINT-CALIXTE (Catacombes de)
   Marcel Drouin, 26.III.98, 186, p. 387.

SAINT-CLAIR
   Mme Emile Mayrisch, 10.II.21, 236, p. 101.
   Roger Martin du Gard, 21.VII.24, RMGI, p. 251.
   Charles Du Bos, 1.II.27, BOS, p. 110.
   Roger Martin du Gard, 22.II.27, RMGI, p. 306.
   Roger Martin du Gard, 22.IX.28, RMGI, p. 351.
   René Schwob, 6.I.31, 188, p. 106.
   Roger Martin du Gard, 27.III.31, RMGI, p. 472.
   Roger Martin du Gard, 17.II.32, RMGI, p. 504.
   Roger Martin du Gard, 24.II.33, RMGI, p. 549.
   Roger Martin du Gard, 18.II.37, RMGII, p. 93.

SAINT-CLOUD
   Emile Verhaeren, [1910 ou 1911], VER, p. 77.
   Emile Verhaeren, [1912], VER, p. 80.
   Emile Verhaeren, 3.VI.16, VER, p. 85.
   Roger Martin du Gard, 19.II.[24], RMGI, p. 242.

SAINT-CYR
   Raymond Bonheur, [12.I.05], BON, p. 89.

SAINTE-APOLLONIA
   Maurice Denis [fin avril 1909], 239, p. 112.

Sainte-Chapelle
   Paul Valéry, [septembre 1891], VAL, p. 129.

SAINTE-MARIE
   Paul Valéry, [C.P. 12 mai 1891], VAL, p. 35.

SAINTE-MARIE-MAJEURE
   Marcel Drouin, 26.III.98, 186, p. 386.

SAINTE-ETIENNE
   Roger Martin du Gard, 25.VI.34, RMGI, p. 621.

SAINT-FLOUR
   Claude Mauriac, 14.VIII.40, 197, p. 252.

SAINT-GERMAIN
   Maurice Denis, [fin mars - tout début d'avril 1893], 238, p. 142.
   Raymond Bonheur, 2.I.10, BON, p. 102.
   Roger Martin du Gard, 10.II.28, RMGI, p. 329.

SAINT-GILLES
   Paul Valéry, [C.P. 12 mai 1891], VAL, p. 85.

SAINT-GOTHARD
   Richard Heyd, 27.VII.48, 316, p. 24.

SAINT-JEAN-DE-LATRAN
   Marcel Drouin, 26.III.98, 136, p. 386.

SAINT-LAZARE (Gare)
   Paul Valéry, 17.[VIII.06], VAL, p. 409.
   Jean Schlumberger, 25.XI.18, 233, p. 183.
   Roger Martin du Gard, 2.VII.21, RMGI, p. 165.

SAINT-LOUIS
   *Roger Martin du Gard, 23.II.36, RMGII, p. 66.
   Jean Lambert, 3.II.42, 251, p. 84.

SAINT-MALO
   Paul Valéry, [24.VIII.93], VAL, p. 185.

SAINT-MARTIN

    Paul Valéry, 28.XII.94, VAL, p. 228.

    Paul Valéry, [janvier 1895], VAL, p. 230.

SAINT-MARTIN DE VESUBIE

    Roger Martin du Gard, 23.VII.23, RMGI, p. 225.

    Roger Martin du Gard, [fin juillet 1923], RMGI, p. 228.

SAINT-MORITZ

    Mme Paul Gide, 4.IX.94, 237, p. 357.

    Mme Paul Gide, [2.X.94], 359, p. 150.

    Francis Jammes, [novembre 1895], JAM, p. 59.

SAINT-PAUL

    René Schwob, 14.III.31, 188, p. 107.

    René Schwob, 12.X.31, 188, p. 109.

    René Schwob, 23.II.32, 188, p.111.

    René Schwob, 15.IV.32, 188, p. 113.

    Saint-John Perse, 2.VI.49, 288, p. 467.

    Roger Martin du Gard, [3 ou 4]VI.49, RMGII, p. 451.

    Roger Martin du Gard, 1.VII.49, RMGII, p. 455.

SAINT-PETERSBOURG

    Christian Beck, 4.V.03, 164, p. 398.

SAINT-PIERRE-DE-CHARTREUSE

    Mme Paul Gide, 2.II.90, 232, p. 450.

SAINT-PIERRE [de Rome]

    Mme Paul Gide, 16.IV.94, 237, p. 321.

    *Mme Paul Gide, 4.V.94, 237, p. 321.

    Marcel Drouin, 2.III.98, 186, p. 384.

    Marcel Drouin, 26.III.98, 186, p. 388.

SAINT-RAMBART

    Jean-Marc Bernard, 21.IX.11, 103, p. 471.

SAINT-RAPHAEL

    Raymond Bonheur, [avril 1904], BON, p. 87.

Saint-Sulpice

    Francis Jammes, [fin de février 1897], JAM, p. 102.

SAINT-TROPEZ

    Roger Martin du Gard, 18.I.41, RMGII, p. 228.

Salon d'automne

    Paul Valéry, [C.P.15.III.98], VAL, p. 315.

    Maurice Denis, [1899], 238, p. 153.

    Louis Dumont-Wilden, [octobre 1907], 349, p. 62.

    Valery Larbaud, 30.X.08, 169, p. 125.

    Rainer Maria Rilke, 31.X.10, RIL, p. 46.

SALONIQUE

    Paul Valéry, 13.VI.17, VAL, p. 447.

SALZO MAGGIORE

    Roger Martin du Gard, 30.V.34, RMGI, p. 616.

SAMADEN

    *Paul Valéry, [3.IX.94], VAL, p. 213 et p. 214.

    *Mme Paul Gide, 4.IX.94, 237, p. 357.

SAMARA

    Christian Beck, 4.V.03, 164, p. 398.

SANTA MARGHERITA

    *Paul Valéry, 10.III.08, VAL, p. 415.

SANTA TRINITA (Pont)

    Paul Valéry, [28.V.94], VAL, p. 204.

    Valery Larbaud, 11.III.12, 169, p. 195.

SAÔNE

    X..., 17.II.11, 309, p. 30.

SAPINIERE

    Roger Martin du Gard, 21.VII.24, RMGI, p. 251.

SARRAGINESCO

    *Eugène Rouart, 13.VIII.12, 244, p. 23.

SAUMUR

    Edmund Gosse, 3.VII.16, GOS, p. 131.

Saussaie (La)

    Charles Du Bos, [1924], BOS, p. 74.

SAUVETERRE

    *Roger Martin du Gard, 17.IV.32, RMGI, p. 519.

    *Roger Martin du Gard, [25.VI.32], RMGI, p. 527.

SAUZON

    Mme Paul Gide, [août 1892], 237, p. 178.

SAVOIE

    Roger Martin du Gard, 22.IX.41, RMGII, p. 239.

Scala (La)

    André Suarès, 10.II.11, SUA, p. 53.

SCANDINAVIE

    Marcel Drouin, 30.III.98, 163, p. 61.

SCHONBRUNN

    *Christian Beck, 2.VII.07, 165, p. 622.

SEINE

    Francis Jammes, [début de mai 1896], JAM, p. 72.

Edmund Gosse, 10.II.13, GOS, p. 88.

Paul Valéry, 4.X.14, VAL, p, 442.

Claude Mauriac, 31.V.40, 197, p. 248.

Roger Martin du Gard, 7.VI.40, RMGII, p. 209.

Roger Martin du Gard, 14.VI.40, RMGII, p. 210.

SENEGAL

    Mme Paul Gide, 27.VI.94, 237, p. 332.

    *Maurice Lime, 4.II.36, 205, p. 90.

    *C.-F. Ramuz, 7.II.36, 352, p. 280.

    Jean Lambert, 3.II.42, 251, p. 84.

SETE

    Paul Valéry, [mars 1893], VAL, p. 181.

SEVILLE

    *X..., 30.III.93, 237, p. 222.

    Mme Paul Gide, 18.X.93, 237, p. 222.

    Paul Valéry, [mars 1895], VAL, p. 234.

    *Jacques de Lacretelle, 9.III.28, 254, p. 4.

SFAX

    Roger Martin du Gard, 26.XI.30, RMGI, p. 426.

Shakespeare et Cie

    Roger Martin du Gard, 2.XI.24, RMGI, p. 254.

SIBERIE

    Emile Verhaeren, 25.I.14, VER, p. 82.

    Francis Jammes, 22.XII.31, JAM, p. 287.

    Jean Guéhenno, 17.II.37, 129

SICILE

    *Marcel Drouin, 10.III.96, 355, p. 615.

    René Schwob, 4.XII.23, 188, p. 99.

Arnold Bennett, 27.X.30, BEN, p. 195.

Roger Martin du Gard, 21.XI.49, RMGII, p. 468.

*Giancarlo Vigorelli, 26.XII.49, 172, p. 1.

Alexandre Fichet, 28.V.50, 224, p. 19.

*Roger Martin du Gard, 15.VI.50, RMGII, p. 489.

SIDI-BEL-ABBES

Claude Mauriac, 14.VIII.40, 197, p. 252.

SIDI-BOU-SAID

*Roger Martin du Gard, 24.V.42, RMGII, p. 249.

*Georges Simenon, 8.VI.42, 327, p. 35.

*Roger Martin du Gard, 15.VI.42, RMGII, p. 250.

*Paul Valéry, 25.VI.[42], VAL, p. 527.

*Roger Martin du Gard, 30.VI.42, RMGII, p. 255.

*Roger Martin du Gard, 2.VII.42, RMGII, p. 256.

*Georges Simenon, 21.VIII.42, 327, p. 35.

*Roger Martin du Gard, 3.IX.42, RMGII, p. 265. et p. 266.

Roger Martin du Gard, 23.IX.42, RMGII, p. 269.

SIENNE

Willy Schuermans, 10.XI.21, SCHU, p. 27.

SIERRE

*Rainer Maria Rilke, 29.VIII.21, RIL, pp. 170-171.

Rainer Maria Rilke, 6.VII.26, RIL, p. 244 et p.245.

SILENCIO

Maurice Denis, [fin avril 1909], 239, p. 112.

Sixtine

Paul Valéry, 4.III.18, VAL, p. 465.

SKAGERRAK

Joseph Conrad, 8.VI.16, 308, p. 155.

SODOME

Francis Viélé-Griffin, [été 1897], 240, p. 107.

François Porché, janvier 1928, 60, p. 63.

SOMME

Paul Valéry, 4.X.14, VAL, p. 442.

Roger Martin du Gard, 7.VI.40, RMGII, p. 209.

SORBONNE

Paul Valéry, [C.P. 17 juin 1891], VAL, p. 97.

SORRENTE

Valery Larbaud, 30.VII.[08], 169, p. 121.

*Albert J. Guerard, 16.V.47, 193, p. 241.

SOS

Francis Jammes, 14.X.04, JAM, p. 216.

SOTCHI

Roger Martin du Gard, 22.VII.36, RMGII, p. 75.

Souco

Voir : La Souco

SOUDAN

Arnold Bennett, 19.II.25, BEN, p. 147.

Simone Marye, 11.I.38, MAR, p. 27.

Roger Martin du Gard, 8.II.46, RMGII, p. 337.

SOUF

Albert Démarest, [12 et 14.III.93], 237, p. 291.

Paul Valéry, [27.XI.93], VAL, p. 192.

Mme Jean-Paul Laurens, [fin novembre 1893], 348, p. 51.

SOUFI

*Paul Valéry, 26.XII.[1900], VAL, p. 378.

Sources (Les) [Propriété des Charles Gide]

*Mme Paul Gide, 9.X.93, 237, p. 558.

*Mme Paul Gide, 10.X.93, 232, p. 106.

SOUSSE

*Albert Démarest, 12 et 14.XI.93, 237, pp. 291-292.

*Mme Paul Gide, 14.XI.93, 237, p. 290.

Paul Valéry, 11.IV.99, VAL, p. 344.

Christian Beck, 25.01.05, 215a, p. 11.

SOUTHAMPTON

Edmund Gosse, 21.VII.II, GOS, p. 60.

Valery Larbaud, 11.VIII.11, 169, p. 181.

Arnold Bennett, 9.V.24, BEN, p. 141.

SOUTH CAROLINA

Georges Simenon, 12 à 16.II.48, 327, p. 43.

SPARTE

Marcel Drouin, 18.IV.[98], 186, p. 392.

SPEZIA (Corniche de la ...)

*Mme Paul Gide, 27.VI.94, 237, p. 331.

Splendid Hôtel

Voir : Hôtel Splendide

SPOLETE

Maurice Denis, [fin mars-tout début d'avril 1898] 238, p.142.

STOCKHOLM

Roger Martin du Gard, 22.XI.47, RMGII, p. 3387.

Roger Martin du Gard, 27.XI.47, RMGII, p. 389.

STRASBOURG

*Paul Valéry, [C.P.12.IV.92], VAL, p. 156.

Paul Valéry, [C.P. mai 1898], VAL, p. 317.

René Schwob, 7.XI.20, 188, p. 94.

René Schwob, 16.II.21, 188, p. 95.

Roger Martin du Gard, 17.VI.47, RMGII, p. 373.

SUBASIO

Maurice Denis [fin mars- tout début d'avril 1898], 238, p. 141.

SUEDE

Roger Martin du Gard, 19.X.30, RMGI, p. 421.

Roger Martin du Gard, 16.XI.37, RMGII, p. 125.

Roger Martin du Gard, 22.XI.47, RMGII, p. 387.

*Svenska Dagbladet, [novembre 1947], 159, p. 1 et p. 7.

*Roger Martin du Gard, 27.XI.47, RMGII, p. 389.

Roger Martin du Gard, 15.XII.47, RMGII, p. 388.

Ivan Bounine, [octobre 1950], 174, p. 1.

*Lucien Maury, [octobre 1950], 195, p. 13.

SUISSE

Mme Paul Gide, 28.III.90, 232, pp.467-468.

Mme Paul Gide, 31.III.90, 232, p. 449.

*Mme Paul Gide, 29.VI.94, 237, p. 336.

Paul Valéry, [juillet 1894], VAL, p. 207.

Mme Paul Gide, 7.VII.94, 237, p. 341.

*Mme Paul Gide, 31.VIII, 94, 237, p. 356.

Paul Valéry, [3.IX.94], VAL, p. 213.

Mme Paul Gide, 8.II.95, 237, p. 461.

Paul Valéry, [C.P. 25.X.95], VAL, p. 250.

Marcel Drouin, 25.XII.[95], 163, p. 74.

André Fontainas, 28.IV.97, 349, p. 28.

*Paul Valéry, 27.IV.97, VAL, p. 293.

Stéphane Mallarmé, 22.V.97, 163a, p. 117.

*Francis Jammes, 4.I.98, JAM, p. 134.

*Paul Valéry, 7.I.98, VAL, p. 302.

*Paul Valéry, [C.P. mai 1898], VAL, p. 317.

Francis Jammes, [début d'août 1898], JAM, p. 144.

Christian Beck, 27.II.[07], 165, p. 619.

Christian Beck, 1.IV.[07], 165, p. 620.

Christian Beck, 6.IV.08, 165, p. 626.

Edmund Gosse, 3.VII.16, GOS, p. 130.

Rainer Maria Rilke, 13.V.21, RIL, p. 155.

Rainer Maria Rilke, 11.VII.[21], RIL, p. 165.

Rainer Maria Rilke, 19.XII.21, RIL, p. 174.

Jean Cocteau, 24.I.23, COC, p. 136.

André Rouveyre, 14.IV.24, 357, p. 32.

*Roger Martin du Gard, 31.V.28, RMGI, p. 347.

*René Schwob, 15.IV.32, 188, p. 112.

Roger Martin du Gard, 17.IV.32, RMGI, p. 519.

François Mauriac, 17.IV.32, MAU, p. 84.

*André Rouveyre, 21.IV.32, ROU, p. 139.

X..., 19.V.34, 349, p. 130.

*Roger Martin du Gard, 3.VII.35, RMGII, p. 37.

Roger Martin du Gard, 13.VIII.35, RMGII, p. 40.

*Roger Martin du Gard, 12.IX.35, RMGII, p. 47.

Roger Martin du Gard, 10.XII.36, RMGII, p. 87.

*Roger Martin du Gard, 2.I.37, RMGII, p. 89.

*C.F. Ramuz, 20.I.37, 352, p. 296.

C.F. Ramuz, 1.III.37, 352, p. 298.

Paul Valéry, 21.VIII.41, VAL, p. 524.

François Mauriac, 13.XII.41, MAU, p. 101.

Georges Redard, 24.IV.42, 321, p. 4.

Roger Martin du Gard, 7.VIII.46, RMGII, p. 346.

*Georges Simenon, 3.IX.46, 327, p. 41.

Roger Martin du Gard, 13.III.47, RMGII, p. 365.

Maurice Lime, 14.IV.47, 205, p. 160.

Roger Martin du Gard, 21.X.47, RMGII, p. 384.

Roger Martin du Gard, [28.I.48], RMGII, p. 395.

SURGERES

Francis Jammes, 14.X.04, JAM, p. 216.

SUSE

Dorothy Bussy, 12.III.34, 281, p. 17.

SYRACUSE

*Roger Martin du Gard, 2.II.34, RMGI, p. 593.

Michel Cholokhov, 7.III.34, 102, p. 732.

*Roger Martin du Gard, 9.III.34, 281, p. 598.

Dorothy Bussy, 12.III.34, 281, p. 17.

Roger Martin du Gard, 18.IX.41, RMGII, p. 236.

TABOU

Roger Martin du Gard, [juillet-août 1925], RMGI, p. 272.

TAHITI

*Roger Martin du Gard, 7.VII.32, RMGI, p. 529.
*Roger Martin du Gard, 24.IX.46, RMGII, p. 354.

TALLOIRES

Mme Paul Gide, 2.II.90, 232, p. 450.
Charles Du Bos, 2.VII.26, BOS, p. 105.

TAORMINA

Giancarlo Vigorelli, 26.XII.49, 172, p. 1.
Roger Martin du Gard, 23.IV.50, RMGII, p. 478.
Roger Martin du Gard, 23.V.50, RMGII, p. 487.
Roger Martin du Gard, 15.VI.50, RMGII, p. 489.
Dorothy Bussy, 5.VII.50, 281, p. 17.
Georges Simenon, 29.XI.50, 327, p. 47.

TCHAD

Arnold Bennett, 19.II.25, BEN, p. 147.
Roger Martin du Gard, 18.X.25, RMGI, p. 279.
Paul Claudel, 15.VI.26, CLA, p. 244.
*Edmund Gosse, 27.VII.26, GOS, p. 179.
Roger Martin du Gard, 31.V.28, RMGI, p. 347.
*Arnold Bennett, 26.XII.29, BEN, p. 169.

TCHECOSLOVAQUIE

Roger Martin du Gard, 9.X.38, RMGII, p. 154.

TEHERAN

Christian Beck, 4.V.03, 164, p. 398.

TEMASSINE

Mme Paul Gide, 14.XI.93, 237, p. 290.
Edouard Ducoté [février 1900], 282, p. 1146.

"Temple de Neptune"

*Marcel Drouin, 11.II.96, 355, p. 614.

"Temple des Cérès"

*Marcel Drouin, 11.II.96, 355, p. 615.

Tertre

Roger Martin du Gard, 3.VI.25, RMGI, p. 264.
*Roger Martin du Gard, 9.VI.25, RMGI, p. 268.
Roger Martin du Gard, 8.VII.26, RMGI, p. 296.
Roger Martin du Gard, 3.XII.26, RMGI, p. 301.
Roger Martin du Gard, 11.XII.26, RMGI, p. 303.
Roger Martin du Gard, [mars 27], RMGI, p. 306.
Roger Martin du Gard, [3.V.27], RMGI, p. 307.
Roger Martin du Gard, 30.VI.27, RMGI, p. 312.
Roger Martin du Gard, 14.X.27, RMGI, p. 317.
Roger Martin du Gard, 10.II.28, RMGI, p. 328.
Roger Martin du Gard, 30.III.28, RMGI, p. 338.
Roger Martin du Gard, 10.IV.28, RMGI, p. 341.
Roger Martin du Gard, 10.V.28, RMGI, p. 343.
Eugène Dabit, 7.VI.28, 214, p. 34.
Roger Martin du Gard, 22.IX.28, RMGI, p. 353.
Roger Martin du Gard, 28.IX.28, RMGI, p. 354.
Roger Martin du Gard, 5.X.28, RMGI, p. 359.
Roger Martin du Gard, [juin 1929], RMGI, p. 369.
Roger Martin du Gard, 19.VI.29, RMGI, p. 371.
Roger Martin du Gard, 25.VI.29, RMGI, p. 374.
Arnold Bennett, 12.VIII.29, BEN, p. 165.
Roger Martin du Gard, 12.III.30, RMGI, p. 393.
Roger Martin du Gard, 2.VI.30, RMGI, p. 399.
Roger Martin du Gard, 15.VI.30, RMGI, p. 404.
Roger Martin du Gard, 26.XI.30, RMGI, p. 425.
Roger Martin du Gard, 5.III.31, RMGI, p. 453.
Roger Martin du Gard, 27.III.31, RMGI, p. 471.
Roger Martin du Gard, 15.IV.31, RMGI, p. 474.

Roger Martin du Gard, 25.V.32, RMGI, p. 522.
Roger Martin du Gard, 13.VII.32, RMGI, p. 530.
Roger Martin du Gard, 18.VII.32, RMGI, p. 534.
Roger Martin du Gard, 22.VIII.34, RMGI, p. 629.
Roger Martin du Gard, 18.V.35, RMGII, p. 31.
*Roger Martin du Gard, 18.VIII.35, RMGII, p. 43.
Roger Martin du Gard, 1.IV.38, RMGII, p. 129.
*Hélène Martin du Gard, 19.V.38, RMGII, p. 531.
Roger Martin du Gard, 18.VI.38, RMGII, p. 143.
*Roger Martin du Gard, 19.IX.39, RMGII, p. 188.
*Roger Martin du Gard, 13.IV.40, RMGII, p. 197.
Roger Martin du Gard, 14.VI.40, RMGII, p. 210.
Roger Martin du Gard, 21.IX.44, RMGII, p. 281.
Roger Martin du Gard, 5.IV.45, RMGII, p. 317.
Roger Martin du Gard, 12.VIII.45, RMGII, p. 327.
Roger Martin du Gard, 28.III.46, RMGII, p. 343.
Roger Martin du Gard, 11.IX.48, RMGII, p. 426.
Roger Martin du Gard, 19.X.48, RMGII, p. 429.
Roger Martin du Gard, 7.VII.50, RMGII, p. 491.
Roger Martin du Gard, 13.IX.50, RMGII, p. 498.

TESSIN
Maurice Lime, 14.IV.47, 205, p. 160.

Théâtre Athénée
Paul Claudel, 31.I.09, CLA, p. 97.
Roger Martin du Gard, 30.XII.35, RMGII, p. 63.

Théâtre des Arts
X..., [1912], 302, p. 33.

Théâtre des Champs-Elysées
X..., 19.V.34, 349, p. 130.

Théâtre Français
Roger Martin du Gard, 25.XI.44, RMGII, p. 288.

Roger Martin du Gard, 20.IX.45, RMGII, p. 331.
Roger Martin du Gard, 11.VII.49, RMGII, p. 457.
Richard Heyd, 27.II.50, 349, p. 130.
Dorothy Bussy, 5.VII.50, 281, p. 17.
Georges Simenon, 29.XI.50, 327, p. 47.

Théâtre Marigny
Roger Martin du Gard, 20.IX.45, RMGII, p. 331.
Roger Martin du Gard, 24.IX.46, RMGII, p. 353.

THEBAIDE
Paul Valéry, 1.III.[91], VAL, p. 57.

THEBES
Roger Martin du Gard, 1.VI.30, RMGI, p. 398.

THONON
Francis Jammes, 14.X.04, JAM, p. 216.

THORPE-LE-SOKEN
Arnold Bennett, 4.VII.30, BEN, p. 182.
Arnold Bennett, 28.VII.30, BEN, p. 185.

THURINGO
Madeleine Gide, 6.VIII.03, 348, p. 84 et 338, p. 72.

TIBRE
Marcel Drouin, 26.III.98, 186, p. 386.

TIEN-TSIN
Paul Claudel, [juillet 1908], CLA, p. 87.
Raymond Bonheur, 2.I.10, BON, p. 102.

TIFLIS
*Roger Martin du Gard, 22.VII.36, RMGII, p. 75.

TITUS (Thermes de ...)
*Marcel Drouin, 16.III.98, 217, p. 411.

TIVOLI
*Marcel Drouin, 26.III.98, 186, p. 387.
Maurice Denis, [fin mars-tout début d'avril 1898], 238, p. 141.
Mme Emile Mayrisch, 25.VII.13, 236, p. 98.

TIZI-OUZOU
Christian Beck, 18.XI.06, 165, p. 617.

TOBLACH
*Rainer Maria Rilke, 29.VIII.21, RIL, pp. 170 et 171

TOLEDE
Jacques de Lacretelle, 9.III.28, 254, p. 4.

TORRI
Roger Martin du Gard, 11.IX.48, RMGII, p. 425.

TOSCANE
René Schwob, 4.XII.23, 188, p. 99.

TOUGGOURT
*Francis Jammes [début de mai 1896], JAM, p. 72.
*Edouard Ducoté, [février 1900], 282, p. 1145 et 1146.
*Edouard Ducoté, 22.II.1900, 282, p. 1148.
Francis Jammes, 24.IV.23, JAM, p. 364.
Roger Martin du Gard, 14.III.45, RMGII, p. 316.
Roger Martin du Gard, 5.IV.45, RMGII, p. 317.
Simone Marye, 17.IV.45, MAR, p. 39.

TOULON
*Mme Jean-Paul Laurens, [octobre 1893], 329, n° 47.

Mme Emile Mayrisch, 10.II.21. 236, p. 101.
René Schwob, 16.II.21, 188, p. 94
Joseph Conrad, 16.X.21, 308, p. 162.
René Schwob, 1.VIII.23, 188, p. 98.
Roger Martin du Gard, 19.II.[24], RMGI, p. 243.
*Roger Martin du Gard, 22.XI.29, RMGI, p.379.
Roger Martin du Gard, 2.XI.30, RMGI, p. 422.
André Rouveyre, 20.IX.31, ROU, p. 136.
René Schwob, [septembre 1932?], 188, p. 114.
Roger Martin du Gard, 24.II.33, RMGI, p. 549.
Roger Martin du Gard, 29.II.33, RMGI, p. 551.

TOULOUSE
Paul Valéry, [juillet 1908], VAL, p. 417.
Paul Claudel, 6.VIII.10, CLA, p. 148.
Valery Larbaud, 23.IV.11, 169, p. 161.
Roger Martin du Gard, 19.III.34, RMGI, p. 602.
Roger Martin du Gard, 25.VI.34, RMGI, p. 621.
Roger Martin du Gard, 18.II.37, RMGII, p. 93.
Marcelle Schveitzer, 5.VIII.47, 369, p. 154.
Roger Martin du Gard, 21.III.49, RMGII, p. 450.

TOURAINE
Paul Valéry, [septembre 1895], VAL, p. 246.

TOURNAY
Francis Jammes, 14.X.04, JAM, p. 215.

TOZEUR
*Roger Martin du Gard, 14.VIII.32, RMGI, p. 536.

TRAPANI
Paul Valéry, 26.XII. [1900], VAL, p. 378,

TRAPPES
Raymond Bonheur, [9.VI.99], BON., p. 48.

TRENTIN
René Schwob, 13.III.25, 188, p. 101.

TRIPOLI

Roger Martin du Gard, 18.III.34, RMGI, p. 602.

TROIE

Roger Martin du Gard, 18.IV.40, RMGII, p. 201.

TROUVILLE

Jacques-Emile Blanche, 15.VIII.01, 289, p. 757.
Paul Valéry, 4.X.14, VAL., p. 443.

TUBINGEN

Roger Martin du Gard, 17.VI.47, RMGII. p. 373.

TUGGOURTH

Mme Paul Gide, 8.II.95, 237, p. 461.
Mme Paul Gide, 25.II.95, 237, p. 469.
*Francis Jammes, [début de mai 1896], JAM. p. 72.

TUILERIES

Paul Valéry, [C.P. 18.X.92], VAL., p. 174.

TUMACACORI

Georges Simenon, 7.XII.49, 327, p. 47

TUNIS

Mme Paul Gide, 18.X.93, 237, p. 280.
*Mme Paul Gide, 22.X.93, 237, p. 287.
Mme Paul Gide, 14.XI.93, 237, p. 290.
Paul Valéry, [février 1894], VAL., p. 198.
Paul Valéry, [mars 1894], VAL. p. 200.
Francis Jammes, [automne 1894], JAM., p. 35.
*Mme Paul Gide, 30.I.95, 237, p. 450.
Francis Jammes, 21.II.96, JAM., p. 65.
*Francis Jammes, [fin de février 1896], JAM.pp.66-67.
*Paul Valéry, 11.IV.99, VAL. p. 344.
Edouard Ducoté, [février 1900], 282, p. 1149.
Edouard Ducoté, [février 1900], 282, p. 1147.
Paul Valéry, 26.XII. [1900], VAL., p. 378.
Christian Beck, 25.I.05, 215a, p. 11.
Raymond Bonheur, 1.II [05], BON. p. 91.

Joseph Conrad, 8.X.23, 308, p. 166.
Paul Claudel, [mai 1925], CLA., p. 242.
Eugène Dabit, 11.VIII.28, 214, p. 35.
Roger Martin du Gard, 29.X.29, RMGI, p. 379.
Roger Martin du Gard, 26.XI.30, RMGI, p. 425.
Georges Redard, 24.IV.42, 321, p. 4.
*Roger Martin du Gard, 14.V.42, RMGII, pp. 245-246.
*Roger Martin du Gard, 24.V.42, RMGII, p.248 et p. 249.
Louis Gillet, 7.VI.42, 261, p. 285.
*Georges Simenon, 8.VI.42, 327, p. 35
*Roger Martin du Gard, 15.VI.42, RMGII, p. 251.
*Paul Valéry, 25.VI. [42], VAL., p. 527.
Roger Martin du Gard, 30.VI.42, RMGII, p. 255.
Roger Martin du Gard, 23.IX.42, RMGII, p. 269 et p. 270.
Roger Martin du Gard, 11.X.42, RMGII, p. 274.
Jean Caulmier, 24.VII.43, 331, p. 340.
Roger Martin du Gard, 24.XI.44, RMGII, p. 288.
*Georges Simenon, 11.XII.44, 327, p. 37.
Jef Last, [août 1945], 298, p. 190.

TUNISIA PALACE

Georges Redard, 24.IV.42, 321, p. 4.
*Roger Martin du Gard, 14.V.42, RMGII, p. 246.

TUNISIE

Albert Démarest, [12 et 14.XI.93], 237, pp. 291-292.
Edmund Gosse, 12.VIII.12, GOS. p. 80.
Arnold Bennett, [fin août 1923], BEN., p. 125.
*Joseph Conrad, 8.X.23, 308, p. 166.
*Roger Martin du Gard, 29.X.29, RMGI, p. 378.
René Schwob, 26.XII.30, 188, p. 103.
*Arnold Bennett, 3.I.31, BEN, p. 198 et p. 199.
Claude Mauriac, 17.IV. [41 ou 42], 197, p. 257
*Roger Martin du Gard, 7.V.42, RMGII, pp. 243-244.
*Georges Simenon, 21.VIII.42, 327, p. 35.
*Roger Martin du Gard, 3.IX.42, RMGII, p. 266.
*Roger Martin du Gard, 5.IV.45, RMGII, p. 317.

XXe Siècle, [février 1946], <u>152</u>

TURBIE

    Mme Paul Gide, 27.VI.94, <u>237</u>, p. 311.

TURIN

    Mme Paul Gide, 27.VI.94, <u>237</u>, p. 332.

    Roger Martin du Gard, 25.II.23, <u>RMGI</u>, p. 211.

TYROL

    Rainer Maria Rilke, 29.VIII.21, <u>RIL.</u>, p. 170.

    Roger Martin du Gard, [août ou septembre 1921], <u>RMGI</u>, p. 173.

    Roger Martin du Gard, 25.III.34, <u>RMGI</u>, p. 608.

    Roger Martin du Gard, 30.III.34, <u>RMGI</u>, p. 611.

    *Roger Martin du Gard, 12.V.34, <u>RMGI</u>, p. 612.

    Roger Martin du Gard, 16.II.35, <u>RMGII</u>, p. 15.

    *Jef Last, 2.X.38, <u>356</u>, p. 124.

    *Roger Martin du Gard, 7.VIII.46, <u>RMGII</u>, p. 346.

UNITED STATES

    Voir: ETATS-UNIS

UPSAL

    Roger Martin du Gard, 12.XI.37, <u>RMGII</u>, p. 122.

URIAGE

    Mme Paul Gide, 31.V.90, <u>232</u>, p. 449.

U.R.S.S.

    Roger Martin du Gard, 13.II.32, <u>RMGI</u>, p. 501.

    Roger Martin du Gard, 17.II.32, <u>RMGI</u>, p. 505.

    *Roger Martin du Gard, 18.II.32, <u>RMGI</u>, pp. 506-507.

    *Association des Ecrivains et artistes révolutionnaires, 13.XII.32, <u>107</u>, p. 195.

    *Aragon, 19.V.33, <u>176</u>, p. 32.

    *Daniel-Rops, 20.V.33, <u>176</u>, p. 35.

    Michel Cholokhov, 27.II.34, <u>102</u>, p. 732.

    ...X, 19.V.34, <u>349</u>, p. 130.

    *Roger Martin du Gard, 30.V.34, <u>RMGI</u>, p. 615.

    Directeur de <u>Reportages</u>, 18.II.35, <u>109</u>.

    Roger Martin du Gard, 5.V.35, <u>RMGII</u>, p. 28.

    *A l'ambassadeur de l'U.R.S.S. en France, 29.VI.35, <u>176</u>, pp. 98-99.

    *Thierry Maulnier, [juillet 1935], <u>120</u>, p. 200.

    *Roger Martin du Gard, 3.VII.35, <u>RMGII</u>, p. 36.

    Magdeleine Paz, 6.VII.35, <u>176</u>, p. 100.

    *Roger Martin du Gard, 18.VIII.35, <u>RMGII</u>, p. 42.

    *Roger Martin du Gard, 12.IX.35, <u>RMGII</u>, p. 48.

    *Mme Pajault, 21.XI.35, <u>272</u>, p. 125.

    Maurice Lime, [fin 1935], <u>205</u>, p. 73.

    Maurice Lime, 4.I.36, <u>205</u>, p. 82.

    *Roger Martin du Gard, 21.I.36, <u>RMGII</u>, p. 66.

    *C. F. Ramuz, 7.II.36, <u>352</u>, p. 280.

    Maurice Lime, 4.VI.36, <u>205</u>, p. 109.

    *Roger Martin du Gard, 14.VI.36, <u>RMGII</u>, pp. 73-75.

*Roger Martin du Gard, 22.XII.36, RMGII, p. 75.
Lucien Combelle, 16.X.36, 122.
*Roger Martin du Gard, 3.XII.36, RMGII, p. 84.
*Roger Martin du Gard, 10.XII.36, RMGII, p. 87.
*...X, 10.XII.36, 129.
*A. Culminelli, 23.XII.36, 129.
*Club de la Jeunesse du 7ᵉ arrondissement, 5.I.37, 129.
C.F. Ramuz, 20.I.37, 352, p. 296.
*Gaston Bergery, [décembre 1937], 130, p. 200.
*Roger Martin du Gard, 13.II.40, RMGII, p. 194.
Claude Mauriac, 1.IV.40, 197, p. 241.
*Roger Martin du Gard, 11.II.45, RMGII, p. 312.
*Umberto Carpagnolo, 28.I.51, 184.
Voir aussi : RUSSIE.

U.S.A.
Voir : ETATS-UNIS.

UTGARD
Paul Valéry, [2 juin 1891], VAL, p. 88.

UZES
Paul Valéry, [mai 1891], VAL, p. 81.
Paul Valéry [C.P. 12 mai 1891], VAL, p. 84.
Paul Valéry [C.P. 17 juin 1891], VAL, p. 95.
Paul Valéry, [28.XI.91], VAL, p. 139.
Paul Valéry, [24.XII.91], VAL, p. 144.
Mme Paul Gide, 10.X.93, 232, p. 192.
*André Rouveyre, 4.II.40, ROU, p. 150.

VAL RICHER
Jean Schlumberger, [juin 1902], 179, p. 151.
Edmund Gosse, [1.VI.12, GOS, p. 77.
*Roger Martin du Gard, 21.IX.44, RMGII, p. 290.

VALVINS
Edmund Gosse, 10.II.13, GOS, p. 88.
Francis Vielé-Griffin, 15.VI.23, 240, p. 122.

VANEAU
Voir : rue Vaneau

VANVES
Paul Valéry, 4.X.14, VAL, p. 443.

VAR
Roger Martin du Gard, 3.IX.40, RMGII, p. 217
André Rouveyre, 27.IV.41, RGM, p. 155.
Claude Mauriac, 28.VIII.41, 197, p. 254.

VARESE
Anna de Noailles, 24.III.08, 351, p. 502.

VARSOVIE
Mme Emile Mayrisch, 2.V.21, 226, p. 103.
Arnold Bennett, 9.V.22, BEN, p. 115.
Eugène Dabit, 12.V.36, 214, p. 21.
*Roger Martin du Gard, 18.IV.40, RMGII, p. 201.

VATICAN
Mme Paul Gide, 4.V.94, 237, pp. 321-322.
*Mme Paul Gide, 6.V.94, 237, p. 322.
Roger Martin du Gard, 7.IV.48, RMGII, p. 408.

VAUCOTTES
Mme Paul Gide, 29.V.93, 237, p. 227.

Velpeau (Maison)

Francis Jammes, [décembre 1909], JAM, p. 266.

Mme Charles Philippe, 1.III.10, 220, p. 71 et 272, p. 142.

Mme Charles Philippe, 8.IV.10, 220, p. 72 et 272, p. 142.

VENCE

Charles Du Bos, [1921], BOS, p. 31.

Roger Martin du Gard, 19.II.[24], RMGI, p. 243.

Roger Martin du Gard, 2.II.30, RMGI, p. 387.

René Schwob, 6.I.31, 188, p. 106.

Roger Martin du Gard, [Février 1931], RMGI, p. 468.

René Schwob, 13.II.31, 188, p. 107.

*Roger Martin du Gard, 18.II.31, RMGI, p. 447.

*Roger Martin du Gard, 11.III.31, RMGI, p. 459.

René Schwob, 14.III.31, 188, p. 107.

Roger Martin du Gard, 22.III.31, RMGI, p.466.

Roger Martin du Gard, 26.IV.37, RMGII, p. 102.

*Roger Martin du Gard, 7.V.40, RMGII, p. 204.

* Roger Martin du Gard, 26.V.40, RMGII, p. 207

*Georges Simenon, 28.V.40, 327, p. 33.

*Claude Mauriac, 31.V.40, 197, p. 248.

*Roger Martin du Gard, 7.VI.40, RMGII, p. 208 et p. 209.

Roger Martin du Gard, 14.VI.40, RMGII, p. 210.

Roger Martin du Gard, 16.VII.40, RMGII, p. 212.

Claude Mauriac, 14.VIII.40, 197, p. 252.

Roger Martin du Gard, 19.I.49, RMGII, p. 435.

Saint-John Perse, 2.VI.49, 288, p. 467.

VENDEE

Georges Simenon, 27.XII.41, 327, p. 34.

VENISE

Paul Valéry, [C.P. 3.X.95], VAL, p. 248.

Paul Valéry, [C.P. 15.XII.95], VAL, p. 254.

Francis Jammes, 28.III.98, JAM, p. 136.

Maurice Denis, [fin mars - tout début d'avril 1898], 238, p. 141.

*Marcel Drouin, [avril 1898], 186, p. 390.

*Marcel Drouin, 18.IV.[98], 186, p. 391.

Francis Jammes, [novembre 1901], JAM, p. 179.

*Maurice Denis, 7.XII.07, 239, p. 87.

*Maurice Denis, 1.III.08, 239, p. 98.

Jean Paulhan, 25.VI.33, 111 et 339.

VERDUN

Joseph Conrad, 8.VI.16, 308, p. 155.

Edmund Gosse, 3.VII.16, GOS, p. 131.

VERNON-SUR-BRENNE

Francis Jammes, 14.X.04, JAM, p. 216.

VERONE

Georges Simenon, 10.X.48, 327, p. 45.

VERRIERES

Mme Paul Gide, [2.X.94], 359, p. 147; p. 148.

VERSAILLES

Paul Valéry, [C.P. 11 juin 1891], VAL, p. 92.

Paul Valéry, [C.P. 17 juin 1891], VAL, p. 97

Pierre Louys, 19.X.94, 237, p. 389.

Raymond Bonheur, 28.VI.[03], BON, p. 83.

Paul Valéry, 4.X.14, VAL, p. 442.

Charles Du Bos, [février 1923], BOS, p. 52.

Charles Du Bos, [décembre 1928], BOS, p. 165.

Charles Du Bos, 2.I.29, BOS, p. 169.

Roger Martin du Gard, 17.X.37, RMGII, p. 118.

Roger Martin du Gard, 23.X.37, RMGII, p. 119.

VESUBIE

Roger Martin du Gard, [fin juillet 1923], RMGI, p. 227.

VEVCY

Francis Jammes, 5.V.[05], JAM, p. 227.

Via Ghibellina

Christian Beck, [juillet 1899], 164, p. 391.

Via Gregoriana

Willy Schuermans, 10.XI.21, SCHU, p. 27.

Via Merulana

*Marcel Drouin, 26.III.98, 186, p. 386.

VICHY

Emile Verhaeren, [1910], VER., p. 61.

Roger Martin du Gard, 7.VI.40, RMG II, p. 208.

*François Mauriac, 3.VII.40, MAU., p. 99.

*Roger Martin du Gard, 16.VII.40, RMG II, p. 211.

*Roger Martin du Gard, 23.VII.40, RMG II, p. 213.

Paul Valéry, 21.IX.41, VAL., p. 526.

Roger Martin du Gard, 19.I.49, RMG II, p. 435.

VIENNE

Paul Claudel, 25.IX.05, CLA., p. 50.

Francis Jammes, 15.II.06, JAM., p. 233.

Christian Beck, 29.IV.06, 164, p. 399.

Emile Haguenin, 23.X.07, 358, p. 200.

Emile Haguenin, 13.I.08, 358, p. 202.

Francis Vielé - Griffin, 6.I.10, 240, p. 116.

Vieux - Colombier

Voir: Index des noms propres

Villa Arson

Roger Martin du Gard, 30.III.34, RMG I, p. 610.

Villa Aublet

Paul Valéry, 4.X.14, VAL., p. 444.

Villa d'Hadrien

*Marcel Drouin, 26.III.98, 186, p. 387.

*Maurice Denis, [fin mars - tout début d'avril 1898], 238, p. 141.

Villa Faust

*Emile Verhaeren, [1910], VER., pp. 61-62.

VILLALIER

Roger Martin du Gard, 16.VII.40, RMG II, p. 211.

Roger Martin du Gard, 23.VII.40, RMG II, p. 213.

Villa Molière

André Rouveyre, 1.VI.18, ROU., p. 55.

Villa Montmorency

Théo Van Rysselberghe, [1906], 349, p. 62.

Théo Van Rysselberghe, [1906?], 349, p. 62.

Edmund Gosse, 20.V.13, GOS., p. 99.

Rainer Maria Rilke, [novembre 1913], RIL., p. 75.

Roger Martin du Gard, 7.V.19, RMG I, p. 140.

Raymond Bonheur, [30.XII.19], BON., p. 105.

Paul Valéry, [2.X.20], VAL., p. 483.

*Charles Du Bos, [1921], BOS., p. 39.

Rainer Maria Rilke, 17.XI.22, RIL., p. 203.

André Rouveyre, 30.XI.23, ROU., p. 77.

André Rouveyre, 12.XII.23, ROU., p. 78.

Rainer Maria Rilke, 15.XII.23, RIL., p. 230.

Marcel Jouhandeau, 14.X.24, JOU., p. 12.

René Schwob, 13.XII.24, 188, p. 100.

André Rouveyre, 14.XII. [24], ROU., p. 92.

Paul Valéry, 11.I.25, VAL., p. 500.

Edmund Gosse, 15.I.25, GOS., p. 177.

Roger Martin du Gard, 3.VI.25, RMG I, p. 263.

*Roger Martin du Gard, 9.VI.25, RMG I, pp. 267-268.

Roger Martin du Gard, 20.VI.26, RMG I, p. 293.

Roger Martin du Gard, [novembre 1926], RMG I, p. 300.

Roger Martin du Gard, 3.XII.26, RMG I, p. 301.

Roger Martin du Gard, 1.VII.27, RMGI, p. 313.
Roger Martin du Gard, 7.I.28, RMGI, p. 320.
Roger Martin du Gard, 10.II.28, RMGI, p. 329.
*Roger Martin du Gard, 10.V.28, RMGI, p. 342.
Eugène Dabit, 7.VI.28, 214, p. 34.
Roger Martin du Gard, [août 1928], RMGI, p. 350.
Francis Jammes, 22.XII.31, JAM, p. 286.

Villa Politi

*Roger Martin du Gard, 2.II.34, RMGI, p. 592.

VILLARD - DE - LANS

*Roger Martin du Gard, 21.IX.44, RMGII, p. 280.

VILLEFRANCHE - DE - ROUERGUE

Francis Jammes, 14.X.04, JAM, p. 216.

VINTIMIGLIA

Roger Martin du Gard, 1.II.23, RMGI, p. 206.
Roger Martin du Gard, 23.IV.50, RMGII, p. 478.

VITTEL

Roger Martin du Gard, 2.VII.33, RMGI, p. 568.
*Roger Martin du Gard, 19.VII.33, RMGI, p. 570.
*Roger Martin du Gard, 9.VIII.33, RMGI, p. 570.
Eugène Rouart, 24.VIII.33, 325, p. 5.
Roger Martin du Gard, 30.V.34, RMGI, p. 616.
*Roger Martin du Gard, 13.IV.40, RMGII, p. 197.
*Roger Martin du Gard, 18.IV.40, RMGII, p. 200.
*Roger Martin du Gard, 16.VII.40, RMGII, p. 212.

VLADIKAUKAS

Roger Martin du Gard, 22.VII.36, RMGII, p. 75.

Volkstheater (de Vienne)

Emile Haguenin, 23.X.07, 358, p. 200.

VOREPPE

Igor Stravinsky, 24.II.33, 265, p. 188.
Roger Martin du Gard, 24.II.33, RMGI, p. 549.

VOSGES

Paul Valéry, [début d'août 1891], VAL, p. 117.
Paul Valéry, 4.X.14, VAL, 442.

WADI HAFA

    Roger Martin du Gard, 8.II.46, RMGII, p. 337.

WALES

    Joseph Conrad, 25.XI.20, 308, p. 158.

WARTBURG

    Madeleine Gide, 6.VIII.03, 338, p. 73.

WEIMAR

    *Madeleine Gide, 6.VIII.03, 338, p. 72.
    Christian Beck, 6.IX.03, 164, p. 398 et p. 399.
    Mme Förster-Nietsche, [1907], 290a, p. 136.
    Jacques de Lacretelle, 9.III.28, 254, p. 4.

WIESBADEN

    Edmund Gosse, 8.I.14, GOS, p. 107.
    Roger Martin du Gard, 4.II.33, RMGI, p. 546.
    Igor Stravinsky, 8.II.33, 265, p. 187.
    André Rouveyre, 8.II.[33], ROU, p. 145.

WITTENBERG

    Roger Martin du Gard, 17.X.46, RMGII, p. 355.

WURTEMBERG

    Roger Martin Du Gard, 12.VI.47, RMGII, p. 370.

YÉMEN

    *Dorothy Bussy, 12.III.34, 281, p. 17.

YOUGOSLAVIE

    Roger Martin du Gard, 4.IX.37, RMGII, p. 115.

YPORT

    Mme Paul Gide, [mai 1893], 237, p. 228.
    Mme Paul Gide, 14.III.95, 237, p. 470.
    Paul Valéry, [C.P.29.VIII.96], VAL, p. 274.

YVRANDE

    Francis Jammes, 14.X.04, JAM, p. 216.

ZAGHOUAN

    Mme Paul Gide, 27.VI.94, 237, p. 332.
    Marcel Drouin, 26.III.98, 186, p. 387.

ZURICH

    Paul Valéry, 24.I.12, VAL, p. 422.
    Mme Emile Mayrisch, 21.VI.19, 236, p. 99.
    Rainer Maria Rilke, 13.V.21, RIL, p. 155.
    Rainer Maria Rilke, 19.XII.21, RIL, p. 174.
    Roger Martin du Gard, [3.V.27], RMGI, p. 307.
    Roger Martin du Gard, 12.II.32, RMGI, p. 499.
    Roger Martin du Gard, 5.V.35, RMGII, p. 29.
    Ignazio Silone, 8.IX.37, 176, p. 189.
    Pierre Alessandri, 9.IX.37, 176, p. 183.
    Roger Martin du Gard, 10.IX.40, RMGII, p. 219.

INDEX DES OEUVRES (ARTISTIQUES, CINEMATOGRAPHIQUES, LITTERAIRES, PHILOSOPHIQUES, SCIENTIFIQUES, ETC...) DONT GIDE FAIT MENTION

ABJECTION (L')
   Voir: JOUHANDEAU (Marcel)

"A ceux qui ont vingt ans"
   Voir: VOGUE (Eugène Melchior de)

ACHAB ET JEZABEL
   Voir: WILDE (Oscar)

ACHILLE VENGEUR
   Voir: SUARES (André)

ADAM BEDE
   Voir: ELIOT (George)

ADOLPHE
   Voir: CONSTANT (Benjamin)

"Adonis"
   Voir: LA FONTAINE (Jean de)

ADVERSAIRE (L')
   Voir: CAPUS (Alfred)

AFFAIRE MAURIZIUS
   Voir: WASSERMANN (Jakob)

AFFINITÉS ÉLECTIVES (LES)
   Voir: GOETHE (Johann Wolfgang)

"A French Romantic"
   Voir: BENNETT (Arnold)

"Agathe"
   Voir: VALÉRY (Paul)

AGENCE "O"
   Voir: SIMENON (Georges)

AGLAVAINE ET SELYSETTE (L')
   Voir: MAETERLINCK (Maurice)

AIGLE ET GANYMEDE (L')
   Voir: BLOCH (Jean-Richard)

AIMER BALZAC
   Voir: MAURIAC (Claude)

AÎNÉ DES FERCHAIN (L')
   Voir: SIMENON (Georges)

AINSI PARLAIT ZARATHOUSTRA
   Voir: NIETZSCHE (Frédéric)

AJAX FURIEUX
   Voir: SOPHOCLE

A LA RECHERCHE DU TEMPS PERDU
   Voir: PROUST (Marcel)

ALCHIMIE DU VERBE
   Voir: NIETZSCHE (Frédéric)

ALCOOLS
   Voir: APOLLINAIRE (Guillaume)

ALCYON
   Voir: HERBART (Pierre)

ALEXANDRE
   Voir: RACINE (Jean)

"Alger"
   Voir: JAMMES (Francis)

ALMAIDE D'ETREMONT
   Voir: JAMMES (Francis)

ALMANACH DES POÈTES
   Voir: SOUZA (Robert de)

ÂME DE L'HOMME ET LE SOCIALISME (L')
   Voir: WILDE (Oscar)

"Âme, ma belle âme"
   Voir: GUEHENNO (Jean)

"Âme moderne d'après Le Canard sauvage et Les Cahiers d'André Walter (L')"
   *Albert Démarest, [janvier 1892], 232, p. 488.

AMERICAN TRAGEDY (AN)
   Voir: DREISER (Theodore)

"Âmes du purgatoire (Les)"
   Voir: MÉRIMÉE (Prosper)

ÂMES MORTES
   Voir: GOGOL (Nicolas)

"Amiel"
   Voir: DU BOS (Charles)

AMOUR (L')
   Voir: MICHELET (Jules)

Amour Captif (L') [Tableau]
   *X. . . ., s.d., 253a

"Amour et amoureuses"
   Voir: SUARÈS (André)

AMOUR QUI N'OSE PAS DIRE SON NOM (L')
   Voir: PORCHÉ (François)

AMOUR SACRÉ (L')
   Voir: VIELÉ-GRIFFIN (Francis)

"Amours de Psyché et de Cupidon (Les)"
   Voir: LA FONTAINE (Jean de)

AMPHION
   Voir: HONEGGER (Arthur) et VALÉRY (Paul)

ANABASE
   Voir: SAINT-JOHN PERSE

"André Gide"
   Voir: DUMONT-WILDEN (Louis)

ANDRÉ GIDE
   Voir: FERNANDEZ (Ramon)

"André Gide"
   Voir: GOSSE (Edmund)

ANDRÉ GIDE
   Voir: HYTIER (Jean)

ANDRÉ GIDE
   Voir: LEPOUTRE (Raymond)

"André Gide"
   Voir: POUCEL (Victor)

"André Gide à Léré"
   Voir: BENILAN (Jean)

"André Gide, critique littéraire"
   Voir: CLOUARD (Henri)

"André Gide e le Caves du Vatican"
   Voir: FRATEILI (Arnaldo)

ANDRÉ GIDE. ESSAI DE PSYCHOLOGIE LITTÉRAIRE
   Voir: GOUIRAN (Emile)

"André Gide et la grammaire"
  Voir: BILLY (André)

"André Gide et Nietzsche"
  Voir: LANG (Renée)

"André Gide et son Temps"
  Voir: FERNANDEZ (Ramon)

ANDRÉ GIDE: LE SENSUALISME LITTÉRAIRE ET LES EXIGENCES DE LA RELIGION
  Voir: FERRARI (Eugène)

André Gide nous dit"
  Voir: GERIN (Louis)

"André Gide, ou la peur d'avoir raison"
  Voir: CLOUARD (Henri)

ANDROMAQUE
  Voir: RACINE (Jean)

ÂNE D'OR (L')
  Voir: APULÉE

ANNA KARENINE
  Voir: TOLSTOI (Léon)

ANNÉE DANS LE SAHEL (UNE)
  Voir: FROMENTIN (Eugène)

ANNÉE DES VAINCUS (L')
  Voir: CHAMSON (André)

ANNÉES D'APPRENTISSAGE DE WILHELM MEISTER (LES)
  Voir: GOETHE (Johann Wolfgang)

ANNONCE FAITE À MARIE (L')
  Voir: CLAUDEL (Paul)

"Anthologie (Une)"
  Voir: MAURIAC (François)

ANTHOLOGIE DE GAULLE
  Voir: GAULMIER (Jean)

ANTIGONE
  Voir: SOPHOCLE

ANTIGONE
  Voir: COCTEAU (Jean)

ANTIGYDE
  Voir: JAMMES (Francis)

"Antique (L')"
  Voir: RIMBAUD (Arthur)

ANTONIA
  Voir: DUJARDIN (Edouard)

ANTONY AND CLEOPATRA
  Voir: SHAKESPEARE

A. O. BARNABOOTH
  Voir: LARBAUD (Valery)

"A Philippe"
  Voir: CLAUDEL (Paul)

APHRODITE
  Voir: LOUŸS (Pierre)

"Apparition"
  Voir: MALLARMÉ (Stéphane)

APOCALYPSE
  Emile Verhaeren, 3.VI.16, VER., p. 85

"Après-midi d'un Faune (L')"
   Voir: MALLARMÉ (Stéphane)

"A propos d'André Gide, réponse à M. Massis"
   Voir: MAURIAC (François)

A QUOI REVENT LES JEUNES GENS
   Voir: HENRIOT (Emile)

ARBRE (L)
   Voir: CLAUDEL (Paul)

ARDEN OF FEVERSHAM
   *Antonin Artaud, 16.VIII.32, 284, pp. 340-341.
   Antonin Artaud, 1.IX.32, 284, pp. 343-344.
   Richard Heyd, 31.X.46, 276
   Richard Heyd, 16.VIII.48, 293, p. 103
   Richard Heyd, 15.I.50, 293, p. 103
   *Richard Heyd, 27.II.50, 349, p. 130
   *Richard Heyd, 12.III.50, 293, p. 103.

"Arion"
   Voir: VALÉRY (Paul)

ARMANCE
   Voir: STENDHAL

ARROW OF GOLD
   Voir: CONRAD (Joseph)

ART POÉTIQUE
   Voir: CLAUDEL (Paul)

ASMODÉE
   Voir: MAURIAC (François)

ASTARTÉ
   Voir: LOUŸS (Pierre)

AS YOU LIKE IT
   Voir: SHAKESPEARE

ATHALIE
   Voir: RACINE (Jean)

ATTITUDE D'ANDRÉ GIDE (L')
   Voir: YANG TCHANG (Lomine)

AU BONHEUR DES DAMES
   Voir: ZOLA (Emile)

"Au bras de Guillaume Apollinaire"
   Voir: ROUVEYRE (André)

AU-DELA DU MARXISME
   Voir: MAN (Henri de)

AU RENDEZ-VOUS DES TERRE-NEUVAS
   Voir: SIMENON (Georges)

AUS DEN NACHGELASSENEN SCHRIFTEN EINES FRUHVOLLENDETEN
   Voir: BRAUN (Otto)

AU SERVICE DE L'ALLEMAGNE
   Voir: BARRÈS (Maurice)

AUTOBIOGRAPHY OF MARK RUTHERFORD (THE)
   Voir: RUTHERFORD (Mark)

AVENIR DE LA SCIENCE (L')
   Voir: RENAN (Ernest)

AVERTISSEMENT À L'EUROPE
   Voir: MANN (Thomas)

AVEUGLES (LES)
   Voir: MAETERLINCK (Maurice)

BACCHANTES
   Voir : EURIPIDE

BALLADES
   Voir : FORT (Paul)

BANQUET (LE)
   Voir : PLATON

BARABBAS
   Voir : LAGERKVIST (Par)

BARBERINE
   Voir : MUSSET (Alfred de)

BARNABE RUDGE
   Voir : DICKENS (Charles)

"Barrès"
   Voir : FAY (Bernard)

"Bateau ivre (le)"
   Voir : RIMBAUD (Arthur)

"Beams"
   Voir : VERLAINE (Paul)

BEATRIX
   Voir : BALZAC (Honoré de)

BEAUCHAMP'S CAREER
   Voir : MEREDITH (George)

BÉBÉ DONGE
   Voir : SIMENON (Georges)

"Belle au Bois dormant (La)"
   Voir : VALERY (Paul)

BELLE SAISON (LA)
   Voir : MARTIN DU GARD (Roger)

BELLE VUE (UNE)
   Voir : DUCOTÉ (Edouard)

BERGELON
   Voir : SIMENON (Georges)

BESOIN DE GRANDEUR
   Voir : RAMUZ (Charles-Ferdinand)

BÊTE HUMAINE (LA) [Film]
   Voir : ZOLA (Emile)

BIBLE
   Mme Paul Gide, [juin - juillet], 90, 232, p. 460
   *Paul Valéry, [début d'août 1891], VAL., p. 118
   Mme Paul Gide, 8.X.93, 237, p. 275
   Francis Jammes, [octobre 1897], JAM., p. 125
   *Paul Claudel, [8.XII.05], CLA., p. 58
   *Jean Lambert, 3.II.42, 251, p. 84
   [Voir aussi : EVANGILE]

BIBLIOGRAPHIE DE L'OEUVRE DE ANDRÉ GIDE
   Voir : SIMONSON (Raoul)

BIBLIOGRAPHIE DES ÉCRITS D'ANDRÉ GIDE
   Voir : NAVILLE (Arnold)

BIBLIOTHÈQUE DE FEU M. PAUL SOUDAY
   *Roger Martin du Gard, 12.III.30, RMG I, p. 393.

BLANCHETTE
   Voir : BRIEUX (Eugène)

BLÉS MOUVANTS (LES)
   Voir : VERHAEREN (Emile)

"Bois amical (Le)"
    Voir: VALÉRY (Paul)

"Bonheur"
    Voir: VERLAINE (Paul)

BOOK OF FRANCE (THE)
    Voir: STEPHENS (Winifred)

BOOK OF THE HOMELESS
    Voir: WHARTON (Edith)

BOOKS AND PERSONS
    Voir: BENNETT (Arnold)

"Border Ballads"
    Voir: SWINBURNE (Charles)

BOUCLIER DU ZODIAQUE (LE)
    Voir: SUARÈS (André)

BOURGEOIS GENTILHOMME (LE)
    Voir: MOLIÈRE

BOURMESTRE DE FURNES (LE)
    Voir: SIMENON (Georges)

BOUVARD ET PÉCUCHET
    Voir: FLAUBERT (Gustave)

BROUILLE (LA)
    Voir: VILDRAC (Charles)

BRUIT ET LA FUREUR (LE)
    Voir: FAULKNER (William)

BRUME (LA)
    Voir: BOUNINE (Ivan)

BUBU DE MONTPARNASSE
    Voir: PHILIPPE (Charles-Louis)

BUCH DER LIEDER
    Voir: HEINE (Henri)

BUCOLIQUES (LES)
    Voir: VIRGILE

BYRON ET LE BESOIN DE LA FATALITÉ
    Voir: DU BOS (Charles)

CADET DE COUTRAS (LE)
  Voir: HERMANT (Abel)

CAHIERS (NRF)
  Voir: BARRÈS (Maurice)

CAMARADE INFIDÈLE (LE)
  Voir: SCHLUMBERGER (Jean)

"Canard et la succinée (Le)"
  Voir: BECK (Christian)

CANARD SAUVAGE (LE)
  Voir: IBSEN (Henrik)

CANDIDAT
  Voir: FLAUBERT (Gustave)

CANDIDE
  Voir: VOLTAIRE

CANTERBURY TALES
  Voir: CHAUCER (Geoffrey)

"Cantique de Mesa"
  Voir: CLAUDEL (Paul)

"Cantique des Cantiques"
  *François Mauriac, [1. VII.22], MAU., p.69.

CANTIQUES SPIRITUELS DE SAINT JEAN DE LA CROIX (LES)
  Voir: CYPRIEN [R.P.]

CAP DE BONNE ESPÉRANCE (LE)
  Voir: COCTEAU (Jean)

CAPTAIN SINGLETON
  Voir: DEFOE (Daniel)

CARNET D'UN SUICIDÉ
  Voir: BECK (Christian)

CAS SIMENON (LE)
  Voir: NARCEJAC (Thomas)

CASTILLION CONTRE CALVIN ou CONSCIENCE CONTRE VIOLENCE
  Voir: ZWEIG (Stefan)

CATALOGUE DE LIVRES ET MANUSCRITS PROVENANT DE LA BIBLIOTHÈQUE DE M. ANDRÉ GIDE
  Roger Martin du Gard, 20.I.25, RMG I, p.255
  Willy Schuermans, 2.IV.25, SCHU., pp. 54-55
  *Paul Souday, 13.IV.25, 38, pp. 60-62
  Roger Martin du Gard, 1.V.25, RMG I, p. 260
  Roger Martin du Gard, 6.V.25, RMG I, p. 261

CATHERINE FURZE
  Voir: RUTHERFORD (Mark)

CATHOLIQUES, LA POLITIQUE ET L'ARGENT (LES)
  Voir: SIMON (Pierre-Henri)

CAUET
  Voir: IEHL (Jules)

"Caugt"
  Voir: JAMMES (Francis)

CAUSERIES DU LUNDI
  Voir: SAINTE-BEUVE (Charles-Augustin)

CAUSES CÉLÈBRES
  *X. . ., 21.VII.31, BEN., p. 207

"Ce que j'appellerais le ciel..."
  Voir: NOAILLES (Anna de)

CE QUI ÉTAIT PERDU
    Voir : MAURIAC (François)

CÉSAR BIROTTEAU
    Voir : BALZAC (Honoré de)

CHANCE
    Voir : CONRAD (Joseph)

CHANSONS D'AMOUR ET DE MORT DU CORNETTE CHRISTOPH RILKE
    Voir : RILKE (Rainer Maria)

CHANSONS DE BILITIS (LES)
    Voir : LOUŸS (Pierre)

CHANTS DE DÉPART
    Voir : LACAZE (Jean)

CHANTS DE MALDOROR (LES)
    Voir : LAUTRÉAMONT

CHARLES BAUDELAIRE
    Voir : CRÉPET (Jacques)

CHARLES BLANCHARD
    Voir : PHILIPPE (Charles-Louis)

CHARMES
    Voir : VALÉRY (Paul)

CHARTREUSE DE PARME (LA)
    Voir : STENDHAL

CHASSE AU TIGRE
    Voir : BECK (Christian)

"Chemin de la Croix"
    Voir : CLAUDEL (Paul)

CHEMINS DE LA LIBERTÉ
    Voir : SARTRE (Jean-Paul)

CHEMINS SANS ISSUE
    Voir : SIMENON (Georges)

CHÉRI
    Voir : COLETTE

CHEVAL BLANC (LE)
    Voir : SIMENON (Georges)

CHEVAUCHÉE D'YELDIS ET AUTRES POÈMES (LA)
    Voir : VIÉLÉ-GRIFFIN (Francis)

"Chevrier (Le)"
    Voir : VIÉLÉ-GRIFFIN (Francis)

CHIENS DE GARDE (LES)
    Voir : NIZAN (Paul)

CHIRURGIE DE LA DOULEUR (LA)
    Voir : LERICHE (René)

CHOSES D'ESPAGNE
    Voir : SOUVARINE (Boris)

CHRONIQUES MARITALES
    Voir : JOUHANDEAU (Marcel)

"Cimetière marin (Le)"
    Voir : VALÉRY (Paul)

CINQ GRANDES ODES suivies d'un PROCESSIONNAL POUR SALUER LE SIÈCLE NOUVEAU
    Voir : CLAUDEL (Paul)

CITÉ GRISE
    Voir : DELAY (Jean)

CLARA D'ELLEBEUSE
   Voir : JAMMES (Francis)

CLARISSA HARLOWE
   Voir : RICHARDSON (Samuel)

CLARTÉ DE VIE (LA)
   Voir : VIELE-GRIFFIN (Francis)

CLAYHANGER
   Voir : BENNETT (Arnold)

CLODOMIR L'ASSASSIN
   Voir : JOUHANDEAU (Marcel)

CLOISONS ETANCHES
   Voir : MARTIN DU GARD (Roger)

CLOITRE (LE)
   Voir : VERHAEREN (Emile)

"Coeur révélateur"
   Voir : POE (Edgar)

COLLECTED POEMS OF EDMUND GOSSE
   Voir : GOSSE (Edmund)

COLLINE
   Voir : GIONO (Jean)

COLONEL JACK
   Voir : DEFOE (Daniel)

"Comédie de la soif"
   Voir : RIMBAUD (Arthur)

COMÉDIE HUMAINE (LA)
   Voir : BALZAC (Honoré de)

COMMERCE ROUGE
   Voir : KNICKERBOCKER (H.-R.)

COMMUNISTES ET CATHOLIQUES
   Voir : SCHEFER (Marc)

COMPLAINTES (LES)
   Voir : LAFORGUE (Jules)

COMPLETE WORKS
   Voir : CONRAD (Joseph)

COMPORTEMENT SEXUEL DE L'HOMME (LE)
   Voir : KINSEY (Alfred C.)
        & MARTIN (Clyde)
        & POMEROY (Wardel)

CO-NAISSANCE AU MONDE ET DE SOI-MÊME
   Voir : CLAUDEL (Paul)

COLLINEUR DEBILE (LE)
   Voir : THARAUD (Jérôme et Jean)

CONFESSIONS
   Voir : ROUSSEAU (Jean-Jacques)

CONFESSIONS D'UNE BELLE AME (LES)
   Voir : GOETHE (Johann Wolfgang)

CONFESSIONS D'UN ENFANT D'HIER
   Voir : HERMANT (Abel)

CONFIDENCE AFRICAINE
   Voir : MARTIN DU GARD (Roger)

CONNAISSANCE DE L'EST
   Voir : CLAUDEL (Paul)

"Conquête allemande, essai sur l'expansion germanique (La)"
  Voir: VALÉRY (Paul)

CONQUÊTE DE PARIS
  Voir: EHRENBOURG (Ilya)

CONSIDÉRATIONS INACTUELLES
  Voir: NIETZSCHE (Frédéric)

CONSULTATION (LA)
  Voir: MARTIN DU GARD (Roger)

"Contemporain capital: André Gide"
  Voir: ROUVEYRE (André)

CONTES
  Voir: JAMMES (Francis)

CONTES
  Voir: RUYTERS (André)

CONVERSION À L'HUMAIN
  Voir: GUEHENNO (Jean)

COQ ET L'ARLEQUIN (LE)
  Voir: COCTEAU (Jean)

CORAN
  *Taha Hussein, 5.VII.45, <u>151</u>, p. 129

CORBEAUX (LES)
  Voir: BECQUE (Henry)

CORIOLAN
  Voir: SHAKESPEARE

CORRESPONDANCE LITTÉRAIRE, PHILOSOPHIQUE ET CRITIQUE
  Voir: GRIMM (Frédéric-Melchoir, Baron de)

CÔTÉ DE GUERMANTES (LE)
  Voir: PROUST (Marcel)

COUPABLES (LES)
  Voir: POZZI

"Coup de dés jamais n'abolira le Hasard (Un)"
  Voir: MALLARMÉ (Stéphane)

COUP DE LUNE
  Voir: SIMENON (Georges)

"Coupe (La)"
  Voir: VIELÉ-GRIFFIN (Francis)

"Couperet (Le)"
  Voir: LARBAUD (Valery)

COUR D'ASSISES
  Voir: SIMENON (Georges)

COUSINE BETTE (LA)
  Voir: BALZAC (Honoré de)

COUSIN PONS (LE)
  Voir: BALZAC Honoré de)

CRÉPUSCULE DES DIEUX (LE)
  Voir: BOURGES (Élémir)

"Crimen Amoris"
  Voir: VERLAINE (Paul)

CRITICAL KIT KATS
  Voir: GOSSE (Edmund)

CROQUIGNOLE
  Voir: PHILIPPE (Charles-Louis)

CRUCIFIX DE PORCELAINE (LE)
  Voir: JOUHANDEAU (Marcel)

CULTURE DES IDÉES
   Voir: GOURMONT (Rémy de)

"Culture européenne et dénationalisation"
   Voir: GUEHENNO (Jean)

CURÉ DE TOURS (LE)
   Voir: BALZAC (Honoré de)

CURÉE (LA)
   Voir: ZOLA (Emile)

"Cygnes"
   Voir: VIELÉ-GRIFFIN (Francis)

DAME DE CHEZ MAXIMS' (LA)
   Voir: FEYDEAU (Georges)

DAME DE MALACCA (LA) [Film]
   Voir: ALLÉGRET (Marc)

"Dame Elie ou l'initiation amoureuse"
   Voir: JOUHANDEAU (Marcel)

DANDYS SOUS LOUIS-PHILIPPE (LES)
   Voir: BOULENGER (Jacques)

"D'Annunzio"
   Voir: SUARÈS (André)

DANSE DE SOPHOCLE (LA)
   Voir: COCTEAU (Jean)

DANTE
   Voir: LAMENNAIS (Félicité de)

"Death of Sir John Franklin (The)"
   Voir: SWINBURNE (Charles)

"De Chateaubriand"
   Voir: SUARÈS (André)

"Décor"
   Voir: BANVILLE (Théodore de)

DÉFENSE DE L'OCCIDENT
   Voir: MASSIS (Henri)

DÉFRICHEURS (LES)
   Voir: CHOLOKHOV (Michel)

DE L'ANGELUS DE L'AUBE À L'ANGELUS DU SOIR
   Voir: JAMMES (Francis)

"Délimitation du Barrésisme (La)"
　Voir : VIELÉ-GRIFFIN (Francis)

DELIVERANCE
　Voir : RUTHERFORD (Mark)

DÉLIVRANCE DE TOLSTOI (LA)
　Voir : BOUNINE (Ivan)

DEMIAN
　Voir : HESSE (Hermann)

DÉMOCRATIE EN AMÉRIQUE (LA)
　Voir : TOCQUEVILLE (Alexis de)

DÉMON DE MIDI (LE)
　Voir : BOURGET (Paul)

DÉMON MESQUIN (LE)
　Voir : SOLOGOUB (Fédor)

DÉPUTÉ D'ARCIS (LE)
　Voir : BALZAC (Honoré de)

DÉRACINÉS (LES)
　Voir : BARRÈS (Maurice)

DERBORENCE
　Voir : RAMUZ (Charles-Ferdinand)

"Derniers feuillets de Faust (Les)"
　Voir : MAURIAC (François)

DER WILLE ZUR MACHT
　Voir : NIETZSCHE (Frédéric)

DESTINÉE DU SAVANT ET DE L'HOMME DE LETTRES
　Voir : FICHTE (Johann Gottlieb)

DESTINS
　Voir : MAURIAC (François)

"Deux amants (Les)"
　Voir : BECK (Christian)

DEUX FEMMES DU BOURGEOIS DE BRUGES (LES)
　Voir : BARRÈS (Maurice)

DEVENIR
　Voir : MARTIN DU GARD (Roger)

DIALOGUES PHILOSOPHIQUES
　Voir : RENAN (Ernest)

DICTIONNAIRE DE LA LANGUE FRANCAISE
　Voir : LITTRÉ (Emile)

Dictionnaire Larousse
　Roger Martin du Gard, 2.VII.42, RMG II, p. 256

DIE AUFZEICHNUNGEN DES MALTE LAURIDS BRIGGE
　Voir : RILKE (Rainer Maria)

DIE BRAUT VON MESSINA
　Voir : SCHILLER (Friedrich)

DIE LITERARISCHEN WEGBEREITER DES NEUEN FRANKREICH
　Voir : CURTIUS (Ernst Robert)

DIEU EST-IL FRANCAIS?
　Voir : SIEBURG (Friedrich)

DIEU ET MAMMON
　Voir : MAURIAC (François)

DINGLEY, L'ILLUSTRE ÉCRIVAIN
　Voir : THARAUD (Jérôme et Jean)

DIPTYQUE
    Voir: VIELÉ-GRIFFIN (Francis)

DISCIPLES À SAIS
    Voir: NOVALIS (Friedrich von Hardenberg)

DIVINE COMÉDIE (LA)
    Voir: DANTE

DOCTEUR PASCAL
    Voir: ZOLA (Emile)

DOCTRINE DE LA SCIENCE
    Voir: FICHTE (Johann Gottlieb)

DOMINIQUE
    Voir: FROMENTIN (Eugène)

DON CARLOS
    Voir: SCHILLER (Friedrich)

"Don du Poème"
    Voir: MALLARMÉ (Stephane)

DON JUAN
    Voir: MOLIÈRE

"Don Juan d'Aix-en-Provence"
    Voir: MAURICE (François)

DONOGOO-TONKA
    Voir: ROMAINS (Jules)

DON PABLO DE SÉGOVIE
    Voir: QUEVEDO Y VILLEGAS (Francisco)

DON QUICHOTTE DE LA MANCHE
    Voir: CERVANTES

DOSTOIEVSKI
    Voir: SUARÈS (André)

DOUBLE FAMILLE
    Voir: BALZAC (Honoré de)

DOUBLE MAITRESSE (LA)
    Voir: MUSSET (Alfred de)

DOUCEUR DE LA VIE
    Voir: Romains (Jules)

"Drame de la Passion"
    Voir: GODOY (Armand)

DUCHESSE DE LANGEAIS (LA)
    Voir: BONHEUR (Raymond)

DU CÔTÉ DE CHEZ SWANN
    Voir: PROUST (Marcel)

DUEL (LE)
    Voir: LAVEDAN (Henri)

DU FONDEMENT DE L'INDUCTION
    Voir: LACHELIER (Jules)

DUINESER ELEGIEN
    Voir: RILKE (Rainer Maria)

DU MARIAGE
    Voir: BLUM (Léon)

"Durtal"
    Voir: VALÉRY (Paul)

DYNAMITEUR (LE)
    Voir: STEVENSON (Robert-Louis)

"Ebauche d'un Serpent"
   Voir : VALÉRY (Paul)

ECCLÉSIASTE
   Madeleine Rondeaux, 1.X.94, 237, p. 370

ECHANGE (L')
   Voir : CLAUDEL (Paul)

EDDAS (LES)
   *Paul Valéry, [2 juin 1891], VAL., p. 88

"Edgar Poe"
   Voir : SUARÈS (André)

EDUCATION SENTIMENTALE (L')
   Voir : FLAUBERT (Gustave)

ÉGLISE HABILLÉE DE FEUILLES (L')
   Voir : JAMMES (Francis)

"Elégie à Samain"
   Voir : JAMMES (Francis)

ÉLÉGIES
   Voir : JAMMES (Francis)

ÉLÉGIES ROMAINES
   Voir : GOETHE (Johann Wolfgang)

ELIE DE NACRE
   Voir : JAMMES (Francis)

ELISE
   Voir : JOUHANDEAU (Marcel)

ÉLOGE DE L'IMPRUDENCE
   Voir : JOUHANDEAU (Marcel)

"Flores"
   Voir : SAINT-JOHN PERSE

EMPEREUR ET GALILEEN
   Voir : IBSEN (Henrik)

EMPIRE DES SERPENTS
   *Adrienne Monnier, 15.IV.38, 229, p. 106

END OF THE TETHER
   Voir : CONRAD (Joseph)

ENDYMION
   Voir : KEATS (John)

"En écoutant parler André Gide"
   Voir : COHEN (Gilbert)

ENFANTINES
   Voir : LARBAUD (Valery)

"Enfants assistés"
   Voir : JAMMES (Francis)

ENFANTS JEROMINE (LES)
   Voir : WIECHERT (Ernst)

EN RADE
   Voir : HUYSMANS (Joris-Karl)

EN SYMBOLE VERS L'APOSTOLAT
   Voir : ELSKAMP (Max)

"Enthousiasme"
   Voir : HUGO (Victor)

ENTRETIENS SUR LA GRAMMAIRE FRANCAISE
   Voir : HERMANT (Abel)

ENTREVISIONS
   Voir: VAN LERBERGHE (Charles)

IN UN COMBAT DOUTEUX
   Voir: STEINBECK (John)

ÉPIGRAMMES VENITIENNES
   Voir: GOETHE (Johann Wolfgang)

ÉPILOGUE
   Voir: MARTIN DU GARD (Roger)

"Epipsychidion"
   Voir: SHELLEY (Percy Bysshe)

ÉPISODES, SITES ET SONNETS
   Voir: RÉGNIER (Henri de)

"Episodes symphoniques"
   Voir: SCHMITT (Florent)

ÉPITHALAME
   Voir: CHARDONNE (Jacques)

EREWHON REVISITED
   Voir: BUTLER (Samuel)

"Eros et Psyché"
   Voir: PATMORE (Coventry)

"Erreur"
   Voir: VERHAEREN (Emile)

ESSAIS DE PSYCHOLOGIE
   Voir: BOURGET (Paul)

ESSAI SUR LES MŒURS
   Voir: VOLTAIRE

ÉTAT ET LA RÉVOLUTION (L')
   Voir: LENINE (Vladimir Oulianov)

"Etat moral de la jeune bourgeoisie francaise.
A propos de L'Immoraliste par André Gide"
   Voir: PICARD (Edmond)

"Et c'est ça ce qu'on appelle la vie"
   Voir: JAMMES (Francis)

ÉTÉ DANS LE SAHARA (UN)
   Voir: FROMENTIN (Eugène)

ÉTERNEL RETOUR [Film]
   Voir: DELANNOY (Jean)

ÉTRANGER (L')
   Voir: CAMUS (Albert)

ETYMOLOGICAL DICTIONARY
   Voir: SKEAT (Walter William)

EUGENIE GRANDET
   Voir: BALZAC (Honoré de)

EULENSPIEGEL
   Voir: MAYRISCH (Mme Emile)

"Eupalinos ou l'architecte"
   Voir: VALÉRY (Paul)

ÉVANGILE
   Paul Valéry, 1.III.[91], VAL., p. 55.
   Paul Valéry, [C.P. 12 mai 1891], VAL., p. 85.
   Mme Paul Gide, 27.X.93, 237, p. 289.
   Mme Paul Gide, 19.I.95, 237, p. 433.
   Marcel Drouin, [Fin 1895], 186, p. 383.
   Francis Jammes, 28.VIII.97, JAM., p. 300
   Francis Jammes, 16.V.06, JAM., p. 238.

Maurice Denis, 7.XII.07, 239, p. 87.
François Mauriac, 15.IV.12, MAU., p. 61
Henri Ghéon, 19.I.16, 348, p. 141.
*André Ruyters, 2.III.18, 360, pp. 18-19
René Salomé, 23.II.20, 359, p. 167.
René Schwob, 14.III.27, 188, p. 102
*Charles Du Bos, 5.V.27, BOS, pp. 120-122.
*François Mauriac, 7.X.27, MAU., pp. 74-75
*Victor Poucel, 27.XI.27, 48.
Eugène Ferrari, 15.III.28, 50.
Eugène Dabit, 4.IX.29, 214, p. 37.
Pierre Alessandri, 3.IX.37, 176, p. 180.
*Simone Marye, 11.I.38, MAR., p. 28.
*Mlle S. de Saint-Cyr, 15.VIII.41, 153, pp.50-51.
*Claude Mauriac, 6.VIII.45, 197, p. 281.
*Elvira Cassa Salvi, 25.I.50, 330a, pp. 115-118.
   Voir aussi: BIBLE

"Évangile selon André Gide (L')"
   Voir: MAURIAC (François)

EVAN HARRINGTON
   Voir: MEREDITH (George)

ÉVOLUTION CRÉATRICE (L')
   Voir: BERGSON (Henri)

"Exemple de Léon Blum (L')
   Voir: MAURIAC (François)

EXIL
   Voir: SAINT-JOHN PERSE

EXISTENCES
   Voir: JAMMES (Francis)

FAERIE QUEENE
   Voir: SPENSER (Edmund)

FASTES D'ENFER
   Voir: GHELDERODE (Michel de)

FATHER AND SON
   Voir: GOSSE (Edmund)

"Faune"
   Voir: PRAXITÈLE

FAUSSES CONFIDENCES (LES)
   Voir: MARIVAUX (Pierre Carlet de Chamblain de)

FAUST
   Voir: GOETHE (Johann Wolfgang)

FAUSTIN (LA)
   Voir: GONCOURT (Edmond de)

FAUX-MONNAYEURS D'ANDRÉ GIDE
ET L'EXPÉRIENCE RELIGIEUSE (LES)
   Voir: LEVY (Jacques)

FAUX PAPE, OU LES EFFRONTÉS FIN DE SIÈCLE
STIGMATISÉS ET LIVRÉS A L'INDIGNATION
ET AU MÉPRIS DES HONNÊTES GENS (LE)
   Voir: PAULY (Jean de)

FEMME TUÉE PAR LA DOUCEUR (LA)
   Voir: HEYWOOD (Thomas)

FERMINA MARQUEZ
   Voir: LARBAUD (Valery)

FENÊTRE DES ROUET (LA)
   Voir: SIMENON (Georges)

FEUILLETS
   Voir: MORÉAS (Jean)

FIANCAILLES DE M. HIRE
   Voir : SIMENON (Georges)

FIGURES CONTEMPORAINES: CEUX D'AUJOURD'HUI, CEUX DE DEMAIN
   Voir : LAZARE (Bernard)

"Fileuse (La)"
   Voir : VALÉRY (Paul)

FILLE DE ROLAND (LA)
   Voir : BORNIER (Henri de)

FILLE D'ÈVE (UNE)
   Voir : BALZAC (Honoré de)

FLEURS DE TARBES (LES)
   Voir : PAULHAN (Jean)

FLEURS DU MAL (LES)
   Voir : BAUDELAIRE (Charles)

FOI EN LA FRANCE
   Voir : GHÉON (Henri)

FOIRE AUX VANITÉS (LA)
   Voir : THACKERAY (William)

"Fontaine mortelle (La)"
   Voir : ALIBERT (François-Paul)

FORCES TUMULTUEUSES (LES)
   Voir : VERHAEREN (Emile)

FORTUNE
   Voir : CONRAD (Joseph)

FOU DE BERGERAC (LE)
   Voir : SIMENON (Georges)

FOURBERIES DE SCAPIN (LES)
   Voir : MOLIÈRE

"Fragments philosophiques"
   Voir : JAMMES (Francis)

FRANCESCA DE RIMINI
   Francis Jammes, 6.VIII.02, JAM., p. 200

"François Mauriac, romancier du péché et de la grâce"
   Voir : JACCARD (Pierre)

"Frédérique"
   Voir : BECK (Christian)

"French Romantic (A)"
   Voir : BENNETT (Arnold)

FRÈRES BOUQUINQUANT (LES)
   Voir : PRÉVOST (Jean)

FRÈRES ENNEMIS (LES)
   Voir : SFORZA [Comte]

FRÈRES KARAMAZOV (LES)
   Voir : DOSTOIEVSKI (Fédor)

FUMÉE D'OPIUM
   Voir : FARRÈRE (Claude)

FUMÉES SANS LA CAMPAGNE
   Voir : JALOUX (Edmond)

"Future of English Poetry (The)"
   Voir : GOSSE (Edmund)

GAGEURE OU CENT CINQUANTE EPIGRAMMES
ET RONDEAUX CONTRE DES FEMMES FARDEES (LA)

   Voir: BREBEUF (Georges de)

GANGOLPHE LE BLOND

   Voir: BECK (Christian)

"Gendarme ex-braconnier (Le)"

   Voir: LIME (Maurice)

GENRE SATYRIQUE DANS LA PEINTURE FLAMANDE (LE)

   Voir: MAETERLINCK (Maurice)

GÉORGIQUES CHRÉTIENNES

   Voir: JAMMES (Francis)

GERMINAL

   Voir: ZOLA (Emile)

GIDE, FREEDOM AND DOSTOIEVSKY

   Voir: FAYER (Mischa Harry)

GIL BLAS

   Voir: LESAGE (Alain-René)

GITANJALI

   Voir: TAGORE (Rabindranath)

GLUCK AUF

   Voir: HAMP (Pierre)

GOLDMUND

   Voir: HESSE (Hermann)

GOLOULEFF (LES)

   Richard Heyd, 31.X.46, 276.

GONFLE (LA)

   Voir: MARTIN DU GARD (Roger)

GOYESCAS

   Voir: GRANADOS (Enrique)

"Grand Dostoievski (Le)"

   Voir: SUARES (André)

GRAND MEAULNES (LE)

   Voir: ALAIN-FOURNIER (Henri)

GREAT SHORT STORIES OF THE WORLD

   Edmund Gosse, 8.IV.28, GOS., p. 193.

"Grève des Forgerons (La)"

   Voir: COPPEE (François)

GUERRE ET PAIX

   Voir: TOLSTOI (Léon)

GUERRIERS À HELGOLAND

   *Marcel Drouin, 30.III.98, 163, pp. 61-62.

GULLIVER'S TRAVELS

   Voir: SWIFT (Jonathan)

GYGÈS

   Voir: HEBBEL (Friedrich)

GYNÉCÉE (LE)

   Voir: ROUVEYRE (André)

"Hamlet"
  Voir : LAFORGUE (Jules)

HAMLET
  Voir : SHAKESPEARE

HAUTES ET BASSES CLASSES EN ITALIE
  Voir : LANDOR (Walter Savage)

HAUT-MAL (LE)
  Voir : SIMENON (Georges)

HEART OF DARKNESS
  Voir : CONRAD (Joseph)

HÉLÈNE DE SPARTE
  Voir : VERHAEREN (Emile)

HENRI BRULARD
  Voir : STENDHAL

HENRI D'OFTERDINGEN
  Voir : NOVALIS (Friedrich von Hardenberg)

HENRY V
  Voir : SHAKESPEARE

HERCULE
  Voir : BECK (Christian)

HÉRITAGES
  Voir : CHAMSON (André)

HERNANI
  Voir : HUGO (Victor)

HERO AND LEANDER
  Voir : MARLOWE (Christopher)

"Hérodiade"
  Voir : MALLARMÉ (Stéphane)

"Héros selon Carlyle : André Gide (Un)"
  Voir : LESDAIN (Pierre)

HERPES TRISMÉGISTE
  Christian Beck, 24.III.11, <u>165</u>, p. 634.

HERR KORB
  Voir : GRIMM (Wilhelm)

HEURES DE L'ACROPOLE (LES)
  Voir : THIBAUDET (Albert)

HIAWATHA
  Voir : LONGFELLOW (Henry Wadsworth)

HIPPOLYTE À LA COURONNE
  Voir : EURIPIDE

HISTOIRE DE FRANCE
  Voir : PRÉVOST (Jean)

HISTOIRE DE LA LITTÉRATURE ANGLAISE
  Voir : TAINE (Hippolyte)

HISTOIRE DES ORIGINES DU CHRISTIANISME
  Voir : RENAN (Ernest)

HISTOIRE DES VARIATIONS DE L'ÉGLISE
  Voir : BOSSUET (Jacques-Bénigne)

HISTOIRE DU MOYEN-ÂGE
  Voir : DES MICHELS

HISTOIRES
  Voir : TACITE

HISTOIRE SINCÈRE DU PEUPLE FRANÇAIS
    Voir: SEIGNOBOS (Charles)

HITLER M'A DIT
    Voir: RAUSCHNING (Hermann)

HIVER EN MÉDITATIONS OU LES PASSE-TEMPS DE CLARISSE (L')
    Voir: SAINT-GEORGES DE BOUHÉLIER

"Hommage à Cézanne" [peinture]
    Voir: DENIS (Maurice)

HOMME AUX QUARANTE ÉCUS (L')
    Voir: VOLTAIRE

HOMME DE COUR (L')
    Voir: GRACIAN (Baltazar)

HOMME HEUREUX (UN)
    Voir: SCHLUMBERGER (Jean)

HOMME LIBRE (UN)
    Voir: BARRÈS (Maurice)

HOMME NÉ LA GUERRE. TÉMOIGNAGE D'UN CONVERTI
    Voir: GHÉON (Henri)

HOMME QUI REGARDAIT PASSER LES TRAINS (L')
    Voir: SIMENON (Georges)

HOMMERIES
    Voir: MELOT DU DY (Robert)

HOMMES DE LA ROUTE
    Voir: CHAMSON (André)

HONORABLE PARTIE DE CAMPAGNE (L')
    Voir: RAUCAT (Thomas)

HOP SIGNOR
    Voir: GHELDERODE (Michel de)

HÔTEL DU NORD
    Voir: DABIT (Eugène)

HUMBLES (LES)
    Voir: COPPÉE (François)

"Hymne du Saint-Sacrement"
    Voir: CLAUDEL (Paul)

"Hymnes"
    Voir: CLAUDEL (Paul)

HYPERION
    Voir: HÖLDERLIN (Johann Christian Friedrich)

IBERIA
  Voir: ALBENIZ (Isaac)

ICARE
  Voir: BOSIS (Lauro de)

IDIOT (L')
  Voir: DOSTOIEVSKY (Fédor)

ILE (L')
  Voir: DABIT (Eugène)

IL FAUT QUE CHACUN SOIT À SA PLACE
  Voir: BENJAMIN (René)

ILIADE
  Voir: HOMÈRE

ILLUMINATIONS (LES)
  Voir: RIMBAUD (Arthur)

ILLUSIONS PERDUES (LES)
  Voir: BALZAC (Honoré de)

IL PLEUT BERGÈRE
  Voir: SIMENON (Georges)

IMAGES DE LA GRÈCE
  Voir: THIBAUDET (Albert)

IMITATION (L')
  Voir: CORNEILLE (Pierre)

IMITATION DE JESUS-CHRIST (L')
  Paul Valéry, [28.VIII.91], VAL., p. 121.
  Mme Paul Gide, 23.I.95, 237, p. 437.
  Paul Claudel, 9.I.09, CLA., p. 93.

"Imitation de Notre-Dame La Lune (L')"
  Voir: LAFORGUE (Jules)

"Immoraliste et Surhomme"
  Voir: SAINT-HUBERT (A.-M. de)

IMPERIAL PALACE
  Voir: BENNETT (Arnold)

IMPORTANCE D'ÊTRE SÉRIEUX (L')
  Voir: WILDE (Oscar)

INCONNUS DANS LA MAISON
  Voir: SIMENON (Georges)

INDEX
  Roger Martin du Gard, [août 42], RMG II, p. 259.
  Jean Cocteau, 27.VIII.49, COC., p. 202.

"Indifférent"
  Voir: DROUIN (Marcel)

INGÉNU (L')
  Voir: VOLTAIRE

"Insinuant (L')"
  Voir: VALÉRY (Paul)

INTER ARMA
  Voir: GOSSE (Edmund)

INTERDICTION (L')
  Voir: BALZAC (Honoré de)

INTÉRIEUR
  Voir: MAETERLINCK (Maurice)

INTRODUCTION À LA MÉTHODE DE LEONARD DE VINCI
  Voir: VALÉRY (Paul)

INTRUS (L')
   Voir: ANNUNZIO (Gabriele d')

INVASION (L')
   Voir: ADAMOV (Arthur)

IPHIGÉNIE
   Voir: GOETHE (Johann Wolfgang)

"Italie di Gide"
   Voir: RENDINA (Massimo)

ITINÉRAIRE DE PARIS À JÉRUSALEM
   Voir: CHATEAUBRIAND (René de)

J'AI CHOISI LA LIBERTÉ
   Voir: KRAVCHENKO (Victor)

J'AI TUÉ
   Voir: CENDRARS (Blaise)

JARDIN PUBLIC
   Richard Heyd, 31.X.46, 276.

JAVANAIS (LES)
   Voir: MALAQUAIS (Jean)

JEAN PAROIS
   Voir: MARTIN DU GARD (Roger)

JEAN-CHRISTOPHE
   Voir: ROLLAND (Romain)

JEAN DE LA LUNE
   Voir: CHOUX (J.)

JEAN DE NOARRIEU
   Voir: JAMMES (Francis)

"Je fus à Hambourg"
   Voir: JAMMES (Francis)

"Je m'arrête"
   Voir: JAMMES (Francis)

JÉRÔME PATUROT À LA RECHERCHE D'UNE POSITION SOCIALE
   Voir: REYBAUD (Louis)

JE SUIS UN ÉVADÉ
   Voir: LE ROY (Mervyn)

"Jeune fille nue"
   Voir: JAMMES (Francis)

JEUNE FILLE VIOLAINE (LA)
    Voir : CLAUDEL (Paul)

JEUNE PARQUE (LA)
    Voir : VALÉRY (Paul)

"Jeune Prêtre(Le)"
    Voir : VALÉRY (Paul)

"Jeunesse littéraire (La)"
    Voir : MAURIAC (François)

JOIES
    Voir : VIELÉ-GRIFFIN (Francis)

"Joinville"
    Voir : SUARÈS (André)

JOUEURS DE BOULES DE SAINT-MANDÉ (LES)
    Voir : BEAUBOURG (Maurice)

JOURNAL
    Voir : DU BOS (Charles)

JOURNAL
    Voir : GONCOURT (Edmond et Jules de)

JOURNAL
    Voir : GREEN (Julien)

JOURNAL 1929
    Voir : BENNETT (Arnold)

JOURNAL DE BERLIN
    Voir : SHIRER (William Laurence)

JOURNAL DE MAUMORT
    Voir : MARTIN DU GARD (Roger)

JOURNAL D'UNE FEMME DE CHAMBRE (LE)
    Voir : MIRBEAU (Octave)

[Journal d'un homme libre]
    Voir : LARBAUD (Valery)

JOURNÉE
    Voir : SAINTE-SOLINE (Claire)

JOZSEF MINDSZENTY DEVANT LE TRIBUNAL DU PEUPLE
    *Roger Martin du GArd, 6.III.49, RMG II, p.446
    Roger Martin du Gard, 21.III.49, RMG II, p.450.

JUDE THE OBSCURE
    Voir : HARDY (Thomas)

JUDITH
    Voir : GIRAUDOUX (Jean)

JUDGEMENTS
    Voir : MASSIS (Henri)

JULES CÉSAR
    Voir : SHAKESPEARE

KIM
   Voir : KIPLING (Rudyard)

KING LEAR
   Voir : SHAKESPEARE

KLIM L'ENFANT
   Voir : GORKI (Maxime)

KNULP
   Voir : HESSE (Hermann)

KROTKAIA
   Voir : DOSTOIEVSKY (Fédor)

LA-BAS
   Voir : HUYSMANS (Joris-Karl)

LADY CHATTERLEY'S LOVER
   Voir : LAWRENCE (David Herbert)

LANCELOT
   Voir : COGNET (Louis)

LANCELOT DU LAC
   *Paul Valéry, 25.VII.[92], VAL., p. 167.

LANCIERS (LES)
   Voir : BOLESLAVSKI R. & WOODWARD H.

LANTERNE SOURDE (LA)
   Voir : RENARD (Jules)

LEAVES OF GRASS
   Voir : WHITMAN (Walt)

"Léda"
   Voir : JOUHANDEAU (Marcel)

"Lettre aux Américains"
   Voir : COCTEAU (Jean)

"Lettres dans l'Epoque"
   Voir : ROUVEYRE (André)

LETTRES D'ESPAGNE
   Voir : LAST (Jef)

LETTRES DU LIEUTENANT DE VAISSEAU DUPOUEY
   Voir : DUPOUEY (Pierre)

LIFE AND LETTERS OF JOHN DONNE, DEAN OF ST-PAUL
   Voir : GOSSE (Edmund)

LIFE OF WILLIAM CONGREVE
   Voir : GOSSE (Edmund)

LION'S SHARE (THE)
   Voir : BENNETT (Arnold)

LITERARY TASTE
   Voir : BENNETT (Arnold)

LOGIQUE DE PORT-ROYAL (LA)
   Mme Paul Gide, 8.X.93, 237, p. 275.

LAROUSSE
   Voir : Dictionnaire Larousse

LEÇON D'ABRARD
   Voir: AUDISIO (Gabriel)

"Leçon d'un verdict (La)"
   Voir: MAURIAC (François)

"Lectures poétiques"
   Voir: VIELÉ-GRIFFIN (Francis)

"Légende ailée de Bellerophon Hippalide"
   Voir: VIELÉ-GRIFFIN (Francis)

LÉGENDE AILÉE DE WIELAND LE FORGERON (LA)
   Voir: VIELÉ-GRIFFIN (Francis)

LÉGENDES ET CULTES DES HÉROS EN GRÈCE
   Voir: DELCOURT (Marie)

LÉPREUSE (LA)
   Voir: BATAILLE (Henri)

LETTERS
   Voir: STEVENSON (Robert-Louis)

"Lettre à André Gide après l'émouvant Roi Candaule"
   Voir: VIELÉ-GRIFFIN (Francis)

"Lettre Jacques Rivière"
   Voir: MAURIAC (François)

"Lettre à Ménalque"
   Voir: JAMMES (Francis)

LETTRE À MON JUGE
   Voir: SIMENON (Georges)

"Lettre ouverte à Paul Louis Couchoud"
   Voir: MARTIN DU GARD (Roger)

LETTRES À SA MÈRE
   Voir: PHILIPPE (Charles-Louis)

LETTRES À STRAUSS
   Voir: RENAN (Ernest)

LETTRES DE JEUNESSE
   Voir: PHILIPPE (Charles-Louis)

LETTRES ESPAGNOLES
   Voir: LACRETELLE (Jacques de)

LETTRES SPIRITUELLES
   Voir: FÉNELON (François de Salignac de la Mothe)

LIAISONS DANGEREUSES (LES)
   Voir: LACLOS (P. Choderlos de)

LIBÉRALISME CLÉRICAL
   Voir: RENAN (Ernest)

LIÈVRE (LE)
   Voir: VANDEPUTTE (Henri)

"Ligeia"
   Voir: POE (Edgar)

LIVRE DE MONELLE (LE)
   Voir: SCHWOB (Marcel)

LIVRE DES MASQUES
   Voir: GOURMONT (Rémy de)

LIVRE JAUNE
   Roger Martin du Gard, 21.III.49, RMG II, p. 450.

"Londres"
   Voir: LARBAUD (Valéry)

LONG COURS
    Voir: SIMENON (Georges)

LORD JIM
    Voir: CONRAD (Joseph)

LOUIS LAMBERT
    Voir: BALZAC (Honoré de)

LUCIEN LEUWEN
    Voir: STENDHAL

LUCIENNE
    Voir: ROMAINS (Jules)

LUMIERE DE GRÈCE (LA)
    Voir: VIELÉ-GRIFFIN (Francis)

LYS DANS LA VALLÉE (LE)
    Voir: BALZAC (Honoré de)

MACBETH
    Voir: SHAKESPEARE

[MADAME BOVARY]
    Voir: MARTIN DU GARD (Roger)

MADELEINE, JEUNE FEMME
    Voir: BOYLESVE (René)

MADEMOISELLE JULIE
    Voir: STRINDBERG (August)

MA FILLE BERNADETTE
    Voir: JAMMES (Francis)

"Magnificat"
    Voir: CLAUDEL (Paul)

MAISON D'UN ARTISTE (LA)
    Voir: GONCOURT (Edmond de)

MAISON NUCINGEN (LA)
    Voir: BALZAC (Honoré de)

MAISON PAUVRE (LA)
    Voir: LAFON (André)

"Maisons fugitives"
    Voir: MAURIAC (François)

MAÎTRES (LES)
    Voir: DUHAMEL (Georges)

MAÎTRES D'AUTREFOIS
    Voir: FROMENTIN (Eugène)

"Maîtres de la psychologie: André Gide (Les)"
    Voir: ESTEVE (P.L.)

MALADIE DE JEAN-JACQUES ROUSSEAU (LA)
  Voir: ELOSU (Dr. S.)

MALFAITEUR (UN)
  Voir: PRIVAZ (E.)

MALVA
  Voir: BONHEUR (Raymond)

MAM'ZELLE NITOUCHE [Film]
  Voir: ALLÉGRET (Marc)

MANFRED
  Voir: SCHUMANN (Robert)

MANIFESTE COMMUNISTE
  Voir: ENGELS (Friedrich) et MARX (Karl)

MANUEL PRATIQUE D'INSTRUCTION JUDICIAIRE (LE)
  Voir: GROSS (Hans)

MANUSCRIT D'UN MENDIANT
  Voir: JAMMES (Francis)

MARIAGE DE DON QUICHOTTE (LE)
  Voir: TOULET (Paul-Jean)

MARIAGE DU CIEL ET DE L'ENFER (LE)
  Voir: BLAKE (William)

MARIE
  Voir: SCHLUMBERGER (Jean)

MARIE-CLAIRE
  Voir: AUDOUX (Marguerite)

MARIE DONADIEU
  Voir: PHILIPPE (Charles-Louis)

MARIE DU PORT (LA)
  Voir: SIMENON (Georges)

MARIE STUART
  Voir: SCHILLER (Friedrich)

MARTYRE DE L'OBÈSE (LE)
  Voir: BÉRAUD (Henri)

MARTYRE DE SAINT SÉBASTIEN (LE)
  Voir: ANNUNZIO (Gabriele d')

MAUVAISE ÉTOILE
  Voir: SIMENON (Georges)

"Mauvais maîtres (Les)"
  Voir: ROUSSEAU (André)

MAUVAIS RICHE (LE)
  Voir: RUYTERS (André)

MAYOR OF CASTERBRIDGE
  Voir: HARDY (Thomas)

MEASURE FOR MEASURE
  Voir: SHAKESPEARE

MÉDISANT (LE)
  Voir: BOUSQUET (Joe)

MÉDITATIONS
  Voir: THOLUCK (Friedrich August)

MÉDITATIONS SUR L'ÉVANGILE
  Voir: BOSSUET (Jacques-Bénigne)

MEIN KAMPF
  Voir: HITLER (Adolf)

MÉLANGE
  Voir: VALÉRY (Paul)

MÉMOIRES
  Voir: GOETHE (Johann Wolfgang)

MÉMOIRES
  Voir: JAMMES (Francis)

MÉMOIRES
  Voir: TOCQUEVILLE (Alexis de)

MÉMOIRES D'UN TOURISTE (LES)
  Voir: STENDHAL

MÉMOIRES DU SERGENT BOURGOGNE (LES)
  Voir: COTTIN (Paul)

"Mémoire sur la Constitution"
  Voir: MONTESQUIEU (Charles de Secondat, baron de)

MEMOIRS OF A FOX-HUNTING MAN
  Voir: SASSOON (Siegfried)

MEMOIRS OF AN INFANTRY OFFICER
  Voir: SASSOON (Siegfried)

MENTEUR (LE)
  Voir: CORNEILLE (Pierre)

MÈRE (LA)
  Voir: GORKI (Maxime)

MÈRE ET L'ENFANT (LA)
  Voir: PHILIPPE (Charles-Louis)

MES APPRENTISSAGES
  Voir: COLETTE

MÉTHODE DES CLASSIQUES FRANCAIS: CORNEILLE, POUSSIN, PASCAL (LA)
  Voir: DESJARDINS (Paul)

Metropolis [film]
  *Roger Martin du Gard, 25.VII.30, RMG I, p. 415.

[MICHEL-ANGE]
  Voir: ROLLAND (Romain)

"Michel-Ange"
  Voir: VERHAEREN (Emile)

MIDDLEMARCH
  Voir: ELIOT (George)

MILLE ET UNE NUITS LES
  *Paul Valéry, 11.VIII.[99], VAL., p. 349.
  *Paul Valéry, 24.VII.[99], VAL., p. 350.
  Edouard Ducoté, [février 1909], 282, p. 1146.
  Georges Eekhoud, [2.IV.1900], 349, p. 44.
  Francis Jammes, 27.1.09, JAM., p. 256.
  *Naim Kattan, 5.II.46, 324, p. XVI.

MINNE HAHA
  Voir: HIAWATHA

"Miracle des roses"
  Voir: LAFORGUE (Jules)

MIRROR OF THE SEA
  Voir: CONRAD (Joseph)

MOBY DICK
  Voir: MELVILLE (Herman)

MOI JUIF
  Voir: SCHWOB (René)

"Moïse"
   Voir : VIGNY (Alfred de)

MOLL FLANDERS
   Voir : DEFOE (Daniel)

MON AMOUR
   Voir : BOYLESVE (René)

MON FAUST
   Voir : VALÉRY (Paul)

MON JOURNAL DE SIBÉRIE
   Voir : DWINGER (Edwin Erich)

MONNA VANNA
   Voir : MAETERLINCK (Maurice)

MON PREMIER VOYAGE
   Voir : COCTEAU (Jean)

MONSIEUR DE POURCEAUGNAC
   Voir : MOLIÈRE

MONSIEUR DE POUR, HOMME PUBLIC
   Voir : TOULET (Paul-Jean)

"Monsieur Gide"
   Voir : GUEHENNO (Jean)

"Monsieur Godeau intime"
   Voir : JOUHANDEAU (Marcel)

"Monsieur Godeau marié"
   Voir : JOUHANDEAU (Marcel)

MONSIEUR GUSTAVE
   Voir : SIMENON (Georges)

MONSIEUR NICOLAS
   Voir : RESTIF DE LA BRETONNE (Nicolas-Edme)

MORALISME ET LITTÉRATURE
   Voir" RIVIÈRE (Jacques)

MORALITÉS LÉGENDAIRES
   Voir : LAFORGUE (Jules)

MORCEAUX CHOISIS
   Voir : GAULMIER (Jean)

"Morella"
   Voir : POE (Edgar)

MORGENLANDIAHRT
   Voir : HESSE (Hermann)

MORT DE LA MORALE BOURGEOISE (LA)
   Voir : BERL (Emmanuel)

MORT DE VENISE (LA)
   Voir : BARRÈS (Maurice)

MORT DU PÈRE (LA)
   Voir : MARTIN DU GARD (Roger)

MORT DU POÈTE (LA)
   Voir : JAMMES (Francis)

"Morte Avenue de Ségur"
   Voir : BLONDIN (Antoine)

"Mort inutile (La)"
   Voir : GUEHENNO (Jean)

MORT TOUT NEUF
   Voir : DABIT (Eugène)

"Mr. Sludge, the Medium"
  Voir : BROWNING (Robert)

MUCH ADO ABOUT NOTHING
  Voir : SHAKESPEARE

*Muse qui est la Grâce (La)"
  Voir : CLAUDEL (Paul)

MYSTÈRE DE LA CHARITÉ DE JEANNE D'ARC (LE)
  Voir : PÉGUY (Charles)

NAIN (LE)
  Voir : LAGERKVIST (Par)

NAISSANCE DE L'ODYSSÉE (LA)
  Voir : GIONO (Jean)

NAISSANCE DU POÈTE (LA)
  Voir : JAMMES (Francis)

NARCISSE
  Voir : VALÉRY (Paul)

"Nautiques"
  Voir : VALÉRY (Paul)

"Nazaréen (Le)"
  Voir : LECONTE DE LISLE (Charles)

NEF (LA)
  Voir : BOURGES (Elémir)

NÈGRE DU NARCISSE (LE)
  Voir : CONRAD (Joseph)

NEIGE ÉTAIT SALE (LA)
  Voir : SIMENON (Georges)

"Nietzschéisme en France (Le)"
  Voir : BLEI (Franz)

"Nietzschéisme en France (Le)"
  Mme Förster - Nietzsche, [1907], 290a, p. 136.

NIGHTMARE ABBEY
  Voir : PEACOCK (Thomas Love)

NOEUD DE VIPÈRES (LE)
  Voir : MAURIAC (François)

NOSTROMO
  Voir : CONRAD (Joseph)

NOTES DE VOYAGE
  Voir : MONTESQUIEU
         (Charles de Secondat, baron de)

"Note sur la grandeur et la décadence de l'Europe"
  Voir : VALÉRY (Paul)

"Notes sur Nietzsche et Gide"
   Voir: SIMOND (Daniel)

"Notes sur Stratford"
   Voir: LARBAUD (Valéry)

NOTRE INQUIÉTUDE
   Voir: DANIEL-ROPS

NOTRE JEUNESSE
   Voir: PÉGUY (Charles)

"Notre raison d'être"
   Voir: MAURIAC (François)

NOUS SOMMES TOUS DES ASSASSINS [Film]
   Voir: CAYATTE (André)

"Nouveau se sent perdu (Le)"
   Voir: LIME (Maurice)

NOUVEAUX ESSAIS
   Voir: LEIBNITZ (Gottfried Wilhelm)

NOUVEAUX LUNDIS
   Voir: SAINTE-BEUVE (Charles-Augustin)

NOUVELLE HELOISE (LA)
   Voir: ROUSSEAU (Jean-Jacques)

[Nouvelles Bucoliques]
   Roger Martin du Gard, 30.III.28,
   RMG I, p. 338.

NOUVELLES CONVERSATIONS DE GOETHE
AVEC ECKERMANN
   Voir: BLUM (Léon)

NOUVELLES PASSIONNÉES
   Voir: BEAUBOURG (Maurice)

NOVEL OF ADOLESCENCE IN FRANCE
   Voir: O'BRIEN (Justin)

NURSERY RHYMES
   Voir: BUSSY (Dorothy)

"Oasis (Les)"
   Voir: JAMMES (Francis)

"Ode aux Muses"
   Voir: CLAUDEL (Paul)

ODES
   Voir: CLAUDEL (Paul)

ODES
   Voir: HORACE

ODES
   Voir: VALÉRY (Paul)

ODYSSÉE
   Voir: HOMÈRE

OEDIPE À COLONE
  Voir : SOPHOCLE

OFFRANDE LYRIQUE (L')
  Voir : TAGORE (Rabindranath)

OLD WIVES' TALE (THE)
  Voir : BENNETT (Arnold)

OLIVIA
  Voir : BUSSY (Dorothy)

ONCLE CHARLES
  Voir : SIMENON (Georges)

ONDINE
  Voir : FOUQUE (Friedrich Heinrich Carl)

ORAISON FUNÈBRE DE LA PRINCESSE PALATINE
  Voir : BOSSUET (Jacques-Bénigne)

ORAISON FUNÈBRE DU GRAND CONDÉ
  Voir : BOSSUET (Jacques-Bénigne)

"Oraison funèbre pour André Gide"
  *Yang Tchang Lomine, 12.I.31, 74, p. 5.

"Orgueil des poètes (L')"
  Voir : MAURIAC (François)

ORIENTALES
  Voir : HUGO (Victor)

"Origine et le développement de la psychanalyse (L')"
  Voir : FREUD (Sigmund)

ORNEMENT DES NOCES SPIRITUELLES
  Voir : VAN RYSBROEK (Jean)

ORPHÉE
  Voir : GLUCK (Christophe Willibald)

ORPHÉE
  Voir : VALÉRY (Paul)

ORTHODOXY
  Voir : CHESTERTON (Gilbert Keith)

OSTENDAIS
  Voir : SIMENON (Georges)

OTAGE (L')
  Voir : CLAUDEL (Paul)

OTHELLO
  Voir : SHAKESPEARE

OUBLI DES MORTS
  Voir : MONTFORT (Eugène)

OUR PRESENT PHILOSOPHY OF LIFE, ACCORDING TO BERNARD SHAW, ANDRÉ GIDE, FREUD AND BERTRAND RUSSEL
  Voir : BELGION (Montgomery)

OUTLAW
  Voir : SIMENON (Georges)

OXFORD ET MARGARET
  Voir : FAYARD (Jean)

PAGES IMMORTELLES DE DESCARTES (LES)
   Voir: VALÉRY (Paul)

PAIN DE MENAGE (LE)
   Voir: RENARD (Jules)

PAIX DU MENAGE (LA)
   Voir: BALZAC (Honoré de)

PAIX ET GUERRE [Publié par le Département
             d'Etat des U.S.A.]
   *Roger Martin du Gard, 15.II.45, RMG II, p. 315.

PALAI
   Voir: VIELE-GRIFFIN (Francis)

"Palme"
   Voir: VALÉRY (Paul)

PAN
   Voir: VAN LERBERGHE (Charles)

"Pan et la Syrinx"
   Voir: LAFORGUE (Jules)

PANORAMA DE LA LITTÉRATURE CONTEMPORAINE
   Voir: FAY (Bernard)

PANTAGRUEL
   Voir: RABELAIS

"Papillon (Le)"
   Voir: BECK (Christian)

PARADE
   Voir: COCTEAU (Jean)

PARADIS À L'OMBRE DES EPÉES (LE)
   Voir: MONTHERLANT (Henri de)

PARADISE LOST
   Voir: MILTON (John)

"Paradoxe sur l'Architecte"
   Voir: VALÉRY (Paul)

PAR DELÀ LE BIEN ET LE MAL
   Voir: NIETZSCHE (Frédéric)

PARIS
   Voir: ZOLA (Emile)

PARRICIDE IMAGINAIRE (LE)
   Voir: JOUHANDEAU (Marcel)

"Parsifal"
   Voir: LAFORGUE (Jules)

PARTAGE DE MIDI
   Voir: CLAUDEL (Paul)

PARTENZA
   Voir: VIELÉ-GRIFFIN (Francis)

"Pascal"
   Voir: SUARÈS (André)

"Pasiphaé"
   Voir: VIELÉ-GRIFFIN (Francis)

PASSE-TEMPS [?]
   Voir: LÉAUTAUD (Paul)

"Paul Claudel"
   Voir: RIVIÈRE (Jacques)

PAUVRE SOUS L'ESCALIER (LE)
   Voir: GHÉON (Henri)

PAYS CONQUIS

   Voir: LIME (Maurice)

PÉDIGREE

   Voir: SIMENON (Georges)

PEER GYNT

   Voir: IBSEN (Henrik)

"Pégase"

   Voir: LOUŸS (Pierre)

"Peine des hommes (La)"

   Voir: HAMP (Pierre)

PELLEAS ET MELISANDE [opéra]

   Voir: DEBUSSY (Claude)

PELLEAS ET MELISANDE

   Voir: MAETERLINCK (Maurice)

PENSÉES DES JARDINS

   Voir: JAMMES (Francis)

PÈRE GORIOT (LE)

   Voir: BALZAC (Honoré de)

PÈRE LA SOURIS (LE)

   Voir: SIMENON (Georges)

PÈRE PERDRIX

   Voir: PHILIPPE (Charles-Louis)

PÈRES ET ENFANTS

   Voir: TOURGUENIEV (Ivan)

PERSÉE

   Voir: CELLINI (Benvenuto)

PERSES (LES)

   Voir: ESCHYLE

PERVERSIONS DE L'INSTINCT GÉNITAL, ÉTUDE SUR L'INVERSION SEXUELLE, BASÉE SUR DES DOCUMENTS OFFICIELS

   Voir: MOLL (Albert)

PESTE (LA)

   Voir: CAMUS (Albert)

PETIT DOCTEUR (LE)

   Voir: SIMENON (Georges)

PETIT LOUIS

   Voir: DABIT (Eugène)

PHARISIENNE (LA)

   Voir: MAURIAC (François)

PHÈDRE

   Voir: RACINE (Jean)

"Phèdre"

   Voir: ROUVEYRE (André)

PICPUS

   Voir: SIMENON (Georges)

"Pierre d'achoppement (La)"

   Voir: MAURIAC (François)

PINCENGRAIN (LES)

   Voir: JOUHANDEAU (Marcel)

PIOTR

   Voir: SIMENON (Georges)

POÈMES

   Voir: FARGUE (Léon-Paul)

POÈMES
Voir : LAVAUD (Guy)

"Poèmes"
Voir : POE (Edgar)

POÈMES BARBARES
Voir : LECONTE DE LISLE (Charles)

POÈMES MESURÉS
Voir : JAMMES (Francis)

POÈMES PAR UN RICHE AMATEUR
Voir : LARBAUD (Valéry)

POÉSIES COMPLÈTES
Voir : MALLARMÉ (Stéphane)

POÉSIES COMPLÈTES
Voir : SIGNORET (Emmanuel)

POÈMES EN PROSE
Voir : WILDE (Oscar)

POÉSIES DE MÉLÉAGRE (LES)
Voir : LOUYS (Pierre)

"Poète et sa femme (Le)"
Voir : JAMMES (Francis)

"Poètes d'après-demain"
Voir : COMTE (Louis)

POINT COUNTER POINT
Voir : HUXLEY (Aldous)

"Poland Revisited"
Voir : CONRAD (Joseph)

POLYPHÈME
Voir : SAMAIN (Albert)

POMME D'ANIS
Voir : JAMMES (Francis)

"Pommier (Le)"
Voir : GALSWORTHY (John)

[Portrait du poète tragique]
Voir : SUARÈS (André)

PORTRAIT OF THE ARTIST AS A YOUNG MAN
Voir : JOYCE (James)

PORTRAITS AND SKETCHES
Voir : GOSSE (Edmund)

"Portraits-souvenirs"
Voir : COCTEAU (Jean)

PORT-ROYAL
Voir : SAINTE-BEUVE (Charles-Augustin)

POSSÉDÉS (LES)
Voir : DOSTOIEVSKY (Fédor)

POSTHUMOUS POEMS
Voir : SWINBURNE (Charles)

POSTHUMOUS POEMS [de Charles Swinburne]
Voir : GOSSE (Edmund) et WISE, (T.J.)

POT-BOUILLE
Voir : ZOLA (Emile)

POTOMAK
Voir : COCTEAU (Jean)

POUSSIN
    Voir: DESJARDINS (Paul)

"Précisions sur l'Enfer"
    Voir: MAURIAC (Claude)

PRÉLUDE À VERDUN
    Voir: ROMAINS (Jules)

"Premières communions (Les)"
    Voir: RIMBAUD (Arthur)

PRÉTENDANTS À LA COURONNE (LES)
    Voir: IBSEN (Henrik)

PRETTY LADY (THE)
    Voir: BENNETT (Arnold)

PRIÈRES
    Voir: JAMMES (Francis)

PRIÈRE SUR SODOME
    Voir: MASSIGNON (Louis)

PRINCESSE MALEINE (LA)
    Voir: MAETERLINCK (Maurice)

PRISONNIÈRE (LA)
    Voir: BOURDET (Edouard)

PROCÈS (LE)
    Voir: KAFKA (Franz)

PROMENADES DANS ROME (LES)
    Voir: STENDHAL

PROMÉTHÉE
    Voir: GOETHE (Johann Wolfgang)

PROMÉTHÉE
    Voir: SHELLEY (Percy Bysshe)

PROPOS DE LITTÉRATURE
    Voir: MOCKEL (Albert)

PROVINCIALES
    Voir: PASCAL

"Purs drames"
    Voir: VALÉRY (Paul)

"Puvis de Chavannes et son esthétique"
    Voir: GERMAIN (Alphonse)

QUATRE JOURS DU PAUVRE HOMME (LES)
Voir: SIMENON (Georges)

"Querelle du Peuplier (La)"
Voir: BECK (Christian)

QU'EST-CE QU'UNE NATION?
Voir: RENAN (Ernest)

"Question féministe en Angleterre (La)"
Voir: BARINE (Arvède)

QUESTIONS
Voir: RAMUZ (Charles-Ferdinand)

"Qui triche?"
Voir: MAURIAC (François)

RABEVEL
Voir: FABRE (Lucien)

RABOUILLEUSE (LA)
Voir: BALZAC (Honoré de)

RAFALE (LA)
Voir: BERNSTEIN (Henri)

"Rainer Maria Rilke et son dernier livre Les Cahiers de Malte Laurids Brigge"
Voir: MAYRISCH (Mme Emile)

RAISINS DE LA COLÈRE (LES)
Voir: STEINBECK (John)

RATÉS (LES)
Voir: LENORMAND (H.R.)

[RATHENAU]
Voir: KESSLER (Harry von)

RAYONS DE MIEL
Voir: JAMMES (Francis)

RÉCIT D'UNE SOEUR
*Maurice Denis, [fin mars-tout début d'avril 1898], 238, p. 142.

RÉCITS
Voir: POUCHKINE (Alexandre)

RECLUS ET LE RETORS (LE)
Voir: ROUVEYRE (André)

REFLEXIONS OU SENTENCES ET MAXIMES MORALES
Voir: LA ROCHEFOUCAULD (François, duc de)

REFLEXIONS SUR L'ETAT DES ESPRITS
Voir: RENAN (Ernest)

"Reims Revisited"
   Voir : GOSSE (Edmund)

RELIGIO MEDICI
   Voir : BROWNE (Sir Thomas)

RENÉ
   Voir : CHATEAUBRIAND (René de)

"Réponse à Bernard Lecache"
   Voir : MAURIAC (Claude)

RESCAPÉS DU TÉLÉMAQUE (LES)
   Voir : SIMENON (Georges)

RESCUE (THE)
   Voir : CONRAD (Joseph)

RESTE EST SILENCE (LE)
   Voir : JALOUX (Edmond)

RÉSURRECTION
   Voir : TOLSTOI (Léon)

"Retour à la terre"
   Voir : CARCO (Francis)

RETRAITE PARTAGÉE (LA)
   Voir : ROUVEYRE (André)

"Révélation magnétique"
   Voir : POE (Edgar)

RÉVÉLATIONS DE LA MORT (LES)
   Voir : CHESTOV (Léon)

REVENANTS (LES)
   Voir : IBSEN (Henrik)

REVIZOR (LE)
   Voir : GOGOL (Nicolas)

RÉVOLUTION CRÉATRICE (LA)
   Voir : DOMINIQUE (Pierre)

RÉVOLUTION TRAHIE (LA)
   Voir : TROTSKY (Léon)

RICEYMAN STEPS
   Voir : BENNETT (Arnold)

RICHARD III
   Voir : SHAKESPEARE

ROBINSON CRUSOE
   Voir : DEFOE (Daniel)

ROI (LE)
   Voir : CAILLAVET (Gaston-Armand de)
              et FLERS (Robert de)

ROI LEAR
   Voir : SHAKESPEARE

ROI PAUSOLE (LE)
   Voir : LOUYS (Pierre)

ROMANCES SANS PAROLES
   Voir : VERLAINE (Paul)

ROMAN D'UN SPAHI (LE)
   Voir : LOTI (Pierre)

ROMANTISME FRANCAIS, ESSAI SUR LA RÉVOLUTION DANS LES SENTIMENTS ET DANS LES IDÉES AU XIXe SIÈCLE
   Voir : LASERRE (Pierre)

ROME, NAPLES ET FLORENCE
Voir : STENDHAL

ROMEO AND JULIETTE
Voir : SHAKESPEARE

"Rose Lourdin"
Voir : LARBAUD (Valéry)

ROUGE ET LE NOIR (LE)
Voir : STENDHAL

ROUTE NOIRE
Voir : SAINT-GEORGES DE BOUHÉLIER

RUBBAYAT
Voir : OMAR KHAYYAM

RUE AMOUREUSE
Voir : BEAUBOURG (Maurice)

RUE DES MEURT-DE-FAIM (LA)
Voir : GISSING (George)

"Rupture (La)"
Voir : RÉGNIER (Henri de)

RYTHMES SOUVERAINS
Voir : VERHAEREN (Emile)

SABINE
Voir : LACRETELLE (Jacques de)

SAGESSE
Voir : VERLAINE (Paul)

"Sagesse de Goethe (La)"
Voir : DROUIN (Marcel)

SAINT-SATURNIN
Voir : SCHLUMBERGER (Jean)

SAISONS LITTÉRAIRES (LES)
Voir : JALOUX (Edmond)

SALAMMBO
Voir : FLAUBERT (Gustave)

"Sang d'Atys (Le)"
Voir : MAURIAC (François)

SANG DES RACAS (LE)
Voir : BERTRAND (Louis)

SANG NOIR
Voir : GUILLOUX (Louis)

SANS FAMILLE [Film]
Voir : MALOT (H.)

"Sapho"
Voir : VIÉLÉ-GRIFFIN (Francis)

"Satyre"
Voir : HUGO (Victor)

"Saül d'André Gide"
Voir : MAURIAC (François)

SCÈNES DE LA VIE FUTURE
   Voir: DUHAMEL (Georges)

SEAU À CHARBON (LE)
   Voir: THOMAS (Henri)

SECOND JOUR DE LA CRÉATION (LE)
   Voir: EHRENBOURG (Ilya)

SECRET AGENT
   Voir: CONRAD (Joseph)

SECRET (LE)
   Voir: BERNSTEIN (Henri)

SECRET PROFESSIONNEL (LE)
   Voir: COCTEAU (Jean)

"Sensitive (La)"
   Voir: BECK (Christian)

SEPT PRINCESSES (LES)
   Voir: MAETERLINCK (Maurice)

SÉRAPHITA
   Voir: BALZAC (Honoré de)

SERRES CHAUDES
   Voir: MAETERLINCK (Maurice)

SERVAGE (LE)
   Voir: DUCOTÉ (Edouard)

SEXE FAIBLE (LE)
   Voir: BOURDET (Edouard)

SILBERMANN
   Voir: LACRETELLE (Jacques de)

[SIMPLES (LES)]
   Voir: JAMMES (Francis)

SIMPLICISSIMUS
   Voir: GRIMMELSHAUSEN (Hans von)

"Sindbad"
   Voir: JAMMES (Francis)

SINGULIER
   Voir: ROUVEYRE (André)

SIR THOMAS BROWNE
   Voir: GOSSE (Edmund)

SODOME ET GOMORRHE
   Voir: PROUST (Marcel)

SOEURS LACROIX (LES)
   Voir: SIMENON (Georges)

SOIRÉE AVEC MONSIEUR TESTE (LA)
   Voir: VALÉRY (Paul)

"Soirée perdue (Une)"
   Voir: MAURIAC (François

"Solvuntur objecta"
   Voir: PÉGUY (Charles)

SONATES
   Voir: BEETHOVEN (Ludwig Van)

SON EXCELLENCE EUGÈNE ROUGON
   Voir: ZOLA (Emile)

"Sonnet d'Automne"
   Voir: BAUDELAIRE (Charles)

[Sonnets]
  Voir: BROOKE (Rupert)

SONNETS
  Voir: SIGNORET (Emmanuel)

SORCIÈRE (LA)
  Voir: MICHELET (Jules)

"Sordello"
  Voir: BROWNING (Robert)

SORELLINA (LA)
  Voir: MARTIN DU GARD (Roger)

SOUFFLES DANS LES TÉNÈBRES
  Voir: LAMBERT (Henri)

SOUFFRANCES DU JEUNE WERTHER (LES)
  Voir: GOETHE (Johann Wolfgang)

SOUFFRANCES ET BONHEUR DU CHRÉTIEN
  Voir: MAURIAC (François)

SOULIER DE SATIN (LE)
  Voir: CLAUDEL (Paul)

SOUS LOUIS-PHILIPPE -- LES DANDYS
  Voir: BOULENGER (Jacques)

SOUVENIRS
  Voir: BANVILLE (Théodore de)

SOUVENIRS DE MON COMMERCE
  Voir: ROUVEYRE (André)

"Souvenirs de mon commerce :
  dans la contagion de Mécislas Golberg"
  Voir: ROUVEYRE (André)

["Souvenirs d'enfance"]
  Voir: JAMMES (Francis)

SPINOZA ET LE CHRISTIANISME
  Voir: APPUHN (Charles)

"Stances à Hélène"
  Voir: POE (Edgar)

STANDARDS
  Voir: DUBREUIL (H.)

STÈLE POUR JAMES JOYCE
  Voir: GILLET (Louis)

STÉPHANE LE GLORIEUX
  Voir: SCHLUMBERGER (Jean)

STYLE, THÉORIE ET HISTOIRE
  Voir: HELLO (Ernest)

SUB TEGMINE FAGI
  Voir: BERNARD (Jean-Marc)

SUPPLÉMENT AU VOYAGE DE BOUGAINVILLE
  Voir: DIDEROT (Denis)

SUR LA MORT DE MON FRÈRE
  Voir: SUARÈS (André)

"Sur la Symphonie pastorale d'André Gide"
  Voir: DU BOS (Charles)

SUR LA VIE
  Voir: SUARÈS (André)

SUSPECT (LE)
    Voir: SIMENON (Georges)

SWINBURNE
    Voir: VIÉLÉ-GRIFFIN (Francis)

SYBILLA
    Voir: BLOCH (Jean-Richard)

"Système (Le)"
    Voir: VALÉRY (Paul)

TACITURNE (UN)
    Voir: MARTIN DU GARD (Roger)

TAILLE DE L'HOMME
    Voir: RAMUZ (Charles-Ferdinand)

TANCRÈDE
    Voir: FARGUE (Léon-Paul)

TEMPLE DE GNIDE
    Voir: MONTESQUIEU (Charles de Secondat, baron de)

TÉNÉBREUSE AFFAIRE (LA)
    Voir: BALZAC (Honoré de)

TENTATION DE SAINT-ANTOINE (LA)
    Voir: FLAUBERT (Gustave)

TENTATION DE TATI (LA)
    Voir: SCHLUMBERGER (Jean)

"Tenter de vivre"
    Voir: ARCHAMBAULT (Paul)

TEREBINTHES (LES)
    Voir: JOUHANDEAU (Marcel)

TERMITE (LE)
    Voir: ROSNY (Joseph-Henri)

TERRES VIERGES
    Voir: TOURGUENIEV (Ivan)

TESTAMENT DONADIEU (LE)
    Voir: SIMENON (Georges)

TESTAMENT DU PÈRE LELEU (LE)
    Voir: MARTIN DU GARD (Roger)

TESTAMENT ESPAGNOL (LE)
    Voir: KOESTLER (Arthur)

TETE D'OR
    Voir: CLAUDEL (Paul)

"Tête lauréa"
    Voir: REDON (Odilon)

TÉTRALOGIE

    Voir : WAGNER (Richard)

THÉÂTRE CHOISI DE PIERRE CORNEILLE AVEC NOTICES ET ANNOTATIONS

    Voir : DESJARDINS (Paul)

[The Going over to Rome]

    Voir : LARBAUD (Valéry)

THÉODICÉE

    Voir : LEIBNITZ (Gottfried Wilhelm)

THIBAULT (LES)

    Voir : MARTIN DU GARD (Roger)

THREE FRENCH MORALISTS

    Voir : GOSSE (Edmund)

TIMON D'ATHÈNES

    Voir : SHAKESPEARE

TITAN

    Voir : RICHTER (Jean-Paul)

TITLE (THE)

    Voir : BENNETT (Arnold)

"Toast funèbre"

    Voir : MALLARMÉ (Stéphane)

"Tombeau dressé à Stéphane Mallarmé"

    Voir : SIGNORET (Emmanuel)

TOM JONES

    Voir : FIELDING (Henry)

"To Our Dead"

    Voir : GOSSE (Edmund)

TORQUATO TASSO

    Voir : GOETHE (Johann Wolfgang)

TOURISTES ET BANANES

    Voir : SIMENON (Georges)

"Tournant"

    Voir : LIME (Maurice)

TRAGÉDIE D'ELEKTRE ET ORESTE (LA)

    Voir : SUARÈS (André)

TRANSATLANTIQUES (LES)

    Voir : HERMANT (Abel)

TRAVAIL DE ZARATHOUSTRA (LE)

    Voir : HALEVY (Daniel)

"Très jeunes poètes (Les)"

    Voir : CHANTAVOINE (Henri)

TRIOMPHE DE LA VIE

    Voir : JAMMES (Francis)

TRISTES [LES]

    Francis Jammes, [juillet 1897], JAM., p. 117.

"Tristesse d'Olympio"

    Voir : HUGO (Victor)

TRISTESSES

    Voir : JAMMES (Francis)

TRISTRAM SHANDY

    Voir : STERNE (Lawrence)

"Tritons joufflus"

    Voir : LOUYS (Pierre)

TROIS CHAMBRES A MANHATTAN
   Voir : SIMENON (Georges)

TROIS CRIMES DE MES AMIS
   Voir : SIMENON (Georges)

"Trois Hymnes"
   Voir : CLAUDEL (Paul)

TROIS IDÉES POLITIQUES
   Voir : MAURRAS (Charles)

"Troisième suite consacrée à la Tentation de Saint-Antoine"
   Voir : REDON (Odilon)

TROIS STATIONS DE PSYCHOTHÉRAPIE
   Voir : BARRÈS (Maurice)

TWO YEARS BEFORE THE MAST
   Voir : DANA (Richard Henry)

TYPHOON
   Voir : CONRAD (Joseph)

UBU-ROI
   Voir : JARRY (Alfred)

ULYSSES
   Voir : JOYCE (James)

UN DE BAUMUGNES
   Voir : GIONO (Jean)

UNDER WESTERN EYES
   Voir : CONRAD (Joseph)

UN DE NOUS (L')
   Voir : MARTIN DU GARD (Roger)

"Unité française (L')"
   Voir : GOSSE (Edmund)

UN JOUR
   Voir : JAMMES (Francis)

U.R.S.S. TELLE QU'ELLE EST (L')
   Voir : YVON

VAISSEAU FANTÔME (LE)
   Voir : WAGNER (Richard)

VANITY FAIR
   Voir : THACKERAY (William)

"Variation sur une pensée"
   Voir : VALÉRY (Paul)

VARIÉTÉ
   Voir : VALÉRY (Paul)

VASCO
   Voir : CHADOURNE (Marc)

VATHEK
   Voir : BECKFORD (William)

VAUVENARGUES
   Voir : PALÉOLOGUE (Maurice)

VENTS
   Voir : SAINT-JOHN PERSE

VERDUN
   Voir : ROMAINS (Jules)

VERDUN
   Voir : UNRUH (Fritz von)

VERGERS
   Voir : RILKE (Rainer Maria)

VÉRITÉ SUR LE COMMUNISME (LA)
   Voir : CITRINE (Sir Walter)

VERONICANA
   Voir : JOUHANDEAU (Marcel)

VERS
   Voir : JAMMES (Francis)

VEUVE COUDERC (LA)
   Voir : SIMENON (Georges)

VICTORIEUX (LE)
   Voir : HEROLD (Ferdinand)

VICTORY
   Voir : CONRAD (Joseph)

"Vie (La)"
   Voir : JAMMES (Francis)

[Vie d'Auguste Comte]
   *Paul Valéry, [C.P. 11 juin 1891], VAL., p. 92.

[Vie de Goethe]
   Y..., 30.III.94, 237, pp. 312-313.
   Mme Paul Gide, 11.IX.94, 237., p. 364.

VIE DE JEAN RACINE
   Voir : MAURIAC (François)

VIE D'UN SIMPLE (LA)
   Voir : GUILLAUMIN (Emile)

VIE EST UN SONGE (LA)
   Voir : CALDERON DE LA BARCA (Pedro)

VIEILLARD ET L'ENFANT (LE)
   Voir : AUGIERAS (François)

VIEILLE FRANCE
   Voir : MARTIN DU GARD (Roger)

VIE UNANIME (LA)
  Voir: ROMAINS (Jules)

VILLAGE (LE)
  Voir: BOUNINE (Ivan)

VILLA OASIS ou LES FAUX BOURGEOIS
  Voir: DABIT (Eugène)

VILLA SANS MAÎTRE (LA)
  Voir: ROUART (Eugène)

VILLE (LA)
  Voir: CLAUDEL (Paul)

VILLE MORTE (LA)
  Voir: ANNUNZIO (Gabriele d')

VILLES TENTACULAIRES (LES)
  Voir: VERHAEREN (Emile)

VIRGIN AND THE GIPSY (THE)
  Voir: LAWRENCE (David Herbert)

VIRGINI DELLE ROCCE
  Voir: ANNUNZIO (Gabriele d')

VISIONNAIRE (LE)
  Voir: GREEN (Julien)

VISITE À PASCAL
  Voir: SUARÈS (André)

VITA NUOVA
  Voir: DANTE

VOICI L'HOMME
  Voir: SUARÈS (André)

VOIES DE DIEU
  Voir: BJOERNSON (Bjoernstjerne)

VOL DE NUIT
  Voir: SAINT-EXUPÉRY (Antoine de)

VOLETS VERTS (LES)
  Voir: SIMENON (Georges)

VORGE CONTRE QUINETTE
  Voir: ROMAINS (Jules)

VOYAGE DE SPARTE
  Voir: BARRÈS (Maurice)

VOYAGE DU CONDOTTIÈRE
  Voir: SUARÈS (André)

VOYAGES EN ZIG-ZAG
  Voir: TOPFFER (Rodolphe)

VRAI DRAME D'ANDRÉ GIDE (LE)
  Voir: SCHWOB (René)

WALLENSTEIN

   Voir: SCHILLER (Friedrich)

"War and Literature"

   Voir: GOSSE (Edmund)

WAY OF ALL FLESH (THE)

   Voir: BUTLER (Samuel)

WEIR OF HERMISTON (THE)

   Voir: STEVENSON (Robert-Louis)

WILHELM TELL

   Voir: SCHILLER (Friedrich)

"William Ernest Henley"

   Voir: LARBAUD (Valery)

WOODLANDERS

   Voir: HARDY (Thomas)

WUTHERING HEIGHTS

   Voir: BRONTE (Emily)

YERMA

   Voir: SCHWEITZER (Marcelle)

YOUTH

   Voir: CONRAD (Joseph)

ZADIG

   Voir: VOLTAIRE

ZAHL UND GESICHT

   Voir: KASSNER (Rudolf)

ZAUBERBERG

   Voir: MANN (Thomas)

ZONE VERTE (LA)

   Voir: DABIT (Eugène)

ZUYDERSÉE

   Voir: LAST (Jef)

INDEX DES OEUVRES D'ANDRE GIDE

"Abandon du sujet dans les arts plastiques"
   Roger Martin du Gard, 7.V.38, RMGII, p. 138.

"Acquasanta"
   *Roger Martin du Gard, 5.V.35, RMGII, p. 27.
   Roger Martin du Gard, 18.V.35, RMGII, p. 31.
   *Roger Martin du Gard, 16.I.39, RMGII, p. 158.

AFFAIRE REDUREAU (L')
   *Roger Martin du Gard, 10.V.28, RMGI, p. 343.
   Arnold Bennett, 4.VII.30, BEN, p. 182.

AINSI SOIT-IL
   Roger Martin du Gard, 11.I.51, RMGII, p. 508.

AJAX
   Roger Martin du Gard, [août ou septembre 1921], RMGI, p. 173.

"Alger"
   *Francis Jammes, 15.II.06, JAM, p. 233.

"Allocution d'ouverture du premier congrès international des écrivains pour la défense de la culture"
   *Thierry Maulnier, [juillet 1935]. 120. p. 199.
   *Roger Martin du Gard, 3.VII.35, RMGII. p. 36.

"Amateur de M. Rémy de Gourmont (L')"
   *Paul Claudel, [mars 1910], CLA., p. 130.
   *Paul Claudel, [juin 1910], CLA., p. 143.

AMYNTAS
   Francis Jammes, [26.IV.06], JAM, p. 234.
   *Christian Beck, 29.IV.06, 164, p. 400.
   *Francis Jammes, 2.V.06, JAM, p. 236.
   Henri Van Deputte, 23.VI.06, 370, No 143.
   Rainer Maria Rilke, 13.V.21, RIL, p. 154.
   *Jean Schlumberger, 1.III.35, 110.

ANTHOLOGIE DE LA POESIE FRANÇAISE
   Roger Martin du Gard, 11.X.42, RMGII, p. 274.
   Roger Martin du Gard, 20.VII.47, RMGII, p. 374.
   Roger Martin du Gard, 11.IX.48, RMGII, p. 426.
   Saint-John Perse, 2.VI.49, 288. p. 467.
   *François Mauriac, 5.VII.49, MAU, pp. 109-110.
   *François Mauriac, 7.III.50, MAU, p. 115.
   Voir aussi : "Préface" à l'Anthologie de la poésie française.

ANTOINE ET CLÉOPÂTRE
   Voir : SHAKESPEARE dans Index des noms propres

ATTENDU QUE ...
   M.H. Fayer, 16.X.45, 155, [p. 1].

"Avant-propos" à Henry Monnier, Morceaux choisis
   Roger Martin du Gard, 12.IX.35, RMGII, p. 48.

"Avant-propos" au Tableau de la littérature française, XVIIe-XVIIIe s. de Corneille à Chénier
   Roger Martin du Gard, 7.V.38, RMGII, p. 138.

"Avenir de l'Europe (L')"
   *Roger Martin du Gard, 7.X.22, RMGI, pp. 192-193.
   *Willy Schuermans, 28.X.22, SCHU, p. 40.

"Baudelaire et M. Faguet"
   *André Suarès, 6.XI.10, SUA., p. 45.
   *Paul Claudel, 22.II.11, CLA., p. 163.

BETHSABE
   Raymond Bonheur, 3 [ou 4].V.03, BON, p. 74.
   *Franz Blei, 23.IV.08, 358, p. 206.
   Emile Verhaeren, 9.IV.12, VER, p. 80.
   *Edouard Dujardin, 4.VII.30, 73, p. 72.

"Billets à Angèle"
   Charles Du Bos, [1921], BOS, p. 32.

"Bou Saada"

Paul Fort, [1905], 290a. p. 136.

Henri Van Deputte, 23.VI.06, 370, No 343.

CAHIERS D'ANDRE WALTER

Mme Paul Gide, 16.III.90, 232, p. 438.

Mme Paul Gide, (juin-juillet) 90, 232, p. 459.

*Jeanne Rondeaux, 23.XI.90, 232, pp.471-472.

Mme Paul Gide, 12.I.91, 232, p. 386.

Paul Valéry, (16.I.91), VAL., p. 44.

Mme Paul Gide, 20.I.91, 232, p. 488.

Paul Valéry, 26.I.91, 232, p. 47.

Stéphane Mallarmé, 5.II.91, 145, p.596; 237, p. 40.

*Paul Valéry, [février 1891], VAL, p. 52.

Paul Valéry, 24 [février] 91, VAL., p. 61.

*Paul Valéry, I.III.[91], VAL. p. 57.

Paul Valéry, [8 mars 1891], VAL, p. 63.

Francis Viélé-Griffin, 9.III.91, 240, p. 104.

Paul Valéry, [C.P.21 mars 1891], VAL., p. 69.

Paul Valéry, 29.III.91, VAL., p. 74.

Francis Viélé-Griffin, 25.IV.91, 240, p. 104.

Paul Valéry, [C.P. 11 juin 1891], VAL., p. 92.

Paul Valéry, [C.P. 17 juin 1891], VAL p. 95.

Albert Démarest, [janvier 1892], 232, p. 488.

*Mme Paul Gide, 27.V.92, 237, p. 34.

Paul Valéry, [août 1892], VAL., p. 170.

*Mme Paul Gide, 19.IV.94, 237, p. 428.

*Marcel Drouin, 10.V.94, 163, p. 66.

*Mme Paul Gide, 25.I.95, 237, p. 441.

*Mme Paul Gide, 2.II.95, 237, p. 460.

Paul Valéry, 25.III. [96], VAL., p. 262.

*Paul Valéry, 22.X.98, VAL., p. 339.

*Edmond Picard, 22.XI. [02], 242b.

*Maurice Denis, 7.XII.07, 239, p. 88.

*Paul Souday, 5.VIII.II, 68, p. 64 et 163, p.180.

René Schwob, 31.XII.30, 188, p. 105.

CARNETS D'EGYPTE

Richard Heyd, 12.III.50, 293, p. 103.

CAVES DU VATICAN [sotie]

*Marcel Drouin, [juillet 1898], 353, pp. 252-253.

*Marcel Drouin, 17.V.03, 335, p. 31.

Edmund Gosse, II.I.12, GOS, p. 75.

*Maurice Denis, 7.VII.12, 243, p. 1565 et 348. p. 132.

*Edmund Gosse, 12 VIII.12, GOS, p. 80.

*Eugène Rouart, 13.VIII.12, 244, p. 23.

Joseph Conrad, 13.VIII.12, 308, p. 152.

*Edmund Gosse, 28.XI.12, GOS, p. 84.

*Jacques Copeau, [juin 1913], 233, p. 156.

*Edmund Gosse, 29.VI.13, GOS, p. 102.

*Mme Emile Mayrisch, 25.VII.13, 236. p. 98.

*Jacques Copeau, 29.VIII.13, 25.

*Edmund Gosse, 8.I.14, GOS, p. 106.

*Rainer Maria Rilke, 14.II.14, RIL, p. 94.

*Paul Claudel, 16.III.14, CLA., p. 224.

Paul Claudel, 19.III.14, CLA., p. 226.

*Rainer Maria Rilke, 24.III.14, RIL,. pp. 107-108.

[André Billy], [juin] 14, 24.

*Paul Valéry, 4.VII.[14], VAL, p. 434.

*Albert Mockel, 5.VII.14, 349. pp. 76-77.

*André Beaunier, [12.VII.14], 139, pp. 436-437.

*Jacques Copeau, 17.VII.14, 139, p. 440.

*Paul Souday, 6.VI.17, 365, p. 7.

*Mme Emile Mayrisch, 2.V.21, 236, p. 102 et p. 103.

Roger Martin du Gard, 20.VIII.21, RMGI, p. 171.

Arnaldo Frateili, 3.IX.22, 279, p. 17.

Roger Martin du Gard, 7.X.22, RMGI, p. 193.

M. T'serstevens, [mai 1923], 32, p. 1.

*Henri Massis, 25.I.24, 127, p. 554.

Arnold Bennett, 8.VIII. 25, BEN., p. 152.

*Albert Thibaudet, 28.VIII,27, 243, p. 1496 et p. 1574.

Edmund Gosse, 8.IV.28, GOS, p. 193.
Arnold Bennett, 8.III.29, BEN., p. 160.
*Edouard Dujardin, 4.VII.30, 73, p. 72.
Roger Martin du Gard, 25.VII.30, RMGI, p. 411.
*Frederic Lefevre, 19.IV.31, 348, p. 132.
*Louis Aragon, 19.V.33, 176, pp. 31-32.
Roger Martin du Gard, 2.II.34, RMGI, p. 593.
Georges Simenon, 22.VI.49, 327, p. 46.
*Pierre Lafille, 21.XII.50, 206,
Jean Cocteau, 31.XII.50, COC, p. 206.

CAVES DU VATICAN

Voir aussi : "Lafcadio"

CAVES DU VATICAN [pièce]

Roger Martin du Gard, 27.X.33, RMGI, p. 585.
Maurice Sachs, 18.XI.33, 371, No 426.
*Roger Martin du Gard, 26.XI.33, RMGI, pp. 590-591.
André Rouveyre, II.I.34, ROU, p. 146-147.
*X..., 19.V.34, 349, p. 130.
* Richard Heyd, 31.X.46, 276.
Richard Heyd, 25.VI.48, 349, p. 130.
*Richard Heyd, 3.VI.49, 371a.
*Jean Cocteau, 27.VIII.49, COC, p. 202.
Richard Heyd, 27.II.50, 349, p. 130.
Richard Heyd, 12.III.50, 293, p. 103.
*Roger Martin du Gard, 16.V.50, RMGII, p. 485.
Roger Martin du Gard, 23.V.50, RMGII, p. 486.
*Dorothy Bussy, 5.VII.50, 281, p. 17.
Roger Martin du Gard, 28.IX.50, RMGII. p. 499.
*Roger Martin du Gard, 23.XI.50, RMGII, p. 500.
Roger Martin du Gard, 26.XI.50, RMGII, p. 501.
*Georges Simenon, 29.XI.50, 327, p. 47.
Jean Cocteau, 2.XII.50, COC., p. 205.
François Mauriac, 12.XII.50, MAU, p. 116.
*Roger Martin du Gard, 15.XII.50, RMGII, pp.503-504.
Jean Cocteau, 31.XII.50, COC, p. 206.
Dorothy Bussy, 9.I.51, 281, p. 17.
*Roger Martin du Gard, II.I.51, RMGII, pp. 507-508.

"Charles-Louis Philippe"

Rainer Maria Rilke, 31.X.10, RIL. p. 46.
Valery Larbaud, [1911], 169, p. 158.

CORRESPONDANCE ANDRE-GIDE - PAUL CLAUDEL

*Roger Martin du Gard, 11.IX.48, RMGII, p. 426.
André Rouveyre, 28. I.49, ROU, p. 165.
André Rouveyre, 31.X.49, ROU, p. 178.
*Roger Martin du Gard, 10.XI.49, RMGII, p. 466.
*Roger Martin du Gard, 21.XI.49, RMGII, p. 469.
*Richard Heyd, 27.II.50, 349, p. 130.
*Claude Mauriac, 6. IV.50, 197, p. 283.
André Rouveyre, 26.V.50, ROU, p. 191.

CORRESPONDANCE ANDRE GIDE - FRANCIS JAMMES

André Rouveyre, 28.I.49, ROU, p. 165.
André Rouveyre, 31.X.49, ROU, p. 178.
André Rouveyre, 26.V.50, ROU, p. 191,.

COUNTERFEITERS

Voir : FAUX-MONNAYEURS (LES)

CORYDON

*Dorothy Bussy, [1919], 281, p. 17.
*Jacques Doucet, 8.II.19, 367, p. 4.
Jacques Doucet, 13.XI.19, 367, p. 4.
*Jacques Doucet, 18.XI.19, 367, pp. 6-7.
Mme Emile Mayrisch, 18.XI.19, 236, p. 99.
*Jacques Doucet, 3.III.20, 367, p. 7
Jacques Doucet, [C.P. 2.VIII.20], 367, p. 9
Mme Emile Mayrisch, 2.V.21, 236, p. 103.
Roger Martin du Gard, 27.IV.23, RMGI, p. 219.
*Willy Schuermans, 4.XII.23, SCHU. pp. 45-46.
Roger Martin du Gard, 13.VI.24, RMGI, p. 250.
*Roger Martin du Gard,, 29.VII.24, RMGI, p. 252.
Edmund Gosse, 12.IX.24, GOS., p. 171.
Paul Valéry, [11.I.25], VAL, p. 500.
Alfred Vallette, 3.II. [25]. 37, p. 563.
Victor Poucel, 27.XI.27, 48.

François Porché, janvier, 1928, 60, p. 61.
*Roger Martin du Gard, 5.II.32, RMGI, p. 496.
Roger Martin du Gard, 6.III.49, RMGII, p. 446.

"De Biskra à Touggourt"
Francis Jammes, [fin d'août 1904], JAM., p. 214.
Francis Jammes, 14.X.04, JAM, p. 215.

DECOUVRONS HENRI MICHAUX
Roger Martin du Gard, 2.VI.41, RMGII, p. 233.
*Paul Valéry, 15.VIII.41, VAL. p. 523.

"De l'évolution du Théâtre"
*Raymond Bonheur, [5.III.04], BON, p. 86.

"De l'influence en littérature"
Raymond Bonheur, 12.III.1900, BON, p. 56.
Octave Maus, 2.IV.1900, 41, p. 252.
Georges Eekhoud, [2.IV.1900]. 349, p. 44.
Saint-Georges de Bouhélier, 10.VIII.1900, 8, p.239

"De l'importance du public"
*Madeleine Gide, 6.VIII.03, 338, pp. 72-74.
Edouard Ducoté, 8.XI.03, 282, p. 1151.

"Délivrance de Tunis (La)"
Jean Gaulmier, 24.VII.43, 331, p. 340.
*Jean Gaulmier, 29.VII.43, 331, p. 341.
Roger Martin du Gard, 5.XII.44, RMGII. p. 290.

DEUX RECITS
Roger Martin du Gard, 9.I.39, RMGII, p. 157.
Roger Martin du Gard, 16.I.39, RMGII, p. 158.

DINDIKI
Willy Schuermans, 4.VI.28, SCHU. p. 59.

"Don d'un arbre"
Saint-John Perse, 2.VI.49, 268, p.467.

DOSTOIEVSKY
Willy Schuermans, 30.I.22, SCHU, p. 34.
*Willy Schuermans, [7.II.22], SCHU, p. 35.
*Mme Emile Mayrisch, 19.II.22, 236, p. 105.
Roger Martin du Gard, [12.IX.22], RMGI, p. 192.
*Willy Schuermans, 28.X.22, SCHU, pp. 40-41.
Comoedia, [février 1923], RMGI, p. 212.
*François Le Grix, 10.III.23, 58, pp. 7-9.
Roger Martin du Gard, 27.IV.23, RMGI, p. 219.
Rainer Maria Rilke, 28.IV.23, RIL. p. 212.
*André Levinson, [mars ou avril 1931]. 70, pp. 791-792.
*Nouvelle revue française, [Mai 1931], 71, pp. 960-961.
Robert de Traz, [16.XI.32], 334, p. 473.
Roger Martin du Gard, [23.I.43], RMGII, p. 395.

"Dostoievsky d'après sa correspondance"
*Charles Péguy, 15.II.08, PEG, pp. 22-23.
Paul Valéry, 10.III.08, VAL, p. 414.
*Francis Jammes, 5.IV.08, JAM, p. 251.
Christian Beck, 6.IV.08, 165, p. 626.
*Francis Jammes, [octobre 1911], JAM, p. 282.
Raymond Bonheur, [7.XI.11], BON, p. 103.

DOSTOIEVSKY
*Francis Jammes, 19.VI.11, JAM, p. 277.

ECOLE DES FEMMES (L')
*Roger Martin du Gard, 14.X.27, RMGI, p. 317.
Roger Martin du Gard, 30.III.28, RMGI. p. 338.
Edmund Gosse, 8.IV.28, GOS, p. 193.
Roger Martin du Gard, 10.IV.28, RMGI, p. 341.
Roger Martin du Gard, 10.V.28, RMGI, p. 343.
Charles Du Bos, 5.X.28, BOS, p. 162.
Roger Martin du Gard. 17.X.28, RMGI, p. 360.

*Roger Martin du Gard, 5.XI.28, RMGI, p. 361.
Arnold Bennett, 8.III.29, BEN, p. 159.
*Paul Souday, 21.V.29, 68.
Roger Martin du Gard, 15.VI.29, RMGI, p. 370.
*Roger Martin du Gard, 25.VI.29, RMGI, p. 374.
[Marius et Ary Leblond], 4.IX.29, 139, p. 928.
Arnold Bennett, 26.XII.29, BEN, p. 169.
Jacques-Emile Blanche, 8.X.32, 289, p. 761.
Roger Martin du Gard, 28.IX.33, RMGI, p. 579.
C.-F. Ramuz, 7.II.36, 352, p. 281.
*Albert J. Guerard, 16.V.47, 193.
Pierre Lafille, 21.XII.50, 206
*Jean Hytier, [s.d.], 274.

EGYPTE 1939

Roger Martin du Gard, 24.II.39, RMGII, p. 162.
Roger Martin du Gard, 24.IV.39, RMGII, p. 168.

EL HADJ

*Paul Valéry, [juillet 1896], VAL, p. 271.
*Francis Jammes, 2.VIII.96, JAM, p. 271.
*Francis Jammes, 2.VIII.96, JAM, p. 80.
*X..., 4.VIII.96, 242a
*Francis Jammes, 18.VIII.96, JAM, p. 81.
*Paul Valéry, [29.VIII.96], VAL, p. 274.
*Henri Albert, 4.IX.96, 229a.
*Christian Beck, [juin 1899], 164, p. 392.
*Christian Beck, 29.IV.06, 164, p. 400.
*Francis Jammes, 2.V.06, JAM, p. 236.

"Enseignement de Poussin (L')"

Voir : "Préface" à Poussin.

ESPRIT NON PREVENU (UN)

André Thérive, 26.XI.29, 163, p. 178.
Roger Martin du Gard, 26.III.30, RGMI, p. 394.

[Essai de bien mourir (L')]

Paul Claudel, 17.X.08, CLA, p. 89.

[Essai sur la gloire]

Christian Beck, 17.XII.07, 165, p. 622.

ET NUNC MANET IN TE

Roger Martin du Gard, 24.IV.39, RMGII. p. 168.

"Eugène Dabit"

Roger Martin du Gard, 7.IX.36, RMGII, p. 78.

FAUX-MONNAYEURS (LES)

*Roger Martin du Gard, [début octobre 1921], RMGI, p. 175.
Willy Schuermans, 10.XI.21, SCHU, p. 27.
*Roger Martin du Gard, [10.XII.21], RMGI, p. 176.
*Roger Martin du Gard, [12.IX.22], RMGI. p. 191.
*Roger Martin du Gard, [octobre 1922], RMGI, p.197.
*Roger Martin du Gard, 7.X.22, RMGI, p. 193.
*Willy Schuermans, 28.X.22, SCHU, p. 40 et p. 41.
Roger Martin du Gard, [14.XII.22], RMGI, p. 201.
Roger Martin du Gard, 26.XII.22, RMGI, p. 204.
Joseph Conrad, 26.XII.22, 308, p. 165.
*Arnold Bennett, 26.XII.22, BEN, p. 118.
Roger Martin du Gard, 27.IV.23, RMGI, p. 219.
*Arnold Bennett, [fin août 1923], BEN, pp. 125-126.
Charles Du Bos, 1.I.24, BOS, p. 61.
*Arnold Bennett, 29.I.24, BEN. p. 131.
Roger Martin du Gard, [février 1924], RMGI, p. 239.
*Roger Martin du Gard, 21.VII.24, RMGI. pp.250-251.
*Roger Martin du Gard, 29.VII.24, RMGI, p. 252.
Edmund Gosse, 26.X.24, GOS, pp. 174-175.
Roger Martin du Gard, 2.XI.24, RMGI, p. 254.
André Rouveyre, 22.XI.24, ROU, p. 90.
*René Schwob, 13.XII.24, 188, p. 100 et p. 101.
*Jacques-Emile Blanche, 28.I.25, 289, p. 760.
*Arnold Bennett, 19.II.25, BEN, pp. 145-146.
*Roger Martin du Gard, mars 1925, RMGI, p. 258.
Dorothy Bussy, [mars 1925], 283, p. 60.

Roger Martin du Gard, [avril 1925], RMGI, p. 259.

*Willy Schuermans, 2.IV.25, SCHU, pp. 54-55.

Roger Martin du Gard, I.V.25, RMGI, p. 259.

*Roger Martin du Gard, 3.VI.25, RMGI, p. 263.

*Roger Martin du Gard, 9.VI.25, RMGI, pp. 268-269.

Roger Martin du Gard, 8.VII.25, RMGI, p. 271.

Arnold Bennett, 8.VIII.25, BEN, p. 151

*Roger Martin du Gard, 29.XII.25, RMGI, p. 279 et pp. 280-281.

Roger Martin du Gard, 11.VI.26, RMGI, p. 289.

*Suzanne-Paul Hertz, 24.I.27, 44.

*Paul Souday, 14.VII.27, 68, p. 66.

Victor Poucel. 27.XI.27, 48.

Edmund Gosse, 8.IV.28, GOS, p. 193.

André Thérive, 14.V.28, 55, p. 312.

Arnold Bennett, 8.III.29, BEN, p. 159.

*John Rothenstein, 4.VI.30, 290. 174.

René Schwob, 6.I.31. 188, p. 106.

Roger Martin du Gard. 2.V.33, RMGI, p. 566.

*Christian Caprier. [juillet 1937], 230, p. 48.

*Jacques Lévy, 25.VII.39, 221. pp. 36-37.

Richard Heyd, 31.X.46, 276.

Jan Van Haelen, 11.I.47, 223, p. 16.

Elvira Cassa Salvi, 25.I.50, 330a, p. 118.

Pierre Lafille, 21.XII.50, 206.

Jean Hytier, [s.d.], 274.

*Henri Corbière, [s.d.], 180, p. 1.

"Feuilles de route"

*Raymond Bonheur, 1.II.[05], BON, p. 91.

Henri Van Deputte, 23.VI.[06?], 370, No 143.

"Feuillets"

Roger Martin du Gard, 5.IV.33, RMGI, p. 558.

Claude Mauriac, 25.XI.40, 197, p. 253.

Roger Martin du Gard, [10.XII.40], RMGII. p. 224.

André Calas, 13.XII.40, 305, p. 413.

Roger Martin du Gard, 24.I.41, RMGII, p. 232.

Roger Martin du Gard, 2.VI.41, RMGII, p. 223.

"Feuillets d'automne"

R. Heyd, 14.VI.48, 316, p. 25.

FEUILLETS D'AUTOMNE

Roger Martin du Gard, 6.III.49, RMGII, p. 446.

"Francis Jammes : Rayons de miel", [Nouvelle revue française, 1er mai 1909, pp.372-373].

X..., [printemps 1909], 96, p. 420.

*Francis Jammes, 15.VI.09, JAM, p. 260.

GENEVIÈVE

*Dorothy Bussy, [1930], 233, p. 60.

Roger Martin du Gard, 12.II.32, RMGI, p. 500.

Roger Martin du Gard, 25.V.32, RMGI, p. 522.

*Jacques-Emile Blanche, 3.X.32, 299, p. 760.

Roger Martin du Gard, 28.IX.33, RMGI, p. 578.

*Roger Martin du Gard, 8.X.33, RMGI, p.581 et p. 582.

Roger Martin du Gard, 27.X.33, RMGI, p. 585.

*Roger Martin du Gard, 10.II.34, RMGI, p. 596.

Roger Martin du Gard, 15.II.34, RMGI, p. 597 et p. 598.

*Roger Martin du Gard, 15.III.34, RMGI. p. 598.

*Dorothy Bussy, 12.III.34, 281, p. 17.

Roger Martin du Gard, 30.III.34, RMGI, p. 611.

*Roger Martin du Gard, 12.V.34, RMGI, p. 613.

*Christian Caprier, [1936], 230, p. 47.

*C.-F. Ramuz, 7.II.36, 352, p. 281.

Roger Martin du Gard, 19.III.36, RMGII, p. 72.

*Albert J. Guerard, 16.V.47, 193.

HAMLET

Voir : SHAKESPEARE dans Index des noms propres.

"Henri de Régnier : Couleur du temps", Nouvelle revue française, 1er mai 1909, pp. 375-377.

X..., [printemps 1909], 96, p. 420.

"Hommage à Christian Beck"

Jan Van Haelen, 11.I.47, 223, p. 16.

IMMORALISTE (L')

Raymond Bonheur, [20.VI.1901], BON, p. 62.

Marcel Drouin, 27.VI.01, 217, p. 413.

*Paul Valéry, [C.P. 5.VII.01], VAL, p. 385.

*Paul Valéry, [C.P. 23.IX.01], VAL, p. 389.

*Francis Jammes, [novembre 1901], JAM, p. 179.

*Francis Jammes, [décembre 1901], JAM, p. 183.

* X..., 17.XII.01, 366, p. 18.

*Maurice Denis, [s.d.], 212.

*Alfred Vallette, [1902], 290a, p. 135.

* X..., 4.II.02, 349, p. 135.

Francis Jammes, 12.IV.02, JAM, p. 184.

Raymond Bonheur, [8.V.02], BON, p. 69.

*Francis Jammes, [mai 1902], JAM, p. 189.

*Maurice Denis, [juin 1902], 362, pp. 6-7.

Francis Jammes [12.VI.02], JAM, p. 195.

*Christian Beck, 23.VI.[1902], 164, pp. 396-397.

*Francis Jammes, 7.VII.[02], JAM, p. 197.

*Arthur Fontaine, 8.VII.02, 199, p. 3.

*Jacques-Emile Blanche, 12.VII.02, 289, p. 758.

*Francis Jammes, 6.VIII.02, JAM, pp. 199-200.

*Lucien Jean, 18.IX.[02], 218, pp. 73-74.

*Francis Viélé-Griffin, [septembre 1902], 240, p. 112.

*Raymond Bonheur, [6.X.02], BON, p. 70.

*Edmond Picard, 22.XI.[02], 242b.

*Mme Théo Van Rysselberghe, [1903], 236, pp. 69-71.

X..., 15.VI.05, 372.

*Francis Jammes, [26.IV.06], JAM, p. 234.

*Christian Beck, 29.IV.06, 164, p. 400.

Francis Jammes, [fin de mars 1907], JAM, p. 247.

*Emile Haguenin, 23.X.07, 356, p. 199.

*Maurice Denis, 7.XII.07, 239, p. 88.

Emile Haguenin, 13.I.08, 358, p. 203.

*Lucien Rolmer, [octobre 1909], 139, p. 276.

*Christian Beck, 16.X.09, 165, p. 629.

*N. Deherme, 19.[V.10], 16, p. 379.

*André Suarès, 1.VII.[12], SUA, p. 64.

*André Suarès, [été 1912], SUA, p. 66.

Francis Jammes, [fin de mars 1914], CLA, p. 231.

*Albert Mockel, 5.VII.14, 349, p. 77.

*André Beaunier, [12.VII.14], 139, p. 436.

*Paul Souday, 6.VI.17, 365, p. 7 et p. 8.

*René Salomé, 23.II.20, 359, p. 167.

*Victor Poucel, 27.XI.27, 48.

François Porché, janvier 1928, 60, p. 60.

*Eugène Ferrari, 15.III.28, 50.

*Lotte Schreiber, [1930-1932], 99, p. 12.

*Henri Drain, 18.VII.32, 163, p. 90.

*Elsie Pell, 12.XII.34, 119, p. 59.

*Elsie Pell, 28.I.35, 119, pp. 9-10.

*Daniel Simond, 20.X.38, 360, pp. 16-17.

*Renée Lang, 10.VI.46, 170, p. 179.

*Renée Lang, 27.XII.46, 170, p. 181.

*Albert J. Guerard, 16.V.47, 193.

*Scheffer, [s.d.], 91, pp. 615-617.

INTERET GENERAL (L')

Voir : ROBERT ou L'INTERET GENERAL

INTERVIEWS IMAGINAIRES

Roger Martin du Gard, 22.IX.41, RMGII, p. 238.

Paul Valéry, 5.II.42, VAL, p. 526.

Roger Martin du Gard, 15.VI.42, RMGII, p. 251.

Roger Martin du Gard, 30.VI.42, RMGII, p. 256.

Roger Martin du Gard, 3.IX.42, RMGII, p. 265.

N.H.Fayer, 16.X.45, 155, [pp. 1-2].

"Interviews imaginaires. Aux grands mots, les petits remèdes".

Louis Gillet, 7.VI.42, 261, p. 285.

"Introduction au Théâtre de Goethe"
Paul Valéry, 10.IX.41, VAL, p. 525.
Roger Martin du Gard, 22.IX.41, RMGII, p. 238.
Roger Martin du Gard, 14.III.45, RMGII, p. 316.

ISABELLE
Paul Valéry, [été 1892], 243, p. 1560.
Edmund Gosse, 9.IX.09, GOS, p. 51.
*Paul Claudel, 22.II.11, CLA, pp. 161-163.
*Paul Claudel, 1.IV.11, CLA, p. 170.
Francis Jammes, 19.VI.11, JAM, p. 276.
*Francis Jammes, [juin 1911], JAM, pp. 278-279.
Adolphe Van Bever, 3.VII.11, 290a, p. 137.
*Mme Emile Mayrisch, 3.VIII.11, 236, p. 96.
*Jean-Marc Bernard, 21.IX.11, 103, pp. 470-472 et 348, p. 131.
Raymond Bonheur, [7.XI.11] BON, p. 103.
*René Boylesve, 24.X.12, 208, p. 86.
*Victor Poucel, 27.XI.27, 48.
*Roger Martin du Gard, 25.VI.29, RMGI, p. 374.
Albert J. Guerard, 16.V.47, 193.
*R.-G. Nobécourt, 4.I.48, 171, p. 170.
*Roger Martin du Gard, 14.VIII.48, RMGII, p. 418.
Richard Heyd, 7.IX.48, 359, p. 181.
Roger Martin du Gard, 11.IX.48, RMGII, p. 426.
*Georges Simenon, 10.X.48, 327, p. 44.
Roger Martin du Gard, 19.X.48, RMGII, p. 430.

"Jacques Rivière"
Roger Martin du Gard, 28.I.32, RMGI, p. 493.

JOURNAL
*Mme Paul Gide, 25.III.92, 237, p. 167.
Madeleine Rondeaux, 1.X.94, 237, p. 370.
Marcel Jouhandeau, 30.XI.31, JOU, p. 33.
Roger Martin du Gard, 28.I.32, RMGI, p. 493.
Roger Martin du Gard, 18.VII.32, RMGI, p. 533.

*Henri Ghéon, [octobre 1932], 76.
Roger Martin du Gard, 8.X.33, RMGI, p. 581.
Roger Martin du Gard, 5.VII.34, RMGI, p. 624.
*Roger Martin du Gard, 10.VII.34, RMGI, pp. 625-626.
Reportages, 18.II.35, 109, p. 77.
Roger Martin du Gard, 5.V.35, RMGII, p. 28.
Marcel Jouhandeau, 4.XII.38, JOU, p. 41.
*Klaus Mann, 8.II.40, 148.
Roger Martin du Gard, 16.VII.40, RMGII, p. 212.
*Edmund Jaloux, 14.VII.41, 178, p. 296.
Roger Martin du Gard, 15.VI.42, RMGII, p. 251.
Roger Martin du Gard, 2.VII.42, RMGII, p. 257.
Roger Martin du Gard, [août 42], RMGII, p. 260.
Roger Martin du Gard, 3.IX.42, RMGII, p. 265 et p. 266.
Roger Martin du Gard, 11.X.42, RMGII, p. 274.
*Roger Martin du Gard, 30.X.44, RMGII, p. 334.
Claude Mauriac, 3.II.45, 197, p. 266.
Roger Martin du Gard, 11.II.45, RMGII, p. 312.
Claude Mauriac, 4.VIII.45, 197, p. 279.
Roger Martin du Gard, 28.III.46, RMGII, p. 342.
André Billy, 13.VII.46, 154.
Roger Martin du Gard, 17.X.46, RMGII, p. 354.
François Mauriac, 1.XII.46, MAU, p. 106.
Paul Léautaud, 24.XII.46, 357, p. 39.
Roger Martin du Gard, 16.IX.47, RMGII, p. 382.
*Roger Martin du Gard, [28.I.48], RMGII, p. 395.
Roger Martin du Gard, 26.VIII.49, RMGII, p. 460.
Elvira Cassa Salvi, 25.I.50, 339a, p. 116.
Dorothy Bussy, 5.VII.50, 281, p. 17.
Voir aussi : JOURNAL 1889-1939
"Pages de Journal"

JOURNAL 1889-1939
*Roger Martin du Gard, 10.VI.39, RMGII, p. 169.
Paul Valéry, 5.II.40, VAL, p. 519.
*Klaus Mann, 8.II.40, 148.
Maria Kaas-Albarda, 16.III.40, 146, p. 127.

JOURNAL DES FAUX-MONNAYEURS

 Edmund Gosse, 22.XII.26, GOS, p. 184.

 Suzanne-Paul Hertz, 24.I.27, 44.

 André Thérive, 14.V.28, 55, p. 310.

"Journal sans date"

 Francis Jammes, [28.XII.09], JAM, p. 268.

 *Christian Beck, [janvier 1910], 165, p. 632.

 Christian Beck, [janvier 1910], 165, p. 633.

 Christian Beck, 2.I.10, 165, p. 631.

"Justice avant la charité (La)"

 Roger Martin du Gard, 29.I.45, RMGII, p. 301.

"Justice [ou] Charité"

 Roger Martin du Gard, 11.II.45, RMGII, p. 312.

 *Roger Martin du Gard, 14.III.45, RMGII, p. 316.

 Roger Martin du Gard, 5.IV.45, RMGII, p. 318.

"Lafcadio"

 Jacques Copeau, [juin 1913], 233, p. 156.

LAFCADIO'S ADVENTURES

 Voir : CAVES DU VATICAN (LES)

"Laocoon"

 Christian Beck, 6.IX.03, 164, p. 399.

"Lectures" [N.R.F., 1er février 1911]

 *Francis Jammes, 19.VI.11, JAM, p. 277.

"Lettre à André Levinson sur Dostoievsky"

 *Viélé-Griffin, 11.V.31, 240, p. 122.

"Lettre à Mme X" [N.R.F., 1er décembre 1929]

 Roger Martin du Gard, 1.XII.29, RMGI, p. 381.

"Lettre-préface" à Jean Lacaze, Chants de départs

 Raymond Lacaze, 1.II.46, 250, p. VIII.

 Raymond Lacaze, 12.VIII.47, 250, p. XVII.

"Lettres"

 *Jean Paulhan, 25.IV.28, 46, pp. 721-722.

 François Mauriac, 10.V.28, MAU, p. 77.

"Lettres à Angèle" [janvier 1900]

 Christian Beck, 25.VI.[12], 165, p. 637.

LETTRES A ANGELE

 Francis Jammes, 18.VIII.96, JAM, p. 81.

 Francis Jammes, 14.X.[1900], JAM, p. 169.

 Francis Viélé-Griffin, 2.IV.03, 240, p. 113.

"Limites de l'Art (LES)

 *Marcel Drouin, 27.VI.01, 217, p. 413.

 *Paul Valéry, [C.P.5.VII.01], VAL, pp. 384-385.

 Raymond Bonheur, 10.VII.01, BON, p. 64.

 *Raymond Bonheur, [12.VIII.01], BON, p. 65.

 [Lettre à Charles Maurras], Action Française, 5 novembre 1916.

 *Paul Souday, 6.VI.17, 365, p. 4.

 "Les livres", Revue Blanche, 1er février 1900, pp. 232-236.

 *Maurice Beaubourg, 14.VII.99[?], 216, pp.762-763.

LITTERATURE ENGAGEE

 Roger Martin du Gard, 19.VI,50, RMGII, p. 490.

"Ménalque"

 [Voir aussi l'index des personnages]

 *Marcel Drouin, [fin 1895], 186, p. 383.

 Marcel Drouin, [janvier 1896], 163, pp. 85-86.

 *Francis Jammes, 19.I.[96], JAM, p. 63.

 *Paul Valéry, 24.I.[96], VAL, p. 258.

 Francis Jammes, 21.II.96, JAM, p. 65.

 *Francis Jammes, [fin de février 1896], JAM, p. 66.

MONTAIGNE

Roger Martin du Gard, 2.X.28, RMGI, p. 357.
Charles Du Bos, décembre 1928, BOS, p. 165.
Charles Du Bos, 2.I.29, BOS, p. 169.
*Paul Souday, 7.IV.29, 68.
Paul Souday, 21.V.29, 63.
*Gabriel Audisio, 5.XII.40, 142, p. 553.

MORCEAUX CHOISIS

*Dorothy Bussy, [1919], 281, p. 17.
Rainer Maria Rilke, 13.V.21, RIL, p. 154.
Willy Schuermans, 29.IX.21, SCHU, p. 23.
*Jean Schlumberger, 7.XII.21, 181.
*Rainer Maria Rilke, 19.XII.21, RIL, p. 174.
Willy Schuermans [7.II.22], SCHU, p. 35.
François Pélissier, 8.II.22, 363, p. 22.
Roger Martin du Gard, 4.XI.22, RMGI, p. 198.
André Rouveyre, [28.XI.24], ROU, p. 91
X..., 1.I.38, 229a.

"Narcisse secret"

Paul Valéry, [C.P.21.III.92], VAL, p. 154.

"Notes de voyage"

Francis Jammes, [fin d'août 1904], JAM, p. 214.

NOURRITURES TERRESTRES [LES]

Jeanne Rondeaux, [février 1894], 237, p. 307.
*Pierre Louÿs, 19.X.94, 163, p. 56.
*Marcel Drouin, [hiver 1894], 163, p. 55.
Marcel Drouin, [s.d.], 237, p. 622.
*Mme Paul Gide, 23.I.95, 237, p. 437.
*Mme Paul Gide, 31.I.95, 237, p. 457.
*Marcel Drouin, [9.XI.95], 353, p. 134.
*Marcel Drouin, [1896], 237, p. 656.
Henri Albert, [1896], 132, p. 114.
*Marcel Drouin, [janvier 1896], 163, pp. 85-86.
*Paul Valéry, 24.I.[96], VAL, p. 258.

Paul Valéry, [mai 1896], VAL, p. 265.
X..., [s.d.], 37, pp. 557-558.
Henri Albert, 4.IX.96, 229a.
Paul Valéry, [fin de septembre 1896], VAL, p. 278.
*Francis Jammes, [octobre 1896], JAM, p. 90.
*Paul Valéry, [C.P. octobre 1896], VAL, p. 282.
*Marcel Drouin, [1897], 353, p. 134.
*Mecislas Golberg, [janvier], 1897, 2.
Paul Valéry, [février 1897], VAL, p. 286.
*Marcel Drouin, [avril 1897], 348, p. 75.
*Paul Valéry, [avril 1897], VAL, p. 290.
*Eugène Rouart, 20.IV.97, 60, p. 479.
*Francis Jammes, 22.IV.97, JAM, p. 107.
Paul Valéry, 21 [mai 1897], VAL, p. 296.
*Stéphane Mallarmé, 22.V.97, 163a, p. 117.
*Francis Jammes, 27.V.97, JAM, p. 109.
*Francis Jammes, [début de juin 1897], JAM, p. 111.
Christian Beck, 3.VI.97, 164, p. 359.
Paul Valéry, [C.P.4.VI.97], VAL, p. 299.
*Francis Jammes, [juillet 1897], 163, p. 106 et JAM, p. 116.
*Francis Jammes, 4 juillet [97], JAM, p. 113.
*Edmond Jaloux, 10.VII.97, 348, p. 77.
*Francis Vielé-Griffin, [été 1897], 240, p. 107.
*André Ruysters, 31.X.97, 81, pp. 481-483.
*Marcel Drouin, [1898], 163, p. 210.
*Paul Valéry, 22.X.98, VAL, p. 339.
*Marcel Drouin, [1899], 353, p. 250.
*Marcel Drouin, [1899], 243, p. 159.
*Marcel Drouin, 29.III.99, 353, p. 177.
*Francis Jammes, 7.VII.[02], JAM, p. 197.
Francis Jammes, 6.VIII.02, JAM, p. 200.
Alfred Vallette, 1.IX.03, 9, p. 286.
Francis Jammes, 14.X.04, JAM, p. 215.
Francis Jammes, 15.II.06, JAM, p. 233.
Francis Jammes, 2.V.06, JAM, p. 236.
*Christian Beck, 2.VII.07, 165, p. 622.
*Jacques-Emile Blanche, 28.X.07, 163, pp. 19-20.
André Suarès, 1.VII.[12], SUA, p. 63.

Roger Martin du Gard, [fin janvier 1915], RMGI p. 136.

*Adrienne Monnier, 17.XII.16, 143, et 229, p. 104.

Paul Valéry, 1.XI.17, VAL, p. 457.

Paul Valéry, 5.I.18, VAL, p. 460.

*André Ruyters, 2.III.18, 360, p. 19.

*Rainer Maria Rilke, 19.XII.21, RIL. p. 175.

*François Mauriac, [1.VII.22], MAU, p. 69.

M. T'serstevens, [mai 1923], 32, p. 1.

Willy Schuermans, [juillet-août ? 1924], SCHU, p. 50.

*Jules Mouquet, 4.VI.25, 163, pp. 121-122.

*Victor Poucel, 27.XI.27, 48.

Eugène Ferrari, 15.III.28, 50.

Roger Martin du Gard, 22.XI.29, RMGI, p. 379.

[Maurice Darantière], [1930], 290a, p. 138.

*S.A. Rhodes, [1931?], 144, pp. 157-158.

Roger Martin du Gard, 1.II.31, RMGI, p, 442.

*Henri Drain, 18.VII.32, 163, p. 90.

Roger Martin du Gard, 5.V.35, RMGII, p. 28.

Roger Martin du Gard. 21.I.36, RMGII, p. 65.

*X..., 1.I.33. 229a.

Daniel Simond, 20.X.38, 360, p. 17.

Henri Thomas, 5.II.40, 234, p. 367.

*André Calas, 13.XII.40, 305, pp. 412-413.

Raymond Lacaze, 10.XI.44, 250, p. V.

Bernard Enginger, [février 1946], 175, p. 253.

*Renée Lang, 10.VI.46, 170, p. 178 et p. 179.

NOUVEAUX PRETEXTES

*M. Deherme, 19.[V.11], 16, p. 379.

Francis Jammes, 19.VI.11. JAM, p. 277.

André Rouveyre, 14.IV.24, 357, p. 32 et ROJ, p. 81.

Roger Martin du Gard, 3.VII.30, RMGI, p. 407.

Naim Kattan, 5.II.46, 324, p. XVI.

NOUVELLES NOURRITURES (LES)

Henri Massis, 25.I.24, 127, p. 554.

*Albert Thibaudet, 28.VIII.27, 243, p. 1496.

Roger Martin du Gard, 13.VIII.35, RMGII, p. 40.

Roger Martin du Gard, 18.VIII.35, RMGII, p. 42.

Roger Martin du Gard, 15.IX.35, RMGII, p. 49.

*Maurice Lime, [novembre 1935], 205, pp. 43-44.

*Maurice Lime, 20.XI.35, 205, pp. 59-60.

"Nouvelle Parade de Jean Cocteau (La)"

Jean Cocteau, 12.V.22, COC, p. 117.

Nuit de prière [Le titre définitif sera : Nuit d'Idumée].

Paul Valéry, 1.III.[91], VAL, p. 58.

NUIT D'IDUMEE (LA) [Voir : Nuit de Prière]

Paul Valéry, [février 1891], VAL, p. 50.

NUMQUID ET TU ...?

Willy Schuermans, 29.XII.21, SCHU, p. 32.

François Mauriac, 24.I.22, MAU, p. 67.

Roger Martin du Gard, 3.III.23, RMGI, p. 215.

Willy Schuermans, 3.VII.24, SCHU, p. 49.

Willy Schuermans, [juillet ou août? 1924], SCHU, p. 50.

*Charles Du Bos, 5.V.27, BOS, pp. 120-122.

*Paul Souday, 14.VII.27, 68, p. 66.

René Schwob, 31.XII.30, 188, p. 105.

*René Schwob, 18.XI.32, 138, p. 115.

OEDIPE

Roger Martin du Gard, 19.VI.29, RMGI, p. 371.

*Roger Martin du Gard, 25.VI.29, RMGI, p. 374.

Roger Martin du Gard. 9.II.30, RMGI, p. 392.

*Roger Martin du Gard, 15.VI.30, RMGI, p. 404.

*Roger Martin du Gard, 25.VII.30. RMGI. p. 414.

Arnold Bennett, 14.IX.30, BEN, p. 190.

*Roger Martin du Gard, 29.IX.30, RMGI, p. 418.

Roger Martin du Gard, 19.X.30, RMGI, p. 421.

Roger Martin du Gard, 11.XI.30, RMGI, p. 422.

Arnold Bennett, 3.I.31, BEN, p. 199.

René Schwob, 6.I.31, 168, p. 106.

*Roger Martin du Gard, [février 1931], RMGI, p. 468.

*Roger Martin du Gard, 1.II.31, RMGI, p. 441 et p. 443.

Roger Martin du Gard, 2.II.31, RMGI, p. 444.

*Roger Martin du Gard, 6.II.31, RMGI, p. 446.

*Ernst Robert Curtius, 26.XI.31, 353, p. 395.

*Ernst Robert Curtius, 22.XII.31, 353, p. 395.

*Georges Pitoeff, 22.XII.31, 249, pp. 131-132.

*Roger Martin du Gard, 12.II.32, RMGI, pp. 499-500.

Roger Martin du Gard, [février 1932], RMGI, p. 503.

Roger Martin du Gard, 13.II.32, RMGI, p. 502.

*Roger Martin du Gard, 19.II.32, RMGI, p. 509.

Eugène Dabit, 20.II.32, 214, p. 42.

Roger Martin du Gard, 22.II.32, RMGI, p. 511

Roger Martin du Gard, 17.IV.32, RMGI, p. 519.

Roger Martin du Gard, 5.V.35, RMGII, p. 28,

Roger Martin du Gard, 27.VII.49, RMGII, p. 458.

OEUVRES COMPLETES

Jacques-Emile Blanche, 8.X.32, 289, p. 760.

Jean Crès, 25.VII.33, 108, p. 5.

Roger Martin du Gard, 5.VII.34, RMGI, p. 625.

Roger Martin du Gard, 14.I.35, RMGII, p. 11.

Roger Martin du Gard, 25.IV.50, RMGII, p. 481.

OFFRANDE LYRIQUE (L')

Voir : TAGORE (Rabindranath) dans Index des noms propres

"Oscar Wilde"

Francis Jammes, [12.VI.02], JAM, p. 195.

*Berta Franzos, 2.III.03, 340, pp. 3-4.

*Stuart Mason, 9.IX.04, 12.

*Stuart Mason, 14.IX.04, 12.

*Emile Haguenin, 23.X.07, 358, p. 195..

Christian Beck, [janvier 1910], 165, p. 633.

PAGES CHOISIES

Dorothy Bussy, [1919], 281, p. 17.

Mme Emile Mayrisch, 2.V.21, 236, p. 102.

Willy Schuermans, 30.X.21, SCHU, p. 26.

Willy Schuermans, 10.XI.21, SCHU, p. 28.

"Pages de Journal"

*Roger Martin du Gard, 18.VII.32, RMGI, p. 533.

*Henri Ghéon, [octobre 1932], 76.

*Jacques-Emile Blanche, 8.X.32, 289, p. 760.

Roger Martin du Gard, 15.IV.33, RMGI, p. 562.

X..., 10.I.[36], 121, p. 301.

PAGES DE JOURNAL 1939-1942

*Roger Martin du Gard, 17.X.44, RMGII, p. 282.

*Simone Marye, 5.I.45, MAR, p. 37.

*Roger Martin du Gard, 29.IV.45, RMGII, p. 321.

Roger Martin du Gard, 12.V.45, RMGII, p. 323.

PAGES IMMORTELLES DE MONTAIGNE (LES)

*Henri Dommartin, 8.VII.39, 138, p. 333.

Voir aussi : "Préface" à Les Pages immortelles de Montaigne.

"Pages retrouvées"

Nouvelle revue française, [mai ou juin 1936], 134, p. 155.

PALUDES

*Eugène Rouart, 20.V.94, 237, p. 401.

*Mme Paul Gide, 22.V.94, 237, p. 318.

*Mme Paul Gide, 28.V.94, 237, p. 318.

*Paul Valéry, [28.V.94], VAL, pp. 204-205.

*Mme Paul Gide, 30.IX.94, 237, p. 369.

*Pierre Louÿs, 19.X.94, 163, p. 56 et 237, pp. 388-389.

*Marcel Drouin, [hiver 1894], 163, p. 55.

*Paul Valéry, 11.XI.94, VAL, p. 220.

*X..., 15.XI.94, 345, p. 2.

*Paul Valéry, [C.P. 21.XI.94], VAL, p. 222.

*Mme Paul Gide, 22.XI.94, 237, p. 389.
*Paul Valéry, 2.XII.94, VAL, p. 223.
*Mme Paul Gide, 6.XII.94, 348, p. 55.
*Paul Valéry, 6.XII.94, VAL, pp. 225-226.
*Mme Paul Gide, 11.XII.94, 237, p. 398.
*Paul Valéry, [janvier 1895], VAL, p. 230.
*Mme Paul Gide, 20.I.95, 237, p. 446.
*Mme Paul Gide, 25.I.95, 237, p. 446.
Paul Valéry, [mars 1895], VAL, p. 236.
*Francis Jammes, [mai 1895], JAM, p. 45.
Christian Beck, [août 1895], 164, p. 389.
Francis Jammes, [novembre 1895], JAM, p. 59.
*Paul Valéry, 24.I.[96], VAL, p. 258.
Henri Albert, 4.IX.96, 229a.
*Mécislas Golberg, [janvier], 1897, 2.
*Paul Valéry, 22.X.98, VAL, p. 339.
*Paul Valéry, 28.X.99, VAL, p. 352.
Maurice Beaubourg, [janvier 1900?], 216, p. 759.
*Francis Jammes, [mai 1902], JAM, p. 189.
*Francis Jammes, 6.VIII.02, JAM, p. 199.
*Edmund Gosse, 28.XI.12, GOS, p. 84.
Edmund Gosse, 18.V.13, GOS, p. 98.
Albert Mockel, 5.VII.14, 349, p. 77.
André Rouveyre, 10.VIII.28, ROU, p. 125.
*Paul Iseler, 26.XI.31, 132.
*Roger Martin du Gard, 18.VII.32, RMGI, p. 533.
*Eugène Dabit, 26.XI.32, 214, p. 43.
*Edmond Jaloux, 18.IX.41, 178, p. 297.
Raymond Lepoutre, 9.VII.46, 156.
*Albert J. Guerard, 16.V.47, 193.

"Paul Valéry"

*Roger Martin du Gard, 23.VIII.45, RMGII p. 329.

PERSÉPHONE

*Igor Stravinsky, 20.I.33, 265, p. 186.
Roger Martin du Gard, 4.II.33, RMGI, p. 546.
*Igor Stravinsky, 8.II.33, 265, pp. 187-188.
Roger Martin du Gard, 24.II.33, RMGI, p. 549.
Roger Martin du Gard, 19.VII.33, RMGI, p. 570.
*Igor Stravinsky, 8.VIII.33, 265, pp. 188-189.
*Roger Martin du Gard, 12.V.34, RMGI, pp. 612-613.
Igor Stravinsky, 28.V.34, 265, p. 191.
Roger Martin du Gard, 5.V.35, RMGII, p. 28.

PHILOCTETE

Pierre Louÿs, 19.X.94, 163, p. 56 et 237, p. 389.
*Marcel Drouin, [hiver 1894], 163, p. 55.
Henri Albert, 4.IX.96, 229a.
*Marcel Drouin, 26.III.98, 186, p. 389.
Raymond Bonheur, 15.XI.98, BON, p. 44.
*Marcel Drouin, [1899], 353, p. 250.
Maurice Denis, [1899], 238, p. 153.
*Christian Beck, [juin 1899], 164, p. 392.
*Paul Valéry, 11.VII.[99], VAL, p. 349.
*Arthur Fontaine, 17.VII.[99], 199, p. 3.
*Maurice Beaubourg, [janvier 1900?], 216, p. 761.
*Rudolf Kassner, 23.II.01, 39, p. 561.
*Arthur Fontaine, 8.VII.02, 199, p. 3.
*Francis Jammes, 14.X.04, JAM, p. 215.
*Christian Beck, 21.XII.07, 165, p. 623.
Valéry Larbaud, 12.VI.10 et [juillet 1910], 169, p. 144.
*Dorothy Bussy, [1919], 281, p. 17.
Richard Heyd, 31.X.46, 276.

"Poésies"

*Paul Valéry, [C.P.11.VI.92], VAL, p. 163.
*X..., 11.VI.92, 332, p. 148.
*Paul Valéry, 25.VII.[92], VAL, p. 167.

*Jeanne Rondeaux, [août 92], 233, p. 89.

POESIES D'ANDRE WALTER

Francis Viélé-Griffin, [mi-juillet 1892], 240, p. 105.

Maurice Denis, [août 1892], 238, p. 105.

PORTE ETROITE (LA)

*Maurice Denis, 29.VI.07, 239, pp. 64-65.
*Maurice Denis, 7.XII.07, 239, p. 88.
Christian Beck, Noël 1907, 165, p. 624.
Emile Haguenin, 13.I.08, 358, p. 203.
Charles Péguy, 15.II.08, PEG, p. 23.
*Francis Jammes, 5.IV.08, JAM, p. 251.
*Franz Blei, 23.IV.08, 353, p. 206.
*Pierre de Lanux, [2.X.08], 348, p. 110.
*Christian Beck, 12.X.08, 165, p. 627.
*Paul Claudel, 17.X.08, CLA, pp. 89-90.
Jean Schlumberger, [1909], 257, p. 6.
*Paul Claudel, 9.I.09, CLA, p. 94.
*Arthur Fontaine, 24.I.09, 199, p. 3.
*Francis Jammes, 27.I.09, JAM, p.257.
*X... 6.II.09, 265a.
*Francis Jammes, 19.II.09, JAM, p. 258.
*Paul Claudel, 24.II.[09], CLA, p. 99.
Paul Claudel, 19.IV.09, CLA, p. 101.
*Maurice Denis, [fin avril 1909], 239, pp 111-112.
*A.R. [printemps 1909], 95, pp. 419-420.
*X..., [printemps 1909], 96, pp. 420-421.
*Raymond Bonheur, 1.VI.[09], BON, pp. 100-101.
Francis Jammes, 11.VI. [09], 349, p. 65.
*Paul Claudel, 18.VI.09, CLA, pp. 103-104.
Paul Valéry, [4.VII.09], VAL, pp. 419-420.
*Edmund Gosse, 14.VII.09, GOS, pp. 46-47.
Francis Jammes, 11.VIII.09, JAM, p. 261.
*Lucien Rolmer, [octobre 1909], 139, p. 276.
*Christian Beck, 16.X.09, 165, p. 629.

*Francis Jammes, 26.X.09, JAM, pp. 261-262.
*Jules Renard, [1910], 17, p. 327.
Paul Claudel, [juin 1910], CLA, p. 144.
Paul Claudel, 22.II.11, CLA, p. 161.
*M. Deherme, 19.[V.11], 16, p. 379.
*Edmund Gosse, 11.VIII.11, GOS, p. 64.
*René Boylesve, 24.X.12, 208, p. 86.
*Paul Claudel, 8.III.14, CLA, p. 219.
*Albert Mockel, 5.VII.14, 349, p. 77.
*André Beaunier, [12.VII.14], 139, p. 436.
*Paul Souday, 6.VI.17, 365. p. 7.
*Dorothy Bussy, [1919], 281, p. 17.
*René Salomé, 23.II.20, 359, p. 167.
Arnold Bennett, 21.IV.24, BEN, p. 139.
*Roger Martin du Gard, 29.XII.25, RMGI, p. 280.
*Victor Poucel, 27.XI.27, 48.
Roger Martin du Gard, 9.II.30, RMGI, p. 391.
Roger Martin du Gard, 3.VII.30, RMGI, p. 408.
*Henri Drain, 18.VII.32, 163, p. 90.
Robert de Traz, [16.XI.32], 334, p. 474.
*René Schwob, 18.XI.32, 188, p. 115.
*Elsie Pell, 12.XII.34, 119, p. 59.
*Elsie Pell, 28.I.35, 119, p. 9.
C.-F Ramuz, 7.II.36, 352, p. 281.
*Taha Hussein, 5.VII.45, 151.
*Albert J. Guerard, 16.V.47, 193.
Roger Martin du Gard, [28.I.48], RMGII, p. 395.

"Préface" à Baudelaire, Les Fleurs du mal

Jean Cocteau, [17.IV.17], COC, p. 61.
*Paul Bourget, 12.V.17, 365, pp. 3-4.
*Paul Souday, 6.VI.17, 365, pp. 6-7.
*Joseph Conrad, 7.XI.17, 308, p. 157.

"Préface" à Choderlos de Laclos, Dangerous Acquaintances

*André Maurois, 26.VII.39, 223, p. 14.
Claude Mauriac, [29]VII.39, 197, p. 201.

"Préface" à l'Anthologie de la poésie française
   Roger Martin du Gard, 7.V.38, RMGII, p. 138.
   Saint-John Perse, 17.I.48, 288, p. 466.
   François Mauriac, 5.VII.49, MAU, p. 109.

"Préface" à Les Pages immortelles de Montaigne
   Roger Martin du Gard, 7.V.38, RMGII, p. 138.

"Préface" à Pierre Herbart, Le Chancre du Niger
   Roger Martin du Gard, 24.II.39, RMGII, p. 163.

"Préface" à Poussin
   *Roger Martin du Gard, 14.III.45, RMGII, p. 316.
   Roger Martin du Gard, 5.IV.45, RMGII, p. 318.
   Marcelle Schweitzer, 23.X.45, 369, p. 152.

"Préface" à Thomas Mann, Avertissement à l'Europe
   Roger Martin du Gard, 17.V.37, RMGII, p. 104.
   Pierre Alessandri, 11.IX.37, 176, p. 184.
   Roger Martin du Gard, 16.XI.37, RMGII, p. 125.

"Préface" au Catalogue de l'Exposition Simon Bussy
   *Roger Martin du Gard, 23.II.48, RMGII, pp. 398-399.

"Préface" au Catalogue de livres et manuscrits provenant de la bibliothèque de M. André Gide.
   *Roger Martin du Gard, 1.V.25, RMGI, p. 260.
   *Roger Martin du Gard, 6.V.25, RMGI, p. 261.

"Préface" à Yvon, L'U.R.S.S. telle qu'elle est
   Roger Martin du Gard, 13.II.40, RMGII, p. 194.

PREFACES
   Richard Heyd, 25.VI.48, 349, p. 130.

PRETEXTES
   Raymond Bonheur, 3.V.03, BON, p. 74.
   Stuart Mason, 9.IX.04, 12.
   Stuart Mason, 14.IX.04, 12.

Paul Souday, 6.VI.17, 365, p. 7.
Roger Martin du Gard, 3.VII.30, RMGI, p. 408.
Naïm Kattan, 5.II.46, 324, p. XVI.

PROCES (LE)
   Voir : KAFKA (Frantz) dans Index des noms propres.

"Promenade (La)"
   Paul Valéry, [C.P.11 juin 1891], VAL, p. 92.

PROMETHEE MAL ENCHAINE (LE)
   Paul Valéry, 25.III.[96], VAL, p. 261.
   *Eugène Rouart, novembre 1897, 82, p. 484.
   *Paul Valéry, 7.I.98, VAL, p. 303.
   *Paul Valéry, 12.I.98, VAL, p. 307.
   *Paul Valéry, 18.I.98, VAL, p. 311.
   Paul Valéry, [C.P.10.VII.98], VAL, p. 323.
   *Marcel Drouin, [1899], 353, p. 250.
   *Paul Valéry, 24.VII.[99], VAL, p. 351.
   *Albert Mockel, [août 1899], 349, p. 38.
   *Maurice Beaubourg, [janvier 1900?],21b, pp.761-762.
   *Francis Jammes, 6.VIII.02, JAM, p. 199.
   *Francis Jammes, [fin de mars 1907] JAM, p. 247.
   André Suarès, 1.VII.[12], SUA, p. 63.
   André Suarès, [été 1912], SUA, p. 66.
   *Albert Mockel, 5.VII.14, 349, p. 77.
   Adrienne Monnier, 17.XII.16, 143, et 229, p. 104.
   *Edmund Gosse, 26.X.17, GOS, p. 152.
   Dorothy Bussy, [1919]. 281, p. 17.
   Dorothy Bussy, [1919]. 281, p. 17.
   Montgomery Belgion, 22.XI.29, 67, p. 196.

PROSERPINE
   Pierre Louys, 19.X.94, 163, p. 56 et 237, p. 389.
   *Marcel Drouin, [hiver 1894], 163, p. 55.
   Henri Albert, 4.IX.96, 229a
   *Marcel Drouin, 26.III.98, 186. p. 389.
   *Marcel Drouin, 27.VI.01, 217, p. 413.

Roger Martin du Gard, 4.II.33, RMGI, p. 546.

Igor Stravinsky, 8.II.33, 265, p. 187.

"Protestation (Une)"

*Paul Valéry, [C.P.20.I.97], VAL, pp. 284-285.

*Stéphane Mallarmé, [21.I.97], 145, p. 749 et VAL, p. 285.

"Question des rapports intellectuels avec l'Allemagne (La)"

*Jacques Rivière, [février 1922], 30.

RENONCEMENT AU VOYAGE (LE)

Francis Jammes, 8.X.[03], JAM, p. 205.

Francis Jammes, [13.XII.04], JAM, p. 220.

*Francis Jammes, 15.II.06, JAM, p. 233.

RENCONTRES

Richard Heyd, 25.VI.48, 349, p. 130.

RETOUCHES A MON RETOUR DE L'U.R.S.S.

Maurice Lime, 11.II.37, 205, p. 115.

*Roger Martin du Gard, 18.II.37, RMGII, p. 92.

*Roger Martin du Gard, 8.III.37, RMGII, pp. 96-97.

*Roger Martin du Gard, 26.IV.37, RMGII, p. 101.

Roger Martin du Gard, 17.V.37, RMGII, p. 103.

Roger Martin du Gard, 27.V.37, RMGII, p. 105.

X..., 15.VI.37, 346, p. 26.

Roger Martin du Gard, 4.VII.37, RMGII, p. 107.

*Pierre Alessandri, 3.IX.37, 176, p. 179.

Jef Last, 2.X.38, 356, p. 124.

Klaus Mann, 8.II.40, 148.

Claude Mauriac, 1.IV.40, 197, p. 241.

RETOUR (LE)

Raymond Bonheur, [30.VII.99], BON, p. 49.

*Raymond Bonheur, [19.X.99], BON, p. 51.

Raymond Bonheur, [16.I.1900] BON, p. 55.

*Raymond Bonheur, 12.III.1900, BON, p. 56.

*Raymond Bonheur, [15.IV.01], BON, pp. 60-61.

*Raymond Bonheur, 30.VIII.[01], BON, pp. 66-67.

*Raymond Bonheur, 10.V.[03], BON, p. 76.

RETOUR DE L'ENFANT PRODIGUE (LE)

Christian Beck, 21.II.07, 165, p. 619.

*Paul Claudel, 14.III.[07], CLA, p. 72.

*Francis Jammes, [fin de mars 1907], JAM, p. 247.

Christian Beck, 1.IV.[07], 165, p. 620.

Paul Claudel, 20.VI.07, CLA, p. 76.

*Arthur Fontaine, 25.VI.07, JAM, p. 274.

*Christian Beck, 2.VII.07, 165, pp. 620-622.

Paul Claudel, 24.X.07, CLA, p. 78.

*Paul Claudel, 17.I.08, CLA, p. 79.

*Francis Jammes, 5.IV.08, JAM, p. 251.

Francis Jammes, 27.I.09, JAM, p. 257.

*Paul Claudel, [début de janvier 1910], CLA, pp. 114-115.

*François Mauriac, 15.IV.12, MAU, p. 61.

*Giuseppe Prezzolini, 12.IV.13, 20, p. 1058.

*Rainer Maria Rilke, [début janvier 1914], RIL, p. 80.

X..., 20.III.14, 242a.

Rainer Maria Rilke, 22.VII.14, RIL, p. 116.

*Jacques Rivière, [mai 1919], 28, p. 123.

René Schwob, 14.VIII.20, 188, p. 92.

Roger Martin du Gard, 28.I.32, RMGI, p. 493.

Rudi Pallas, 30.XI.32, 337, [p.79].

*Richard Heyd, 31.X.46, 276.

RETOUR D'U.R.S.S.

*Roger Martin du Gard, 7.IX.36, RMGII, p. 78.

*Lucien Combelle, 16.X.36, 122, et 190, p. 144.

*Vendredi, [novembre 1936], 123.

*Roger Martin du Gard, 3.XII.36, RMGII, pp. 83-84.

*Roger Martin du Gard, 10.XII.36, RMGII, p. 86.

*X..., 10.XII.36, 129.

Roger Martin du Gard, 23.XII.36, RMGII, p. 87.
*A. Gulminelli, 28.XII.36, 129.
Roger Martin du Gard, 2.I.37, RMGII, p. 89.
C.-F. Ramuz, 20.I.37, 352, p. 296.
Jean Guéhenno, 17.II.37, 129.
*Roger Martin du Gard, 26.IV.37, RMGII, p. 101.
Jean Galtier-Boissière, 25.VII.37, 342, pp. 25-26.
Roger Martin du Gard, 16.XI.37, RMGII, p. 125.
Christiane et Marcel de Coppet, 2.V.38, 310, p. 53.
Jef Last, 2.X.38, 356, p. 124.
Klaus Mann, 8.II.40, 148.
Claude Mauriac, 1.IV.40, 197, p. 241.
*Roger Martin du Gard, 19.IV.40, RMGII, p. 202.
François Mauriac, 1.XII.46, MAU, p. 106.
Umberto Campagnolo, 28.I.51, 184.

RETOUR DU TCHAD

Roger Martin du Gard, 30.III.28, RMGI, p. 338.
Edmund Gosse, 8.IV.28, GOS, p. 193.
Roger Martin du Gard, 10.IV.28, RMGI, p. 341.
*Roger Martin du Gard, 10.V.28, RMGI, p. 343.
*Louis Laloy, 14.V.28, 54, pp. 306-309.
*Roger Martin du Gard, 31.V.28, RMGI, pp. 346-348.

ROBERT

Ernst Robert Curtius, 5.IX.29, 66, [p. 7]
*Roger Martin du Gard, 9.II.30, RMGII, p. 391.
André Rouveyre, 10.IV.30, ROU, p. 129.

ROBERT ou L'INTERET GENERAL

Roger Martin du Gard, 11.IX.34, RMGI, p. 631.
*Roger Martin du Gard, 20.IX.34, RMGI, p. 634.
*Roger Martin du Gard, 19.XI.34, RMGI, p. 636.
*Roger Martin du Gard, 3.XII.34, RMGI, p. 639.
*Roger Martin du Gard, 14.I.35, RMGII, p. 9.
Roger Martin du Gard, 18.V.35, RMGII, p. 31.
*Roger Martin du Gard, 2.VI.35, RMGII, p. 32.
*Roger Martin du Gard, 18.VIII.35, RMGII, p. 42.

Roger Martin du Gard, 12.IX.35, RMGII, p. 48.
Roger Martin du Gard, 14.VI.36, RMGII, p. 74.
Richard Heyd, 31.X.46, 276.

ROI CANDAULE (LE)

*Marcel Drouin, [1899], 353, p. 250.
*Paul Valéry, 11.VII.[99], VAL, p. 349.
*Henri Ghéon, [20.VII.99], 348, p. 91.
*Francis Jammes, 21.VII.[99], JAM, p. 152.
*Paul Valéry, 24.VII.[99], VAL, p. 351.
*Raymond Bonheur, [30.VII.99], BON, p. 49.
*Edouard Ducoté, [août 1899], 282, p. 1148.
Paul Valéry, [fin de septembre 1899], VAL, p. 352.
*Paul Valéry, [C.P.28.III.01], VAL, p. 380.
Paul Valéry, [C.P. avril 1901], VAL, p. 381.
X..., 29.III.01, 242a
*Raymond Bonheur, [15.IV.01], BON, p. 61.
*Maurice Denis, [avril 1901], 233, p. 169.
Odilon Redon, [mai 1901], 263, p. 251.
*Catulle Mendès, 10.V.01, 370, No 142.
*Romain Coolus, 16.V.01, 219, No 22.
*Francis Viélé-Griffin, [juin 1901], 240, pp. 111-112.
X..., [1901], 242a.
X..., [1902], 316, p. 25.
Arthur Fontaine, 8.VII.02, 199, p. 3.
*Francis Jammes, 6.VIII.02, JAM, p. 199.
Francis Jammes, [10.IV.04], JAM, p. 210.
*Paul Claudel, 25.IX.05, CLA, p. 50.
Charles Van Lerberghe, [1906], 349, p. 59.
Francis Jammes, 15.II.06, JAM, p. 233.
*Christian Beck, 29.IV.06, 164, pp. 399-400.
*Mme Förster-Nietzsche, [1907], 290a, p. 136.
*Emile Haguenin, 23.X.07, 358, p. 198 et pp.200-201.
Paul Claudel, 24.X.07, CLA, p. 78.
*Emile Haguenin, 13.I.08, 358, p. 202.
*Paul Claudel, 17.I.08, CLA, p. 80.
Francis Vielé-Griffin, 6.II.08, 240, p. 114.

Francis Vielé Griffin, 12.II.08, 240, p. 114.
Christian Beck, 12.X.08, 165, p. 627.
*Francis Vielé-Griffin, 6.I.10, 240, p. 116.
Charles Maurras, 20.X.16, 139, p. 575.
*Dorothy Bussy, [1919], 231, p. 17.
Roger Martin du Gard, 21.VI.22, RMGI, p. 183.
*Roger Martin du Gard, 20.IX.45, RMGII, p. 331
Roger Martin du Gard, 15.II.49, RMGII, pp.440-441.
*X..., 25.XII.[?], 242a.

"Ronde de la Grenade"

Henri Albert, 4.IX.96, 229a.
*Henri Albert, [1896], 132, p. 114.
*Paul Valéry, [C.P.24.V.96], VAL, p. 269.
Francis Jammes, [début de juin 1896], JAM, p. 74.

"Saint-Exupéry"

Claude Mauriac, 3.II.45, 197, p. 266.

SAUL

*Marcel Drouin, [1896], 237, p. 656.
*Francis Jammes, [juillet 1897], JAM, p. 117.
*Paul Valéry, 7.I.98, VAL, p. 303.
*Paul Valéry, 12.I.98, VAL, p. 307.
*Marcel Drouin, 2.III.98, 186, p. 384.
*Paul Valéry, [C.P.15.III.98], VAL, p. 315.
*Marcel Drouin, 16.III.98, 217, p. 412 et p 413.
Francis Jammes, 28.III.98, JAM, p. 136.
*Marcel Drouin, 26.IIII.98, 186, p. 385 et p. 389.
*Maurice Denis, [fin mars - tout début d'avril 1898], 238, p. 142.
*Francis Jammes, 17.IV.98, JAM, p. 138.
*Paul Valéry, [C.P. mai 1898], VAL, p. 317.
*Francis Jammes, 5.V.[98], JAM, p. 142.
*Paul Valéry, [C.P. juillet 98], VAL, p. 319.
Raymond Bonheur, [4.VII.98], BON, p. 39.
*Paul Valéry, [C.P.10.VII.98], VAL, pp. 322-323.
*Paul Valéry, [C.P.27,VII.98], VAL, p. 327.
*Raymond Bonheur, [8.IX.98], BON, pp. 41-42.

*Paul Valéry, 22.X.98, VAL, pp. 338-340.
*Francis Vielé Griffin, [automne 1898-fin 1899], 240, p. 109.
*Paul Valéry, [novembre 1898], VAL, p. 342.
*Raymond Bonheur, 15.XI,98, BON, p. 44.
Maurice Beaubourg, [janvier 1900?], 216, p. 762.
*Christian Beck, 8.X.[1900], 164, p. 393.
*Francis Jammes, 6.VIII.02, JAM, pp. 199-200.
Raymond Bonheur, 3 [ou 4].V.03, BON, p, 74.
*Francis Jammes, 8.X.[03], JAM, p. 205.
*Edouard Ducoté, 8.XI.03, 282, p. 1151.
*Francis Jammes, 14.X.04, JAM, p. 215.
*Francis Jammes, 2.V.06, JAM, p. 236.
*Christian Beck, 27.II.[07], 165, p. 619.
*Emile Haguenin, 13.I.08, 358, pp. 202-203.
Christian Beck, 12.X.08, 165, p. 627.
*André Suarès, [été 1912], SUA, p. 66.
*Jean Paulhan, 15.III.19. 339, p. 75.
*Mme Emile Mayrisch, 10.III.21, 236, p. 102.
Mme Emile Mayrisch, 2.V.21, 236, p. 104.
Roger Martin du Gard, 20.VIII. 21, RMGI, p. 171.
Roger Martin du Gard, [août ou septembre 1921], RMGI, p. 173.
*Roger Martin du Gard, [17.IX.21], RMGI, p. 173.
Rainer Maria Rilke, 25.IV.22, RIL, p. 185.
Rainer Maria Rilke, 2.VI.22, RIL, p. 190.
*Jacques Copeau, 20.VI.[22], 187, pp. 266-267.
*Roger Martin du Gard, 21.VI.22, RMGI, pp. 182-183.
*François Mauriac, [1.VII.22], MAU, p. 69.
M. T'serstevens, [mai 1923], 32, p. 1.
*Victor Poucel, 27.XI.27, 48.
*François Porché, [Janvier 1928], 60, pp. 60-61.
*Eugène Ferrari, 15.III.28, 50.
Charles Du Bos, 10.IV.29, BOS, p. 179.
Roger Martin du Gard, 14.VII.31, RMGI, p. 477.
*X..., 29,I.40, 346, p. 27.
*Jean-Louis Barrault, 12.IX.42, 287, p. 12.
*X..., 25 décembre[?], 242a.

SEQUESTREE DE POITIERS (LA)
  Arnold Bennett, 4.VII.30, BEN, p. 182.

SI LE GRAIN NE MEURT
  *Edmund Gosse, 26.X.17, GOS, p. 151.
  Dorothy Bussy, [1919], 281, p. 17.
  Jacques Doucet, [C.P.2.VIII.20], 367, p. 9.
  *Willy Schuermans, 4.XI.20, SCHU, pp. 9-10.
  *Willy Schuermans, 14.XI.20, SCHU, p. 11.
  *Willy Schuermans, 2.II.21, SCHU, pp. 14-15.
  Mme Emile Maryrisch, 2.V.21, 236, p. 104.
  Roger Martin du Gard, [août ou septembre 1921], RMGI, p. 173.
  Willy Schuermans, 2.IX.21, SCHU, p. 21.
  Willy Schuermans, 9.IX.21, SCHU, p. 22.
  Willy Schuermans, 29.IX.21, SCHU, p. 23.
  Willy Schuermans, 30.IX.21, SCHU, p. 24.
  Willy Schuermans, 8.X.21, SCHU, p. 25.
  Willy, Schuermans, 30.X.21, SCHU, p. 26.
  Willy Schuermans, 19.XI.21, SCHU, p. 27.
  *Willy Schuermans, 2.XII.21, SCHU, pp. 29-30.
  *Willy Schuermans, 13.XII.21, SCHU, p. 31.
  Willy Schuermans, 9.I.22, SCHU, p. 33.
  Willy Schuermans, 30.I.22, SCHU, p. 34.
  Willy Schuermans, 21.II.22, SCHU, p. 36.
  Willy Schuermans, 1.IV.22, SCHU, p. 37.
  Roger Martin du Gard, 27.IV.23, RMGI, p. 219.
  *Edmund Gosse, 12.IX.24, GOS, p. 171.
  Edmund Gosse, 26.X.24, GOS, p. 174.
  André Rouveyre, 10.XI.24, ROU, p. 89.
  *André Rouveyre, 22.XI.24, ROU, pp. 89-90.
  Charles Du Bos, 2.VII.26, BOS, p. 105.
  *Roger Martin du Gard, 11.XII.26, RMGI, p. 303.
  *Edmund Gosse, 22.XII.26, GOS, pp. 184-185.
  *Edmund Gosse, 30.XII.26, GOS, p. 187.
  Marcel Jouhandeau, 10.I.27, JOU, p. 23.
  *Edmund Gosse, 16.I.27, GOS, p. 190.
  *Willy Schuermans, [15.II.27], SCHU, pp. 56-57.

  François Mauriac, 7.X.[27], MAU, p. 74.
  Victor Poucel, 27.XI.27, 48,
  Jacques-Emile Blanche, [1928], 289, p. 763.
  *François Porché, janvier 1928, 60, p. 61.
  Francis Vielé-Griffin, [1930], 240, p. 122.
  Thomas Mann, 13.I.30, 163, p. 178.
  *Philip Gosse, 11.III.30, GOS, p. 204.
  André Rouveyre, [24.IX.31], ROU, p. 137.
  Roger Martin du Gard, 5.VII.34, RMGI, p. 624.
  Roger Martin du Gard, 23.IX.42, RMGII, p. 270.

SOUVENIRS DE LA COUR D'ASSISES
  Arnold Bennett, 2.III.14, BEN, p. 72.
  Daniel Hirsch, 24.IV.24, 167.

SOUVENIRS LITTERAIRES ET PROBLEMES ACTUELS
  Roger Martin du Gard, 13.IV.46, RMGII, p. 343.
  *Georges Simenon, 3.IX.46, 327, p. 40.

"Stéphane Mallarmé"
  *Paul Valéry, [C.P. septembre 1898], VAL, p. 334.
  *Paul Valéry, 22.X.98, VAL, p. 338.

STRAIT IS THE GATE
  Voir : PORTE ETROITE (LA)

SYMPHONIE PASTORALE (LA)

*Jean Schlumberger, 31.V.18, 359, p. XIII et p. 3.
*Edmund Gosse, 25.VIII.18, GOS, p. 161.
*Dorothy Bussy, 18.XI.18, 283, p. 60 et 281, p. 17.
Dorothy Bussy, [1919], 281, p. 17.
Anna de Noailles, 3.II.19, 359, p. 162.
Jacques Doucet, 18.XI.19, 367, p. 7.
*André Rouveyre, 11.XII.19, ROU, p. 57.
*Raymond Bonheur, [30.XII.19], BON, p. 105.
Jean Schlumberger, [janvier 1920], 359, p. CL.
*René Salomé, 23.II.20, 359, pp. 166-167.
Jacques Doucet, 3.III.20, 367, p. 8.
Jacques Doucet, 4.VI.20, 367, p. 8.
Arnold Bennett, 24.VIII.20, BEN, p. 99.
*X..., 5.IX.20, 347b.
Joseph Conrad, 25.XI.20, 308, p. 158.
Roger Martin du Gard, 29.XII.25, RMGI, p. 280.
*Victor Poucel, 27.XI.27, 43.
Edmund Gosse, 8.IV.28, GOS, p. 193.
C.-F. Ramuz, 7.II.36, 352, p. 281.
C.-F. Ramuz, 1.III.37, 352, p. 298.
*M.H.Fayer, 16.X.45, 155, [pp. 1-2].
Edouard Gide, 21.VI.46, 359, p. 182.
*Albert J. Guerard, 16.V.47, 193.
*Elvira Cassa Salvi, 25.I.50, 330a. p. 115.
Pierre Lafille, 21.XII.50, 206.

SYMPHONIE PASTORALE [film]

Marcelle Schveitzer, 23.X.45, 369, p. 153.
*XXe siècle, [février 1946], 152.
*Jean Cocteau, 31.VII.46, COC, pp. 188-189.

TENTATIVE AMOUREUSE (LA)

*Paul Valéry, [décembre 1893], VAL, p. 194.
Albert Mockel, [juillet 1894], 349, p. 16.
Dorothy Bussy, [1919], 281, p. 17.

THEATRE COMPLET

Richard Heyd, 31.X.46, 276.
Richard Heyd, 7.IX.48, 359, p. 181.
Richard Heyd, 3.VI.49, 371a.

THESEE

Roger Martin du Gard, 24.II.39, RMGII, p. 162.
Roger Martin du Gard, 24.IV.39, RMGII, p. 168.
*X..., [1944], 182, p. 16.
*Roger Martin du Gard, 21.IX.44, RMGII, p. 281.
Roger Martin du Gard, 17.X.44, RMGII, p. 281.
*Georges Simenon, 11.XII.44, 327, p. 37.
Roger Martin du Gard, 29.I.45, RMGII, p. 302.
*Jean Paulhan, 27.III.45, 339, p. 79.
Marie Delcourt, 6.VII.45, 349, p. 123.
Jean Cocteau, 31.VII.46, COC, p. 189.
Georges Simenon, 3.IX.46, 327, p. 40.
*Rolf Bongs, 14.I.47, 211, [p. 53].
Saint-John Perse, 17.I.48, 283, p. 466.
Richard Heyd, 23.III.48, 286, p. 2.
Jean Paulhan, [1949], 339, p. 79.

"Traité des Dioscures"

*André Rouveyre, 11.IV.28, ROU, pp. 108-109.

TRAITE DU NARCISSE (LE)

Paul Valéry, [C.P.23 juin 1891], VAL, p. 100.
*Paul Valéry, [9.VII.91], VAL, p. 109.
*Paul Valéry, [3.XI.91], VAL, p. 134.
*Paul Valéry, [15.XI.91], VAL, p. 137.
*Paul Valéry, [décembre 1891], VAL, p. 141.
*Paul Valéry, [5.V.92], VAL, p. 161.
*Madeleine Rondeaux, 17.VI.92, 237, p. 97.
Jeanne Rondeaux, [août 1892], 233, p. 89.
Maurice Denis, [août 1892], 233, p. 105.
*Francis Jammes, 19.I.[96], JAM, p. 63.

Victor Poucel, 27.XI.27, 49, p. 41.

*Elsie Pell, 26.I.35, 119, pp. 24-25.

Thierry Maulnier, [juillet 1935], 120, p. 200.

TREIZIEME ARBRE

*Roger Martin du Gard, 14.I.35, RMGII, pp. 9-10.

*Roger Martin du Gard, 5.V.35, RMGII, p. 28.

Roger Martin du Gard, 18.V.35, RMGII, p. 31.

TYPHON

Voir : CONRAD (Joseph) dans : Index des noms propres.

"Valentin Knox"

Marcel Drouin, [1896], 237, p. 656.

VOYAGE AU CONGO

Roger Martin du Gard, 29.XII.25, RMGI, p. 280.

Edmund Gosse, 27.VII.26, GOS, p. 179.

*Roger Martin du Gard, 29.X.26, RMGI, p. 298.

Roger Martin du Gard, 3.XII.26, RMGI, p. 301.

*Eugène Rouart, 21.I.27, 274a.

*Roger Martin du Gard, 8.V.27, RMGI, p. 308.

André Rouveyre, 26.VI.27, ROU, p. 93.

Roger Martin du Gard, 30.VI.27, RMGI, p. 312.

*Léon Blum, [juillet 1927], 45.

*M. de Nalèche, 8.II.28, 57.

*Roger Martin du Gard, 16.II.28, RMGI, pp. 333-334.

Edmund Gosse, 8.IV.28, GOS, p. 193.

*Roger Martin du Gard, 10.V.28, RMGI, p. 343.

Saint-John Perse, 17.IV.30, 288, p. 795.

Jean Guéhenno, [fin octobre 1930], 176, p. 14.

*Roger Martin du Gard, 12.III.31, RMGI, p. 460.

François Mauriac, 14.VII.31, MAU, p. 84.

*Jean Schlumberger, 1.III.35, 110.

*X..., 10.I.[36], 121, p. 302.

* Roger Martin du Gard, 10.XII.36, RMGII, p. 86.

"Voyage au Spitzberg"

*Mme Paul Gide, 30.III.92, 237, p. 163.

*Paul Valéry, 25.VII.[92], VAL, p. 167.

*Paul Valéry, [septembre 1892], VAL, p. 172.

*Paul Valéry, [C.P.18.X.92], VAL, p. 175.

VOYAGE D'URIEN (LE)

*Pierre Louys, 30.VII.92, 237, p. 194.

*Maurice Denis, [août 1892], 238, pp. 104-105.

*Paul Valéry, [août 1892], VAL, p. 169.

*Pierre Louys, 2.VIII.92, 237, p. 195.

*Maurice Denis, [juin 1893], 238, pp. 108-139.

*Francis Jammes, [fin 1894], JAM, p. 37.

Henri Albert, 4.IX.96, 229a.

*Mécislas Golberg, [janvier], 1897, 2.

*Maurice Beaubourg, [janvier 1900?], 216.

*Georges Eekhoud, [2.IV.1900], 349, p. 44.

Madeleine Gide, 6.VIII.03, 338, p. 73.

Adrienne Monnier, 17.XII.16, 143 et 229, p. 104.

*Renée Lang, 10.VI.46, 170, p. 179.

*Pierre Lafille, 21.XII.50, 206.

"Voyage en littérature anglaise"

Roger Martin du Gard, 7.V.38, RMGII, p. 138.

INDEX DES PRINCIPAUX THEMES

ACTE MORAL

*Marcel Drouin, 10.V.94, 163, pp. 66-67.

ADMIRATION

*X..., 25.V.92, 77, p. 545.

AFFAIRE DREYFUS

*X..., [1898], 86, pp. 492-493.
*E.R. [1898], 85, pp. 491-492.
Paul Valéry, 18.I.98, VAL, p. 310.
*E.R., 24.I.98, 83, pp. 485-489.
*Francis Jammes, [avril 1898], JAM, p. 139.
*E... R..., 11. IX.98, 84, pp. 489-490.
*Edmond Jaloux, [avril 1928], 51, p. 3.
Roger Martin du Gard, 18.II.31, RMG1, p. 448.
Potemkine, 29.VI.35, 176, p. 99.
*Roger Martin du Gard, 3.VII.35, RMGII, p. 36.
Roger Martin du Gard, 8.X.35, RMGII, p. 51.

AFFECTION

Albert Démarest, [novembre 1893], 237, p. 294.
*Mme Paul Gide, 31.X.94, 237, pp. 392-393.
Paul Valéry, [Janvier 1895], VAL., p. 230.
Maxime de Langenhagen, [23.11.95], 252, p. 553.
Paul Valéry, [24.V.96], VAL., p. 269-270.

AGNOSTICISME

Roger Martin du Gard, [X] 49, RMGII, p. 462.

ALCOOLISME

*Paul Valéry, [mai 1896], VAL., p. 265.

ALEXANDRIN

Paul Valéry, [C.P. 28.VIII.91], VAL., p. 121.

ALLEGRESSE

*Marcel Drouin, 18.III.93, 163, p. 45.
Voir aussi : FERVEUR
JOIE DE VIVRE

ALLEMAND

*Jacques Rivière, [mai?] 19, 28, pp. 121-125.
*Jean Guéhenno, [nov.] 29, 61, p. 589.
Voir aussi : GERMANISME
LANGUE ALLEMANDE
LITTERATURE ALLEMANDE

AMBITION

Paul Valéry, [C.P.21.III.91], VAL., p. 70.

AMITIE

*Jeanne Rondeaux, 23.XI.90, 232, p. 471.
*Paul Valéry, [C.P.21.III.91], VAL., p. 69.
*Paul Valéry, [C.P.17.VI.91], VAL., p. 96; p.98.
*Maurice Quillot, [Juillet 1891], 237, p. 68.
*Paul Valéry, [C.P.9.VII.91], VAL., pp. 107-108.
*Paul Valéry, 14 et 15.VII.[91], VAL., pp. 110-111.
*Paul Valéry, 7.X.91, VAL., pp. 131-132.
*Paul Valéry, [3.XI.91], VAL., p. 134.
Paul Valéry, [début de 1892], VAL., p. 144.
*Pierre Louys, 16.VII.92, 237, p. 175.
*Pierre Louys, 19.VII.92, 237, p. 175.
Maurice Quillot, 19.VII.92, 237, p. 552.
Paul Valéry, 25.VII.[92], VAL., p. 167.
*Pierre Louys, 14.X.92, 237, pp. 180-181.
*Paul Valéry, [mars 1894], VAL., pp. 200-201.
*X..., [septembre 1894], 237, pp. 175-176 et p. 552.
Paul Valéry, [3.IX.94], VAL., p. 213.
Mme Paul Gide, [22.IX.94], 359, pp. 145-146.

*Paul Valéry, 11.XI.94, VAL., p. 219.

*A.-Ferdinand Herold, 21.XII.94, 258, p. 53.

Francis Jammes, [fin de l'année 1894], JAM., p. 37.

Christian Beck, [1895], 164, p. 388.

Paul Valéry, [janvier 1895], VAL., pp. 230-231.

Paul Valéry, [27.I.95], VAL., p. 231.

Mme Paul Gide, 30.I.95, 237, pp. 451-452.

Maxime de Langenhagen, [23.II.95], 252, p. 553.

*Paul Valéry, [mars 1895], VAL., pp. 233-235.

Mme Paul Gide, 14.III.95, 237, p. 471.

Paul Valéry, [mai 1895], VAL., p. 238.

Francis Jammes, [juin 1895], JAM., p. 47.

*Francis Jammes, 23.X.95, JAM., p. 55.

*Francis Jammes, [novembre 1895], JAM., p. 59.

Maurice Maeterlinck, [1896?], 271., p. 28.

Henri Albert, [1896], 132, p. 115.

*Paul Valéry, 24.I.[96], VAL., p. 257.

Francis Jammes, [fin de février 1896], JAM., p. 67.

Francis Jammes, 23.VIII.96, JAM., p. 83.

Francis Jammes, [début de février 1897], JAM., p. 100.

E.R., 20.IV.97, 80, p. 479.

André Fontainas, 28.IV.97, 349, p. 28.

*Francis Jammes, 4.VII.[97], JAM., p. 113.

*Francis Jammes, [juillet 97], JAM., p. 117.

*Francis Jammes, 1.XII.97, JAM, pp. 129-130.

Francis Jammes, [fin de janvier 1898], JAM., p. 134.

*Francis Jammes, 17.IV.98, JAM., p. 137.

*Francis Jammes, 5.V.[98], JAM., p. 142.

Raymond Bonheur, [5.XII.98], BON., p. 46.

Francis Jammes, [avril 99], JAM., p. 150.

Paul Valéry, 19.X.99, VAL., p. 357.

Raymond Bonheur, [24.VIII.1900], BON, p. 59.

Paul Valéry, 15.X.1900, VAL., p. 372.

Paul Valéry, 21.X.1900, VAL., p. 375.

Raymond Bonheur, [20.VI.01], BON., p. 62.

Francis Jammes, [novembre 1901], JAM., p. 178.

*Francis Jammes, [10.III.04], JAM., p. 210.

Francis Jammes, 7.V.06, JAM., p. 237.

Francis Jammes, 19.VIII.96, JAM., p. 239.

*André Suarès, [14.XII.08], SUA., p. 30.

Francis Vielé-Griffin, 8 ou 9.I.10, 240, p.118.

*Mme Philippe, I.III.10, 272, pp. 141-142 et 220, p. 71.

*André Suarès, 6.XI.10, SUA., p. 46.

*André Suarès, 10.II.11, SUA., p. 52.

Arthur Fontaine, 26.II.11, JAM., pp. 313-314.

*Paul Claudel, 7.I.12, CLA., p. 189.

Paul Valéry, 19.VII.[12], VAL., p. 425.

Valéry Larbaud, 1.IX.13, 169., p. 232.

Roger Martin du Gard, 6.I.14, RMGI., pp. 127-128.

*Paul Claudel, 7.III.14, CLA., pp. 217-218.

Paul Claudel 16.III.14, CLA., p. 223.

*Francis Jammes, [fin de mars 1914], CLA., pp. 230-231.

Romain Rolland, 11.I.16, RIL., p. 127.

*Roger Martin du Gard, 27.II.16, RMGI., p. 137.

*Raymond Bonheur, 8.IX.16, BON., p. 104.

*Darius Milhaud, 28.X.16, 312.

Dorothy Bussy, [1919], 281, p. 17.

Dorothy Bussy, [1919], 281, p. 17.

Jean Cocteau, [6.V.19], COC., p. 83.

Rainer Maria Rilke, 13.V.21, RIL., p. 154.

*Joseph Conrad, 22.VII.21, 308., p. 161.

Roger Martin du Gard, 20.VIII.21, RMGI., p. 171.

*Roger Martin du Gard, [octobre 1922], RMGI., p. 197.

Charles Du Bos, 4.XI.22, BOS., p. 48.

Joseph Conrad, 26.XII.22, 308., p. 165.

André Rouveyre, 9.VI.23, ROU., p. 63.

Francis Vielé-Griffin, 15.VI.23, 240, p. 122.

Willy Schuermans, 10.XII.23, SCHU., p.47.

*Arnold Bennett, 29.I.24, BEN., p. 131.

*Paul Valéry, [25.X.24], VAL., p. 497.

Hélène Martin du Gard, 26.XII.24, RMGI, p. 668.

*Paul Souday, 13.IV.25, 33., pp. 60-61.

Paul Claudel, [mai 1925], CLA., p. 242.

*Roger Martin du Gard, 9.VI.25, RMGI, p. 268.

*Raymond Bonheur, 25.XI.25, BON., pp. 106-107.

Roger Martin du Gard, 3.VI.26, RMGI, p. 287.

Paul Claudel, 15.VI.26, CLA., p. 244.

Charles Du Bos, 5.V.27, BOS., p. 120.

*Eugène Dabit, 23.XI.27, 214, p. 33.

*[Librairie Stock], [1928], 289, pp. 763-764.

*André Rouveyre, [mai 1928], ROU., p. 113.

*Charles Du Bos, 14.VI.28, BOS., p. 137.

André Rouveyre, 17.VI.28, ROU., p. 115.

*Charles Du Bos, 28.IX.28, BOS., pp. 147-148.

*François Mauriac, 4.II.29, MAU., p. 79.

Roger Martin du Gard, 25.IX.29, RMGI, p. 376.

Roger Martin du Gard, [22.XII.29], RMGI, p. 384.

*Eugène Dabit, 5.I.30, 214, p. 39.

*Roger Martin du Gard, 1.II.31, RMGI, pp. 440-441.

Roger Martin du Gard, 6.II.31, RMGI, p. 446.

*Jacques-Emile Blanche, [1932?], 289, p. 764.

René Schwob, 15.IV.32, 188, p. 113.

François Mauriac, 11.VIII.33, MAU., p. 87.

Roger Martin du Gard, 10.VII.34, RMGI., p. 626.

Roger Martin du Gard, 28.VI.35, RMGII, p. 35.

Roger Martin du Gard, 23.X.36, RMGII, p. 80.

*Roger Martin du Gard, 23.IV.38, RMGII, p. 135.

Claude Mauriac, 16.IX.39, 197, p. 235.

Claude Mauriac, [26.IX.39], 197, p. 236.

François Mauriac, 9.I.40, MAU, p. 98.

Claude Mauriac, 8.II.40, 197, p. 239.

Roger Martin du Gard, 13.II.40, RMGII, p. 194.

Claude Mauriac, 12.III.40, 197, p. 241.

Claude Mauriac, 27.IV.40, 197, p. 247.

Claude Mauriac, 14.VIII.40, 197, p. 251.

Roger Martin du Gard, 18.I.41, RMGII, p. 226.

*Paul Valéry, 21.VIII.41, VAL., pp. 523-524.

*Roger Martin du Gard, 18.IX.41, RMGII, p. 236.

Roger Martin du Gard, 24.V.42, RMGII, p. 248.

Roger Martin du Gard, 8.II.46, RMGII, p. 337.

André Rouveyre, 15.VII.46, ROU, p. 159.

Roger Martin du Gard, 17.X.46, RMGII, p. 356.

François Mauriac, 1.XII.46, MAU., pp. 106-107.

*Paul Léautaud, 24.XII.46, 357, pp. 38-39.

Pierre de Massot, 23.XII.47, 317, p. 76.

Saint-John Perse, 17.I.48, 288, p. 465.

Roger Martin du Gard, 9. XII.49, RMGII, p. 470.

Natalie Barney, 12.XII.50, 278, p. 155.

AMOUR

*Paul Valéry, [C.P.9.VII.91], VAL., p. 108.

*Paul Valéry, 14 et 15.VII.[91], VAL., p. 111.

Paul Valéry, 31.VII.91, VAL., p. 114.

Paul Valéry, [8.VIII.91], VAL., p. 115.

Paul Valéry, [début d'août 1891], VAL., p. 118.

*Paul Valéry, [3.XI.91], VAL., pp. 133-134.

*Albert Démarest, [janvier 1892], 237, p. 146.

*Paul Valéry, [C.P.11.VI.92], VAL., p. 162.

*Madeleine Rondeaux, [octobre 1892], 233, pp. 86-88.

*Madeleine Rondeaux, [novembre 1892], 233, pp. 81-85.

Marcel Drouin, 18.III.93, 163, p. 45.

Paul Valéry, [24.VIII.93], p. 185.

*Albert Démarest, [novembre 1893], 237, p. 295.

Mme Paul Gide, 12.V.94, 237, p. 324.

*Mme Paul Gide, 18.X.94, 237, p. 391-392.

*Mme Paul Gide, 31.X.94, 237, pp. 392-393.

*Mme Paul Gide, 19.I.95, 237, pp. 433-434.

*Mme Paul Gide, 5.IV.95, 237, pp. 493-494.

Paul Valéry, [mai 1895], VAL., p. 237.

*Albert Desmarest, 19.VIII.95, 233, pp. 120-121.

*Jeanne Rondeaux, [octobre 95], 237, p. 557.

Francis Jammes, août [47], JAM, p. 120.

Jacques-Émile Blanche, 12.VII.02, 289, p. 758.

*Marcel Drouin, 29.VI.07, 139, p. 250.

Maurice Denis, 7.XII.07, 239, p. 87.

*A.R., [printemps 1909], 95, p. 420.

*Paul Claudel, 7.III.14, CLA, p. 217.

*Paul Claudel, 16.III.14, CLA, p. 224.

*François Le Grix, 10.III.23, 58, p. 9.

*François Porché, [janvier 1928], 60, pp. 64-65.

André Rouveyre, [mai 1928], ROU, p. 113.

ANARCHISME

Arthur Fontaine, 8.VII.02, 199, p. 3.

ANGOISSE

*Marcel Drouin, [1896], 237, p. 656.

ANIMAUX

*Francis Jammes, [début de juillet 1896], JAM, pp. 77-78.

Francis Jammes, 2.VIII.96, JAM, p. 80.

Francis Jammes, 18.VIII.96, JAM, pp. 81-82.

*Christian Beck, [novembre 1909], 165, p. 630.

Francis Jammes, 19.VI.11, JAM, p. 277.

André Rouveyre, 30.XI.23, ROU, p. 77.

Roger Martin du Gard, 10.X.49, RMGII, p. 466.

ANTICLERICALISME

*Jules Renard, [1910], 17, pp. 134-135.

ANTIFASCISME

Roger Martin du Gard, 4.IX.37, RMGII, p. 116.

ANXIETE

Jeanne Rondeaux, [novembre 1892], 237, p. 187.

APATHIE

Marcel Drouin, 6.I.94, 353, p. 105.

APHASIE

Paul Valéry, 25.III.[96], VAL, p. 261.

ARABES

*Mme Paul Gide, 5.IV.95, 237, p. 493.

Edouard Ducoté, [février 1900], 282, p. 1146.

*Taha Hussein, 5.VII.45, 151, p. 129.

ARBORICULTURE

Christian Beck, 19.V.06, 164, p. 401.

ARCHITECTURE

Mme Paul Gide, 30.IV.94, 237, pp. 322-323.

Mme Paul Gide, 4.V.94, 237, pp. 321-322.

*Marcel Drouin, 11.II.96, 355, pp. 614-615.

*Marcel Drouin, 16.III.98, 217, pp. 411-412.

*Marcel Drouin, 26.III.98, 186, pp. 385-390.

*Maurice Denis, [fin mars-tout début d'avril 1898], 238, p. 142.

ARGENT

Mme Paul Gide, 30.V.90, 232, p. 453.

*Christian Beck, 11.XI.09, 215a, pp. 13-14.

Voir aussi : DEPENSES

ARMISTICE

*Dorothy Bussy, [19.XI.18], 281, p. 17.

ART

Paul Valéry, [C.P.23.VI.91], VAL, p. 99.

Paul Valéry, [C.P.9.VII.91] VAL, p. 108.

*Mme Paul Gide, 24.III.92, 237, p. 163.

*Marcel Drouin, [1893], 353, p. 180.

*Marcel Drouin, 30.III.98, 163, pp. 62-63.
Marcel Drouin, 4.XI.1900, 88, p. 559.
Rudolf Kassner, 28.II.01, 89, p. 560.
*Marcel Drouin, 27.VI.01, 217, p. 413.
Paul Claudel, [8.XII.05], CLA, p. 58.
*Christian Beck, 2.VII.07, 165, pp. 620-621.
*Paul Souday, [février 1913], 68, p. 64.
*Jacques Doucet, [janvier 1918], 163, p. 21.
*Jean Cocteau, [mai ?], 19, COC, pp. 80-81.
*François Le Grix, 10.III.23, 58, pp. 7-9.
*Charles Du Bos, 5.V.27, BOS, pp. 121-122.
*Victor Poucel, 27.XI.27, 48.
*Roger Martin du Gard, 2.VI.30, RMGI, p. 400.
*Roger Martin du Gard, 27.III.31, RMGI, p. 471.
*X..., 2.IV.33, 225, p. 65.

ART GREC

Marcel Drouin, 26.III.98, 186, p. 386.

ARTISTE

*Mme Paul Gide, [novembre 1894], 237, pp. 641-642.
*André Rouveyre, 11.IV.98, ROU, pp. 108-109.

AUTOBIOGRAPHIE

Mme Paul Gide, 17.X.94, 237, pp. 387-388.
Ecole alsacienne, 2.XI.24, 35, p. 91.

AUTO-CRITIQUE

*Mme Paul Gide, 25.III.92, 237, pp. 167-169.
*Paul Valéry, [C.P.26.IV.92], VAL, p. 156.
*Mme Paul Gide, 17.V.92, 237, p. 35.
*Mme Paul Gide, 27.V.92, 237, p. 34.
*Marcel Drouin, 18.III.93, 163, pp. 44-46.
*Jeanne Rondeaux, 23.XI.93, 237, pp. 296-297.
*Jeanne Rondeaux, [hiver 1893], 232, p. 322.
*Marcel Drouin, 10.V.94, 163, pp. 65-68.

*Jeanne Rondeaux, [juillet 1894], 237, pp. 342-343.
*Mme Paul Gide, 8.VII.94, 237, pp. 341-342.
*Paul Valéry, 16.VII.94, VAL., p. 211.
*Mme Paul Gide, 18 et 23.IX.94, 237, p. 361.
*Mme Paul Gide, 30.IX.94, 237, pp. 368-369.
Madeleine Rondeaux, 1.X.94, 237, p. 370.
*Mme Paul Gide, 17.X.94, 237, pp. 387-388.
*Pierre Louÿs, 19.X.94, 237, pp. 388-389.
*Mme Paul Gide, 31.X.94, 237, pp. 392-393.
*Paul Valéry, 11.XI.94, VAL, p. 219.
*Mme Paul Gide, 29.XI.94, 237, p. 385.
*Marcel Drouin, 5.XII.[94], 163, p. 69.
*Christian Beck, [1895], 164, p. 388.
*Mme Paul Gide, 23.I.95, 237, p. 437.
*Mme Paul Gide, 24.I.95, 237, p. 438.
*Mme Paul Gide, 28.I.95, 237, p. 439.
*Mme Paul Gide 2.II.95, 237, pp. 458-460.
*Mme Paul Gide, 19.II.95, 237, p. 467.
*Mme Paul Gide, 6.III.95, 237, pp. 469-470.
Emile Verhaeren, 10.III.95, VER., p. 46.
*Mme Paul Gide, 15.III.95, 237, pp. 473-475.
*Mme Paul Gide, 17.III.95, 237, pp. 476-477.
*X..., 3.IV.95, 237, pp. 482-485.
*Mme Paul Gide, 5.IV.95, 237, pp. 493-494.
*Paul Valéry, [mai 1895], VAL., p. 237.
*Marcel Drouin, 28.III.[98], 353, p. 183.
*Francis Jammes, 22.IV.97, JAM., p. 107.
*Francis Jammes, 4.VII.[97], JAM., p. 113.
*Francis Jammes, août [97], JAM., p. 120.
*A.R., 31.X.97, 81, pp. 481-483.
*E.R., [novembre 1897], 82, pp. 484-485.
*Francis Jammes, 1.XII.97, JAM., p. 130.
*Marcel Drouin, [1898], 163, p. 210.
*Marcel Drouin, 30.III.98, 163, pp. 61-63.
Paul Valéry, [10.VII.98], VAL., p. 323.
*Paul Valéry, [27.VII.98], VAL., p. 327.

*Raymond Bonheur, [8.IX.98], BON., p. 183.

*Paul Valéry, 22.X.98, VAL., pp. 338-339.

Marcel Drouin, 10.III.99, 353, p. 181.

*Marcel Drouin, 29.III.99, 353, p. 177.

*Arthur Fontaine, 17.VII[99], 199, p. 3.

*Raymond Bonheur, 24.X.[99], BON, p. 52.

*Maurice Beaubourg, [janvier 1900?], 216, pp. 759-762.

*Maurice Beaubourg, 1.IX.[1900], 216, pp. 765-766.

*Francis Jammes, 14.X.[1900], JAM., p. 169.

*Rudolf Kassner, 28.II.01, 89, pp. 560-561.

Raymond Bonheur, 6.II.02, BON., p. 68.

*Francis Jammes, [mai 1902], JAM., pp. 188-189.

*Christian Beck, 23.VI.[02], 164, p. 397.

*Francis Jammes, 6.VIII.02, JAM., pp. 199-200.

Berta Franzos, 2.III.03, 340, p. 4.

*Raymond Bonheur, 7.X.03, BON., pp. 84-85.

*Jean Schlumberger, [décembre 1903], 179, p. 154.

*Francis Jammes, [10.III.04], JAM., pp. 209-210.

*Francis Jammes, 18.X.04, JAM., p. 218.

Raymond Bonheur, 1.II.[05], BON., p. 91.

*Francis Jammes, 27.VII.[05], JAM., p. 228.

Paul Claudel, [8.XII.05], CLA., pp. 58-59.

*Francis Jammes, [26.IV.06], JAM., p. 234.

*Francis Jammes, 2.V.06, JAM., p. 236.

*Francis Jammes, 16.V.06, JAM., p. 238.

Francis Jammes, [fin d'août 1906], JAM., p. 242.

*Emile Haguenin, 23.X.07, 358, pp. 198-201.

*Paul Claudel, 17.X.08, CLA., p. 90.

*Arthur Fontaine, 24.I.09, 199, p. 3.

André Suarès, 18.VI.12, SUA., p. 61.

*Paul Souday, [février 1913], 68, p. 64.

*Francis Jammes, [fin de mars 1914], CLA., pp. 230-231.

*Raymond Bonheur, 8.IX.16, BON., p. 104.

*Charles Maurras, 20.X.16, 139, pp. 574-575.

Darius Milhaud, 28.X.16, 312.

*Paul Souday, 6.VI.17, 68, p. 65; 365, pp. 7-8.

*Dorothy Bussy, [1918], 281, p. 17.

*Dorothy Bussy, [1919], 281, p. 17.

*Maurice Denis, 28.VI.19, 239, pp. 213-214.

*Roger Martin du Gard, 17.VII.20 RMGI, pp. 151-152.

*Arnold Bennett, 31.VIII.20, BEN., pp. 101-102.

*Roger Martin du Gard, [octobre 1920], RMGI, p. 160.

Mme Emile Mayrisch, 2.V.21, 236, p. 102.

*Roger Martin du Gard, [12.IX.22], RMGI, p. 191.

*Paul Valéry, [octobre 1922], VAL., pp. 490-491.

*François Le Grix, 10.III.23, 58, pp. 7-9.

*André Rouveyre, 22.XI.24, ROU, pp. 89-90.

René Schwob, 13.XII.24, 188, p. 100.

*Hélène Martin du Gard, 26.XII.24, RMGI, p. 665.

Roger Martin du Gard, 9.VI.25, RMGI, pp. 267-268.

*Charles Du Bos, 30.VIII.25, BOS, pp. 90-91.

*Raymond Bonheur, 25.XI.25, BON, pp. 106-107.

*Roger Martin du Gard, [novembre 26], RMGI, p. 300.

*André Rouveyre, 11.IV.28, ROU, pp. 108-110.

*X..., 17.VII.28, 163, p. 184.

*Charles Du Bos, 5.X.28, BOS., p. 161.

*Roger Martin du Gard, 25.VI.29, RMGI, p. 374.

*Eugène Dabit, 4.IX.29, 214, p. 36.

*René Schwob, 6.I.31, 188, p. 106.

*Roger Martin du Gard, [février 31], RMGI, pp. 468-469.

*Roger Martin du Gard, 1.II.31, RMGI, pp. 440-443.

*Adrienne Monnier, 24.IV.31, 229, pp. 105-106.

*Jacques-Emile Blanche, [1932], 289, p. 764.

*Roger Martin du Gard, 1.X.32, RMGI, p. 540.

*Ramon Fernandez, [juin 1933], 111, pp. 46-47.

*X..., [1934], 241, p. 8.

*Jean Schlumberger, 1.III.35, 110, pp. 946-948.

*Roger Martin du Gard, 5.V.35, RMGII, p. 28.

Club de la Jeunesse du VIIe arrondissement, 5.I.37, 129.

*Roger Martin du Gard, [21.VIII.38], RMGII, pp. 147-148.

*Roger Martin du Gard, 24.II.39, RMGI, p. 163.

André Maurois, 26.VII.39, 223, p. 14.

*Roger Martin du Gard, 13.II.40, RMGII, pp. 194-195.

*Roger Martin du Gard, 24.I.41, RMGII, p. 231.

*Roger Martin du Gard, 18.IX.41, RMGII, p. 236.

*Roger Martin du Gard, août 42, RMGII, p. 259.

Georges Simenon, 11.XII.44, 327, p. 37.

*Roger Martin du Gard, 23.II.47, RMGII, p. 364.

*Roger Martin du Gard, 18.VIII.47, RMGII, p. 378.

*Figaro, [novembre 47], 159.

*Figaro, décembre 47, 160.

*Roger Martin du Gard, 26.XI.50, RMGII, pp. 501-502.

Voir aussi : GIDE, CRITIQUE DE SON OEUVRE

AUTRUI

*Mme Paul Gide, 25.III.92, 237, p. 167.

AVENIR

Pierre Louÿs, 7.VII.90, 97, p. 8.

*Jeanne Rondeaux, 23.XI.90, 232, p. 472.

Paul Valéry, 1.III.[91], VAL., p. 58.

Paul Valéry, [24.VIII.93], VAL., p. 184.

Mme Paul Gide, 19.I.95, 237, p. 433.

Albert Desmarest, [juin 1895], 233, p. 114.

*Albert Desmarest, 19.VIII.95, 233, pp. 120-121.

*Roger Martin du Gard, 23.VIII.45, RMGII, p. 330.

BANAL

*Roger Martin du Gard, 28.IX.28, RMGII, pp. 354-355.

*Roger Martin du Gard, 2.X.28, RMGI, pp. 357-358.

*Roger Martin du Gard, 12.III.31, RMGI, p. 460.

BEATIFICATION

*Mme Paul Gide, 16.IV.94, 237, p. 321.

BEAUTE

*Mme Paul Gide, 30.IV.94, 237, p. 322.

Mme Paul Gide, 23.V.94, 237, p. 325.

Mme Paul Gide, 7.VII.94, 237, p. 341.

Paul Valéry, [avril 1897], VAL., p. 289.

*Francis Jammes, 28.VIII.97, JAM., p. 300.

*Edouard Ducoté, 8.XI.03, 282, p. 1151.

BOLCHEVISME

Roger Martin du Gard, 15.II.45, RMGII, p. 315.

BONHEUR

Paul Valéry, [septembre 1891], VAL., p. 130.

*Madeleine Rondeaux, [novembre 1892], 233, pp. 84-85.

Mme Paul Gide, 29.V.93, 237, p. 227.

*Maurice Denis, [juin 1893], 238, p. 108.

Mme Paul Gide, 27.X.93, 237, p. 288.

*Marcel Drouin, 6.I.94, 353, p. 105.

*Mme Paul Gide, 9.VI.94, 237, p. 328.

*Mme Paul Gide, 7.VII.94, 237, p. 341.

*Mme Paul Gide, 8.VII.94, 237, p. 342.

Paul Valéry, 16.VII.94, VAL., p. 211.

Mme Paul Gide, 17.X.94, 237, p. 373.

Mme Paul Gide, 18.X.94, 237, p. 392.

*Paul Valéry, 11.XI.94, VAL., p. 220.

Mme Paul Gide, 6.XII.94, 237, p. 396.

Mme Paul Gide, 11.XII.94, 237, p. 397.

*Mme Paul Gide, 19.I.95, 237, p. 434.

Paul Valéry, [mai 1895], VAL., p. 238.

Albert Desmarest, [juin 1895], 237, p. 510.

*Albert Desmarest, [juin ou juillet 1895], 237, p. 509.

Albert Desmarest, 19.VIII.95, 233, p. 121.

*Paul Valéry, [29.VIII.95], VAL., pp. 273-274.

*E.R. 20.IV.97, 80, p. 481.

E.R. [novembre 97], 82, p. 483.

*Francis Jammes, 2.V.06, JAM, p. 236.

*Dorothy Bussy, [1919], 281, p. 17.

BOTANIQUE

Francis Jammes, 12.IV.02, JAM., p. 184.

Roger Martin du Gard, 19.IV.40, RMGII, p. 202.

Gabriel Audisio, 5.XII.40, 142, p. 554.

   Voir aussi : HORTICULTURE

BOURGEOISIE

Mme Paul Gide, 25.IV.94, 237, p. 323.

*Montgomery Belgion, 22.XI.29, 67, pp. 196-197.

*Roger Martin du Gard, 14.I.35, RMGII, p. 10.

*Thierry Maulnier, [juillet] 35, 120, pp. 200-201.

BOVARYSME

Franz Blei, 23.IV.08, 353, p. 205.

CABALES

*Francis Jammes, [novembre 1895], JAM., p. 60.

CAPITALISME

Daniel-Rops, 20.V.33, 176, p. 34.

*Jean Schlumberger, 1.III.35, 110, pp. 946-948.

*X..., 10.XII.36, 129, p. 142.

*Roger Martin du Gard, 15.II.45, RMGII, p. 315.

*Umberto Campagnolo, 28.I.51, 184.

CATHARSIS

*Francis Jammes, 6.VIII.02, JAM., p. 199.

CATHOLICISME

*Marcel Drouin, 10.V.94, 163, p. 67.

Paul Claudel, [8.XII.05], CLA., p. 58.

*Paul Claudel, 18.VI.09, CLA., p. 103.

*Paul Claudel, 10.XII.11, CLA., p. 185.

*Paul Claudel, 7.I.12, CLA., p. 189.

*Henri Ghéon, 19.I.16, 348, p. 141.

*André Ruyters, 2.III.18, 360, pp. 18-19.

François Le Grix, 10.III.23, 58, p. 8.

*Henri Massis, 25.I.24, 127, p. 554.

*André Rouveyre, 5.XI.24, ROU., p. 87.

*Paul Claudel, 15.VI.26, CLA., pp. 244-245.

*François Mauriac, [1927] MAU., p. 73.

*Victor Poucel, 27.XI.27, 48, pp. 41-45.

Charles Du Bos, 10.IV.29, BOS., p. 179.

Roger Martin du Gard, 9.II.30, RMGI, p. 391.

*René Schwob, 30.XII.30, 188, p. 104.

*René Schwob, 15.IV.32, 188, pp. 112-113.

*Daniel-Rops, 20.V.33, 176, pp. 34-35.

Jean Crès, 25.VII.33, 108, p. 5.

*R. de B., 16.I.34, 107, pp. 198-201.

*Elsie Pell, 12.XII.34, 119, p. 62.

*Roger Martin du Gard, 29.IX.40, RMGII, pp. 222-223.

Mlle S. de Saint-Cyr, 15.VIII.41, 153, pp. 50-52.

*Roger Martin du Gard, août 42, RMGII, pp. 259-260.

Claude Mauriac, 6.VIII.45, 197, p. 281.

*Bernard Enginger, février 1946, 175, pp. 252-253.

Roger Martin du Gard, 21.III.49, RMGII, p. 450.

Roger Martin du Gard, 7.VII.50, RMGII, p. 492.

Roger Martin du Gard, 7.IX.50, RMGII, p. 497.

   Voir aussi : CATHOLIQUES

CATHOLIQUES

*M.D., 7.XI.19[?], 115, p. 466.

Maurice Lime, 28.VII.37, 205, p. 120.

   Voir aussi : CATHOLICISME

CHASTETE

*Mme Paul Gide, 29.VI.94, 237, p. 336.

CHRISTIANISME

M.D., 7.XI.19[?] 115, p. 466.

*Paul Valéry, [C.P.18.X.92], VAL., p. 175.

Madeleine Gide, 6.VIII.03, 333, p. 74.

*Christian Beck, 29.IV.06, 164, p. 400.

*Paul Souday, 6.VI.17, 365, p. 7.

*André Ruyters, 2.III.18, 360, pp. 18-19.

Suzanne Allégret, 23.I.23, 139, p. 754.

Henri Massis, 25.I.24, 127, p. 553.

*Paul Desjardins, [1926], BOS, p. 107.

*Eugène Ferrari, 15.III.28, 50, pp. 47-48.

François Mauriac, 24.IV.28, MAU., p. 76.

*René Schwob, 17.XI.28, 59, pp. 57-59.

*Henri Ghéon, [octobre 1932], 76, pp. 632-633.

*Daniel Rops, 20.V.33, 176, pp. 34-35.

*R. de B., 16.I.34, 107, pp. 198-201.

Roger Martin du Gard, 25.III.34, RMGI, p. 608.

*Taha Hussein, 5.VII.45, 151, p. 129.

*Lucien Maury, octobre 50, 195, pp. 11-13.

Voir aussi : CATHOLICISME

PROTESTANTISME

RELIGION

CINEMA

Arnold Bennett, 26.XII.22, BEN., p. 119.

Paul Valéry, 5.[V.25] VAL., p. 501.

Roger Martin du Gard, 3.XII.26, RMGI, p. 301.

*Marcel Jouhandeau, 10.I.27, JOU., p. 23.

*Roger Martin du Gard, [22.XII.29], RMGI, p. 384.

*Roger Martin du Gard, 25.V.30, RMGI, p. 396.

Roger Martin du Gard, 15.VI.30, RMGI, pp. 403-404.

*Roger Martin du Gard, 25.VII.30, RMGI, pp. 410-415.

Roger Martin du Gard, 16.I.31, RMGI, p. 433.

*Roger Martin du Gard, 15.IV.31, RMGI, p. 474.

Roger Martin du Gard, 13.VI.31, RMGI, p. 476.

Roger Martin du Gard, 4.II.33, RMGI, p. 546.

*Roger Martin du Gard, 2.IV.33, RMGI, p. 555.

Roger Martin du Gard, 2.VII.33, RMGI, p. 568.

Roger Martin du Gard, 19.VII.33, RMGI, p. 570.

Roger Martin du Gard, 15.VIII.33, RMGI, pp. 574-575.

*Roger Martin du Gard, 28.IX.33, RMGI, p. 578.

Gabriel Audisio, 8.V.34, 309, p. 30.

Roger Martin du Gard, 25.VI.34, RMGI, pp. 620-621.

Roger Martin du Gard, 19.XI.34, RMGI, p. 636.

Roger Martin du Gard, 30.XI.35, RMGII, p. 62.

Roger Martin du Gard, 27.V.37, RMGII, p. 105.

Roger Martin du Gard, 8.VIII.37, RMGII, p. 111.

Roger Martin du Gard, [21.VIII.38], RMGII, p. 148.

Roger Martin du Gard, 18.IV.40, RMGII, p. 201.

Roger Martin du Gard, 18.I.41, RMGII, p. 227.

*XXe siècle, février 1946, 152.

Claude Mauriac, 3.X.47, 197. pp. 282-283.

*Claude Mauriac, 28.IX.47, 197, p. 262.

Georges Simenon, 22.VI.49, 327, p. 46.

*André Cayatte, 17.XI.50, 328, p. 24.

CLASSICISME

Paul Valéry, [C.P.18.X.92], VAL., p. 175.

Henri Massis, 25.I.24, 127, p. 553.

COLONIALISME

*Roger Martin du Gard, 18.X.25, RMGI, pp. 278-279.

*Gouverneur général intérimaire de l'A.E.F., 6.XI.25, 57.

M. Weber, [19.XI.25], 57.

M. Poissenot, 19.XI.25, 57.

*Roger Martin du Gard, 29.XII.25, RMGI, p.280.

*Léon Blum, juillet 1927, 45.

*M. de Nalèche, 8.II.28, 57.

Roger Martin du Gard, 31.V.28, RMGI, p. 347.

*Jean Guéhenno, [fin octobre 1930], 176, p. 14.

*Roger Martin du Gard, 26.XI.30, RMGI, P. 425.

*Roger Martin du Gard, 26.1.31, RMGI, p. 435.

*Roger Martin du Gard, 12.III.31, RMGI, p. 460.

Roger Martin du Gard, 13.VII.32, RMGI, p. 530.

*Jean Schlumberger, 1.III.35, 110, pp. 947-948.

Roger Martin du Gard, 4.VII.37, RMGII, p. 107.

*Roger Martin du Gard, 8.VIII.37, RMGII, p. 111.

Pierre Alessandri, 15.IX.37, 176, pp. 185-186.

Roger Martin du Gard, 16.XI.37, RMGII, p. 125.

Roger Martin du Gard, 1.IV.38, RMGII, p. 128.

*Roger Martin du Gard, 6.IV.38, RMGII, p. 131.

Adrienne Monnier, 15.IV.38, 229, p. 106.

*Christiane et Marcel de Coppet, 2.V.38, 310, p. 53.

*Roger Martin du Gard, 22.X.38, RMGII, p. 156.

COMMUNISME

*Roger Martin du Gard, 19.II.32, RMGI, p. 506.

Roger Martin du Gard, 11.III.32, RMGI, p. 514.

*Roger Martin du Gard, 18.VII.32, RMGI, p. 533.

*Daniel-Rops, 20.V.33, 176, pp. 34-35.

Ramon Fernandez, [juin 1953], 111, p. 47.

Henri Barbusse, 31.VIII.33, 107, pp. 193-194.

Michel Cholokhov, 27.II.34, 102, p. 732.

Roger Martin du Gard, 16.III.34, RMGI, p. 602.

*Roger Martin du Gard, 18.III.34, RMGI, p. 603.

Lucien Combelle, 24.III.34, 101, p. 48.

*Roger Martin du Gard, 30.V.34, RMGI, pp. 615-616.

*X..., Janvier [35], 176, pp. 61-63.

*Roger Martin du Gard, 14.I.35, RMGII, pp. 9-11.

Roger Martin du Gard, 19.III.35, RMGII, p. 22.

Potemkine, 29.VI.35, 176, pp. 97-99.

*Roger Martin du Gard, 3.XII.36, RMGII, pp. 83-84.

*Roger Martin du Gard, 10.XII.36, RMGII, pp. 86-87.

*X..., 10.XII.36, 129, p. 142.

Roger Martin du Gard, 23.XII.36, RMGII, p. 87.

*A. Gulminelli, 28.XII.36, 129.

*Jean Guéhenno, 17.II.37, 129.

*Maurice Lime, 28.VII.37, 205, p. 120.

*Pierre Alessandri, 3.IX.37, 176, pp. 178-181.

*Roger Martin du Gard, 4.IX.37, RMGII, pp. 115-116.

*I. Silone, 8.IX.37, 176, pp. 188-189.

Pierre Alessandri, 9.IX.37, 176, pp. 182-183.

*Pierre Alessandri, 15.IX.37, 176, pp. 186-187.

*Gaston Bergery, décembre 37, 130.

Roger Martin du Gard, 13.II.40, RMGII, p. 194.

Roger Martin du Gard, 29.IX.40, RMGII, p. 223.

*Roger Martin du Gard, 11.II.45, RMGII, p. 312.

Roger Martin du Gard, 15.II.45, RMGII, p. 315.

Roger Martin du Gard, 29.IV.45, RMGII, p. 321.

Bernard Enginger, février 1946, 175, p. 253.

*Roger Martin du Gard, 6.III.49, RMGII, p. 446.

*Roger Martin du Gard, 21.III.49, RMGII, p. 450.

*Roger Martin du Gard, 7.VII.50, RMGII, p. 492.

Ivan Bounine, octobre 50, 174.

*Umberto Campagnolo, 28.I.51, 184.

COMPLEXE D'INFERIORITE

*Jacques-Emile Blanche, [1932], 289, p. 764.

CONDOLEANCES

*Maxime de Langenhagen, [janvier 1894], 171, p. 179.

Raymond Bonheur, [24.VIII.1900], BON, p. 59.

Francis Jammes, 27.VII.[05], JAM, p. 228.

Kathleen Spiers, 26.III.16, 215a, p. 15.

Raymond Bonheur, [28.III.06], BON, p. 93.

Roger Martin du Gard, 27.II.16, RMGI, p. 137.

Raymond Bonheur, 8.IX.16, BON, p. 104.

Darius Milhaud, 28.X.16, 312.

Jean Cocteau, 2.VI.18, COC, p. 63.

Albert Mockel, 18.XI.18, 294, p. 91.

Willy Schuermans, 30.1.22, SCHU, p. 34.

Roger Martin du Gard, 10.IV.24, RMGI, p. 243.

Mme B. Klossowska, 1.I.27, RIL., p. 250.

Marcel Jouhandeau, 17.III.30, JOU., p. 27.
Roger Martin du Gard, 30.XII.35, RMGII, p. 63.
Raymond Lacaze, 10.XI.44, 250, pp. IV-V.
François Mauriac, 29.VI.46, MAU., pp. 103-104.
Zoom Walter, 27.X.46, 349, p. 126.
Pandit Nehru, 30.I.48, 349, p. 131.
Jean Cocteau, 13.II.49, COC., p. 196.
Roger Martin du Gard, 29.XI.49, RMGII, p. 469.
Roger Martin du Gard, 23.V.50, RMGII, p. 486.

CORRESPONDANCE

*Paul Valéry, [16.I.91] VAL., pp. 42-43.
Paul Valéry, [C.P.17.VI.91], VAL., p. 95.
*Albert Démarest, [janvier 1892], 237, p. 146.
Mme Paul Gide, 22.III.92, 237, p. 167.
*Mme Paul Gide, 25.III.92, 237, p. 167.
*Paul Valéry, [septembre 1892], VAL., pp. 172-173.
*Paul Valéry, [mars 1893], VAL., pp. 180-181.
Marcel Drouin, 18.III.93, 163, p. 44.
*Jeanne Rondeaux, [hiver 1893], 232, p. 322.
Jeanne Rondeaux, [février 1894], 237, p. 302.
Paul Valéry, [juillet 1894], VAL., p. 207.
Mme Paul Gide, [22.IX.94], 359, p. 145.
Mme Paul Gide, 18.X.94, 237, p. 392.
Marcel Drouin, [hiver 1894], 163, p. 55.
Marcel Drouin, 5.XII.94, 163, pp. 68-69.
Mme Paul Gide, 17.I.95, 237, p. 429.
*Mme Paul Gide, 19.I.95, 237, p. 434.
Mme Paul Gide, 25.I.95, 237, p. 441.
Francis Jammes, [début d'août]95, JAM., p. 53.
Paul Valéry, [C.P. septembre 95], VAL., p. 246.
*Francis Jammes, 23.X.95, JAM., p. 55.
Francis Jammes, [novembre 1895], JAM., p. 59.
Francis Jammes, 18.VIII.96, JAM., p. 81.
Paul Valéry, 14.IX.96, VAL., p. 276.
Francis Jammes, 27.V.97, JAM., p. 109.

Paul Valéry, [4.VI.97], VAL., p. 299.
Francis Jammes, [octobre 97], JAM., p. 125.
A.R., 31.X.97, 81, p. 482.
Maurice Denis, [fin mars-tout début d'avril 1898], 238, p. 142.
Raymond Bonheur, [17.V.1900], BON, p. 57.
*Paul Valéry, 15.X.1900, VAL., p. 372.
*Francis Jammes, 7.V.02, JAM., p. 187.
Raymond Bonheur, 28.VI.[03], BON., p. 80.
Raymond Bonheur, 7.X.03, BON., p. 84.
Francis Jammes, 11.II.[04], JAM., pp. 208-209.
Raymond Bonheur, 1.II.[05], BON., p. 91.
Paul Valéry, 17.[VIII.06], VAL., p. 409.
Francis Jammes, 19.VIII.06, JAM., p. 239.
*Raymond Bonheur, 1.X.07, BON., p. 98.
Christian Beck, 6.IV.08, 165, p. 626.
*Jacques-Emile Blanche, 17.I.17, 289, p. 91.
*Paul Valéry, 4.III.18, VAL., p. 464.
*Maurice Denis, 28.VI.19, 239, p. 213.
*Roger Martin du Gard, 12.IX.22, RMGI, p. 191.
*Paul Valéry, 25.X.22, VAL., p. 492.
André Rouveyre, 30.VI.[23], ROU., p. 72.
Roger Martin du Gard, 5.VII.23, RMGI, p. 223.
Arnold Bennett, [fin août 1923], BEN., pp. 123-124.
*Roger Martin du Gard, 14.X.27, RMGI., p. 317.
*André Rouveyre, 10.VIII.28, ROU., pp. 124-127.
Philip Gosse, 4.II.29, GOS., p. 203.
Philip Gosse, 8.II.29, GOS., pp. 203-204.
Philip Gosse, 22.II.29, GOS., p. 204.
Philip Gosse, 11.III.30, GOS., p. 204.
Philip Gosse, 14.IV.30, GOS., pp. 204-205.
*Roger Martin du Gard, 26.I.31, RMGI, pp. 434-435.
Jacques-Emile Blanche, 8.X.32, 306, pp. 91-92; 239, pp. 760-761.
Roger Martin du Gard, 28.IX.33, RMGI, p. 579.
Roger Martin du Gard, 12.V.34, RMGI, p. 612.
*Roger Martin du Gard, 19.XI.34, RMGI, p. 636.

Roger Martin du Gard 24.IV.39, RMGII, p. 168.
François Mauriac, 1.XII.46, MAU., p. 106.
Georges Simenon, 27.XII.47, 327, p. 40.
André Rouveyre, 10.I.49, ROU., p. 163.
Roger Martin du Gard, 19.I.49, RMGII, p. 435.
*André Rouveyre, 28.I.49, ROU., p. 165.
*André Rouveyre, 14.II.49, ROU., p. 168.
Roger Martin du Gard, 15.II.49, RMGII, p. 441.
André Rouveyre, 10.VII.49, ROU., p. 174.
*André Rouveyre, 31.X.49, ROU., p. 178.
*Roger Martin du Gard, 10.XI.49, RMGII, pp. 466-467.
Roger Martin du Gard, 21.XI.49, RMGII, p. 469.
*André Rouveyre, 24.XII.49, ROU., pp. 179-180.
*André Rouveyre, 25.I.50, ROU., pp. 183-184.
*André Rouveyre, 4.II.50, ROU., pp. 186-189.
Richard Heyd, 27.II.50, 349, p. 130.
*André Rouveyre, 26.V.50, ROU., p. 191.
Dorothy Bussy, 5.VII.50, 281, p. 17.

COSMOPOLITISME

Arnold Bennett, 15.XI.20, BEN., p. 104.
*Jean Guehenno, [nov. 29], 61, p. 589.
Roger Martin du Gard, 8.II.46, RMGII, p. 337.
Lucien Maury, octobre 1950, 195, p. 13.

CRIME

*Montgomery Belgion, 22.XI.29, 67, pp. 195-196.

CRITIQUE [André Gide face à la ...]

*Paul Valéry, [29.III.91], VAL., p. 75.
Francis Vielé-Griffin, 25.IV.91, 240, p. 104.
Paul Valéry, [C.P.11.VI.91], VAL., p. 92.
Paul Valéry, 29.VI.91, VAL., pp. 106-107.
*Mécislas Golberg, [janvier] 1897, 2, pp. 108-111.
*Marcel Drouin, 28.III.[98], 353, p. 183.

Christian Beck, 3.VI.97, 164, p. 389.
Francis Jammes, [juillet 97], 163, p. 106 et JAM., p. 116.
*Francis Jammes, 4.VII.[97], JAM., p. 113.
*Francis Jammes, [juillet 1897], JAM., p. 117.
*Edmond Jaloux, 10.VII.97, 348, p. 77.
*Marcel Drouin, [1898], 163, p. 210.
*Paul Valéry, 12.I.98, VAL., p. 307.
Raymond Bonheur, [8.IX.98], BON., p. 183.
Albert Samain, [décembre 98], 163, pp. 208-209.
Albert Mockel, [août 99], 349, p. 38.
*Paul Valéry, 28.X.99, VAL., pp. 362-363.
Georges Eckhoud, [2.IV.1900], 349, p. 44.
Georges Eeckhoud, [3.IV.1900], 349, p. 44.
*Saint-Georges de Bouhélier, 10.VIII.1900, 3, pp. 239-240.
*Maurice Beaubourg, 1.IX.[1900], 216, pp. 764-766.
*Rudolf Kassner, 28.II.01, 89, pp. 560-561.
Catulle Mendès, 10.V.01, 370, no 142.
*Romain Coolus, 16.V.01, 219, no 22.
*Francis Vielé-Griffin, [juin 1901], 240, pp. 111-112.
*Raymond Bonheur, [12.VIII.01], BON., p. 65.
X..., [1902], 316, p. 25.
*Christian Beck, 23.VI.[02], 164, p. 397.
*Francis Jammes, 6.VIII.02, JAM., p. 200.
Francis Vielé-Griffin, [septembre 1902], 240, p. 112.
*Lucien Jean, 18.IX.[02], 218, pp. 73-74.
Raymond Bonheur, [6.X.02] BON., p. 70.
*Mme Théo Van Rysselberghe, [1903], 236, pp.69-71.
*Francis Jammes, 14.X.04, JAM., p. 215.
*Francis Jammes, 18.X.04, JAM., p. 218.
*Francis Jammes, [26.IV.06], JAM., p. 234.
*Christian Beck, 29.IV.06, 164, pp. 399-400.
*Francis Jammes, 2.V.06, JAM., pp. 235-236.
*Francis Jammes, 7.V.06, JAM., p. 237.
*Francis Jammes, 19.VIII.06, JAM., p. 239.

*Francis Jammes, [fin d'août 1906], JAM., p.242.

*Mme Forster-Nietzsche, [1907], 290a, p. 136.

*Emile Haguenin, 23.X.07, 358, p. 198.

*Emile Haguenin, 13.I.08, 358, pp. 202-203.

Francis Vielé-Griffin, [seconde quinzaine d'avril ou mai] 1909, 240, pp. 114-115.

*Paul Claudel, 18.VI.09, CLA., pp. 103-104.

Edmund Gosse, 14.VII.09, GOS., pp. 46-47

Francis Jammes, 11.VIII.09, JAM., p. 261.

*Edmund Gosse, 9.IX.09, GOS., p. 51.

*Lucien Rolmer, [octobre 1909], 139, p. 276.

Francis Jammes, 26.X.09, JAM, pp. 261-262.

André Ruyters, 16.XI.09, 349, p. 67.

*Francis Vielé-Griffin, 6.I.10, 240, pp. 116-117.

Jean Royère, 6.I.10, 240, p. 117.

*Francis Vielé-Griffin, 8 ou 9.I.10, 240, p. 118.

Francis Vielé-Griffin, 23.VI.11, 240, pp. 118-119.

Edmund Gosse, 11.VIII.11, GOS., p. 64.

*André Suarès, [été 1912], SUA., p. 66.

René Boylesve, 24.X.12, 208, p. 86.

*Edmund Gosse, 28.XI.12, GOS., p. 84.

Diego Valeri, 12.XI.13, 296a, p. 106.

Edmund Gosse, 8.I.14, GOS., p. 106.

*Albert Mockel, 5.VII.14, 349, pp. 76-77.

*Charles Maurras, 20.X.16, 139, pp. 574-575.

Paul Valéry, 5.I.18, VAL., p. 460.

*Paul Souday, 8.VI.18, 68, p. 66.

*Jean Cocteau, 11.VII.19, COC, pp. 97-99

Jacques-Emile Blanche, 20.XI.19, 289, p. 762.

André Rouveyre, 11.XII.19, ROU., p. 57.

*René Schwob, 14.VIII.20, 185, p. 92.

*Charles Du Bos, 14.I.21, BOS, pp. 27-28.

Roger Martin du Gard, 17.IX.21, RMGI, p. 173.

Willy Schuermans, 2.XII.21, SCHU., p. 29.

*Jean Schlumberger, 7.XII.21, 181.

*François Mauriac, 29.XII.21, MAU., pp. 64-65.

François Mauriac, [février 1922] MAU., p. 68.

Roger Martin du Gard, 21.VI.22, RMGI, p. 183.

*François Mauriac, [1.VII.22], MAU., p. 69

*Arnaldo Frateili, 3.IX.22, 279, p. 17.

*Roger Martin du Gard, 4.XI.22, RMGI., pp. 198-199.

*Aragon, 12.IV.23, 31.

*M.T'serstevens, [mai 1923], 32, p. 1.

Henri Béraud, 24.V.23, 36, p. 121.

André Rouveyre, 9.VI.23, ROU., p. 63.

*André Rouveyre, [11.VI.23]. ROU., p. 69.

Roger Martin du Gard, 5.VII.23, RMGI, p. 223.

Roger Martin du Gard, 23.VII.23, RMGI., p. 226.

Frédéric Lefèvre, 28.VII.23, 235, no 175.

Paul Souday, [novembre 1923], 68, p. 66.

André Rouveyre, 12.XII.23, ROU., p. 77.

*Roger Martin du Gard, 2.IV.24, RMGI, pp. 246-247.

Roger Martin du Gard, 13.V.24, RMGI, p. 250.

*Roger Martin du Gard, 29.VII.24, RMGI, p. 252.

Edmund Gosse, 12.IX.24, GOS., p. 171.

*Edmund Gosse, 26.X.24, GOS., p. 174.

Paul Valéry, [11.I.25], VAL., p. 500.

*Alfred Vallette, 3.II.[25], 37, p. 563.

*Roger Martin du Gard, I.V.25, RMGI, pp. 259-260.

*Roger Martin du Gard, 6.V.25, RMGI, p. 261.

*Roger Martin du Gard, 3.VI.25, RMGI, pp. 263-264.

*Jules Mouquet, 4.VI.25, 163, pp. 121-122.

Bernard Fay, 11. VI.25, 296, p. 76.

*Edmund Gosse, 25.X.25, GOS., p. 178.

*Roger Martin du Gard, 3.XII.26, RMGI, p. 301.

*Roger Martin du Gard, 11.XII.26, RMGI, pp. 302-303.

Edmund Gosse, 30.XII.26, GOS., p. 187.

*Charles Du Bos, 5.V.27, BOS., pp. 120-122.

*André Rouveyre, 26.VI.27, ROU., p. 93.

*Roger Martin du Gard, 1.VII.27, RMGI, p. 313.

André Rouveyre, 1.VII.[27], ROU., p. 99

*Paul Souday, 14.VII.27, 68, pp. 66-67.

*Victor Poucel, 17.XII.27, 49, pp. 45-46.

*François Porché, [janvier 1928], 60, pp. 60-65.

*André Rouveyre, 8.II.28, ROU, p. 107.

Edmund Gosse, 8.IV.28, GOS., p. 193.

Paul Souday, 21.IV.28, 68, p. 67.

*Charles Du Bos, 14.VI.28, BOS, pp. 137-138.

*Charles Du Bos, 17.VI.28, BOS, pp. 139-140.

*Charles Du Bos, 28.IX.28, BOS, pp. 147-148.

*Charles Du Bos, 5.X.28, BOS., pp. 161-162.

Paul Souday, 7.IV.29, 68.

*Charles Du Bos, 10.IV.29, BOS., pp. 178-180.

Paul Souday, 21.V.29, 68.

*Charles Du Bos, 5.VI.29, BOS., pp. 187-188.

*Henri Massis, 21.X.29, 65, pp. 765-766.

*Montgomery Belgion, 22.XI.29, 67, pp. 194-197.

Thomas Mann, 13.I.30, 163, p. 178.

*Philip Gosse, 11.III.30, GOS., p. 204.

John Rotnenstein, 4.VI.30, 290, p. 174.

*Jean Guehenno, [fin octobre 30], 176, pp. 13-14.

*Roger Martin du Gard, 26.XI.30, RMGI, pp. 424-426.

René Schwob, 30.XII.30, 188. p. 104.

*Roger Martin du Gard, 11.III.31, RMGI, pp. 457-459.

*François Mauriac, 14.VII.31, MAU., p. 84.

Francis Jammes, 22.XII.31, JAM., pp. 286-287.

Francis Jammes, 24.XII.31, JAM., pp. 287-288.

Roger Martin du Gard, 22.II.32, RMGI, p. 511.

*René Schwob, 23.II.32, 188, p. 112.

*René Schwob, 15.IV.32, 188, pp. 112-113.

*François Mauriac, 21.VII.32, MAU., p. 86.

*René Schwob, [sept. 32?] 183, pp. 113-114.

*Roger Martin du Gard, 4.II.33, RMGI, p. 546.

Jean Guéhenno, 5.II.33, 176, p. 20.

*Roger Martin du Gard, 24.II.33, RMGI, p. 549.

Revue du Siècle, 21.IV.33, 90, p. 95.

*René Schwob, 21.V.33, 188, pp. 116-117.

François Mauriac, 11.VIII.33, MAU., p. 87.

Paul Nizan, 28.IX.34, 354, p. 166.

*Roger Martin du Gard, 16.II.35, RMGII, p. 16.

*Reportages, 18.II.35, 109.

*Roger Martin du Gard, 5.V.35, RMGII, pp. 27-28.

*Roger Martin du Gard, 18.V.35, RMGII, pp. 31-32.

Christian Caprier, [1936], 230, p. 47.

*Roger Martin du Gard, 23.XII.36, RMGII, p. 87.

Justin O'Brien, [1937], 368, p. VIII.

Jean Galtier - Boissière, 25.VII.37, 342, pp. 25-26.

*Daniel Simond, 20.X.38, 360.

Roger Martin du Gard, 29.I.45, RMGI, p. 301.

*René Schwob, 19.II.45, 188. p. 120.

Naim Kattan, 5.II.46, 324, p. XVI.

*André Rouveyre, 15.VII.46, ROU, pp. 158-159.

Pierre Lesdain, 20.VI.48, 349, pp. 130-131.

*François Mauriac, 21.VI.48, MAU., pp. 107-108.

*Giancarlo Vigorelli, 26.XII.49, 172.

*André Rouveyre, 26.V.50, ROU., p. 191.

François Mauriac, 12.XII.50, MAU., p. 116.

Jean Cocteau, 31.XII.50, COC., pp. 205-206.

*Mitsuo Nakamura, 2.I.51, 185.

André Rouveyre, 3.I.51, ROU., p. 193.

CRITIQUES [André Gide, critique de ses ...]

*Scheffer, [s.d.], 91, pp. 615-617.

*Paul Valéry, [C.P.21.III.91], VAL., p. 70.

*Maurice Denis, [juin 1893], 238, pp. 108-109.

Emmanuel Signoret, [1898], 4, p. 492.

*Marcel Drouin, 26.III.98, 186, p. 339.

*Paul Valéry, [juillet 98]. VAL., p. 319.

*Saint-Georges de Bouhélier, 10.VIII.1900, 8, pp. 239-240.

*Maurice Denis, [juin 1902], 362, pp. 6-7.

*Christian Beck, 23.VI.02. 164, p. 397.

*Francis Jammes, 14.X.04, JAM., p. 215.

*Christian Beck, 29.IV.06, 164, pp. 399-400.

*Francis Jammes, 7.V.06, JAI., p. 237.

Francis Jammes, [fin d'août 06], JAM., p. 242.

Emile Haguenin, 23.X.07, 358, p. 199.

*Christian Beck, 17.XII.07, 165, pp. 622-623.

*Emile Haguenin, 13.I.08, 358, pp. 202-203.

Lucien Rolmer, [octobre 1909], 139, p. 276.

*Christian Beck, 24.III.11, 165, p. 634.

*M. Deherme, [mai 1911] 16, p. 379.

*Francis Vielé-Griffin, 23.VI.11, 240, pp. 118-119.

*Paul Souday, 5.VIII.11, 68, p. 64.

*François Mauriac, 15.IV.12, MAU., p. 61.

Paul Souday, [mars 1918], 68, p. 65.

Paul Valéry, 4.III. 18, VAL., p. 465.

*René Salomé, 23.II.20, 359, pp. 166-167.

Paul Souday, 28.X.22, 139, p. 744.

*Henri Massis, 25.I.24, 127, pp. 553-555.

*André Rouveyre, 31.X.24, ROU., pp. 83-86.

*André Rouveyre, 5.XI.24, ROU., p. 87.

*André Rouveyre, 10.XI.24, ROU., pp. 88-89.

*André Rouveyre, 22.XI.24, ROU., pp. 89-91.

*François Mauriac, 7.X.27, MAU., pp. 73-75.

*Victor Poucel, 27.XI.27, 48, pp. 41-45.

*Eugène Ferrari, 15.III.28, 50, pp. 46-48.

*André Rouveyre, 11.IV.28, ROU., pp. 108-110.

*André Rouveyre, [mai 1928], ROU., pp. 112-113.

*René Schwob, 17.XI.28, 59, pp. 58-59.

*Montgomery Belgion, 22.XI.29, 67, pp. 195-197.

André Thérive, 26.XI.29, 163, p 178.

*Roger Martin du Gard, 9.II.30, RMGI, pp. 391-392.

*Roger Martin du Gard, 15.VI.30, RMGI, p. 404.

*Yang Tchang Lomine, 12.I.31, 74, [pp. 5-6]

*Paul Iseler, 26.XI.31, 132, pp. 9-12.

Francis Jammes, 12.VI.32, 318, p. 11.

*René Schwob, 18.XI.32, 188, p. 115.

*Ramon Fernandez, [juin 1933], 111, pp. 46-47.

*Jean Crès, 25.VII.33, 103, pp. 5-6.

*Jean Schlumberger, 1.III.35, 110, pp. 946-948.

*Vendredi, 16.XII.37, 131.

*Daniel Simond, 20.X.38, 360

*H. Dommartin, 8.VIII.39, 138, p.333.

*Jacques Lévy, 25.VII.39, 221, pp. 36-37.

Jean Lambert, 25.VIII.39, 251, pp. 94-95.

Paul Valéry, 5.II.40, VAL., p. 519.

*Klaus Mann, 8.II.40, 148.

Edmond Jaloux, 14.VII.41, 178.

*Edmond Jaloux, 18.IX.41, 178. pp. 296-297.

*M.H. Fayer, 16.X.45, 155.

*Renée Lang, 10.VI.46, 170, pp. 178-180.

*Raymond Lepoutre, 9.VII.46, 156.

*Pierre-Henri Simon, 11.XII.46, 228, p. 45.

*Paul Léautaud, 24.XII.46, 357, pp. 38-39.

*Renée Lang, 27.XII.46, 170, p. 181.

*Renée Lang, 1.III.47, 170, p. 185.

*Albert J. Guerard, 16.V.47, 193.

*François Mauriac, 5.VII.49, MAU., p. 109.

*Elvira Cassa Salvi, 25.I.50, 330a, pp. 115-118.

*Albert J. Guerard, 18.XII.50, 193, p. 242.

*Pierre Lafille, 21.XII.50, 206.

*Jean Hytier, [1938?] 274.

CRITIQUE LITTERAIRE et POLITIQUE

Jean-Marc Bernard, [s.d.], 106, p. 581.

*Francis Vielé Griffin, 6.I.10, 240, p. 116.

*Paul Claudel, [juin 1910], CLA., p. 144.

Jean-Marc Bernard, 21.IX.11, 103, p. 472.

CROIX-ROUGE [Oeuvre du Foyer franco-belge]

*Paul Valéry, 4.X.14, VAL., p. 441.

Edmund Gosse, 10.XI.14, GOS., p. 113.

*Edmund Gosse, 29.XII.14, GOS., p. 116.

Adrien Mithouard, 19.I.15, 349, p. 79.

*Roger Martin du Gard, [fin janvier 1915], RMGI, pp. 135-136.

Charles Du Bos, 29.V.15, BOS., p. 18.

Francis Jammes, [juin 1915], JAM., p. 283.

Edmund Gosse, 5.VI.15, GOS., p. 119.

Paul Valéry, [17.VII.15], VAL., p. 444.

*Arnold Bennett, [août 1915], BEN., pp. 85-85.

Paul Souday, 23.VIII.15, 68, pp. 64-65.

X..., 3.I.16. 313, p. 31.

Arnold Bennett, 16.I.16, BEN., p. 88.

Romain Rolland, 25.I.16, RIL., p. 131.

Valery Larbaud, 26.I.16, 169, pp. 249-250.

Edmund Gosse, 6.II.16, GOS., p. 127.

*Edmund Gosse, 27.VII.16, GOS., p. 137.

Raymond Bonheur, 8.IX.16, BON., p. 104.

André Rouveyre, 14.IV.24, 357, p. 32.

Charles Du Bos, 5.V.27, BOS., p. 122.

CULTURE

*Marcel Drouin, 4.IX.1900, 88, p. 559.

Rudolf Kassner, 28.II.01, 89, p. 560.

Christian Beck, 23.VI.[02], 164, p. 397.

*Thierry Maulnier, [juillet] 35, 120, pp. 199-201.

X..., 10.I.[36], 121, p. 302.

*Arts et idées, [avril 1937], 128.

Roger Martin du Gard, 19.IV.40, RMGII, p. 202.

Roger Martin du Gard, 15.II.45, RMGII, p. 315.

*Taha Hussein, 5.VII.45, 151, p. 129.

*Bernard Enginger, février 1946, 175, p. 295.

Figaro, [novembre] 47, 159.

*Mitsuo Nakamura, 2.I.51, 185.

*Columbia Review, 22.I.51, 183.

CURIOSITE

*Mme Paul Gide, 19.II.95, 237, p. 467.

*Emile Haguenin, 13.I.08, 358, p. 202.

Roger Martin du Gard, 19.IV.40, RMGII, p. 202.

CYNISME

*Marcel Drouin, [1898], 163, p. 210.

Willy Schuermans, 12.XI.24, SCHU., p. 52.

DADAISME

Paul Valéry, [2.X.20], VAL., p. 482.

DANDYSME

Paul Valéry, [C.P.8.III.91], VAL., p. 64.

DANSE

*Mme Paul Gide, 14.XI.93, 237, p. 290.

DEBAUCHE

Paul Valéry, [mai 1896], VAL., p. 265.

DEPENSES

*Mme Paul Gide, 30.V.90, 232, p. 453.

*Mme Paul Gide, 31.V.90, 232, p. 449.

*Mme Paul Gide, 6.VI.90, 232, p. 451.

Mme Jean-Paul Laurens, [fin novembre 1893], 348. p. 51.

*Mme Paul Gide, 22.XI.94, 237, pp. 394-395.

Mme Paul Gide, 6.XII.94, 237, p. 396.

Mme Paul Gide, 19.I.95, 237, p.435.

Paul Valéry, [27.I.95], VAL., p. 231.

Mme Paul Gide, 8.II.95, 237, p. 461.

Mme Paul Gide, 19.II.95, 237, p. 466.

Mme Paul Gide, 25.II.95, 237, p. 468.

Paul Valéry, [mars 1895], VAL., p. 234.

Mme Paul Gide, 5.IV.95, 237, p. 493.

Roger Martin du Gard, 2.II.34, RMGI, p. 592.

Roger Martin du Gard, 10.II.34, RMGI, p. 596.

Maurice Lime, 9.XI.38, 205, pp. 141-142.

*Roger Martin du Gard, 10.IX.40, RMGII, pp. 218-219.

Roger Martin du Gard, 14.V.42, RMGII, p. 246.

Roger Martin du Gard, 29.IV.45, RMGII, p. 320.

Marcel Jouhandeau, 27.IX.46, JOU., p. 43.

*Simone Marye, 3.XII.46, MAR., pp. 46-47.

*M. Crochemore, 13.X.47, 204.

*Roger Martin du Gard, 15.VI.50, RMGII, p. 489.

Roger Martin du Gard, 19.VI.50, RMGII, p. 490.

*Roger Martin du Gard, 15.XII.50, RMGII, pp. 503-504.

Roger Martin du Gard, II.I.51, RMGII, p. 507.

Frédéric Dupont, 18.I.51, MAR., pp. 53-54.

DEUIL

Jeanne Rondeaux, [juillet 1894], 237, p. 338.

Mme Paul Gide, 4.VII.94, 237, p. 337.

*Mme Paul Gide, 8.VII.94, 237, p. 338.

DEVOUEMENT

*A.R., 31.X.97, 81, p. 482.

DIABLE [Part du ...]

*Henri Ghéon, 23.II.18, 139, p. 647.

*François Le Grix, 10.III.23, 58, pp. 7-9.

*André Rouveyre, 31.X.24, ROU., p. 86.

*François Mauriac, 24.IV.28, MAU., p. 76.

DILETTANTISME

*Mme Paul Gide, 28.V.94, 237, p. 326.

*Maurice Beaubourg, [janvier 1900?], 216, p. 761.

Henri Drain, 18.VII.32, 163, p. 90.

DISPONIBILITE

*Pierre Louys, 3.III.93, 237, p. 219.

*Marcel Drouin, 6.I.94, 353, p. 105.

*Mme Paul Gide, 17.III.95, 237, p. 476.

Roger Martin du Gard, 11.I.51, RMGI, p. 507.

ECOLE HOLLANDAISE [Peinture]

Francis Jammes, [juillet 1897], JAM., p. 115.

ECOLE ITALIENNE [de peinture]

*Mme Paul Gide, 30.IV.94, 237, p. 322.

ECOLES LITTERAIRES

*Mme Paul Gide, 24.III.92, 237, pp. 163-164.

*Mme Paul Gide, 26.III.92, 237, p. 164.

EDUCATION

Marcel Drouin, 18.III.93, 163, p. 45.

*Mme Paul Gide, 15.III.95, 237, p. 475.

Francis Jammes, [début de juillet 1896], JAM., p. 78.

*Jeanne Drouin, 20.II.98, 191, p. 167.

*Christian Beck, 11.IX.09, 215a, p. 15.

*Roger Martin du Gard, 12.IX.35, RMGII, p. 47.

*René Schwob, 1.V.39, 188, p. 118.

Roger Martin du Gard, 18.IX.41, RMGII, p. 236.

Roger Martin du Gard, 25.XI.44, RMGII, p. 288.

*Roger Martin du Gard, 12.V.45, RMGII, pp. 323-324.

EGOISME

*Mme Paul Gide, 25.III.92, 237, p. 167.

A.R., 31.X.97, 81, p. 481.

EMANCIPATION

*Marcel Drouin, 28.III.99, 353, p. 177.

EMOTION

Paul Valéry, [septembre 1891], VAL., p. 130.

Paul Valéry, [3.XI.91], VAL., p. 134.

Albert Démarest, [janvier 1892], 237, p. 146.

X..., 25.V.92, 77, p. 543.

Jeanne Rondeaux, [août 1892], 233, p. 90.

Maurice Denis, [août 1892], 238, p. 104.

Marcel Drouin, [1893], 355, p. 612.

Mme Paul Gide, 29.V.93, 237, p. 227.

Mme Paul Gide, 27.X.93, 237, p. 283.

*X..., 3.IV.95, 237, pp. 482-483.

*Marcel Drouin, 29.III.99, 353, p. 177.

ENFANTS

*Albert Démarest, [novembre 1893], 237, p. 294.

*Mme Paul Gide, 20.XI.93, 237, pp. 297-298.

*Jeanne Rondeaux, [février 1894], 237, pp. 302-303; pp. 307-308.

E.R. 20.IV.97, 80, p. 480.

ENGAGEMENT

*Roger Martin du Gard, 22.III.31, RMGI, pp. 466-467.

*Roger Martin du Gard, 5.II.32, RMGI, pp. 496-497.

*Association des écrivains et artistes révolutionnaires, 13.XII.32, 107, pp. 195-196.

Louis Aragon, 19.V.33, 176, pp. 31-32.

*Roger Martin du Gard, 26.IV.37, RMGII, p. 101.

*Roger Martin du Gard, 17.X.46, RMGII, p. 355.

ENNUI

X..., 30.III.94, 237, p. 312.

*Mme Paul Gide, 8.VII.94, 237, p. 342.

Marcel Drouin, 5.XII.[94], 163, p. 69.

Mme Paul Gide, 24.I.95, 237, p. 438.

Paul Valéry, [27.I.95], VAL., p. 231.

*Paul Valéry, [C.P.15.XII.95], VAL., p. 254.

*René Salomé, 23.II.20, 359, pp. 166-167.

Voir aussi : MOROSITE
           NOSTALGIE
           SPLEEN
           TRISTESSE

ENTHOUSIASME

*Arthur Fontaine, 17.VII.[99], 199, p. 3.

ENUCLEATION

*Paul Valéry, [février 1894], VAL., p. 197.

ENVIE

Francis Jammes, [fin de l'année 1894], JAM., p. 38.

EROTISME

X..., [novembre 1893], 237, p. 294.

Maurice Beaubourg, 1.IX.[1900], 216, p. 765.

ERUDITION

*Marcel Drouin, 25.XII.[95], 163, p. 74.

ESPAGNOL

*Jacques-Emile Blanche, 19.V.16, 289, p. 763.

ESPRIT ANGLAIS

*Edmund Gosse, 31.VII.18, GOS., p. 157.

ESPRIT EUROPEEN

*Jean Guéhenno, [nov. 29], 61, p. 589.

Jean Guéhenno, [s.d.] 297, p. 64.

ESPRIT FRANCAIS

*Edmund Gosse, 31.VII.18, GOS., p. 157.

ESTHETIQUE

Paul Valéry, 26.I.91, VAL., p. 46.

*Paul Valéry 1.III.[91], VAL., p. 56.

*Paul Valéry, [3.XI.91], VAL., p. 134.

*Paul Valéry, [août 1892], VAL., p. 170.

Paul Valéry, [C.P. 18.X.92], VAL., p. 175.

*Francis Jammes, [début de février 1897], JAM., p. 100.

Francis Vielé-Griffin, 2.IV.03, 240, p. 113.

*Emile Haguenin, 23.X.07, 353, p. 198.

*André Ruyters, 2.III.18, 360, pp. 18-19.

Jean Cocteau, [mai?] 19, COC., p. 78.

*Charles Du Bos, 5.V.27, BOS., pp. 120-121.

*Roger Martin du Gard, 12.III.31, RMGI., pp. 460-461.

*Roger Martin du Gard, 22.III.31, RMGI, p. 466.

Jean Paulhan, 25.VI.33, III, p. 46.

Roger Martin du Gard, 22.VIII.34, RMGI, p. 629.

*Ivan Bounine, octobre 50, 174.

ESTIME

Paul Valéry, [C.P. 21.III.91], VAL., p. 70.

*Jeanne Rondeaux, [août 1892], 233, pp. 89-90.

ETAT DE DIALOGUE

*Marcel Drouin, 10.V.94, 163, p. 65.

ETHIQUE

Paul Valéry, [4.X.96], VAL., p. 279.

*Mécislas Golberg, [janvier] 1897, 2, pp. 110-111.

*E.R. [novembre 97], 82, p. 484.

*Maurice Beaubourg, [janvier 1900?], 216, pp. 761-762.

Paul Valéry, [31.VIII.1900], VAL., p. 371.

*Maurice Beaubourg, 1.IX.[1900], 216, p. 765.

*Jacques-Emile Blanche, 15.VIII.01, 289, p. 757.

*Paul Claudel, [8.XII.05], CLA., p. 58.

Emile Haguenin, 23.X.07, 358, p. 198.

*André Ruyters, 2.III.18, 360, pp. 18-19.

*Joseph Conrad, 16.X.[21], 308, p. 163.

*Eugène Ferrari, 15.III.28, 50, pp. 47-48.

Roger Martin du Gard, 12.III.31, RMGI, p. 460.

*Roger Martin du Gard, 3.XII.36, RMGII, p. 83.

*Yvan Bounine, octobre 50, 174.

*Umberto Compagnolo, 28.I.51, 184.

ETRE

*Mme Paul Gide, 2.II.95, 237, p. 458.

*Paul Valéry, [mars 1895], VAL., p. 234.

ETUDE

*Marcel Drouin, 25.XII.[95], 163, p. 74.

EXALTATION

Mme Paul Gide, 28.V.94, 237, p. 326.

Mme Paul Gide, 3.XII.94, 237, p. 383.

Mme Paul Gide, 23.I.95, 237, p. 437.

EXASPERATION

*Mme Paul Gide, 20.XI.94, 237, p. 383.

*Mme Paul Gide, 22.XI.94, 237, p. 383.

Mme Paul Gide, 11.XII.94, 237, p. 397.

EXAMEN DE CONSCIENCE

Mme Paul Gide, 25.III.92, 237, p. 167.

EXISTENTIALISME

Maurice Lime, 14.IV.47, 205, p. 160.

X..., [novembre 1947], 175, p. 308.

EXOTISME

Adrienne Monnier, 24.IV.31, 229, p. 105.

EXTASE

X..., 3.IV.95, 237, p. 482.

EXPOSITION 1900

Mme Paul Gide, 17.X.94, 237, p. 373.

EXUBERANCE

*X..., 3.IV.95, 237, pp. 482-483.

FAMILLE

Mme Paul Gide, 11.XII.94, 237, p. 397.

Francis Jammes, 4.I.98, JAM, p. 134.

Raymond Bonheur, [20.III.01], BON., p. 60.

Paul Valéry, 4.X.14, VAL., pp. 441-442.

FANTAISIE

Mme Paul Gide, 18 et 23.IX.94, 237, p. 361.

FASCISME

Roger Martin du Gard, 2.II.32, RMGI, p. 494.
Roger Martin du Gard, 9.III.34, RMGI, p. 599.
*Roger Martin du Gard, 18.III.34, RMGI, p. 603.
Lucien Combelle, 24.III.34, 101, p. 47.
Roger Martin du Gard, 3.VII.35, RMGII, p. 36.
Jacques Bois, 27.VII.35, 189, p. 316.
Jean Guéhenno, 17.II.37, 129.
*Mitsuo Nakamura, 2.I.51, 185.

FEMINISME

Maurice Beaubourg, [20.XII.1900], 216, p. 766.

FERVEUR

Paul Valéry, [8.VIII.91], VAL., p. 115.
Paul Valéry, [début d'août 1891], VAL., p.117.
Paul Valéry, [septembre 1891], VAL., p. 128.
*Pierre Louÿs, 3.III.93, 237, p. 219.
*Marcel Drouin, 18.III.93, 163, p. 45.
*Marcel Drouin, 10.V.94, 163, p. 67.
*Mme Paul Gide, 7.VII.94, 237, p. 341.
Voir aussi : ALLEGRESSE
                JOIE DE VIVRE

FIANCAILLES

*Albert Desmarest, [juin 1895], 233, pp. 113-114.
*Francis Jammes, 23.X.95, JAM., p. 55.

FIN DE SIECLE

*Mme Paul Gide, [22.IX.94], 237, p. 365; 359, pp. 143-144.
Madeleine Rondeaux, 1.X.94, 237, p. 370.

FOI

*Francis Jammes, 1.XII.97, JAM., p. 129.
*Roger Martin du Gard, 12.IX.35, RMGII, p. 47.

FOURRURES

Mme Paul Gide, [2.X.94], 359, p. 153.
Mme Paul Gide, 3.X.94, 237, p. 379.

FRANCAIS

Marcel Drouin, 18.IV.98, 186, p. 391.
*Edmund Gosse, 6.II.16, GOS., p. 127.
*Jacques Rivière, [mai?] 19, 28, pp. 122-123.
*Jean Guéhenno, [nov.] 29, 61, p. 589.

FREUDISME

Albert J. Guerard, 16.V.47, 193.

GERMANISME

*Jacques-Emile Blanche, 19.V.16, 289, p. 762-763.

Voir aussi : ALLEMAND
            LANGUE ALLEMANDE
            LITTERATURE ALLEMANDE

GIDE CRITIQUE LITTERAIRE

*Paul Valéry, 1.III.[91], VAL., pp. 56-59.
Paul Valéry, [C.P. 21.III.91], VAL., p. 70.
*Paul Valéry, [29.III.91], VAL., p. 75.
Francis Vielé-Griffin, [29.IV.91], 240, p. 105.
*Paul Valéry, [C.P.11.VI.91] VAL., pp. 92-93.
Paul Valéry, [C.P.23.VI.91], VAL., p.101.
*Paul Valéry, 29.VI.91, VAL., p. 106.
Paul Valéry, [début d'août 1891], VAL., p. 118.
Paul Valéry, [15.XI.91], VAL., pp. 137-138.
Paul Valéry, [décembre 1891], VAL., p. 142.
Francis Vielé-Griffin, [fin janvier ou février 1892], 240., p. 105.
*Paul Valéry, [C.P.13.III.92], VAL., p. 152.
Mme Paul Gide, 26.III.92, 237, pp. 164-165.
*Paul Valéry, [C.P.26.IV.92], VAL., p. 157.
*X..., 25.V.92, 77, pp. 543-545.

Paul Valéry, [C.P.12.VII.92], VAL., p. 165.
Paul Valéry, [C.P. 18.X.92], VAL., p. 175.
*Francis Vielé-Griffin, [avril 1893], 240, p. 106.
*Albert Mockel, [juillet 1894], 349, p. 17.
*Paul Valéry, [3.IX.94], VAL., p. 214.
*Mme Paul Gide, 22.IX.94, 237, pp. 365-366; 359, pp. 143-144.
*Francis Jammes, [automne 1894], JAM., p. 36.
Francis Jammes, [fin de l'année 1894], JAM., pp. 37-38.
*Mme Paul Gide, 30.I.95, 237, p. 451.
Emile Verhaeren, 10.III.95, VER., p. 46.
Mme Paul Gide, 5.IV.95, 237, p. 575.
*Francis Jammes, [mai 1895], JAM., p. 45.
*Francis Jammes, [juin 1895], JAM., pp. 47-48.
*Francis Jammes,[début d'août] 95, JAM., pp. 53-54.
*Francis Jammes, [novembre 1895], JAM., p. 59.
*Marcel Drouin, [début de 1896], 186, p. 332.
Max Elskamp, 3.II.96, 349, p. 26.
*Paul Valéry, [mai 1896], VAL., p. 265.
*Paul Valéry, [4.X.96], VAL., p. 279.
*Francis Jammes, [début de février 1897], JAM., p. 100.
*Paul Valéry, [avril 1897], VAL., p. 289.
*Paul Valéry, [29.IV.97], VAL., p. 293.
*Stéphane Mallarmé, 9.V.97, 145, p. 770 et VAL., p. 297.
*Francis Jammes, [juillet 1897], JAM., p. 115.
Francis Jammes, [juillet 1897], JAM., p. 117.
*Francis Vielé-Griffin, [été 1897], 240, p. 107.
Charles Van Lerberghe, 18.III.98, 349, p. 34.
*Marcel Drouin, 30.III.98, 163, pp. 61-62.
*Marcel Drouin, 13.IV.98, 186, p. 391.
*Francis Jammes 17.IV.98, JAM., pp. 137-138.
*Francis Jammes, [avril 1898], JAM., p. 140.
Emmanuel Signoret, 15.VII.98, 7, pp. 575-576.
*Maurice Beaubourg 14.VII.99, 216, pp. 762-763.

*Raymond Bonheur, 12.III.1900, BON., pp. 56-57.
*Saint-Georges de Bouhélier, 10.VIII.1900, 8, pp. 239-240.
*Marcel Drouin, 4.XI.1900, 88, pp. 558-559.
*Maurice Beaubourg, [20.XII. 1900], 216, p. 767.
Christian Beck, [1901?], 164, p. 395.
Raymond Bonheur, [15.IV.01], BON., p. 60.
*Francis Jammes, juillet [01], JAM., pp. 174-175.
*Francis Jammes, [novembre 1901], JAM., p. 173.
*Francis Jammes, 12.IV.02, JAM., pp. 184-185.
*Francis Jammes, [mai 1902], JAM., p. 188.
Jean Schlumberger, [juin 1902], 179, pp. 151-152.
*Francis Jammes, [12.VI.02], JAM., p. 194.
*Edouard Ducoté, [1903?], 232, pp. 152-153.
*Francis Vielé-Griffin, 2.IV.03, 240, p. 113.
Raymond Bonheur, 3[ou 4].V.03, BON., p. 74.
*Raymond Bonheur, 10.V.[03], BON., pp. 75-77.
Raymond Bonheur, 2.VI.03, BON., p. 78.
*Marcel Drouin, 4.XI.03, 335, p. 26.
Edouard Ducoté, 8.XI.03, 232, p. 1151.
Francis Jammes, 11.II.[04], JAM., p. 208.
*Francis Jammes, [milieu de mars 1904], JAM., p. 211.
*Charles Louis Philippe, 17.X.04, 266, pp. 582-583.
*Raymond Bonheur, 1.II.[05], BON., pp. 91-92.
Charles-Louis Philippe, [1906], 348, p. 115.
*Francis Jammes, 2.V.06, JAM., pp. 235-236.
*Christian Beck, 19.V.06, 164, p. 401.
Francis Jammes, 19.VIII.06, JAM., p. 239.
*Paul Claudel, 7.XI.06, CLA., pp. 67-68.
*Gil Blas, 29.XII.06, 13, p. 2.
Christian Beck, 27.II.[07], 165, p. 619.
*Paul Claudel, 14.III.[07], CLA., pp. 72-73.
*Paul Claudel, 20.VI.07, CLA., pp. 74-75.
*Marcel Drouin, 29.VI.07, 139, p. 250.
Charles Péguy, 15.II.08, PEG, pp. 22-23.
Francis Jammes, 5.IV.08, JAM., pp. 250-251.
*Franz Blei, 23.IV.08, 358, pp. 204-206.

Paul Claudel, [juillet 1908], CLA, pp. 86-87.

Valery Larbaud, 30.VIII.[08], 169, pp. 120-121.

André Suarès, 7.I.[09], SUA, p. 31.

Paul Claudel, 9.I.09, CLA., p. 95.

André Suarès, 27.II.09, SUA., p. 32.

André Suarès, 18.III.[09], SUA., pp. 34-35.

*Francis Jammes, 15.VI.09, JAM., p. 260.

André Suarès, 24.XI.[09], SUA., p. 38.

Christian Beck, 1.XII.09, 165, p. 631.

François-Paul Alibert, 2.XII.09, 210.

*Christian Beck, [janvier 1910], 165. p. 632.

André Suarès, 1.I.10, SUA., p. 40.

Francis Jammes, 2.I.10, JAM., p. 271.

Charles Péguy, 11.II.10, PEG., p. 13.

Paul Claudel, 15.II.10, CLA., p. 120.

*Paul Claudel, 23.II.10, CLA. p. 124.

*Paul Claudel, [mars 1910], CLA., p. 130.

Paul Claudel, 12.III.10, CLA., p. 128.

*Edmund Gosse, 10.IV.10, GOS, p. 56.

Francis Jammes, [3.V.10], JAM., p. 273.

*Paul Claudel, [juin 1910], CLA., pp. 143-144.

Emile Verhaeren, [juin ou juillet] 1910, VER., p. 74.

*Paul Claudel, 6.VIII.10, CLA., p. 148.

*André Suarès, 6.XI.10, SUA., pp. 45-46.

*Mme Emile Mayrisch, 9.XI.10, 236, p. 75.

*M. Alcippe, [décembre 1910], 15.

*André Suarès, 6.XII.10, SUA., p. 49.

*Paul Claudel, 7.I.11, CLA., p. 159.

*Mme Emile Mayrisch, 9.II.11, 236, p. 94.

André Suarès, 10.II.11, SUA., p. 52.

*Mme Emile Mayrisch, 19.II.11, 236. p. 95 et RIL., p. 55.

Paterne Berrichon, 4.VI.11, 163, p. 42.

*Francis Jammes, 19.VI.11, JAM., p. 277.

Valery Larbaud, [25.VII.11], 169, p. 180.

*Henri Clouard, 2.VIII.11, 335, p. 53.

Mme Emile Mayrisch, 3.VIII.11, 236, pp. 95-96.

Valery Larbaud, 11.VIII.11, 169, p. 181.

Mme Emile Mayrisch, 12.VIII.11, 236, pp. 96-97.

*Francis Jammes, [octobre 1911], JAM., p. 282.

Edmund Gosse, 8.X.11, GOS., p. 69.

Paul Claudel, 10.XII.11, CLA., p, 186.

Edmund Gosse, 31.XII.11, GOS., p. 72.

*Paul Claudel, 7.I.12, CLA., pp. 188-189.

*Gaston Sauvebois, 17.II.12, 104, pp. 472-474.

*Valery Larbaud, 19.II.12, 169, pp. 192-193.

Christian Beck, 25.VI.[12], 165, p. 637.

André Suarès, [été 1912], SUA., p. 66.

*René Boylesve, 24.X.12, 208, pp. 86-87.

*Paul Souday, 10.IV.13, 68, p. 64.

*Jean Schlumberger, 29.VI.13, RMGI, p. 647.

Valery Larbaud, 14.VI.13, 169, p. 228.

*Marcel Proust, [janvier 1914], PRO.,

*Roger Martin du Gard, 6.I.14, RMGI., pp. 128-129.

Rainer Maria Rilke, 14.II.14, RIL., pp. 93-94.

Valery Larbaud, 23.III.14, 169, p. 237.

*Francis Jammes, [fin de mars 1914], CLA., p. 231.

Paul Valéry, 4.VII.[14], VAL., p. 435.

Paul Souday, 23.VIII.15, 68, pp. 64-65.

*Jacques-Emile Blanche, 22.IX.15, 289, p. 759.

Arnold Bennett, 16.I.16, BEN., p. 88.

Edmund Gosse, 23.I.16, GOS., p. 123.

*Edmund Gosse, 27.VII.16, GOS., pp. 136-137.

Charles Maurras, 20.X.16, 139, pp. 574-575.

*Paul Souday, 6.VI.17, 68, p. 65; 365, pp. 6-8.

*Paul Valéry, 13.VI.17, VAL., pp. 446-447.

Edmund Gosse, 26.X.17, GOS, p. 152.

*Henri Ghéon, 23.II.18, 139, pp. 647-648.

*Valery Larbaud, [fin février 1918], 169, p. 268.

*André Ruyters, 2.III.18, 360, pp. 18-19.

*Arnold Bennett, 21.VII.18, BEN., p. 95.

Edmund Gosse, 31.VII.18, GOS., pp. 157-158.

*Anna de Noailles, 8.II.[19], 359, pp. 161-162.

*Jacques Rivière, [mai] 19, 28, pp. 121-125.

*Jean Cocteau, [mai?]19, COC., pp. 78-81.

Roger Martin du Gard, 6.VII.19, RMGI, p. 146.

Jacques-Émile Blanche, 20.XI.19, 289, p. 762.

*Charles Du Bos, [automne 1920], 62, pp. 759-762.

*Arnold Bennett, 15.XI.20, BEN., pp. 104-107.

*Joseph Conrad, 25.XI.20, 308, p. 158.

*Colette, 11.XII.20, 72, p. 48.

André Rouveyre, 21.XII.[20], ROU., p. 59.

*Henri Ghéon, 23.I.21, 264, p. 28.

*Arnold Bennett, 26.I.21, BEN., pp. 111-113.

*René Schwob, 16.II.21, 188, p. 95.

Rainer Maria Rilke, 16.IV.21, RIL., p. 148.

*Parse, [mai 1921], 29.

*Walter Rathenau, 25.VI.21, 53, pp. 305-306.

Paul Valéry, [1921], VAL., p. 486.

Rainer Maria Rilke, II.VII.[21], RIL., p. 165.

Roger Martin du Gard, 20.VIII.21, RMGI, p. 171.

*Joseph Conrad, 16.X.[21], 308, pp. 162-163.

Charles Du Bos, [1921], BOS., p. 35.

*Charles Du Bos, [1921], BOS., pp. 32-33.

Charles Du Bos, [1921], BOS., p. 39.

*Jean Cocteau, 12.V.22, COC., p. 117.

Roger Martin du Gard, 18.VII.[22], RMGI, p. 187.

*Roger Martin du Gard, [12.IX.22], RMGI., pp. 191-192.

*Roger Martin du Gard, 7.X.22, RMGI., p. 193.

*Willy Schuermans, 28.X.22, SCHU., pp. 39-41.

Bernard Fay, [1923], 296, pp. 68-69.

*Jean Cocteau, 24.I.23, COC., pp. 135-136.

Roger Martin du Gard, 14.II.23, RMGI, p. 209.

Roger Martin du Gard, 25.II.23, RMGI, p. 211.

*Roger Martin du Gard, [fin juillet 1923], RMGI, p. 223.

*Arnold Bennett, [fin août 1923], BEN., p. 124.

Paul Valéry, 9.[X.23], VAL., p. 495.

*Roger Martin du Gard, [fin octobre ou début novembre 1923], RMGI, p. 231.

Roger Martin du Gard, [novembre 1923], RMGI., p. 235.

*Marcel Jouhandeau, 9.I.24, JOU., p. 11.

*Arnold Bennett, 29.I.24, BEN., pp. 130-132.

*André Rouveyre, 14.IV.24, 357, p. 32.

Roger Martin du Gard, 21.VII.24, RMGI, p. 251.

*André Rouveyre, 31.X.24, ROU., p. 83.

Marcel Jouhandeau, 31.X.24, JOU., p. 13.

*Saint-John Perse, 5.XII.[24], 288, p. 404.

*Paul Valéry, 26.XII.24, VAL., p. 499.

*Marcel Jouhandeau, [1924-1925?], JOU., p. 15.

*Roger Martin du Gard, [avril 1925], RMGI, p. 259.

*Roger Martin du Gard, 9.VI.25 RMGI, p. 268.

*Marcel Jouhandeau, août [1925], JOU., pp. 16-17.

*Arnold Bennett, 8.VIII.25, BEN., pp. 150-151.

*Charles Du Bos, 2.VII.26, BOS., p. 105.

*Rainer Maria Rilke, 6.VII.26, RIL., p. 244.

*Georg Brandes, 5.VIII.26, 203, p. 495.

*Charles Du Bos, 14.XI.26, BOS., p. 109

*Eugène Dabit, 14.III.27, 214, p. 29.

Roger Martin du Gard, [3.V.27], RMGI, p. 307.

*André Rouveyre, 26.VI.27, ROU., p. 93.

*Roger Martin du Gard, 1.VII.27, RMGI, p. 313.

André Jouhandeau, 6.VII.27, JOU., p. 24.

*Eugène Dabit, 6.XI.27, 214, pp. 30-31.

L'Intransigeant, 13.XII.27, 42.

*X..., [1928], 64, pp. 764-765.

*François Porché, [janvier 1928], 60, pp. 59-65.

*André Rouveyre, 8.II.28, ROU., pp. 105-107.

*Roger Martin du Gard, 10.II.28, RMGI, p. 330.

*Bernard Fay, 20.II.28, 296, pp. 78-79.

*Jacques de Lacretelle, 9.III.28, 254, p. 4.

*Mme X..., 17.IV.28, 63, pp. 762-763.

*François Mauriac, 24.IV.28, MAU., pp. 75-77.

François Mauriac, 10.V.28, MAU., p. 77.

*Louis Laloy, 14.V.28, 54, pp. 306-309.

*Roger Martin du Gard, 22.IX.28, RMGI, pp. 352-353.

*Roger Martin du Gard, 28.IX.28, RMGI, pp. 354-355.

*Roger Martin du Gard, 2.X.28, RMGI, pp. 357-358.

Roger Martin du Gard, 17.X.28, RMGI, p. 359-360.

*Roger Martin du Gard, 5.XI.28, RMGI, pp. 360-361.

*Roger Martin du Gard, 20.XI.28, RMGI, pp. 362-363.

Paul Valéry, 21.XII.28, VAL., p. 507.

*François Mauriac, 4.II.29, MAU., pp. 79-80.

*Jean Giono, 29.III.29, 231.

*Charles Du Bos, 10.IV.29, BOS., pp. 178-180.

*Armand Godoy, 30.IV.29, 79, p. 58.

*Jean Prévost, 14.VI.29, RMGI, p. 692.

*Roger Martin du Gard, 19.VI.29, RMGI, p. 371.

*Roger Martin du Gard, 29.X.29, RMGI, p. 378.

Paul Léautaud, [1930], 182, pp. 16-17.

*Edouard Bourdet, [1930], 173, p. 6.

Roger Martin du Gard, 9.II.30, RMGI, pp. 391-392.

*Roger Martin du Gard, 2.VI.30, RMGI, pp. 399-400.

*Marcel Jouhandeau, 3.VI.30, JOU., pp. 28-32.

*Roger Martin du Gard, 28.VI.30, RMGI, p. 406.

Roger Martin du Gard, 3.VII.30, RMGI, pp. 407-408.

*Arnold Bennett, 4.VII.30, BEN., pp. 180-182.

*Roger Martin du Gard, 25.VII.30, RMGI, p.414.

*Arnold Bennett, 28.VII.30, BEN., p. 186.

*Arnold Bennett, 14.IX.30, BEN., pp. 190-191.

*Roger Martin du Gard, 29.IX.30, RMGI, pp. 413-419.

*Arnold Bennett, 27.X.30, BEN, pp. 193-195.

*Arnold Bennett, 3.I.31, BEN., p. 199.

Roger Martin du Gard, 26.I.31, RMGI, p. 435.

*Roger Martin du Gard, [février 31], RMGI, pp. 468-469.

*Roger Martin du Gard, 1.II.31, RMGI, p. 443.

*Roger Martin du Gard, 2.II.31, RMGI, pp. 443-444.

*Roger Martin du Gard, 5.III.31, RMGI, pp. 452-453.

*Roger Martin du Gard, 11.III.31, RMGI, pp. 458-459.

*Roger Martin du Gard, 22.III.31, RMGI, pp. 466-467.

*Roger Martin du Gard, 15.IV.31, RMGI, p. 474.

*Adrienne Monnier, 24.IV.31, 229, pp. 105-106.

Marcel Jouhandeau, 1.VII.31, JOU., p. 32.

*Roger Martin du Gard, 31.VII.31, RMGI, pp. 480-481.

*Roger Martin du Gard, 3.VIII.31, RMGI, pp. 482-483.

Roger Martin du Gard, 13.VIII.31, RMGI, p. 485.

*Jacques de Lacretelle, [6.IX.31], 245, pp. 401-402.

*Roger Martin du Gard, 7.IX.31, RMGI, pp. 486-487.

*Eugène Dabit, 8.XI.31, 214, pp. 41-42.

*Jean Giraudoux, 12.XI.31, 139, p. 1092.

*Paul Iseler, 26.XI.31, 132, pp. 9-12.

*Marcel Jouhandeau, 30.XI.31, JOU., p. 33.

Marcel Jouhandeau, [fin 1931], JOU., p. 34.

*André Thérive, 2.II.32, 135a, pp. 554-555.

Roger Martin du Gard, 17.II.32, RMGI, pp. 504-505.

*Roger Martin du Gard, 25.II.32, RMGI, p. 513.

*Roger Martin du Gard, 29.III.32, RMGI, p. 516.

Roger Martin du Gard, 17.IV.32, RMGI, p. 519.

*Roger Martin du Gard, 13.VII.32, RMGI, p. 530.

Roger Martin du Gard, 18.VII.32, RMGI, p. 533.

*Roger Martin du Gard, 27.IX.32, RMGI, p. 538.

*Eugène Dabit, 26.XI.32, 214, pp. 43-44.

Hermann Hesse, [1933], 194, p. 6.

*Roger Martin du Gard, 24.II.33, RMGI, pp. 548-549.

*X..., 2.IV.33, 225, pp. 65-66.

*Roger Martin du Gard, 12.IV.33, RMGI, pp. 559-560.

*Roger Martin du Gard, 15.IV.33, RMGI, p. 562.

*Roger Martin du Gard, 2.V.33, RMGI, pp. 565-566.

*Jean Paulhan, 25.VI.33, 111, pp. 44-46.

*Roger Martin du Gard, 15.VIII.33, RMGI, pp. 574-575.

*Roger Martin du Gard, 8.X.33, RMGI, pp. 581-582.

*André Rouveyre, 11.I.34, ROU., p. 147.

*R. de B., 16.I.34, 107, pp. 198-201.

Eugène Dabit, 15.II.34, 214, p. 44.

*Michel Cholokhov, 27.II.34, 102, pp. 731-732.

Michel Cholokhov, 7.III.34, 102, p. 732.

*Roger Martin du Gard, 30.V.34, RMGI, pp. 615-616.

Roger Martin du Gard, 5.VII.34, RMGI, pp. 624-625.

*Eugène Dabit, 16.VII.34, 214, p. 45.

*Julien Green, 28.VII.34, 166, p. 19.

Roger Martin du Gard, 15.X.34, RMGI, p. 635.

*Pierre de Massot, [1934], 117.

Roger Martin du Gard, 23.II.35, RMGII, p. 19.

Roger Martin du Gard, 5.V.35, RMGII, pp. 28-29.

Roger Martin du Gard, 18.V.35, RMGII, p. 31.

Roger Martin du Gard, 8.X.35, RMGII, p. 51.

Maurice Lime, 4.I.36, 205, pp. 80-82.

*X..., 10.I.[36], 121, pp. 301-303.

*Roger Martin du Gard, 23.II.36, RMGII, p. 67.

*Roger Martin du Gard, 17.III.36, RMGII, pp. 70-71.

*Roger Martin du Gard, 19.III.[36], RMGII, pp. 71-72.

Roger Martin du Gard, 23.X.36, RMGII, p. 80.

*Maurice Lime, [mars-avril 37], 205, p. 119.

Roger Martin du Gard, 26.IV.37, RMGII, pp.101-102.

*Christian Caprier, juillet 37, 230, pp. 47-48.

*Jean Paulhan, 27.VII.37, 339, p. 78.

*Roger Martin du Gard, 24.VIII.37, RMGII, p.114.

*Christian Caprier, octobre 37, 230, p. 48.

*François Mauriac, 14.XII.37, MAU., p. 89.

*Roger Martin du Gard, 1.IV.38, RMGII, p. 129.

*Adrienne Monnier, 15.IV.38, 229, pp. 106-107.

Maurice Lime, 24.IV.38, 205, pp. 128-129.

*Jean Malaquais, 13.V.38, 222, pp. 7-8.

*Roger Martin du Gard, [21.VIII.38], RMGII, p. 148.

*Jean Paulhan, 1.X.38, 339, p. 78.

*Marcel Jouhandeau, 29.X.38, JOU., pp. 39-40.

Claude Mauriac, 1.XI.38, 197, pp. 19-20.

*Georges Simenon, 31.XII.38, 327, pp. 29-30.

Georges Simenon, 6.I.39, 327, pp. 30-31.

*Georges Simenon, 20.I.39, 327, pp. 31-32.

*Georges Simenon, 14.III.39, 327, pp. 32-33.

René Schwob, 1.V.39, 188, p. 118.

Roger Martin du Gard, 10.VI.39, RMGII, p. 169.

*Marcel Jouhandeau, 25.VII.39, JOU, pp. 41-42.

*Roger Martin du Gard, 28.VII.39, RMGII, pp. 181-182.

*Jean Lambert, 25.VIII.39, 251, pp. 94-95.

Henri Thomas, 4.XII.[39], 234, p. 367.

François Mauriac, 9.I.40, MAU., p. 98.

Henri Thomas, 5.II.40, 234, pp. 367-368.

Roger Martin du Gard, 13.IV.40, RMGII, p. 197.

*Roger Martin du Gard, 14.IV.40, RMGII, pp. 197-198.

*Roger Martin du Gard, 29.IX.40, RMGII, pp. 222-223.

*Roger Martin du Gard, 18.I.41, RMGII, pp. 226-227.

*Roger Martin du Gard, 24.I.41, RMGII, p. 232.

Roger Martin du Gard, 7.II.41, RMGII, p. 233.

Pierre Bayrou, 8.VI.41, 226.

Edmond Jaloux, 14.VII.41, 178.

Roger Martin du Gard, 18.IX.41, RMGII, p. 237.

Georges Simenon, 19.IX.41, 327, p. 34.

Roger Martin du Gard, 22.IX.41, RMGII, p. 239.

François Mauriac, 6.X.41, 197, p. 255.

Georges Simenon, 27.XII.41, 327, p. 35.

*Jean Lambert, 3.II.42, 251, pp. 83-84.

*Roger Martin du Gard, 14.V.42, RMGII, p. 246.

*Georges Simenon, 21.VIII.42, 327, p. 36.

Saint-John Perse, 29.III.44, 288, p. 439.

*Georges Simenon, 11.XII.44, 327, p. 37.

Roger Martin du Gard, 15.II.45, RMGII, p. 315.

Georges-Simenon, 14.VII.45, 327, p. 39.

*Claude Mauriac, 4.VIII.45, 197, pp. 278-280.

*Claude Mauriac, 6.VIII.45, 197, pp. 280-281.

Roger Martin du Gard, 23.VIII.45, RMGII, p. 329.

*Joe Bousquet, 7.X.45, 299.

*Renée Lang, 10.VI.46, 170, pp. 178-180.

Raymond Lepoutre, 9.VII.46, 156.

Roger Martin du Gard, 15.VII.46, RMGII, p. 344.

*Georges Simenon, 3.IX.46, 327, pp. 40-41.

*François Mauriac, 1.XII.46, MAU., pp. 106-107.

Rolf Bongs, 14.I.47, 211, p. 53.

Combat, [mars 47], 158, p. 2.

*Albert J. Guerard, 16.V.47, 193.

Raymond Lacaze, 12.VIII.47, 250.

*Roger Martin du Gard, 18.VIII.47, RMGII, p. 378.

*Roger Martin du Gard, 8.IX.47, RMGII, pp. 378-379.

*Roger Martin du Gard, 16.IX.47, RMGII, pp. 381-382.

*Roger Martin du Gard, 28.I.48, RMGII, p. 395.

Roger Martin du Gard, 11.II.48, RMGII, p. 396.

*Georges Simenon, 12 à 16.II.48, 327, pp. 42-43.

*Georges Simenon, 11.III.48, 327, pp. 43-44.

*Dorothy Bussy, 5.VI.48, 281, p. 17.

*Roger Martin du Gard, 22.VI.48, RMGII, p. 413.

*Roger Martin du Gard, 26.VI.48, RMGII, pp. 415-416.

Georges Simenon, 10.X.48, 327, p. 45.

Roger Martin du Gard, 19.X.48, RMGII, p. 429.

Roger Martin du Gard [décembre] 48, RMGII, p. 433.

Georges Simenon, 28.XII.48, 327, p. 45.

Roger Martin du Gard, 29.XII.48, RMGII, p. 434.

*Roger Martin du Gard, 19.I.49, RMGII, p. 436.

*Roger Martin du Gard, 6.III.49, RMGII, pp. 446-447.

Roger Martin du Gard, 21.III.49, RMGII, p. 450.

*Pierre de Boisdeffre, 22.III.49, 201, pp. 173-174.

*Georges Simenon, 22.VI.49, 327, p. 46.

*Roger Martin du Gard, 11.VII.49, RMGII, p. 457.

Roger Martin du Gard, 26.VIII.49, RMGII, p. 460.

*Arthur Adamov, [X] 49, 177, pp. 9-10.

*Georges Simenon, 7.XII.49, 327, pp. 46-47.

Jean-Paul Sartre, 10.XII.49, 253.

*François Mauriac, 11.XII.49, MAU., pp. 113-114.

X..., 29.XII.49, 349, p. 133.

François Augieras, 30.III.50, 200, p. 74.

François Mauriac, 5.IV.50, MAU., pp. 115-116.

Roger Martin du Gard, 19.VI.50, RMGII, p. 490.

Ivan Bounine, octobre 50, 174.

*Lucien Maury, octobre 50, 195, pp. 11-13.

Albert J. Guerard, 18.XII.50, 193, p. 242.

Roger Martin du Gard, 11.I.51, RMGII, p. 506.

GIDE, CRITIQUE D'ART

Mme Paul Gide, 18.V.92, 237, p. 155.

*Mme Paul Gide, 30.IV.94, 237, pp. 322-323.

*Odilon Redon, [mai 1894], 263, p. 250.

*Mme Paul Gide, 6.V.94, 237, p. 322.

Odilon Redon, [1896], 263, p. 251.

*Marcel Drouin, [début 1896], 186, p. 381.

*Marcel Drouin, 11.II.96, 355, pp. 614-615.

Paul Valéry, [15.III.98], VAL., p. 315.

*Maurice Denis, [1899], 238, p. 153.

Maurice Denis, [avril 1901], 238, p. 169.

Francis Jammes, [mai 1902], JAM., p. 189.

*Francis Jammes, 8.X.[03], JAM., p. 205.

Eugène Rouart, 13.VIII. 244, p. 23.

*Paul Valéry, 8.V.18, VAL., p. 471.

*Maurice Denis, 13.V.24, 255, p. 42.

*Mme X..., 17.IV.28, 63, pp. 762-764.

*Robert de Traz, [16.XI.32], 334, p. 474.

Ossip Zadkine, [1949], 349, p. 123.

GIDE, CRITIQUE DE SES CRITIQUES
    Voir : CRITIQUES

GIDE, CRITIQUE DE SON OEUVRE

Voir : OEUVRE.

GIDE, CRITIQUE MUSICAL

Pierre Louÿs, 13.V.92, 237, p. 154.

*Paul Valéry, [août 1892], VAL., p. 170.

Paul Valéry, [septembre 1892], VAL., p. 173.

*Paul Valéry, 19.X.99, VAL., p. 358.

Raymond Bonheur, 6.III.[03], BON., p. 73.

*Jacques-Emile Blanche, 19.V.16, 289, pp. 762-763.

André Ruyters, 2.III.18, 360, pp. 18-19.

*Henri Ghéon, [octobre 1932], 76, pp. 632-634.

*Robert de Traz, [16.XI.32], 334, p. 474.

Marcelle Schveitzer, 1.VII.48, 369, p. 153.

GIDE ET SA CONCEPTION DE LA LITTERATURE

Voir : LITTERATURE

GIDE, FACE A LA CRITIQUE

Voir : CRITIQUE

GIDE, TRADUCTEUR

Voir : TRADUCTION

GLOIRE [André Gide et la ...]

*Paul Valéry, 24.[II.91], VAL., p. 61.

Paul Valéry, [12.IV.91], VAL., p. 77.

Mme Paul Gide, 17.X.94, 237, p. 373.

*Francis Vielé-Griffin, [juin 1901], 240, pp. 111-112.

*Francis Jammes, 14.X.04, JAM., p. 215.

*Francis Jammes, 18.X.04, JAM., p. 218.

Maurice Barrès, [1906], 269, p. 52.

*Christian Beck, 17.XII.07, 165, pp. 622-623.

*Christian Beck, 21.XII.07, 165, p. 623.

* Arthur Fontaine, 24.I.09, 199, p. 3.

*Roger Martin du Gard, 24.VIII.37, RMGII, p. 114.

GLOIRE

Francis Jammes, [novembre 1895], JAM., p. 59.

*Francis Jammes, 1.XII.97, JAM., p. 130.

*Arthur Fontaine, 24.I.09, 199, p. 3.

*Figaro, [novembre 47], 159.

*Figaro, décembre 47, 160.

Henri Corbière, s.d., 180, p. 1.

GRAMMAIRE FRANCAISE

*Paul Souday, 13.X.23, 33.

*André Billy, 13.VII.46, 154.

GRAMMAIRE ITALIENNE

Paul Valéry, [septembre 1893], VAL., p. 187.

GRANDEUR

*Mme Paul Gide, 30.IV.94, 237, p. 322.

Mme Paul Gide, 4.V.94, 237, p. 323.

GRANDEUR MORALE

Mme Paul Gide, 25.I.95, 237, p. 441.

GUERRE 1914-1918

*M.D., 7.XI.19[?], 115, pp. 465-466.

*André Ruyters, 16.IX.14, 139, pp. 489-490.

Arnold Bennett, 1.VIII.[14], BEN., p. 76.

*Arnold Bennett, 17.IX.[14], BEN., pp. 78-79.

*Paul Valéry, 4.X.14, VAL., pp. 441-444.

Edmund Gosse, 10.XI.14, GOS., p. 113.

Paul Souday, 10.XI.14, 68, p. 67.

Roger Martin du Gard, [fin janvier 1915], RMGI, pp. 135-136.

Arnold Bennett, 4.X.15, BEN., p. 86.

*Edmund Gosse, 3.VII.16, GOS., pp. 130-131.

*Edmund Gosse, 27.VII.16, GOS., pp. 136-137.

Charles Maurras, 2.XI.16, 76.

Adrienne Monnier, 17.XII.16, 143.

Edmund Gosse, 21.XII.16, GOS., pp. 147-148.

Edmund Gosse, 23.XII.16, GOS., p. 150.

Edmund Gosse, 26.X.17, GOS., p. 152.

*Guillaume Lerolle, 29.X.17, 139, p. 635.

*Henri Ghéon, 23.II.18, 139, p. 648.

Paul Valéry, 5.V.18, VAL., p. 468.

*Dorothy Bussy, [19.XI]18, 281, p. 17.

*Jacques Rivière, [mai ?] 19, 28, pp. 121-125.

Paul Valéry, [2.X.20], VAL., p. 432.

Willy Schuermans, 13.V.[21], SCHU., pp. 16-17.

*Walter Rathenau, 25.VI.21, 53, pp. 305-306.

M. T'serstevens, [mai 1923], 32, p. 1.

André Rouveyre, 14.IV.24, 357, p. 32.

André Rouveyre, 31.X.24, ROU., p. 86.

Edmund Gosse, 30.XII.26, GOS., p. 187.

Paul Souday, 14.VII.27, 68, p. 66.

Montgomery Belgion, 22.XI.29, 67, p. 194.

Roger Martin du Gard, 2.V.33, RMGI, p. 566.

Roger Martin du Gard, 3.X.33, RMGI, p. 581.

Roger Martin du Gard, 14.X.33, RMGI, p. 582.

Roger Martin du Gard, 23.VIII.34, RMGI, p. 630.

Roger Martin du Gard, 19.XI.34, RMGI, p. 636.

X..., janvier [35], 176, p. 62.

GUERRE 1939-1945

Roger Martin du Gard 24.VIII.38, RMGII, p. 148.

Roger Martin du Gard, 26.IX.38, RMGII, p. 150.

*Roger Martin du Gard, 2.X.38, RMGII, p. 152.

*Jef Last, 2.X.38, 356, p. 124.

*Roger Martin du Gard, 9.X.38, RMGII, pp. 154-155.

Roger Martin du Gard, 19.IX.39, RMGII, p. 187.

Henri Thomas, 17.X.[39], 234, p. 366.

Claude Mauriac, 19.XII.39, 197, p. 238.

François Mauriac, 9.I.40, MAU., p. 98.

Roger Martin du Gard, 13.II.40, RMGII, p. 195.

Claude Mauriac, 11.III.40, 197, p. 240.

Claude Mauriac, 1.IV.40, 197, pp. 241-242.

Roger Martin du Gard, 18.IV.40, RMGII, p. 201.

Roger Martin du Gard, 19.IV.40, RMGII, p. 202.

*Roger Martin du Gard, 7.V.40, RMGII, p. 205.

Roger Martin du Gard, 26.V.40, RMGII, pp. 207-208.

Georges Simenon, 28.V.40, 327, pp. 33-34.

Claude Mauriac, 31.V.40, 197, p. 248.

Roger Martin du Gard, 7.VI.40, RMGII, p. 209.

Roger Martin du Gard, 14.VI.40, RMGII, p. 210.

François Mauriac, 3.VII.40, MAU., p. 99.

Roger Martin du Gard, 16.VII.40, RMGII, p. 212.

Roger Martin du Gard, 23.VII.40, RMGII, p. 213.

*Claude Mauriac, 14.VIII.40, 197, pp. 251-252.

Roger Martin du Gard, 14.IX.40, RMGII, p. 220.

Roger Martin du Gard, 29.IX.40, RMGII, p. 222.

Gabriel Audisio, 5.XII.40, 142, p. 552.

Roger Martin du Gard, 12.I.41, RMGII, p. 225.

Roger Martin du Gard, 18.I.41, RMGII, p. 227.

Georges Redard, 24.IV.42, 321, p. 4.

Roger Martin du Gard, 2.VII.42, RMGII, p. 256.

Pierre Brisson, 29.VIII.44, 150, p. 1.

Roger Martin du Gard, 30.X.44, RMGII, p. 284.

*Raymond Lacaze, 10.XI.44, 250, pp. IV-V.

Roger Martin du Gard, 24.XI.44, RMGII, p. 288.

Georges Simenon, 11.XII.44, 327, p. 37.

Simone Marye, 5.I.45, MAR., pp. 36-38.

*Roger Martin du Gard, 29.I.45, RMGII, p. 302.

Claude Mauriac, 3.II.45, 197, p. 266.

*Roger Martin du Gard, 11.II.45, RMGII, pp. 312-313.

*Roger Martin du Gard, 15.II.45, RMGII, pp. 314-315.

Roger Martin du Gard, 5.IV.45, RMGII, pp. 317-318.

Roger Martin du Gard, 29.IV.45, RMGII, pp. 320-321.

*Lucien Combelle, 24.IX.47, 190, pp. 105-107.

HASCHICH

Mme Paul Gide, 20.I.95, 237, p. 446.

Paul Valéry, [mars 1895], VAL., p. 236.

HEDONISME

*A.R., 31.X.97, 81, p. 482.

HEMOPTYSIE

Albert Démarest, [novembre 1893], 237, pp. 291-292.

*Jeanne Rondeaux, 23.XI.93, 237, p. 295.

*Pierre Louys, 1.II.94, 237, p. 296.

HERALDIQUE

Paul Valéry, [15.XI.91], VAL., p. 138.

Paul Valéry, [décembre 1891], VAL., p. 141.

HETEROSEXUALITE

*Montgomery Belgion, 22.XI.29, 67, p. 195.

Voir aussi : HOMOSEXUALITE
            SEXUALITE

HISTOIRE

Jacques-Emile Blanche, [automne 1893], 289, 761.

Marcel Drouin, 26.III.98, 186, p. 386.

*Paul Valéry, 10.IX.41, VAL., p. 525.

HITLERISME

Jacques Bois, 27.VII.35, 189, p. 316.

Pierre de Boisdeffre, 22.III.49, 201, pp. 173-174.

HOMME

*Louis Laloy, 14.V.28, 54, pp. 307-309.

HOMOSEXUALITE

*X..., [octobre 1894], 237, p. 522.

*Mme Paul Gide, 30.I.95, 237, pp. 451-452.

Mme Paul Gide, 17.III.95, 237, pp. 451-452.

Mme Paul Gide, 17.III.95, 237, p. 477.

*X..., 3.IV.95, 237, pp. 484-485.

*Paul Claudel, 7.III.14, CLA, p. 218.

*Paul Claudel, 8.III.14, CLA., p. 219.

*Paul Claudel, 16.III.14, CLA., p. 224.

*André Rouveyre, 22.XI.24, ROU., pp. 89-90.

*François Porché, [janvier 1928], 60, pp. 61-65.

Roger Martin du Gard, 7.I.28, RMGI, p. 321.

*Montgomery Belgion, 22.XI.29, 67, pp. 195-196.

*X..., [1934], 241, p. 8.

*Christian Caprier, octobre 37, 230, p. 48.

*Roger Martin du Gard, 30.III.48, RMGII, p. 404.

François Augieras, 30.III.50, 200, p. 74.

Voir aussi : AMITIE
            AMOUR
            SEXUALITE

HONNETE

*Maurice Denis, 28.VI.19, 239, p. 213.

HONNETETE DE L'ESPRIT

*Henri Ghéon, 23.II.18, 139, pp. 647-648.

*X..., janvier [35], 176, pp. 61-63.

François Mauriac, 11.XII.49, MAU., p. 114.

HORTICULTURE

X..., 17.XII.01, 366, p. 18.

Raymond Bonheur, [6.X.02], BON., p. 70.

*Eugène Rouart, 1.II.03, 10, p. 249.

Raymond Bonheur, [2.VI.03], BON., pp. 77-78.

Raymond Bonheur, [juin ?] 03, BON., p. 80.

*Raymond Bonheur, 28.VI.03, BON., pp. 80-83.

*Raymond Bonheur, 7.X.03, BON., p. 85.

Raymond Bonheur, 8.III.04, BON., p. 86.

Christian Beck, 27.II.[07], 165, p. 619.

*Roger Martin du Gard, octobre[30], RMGI, p. 419.

Roger Martin du Gard, 19.X.30, RMGI, p. 421.

*Roger Martin du Gard, 25.III.34, RMGI, p.608.

Voir aussi : BOTANIQUE

HUMANISME

*Paul Desjardins, [1926], BOS., p. 107.

*François Mauriac, 7.X.[27], MAU., p. 74.

*Montgomery Belgion, 22.XI.29, 67, pp. 196-197.

*R. de B., 16.I.34, 107, pp. 198-201.

*Mitsuo Nakamura, 2.I.51, 185.

HUMANITARISME

*Edmund Gosse, 27.VII.26, GOS., p. 179.

HYDROTHERAPIE

Mme Paul Gide, 4.VII.94, 237, p. 337.

HYGIENE

Marcel Drouin, [hiver 1894], 163, p. 55.

Paul Valéry, 11.XI.94, VAL., p. 220.

Mme Paul Gide, 20.XI.94, 237, p. 383.

HYPOCRISIE

*Mme Paul Gide, 15.III.95, 237, p. 473.

*Paul Claudel, 16.III.14, CLA., p. 224.

Eugène Ferrari, 15.III.28, 50, p. 48.

*Paul Léautaud, 24.XII.46, 357, pp. 38-39.

HYSTERIE

Paul Valéry, 2.XII.94, VAL., p. 223.

IDEALISME

*Paul Valéry, [septembre 1891], VAL., p. 128.

*Mme Paul Gide, 25.III.92, 237, p. 168.

*Mme Paul Gide, 30.IX.94, 237, p. 368.

Paul Valéry, 28.XII.94, VAL., p. 228.

IMAGINATION

*Mme Paul Gide, 6.XII.94, 237, pp. 389-390.

R.-G. Nobécourt, 4.I.48, 171, p. 170.

IMMORALISME

Mme Paul Gide, 8.II.95, 237, p. 547.

Arthur Fontaine, 8.VII.02, 199, p. 3.

*René Salomé, 23.II.20, 359, p. 167.

IMPARTIALITE

*Henri Ghéon, 23.II.18, 139, pp. 647-648.

INCESTE

*Roger Martin du Gard, 11.III.31, RMGI, pp.458-459.

*Roger Martin du Gard, 27.III.31, RMGI, p. 472.

INCONSEQUENCE

*E.R., 20.IV.97, 80, p. 481.

*Christian Beck, 29.IV.06, 164, p. 400.

Roger Martin du Gard, 18.II.32, RMGI, p. 506.

INDICE DE REFRACTION

René Boylesve, 24.X.12, 208, p. 86.

INDIGNATION

Albert Desmarest, [juin ou juillet 1895], 237, p. 508.

INDIVIDU

Paul Valéry, [C.P.12.V.91], VAL., p. 85.

*Mme Paul Gide, 25.III.92, 237, p. 168.

*Mme Paul Gide, [novembre 1894], 237, p. 646.

*Mme Paul Gide, 20.I.95, 237, p. 446.

*Roger Martin du Gard, 22.II.32, RMGI, p. 511.

*Edmond Jaloux, 18.IX.41, 178, p. 296.

*Figaro, novembre 47, 159.

Columbia Review, 22.I.51, 183.

*Umberto Campagnolo, 28.I.51, 184.

INDIVIDUALISME

*Mme Paul Gide, 24.I.95, 237, p. 488.

Marcel Drouin, 9.XI.[95], 353, p. 181.

*Paul Valéry, 18.I.98, VAL., p. 311.

*E.R., 24.I.98, 83, pp. 485-486.

*Victor Poucel, 27.XI.27, 48.

*Louis Laloy, 14.V.28, 54, pp. 307-308.

*Roger Martin du Gard, 1.II.31, RMGI, p. 441.

*Roger Martin du Gard, 22.II.32, RMGI, p. 511.

*Daniel-Rops, 20.V.33, 176, p. 35.

Roger Martin du Gard, 30.V.34, RMGI, pp. 615-616.

Jef Last, 3.IV.38, 333, p. 8.

*Mitsuo Nakamura, 2.I.51, 185.

Voir aussi : INDIVIDU

INFLUENCE

*Mme Paul Gide, 27.V.92, 237, p. 166.

Madeleine Rondeaux, 17.VI.92, 237, p. 97.

*Jacques-Emile Blanche, [automne 1893], 289, p. 761.

*Marcel Drouin, 3.XII.95, 163, pp. 49-50.

*Marcel Drouin, 28.III.[98], 353, p. 183.

*Marcel Drouin, 30.III.98, 163, pp. 61-62.

*Francis Jammes, [12.VI.02], JAM., p. 194.

*Emile Haguenin, 23.X.07, 358, pp. 199-200.

M. Pierrefeu, [fin novembre 1912], 105, p. 386.

*André Ruyters, 2.III.18, 360, pp. 18-19.

*Suzanne-Paul Hertz, 24.I.27, 44.

*René Schwob, 14.III.27, 188, p. 102.

*Lotte Schreiber, [1930-1932?], 99, p. 12.

*S.A. Rhodes, [1931?], 144, pp. 157-158.

*Roger Martin du Gard, 22.III.31, RMGI, p. 467.

Frédéric Lefevre, 19.IV.31, 348, pp. 131-132.

*Elsie Pell, 28.I.35, 119, pp. 9-10.

*Elsie Pell, 1.II.35, 119, pp. 29-30.

*Daniel Simond, 20.X.38, 360.

*Jacques Schiffrin, 18.VI.42, 170, p. 177.

Naim Kattan, 5.II.46, 324, p. XVI.

*Renée Lang, 10.VI.46, 170, pp. 178-180.

*Renée Lang, 27,XII.46, 170, p. 181.

*Renée Lang, 1.III.47, 170, p. 185.

INFLUENCE D'ANDRE GIDE

*René Schwob, 14.III.27, 188, p. 102.

*Roger Martin du Gard, 10.II.28, RMGI, p. 329.

*Roger Martin du Gard, 13.III.28, RMGI, p. 335.

*René Schwob, 23.II.32, 188, pp. 111-112.

Robert de Traz, [16.XI.32], 334, p. 473.

Association des écrivains et artistes révolutionnaires, 13.XII.32, 107, p. 196.

*Roger Martin du Gard, 21.I.36, RMGII., pp. 65-66.

*Lucien Combelle, 16.X.36, 122.

*Georges Redard, 29.VII.41, 321, p. 3.

*Paul Valéry, 15.VIII.41, VAL., p. 523.

Raymond Lacaze, 10.XI.44, 250, pp. IV-V.

*Bernard Enginger, février 46, 175, p. 295.

Albert Guerard, 16.V.47, 193.

*Mlle Reclus, 16.III.48, 221, pp. 37-38.

*Elvira Cassa Salvi, 25.I.50, 330a, pp. 117-118.

INQUIETUDE

Pierre Louys, 27.VII.92, 237, p. 175.

*Marcel Drouin, 6.I.94, 353, p. 105.

Mme Paul Gide, 28.I.95, 237, p. 439.

Mme Paul Gide, 5.IV.95, 237, pp. 492-494.
Paul Valéry, [mai 1895], VAL., p. 237.
André Fontainas, 28.IV.97, 349, p. 28.
*A.R., 31.X.97, 81, p. 482.
*Maurice Beaubourg, 1.IX.[1900], 216, p. 765.
Francis Jammes, 12.IV.02, JAM., p. 185.
*Christian Beck, 29.IV.06, 164, p. 400.
*Francis Jammes, 2.V.06, JAM., p. 236.
Francis Jammes, [fin d'août 1906], JAM., p. 242.
*René Salomé, 23.II.20, 359, p. 166.
*André Rouveyre, 5.XI.24, ROU, p. 87.
*René Schwob, 14.III.27, 183, p. 102.
*Mme X..., 17.IV.28, 63, p. 764.
*François Mauriac, 24.IV.28, MAU., p. 76.
*Simone Marye, 11.I.38, MAR., p. 27.

INSTRUCTION

Marcel Drouin, 25.XII.[95], 163, p. 74.

INTIMITE

*Paul Valéry, [3.XI.91], VAL., p. 133.
*Marcel Drouin, 5.XII.[94], 163, p. 69.
Mme Paul Gide, 11.XII.94, 237, p. 397.
Voir aussi : SOLITUDE

INTROSPECTION

*Marcel Drouin, 10.V.94, 163, p. 66.

IRONIE

*Arthur Fontaine, 17.VII.[99], 199, p. 3.
Anna de Noailles, 24.III.08, 351, p. 502.
*Arthur Fontaine, 24.I.09, 199, p. 3.
André Suarès, [été 1912], SUA., p. 66.
*Jacques Copeau, 29.VIII.13, 25, p. 408.
Roger Martin du Gard, 6.I.14, RMGI, p. 128.

*André Beaumier, [12.VII.14], 139, p. 437.
Jacques-Emile Blanche, 8.X.32, 289, p. 760.

IRRESOLUTION

*Mme Paul Gide, 13.XII.94, 237, p. 425.

IRRITATION

Paul Valéry, [mars 1895], VAL., p. 234.

ISLAM

*Mme Paul Gide, 20.I.95, 237, p. 446.
*Taha Hussein, 5.VII.45, 151, p. 129.
Umberto Campagnolo, 28.I.51, 184.
Voir aussi : RELIGION

JALOUSIE

Paul Valéry, [C.P. 9 septembre 1891], VAL., p. 124.
Marcel Drouin, 28.III.[98], 353, p. 183.
Maurice Denis, 7.XII.07, 239, p. 88.

JANSENISME

Francis Jammes, [décembre 1901], JAM., p. 185.
Paul Claudel, 17.I.08, CLA., p. 79.
Paul Claudel, 17.X.08, CLA., p. 90.
*René Salomé, 23.II.20, 359, p. 167.
Taha Hussein, 5.VII.45, 151. p. 129.

JOIE

Francis Vielé-Griffin, [avril 1893], 240, p. 106
Mme Paul Gide, 12.V.94, 237, p. 324.
Mme Paul Gide, 27.VI.94, 237, p. 332.
Mme Paul Gide, 7.VII.94, 237, p. 341.
Mme Paul Gide, 20.XI.94, 237, p. 383.
Paul Valéry, [C.P. 9.XII.95], VAL., p. 254.
Marcel Drouin, [avril 97], 348, p. 75.

E.R., 20.IV.97, 80, p. 481.

André Fontainas, 28.IV.97, 349, p. 28.

*Francis Jammes, 28.VIII.97, JAM., p. 300.

Francis Jammes, 2.IX.98, JAM., p. 148.

JOIE DE VIVRE

*Marcel Drouin, [1893], 353, p. 180.

*Marcel Drouin, 18.III.93, 163, p. 45.

X..., 30.III.93, 237, p. 222.

Paul Valéry, [24.VIII.93], VAL., p. 184.

*Albert Démarest, [novembre 1893], 237, p. 294.

*Jeanne Rondeaux, 23.XI.93, 237, p. 297.

*Pierre Louÿs, 1.II.94, 237, p. 296.

*Albert Démarest, [mars 1894?], 237, p. 305.

*Mme Paul Gide, 7.VII.94, 237, p. 341.

*Paul Valéry, 16.VII.94, VAL., p. 211.

*Mme Paul Gide, 30.IX.94, 237, p. 368.

Mme Paul Gide, [2.X.94], 359, p. 153.

*Mme Paul Gide, 20.I.95, 237, p. 436.

*Mme Paul Gide, 24.I.95, 237, p. 438.

X..., [avril 1895], 237, p. 615.

*X..., 3.IV.95, 237, pp. 482-484.

*Mme Paul Gide, 5.IV.95, 237, pp. 493-494.

*Marcel Drouin, [1896], 237, p. 656.

*Mécislas Golberg, [janvier] 1897, 2, p. 109.

Voir aussi : ALLEGRESSE

FERVEUR.

JOUETS

*Mme Paul Gide 24.XII.93, 232, p. 142.

JOURNAL

*Mme Paul Gide, 25.III.92, 237, pp. 167-168.

Marcel Drouin, 26.III.98, 186, p. 389.

Marcel Jouhandeau, 30.XI.31, JOU., p. 33.

*Roger Martin du Gard, 18.VII.32, RMGI, p. 533.

*Henri Ghéon, [octobre 1932], 76, p. 632.

*Roger Martin du Gard, 10.VII.34, RMGI, pp. 625-626.

Roger Martin du Gard, [21.VIII.38], RMGII, p. 148.

Roger Martin du Gard, 24.II.39, RMGII, p. 162.

*Klaus Mann, 8.II.40, 148.

Roger Martin du Gard, 16.VII.40, RMGII, p. 212.

Roger Martin du Gard, 2.VI.41, RMGII, p. 233.

*Edmond Jaloux, 14.VII.41, 178.

Roger Martin du Gard, 15.VI.42, RMGII, p. 251.

Roger Martin du Gard, août 42, RMGII, p. 260.

Roger Martin du Gard, 3.IX.42, RMGII, p. 266.

Roger Martin du Gard, 11.X.42, RMGII, p. 274.

Jean Gaulmier, 24.VII.43, 331, p. 340.

Jean Gaulmier, 29.VII.43, 331, p. 341.

Roger Martin du Gard, 17.X.44, RMGII, p. 282.

Roger Martin du Gard, 30.X.44, RMGII, p. 284.

*Roger Martin du Gard, 29.IV.45, RMGII, p. 321.

Roger Martin du Gard, 12.V.45, RMGII, p. 323.

Roger Martin du Gard, 17.X.46, RMGII, p. 354.

François Mauriac, 1.XII.46. MAU., p. 106.

Roger Martin du Gard, 28.I.48, RMGII, p. 395.

Roger Martin du Gard, 26.VIII.49, RMGII, p. 460.

JOURNALISME

*Mme Paul Gide, 30.IX.94, 237, p. 368.

*Saint-Georges de Bouhélier, 10.VIII.1900, 8, p. 240.

*Francis Jammes, [fin de décembre 1904] JAM., p. 225.

Paul Claudel, 9.I.09, CLA., p. 94.

*Paul Claudel, [juin 1910], CLA., p. 144.

X..., [1928], 64, p. 764.

X..., janvier [35] 176, p. 62.

Pierre Alessandri, 9.IX.37, 176, p. 182.

*André Calas, 6.IX.41, 305, p. 414.

X..., [novembre 1947], 175, p. 308.

JUIF

*E.R. 24.I.98, 83, pp. 488-489.

E.R., 11 IX.98, 84, p. 490.

Marcel Drouin, 29.VI.07, 139, p. 250.

Paul Claudel, 24.X.07, CLA., p. 77.

*Roger Martin du Gard, 2.V.33, RMGI, pp. 565-566.

Roger Martin du Gard, 15.VIII.33, RMGI, p. 575.

Roger Martin du Gard, 23.VIII.33, RMGI, pp. 576-577.

Roger Martin du Gard, 27.V.37, RMGII, p. 105.

Claude Mauriac, 14.X.39, 197, p. 236.

Voir aussi : AFFAIRE DREYFUS

THEATRE JUIF

SEMITISME

JUSTICE

*Francis Jammes, [avril 1898], JAM., p. 139.

*René Schwob, 30.XII,30, 188., p. 104.

Potemkine, 29.VI.35, 176, pp. 97-99.

LANGUE ALLEMANDE

Paul Valéry, [C.P.21.III.92] VAL., p. 154.

*Edmund Gosse, 10.IV.10, GOS., p. 56.

Mme Emile Mayrisch, 9.II.11, 236, p. 94.

*Jacques Rivière, [mai?] 19, 28, pp. 123-124.

Rainer Maria Rilke, 6.VII.26, RIL., p. 244.

Roger Martin du Gard, 14.VIII.32, RMGI, p. 535.

*Renée Lang, 10.VI.46, 170, p. 178.

Voir aussi : ALLEMAND

GERMANISME

LITTERATURE ALLEMANDE

LANGUE ANGLAISE

*Jean-Marc Bernard, [s.d.], 106, p. 582.

*Marcel Drouin, [début de 1896], 186, p. 382.

*Edmund Gosse, 10.IV.10, GOS., p. 56.

Paul Claudel, 16.VI.11, CLA., p. 177.

*Lady Rothermere, 7.I.18, 139, p. 644.

*Arnold Bennett, 8.III.29, BEN., p. 158.

S.A. Rhodes, [1931?], 144, p. 158.

Roger Martin du Gard, 18.II.31, RMGI, p. 447.

Gabriel Audisio, 5.XII.40, 142, p. 553.

LANGUE FRANCAISE

*Mme Paul Gide, 31.V.94, 237, p. 49.

Emmanuel Signoret, [1898], 5, p. 522.

*Saint-Georges de Bouhélier, 10.VIII.1900, 8, pp. 239-240.

*Maurice Beaubourg, [20.XII.1900], 216, p. 767.

Valery Larbaud, [mars 1913], 21, pp. 1044-1045.

Paul Souday, 17.IX.16, 68, p. 65.

Edmund Gosse, 26.X.17, GOS., p. 152.

*Lady Rothermere, 7.I.18, 139, p. 644.

*Jacques Rivière, [mai?] 19, 28, pp. 123-125.

Paul Souday, 13.X.23, 33.

*Gabriel Audisio, 5.XII.40, 142, pp. 552-556.

André Billy, 13.VII.46, 154.

*Jean-Marc Bernard, [s.d.], 106, p. 582.

LANGUE ITALIENNE

Paul Valéry, [septembre 1893], VAL., p. 187.

*Marcel Drouin, 25.XII.[95], 163, p. 74.

*Marcel Drouin, [début de 1896], 186, p. 382.

*Paul Valéry, [avril 1897], VAL., p. 290.

*Il Marzocco, 20.XI.97, 3, p. 46.

*Francis Jammes, [fin de janvier 1898], JAM., p. 134.

LANGUE SUEDOISE

*Lucien Maury, octobre 50, 195, p. 13.

LIBERALISME

Roger Martin du Gard, 25.III.34, RMGI, p. 608.

Jacques Bois, 27.VII.35, 139, p. 316.

*Roger Martin du Gard, 28.I.48, RMGII, pp. 395-396.

LIBERTE

Marcel Drouin, 9.XI.[95], 353, p. 181.

Marcel Drouin, 4.XI.1900, 88, p. 559.

Arthur Fontaine, 8.VII.02, 199, p. 3.

*Roger Martin du Gard, 18.VIII.19, RMGI, p. 148.

Gaston Bergery, décembre 37, 130.

Simone Marye, 5.I.45, MAR., p. 37.

Lucien Combelle, 21.I.45, 190, p. 104.

*Roger Martin du Gard, 29.I.45, RMGII, p. 302.

Figaro, novembre 47, 159.

*Columbia Review, 22.I.51, 183.

*Umberto Campagnolo, 28.I.51, 184.

LIBRE PENSEE

Mme Paul Gide, [22.IX.94], 237, p. 365; 359, p. 144.

LITHOGRAPHIE

Maurice Denis, [août 1892], 238, p. 105.

Marcel Drouin, 18.III.93, 163, p. 46.

LITTERATURE [André Gide et sa conception de la ...]

*Scheffer, [s.d.], 91, pp. 616-617.

*M.D., [1893], 78, pp. 545-546.

*Marcel Drouin, [1889-début 1890], 353, pp. 20-21.

Eugène Melchior de Vogüé, [février] 1890, 247.

Paul Valéry, [16.I.91], VAL., p. 43.

Mme Paul Gide, 20.I.91, 232, p. 438.

*Paul Valéry, 26.I.91, VAL., pp. 46-47.

*Paul Valéry, [29.III.91], VAL., pp. 75-76.

Paul Valéry, [C.P.12.V.91], VAL., pp. 84-85.

Paul Valéry, [C.P.17.VI.91], VAL., p. 99.

Paul Valéry, [C.P.23.VI.91], VAL., p. 101.

Paul Valéry, [C.P.28.VIII.91], VAL., p. 121.

*Paul Valéry, [3.XI.91], VAL., p. 134.

*Paul Valéry, [décembre 1891], VAL., p. 141.

*Albert Démarest, [janvier 1892], 237, p. 146.

*Mme Paul Gide, 24.III.92, 237, pp. 163-164.

Mme Paul Gide, 25.III.92, 237, pp. 168-169.

*Mme Paul Gide, 26.III.92, 237, p. 162; pp. 164-165.

Mme Paul Gide, 30.III.92, 237, pp. 162-163.

*Pierre Louys, 30.VII.92, 237, p. 194.

Jeanne Rondeaux, [août 1892], 233, p. 92.

*Maurice Denis, [août 1892], 238, pp. 104-105.

Paul Valéry, [août 1892], VAL., p. 170.

Paul Valéry, [C.P.18.X.92], VAL., p. 175.

Marcel Drouin, [1893], 353, p. 180.

*Marcel Drouin, 18.III.93, 163, pp. 44-45.

*Jacques-Emile Blanche, [automne 1893], 289, p. 761.

Jeanne Rondeaux, [hiver 1893], 232, p. 322.

*Marcel Drouin, 6.I.94, 353, p. 105.

*Marcel Drouin, 10.V.94, 163, pp. 65-67.

Mme Paul Gide, 19.V.94, 237, p. 324.

Mme Paul Gide, 8.VII.94, 237, p, 342.

Mme Paul Gide, 29.XI.94, 237, p. 385.

*Mme Paul Gide, 28.I.95, 237, p. 439.

*Mme Paul Gide, 5.IV.95, 237, pp. 493-494; p. 575 et p. 622.

Francis Jammes, [novembre 1895], JAM., p. 60.

Paul Valéry, [mai 1896], VAL., p, 265.

*Paul Valéry, [24.V.96], VAL., pp. 269-270.

*Paul Valéry, [29.VIII.96], VAL., pp. 273-274.

*Mécislas Golberg, [janvier] 1897, 2, pp. 110-111.

*Paul Valéry, [29.IV.97], VAL., p. 293.

*Il Marzocco, 20.XI.97, 3, p. 46.

*Paul Valéry, 22.X.98, VAL., p. 339.

Albert Mockel, [août 99], 349, p. 38.

*Paul Valéry, 28.X.99, VAL., pp. 362-363.

*Maurice Beaubourg, [janvier 1900?], 216, pp. 761-762.

*Saint-Georges de Bouhélier, 10.VIII.1900, 8, p. 240.

Francis Jammes, 12.IV.02, JAM., p. 184.

*Francis Jammes, [mai 1902], JAM., p. 189.

Jean Schlumberger, [juin 1902], 179, p. 152.

*Christian Beck, 23.VI.[02], 164, p. 397.

*Jacques-Emile Blanche, 12.VII.02, 289, p. 758.

*Francis Jammes, 6.VIII.02, JAM., pp. 199-200.

*Christian Beck, 29.IV.06, 164, p. 400.

*Paul Claudel, 20.VI.07, CLA., p. 75.

*Christian Beck, 2.VII.07, 165, pp. 620-621.

*Emile Haguenin, 23.X.07, 358, pp. 198-199.

Christian Beck, 17.XII.07, 165, p. 622.

[Almanach des étudiants libéraux de l'Université de Gand] [1908], 14.

*Paul Claudel 9.I.09, CLA., p. 94.

*Christian Beck, 16.X.09, 165, p. 629.

*Jules Renard, [1910], 17, pp. 134-135.

*Francis Vielé-Griffin, 6.I.10, 240, p. 116.

Paul Claudel, 23.II.10, CLA., p. 124.

*Paul Souday, [février 1913], 68, p. 64.

Jacques Copeau, 29.VIII.13, 25, p. 408.

*Albert Mockel, 5.VII.14, 349, pp. 76-77.

*Jacques Doucet, [janvier 1918], 163, p. 21.

*Henri Ghéon, 23.II.18, 139, pp. 647-648.

*Jean Cocteau, [mai?] 19, COC., pp. 78-81.

*Roger Martin du Gard, 17.VII.20, RMGI, p. 152.

*Charles Du Bos, [automne 1920], 62, pp. 759-762.

*François Mauriac, [1.VII.22], MAU., p. 69.

*Roger Martin du Gard, [12.IX.22], RMGI, p. 191.

*François Le Grix, 10.III.23, 58, pp. 7-9.

Marcel Jouhandeau, [1924-1925?], JOU., p. 15.

*Georg Brandes, 5.VIII.26, 203, p. 495.

*Charles Du Bos, 5.V.27, BOS., pp. 121-122.

*André Rouveyre, 11.IV.28, ROU., pp. 108-110.

*Mme X..., 17.IV.28, 63, pp. 763-764.

*François Mauriac, 24.IV.28, MAU., p. 76.

*Roger Martin du Gard, 22.IX.28, RMGI, p. 352.

*Roger Martin du Gard, 28.IX.28, RMGI, pp. 354-355.

*Roger Martin du Gard, 2.X.28, RMGI, pp. 357-358.

*Roger Martin du Gard, 9.II.30, RMGI, pp. 391-392.

*Roger Martin du Gard, 2.VI.30, RMGI, p. 400.

*Roger Martin du Gard, [fév. 1931], RMGI, pp.468-469.

*Roger Martin du Gard, 1.II.31, RMGI, pp. 442-443.

*Roger Martin du Gard, 11.III.31, RMGI, pp. 457-459.

*Roger Martin du Gard, 12.III.31, RMGI, pp. 460-461.

*Roger Martin du Gard, 22.III.31, RMGI, pp. 466-467.

*Roger Martin du Gard, 27.III.31, RMGI, pp. 471-472.

*Roger Martin du Gard, 7.IX.31, RMGI, p. 487.

*Roger Martin du Gard, 5.II.32, RMGI, pp.495-497.

*Roger Martin du Gard, 18.II.32, RMGI, p. 506.

*Roger Martin du Gard, 22.II.32, RMGI, pp. 510-511.

*Henri Drain, 18.VII.32, 163, pp. 89-90.

*Jacques-Emile Blanche, 8.X.32, 289, pp. 760-761.

*Robert de Traz, [16.XI.32], 334, pp. 473-474.

*Association des écrivains et artistes révolutionnaires, 13.XII.32, 107, pp. 195-196.

*Roger Martin du Gard, 2.V.33, RMGI. p. 566.

*Roger Martin du Gard, 3.XII.34, RMGI, p. 639.

*X..., janvier [35], 176, pp. 61-63.

*Jean Schlumberger, 1.III.35, 110, pp. 947-948.

Thierry Maulnier, [juillet] 35, 120, pp. 199-201.

*X..., 10.I.36, 121, pp. 301-303.

*Roger Martin du Gard, 1.IV.38, RMGII, p. 129.

*Roger Martin du Gard, 6.IV.38, RMGII, p. 131.

*Maurice Lime, 24.IV.38, 205, pp. 128-129.

*Georges Simenon, 6.I.39, 327, pp. 30-31.

Gabriel Audisio, 5.XII.40, 142, p. 556.

Roger Martin du Gard, 24.I.41, RMGII, p. 231.

*Ivan Bounine, octobre 50, 174.

LITTERATURE ALLEMANDE

*X..., 25.V.92, 77, pp. 543-545.

Paul Valéry, [C.P.11.VI.92], VAL., p. 162.

Roger Martin du Gard, 18.I.41, RMGII, p. 226.

Voir : ALLEMAND

    GERMANISME

    LANGUE ALLEMANDE.

LITTERATURE ANGLAISE

*Edmund Gosse, 14.VII.09, GOS., p. 47.

*René Boylesve, 24.X.12, 208, p. 85.

*Edmund Gosse, 29.VI.13, GOS., p. 102.

Voir aussi : LANGUE ANGLAISE

LITTERATURE BELGE

*[Almanach des étudiants libéraux de l'Université de Gand] [1908], 14.

LITTERATURE ESPAGNOLE

Marcel Drouin, 16.III.98, 217, p. 412.

LITTERATURE FRANCAISE

Edouard Ducoté, 8.XI.03, 282, p. 1151.

Gaston Sauvebois, 17.II.12, 104, p. 474.

*Roger Martin du Gard, 2.V.33, RMGI, p. 566.

LITTERATURE ITALIENNE

*Il Marzocco, 20.XI.97, 3, pp. 45-47.

*Giuseppe Prezzolini, 12.IV.13, 20, p. 1058.

LITTERATURE LATINE

Jeanne Rondeaux, [septembre 1887], 232, p. 384.

Roger Martin du Gard, 17.X.44, RMGII, p. 281.

Roger Martin du Gard, 30.X.44, RMGII, p. 284.

*René Schwob, 19.II.45, 188, p. 120.

Roger Martin du Gard, 12.VIII.45, RMGII, p. 328.

Roger Martin du Gard, 18.VIII.47, RMGII, p. 377.

*Roger Martin du Gard, 8.IX.47, RMGII, p. 379.

LITTERATURE PERSANE

*Parse, [mai 1921], 29.

LITTERATURE PROLETARIENNE

*Eugène Dabit, 20.II.32, 214, p. 42.

LITTERATURE RUSSE

*Ivan Bounine, octobre 50, 174.

LITTERATURES DU NORD

*Mme Paul Gide, [22.IX.94], 237, p. 365 ; 359, p. 144.

LUCIDITE

*Mme Paul Gide, 26.III.92, 237, p. 165.

Paul Valéry, [5.V.92], VAL., p. 161.

*Roger Martin du Gard, 18.VIII.47, RMGII, p. 378.

LYRISME

Pierre Louÿs, 13.V.92, 237, p. 154.

*Marcel Drouin, [1893], 353, p. 180.

X..., [novembre 1893], 237, p.294.

Mme Paul Gide, 27.VI.94, 237, p. 332.

Mme Paul Gide, 13 ou 14.IX.94, 237, p. 359.

*Mme Paul Gide, 24.I.95, 237, p. 483.

*Mme Paul Gide, 2.II.95, 237, p. 459.

*Pierre Louÿs, [10.III.95], 348, p. 57.

MARDIS [de Mallarmé]

Paul Valéry, [C.P.2.III.92], VAL., p. 148.

Paul Valéry, [C.P.27.I.95], VAL., p. 231.

MARIAGE

*Madeleine Rondeaux, [novembre 1892], 233, p.82.

*Maurice Denis, [juin 1893], 238, p. 108.

Mme Paul Gide, 10.X.93, 232, p. 102.

*Mme Paul Gide, 15.III.95, 237, p. 475.

*X..., 3.IV.95, 237, p. 485.

Mme Paul Gide, 5.IV.95, 237, p. 494.

*Albert Démarest, [juin 1895], 233, p. 114.

*Albert Démarest, [juin ou juillet 1895], 237, pp. 508-509.

Francis Jammes, [début d'août] 1895, JAM., p. 53.

Paul Valéry, [C.P. 15.VIII.95], VAL., p. 244.

*Albert Démarest, 19.VIII.95, 233, pp. 120-121.

Paul Valéry, [C.P. septembre 95], VAL., p. 247.

Paul Valéry, [C.P.3.X.95], VAL., p. 248.

Paul Valéry, [C.P.10.X.95], VAL., p. 250.

Francis Jammes, 23.X.95, JAM., p. 55.

Paul Valéry, [C.P. 25.X.95], VAL., p. 250.

*X..., 17.IV.28, 56, pp. 314-315.

Christian Caprier, octobre 37, 230, p. 48.

MARXISME

*Daniel-Rops, 20.V.33, 176, p. 34.

MASTURBATION

Maurice Beaubourg, 1.IX.[1900], 216, p. 765.

Christian Caprier, octobre 37, 230, p. 48.

Voir aussi : ONANISME
SEXUALITE

MELANCOLIE

Jeanne Rondeaux, 23.XI.90, 232, p. 472.

Francis Jammes, [fin de février 1896], JAM., p. 67.

*Maurice Beaubourg, 1.IX.[1900], 216, p. 766.

MENSONGE

*Mme Paul Gide, 15.III.95, 237, p. 474.

*Paul Valéry, 19.X.99, VAL., p. 358.

*François Mauriac, 21.VI.48, MAU., pp. 107-103.

Mitsuo Nakamura, 2.I.51, 185.

*Columbia Review, 22.I.51, 183.

METAPHYSIQUE

Roger Martin du Gard, 8.IX.47, RMGII, p. 379.

METHODE

*Paul Valéry, 19.X.99, VAL., p. 358.

Raymond Bonheur, 7.X.03, BON., p. 84.

MILITARISME

Roger Martin du Gard, 3.VII.35, RMGII, p. 36.

MONOLOGUE INTERIEUR

*Edouard Dujardin, 4.VII.30, 73, p. 22; p. 66; p. 72.

MONOTONIE

*Mme Paul Gide, 19.II.95, 237, p. 466.

MORALE

*Paul Valéry, [3.XI.91], VAL., p. 134.

Mme Paul Gide, 25.III.92, 237, pp. 167-168.

*Pierre Louys, 14.X.92, 237, p. 180.

*Marcel Drouin, 10.III.94, 237, p. 542.

*Marcel Drouin, 10.V.94, 163, pp. 66-67.

*Paul Valéry, 16.VII.94, VAL., p. 211.

Mme Paul Gide, 17.X.94, 237, p. 388.

Mme Paul Gide, 15.III.95, 237, p. 473.

Mme Paul Gide, 5.IV.95, 237, p. 493.

*Marcel Drouin, [1896], 237, p. 656.

*Raymond Bonheur, 7.X.03, BON., pp. 84-85.

*Marcel Drouin, 4.XI.03, 335, p. 26.

*Edmund Gosse, 26.X.17, GOS., p. 151.

*Montgomery Belgion, 22.XI.29, 67, pp. 195-196.

*Roger Martin du Gard, 11.III.31, RMGI, p. 458.

*Roger Martin du Gard, 27.III.31, RMGI, p. 471.

*Henri Drain, 18.VII.32, 163, pp. 89-90.

MOROSITE

   Mme Paul Gide, 23.I.95, 237, p. 437.

   Mme Paul Gide, 24.I.95, 237, p. 438.

   Voir aussi : ENNUI

                NOSTALGIE

                SPLEEN

                TRISTESSE

MORPHINE

   Roger Martin du Gard, 19.IV.40, RMGII, p. 203.

   Claude Mauriac, 27.IV.40, 197, p. 247.

   *Roger Martin du Gard, 7.V.40, RMGII, pp. 204-205.

MORT

   Paul Valéry, [octobre 1893], VAL., p. 189.

   Jeanne Rondeaux, 23.XI.93, 237, p. 297.

   Paul Valéry, [février 1894], VAL., p. 197.

   *Albert Démarest, [juin 1895], 237, p. 510.

   *Paul Valéry, 14.IX.96, VAL., p. 277.

MUSIQUE

   *Jeanne Rondeaux, 25.I.86, 232, pp. 347-348.

   *Marcel Drouin, [1889-début 1890], 353, pp. 20-21.

   Mme Paul Gide, 6.VI.90, 232, p. 452.

   Jeanne Rondeaux, 23.XI.90, 232, p. 472.

   *Paul Valéry, [C.P.8.III.91], VAL., p. 64.

   Paul Valéry, [C.P.17.VI.91], VAL., p. 98.

   Paul Valéry, [C.P.9.VII.91], VAL., p. 109.

   *Mme Paul Gide, 22.III.92, VAL., p. 154.

   Jeanne Rondeaux, [août 1892], 233, p. 90.

   *Mme Paul Gide, 14.XI.93, 237, p. 290.

   *Jeanne Rondeaux, [hiver 1893], 232, pp. 322-323.

   Mme Paul Gide, 30.IV.94, 237, pp. 322-323.

   Mme Paul Gide, [2.X.94], 359, p. 149; p. 153.

   Mme Paul Gide, 20.I.95, 237, p. 446.

   Paul Valéry, [mars 1895], VAL., p. 236.

   Marcel Drouin, 28.III.99, 353, p. 177.

   *Paul Valéry, 19.X.99, VAL., p. 358.

   *Raymond Bonheur, [19.X.99], BON., p. 51.

   Raymond Bonheur, [15.IV.01], BON., p. 60.

   Raymond Bonheur, [24.VI.01], BON., p. 63.

   Raymond Bonheur, [3.VII.01], BON., pp. 63-64.

   Raymond Bonheur, 10.VII.01, BON., p. 64.

   Raymond Bonheur, 6.III.[03], BON., p. 73.

   *Berliner Tageblatt, 25.I.08, 13a.

   Maurice Denis, [fin d'avril 1909], 239, p. 111.

   Francis Jammes, 11.VIII.09, JAM., p. 261.

   *Jacques-Emile Blanche, 13.III.17, 239, p. 763.

   Charles Salomon, 16.I.21, 167, no 226.

   Jean Cocteau, 24.I.23, COC., p. 136.

   Florent Schmitt, 19.XI.23, 348, p. 154.

   *Roger Martin du Gard, [novembre 1926], RMGI, p. 300.

   Igor Stravinsky, 24.II.33, 265, pp. 188-189.

   Igor Stravinsky, 8.VIII.33, 265, p. 189

   Maria Kaas-Albarda, 16.III.40, 146, p. 127.

   Roger Martin du Gard, 12.VIII.45, RMGII, p. 328.

   Jean-Louis Barrault, [déc. 1946] 287.

   Voir aussi : GIDE, CRITIQUE MUSICAL

                PIANO

                WAGNERISME

MYSTICISME

   *Marcel Drouin, 18.III.93, 163, p. 45.

   Mme Paul Gide, 4.V.94, 237, p. 321.

   *Mme Paul Gide, 23.I.95, 237, p. 437.

   X..., 3.IV.95, 237, p. 482.

   Marcel Jouhandeau, 9.I.24, JOU., p. 11.

   *Victor Poucel, 27.XI.27, 48.

   *Marcel Jouhandeau, 3.VI.30, JOU., pp. 29-30.

   Daniel-Rops, 20.V.33, 176., p. 35.

Roger Martin du Gard, 14.I.35, RMGII, p. 10.

Taha Hussein, 5.VII.45, 151, p. 129.

*Claude Mauriac, 6.VIII.45, 197, p. 281

MYTHOLOGIE

*Marcel Drouin, 11.II.96, 355, pp. 614-615.

*Marcel Drouin, 10.III.96, 355, p. 615.

Marie Delcourt, 6.VII.45, 349, p. 123.

NAIVETE

*Francis Jammes, 22.IV.97, JAM., p. 107.

NARCISSISME

*Pierre Louys, 23.VI.90, 97, pp. 7-8.

Mme Paul Gide, 29.VI.90, 232, p. 455.

Jeanne Rondeaux, 23.XI.90, 232, p. 472.

*Mme Paul Gide, 25.III.92, 237, pp. 167-168.

*Mme Paul Gide, 24.I.95, 237, p. 438.

NATIONALISME

*Paul Valéry, 11.VII.[99], VAL., pp. 348-349.

[Almanach des étudiants libéraux de l'Université de Gand] [1908], 14.

Paul Claudel, 19.VII.09, CLA, p. 109.

Rainer Maria Rilke, 27.XI.22, RIL., p. 205.

Edmund Gosse, 26.X.24, GOS., p. 174.

*Jean Guéhenno, [novembre 1929], 61, p. 589.

Lucien Combelle, 24.III.34, 101, p. 48.

NATURALISME

Frédéric Lefèvre, 28.VII.23, 235, no 175.

NATURALISTE

*Roger Martin du Gard, 11.III.31, RMGI, pp. 458-459.

NATURE

Paul Valéry, [27.XI.93], VAL., p. 192.

Mme Paul Gide, 29.VI.94, 237, p. 336.

*Paul Valéry, 16.VII.94, VAL., p. 211.

*X..., [5.X.94 ou 95?], 237, p. 367 et p. 623.

*Paul Valéry, [27.I.95], VAL., p. 231.

*Mme Paul Gide, 2.II.95, 237, p. 460.

*Francis Jammes, 19.I.[96], JAM., p. 63.

*Francis Jammes, [octobre 1896], JAM., p. 90.

E.R., 20.IV.97, 80, p. 481.

*René Schwob, 17.XI.28, 59, pp. 57-58

*Roger Martin du Gard, 11.III.31, RMGI, pp. 458-459.

NATURISME

Saint-Georges de Bouhélier, [24.VIII.96], 149, pp. 240-241.

*Saint-Georges de Bouhélier, [1897], 141 et 202.

*Francis Jammes, [début de février 1897], JAM., p. 100.

NAZISME

*Roger Martin du Gard, 29.I.45, RMGII, p. 302.

*Bernard Enginger, février 1946, 175, p. 295.

NEURASTHENIE

Paul Valéry, [9.VII.95], VAL., p. 243.

Paul Valéry, [février 1897], VAL., p. 287.

NOMADISME

*Marcel Drouin, 9.XI.[95], 353, p. 181.

*Marcel Drouin, 3.XII.95, 353, p. 181.

*Paul Valéry, [C.P.15.XII.95], VAL., p. 254.

*Marcel Drouin, [début de 1896], 186, p. 383.

NOSTALGIE

Mme Paul Gide, 8.IX.94, 237, p. 382.

OBJECTEUR DE CONSCIENCE

*Roger Martin du Gard, 8.X.33, RMGI, p. 581.

*Roger Martin du Gard, 14.X.33, RMGI, p. 582.

OEUVRE [André Gide critique de son ...]

*Mme Paul Gide, 16.III.90, 232, p. 437.

M.D., [1893], 78, pp. 545-546.

Paul Valéry, [février 1891], VAL., p. 50.

*Stephane Mallarmé, 5.II.91, 237, p. 40; 145, p. 596.

*Paul Valéry, [février 1891], VAL., p. 52 et p.54.

Paul Valéry, 24[II.91], VAL., p. 61.

Paul Valéry, [C.P.8.III.91], VAL., pp. 65-66.

Paul Valéry, [C.P.9.VII.91], VAL., p. 109.

*Pierre Louys, [septembre 1891], 237, p. 59.

*Paul Valéry, [3.XI.91], VAL., p. 134.

*Mme Paul Gide, 26.III.92, 237, p. 162.

Paul Valéry, [C.P.11.VI.92], VAL., p. 163.

*X..., 11.VI.92, 332, p. 148.

*Paul Valéry, 25.VII.[92], VAL., p. 167.

*Jeanne Rondeaux, [août 1892], 233, pp. 89-92.

*Marcel Drouin, 10.V.94, 163, pp. 65-67.

Eugène Rouart, 20.V.94, 237, p. 401.

Paul Valéry, [28.V.94], VAL., p. 204.

*Mme Paul Gide, 30.IX.94, 237, p. 368.

Marcel Drouin, [hiver 1894], 163, p. 55.

Christian Beck, [1895], 164, p. 338.

*Marcel Drouin, [début de 1896], 186, p. 383.

*Marcel Drouin, janvier [96], 163, pp. 85-86.

*Paul Valéry, 24.I.[96], VAL., p. 258.

*Francis Jammes, [début de mai 1896], JAM., p. 72.

*Francis Jammes, 2.VIII.96, JAM., p. 80.

Francis Jammes, 18.VIII.96, JAM., p. 81.

*Mécislas Golberg, [janvier], 1897, 2, pp. 108-111.

*Marcel Drouin, 28.III.[98], 353, p. 183.

*E.R. 20.IV.97, 80, pp. 479-480.

*Paul Valéry, [15.III.98], VAL., p. 315.

*Marcel Drouin, 16.III.98, 217, p. 412.

*Paul Valéry, 22.X.98, VAL., pp. 338-339.

*Marcel Drouin, [1899], 353, p. 250.

*Christian Beck, [juin 99], 164, p. 392.

*Paul Valéry, II.VII.[99], VAL., p. 349.

*Arthur Fontaine, 17.VII.[99], 199, p. 3.

Henri Ghéon, [20.VII.99], 348, p. 91.

*Francis Jammes, 21.VII.[99], JAM., p. 152.

*Edouard Ducoté, [août 99], 282, p. 1148.

Raymond Bonheur, 24.X.[99], BON., p. 53.

*Paul Valéry, 28.X.99, VAL., pp. 362-363.

*Maurice Beaubourg, [janvier 1900?], 216, pp. 761-762.

*Raymond Bonheur, 12.III.1900, BON., p. 56.

*Maurice Beaubourg, 1.IX.[1900], 216, pp. 764-766.

*Marcel Drouin, 27.VI.01, 217, p. 413.

*Paul Valéry, [5.VII.01], VAL., p. 385.

*Lotte Schreiber, [s.d.], 99, p. 12.

*Maurice Denis, [s.d.], 212.

*Maurice Denis,[juin 1902], 362, pp. 6-7.

*Christian Beck, 23.VI.[02], 164, pp. 396-397.

*Francis Jammes, 7.VII.[02], JAM., p. 197.

Arthur Fontaine, 8.VII.02, 199, p. 3.

*Jacques-Emile Blanche, 12.VII.02, 289, p. 758.

*Francis Jammes, 6.VIII.02, JAM., pp. 199-200.

*Francis Vielé-Griffin, [septembre 1902], 240, p. 112.

*Berta Franzos, 2.III.03, 340, pp. 3-4.

Francis Jammes, 14.X.04, JAM., p. 215.

Francis Jammes, [13.XII.04], JAM., p. 220.

*Raymond Bonheur, 1.II.[05], BON., p. 91.

*Francis Jammes, 15.II.06, JAM., p. 233.

*Christian Beck, 29.IV.06, 164, p. 400.

Mme Forster-Nietzsche, [1907], 290a, p. 136.

*Francis Jammes, [fin de mars 1907], JAM., p. 247

*Christian Beck, 2.VII.07, 165, pp. 620-622.

Emile Haguenin, 23.X.07, 358, pp. 199-201.

*Jacques-Emile Blanche, 28.X.07, 163, pp. 19-20.

*Maurice Denis, 7.XII.07, 239, pp. 87-88.

*Christian Beck, 17.XII.07, 165, pp. 622-623.

Christian Beck, 21.XII.07, 165, p. 623.

*Emile Haguenin, 13.I.08, 358, pp. 202-203.

*Paul Claudel, 17.I.08, CLA., pp. 79-80.

*Christian Beck, 12.X.08, 165, p. 627.

*Paul Claudel, 17.X.08, CLA., pp. 89-90.

*Francis Jammes, 19.II.09, JAM., p. 258.

*Paul Claudel, 24.II.[09], CLA., p. 99.

*A.R., [printemps 1909], 95, pp. 419-420.

*X..., [printemps 1909], 96, p. 420.

*Raymond Bonheur, 1.VI.[09], BON., pp. 100-101.

*Paul Claudel, 18.VI.09, CLA., pp. 103-104.

*Christian Beck, 16.X.09, 165, p. 629.

*M. Deherme, [mai 1911], 16, p. 379.

Francis Jammes, [juin 1911], JAM., p. 279.

Mme Emile Mayrisch, 3.VIII.11, 236, p. 95.

*Paul Souday, 5.VIII.11, 68, p. 64.

*Jean-Marc Bernard, 21.VIII.11, 103, pp. 470-472.

*Christian Beck, [1912], 165, p. 636.

*Maurice Denis, 7.VII.12, 348, p. 132.

Jacques Copeau, [juin 1913], 233, p. 156.

Mme Emile Mayrisch, 25.VII.13, 236, pp. 97-98.

*Jacques Copeau, 29.VIII.13, 348, p. 133 et 25 pp. 407-408.

*Edmund Gosse, 8.I.14, GOS, p. 106.

*François-Paul Alibert, 17.I.14, 233, pp. 171-172.

*Paul Claudel, 7.III.14, CLA., p. 218.

Paul Claudel, 8.III.14, CLA., p. 219.

Paul Claudel, 19.III.14, CLA., p. 226.

*Paul Valéry, 4.VII.[14], VAL., pp. 434-435.

*André Beaumier, [12.VII.14], 139, pp. 436-437.

Edmund Gosse, 5.VI.15, GOS., p. 119.

*Charles Maurras, 20.X.16, 139, pp. 574-575.

*Paul Souday, 6.VI.17, 68, p. 65; 365; pp. 7-8.

*Edmund Gosse, 26.X.17, GOS., pp. 151-152.

*Lady Rothermere, 7.I.18, 139, p. 644.

*Edmund Gosse, 25.VIII.18, GOS., p. 161.

*Dorothy Bussy, [1919], 281, p. 17.

*Raymond Bonheur, [30.XII.19], BON., p. 105.

*René Salomé, 23.II.20, 359, p. 167.

*Roger Martin du Gard, 17.VII.20, RMGI, pp. 151-152.

*Willy Schuermans, 4.XI.20, SCHU., pp. 9-10.

*Willy Schuermans, 2.II.21, SCHU., pp. 14-15.

Paul Souday, 28.XI.21, 68, p. 68.

*Jean Schlumberger, 7.XII.21, 181.

*Rainer Maria Rilke, 19.XII.21, RIL., p. 174.

Mme Mayrisch, 19.II.22, 236, p. 105.

*Jacques Copeau, 20.VI.[22], 187, pp. 266-267.

*Roger Martin du Gard, 21.VI.22, RMGI, p. 183.

*François Mauriac, [1.VII.22], MAU., p. 69.

*Roger Martin du Gard, 7.X.22, RMGI, pp. 192-193.

*Willy Schuermans, 28.X.22, SCHU., pp. 40-41.

Roger Martin du Gard, 25.II.23, RMGI, p. 211.

*Henri Massis, 25.I.24, 127, pp. 553-555.

*André Rouveyre, 31.X.24, ROU., pp. 84-85.

*André Rouveyre, 5.XI.24, ROU. p. 87.

*André Rouveyre, 10.XI.24, ROU., pp. 88-89.

André Rouveyre, [28.XI.24], ROU., p. 241.

*René Schwob, 13.XII.24, 188, p. 101.

*Jacques-Emile Blanche, 28.I.25, 289, p. 760.

*Arnold Bennett, 19.II.25, BEN., pp. 145-146.

*Roger Martin du Gard, [mars 1925], RMGI, p.258.

*Willy Schuermans, 2.IV.25, SCHU., p. 54.

*Roger Martin du Gard, 3.VI.25, RMGI., p. 263.

*Roger Martin du Gard, 9.VI.25, RMGI, pp. 268-269.

Roger Martin du Gard, 8.VII.25, RMGI, p. 271.

*Roger Martin du Gard, 29.XII.25, RMGI, pp. 280-281.

*Roger Martin du Gard, 11.XII.26, RMGI, p. 303.

Edmund Gosse, 22.XII.26, GOS., p. 184.

*Edmund Gosse, 16.I.27, GOS., pp. 189-190.

*Suzanne-Paul Hertz, 24.I.27, 44,

*Willy Schuermans, [15.II.27], SCHU., pp. 56-57.

*René Schwob, 14.III.27, 188. p. 102.

*Albert Thibaudet, 28.VIII.27, 243, p. 1496 et p. 1574.

*Victor Poucel, 27.XI.27, 48, pp. 42-45.

*François Porché, [janvier 1928], 60, pp. 60-65.

*Eugène Ferrari, 15.III.28, 50, pp. 47-48.

Roger Martin du Gard, 30.III.28, RMGI, p. 338.

*Montgomery Belgion, 22.XI.29, 67, pp. 196-197.

*Lotte Schreiber, [1930? - 1931?], 99, p. 12.

*Roger Martin du Gard, 9.II.30, RMGI, pp. 391-392.

Roger Martin du Gard, 12.III.30, RMGI, p. 392.

André Rouveyre, 10.IV.30, ROU., pp. 128-129.

*Roger Martin du Gard, I.II.31, RMGI, pp. 440-443.

*Roger Martin du Gard, 11.III.31, RMGI, pp. 457-459.

*Roger Martin du Gard, 27.III.31, RMGI, pp. 471-472.

*Ernst Robert Curtius, 26.XI.31, 353, p. 395.

*Ernst Robert Curtius, 22.XII.31, 353, p. 395.

*Georges Pitoeff, 22.XII.31, 249, pp. 131-132.

*Roger Martin du Gard, 19.II.32, RMGI, pp. 508-509.

*Roger Martin du Gard, 25.V.32, RMGI, p. 522.

*Roger Martin du Gard, 18.VII.32, RMGI, p. 533.

*Henri Drain, 18.VII.32, 163, pp. 89-90.

*Jacques-Emile Blanche, 8.X.32, 289, pp. 760-761.

*Igor Stravinsky, 8.II.33, 265, pp. 187-188.

*Igor Stravinsky, 24.II.33, 265, pp. 188-189.

Louis Aragon, 19.V.33, 176, pp. 31-32.

Roger Martin du Gard, 28.IX.33, RMGI, p. 578.

Roger Martin du Gard, 8.X.33, RMGI, p. 581.

Roger Martin du Gard, 27.X.33, RMGI, p. 585.

Ernst Bendz, 18.XI.33, 140, pp. 47-48.

Dorothy Bussy, 12.III.34, 281, p. 17.

Roger Martin du Gard, 12.V.34, RMGI, pp. 612-613.

X..., 19.V.34, 349, p. 130.

*Roger Martin du Gard, 10.VII.34, RMGI, pp. 625-626.

Roger Martin du Gard, 19.XI.34, RMGI, p. 636.

*Roger Martin du Gard, 3.XII.34, RMGI, p. 639.

*Roger Martin du Gard, 14.I.35, RMGII, pp. 9-11.

*Elsie Pell, 28.I.35, 119, pp. 9-10.

*Roger Martin du Gard, 5.V.35, RMGII, pp. 27-28.

Roger Martin du Gard, 2.VI.35, RMGII, p. 32.

Roger Martin du Gard, 18.VIII.35, RMGII, p. 42.

Roger Martin du Gard, 15.IX.35, RMGII, p. 49.

Maurice Lime, [novembre] 35, 205, p. 44.

*Maurice Lime 20.XI.35, 205, pp. 59-60.

Roger Martin du Gard, 3.XII.36, RMGII, pp. 83-84.

*Roger Martin du Gard, 10.XII.36, RMGII, p. 86.

*X..., 10.XII.36, 129, p. 142.

*Roger Martin du Gard, 18.II.37, RMGII, pp. 92-93.

*Roger Martin du Gard, 8.III.37, RMGII, p. 97.

*Roger Martin du Gard, 26.I.39, RMGII, p. 101.

Roger Martin du Gard, 16.I.39, RMGII, p. 158.

Roger Martin du Gard, 24.II.39, RMGII, p. 162.

Roger Martin du Gard, 24.IV.39, RMGII, p. 168.

*H. Dommartin, 8.VIII.39, 138, p. 333.

*Jacques Lévy, 25.VII.39, 221, pp. 36-37.

X..., 29.I.40, 346, p. 27.

André Calas, 13.VII.40, 305, pp. 412-413.

Roger Martin du Gard, 2.VI.41, RMGII, p. 233.

Louis Gillet, 7.VI.42, 261, p. 285.

Roger Martin du Gard, 15.VI.42, RMGII, p. 251.

Roger Martin du Gard, 30.VI.42, RMGII, p. 256.

Roger Martin du Gard, 3.IX.42, RMGII, pp. 265-266.

Roger Martin du Gard, 5.XII.44, RMGII, p. 290.

Roger Martin du Gard, 29.I.45, RMGII, p. 301.

*Jean Paulhan, 27.III.45, 339, p. 79.

Roger Martin du Gard, 5.IV.45, RMGII, p. 318.

*Taha Hussein, 5.XII.45, 151, p. 129.

Roger Martin du Gard, 23.VIII.45, RMGII, p. 329.

Richard Heyd, 31.X.46, 276.

*Roger Martin du Gard, 23.II.47, RMGII, p. 364.

*Albert J. Guerard, 16.V.47, 193.

*Roger Martin du Gard, 18.VIII.47, RMGII, p. 378.

*Figaro, novembre 47, 159.

*Figaro, décembre 47, 160.

*X..., 12.XII.47, 168, pp. 124-125.

*R.-G. Nobécourt, 4.I.48, 171, p. 170.

*Roger Martin du Gard, 23.II.48, RMGII, p. 399.

*François Mauriac, 5.VII.49, MAU., pp. 109-110.

François Mauriac, 13.XI.49, MAU., p. 111.

François Mauriac, 7.III.50, MAU., p. 115.

Roger Martin du Gard, 16.V.50, RMGII, p. 485.

Dorothy Bussy, 5.VII.50, 281, p. 17.

Georges Simenon, 29.XI.50, 327, p. 47.

Roger Martin du Gard, 15.XII.50, RMGII, pp. 503-504.

*Pierre Lafille, 21.XII.50, 206.

Roger Martin du Gard, 11.I.51, RMGII, p. 508.

*Columbia Review, 22.I.51, 183.

Henri Corbière, s.d. 180, p. 1.

OEUVRE A CREER (L')

*Mme Paul Gide, 16.III.90, 232, p. 437.

*Mme Paul Gide, 1.VI.90, 232, p. 451.

Mme Paul Gide, 2.VI.90, 232, p. 450.

*Pierre Louÿs, 7.VII.90, 97, p. 8.

Jeanne Rondeaux, 23.XI.90, 232, p. 472.

Paul Valéry, 26.I.91, VAL., p. 47.

*Paul Valéry, 24.[II.91], VAL., p. 61.

*Paul Valéry, I.III.[91], VAL., p. 58.

*Paul Valéry, [29.III.91], VAL., pp. 75-76.

Paul Valéry, [mai 1891], VAL., p. 82.

*Paul Valéry, [C.P.23.VI.91], VAL., p. 100.

Paul Valéry, [début d'août 1891], VAL., p. 117.

Paul Valéry, [septembre 1891], VAL., p. 128.

*Paul Valéry, [septembre 1891], VAL., p. 130.

*Paul Valéry, [décembre 1891], VAL., p. 141.

*Paul Valéry, [C.P.21.III.92], VAL., p. 154.

*Mme Paul Gide, 30.III.92, 237, p. 163.

*Paul Valéry, [C.P.26.IV.92], VAL., pp. 156-157.

*Mme Paul Gide, 27.V.92, 237, p. 166; pp. 128-129; p. 171.

Paul Valéry, [C.P.12.VII.92], VAL., p. 166.

Francis Viélé-Griffin, [mi-juillet 1892], 240, p. 105.

*Jeanne Rondeaux, [août 1892], 233, pp. 91-92.

Jeanne Rondeaux, [février 1894], 237, p. 307.

*Mme Paul Gide, 22 et 28.V.94, 237, p. 318.

*Mme Paul Gide, 8.VII.94, 237, p. 342.

Paul Valéry, [6.VIII.94], VAL., p. 212.

Mme Paul Gide, 31.VIII.94, 237, p. 356.

Mme Paul Gide, 13 ou 14.IX.94, 237, p. 359.

Mme Paul Gide, 15.IX.94, 237, p. 359.

*Mme Paul Gide, 23.IX.94, 237, p. 362.

*Mme Paul Gide, 30.IX.94, 237, p. 368-369.

*Pierre Louÿs, 19.X.94, 237, pp. 388-389.

Marcel Drouin, [hiver 1894], 163, p. 55.

*Mme Paul Gide, 19.I.95, 237, p. 434.

*Mme Paul Gide, 20.I.95, 237, p. 446.

*Mme Paul Gide, 23.I.95, 237, p. 437.

*Mme Paul Gide, 25.I.95, 237, p. 439.

*Mme Paul Gide, 2.II.95, 237, pp. 459-460.

*Mme Paul Gide, 17.III.95, 237, pp. 476-477.

*X..., 3.IV.95, 237, pp. 484-485.

*Mme Paul Gide, 5.IV.95, 237, p. 493.

*Marcel Drouin, 9.XI.95, 353, p. 134.

*Marcel Drouin, [1896], 237, p. 656.

*Marcel Drouin, janvier[96], 163, p. 86.

*Paul Valéry, 24.I.[96], VAL., p. 258.

*Marcel Drouin, [début 1896], 186, p. 381.

*Paul Valéry, 25.III.[96], VAL., p. 261.

Paul Valéry, [mai 1896], VAL., p. 265.

*Francis Jammes, [octobre 1896], JAM., p. 90.

*Mécislas Golberg, [janvier] 1897, 2, pp. 109-111.

*Marcel Drouin, 28.III.[98], 353, p. 183.

*E.R. 20.IV.97, 80, pp. 479-480.

Paul Valéry, 21[V.97], VAL., p. 296.

*Francis Jammes, [octobre 1897], JAM., p. 125.

*A.R., 31.X.97, 81, pp. 481-482.

Paul Valéry, 12.I.98, VAL., p. 307.

*Paul Valéry, 22.X.98, VAL., p. 339.

*Paul Valéry, [5.VII.01], VAL., p. 385.

*Paul Valéry, [23.IX.01], VAL., p. 389.

Francis Jammes, [novembre 1901], JAM., p. 179.

Raymond Bonheur, 3[ou4].V.03, BON., p. 74.

Christian Beck, 6.IX.03, 164, p. 399.

Francis Jammes, 8.X.[03], JAM., p. 205.

*Francis Jammes, 14.X.04, JAM., p. 215.

Christian Beck, 29.IV.06, 164, p. 400.

Maurice Denis, 29.VI.07, 239, p. 64.

*Maurice Denis, 7.XII.07, 239, pp. 87-88.

*Francis Jammes, 5.IV.08, JAM., p. 251.

*A.R. [printemps 1909], 95, pp. 419-420.

Edmund Gosse, 12.VIII.12, GOS., p. 80.

*Paul Valéry, 6.X.19, VAL., p. 476.

*Raymond Bonheur, 30.XII.19, BON., p. 105.

*Arnold Bennett, 26.I.21, BEN., pp. 111-112.

*Roger Martin du Gard, 19.VII.[21], RMGI, p. 169.

Roger Martin du Gard, [début d'octobre 21], RMGI, p. 175.

Willy Schuermans, 10.XI.21, SCHU, p. 27.

Willy Schuermans, 30.I.22, SCHU., p. 34.

*Roger Martin du Gard, [12.IX.22], RMGI, p. 191.

*Roger Martin du Gard, [X.22], RMGI, p. 197.

*Roger Martin du Gard, 7.X.22, RMGI, p. 193.

*Willy Schuermans, 28.X.22, SCHU., p. 40.

Joseph Conrad, 26.XII.22, 308, p. 165.

Arnold Bennett, 26.XII.22, BEN., p. 118.

Roger Martin du Gard, 1.II.23, RMGI, p. 207.

*Arnold Bennett, 29.I.24, BEN., p. 131.

Roger Martin du Gard, [février 1924], RMGI, p. 239.

*Roger Martin du Gard, 29.XII.25, RMGI, p. 280.

Roger Martin du Gard, 11.VI.26, RMGI, p. 289.

*Roger Martin du Gard, 29.X.26, RMGI, p. 298.

Roger Martin du Gard, 30.VI.27, RMGI, p. 312.

Eugène Dabit, 19.XI.29, 214, pp. 38-39.

Eugène Dabit, 5.I.30, 214, pp. 39-40.

Roger Martin du Gard, 12.III.30, RMGI, p. 392.

Roger Martin du Gard, 1.II.31, RMGI, pp. 442-443.

*Roger Martin du Gard, 25.V.32, RMGI, p. 522.

*Roger Martin du Gard, 2.V.33, RMGI, p. 566.

Roger Martin du Gard, 8.X.33, RMGI, p. 581.

Roger Martin du Gard, 15.II.34, RMGI, p. 597.

*Roger Martin du Gard, 9.III.34, RMGI, p. 598.

Roger Martin du Gard, 7.V.38, RMGII, p. 138.

Paul Valéry, 10.IX.41, VAL., p. 525.

*Roger Martin du Gard, 18.IX.41, RMGII, p. 236.

Roger Martin du Gard, 22.IX.41, RMGII, p. 238.

Roger Martin du Gard. 30.VI.42, RMGII, pp. 255-256.

Roger Martin du Gard, 2.VII.42, RMGII, p. 256.

X..., 18.V.44, 182, p. 16.

Roger Martin du Gard, 14.III.45, RMGII, p. 316.

Roger Martin du Gard, 11.II.48, RMGII, p. 396.

*Roger Martin du Gard, 23.II.48, RMGII, p. 399.

Roger Martin du Gard, 7.VII.50, RMGII, p. 491.

ONANISME

*Christian Caprier, [juillet] 37, 230, p. 48.

*Christian Caprier, octobre 37, 230, p. 48.

Voir aussi : MASTURBATION

SEXUALITE

OPTIMISME

*Mme Paul Gide, 24.I.95, 237, p. 438.

ORGUEIL

Paul Valéry, 1.III.[91], VAL., p. 56.

Paul Valéry, [C.P. 12.V.91], VAL., p. 85.

Paul Valéry, [3.IX.91], VAL., p. 133.

Mme Paul Gide, 20.I.95, 237, p. 436.

Mme Paul Gide, 15.III.95, <u>237</u>, p. 474.
Mme Paul Gide, 17.III.95, <u>237</u>, p. 477.
*Paul Valéry, [24.V.96], <u>VAL.</u>, p. 270.
E.R. 20.IV.97, <u>80</u>, p. 480.
A.R., 31.X.97, <u>81</u>, p. 482.
E.R.. [novembre 1897], <u>82</u>, p. 484.
*Francis Jammes, 18.X.04, <u>JAM.</u>, p. 218.
<u>Figaro</u>, [novembre] 1947, <u>159</u>.

ORIGINALITE

*Mme Paul Gide, 15.III.95, <u>237</u>, pp. 473-474.
*Francis Jammes, [novembre 1895], <u>JAM.</u>, p. 59.

PAGANISME

*René Schwob, 17.XI.28, <u>59</u>, p. 58.

PACIFISME

*Félicien Challaye, 7.VII.32, <u>75</u>.
*Roger Martin du Gard, 13.VII.32, <u>RMGI</u>, p. 530.
*Roger Martin du Gard, 14.VII.32, <u>RMGI</u>, p. 531.
*Roger Martin du Gard, 18.VII.32, <u>RMGI</u>, p. 533.
*Henri Ghéon, [octobre 1932], <u>76</u>, p. 633.

PANTHEISME

Mme Paul Gide, 20.I.95, <u>237</u>, p. 436.
*X..., 5.X.94 [ou 95], <u>237</u>, p. 367.

PARAITRE

*Mme Paul Gide, 2.II.95, <u>237</u>, p. 458.
*Paul Valéry, [mars 1895], <u>VAL.</u>, p. 234.

PARENTE

Mme Paul Gide, 14.III.90, <u>232</u>, pp. 434-435.
Paul Valéry, [septembre 1893], <u>VAL.</u>, p. 187.
Mme Paul Gide, 8.X.93, <u>237</u>, p. 275.
Mme Paul Gide, 10.X.93, <u>232</u>, p. 102.
Mme Paul Gide, 20.VIII.94, <u>237</u>, pp. 354-355.
*Mme Paul Gide, 31.VIII.94, <u>237</u>, p. 355.

PARNASSE

Mme Paul Gide, 24.III.92, <u>237</u>, p. 164.

PASSION

*Paul Valéry, [3.XI.91], <u>VAL.</u>, p. 134.
Pierre Louys, 16.VII.92, <u>237</u>, p. 175.
Marcel Drouin, 6.I.94, <u>353</u>, p. 105.
Marcel Drouin, 10.III.94, <u>237</u>, p. 542.
*Marcel Drouin, 10.V.94, <u>163</u>, p. 67.
*A.R. 31.X.97, <u>81</u>, p. 481

PATIENCE

Anna de Noailles, 24.III.08, <u>351</u>, p. 502.

PATRIE

*M.D., 7.XI.19[?], <u>115</u>, pp. 465-466.

PATRIOTISME

Paul Claudel, 1.IV.11, <u>CLA.</u>, p. 170.
*Edmund Gosse, 6.II.16, <u>GOS.</u>, p. 127.
Edmund Gosse, 3.VII.16, <u>GOS.</u>, p. 131.
*Edmund Gosse, 27.VII.16, <u>GOS.</u>, pp. 136-137.
Edmund Gosse, 20.IX.16, <u>GOS.</u>, p. 143.
*Paul Souday, 9.X.16, <u>68</u>, p. 65.
Charles Maurras, 2.XI.16, <u>26</u>.
Edmund Gosse, 23.XII.16, <u>GOS.</u>, p. 150.
*Jean Guéhenno, [novembre 1929], <u>61</u>, pp. 588-589.
Roger Martin du Gard, 19.IX.39, <u>RMGII</u>, p. 187.
*Umberto Compagnolo, 28.I.51, <u>184</u>.

PAYSAGES

*Paul Valéry, [été 1892], <u>243</u>, p. 1560.
*José Maria de Hérédia, [septembre 1892], <u>246</u>, p. 176.
Paul Valéry, [mars 1893], <u>VAL.</u>, p. 181.
*Mme Paul Gide, 29.V.93, <u>237</u>, p. 227.
Paul Valéry, [24.VIII.93, <u>VAL.</u>, pp. 184-185.
Mme Paul Gide, 9.X.93, <u>237</u>, p. 558.
Mme Paul Gide, 10.X.93, <u>232</u>, p. 106.

Mme Paul Gide, 18.X.93, 237, p. 280.

*Mme Paul Gide, 27.X.93, 237, pp. 288-289.

*Mme Paul Gide, 1er et 3.XI.93, 237, p. 288.

*Mme Paul Gide, 14.XI.93, 237, pp. 290-291.

Jeanne Rondeaux, [février 1894], 237, pp. 307-308.

Mme Paul Gide, 23.V.94, 237, p. 325.

*Mme Paul Gide, 28.V.94, 237, p. 326.

Paul Valéry, [28.V.94], VAL., p. 204.

*Mme Paul Gide, 9.VI.94, 237, p. 328.

Mme Paul Gide, 15.VI.94, 237, pp. 328-329.

Mme Paul Gide, 17.VI.94, 237, p. 329.

Mme Paul Gide, 27.VI.94, 237, p. 331; pp. 332-333.

Mme Paul Gide, 29.VI.94, 237, p. 336.

*Paul Valéry, [3.IX.94], VAL., p. 214.

*Mme Paul Gide, 4.IX.94, 237, p. 357.

*Mme Paul Gide, 15.IX.94, 237, pp. 359-360.

*Mme Paul Gide, [2.X.94], 359, pp. 147-149.

Paul Valéry, 11.XI.94, VAL., p.220.

Paul Valéry, 28.XII.94, VAL., p. 228.

Mme Paul Gide, 2.II.95, 237, p. 459.

Paul Valéry, [mai 1895], VAL., p. 237.

*Paul Valéry, [C.P.15.XII.95], VAL., p. 254.

*Marcel Drouin, 25.XII.[95], 163, p. 74.

Marcel Drouin, [début de 96], 186, pp. 381-382.

Francis Jammes, [fin de février 1896], JAM., p. 67.

Marcel Drouin, 10.III.96, 355, p. 615.

Francis Jammes, [début de mai 1896], JAM., p.72.

*E.R., 20.IV.97, 80, p. 480.

Marcel Drouin, 2.III.98, 186, p. 384.

*Marcel Drouin, 16.III.98, 217, pp. 411-412.

*Marcel Drouin, 26.III.98, 186, p. 387.

*Paul Valéry, 26.XII.[1900], VAL., p. 378.

*Jacques-Emile Blanche, 28.X.07, 163, p. 20.

*Paul Valéry, 10.III.08, VAL., p. 414.

Paul Valéry, [16.III.08], VAL., p. 415.

Joseph Conrad, 16.X.[21], 308, p. 163.

Roger Martin du Gard, 12.VIII.22, RMGI, p. 185.

Roger Martin du Gard, 1.II.23, RMGI, p. 207.

Roger Martin du Gard, 14.II.23, RMGI, p. 209.

Charles Du Bos, [1925], BOS., p. 89.

*Roger Martin du Gard, 18.X.25, RMGI, p. 278.

*Roger Martin du Gard, 5.IV.45, RMGII, pp. 317-318.

Roger Martin du Gard, 23.VIII.45, RMGII, p. 329.

PECHE

Marcel Drouin 18.III.93, 163, p. 45.

PEINTURE

*Mme Paul Gide, 14.III.90, 232. p. 435.

*Mme Paul Gide, 30.IV.94, 237, p. 322.

*Odilon Redon, [mai 1894], 263, p. 250.

Jacques-Emile Blanche, 28.X.07, 163, pp. 19-20.

Maurice Denis, 7.XII.07, 239, p. 87.

*Maurice Denis, [fin avril 1909], 239, p. 112.

*Maurice Denis, 13.V.24, 255, p. 42.

Eugène Dabit, 6.XI.27, 214, p. 31.

*Mme X..., 17.IV.28, 63, pp. 762-764.

PEUPLE

Paul Valéry, [C.P.17.VI.91] VAL., p. 99.

PHILOLOGIE

Louis Laloy, 14.V.28, 54, p. 309.

PHILOSOPHIE

Pierre Louÿs, 7.VII.90, 97, p. 8.

Paul Valéry, [C.P. 12.V.91], VAL., p. 85.

Paul Valéry, [C.P.23.VI.91], VAL., p. 99.

Paul Valéry, [3.X.91], VAL., p. 134.

*Marcel Drouin, 5.XII.[94], 163, pp. 69-70.

*Paul Valéry, 28.XII.94, VAL., p. 228.

*Mme Paul Gide, 15.III.95, 237, p. 473.
*Mme Paul Gide, 5.IV.95, 237, p. 493.
Marcel Drouin, 10.III.96, 355, p.615.
*Marcel Drouin, 28.III.[98], 353, p. 183
*Adrienne Monnier, 24.IV.31, 229, pp. 105-106.
*Gabriel Audisio, 5.XII.40, 142, p. 553.
Jacques Schiffrin, 18.VI.42, 170, p. 177.
Roger Martin du Gard, 8.IX.47, RMGII, p. 379.

PHOTOGRAPHIE

Francis Jammes, 2.VIII.96, JAM., p. 80.
Francis Jammes, 18.VIII.96, JAM., p. 81.
Paul Valéry, 14.IX.96, VAL., p. 276.
Francis Jammes, [octobre 1896], JAM., p. 90

PHYSIOLOGIE

*Christian Beck, [novembre 1909], 165, p. 630.

PIANO

*Jeanne Rondeaux, 25.I.86, 232, pp. 347-348.
*Jeanne Rondeaux, [1886], 232, p. 355.
Mme Paul Gide, 14.III.90, 232, p. 434.
Mme Paul Gide, 18.III.90, 232, p. 418.
*Mme Paul Gide, 30.V.90, 232, p. 453.
*Mme Paul Gide, 31.V.90, 232, p. 449.
*Mme Paul Gide, juin-juillet 1890, pp. 459-460.
Paul Valéry, [C.P.23.VI.91], VAL., p. 100.
Albert Démarest, [janvier 1892], 237, p. 146.
Paul Valéry, [février 1892], VAL., p. 146.
*Jeanne Rondeaux, [hiver 1893], 232, p. 323.
Paul Valéry, [décembre 1893], VAL., p. 194.
Albert Démarest, [avril 1894], 237, p. 316.
Marcel Drouin, 10.V.94, 163, p. 68.
Mme Paul Gide, 30.IX.94, 237, p. 368.
Marcel Drouin, [hiver 1894], 163, p. 55.
Mme Paul Gide, 8.II.95, 237, p. 461.
Paul Valéry, [29.VIII.96], VAL., p. 274.

Paul Valéry, [4.VI.97], VAL., p. 299.
Paul Valéry, 18.I.98, VAL., p. 311.
Marcel Drouin, 2.III.98, 186, p. 384.
Paul Valéry, 11.VII.[99], VAL., p. 349.
Raymond Bonheur, [19.X.99], BON., p. 51.
Paul Valéry, [31.VIII.1900], VAL., p. 371.
Paul Valéry, 21.X.1900, VAL., p. 375.
*Marcel Drouin, 27.VI.01, 217, p. 413.
Raymond Bonheur, 6.III.[03], BON., p. 73.
Maurice Denis, [fin avril 1909], 239, p. 111.
Valery Larbaud, 11.III.12, 169, p. 195.
*Jacques-Émile Blanche, 19.V.16, 289, p. 762.
Roger Martin du Gard, [octobre 1920], RMGI, p. 159.
Roger Martin du Gard, [novembre 1926], RMGI, p. 300.
Roger Martin du Gard, 1.VI.30, RMGI, p. 399.

Voir aussi : MUSIQUE.

POESIE

*Paul Valéry, 1.III.[91], VAL., pp. 56-57.
*Paul Valéry, 29.VI.91, VAL., p. 105.
*Paul Valéry, [C.P.2.111.92], VAL., p. 148.
X..., 25.V.92, 77, pp. 543-544.
Marcel Drouin, 11.II.96, 355, pp. 614-615.
*Marcel Drouin, 27.VI.01, 217, p. 413.
*André Rouveyre, 11.IV.28, ROU, pp. 108-109.
*Gabriel Audisio, 5.XII.40, 142, p. 556.
Paul Valéry, 15.VIII.41, VAL., p. 522.
Paul Valéry, 10.IX.41, VAL., p. 525.
Enid Starkie, 12.V.47, 347.
Roger Martin du Gard, 19.I.49, RMGII, p. 436.

POLEMIQUE

Alfred Vallette, [janvier 1897], 1, pp. 428-429.
Stéphane Mallarmé, [20.I.97], VAL., p. 285 et 145 p. 749.
Francis Jammes, 5.V.[98], JAM., p. 142.

POLITIQUE

*M.D., 7.XI.19[?], 115, pp. 465-467.

Jean-Marc Bernard, [s.d.] 106, p. 582.

Mme Paul Gide, 30.I.95, 237, p. 451.

*Paul Valéry, [avril 1897], VAL., p. 289.

*E.R. [1898], 85, pp. 491-492.

*X..., [1898], 86, pp. 492-493.

*E.R., 24.I.98 83, pp. 485-489.

Paul Valéry, 8.IX.[98], VAL., p. 330.

Jacques-Emile Blanche, 15.VIII.01, 289, p. 757.

Henri Clouard, 17.VI.09, 351, p. 527.

Francis Vielé-Griffin, 6.I.10, 240, p. 116.

*Walter Rathenau, 25.VI.21, 53, pp. 305-306.

*Rainer Maria Rilke, 2.VI.23, RIL., p. 215.

*Roger Martin du Gard, 9.VI.25, RMGI, p. 268.

*Paul Desjardins, [1926], BOS., p. 107.

*Léon Blum, VII.27, 45.

Roger Martin du Gard, [16.II.28?], RMGI, p. 332.

Roger Martin du Gard, 10.IV.28, RMGI, p. 341.

*Roger Martin du Gard, 31.V.28, RMGI, p. 347.

*Jean Grenhenno, [nov. 29], 61, pp. 588-589.

Roger Martin du Gard, 25.VII.30, RMGI, p. 412.

Roger Martin du Gard, 5.II.32, RMGI, pp. 495-497.

Roger Martin du Gard, 13.II.32, RMGI, pp. 501-502.

*Roger Martin du Gard, 22.II.32, RMGI, pp. 510-511.

Roger Martin du Gard, 11.III.32, RMGI, p. 514.

Roger Martin du Gard, 7.VII.32, RMGI, p. 529.

*Félicien Challaye, 7.VII.32, 75.

Roger Martin du Gard, 13.VII.32, RMGI, p. 530.

*Revue du Siècle, 21.IV.33, 90, p. 95.

Goebbels, 4.I.34, 100, p. 42.

*Mme Dimitrov, 29.I.34, 107, pp. 202-203.

*Roger Martin du Gard, 9.III.34, RMGI, pp. 598-599.

*Dorothy Bussy, 12.III.34, 281, p. 17.

*Roger Martin du Gard, 18.III.34, RMGI, p. 603.

*Roger Martin du Gard, 25.III.34, RMGI, p. 607-608.

Roger Martin du Gard, 19.XI.34, RMGI, p. 636.

*Roger Martin du Gard, 3.VII.35, RMGII, pp. 36-37.

*Jacques Bois, 27.VII.35, 189, p. 316.

Roger Martin du Gard, 18.VIII.35, RMGII, p. 42.

Léon Blum, [XII.36], 341, p. 7.

Arts et idées, [avril 1937], 128.

Maurice Lime, 28.VII.37, 205. p. 120.

*Roger Martin du Gard, 4.IX.37, RMGII, pp. 115-116.

Roger Martin du Gard, 17.X.37, RMGII, pp. 117-118.

*Gaston Bergery, décembre 37, 130.

*Vendredi, 16.XII.37, 131.

Roger Martin du Gard, 6.IV.38, RMGII, p. 131.

*Roger Martin du Gard, 2.X.38, RMGII, p. 152.

*Jef Last, 2.X.38, 356, p. 124.

*Roger Martin du Gard, 9.X.38, RMGII, pp. 154-155.

*Roger Martin du Gard, 10.VI.39, RMGII, pp. 169-170.

Roger Martin du Gard, 19.IX.39, RMGII, p. 187.

Claude Mauriac, 14.X.39, 197, p. 236.

Henri Thomas, 17.X.[39], 234, p. 366.

*Gabriel Audisio, 5.XII.40, 142, p. 553.

Roger Martin du Gard, 25.XI.44, RMGII, p. 288.

*Roger Martin du Gard, 11.II.45, RMGII, pp. 312-313.

*Roger Martin du Gard, 15.II.45, RMGII, pp. 314-315.

*Mitsuo Nakamura, 2.I.51, 185.

Columbia Review, 22.I.51, 183.

*Umberto Campagnolo, 28.I.51, 184.

Voir aussi : CRITIQUE LITTERAIRE ET POLITIQUE
            SCIENCE POLITIQUE
            VIE POLITIQUE

PRECIOSITE

*Mme X..., 17.IV.28, 63, p. 764.

PRIX LITTERAIRES

*M. Alcippe, [décembre 1910], 15.
Marguerite Audoux, 20.XII.10, 220, pp. 75-76.
Charles Peguy, [10.VI.11], PEG., p. 29.
Paul Valéry, 16.IX.20, VAL., p. 481.
*Paul Valéry, [2.X.20], VAL., pp. 481-482.
*Marcel Proust, 14.VI.22, PRO., pp. 89-91.
*L'Intransigeant, 13.XII.27, 42.
Pariser Tageszeitung, [25.XI.36], 124.

PROGRES

Montgomery Belgion, 22.IX.29, 67, p. 196.
*Roger Martin du Gard, 1.II.31, RMGI, p. 441.
*Roger Martin du Gard, 22.III.31, RMGI, p. 466.
Pierre Alessandri, 15.IX.37, 176, p. 187.

PROLETARIAT

*Roger Martin du Gard, 14.I.35, RMGII, p. 10.
*Thierry Maulnier, [juillet] 35, 120, pp. 200-201.

PROSTITUTION

*X..., 3.IV.95. 237, pp. 484-485.

PROTESTANTISME

*Scheffer, [s.d.], 91, p. 615.
*Mme Paul Gide, [22.IX.94], 237, p. 365; 359; pp. 143-144.
Marcel Drouin, 30.III.98, 163, p. 61.
E.R. 11.IX.98, 84, p. 490.
Paul Valéry, 19.X.99, VAL., p. 358.
Jean Schlumberger, décembre 1903, 179, p. 154.
*Paul Claudel, 17.X.08, CLA., p. 90.
*Arthur Fontaine, 24.I.09, 199, p. 3.
*Paul Claudel, 18.VI.09, CLA., pp. 103-104.
*Paul Claudel, 23.II.10, CLA., p. 124.
M. Deherme, [mai 1911], 16, p. 379.
Paul Claudel, 7.I.12, CLA., p. 189.
Henri Ghéon, 19.I.16, 348, p. 141.
*André Ruyters, 2.III.18, 360, pp. 18-19.
René Salomé, 23.II.20, 359, p. 167.
René Schwob, 30.XII.30, 188, p. 104.
Taha Hussein, 5.VII.45, 151, p. 129.
*Elvira Cassa Salvi, 25.I.50, 330a, pp. 115-116.
Umberto Campagnolo, 28.I.51, 184.

Voir aussi : RELIGION

PROTOCOLE

*Paul Valéry, 15.IX.32, VAL., p. 514.

PSYCHOLOGIE

Jacques Emile Blanche, 15.VIII.01, 289, p. 757.
X..., 17.IV.28, 56, p. 314.

PUDEUR

Mme Paul Gide, 16.III.90, 232, p. 437.

QUIETISME

Marcel Drouin, 10.V.94, 163, p. 67.

RACE

X..., [novembre 1893], 237, p. 294.

RACISME

Roger Martin du Gard, 25.III.34, RMGI, p. 608.

REALISME

Marcel Drouin, 4.XI.1900, 88, p. 559.
Frédéric Lefèvre, 28.VII.23, 235, no 175.
*Roger Martin du Gard, [février 1931], RMGI, p. 468.
*Roger Martin du Gard, 12.III.31, RMGI, p. 460.
X..., [Janvier 35], 176, p. 61.
Roger Martin du Gard, 18.VIII.35, RMGII, p. 42.

*X..., 10.I.[36], 121, p. 303.

*Roger Martin du Gard, 24.IX.46, RMGII, pp. 353-354.

RELIGION

Paul Valéry, [21.XII.90], VAL., p. 39.

*Paul Valéry, [C.P.21.III.91], VAL., p. 69.

*Paul Valéry, [C.P. 12.V.91], VAL., p. 85.

*Madeleine Rondeaux, [octobre 1892], 233, p. 88.

*Marcel Drouin, 18.III.93, 163, pp. 44-45.

*Mme Paul Gide 23.I.95, 237, p. 437.

*Mme Paul Gide, 24.I.95, 237, p. 488.

Mme Paul Gide, 2.II.95, 237, p. 460.

Maxime de Langenhagen, [23.II.95], 252, p. 553.

*Mme Paul Gide, 15.III.95, 237, pp. 474-475.

Mme Paul Gide, 5.IV.95, 237, p. 493.

Paul Valéry, [19.V.96], VAL., p. 267.

*Francis Jammes, août [97], JAM., p. 121.

*Francis Jammes, 28.VIII.97, JAM., p. 300.

E.R., [novembre 97], 82, p. 484.

Francis Jammes, 1.XII.97, JAM., p. 130.

Marcel Drouin, 26.III.98, 186, p. 389.

Francis Jammes, 28.III.98, JAM., p. 136.

Maurice Denis, [1899], 238, p. 153.

*Arthur Fontaine, [janvier 99], 199, p. 3.

*Marcel Drouin, 28.III.99, 353, p. 177.

*Christian Beck, [juin 99], 164, p. 392.

*Francis Jammes, [12.VI.02], JAM., p. 194.

Jean Schlumberger, [décembre 1903], 179, p. 154.

*Francis Jammes, 27.VII.[05], JAM., p. 228.

Francis Jammes, 29.XI.05, JAM., p. 231.

*Paul Claudel, [8.XII.05], CLA., pp. 58-59.

Paul Claudel, [17.XII.05], CLA., p. 60.

*Francis Jammes, 2.V.06, JAM., p. 236.

Francis Jammes, 7.V.06, JAM., p. 237.

*Francis Jammes, 16.V.06, JAM., p. 238.

Paul Claudel, 14.III.[07], CLA., pp. 72-73.

*Christian Beck, 2.VII.07, 165, pp. 621-622.

*Paul Claudel, 17.I.08, CLA., pp. 79-80.

*Paul Claudel, 17.X.08, CLA., p. 90.

*Paul Claudel, 18.VI.09, CLA., pp. 103-104.

Francis Jammes, 26.X.09, JAM., p. 261.

*Francis Jammes, [juin 1911], JAM., p. 278.

*Paul Claudel, 10.XII.11, CLA., p. 185.

Valéry Larbaud, 13.I.12, 169, p. 198.

Valery Larbaud, [mars 1912], 169, p. 198.

Valery Larbaud, [mars ou avril 1912], 169, p.200.

Paul Claudel, 7.III.14, CLA., p. 218.

*Paul Claudel, 16.III.14, CLA., pp. 223-224.

Francis Jammes, [fin de mars 1914], CLA., p. 231.

*Henri Ghéon, 19.I.16, 348, p. 141.

*Edmund Gosse, 26.X.17, GOS., p. 151

Roger Martin du Gard, 4.XI.22, RMGI, p. 199.

*François Le Grix, 10.III.23, 58, pp. 7-9.

*Paul Claudel, 15.VI.26, CLA., pp. 244-245.

*René Schwob, 14.III.27, 183, p. 102.

*Charles Du Bos, 5.V.27, BOS., pp. 120-122.

*Roger Martin du Gard, 30.VI.27, RMGI, p. 312.

*François Mauriac, 7.X.[27], MAU., pp. 73-75.

*Victor Poucel, 27.XI.47, 48, pp. 41-45.

*Eugène Ferrari, 15.III.28, 50, pp. 47-48.

*René Schwob, 17.XI.28, 59, pp. 57-59.

*Charles Du Bos, 10.IV.29, BOS., pp. 178-180

René Schwob, [décembre 30], 188, p. 35.

*René Schwob, 30.XII.30, 188, pp. 103-105.

Roger Martin du Gard, 1.II.31, RMGI, p. 442.

René Schwob, 14.III.31, 188, pp. 107-108.

André Levinson, [mars ou avril 31], 70, pp. 791-792.

René Schwob, 15.IV.32, 188, pp. 112-113.

René Schwob, 18.XI.32, 188, p. 115.

Roger Martin du Gard, 23.VIII.33, RMGI, p. 577.

*X..., janvier [35], 176, pp. 61-63.

Roger Martin du Gard, 19.III.35, RMGII, p. 22.

Christian Caprier, octobre 37, 230, p. 48.

François Mauriac, 14.XII.37, MAU., p. 89.

Simone Marye, 11.I.38, MAR., p. 28.

*Mlle S. de Saint-Cyr, 15.VIII.41, 153, pp. 49-52.

*Roger Martin du Gard, août 42, RMGII, pp. 259-260.

*Jean Denoel, 16.XII.43, 323, p. 19.

*René Schwob, 19.II.45, 188, pp. 119-120.

Roger Martin du Gard, 5.IV.45, RMGII, p. 318.

*Taha Hussein, 5.VII.45, 151, p. 129.

Claude Mauriac, 6.VIII.45, 197, p. 281.

*M.H. Fayer, 16.X.45, 155.

Roger Martin du Gard, 28.III.46, RMGII, p. 343.

*Roger Martin du Gard, 8.IX.47, RMGII, p. 379.

X..., 12.XII.47, 168, pp. 124-125.

Roger Martin du Gard, 14.VIII.48, RMGII, p. 418.

*Roger Martin du Gard, 3.IX.48, RMGII, p. 423.

Roger Martin du Gard, 11.IX.48, RMGII, p. 426.

Roger Martin du Gard, [X] 49, RMGII, p. 462.

Roger Martin du Gard, 10.XI.49, RMGII, p. 466.

*François Mauriac, 11.XII.49, MAU., pp. 113-114.

*Elvira Cassa Salvi, 25.I.50, 330a, pp. 115-118.

Mitsuo Nakamura, 2.I.51, 185.

Columbia Review, 22.I.51, 183.

*Umberto Campagnolo, 28.I.51, 184.

Voir aussi : CATHOLICISME

            CHRISTIANISME

            ISLAM

            PANTHEISME

            PROTESTANTISME

RENAISSANCE

*Marcel Drouin, [début 1896], 186, p. 381.

Paul Valéry, 12.I.98, VAL., p. 306.

REPORTAGE

Paul Valéry, [mai 1896], VAL., p. 265.

RESPONSABILITE

*Maurice Beaubourg, [janvier 1900?], 216, p. 761.

*Mitsuo Nakamura, 2.I.51, 185.

REVOLTE [Esprit de...]

*Mme Paul Gide, 19.I.95, 237, pp. 435-436.

*Francis Jammes, 1.XII.97, JAM., p. 130.

RHAMADAN

Mme Paul Gide, 6.III.95, 237, p. 470.

ROMAINS

*Marcel Drouin, 26.III.98, 186, p. 386.

ROMAN

*Paul Valéry, [avril 1897], VAL., p. 290.

*A.R., 31.X.97, 81, p. 482.

Jean Schlumberger, [juin 1902], 179, pp. 151-152.

*Jacques Copeau, 29.VIII.13, 25, p. 408.

*André Beaunier, [12.VII.14], 139, p. 437.

*Charles Du Bos, [automne 1920], 62, pp. 759-762.

*Arnold Bennett, 15.XI.20, BEN., pp. 105-107.

*Roger Martin du Gard, [12.IX.22], RMGI, p. 191.

*Roger Martin du Gard, 7.X.22, RMGII, p. 193.

*Arnold Bennett, 19.II.25, BEN., pp. 145-146.

*Roger Martin du Gard, 29.XII.25, RMGI, p. 281

*Roger Martin du Gard, [fév. 1931], RMGI., pp. 468-469.

*Roger Martin du Gard, 27.III.31, RMGI, pp. 471-472.

*Albert J. Guerard, 16.V.47, 193.

ROMANTISME

Arthur Fontaine 17.VII.[99], 199, p. 3.

*Emile Haguenin, 23.X.07, 358, p. 200.

Emile Haguenin, 13.I.08, 358, p. 202.

Victor Poucel, 27.XI.27, 48.

RYTHME

Mme Paul Gide, 14.XI.93, 237, p. 290.

Mme Paul Gide, 20.I.95, 237, p. 446.

SAGESSE

*Mme Paul Gide, 20.I.95, 237, p. 446.

X..., 3.IV.95, 237, p. 482.

*Mme Paul Gide, 5.IV.95, 237, pp. 493-494.

*Adrienne Monnier, 24.IV.31, 229, pp. 105-106.

SAINTETE

*Paul Claudel, [8.XII.05], CLA., pp. 58-59.

François Le Grix, 10.III.23, 58, p. 8.

SANTE [Gide et sa santé]

*Mme Paul Gide, 6.VI.90, 232, p. 451.

*Mme Paul Gide, 16.VI.90, 232, p. 458.

*Mme Paul Gide, 22.VI.90, 232, p. 232, pp. 458-459.

*Paul Valéry, [c.r.12.V.91], VAL., pp. 84-85.

Mme Paul Gide, 10.III.92, 237, p. 153.

*Marcel Drouin, [1893], 353, p. 180.

*Albert Démarest, [novembre 1893], 237, pp. 294-295.

Mme Paul Gide, [novembre 1893], 237, p. 289.

*Albert Démarest, [novembre 1893] 348, p. 51; 237, pp. 291-292.

*Mme Paul Gide, 14.XI.93, 237, pp. 290-291.

*Jeanne Rondeaux, 23.XI.93, 237, p. 295.

*Paul Valéry, 27.XI.93, VAL., pp. 191-192.

*Paul Valéry, [décembre 1893], VAL., p. 194.

*Pierre Louÿs, 1.II.94, 237, p. 296.

Mme Paul Gide, 13.IV.94, 237, p. 316.

*Mme Paul Gide, 19.IV.94, 237, p. 315.

*Marcel Drouin, 10.V.94, 163, p. 67.

*Mme Paul Gide, 23.V.94, 237, pp. 324-325.

*Mme Paul Gide, 28.V.94, 237, pp. 325-326.

*Mme Paul Gide, 17.VI.94, 237, p. 330.

Mme Paul Gide, 27.VI.94, 237, p. 331; p.333.

Mme Paul Gide, 29.VI.94, 237, p. 336.

Paul Valéry, [juillet 1894], VAL., p. 206.

Albert Mockel, [juillet 1894], 349, p. 17.

*Jeanne Rondeaux, [juillet 1894], 237, pp. 338-339.

Paul Valéry, [juillet 1894], VAL., pp. 206-207.

Mme Paul Gide, 4.VII.94, 237, p. 337.

Mme Paul Gide, 6.VII.94, 237, pp. 339-341.

Mme Paul Gide, 8.VII.94, 237, p. 342.

*Mme Paul Gide, 31.VIII.94, 237, p. 356.

Mme Paul Gide, 11.IX.94, 237, pp. 357-358.

Mme Paul Gide, [2.X.94], 359, p. 149.

Mme Paul Gide, 29.XI.94, 237, p. 385.

*Paul Valéry, 2.XII.94, VAL., p. 223.

Mme Paul Gide, 13.XII.94, 237, p. 425.

Paul Valéry, 28.XII.94, VAL., p. 228.

Paul Valéry, [janvier 1895], VAL., p. 230.

Mme Paul Gide, 1.I.95, 237, 427, pp. 429-430.

Mme Paul Gide, 17.I.95, 237, p. 430.

Mme Paul Gide, 23.I.95, 237, p. 436.

Marcel Drouin, 25.XII.[95], 163, p. 74.

Paul Valéry, 25.III.[96], VAL., p. 261.

Francis Jammes, [début de juin 1896], JAM., p.74.

Francis Jammes, 18.VIII.96, JAM., p. 81.

Paul Valéry, [octobre 1896], VAL., p. 282.

Francis Jammes, 3.XII.[96], JAM., p. 94.

Paul Valéry, [20.I.97], VAL., p. 285.

Francis Jammes, 20.II.97, JAM., pp. 101-102.

Francis Jammes, [fin de février 1897], JAM., p. 102.

Paul Valéry, [4.VI.97], VAL., p. 299.

Francis Jammes, août [97], JAM., p. 120.

Francis Vielé-Griffin, [janvier 1898], 240, pp. 107-108.

Francis Jammes, 5.V.[98], JAM., p. 142.

Marcel Drouin, 10.III.99, 353, p. 181.

Paul Valéry, 11.IV.99, VAL., p. 345.

Paul Valéry, 11.VII.[99], VAL., p. 349.

Maurice Beaubourg, 14.VII.99, 216, p. 763.

Francis Jammes, 21.VII.[99], JAM., p. 152.

Paul Valéry, 19.X.99, VAL., p. 357.

Raymond Bonheur, [19.X.99], BON., p. 51.

Raymond Bonheur, 24.X.[99], BON., p. 52.

Christian Beck, 18.II.1900, 164, p. 392.

*Raymond Bonheur, 12.III.1900, BON., p. 57.

Raymond Bonheur, [17.V.1900], BON., p. 57.

Paul Valéry, 15.X.1900, VAL., p. 373.

Paul Valéry, 21.X.[1900], VAL., p. 375.

Maurice Beaubourg, [20.XII.1900], 216, p. 766.

Paul Valéry, 26.XII.[1900], VAL., p. 378.

Paul Valéry, [octobre 1902], VAL., p. 393.

Raymond Bonheur, [6.X.02], BON, p. 71.

Raymond Bonheur, [29.XI.02], BON., p. 72.

*Raymond Bonheur, 7.X.03, BON, pp. 84-85.

Edouard Ducoté 8.XI.03, 282, p. 1152.

Dr. Andrae, [1906], 348, p. 106.

Raymond Bonheur, [28.III.06], BON., pp. 93-94.

*Francis Jammes, 19.VIII.06, JAM., p. 239.

Raymond Bonheur, 27.VIII.06, BON., pp. 94-95.

Christian Beck, 10.X.06, 165, p. 616.

Paul Claudel, 7.XI.06, CLA., p. 68.

Paul Valéry, [17.XI.06], VAL., p. 412.

*Christian Beck, 18.XI.06, 165, p. 617.

Raymond Bonheur, [20.IV.07], BON., p. 97.

Maurice Denis, 29.VI.07, 239, p. 65.

Christian Beck, [fin décembre] 07, 165, pp. 624-625.

Christian Beck, 6.IV.08, 165, p. 626.

*Christian Beck, 12.X.08, 165, p. 627.

Francis Jammes, 19.II.09, JAM., p. 258.

Paul Valéry, 24.XI.09, VAL., p. 420.

*Emile Verhaeren, [1910], VER., pp. 60-62.

Christian Beck, [1910], 165, p. 633.

Paul Claudel, 15.II.10, CLA., p. 120.

Paul Claudel, 12.III.10, CLA., p. 127.

Rainer Maria Rilke, 31.X.10, RIL., p. 46.

André Suarès, 9.XI.10, SUA., p. 48.

Jean-Marc Bernard, 21.IX.11, 103. p. 471.

Edmund Gosse, 11.I.12, GOS., pp. 74-75.

*Paul Valéry, 24.I.12, VAL., p. 422.

Mme Emile Mayrisch, 25.VII.13, 236, p. 98.

Raphael Schwartz, 3.XI.13, 300, p. 3.

Edmund Gosse, 8.I.14, GOS., p. 106.

Emile Verhaeren, 25.I.14, VER., p. 82.

*Edmund Gosse, 21.XI.16, GOS., p. 147.

X..., 19.V.17, 313, p. 31.

Paul Valéry, [28.VI.17], VAL., p. 450.

Paul Valéry, 27.II.18, VAL., p. 462.

Jacques Doucet, 13.XI.19, 367, p. 5.

*Paul Valéry, 7.I.20, VAL., p. 477.

*Mme Emile Mayrisch, 2.V.21, 236, p. 104.

Mme Emile Mayrisch, 20.V.21, 236, p. 104.

Rainer Maria Rilke, 11.VII.[21], RIL., p. 165.

Roger Martin du Gard, 10.XII.21, RMGI, p. 176.

Paul Valéry, 25.X.22, VAL., p. 492.

Joseph Conrad, 26.XII.22, 308 p. 165.

Roger Martin du Gard, 1.II.23, RMGI, p. 207.

Roger Martin du Gard, 14.II.23, RMGI, p. 208.

*Roger Martin du Gard, [fin juillet 1923], RMGI, p. 227.

Arnold Bennett, [fin août 1923], BEN., p. 124.

Roger Martin du Gard, 19.II.24, RMGI, p. 242.

Arnold Bennett, 12.III.24, BEN., p. 136.

Saint-John Perse, 5.XII.[24], 288, p. 404.

Marcel Schwob, 13.XII.24, 188, p. 100.

André Rouveyre, 14.XII.24, ROU, p. 92.

*Hélène Martin du Gard, 26.XII.24, RMGI, p. 668.

*Paul Valéry, 26.XII.24, VAL., pp. 498-499.

*Paul Valéry, 28.XII.24, VAL., pp. 499-500.

Charles Du Bos, [1925], BOS., p. 89.

Paul Valéry, [11.I.25], VAL., p. 500.

*Edmund Gosse, 15.I.25, GOS., p. 177.

Roger Martin du Gard, 25.I.25, RMGI, p. 256.

Arnold Bennett, 19.II.25, BEN., p. 146.

*Willy Schuermans, 2.IV.25, SCHU., p. 54.
Roger Martin du Gard, [mai 1925], RMGI, p. 261.
Roger Martin du Gard, I.V.25. RMGI, p. 260.
*Roger Martin du Gard, 3.VI.25, RMGI, p. 263.
Roger Martin du Gard, 8.VII.25, RMGI, p. 271.
Roger Martin du Gard, 30.VIII.25, RMGI, p. 273.
*Marcel Jouhandeau, [1925-1926?], JOU., p. 19.
Roger Martin du Gard, 8.VIII.26, RMGI, p. 295.
Marcel Jouhandeau, 18.VII.26, JOU., pp. 20-21.
Marcel Jouhandeau, 8.VIII.26, JOU., p. 21.
Eugène Dabit, 23.XI.27, 214, p. 32.
Marcel Jouhandeau, [1927?], JOU., p. 25.
Roger Martin du Gard, 11.I.28, RMGI, p. 325.
Roger Martin du Gard, 16.II.28, RMGI, p. 334.
André Rouveyre, 2.III.28, ROU., p. 107.
Jacques de Lacretelle, 9.III.28, 254, p. 4.
Roger Martin du Gard, 13.III.28, RMGI, p. 334.
Charles Du Bos, 15.III.28, BOS., p. 133.
Roger Martin du Gard, 10.IV.28, RMGI, pp. 341-342.
Roger Martin du Gard, 31.V.28, RMGI, p. 348.
Charles Du Bos, 14.VI.28, BOS., p. 137.
Arnold Bennett, 8.III.29, BEN., p. 159.
Simone Marye, 23.VIII.29, MAR., p. 23.
Eugène Dabit, 4.IX.29, 214, p. 35.
*Roger Martin du Gard, 29.X.29, RMGI, p. 378.
Eugène Dabit, 19.XI.39, 214, p. 38.
Eugène Dabit, 5.I.30, 214, p. 40.
*Roger Martin du Gard, 2.II.30, RMGI, p. 387.
Roger Martin du Gard, 9.II.30, RMGI, p. 392.
Arnold Bennett, 23.II.30, BEN, p. 175.
Marcel Jouhandeau, 17.III.30, JOU., p. 27.
*Roger Martin du Gard, 22.III.30, RMGI, p. 393.
Roger Martin du Gard, [6].V.30, RMGI, p. 396.
Arnold Bennett, 3.I.31, BEN., pp. 198-199.
René Schwob, 6.I.31, 188, p. 106.

Paul Valéry, 23.I.31, VAL., p. 511.
Roger Martin du Gard, 26.I.31, RMGI, p. 435.
*Roger Martin du Gard, 5.III.31, RMGI, pp. 452-453.
*Roger Martin du Gard, 13.VI.31, RMGI, p. 476.
André Rouveyre, 4 ou 5.IX.31, ROU., p. 133.
Georges Pitoeff, 22.XII.31, 249, pp. 131-132.
Francis Jammes, 22.XII.31, JAM., p. 287.
Francis Jammes, 24.XII.31, JAM., p. 288.
Jean Cocteau, 26.XII.31, COC., p. 168.
Jean Desbordes, 26.XII.31, COC., p. 169.
Roger Martin du Gard, 28.I.32, RMGI, p. 493.
*Roger Martin duGard, 29.III.32, RMGI, pp. 516-517.
*René Schwob, 15.IV.32, 188, p. 112.
Roger Martin du Gard, 17.IV.32, RMGI, p. 519.
François Mauriac, 17.IV.32, MAU., p. 84.
André Rouveyre, 21.IV.32, ROU., p. 139.
René Schwob, 17.X.32, 188, p. 114.
Roger Martin du Gard, 29.II.33, RMGI. p. 551.
Roger Martin du Gard, 2.IV.33, RMGI, pp. 554-555.
Roger Martin du Gard, 26.IV.33, RMGI, p. 564.
Roger Martin du Gard, 21.VI.33, RMGI, p. 567.
Roger Martin du Gard, 2.VII.33, RMGI, p. 568.
Roger Martin du Gard, 19.VII.33, RMGI, p. 570.
Roger Martin du Gard, 9.VIII.33, RMGI, p. 570.
Eugène Rouart, 24.VIII.33, 325, p. 5.
Roger Martin du Gard, 28.IX.33, RMGI, p. 578.
Roger Martin du Gard, 8.X.33, RMGI, p. 581.
Roger Martin du Gard, 5.IV.34, RMGI, p. 611.
Roger Martin du Gard, 30.V.34, RMGI, p. 616.
Eugène Dabit, 16.VII.34, 214, p. 45.
Julien Green, 28.VII.34, 166, p. 19.
Roger Martin du Gard, 22.VIII.34, RMGI, p. 629.
Roger Martin du Gard, 11.IX.34, RMGI, p. 631.
*Roger Martin du Gard, 20.IX.34, RMGI, p. 634.
*Roger Martin du Gard, 15.X.34, RMGI, p. 635.
Roger Martin du Gard, 19.XI.34, RMGI, p. 636.

*Roger Martin du Gard, 3.XII.34, RMGI, p. 639.

Roger Martin du Gard, 16.II.35, RMGII, p. 15.

Roger Martin du Gard, 22.IV.35, RMGII, pp. 22-23.

*Roger Martin du Gard, 28.IV.35, RMGII, p. 25.

*Roger Martin du Gard, 5.V.35, RMGII, p. 28.

Roger Martin du Gard, 18.V.35, RMGII, p. 31.

*Roger Martin du Gard, 13.VIII.35, RMGII, p. 40.

Maurice Lime, 20.XI.35, 205, p. 60.

C.-F. Ramuz, 7.II.36, 352, p. 280

Robert Stumper, 5.VI.37, 236, p. 90.

*Roger Martin du Gard, 8.VIII.37, RMGII, pp. 110-111.

Pierre Alessandri, 15.IX.37, 176, p. 185.

Roger Martin du Gard, 23.X.37, RMGII, p. 119.

Roger Martin du Gard, 7.V.38, RMGII, p. 138.

Roger Martin du Gard, 18.VI.38, RMGII, p. 143.

Roger Martin du Gard, [fin juin 38], RMGII, p. 144.

*Roger Martin du Gard, [21.VIII.38], RMGII, p. 147.

Roger Martin du Gard, 24.VIII.38, RMGII, p. 149.

Roger Martin du Gard, 9.X.38, RMGII, p. 155.

Roger Martin du Gard, 16.I.39, RMGII, p. 158.

Georges Simenon, 20.I.39, 327, p. 31.

Roger Martin du Gard, 24.VIII.38, RMGII, p. 149.

Roger Martin du Gard, 9.X.38, RMGII, p. 155.

Roger Martin du Gard, 16.I.39, RMGII, p. 158.

Georges Simenon, 20.I.39, 327, p. 31

Roger Martin du Gard, 10.VI.39, RMGII, p. 169.

François Mauriac, [22.VI.39], MAU., p. 91.

François Mauriac, 22.VII.39, MAU., pp. 93-94.

André Maurois, 26.VII.39, 223, p. 14.

Claude Mauriac, [27].VII.39, 197, p. 200.

Roger Martin du Gard, 28.VII.39, RMGII, p. 181.

Roger Martin du Gard, 19.IX.39, RMGII, p. 187.

André Rouveyre, 4.II.40, ROU., p. 151.

Paul Valéry, 5.II.40, VAL., p. 518.

Klaus Mann, 8.II.40, 148.

Roger Martin du Gard, 13.II.40, RMGII, pp. 194-195.

Claude Mauriac, 11.III.40, 197, p. 240.

Roger Martin du Gard, 13.IV.40, RMGII, p. 197.

Roger Martin du Gard, 14.IV.40, RMGII, p. 198.

*Roger Martin du Gard, 18.IV.40, RMGII, pp. 200-201.

*Claude Mauriac, 27.IV.40, 197, p. 247.

*Roger Martin du Gard, 7.V.40, RMGII, pp. 204-205.

Roger Martin du Gard, 26.V.40, RMGII, p. 206.

Georges Simenon, 28.V.40, 327, p. 33.

Roger Martin du Gard, 7.VI.40, RMGII, p. 208.

Roger Martin du Gard, 14.VI.40, RMGII, p. 210.

Roger Martin du Gard, 16.VII.40, RMGII, p. 212.

*Roger Martin du Gard, [26.IX.40], RMGII, pp. 221-222.

Roger Martin du Gard, 29.IX.40, RMGII, p. 222.

André Rouveyre, 18.XII.40, ROU., p. 154.

André Rouveyre, 17.I.41, ROU., p. 155.

Roger Martin du Gard, 2.VI.41, RMGII, p. 234.

Claude Mauriac, 28.VII.41, 197, p. 254.

Roger Martin du Gard, 29.X.41, RMGII, p. 240.

Georges Simenon, 27.XII.41, 327, p. 35.

Paul Valéry, 5.II.42, VAL., p. 526.

Roger Martin du Gard, 7.V.42, RMGII, p. 244.

Roger Martin du Gard, 14.V.42, RMGII., pp. 245-246.

*Jean Denoel, 16.XII.43, 323, p. 19.

Roger Martin du Gard, 17.X.44, RMGII, p. 281.

Roger Martin du Gard, 29.I.45, RMGII, p. 302.

Roger Martin du Gard, 11.II.45, RMGII, p. 313.

*Roger Martin du Gard, 15.II.45, RMGII, pp. 313-315.

Roger Martin du Gard, 14.III.45, RMGII, p. 316.

Roger Martin du Gard, 12.VIII.45, RMGII, p. 325.

Roger Martin du Gard, 23.VIII.45, RMGII, p. 329.

Roger Martin du Gard, 20.IX.45, RMGII, pp. 330-331.

Joe Bousquet, 7.X.45, 299.

Raymond Lacaze, 1.II.46, 250, p. VIII.

Roger Martin du Gard, 8.II.46, RMGII, p. 338.

*Roger Martin du Gard, 27.VIII.46, RMGII, p.347.

*Georges Simenon, 3.IX.46, 327, p. 41.

Roger Martin du Gard, 15.XI.46, RMGII, 356.

Roger Martin du Gard, 25.XI.46, RMGII, p. 358.

Roger Martin du Gard, 3.XII.46, RMGII, p. 359.

Roger Martin du Gard, [4.XII.46], RMGII, p. 359.

*Roger Martin du Gard, 13.III.47, RMGII, p. 365.

Maurice Lime, 14.IV.47, 205, p. 160.

Enid Starkie, 12.V.47, 347.

Roger Martin du Gard, 17.VI.47. RMGII, p. 374.

*Roger Martin du Gard, 22.XI.47, RMGII, p. 387.

Roger Martin du Gard, 27.XI.47, RMGII, p. 389.

Roger Martin du Gard, 15.XII.47, RMGII, p. 389.

Georges Simenon, 27.XII.47, 327, p. 40.

Lucien Combelle, 5.I.48, 190, p. 111.

Saint-John Perse, 17.I.48, 288, pp. 465-466.

*Roger Martin du Gard, 28.I.48, RMGII, pp. 394-396.

Roger Martin du Gard, 11.II.48, RMGII, p. 396.

Georges Simenon, 12 à 16.II.48, 327, pp. 42-43.

Roger Martin du Gard, 23.II.48, RMGII, pp. 398-399.

Simone Marye, 9.III.48, MAR., p. 51.

*Georges Simenon, 11.III.48, 327, p. 44.

*Saint-John Perse, 14.III.48, 288, p. 466.

*Roger Martin du Gard, 22.III.48, RMGII, p. 402.

Richard Heyd, 23.III.48, 286, p. 2.

*Roger Martin du Gard, 30.III.48, RMGII, p. 403.

Roger Martin du Gard, 7.IV.48, RMGII, p. 408.

Roger Martin du Gard, 22.VI.48, RMGII, p. 413.

Simone Marye, 7.VII.48, MAR., p. 52.

Richard Heyd, 27.VII.48, 316, p. 24.

Roger Martin du Gard, 14.VIII.48, RMGII, p. 418.

*Roger Martin du Gard, 3.IX.48, RMGII, pp. 423-424.

*Roger Martin du Gard, 11.IX.48, RMGII, pp. 425-426.

*Georges Simenon, 10.X.48, 327, p. 44.

Roger Martin du Gard, 19.X.48, RMGII, p. 429.

Georges Simenon, 28.XII.48, 327, p. 45.

*Roger Martin du Gard, 19.I.49, RMGII, pp. 435-436.

André Rouveyre, 28.I.49, ROU., p. 165.

Jean Cocteau, 13.II.49, COC., p. 196.

André Rouveyre, 14.II.49, ROU., p. 168.

*Roger Martin du Gard, 15.II.49, RMGII, p. 441.

*Roger Martin du Gard, 22.II.49, RMGII, pp. 443-444.

*Roger Martin du Gard, 6.III.49, RMGII, p. 446.

*Roger Martin du Gard, 21.III.49, RMGII, p. 450.

*Saint-John Perse, 2.VI.49, 288, p. 467.

*Georges Simenon, 22.VI.49, 327, p. 46.

Jef Last, [juin 1949], 298, pp. 237-238.

*Roger Martin du Gard, 1.VII.49, RMGII, p. 455.

*François Mauriac, 5.VII.49, MAU., p. 109.

Roger Martin du Gard, 26.VIII.49, RMGII, p. 460.

Jean Cocteau, 27.VIII.49, COC., p. 202.

Arthur Adamov, [X], 49, 177, pp. 9-10.

Roger Martin du Gard, 21.XI.49, RMGII, p. 468.

André Calas, 5.XII.49, 305, p. 415.

*Georges Simenon, 7.XII.49, 327, p. 46.

*Lucien Combelle, 9.XII.49, 190, p. 113.

*Roger Martin du Gard, 9.XII.49, RMGII, p. 470.

André Rouveyre, 24.XII.49, ROU., p. 179.

Giancarlo Vigorelli, 26.XII.49, 172.

Roger Martin du Gard, 31.XII.49, RMGII, p. 474.

Roger Martin du Gard, 5.I.50, RMGII, p. 476.

Elvira Cassa Salvi, 25.I.50, 330a, pp. 115-118.

André Rouveyre, 25.I.50, ROU., p. 183.

Jef Last, 17.II.50, 298, p. 238.

*Jef Last, 30.III.50, 298, p. 238.

François Mauriac, 5.IV.50, MAU., p. 115.

Claude Mauriac, 6.IV.50, 197, p. 283.

Roger Martin du Gard, 23.IV.50, RMGII, p. 478.

Roger Martin du Gard, 25.IV.50, RMGII, p. 481.

Roger Martin du Gard, 16.V.50, RMGII, p. 485.

*Roger Martin du Gard, 23.V.50, RMGII, pp. 486-487.

A. Fichet, 28.V.50, 224, p. 19.

Roger Martin du Gard, 15.VI.50, RMGII, p. 488.

*Dorothy Bussy, 5.VII.50, 281, p. 17.

Roger Martin du Gard, 7.VII.50, RMGII, p. 492.

*Roger Martin du Gard, 7.IX.50, RMGII, pp. 496-497.

*Roger Martin du Gard, 13.IX.50, RMGII, p. 498.

Roger Martin du Gard, 28.IX.50, RMGII, p. 499.

André Cayatte, 17.XI.50, 328, p. 24.

*Roger Martin du Gard, 26.XI.50, RMGII, pp. 501-502.

*Georges Simenon, 29.XI.50, 327, p. 47.

Roger Martin du Gard, 15.XII.50, RMGII, p. 503.

Albert J. Guerard, 18.XII.50, 193, p. 242.

Pierre Lafille, 21.XII.50, 206.

*René Lalou, 28.XII.50, 348, p. 209.

Dorothy Bussy, 9.I.51, 281, p. 17.

*Roger Martin du Gard, 11.I.51, RMGII, pp. 507-508.

SANTE [Madeleine Gide et sa...]

*Paul Valéry, [19.III.97], VAL., p. 288.

*E.R. 20.IV.97, 80, p. 480.

*André Fontainas, 28.IV.97, 349, p. 28.

*Paul Valéry, [29.IV.97], VAL., pp. 293-294.

Stéphane Mallarmé 22.V.97,

Francis Jammes, 27.V.97, JAM., p. 109.

*Paul Valéry, 4.VI.97, VAL., p. 299.

*Francis Jammes, 4.VII.[97], JAM., p. 113.

E.R., [novembre 97], 82, p. 483.

*Paul Valéry, 7.I.98, VAL., p. 302.

*Paul Valéry, 12.I.98, VAL., p. 305.

Paul Valéry, 18.I.98, VAL., p. 311.

Marcel Drouin, 2.III.98, 186, p. 384.

Paul Valéry, [15.III.98], VAL., p. 315.

*Marcel Drouin, 16.III.98, 217, p. 412.

Marcel Drouin, 26.III.98, 186, p. 387.

*Marcel Drouin, 30.III.98, 163, p. 61.

*Marcel Drouin, [avril 98], 186, pp. 390-391.

Francis Jammes, 17.IV.98, JAM., p. 138.

*Francis Jammes, [avril 1898], JAM., p. 139.

Paul Valéry, [mai 98], VAL., p. 317.

Paul Valéry, [juillet 98], VAL., p. 319.

Francis Jammes, [début d'août 98], JAM., p. 144.

Raymond Bonheur, 4.III.99, BON., p. 47.

*Francis Jammes, [avril 99], JAM., pp. 150-151.

*Raymond Bonheur, 24.X.[99], BON., p. 53.

*Raymond Bonheur, [20.VI.1900], BON., pp. 58-59.

*Paul Valéry, [19.VII.1900], VAL., p. 369.

*Francis Vielé-Griffin, 26.VII.1900, 240, p. 111.

*Francis Jammes, 26.VIII.1900. JAM., p. 166.

*Paul Valéry, [31.VIII.1900], VAL., p. 371.

*Odilon Redon, [février 1903], 263, p. 252.

Maurice Denis, 7.XII.07, 239, p. 88.

Raymond Bonheur, [30.XII.19], BON., p. 105.

*Joseph Conrad, 22.VII.21, 308, p. 161.

*Roger Martin du Gard, 7.X.22, RMGI, p. 193.

Charles Du Bos, 2.I.29, BOS., p. 169.

Roger Martin du Gard, 19.III.35, RMGII, p. 21.

Roger Martin du Gard, 18.VIII.35, RMGII, pp. 42-43.

Roger Martin du Gard, 15.IX.35, RMGII, p. 48.

*Roger Martin du Gard, 17.V.37, RMGII, pp. 103-104.

*Roger Martin du Gard, 27.V.37, RMGII, p. 105.

*Roger Martin du Gard, 4.VII.37, RMGII, p. 107.

Simone Marye, 24.IV.38, MAR., p. 29.

Roger Martin du Gard, 26.V.40, RMGII, p. 207.

SAUGRENU

*Pierre Lafille, 21.XII.50, 206.

SCANDALE [Peur du ...]

*Mme Paul Gide, 2.II.95, 237, pp. 458-459.

SCEPTICISME

*Marcel Drouin, 10.V.94, 163, p. 65.

*Mitsuo Nakamura, 2.I.51, 185.

SCIENCE

Paul Valéry, [C.P.23.VI.91], VAL., p. 99.

*Jacques-Emile Blanche, [automne 1893], 289, p. 761.

SCIENCE POLITIQUE

Jacques-Emile Blanche, [automne 1893], 289, p. 761.

Voir aussi : POLITIQUE.

SCULPTURE

*Mme Paul Gide, 6.V.94, 237, p. 322.

SEMITISME

René Schwob, 30.XII.30, 188, p. 104.

*Roger Martin du Gard, 2.V.33, RMGI, p. 565.

*Umberto Campagnolo, 28.I.51, 184.

Voir aussi : JUIF.

SENSUALISME

Eugène Rouart, 28.IX.96, 163, p. 22.

*Eugène Ferrari, 15.III.48, 50, p. 47.

SENSUALITE

Mme Paul Gide, 29.VI.94, 237, p. 336.

Henri Albert, [1896], 132, p. 114.

SENTIMENTALITE

Paul Valéry, [3.XI.91], VAL., p. 133.

SERVICE MILITAIRE

*Paul Valéry, [C.P.21.III.92], VAL., p. 153.

Paul Valéry, [C.P. 26.IV.92], VAL., p. 156.

Paul Valéry, [5.V.92], VAL., p. 161.

Jose-Maria de Hérédia, [septembre 1892], 246, p. 176.

Paul Valéry, [septembre 1892] VAL., pp. 172-173.

*Paul Valéry, [C.P.18.X.92], VAL., p. 174.

*Jeanne Rondeaux, [novembre 1892], 237, p. 187.

*Paul Valéry, [novembre 1892], VAL., p. 177.

*Mme Paul Gide, 14.XI.93, 237, p. 290.

Mme Paul Gide, 17.I.95, 237, p. 429.

Paul Valéry, [C.P.septembre 1895], VAL., p. 246.

René Schwob, 7.XI.20, 188, p. 94.

*Maurice Beaubourg, 1.IX.[1900], 216, pp. 765-766.

*Christian Beck, 25.I.05, 215a, pp. 10-12.

Paul Claudel, 7.III.14, CLA., p. 218.

*Paul Claudel, 7.III.14, CLA., p. 218.

*Paul Claudel, 8.III.14, CLA., p. 219.

Francis Jammes, [fin de mars 1914], CLA., p. 231.

*Roger Martin du Gard, 11.III.31, RMGI, pp. 458-459.

*Roger Martin du Gard, 31.VII.31, RMGI, pp. 480-481.

*Christian Caprier, octobre 37, 230, p. 48.

*René Schwob, 1.V.39, 188, p. 118.

Rolf Bongs, 14.I.47, 211, [p. 53].

*Roger Martin du Gard, 30.III.48, RMGII, p. 404.

*Elvira Cassa Salvi, 25.I.50, 330a, p. 116.

SINCERITE

Paul Valéry, [15.XI.91], VAL., p. 137.

Albert Démarest, [janvier 1892], 237, p. 146.

Jeanne Rondeaux, [août 1892], 233, p. 89.

*Marcel Drouin, 18.III.93, 163, p. 44.

*Francis Jammes, [mai] 1893, JAM., p. 33.

*Jeanne Rondeaux, [juillet 1894], 237, p. 342.

Raymond Bonheur, [8.IX.98], BON., p. 183.

*Maurice Beaubourg, [janvier 1900?], 216, p.761.

Marcel Drouin, 4.XI.1900, 88, p. 559.

Christian Beck, 23.VI.[02], 164, p. 397.

Paul Claudel, 17.I.08, CLA., p. 79.

*Georges Brandes, 5.VIII.26, 203, p. 495.

Club de la jeunesse du VIIe arrondissement, 5.I.37, 129.

*François Mauriac, 21.VI.48, MAU., pp. 107-108.

*Ivan Bounine, octobre 50, 174.

SNOBISME

*François Porché, [janvier 1928], 60, p. 64.

SOCIALISME

André Ruyters, 2.III.18, 360, p. 18.

Jef Last, 3.IV.38, 333, p. 8.

SOCIETE

*Mme Paul Gide, 25.I.95, 237, p. 440.

*Francis Jammes, 1.XII.97, JAM., p. 130.

Edmund Gosse, 27.VII.26, GOS., p. 179.

*Montgomery Belgion, 22.XI.29, 67, pp. 194-196.

Roger Martin du Gard, 27.III.31, RMGI, p. 471.

*X..., janvier [35], 176, pp. 61-63.

*Roger Martin du Gard, 14.I.35, RMGII, p. 10.

Albert J. Guerard, 16.V.47, 193.

SOCIOLOGIE

*Louis Laloy, 14.V.28, 54, pp. 306-309.

SOLITUDE

Jeanne Rondeaux, 23.XI.90, 232, p. 471.

Paul Valéry, [C.P.8.III.91], VAL., p. 64.

Mme Paul Gide, 25.III.92, 237, p. 167.

Madeleine Rondeaux, [octobre 1892], 233, p. 67.

Mme Paul Gide, [mai 1893], 237, p. 228.

Paul Valéry, [24.VIII.93], VAL., p. 184.

*Mme Paul Gide, 8.VII.94, 237, pp. 341-342.

*Mme Paul Gide, 6.XII.94, 237, p. 384.

Mme Paul Gide, 11.XII.94, 237, p. 397.

*Mme Paul Gide, 17.III.95, 237, p. 476.

X..., 3.IV.95, 237, p. 484.

Maurice Beaubourg, [janvier 1900], 216, p. 760.

X..., 4.II.02, 349, p. 135.

André Suarès, [14.XII.08], SUA, p. 31.

*Roger Martin du Gard, 8.IX.47, RMGII, p. 379.

Roger Martin du Gard, 16.IX.47, RMGII, p. 382.

Voir aussi : INTIMITE

SOTIE

*Jacques Copeau, 29.VIII.13, 25, p. 408.

*André Beaumier, [12.VII.14], 139, pp. 436-437.

SPLEEN

Paul Valéry, [C.P.11.VI.91] VAL., p. 92.

Jeanne Rondeaux, 23.XI.93, 237, p. 297.

*Mme Paul Gide, 19.V.94, 237, p. 324.

Mme Paul Gide, 8.XI.94, 237, p. 382.

Voir aussi : ENNUI

            MOROSITE

            NOSTALGIE

            TRISTESSE

STYLE

*Raymond Bonheur, 12.III.1900, BON., p. 56.

Rudolf Kassner, 28.II.01, 89, p. 560.

*Christian Beck, 29.IV.06, 164, p. 400.

*A.R., [printemps 1909], 95, p. 419.

*X..., [printemps 1909], 96, pp. 420-421.

*Christian Beck, 16.X.09, 165, p. 629.

*Lady Rothermere, 7.I.18, 139, p. 644.

*René Salomé 23.II.20, 359, p. 167.

*Roger Martin du Gard, 9.II.30, RMGI, p. 391.

*Ernst Bendz, 18.XI.33, 140, pp. 45-46; pp. 47-48.

*Julien Green, 28.VII.34, 166, p. 19.

SUBJONCTIF

*Paul Souday, 13.X.23, 33.

*André Billy, 13.VII.46, 154.

SURREALISTES

Roger Martin du Gard, 5.II.32, RMGI, p. 497.

Roger Martin du Gard, 17.II.32, RMGI, p. 504.

*Roger Martin du Gard, 18.II.32, RMGI, p. 505; p. 507.

SYMBOLISME

*Paul Valéry, 26.I.91, VAL., pp. 46-47.

Paul Valéry, [février 1891], VAL., p. 50.

Paul Valéry, 9.III.91, VAL., p. 66.

*Paul Valéry, [C.P. 28.VIII.91], VAL., p. 121.

*Mme Paul Gide, 24.III.92, 237, pp. 163-164.

*Mme Paul Gide, 26.III.92, 237, pp. 164-165.

*Mme Paul Gide, 30.III.92, 237, pp. 162-163; p. 166.

*Jeanne Rondeaux, [août 1892] 233, p. 89.

*Marcel Drouin, 18.III.93, 163, p. 44.

Albert Laurens, 20.VII.94, 237, p. 345.

Paul Valéry, [27.I.95], VAL., p. 231.

*Jacques Doucet, [janvier 1918], 163, p. 21.

*Jean Schlumberger, 1.III.35, 110, pp. 946-947.

Paul Dresse de Lébioles, 23.I.36, 349, p. 113.

SYMPATHIE

*Paul Valéry, [3.XI.91], VAL., p. 134.

*Paul Valéry, [15.XI.91], VAL., p. 137.

Albert Démarest, [janvier 1892], 237, p. 146.

Madeleine Rondeaux, [octobre 1892], 233, p. 87.

Albert Démarest, [novembre 1893], 237, p. 294.

Marcel Drouin, 10.III.94, 237, p. 542.

*Marcel Drouin, 10.V.94, 163, p. 65.

Christian Beck, 18.II.1900, 164, p. 392.

*François-Paul Alibert, 17.I.14, 233, pp. 171-172.

SYMPHONIE

Mme Paul Gide, 30.IV.94, 237, p. 322.

TENDRESSE

E.R., 20.IV.97, 80, p. 481.

Francis Jammes, août [97], JAM., p. 120.

Francis Jammes, 1.XI.97, JAM., p. 127.

THEATRE

Edouard Dujardin, 1.VII.91, 34, p. 14.

Paul Valéry, [C.P.13.III.92], VAL., p. 152.

A.R., 31.X.97, 81, p. 482.

Paul Valéry, [15.III.98], VAL., p. 315.

Paul Valéry, [mai 1898], VAL., p. 317.

*Edouard Ducoté, [août 99], 282, p. 1148.

*Jules Renard, [1910], 17, pp. 134-135.

Edmund Gosse, 8.I.14, GOS., p. 107.

*Jean Giraudoux, 12.XI.31, 139, p. 1092.

*Roger Martin du Gard, 19.II.32, RMGI, p. 509.

*Antonin Artaud, 16.VIII.32, 284, p. 340.

*Antonin Artaud, 1.IX.32, 284, p. 344.

Roger Martin du Gard, 2.VII.33, RMGI, p. 568.

Roger Martin du Gard, 12.V.34, RMGI, p. 613.

Roger Martin du Gard, 20.IX.34, RMGI, p. 633.

Roger Martin du Gard, 15.X.34, RMGI, p. 635.

*Roger Martin du Gard, 24.IX.46, RMGII, pp. 353-354.

*Roger Martin du Gard, 17.X.46, RMGII, pp. 355-356.

*Jean-Louis Barrault, [déc. 1946], 287.

*Roger Martin du Gard, 23.II.47, RMGII, p. 364.

Roger Martin du Gard, 29.VII.47, RMGII, pp. 374-375.

Roger Martin du Gard, 6.III.49, RMGII, p. 447.
Roger Martin du Gard, 11.VII.49, RMGII, p. 457.
Roger Martin du Gard, 27.VII.49, RMGII, p. 458.
*Arthur Adamov, [X], 49, 177, pp. 9-10.
X..., 29.XII.49, 349., p. 133.

THEATRE ESPAGNOL

*Marcel Drouin, 16.III.98, 217, p. 412.

THEATRE ITALIEN

Giuseppe Prezzolini, 12.IV.13, 20, p. 1058.

THEATRE JUIF

*Marcel Drouin, 29.VI.07, 139, p. 250.

THEATRE TUNISIEN

*Christian Beck, 25.I.05, 215a, pp. 10-12.

TIMIDITE

Paul Valéry, [C.P.17.VI.91], VAL., p. 96.
Albert Démarest, [janvier 1892], 237, p. 146.

TOTALITARISME

Lucien Combelle, 24.IX.47, 190, p. 108.
Figaro, novembre 47, 159.
Roger Martin du Gard, 28.I.48, RMGII, p. 395.
*Umberto Campagnolo, 28.I.51, 184.

TRADUCTION

Berta Franzos, 2.III.03, 340, p. 4.
Alfred Vallette, 1.IX.03, 9, p. 286.
*Paul Claudel, 25.IX.05, CLA., p. 50.
Paul Claudel, 24.X.07, CLA., p. 78.
*Paul Claudel, 9.III.11, CLA, p. 168.
Paul Claudel, [printemps 1911], CLA., p. 172.
Valery Larbaud, 11.VIII.11, 169, p. 181.
Paul Claudel, 14.VIII.11, CLA, p. 182.
*Paul Claudel, 10.XII.11, CLA., p. 185.
Edmund Gosse, 11.VI.12, GOS., p. 77.
*Joseph Conrad, 13.VIII.12, 308, p. 152.
Rainer Maria Rilke, [début janvier 1914] RIL., p. 80.
Rainer Maria Rilke, 14.II.14, RIL., p. 94.
*Rainer Maria Rilke, 24.III.14, RIL., pp. 107-108.
Rainer Maria Rilke, 22.VII.14, RIL., p. 116.
Arnold Bennett, [août 1915], BEN., p. 84.
*Joseph Conrad, 8.VI.16, 308, pp. 153-154.
*Joseph Conrad, 2.VIII.16, 308, p. 155.
Raymond Bonheur, 8.IX.16, BON., p. 104.
Paul Valéry, 1.XI.17, VAL., p. 458.
*Dorothy Bussy, [1919], 281, p. 17.
*Joseph Conrad, 25.XI.20, 308, p. 158.
*Joseph Conrad, 12.XII.20, 308, pp. 159-160.
*Edmund Gosse, 16.I.21, GOS., pp. 167-168.
*Joseph Conrad, 22.VII.21, 308, pp. 160-161.
Rainer Maria Rilke, 19.XII.21, RIL., p. 175.
Arnold Bennett, [fin août 1923], BEN., p. 126.
Edmund Gosse, 12.IX.24, GOS., p. 172.
Roger Martin du Gard, 2.XI.24, RMGI, p. 254.
Arnold Bennett, 19.II.25, BEN., p. 147.
Alfred Vallette, 18.III.25, 311, p. 3.
*Arnold Bennett, 20.VIII.25, BEN., p. 152.
Rainer Maria Rilke, 6.VII.26, RIL., p.244.
*André Thérive, 14.V.28, 55, pp. 309-314.
*Arnold Bennett, 8.III.29, BEN., pp. 157-159.
Arnold Bennett, 11.III.29, BEN., p. 163.
*Arnold Bennett, 12.VIII.29, BEN., pp. 165-167.
Roger Martin du Gard, 22.XI.29, RMGI, p. 379.
Arnold Bennett, 26.XII.29, BEN., p. 170.
Arnold Bennett, 29.I.30, BEN., p. 174.
*Arnold Bennett, 23.II.30, BEN., pp. 175-176.
Arnold Bennett, [6.III.30], BEN., p. 178.
Roger Martin du Gard, 22.III.30, RMGI, pp. 393-394.

*Arnold Bennett, 27.X.30, BEN., p. 194.

*Arnold Bennett, 3.I.31, BEN., p. 199.

Roger Martin du Gard, 5.II.31, RMGI, p. 445.

Roger Martin du Gard, 14.VII.31, RMGI, p. 477.

Marcel Jouhandeau, 3.XI.32, JOU., p. 35.

Roger Martin du Gard, 8.X.35, RMGII, p. 51.

*Gabriel Audisio, 5.XII.40, 142, pp. 553-554.

Taha Hussein, 5.VII.45, 151, p. 129.

*Rolf Bongs, 14.I.47, 211, [p. 53].

TRADUCTION [André Gide, traducteur]

Mme Paul Gide, 30.IX.94, 237, p. 368.

Marcel Drouin, [hiver 1894], 163, p. 55.

Mme Emile Mayrisch, 9.XI.10, 236, p. 75.

Mme Emile Mayrisch, 14.I.11, 236, pp. 93-94; RIL., p. 53.

Mme Emile Mayrisch, 9.II.11, 236, p. 94.

Rainer Maria Rilke, [fin mai 1911], RIL., p. 58.

Mme Emile Mayrisch, 4.VII.11, RIL., p. 61.

*Rainer Maria Rilke, [17.II.14], RIL., pp. 97-98.

*Rainer Maria Rilke, 22.VII.14, RIL., p. 116.

Edmund Gosse, 7.VII.15, GOS., p. 121.

*Arnold Bennett, 16.I.16, BEN., p. 88.

Edmund Gosse, 23.I.16, GOS., p. 123.

*Joseph Conrad, 8.VI.16, 308, pp. 153-154.

*Joseph Conrad, 9.VI.17, 308, p. 156.

*Edmund Gosse, 26.X.17, GOS., p. 151.

Paul Valéry, 1.XI.17, VAL., p. 458.

*Joseph Conrad, 7.XI.17, 308, pp. 156-157.

Dorothy Bussy, [1919], 281, p. 17.

*Arnold Bennett, 26.I.21, BEN., pp. 111-112.

*Roger Martin du Gard, 12.VII.22, RMGI, p. 185.

Roger Martin du Gard, 18.VII.22, RMGI, p. 187.

*Georges Pitoeff, 26.VII.22, 249, pp. 64-65.

Willy Schuermans 28.X.22, SCHU., p. 40.

Joseph Conrad, 26.XII.22, 308, p. 165.

*André Rouveyre, 8.II.28, ROU., pp. 105-107.

*André Thérive, 14.V.28, 55, pp. 309-314.

André Rouveyre, 10.IV.30, ROU., pp. 128-129.

John Rothenstein, 4.VI.30, 290, pp. 173-174.

Roger Martin du Gard, 16.I.31, RMGI, p. 432.

Antonin Artaud, 16.VIII.32, 284, p. 340.

*Antonin Artaud, 1.IX.32, 284, pp. 343-344.

Roger Martin du Gard, 19.XI.34, RMGI, p. 636.

Roger Martin du Gard, [21.VIII.38], RMGII, p. 147.

*Gabriel Audisio, 5.XII.40, 142, p. 554.

Roger Martin du Gard, 24.V.42, RMGII, p. 248.

Jacques Schiffrin, 18.VI.42, 170, p. 177.

Roger Martin du Gard, 3.IX.42, RMGII, p. 265.

*Jean-Louis Barrault, 12.IX.42, 287, p. 12.

X..., 18.V.44, 182, p. 16.

Richard Heyd, 16.VIII.48, 293, p. 103.

Richard Heyd, 15.I.50, 293, p. 103.

Richard Heyd, 25.I.50, 293, p. 103.

Richard Heyd, 27.II.50, 349, p. 130.

Richard Heyd, 12.III.50, 293, p. 103.

TRANSCENDANCE

*Paul Valéry, [3.XI.91], VAL., p. 133.

TRISTESSE

Paul Valéry, [12.IV.91], VAL., p. 77.

Paul Valéry, [mai 1891], VAL., p. 81.

Paul Valéry, [C.P.17.VI.91] VAL., p. 98.

*Paul Valéry, [C.P.28 août 1891], VAL., pp 120-121.

Paul Valéry, [janvier 1892], VAL., p. 145.

Paul Valéry, [5.V.92], VAL., p. 161.

*Jeanne Rondeaux, [août 1892], 233, pp. 89-90.

Pierre Louys, 14.X.92, 237, p. 180.

X..., 30.III.93, 237, p. 222.

Paul Valéry, [24.VIII.93], VAL., p. 184.

*Paul Valéry, [mars 1894], VAL., p. 200.

Marcel Drouin, 10.V.94, 163, p. 65.

Paul Valéry, [30.V.95], VAL., p. 240.

Paul Valéry, [31.V.95], VAL., p. 241.

Francis Jammes, [juin 1895], JAM., p. 47.

*Marcel Drouin, [avril 1897], 348, p. 75.

André Fontainas, 28.IV.97, 349, p. 28.

E.R. [novembre 97], 82, p. 484.

Paul Valéry, [septembre 98], VAL., p. 333.

Arthur Fontaine, 17.VII.[99], 199, p. 3.

Paul Valéry, 15.X.1900, VAL., p. 372.

Raymond Bonheur, [20.VI.01], BON., p. 62.

Francis Jammes, 5.IV.08, JAM., p. 251.

Voir aussi : ENNUI

            SPLEEN

            MOROSITE

            NOSTALGIE

TROTSKISME

*Jean Paulhan, 25.VI.33, 111, pp. 44-46.

TUBERCULOSE

Mme Paul Gide, 4.VII.94, 237, p. 337.

*Christian Beck, 25.X.06, 165, pp. 616-617.

*Christian Beck, 18.XI.06, 165, pp. 617-618.

*Christian Beck, 2.VII.07, 165, p. 622.

Christian Beck, [fin décembre] 1907, 165 p. 624.

Eugène Rouart, [juin 1908], 268, p. 507.

TYPOGRAPHIE

*Paul Valéry, 6.XII.94, VAL., p. 226.

*Mme Paul Gide, 11.XII.94, 237, p. 398.

Francis Jammes, [avril 1895], JAM., p. 42.

Alfred Vallette, [1902], 290a, p. 135.

Paul Claudel 20.VI.07, CLA., p. 75.

Jean Schlumberger, [1909], 257, p. 6.

Paul Claudel, 9.I.09, CLA., p. 95.

X..., [printemps 1909], 96, pp. 420-421.

*Paul Claudel, 19.VII.09, CLA., p. 109.

*Francis Jammes, 14.XII.[09], JAM., p. 263.

Paul Claudel, 8.I.10, CLA., p. 116.

Paul Claudel, 23.II.10, CLA., p. 123.

*Paul Claudel, [mars 1910], CLA., p. 130.

*Paul Claudel, 12.III.10, CLA., p. 127.

*Paul Claudel, [17.IV.10], CLA., p. 131.

*Paul Claudel, [février 1911], CLA., p. 165.

*Paul Claudel, 22.II.11, CLA., pp. 161-163.

Paul Claudel, 9.III.11, CLA., p. 168.

Paul Claudel, 1.IV.11, CLA., p. 170.

Paul Claudel, 16.VI.11, CLA., p. 177.

Comoedia, [février 1923], RMGI, p. 212.

Roger Martin du Gard, 8.VII.25, RMGI, p. 271.

*Roger Martin du Gard, 29.XII.25, RMGI, pp. 279-280.

André Rouveyre, 26.VI.27, ROU., p. 93.

François Mauriac, 10.V.31, MAU., p. 82.

Roger Martin du Gard, 16.I.39, RMGII, p. 158.

URANISME

Voir : HOMOSEXUALITE

VERITE

*Mme Paul Gide, 31.X.94, 237, pp. 392-393.

Paul Valéry, 12.I.98, VAL., p. 307.

Rémy de Gourmont, [1902], 133, p. 4.

*Edmund Gosse, 16.I.27, GOS., p. 190.

*Charles Du Bos, 5.X.28, BOS., p. 161.

Fortunat Strowski, 9.IV.29, 69, p. 549.

*René Schwob, 30.XII.30, 188, p. 104.

*Roger Martin du Gard, 27.III.31, RMGI, p. 471.

*Vendredi, 16.XII.37, 131.

Roger Martin du Gard, 27.XI.47, RMGII, p. 390.

VERSIFICATION

*Paul Valéry, [C.P. 11.VI.91], VAL., p. 92.

Paul Valéry, [C.P.17.VI.91], VAL., p. 96.

*Paul Valéry, [C.P.28.VIII.91], VAL., p. 121.

*Igor Stravinsky, 8.VIII.33, 265, pp. 188-189.

VERS LIBRE

Paul Valéry, [C.P.28.VIII.91], VAL., p. 121.

VERTU

*Madeleine Rondeaux, [novembre 1892], 233, p. 83.

*Marcel Drouin, 18.III.93, 163, p. 45.

*Jeanne Rondeaux, 23.XI.93, 237, p. 296.

Francis Jammes, 1.XII.97, JAM., p. 129.

*Francis Jammes, 2.V.06, JAM., p. 236.

*René Schwob, 17.XI.28, 59, p. 58.

*X..., janvier [35], 176, pp. 61-63.

*Mlle S. de Saint-Cyr, 15.VIII.41, 153, pp. 49-52.

VIE

*Albert Démarest, [novembre 1893], 237, p. 294.

*Albert Démarest, 12 et 14.XI.93, 237, p. 292.

*Maurice Quillot, [avril 1894], 237, p. 372.

*Marcel Drouin, 10.V.94, 163, pp. 65-66.

*Mme Paul Gide, 7.VII.94, 237, p. 341.

*Mme Paul Gide, 17.X.94, 237, p. 259.

*Mme Paul Gide, 31.X.94, 237, pp. 392-393.

Mme Paul Gide, 1.I.95, 237, p. 429.

*Mme Paul Gide, 24.I.95, 237, pp. 438-439.

*Paul Valéry, [27.I.95], VAL., p. 231.

*Mme Paul Gide, 2.II.95, 237, p. 459.

Mme Paul Gide, 19.II.95, 237, p. 467.

Mme Paul Gide, 15.III.95, 237, p. 473.

*Mme Paul Gide 17.III.95, 237, pp. 476-477.

*X..., 3.IV.95, 237, p. 482.

*Mme Paul Gide, 5.IV.95, 237, pp. 493-494.

*Paul Valéry, [mai 1895], VAL., p. 237.

Albert Démarest, [juin 1895], 237, p. 510.

Francis Jammes, [novembre 1895], JAM., p. 60.

*Marcel Drouin, 25.XII.[95], 163, pp. 73-74.

Francis Jammes, août [97], JAM., p. 120.

Arthur Fontaine, 17.VII.[99], 199, p. 3.

*Maurice Beaubourg, 1.IX.[1900], 216, p. 766.

Raymond Bonheur, [3.III.03], BON., p. 72.

*Willy Schuermans, 12.XI.24, SCHU., p. 51.

Voir aussi : JOIE DE VIVRE.

VIEILLESSE

Roger Martin du Gard, 11.XII.26, RMGI, p. 303.

VIE LITTÉRAIRE

*Paul Valéry, 1.III.[91], VAL., pp. 55-57.

*Paul Valéry, [C.P.8.III.91], VAL., pp. 64-65.

*Paul Valéry, [C.P. 11.VI.91] VAL., pp. 91-93.

Paul Valéry, [C.P. 17.VI.91], VAL., p. 97.

*Paul Valéry, [C.P.23.VI.91], VAL., p. 100.

*Paul Valéry, 29.VI.91, VAL., p. 105.

*Paul Valéry, [28.XI.91], VAL., p. 139.

Paul Valéry, [décembre 1891], VAL., pp. 141-142.

Albert Démarest, [janvier 1892], 232, p. 480.

*Mme Paul Gide, 22.III.92, 237, p. 154.

*Mme Paul Gide, 25.III.92, 237, p. 169.

Paul Valéry, [C.P. 26.IV.92], VAL., p. 157.

Paul Valéry, [juillet 1894], VAL., p. 207.

Christian Beck, [1895], 164, p. 388.

Francis Vielé-Griffin, [été 1895], 240, pp. 106-107.

*Francis Jammes, [novembre 1895], JAM., p. 60.

Paul Valéry, [19.V.96], VAL., p. 267.

Francis Jammes, [début de juin 1896], JAM., p. 73.

*Paul Valéry, [29.VIII.96], VAL., p. 274.

*Saint-Georges de Bouhélier, [1897], 141 et 282.

*Paul Valéry, [avril 1897], VAL., p. 290.

*Francis Jammes, [début de juin 1897], JAM., p. 110.

*E.R., [novembre 1897], 82, p. 484.

*Francis Jammes, 1.XII.97, JAM., pp. 129-130.

Raymond Bonheur, 15.XI.98, BON., p. 45.

Francis Vielé-Griffin, [janvier-février 99], 240, p. 108.

Paul Valéry, 24.VII.[99], VAL., p. 351.

Francis Jammes, 14.X.04, JAM., p. 215.

Francis Jammes, 18.X.04, JAM., p. 218.

Christian Beck, 21.II.[07], 165. p. 619.

Paul Claudel, 24.X.07, CLA., p. 77.

Paul Claudel, 18.VI.09, CLA., p. 104

*Paul Souday, 5.VIII.11, 68, p. 64.

*Edmund Gosse, 18.V.13, GOS, p. 98.

M. T'serstevens [mai 1923], 32, p. 1.

Roger Martin du Gard, 28.I.32, RMGI, p. 493.

François Mauriac, 17.IV.32, MAU., p. 85.

Jean Paulhan, 24.IV.36, 339, p. 77.

*Roger Martin du Gard, 24.II.39, RMGII, p. 163.

Edmond Jaloux, 14.VII.41, 178.

Roger Martin du Gard, 5.XII.44, RMGII, p. 290.

Roger Martin du Gard, 29.IV.45, RMGII, pp. 320-321.

Roger Martin du Gard, 16.XII.45, RMGII, p. 335.

Roger Martin du Gard, 25.IV.50, RMGII, pp. 481-482.

Jean Amrouche, 13.V.50, RMGII, pp. 567-568.

VIE MONDAINE

Mme Paul Gide, 24.III.92, 237, p. 167.

*Mme Paul Gide, 25.III.92, 237, p. 169.

Mme Paul Gide, 29.V.93, 237, p. 227.

Mme Paul Gide, 8.X.93, 237, p. 275.

Mme Paul Gide, 13.I.95, 237, p. 428.

Paul Valéry, [mars 1895], VAL., p. 234.

Paul Valéry, [C.P. septembre 95], VAL., p. 246.

*Francis Jammes, 20.II.97, JAM., p. 102.

*Madeleine Gide, 6.VIII.03, 338, pp. 72-73.

Edmond Jaloux, 14.VII.41, 178.

VIE POLITIQUE

*Paul Valéry, [mai 1896], VAL., pp. 264-265.

*Paul Valéry, [19.V.96], VAL., pp. 266-267.

Francis Jammes, 2.VIII.96, JAM., p. 80.

Voir aussi : POLITIQUE.

VIRGINITE

Marcel Drouin, 18.III.93, 163, p. 45.

VOYAGE

Paul Valéry, 14 et 15.VII.[91], VAL., p. 112.

Paul Valéry, 31.VII.91, VAL., p. 113.

*Paul Valéry, [8.VIII.91], VAL., p. 114.

Paul Valéry, [début d'août 1891], VAL., p. 117.

*Paul Valéry, [C.P. 2.III.92], VAL., p. 148.

Mme Paul Gide, 10.III.92, 237, p. 153.

Paul Valéry, [C.P.12.IV.92], VAL., p. 156.

Paul Valéry, [C.P. 26.IV.92], VAL., p. 157.

Paul Valéry, [C.P. 12.VII.92], VAL., p. 165.

Paul Valéry, [août 1892], VAL., p. 169.

Jose-Maria de Hérédia, [septembre 1892], 246, p. 176.

Paul Valéry, [septembre 1892], VAL., p. 172.

*Marcel Drouin, [1893], 353, p. 180.

Marcel Drouin, [1893], 355, p. 612.

*Pierre Louys, 4.II.93, 237, p. 219.

Paul Valéry, [mars 1893], VAL., pp. 180-181.

Paul Valéry, [24.VIII.93], VAL., p. 184.

Paul Valéry, [septembre 1893], VAL., p. 187.

Mme Paul Gide, 18.X.93, 237, p. 280.

*Mme Paul Gide, 27.X.93, 237, pp. 288-289.

*Albert Démarest, 12 et 14.XI.93, 237, pp. 291-292.

Mme Paul Gide, 14.XI.93, 237, pp. 289-291.
*Paul Valéry, [27.XI.93], VAL., pp. 191-192.
Mme Paul Gide, 3.II.94, 237, p. 302.
Mme Paul Gide, 13.IV.94, 237, p. 316.
*Mme Paul Gide, 25.IV.94, 237, p. 317 et p. 323.
*Mme Paul Gide, 19.V.94, 237, p. 324.
Mme Paul Gide, 23.V.94, 237, p. 325.
*Mme Paul Gide, 28.V.94, 237, p. 326.
Mme Paul Gide, 23.VI.94, 237, p. 330.
Mme Paul Gide, 27.VI.94, 237, p. 331; pp. 332-333.
*Paul Valéry, [juillet 1894], VAL., pp. 206-207.
Paul Valéry, [6.VIII.94], VAL., p. 212.
*Mme Paul Gide, 2.X.94, 359, pp. 146-147.
Mme Paul Gide, 24.XI.94, 237, p. 393.
*Mme Paul Gide, 6.XII.94, 237, pp. 395-397.
*Mme Paul Gide, 28.XII.94, 237, p. 427.
Paul Valéry, 28.XII.94, VAL., p. 223.
Mme Paul Gide, 18.I.95, 237, pp. 432-433.
*Mme Paul Gide, 19.I.95, 237, pp. 433-434.
*Mme Paul Gide, 19.I.95, 237, p. 435.
*Mme Paul Gide, 30.I.95, 237, p. 450.
*Mme Paul Gide, 19.II.95, 237, p. 467.
*Mme Paul Gide, 5.IV.95, 237, pp. 492-493.
Paul Valéry, [C.P.25.X.95], VAL., p. 250.
*Paul Valéry, [C.P. 15.XII.95], VAL., p. 254.
*Marcel Drouin, 25.XII.[95], 163, pp. 74-75.
*Paul Valéry, 24.I.[96], VAL., p. 258.
*Marcel Drouin, 10.III.96, 355, p. 615.
*Francis Jammes, [début de juin 1896], JAM., p. 74.
*Paul Valéry, [avril 1897], VAL., p. 289.
*Francis Jammes, 28.VIII.97, JAM., p. 300.
*Paul Valéry, 7.I.98, VAL., p. 302.
Francis Jammes, [fin de janvier 1898], JAM., p. 134.
*Marcel Drouin, 16.III.98, 217, pp. 411-412.
*Marcel Drouin, 26.III.98, 186, pp. 385-390.

*Maurice Denis, [fin mars-tout début d'avril 1898], 238, pp. 141-142.
Marcel Drouin, [avril 98], 186, p. 390.
*Marcel Drouin, 28.III.99, 353, p. 177.
*Paul Valéry, 11.IV.99, VAL., p. 344.
*Christian Beck, 13.IV.99, 164, p. 390.
*Francis Jammes, [avril 99], JAM., pp. 150-151.
Maurice Beaubourg, 1.IX.[1900], 216, p. 765.
X..., 4.II.02, 349, p. 135.
Raymond Bonheur, 3[ou 4]V.03, BON., p. 74.
Madeleine Gide, 6.VIII.03, 348, p. 84 et 338, p. 72.
Edouard Ducoté, 1.X.03, 167, no 224.
Raymond Bonheur, 7.X.03, BON., p. 83.
Francis Jammes, 8.X.[03], JAM., p. 205.
*Edouard Ducoté, 8.XI.03, 282, p. 1151.
*Maurice Denis, 7.XII.07, 239, pp. 87-88.
Paul Valéry, 10.III.08, VAL., p. 414.
Paul Valéry, [16.III.08], VAL., p. 415.
Valery Larbaud, 30.VII.[08], 169, p. 120.
Paul Claudel, 24.II.[09], CLA., p. 100.
Maurice Denis, [fin avril 1909], 239, pp. 111-112.
*A.R., [printemps 1909], 95, pp. 419-420.
X..., [printemps 1909], 96, p. 420.
Valery Larbaud, 19.II.12, 169, p. 192.
Edmund Gosse, 12.VIII.12, GOS., p. 80.
Eugène Rouart, 13.VIII.12, 244, p. 23.
*Jacques-Emile Blanche, [1913], 289, p. 756.
*Valery Larbaud, 1.IX.13, 169, p. 232.
Edmund Gosse, 8.I.14, GOS., p. 107.
*Darius Milhaud, 16.V.17, 312.
Paul Valéry, 5.V.18, VAL., p. 468.
Edmund Gosse, 10.VI.18, GOS., p. 155.
Roger Martin du Gard, 20.VIII.21 RMGI, p. 171.
*Roger Martin du Gard, 25.II.23, RMGI, p. 211.
Roger Martin du Gard, 16.IV.23, RMGI, p. 216.
Roger Martin du Gard, 27.IV.23, RMGI, p. 218.

Rainer Maria Rilke, 28.IV.23, RIL., p. 212.

Arnold Bennett, [fin août 1923], BEN., p. 124.

Joseph Conrad, 8.X.23, 308, p. 166.

René Schwob, 4.XII.23, 188, p. 99.

Arnold Bennett, 9.V.24, BEN., p. 141

Arnold Bennett, 18.V.24, BEN., pp. 143-144.

Paul Valéry, 9.VIII.[24], VAL., p. 497.

Willy Schuermans, 12.XI.24, SCHU., p. 52.

Charles Du Bos, [1925], BOS., p. 89.

Arnold Bennett, 19.II.25, BEN., p. 147.

Roger Martin du Gard, 3.VI.25, RMGI, p. 263.

*Arnold Bennett, 8.VIII.25, BEN., p. 150.

*Roger Martin du Gard, 30.VIII.25, RMGI, p. 273.

*Charles Du Bos, 30.VIII.25, BOS., pp. 90-91.

*Roger Martin du Gard, 18.X.25, RMGI, pp. 278-279.

Edmund Gosse, 25.X.25, GOS., p. 178.

Marcel Jouhandeau, [1925-1926?] JOU., p. 19.

*Edmund Gosse, 27.VII.26, GOS., p. 179.

Roger Martin du Gard, [3.V.27], RMGI, p. 307.

*Jacques de Lacretelle, 9.III.28, 254, p. 4.

*Roger Martin du Gard, 10.V.28, RMGI, pp. 342-343.

Eugène Dabit, 7.VI.28, 214, p. 34.

*Roger Martin du Gard, 29.X.29, RMGI, p. 378.

Arnold Bennett, 28.VII.30, BEN., p. 185.

René Schwob, 6.I.31, 188, p. 106.

*Roger Martin du Gard, 14.VII.31, RMGI, p. 477.

Roger Martin du Gard, 19.V.32, RMGI, pp. 520-521.

*Roger Martin du Gard, 25.V.32, RMGI, pp. 521-522.

*Roger Martin du Gard, 7.VII.32, RMGI, pp. 528-529.

*Roger Martin du Gard, 14.VIII.32, RMGI, pp. 535-536.

Roger Martin du Gard, 1.X.32, RMGI, p. 540.

Roger Martin du Gard, 4.II.33, RMGI, p. 546.

*Roger Martin du Gard, 26.XI.33, RMGI, p. 590.

*Roger Martin du Gard, 2.II.34, RMGI., pp. 592-593.

Roger Martin du Gard, 30.III.34, RMGI, p. 610.

Roger Martin du Gard, 12.V.34, RMGI, p. 612.

Eugène Dabit, 16.VII.34, 214, p. 45.

*Roger Martin du Gard, 19.III.35, RMGII, p. 21.

Roger Martin du Gard, 22.IV.35, RMGII, pp. 22-23.

Simone Marye, 27.VII.35, MAR., pp. 25-26.

Roger Martin du Gard, 13.VIII.35, RMGI, p. 40.

*Roger Martin du Gard, 12.IX.35, RMGII, pp. 47-48.

*Roger Martin du Gard, 8.X.35, RMGII, p. 51.

*C.-F. Ramuz, 7.II.36, 352, pp. 280-281.

*Roger Martin du Gard, 23.II.36, RMGII, pp. 66-67.

Eugène Dabit, 12.V.36, 214, p. 21.

*Roger Martin du Gard, 14.VI.36, RMGII, pp. 73-74.

*Roger Martin du Gard, 22.VII.36, RMGII, pp. 75-76.

Roger Martin du Gard, 2.I.37, RMGII, p. 89.

C.-F. Ramuz, 20.I.37, 352, p. 296.

*Roger Martin du Gard, 18.VI.38, RMGII, p. 143.

Maurice Lime, 9.XI.38, 205, p. 141.

Roger Martin du Gard, 16.I.39, RMGII, p.158.

*Roger Martin du Gard, 24.II.39, RMGII, pp. 162-163.

Roger Martin du Gard, 24.IV.39, RMGII, p. 167.

Roger Martin du Gard, 10.VI.39, RMGII, p. 169.

Claude Mauriac, 11.III.40, 197, p. 240.

Roger Martin du Gard, 23.VII.40, RMGII, pp. 212-213.

Roger Martin du Gard, [26.IX.40], RMGII, p. 222.

Paul Valéry, 21.IX.41, VAL., p. 526.

Roger Martin du Gard, 9.II.42, RMGII, p. 241.

Georges Redard, 24.IV.42, 321, p. 4.

*Roger Martin du Gard, 7.V.42, RMGII, pp. 243-244.

Marcelle Schveitzer, 7.II.45, 369, pp. 24-25.

Marcelle Schveitzer, 9.II.45, 369, p. 25.

Roger Martin du Gard, 15.II.45, RMGII. p. 314.

*Roger Martin du Gard, 14.III.45, RMGII, pp.316-317.

*Roger Martin du Gard, 5.IV.45, RMGII, pp. 317-318.

Simone Marye, 17.IV.45, MAR., p. 39.

Roger Martin du Gard, 29.IV.45, RMGII, p. 321.

Roger Martin du Gard, 12.V.45, RMGII, p. 324.

Jef Last, [août 45], 298, pp. 190-191.

*Roger Martin du Gard, 8.II.46, RMGII, pp. 337-338.

Roger Martin du Gard, 7.VIII.46, RMGII, p. 346.

Roger Martin du Gard, 12.VI.47, RMGII, p. 370.

Roger Martin du Gard, 17.VI.47, RMGII, pp. 373-374.

Roger Martin du Gard, 18.VIII.47, RMGII, p. 377.

Roger Martin du Gard, 22.IX.47, RMGII, p. 387.

Roger Martin du Gard, 27.XI.47, RMGII, pp. 389-390.

*Saint-John Perse, 17.I.48, 288, p. 465.

Georges Simenon, 12 à 16.II.48, 327, p. 43.

Roger Martin du Gard, 23.II.48, RMGII, pp. 398-399.

*Saint John Perse, 14.III.48, 288, p. 466.

Georges Simenon, 10.X.48, 327, p. 44.

Roger Martin du Gard, 23.X.49, RMGII, p. 463.

Roger Martin du Gard, 21.XI.49, RMGII, p. 468.

*Giancarlo Vigorelli, 26.XII.49, 172.

Roger Martin du Gard, 23.IV.50, RMGII, p. 478.

*Roger Martin du Gard, 15.VI.50, RMGII, pp. 488-489.

*Roger Martin du Gard, 7.VII.50, RMGII, pp. 491-492.

Edouard Ducoté, [s.d.] 98, pp. 38-39.

WAGNERISME

*Marcel Drouin, 28.III.[98], 353, p. 183.

Z
8341.6
C67

SEP 28 1976